Der literarische Salon

Peter Seibert

Der literarische Salon

Literatur und Geselligkeit zwischen Aufklärung und Vormärz

Verlag J. B. Metzler
Stuttgart · Weimar

Die vorliegende Studie wurde durch ein Stipendium der Deutschen Forschungsgemeinschaft großzügig gefördert.

Für die Bearbeitung des Typoskripts und die Erstellung der Druckvorlage danke ich Sabine Kneppe, Rosi Oft und Susanne Pütz.

Peter Seibert

Die Deutsche Bibliothek – CIP-Einheitsaufnahme

Seibert, Peter:
Der literarische Salon : Literatur und Geselligkeit zwischen Aufklärung und Vormärz / Peter Seibert. – Stuttgart ; Weimar : Metzler, 1993
ISBN 3-476-00943-2

Gedruckt auf säure- und chlorfreiem, alterungsbeständigem Papier

ISBN 3-476-00943-2

Einbandgestaltung: W. Löffelhardt
Druck: Druck-Partner Rübelmann, Hemsbach
Printed in Germany

J. B. Metzler Verlag Stuttgart · Weimar

EIN BUCH DER SPEKTRUM FACHVERLAGE GMBH

Für Helmut Kreuzer

Inhalt

(...) die ganze Litteratur ist eine Mittheilung in's Große getrieben.
(Rahel Levin Varnhagen)

Vorbemerkung

Ein französischer Anthropologe, der sich bei seiner Ankunft im tropischen Lateinamerika in der Hoffnung auf Gewinn neuer kultureller Erfahrungen getäuscht sah, assoziierte sogleich eine ihm aus Europa vertraute, zivilisatorische Situation des sozialen Umgangs:

> Zum ersten Mal in meinem Leben befinde ich mich auf der anderen Seite des Äquators, in den Tropen, in der Neuen Welt. An welchem Zeichen werde ich diesen dreifachen Wechsel erkennen? Welche Stimme wird ihn mir bezeugen, welcher nie gehörte Laut zuerst an mein Ohr dringen? Was ich als erstes bemerke, ist nichtssagend: ich fühle mich wie in einem Salon.

Der Wissenschaftler ist Claude Lévi-Strauss; seine Assoziation, durch die zugleich eine scharfe Kritik am erinnerten Objekt angemeldet wird, intoniert seine Reisen in die *Traurigen Tropen.*[1]

Der zweite Verweis: Seine Besprechung einer Biographie Richard Wagners in einer *Spiegel*-Nummer des Jahres 1980 nimmt der Rezensent zum Anlaß, eben jene von Lévi-Strauss wenig geschätzte Formation des gesellschaftlichen Verkehrs als Wertmaßstab für die beiden letzten Jahrhunderte zu nehmen: Die im 19. Jahrhundert möglich gewesene Integration des Komponisten, "Sympathisant nicht nur von Kräften, die eine gewaltsame Veränderung der Gesellschaft wollten, sondern über einige Zeit hin deren Helfer durchaus in der Tat und - vor allem - Wort", in einen Berliner Salon, stelle unsere Zeit bloß:

> Wo wäre heute der Salon für ein derart anrüchiges Genie und seinen düster drohenden Text? So wäre denn das 19. Jahrhundert das gewesen, was das 20. zu sein sich einbildete, liberal, tolerant und progressiv? Das 20. hingegen, es regredierte in die muffige Enge und starre Etikette dessen, was es einst unter dem 19. verstand?

Diese hohe Ansicht vom Salon stammt von Peter Wapnewski.[2] Zwei Jahre nach Wapnewskis Besprechung zitierte der *Spiegel* in einem Bericht "über die Gelehrtenrunde des neuen Wissenschaftskollegs" in Berlin den nun zum Rektor dieses Instituts avancierten Wissenschaftler zu den hier praktizierten Umgangsformen: "Als eine 'Art Salon' definiert Rektor Wapnewski derlei gesellschaftliche Aktivitäten und bemüht dafür neupreußisch gleich das nobelste Vorbild: "Da spielt meine Frau immer Rahel Varnhagen."[3] Solch unterschiedliche Einschätzungen von einem "Salon" - was auch immer konkret darunter verstanden worden sein mag - sind eher die Regel als die Ausnahme. Die divergente Wahrnehmung und Bewertung dieser Formation des gesellschaftlichen Lebens setzt sich auch fort in der wissenschaftlichen Beschäftigung mit dem Gegenstand. Dabei ist es nicht nur die jeweils andere Perspektive, in welcher der Salon erscheint und die ab-

---

1 Claude Lévi-Strauss: Traurige Tropen, Frankfurt/M. 1978, S. 76.

2 Peter Wapnewski: Monument mit Träumen: Rezension zu Martin Gregor-Delin: Richard Wagner. Sein Leben, sein Werk, sein Jahrhundert, München 1980, in: Der Spiegel, Nr. 44, 1980, S. 242-247, S. 242.

3 Jörg R. Mettke: "König Artus in Dahlem", in: Der Spiegel, Nr. 14, 1982, S. 223-227, S. 227.

weichenden Meinungen über ihn provoziert. Es liegt am Gegenstand selbst, der Offenheit seiner Strukturen, einer soziale Vagheit, auch seiner langen epochenübergreifenden Entwicklung, die verschiedene Salontypen hervorgebracht haben. Solche Varianten können sich festmachen lassen an den unterschiedlichen Gegenständen, die für die Salonpraxis die zentralen Bezugsfelder darstellen. Die folgende Untersuchung wird sich vornehmlich mit Salons beschäftigen, die "literarisch" handelten. Nicht nur das Handeln selbst, auch der Literaturbegriff, der für dieses Handeln konstitutiv ist, müssen dabei in ihren historisch und sozial konkreten Formen zur Diskussion gestellt werden. D.h., versucht werden soll eine möglichst systematische Erfassung von literarischen Aktivitäten, die dem sozialen Projekt "Salon" adäquat waren, es zu einem literarischen transformierten bzw. es als soziales überhaupt ermöglichten. Damit sollen die Voraussetzungen geschaffen werden, die Stellung des Salons im Literatursystem genauer zu bestimmen, seinem Beitrag für die literarische Entwicklung und seinen Einfluß auf die Entstehung der Literaturgesellschaft deutlichere Konturen zu verleihen. Die angestrebte Systematisierung der Literaturpraxis im Salon muß die Frage nach Aufhebung oder Retardierung, aber auch nach Beschleunigung der Ausdifferenzierung des literarischen Handelns und seiner Institutionalisierung auf der Ebene der Produktion, Distribution und Rezeption durch und innerhalb des Salons einschließen. Der Nachweis solcher Entwicklungen bedarf historischer Momentaufnahmen. Als "nobelstes Vorbild" wird für Wapnewskis Kreis der Salon der "Rahel Varnhagen" ausgegeben, ein Salon also der Zeit um 1800, die für die "deutsche" Salongeschichte allgemein als "Kulminationszeit" gilt. Auch in der vorliegenden Arbeit sind es eben die Salons dieser Phase, auf die der Schwerpunkt der Forschung gelegt ist. Dabei kann die "Kulminationszeit" nicht im Sinne einer teleologischen Konzeption von Salonentwicklung gemeint sein, durch die eine frühere Salonbildung in verschiedenen europäischen Kulturräumen zur "Vorgeschichte" degradiert wird.

Jede Arbeit, die Salonpraxis als literarisches Handeln rekonstruieren will, muß sich auf eine äußerst heterogene Quellenbasis stützen. Diese Materialaufarbeitung stellt interdisziplinäre Anforderungen, die eigentlich nur in einer entsprechenden Zusammenarbeit von Forschern unterschiedlicher Provenienz zu erfüllen sind. So bleiben bei dieser Operation in Grenzbereichen verschiedener Wissenschaftsdisziplinen Fragen offen. Dies gilt ebenso für inhaltliche wie für methodische Problemstellungen. Wenn also von den verschiedenen wissenschaftlichen Positionen aus Beschreibungs- und Erklärungsmomente des Literarischen Salons vermißt werden (und werden müssen), so steht doch wenigstens zu hoffen, daß die Ergebnisse für die Desiderate bleibenden Forschungsleistungen verwertbar sind und damit die Salonforschung weitertreiben können - und sei es in erster Linie dadurch, daß man sich mit dem Vorgetragenen nicht zufrieden geben will.

1. *Einleitung*

Das Schönste, wo gibt, ist ein 'Salon' davon hätten wir einen Begriff geben müssen. (Nu scheen).
(Erwin Loewenson (Dadaist))

1.1 *Vorläufige Bestimmung des Untersuchungsgegenstandes*

Die Formation "Salon" scheint sich einer Zuordnung zu bestimmten historischen Phasen ebenso zu entziehen wie einer kulturgeographischen Lokalisierung. Übereinstimmung besteht in der Forschung[1] wenigstens dahingehend, daß es sich hierbei um eine kultur- und sozialgeschichtliche Bildung der europäischen Neuzeit handelt (was Verweise in der Forschung auf strukturell ähnliche und in ihren Funktionen partiell vergleichbare Formationen der Antike oder des außereuropäischen - z.B. japanischen - Kulturbereichs nicht ausschließt).

Kulturgeschichtlich und geographisch festgelegt wird die Entstehung des Salons dabei in der Regel auf das Italien der Renaissance. Für seine weitere Entwicklung und Ausbreitung scheinen dagegen die unterschiedlichsten Kulturzonen Entstehungs- und Entfaltungsbedingungen bereitgehalten zu haben. "Salons" werden im zaristischen Rußland ebenso nachgewiesen wie in neokolonial geprägten Teilen Lateinamerikas, in der preußischen Hauptstadt des frühen 19. Jahrhunderts ebenso wie im Prag des frühen 20. usw. Aus der Herkunft vieler "Salon"-Begriffe französischen Ursprungs läßt sich schließlich auf eine international wirksam gewordene Phase der Salonkultur in Frankreich schließen.

Auf Schwierigkeiten bei der Verortung des Salons stößt man auch, wenn man ihn von seiner sozialen Position her definieren will: Bereits bei seinem Erscheinen in der italienischen Renaissance läßt er sich in den Zentren gesellschaftlicher Macht ebenso ansiedeln wie in einer der Respektierung und Diskriminierung zugleich ausgesetzten Kurtisanenwelt. An solch voneinander fernen gesellschaftlichen Orten konnten Salons offensichtlich auch in der Folgezeit organisiert werden. Verschiebungen in der Situierung auf der sozialen Skala, wie sie vom 17. bis zum 20. Jahrhundert zu bemerken sind, belegen offensichtlich eine soziale Vagheit, die als genuines Kriterium dieser Formation zu werten ist. Durch diese - relative - soziale Offenheit - so steht zu vermuten - konnten dem Salon besondere Funktionen innerhalb der Gesellschaft und ihrer kommunikativen Ordnungen zuwachsen.

Nicht nur die Tatsache, daß der Salon an divergenten Orten der Sozialhierarchie organisiert werden kann, ist damit als Definitionsmerkmal zu beschreiben, sondern auch seine Tendenz, Personen verschiedener gesellschaftlicher Provenienz und Standeszugehörigkeit zu einer Verständigungsleistung in geselligem spezifischem Rahmen

---

1 Zur Forschung siehe: Peter Seibert: Der Literarische Salon. Ein Forschungsüberblick, in: Internationales Archiv für Sozialgeschichte der deutschen Literatur, 3. Sonderheft: Forschungsreferate, 1993, S. 159-220.

zusammenzuführen. Diese historisch dann in differenter sozialer Breite realisierte stände- oder klassenübergreifende Kommunikation verlangt zu ihrem Funktionieren Zulassungsbedingungen, die notwendigerweise mit salonexternen Auswahlkriterien nicht identisch sein können. Die "Salonfähigkeit" ist als soziales Ideal sui generis zu begreifen, wenn dieses sich auch an andere (Bildungs-)Ideale wie z.B. das des "Cortegiano", des "Gentilhomme" anlehnt und schließlich in anderen Gesellschaftssektoren als auch hier verbindlich anerkannt wird. Wenn auch die Normen der "Salonfähigkeit" den individuellen Aufstieg in die Salongesellschaft zulassen, so bedeutet dies nicht, daß eine generelle soziale Offenheit des Salons "nach unten" gewährleistet sein soll. Es ist vielmehr genauer zu analysieren, zu welchen Zeiten "Salonfähigkeit" einen Komplex von Distinktionsmustern meint, durch den soziale Trennungslinien schärfer konturiert und Abgrenzungen von anderen Formen (literarischer) Geselligkeit (z.B. Kaffeehäuser) vorgenommen werden sollten.

Als weiteres notwendiges Definitionskriterium für den Salon ist seine Zentrierung auf eine Frau zu nennen. In besonderen Fällen kann dieser Salonmittelpunkt für eine bestimmte Zeit (wie bei einem Generationswechsel) durchaus von mehreren Frauen gebildet werden. Diese Salondame stellt die "privaten" Empfangsräume, durch die der jeweilige Salon an ein bestimmtes "Haus" gebunden bleibt, zur Verfügung. Sie übernimmt die Organisation, was über die reinen Wirtsaufgaben hinausgeht und sich in erster Linie auf die Initiierung und Leitung der geselligen Kommunikation bezieht. Ein Salon existiert nur als gemischtgeschlechtlicher Geselligkeitstypus, bei dem die erotische Komponente als meist verdeckter geselligkeitstiftender oder - stimulierender Faktor gewahrt werden kann. Aus einer solchen definitorischen Festlegung darf allerdings nicht auf eine mehr oder minder unveränderbare Rolle und Präsenz der Frau im Salon geschlossen werden: Ihre Rolle bleibt gebunden an die Verständigungs- und Gesprächsthemen und ändert sich mit diesen. Von z.B. einer Politisierung des Literarischen Salons droht der Frau durchweg eine Marginalisierung (die bedingt sein kann durch das damit verbundene Wirksamwerden von außerhalb der Salongeselligkeit unverändert fortbestehender Schranken für den Zugang der Frauen zu bestimmten Themen und Informationen).

Dafür, daß der Salon als früher sozialer Bereich für gemischtgeschlechtlichen Umgang ohne - interne - Diskriminierung eines Geschlechts in Erscheinung treten konnte, lassen sich in weiteren Salonspezifika Erklärungsansätze finden. So ist sicherlich die Situierung des Salons in einem Zwischenbereich von öffentlicher und privater Sphäre für die exzeptionelle Stellung der Frau von entscheidender Bedeutung. Indem die Salondame die Geselligkeit in "ihrem" Haus arrangiert, jenem (historisch unterschiedlich ausgebildeten) Bereich also, der einer aristokratischen Frau repräsentative Aufgaben bereithielt, der bürgerlichen schließlich als ihr eigentlicher Lebens- und Wirkungsraum zugewiesen wurde, widerspricht das auf situative Gleichberechtigung basierende Salonverhalten nicht grundsätzlich gesellschaftlich anerkannten Kulturmustern und erschließt der Frau dennoch besondere Aktionsräume. In den Salon als einem Ort, an dem vorbürgerliche Funktions- und Rollenzuweisungen an die Frau tradiert werden können, wirken - aus dem privaten Bereich - bürgerliche Zuschreibungen ein. Die hier mögliche Durchdringung dieser Rollen reduziert die ihnen jeweils eingeschriebenen Begrenzungen für die Frau, allerdings unter Inkaufnahme der Verengung des neu gewonnen Handlungsspielraums auf eine soziale Formation.

Gerade die eigentümliche Stellung zwischen Öffentlichem und Privatem gibt dem Salon eine spezifische Wirkungsmöglichkeit: er schöpft jeweils Möglichkeiten des Wechsels zwischen Öffentlichkeit - in ihren historischen Formen - und der ebenfalls historisch realisierbaren Privatheit aus. So kann er z.B. von den für das Private eingeforderten besonderen Schutzvorrichtungen profitieren, ohne sich der öffentlichen Wirkung gänzlich zu begeben. Unverträglich mit dieser Zwischenposition erweist sich auch eine Hermetisierung dieser Formation. Dies wird im späten 18. Jahrhundert besonders deutlich, als der Salon die Arkangesellschaften kritisiert und zu ihrer Zersetzung beiträgt. Schon durch das Prinzip der Kooptation der Teilnehmer bleibt die Chance auf permanente Öffnung und Erneuerung des Salons gewahrt. Da dieses Prinzip (neben der Einladungspolitik der Salondame) die personelle Konstellation im Salon bestimmt, spielt das aleatorische Moment eine Rolle, ein Moment, das auch die gerade im Zeitalter einer sich von den Regeln der Ständegesellschaft emanzipierenden Literatur entscheidende soziale Öffnung zu garantieren hat (wobei zugleich der Zufall als kommunikationsorganisierendes Prinzip ein zweckgerichtetes Handeln im Salon unterlaufen muß).

Die heterogene und damit für Störungen der Kommunikation anfällige Zusammensetzung der Teilnehmer eines Salons verlangt nach einem besonderen, auf situative Harmonie bedachten Verhalten der einzelnen Salonbesucher, das sie als "Salonfähige" beherrschen. Solche Regulative sind - abhängig auch von den geselligen Fähigkeiten der Salondame und den in den Salon eindringenden exogenen Widersprüchen - von verschiedener Subtilität, verfestigen sich aber beim Salon nie zu regelrechten Statuten als Verkehrsgrundlage, im Gegenteil: Die besondere Kunst vor allem der Salonführung, aber auch der Partizipation an dieser Kommunikation besteht darin, die Verhaltensregeln so zu behandeln, daß sie jeden Zwangscharakter entbehren, der Salon als Ort befreiten und freien sozialen Umgangs erscheint.

Die Intervalle, in denen die Zusammenkünfte eines Salons stattfinden, divergieren, wobei sie abhängig sind etwa von der Dichte der Interaktionsräume potentieller regelmäßiger Partizipanten am Salon, aber auch von der sozialen Stellung der Organisatorin. Die urbane Kulturlandschaft weist mit ihrer Konzentration von Repräsentanten gesellschaftlicher Gruppierungen, die in den Salons vertreten sind, aber auch von Kulturinstitutionen (wie Theater, Verlag, Konzertsälen), auf die sich die Salons von ihren Gesprächsthemen her beziehen können, die besten geographischen Rahmenbedingungen für die Literarischen Salons auf. (Das heißt nicht, daß einzelne Salons nicht temporär ihre Anbindung an den städtischen Raum aufgeben können; eine solche Auslagerung "auf's Land", wie sie im Kontext aristokratisch geprägten, dann aber auch von bestimmten bürgerlichen Gruppen übernommenen "Saison"-Verhaltens gesehen werden muß, konnte periodischen, "saisonalen" Charakter haben und diente - schon vor der Rousseau-Rezeption - zum Erproben neuer Interaktionsformen in ansonsten - noch - nicht sanktionierten Konstellationen.)

Das Gespräch ist essentieller Bestandteil jeder Salongeselligkeit. Andere Komponenten der Geselligkeit wie Vorträge, Rezitationen, Musikaufführungen, Theater, Lebende Bilder, durch die sich der Salon realisiert, sind - im Gegensatz zum Gespräch - substituierbar und werden je nach den dramaturgischen Vorstellungen der Salondamen, der Kompetenzen und Präferenzen der Salondamen, der Habitués und anderer Besucher eingesetzt. Das Gespräch als Konstituente des Salons erfordert die Anerkennung der Gleichrangigkeit der jeweils im Salon Versammelten und sucht diese zu realisieren. Die intendierte ideale Salonkonversation meint den herrschaftsfreien Dialog auf der Grundlage der situativen Suspension salonexterner Privilegien. Das Salongespräch erfordert eine eigene Gesprächstechnik und Gesprächslage, die sich unter besonderen gesellschaftlichen Umständen zum Konversationston verfestigen.

Mit ihm sollen nicht nur die sozialen Differenzen und Spannungen innerhalb eines bestimmten gesellschaftlichen Spektrums überdeckt, sondern auch beruflich bedingtes Spezialistentum sowie geschlechtsspezifisches Wissen an der Selbstdarstellung gehindert werden.

Der Literarische Salon figuriert als "Sonderform" des Salons. Er definiert sich durch die Eingrenzung der kommunikativen Inhalte auf literarische und ästhetische Gesprächsgegenstände. Wirft man allerdings einen Blick auf die Salonpraxis, so zeigt sich rasch, daß eine solch rigide Einengung der Kommunikationsinhalte kaum möglich ist, so daß man eher von einem dominant Literarischen Salon als von einem exklusiv Literarischen Salon wird sprechen können. Ob aus einem Salon ein in diesem Sinn literarischer wird, ist von einem ganzen Bedingungsgeflecht abhängig und steht in Verbindung nicht nur mit Themenpräferenzen der Teilnehmer, sondern auch mit den jeweiligen historischen Funktionen von Literatur und Kunst, der Entwicklung der Literaturgesellschaft, mit der Hegemonie von Diskursen oder auch mit Umgruppierungen in der Hierarchie der Künste, was z.B. in Deutschland das Zurücktreten des Literarischen Salons hinter den musikalischen in der ersten Hälfte des 19. Jahrhunderts miterklärt.[2]

Die "Literarisierung" dieser Formation des sozialen Umgangs ist nicht allein dadurch bestimmt, daß "Literatur" zum dominanten Verständigungsthema wird, sie zeigt sich auch in Verschiebungen in der Konstellation des Teilnehmerkreises. Der Literarische Salon stellt sich in der Regel dar als Bereich unmittelbarer, d.h. personaler Kommunikation zwischen Literaturproduzenten und -rezipienten, wobei die für die einzelnen Phasen der Literaturgeschichte jeweils zu konkretisierenden Typen von Autor und Publikum, wie sie sich im Salon präsentieren, von dem Salon selbst in einem bestimmten Umfang mithervorgebracht sind. Der Literarische Salon als "Kontaktstelle" von Repräsentanten der verschiedenen literarischen Handlungsrollen ist damit nicht nur zu bestimmen als publikumsbildende Instanz (wie Lesegesellschaften zum Beispiel), noch ist er subsumierbar unter die reinen Autorenzusammenschlüsse. Indem der Literarische Salon

2 Während, um einen anderen Fall der Transformierung des Literarischen Salons heranzuziehen, eine weitgehende Tabuisierung der Politik als Salonthema um 1800 notwendig war, der Salon vor allem als ästhetisches Projekt bestand, konnten im frühen 19. Jahrhundert - harmonistische - Sozialutopien (wie z.B. der Saint-Simonismus) in den Literarischen Salons thematisiert und damit die der geselligen Harmonie verpflichteten Salons im Ansatz politisiert werden.

die Kommunikation von Publikum und Autor "institutionalisiert", kann er Einflüsse verschiedener Art auf die "Literatur" ausüben. Beim Literarischen Salon sind Impulse für Rezeptionskonventionen und die Entfaltung (oder auch Verkümmerung) literaturkritischer Kompetenzen ebenso möglich, wie Einflüsse auf die Produktion von Literatur. Die Gespräche über Literatur im Salon sind in der Regel - explizite oder implizite - Wertungsprozesse. Wenn diese literarische Wertung auch konditioniert ist durch Konstellationen und Strukturen, Verhaltensnormen oder Präferenzen des Literarischen Salons, so kann ihr Gültigkeitsanspruch den Salonrahmen doch überschreiten und zur Allgemeinverbindlichkeit für die Literaturgesellschaft streben. Daß der Literarische Salon Möglichkeiten direkter Kommunikation zwischen Autoren und Rezipienten eröffnet bzw. wahrt, verlangt allen Beteiligten als Zugangsvoraussetzung zwar rezeptive Fähigkeiten ab, aber nicht unbedingt literarisch produktive, die noch bei Gottscheds "Gesellschaft" in literarischen Objektivationen nachgewiesen werden mußten. Damit ist ein entscheidendes Hemmnis für den Zugang von Frauen zum Literarischen Leben, wie es sich im Salon organisierte, beseitigt.

Die Definition des Literarischen Salons als in der Intention bzw. Tendenz herrschaftsfreier Kommunikationsraum mit - zeitweise - besonderer Affinität zur Literatur als Kommunikationsinhalt schließt offene, vor allem einseitige Abhängigkeitsverhältnisse als Entstehungs- und Existenzbasis eines Literarischen Salons aus. Teilnahme oder Ausscheiden behalten zumindest den Anschein von Freiwilligkeit. Ungeachtet der tatsächlichen, aber in der Regel verdeckt bleibenden materiellen Abhängigkeiten, die sich noch lange in den Formen des Mäzenatentums, der Patronage, der Protektion behaupten, nehmen die Beziehungen der Schriftsteller zum Salon und in erster Linie zur Salondame allenfalls den Charakter fakultativ eingegangener Interdependenzen an, was auf eine besondere (auch mentalitätsgeschichtliche) Funktion des Salons bei der Ausformung des Selbstbewußtseins und Selbstverständnisses von Intellektuellen und Autoren, zumal als "freie" bürgerliche, schließen läßt. Mit der Ausweitung des Buchmarktes und der Schaffung von materiellen Grundlagen für die Existenz des "freien" Schriftstellers verlieren die Abhängigkeiten unmittelbar materieller Art notwendigerweise an Bedeutung für die Organisierung des Literarischen Salons. Damit ist zugleich die gehobene soziale Position der Salondame (bzw. ihrer Familie) immer weniger Voraussetzung für die Gründung eines Salons.

In der "Kulminationsphase" der deutschen Salons um 1800 schien - bevor die musikalische Soiree das Gespräch über Literatur als geselliges Vergnügen wieder zurückdrängte - der Literarische Salon der vorherrschende Salontypus zu werden. Diese kurze Phase, während derer der Literarische Salon als möglicher Ort der ästhetischen Erziehung identifiziert wurde, brachte aber zugleich schon jene Geselligkeitstheorie Schleiermachers hervor, die die permanente thematische Entgrenzung als Geselligkeitsideal und damit die Überwindung der vom Verständigungsobjekt her rein ästhetischen Zirkel pro pagierte. Dieser auf der konkreten Erfahrung mit der Berliner Salonkultur beruhende Entwurf weist deutliche Berührungspunkte noch mit der hundert Jahre jüngeren Geselligkeitsdefinition Simmels da auf, wo der Soziologe die Beliebigkeit der kommunikativen Inhalte als Bedingung für "freie" Geselligkeit überhaupt normativ festlegte.

1.2 Anmerkungen zur Wort- und Begriffsgeschichte

1. Die definitorische Annäherung, wie sie diese vorläufige Skizzierung des Untersuchungsobjekts enthält, kann historisch relativiert und ergänzt werden durch Hinweise zur Begriffsgeschichte.

Bereits die frühen deutschen Belege für "Salon" verbinden architektonische Bedeutungsaspekte mit sozialen und geselligen. So faßt Zedlers *Großes Universallexikon* den Begriff "Salon" als Synonym von "Haupt-Saal", wobei die Spezifizierung über die Zweckbestimmung erfolgt: "Haupt-Saal ist ein grosser Saal, welcher wegen seiner Größe mit Säulen unterstützet, und zu grossen Gastereyen und Täntzen bequem zu gebrauchen. Bey dem Vit(r)uuio wird er Oecus; von den Italienern 'Un Salotto'; von den Frantzosen 'une Salle á doucer, une Salle, un grande Sallon' genennet."[3]

Den italienischen Ursprung des Begriffs scheint der deutsche, der ihn als französische Bezeichnung vorstellt, nicht zu kennen. Indem er "Un Sallon" als Terminus der zeitgenössischen Repräsentativarchitektur begreift, konnotiert dies für ihn auch einen entsprechenden sozialen Bedeutungsgehalt des hier möglichen sozialen Umgangs:

> Dergleichen Säle waren bey den Alten sehr in Gebrauche und musten ihre Pracht sehr vermehren; wie dem auch in dergleichen Zimmern alle Auszierung und Herrlichkeit zusammen gebraucht werden muß. Sie dienen auch dahero nur an fürstliche und königliche Höfe, und will es nötig seyn, einen oder mehr Haupt-Sale an einem Fürstlichen oder Königlichen Palais anzubringen.[4]

Damit deckt sich die Begriffsbestimmung bei Zedler trotz der zwischenzeitlich erfolgten sozialen Veränderungen noch weitgehend mit der Semantik im ersten, achtzig Jahre früheren Wortbeleg in Frankreich: Im 15. Buch Jean Lorets *Muze historique ou Recüeil des Lettres en vers* wird einer der Festsäle des Louvre im Zusammenhang eines von der Königin gegebenen Divertissements "Salon" genannt, ein auch in aristokratischen Kreisen, die den Empfängerkreis der "Muze historique" bildeten, offensichtlich noch nicht üblicher Terminus, da er einer Erläuterung durch Loret bedarf. Dieser frühe französische Beleg, durch den "Salon" bereits eindeutig der Sphäre des Hofes zugeordnet wird, vermittelt gleichzeitig ein Bild der am Hofe vor dessen Übersiedlung nach Versailles üblichen gesellschaftlichen Ereignisse, zu der auch ein ausgewähltes "Publikum" Zugang besaß. (Daß die Königin - nicht der König - einen Auftritt im "Salon" hat, mag eher Zufall sein und verweist noch nicht auf eine Frauenzentriertheit.)

> Dans un Salon, ou grande Sale, / De la noble Maizon Royale, / Un Balet fut dansé Mardy, / Duquel, icy, rien je ne dy. / Je m'y coulay, non pas sans peine. / Un peut devant qu'entrat la Reine: / Mais n'ayant pas eté placé / Aussi bien que j'avois pensé,

3 Johann Heinrich Zedler: Grosses Universal-Lexikon Aller Wissenschaften und Künste, welche biß hero durch menschlichen Verstand und Witz erfunden und verbessert worden, Bd. 33, Halle/Leipzig 1742, Sp. 842.

/ Je n'oys point la mélodie, / Je n'y vy point la Comüedie, / Ny le Balet entrêmelé, / Ny ce qu'on ne vit Ciel, ny Terre / Je reviens chez-moy, promptement, / Sans voir ce divertissement.[5]

Auch wenn Einflüsse Italiens auf die Ausbildung von Umgangs- und Geselligkeitsformen, die später als "französische Salonkultur" apostrophiert werden, eine stärkere Rolle spielten, weist die Geschichte des Begriffs "Salon" eher auf eine Übernahme aus dem Spanischen. Dieser "Umweg" wird in Anbetracht der "höfischen" Denotation des Lehnworts im 17. Jahrhundert dann plausibel, wenn man bedenkt, daß der Hof in Spanien sowohl was die Repräsentation von Architektur als auch was Hofzeremoniell und Verhaltenskodex betrifft als verbindlich galt. Im Kastilischen ist "Salon" gleichfalls ein Begriff der Repräsentativsphäre, des Thrones. So ist es aufschlußreich, daß dem Spanier Solis y Rivadeneyra (1610-1686) in seiner *Historia de la conquista de México* (1685) die Bezeichnung "Salon" am ehesten geeignet scheint, die Pracht des Palastes Montezumas in Tenochtitlan auszudrücken ("llegaron (los ministros) al cuarto donde residía Montezuma, en cuyos salones era de igual admiración la grandeza y el adorno (...).").[6] Als frühesten Wortbeleg für die kastilische Sprache führt das *Gran Diccionario de la Lengua Castellana* Tirso de Molina (1584-1648) an. Schon dessen Verwendung des Begriffs hatte "Salon" eindeutig dem höfischen Bereich zugeschrieben. Aber gleichzeitig deutet sich bereits in diesem kastilischen Nachweis die spätere Übertragung von "Salon" von dem Raum auf die dort praktizierten Verkehrsformen selbst an: "De qué es la murria de agora? / Danzaste á satisfacción / De todo el salón ducal / Antenoche, sinigual, / Adonis del tal Salón."[7]

Als Terminus der Architektur bleibt "Salon" im Gebrauch, auch nachdem bzw. dadurch daß sich bürgerliche Schichten als Erben aristokratischer Kulturmuster in der "Repräsentativität" ihrer Wohnkultur betätigen. Wie schon in den aristokratischen Stadtpalais, die mehrere "Salons" haben (erinnert sei nur an den "Ersten Roten Salon", den "Zweiten Roten Salon", den "Grünen Salon" im Wittumspalais in Weimar), bezeichnete im großbürgerlichen Haus des späteren 19. Jahrhunderts "Salon" nicht allein den Raum, in dem materielles Vermögen und sozialer Status zur Schau gestellt wurden. Sofern man zu einem entsprechenden Aufwand in der Lage war, wurden gleich mehrere Räume als "Salon" deklariert - entsprechend einer Ausdifferenzierung der Geselligkeitsbedürfnisse, welche u.a. mit der Zementierung geschlechtsspezifischer Rollen im 19. Jahrhundert einhergingen. Die Bezeichnungen "Musiksalon", "Rauchersalon", "Herrensalon", "Damensalon" usw. bürgern sich ein für die verschiedenen "chambres de visite"[8].

4 Ebd., Sp. 842-843.

5 Jean Loret: La Muze historique ou Recüeil des Lettres en vers. Contenant les Nouvelles du Temps. Ecrites à son Altesse Madame la Duchesse de Nemours, Livre XV, Janvier-Décembre 1664, Nouvelle Edition par Ch. L. Livet, Tome IV (1663-1665), Paris 1878, Lettre Cinquième du (samedie) deux Février (1664), S. 158-161, S. 159.

6 Vgl. Gran Diccionario de la Lengua Castellana, Bd. 5, Barcelona o.J., S. 69.

7 Ebd.

8 Wie sehr Repräsentativität und Luxus, aber auch Standesbewußtsein dem Architekturbegriff verbunden blieben, erhellt seine Übertragung auf bestimmte Beförderungsklassen moderner Verkehrsmittel wie Bahn und Schiff.

Eine dritte Bedeutungskomponente des Begriffs verweist in ihrem Ursprung ebenfalls zurück auf die höfische französische Kultur, konkret: das Pariser Königsschloß, den Louvre. Jene Kunstausstellungen, die seit 1667 im Louvre, seit 1725 regelmäßig im Salon Carré des Schlosses stattfanden[9], firmierten früh schon als "Salon". Auch als diese Expositionen aus dem Louvre ausgelagert und - wie am Ende des 19. Jahrhunderts - im Palais de l'Industrie oder im Ausstellungspalast auf dem Marsfeld eröffnet wurden, blieb die Benennung. Auf periodische Kunstausstellungen, die mit der Louvre-Tradition ansonsten nichts gemein hatten, wurde "Salon" übertragen. Eine weitere Übertragung schloß sich an, als die Präsentation von technischen Neuerungen oder Waren überhaupt als "Salons" bezeichnet wurden: Die Aura der Kunst, so indizierte bereits diese terminologische Verwendung, ist übertragen auf neue Objekte; die Begriffsgeschichte beginnt an dieser Stelle von der Warenästhetik zu handeln.

Konnotiert diese Begriffsbildung noch bis in die bürgerliche Gesellschaft hinein die (höfisch-)repräsentative Sphäre, so erhielt "Salon" eine neue Bedeutungsqualität, als die Kritiken Diderots, die über die Kunstausstellungen im Louvre geschrieben waren, als "Salons" zusammengefaßt wurden. Indem sich "Salon" hier zu einem Begriff der Kritik wandelte, löste sich seine bisher eindeutige Zuordnung zum feudalen Repräsentationsbereich und wurde Bestandteil des terminologischen Repertoires der sich herausbildenden neuen Öffentlichkeit. Dadurch konnte dem Begriff nun neben dem gesellschaftlich affirmativen Sinn ein zur herrschenden Kunstauffassung oppositioneller zuwachsen. Diderot initiierte mit seiner Titelbezeichnung eine begriffsgeschichtliche Tradition, die auch die deutsche Kunstkritik übernahm und die bis heute nachzuweisen ist.[10] Von den zahlreichen französischen Schriftstellern, die "Salon" in diesem Sinne in einen Werktitel aufnahmen, ist vor allem Charles Baudelaire mit *Salon de 1845* und *Salon de 1846* zu erwähnen.[11]

Ob Baudelaire in seinen "Salons" bereits mit dieser Tradition der Kritik spielt, den Genreterminus ironisch bricht[12], soll in dieser Begriffsgeschichte nicht weiter verfolgt werden. Als allerdings am Ende des Jahrhunderts Zola noch einmal auf "Salon" als Titel seiner Kunstkritik zurückgreift, so tut er dies nicht, ohne Disparitäten in der Kunstöffentlichkeit und der geforderten kunstkritischen Parteinahme explizit zu machen: Er wählt die Formulierung *Mon Salon* als Titel.

Daß die bei Tirso de Molina sich abzeichnende semantische Erweiterung, durch die die soziale und - soweit man bereits von einer solchen sprechen kann - die gesellige Bedeu-

9 Über den Beginn der Gemäldeausstellung und Diderots Ausstellungsberichte siehe Jean Seznec und Jean Adhémar: Diderot: Salons, Introduction, Bd. 1, Oxford 1975, S. 8-25, S. 8-9.

10 So wurde als eines der letzten Unternehmungen im Kölner Hake-Verlag 1977 eine Kunstzeitschrift gegründet mit dem Titel "Salon".

11 Vgl. Wolfgang Dorsts Einleitung zum Kommentar der Kunstkritik Baudelaires, in : Charles Baudelaire: Sämtliche Werke/Briefe, 8 Bde., hrsg. von Friedhelm Kemp und Claude Pichios in Zusammenarbeit mit Wolfgang Dorst, Bd. 1: Juvenilia-Kunstkritik, München 1971, S. 387-391.

12 Siehe hierzu die Neubewertung der beiden Schriften Baudelaires durch Dolf Oehler: Pariser Bilder (1839-1848). Antibourgeosie Ästhetik bei Baudelaire, Daumier und Heine, Frankfurt/M.

tungsdimension eröffnet wird, so eng auf den höfisch-repäsentativen Raum bezogen bleibt, enthält ein zentrales Erklärungsmoment dafür, warum sich die Übertragung des Begriffs "Salon" auf Organisationsformen des gesellschaftlichen Umgangs, die sich nicht mehr ohne weiteres dieser Sphäre zuordnen ließen (und z.T. in Abkehr von dieser entstanden), verzögerte. Während vom Hochadel mit einer gewissen Regelmäßigkeit veranstaltete "Gesellschaften" schon als "Salons" apostrophiert werden konnten, blieb dieser Terminus jenen, die eine Distanz zum höfischen Zentrum signalisierten, noch lange vorenthalten. Hierfür standen Begriffe zur Verfügung, die entweder eine Intimisierung des sozialen Umgangs und damit eine Abkehr von Repräsentationsaufgaben signalisierten, oder aber sie verwiesen bereits auf neue Gesellschafts- und Öffentlichkeitsprojekte. Dies macht auch der bevorzugte Gebrauch des Terminus "société" durch die französischen Aufklärer gerade für jene geselligen Formationen (besonders des wissenschaftlichen Lebens), die heute als historische Paradigmen für "Salon"-Kultur gelten, deutlich. Daß dabei Intimisierung und Öffentlichkeitsprojekte im Zusammenhang gesehen werden müssen, ist hinlänglich bekannt. Marmontels *Mémoires* (*Livre Dix*) belegen jedoch, daß im Sprachgebrauch auch der Salongesellschaften des 18. Jahrhunderts "Salon" als Synonym für "société littéraire" allmählich möglich geworden war: "(Monsieur Necker) fut le principal objet de la fondation de sa société littéraire. Mais il falloit encore que son salon, que son diner fussent pour son (der Salondame Necker - PS) mari un délassement, un spectacle; (...)."[13] Allerdings dokumentiert der Beleg zugleich, daß "Salon" und repräsentativer Aufwand noch immer miteinander in Verbindung gebracht wurden.

Folgt man französischen Lexika, so setzt sich erst zu Beginn des 19. Jahrhunderts, also nach dem Untergang der repräsentativen Sphäre des Ancien Régime, "Salon" als Bezeichnung einer spezifischen sozialen Formation mit Bezug auf Literatur, Wissenschaft und Kunst durch. Dabei führen die Lexika in der Regel als frühe Nachweise Zitate aus den Werken der Mme. de Staël, der Tochter Mme. Neckers, an. Daß diese neue begriffsgeschichtliche Phase in Frankreich zusammenfiel mit einer Zeit, da auch in Deutschland Bedingungen für die Ausformung einer Kultur literarisch-ästhetischer Geselligkeit vorhanden waren, erklärt die relativ kurze Verzögerungsphase, mit der im deutschsprachigen Raum der französische Begriff zur Markierung einer Geselligkeit eigener Art nachweisbar wird.

Aufschlußreich vor allem für das Selbstverständnis der ersten Salons in Deutschland ist deren Begriffsverwendung insofern, als dies auf soziale Traditionen aufmerksam macht, denen man sich zurechnete bzw. von denen man sich abgrenzte. Nach der Untersuchung von Deborah Hertz zur Berliner Salonkultur vollzog sich die Übernahme des Begriffs durch die Saloninitiatorinnen und -initiatoren mehr als zögernd.

> Only one primary source has been found in which the word 'salon' has been used in this sense (Salon als regelmäßig organisierte, intellektuell-gesellige Sozialformation - PS), Gustav von Brinckmann, the introducteur for Levin's first salon uses the word

[13] Jean-Francois Marmontel: Mémoires, 2 Tomes, ed. par John Penwick, Clermont-Ferrant 1972, Livre Dix, S. 289.

'sallon' in an unpublished letter now in the Goethe-Schiller Archive in Weimar[14] and seems to mean the social and intellectual event, and not merely the room, when in discussing Madame de Staël he says: '(b)ei alledem ist und bleibt sie eine sehr murkwürdige - vorzüglich auf un prodigé dans le sallon, un vrai génie dans la conversation'.[15]

Offensichtlich lag es für den Schweden Brinckmann, der durch den (schwedischen) Ehemann der Mme. de Staël deren literarische Zirkel bereits in Paris kennengelernt hatte, nahe, die Geselligkeit Rahel Levin Varnhagens in Beziehung zur französischen Tradition der Salonkultur zu bringen und sie entsprechend zu benennen. Der kontextuelle Gebrauch des Französischen verweist darauf, daß Brinckmann hier tatsächlich an die Tradition Frankreichs und nicht die zeitgenössischen Anfänge in Berlin dachte. Rahel Levin Varnhagen selbst sprach, soweit aus den bislang erschlossenen Quellen ersichtlich, erst nach dem Ende ihres ersten Salons (1806) von einer Salongeselligkeit - ohne daß ihr dabei in den Sinn kam, ihren eigenen Abendgesellschaften nachträglich das Etikett "Salon" zu verleihen. Vielmehr akzeptierte sie für diese eher Brinckmanns von "Salon" differenzierende Bezeichnung "'Teetisch', wie Sie (Brinckmann - PS) es nennen".[16]

Wenn Rahel Levin Varnhagen "Tee" - ein Begriff, der auch in der die kommunikativen Inhalte konkretisierenden Zusammensetzung als "literarischer" oder "ästhetischer Tee" nachzuweisen ist[17] - für die eigenen Zusammenkünfte favorisierte, so demonstriert dies auch ihre Inanspruchnahme der geselligen Werte von Intimität, Vertrautheit, geringem repräsentativen Aufwand, Bürgerlichkeit, die "Tee" konnotiert. Daß mit diesem Begriff ihr literarisch-geselliges Projekt nicht völlig abgedeckt ist, artikuliert sie (retrospektiv) selbst - wiederum in einem Brief an Brinckmann -, wenn sie den Untergang ihres ersten Salons beklagt: "(...) - Sie sehen am Ausstreichen meine Verlegenheit um ein Wort: ich meine *un rendezvous* für eine echtere künftige, und eine fade Begriffsverwirrung."[18]

Dort, wo Rahel dagegen von "Salon" spricht, scheint dies eine gewisse Distanznahme einzuschließen. So in einem Brief aus dem Jahre 1814 an Varnhagen, in dem sie aufgrund ihrer bisherigen geselligen Erfahrungen "Natur" in Gegensatz zu Salon rückt und ihre Lebensperspektive nicht auf einen "Salon" hin zu entwerfen willens ist:

> Wo werden wir wohl hingehen! Wo ich das Klima ertrage, ist mir nun schon alles recht in der Welt (...); die Welt kenne ich; nämlich die *Leute*, die *Salons*; die Einsichten, Scherze, und Bestrebungen; die Natur, Natur in allen Dingen, ist nur um so schöner, und mir alle Tage segensreicher, zugethaner, und lieber.[19]

---

14 Der Brief vom 10. Mai 1804 befindet sich im Goethe-Schiller-Archiv, Weimar, Berg-Voß-Sammlung, 13. Paket.

15 Hertz: The Literary Salon, S. 221.

16 Rahel an Brinckmann, 8. Jan. 1808, in: Rahel im Umgang, S. 105-107, S. 105.

17 Aus der Vielzahl möglicher Belegstellen seien hier nur zwei Beispiele angeführt: In Carl Marie von Weber: Nachgelassene Schriften, 3 Bde., hrsg. von Theodor Hell, Dresden/Leipzig 1828, Bd. 1, S. LV-LVI, wird von einem "Abenteuer bei einer literarischen Theegesellschaft" gesprochen, und Heine plaziert in der *Harzreise* eine "ästhetische Teegesellschaft" auf den Brocken im Harz.

18 Rahel an Brinckmann, 30. Nov. 1819: Rahel im Umgang, S. 111-116, S. 113-114.

19 Rahel an Karl August Varnhagen in Paris, Prag, den 26. April. 1814, in: Briefwechsel zwischen Varnhagen und Rahel III, Leipzig 1875 (Rahel-Bibliothek V, 3) S. 331-333, S. 332.

Die Juxtaposition von "Salon" und "Welt", womit zunächst die immer noch aristokratisch dominierte soziale Führungsgruppe gemeint ist, findet sich auch in anderen Briefen Rahel Levin Varnhagens, und jeweils ordnet sie den "Salon" in der gesellschaftlichen Hierarchie hoch ein. Wenn sie einer anderen jüdisch geborenen Berliner Salondame, ihrer Kusine Sara von Grotthuß (geb. Meyer), 1824 den Fürsten Kosloffsky als neue personelle Errungenschaft ihres zweiten Berliner Zirkels präsentiert, charakterisiert sie den Fürsten mit den Worten: "Seine Geburt öffnet ihm alle Salons, da hat er die große Welt, die große Konversation macht er dort selbst und für sich allein."[20] Wie bei Brinckmann bleibt bei Rahel Levin Varnhagen die französische Tradition mit dem Begriff "Salon" eng verbunden[21], eine Tradition, die für sie ebenfalls ihre authentische Aktualisierung in der literarisch-geselligen Tätigkeit der Mme. de Staël findet. Aber auch dann markiert "Salon" ein gewisses Abrücken von der eigenen geselligen Praxis, wie es in einer Kritik Rahel Levin Varnhagens an Henrik Steffens deutlich wird:

> Wie Frau von Staël arbeitet er (Steffens - PS) mit den besten Dingen und Worten erhitzt umher: und kunststill, gebetsstill, unschuldsstill werden sie nie. Das erhitzt mich so bei ihnen. Steffens muß ich aber doch ehrlich nennen. Aber seine Lektüren sind ihm, was ihr, der Frau von Staël, ihre Salons sind.[22]

Während Rahel Levin Varnhagen, deren gesellige Praxis zum Paradigma einer entwickelten "deutschen" Salonkultur erklärt wurde, sich weigerte, ihren Umgang als "Salon" zu fassen (und - nach der bisherigen Quellenlage - auch nicht die anderen, von jüdischen Frauen in Berlin organisierten literarisch-geselligen Formationen so titulierte), erschien es ihr angemessen, bezüglich der Häuser, die ihr Freund Friedrich Gentz in Wien besuchte, und die zum Teil wie die Berliner Salons ebenfalls von jüdischen Frauen geleitet wurden, von "Salons" zu sprechen:

> Gentz war gestern Abend bei mir: recht gut; aber er müßte erst wieder kurze Zeit unter eben so Klugen leben, als er ist: die Salons haben ihn engourdirt. Er braucht nur weniges sich zu entrosten. Wir sprachen viel.[23]

Auch hier bleibt Rahel Levin Varnhagen in ihrer Begriffsverwendung angesichts der besonderen gesellschaftlichen Stellung der jüdischen Salondamen Wiens konsequent: deren Familien waren nobilitiert worden - eine Statusänderung, die für die sozialen Konstellationen und Funktion dieser Wiener Zirkel und ihrer gesellschaftlichen Reputation ebensowenig wie für ihre Literaturpraxis folgenlos bleiben konnte.

Rahel Levin Varnhagen spricht also augenscheinlich dann von "Salon", wenn gesellige Formationen auf einer relativ hohen gesellschaftlichen Ebene anzusiedeln sind und sie Zweifel hegt, daß ein von gesellschaftlichen Hierarchien entbundener kommunikativ-geselliger Raum realisiert werden kann. Die Bedeutungsvariante, die mit "Salon" in Um-

---

20 Rahel an Frau von Grotthuß, Berlin, Dez. 1824, in: Buch des Andenkens IV, S. 177-179, S. 179.

21 Bei der Beurteilung der Schauspielerin Taglioni wird das Kompositum "Französische Schule; Salonnähe" zu einem Kriterium der Beurteilung künstlerischer Leistung. Vgl. Rahel an Fürstin Pückler-Muskau, 8. Juni 1832, in: Buch des Andenkens III, S. 575-576.

22 Rahel an Friedrich Ludwig Lindner in Stuttgart, Karlsruhe, 19. Dez. 1818, in: Buch des Andenkens II, S. 555-560, S. 560.

23 Rahel an Varnhagen in Bremen, Prag, 20. Nov. 1813, in: Briefwechsel Rahel-Varnhagen III (Rahel-Bibliothek V, 3), S. 213-214, S. 213.

kehrung der bisherigen Semantik gesellschaftlich-innovative oder zumindest sozial-deviante Verkehrsformen im Sinne eines aus den stratifizierenden Strukturen herausgebrochenen Umgangs meint, deutete sich im ersten Restaurationsjahrzehnt im Kreise Rahels selbst bereits an: Ihr Mann vermißt in einem Brief aus Kassel gerade die Existenz eines "Salons", der sich gegen die höfischen "Assemblées" als besonderer, besserer Verständigungsraum aufbauen würde:

> Schade, daß die Gräfin von Reichenbach nicht regelmäßig Salon hält, das wäre der Ort, der mir in Kassel am Besten gefallen könnte, nämlich Salon, nicht Assemblée; ich glaube, die Unterhaltung würde sich da am besten gestalten.[24]

Es bleibt noch anzumerken, daß Rahels Geselligkeit selbst von einem ihrer Besucher gerade als Muster eines "Salons" öffentlich vorgestellt wurde, als sein Bericht mit dem Titel publiziert wurde: *Der Salon der Frau von Varnhagen.* (s.u.)

Als Indiz dafür, wie wenig Klarheit insgesamt in Deutschland in und noch nach dieser ersten "salongeschichtlichen" Kulminationsphase selbst unter den Angehörigen jener Kreise, die die Salonkultur wesentlich trugen, über den Begriff herrschte, kann ein Brief Mendelssohn-Bartholdys gelesen werden, den dieser 1825 aus Paris an seine Schwester in Berlin adressierte. Der Komponist fühlte sich gehalten zu erklären, daß man in der französischen Hauptstadt unter "Salon" Gesellschaften verstehe, unter "Soireen" dagegen Konzerte, zu denen man Eintritt zahlen müsse.[25]

Ob schließlich Heinrich Heine, Vertrauter des Varnhagen-Kreises, der Geselligkeitsformation "Literarischer Salon", die er in Berlin und in Paris kennengelernt hatte, seine Reverenz erwies, als er 1833 seinem Verleger Campe "Salon" als Buchtitel vorschlug, war bereits für die zeitgenössischen Rezipienten unklar. Sein in den Band aufgenommener Bericht über die "Gemäldeausstellung in Paris 1831" - auch wenn es Heine hier nicht nur, nicht einmal primär um Kunstkritik ging - könnte eher als Indiz genommen werden, daß er mit dem Begriff "Salon" im Titel nicht "Literarisches Leben", sondern die Tradition der Kunstkritik assoziieren wollte. Der Rezensent Heinrich Laube verstand den Titel "Salon" folglich auch nur im Sinne Diderots:

> Ich streife flüchtig durch den eben geöffneten Salon, es sind mir nur wenig Stunden gegönnt, wenn ich im nächsten Literaturblatte den Lesern erzählen will, was ich darin gesehen habe (...).[26]

Karl Büchner, der eine abwertende Besprechung Heines in der *Literarischen Zeitung* veröffentlichte, ging zwar ebenfalls auf die kommentierte Exposition im Louvre ein, gleichzeitig aber kritisierte er, daß die von "Salon" als Geselligkeitsbegiff im Titel geweckten Erwartungen nicht erfüllt würden:

> Es ist nicht bloß der Salon zu Paris, in welchem die Gemäldeausstellung eröffnet wird, auch ein Salonleben der französischen Residenz, das man hier erwarten

24 Varnhagen an Rahel, Kassel, 12. Febr. 1829, in: Briefwechsel Varnhagen-Rahel VI (Rahel-Bibliothek VI, 6), S. 232-235, S. 233.

25 Brief Mendelssohn-Bartholdys an seine Schwester Fanny, Paris, 9. Mai 1825, in: Sebastian Hensel (Hg.): Die Familie Mendelssohn 1729-1847, Nach Briefen und Tagebüchern, Bd. 1, 18. Aufl., Leipzig 1924, S. 170-171, S. 171.

könnte, trifft man nicht als wesentliche Bezugnahme des Autors; es ist vielmehr die Darstellung seines eigenen Ichs, ein Gemälde seines inneren Kopf- und Herzensraumes, mit einigen französischen Dekorationen.[27]

Daß Heine andernorts "Salon" durchaus nicht ausschließlich im Sinne der (Louvre-) Gemäldeausstellung und der Ausstellungsberichte, sondern bereits zu Beginn der dreißiger Jahre auch in der Bedeutung einer Organisationsform des geselligen Literarischen Lebens verstand, belegt seine Charakterisierung von *De l'Allemagne*[28]: Hier heißt es, bei Heine habe Mme. de Staël "in der Form eines Buches gleichsam einen Salon eröffnet, worin sie deutsche Schriftsteller empfing und ihnen Gelegenheit gab, sich der französischen zivilisierten Welt bekannt zu machen (...)."[29]

Diese semantische Festlegung auf "Literarischer Salon" wird Mitte der dreißiger Jahre in Besprechungen von Heinrich Heines Werk selbst faßbar. Gutzkow äußerte sich am 11. März 1835 zum zweiten *Salon*-Band, Heine sei "in seiner ganzen Deutschheit, mit seinem Mondschein, seiner Blässe, seiner Melancholie und dem Hasse, der alle deutschen Schriftsteller dieser Zeit charakterisiert, in die Salons der jungen französischen Literatur getreten."[30]

Gleichzeitig taucht der Terminus "Literarischer Salon" auf und läßt sich (nach der Quellensituation zunächst in Wien) in literarischen Tageskämpfen nachweisen: Bauernfelds Theaterstück *Der Literarische Salon* ist das bekannteste Beispiel. Es erlebte am 24.3.1836 seine turbulente Premiere, durch die sich Saphir und Bäuerle an den Pranger gestellt sahen.[31]

Eine andere Entwicklungstendenz in der Begriffsgeschichte läßt sich schon bei Heine nachweisen: indem er in der *Romantischen Schule* zwar die Leistung Mme. de Staëls, in *De l'Allemagne* deutschen Autoren einen Salon eröffnet zu haben, anerkannte, gleichzeitig aber zur Korrektur auch dieser Form von Präsentation der deutschen Literatur ansetzte, besitzt "Salon" keine ausschließlich positive Bedeutung. Sind es bei Heine, auch bei Bauernfeld, Gutzkow, bereits bei Rahel Levin Varnhagen Ambivalenzen, die dem Salonbegriff anhaften, so werden diese in der Literatur im Vormärz immer mehr aufgegeben zugunsten einer deutlichen Pejorisierung des Begriffs. (Auf ein Gegenbeispiel[32],

---

26 Vgl. Heinrich Heine: Sämtliche Schriften, hrsg. von Klaus Briegleb, München 1968-1976 (Hanser-Ausgabe), Bd. 3, hrsg. von Karl Pörnbacher, 1971, S. 712 (Kommentar zu "Salon I").

27 Ebd., S. 713.

28 Heinrich Heine: Die Romantische Schule, in: Ebd., S. 357-504, S. 360-361.

29 Ebd.

30 Besprechung von Gutzkow, in: Phönix, 11. März 1853.

31 Eduard von Bauernfeld: Der literarische Salon. Lustspiel in drei Akten, in: ders.: Gesammelte Schriften, Bd. 3, Wien 1871, S. 241-320. Bei Bauernfelds Lustspiel handelt es sich um eine Satire gegen das Junge Deutschland. Weitere Aufführungen wurden durch ein Verbot, das Bäuerle erwirkte, verhindert.

32 Ein anderes Gegenbeispiel liefert Ruge: Arnold Ruge - so distanziert er sich auch gegenüber dem Literarischen Salon äußerte - sieht den Begriff "Salon" durchaus positiv besetzt, sofern er eine gesellschaftskritische, politisch orientierte soziale Formation meint: "In dem Salon der 'Democratie pacifique' war es vornehmlich die französisch gesellige Sitte und ihre unendlich über die unserige erhabene Form, wodurch die Schulfuchserei des Fourierismus so gut als beseitigt wurde. Man verkehrte völlig frei, man liest, wenn man will, man spielt Schach, man sieht zu, man disputiert, man hört es mit an, man politissirt, man beräth sich; man hat bei dem ganzen Verkehr Zustände zur Voraussetzung, die von uns Deutschen zu den

dem durch seinen Erscheinungsort, dem *Damen Conversations Lexikon,* eine gewisse wirkungsgeschichtliche Relevanz unterstellt werden kann, ist noch einmal zurückzukommen.) Einige Beispiele: Als Christian Reinhold Köstlin z.B. Gutzkows *Seraphine* 1838 im *Intelligenzblatt zu den Hallischen Jahrbüchern* vorstellte, assoziierte "Salon" für den Rezensenten "Salon-Abgeschliffenheit", "Pikantes", "Medisance" und "Antithesenwesen".[33] Hatte schon der Erzähler in Theodor Mundts *Madonna* (1835) am Grabe Johann Christian Seumes diesen zum "Widerbild eines Salonmenschen erklärt"[34] und damit implizit jene Literatur, die in Beziehung zum "Salon" gesehen wurde, mitsamt dieser geselligen Formation in Frage gestellt, so verband sich für Herwegh 1840 in der *Deutschen Volkshalle* mit dem Begriff "Salon" Poesiefeindlichkeit schlechthin.[35] Daß im Vorfeld der 48er Revolution "Salon" weiter pejorisiert wurde, wobei die Negativsetzung des Begriffs im wesentlichen auf einer Identifizierung der durch diesen Begriff gekennzeichneten sozialen Konfiguration mit den höheren Gesellschaftsschichten und der Kritik einer damit vom "Volke" abgesonderten Publikumsbildung gründete, belegt ein Zitat Adolf Stahrs, in dem er "unsere Kunst" als "Salonkunst" mißachtet: "Salonmenschen sind Käufer und Besteller (...). Aber die Kunst ist fürs Volk da, für jeden, für Alle."[36] In ähnlichem Zusammenhang kritisierte Moses Hess Berthold Auerbach, dieser werde zum "Podex der Salonliteraten"[37].

Eine semantische Negativierung des Begriffs konstatieren zu dieser Zeit auch einzelne Salondamen. Die Wiener Salonorganisatorin Karoline Pichler sprach von der "Gehaltlosigkeit" der literarischen Geselligkeit, "welche den Namen Salon in der literarischen Welt so in Verruf gebracht hat, daß die geistreichen Männer, die tüchtigen Köpfe einen Ekel davor bekommen haben und lieber auf der Treppe umkehren, als einen solchen Salon betreten wollen."[38] Ebenfalls negativ besetzt benutzte Henriette Herz, der bei der Genese der Berliner Salons im späten 18. Jahrhundert eine initiierende Rolle zugefallen war, den Begriff "Salon" in ihren autobiographischen Schriften. Sie thematisiert das allmähliche Verdrängen anderer Geselligkeitstermini durch "Salon", was synchron zu

unerhörten Dingen gerechnet werden." Arnold Ruge: Der Salon der Democratie pacifique, in: ders.: Zwei Jahre in Paris. Studien und Erinnerungen, 2 Bde., Leipzig 1846 (Reprint Hildesheim 1977), Bd. 1, S. 103-114, S. 107.

33 Reinhold C. (= Christian Reinhold Köstlin): Die neue Belletristik und der Roman Seraphine von Karl Gutzkow, in: Intelligenzblatt zu den Hallischen Jahrbüchern 1838, Nr. 2/3, S. 5-9. In Auszügen wiederabgedruckt in: Wolfgang W. Behrens u.a.: Der Literarische Vormärz, München 1973, S. 69-77, S. 74.

34 Theodor Mundt: Madonna. Unterhaltungen mit einer Heiligen, Leipzig 1835 (Reprint, Frankfurt/M. 1973), S. 178.

35 Georg Herwegh: Salon und Hütte, in: ders.: Gedichte und kritische Aufsätze aus den Jahren 1839 und 1840, Belle-Vue 1845, S. 137-142.

36 Adolf Stahr: Ein Jahr in Italien, 3 Bde., Oldenburg 1847, Bd. 1, S. 330.

37 Moses Hess: Brief an Berthold Auerbach, Elberfeld (?), Februar (?), 1845, in: ders.: Briefwechsel, hrsg. von E. Silberner, S'Gravenhage 1959, S. 111. Als Nachweis dafür, daß sich semantische Verschiebungen nicht nur in Deutschland, sondern auch in Frankreich mit seiner entwickelteren Salonkultur in den vierziger Jahren bemerkbar machen, sei hier nur erinnert an die Ironisierung des "Salondichters" durch Honoré Daumier und James Rousseau: Robert-Macaire. Der unsterbliche Betrüger und die Portiersfrau. Sylvius der Dichter, aus dem Französischen von Mario Spiro, hrsg. und mit einem Nachwort versehen von Karl Riha, Frankfurt/M. 1977, S. 113-117.

38 Pichler: Denkwürdigkeiten, Bd. 2, S. 383.

dem Untergang der von ihr und ihrer Generation verfochtenen geselligen Projekte verlaufen sei. "Seit das Wort 'Salon' statt unseres guten deutschen 'Gesellschaftszimmer' sich bei uns einbürgerte, hat das letztere aufgehört ein neutraler Boden zu sein."[39] Die Ausbreitung von "Salon" zeigt damit für Henriette Herz das Scheitern ihres Ideals eines egalitären Umgangs (was auf die Begriffsbestimmung von Levin Varnhagen zurückverweist).

Eine solche allgemeine Pejorisierung von "Salon" reflektiert auch der junge Adalbert Stifter in seinen Stadtskizzen *Wien und die Wiener in Bildern aus dem Leben* (1844). Diese enthalten, wie es die Publikumserwartungen von solchen Stadtbildern verlangen, auch "Salonszenen". Vorangestellt ist ihnen die Versicherung des Autors, er wolle auf die übliche Denunziation verzichten: "Man fürchte sich hier aber nicht, daß ich wie ein verwilderter, bärtiger Musensohn über die Salons herfallen und sie in die Pfanne hauen werde (...)."[40] Nicht seine Beschreibung der Wiener Salonkultur braucht in dieser begriffsgeschichtlichen Skizze weiter zu interessieren, sondern seine Bemerkungen zum begriffsgeschichtlichen Phänomen der Kompositabildung. Analog zu der bei Moses Hess nachweisbaren Wortschöpfung "Salonliterat" scheint dabei sämtlichen bei Stifter erwähnten Wortzusammensetzungen eine negative Tendenz eigen zu sein oder ihnen kontextuell verliehen zu werden: "fade Salonkultur", "Blasiertheit des Salonlebens" usw. führt Stifter als Beispiele an. Wie bei ähnlichen Neologismen - Salonkunst, Salonlöwe, selbst Salondame und später Salonmarxist - zielten diese Komposita offensichtlich nicht nur auf den sozialen Standort der Geselligkeit, sondern auch auf deren tatsächliche oder angebliche Funktion im Sinne eines Wirklichkeitsersatzes. Insofern diese Komposita in dem spezifischen sozialen Rahmen vermittelte oder favorisierte Kunst meinen, setzen sie diese dem Verdacht der Evasion oder des Divertissements aus.[41]

---

39 Herz: Erinnerungen, S. 153.

40 Adalbert Stifter: Wiener Salonszenen, in: ders.: Gesammelte Werke in vierzehn Bänden, hrsg. von Konrad Steffen, Basel/Stuttgart 1969, 13 Bd., S. 219-244, S. 220.

41 Dieser Pejorisierungstendenz entzogen blieb längere Zeit die "Salonmusik". (Von der Negativsetzung ausgenommen war ansonsten der Begriff "Salonfähigkeit", auch deshalb, weil dieser Terminus die Geselligkeitsformation selbst kaum mehr konnotierte, kann doch mittlerweile auf der Berliner Grünen Woche selbst ein Hybrid-Weizen als "salonfähig" bezeichnet werden oder in einem Artikel von Joachim Kahlert in der "Frankfurter Rundschau" ["Der militärische 'Nutzen' hatte offensichtlich immer Vorrang.", 17. Mai 1986, S. 9.], der sich mit der Atomreaktorkatastrophe von Tschernobyl auseinandersetzte, festgestellt werden, daß der hier außer Kontrolle geratene Reaktortypus einen "auf der internationalen Bühne wenig salonfähigen 'Vorzug'" besitze: den raschen Zugriff auf Plutonium zur Herstellung von Atombomben.) Bereits innenarchitektonisch wird dieser Evasionsverdacht durch die z.T. exotische Ausstattung des Salons bestätigt. Wenn Luise Mühlbach eine Freundin zu einem "Spaziergang im Salon" einlädt, wird ein Interieur vorgeführt, das als Surrogat buchstäblich der gesamten Welt zu fungieren hat. "Salon" meint hier einen musealen Raum, in dem die Erfahrungsarmut des Besuchers kompensiert werden kann: "Du sollst mit mir nach Italien und Aegypten, nach Florenz und München, nach Kopenhagen und Kairo wandern; ich will dich herumführen (...) auf dem Marcusplatz von Venedig; wir wollen einen Besuch machen im Vatikan und im Harim; wir wollen beten im Dom St. Marco in Venedig, in der Kirche Santa Maria della pace in Rom und in der Alabastermoschee Mohamed Ali's in Kairo. Du sollst einen flüchtigen Blick auf Capri thun und auf dem Wüstensand von Sakhara ruhen. Willst Du das, Auguste? Willst Du eine Stunde in meinem Salon an meiner Hand einen Spaziergang machen?" Luise Mühlbach: Ein Spaziergang im Salon, in: Erinnerungsblätter aus dem Leben Luise Mühlbachs, gesammelt und hrsg. von ihrer Tochter Thea Ebersberger, Leipzig 1902, S. 214-244, S. 216-217.

(Vom Salon als Evasionsraum, der "Welts" nur mehr vorspiegelt, wird - allerdings in anderem Sinn - auch Walter Benjamin in seiner bekannten Stelle aus *Paris, eine Hauptstadt des XIX. Jahrhunderts* sprechen, wenn er von den bürgerlichen "Phantasmagorien des Interieurs" handelt: Das Interieur "stellt für den Privatmann das Universum dar. In ihm versammelt er die Ferne und die Vergangenheit. Sein Salon ist eine Loge des Welttheaters."[42])

Die *Wiener Bilder* Stifters markieren aber noch eine zweite begriffsgeschichtlich interessante Entwicklung, die nicht nur eine Aufgliederung der Salonkultur auf der Basis von Ausdifferenzierungen fachlicher und politischer Art innerhalb der (Wiener) Intelligenz widerspiegelt, sondern zugleich eine Übertragung des Begriffs auf Institutionen anzeigt, die mit dem ästhetischen Salon allenfalls eine spezifische Art der Verschränkung von Öffentlichem und Privatem/Intimem gemein haben:

> Jetzt gibt es juridische, ästhetische, politische, radikale, konservative, Damen-, Herren-, Friseur- und Schneidersalons, während ich in den glücklichen Tagen keinen anderen kannte als unseren Gartensalon (...).[43]

Stifters heilloser terminologischer Verwirrung darüber, was alles "Salon" sei, wird allenfalls durch Rudimente literarischer Rezeptionsattitüden in einem "Frisiersalon" entgegengewirkt:

> Es ist mir freilich anfangs, da ich nach Wien gekommen, mit dem Worte 'Salon' gar seltsam gegangen. Ich geriet nämlich schon am zweiten Tage, da mir meine flatternden Landhaare gar nicht mehr gefallen wollten, in einen 'Friseursalon', wo die Geister der weißen Mäntel herumhingen, leichtbeschuhte Haarkünstler gingen und der Vater seiner Tochter Adelgunde, die sehr schmachtend am Fenster saß, vorstellte, wie sie denn nicht immer gar so lesen solle. Auch in einen Bäckersalon geriet ich.[44]

Die Vergleichspunkte mit den "Salons", "wo Ästhetik getrieben"[45] - und in dieser Gleichsetzung besteht die Ironisierung der "ästhetischen" - sind die anwesenden (Haar-) Künstler, die Leichtigkeit verbreiten, und die durch Lektüre verzärtelte, sehnsüchtige Haustochter. Vollends verwirrend an dem modischen Gebrauch des Begriffs "Salon" findet es Stifter, daß endlich "manche erweiterte Kneipe ein Biersalon oder der Salon schlechtweg" heißen solle (eine Verwirrung, die dann verständlich ist, wenn im bisherigen Sprachgebrauch "Kneipe" und "Salon" konträre gesellige Möglichkeiten bezeichneten). Daß selbst für Stifter "Salon" immer noch zuerst ein Terminus der Hausarchitektur war, dokumentiert seine Aussage, "in der Regel aber", verstehe man unter "Salon", "jene vornehmen Gesellschaftszimmer, in denen sich entweder bloß die Familie gelegentlich zur Erholung und Besprechung versammelt oder wo zu bestimmten Tageszeiten oder an bestimmten Wochentagen auch Fremde sich einzufinden pflegen, um da irgendeiner Lieblingserholung obzuliegen oder auch nur im Allgemeinen der Gesellschaft zu genießen."[46]

---

42 Walter Benjamin: Paris, die Hauptstadt des XIX. Jahrhunderts, in: ders.: Illuminationen. Ausgewählte Schriften, Frankfurt/M. 1969, S. 185-200, S. 293.

43 Stifter: Salonszenen, S. 219.

44 Ebd., S. 222.

45 Ebd., S. 223.

46 Ebd.

So stellt sich Stifter der Begriff "Salon", "verbraucht und verpönt"[47], semasiologisch äußerst variantenreich, seltsam unbestimmt dar: "daß schließlich Salon endlich gar kein Gebäude mehr bedeuten würde, sondern nur eine Versammlung oder eine Partei und zuletzt gar ein Buch, das hätte mir damals (in der Kindheit - PS) freilich eine Umwälzung geschienen, die einer Staatsrevolution völlig gleichkam - jetzt aber wundert es mich gar nicht mehr, seit ich weiß, daß man jedes Wort nach und nach für alles gebrauchen kann, wofür man will (...)."[48]

Pejorative Bedeutung behält der Begriff auch nach der Jahrhundertmitte bei (wenngleich in den *literarischen* Auseinandersetzungen der nachrevolutionären Dekaden der Charakter eines Reizwortes abgemildert erscheint.) So glaubt M.A. Becker noch 1880 in einer Skizze *Geselligkeit und Gesellschaft in Wien*, den Terminus "Salon" nicht kommentarlos den Wiener Geselligkeitsformationen, die am Anfang des Jahrhunderts entstanden waren, überstülpen zu können:

> Während des Wiener Congresses standen die Arnsteinschen Cirkel im Zenith ihres Glanzes, aber auch auf dem Wendepunkt ihrer idealen Anlage: sie wurden allgemach zum S a l o n, womit ich durchaus keine Bemängelung, sondern nur eine dem Wiener Genius minder adäquate Form der Geselligkeit bezeichnen will.[49]

Kennt man Beckers Entwürfe vom "Wiener Genius", wird man schnell gewahr, daß auch er die Negativsetzung des Begriffs "Salon" aufnimmt, die Abwertung sich aber vom Sozialen zum Geschlechtsspezifischen verlagert. Es ist nicht zuletzt die aktive Präsenz von Frauen in dieser Formation, an der sich bis ins 20. Jahrhundert verschiedene Varianten der Pejorisierung des Begriffs festmachen lassen. Dies geht bis zur Unterstellung, daß die erotische Komponente als einziges geselliges Movens fungiere. Hans Ostwald spricht dementsprechend in seiner Kulturgeschichte *Das galante Berlin* (die in dem Kapitel "Erotisierung des Bürgers" auch die Salons der Rahel Levin und Henriette Herz erwähnt) vom "vormärzlichen Salon", wenn er auf einschlägige Etablissements hinweisen will, in denen sich Prostituierte aus den höheren Gesellschaftsschichten betätigt hätten. Dies ist bei Ostwald im Gegensatz zur üblichen moralischen Abwertung des Begriffs "Salon" jedoch nicht einmal denunziatorisch gemeint:

> Wahrscheinlich verkehrten in jenem vormärzlichen Salon (das 'Hoffmansche Geheime Bordell' - PS) noch viel mehr solcher Gelegenheitsmädchen. Die geschlechtliche Not der höheren Kreise treibt sie in die Salons. Nur zu viele junge Mädchen aus besseren Familien sind längst geschlechtsreif und heiratsfähig, müssen aber jahrzehntelang auf die Hochzeit warten.[50]

(Bei seiner Begriffsverwendung von "Liebessalon", nach der in diesen "Salons" Damen der Gesellschaft und sonst nur schwer zugängliche weibliche Geschöpfe sich "preisgeben"[51], bleibt damit eine höhere soziale Stellung der Prostituierten Definitionskriterium.)

---

47 Ebd., S. 219.
48 Ebd., S. 220.
49 M.A. Becker: Geselligkeit und Gesellschaft in Wien, in: ders.: Verstreute Blätter, 1880, S. 29-45, S. 41.
50 Hans Ostwald: Das galante Berlin, Berlin 1928, S. 327.
51 Ebd., S. 329.

Schließlich wurde "Salon" eingegliedert in das Begriffsarsenal politischer Propaganda. Kommentarlos kann aus dem Bericht des *Völkischen Beobachters* vom 6.10.1932 über eine Rede Mussolinis zum Begriff des "Intellektuellen" zitiert werden. In diesem Beispiel fehlen, was der deutsche Nationalsozialismus dann bald nachholte, nur noch die Hinweise auf die "jüdische Verschwörung", um die Negativkonnotationen zu vervollständigen:

> Vor allem lehnt er (Mussolini - PS) den Begriff des Intellektuellen ab. Das klinge nämlich nach 'Auflösung', 'Freimaurerloge' und hätte seinen Platz in den 'Salons gewisser Damen, welche sich mit Politik beschäftigen'.[52]

Und um einen Sprung in die Begriffsverwendung der Gegenwart zu wagen, der zugleich die Kontinuität der Intellektuellenschelte und Schriftsteller-Denunziation veranschaulichen kann, sei daran erinnert, daß der damalige Generalsekretär der CDU, Heiner Geißler, auf einen Artikel des Schriftstellers Johannes Mario Simmel am 4. Juni 1989 mit einem offenen Brief reagierte, in dem er Simmel "als 'millionenschweren Salonsozialisten' und 'Schmierfinken' bezeichnete".[53]

Daß sich daneben und dagegen eine begriffsgeschichtliche Tradition behaupten konnte, die zumindest Aspekte der Salonkultur als positive Errungenschaften assoziierte und den Begriff in Verbindung brachte mit egalitärem sozialen Umgang, mit dem Gespräch als demokratischer Einrichtung und mit einer situativen Negierung gesellschaftlicher Herrschaftsnormen belegt - allerdings nicht an einem Beispiel der deutschen Begriffsgeschichte - ein Artikel der Wochenzeitung *Die Zeit*. Diese berichtet in ihrer Ausgabe vom 2. Juni 1989, also zwei Tage vor Geißlers Offenem Brief, über das Niederschlagen der Demokratiebewegung in Peking und deren Anfänge:

> Es war Wang Dan, der drei Wochen vor dem Tod Hu Yaobangs in der Peking-Universität einen 'Demokratie-Salon' einrichtete, in dem die Studenten darüber berieten, wie sie den 70. Jahrestag der 4.-Mai-Bewegung begehen sollten. 'Wir wußten, daß die Regierung aus diesem Anlaß nicht über Demokratie sprechen wollte', erläuterte ein Student in einem langen Gespräch. 'Also mußten wir es tun (...) kein Student hat vorher gedacht, daß dieser Salon zu einer solchen Bewegung wird.'[54]

2. Die begriffsgeschichtliche Skizze hatte ihren Ausgangspunkt in einem Zitat aus *Zedlers Universallexikon*. Abschließend soll wenigstens stichpunktartig auf den Verlauf von Begriffsgeschichte, wie er sich auf der Ebene von Lexika mit ihren definitorischen und normativen Momenten rekonstruieren läßt, zurückgekommen werden.

Ab der zweiten Hälfte des 19. Jahrhunderts enthalten die Lexika zwar meist Ausführungen zum Stichwort "Salon" als Terminus einer geselligen Formation, bleiben dann aber in der Regel, was definitorische Anstrengung und Informationsfülle betrifft, hinter den Ausführungen eines früheren Nachschlagewerkes, des *Damen-Conversations-Lexi-*

---

52 Zit. nach Dietz Bering: Die Intellektuellen. Geschichte eines Schimpfwortes, Berlin/Wien, 1982, 1. Aufl., Stuttgart 1978, S. 1.

53 tageszeitung (taz), 5.6.1989, S. 5.

54 Matthias Naß: Der letzte Kampf der alten Kameraden, in: Die Zeit, Nr. 28, 2.6.1989, 6 Politik.

kons, das seit 1834 von Herloßsohn herausgegeben wurde, zurück.[55] Von der Herausgeberintention dieses Lexikons her, wie sie in der *Vorrede* des ersten Bandes niedergelegt ist, überrascht es allerdings nicht, daß wir hier zu diesem frühen Zeitpunkt umfangreiche und zugleich normative Erläuterungen zu dem Stichwort "Salon" finden: Nach dieser *Vorrede* zielt das Konversationslexikon auf das Ideal einer gebildeten Frau, das seine Realisierung in der Geselligkeitsstruktur erfahren sollte. Dort, wo das Lexikon den Frauen bislang weniger zugängliche Wissensgebiete "in einem leichtern, geschmackvollern Gewande"[56] öffnen will, geschieht dies mit dem Ziel der lexikalischen Ausbreitung des für die gesellige Unterhaltung notwendigen Wissens.[57] Bietet sich also das Lexikon insgesamt als Hilfsmittel für den geselligen Umgang der Frauen an, so verspricht das Vorwort darüber hinaus "unter der Rubrik *Frauen*" Informationen über die "Mitschwestern" nicht nur in "physischer, moralischer", sondern auch in "geselliger Beziehung".[58] Zunächst wendet sich der Artikel zum "Salon", der dieses Versprechen einlöst - expressis verbis - gegen die abqualifizierenden Konnotationen. Die Deutschen, heißt es, hätten "dem Wort gewöhnlich klappernde Schüsseln, pokulierende Männer und stummlächelnde Frauen zum Nebenbegriff gegeben."[59] Erklärt wird dieser "Mißbrauch" des Begriffs durch die - nach Ansicht des Artikelschreibers - fortdauernden Defizite der Geselligkeitskultur in Deutschland. (Die - vorbildlichen - Gegenbeispiele zur deutschen Situation, wie sie bei der definitorischen Klärung von "Salon" zugrundegelegt werden, bezieht der Verfasser dementsprechend aus Frankreich bzw. Paris.[60]) Vor diesem Hintergrund gewinnen die Einlassungen des Lexikons propagandistische, geselligkeitsstimulierende Funktion. Anders als Stifter oder Bauernfeld mit ihrer (der Wiener Situation vielleicht schon angemessenen) Begriffsspezifizierung sieht dieser Artikel keine Notwendigkeit, zwischen einem wissenschaftlichen, literarischen, musikalischen etc. Salon begrifflich zu differenzieren - "Salon" meint nach diesem Lexikon noch einen "Begegnungs- und Kommunikationsraum" für "Gelehrte", Künstler, Musiker, Schauspieler, Literaten zugleich. Der Austausch zwischen den Vertretern verschiedener Künste und der Künstler mit anderen Intellektuellen wird weiterhin zu institutionalisieren gesucht und - durch die Mitwirkung von Frauen - als realisierbar erachtet. Folglich sind Musik, Kunst, Literatur usw. gleichermaßen und gleichwertige Gesprächsthemen. Dies allerdings konstituiert nach dem Artikel jeden Salon: Der "schöngeistige", ästhetische Salon ist der

---

55 Damen-Conversations-Lexikon. Hrsg. im Verein mit einer Gesellschaft von Gelehrten und Schriftstellerinnen von C(arl) Herloßsohn, Leipzig 1834 ff. Der Artikel "Salon" befindet sich in Band 9, Leipzig 1837, S. 40-42.

56 Vorrede, in: Damen-Conversations-Lexikon, Bd. 1, S. III - VI, S. III.

57 Eine weitere Affinität zum Salon könnte man auch darin sehen, daß der Herausgeber den als Benutzer seines Lexikons intendierten Frauen Position und Funktion, wie sie bei den Salondamen gefordert sind, zuspricht, indem er sie als "Richterinnen des Geschmacks" tituliert.(ebd)

58 Ebd.

59 Ebd., S. IV.

60 Daß diese These von der in Deutschland bislang unterbliebenen Ausbildung einer nennenswerten Salonkultur nicht nur die Ansicht des Verfassers dieses Artikels darstellt, deutet sich auch in jenen Artikeln an, die die wichtigsten deutschen Salonfrauen behandeln. So wird bei "Rahel Levin" (Bd. 7, Leipzig 1836, S. 340-347) nur von einem "Zirkel", nie aber von einem "Salon" gesprochen.

Salon katexochen, so daß hier das romantische Projekt einer Einheit der Künste auf der geselligen Ebene noch fortzuwirken scheint.

Die Definition im *Damen-Conversations-Lexikon* erkennt dem "Salon" im Gesamtspektrum Geselligkeitsformationen zu, durch die dem Salonbesucher außergewöhnliche Chancen zum selbstbestimmten fakultativen Handeln in einer sozialen Interaktion eingeräumt würden: Man komme ohne besondere Einladung; "im Laufe der Stunden" wechselten die Personenkonstellationen, so daß der Charakter des Improvisierten fortwährend erhalten bliebe; "Piano, Harfe, Guitarre, Bilderwerke, neue Bücher finden sich im S. Die Besucher beschäftigen sich damit, wie es ihnen gefällt. Man muß nicht sprechen, wenn man keine Lust dazu hat, und man kann die witzigsten Wortspiele wagen, wenn man Geist genug in sich spürt."[61] Mit der gelungenen Vereinbarung von lustbetonter Selbstbestimmung und sozialem Umgang hinge es zusammen, daß "Salon" einen "Zufluchtsort" der "leichten, wahrhaft ergötzenden, nicht selten bildenden Conversation" bezeichne.[62] Dies sei möglich, wie der Artikel erkennt, durch die situationsbegrenzte Suspension der Geschlechterhierarchien mit der ihnen eigenen geschlechtsspezifischen Kompetenzverteilung:

> Der Diplomat, der ernste Gelehrte, der strenge Jurist, der Deputierte lassen sich herab mit den Damen zu schwatzen und sogar auf ihre Meinung über bedeutende Dinge zu hören.[63]

Dabei kommt es dem Lexikon darauf an, den "Salon" von dem Verdacht der gesellschaftlichen Irrelevanz zu befreien, ihm selbst ein auf Veränderung zielendes gesellschaftliches Potential zu attestieren:

> Die Salons dieser oder jener berühmten, schönen oder klugen Dame waren von Einfluß bei den älteren und jüngsten Staatsumwälzungen, und noch in neuerer Zeit behaupten die Gräfin Appony, die Herzogin von Dino, Talleyrand's Nichte, und die Fürstin Lieven dieses Vorrecht.[64]

Trotz solcher "aristokratischer" Beispiele wird "Salon" einem sozial eher unbestimmten Raum zugeordnet. "Jede Familie nämlich, deren Vermögen es nur einigermaßen erlaubt", heißt es auch, könne einen Salon eröffnen.[65] Es dient (zur Nachahmung empfehlend) der Anleitung für die Praxis, wenn der Artikel als weitere Merkmale des Salons Kontinuität und Periodizität, Leitung durch eine "Frau vom Hause, oder irgend eine verwandte Dame"[66] und die Reduzierung der Genußmittel auf Tee auflistet. Die Attraktivität des Salons für "junge, aufstrebende Talente" bestünde in "Aufmunterung, gütige(m) Rath, Protection"[67], die hier zu erwarten seien. Selbst auf die Herleitung des Begriffs aus der Hausarchitektur - Empfang im "Besuchszimmer, Salon"[68] - wird aufmerksam gemacht.

61 "Salons" in: Damen-Conversations-Lexikon, Bd. 9, S. 41.
62 Ebd.
63 Ebd.
64 Ebd., S. 41-42.
65 Ebd., S. 41.
66 Ebd.
67 Ebd., S. 42.
68 Ebd., S. 41.

Zwanzig Jahre später schlägt die *Allgemeine Enzyklopädie der Wissenschaften und Künste* von 1856 in ihrem, von K.H. Scheidler verfaßten Beitrag zum Stichwort "Geselligkeit" eine Definition von "Salon" vor, die auf sozialen Kriterien und Bildungsstandards basiert:

> Insofern dieser Umgang sich auf die h ö h e r s t e h e n d e Classe der eigentlichen g e b i l d e t e n Welt bezieht, wird derselbe heutzutage schlechtweg 'die Gesellschaft' oder auch, da dies Verhältnis aus Frankreich stammt, der 'Salon' genannt.[69]

Der Verfasser, der seine Ausrichtung am aktuellen Sprachgebrauch betont, indem er sich auf Zeitungsartikel des Jahres 1856 beruft, konstatiert allerdings bemerkenswerte Umgruppierungen in der sozialen Trägerschaft der Salons. Dies gelte zumindest für die Situation in Paris, wo nicht mehr Bildung und Abstammung allein das Recht, "einen 'Salon' zu eröffnen", verbürge, sondern vermehrt - so wird eine Nummer des *Morgenblattes* (Cottas) zitiert - "das Capital und die amtliche Stellung" dies tue.[70]

Nach *Meyers Konversationslexikon* von 1878 ist "Salon" eine "Bezeichnung für die Kreise, welche sich an bestimmten Tagen ohne vorherige Einladung zu literarischer und ästhetischer oder musikalischer Unterhaltung bei solchen Personen versammeln, welche einen Salon halten."[71] Daß neben dem Literarischen Salon in dieser tautologischen Erklärung der musikalische rangiert, spiegelt die Entwicklungsgeschichte der Geselligkeit seit dem beginnenden Biedermeier wider. Während eine soziale Lokalisierung unterbleibt (das im gleichen Jahr erschienene *Meyers Hand-Lexikon* begreift "Salon" noch geradewegs als Synonym für die "feine, vornehme Welt"[72]), werden als Kriterien des (Literarischen) Salons Periodizität und Reduktion von Formalitäten (was das Bild einer zumindest partiell von Verkehrskonventionen abweichenden Geselligkeit vermittelt) weiterhin aufgeführt. Noch in *Meyers Lexikon* von 1929 finden wir die frühere Formulierung wieder, jetzt ist sie allerdings ergänzt durch die in Parenthese gesetzte Angabe, Salonmittelpunkt sei eine "geistreiche Frau".[73] Zwei Beispiele werden angeführt: Récamier in Paris, Henriette Herz in Berlin. Erst in neueren Ausgaben der *Brockhaus-Enzyklopädie* und von *Meyers Enzyklopädischem Lexikon* werden wieder etwas detailliertere, allerdings z.T. voneinander abweichende Bestimmungen des Literarischen Salons versucht. So stellt die *Brockhaus-Enzyklopädie* den Salon in eine Traditionslinie, die von der antiken Agora über den Herrscherhof des Mittelalters reicht. Salons selbst werden für die Zeit vom Barock bis zum Biedermeier behauptet. Als ihr sozialer Ort wird der "private Empfangsraum vornehmer schöngeistiger Damen" angegeben.[74] Eine ständeübergreifende Zusammensetzung der Salonbesucher habe, so der *Brockhaus*, den Salons

---

69 K.H. Scheidler: Geselligkeit, in: Allgemeine Encyklopädie der Wissenschaften und Künste, hrsg. von J.S. Ersch und J.G. Gruber, erste Section, A-G, hrsg. von Hermann Brockhaus (63. Theil), Leipzig 1856, S. 434-441, S. 435.

70 Ebd.

71 Meyers Konversationslexikon, Dritte Aufl., 14. Band, S. 62.

72 Meyers Hand-Lexikon des allgemeinen Wissens, Zweite umgearbeitete und vermehrte Aufl., 2. Hälfte, Leipzig 1878, S. 1696.

73 Meyers Lexikon, 7. Aufl., 10. Band, Leipzig 1929, Sp. 888.

74 Brockhaus Enzyklopädie, 17. völlig neubearbeitete Aufl. des Großen Brockhaus, 16. Band, Wiesbaden 1973, S. 383.

die "Verbreitung und Ausbreitung des Gedankengutes der Französischen Revolution" ermöglicht.[75] Den französischen Salons werden jene von Karoline Schlegel, Rahel Varnhagen, Karoline Pichler und Johanna Schopenhauer in Deutschland an die Seite gestellt. *Meyers Enzyklopädisches Lexikon* (*Jubiläumsausgabe*) verlegt die Anfänge des Salons in das 16. Jahrhundert Frankreichs und verneint gleichzeitig entschieden die Existenz einer Salonkultur in Deutschland. Die im *Brockhaus* zitierten Beispiele für deutsche Salons besitzen hier nur noch den Wert von "Versuchen".[76] Ebenfalls anders als der *Brockhaus* datiert die *Jubiläumsausgabe* das Ende der Salonkultur auf die achtziger Jahre des 19. Jahrhunderts: "In dieser Zeit lösten aber immer mehr programmat. ausgerichtete polit. und literarische Gesellschaften, Dichterkreise u.a. die Ss. ab."[77]

Als Sonderfall muß bei den Nachschlagewerken abschließend das *Lexikon der Frau*[78] erwähnt werden, das mit seinen ausführlicheren Angaben noch einmal anschließen kann an das *Damen-Conversations-Lexikon*". Es nennt nicht nur Salons aus Frankreich, Deutschland, Italien, USA, den Niederlanden, Dänemark und der Schweiz, um sie als international bedeutsamen, verschieden ausgeprägten Geselligkeitstypus zu charakterisieren, sondern es sucht ebenfalls, eine Erklärung für den Untergang der Salonkultur (der allerdings erst im Laufe des 20. Jahrhunderts gesehen wird) zu geben. Dabei wird dieses Ende den neuen Medien mit ihrer Nachrichtenüberflutung angelastet (womit ex negativo der Nachrichten- und Erfahrungsaustausch, sein "medialer" Charakter zu einem Definitionsmerkmal des Salons erhoben ist).

Daß die Begriffsgeschichte von "Salon" ergänzt werden müßte durch eine Geschichte der Synonyme, ist in der kritischen Verwendung von "Salon" durch Salonteilnehmer deutlich geworden. Zur Benennung der Geselligkeitsformation "Salon" bildet sich eine ganze Skala von Synonymen wie "hôtel", "ruelle", "bureau d'esprit", "Alkoven", "Zirkel", "offenes Haus", "ästhetischer Tee" usw. heraus. Diese verweisen jeweils auf bestimmte historische, strukturelle und funktionale Entwicklungsphasen dieser Geselligkeit. Sie indizieren spezifische Beziehungen zum Literarischen Leben und sind infolgedessen im Rahmen der sozial- und literaturhistorischen Beschreibung der literarischen Salongeselligkeit noch einmal zu thematisieren.

---

75 Ebd.

76 Meyers Enzyklopädisches Lexikon, 9. völlig neu bearbeitete Aufl., Mannheim/Wien/Zürich 1977, Bd. 20, Sp. 617.

77 Ebd.

78 "Salons", in: Lexikon der Frau in zwei Bänden, Bd. 2, Zürich o.J. (ca. 1954), Sp. 1127-1130.

2. *Aspekte der europäischen Geschichte des Salons von der Renaissance bis zur Aufklärung*

> LEONORE: 'Hier zündete sich froh das schöne Licht/Der Wissenschaft, des freien Denkens an,/Als noch die Barbarei mit schwerer Dämmrung/Die Welt umher verbarg. (...)/Hier war Petrarch bewirtet, hier gepflegt,/Und Ariost fand seine Muster hier./Italien nennt keinen großen Namen,/Den dieses Haus nicht seinen Gast genannt./Und es ist vorteilhaft den Genius/Bewirten: gibst du ihm ein Gastgeschenk,/So läßt er dir ein schöneres zurück.'
> (Goethe: *Torquato Tasso*, Erster Aufzug.)

> Bei der geselligen Natur der Franzosen mußten die Frauen bald ein großes Übergewicht in der Sozietät erhalten, indem sie doch immer als Präsidentinnen anzusehen sind, die, bei der Leidenschaftlichkeit und Einseitigkeit der Männer, durch einen gewissen allgemeinen Ton des Anstandes und der Duldung einer Zusammenkunft von bedeutenden Menschen Haltung und Dauer zu geben wissen.
> (Goethe: *Anmerkungen zu Rameaus Neffe.*)

2.1 *Der italienische Salon während der Renaissance*

Nach Habermas formiert sich die repräsentative Öffentlichkeit mit dem Humanismus, "von der stadtsässigen Adelskultur des frühkapitalistischen Oberitalien ausgehend, zuerst in Florenz, dann auch in Paris und London. Gerade in der Assimilation der mit dem Humanismus schon beginnenden bürgerlichen Kultur bewährt sie allerdings ihre Kraft: die humanistische Bildungswelt wird zunächst dem höfischen Leben integriert. (...) Mit dem 'Cortegiano' löst ein humanistisch gebildeter Hofmann den christlichen Ritter ab. Seinem Typus entsprechen etwas später der altenglische gentleman und in Frankreich der honnête homme. Ihre heitere und beredte Geselligkeit kennzeichnet die neue, auf den Hof als ihren Mittelpunkt bezogene 'Gesellschaft'."[1] Diese historische Fixierung von repräsentativer Öffentlichkeit, neuen Bildungsidealen und einer gesprächsorientierten "heiteren" Geselligkeit stimmt überein sowohl mit der Datierung als auch der Lokalisierung der beginnenden (europäischen)[2] Salonkultur, wie sie weitgehend als

---

1 Jürgen Habermas: Strukturwandel der Öffentlichkeit, 10 Aufl., Darmstadt/Neuwied 1962.

2 Ich beschränke mich hierbei auf Phänomene der "abendländischen" Kulturgeschichte der Neuzeit, ohne damit in Abrede stellen zu wollen, daß es unter vergleichbaren kulturellen Konditionen z.B. in Japan oder China und im islamischen Kulturbereich (Spanien!) "salonähnliche" Formationen gegeben hat. Ebenso bleibt die europäische Antike, auch wenn

Konsens der "Salonforschung" anzusetzen sind: Valerian Tornius beginnt seine zweibändige Darstellung mit der Feststellung:

> Die Renaissance ist die Wiege des Salons. Mit dem Eintreten dieser wichtigen Kulturerscheinung in den Gang der Geschichte beginnt ein völlig neuer, von der vergangenen Epoche unterschiedener Geist gesellschaftlicher Bildung sich zu entfalten.[3]

Es ist nicht nur die Gleichzeitigkeit der Entstehung von dem, was seit Habermas als "repräsentative Öffentlichkeit" begrifflich eingeführt ist, und jener sozialen Verkehrsform, die als "Salon" in der Forschung firmiert, die Parallelen und Affinitäten in der Genese der Salons zu der von Habermas umrissenen Entwicklung ausmacht: Der Salon erscheint, sieht man z.B. seine Indienstnahme eben solcher Bildungsideale, wie sie auch Habermas nennt, seine Konstituierung als Gesprächsraum, als Reflex und Stimulans der mit der Neuformierung repräsentativer Öffentlichkeit in Gang gesetzten und sie bedingenden soziokulturellen Umstrukturierungen. Er ist in seinem Ursprung als Formation repräsentativer Öffentlichkeit (wie bereits die Begriffsgeschichte angedeutet hat) auch gebunden an deren zentrale Einrichtung, den Hof, und steht in einem durchaus funktionalen Verhältnis zu diesem. Aber: Bereits in der italienischen Renaissance machen sich Bestrebungen bemerkbar, ein besonderes Verhältnis zu den Zentren der Macht und damit der Repräsentation aufzubauen, ja, erst mit diesen Tendenzen erlangt die Geselligkeitsformation jene Merkmale, die den Salon als besondere soziale Organisationsformation konstituieren. Zu den entscheidenen Voraussetzungen für diese Entwicklung gehört zweifellos die Verlagerung von wirtschaftlicher Potenz und politischer Macht in die oberitalienischen Städte. In Rom verzögerte sich die Machtentfaltung (auch durch die lange Abwesenheit der Päpste) bis in das letzte Drittel des 15.Jahrhunderts. Die Tiberstadt erreichte erst unter Sixtus IV (1471-1484) Anschluß an Städte wie Florenz, Ferrara, Venedig u.a. Die Rückgewinnung des urbanen Lebensraumes als kulturelles Zentrum durch den Repräsentationszwang der auf geänderter wirtschaftlicher und sozialer Basis herrschenden aristokratischen und patrizischen Schichten ging einher mit einer Ablösung traditioneller Auftraggeber für Kunst und Literatur. Als materielle Grundlage für die Künstler, Literaten, Wissenschaftler boten die sozial herrschenden Gruppen das Mäzenatentum an, das für Literaten als Institution unangetastet bleiben mußte, solange der erst in den Anfängen stehende Buchmarkt die materielle Existenzabsicherung noch nicht gewährleisten, wohl aber bereits einen Reputationsgewinn versprechen konnte. Zu den verschiedenen Versuchen, das mäzenatische Verhältnis als ein die Kunstauffassung der Renaissance konterkarierendes Abhängigkeitsverhältnis zu überdecken, gehören die neuen Verkehrsformen zwischen Künstlern/Wissenschaftlern und den Repräsentanten der politischen und wirtschaftlichen Macht. Die Ausrichtung auf die Höfe bzw. die städtischen Potentaten erfuhr eine in dieser Hinsicht entscheidende Variante, als Frauen als "Repräsentantinnen" des Hofes in das gesellige Zentrum dieser Kunst- und Literatur-

antike Vorbilder in der Rezeption stimulierend auf die Salongeselligkeit gewirkt haben, ausgespart.

3 Valerian Tornius: Salons. Bilder gesellschaftlicher Kultur aus fünf Jahrhunderten, 2 Bde., Leipzig 1913, Bd. 1, S. 3.

kreise gelangten, der Potentat als Verkörperung der Macht und also auch als der die materielle Abhängigkeit stiftende Faktor ausgegliedert wurde. Damit wurden die Bedingungen für eine dialogische Verkehrsform geschaffen.

Die Entfernung des Herrschers war verschieden motiviert und legitimiert. Sie verlief entsprechend unterschiedlich. Beim Gonzaga-Zirkel bedingte, folgt man mit aller Vorsicht Knörich, ganz banal eine Krankheit den Rückzug des Herzogs:

> Der seit seiner Jugend leidende Herzog Guidobaldo pflegte sich bald nach dem Abendessen zur Ruhe zu legen, dann versammelte sich die ganze Hofgesellschaft in dem Gemache der Herzogin zu fröhlichen Gesprächen, Scherzen, Spielen und dergl. Die mit so lebendigem Geist und Urteil ausgestattete Emilia Pia (die Schwägerin der Herzogin - PS) erschien als die Gebieterin aller, und jeder schien von ihr Einsicht und Wert zu empfangen.[4]

Die Abhängigkeiten, die aus dem Mäzenatentum resultierten, konnten so als Interdependenzen, welche auf dem Geschlechterverhältnis basierten, uminterpretiert und akzeptiert werden. Dabei handelte es sich nicht nur um eine Camouflage bestehender Abhängigkeiten, die Geschlechterbeziehung gewann durchaus eine auf Literatur und Kunst ausstrahlende Eigenwertigkeit. Allerdings konnte dabei weder der mittelalterliche Frauendienst der höfischen Literatur eine Wiederaufnahme oder Fortsetzung erfahren, noch konnte bereits eine Frauenrolle sichtbar werden, wie sie sich durch die unter bürgerlichen Vorzeichen vollziehende "Privatisierung" des Hauses herausbildete und ihre entsprechende literarische Thematisierung und Bestätigung erfuhr. Die Frau des Rinascimento dominierte in ihren Zirkeln aufgrund ihrer humanistischen Kenntnisse und ihrer musischen Ausbildung, von der auch ihr Repräsentationswert abhing. Damit stellte sie nicht mehr einfach den Hof dar oder "verbarg" sie den Repräsentanten der Macht, sondern traf hier als ein Individuum, das sich bestimmte Kenntnisse und Fähigkeiten angeeignet hatte, auf Individuen mit ähnlichen Kompetenzen. Dies ermöglichte erst ein egalitäres Ethos, wie es die humanistischen Sodalitäten in Deutschland unter anderen gesellschaftlichen Bedingungen und als reine Männergesellschaften ebenfalls eine Zeitlang wahrten. Innerhalb dieser Kreise - auch wenn sie sich an Machtzentren formierten - wurde der Herrschaftsmonolog damit "punktuell" obsolet.

Nahe bei der Macht installiert, wie es die spätere Geschichte der Literarischen Salons nicht mehr als Regelfall zuließ, konnte diese Gleichberechtigung nur verteidigt werden, wenn das abgezirkelte Terrain der Zusammenkünfte von politischer und sozialer Brisanz weitgehend verschont blieb. Beispiele für solche Verkehrsformen sind die Zirkel der Pios, Obizzi, Castelmos in Ferrara, die Kreise um Isotta, die Frau des Sigismondo Malatesta in Rimini, um Isabella d'Este in Mantua und um Elisabetta Gonzaga, die Herzogin von Urbino, der erwähnte Gonzaga-Kreis. (Dessen über Italien hinausweisende Wirkungsgeschichte wird u.a. daran erkennbar, daß sich literarische, frauenzentrierte

4 Wilhelm Knörich: Litterarisch-gesellige Bestrebungen, besonders der Damen, und ihr Vorbild, sowie die Frauen-Emanzipation in Frankreich während der ersten Hälfte des siebzehnten Jahrhunderts. Eine literar- und kulturhistorische Studie, in: Zeitschrift für deutsche Kulturgeschichte, Bd. 3, 1896, S. 385-416, S. 388-389.

Zirkel, die sich im elisabethanischen Zeitalter in England etablierten, auf den Gonzaga-Kreis als Vorbild beriefen.)[5] Durch die Teilnahme Torquato Tassos haben die Zirkel der Leonore und Lukrezia (Borgia) d'Este ihre besondere literarhistorische Bedeutung gewonnen.

Es war nicht nur rezeptives Wissen über die Künste, mit der sich die italienischen Salondamen der Renaissance ausweisen mußten; d.h. die Trennung von Publikum und Autor, wie sie durch den sich kaum in Ansätzen etablierenden Buchmarkt verschärft wurde, ignorierten die Zirkel insofern, als von allen Teilnehmern künstlerische und literarische Produktivität ebenso verlangt war wie rezeptive Kompetenzen. Publikumsbildende Institutionen, die als solche eine Expansion des Buchmarktes flankierten, sind die Renaissancesalons damit im eigentlichen Sinne nicht (was nicht heißt, ihnen jenen "vermittelnde(n) Einfluß" auf die Beziehung zwischen Künstler und Publikum abzusprechen, den ihnen Arnold Hauser bereits für die Renaissance ebenso attestiert, wie eine vermittelnde Funktion gegenüber "den verschiedenen Richtungen und individuellen Vertretern der künstlerischen Produktion"[6]). Angesichts der im 16. Jahrhundert noch nicht vollzogenen strikten Scheidung von Kunst und Wissenschaft - auch was die personale Trägerschaft betrifft - läßt sich die Kompetenzanforderung an die Salondamen dieser Zeit zudem nicht auf einen engeren Kunstbegriff eingrenzen.

Während in den Formationen, die sich um sozial hochgestellte Frauen aufbauten, dem erotischen Element zwar Raum zugestanden wurde, dieses allerdings streng reguliert werden und ohne Erfüllung bleiben mußte, wollte man der Fragilität, die diesen Verkehrsformen anhaftete, Rechnung tragen, basierten andere zeitgenössische Zirkel auf einer Befreiung des Eros: In den Kurtisanensalons der Renaissance war es primär die erotische Attraktivität der Frau, die kreisbildend wirkte, wobei die sexuellen Beziehungen durchaus zirkelstiftend diese Kreisbildung fundieren. Achillo Olivieri hat in seinem Aufsatz *Erotik und gesellschaftliche Gruppen im Venedig des 16. Jahrhunderts: die Kurtisane* letztere als Ferment bei der "Transformation der überkommenen städtischen Verhaltensformen" bestimmt: Durch sie trete "(j)enseits von Familien- und Bildungsstrukturen (...) der Sex in seiner Anziehungskraft und seiner Macht hervor, ohne jede rhetorische Verbrämung".[7] Die Ausbreitung von Kurtisanenzirkeln (zuerst in Venedig) mit Kunst und Literatur als Unterhaltungswerten widerspricht allerdings der These von dem "rhetorisch unverbrämten Sex", der hier seine konventionssprengende Kraft entfaltet habe. Diese Kurtisanensalons, die hier interessieren, weil und sofern sie von ihren Teil-

5 Vgl. Chauncey B. Tinker: The English Salon and English Letters, New York 1967 (1. Aufl. 1915), S. 84: "The Elizabethan prototype of salon is even closer to the Renaissance courts than the French salons themselves. The greatest of the Elizabethan patronesses, the Countness of Pembroke, was, even, in her own day, compared with Elizabeth Gonzaga, and her house at Wilton, which contemporaries refer as a 'college' or 'school', was like nothing so much as the little academy that we have seen to be characteristic of Italy." Tinker bezieht sich bei dem zeitgenössischen Vergleich mit der Gonzaga auf Nicholas Breton's *Pilgrimage to Paradise*.

6 Arnold Hauser: Soziologie der Kunst, München 1974, S. 524.

7 Achillo Oliveri: Erotik und gesellschaftliche Gruppen im Venedig des 16. Jahrhunderts: die Kurtisane, in: Philippe Ariès, André Béjin, Michel Foucault u.a.: Die Masken des Begehrens und die Metamorphosen der Sinnlichkeit. Zur Geschichte der Sexualität im Abendland, 3. Aufl., Frankfurt/M. 1984, S. 121-129, S. 122.

nehmern und ihren kommunikativen Inhalten her in Beziehung zur Kunst treten, konnten sich dabei auf antike Vorbilder berufen und aus diesen ihre Legitimation ziehen. Sie etablierten sich in einem sozial äußerst diffusen Zwischenbereich, der zwar hineinreichte in die Sphäre der Repräsentation gesellschaftlicher Macht - woran das neue Synonym für Hetäre, "cortegiana", erinnert -, der aber auch absinken konnte bis auf ein diskriminierendes Sozialniveau. Im Laufe einer Hetärenkarriere konnten dabei die verschiedenen sozialen Ebenen erreicht werden, was jeweils Konsequenzen für den Kreis, der sich um die Kurtisane bildete, haben mußte. Die "Literarisierung" und damit der Kompetenzerwerb einzelner Kurtisanen was Poetik und Rhetorik, das Erlernen des Musizierens und Singens usw. betrifft, sind dabei auch Teil der Bemühungen der Kurtisanen um gesellschaftliche Anerkennung. Diese verhieß in erster Linie die materielle Besserstellung (über die "Höhergruppierung" der Liebhaber). Die künstlerischen und literarischen Ambitionen, zu denen die Bekanntschaft mit Künstlern gehörte, wurden zugleich zum Symbol des erreichten sozialen Status.[8] Die Kurtisane, selbst Objekt der Repräsentation, mußte als solches durch eine repräsentative Ausstaffierung auf eine Wertsteigerung als Objekt bedacht sein. Dies bezieht sich auf ihre Verfügungsmöglichkeit über Kunst und Künstler, betrifft aber auch andere kulturelle Standards. Solange sie sich der Kleiderordnung für Dirnen, die mit der Festigung der Gegenreformation immer rigoroser durchgesetzt wurde, entziehen konnten, blieben die Hetären z.B. eine Autorität in Fragen der Kleidermoden. Selbst in der Wohnkultur gesteht Sombart in seiner Untersuchung *Liebe, Luxus, Kapitalismus. Über die Entstehung der modernen Welt aus dem Geist der Verschwendung* von 1912 den Kurtisanen geschmacksprägende Wirkung zu:

> Die Einrichtungen der großen Kurtisanen wurden in jener Zeit vorbildlich für die Wohnungseinrichtungen überhaupt und blieben es dann (...) alle folgenden Jahrhunderte hindurch.[9]

Er stützt sich bei dieser These, eine Untersuchung von Chledowski zitierend, auf das Beispiel der Kurtisane Angela Zafetta:

> So galt in Venedig die Wohnung der Angela Zafetta als Sehenswürdigkeit: 'Angela wohnte in dem wahrhaft königlich eingerichteten Palazzo Loredan. Flandrische Teppiche, Brokat, vergoldetes Leder deckten die Wände, in einigen Sälen hatten sogar die berühmtesten Maler al fresco gemalt. Auf den Fußböden lagen türkische Teppiche, auf den Tischen goldbestickte Samtdecken. Geschnitzte und mit Intarsien versehene Möbel füllten die zahlreichen Salons, auf den Kredenztischen standen

---

8 Die Kunst und Wissenschaft und ihre Vertreter als Repräsentationsobjekte zu begreifen, an deren Nähe die eigene soziale Stellung ablesbar sein sollte, kongruierte mit Funktionsbestimmungen von Kunst, wie sie von der Renaissance bereits formuliert waren: Leon Battista Alberti, der die bauliche Neukonzeption von Rom beeinflußte und diese unter dem Gesichtspunkt des Reputationsgewinns für den Heiligen Stuhl betrachtete, nannte in seinem *Traktat über das Hauswesen* den Besitz von Pferden und schönen Büchern, indem der Besitz beider dem gleichen (Repräsentations-) Zweck untergeordnet war, in einem Atemzug; Lorenzo Medici empfahl seinem Sohn, dem späteren Papst Leo X, ebenfalls, sich mit einem gut ausgestatteten Stall, antiken Kunstwerken und hübschen Büchern zu versehen. Vgl. Georgina Masson: Kurtisanen der Renaissance, Tübingen 1974, S. 13-14.

9 Werner Sombart: Liebe, Luxus und Kapitalismus. Über die Entstehung der modernen Welt aus dem Geist der Verschwendung, Berlin 1984 (Erstausgabe 1912), S. 125.

> silberne Gefäße, Majoliken aus Faenza, Cafaggiolo, Urbino und die kostbarsten venezianischen Gläser. Die Besitzerin, die für ihren guten Geschmack bekannt war, hatte im ganzen Haus Bilder, kostbare Waffen, schön gebundene Bücher, Mandolinen und kostbare Werke der Kleinkunst verstreut.[10]

Die Beispiele, die Georgina Masson für Interieurs der Häuser berühmter Kurtisanen, in denen sich die bekanntesten Zirkel bildeten, anführt, bestätigen im wesentlichen dieses Ambiente der Zusammenkünfte.

So wie dieser Aufwand auf Außenwirkung angelegt war, so stellte sich die Kurtisane mit ihrem gesamten Zirkel bei verschiedenen Möglichkeiten in der Öffentlichkeit vor. Im Straßenkarneval, bei Prozessionen, auch beim Kirchgang verhielt sie sich wie die Inhaber der gesellschaftlichen Macht mit ihrem Hof- und Hausstaat. Intimität als Ziel und Sphäre ihrer Formation ist dem Kurtisanensalon fremd. So ist die Kurtisane daran interessiert, auch ihre Verbindung zur Kunst und ihr literarisches Vermögen permanent der Außenwelt kundzutun, einmal indem sie sich und ihren Kreis in panegyrischen Versen feiern läßt und zum anderen dadurch, daß sie sich selbst als Autorin präsentiert. Von Tullia d'Aragona oder der venezianischen Kurtisane Veronica Franco, die beide literarische "Berater" bei der Abfassung ihrer Werke hatten, liegen mehrere Bücher vor. Tullia d'Aragonas *Rime*, erstmals 1547 erschienen, dokumentierten die Stellung der Kurtisane im kulturellen Leben und sollten zugleich ihren Rang als Dichterin belegen: Gedichte an Tullia und von ihr sind hier veröffentlicht. Um als Autorin Beifall zu finden (und wertsteigernde Aufmerksamkeit auf sich als Kurtisane zu lenken), ließ die Nr. 204 im Katalog der venezianischen Kurtisanen (von 1574), die besagte Veronica Franco, dem durchreisenden Montaigne ihre Briefsammlung (*Lettere famigliari a diversi*)[11] überreichen, wie Montaigne in seinem *Journal de voyage* am 6.11.1580 notiert:

> Le Lundy à souper, 6 de Novembre, la Signora Veronica Franca, janti fame Venitiane, envoi vers lui pour lui presanter un petit livre de Lettres qu'elle a composé (...).[12]

So sehr den Kurtisanen an ihrer Propagierung durch die Literatur gelegen war, so sehr mußten sie auch eine satirische und pasquillenhafte Behandlung fürchten. Pietro Aretino greift in seinen *Ragionamenti* (Hurengesprächen) diese Furcht auf, wenn er die ältere Hetäre Nanna ihrer Stieftochter Pippa bei deren Erziehung zur Dirne einen Ratschlag geben läßt, wie sich diese in einer Gesellschaft Literaten gegenüber zu verhalten habe:

> Und sollte irgendein Dichter da sein, so sprich ihn mit heiterem Gesicht an, und stelle dich, als ob du auf ihn noch höhere Stücke hieltest - ja, wahrhaftig! - als auf den Herrn des Hauses selber.(...) Weil es dir gerade noch fehlen könnte, daß ein Dichter Soundso Bücher gegen dich machte und überall die schnöden Verleumdungen verbreitete, die sie uns Frauen anzuhängen wissen.[13]

Die Ironie dieser Stelle besteht darin, daß Aretino selbst in den *Ragionamenti* Invektiven gegen die Kurtisane Tullia bereithält. Pietro Aretino, der mit *La Cortegiana*

---

10 Ebd.

11 Veronica Franco: Lettere Familiare, Neuausgabe Neapel 1949.

12 Michel de Montaigne: Journal de Voyage en Italie, in: ders.: Oeuvres complètes, Tome 7, Paris 1928, S. 148.

13 Pietro Aretino: Die Gespräche des göttlichen Pietro Aretino, übertr. von Heinrich Conrad, Wiesbaden 1980, S. 148.

noch vor Veröffentlichung von Castigliones, die Gesellschaftskultur prägenden *Libro del cortegiano* - begonnen unter dem Einfluß des Gonzaga-Kreises - eine Komödie über das Scheitern, in Rom eine "cortegiana" zu werden, geschrieben hatte, konnte in seine literarischen Arbeiten eigene Erfahrungen aus dem Umgang mit Kurtisanen einfließen lassen: In Rom zählte er gemeinsam mit dem Literaten Firenzuola zum Kreis der Camilla Pisana, in Venedig zu dem der bekannten Angela Zafetta.

Wie entscheidend die Reputation als "Literatin" in dem Augenblick werden konnte, wo die Kurtisanenexistenz gesellschaftlichen Restriktionen unterworfen wurde, hatte Tullia d'Aragona schon 1547 erfahren, als sie in Florenz angeklagt worden war, die ein Jahr zuvor erlassene Kleiderordnung für Prostituierte, die einen Schleier mit einem breiten gelben Band vorsah, zu mißachten. Nach einem Gesuch an den Herzog Cosimo wurde sie auf dessen Intervention hin als "poetessa" von der Vorschrift ausgenommen. Diese Anklage selbst war bereits Ausdruck eines Umschwungs in der sozialen Bewertung der Kurtisanen, und Tullia konnte ihn nur als Persönlichkeit Literarischen Lebens in Florenz überstehen.

Mit ihrem Florentiner Kreis hatte Tullia ihre größte literarische Wirksamkeit als Literatin erreicht. Ihr Kreis gilt in der Forschung zugleich als Höhepunkt der ästhetisch ambitionierten Kurtisanensalons der italienischen Renaissance. An ihm beteiligt waren Angehörige bekannter Familien aus Florenz, Schriftsteller und Gelehrte, Vertreter des Klerus, Offiziere, aber auch der Bruder der Herzogin, Luigi de Toledo. Tullia standen dabei in Florenz selbst nur ungefähr zwei Jahre zur Organisierung ihres literarischen, auf ihrer erotischen Attraktivität basierenden Zirkels zur Verfügung. 1546 war ihr Haus in Florenz geöffnet worden, 1548 verließ Tullia die Stadt bereits wieder.

Eine solch knapp bemessene Existenzdauer war für die Kurtisanensalons - im Gegensatz zu den späteren fest etablierten Literarischen Salons - keineswegs atypisch. Sie war angelegt im Kurtisanengewerbe selbst, für das von Zeit zu Zeit der Wechsel in eine andere Stadt opportun schien. Tullia, die ihre Laufbahn als künstlerisch engagierte Kurtisane in Rom begonnen hatte, war schon in der Tiberstadt als Mittelpunkt eines entsprechenden literarischen Kreises aufgetreten: In ihrem Haus kam man zu Gesprächen über Literaturthemen, so über die Vorbilder Petrarcas [14], zusammen. In Venedig war nicht nur der Vater Tassos, Bernardo Tasso, ihr favorisierter Liebhaber, sondern sie zählte zugleich Niccolò Grazia und Francesco Maria Molza zum engen literarischen Vertrautenkreis. Von Venedig reiste Tullia weiter nach Ferrara, von wo ein Brief eines gewissen Battista Stambellino am 13. Juni 1537 an Isabella Gonzaga (in Mantua) vermeldet, Tullia sei eingetroffen, sie wisse über alles Bescheid und könne über alles sprechen. Stambellino bewundert im Brief des weiteren ihre Umgangsformen und ihre musikalischen Fertigkeiten. "Ihr Haus", heißt es, "ist immer ein Treffpunkt der Kunst-

14 Vgl. Masson: Massons Notiz, die sich auf eine Beschreibung des Literaten und Verlegers Ludovico Domenichi stützt: "Es ging (an einem Abend in Tullias Haus - PS) um die Frage, ob Petrarca seine Themen den Werken der alten provencialischen und toskanischen Dichtern entlehnt habe. Es wurden von zwei annähernd gleich großen Gruppen unter den Gesprächspartnern unterschiedliche Meinungen vertreten, so daß die Debatte einige Zeit fortgeführt wurde, ohne zu einem Abschluß zu kommen." Ebd., S. 147.

liebhaber, und sie empfängt jeden."[15] Einige Zeit später hören wir von Tullias Anwesenheit in Siena, von dort geht sie, als sich die sienesischen politischen Verhältnisse ändern, nach Florenz. Einer der ersten, auf dessen Bekanntschaft Tullia dort größten Wert legt, ist der Literat Benedetto Varchi.

Mit Varchi beginnt sie einen Austausch von Hirtengedichten. Ihm legt sie zur Überarbeitung auch ihre eigenen literarischen Produkte vor, die sie anschließend zum Beweis ihres Könnens (und als Hinweis auf das Niveau ihrer Unterhaltung) bekannten Männern dediziert. Ob ihr bei der Konzeption ihres Florentiner Kreises tatsächlich die römische Akademie Angelo Coloccis vorschwebte, wie Georgina Masson vermutet, ist nicht zu belegen.

Durch die kurze Verweildauer in den einzelnen Städten reduzierten sich Tullias Möglichkeiten eines kontinuierlicheren Einflusses auf die literarische Entwicklung. Andererseits bot gerade das Unstete der literarisch versierten Kurtisanen die Chance, zwischen lokal und regional differierenden Tendenzen zu vermitteln und das Beziehungsgeflecht unter den Literaten auszudehnen. Nicht zufällig wird aus einigen Kurtisanensalons von Diskussionen über die Reinheit der italienischen Sprache als Literatursprache berichtet, wobei die verschiedenen Dialekte gegeneinander gestellt wurden.[16]

Mit dem sozialen Stellungsverlust der Kurtisane verliert sich die Attraktivität und soziale Heterogenität ihrer Zirkel. Dadurch, daß Tullia den Dirnenschleier zurückweisen konnte, hatte sie noch einmal ihren Kreis verteidigt. Sichtbares Zeichen der Abwertung war neben solcher Kleiderordnung das Abdrängen in besondere Stadtbezirke. Hier konnte die Kurtisane ihre Lebenskultur nicht aufrechterhalten, ihre künstlerischen und literarischen Ambitionen mußte sie, nachdem sie von den bestimmenden Gruppen der Literaturproduktion und des Mäzenatentums abgesondert worden war, aufgeben. Sombart hat alle späteren Salons auf diese Kurtisanenzirkel zurückführen wollen, wenn er schreibt:

> Der 'Salon', mit dem im 17. und 18. Jahrhundert die mondäne Frau ihre größte Macht ausübt, ist wahrscheinlich doch nur eine Fortsetzung der Zusammenkünfte geistreicher Leute, wie wir sie bei den großen Kurtisanen im Cinquecento zuerst in Italien finden.[17]

Die These Sombarts - so sehr seine Verabsolutierung des Blickes auf die Stimulierung des Kapitalismus durch das Luxusbedürfnis "mondäner" Frauen die Geschichte des Salons insgesamt verzerrt - macht doch aufmerksam auf eine virulent bleibende Traditionslinie "ästhetischer" Zirkel, in der das erotische Element Bedeutung behielt.

---

15 Zit. nach Masson: Kurtisanen, S. 164.
16 Masson: Kurtisanen, S. 185.
17 Sombart: Liebe, Luxus und Kapitalismus, S. 81.

2.2 *Der Salon im Ancien Régime Frankreichs*

2.2.1 *Organisationsformen literaturorientierten Umgangs im Frankreich des späten 16. Jahrhunderts*

1. Daß die Ouvertüre zu einer französischen Salongeschichte mit dem "Hôtel de Rambouillet" Anfang des 17. Jahrhunderts so glänzend und scheinbar voraussetzungslos beginnt, hat die Forschung dieses "Hôtel" häufig als geniale Schöpfung von Cathérine de Vivonne, der Marquise de Ramboillet, interpretieren lassen und das Forschungsinteresse auf die hier praktizierten Verkehrsformen gebannt. Die Frage nach möglichen Vorläufern schien demgegenüber uninteressant und wurde entsprechend seltener gestellt. Damit blieben auch die italienischen literarischen Geselligkeitsbildungen als mögliche Orientierungsmuster einer französischen Entwicklung, die auf das Hôtel de Rambouillet hinführte, weitgehend außerhalb der Forschungsdiskussion. Nur vereinzelt wurde die Frage nach solchen Kontinuitäten aufgeworfen - am entschiedensten von Louis Clark Keating, der einen direkten Einfluß der italienischen Geselligkeitskultur auf die französische sieht. Dabei mißt er den periodischen Kriegszügen Frankreichs nach Italien entscheidende Bedeutung zu. Erst dadurch habe sich die Transformation bereits bestehender literatur- und kunstinteressierter Geselligkeit (Keating erinnert an den "Musenhof" der Königin Anna) in "Salons" vollzogen.[18]

Bei der Kulturvermittlung spielt für Keating die Übersetzung des *Cortegiano* eine für die Genese auch einer französischen Salonkultur hervorragende Rolle: "The appearance in 1537 of a translation of 'Il Cortegiano' furnished the first detailed account of Italian salons."[19] Durch die Konfrontation mit den "Italian salon poets"[20] habe die französische Literaturgeschichte eine fast ein Jahrhundert währende Prägung erfahren.[21] Wie in Italien fungierte die Stadt als Entstehungs- und Wirkungsstätte der neuen Organisationsformen literarischer Geselligkeit: Außer in Paris treffen wir sie in Städten wie Rouen, Lyon[22] und Dijon. In der Universitätsstadt Poitiers, einem Zentrum des Humanismus, hatte sich um Madeleine und Cathérine des Roches ein humanistischer Zirkel bilden können. McFarlane will solche Formen literarischer Geselligkeit nicht nur als urbanes Produkt gewertet wissen, er sieht die "circles" geradezu als Korrelat bestimmter Stadien in der städtischen Verfassungsgeschichte:

---

18 L(ouis) Clark Keating: Studies on the Literary Salons in France 1550-1615, Diss. Cambridge 1934, Cambridge, Mass. 1941 (Harvard Studies in Romance Languages Vol. VI, Reprint New York 1969), S. 14.

19 Ebd.

20 Ebd.

21 Ebd.

22 Lyon verdient besondere Erwähnung wegen Louise Labé, deren Sonette durch Übertragungen Rainer Maria Rilkes auch in Deutschland bekannt wurden. Dieser humanistisch gebildeten Lyonerin gelang es, in ihrem Haus einen Kreis bekannter, vornehmlich dem Neuplatonismus verpflichteter Dichter zu versammeln. Daß Louise Labé in diesen humanistischen Zirkeln Lyons keine singuläre Erscheinung war, belegen die Gedichte einer anderen Bürgerin dieser Stadt, Pernette de Guillet, die weniger von der Liebe als von den "scienses" handeln. Literatur zur Geselligkeit Louise Labés: Dorothy O'Connor: Louise Labé. Sa vie et son oeuvre Paris 1926, Gertrud von Steeg: Louise Labé: Ihr Leben und ihr Werk, Berlin 1940.

> There are many circles flourishing in the provinces, and especially in towns where the parliaments are established: the link between the magistrature and letters is (...) illustrated.[23]

Den französischen Zentralisierungsprozeß mit seiner Entmachtung großer Teile des Adels, der für den Status, die Struktur und die Funktion der literarisch-geselligen Formationen der Folgezeit entscheidende Konsequenzen haben sollte, deutet McFarlane da an, wo er von den "circles (...) in the provinces" spricht und sie von den Geselligkeitsformen der Stadt Paris unterschieden sehen will. Nicht nur der Zugewinn an Urbanität, die verstärkte Konzentration der kulturell führenden Gruppen in Paris, mußte den dort entstehenden literarisch-geselligen Formationen allmählich eine Sonderstellung einräumen. Vor allem wurde hier - anders als in der allmählich geschaffenen Provinz - die Kongruenz von Thron und literarisch-geselligen Zentren manifest, was allerdings einer räumlichen Trennung, gleichsam einer "Auslagerung" dieser Zentren nicht entgegenstand. Als wichtigste dieser Zentren um den Thron und als dessen Derivate haben die Kreise der Frau des Marschalls und Ratgebers von Charles IX, Retz und Mme. Villeroy, deren Mann ebenfalls mit hohen Funktionen am Hofe betraut war, zu gelten. Gerade bei letzterem Kreis wird der Zusammenhang zwischen der Attraktivität des Hauses und der Gnade des Hofes, was auch heißt: der Fungibilität des "Salons" im Sinne des Hofes, d.h. als Ort herrschaftsgebundener Kommunikation, deutlich: Als Villeroy Ansehen beim König verlor, wirkte sich dies sogleich negativ auf das Gesellschaftsleben aus, das sich in seinem Hause entfaltet hatte. Die Funktionen im Dienste des Hofes, die Jean de Morel ausübte ("gouverneur du bâtard d'Angoulême (fils d'Henri II), maréchal des logis de la reine, maître d'hôtel du roi")[24] dokumentieren bereits die Geselligkeit, die er und seine Frau Antoinette de Loynes pflegten, als eine, wenn vom Thron nicht delegierte, so doch zumindest konzessionierte.

Wenngleich die geselligen Formationen der Retz oder Villeroy, nicht einmal der Morels als vom Hofe unabhängig existierten, waren doch der durch die Delegation gewonnenen Distanz zum Thron Entwicklungsmöglichkeiten inhärent, die erst in der Folgezeit ausgeschöpft werden sollten. Daß diese "Häuser" vom Hofe toleriert, aber von ihm getrennt eröffnet wurden, resultierte aus einer deutlicher hervortretenden Unvereinbarkeit dieser ihrem Anspruch und ihrer Tendenz nach dialogischen Geselligkeit und dem gerade seit Katherina von Medici durch ein betontes Hofzeremoniell reglementierten und ritualisierten Umgang am Hofe. Es sind erste, um auf Kategorien von Habermas zurückzugreifen, Widersprüche zwischen einer repräsentativen Öffentlichkeit und den embryonalen Ansätzen einer nach neuen Mustern funktionierenden, aber noch von der Repräsentation in Dienst genommenen Öffentlichkeit, die eine vorerst nur "formale" Lösung des "Salons" vom höfischen Machtzentrum begünstigten - allerdings noch unter Beibehaltung der Kontrolle des Hofes und als dessen Zusatz und Ergänzung. Mit dem Herrschaftsmonolog und der unidirektionalen Kommunikation des aus der Zentralisie-

---

23 J.D. McFarlane: Renaissance. France 1470-1589, London/New York 1974,(P.E. Charvet (Hg.): A Literary History of France, Vol. 1b), S. 368.

24 Vgl. Henri Chamard: Jean de Morel, in: Dictionnaire des lettres françaises. Le Seizième Siècle, hrsg. von George Grente u.a., o.J., S. 257.

rungsphase hervorgehenden Absolutismus wird sich später keine Verkehrsform, die sich im Dialog herstellt, mehr vereinbaren lassen; der Orientierung auf den Hof wird der latente Widerspruch zu diesem folgen. Mit dieser Auslagerung aber wuchsen, wie das Beispiel Morel zeigt, sogleich die Chancen der vereinzelten Partizipation bürgerlicher Teilnehmer und von Mitgliedern verschiedener Adelsschichten an einem Gespräch über Wissenschaft und Künste unter Protektorat des Hofes, ohne daß dadurch dessen absolutistische Ziele gestört schienen.

2. Im Hause Morels, das dieser nach seiner Heirat mit der Witwe des Parlamentsjuristen Lubin Dallier in der "rue Pavée" eröffnete, konnten die neuen Formen literatur- und kunstambitionierten Umgangs unter den Bedingungen des 16. Jahrhunderts offensichtlich am umfassendsten realisiert werden.

Funktion und Rang der Frau, Antoinette de Morel, in dem Zirkel spiegelt die Stellung desselben zwischen Haus und Hof wider. Die Frau als Repräsentantin des Hauses ist zwar nicht alleiniges Zentrum des Kreises, aber sie ist Mitorganisatorin der Geselligkeit und Adressatin für deren Mitglieder. (Daß die Frau bei Morel durchaus nicht als Anhängsel des Mannes in Erscheinung trat, belegt die Tatsache, daß eine der drei Töchter, Camille, nach dem Tode Jean de Morels (1581) im Stande war, bis 1611 weiter zu empfangen.) Voraussetzung für die gesellschaftsstiftende Rolle der Antoinette de Morel war ihre Kenntnis der antiken Sprachen und die Aneignung eines profunden Wissens über die französische Literatur. In der Erziehung der drei Töchter Camille, Lucrèce und Diane, die dem Genter Humanisten und Theologen Utenhove übertragen worden war, zeichnet sich das Ideal einer durch humanistische Bildung dem humanistischen Gelehrten durchaus ebenbürtigen Gesprächspartnerin ab. Rückschlüsse auf die Bedeutung der Frauen im Zirkel Morels gestatten auch die Dedikationen; aus den - lateinischen - Briefen Antoinettes lassen sich darüber hinaus deren literarische Interessen verfolgen und die Impulse rekonstruieren, die sie der Literaturentwicklung geben wollte. Keating glaubt, ihr als "adviser and confidante of the poets"[25] einen Platz in der französischen Literaturgeschichte zubilligen zu können. Aber Antoinette war nicht nur Dialogpartner und Anreger in diesem Kreis, sie war auch literarisch selbst produktiv, wie aus dem Austausch von Gedichten mit einem Teilnehmer an diesem Zirkel, Ronsard, hervorgeht. (Dieser Gedichtwechsel entstand aus Anlaß der Widmung von Ronsards *Hymne de la Mort* an Antoinette.)

Mit ihrer Beteiligung an diesem Gedichtwechsel versuchte sich Antoinette bereits an einem noch im 17. Jahrhundert in den Salons gepflegten Modus der Literaturproduktion, der die Geselligkeit selbst zum eigentlichen Produzenten von Literatur erhob. In dem Kreis der Dames des Roches entstand ebenfalls unter Beteiligung sämtlicher Freunde in einem Wechselspiel ein Gedichtzyklus. Solche gesellig-literarische Koproduktion verdient dabei eher im Hinblick auf den Entstehungshintergrund oder auf die Autorenkonzeption als auf das poetische Ergebnis besondere Beachtung. Trotz für ihn eindeutiger

25 Keating: Literary Salons, S. 30.

literarischer Schwächen, der Überbetonung formaler Aspekte vor allem, billigt McFarlane folglich auch dieser Literatur einen innovativen Charakter zu, der eben aus den - geselligen - Formexperimenten resultiert:

> This group-conditioned writing does sometimes produce the less satisfactory verse of a closed society: form becomes more important than content, and when poets are busy executing variations on a given theme (as in 'La Main' or 'La Puce'), preciosity soon takes over, but at the same time, we do note a willingness to explore new metrical and stanziac patterns.[26]

Den literarhistorischen Rang dieser "Salons", wie desjenigen Jean de Morels und seiner Frau, macht - darin ist McFarlane zu folgen - also weniger die hier geschaffene Literatur aus, als die Tatsache, daß den führenden "gens de lettres" der Zeit, um einen späteren Begriff zu verwenden, hier ein Forum des Austausches, der Aussprache, der Konsens- und Gruppenbildung zur Verfügung gestellt worden war. Das Haus Morel frequentierten mit Michel de l'Hospital, Salmon Macrin, Nicolas Bourbon drei neulateinische Autoren. Unter den frühen Freunden Jean de Morels waren Jean Dorat, Baif und Ronsard: die Dichter der Pléiade konnten hier ihren Selbstverständigungsprozeß intensivieren. In Morel fanden sie einen ihrer eifrigsten Verteidiger im Streit zwischen Saint-Gelais und Ronsard.

Joachim du Bellay, der wie Ronsard Morel einige seiner Werke widmete, war ebenfalls häufiger Gast in dem Haus nahe der Kirche Saint-André-des-Arcs. An dem Dialog hier beteiligten sich nicht nur Vertreter der Literatur, sondern auch Juristen (Robert de La Haye), Kleriker (Lancelot Charles, Jérôme de La Rovère) und Gelehrte (der Hebräist Jean Mercier), was dem Literatur- und Kunstgespräch eine interdiskursive Komponente verlieh.

Die Frage, ob das Hôtel de Rambouillet an die Tradition der Geselligkeit des 16. Jahrhunderts anknüpfen konnte oder inwieweit es einen Bruch darstellt, ist von der Forschung unterschiedlich beantwortet worden. Auch Keating wirft diese Frage auf, lehnt aber eine Vorläuferschaft in engerem Sinne ab. Es jedoch als völligen Neuansatz bei der Herausbildung kunstorientierter Verkehrsformen zu werten, erscheint Keating nach seinen Studien zu den "Salons" des vorhergehenden Jahrhunderts nicht mehr möglich:

> The great lady of the seventeenth century can no longer be credited with having been the first to formulate the idea that gatherings of men and women of good breeding could be made an end in themselves. (...) Mme. de Rambouillet's achievement was not the invention of a new order, but the return to an order long submerged in oblivion.[27]

2.2.2 Der Salon im entstehenden absolutistischen Frankreich

1. In den politischen und religiösen Auseinandersetzungen des späten 16. Jahrhunderts mußte der Humanismus in Frankreich - ebenso wie zuvor in Deutschland - an Anspruch und Geltung einbüßen. Ihm adäquate, seine Bildungskonzeption einlösende Umgangsformationen wurden damit rasch obsolet. Eine geänderte Konstellation zwischen König,

---

26 McFarlane: Renaissance, S. 369.
27 Keating: Literary Salons, S. 145.

Adel und Bürgertum, vor allem aber auch die beginnende soziale Mobilität und Ausdifferenzierung innerhalb von Adel und Bürgertum drängten auf Umgestaltung der sozialen Verkehrsweisen. Latein als Sprache humanistisch geprägter Kommunikation wurde ersetzt durch Spanisch und Italienisch; zugleich wurde an einem Reputationsgewinn des Französischen als Verkehrssprache gearbeitet. Wesentlichen Anteil an dem Entstehen eines wachsenden Bedarfs an geänderten Umgangsformen hat ein Urbanisierungsvorgang, der Teile des Adels einbezieht und in der verstärkten Residenznahme des alten Schwertadels in den Städten, d.h. in erster Linie in Paris, bestand.

Dieser Vorgang schuf eine geographische Nähe heterogener sozialer und auch mobiler gewordener Gruppen und verbesserte damit die Konditionen für die Etablierung einer französischen Salonkultur so entscheidend, daß das 17. Jahrhundert bereits deren erste Kulminationsphase zuließ. Dies heißt auch, daß die Frau hier ihre zentrale Stellung eingenommen hat und, eindeutiger als in den humanistischen Zirkeln des 16. Jahrhunderts, als Organisatorin von Interaktionen fungiert. Diese erneut möglich gewordene Aktivität von Frauen führt, wie C. Lougee in ihrer Untersuchung *Le Paradis des Femmes*[28] ausführt, zu einer heftigen Kontroverse über die Rolle und die Eigenschaften von Frauen, wobei jene Kreise, die an der Forcierung gesellschaftlichen Wandels, der in den Salons verstärkt zu werden schien, interessiert waren, gleichzeitig eine "frauenemanzipatorische" Position vertraten.

Gemeinsam ist den Salons dieser Zeit, daß Literatur und Kunst als Verständigungsobjekte im Laufe des Jahrhunderts immer wichtiger werden. Aktionsverlust und Aktionshemmungen, die die Festigung des Absolutismus für Angehörige der gesellschaftlichen Elite bereithält, können (und müssen) literarisch verarbeitet und kompensiert werden. Dies wiederum erleichtert die Anbindung von Repräsentanten der literarisch-künstlerischen Intelligenz an die Salons, wenngleich deren "Divertisseur"-Funktion, gerade da der Salon den "ennui" als Resultat des Machtverlusts bekämpfen muß, vorerst zumindest rudimentär erhalten bleibt. Von bestimmten Anlässen, die für die Repräsentation relevant sind, gelöst, realisiert sich der Salon des 17. Jahrhunderts in einer Periodizität, deren Intervalle nicht mehr in jedem Falle abhängig erscheinen von dem sozialen Status des Hauses bzw. den finanziellen Ressourcen der Salondame und damit dem äußeren Aufwand der Geselligkeit, sondern bereits von den Erfordernissen der Kommunikationsinhalte. Die urbanen Strukturen, erst recht die der Hauptstadt eines im Zentralisierungsprozeß fortschreitenden Landes, ermöglichen eine Periodizität, die, da der Austausch von Anschauungen und Wissen im geselligen Gespräch nicht durch lokale oder familiäre Einschränkung des Teilnehmerkreises eng begrenzt sein mußte, den "ennui" nicht zu reproduzieren drohte: Der neuen Erfahrungsarmut der alten sozialen Elite kann mit der Organisierung des Austauschs mittelbarer Erfahrungen begegnet werden.

---

28 Carolyn C. Lougee: "Le Paradis des femmes". Woman, Salons and Social Stratification in Seventeenth-Century France, Princeton, N.Y. 1976. Renate Baader: Die verlorene weibliche Aufklärung. Die französische Salonkultur des 17. Jahrhunderts und ihre Autorinnen, in: Hiltrud Gnüg und Renate Möhrmann: Frauen Literatur Geschichte. Schreibende Frauen vom Mittelalter bis zur Gegenwart, Stuttgart 1985, S. 58-82.

Diese Salonkultur erfährt um die Jahrhundertmitte eine Zäsur: nicht zufällig schließt das bekannteste gesellige Haus des Jahrhunderts, das Hôtel de Rambouillet, nachdem die Ereignisse um die Fronde zu weiteren Umstrukturierungen bei der sozialen Elite und zu veränderten politischen Einflußmöglichkeiten geführt hatten. Die Auslagerung des Hofes nach Versailles (1682) mit seinen Konsequenzen für die Beziehungen zwischen Hof und Stadt markiert einen zweiten wichtigen Einschnitt in die Salonkultur, der eine salongeschichtliche Phase abschloß.

2. Ursprungsorte dieser neuen Organisationsformen sozialen Verkehrs, die sich bis in die Regierungszeit Heinrich IV verfolgen lassen, sind aristokratische Häuser; daß es überwiegend in jüngerer Zeit nobilitierte Familien waren, wie es die Thesen Lougees nahelegen, läßt sich von den Namen der Salonfrauen her nicht durchgängig beweisen: Bekannt geworden sind als Salondamen u.a. die Duchesse de Rohan, Mme. de Cimiez, Mme. de Seneterre, Mme. de Guise, die Princesse de Léon. Überstrahlt wurden sie alle von der Marquise de Rambouillet und ihrem gleichnamigen "Hôtel".

"Hôtel" verweist dabei bereits auf den angedeuteten Verstädterungsprozeß von Teilen des Adels, der in diesen Stadtpalais architektonisch manifest wird.[29] Die Lage des Hôtel de Rambouillet nahe dem Louvre zeigt zwar die noch nicht aufgegebene Zuordnung des Hôtel zum Hof an. Die zu diesem möglich gewordene strukturelle Differenz in den "Techniken des gesellschaftlichen Lebens"[30] wurde aber zugleich bereits in der Architektur des Hôtel sinnfällig.[31] Unter dem Einfluß italienischer Architekten, die von den oberitalienischen (insbesondere florentinischen) Stadtpalästen her bereits mit zu Empfängen geeigneten Räumlichkeiten vertraut waren, aber nach eigenen Vorstellungen, ließ die spätere Marquise de Rambouillet zu Beginn des Jahrhunderts das Hôtel, nun ganz ausgerichtet auf die Bedürfnisse ihrer Geselligkeit, neu erbauen. Wenn die Marquise die architektonische Tradition, die die Treppe des Gebäudes an zentraler Stelle vorschrieb, durchbrach, indem sie den Treppenaufgang des Hauses an dessen Seite verschob,

---

29 Norbert Elias hat das Hôtel des französischen Adels genauer untersucht, bezieht sich dabei jedoch vornehmlich auf das Hôtel in der architektonischen Form des 18. Jahrhunderts. Norbert Elias: Die höfische Gesellschaft. Untersuchungen zur Soziologie des Königtums und der höfischen Aristokratie mit einer Einleitung: Soziologie und Geschichtswissenschaft, 5. Aufl., Darmstadt/Neuwied 1981, S. 68-101. Für das Hôtel de Rambouillet gilt sein Hinweis, daß man im Aufbau dieser Stadthäuser noch den Landsitz erkennt, nur eingeschränkt, da die Marquise de Rambouillet hier in einer abweichenden italienischen architektonischen Traditionslinie steht. Dies ändert nichts an der grundsätzlichen Richtigkeit seiner Bemerkung auch für Rambouillet, nach der die Beziehung des Hôtels zum Typ des ländlichen Herrensitzes "(...) symptomatische Bedeutung (hat). Gewiß sind die höfischen Menschen Stadtbewohner, und das Leben in der Stadt prägt ihnen auch bis zu einem gewissen Grade seinen Stempel auf. Aber ihre Bindung an die Stadt ist weniger fest als die der berufstätigen Bürger. Die meisten von ihnen besitzen noch einen oder mehrere Landsitze. Von dort haben sie nicht nur gewöhnlich ihre Namen, sondern gewöhnlich auch einen großen Teil ihrer Einkünfte, und gelegentlich ziehen sie sich dorthin zurück." Ebd., S. 73.

30 W. Fred: Lebensformen. Anmerkungen über die Technik des Lebens, München/Leipzig 1911, S. 233.

31 Die zitierte Untersuchung zu den "Geselligkeitstechniken" stellte für diese Form des sozialen Umgangs vor der Eröffnung des Rambouillet fest: "Man kannte bisher kein eigentliches Gesellschaftszimmer, empfing bald im Garten, bald im Schlafzimmer, meist wo man war, und kannte keinen festen Mittelpunkt des geselligen Lebens" (ebd.). Auch wenn diese Aussage der Relativierung (was die vorhergehenden Jahrzehnte betrifft) bedarf, so verweist sie doch auf die innenarchitektonische Neugestaltung als Moment der geselligen Entwicklung.

modifizierte sie damit auch bestimmte Repräsentationsgebärden (Ritual des Empfangs etc.). Durch diese architektonische Neuerung konnte sie eine Neuaufteilung der Innenräume vornehmen: die dezentrale Anordnung des Treppenhauses ließ eine nicht unterbrochene Aufreihung der Räume zu, die - mit großen Flügeltüren verbunden - sich durch deren Öffnen in eine Zimmerflucht verwandeln ließen, so daß ein großer "Salon", der ein auf Repräsentation zielendes Zeremoniell gestaltete, bei Bedarf entstehen konnte.[32] Die jederzeit mögliche Beseitigung des Gesellschaftssaales durch die Aufgliederung in voneinander abtrennbare Räume dokumentiert aber das hier sich anmeldende Verlangen nach einer Kleingliederung der Geselligkeit, die die Konversation als Grundlage erst zuläßt (und damit auch die gemeinsame Erörterung literarischer und ästhetischer Fragen): Von der Architektur bleibt die Option auf Realisierung verschiedener Verkehrsformen entsprechend den unterschiedlichen Erfordernissen und Bedürfnissen gewahrt.

Wie der lachende Maskenmund und die Schweigerose die soziale Funktion eines besonderen Raums im mittelalterlichen Burgenbau anzuzeigen hatten und diesen Raum gleichzeitig als Ausnahmebereich im sozialen Leben der Burg deklarierten, so wies auch die Marquise von Rambouillet den zentralen Raum, in dem sie ihre Freunde und Besucher versammelte, durch eine - traditionsstiftende - Farbgebung als Sonderbereich aus: Statt der für Empfangsräume bis dahin allein als angemessen geltenden Farbkombination Gold/Gelb und Rot (als Farben der Repräsentation) wurde dieser Raum mit blauen Samttapeten ausgekleidet, um, wenn schon keine Gegenwelt, so doch eine Abweichung von üblichen Sozialformen zu signalisieren. (In diesem Sinne wurde das "chambre bleu" noch im Interieur des Londoner Zirkels der Mrs. Vesey am Ende des 18. Jahrhunderts zitiert).[33]

Die Gesamtarchitektur des Hôtel de Rambouillet bezog mit ihren hohen Fenstern, die sich zudem zu ebener Erde als Fenstertüren öffnen ließen, den Garten als geselligen Raum ein. Eine Absonderung einzelner Teilnehmer, der Wunsch nach Rückzug von der Geselligkeit wurden aber durch die "parterres" - die sich nur wenig über den Boden erhebende Blumenornamentik - nicht zugelassen; die "voyales" gestatteten nur eine Auflösung der Geselligkeit in "lustwandelnde", sich den Augen der Gesellschaft allzeit präsentierende Gruppen. Das "Blaue Zimmer" als Kernbereich der neuen Geselligkeitsformation wurde durch die in der Regel geschlossenen Fensterläden dagegen selbst noch von der künstlichen "Außenwelt" des Gartens abgeschottet. Die Inneneinrichtung dieses Raumes wies diesen ebenfalls als Ort forcierter Intimisierung aus: Hier, im "Blauen Zimmer", befanden sich die Bibliothek der Hausherrin, die Bilder ihrer engeren Freunde und das Bett der Marquise. So wie die Bücher und Porträts auf Lektüre und Studium als einen geselligen Akt verweisen, so verweist das Bett auf das erotische Element als

32 Auf die noch ausstehende Erforschung der "Intérieurs der Salons als (der) künstlerische(n) und atmosphäreschaffende(n) Ausgestaltung dieser weiblichen Kulturbereiche des 17. Jahrhunderts" hat zuletzt Walter Mönch hingewiesen in: Walter Mönch: Frankreichs Kultur. Tradition und Revolte. Von der Klassik zum Surrealismus, Berlin/New York 1972, S. 53.

33 Zu erinnern ist auch an eine satirische Behandlung dieser Farbensemantik: In Bauernfelds *Der literarische Salon* erhält der Dichter Morgenroth, der vorgibt, "immer zu leben in einer idealen Welt", "die blauen Zimmer im zweiten Stock" des Salonhauses als Aufenthaltsräume zugewiesen. E. v. Bauernfeld: Der literarische Salon, S. 256.

wichtigen, aber zu sublimierenden Faktor der Geselligkeit im Hôtel de Rambouillet. Je mehr sich dabei der gesellige Umgang am Bett der Hausdame abspielte, die Repräsentation gegenüber der Intimisierung zurücktrat (im Gegensatz zu dem höfischen Levée), um so eher konnten "unstandesgemäße", bürgerliche Geselligkeitsteilnehmer toleriert werden: Die "ruelle", der schmale Raum vor dem Bett der Frau, bot sich nichtaristokratischen Besuchern als Feld geselliger Emanzipation.

Das Hôtel de Rambouillet bildet keinen Einzelfall für das Vordringen der Geselligkeit in solche häuslichen Bereiche, die später durch bürgerliche Moralvorstellungen - man erinnere nur an Schillers *An eine gelehrte Frau* - als Intimräume der Frau wieder unzugänglich gemacht wurden. "Le réduit" und "le cabinet" sind zwar beide bereits im 16. Jahrhundert als Begriffe der Hausarchitektur bekannt, erst jetzt werden sie aber zu Begriffen des Gesellschaftslebens. "L'alcove", aus dem Arabischen über das Spanische entlehnt, und eindeutiger noch "la ruelle" verweisen unmittelbar auf das Bettzimmer der Gesellschaftsdame und die Umfunktionierung dieses Zimmers zum Empfangsraum. "La ruelle" wird übertragen auf den Kreis der engeren Freunde, die sich ursprünglich in dem Zwischenraum zwischen Bett und Wand versammelten. Die räumliche Ausdehnung der "ruelle"- es wurde allmählich üblich, am Fußende des Bettes eine Schranke zu ziehen, vor der sich die Gesellschaft niederließ, so daß das ganze Zimmer als "ruelle" diente - wurde erforderlich durch die Ausweitung des Teilnehmerkreises.

Die nach Habermas für den Salon typische Scheidelinie zwischen Öffentlichem und Privatem kann zwar durch diese Barriere noch nicht markiert sein, aber sie besitzt in der Schranke der "ruelle" einen - materiellen - Vorläufer, der die Existenz einer geschützten Intimsphäre der Dame des Hauses visualisiert. Diese Barriere kann erst fallen, wenn die geselligen Regeln internalisiert sind, das Erotische in seiner Spielform im Sinne Simmels, d.h. einer die Erfüllung permanent versprechenden und permanent verweigernden Umgangsform, akzeptiert und sublimiert ist. Der Salon der Marquise de Rambouillet bezog die "ruelle" als Moment ihres Umgangs bereits ein, ihre vollendetste Ausprägung erhielt die "ruelle" allerdings in der zweiten Jahrhunderthälfte als Geselligkeitsformation der Preziösen und damit unter stärker werdendem Einfluß des bürgerlichen Elements.

Verglichen mit der Geselligkeit im Hause Morel, wo die Frau als humanistisch Gebildete Anerkennung erfahren hatte, ist jetzt, da die kreisstiftende Rolle der Frau sich durch eine Neubewertung von Erotik und - unter preziösem Vorzeichen - "tendresse" gewandelt hat, auch eine soziale Heterogenisierung der Beteiligten zu verzeichnen. Der höhere Adel war im Hôtel de Rambouillet vertreten u.a. durch den Herzog von Longueville, den Marquis de Maigrin, den Graf Henri de Chabot. Er traf hier mit Schriftstellern zusammen, die teilweise aus niederem Adel stammten oder bürgerlicher Herkunft waren, wie Vaugelas, Conrart, Chapelain, Ménage, Saint-Amant, Jean-Louis Balzac, Benserade, Malleville, Godeau und der Mme. Scudéry. Von Vincent Voiture, Sohn eines Weinhändlers aus Amiens, sagt Mongrédien, daß er "fit la gloire (de l'Hôtel de Rambouillet - PS) comme l'Hôtel fit la sienne".[34] Die Antwort der Marquise de

34 Vgl. George Mongrédien: Les Précieux et les Précieuses. Textes choisis et presentés avec introduction et notices suivis appendice bibliographique, Paris 1939, S. 26.

Rambouillet, auf die Feststellung ihres Salonbesuchers de Blérancourt über den aus niederen Verhältnissen kommenden Voiture: "Savez-vous que ce M. de Voiture ne manque pas d'esprit?", "Mais monsieur, (...) pensiez-vous que ce fut pour sa noblesse ou pour sa belle taille qu'on le recevait partout comme avez vu?"[35] klärt über die Zulassungsqualifikationen auf. Dem geistreichen, nichtaristokratischen Habitué ist als Frau im geselligen Kreis der Marquise Angélique Paulet an die Seite zu stellen. Angélique Paulet, Tochter eines Vertrauten Heinrichs IV, gehörte zum engsten Kreis des Hôtel. An dieser Frau läßt sich der individuell mögliche und durch die Salongeselligkeit erleichterte soziale Aufstieg einer Frau, der bereits an den Weg jüdischer Salondamen des frühen 19. Jahrhunderts in Deutschland erinnert, nachzeichnen: "une simple bourgeoise d'abord, (...) une très grande dame, ensuite la duchesse de Chevreuse", auf diese Kurzformel bringt Roger Picard die Biographie der Mme. Paulet.[36]

Die Etablierung einer Verkehrsform im Hôtel der Marquise, die die stratifizierte Gesellschaft nicht mehr einfach perpetuiert, beschreibt Picard enthusiastisch als eines der "Wunder" von Rambouillet:

> Parmi les miracles qui s'y accomplirent, l'un de plus notoire, fut d'y réunir des gens du monde avec les écrivains, les gens de robe avec les hommes d'épée, la noblesse avec la bourgeoisie, tous réunis dans un commun amour des lettres, des arts, de l'esprit et de la culture, qui tenait de lettres de grande naturalisation dans la société polie.[37]

Ein Kulturhistoriker des späten 19. Jahrhunderts, Jacob von Falke, erklärte die Außerkraftsetzung ständischer Vorurteile und Schranken vor allem als Werk der Salondame Cathérine Vivonne, als Produkt ihrer "gesellige(n) Talente".[38]

> Madame de Rambouillet beherrschte ihre Rolle in einem solchen Grade, gesellschaftliche Schranken überbrückend, daß man sie als eine 'Königin des Salons' bezeichnen kann.[39]

Nach Valerian Tornius verdient die Herstellung einer situativ funktionierenden Kommunikation zwischen Repräsentanten verschiedener Stände als eigentliche Errungenschaft des Hôtel de Rambouillet gewürdigt zu werden, eine historische Errungenschaft, die auch Tornius in erster Linie auf die geselligen Talente der Marquise zurückführt:

> Madame de Rambouillet verstand es am glücklichsten, die beiden Aristokratien jener Zeit, die der Geburt und die des Geistes, die bis dahin ein getrenntes Dasein führten, harmonisch zu vereinigen. Der Standesunterschied fiel fort; jeder honnête homme fand Zutritt in ihrem Salon, einerlei, wo seine Wiege gestanden hatte.[40]

Indem, wie Heinrich Breitinger in seiner frühen umfangreicheren Darstellung des Hôtel de Rambouillet feststellte, "Religion und Politik wie auf Verabredung hin aus dem Spiel gelassen wurden", konnten nach einer Reduzierung der Ständeunterschiede auch die

35 Roger Lathuillière: La Préciosité, étude historique et linguistique, Genf 1966, S. 550.
36 Roger Picard: Les salons littéraires et la société francaise. 1610-1789, New York 1943, S. 40.
37 Picard: Les salons, S. 31-32.
38 Jacob von Falke: Der französische Salon. Galanterie, Amüsement, Esprit im 17. Jahrhundert, hrsg. und bearb. von Ulrike Romm, Bonn 1977, S. 29.
39 Ebd.
40 Tornius: Salons, Bd. 1, S. 171.

politischen und konfessionellen Widersprüche als Gefährdungselemente für die gesellige Harmonie abgeschwächt werden:

> Protestanten und Katholiken bewegen sich friedlich nebeneinander. Während das Haus der Marquisin mit Eifer dem Katholicismus huldigt, zählen sich Montausier, Conrart, Combault, Tallemant und andere zu den Protestanten.[41]

Möglich waren solche exzeptionellen kommunikativ-geselligen Erfolge der Marquise de Rambouillet aber nur auf dem Hintergrund der erwähnten sozialen und politischen Verschiebungen in Frankreich, die den Adel auffächerten und in neue Positionen zwischen Hof und Bürgertum drängten. Das Engagement unterschiedlicher Gruppen innerhalb der Aristokratie bei der Neuorganisierung des gesellschaftlichen Lebens, das Kunst und Literatur als gemeinsame, ständeübergreifende Bezugsebene hatte, ist breit dokumentierbar. Hohendahl spricht - bei der sozialen Verortung dieser Zentren literarisch-geselligen Lebens - ausdrücklich von den "aristokratischen aber antihöfisch orientierten Salons" Frankreichs,[42] von denen das Hôtel de Rambouillet ein erstes und in mehrfacher Hinsicht[43] herausragendes Beispiel darstelle. Für Lougee waren es gerade die Salons, die, indem sie die verschiedenen Adelsgruppen miteinander in personalen Kontakt brachten, "the aristocratic structure of French society"[44] wahrten. Hohendahl und Lougee haben damit vor allem aristokratisch geprägte Formationen wie jene des Hôtels der Marquise de Sablé im Blick, das durch La Rochefoucauld, seinem neben Pascal bekanntesten Habitué, literarhistorische Bedeutung gewann. Aber auch in diesem aristokratisch organisierten Salon fand sich ein Kreis aus sozial durchaus heterogenen Gruppen zusammen, die außerhalb des Sablé-Salons ideologisch und politisch eher gegeneinander standen: Neben dem Bruder des Königs und anderen Hochadeligen versammelten sich in diesem Hôtel "de grands seigneurs et des abbés, des précieuses sur le retour et de graves théologiens, des poétes et des médecins, des jansénistes, des calvinistes de contrebande et ... des jésuites."[45]

(An weiteren Häusern, in denen analog zur Geselligkeit von Rambouillet und z.T. konkurrierend mit dieser vom französischen Hochadel ein gesellschaftliches Leben organisiert wurde, sind zu nennen die Hôtels de Clermont, de Condé, de Créqui und de

41 Heinrich Breitinger: Der Salon Rambouillet und seine culturgeschichtliche Bedeutung, in: ders.: Aus Neueren Litteraturen, Zürich 1879, S. 1-54, S. 23.

42 Peter Uwe Hohendahl: Der europäische Roman der Empfindsamkeit, Wiesbaden 1977, S. 7.

43 Das Suspendieren der Standesunterschiede erfolgte keineswegs überall mit gleicher Konsequenz wie im Hôtel de Rambouillet. In vielen "ruelles" spiegelte sich die gesellschaftliche Hierarchie auch im geselligen Rahmen z.B. noch in der Sitzordnung: Während die aristokratischen Mitglieder während des Empfangs in Armsesseln Platz nahmen, mußten sich die bürgerlichen mit dem Fußschemel, dem Tabouret, begnügen. Bekanntlich spielte das Tabouret im französischen Hofzeremoniell eine große Rolle: Sich in der Gegenwart des Königs oder der Königin auf das Tabouret setzen zu dürfen - "avoir le droit de tabouret" - war eines der begehrtesten Privilegien. Insofern besaß das Tabouret der Bürgerlichen in manchen "ruelles" keine demütigende Funktion und konnte als Gnadenbeweis akzeptiert werden. Dennoch wurde diese Sitzordnung immer mehr konterkariert durch den egalitaristischen Brauch, daß sich in vielen "ruelles" die Habitués auf ihren Mänteln, die auf dem Boden der Bettgasse ausgebreitet wurden, niederließen.

44 Lougee: "Paradis", S. 212.

45 Nicola Ivanoff: La marquise de Sablé et son salon, Paris 1927, S. 89.

Ventadour. Zu dieser von der hohen Aristokratie getragenen Salongruppe traten aristokratische Zirkel der Mme. Choisy, der Mme. de Montpensier, der Mme. de Scarron, der Mlle. de Sully und der Mme. de la Suze, die allerdings insgesamt erst, nachdem das Hôtel de Rambouillet nicht mehr empfing, ihre größte Anziehungskraft ausübten.)

3. Eine Lokalisierung dieser Salons ausschließlich auf aristokratischer Ebene ist aber auch schon im Paris des 17. Jahrhunderts nicht mehr möglich. Nicht nur, daß Frauen subaristokratischer Herkunft sich an vielen der genannten Salons beteiligten, in einzelnen Fällen waren diese Frauen auch in der Lage, eigene Salons aufzubauen und in diesen die Standesgrenzen nach oben durchlässig zu halten. So verkehrten in dem nichtaristokratischen Sablière-Salon neben Frauen der Aristokratie, die selbst einem Salon vorstanden,[46] auch "gens de cour" oder Diplomaten wie der ehemalige französische Botschafter in England, Baillon d'Amancourt. Dieser Zirkel wurde von eben den Schriftstellern aufgesucht, die auch in den anderen Salons der aristokratischen "monde" regelmäßig empfangen wurden: Pellisson, Benserade, Chapelle, Perrault, Conrart und Fontenelle. La Fontaine rezitierte hier Fabeln oder ließ sie von seinem Freunde Gache vortragen. Die Organisatorin dieser Formation, Marguerite de la Sablière, kam aus den Generalstaaten mit ihren fortgeschrittenen ökonomischen Verhältnissen; ihr Vater hatte eine Bank gegründet, die ihren Reichtum aus der Handelsschiffahrt schöpfte. Marguerite heiratete den - ebenfalls protestantischen - Sohn eines reichen französischen Finanzmannes, Nicolas de Rambouillet de la Sablière[47], und gehörte damit jener Pariser sozialen Gruppe an, von der Hallays schreibt: "Leurs moeurs étaient sans austérité, leurs Hôtels passaient pour les plus luxueux de Paris (...)"[48]. Die nach vierzehnjähriger Ehe vollzogene Trennung von ihrem Ehemann und die Liaison mit einem anderen Manne beeinträchtigten die Geselligkeit in ihrem Hause nicht.

Der zweite bedeutende Salon, der von Frauen Pariser "financiers" organisiert wurde, war derjenige der Françoise Dodieu und Anne Gibot Cornuel. Allerdings scheint sich hier, folgt man Claude Aragonnès, die bürgerliche Herkunft der Salondame und ihre bürgerliche Heirat auf die Besucherstruktur stärker ausgewirkt und eine soziale Verlagerung nach unten bedingt zu haben:

> Moins sévère que madame de Rambouillet sur la choix de ses hôtels, préférant encore la quantité à la qualité, une bourgeoise qui n'a pas le droit de faire la difficile, pourvu qu'il y ait du monde chez elle et qu'on s'amuse, elle eut même, assure un contemporain, l'art de se rendre aimable (...).[49]

Daß mit Françoise Dodieu eine "simple bourgeoise du monde financier" ab 1650 einem eigenen Salon habe vorstehen können, sei, so Roger Picard, bereits eine Folgeerscheinung der geselligen Neuansätze von Cathérine de Vivonne gewesen, "de mêler sur

---

46 Z.B. Mme de La Fayette, Mme. de Sévigné, Mme. de Scarron, Mme. de la Suze und die junge Mme. de Lambert.

47 Eine verwandtschaftliche Beziehung zum Hôtel de Rambouillet besteht trotz Namensgleichheit nicht.

48 André Hallays: Le Salon de Mme. de la Sablière, in: L. Petit de Julleville (Hg.): Les Grands Salons littéraires (XVIIe et XVIIIe siècles). Conférences du Mussee Carnavalet (1927), Paris 1928, S. 49-78, S. 51.

49 Claude Aragonnès: Chez Madame Cornuel. Un Salon Bourgeois au XVIIe Siècle, in: La Revue de Paris, T. 38, Nov./Dec. 1931, S. 578-597, S. 580.

un pied de parfaite égalité les poètes, les artistes, les bourgeois cultivés avec les gens de cour, les princes et les duchesses."[50] Nach Picards Charakterisierung des Cornuel-Salons scheint mit der Tendenz zur "Verbürgerlichung" eine "freiere" Atmosphäre eingezogen zu sein; so habe die Salondame Autoritäten der Lächerlichkeit preisgegeben und selbst religiöse Dinge despektierlich behandelt: "Légèrement incroyante, elle n'hésitait pas à tourner en ridicule les choses de l'Eglise (...)."[51] Auch der zweite, hier erwähnte, von einer "bürgerlichen" Dame geleitete Zirkel hob sich von anderen Salons ab: Hier überwogen nicht literarische, sondern naturwissenschaftliche Gesprächsthemen; Mathematik, Astronomie und Physik fanden das Interesse der Salonteilnehmer. Philosophische Fragestellungen wurden ebenfalls aufgeworfen.

Sowohl der "bürgerliche" Salon der Mme. de la Sablière als auch jener der Cornuels bildeten sich in der zweiten Jahrhunderthälfte aus und deuten damit auch auf Positionsverlagerungen innerhalb der französischen Gesellschaft (ein Prozeß, der in den Regierungsjahren des Sonnenkönigs, unter dem der Salon der Cornuel in der Anfangszeit noch fortexistiert, zu einem vorläufigen Abschluß kommt). In beiden Salons wurde der weitere gesellschaftliche Aufstieg der Familien in der folgenden Generation vorbereitet. Aragonnès bezeichnet die Gewinnung einer neuen gesellschaftlichen Reputation der Mme. Cornuel als "(b)el exemple d'étape franchie en une génération par la riche bourgeoisie de finances. Sa fille sera marquise, son fils sera d'épée."[52]

Das eigentliche "Erbe" des Hôtel de Rambouillet trat Mlle. de Scudéry an. Nicht nur der räumliche Rahmen ihres Zirkels unterschied sich dabei erheblich von dem der Marquise und verweist auf den niedrigeren sozialen Status der Salondame, die die Schriftstellerei auch als Broterwerb betrieb, auch die Empfangszeiten sind drastisch reduziert worden. Während Cathérine de Vivonne z.B. täglich und zu verschiedenen Tageszeiten ihr Hôtel öffnete, eine Scheidung zwischen geselligem und privatem Leben auch von den Empfangszeiten her allenfalls ansatzweise durchgeführt war, beschränkte sich der Scudéry-Kreis auf ein Zusammentreffen am Samstag. Zum "samedi" in der kleinen, bescheidenen Wohnung in der Rue de Bueauce, die nur aus zwei Zimmern und einem Cabinet bestand,[53] fanden sich neben dem Bruder der Salondame, dem Dichter Georges de Scudéry, Schriftsteller ein wie Sarazin, Godeau, Ménage und Pellisson. Zu der Gruppe der "dames lettrées" des "samedi" zählten u.a. Mme. Cornuel und Mlle. Boquet, die

50 Picard: Les salons, S. 65.
51 Ebd., S. 66.
52 Aragonnès: Cornuel, S. 595.
53 Falke: Salon, S. 89. Daß die Scudéry den Aufwand des Hôtel de Rambouillet schon aus materiellen Gründen nicht imitieren konnte, zeigt sich allein daran, daß im Hotel acht Domestiken nur für die Geselligkeit bereitstanden, was - worauf Louis Batiffol aufmerksam macht - verglichen mit den zeitgenössischen, auf Repräsentation zielenden Verkehrsformen äußerst bescheiden gewesen sei. (Louis Batiffol: Le salon de la Marquise de Rambouillet, in: L. Petit de Julleville (Hg.): Les Grands Salons littéraires, S. 21-48, S. 31.) Diese geringe Anzahl von Dienern, in der Regel Italiener, ist einmal als Reduktion der Statussymbole deutbar, zum zweiten findet sie eine Erklärung in der Tatsache, daß die Marquise weitgehend auf die repräsentativen Mahlzeiten, die auch eine Vielzahl von Domestiken voraussetzten, als Element ihrer Geselligkeit verzichtete: "On venait de preférence chez Mme. de Rambouillet après le repas, ce que M. de Rambouillet appelait ironiquement 'les heures de digestion'." Ebd.

später mit wenig Erfolg die "samedis" fortzusetzen suchte. Wenn auch der Adel durch La Rochefoucauld, Montausier, die Damen de La Fayette und Marquise de Sévigné u.a. repräsentiert blieb, rekonstruiert die Forschung doch für die "samedis" eine deutliche Zunahme des nicht-aristokratischen Elements.[54] Nach Montgrédien, der - fälschlicherweise - die aus niedrigem Adel stammende Scudéry selbst zu einer Bürgerlichen macht, dominiert sogar in diesem literarischen Zirkel bereits das Bürgertum:

> Cette bourgeoisie assez laide (...) regroupe les quelques élements bourgeois qui se mêlaient à la noblesse dans la Chambre bleue.[55]

Schon bei Falk war der "samedi" als im wesentlichen "bürgerlich" definiert worden, wenn der Kulturhistoriker des 19. Jahrhunderts zum Verhältnis Hôtel de Rambouillet und Scudéry-Geselligkeit schreibt: "Der bürgerliche Teil des 'Blauen Salon', der mit diesem seinen Mittelpunkt verloren hatte, war nunmehr selbständig geworden",[56] eine Aussage, die, betrachtet man sich die "Erbmasse" aus dem "Salon bleu", zumindest zu relativieren ist.

4. Bei der Diskussion um den gesellschaftlichen Standort des Salons zu Beginn des Absolutismus stand die Frage nach den Abhängigkeitsverhältnissen vom Hof früh im Zentrum des Forschungsinteresses. Wolf Lepenies hat der Beantwortung dieser Frage in *Melancholie und Gesellschaft* einen eigenen Abschnitt gewidmet, in dem er den Salon als Versuch bestimmt, "ein neues Ordnungssystem zu errichten, um die Langeweile zu vertreiben, ohne denjenigen daran beteiligen zu können, der sie eigentlich verursacht hat: den König"[57]. Der Salon erscheint bei Lepenies folglich als Handlungsalternative zum Hof. Für Lougee ist der Salon dagegen ein Deszendent des Hofes und funktioniert in seinem Sinne. Zweifellos hat der Salon im 17. Jahrhundert insofern die Herausbildung des Absolutismus unterstützt, als er den Machtverlust des Schwertadels kompensieren half und dessen Loslösung von bisher gültigen lebensaktivistischen Idealen förderte - was zugleich eine Integration der "noblesse de robe" in die Adelskultur erleichterte. Von seiner Struktur her mußte der Salon aber immer mehr eher als Gegenentwurf zum Hof denn als dessen Abbildung wirken. Gerade die Tendenz, Ständeschranken situativ zum Verblassen zu bringen, einen internen Egalitarismus (des Geistes und/oder der Gefühle) zu versuchen - wenngleich dieser Egalitarismus nach außen neue, jetzt aber geburtsunabhängigere Distinktionsgesten erzeugte -, lassen Kongruenzen zwischen Hof und Salon wenig plausibel erscheinen. Es wurde für den Thron immer schwieriger, die Salons, ungeachtet ihrer personalen Nähe zum Hof, als politische Außenstationen des Hofes zu instrumentalisieren. So lassen sich zwar Versuche des Hofes nachweisen, Einfluß auf Salons zu gewinnen, aber nicht mehr die intendierten Erfolge.

---

54 Vgl. z.B. Mönch: Frankreichs Kultur, S. 52. "Im Unterschied zum Hôtel de Rambouillet, wo außer den erwähnten Schöngeistern zumeist nur Adelige verkehrten, waren die 'Samstage' der Mademoiselle de Scudéry bürgerlicher Natur und Adel nur gering vertreten."

55 Mongrédien: Les Précieux, S. 9.

56 Falke: Salon, S. 89.

57 Wolf Lepenies: Melancholie und Gesellschaft, Frankfurt/M. 1972, S. 52.

Beispielsweise war es durchaus nicht unüblich, daß der König über Geschenke zur Ausstattung der wichtigen Salons diese zu verpflichten suchte. Von Ludwig XIII hatte etwa das Hôtel de Rambouillet Wandteppiche für seine Empfangsräume erhalten. Richelieus Bestrebungen, die Neutralität des Hôtel aufzuheben, seinen Charakter als Ort gesellschaftlicher Handlungsabstinenz zu negieren, wurden allerdings von der Marquise mit Entschiedenheit zurückgewiesen.[58] Louis Gillet hat gerade in Richelieu ein antipodisches, wenn auch kein antagonistisches Verhältnis des Hofes zum Salon verkörpert gesehen: "'Richelieu est l'homme de la cour et non point des salons. Ce sont des choses très différentes."[59]

Der französische Salon des 17. Jahrhunderts bildet demnach andererseits auch keine Institution - und hier darf man Hohendahls "antihöfisch" als Salonmerkmal nicht mißverstehen -, von der aus Politik gegen den Hof gemacht wird. Auch als unter den Habitués Sympathien für die Fronde wachsen, üben sich die Salons in politischer Enthaltsamkeit und können so als nicht standesbornierte und politisch neutrale gesellige Institutionen über Jahrzehnte, beim Hôtel de Rambouillet ein halbes Jahrhundert, hinweg funktionieren. Sie tragen dazu bei, daß der Kommunikationszusammenhang in Zeiten gesellschaftlicher Mobilität der sozialen und intellektuellen Eliten, mögen diese ansonsten in sich mehrfach gespalten sein, in einigen Themenbereichen, darunter nicht zuletzt in literarischen Fragen, nicht zerstört wird.

Um einen der bereits angerissenen Aspekte der Salons des 17. Jahrhunderts noch einmal genauer zu bezeichnen: Die geforderte Abstinenz von politischer Aktivität innerhalb der Salons, die erzwungene Konzentration auf den Gefühlshaushalt der versammelten Individuen, korreliert, wie angedeutet, auf gesellschaftlicher Ebene mit der Entmachtung des Adels im Zuge der Zentralisierung. Die Salons üben den Adel auf den Machtverlust ein und bieten Möglichkeiten der Sublimierung seiner Entmachtung. Theorien, die die Salonkultur als Reflex auf die machtpolitischen Auseinandersetzungen des vorhergehenden Jahrhunderts interpretieren, bestätigen im Grunde diese These, die ein entscheidendes Erklärungsmoment für das Wohlwollen des Hofes gegenüber dem Entstehen von Salons bietet.[60]

---

58 Vgl. Falke: Salon, S. 89.

59 Louis Gillet: Les grands salons littéraires au Mussée Carnavalet, in: L. Petit de Julleville (Hg.): Les Grands Salons Littéraires, S. 7-20, S. 11. Richelieus Nachfolger Mazarin fand einen Widerpart im Salon der Madame Du Plessis-Guénegaud; über diesen Salon "verschafften sich die Jansenisten Zugang zu der Pariser Gesellschaft, während sich die Gastgeberin jeder Bindung am Port-Royal fernhielt." (Mönch: Frankreichs Kultur, S. 52.)

60 Gerhard Sauder, der gleichfalls den Machtverlust des Adels mit der Salongeselligkeit in Zusammenhang bringt, nimmt eine historiographische Verschiebung vor und läßt danach die Salonkultur erst nach dem Scheitern der Fronde beginnen. Richtig ist, daß es nach der Fronde zu Umstrukturierungen in der Salongeselligkeit kam, was auch soziale Veränderungen, vor allem auch eine breitere Öffnung gegenüber Angehörigen bürgerlicher Gruppen, einschloß. Diese Verlagerungen werden von Sauder wiederum erst für das folgende Jahrhundert festgestellt: "Langeweile und Melancholie konzentrieren sich im Absolutismus an zwei Orten: am Hof und im Salon. In Frankreich verläßt die Fronde nach dem Scheitern ihrer politischen Aktion den Schauplatz der Präsentation und zieht sich in die Salons zurück, die im 18. Jahrhundert auch dem Bürgertum offenstehen." (Gerhard Sauder: Empfindsamkeit, Band I, Voraussetzungen und Elemente, Stuttgart 1974, S. 146.) Niklas Luhmann, wenn er Interaktionsformen der Oberschichten thematisiert, kommt zu ähnlichen Ergebnissen. Nach ihm wird die italienische Hofliteratur, bei der von einem ausgesprochen stadtpolitischen Adelsbegriff aus-

Inwieweit in den Salons der Adel für den Umgang am Hof mit seinen grundlegenden anderen Strukturen und Funktionen sozialisiert werden sollte und konnte, wie es Nicola Ivanoff in seiner Untersuchung zum Salon der Marquise de Sablé annimmt,[61] müßte noch genauer untersucht werden. Sicherlich wird durch die Salonkultur das soziale Verhalten auch auf der Ebene seiner äußeren Formen mitgeprägt. Der aus seinen Landschlössern in die städtischen Hôtels einziehende alte Schwertadel, der hier auf andere, im geselligen Rahmen auf Gleichberechtigung drängende Stände und neue Adelsgruppen (die "robe" z.B.) trifft, muß sich schon äußerlich wandeln, um sich als "soziabel" zu gerieren: Die Kleidung ändert sich, der Schnurrbart wird gestutzt, das Pferd ersetzt durch Kutsche oder Tragsessel, mit denen man unbeschmutzt im Salon ankommt. Es wird üblich, nach der Ankunft einen Kamm aus der Tasche zu ziehen und sich ostentativ zu kämmen, zum guten Ton gehört z.B. auch das ausgiebige Spiel mit dem Zahnstocher - Signale eines Disponiertseins für soziale Kontakte. In den "belles manières" wird ein Kanon von Umgangsformen entworfen, in denen sich eben diese Bereitschaft zu einem Wandel im sozialen und geselligen Umgang insbesondere manifestiert.

Die Aktion wird abgelöst durch die Konversation (was den Erwerb neuer Kenntnisse und ein geändertes Bildungsideal einschließt). Das Gesellschaftsspiel, dem eine Reihe von Büchern gewidmet werden, fungiert als Ersatzhandlung. Aktionshemmung kennzeichnet schließlich auch die erotischen Beziehungen in der Salonkultur, die sich zur Galanterie formal verfeinern und sich darin genügen. Allmählich kann die Schranke vor dem Bett der Frau durch die galanten Spielregeln substituiert werden. Es ist nicht uninteressant zu beobachten, wie sich im Laufe des Jahrhunderts die Galanterie zu einem keineswegs nur die erotischen Beziehungen regulierenden Geselligkeitsmittel entwickelt, sondern als grundlegendes geselliges Verhaltensmuster aufgefaßt und als solches

zugehen sei, bei der Übertragung auf französische Verhältnisse an einem wesentlichen Punkt modifiziert: "Salonerfolge und Karriereaspirationen" ersetzten die traditionellen politischen Komponenten und differenzierten "den Hof gegen andere Häuser und Treffpunkte der guten Gesellschaft. La cour und le grand monde werden unterschieden und können in Widerspruch geraten. Die Häuser der guten Gesellschaft bieten sich auch denen an, die politisch gescheitert sind, und gliedern sie wieder ein. Erst dadurch entwickelt sich jenes verfeinerte 'desire de plaire', das nicht mehr allein politisch auf den Fürsten gerichtet ist, sondern sozialen Lebenserfolg in der feinen Gesellschaft und auch, aber nicht nur, am Hofe zu gewinnen sucht. Entsprechend öffnet das Ideal des honnête homme, der feinen Sprache, der kultivierten Form sich für Teilnehmer aus dem verarmten Adel und aufsteigenden Bürgertum mit literarischen gesellschaftlichen Begabungen. An die Stelle der Perfektion von (rasch erkennbaren) Schichtattributen tritt damit das umsichtige Maßhalten in sozialen Beziehungen." (Niklas Luhmann: Gesellschaftsstruktur und Semantik, Bd. 1, Frankfurt/M. 1980, S. 102-103.)

61 "La sociabilité étant le trait caractéristique du Français, la vie mondaine éclipsée par les guerres des réligions ne pouvait pas disparaître pour longtemps. Dès la première moitié du XVIIe siècle elle renaissait avec un nouvel éclat. L'aristocratie feudale, vaincu par la royauté se dépouillait de plus en plus de sa rudesse guerritère et, oublieuse de ses prétentions d'autrefois, s'apprêtait à se transporter dans la cour splendide du Grand Louis." (Ivanoff: La Marquise de Sablé, S. 197.) Während die literarischen Folgen der Salonkultur bereits häufiger untersucht worden seien, habe man - so Arvède Barine - den "conséquences politiques" weniger Aufmerksamkeit geschenkt. Als "conséquences politiques" sieht Barine ebenfalls "le commencement de la domestication de la noblesse". Arvède Barine: La Grande Mademoiselle, II. La Transformation des moeurs. Naissance de la vie de salon, in: Revue des deux mondes, 1. Okt. 1899, S. 575-610, S. 610.

schließlich auch in Deutschland akzeptiert wird, so bei dem deutschen Verfechter des galanten Stils, Benjamin Neukirch, der 1704 die Galanterie als Geselligkeitsmittel wie folgt definiert:

> Die galanterie ist nichts anderes/als eine schertzhafte und dabey kluge artigkeit: und diese ist weder schlimm/noch sonst verbothen. Sie ist das mittel große gesellschaften zu unterhalten; sie ist der weg/sich bey hohen und niedrigen beliebt zu machen.[62]

Neukirch interpretiert Galanterie dabei schon in einem durchaus bürgerlichen, der Salonformation kompatiblen Sinne, wenn er feststellt, "galant" sei, "die leute nicht nach dem stande, sondern nach dem verstande zu messen."[63]

Honoré d'Urfés vielgelesener Roman *L'Astrée* (begonnen 1607, erst nach dem Tode des Verfassers von seinem Sekretär Baro beendet) galt in den Salons als Schule der Galanterie und wurde als Brevier für die eigenen Liebesabenteuer und deren Befreiung vom Körperlich-Sinnlichen genommen.

Nicht weniger einflußreich auf die Salongeselligkeit wirkte sich der drei Jahre nach Vollendung von *L'Astrée* 1630 erschienene *Honnête homme* des bürgerlichen Emporkömmlings Nicolas Foret aus, durch den - nun auch schriftlich fixiert - das Bildungsideal des "cortegiano" endgültig abgelöst wird. Trotz des Untertitels *l'Art de plaire à la Cour*: In den Salons wird der neue Bildungsentwurf gelesen und findet den sozialen Raum, der seiner Verwirklichung entgegenkommt.

Neben der Verfeinerung und Purifikation von Geist, Gefühl und Sitten war gleiches auch für die Sprache intendiert: Lehrbücher für den "bon usage" der französischen Sprache sollten die "manière de parler" (so der Titel eines solchen Lehrbuches von Renaud) als wichtigste der "belles manières" verbessern helfen. Ferdinand Brunot widmet in seiner *Histoire de la Langue Française des Origines à 1900* den "cercles et salons" des 17. Jahrhunderts wegen ihrer Relevanz für die Sprachgeschichte zu Recht ein eigenes Kapitel.[64] Die Kritik Molières an dem Sprachbewußtsein und der Sprachpflege in den geselligen Zirkeln, eine Kritik, die sich gegen bestimmte Erscheinungsformen und Übertreibungen richtete, ist bekannt und muß hier nicht wiederholt werden.

Die Ästhetisierung und Stilisierung der Lebenspraxis, mit denen die Salonwelt einerseits auf den Machtverlust des alten Schwertadels antwortete und andererseits eben nobilitierte Gruppen, aber auch schon Angehörige bürgerlicher Schichten, auf einen gemeinsamen Lebensstil orientierte, fand ihre zugespitzte Ausformung im Preziösentum. Obwohl in früheren Salons, dem Hôtel de Rambouillet eingeschlossen, Elemente des Preziösen auszumachen sind, findet die "préciosité" ihr eigentliches geselliges Zentrum in den erwähnten "Samstagen" der Scudéry:

---

62 Zit. nach Ulrich Westland: Die Theoretiker und Theorien der sogenannten galanten Stilepoche und die deutsche Sprache. Ein Beitrag zur Erkenntnis der Sprachreformbestrebungen vor Gottsched. Leipzig 1930 (Form und Geist 17), S. 2.

63 Ebd.

64 Ferdinand Brunot: Histoire de la Langue Francaise des Origines à 1900, Tome V: Le francais en France et hors de France au XVIIe siècle, Paris 1917, Kapitel VIII "Conférence, cercles et salons", S. 66-71.

> (...) le salon de Mlle de Scudéry apparaît comme le premier cercle littéraire et précieux; la littérature et les théories précieuses s'y élaborent (...).[65]

Zwischen 1656 und 1660 läßt sich eine Vervielfältigung der "ruelles précieuses" feststellen. Somaize veröffentlichte 1660 und 1661 seine beiden "dictionnaires précieuses"[66]. Trotz Molières Spott in den *Précieuses ridicules* (Molière, der 1659 nach Paris gekommen war, hatte hier ein äußerst aktuelles Thema gefunden) dehnten sich die preziösen "ruelles", dieses "phénomène essentiellement parisien à son origine"[67], weit über Frankreichs Städte aus. In Lyon, Rouen, Montpellier, Grenoble, Dijon wurde diese Geselligkeitsformation ebenso "imitiert" wie in Clermont, Caen und Bordeaux.

Lougee hat in ihrer Untersuchung die Liste der Preziösen, wie sie Somaize zur Verteidigung dieser Bewegung vorlegte, auf ihren sozialen Hintergrund hin (eingeschränkt auf die Namen aus der Hauptstadt) untersucht. Allerdings schließt Lougee von dieser Liste unzulässigerweise unmittelbar auf die soziale Zusammensetzung der Salons. So fragwürdig damit ihre Aussagen zum Salon werden, aufschlußreich bleiben sie für die gesellschaftliche Trägerschaft des Preziösentums, wie es Somaize apologisierte und einer interessierten Öffentlichkeit namentlich vorstellte. Aus Lougees Analyse geht hervor, daß Somaize sowohl die Namen von weiblichen Angehörigen des alten Adels - in dessen ganzen Titelspektrum -, als auch des Finanz-, Beamten- und Militäradels und - in der Minorität - bürgerlicher Familien aufgenommen hat, wobei auch die verschiedenen Steuerklassen und bereits unterschiedliche Berufe (der Ehemänner) bei den Preziösen zu finden sind. Damit wird bestätigt, daß mit dem Preziösentum, wie es Somaize skizziert, ein fusionistisches Kulturmuster zur Verfügung stand. Werte, Verhaltens- und Verkehrsformen, aber gerade auch literarische Konventionen wurden jenseits von engbegrenzten sozialen Feldern anerkannt. Dies entspricht den Entwürfen der aufstiegsorientierten Gruppen und konterkariert die der höfisch-hierarchischen. Entschiedener noch als es die Analyse der Somaize-Liste zuläßt, hat Lathullière in seiner monographischen Untersuchung zur "préciosité" auf eine bürgerliche Komponente, die hier dominant geworden sei, hingewiesen. Als im Jahre 1968 die Nationalbibliothek in Paris eine Ausstellung zu den Literarischen Salons des 17. Jahrhunderts veranstaltete, betonte Etienne Dennery im Vorwort des Ausstellungskatalogs nochmals die Interdependenzen zwischen Preziösentum und Bürgertum:

> La mode de préciosité correspond d'ailleurs à une transformation sociale évidente. Au temps de la Renaissance le développement du capitalisme avait amené la formation d'une classe bourgeoise. De nombreux écrivains du XVIIe siècle en sont issus. L'influence des gens de robe et des fonctionnaires royaux ne cesse de croître.

---

65 Mongrédien: Les Précieux, S. 9-10. Vgl. auch von Georges Mongrédien: Madeleine de Scudéry et son salon, Paris 1946.

66 Antoine Baudeaude Somaize: Dictionnaire des précieuses, historique, poétique, géographique, Paris 1661 (Somaize zählt hier 800 Preziöse mit Adresse (!) auf) und ders: Grand Dictionnaire des précieuses ou la clef du langage des ruelles, Paris 1660, Neuausgabe von Ch. L. Livet, 2 Bde., Paris 1856.

67 Lathuillière: La Préciosité, S. 549.

> De plus en plus nombreux, les bourgeois participent à la vie mondaine, à celle des lettres et des arts. La Fronde a paru, un moment, ouvrir plus large encore la voie à leur ambition. Ils désirent se plier aux conventions d'une société jadis fermée, se montrer digne d'elle par leur esprit ou même par leur accoutrement.[68]

Die bürgerliche Perspektive dieser Bewegung kompliziert ihre Bewertung. Während die Konzentration des Interesses auf die Ausbildung und Reglementierung der Gefühlswelt, auf die Geschmacksentwicklung etc. für den Adel Machtentsagung signalisiert, bestätigt und fördert sie die Emanzipation des bürgerlichen Menschen. Das in den Salons vor allem der zweiten Jahrhunderthälfte gepflegte Entwerfen von topographischen Utopien, den Landkarten für "Königreiche der Gefühle, Zärtlichkeiten" (les cartes de Tendre), läßt sich sowohl als das - verklausulierte - Anmelden von Machtansprüchen als auch als kompensatorische Verarbeitung von Einbuße an gesellschaftlicher Relevanz interpretieren. In beiden Fällen belegen diese Landkarten die Künstlichkeit einer Welt, in der die Mitglieder verschiedener sozialer Gruppen zu einer Verständigung kommen konnten. Die gleiche Tendenz zur Abstrahierung von den sozialen Voraussetzungen und der Schaffung eines künstlichen, ästhetischen Reiches manifestiert sich nicht zuletzt in der Mode der Teilnehmer an den verschiedenen Salons, in ihrer Geselligkeit ihre Namen zu verschlüsseln (mit dieser Umbenennung angestrebt ist gleichzeitig eine neue Identität als gesellige und "ästhetische" Person). Die neuen Namen bestehen dabei nur aus Vornamen, d.h. sie indizieren sowohl Intimität als auch die Herauslösung des geselligen Individuums aus den die feudalistischen Strukturen mitfundierenden Familienbeziehungen. Damit wird gleichzeitig die Reduzierung der Frauenrolle auf die Sicherung des Fortbestandes des "Hauses" aufgehoben. Die Namensmetamorphosen konnten dabei anagrammatisch erfolgen wie bei Cathérine de Rambouillet, die als "Arthénice" die Geselligkeit beherrschte, oder bestanden in der Annahme von "pseudonymes romanesques ou mythologiques"[69] wie: Agathise, Télamire, Aristée, Agélaste, Doralise. Die Scudéry nannte sich "Sappho". In den Salons imitierte man nicht nur literarische Vorbilder, so Céaldon und Astrée aus d'Urfées Roman, man diente selbst wiederum als Vorbild für andere Romangestalten. So porträtierte die Scudéry in *Artamène ou le Grand Cyrus* (1649 - 1653) die bereits in den Zirkeln in besonderer Stilisierung auftretenden Besucher.[70] (Erst im 19. Jahrhundert ist bekanntlich eine Entschlüsselung dieser "literarischen Porträts" durch Victor Cousin gelungen.[71]) Auch in dem zweiten großen Roman der Scudéry, der *Clélie*, konnten die Zeitgenossen "leurs histoires, leurs portraits et leurs conversations dialectiques amoureuses"[72] fiktionalisiert

---

68 Etienne Dennery: Vorwort, in: Les salons littéraires au XVIIe siècle, hrsg. von der Bibliothéque Nationale, Paris 1968, S. VII-X, S. X.

69 Picard: Les salons, S. 80.

70 Wenn im folgenden Abschnitt auf die Literatur in den französischen Salons des 17. Jahrhunderts eingegangen wird, so kann dies - nach dem Vorliegen der herausragenden Monographie Renate Baaders - nur noch hinweisenden Charakter haben. Renate Baader: Dames de Lettres. Autorinnen der preziösen, hocharistokratischen und 'modernen' Salons (1649-1698): Mlle. de Scudéry - Mlle. de Montpellier - Mme. d'Aulnoy, Stuttgart 1986 (Romanistische Abhandlungen, 5).

71 Vgl. Victor Cousin: La société francaise au XVIIIe siècle d'après le Grand Cyrus de Mlle. de Scudéry, Paris 1858.

72 Mongrédiens: Les Précieux, S. 9.

wiederfinden. Als im Hôtel de Rambouillet um 1640 eine interne Zeitung der Habitués erstellt wurde, dokumentierte dies weniger die neue Öffentlichkeitsqualität dieser Geselligkeitsformation als den weitergetriebenen Versuch, diese ästhetische Lebenswelt als eigenständige und in der Tendenz eigengesetzliche Realität zu bestätigen. Daß eine Künstlichkeit dieses Verkehrs, wie sie soziale Praxis wurde, auf die Dauer eine Loslösung von sozialen Bewegungen mit sich bringt, in einer Fluchtbewegung erstarren mußte, erkannte und kritisierte nicht nur Molière: Die bürgerliche Burleske ebenso wie die Haltung der Libertins[73] sind als Reaktion auf diese preziöse Salonkultur und als Kritik an dieser zu werten.

Ein solcher "Ästhetisierungsprozeß", dem die Salonkultur auf verschiedenen Ebenen unterworfen war, konnte auf die Formengeschichte der Literatur des 17. Jahrhunderts nicht ohne Einwirkung bleiben. Am evidentesten erscheinen die Zusammenhänge zwischen Salongeselligkeit und zur Blüte kommender Briefliteratur. Dieses Genre erweiterte den Kommunikationsraum der Salons nicht so sehr personell oder sozial, sondern geographisch. (Briefe wurden gewechselt, wenn ein Salonmitglied sich auf Reisen oder einem Landsitz befand. Die Briefkultur, die die Salons im 17. Jahrhundert in Frankreich pflegten, und das Korrespondentenwesen der Aufklärung unterscheiden sich noch.) Die Ausdehnung des Kommunikationsraumes geschah aber durchaus unter Beachtung des Kunstcharakters dieses Raumes: Man faßte die Briefe in einem bewußt altertümelnden Französisch ab und orientierte sich an dem hyperbolischen Stil der Korrespondenz von Jean-Louis Guez de Balzac. Der Rambouillet-Besucher Balzac, der bereits mit seinen *Discours* 1646 normierend in die Geselligkeitskultur eingegriffen und dabei erstmals die "urbanité" als Komplex geselliger Eigenschaften entworfen hatte, hatte seine Briefe von Anfang an als zur Veröffentlichung bestimmte Muster konzipiert. Als Conrart 1665 das Gesamtwerk Balzacs herausgab, füllten dessen "lettres" allein 27 Bücher. Neben der Briefliteratur sind es vor allem die Maximen, deren Entstehung im historischen Kontext der Salongeselligkeit gesehen werden muß. Die schriftstellerische Entwicklung des bekanntesten Verfassers von Maximen, La Rochefoucauld, deckt sich in Grundzügen mit der Balzacs, der erst nach Aufgabe seiner politischen Ambitionen mit seinen Schriften auf die Ausgestaltung des geselligen Lebens Frankreichs Einfluß nahm. La Rochefoucauld blieb nach seiner Teilnahme an der Fronde bis zur Generalamnestie von 1656 in die Provinz verbannt und wurde erst in den folgenden Jahren Habitué in den Salons von La Fayette, Montpensier, Sablé und Sévigné. Sein Hauptwerk *Réflexions ou sentences et maximes morales*, mit dem die geistreiche Pointe und der Aphorismus in die französische Literatur eingeführt wurden, nahm Formen des Salongesprächs auf und wirkte wieder auf den Gesprächsstil der Salonbesucher, die in den ersten beiden Jahrzehnten der zweiten Jahrhunderthälfte die Mehrzahl der Leser des Moralisten ausmachten, zurück. Seine Maximen und Reflexionen sind in der Forschung immer wieder als unmittelbares Produkt der Sablé-Gesellschaften interpretiert worden, bei denen außer Fragen der Literatur auch solche der Theologie, der Philosophie (v.a. Descartes wurde

---

73 Zu den Libertins vgl. die Untersuchung von Gerhard Schneider: Der Libertin. Zur Geistes- und Sozialgeschichte des Bürgertums im 16. und 17. Jahrhundert, Stuttgart 1970 (Studien zur Allgemeinen und Vergleichenden Literaturwissenschaft, Bd. 4).

hier diskutiert), der Pädagogik und der Medizin aufgeworfen wurden. Wie sehr gerade dieser Sablé-Salon tatsächlich die Maximenliteratur förderte, ist schon daran ersichtlich, daß von der Salondame selbst Maximen verfaßt wurden, die 1678 posthum von einem anderen Habitué, dem Abbé d'Ailly, der selbst als Autor von *Pensées* in Erscheinung trat, herausgegeben wurden.

Wenn sich Funktion und Stellenwert von Literatur in den Salons des 17. Jahrhunderts wandeln, so resultiert dies aus den erwähnten sozialen Umgruppierungen in der Geselligkeit. Die Bedeutungszunahme der Literatur als Kommunikationsinhalt und -ziel ist in dem Maße zu verzeichnen, in dem das Preziösentum sich durchsetzen konnte (und damit die Tendenz der "Verbürgerlichung" von Literatur gestärkt wurde). Von einer weiteren "Literarisierung" der Salons im Zuge ihrer "Verbürgerlichung" geht auch Roger Picard aus, wenn er den Scudéry-Kreis im Vergleich mit Rambouillet als "moins aristocratique et plus littéraire"[74] bezeichnet.

Bereits Jacob von Falke machte auf die Verknüpfung von wachsendem bürgerlichen Einfluß und steigender Bedeutung der Literatur aufmerksam.[75] Mongrédien betont dagegen stärker den Funktionswandel der Literatur vom Hôtel de Rambouillet zu den "samedis" der Scudéry: Hatte die Literatur in der Geselligkeit von Rambouillet auch keine Repräsentationsaufgaben zu erfüllen, so sieht Mongrédien ihre Bedeutung dort doch reduziert auf höfisch-aristokratische Unterhaltungsfunktionen:

> L'Hôtel de Rambouillet est un cercle ou l'on s'amuse (...). Sans doute on s'y intéresse à la littérature, mais dans la mesure ou elle-meme est un amusement.[76]

Ihr Unterhaltungswert stand in den aristokratisch dominierten Formationen zweifellos im Vordergrund der Beschäftigung mit Literatur. Divertissementfunktionen und Spielcharakter dieser Beschäftigung erstreckten sich dabei nicht nur auf die Rezeption, sondern auch auf die Produktion von literarischen Werken. Der geistreiche Schriftsteller Voiture - dies wirft auch ein bezeichnendes Licht auf die Rolle der Dichter in dem Kampf gegen den gesellschaftlich verursachten "ennui" - fungierte gleichzeitig als der Spielmeister des Hôtel de Rambouillet.

Als Gesellschaftsspiel entstand hier die berühmte *Guirlande de Julie*, jene Sammelproduktion von Gedichten, die von den Habitués der Tochter der Marquise geschenkt worden war. Kleinformatige literarische Produkte wie Rätsel, Rondeaus, kleine Prosastücke, die in Beziehung zu den Anwesenden standen, wurden vorgetragen; die "poésie fugitive" blühte.[77] Man schrieb kleine Szenen und führte sie auf. Aus solch spielerischen Literaturvergnügen entwickelten sich die ersten Ansprüche, die den Salon in der Zukunft zu einer Bewertungsinstanz von Literatur werden ließen: Habitués wie Desmarets de Saint-Sorlin oder Chapelin rezitierten im Hôtel de Rambouillet aus ihren Werken, über die man sich anschließend unterhielt. Aber auch Corneille, der sich von dieser Gesellig-

---

74 Picard: Les salons, S. 77.

75 "Im Unterschied zum früheren Salon wendet man sich nun ausschließlich der Literatur zu; zugleich machte er eine Schwenkung zur Bourgeoisie." Falke: Salon, S. 81.

76 Mongrédien: Les Précieux, S. 8-9.

77 Es versteht sich beinahe von selbst, daß sich die Literaturformen, die von der oralen Distribution von Literatur bestimmt sind, erhalten und erneuern konnten (so war das Hôtel de Rambouillet auch bekannt für seine Predigten).

keit weitgehend absentierte, suchte 1640 das Hôtel auf und stellte hier nach einer Lesung *Polyeucte* noch vor der Veröffentlichung zur Diskussion. Corneille stieß dabei nur auf geringe Zustimmung, was für die reservierte Aufnahme auch von Racine, gegen dessen *Phèdre* in den Zirkeln opponiert wurde, und Molière, also der heute als klassisch kanonisierten Autoren, eher symptomatisch war.

Es sind - aus heutiger Sicht - dabei Marginalfragen, an denen sich das Literaturgespräch und die Geschmacksdebatten in den Salons entzündeten; über "winzige(n) Nuancen (...), die 'das gewisse Etwas' und die erlesene Vollkommenheit der Lebensart ausmachen"[78], mußte eine Übereinkunft erzielt werden. Eine der aufwendigsten Auseinandersetzungen wurde darüber geführt, ob es "muscardin" oder "muscadin" heißen müßte, eine andere über die Bevorzugung der Konjunktion "car" gegenüber "pour ce que". Die thematische Nichtigkeit der "querelles" steht dabei in krassem Gegensatz zu deren Relevanz für das Distinktionsverhalten der hier in Harmonie verkehrenden Kreise. In dem Augenblick, wo diese "Nuancen" durch die Teilnehmer an dieser Geselligkeit allerdings kodifiziert wurden (Bourdieu verweist in diesem Zusammenhang auf die Preziösen[79]), mußten die Geschmacksurteile in Pedanterie umschlagen. Dies ändert nichts daran, daß diese Debatten als Vorschule institutionalisierter Literaturkritik des 18. Jahrhunderts gewertet werden müssen. In diesen Diskussionen wurde - wenn auch auf schmaler Basis - ein Publikum herangebildet, das mit Wertungsfragen vertraut war und eine kritische und zumindest rezeptive Kompetenz erworben hatte.

Der Spielraum für solche "querelles", der notwendig war zum Überprüfen der Literatur an den erarbeiteten Geschmacksnormen, blieb der Bedrohung durch den Hof ausgesetzt, wie andererseits dieser sich allmählich stabilisierende und ausweitende gesellige Bereich, mochte er sich noch so sehr als besondere, eigengesetzliche Realität stilisieren, eine latente Gefährdung des sich ebenfalls festigenden Hofes ausmachte. Noch nicht von den politischen Koalitionen und Konfrontationen ist das Verhältnis zwischen Hof und Salon im 17. Jahrhundert bestimmt, sondern weiterhin, aber mit fortschreitendem Jahrhundert deutlicher, von den strukturellen Gegensätzen her. Während der Hof in diesem Jahrhundert vor Versailles durch ein ausgeklügeltes, abgestuftes System von Statussymbolen verschiedenster Art die ständische Hierarchie immer sichtbarer werden läßt, verzichtet

78 Pierre Bourdieu: Die feinen Unterschiede, 3. Aufl. Frankfurt/M. 1984, S. 126-127.

79 Bourdieu: Unterschiede, S. 127. Es erscheint überlegenswert, ob nicht durch diese "preziöse" Kodifizierung und Rationalisierung der Geschmacksurteile eine Überwindung der von Bourdieu konstatierten Spaltung zwischen den Gelehrten ("auf der Suche nach Regeln, welche sie der Konzeption literarischer Werke auferlegen wollen, und im Bemühen, sie rational zu begründen", ebd., S. 126) und den "Männern von Welt" ("einig in der Ablehnung, sich mit Regeln zu befassen, lediglich ihr Vergnügen als Richterinstanz gelten zu lassen", ebd.) im gesellig-kommunikativen Raum des preziösen Salons forciert wurde, eine Aufhebung der Trennung, die auch Bourdieu anerkennt, aber anders begründet, wenn er schreibt: "So scheint z.B. die in der zweiten Hälfte des 17. Jahrhunderts vollzogene Stärkung der Autorität der mondänen und der Hofkreise, parallel zur Tendenz der 'Leute von Welt', immer gebildeter zu werden, den Abstand zwischen Gelehrten und mondänen Kreisen verringert und das Aufkommen einer neuen Art von Gebildeten gefördert zu haben. Exemplarische Vertreter hierfür sind die Jesuiten Rapin und besonders Bouhours, beides weltläufige und gelehrte Meister der Rhetorik, die in Künstlerkreisen und mondänen Salons gleichermaßen verkehrend, die Anforderungen der Welt wie der Schule zu vereinen wußten - und dies, indem sie das Zentrum der Debatte von der Ebene diskussionswürdiger Themen auf die des Stils, in dem diese behandelt werden können, verlagerten." Ebd., S. 131-132.

der Salon stärker auf repräsentative Verhaltensmuster und drängt auf ein situatives, aber periodisch wiederkehrendes Negieren der Standesschranken. Die Hierarchie des Hofes hat ihren krönenden Abschluß im König, Landesvater und Vater seines "Hauses" zugleich, im Salon schließt sich ein Kreis situativ Gleichberechtigter um die Frau. Das politische Handeln ist der Zweck des Hofes, der Salon kompensiert verlorene oder noch nicht erlangte Machtchancen. Während sich der Hof aus der Stadt zurückzuziehen beginnt, etabliert sich der Salon fest in der Stadt. Dem Herrschaftsmonolog stellt der Salon den Dialog gegenüber. Sein Anspruch, normgebend - aufgrund dialogisch hergestellter Übereinkunft - zu wirken, auch wenn dies sich auf das Gebiet von Geschmack, Literatur und Kunst beschränkt, muß mit dem Anspruch des absolutistischen Hofes, auch kulturell letztentscheidende Instanz zu sein, perspektivisch kollidieren.

Damit ist strukturell in der Tat eine Entwicklung angelegt, deren Linie bis zur Französischen Revolution verlängert werden kann: "(l)a naissance", schreibt Louis Gillet, "de l'opinion (in den Salons- PS) est le phênomène le plus opposé à la royauté de Versailles (sic), pouvoir qui se lève en face du pouvoir absolu, et finira bientôt par en amener la ruine."[80]

5. Kein Gegenentwurf, eher eine Variante entstand den preziösen Salons in der zweiten Jahrhunderthälfte in den "cercles des coquettes", von denen der von Ninon de Lenclos die größte Attraktivität ausübte. Die Gefühlswelt, die Erotik schienen hier, verglichen mit den Zirkeln der Preziösen, einer Reglementierung stärker enthoben, so daß die kreisstiftende Funktion der erotischen Ausstrahlung der Ninon oder ihrer Freundin Marion de Lorme unverhüllter zutage treten konnte. An diesem Punkt setzte Ninon de Lenclos Polemik gegen die Preziösen als die "Jansénistes de l'amour" ein. Aus dieser unterschiedlichen geselligen Praxis resultierte allerdings keine strikte Trennung der Habitués der verschiedenen Salons; während sich zahlreiche preziöse Salons der Ninon gegenüber verschlossen (obwohl Somaize sie durch Aufnahme in sein Lexikon der Preziösen auch für diese "salonfähig" gemacht hatte), empfingen sie große aristokratische Häuser, wie das der Prinzessin de Guémenée, der Duchesse de Rohan, weiterhin. Im Salon der Marion de Lorme traf Ninon auf Besucher, die zur literarischen Elite Frankreichs zählten: Corneille, Des Barreaux, Cyrano de Bergerac, Cinq-Mars, Voiture, Benserade und Saint-Evremond und zog sie in ihren Salon. Zu ihren Freundinnen gehörten Marguerite de Rambouillet de La Sablière (deren Mann sich unter ihre Liebhaber einreihte) ebenso wie Madame de Maintenon und selbst die Scudéry.

Ungeachtet dieser weitgehenden Integration der Salons der Marion de Lorme und der Ninon de Lenclos in die gesellschaftlich sanktionierten Geselligkeitsstrukturen Frankreichs[81] boten sich diese Kurtisanensalons neuen Denkschulen als

80 Gillet: Les grands salons, S. 11.

81 Die Empfangszeiten bei Ninon waren an die übrigen Salons angeglichen: "La compagnie se rassemblait chez elle sur les cinq heures et restait jusqu'à neuf." Anne Brierre: Ninon de Lenclos, courtisane et grande dame de Paris, Genf 1965, S. 225 (Lausanne 1967). Auch bei der Aufteilung ihres Hauses unterschied sich Ninon nicht von den üblichen Normen: An einen großen Raum für eine repräsentative Gesellschaft (den ihr früherer Biograph folgendermaßen schildert: "(...) un fort beau et fort grand salon elle reçevait ses visites (...). On voyait les portraits de ses meilleurs amis par les meilleures peintres. L'à se trouvaient

Kommunikationsraum an und konnten damit weit mehr als nur Supplementärfunktionen im geselligen Spektrum erfüllen. Hier trafen sich die Anhänger der durch Théophile de Vian und Gassendi adaptierten und propagierten epikuräischen Philosophie. "La plupart des Habitués du salon de Ninon", schreibt Anne Brierre, "étaient des libertins"[82], die in dem Haus der Rue des Tournelles nicht nur ein Forum für eine freiere Diskussion von moralischen, sondern - was hiermit konvergierte - auch philosophischen Aspekten fanden. Ninon de Lenclos selbst war dem Skeptizismus Montaignes verpflichtet, der von ihren Habitués Charleval, Boisrobert, Moissons u.a. mitvertreten wurde.

Entscheidenden philosophischen und literarischen Einfluß auf diese Geselligkeit und die Salondame gewann Ninons lebenslanger Vertrauter Saint-Evremond, der aus ihr "une philosophe stöicienne" machte, die die "liberté de l'esprit" über alles setzte.[83] In einer Satire (*La Coquette Vengée*[84]) auf die Philosophen, die bei den Preziösen in Gunst standen, verteidigte die Salondame diese "liberté de l'esprit". Es war eine Antwort auf die Polemik von Felix de Juvenel auf ihren Salon, in der sie die einzelnen Gelehrtentypen der Lächerlichkeit in einer Weise preisgab, die in vielem an Molière erinnert. Von dem Kurtisanensalon der Ninon sind dann auch tatsächlich Impulse auf das literarische Schaffen Molières ausgegangen: In diesem Kreis fand der Dichter ein Publikum, das er an der Entstehung seiner Werke beteiligen konnte, dem er einzelne Szenen seiner Komödien vorab zur Diskussion stellte.[85] Der Salon in der Rue des Tournelles, "d'oû les pendants sont chassés rigoureusement", fungierte als "foyer intellectuel qui rayonne au-dessus d'une société pas trop conformiste. Tous ceux qui y frequentent, apprennent à penser juste, droit, et librement."[86] Mit Recht sieht Himburg-Krawehl in dem Kreis der Ninon bereits das 18. Jahrhundert der Aufklärung sich ankündigen:

> In diesem Salon wird nicht über die Form eines Sonetts gestritten, hier kämpft man für oder gegen Glauben und Skeptizismus, Jansenismus und Jesuiten, Pascal und die cartesianische Metaphysik. In solchen Diskussionen kommen die unklaren Strömungen und Empfindungen einer Gruppe zum Ausdruck, die sich auf die Aufklärung vorbereitet.[87]

clavecin et bibliothèque." Zit. nach Brierre: Ninon, S. 225) schloß sich das "chambre de èlus" an, reich möbliert und ausgemalt.

82 Brierre: Ninon, S. 84.

83 Mongrédien: Les Précieux, S. 2.

84 Abgedruckt ebd., S. 203-211.

85 Der dritte Brief Ninons an den Marquis de Sévigné (Ninon soll angeblich sowohl mit dem Mann als auch mit dem Sohn der berühmten Briefschreiberin des 17. Jahrhunderts ein Liebesverhältnis gehabt haben), bei dem die Verfasserfrage allerdings nicht eindeutig geklärt ist, endet z.B. mit dem Hinweis auf die gemeinsame Überarbeitung des *Tartuffe*: "Morgen werde ich Molière bei mir sehen; wir werden zusammen den Tartuffe nochmals durchlesen, an dem er einige Änderungen vornehmen will." Ninon de Lenclos: Briefe der Ninon de Lenclos, aus dem Französischen von Lothar Schmidt, mit einem Nachwort von K.H. Kramberg, Frankfurt/M. 1980, S. 35. Daß große Teile des *Tartuff*" auf den Ninon-Salon zurückgehen sollen, gar die Hauptfigur nach einem Bekannten der Kurtisane gestaltet sei, wird allerdings von Anne Brierre zurückgewiesen, die dafür aber wiederum bei der Entstehung des *Malaide imaginaire* Einwirkungen der Geselligkeit in der Rue des Tournelles nachweisen will (Brierre: Ninon, S. 262).

86 Mongrédiens: Les Précieux, S. 202.

87 Irene Himburg-Krawehl: Marquisen. Literaten. Revolutionäre. Zeitkommunikation im französischen Salon des 18. Jahrhunderts. Versuch einer historischen Rekonstruktion, Diss. München 1965, Osnabrück 1970 (Dialogos N.F., Bd. 4), S. 58.

Auch die zeitweilige Verbannung Ninons in ein Kloster konnte die intellektuelle Atmosphäre, die in diesem Zirkel herrschte, nicht nachhaltig stören. Ninon blieb auf Distanz zum Hofe: Einladungen der Mme. de Maintenon an den Hof lehnte sie konstant ab; ihrem Freund Saint-Evremond blieb sie auch während dessen von Ludwig XIV angeordnetem Exil ostentativ eng verbunden. Der Salon der Ninon hat als Beispiel einer freieren Geselligkeit in das folgende Jahrhundert gewirkt. Die Veröffentlichung (apokrypher) Briefe der Kurtisane belegt dies ebenso wie die Bezugnahmen einzelner Enzyklopädisten auf diesen Salon. Eher zufällig hat Ninon de Lenclos selbst noch eine personelle Verbindung zu der französischen Aufklärung geschaffen, als sie den Sohn des zu ihrem Kreise gehörenden Gerichtsbeamten Arouet in ihrem Testament mit einer Summe bedachte, die für Bücherkäufe reserviert sein sollte. Dieser Erbe, der später als junger Autor ebenfalls auf den Beifall und die Gunst eines - geänderten - Salonpublikums setzte[88], wählte als Schauplatz für seine Komödie *Le dépositaire* die Wohnung der Ninon de Lenclos. Der Name, den der Autor inzwischen angenommen hatte, war bekanntlich Voltaire.

2.2.3 Zur französischen Salonkultur des 18. Jahrhunderts

1. Die Konzentration des gesellschaftlichen und kulturellen Lebens auf dem Hof von Versailles unter Ludwig XIV mußte die Stellung der Pariser Salons am Ende des Jahrhunderts entscheidend schwächen, zumal durch den internen Zustand dieser literarisch-geselligen Formation, wie dem zunehmenden Pedantismus der Preziösen, dieser Entwicklung nicht mehr entgegengewirkt werden konnte. Erst nach dem Tode des Sonnenkönigs, während der Régence und vor allem unter der Regierung Ludwig XV konnte es

88 Vgl. Voltaires Gedicht von 1733 *Le Temple du goût*: In den Tempel des guten Geschmacks läßt das lyrische Ich nur eintreten, wer die Kriterien der Salons erfüllen kann. Zu der Ninon-Rezeption des 18. Jahrhunderts gehört allerdings auch der Ninon-Kult der Maria Lesczynska, die sich in ihrer Bigotterie "alle Augenblicke zurückzuziehen plegte, um ihren 'schönen Liebling'zu besuchen. Diese 'belle Mignonne'war ein Totenkopf, den man mit einem Häubchen, mit Bändern und Spitzen aufzuputzen pflegte, um seine Andacht vor ihm zu verrichten. Die Königin schmeichelte sich, den Schädel Ninons de Lenclos zu besitzen." Max von Boehn: Rokkoko. Frankreich im XVIII Jahrhundert, 4. erw. Aufl., Berlin 1921, S. 57. Für die innerhalb der Aufklärung sich entwickelnden Gegentendenzen signifikant ist die polemische Haltung Rousseaus gegenüber dem Frauenentwurf, der sich auf Ninon bezieht. Bovenschen (Silvia Bovenschen: Die imaginierte Weiblichkeit. Exemplarische Untersuchungen zu kulturgeschichtlichen und literarischen Präsentationsformen des Weiblichen, Frankfurt/M. 1979, S. 177-178) bemerkt zu dieser Ninon-Rezeption: "Dem Weiblichen wird von Rousseau (...) ein gesonderter Bereich eingeräumt - ein kleines beaufsichtigtes Reservat. Sollten vormals der Gelehrten - zumindest in der Idee - die kulturellen Räume erschlossen werden, sollte sie kritische und ästhetisch produktive Kompetenzen erwerben, so wird dieser Typus jetzt nicht nur abgewertet, sondern zur Karikatur verzerrt. Als Schreckensbild benennt Rousseau die französische 'Gelehrte' Ninon de l'Enclos (1620-1705), in deren Salon sich die prominenten Vertreter von Kunst und Wissenschaft versammelt hatten. (...)". Aus der Beschreibung, die Rousseau von Ninon gibt, geht hervor, daß der Erwerb "männlicher Tugenden" durch eine Frau für ihn notwendig gekoppelt ist mit dem Verlust der "weiblichen Tugenden": "Mit der Verachtung der weiblichen Tugenden, so sagt man, hatte sie die unseren bewahrt: man rühmt ihre Offenheit, ihre Geradheit, die sichere Wahl ihres Umgangs, ihre Treue in der Freundschaft - um schließlich das Bild ihres Ruhmes zu vollenden, sagt man von ihr, sie habe sich zum Mann gemacht. A la bonne heure. Aber bei diesem ganzen guten Ruf hätte ich diesen Mann ebensowenig zum Freund wie zum Geliebten haben mögen." Jean Jacques Rousseau: Emile oder Über die Erziehung, Stuttgart 1970, S. 774.

zu einer Reorganisierung der Pariser Salonkultur kommen. Während Himburg-Krawehl die Reorganisation von Salons als Gegen-Reaktion auf den Hof beschreibt, will Norbert Elias den Hof in der Initiative sehen und erkennt in den - neuen - Salons weiterhin in ihrem Ursprung Derivate des Herrschaftszentrums, die sich konzentrisch ausgebreitet hätten und gleichzeitig mit ihrer Ausfächerung und ihrer Entfernung vom Hofe in der sozialen Hierarchie abgesunken seien. Auf der Stufe der Financiers habe sich dann nach Elias die vom Hofe delegierte Geselligkeit als eigentliche Salonkultur entfaltet. Einen Strukturwandel bei ihrer sozialen Verlagerung thematisiert Elias nicht:

> Die (hocharistokratischen - PS) Zirkel waren nichts anderes als kleine Höfe, wie der Hof selbst einmal ein Salon gewesen sein soll. Es ist gut, diese Linien zu sehen: Der Adels- und Finanzsalon des 18. Jahrhunderts ist ein Abkömmling des Königssalons aus der zweiten Hälfte des 17. Jahrhunderts. Am Hofe Ludwigs XIV formt und bildet sich recht eigentlich die nun höfische Gesellschaft.[89]

Die höfischen Muster wurden von den Prinzenhäusern am strengsten kopiert; Palais Royal, Temple und im Schloß des Herzogs von Maine, eines "Bastards" Ludwigs IV, und seiner Frau aus dem Hause Condé. In ihrer berühmten Untersuchung *Die Frau im 18. Jahrhundert* sprechen die Brüder Goncourt vom Palais Royal und von dem Temple als den "beiden größten Salons"[90] jenes Jahrhunderts. Dabei galt lange Zeit gerade das Haus des Herzogs von Maine als Hof en miniature "avec une étiquette, une hierarchie, des obligations"[91]. Dies änderte sich bezeichnenderweise erst, nachdem die Ansprüche des Herzogs auf den Thron gewaltsam gebrochen worden waren. Der Macht- und Prestigeverlust des Hauses modifizierte nicht die Besucherstruktur, sondern stärkte gleichzeitig sein literarisches Engagement, so daß es jetzt auch zu einer Kontaktaufnahme mit anderen intellektuellen Zentren der Hauptstadt bereit war. Die vormals vom höfischen Ritual bestimmte soziale Formation, welche die Duchesse organisierte, die selbst wegen antihöfischer Intrigen eine geraume Zeit gefangen gesetzt worden war, wandelte sich, begünstigt durch das Ausscheiden des Herzogs, der sich von seinem Schlosse Sceaux nach Clagny zurückzog, immer mehr zu einem Adelssalon:

> Le public n'est plus le même à Sceaux, après la captivité: les nobles n'entourent plus volontiers la duchesse dont les intimes sont suspects au régent, puis au roi. Par contre, on y voit des parlamentaires comme le président Hénault, des mondains comme Mme. du Deffand; les gens de lettre, traités avec plus égards qu'auparavant, sont plus nombreux.[92]

Die Häuser des Adels, die sich an der Dezentralisierung der Geselligkeit und ihrer Umgestaltung beteiligten, sind zahlreich, sie müssen hier nicht vollständig aufgelistet werden. Erwähnt seien die Empfänge der Marschallin de Luxembourg und die Assembleen der Prinzessin de Beuvau, der Herzogin de Grammont, der Gräfinnen Tessé, Ségur, Boufflers und der Herzogin de Polignac. Die Ausbreitung dieser - zumindest von ihren Organisatorinnen her - aristokratischen Zirkel verlief parallel zur relativen

89 Elias: Höfische Gesellschaft, S. 122.
90 Edmond und Jules de Goncourt: Die Frau im 18. Jahrhundert, Bern/Stuttgart/Wien 1963 (Erste Ausgabe: La femme au 18. siècle, Paris 1878), Bd. 1, S. 47.
91 Marguerite Glotz und Madeleine Maire: Les salons du XVIII siècle, Paris 1949, S. 71.
92 Glotz/Maire: Les salons, S. 69-70.

Schwächung des höfischen Machtzentrums, so daß die Glanzzeit dieser Formationen in die zweite Jahrhunderthälfte fiel. Daraus ist nicht auf politische Ambitionen zu schließen, diese Formationen dienten weiterhin in erster Linie dem Kampf gegen den "ennui", der Zerstreuung und schufen eine breite Skala der Unterhaltungsmöglichkeiten. Neben dem Glücksspiel war es z.B. die Mode des Parfilierens, d.h. des Auseinanderzupfens der goldenen Tressen an Vorhängen, Möbeln, Kleidungsstücken, die bei diesen Zusammenkünften gepflegt wurde. Während die Damen parfilierten, stickten die Herren (Beschäftigungen noch des Anna Amalia-Kreises in Weimar, als dort Wieland und Goethe aus ihren Werken vortrugen). So hatte sich auch der Herzog de Choiseul 1771 in seinem Salon einen Stickrahmen aufstellen lassen. Auch dem Schattenriß wurde ein hoher Unterhaltungswert beigemessen, mehr noch allerdings dem Ausschneiden von Kupferstichen, die auf Lampen und Möbel geklebt wurden. Durch besondere Attraktionen suchten sich die einzelnen Zirkel voneinander abzugrenzen und interessant zu machen. Sieht man einmal ab von den musikalischen Soireen, waren es vor allem die gastronomischen Leistungen, die diese Geselligkeit an nennenswerten Ergebnissen hervorbrachte. In der Distanz eines Refugiums sowohl zum Hof als auch zur Stadt, den politischen und kulturellen Zentren, siedelt ein Zeitgenosse in einer Beschreibung des Zirkels der Herzogin de Polignac diese Assembleen an:

> Man versammelte sich in einem großen Saal. Im Hintergrund befand sich ein Billard, rechts ein Piano, links ein Spieltisch. Man spielte, man machte Musik, man plauderte, niemals gab es Intrigen oder Sticheleien, es war gerade, als befände man sich 300 Meilen von der Hauptstadt und dem Hofe entfernt.[93]

Zu intellektuell oder literarisch ambitionierten Salons entwickelten sich diese Kreise nicht; die Literatur rangierte neben, häufig unter anderen Zerstreuungen und Unterhaltungen. Aber auch dies war punktuell bereits Anlaß genug, führende Vertreter der "gens de lettres" ihrer sozialen Herkunft ungeachtet in den Kommunikationsraum des Adels einzubeziehen. Wie wenig komplikationslos diese verlief, mußte der junge Voltaire am eigenen Leibe erfahren, als er von Dienern im Hause des Herzogs von Sully Prügel bezog, ihm aber die erwartete Genugtuung von seiten des Hausherrn versagt blieb. Daß die Behandlung literarischer und ästhetischer Fragen für diese Geselligkeit trotz der Einbeziehung von Schriftstellern im allgemeinen konstitutiv war, bezweifeln auch die Brüder Goncourt:

> Obgleich sie (Mme. de Brionne - PS) (...) die Verachtung der großen Dame für das Parfum der Verse kundgab, bot Madame de Brionne den Gästen ihres Diners doch die Zerstreuung einer Vorlesung: Bei ihr gab Marmontel zum ersten Male jene moralischen Erzählungen der Öffentlichkeit preis, die so viele schöne Augen mit Tränen füllten.[94]

2. Von diesen, auf einer hohen Stufe der sozialen Hierarchie angesiedelten, die Literatur als Unterhaltungsmoment zulassenden Formationen, die gleichwohl für das Sozialprestige wie auch für die materielle Absicherung der Autoren von Bedeutung waren (wie es Rousseaus *Confessions* illustrieren), unterscheiden sich jene Salons, die als

---

93 Diese Beschreibung stammt von Herzog von Lévis, zit. nach v. Boehn: Rokkoko, S. 437.
94 Goncourt: Die Frau im 18. Jahrhundert, Bd.. 1, S. 71.

genuin literarisch-philosophische zu klassifizieren sind. Diese Salontradition wird im 18. Jahrhundert zuerst wieder aufgenommen durch Mme. de Lambert, findet ihre Fortsetzung in den "bureaux d'esprit" und reicht bis in das Antichambre der Revolution, den Salon Necker, von dem Impulse (vor allem durch die Necker-Tochter), noch auf die nachrevolutionäre literarische Geselligkeit in Frankreich und die Salons um 1800 in Deutschland ausgehen. Weder sind diese Salons, die sich eher entlang den Interessen einer *intellektuellen* Elite als der *sozialen* organisieren, hermetisch abgeschlossen gegenüber anderen Literarischen Salons noch gegenüber den anderen Formationen von Geselligkeit und Öffentlichkeit (Kaffeehäuser, Tischgesellschaften, Clubs). Sie sind Teil eines Kommunikationsgeflechtes, das Durchlässigkeit *und* Abgrenzungen zugleich kennt, wobei keineswegs nur soziale Homogenitäten oder Differenzen gesellige Kontakte bzw. Abschottungen verantworten.

Der tatsächliche Beitrag des Bürgertums - der Begriff sei hier als Begriff der Forschungsliteratur trotz seiner Problematik gerade in dieser Zeit sozialer Mobilität beibehalten - zur Entstehung dieser Salonkultur ist in der Forschung umstritten. Erwin Koppen, der in seiner Untersuchung *Laclos' 'Liaisons dangereuses' in der Kritik* auch auf Zusammensetzung und Geschmack des Lesepublikums eingeht, konzediert zwar, daß ein wirtschaftlicher Aufstieg des Bürgertums "diese Klasse zur eigentlichen kulturtragenden Schicht machte", wertet aber die Literarischen Salons als von der traditionellen "kulturtragenden" Gruppe geschaffene Institution des Literarischen Lebens: "Es waren letzten Endes doch immer die '4000 Familien', die (...) in ihren Häusern den Literarischen Salons eine Heimstätte boten."[95] Norbert Elias, der die Haustypen untersucht und eine Verkleinerung der Gesellschaftsräume im Bürgerhaus - verglichen mit den aristokratischen Hôtels - konstatiert, kommt aus anderer Perspektive zu einem ähnlichen Schluß.

> Der Unterschied zwischen dem Aufbau der bürgerlichen und der höfisch-aristokratischen Gesellschaft, der damit in Erscheinung tritt, ist aufschlußreich. Im Leben der höfischen Menschen nimmt die Geselligkeit einen ganz anderen Raum und eine ganz andere Zeit ein als im Leben des berufsbürgerlichen Menschen. Die Zahl der Menschen, die der höfische Mensch bei sich empfangen kann oder muß, ist größer, die Zahl der Menschen, mit denen der berufsbürgerliche Mensch gesellschaftlich, d.h. hier privat verkehren muß und kann, geringer. Jener verwendet ein ganz anderes Maß an Zeit auf den geselligen Verkehr als dieser. Das Netz der direkten Beziehungen ist bei ihm engmaschiger, die geselligen Kontakte zahlreicher, die unmittelbare Gesellschaftsgebundenheit größer als beim berufsbürgerlichen Menschen, bei dem die durch den Beruf, durch Geld oder Waren vermittelten Kontakte weitaus den Vorrang haben.[96]

Auch wenn Elias hier grundsätzlich beizupflichten ist, aus der Anordnung der Räume im Bürgerhaus von Paris ergibt sich für das 18. Jahrhundert immer noch ein unvermindert hoher Stellenwert der Geselligkeit, die allerdings einem weiteren Struktur- und

95 Erwin Koppen: Laclos' *Liaisons dangereuses* in der Kritik (1782-1850). Beitrag zur Geschichte eines literarischen Mißverständnisses, Wiesbaden 1961 (Mainzer Romanistische Arbeiten, Bd. IV), S. 10.

96 Elias: Höfische Gesellschaft, S. 91-92.

Funktionswandel unterworfen gewesen zu sein scheint: Die Repräsentationsräume nehmen überproportional ab; die auf eine kleingegliederte, gesprächsorientierte Geselligkeit ausgerichteten Räume werden dagegen eher noch betont. Elias selbst schreibt:

> Das Parade-Appartement fehlt bezeichnenderweise vollkommen. Der kreisförmige Salon ist da, aber kleiner und beschränkt auf eine Etage, an ihn schließt sich auf der einen Seite ein länglicher Raum an, der die Funktion eines Kabinetts und die Funktion einer Galerie in sich vereinigt, auf der zweiten ein kleines Boudoir, auf der dritten eine 'salle de compagnie'. Das Antichambre davor hat zugleich die Funktion eines Eßzimmers für die Familie.[97]

Diese Angaben Elias' fußen, daran sollte erinnert werden, auf der "Enzyklopädie", d.h. auf einem idealtypischen Entwurf mit allerdings durchaus normativer Kraft, vorgelegt von jener überwiegend bürgerlichen Gruppierung von "gens de lettres", die - darauf wird noch eingegangen werden - genaue Vorstellungen von literarischem Umgang hatte und damit auch die Salonkultur des 18. Jahrhunderts entscheidend beeinflußte.

Es ist die "monde de l'argent", die sich führend an der Organisierung der Literarischen Salons zu beteiligen beginnt: Der Steuerpächter La Popelinère ist einer der großen Finanzleute, die Künstler und Literaten um sich scharen.[98] Er unterhält sowohl ein Privatorchester als auch ein Liebhabertheater. Für Glotz/Maire indiziert die Spanne zwischen dem Auftreten Lesages und dem Duclos' in einem solchen literarisch ausgerichteten Kreis die veränderte Rolle, die das "Finanzbürgertum" in dem 18. Jahrhundert in den Salons übernehmen konnte:

> En 1709, quand Lesage est invité à lire à l'hôtel son 'Turcaret', violente charge contre les traitants, on s'empresse de lui dire, pour le rassurer, qu'il n'a pas à craindre d'en rencontrer un seul dans l'assistance. Vers le milieu du siècle, Duclos constate au contraire qu'il se trouve parmi les financiers des gens fort aimables qui sont recherchés par la meilleure société et qui ne reçoivent chez eux que celle qu'ils choisissent. Ces nouveaux venus jouent aux mécènes, se signalent, comme le

97 Ebd., S. 91.

98 Weitere Informationen zum Salon de la Poplinière enthält der Aufsatz von Pierre de Ségur: La jeunesse de Madame de la Poplinière. III. Un salon de fermier général, in: Revue des Deux Mondes, 15,2 (1917), S. 813-841. Hier heißt es u.a.: "A ceux qui jusqu'alors, dans le salon du financier, avaient principalement cherché une hospitalité fastueuse, une magnificence profitable, s'ajoute une clientèle plus désintéressée, qui goûte le charme de l'esprit, la séduction de la beauté, le commerce des arts, sous la forme la plus raffinée. On y entend la meilleure musique de ce temps exécutée par les meilleurs artistes; et les petits concerts intimes, où ne sont guère admis les vrais amateurs, sont enviés par tous ceux qui n'ont pas l'heure d'y être priés. La maitresse de maison y chante ou y joue du clavecin; Rameau y accompagne Mme. Carle Van Loo, la femme du peintre fameux, dont, écrit Marmontel, 'la voix de rossignol' fait conaître au public francaise les plus beaux chants importés d'Italie." (S. 815). Unter den Teilnehmern an diesem Salon sind folgende Namen aufgeführt: "Auprès de Vaucanson, le mécanicien de génie, de la Tour, le grand pastelliste au caractère fantasque et aux lubies inattendues, du bon Carle Van Loo et des plus grands musiciens, on rencontre les plus beaux noms de la littérature, Jean-Jacques Rousseau, Marmontel, Voltaire surtout, grand ami du ménage" (Ebd.) Aber neben diesen "gens à talents" waren es nach Ségur auch Vertreter der politischen Elite, die hier verkehrten: "(...) les gens de la cour ne tardent pas longtemps à fréquenter un si agréable logis, et les femmes du grand grand monde s'associent bientôt au mouvement." (Ebd., S. 815-820) Darunter waren auch Mme. de Tencin und die Marquise du Deffand.

> fermier générale La Popelinière, par leurs goûts artistiques. Leurs femmes, Mme. Dupin, Mme. d'Epinay, Mme. Necker, tiennent des salons; leurs filles, richement dotées, s'appelent la comtesse d'Erreux, la duchesse de Coiseul, la duchesse de Choiseul, la baronne de Staël.[99]

Gesellige Reputation schlägt um in gesellschaftliches Prestige.

Berufsbürgerlicher Herkunft war als Frau eines Spiegelfabrikanten auch Mme. Geoffrin, sie konnte die Habitués einer Marquise (der Marquise de Lambert) ungeachtet der Standesdifferenzen übernehmen. Die uneheliche Geburt und unklare Abkunft von Juliede Lespinasse tangierte die Attraktivität ihrer Geselligkeit überhaupt nicht. Wenn Geburt und Familie in ihrer Funktion für die Herausbildung eines Literarischen Salons zurücktreten gegenüber individuellen, selbst erworbenen Fähigkeiten und Eigenschaften, ist dies sicherlich als eine im Kern antiaristokratische Tendenz in der Salonkultur zu vermerken, die nach Himburg-Krawehl die Hierarchisierung ständig hinterfragt:

> In einen Stand wird man geboren, man erwirbt ihn ohne eigenes Zutun und kann ihn nicht verlassen. Auf der sozialen Stufenleiter der Salonhierarchie kann man durch geistige Qualitäten oder andere der Gesellschaft dienliche Eigenschaften emporklimmen. Nicht angeborene, sondern erworbene 'Privilegien' haben hier Gültigkeit; sie sind auf 'Widerruf' verliehen, der geistig überlegene repräsentiert (vorübergehend) eine höhere Kaste, die von den anderen anerkannt wird. Das Schema ist also nicht starr, seine demokratische Grundlage unverkennbar, seine Grenzen fließend.[100]

Was hier als "demokratisches Prinzip" gewürdigt wird, läßt sich auch übertragen auf das Verhältnis einzelner Literarischer Salons zueinander, insoweit diese in einen Konkurrenzkampf um die Besucher eintreten, wie er etwa zwischen der Marquise du Deffand und der Mademoiselle de Lespinasse um die Enzyklopädisten in voller Schärfe ausgetragen wurde. Im Schoße der höfischen Ständegesellschaft gewinnen so Prinzipien an Geltung, die z.T. lange Zeit noch in höfischen Formen gebunden, bereits auf die bürgerliche Gesellschaft verweisen.

Daß sich diese Prinzipien auch in den Salons selbst nicht ohne Rücksicht auf die höfische Gesellschaft realisieren ließen, "Zwischenschritte", die den Adel integrieren und die "gens de lettre" im literarisch-geselligen Umgang zur Gleichberechtigung erheben konnten, notwendig waren, läßt sich belegen. So findet sich in der ersten Jahrhunderthälfte des öfteren eine den sozialen Berührungsängsten Rechnung tragende Zweiteilung der Geselligkeit: Der Lambert-Salon öffnete dienstags für die "gens de lettres"[101] und empfing mittwochs den Adel. Auch noch bei Mme. Geoffrin traf sich die Gelehrten- und Literatengruppe an einem anderen Tag als der höhere Adel, der zu "petits soupers" geladen war. Im Gegensatz zu den Essen, die Mme. Geoffrin gab ("exclusive little feasts, to which it was not so easy to gain admittance"[102]), war der Zutritt zu den literarisch-ausgerichteten Abenden dadurch erleichtert, daß jeder Habitué das Privileg hatte, einige

99 Glotz/Maire:Les salons, S. 18.

100 Himburg-Krawehl: Marquisen, S. 40.

101 Glotz/Maire: Les salons, S. 85: "Le mardi était en effet à peu près réservé aux gens de lettre et aux conversations sérieuses. Pour les réunions du mercredi, Mme. de Lambert était plus éclectique: on voyait des nobles de l'ancienne cour, (...)."

102 Janet Aldis: Madame Geoffrin. Her Salon and her Times (1750-1777), London 1905.

Freunde mitzubringen.[103] Daß die Empfehlung von Freunden entscheidend war, um Zugang zu dem literarischen Kreis um die Marie-Thérèse Geoffrin zu erhalten, ein im Grunde kooptatives Prinzip die Konstellation im Salon bestimmte, bestätigt der Schriftsteller Helfrich Peter Sturz durch einen Reisebrief vom November 1768, in dem er seinen Besuch in dem späten, bereits weitere Differenzierungen aufweisenden Geoffrin-Salon folgendermaßen beschreibt:

> Madame Geoffrin, die ihr großes Vermögen gastfrei und edel genießt, gibt wechselweise an Gelehrte und Künstler zweimal die Woche eine Tafel von mehr als zwanzig Gedecken und bittet jedesmal Fremde dazu: diese müssen ihr aber durch alte Freunde empfohlen sein.[104]

Eine Aufgliederung ihres Salons, wie sie Sturz hier erwähnt, hatte Mme. Geoffrin bereits im Salon der Tencin, wenngleich weniger ausgestaltet, kennengelernt. Damit sicherte die Struktur dieser Geselligkeit nicht nur noch lange aristokratische Reservate, in die engste bürgerliche Freunde zuerst eindrangen (und dokumentiert so die fortexistierenden Schwierigkeiten, die rigiden Standesschranken in dem Literarischen Leben aufzuheben), diese Salons reflektieren auch Verschiebungen innerhalb der Intelligenz. Als besonderer Empfangsabend für Künstler und Kunstliebhaber wird bei der Tencin und später bei der Geoffrin der Montag reserviert. Mit der Einrichtung dieses Montagabends reagierte der Geoffrin-Salon offenbar auf eine Entwicklung - und forcierte diese -, die die bildende Kunst stärker aus der Repräsentationsaura befreite und sie der Kritik preisgab. Die periodische Gemäldeausstellung im großen "Salon" des Louvre und die Kunstkritiken Diderots sind bezeichnend für diesen Vorgang.

Mit der Etablierung eines Abends, an dem die bildende Kunst im Zentrum der Salongespräche stehen sollte, meldete der Geoffrin-Kreis auch in diesem Bereich einen Anspruch auf wertende und geschmacksbildende Kompetenz an, wobei sich die Geschmacksnormierung wie in literarischen Fragen dialogisch vollzog und die Produzenten der Kunst eingeschlossen waren. Als konkretes Resultat dieser Diskussionen im Salon der Geoffrin stand am Ende häufig der Ankauf eines Werkes durch die Salondame:

> It is significant of her inclinations that her fine collection of pictures, by the greatest living masters of her day, was begun in the year 1750, shortly after her husband's death, almost immediatly on becoming the sole mistress of her own dot and his accumulated savings. Vernet, Bocher, Vien, and Carle Van Loo, besides many others, received in turn commissions from her, for all of which she paid liberally.[105]

Indem von ihm Themenvorschläge ausgingen, griff der Salon auch unmittelbar in die ästhetische Produktion ein. Wiederum durch Helfrich Peter Sturz ist uns die Beschreibung eines solchen geselligen, kunstrichtenden Abends bei der Geoffrin überliefert:

---

103 Ebd.

104 Helferich Peter Sturz: Der Salon der Madame Geoffrin. Brief vom 16. November 1768, in: Werner Krauss (Hg.): Die französische Aufklärung im Spiegel der deutschen Literatur des 18. Jahrhunderts, Berlin 1963 (Schriftenreihe der Arbeitsgruppe zur Geschichte der deutschen und französischen Aufklärung der Akademie der Wissenschaften Berlin, Bd. 10), S. 132-135, S. 132.

105 Aldis: Geoffrin, S. 55.

> Wir haben gestern Hamiltons etruskische Gefäße, La Chappes französiertes Sibirien, ein Blumenstück von Bachelier und einen Frauenkopf von Pigalle gerichtet. So eine Ausstellung wird Reiz und Nahrung des Geistes, man entfaltet und berichtigt die Begriffe des Schönen, der Kenner wird durch das Urteil einer solchen Versammlung geübt, so wie ihr Beifall den Künstler belohnt; ein Fremder erntet hier Unterricht, ohne Verschwendung und Ciceronen, im Genuß der gesellschaftlichen Fröhlichkeit.[106]

Zu den Teilnehmern am "lundi" zählten u.a. der Bildhauer Bochardon, die Maler Boucher, Van Loo, La Tour, Vernet, aber auch der Architekt Soufflot sowie Cochin und Falconet. Daß auch kunst*historisches* Interesse die "lundis" stimulierte, läßt sich aus der dominierenden Stellung des archäologisch engagierten Grafen Caylus in diesem Kreise, den Lessing im *Laokoon* kritisierte, ebenso ableiten, wie aus den Ausführungen des in der Malerei dilettierenden Henri de Beauregarde, nach denen ein eben aus Italien eingetroffenes Gemälde, das dem Kreis um Corregio zugeschrieben worden sei, zur Diskussion gestanden habe.[107]

Anders als beim "literarischen Mittwoch" waren allerdings zum "Montag" in der Regel nur Männer zugelassen - eine Ausnahme bildete neben der Salondame nur Mlle. de Lespinasse. Die Malerei als männliche Domäne blieb damit auch in diesem Salon gewahrt. Selbst der Salondame, immerhin einer potenten Käuferin und damit Förderin von Kunst, wurde eine Urteilskraft, die ihr in literarischen Fragen längst zugestanden worden war, z.B. von Boucher und Greuze, in Zweifel gezogen. Dennoch billigt J. Aldis in ihrem abschließenden Urteil dem "Montagabend" der Geoffrin einen Stellenwert in der Sozialgeschichte der Kunst des 18. Jahrhunderts zu, der mit dem der literarischen Abende dieser Salondame für die Literaturgeschichte durchaus vergleichbar sei:

> Her meetings were an informal Art Circle, where reputations were made, where rising talent was discussed, where the neophyte was encouraged, and pretensions reduced to their correct value. There is no other salon of its kind in French social history, and had she given no Wednesday dinners to men of letters, Madame Geoffrin's 'Lundis' would have sufficed to have made her a quite extraordinary reputation as a hostess.[108]

Als Ergebnis dieser differenzierten Geselligkeitsbildungen glaubte Melchior Grimm nach der Jahrhundertmitte den Adressaten seiner Korrespondenz mitteilen zu können, "daß in der Gesellschaft alle Stände durcheinandergewirbelt sind, daß der Adlige, der Beamte, der Finanzmann, der Schriftsteller, der Künstler auf gleiche Weise behandelt werden, daß also in einem Lande wie dem unseren eigentlich kein anderer Stand mehr übrig ist als der Stand des Mannes der guten Gesellschaft (...)."[109] Wie wenig jedoch Grimms Feststellung auf die "Gesamtgeselligkeit" des Ancien Régime zutrifft, wie sehr Grimm eben von den philosophisch-literarischen Salons, deren Habitué er war, verallgemeinert, zeigt sich z.B. am Verhältnis des Necker-Salons zu der Formation der

106 Sturz: Briefe, S. 132.
107 Vgl. Aldis: Geoffrin, S. 63.
108 Ebd., S. 82.
109 Melchior Grimm: Paris zündet die Lichter an. Literarische Korrespondenz, aus dem Französischen von Herbert Kühn, mit Einleitung hrsg. von Kurt Schnelle, München 1977, S. 57.

Marschallin von Luxembourg: Die Marschallin weigerte sich, den Necker-Salon in Paris zu besuchen, traf aber mit der Familie Necker auf deren Landschloß Saint Quen zusammen - allerdings unter Ausschluß der Literaten und Philosophen. Ein anderes Beispiel: Selbst bürgerlicher Herkunft, durch die Heirat aber zur Marquise de La Ferté-Imbault geadelt, wollte die Tochter der Geoffrin erst den zum Finanzminister ernannten Necker und diesen nur nach seiner Distanzierung von den Besuchern des eigenen Salons empfangen. Mme. de La Ferté-Imbault sprach dabei von der Gefahr ("danger") der philosophisch-literarischen Salons "pour le bonheur et même pour acquérir une véritable considération. Rien n'est plus décrié avec raison parmi tout les ordres de l'Etat que nos beaux esprits et les femmes qui courent après."[110] Dies zielte - außer auf die Mme. Necker, die du Deffand, die sie unter anderen namentlich erwähnt - auch auf ihre Mutter selbst, Mme. Geoffrin.

3. Eine diachronisch angelegte Beschreibung der Literarischen Salons Frankreichs im 18. Jahrhundert muß mit dem Zirkel der Marquise de Lambert, der bis zum Tode der Marquise 1733 in Paris seine Anziehungskraft ausübte, beginnen. Der Salon Lambert als Produkt der Zeit der Regentschaft war offensichtlich konzipiert als geschmacksbildende und moralische Gegeninstanz zum Hof und dessen hocharistokratischen Ablegern. Damit verwies der Lambert-Salon noch einmal zurück auf jene Geselligkeit, wie sie sich vor der absoluten Dominanz des Hofes unter dem Sonnenkönig hatte herausbilden können. Dieser Salon, so Feuillet de Conches, "fut un des derniers reflets du grand siècle. Jamais, en effet, n'y furent admis ni le jeu ni l'agiotage, et il demeura comme une protestation vivante contre les orgies de la Régence."[111] Bereits Besucher des Lambert-Kreises hatten hier die Renaissance einer geselligen Tradition gesehen, wie sie von der Marquise de Rambouillet (u.a.) gestiftet worden war. So schrieb der Marquis d'Argenson in seinen Memoiren:

> J'allais régulièrement dîner chez elle les mercredis, qui étaient un de ses jours. On raisonnait sans qu'il fût question de castes, comme au fameux hôtel de Rambouillet, si célébré par Voiture et Balzac.[112]

Darauf, daß dieser erste literarisch ausgerichtete Salon des 18. Jahrhunderts, auf den die (ridikülisierend gemeinte) Bezeichnung "bureau d'esprit" angewandt wurde, auch auf der Ebene der hier rezipierten Literatur noch die Signatur des 17. Jahrhunderts trägt, hat zuletzt wieder Peter Uwe Hohendahl hingewiesen, als er "stilistische Beziehungen" zwischen "Pierre Carlet de Chamblain de Marivaux, einem häufigen Besucher des Lambertschen Salons, (...) zu den Preziösen des 17. Jahrhunderts" konstatierte.[113]

Die "mardis" der Mme. de Lambert begannen um 1 Uhr nachmittags mit einem Essen, an das sich eine "conférence académique" anschloß, während der von jedem Besucher die persönliche Ansicht zu den jeweiligen ästhetischen, philosophischen oder pädagogischen Diskussionsthemen abverlangt wurde. Die Offenheit der Gespräche konnte und sollte

---

110 Vgl. Vicomte d'Houssonville: Le Salon de Madame Necker. D'après des documents tirés des archives de Coppet, 2. Bde., Paris 1882 (Reprint Genf 1970), Bd. 1, S. 259.

111 de Conches: Les salons, S. 44.

112 Zit. nach de Conches, ebd.

113 Hohendahl: Roman, S. 15.

dabei zu durchaus unterschiedlichen Positionen führen - ohne daß Kontroversen den Bestand des Salons insgesamt gefährden konnten. Dies zeigte sich nicht zuletzt in der berühmten "querelle des Anciens et des Modernes", in die der Lambert-Kreis ebenfalls involviert, dabei aber in seiner Parteinahme gespalten war: Die Marquise stellte sich zwar auf die Seite der "Modernen", empfing aber Wortführer der Gegenseite (wie Mme. Dacier, d'Olivet) weiterhin.

Die Stellung, die dieser frühe Salon des 18. Jahrhunderts im Literarischen Leben Frankreichs bereits wieder eingenommen hatte, läßt sich am ehesten noch abschätzen an dem von ihm ausgehenden Einfluß auf die "Académie Francaise"[114]. Der Salon der Lambert wurde, da hier unter wesentlicher Mitwirkung intellektuell interessierter Frauen wichtige Vorentscheidungen für die Wahlen zur Akademie gefällt wurden, immer wieder als "antichambre de l'Académie" charakterisiert. Durch ihre Habitués über die akademieinternen Vorgänge informiert, erreichte Mme. de Lambert eine Position, von der der Marquis d'Argenson meinte, "que n'était guère récu à l'Académie qu'on ne fût présenté chez elle ou par elle."[115] Damit war die Mitentscheidung der literarischen Öffentlichkeit, wie sie sich in den Salons heranbildete, durch Mme. de Lambert installiert und blieb es bis zum Salon der Mme. Necker, an die noch Dorat einen langen Brief schickte, um sie zu überzeugen, daß er der rechte Kandidat für die Akademie sei. (Allerdings gab es auch Habitués im Necker-Zirkel, bereits Mitglieder der Akademie, die sich gegen Dorat wandten und seine Wahl verhinderten, was Dorat der Salondame gegenüber mit der kompensatorischen Bemerkung quittierte: "Je ne serai point de l'Académie, mais je serai de votre société et je ne ferai rien qui m'en rendrait indigne."[116]) Die Tatsache, daß bei Madame de Lambert Entscheidungen vorbereitet wurden, die für die Stellung, das Ansehen und auch die materielle Situation eines Schriftstellers von größter Bedeutung waren, mußte die Anziehungskraft des Salons der Lambert auf die "gens de lettres" weiter stärken: Schriftsteller wie Fontenelle, Marivaux, La Motte verkehrten über Jahre im Hause der Lambert, der Präsident Hénault war regelmäßig Besucher der "mardis".

Keineswegs präsentierte sich dieser Salon als männerdominierte, einzig auf die Salondame zentrierte Geselligkeit. Eine Beteiligung zahlreicher Frauen, die Homer-Übersetzerin Mme. Dacier wurde bereits genannt, an den Gesprächen über Fragen der Literatur und des Geschmacks ist dokumentiert und legte die Thematisierung von "Frauenfragen" nahe (die 1727 erschienen *Réflexions nouvelles sur les femmes* haben

114 In der Einflußnahme auf die Zusammensetzung der Akademie sieht auch Vera Lee in ihrer Arbeit: The Reign of Woman in Eighteenth-Century France, Cambridge/Mass. 1975, eine entscheidende "female contribution to cultural spheres" (S. 116): "The first step, perhaps the most important one for an aspiring writer, was to gain entrance into a salon, and any man of letters knew this well, for the final evidence was overwhelming. It was Madame de Lambert who presented Montesquieu to the Académie Francaise and Madame Tencin who got Marivaux elected. Madame du Deffand did the same for D'Alembert, Madame Geoffrin for Marmontel (Madame de Tencin's advice paid off!), and after 1772, when D'Alembert became Perpetual Secretary of the Académie, his Julie de Lespinasse, who had left Madame du Deffand's employment to form her own salon, enjoyed tremendous recruiting powers. At least seven distinguished academicians could thank Julie for their immortality." (S. 177)

115 D'Haussonville: Le Salon Necker, Bd. 1, S. 200.

116 Ebd. S. 203.

diesen Salon als Kontext). Für die Kontinuität der Salons wichtig wurde der regelmäßige Besuch einer weiteren Frau, Mme. de Tencin: Sie sollte die Nachfolge der Marquise de Lambert antreten. (Während Goethe bekanntlich Mme. de Tencin selbst als die eigentliche "Stifterin der neueren Pariser Gesellschaften, welche sich unter den Augen merkwürdiger Frauen versammelten", ansah und würdigte.[117]) Bei Tornius wird die Entstehung des Tencin-Salons als bloßer Beerbungsakt gegenüber der Geselligkeit der Lambert gesehen:

> Als die Marquise (de Lambert - PS) starb, wurde die Madame de Tencin ihre Nachfolgerin und leitete die Geschichte der Literatur mit viel Erfolg bis zum Jahre 1749. Marivaux, Fontenelle, Montesquieu, die getreuesten Anhänger der Verstorbenen gingen zu ihr über in die Rue Saint-Honoré, wohin sie ihren Salon verpflanzte.[118]

Doch verdient die Genese gerade dieses Salons eine etwas genauere Betrachtung, weil hier, ähnlich wie in geselligen Formationen des auf die Vollendung des Absolutismus zuschreitenden 17. Jahrhunderts, die Literarisierung der Geselligkeit als Kompensation für einen erzwungenen Verlust politischer Funktionen erneut manifest wird. Wenn P.M. Masson seine Untersuchung zur Marquise de Tencin *Une femme d'intrigue et de lettres* betitelt, verwies er damit auf den Ambitionswandel der zeitlich aufeinanderfolgenden beiden Formationen der Tencin. Die frühe, nicht-literarische Tencin-Gesellschaft war Zentrum der ultramontanen Kräfte in Paris. Sowohl von den Besuchern als auch von den Gesprächsinteressen her war diese Gruppe instrumentalisiert für die Klerikerkarriere des Bruders der Marquise. Dadurch geriet diese Geselligkeit in Widerspruch zum Hof, ein Widerspruch, der sich im Zuge der Auseinandersetzungen um die päpstliche Bulle "Unigenitus" derart weiter verschärfte, daß der Hof den Tencin-Kreis in die Illegalität abdrängte: "A toutes ces saintes colères, Mme de Tencin offrit son salon pour les y réchauffer (...). L'illégalité de ces réunions en augmentait la ferveur: cardinaux, archeveques et jésuites s'y rencontraient secrètement, la nuit en travesti, tout enfiévrés par ce pieux complot"[119], beschreibt Masson die Treffen im Hause Tencin. Der Hof überwachte durch Spione diesen antihöfischen, aristokratischen Zirkel und setzte ihm schließlich ein Ende, indem er die Marquise aus Paris verbannte (der Bruder mußte nach Lyon ausweichen). Erst nach Abbruch ihrer Kontakte zu den kirchenpolitisch engagierten Kreisen war es der Marquise möglich, in der Straße Saint-Honoré einen neuen, nun literarisch orientierten Salon zu etablieren. Die nach ihrer politischen Entmachtung erfolgte Zuwendung zur Literatur war mit einem Ausbau ihres Salons zur moralischen Instanz verbunden.[120] Weder ihre zahlreichen Liebesaffairen, noch die Aussetzung ihres unehelichen Sohnes, des späteren Enzyklopädisten d'Alembert, nicht einmal ihr Aufent-

117 Goethe: Anmerkungen zu Rameaus Neffe, in: Goethes Sämtliche Werke, Jubiläumsausgabe in 40 Bänden, hrsg. von Eduard von der Hellen u.a., Stuttgart/Berlin 1902-1912, 34. Bd.: Schriften zur Kunst, 2. Teil, Stuttgart/Berlin 1903-1904, S. 154-196, S. 194.

118 Tornius, Salons, Bd. 1, S. 86.

119 Pierre-Maurice Masson: Une femme d'intrigue et de lettres au XVIIIe siècle, Paris 1909, S. 77-78. Wichtig für die Vorgeschichte des *Literarischen* Salons ist die familienhistorisch ausgerichtete Arbeit von Jean Sareil: Les Tencin. Histoire d'une famille au dix-huitème siècle d'après de nombreux documents inédits, Genf 1969. Nur Kapitel XV und XVI handeln allerdings vom Literarischen Salon der Tencin.

120 Vgl. Masson: Une femme d'intrigue, S. 219.

halt in der Bastille wegen eines nie endgültig ausgeräumten Verdachts, sie habe einen Liebhaber umgebracht, hinderten sie, eine literarische und - insofern sich beides in dieser Phase nicht wechselseitig bedingte - wiederum auch eine moralische Autorität zu werden. Es gelang der Tencin nicht nur, ehemalige Habitués der Lambert (also Fontenelle, Marivaux und den Mathematiker und Physiker Marian, das "trio Lambertiste") an ihren Salon zu binden; durch eine Förderung vor allem debütierender Autoren hoffte sie, die jüngste Literaturentwicklung mitbestimmen zu können. In einer überlieferten Auseinandersetzung mit einem jungen Dichter, dessen erste Komödie Marivaux auf dem italienischen Theater in Paris gegen die skeptische Tencin durchsetzen wollte, werden zumindest fragmentarisch die literaturästhetischen Prämissen der Salondame (der ja selbst die Verfasserschaft dreier anonym erschienener "sentimentaler" Romane zugeschrieben wird) erkennbar. Jede Abkehr von der Welt wird abgelehnt, sie beharrt auf dem "étudier le monde", auf einer geschärften Beobachtung menschlicher Laster und Schwächen: "Regardez bien autour de vous", fordert sie den Autor auf, und: "On ne fait point de portraits sans modèles. Répandez vous dans la société."[121] Auffallend ist, daß diese Postulate auf eben jene Stilmerkmale zielen, die Marivaux' Komödien und Romane auszeichnen: die psychologische Nuancierung der Figuren des Dichters ebenso wie dessen weitgehend realistische Darstellung französischer Gesellschaftskreise des 18. Jahrhunderts, mit einer gesellschaftskritischen Komponente. So wuchsen dem Tencin-Salon als literarischem wieder Funktionen zu, die ihm als politischem von seiten des Hofes abgesprochen worden waren.

Um die jeweils neueste literarische Entwicklung präsentieren und zugleich auf sie Einfluß nehmen zu können, inszenierte der Tencin-Salon immer wieder mündliche "Vorabveröffentlichungen" von Werken und griff mit seinen Besuchern in die Entstehung literarischer Produkte unmittelbar ein. Herausragendes Ereignis dieser Art war sicherlich Marmontels Lesung der Tragödie *Aristomène*, die vor diesem Leseabend, den Marmontel in seinen Memoiren ausführlich behandelt[122], erst einmal aufgeführt worden war. Daß in

121 Zit. nach ebd., S. 219-220.

122 Als eine zentrale Integrationsfigur der französischen Salonkultur des 18. Jahrhunderts und des hier etablierten Kommunikationsgeflechtes fungierte Marmontel. Am Salon von Mme. Tencin beteiligte er sich ebenso wie an denen von Geoffrin, Lespinasse, Necker. Für den Salon der Schauspielerin Clairon verfaßte er eine Ode auf Voltaire, die Mlle. Clairon während einer Soirée vortrug (vgl. Marmontel Mémoires, S. 271-271). Bereits der Beginn seiner Karriere - Marmontel kam bekanntlich aus unteren Volksschichten - ist an die Übernahme einer Hauslehrerstelle 1746 bei dem Enkel der Mme. Harenc geknüpft, die einen kleinen Literarischen Salon, "ones of the less important but more pleasant one in Paris leitete, zu dem der junge Dichter auf diese Weise Zutritt erhielt". (Karl Ludwig Löhndorf: Marmontels "Incas". Untersuchungen zu ihrer Stellung in der Literatur der Aufklärung, ihrer Aufnahme und Nachwirkung, Diss. Bonn 1980, S. 14.) Aber erst nach dem großen Erfolg seiner ersten Tragödie (*Denys*) zwei Jahre später standen ihm die meisten Pariser Salons offen: "Tous les salons se l'arrachaient: il est devenue l'indispensable ornement de toutes les fêtes (...), (...) il réussit dans le monde." (Alexandre Dufail: Une vie d'homme de lettres au XVIIIe siècle. Les Mémoires de Marmontel: in: Revue Contemporaine, VI (1853), S. 433-468. S. 442.) Diese Erfolge in der Salonwelt führte Alexandre Dufai darauf zurück, daß sich Marmontel hier "sans réserve" (ebd., S. 452) ausgeliefert habe: "rien ne montre mieux quels furent au dix-huitième siècle le goût des lettres et l'influence des salons, que de voir jusqu'où s'y est élevé un homme qui n'eut souvent d'autre mérite que d'avoir suivi tout doucement le cours des opinions à la mode." (ebd., S. 453) Was hier als Opportunismus und Unterwürfigkeit, beschrieben als Basis für eine Salonkarriere der bürgerlichen Schriftsteller, pejorisiert

diesem Salon die Sucht nach literarischen Neuigkeiten befriedigt werden konnte, stärkte dessen Anerkennung als Institution des Literatursystems und erweiterte seine Interventionsmöglichkeiten:

> Elle leur (den Teilnehmern ihrer "mardis" - PS) réservait souvent la primeur des oeuvres nouvelles, on leur présentait les écrivains inconnus, que guettait la gloire prochaine (...)[123].

Wenn das Interesse dieses Salons sich auf den Neuigkeitswert der Literatur richtete, reflektiert dies zudem den endgültigen Übergang von der intensiven zur extensiven Lektüre als Ferment dieses Zirkels. Auf der Ebene der literarischen Produktion müssen diese Publikumserwartungen eine Tendenz zu Regelverletzungen und dichterischer "Freiheit" stärken - noch bevor der Buchmarkt dies verlangen wird.

Die engen Verbindungen zur "Académie", wie sie bereits von Mme. de Lambert hergestellt worden waren, wurden durch den Tencin-Salon perpetuiert und festigten gleichfalls dessen Reputation.[124] Augenfällig wurde die Rolle des Salons bei der Akademiemitgliedschaft des jungen Duclos, der sich abgesehen von seinen gesellschaftlichen Erfolgen in den verschiedenen literarischen Zirkeln weder wissenschaftlich noch literarisch ausgewiesen hatte: "Duclos", schreibt Masson, "le plus jeune des 'Sept Sages' (wie der Besucherkern des Tencin-Kreises genannt wurde - PS) en est alors le moins illustre. Ce breton de vingt-neuf ans n'avait encore rien publié, mais il avait dans les salons une telle réputation d'esprit, et même de savoir, que l'Académie des Inscriptions l'admettra en 1739, sans lui demander d'autres preuves de son talent (...)."[125]

---

wird, wertet Löhndorf in seiner Untersuchung zu Marmontels *Incas* positiv als von Marmontel bewußt initiierten Kritikprozeß. Nach Löhndorf nutzte Marmontel die von ihm als "tastemakers" (so apostrophiert Ruth Catherine Readon die Literarischen Salons, vgl. dies.: Marmontel. Man of his Time. The Role of a Writer in a Period of Transition, New York 1970, S. 111) anerkannten Salons schon bei der Entstehung der *Incas*, indem er hier "Abschnitte aus den 'Incas' zu Gehör brachte, um den Eindruck auf die Zuhörer zu testen sowie Kritik und Anregungen entgegenzunehmen" (Löhndorf: "Incas", S. 15). Die Korrespondenz Marmontels zeigt, daß er bemüht war, dieses Werk in vielen Zirkeln vorzutragen, es ihm also auf eine breitere Erfassung von Literaturkritik ankam. Bereits in der Stoffauswahl der *Incas* lag eine Ausrichtung auf das Publikum, das sich in den Salons zusammenfand, indem sie das Thema einer fiktionalen Briefsammlung einer weiteren Salondame, der Mme. de Graffigny, variieren, den *Lettres d'une Péruvienne* (erstmals erschienen 1747), mit denen Mme. de Graffigny gerade in den literarischen Zirkeln auf große Resonanz gestoßen war. Mme. de Graffigny, die mit ihrer Nichte, der späteren, durch einen eigenen Kreis hervorgetretenen Mme. Hélvétius, seit 1740 einen Salon organisierte, war durch Unkosten, die diese Geselligkeit mit sich brachte, auf die Schriftstellerei als Geldquelle angewiesen. Bedeutende Teile der *Lettres d'une Péruvienne* soll Mme. de Graffigny "mit Passagen aus Salonunterhaltungen bestritten haben." (Löhndorf: "Incas", S. 29). Zu ihren Gästen zählten Turgot, Hélvétius und Grimm, der allerdings meinte, daß die Salondame "n'était pas aussi aimable dans le monde que dans ses écrits". Antoine Guillois: Le salon de Madame Hélvétius. Cabanis et les idéologues, o.O. (Paris) 1894 (Reprint New York 1971), S. 6.

123 Masson: Une femme d'intrigue, S. 218.

124 Jean Sareil hat in den Kapiteln, die den Literarischen Salon der Tencin zum Untersuchungsgegenstand haben, die engen personellen Verbindungen vom Tencin-Kreis zur "Académie" herausgearbeitet: fast alle Salonmitglieder waren nach ihm gleichzeitig auch Akademiemitglieder. Sareil: Les Tencin, Kapitel XV und XVI.

125 Masson: Une femme d'intrigue, S. 197. Die "Sept Sages" waren neben dem "trio lambertiste" Mirabaud, De Boze, Astruc, Duclos.

Noch zu Lebzeiten der Tencin bereitete sich eine andere Frau auf die Übernahme dieses Salons vor: Mme. Geoffrin. Der Marquise de Tencin war diese Absicht ihrer mehrjährigen Salonteilnehmerin durchaus bewußt, wie Marmontel in seinen Memoiren versichert:

> J'ai dit, que, du vivant de Mme. de Tencin, Mme. Geoffrin l'alloit voir, et la vieille rusée pénétroit si bien le motif de ses visites, qu'elle disoit à ses convives: 'Savez-vous que la Geoffrin vient faire ici? Elle vient voir ce qu'elle peut recueillir de mon inventaire!'

Marmontel fährt fort:

> En effet, à son mort, une partie de son société, et ce qu'il en restoit (car Fontenelle et Montesquieu ne vivoient plus) avoit passé dans la société nouvelle; mais celle-ci ne se bornoit pas à cette petite colonie.[126]

An anderer Stelle spricht Marmontel davon, die Frau Geoffrin habe begonnen "à choisir et à composer sa société littéraire".[127]

Tatsächlich verbirgt sich hinter der scheinbaren Kontinuität von der Mme. de Tencin zur Mme. Geoffrin, deren Salon immerhin bis 1776 reicht, ein wichtiger soziokultureller Schub hin zu einer nichtaristokratischen Kulturträgerschicht, indem eine Frau aus berufsbürgerlichen Kreisen sich als Organisatorin einer literarischen, nicht mehr standeshermetischen Geselligkeit anbieten und behaupten konnte. Dieser Vorgang scheint die Einschätzungen Dieter Borchmeyers erst einmal zu relativieren, der in seiner Arbeit *Höfische Gesellschaft und französische Revolution bei Goethe* dem französischen Berufsbürgertum im Gegensatz zum ständischen Bürgertum noch keinen aktiven Part im kulturellen und Literarischen Leben des 18. Jahrhunderts zuerkennen will:

> Im 17. und weitgehend auch noch im 18. Jahrhundert gab im französischen Bürgertum eine sachgebundener Arbeit entfremdete, an aristokratischen Lebensformen sich orientierende, eines positiven bürgerlichen Selbstbewußtseins weithin entbehrende Schicht den gesellschaftlichen 'Ton' an. Hinter dem bürgerlichen honnête homme vermochte sich der Berufsbürger nur schwer kulturell zu artikulieren.[128]

Borchmeyer weist darauf hin, daß das (auch für die Salons noch gültige) Bildungsideal des "honnête homme" als Konzept einer universellen Bildung jeder Ausbildung einzelner Fähigkeiten, jeder Spezialisierung und damit der vom Berufsbürgertum verfochtenen 'professionellen' Bildung entgegenstehen mußte. Dieses Bildungskonzept, solange es "Salonfähigkeit" konnotierte, blockierte die Integration der Berufsbürger in die Salonkultur. Tatsächlich wurde es dort, wo es Angehörigen des Berufsbürgertums gelang,

---

126 Marmontel: Mémoires, S. 160.

127 Ebd., S. 101.

128 Dieter Borchmeyer: Höfische Gesellschaft und französische Revolution bei Goethe. Adliges und bürgerliches Wertsystem im Urteil der Weimarer Klassik, Kronberg/Ts. 1977, S. 39. Vgl. dazu auch Peter Bürger, der in seinem Aufsatz "Zur Auffassung des Publikums bei Du Bos und Desfontaines" ebenfalls betont, daß das Bildungsideal des "honnête homme" "an eine Lebensform gebunden (sei), die vom Zwang zur Erwerbstätigkeit frei war. Nur die Muße ermöglichte jene Form universaler Bildung und Weltbildung, die den 'honnête homme' ausmacht, der so eine neuere flektierte Spontaneität des Urteils erwirbt, die man im 17. Jahrhundert als goût bezeichnet." Peter Bürger: Zur Auffassung des Publikums bei Du Bos und Desfontaines, in: ders.: Studien zur französischen Frühaufklärung, Frankfurt/M. 1972, S. 44-68, S. 51.

einen Literarischen Salon zu etablieren, notwendig, die bürgerliche, professionelle Grundlage, d.h. das "métier" der Salonorganisatoren, zu eskamotieren. Wie in den italienischen Renaissance-Salons das Zurückdrängen des Mannes als Repräsentant feudaler Machtstrukturen eine soziale Erweiterung und eine Ästhetisierung der Verkehrsformen einleitete, wurde jetzt im Geoffrin-Salon die Mißachtung des Hausherrn, des Spiegelfabrikanten, seine Bedeutungslosigkeit in der Geselligkeit des eigenen Hauses eine Kondition für das Florieren des Salons. (Ähnliches läßt sich, abgeschwächt, noch im Necker-Salon beobachten, aber dann auch in den Literarischen Salons der Berliner Juden.) Signifikant ist in diesem Zusammenhang die mehrfach bezeugte Frage aus dem Geoffrin-Kreis nach dem Verbleib eines bestimmten, sich durch Stummheit auszeichnenden Gastes, auf die Mme. Geoffrin antwortete, dieser "Gast" sei ihr inzwischen verstorbener Mann gewesen.[129] Dieses, in den Anfangszeiten des Salons erfolgte Ausscheiden des Spiegelfabrikanten erleichterte die Organisierung des Salons durch die Geoffrin. Mit der Nobilitierung der Tochter war es dann eine Generation später wieder gelungen, das "métier" ganz hinter sich zu lassen.

Zum Einüben in "aristokratischen Lebensformen" hatte Mme. Geoffrin in dem Tencin-Salon in der Straße Saint-Honoré Gelegenheit gehabt, sie versuchte sie nun in ihrem eigenen Literarischen Salon, der ebenfalls in der Rue Saint-Honoré eröffnet wurde, zu praktizieren.[130] Die Abstinenz von bestimmten Konversationsthemen, in erster Linie politischen, wurde übernommen und verschärft eine Vorkehrung, die zum Funktionieren der Geselligkeit dieser bürgerlichen Salondame womöglich noch dringender erforderlich war als bei den Vorgängersalons. Dazu kam eine von den Salonbesuchern als zu rigide aufgefaßte Moderation der Konversationen, durch die von Mme. Geoffrin Diskussionsstränge gekappt werden konnten. Eine solche Salonführung, die Reglementierung ebenso wie die Themenselektion, stieß notgedrungen bei den Enzyklopädisten unter den Besuchern auf Widerspruch, den Melchior Grimm in seiner *Philosophischen Neujahrspredigt* (1.1.1770) ironisierend formulierte:

> Mutter Geoffrin teilt mit, sie erneuere die Schutz- und Verbotsvorschriften der vergangenen Jahre, und es sei nach wie vor bei ihr nicht gestattet, von inneren und äußeren Angelegenheiten zu sprechen, desgleichen nicht von Dingen, die sich am Hof, in der Stadt, in Nord oder Süd, Ost oder West zutragen, und ebensowenig von solchen der Politik, den Finanzen, des Friedens, des Krieges, der Religion, Regierung, Theologie, Metaphysik, Grammatik, Musik, ja über gar kein Thema, und

129 Vgl. dazu etwa Glotz/Maire: Les salons, S. 113: "Qu'est donc devenu, demanda un convive, ce vieux monsieur qui était toujours au bout de la table et qui ne disait jamais rien? - C'était mon mari, répondit placidement Mme. Geoffrin. Il est mort."

130 Darauf, daß trotz der Ausrichtung auf aristokratische Umgangsformen und Lebensgewohnheiten ein nicht zu überbrückender Gegensatz zu den hocharistokratischen Gesellschaften fortbestand, hat d'Houssonville in einem Vergleich hingewiesen: "Passer du salon de madame Geoffrin dans celui de la maréchale de Luxembourg, c'est comme de nos jours se transporter d'un entresol du Marais dans un vieil hôtel du faubourg Saint Germain." D'Houssonville: Le Salon Necker, Bd. 1, S. 225. Von dem 'diktatorischen Regime'in ihrem Salon spricht auch die Untersuchung von Glotz/Maire in dem Kapitel mit dem bezeichnenden Titel *La Tsarine de Paris* (Kapitel III, S. 110 ff.): "La régime dictatorial fut donc accepté par les familiers de la rue Saint Honoré. Les gens qui n'aimait pas être morigénés, comme Marivaux, y parurent peu." Dies.: Les salons, S. 113.

> sie beauftrage Ehrwürden Burigny[131] (...) wegen seiner bekannten Geschicklichkeit und des großen Vertrauens, das er genießt, jeden zum Schweigen zu bringen und allen ihren besonderen Groll zu verheißen, die eins dieser Verbote übertreten.[132]

Das Versprechen der Aufklärer, der Salondame "insoweit zu gehorchen, wie sie mit Gewalt dazu gezwungen"[133] würden, konnte gegeben werden, da den Aufklärern andere, "zwanglosere" Geselligkeitsformationen (wie Herrenessen, Kaffeehäuser u.ä.) inzwischen zur Verfügung standen. Rosenkranz berichtet, Marmontel, Morellet, d'Alembert, Duclos und Freunde seien regelmäßig nach dem Geoffrin-Essen zum Tuileriengarten gegangen, um sich "dort unter den Kastanienbäumen der Hauptalleen (...) für den Zwang zu entschädigen, den sie sich bei ihr angetan hatten."[134]

Daß nur durch eine solche regulativ-repressive Salonführung die Harmonie zwischen den Ständen für die Dauer der Soireen gewahrt werden konnte, erfuhr Mme. Geoffrin selbst, als sie, die bereits renommierte (bürgerliche) Salondame, das festgelegte Konversationsterrain verließ: In einem Brief an Katharina, die russische Zarin, mit der sie über mehrere Jahre hinweg einen Briefwechsel führte, schnitt die Geoffrin politische Themen an, was sich die Zarin, auf die soziale Distanz verweisend, sogleich verbat. Die Konzeption des "unpolitischen" Salons gestattete es nicht nur dem jungen schwedischen König, sondern auch dem Grafen Poniatowski und seinem Sohn Stanislaus, dem späteren polnischen König, zeitweilig Habitués der Witwe eines Spiegelfabrikanten zu werden. Der Salon der Geoffrin entwickelte sich so in der zweiten Jahrhunderthälfte zu einem literarisch-philosophischen Geselligkeitszentrum von europäischer Bekanntheit; die Salondame wurde von König Stanislaus an den Hof nach Warschau geladen, sie wurde in Wien von Maria Theresia und Marie-Antoinette, der künftigen französischen Königin, empfangen und vom Zarenhof eingeladen.

Den europäischen Ruf verdankte der Geoffrin-Salon - wie andere literarische Zirkel von Paris ebenfalls - neben der Korrespondenz französischer Aufklärer auch der regelmäßigen Anwesenheit von Diplomaten der europäischen Höfe. Akkreditiert bei einem Hofe, der durch das Hofzeremoniell der diplomatischen Tätigkeit Grenzen setzte, übten die Salons auf die ausländischen Vertreter einen großen Reiz aus und wurden als Ergänzung zum Hofe angenommen. Die besondere gesellige Rolle, die die Gesandten spielen konnten, hing zusammen mit ihrer Weltläufigkeit, ihrem Konversationsstil, ihrer universellen Bildung, d.h. sie erfüllten in hervorragender Weise eben jenes Bildungsideal des "honnête homme", das für berufsbürgerliche Schichten inadäquat war. Die Geschichte der Salons blieb infolgedessen (bis zur Berliner Salongeselligkeit des frühen 19. Jahrhunderts und den Salons des Wiener Kongresses) verbunden mit der Geschichte der Diplomatie. Bei Mme. Geoffrin, die auf eine Teilnahme von Diplomaten an ihrem Salon besonderen Wert legte, verkehrten u.a. der Vertreter Dänemarks, Graf von Gleichen, der Graf von Creutz, schwedischer Minister, der Graf Caraccioli,

---

131 Der Historiker Jean Lévesque de Burigny, Freund der Geoffrin, war wegen seines tölpelhaften Verhaltens im Salon bekannt.
132 Grimm: Paris, 302.
133 Ebd.
134 Karl Rosenkranz: Der Pariser Salon im 18. Jahrhundert. Teil I, in: Deutsches Museum. Zeitschrift für Literatur, Kunst und öffentliches Leben, Nr. 14 (1862), S. 481-492, S. 491.

neapolitanischer Gesandter, vor allem aber von 1759 bis 1769 der Abbé Galiani, Gesandtschaftssekretär Neapels. Die späteren Briefe dieses Weltgeistlichen an die in Paris Zurückgebliebenen sind geprägt von dem Bedauern des Verlustes der geselligen Atmosphäre.

Der kosmopolitische Charakter des Salons der Geoffrin, wie er sich auch in der Folgezeit bei anderen französischen Zirkeln wird nachweisen lassen und der aufklärerische Konzeptionen von Weltbürgertum gleichsam gesellig fundiert, wurde verstärkt durch die Anwesenheit ausländischer Schriftsteller. Ins Gewicht fallen dabei persönliche Kontakte zu englischen Autoren und Philosophen, so David Hume und Horace Walpole, durch die die Salons zu einem der Einfallstore fortgeschrittener bürgerlicher Ideen und literarischer Tendenzen werden konnten. Aber auch Paris-Reisende aus Deutschland bis hin zum regierenden Adel suchten den Geoffrin-Salon auf, wie Helfrich Peter Sturz bestätigt, der als Legationsrat den dänischen König Christian VII nach Paris begleitet hatte und unter den Habitués in der Straße Saint-Honoré einen deutschen Prinzen antraf, "der mich auf unsere Fürsten stolz machen würde, wären mir viele von dem Gehalte bekannt."[135] Die rege Teilnahme an einem solchen Zirkel gehörte neben dem Empfang in Versailles, dem Umgang mit Künstlern in ihren Ateliers, dem Opern- und Theaterbesuch auch zum Programm der Parisreise des Weimarer Kronprinzen Carl August und seines Bruders. Als Führer dieser beiden deutschen Prinzen durch die "Salons der literarisch interessierten Damen"[136] fungierte Melchior Grimm.

Die Salonbeteiligung ausländischer Besucher, insbesondere der Diplomaten, hatte nicht zuletzt pragmatische Gründe: Die Literarischen Salons entwickelten sich zu Nachrichtenbörsen, denen im aufklärerischen Öffentlichkeitsprojekt auch als solchen eine, wie Habermas es ausführlich diskutiert hat, zentrale Rolle zukam. Dies erklärt auch die Kontakte, die sich vom Geoffrin-Salon zu Zeitungs- und Korrespondenzunternehmungen mit durchaus divergierendem Öffentlichkeitsgrad, d.h. auch verschiedenem Zielpublikum, ergaben.

Melchior Grimm nutzte für seine *Corréspondance littéraire, philosophique et critique*, die ein anderer Habitué der Geoffrin, Abbé Raynal, begründet hatte, diesen Salon als wichtige Quelle und Marmontel, der Herausgeber des *Mercure de France*, war nicht nur einer der häufigsten Gäste, er wohnte auch im Hause der Salondame. Eine enge Verbindung zwischen *Mercure* und Salon wurde auch von der Zensurbehörde wahrgenommen: Marmontels Vortrag einer Satire im Rahmen dieser literarischen Geselligkeit auf den Herzog d'Aumont (in Form einer Parodie auf Corneilles *Cinna*) führte zum Verbot des *Mercure* unter dem Herausgeber Marmontel (den man als Verfasser der Satire verdächtigte und zu einem zweijährigen Bastilleaufenthalt verurteilte), ein Vorfall, der die politische Enthaltsamkeit des Salons noch einmal drastisch als dessen Existenzvorbedingung auswies. Ansätze für den Salon als "Zeitungsraum" (Himburg-Krawehl) finden sich schon vor der Geselligkeit der Geoffrin in der ersten Jahrhunderthälfte. Am Beispiel des Literarischen Salons der Mme. Doublet läßt sich dabei die allmähliche Auf-

135 Sturz: Briefe, S. 134.

136 Vgl. Walter Horace: Kultur und Gesellschaft im klassischen Weimar, 1775-1806, Göttingen 1966, S. 54.

hebung der Hermetisierung des Zirkels verfolgen: Mme. Doublet präsidierte 40 Jahre lang jeden Samstag einer Literatengruppe. Ihre Habitués, die nach der Doublet-Wohnung in einem Dominikanerkloster "les paroissiens" genannt wurden, begannen in den späten dreißiger Jahren die in diesem Salon ausgetauschten Nachrichten und Stellungnahmen handschriftlich zu vervielfältigen. Bachaumont redigierte diese *Mémoires secrets*, die Ende der siebziger Jahre entsprechend den entwickelteren Öffentlichkeitsstrukturen (Mme. Doublet war bereits 1771 gestorben) auch gedruckt waren.

Eine Abschottung gegenüber den neuen Öffentlichkeitsstrukturen, d.h. die Reduzierung des Publikums auf die im Salon Versammelten, stieß zunehmend auf den Widerstand der Aufklärer. Der scharfsichtige Beobachter Grimm thematisierte früh die Gefahren, die dem Schriftsteller durch die Salons drohten, wenn die Öffentlichkeit als Kritikinstanz durch eine Absolutsetzung der Salonmeinung suspendiert wurde:

> Wir haben in Paris drei oder vier Dichter, die in Gesellschaften wirken und großen Ruf genießen, ohne jemals etwas im Druck veröffentlicht zu haben; allerdings sind die Erfolge in einer Gesellschaft, möge sie noch so glänzend sein, oft nur von kurzer Dauer und können dem Autor keine Sicherheit darüber geben, daß die Öffentlichkeit sie bestätigt. In einem Zirkel ist man mit einem Autor immer nachsichtig.[137]

Das Divertissement bleibt bei einer Literatur, die sich mit der Kleinöffentlichkeit des Salons zufriedengibt, einziger Zweck (d.h. die höfische Funktion von Literatur wurde tradiert); die Zeit, die man in solch hermetischen Zirkeln verbringt, "ist sozusagen verlorene Zeit, sie wird nur dem Nichtstun oder der Erholung gewidmet, und so ist man einem Autor dankbar, wenn er mit seinen Versen etwas dazu beiträgt."[138]

Daß sich der Geoffrin-Salon demgegenüber bei der Herstellung der Öffentlichkeit nicht verweigerte, dokumentiert das Engagement von Mme. Geoffrin bei dem nach Einschätzung Grimms "bedeutendste(n) Vorhaben", das jemals auf dem Gebiet der Literatur und des Buchhandels unternommen wurde,"[139] der Enzyklopädie. Die Enzyklopädisten in diesem Salon konnten auf die finanzielle Absicherung ihres Unternehmens rechnen. Als trotz der 4300 Subskriptionen die Enzyklopädie in wirtschaftliche Schwierigkeiten geriet, fing die Salondame den Ruin ab: "Nur der finanziellen Hilfe der Madame Geoffrin ist es zu verdanken, wenn die 'Encyclopädie' erscheinen kann."[140] Die Patronage, die Mme. Geoffrin gegenüber ihren Habitués ausübte, läßt sich beschreiben als Übergangshilfe vom Mäzenatentum zur materiellen Abhängigkeit vom Buchmarkt. Mme. Geoffrin bot Hilfestellungen an für die Schriftsteller, die sich auf den Markt einließen; sie setzte Jahrgelder aus, gab kleine Geldgeschenke, stattete Diderots Wohnung mit Möbeln aus.

---

137 Grimm: Paris, S. 58.
138 Ebd.
139 Ebd., S. 320.
140 Himburg-Krawehl: Marquisen, S. 72. Nach Marius Roustan: Les philosophes et la société francaise au XVIIIe siècle, Paris 1911 (Reprint Genf 1970), waren es 200000 Livres, die Mme. Geoffrin vorstreckte. (S. 221)

Eine Verlangsamung der Herausbildung des Buchmarktes mit seinen Konsequenzen für die Umgestaltung der literarischen Öffentlichkeit intendierte der Geoffrin-Salon gerade nicht.[141]

Krankheit und Tod der Geoffrin waren mit einem Eklat verbunden: Ihre Tochter, die im Hause der Geoffrin seit Jahren einen eigenen Zirkel organisiert hatte[142], verweigerte

---

141 Von einer literarischen Soirée in diesem Salon existiert eine aquarellierte Kreidezeichnung eines Habitué, Francois Boucher (heute in der Sammlung Dorménil, Paris), die abschließend als Quelle für den Zirkel herangezogen werden muß, zumal die bekanntere Ausarbeitung dieser Zeichnung, das Gemälde Lemonniers (Musée des beaux Arts, Rouen), den Charakter dieser Geselligkeit an einem wesentlichen Punkt nachträglich in ihr Gegenteil verkehrt. Entstanden ist die Kreidezeichnung als Studie bei der Deklamation der Tragödie des damals exilierten Voltaire *Die Waise aus China*. Die in der Studie betonte Intimität des Kreises wird bei Lemonnier zugunsten einer repräsentativen Aufreihung der Salonbesucher aufgegeben, die Standesunterschiede werden durch die Kleidung betont, die Gestik der Personen moderiert. Im Gemälde wird der Salonraum ausgeweitet, seine Ausstattung pompöser gezeichnet und die Tafelbilder, die in der Kreidestudie die Wände bedecken, reduziert auf wieder erkennbare Meisterwerke von Habitués des Künstlerabends. Die Büste Voltaires, deren Plazierung inmitten der Salongesellschaft auf die Gleichheit in dieser ästhetischen und philosophischen Runde verwies, ragt bei Lemmonier weit über die Salongäste heraus, so daß dieser Salonabend eher eine Hommage für Voltaire als eine kritische Auseinandersetzung mit einem neuen Theaterstück des Zeitgenossen gewesen zu sein schien. Tatsächlich handelt es sich bei der Aufführung der Tragödie um ein sehr kontrovers gewertetes Theaterereignis. Voltaires *Waise aus China* wurde am 20.08.1755 von der Comédie Francaise uraufgeführt. Die Hauptdarstellerin Mlle. Clairon führte die "natürliche" Deklamation ein, zum ersten Mal traten Schauspieler ohne Reifröcke auf (vgl. Grimm: Paris, S. 117). Die dramatische Lesung des Schauspielers im Salon mit Lekain und Clairon, den Hauptdarstellern, ging der Uraufführung unmittelbar voraus, so daß dieser theatergeschichtliche Durchbruch eine Befürwortung vorab erhalten konnte.

142 Während ein Literarischer Salon wie jener der Mme. Dubocage, der konkurrierend zu dem der Geoffrin entstand, ohne größere Bedeutung blieb (Marmontel berichtete in seinen Memoiren (S. 218): "Mme. Dubocage chez qui nous soupions quelquefois étoit une femme de lettres d'un caractère estimable, mais sans relief et sans couleur. Elle avoit, comme Mme. Geoffrin, une société litteraire, mais infiniment moins agréable, et analogue à son humeur douce, froide, polie et triste. J'en avois été quelque temps; mais le sérieux m'en étouffait, et j'en fus chassé par l'ennui."), hatte sich in dem Hause der Geoffrin um deren Tochter Marie Thérèse ein geselliger Kreis gebildet, der namhafte Vertreter aus den führenden Adelskreisen an sich binden konnte. Der gesellschaftliche Aufstieg der Geoffrin-Tochter war über eine unstandesgemäße Heirat verlaufen: 1733 heiratete die Tochter des Spiegelfabrikanten den Marquis de La Ferté-Imbault, der sich in finanziellen Schwierigkeiten befand und bezahlte dessen Schulden. Nach einer nur vierjährigen (gescheiterten) Ehe zog sie als Marquise zurück in das elterliche Haus und modifizierte nach Änderung ihres gesellschaftlichen Status auch ihre gesellige Praxis. Sie trat dabei keineswegs als Rivalin ihrer Mutter auf, empfing an denselben Abenden wie ihre Mutter, im selben Haus - nur auf einer anderen Ebene des Hauses - aber aus anderen gesellschaftlichen Gruppen. Ihr Kreis war sozial ungleich homogener als der ihrer Mutter; die Prinzipien einer ständeübergreifenden Geselligkeit waren dementsprechend außer Kraft gesetzt. Als Auswahlkriterium für diesen Kreis wurde nur die Stellung in der gesellschaftlichen Hierarchie akzeptiert. Die Gegensätze zum Literarischen Salon ihrer Mutter verschärften sich noch, als der aristokratische Zirkel der Marquise transformiert wurde in den "Lanturelus Orden": 1771 in der politischen Krise der Parlamentsauflösung gegründet, übernahm dieser Orden als Namen den Schlachtruf von Lyoner Aufständischen des 17. Jahrhunderts, Hinweis auch auf durchaus vorhandene politische Ambitionen dieses Kreises. Der "Lanturelus" gab sich feste Statuten, durch die aufklärerische Tendenzen abgewehrt, Zeitkritik untersagt, Loyalität und Unterhaltung gefordert wurden. Diese Regeln weisen diese Geselligkeitsformation als eine "société badine" aus, die schillert zwischen einer spielerischen Reproduktion der absolutistischen Ordnung (Zeremonien, Rituale werden kopiert, ohne zersetzt zu werden) und der Parodie auf die aus England kommenden Klubgründungen, wie dem "Club d'Entresol", bei dem der englische Einfluß noch unmittelbar auszumachen ist. Die Gründung dieser Herrengesellschaft, die in der Wohnung des Abbé Alany in einem Entresol zusammentrat, ging zurück auf eine Anregung des Emigranten Bolingbrokes. Vgl. Reinhard Koselleck: Kritik und Krise. Ein Beitrag zur

den Enzyklopädisten den Zugang zum Krankenzimmer ihrer Mutter. Als die Salondame am 6.10.1777 starb, feierten sie Thomas, Morellet und d'Alembert in Nachrufen, Grimm schrieb in seiner Korrespondenz an die europäischen Höfe - bürgerliche Herkunft und öffentliche Bedeutung anmerkend - :

> Wohl niemand in mäßigen Vermögensumständen und von privatem Stande hat so viel Anspruch auf einen Platz in der Gesellschaft wie Frau Geoffrin.[143]

Bereits zwei Jahre bevor Mme. Geoffrin die Erbschaft des Tencin-Salons hatte übernehmen können, war im Kloster Saint-Joseph (Rue Saint-Dominique) ein Salon eröffnet worden, der, so Grimm, "berühmte Männer des Hofes und der Stadt"[144] zusammenbrachte. Was diesen Salon gegenüber jenem von Mme. Geoffrin profilierte und ihm bis 1761 regelmäßig Besucher wie d'Alembert, Fontenelle, La Harpe, Montesquieu, Marivaux, Voltaire, Condorcet, Marmontel zuführte, war nicht die Hoffnung auf ein mäzenatisches Verhältnis, es war die Persönlichkeit der Salondame, der Mme. du Deffand, und ihres Kommunikationsstiles, der jenen Salon der Geoffrin geradezu zu konterkarieren schien. Der 'Wahrheitsfindung' sollten ihre Soireen dienen, die freie Aussprache ohne Reglementierung wurde von den Salonteilnehmern als der dazu notwendige Weg gesehen. Das Erblinden der Salondame führte zu einem Ausschluß der bildenden Künste als Gegenstand der Diskussionen; die Literatur, wie sie Mme. du Deffand durch Rezitationen kennenlernte, beherrschte das Salongespräch. Das Kloster, in das sich die Salondame zurückzog, die bereits in einem Kloster eine weitgehend areligiöse Erziehung genossen hatte, stand weder der Fortsetzung ihrer Liebesbeziehungen (ihr Freund war Hénault) im Wege, noch schränkte dieses Domizil ihren sozialen Verkehr ein. Es standen der Salondame größere Räume, zwei Dienstmädchen, zwei Lakaien, ihr Sekretär Wiand sowie Mlle. de Lespinasse als Gesellschafterin zur Verfügung. Damit war zwar kein repräsentativer Rahmen gegeben, aber er genügte für den Empfang von Mitgliedern des französischen Hochadels, die durch den Präsidenten Hénault eingeführt wurden.

Bis 1764 waren es die Enzyklopädisten, vor allem d'Albembert, die den Salon bestimmten (nur Diderot verzichtete nach einem Besuch auf weitere). Während Voltaire durch einen Briefwechsel mit der Salondame in engem Kontakt blieb, brach Rousseau die anfänglich engen Beziehungen ab, er wollte sich so in seinen "Bekenntnissen" eher "der Geißel ihres Hasses als der ihrer Freundschaft aussetzen"[145]. Marmontel kritisierte in einer fast identischen Formulierung in den Memoiren später ebenfalls die Salondame[146]. Der Niedergang des Salons als literarischer, seine Umwandlung zu einem rein

Pathogenese der bürgerlichen Welt, (Freiburg/München 1959, S. 53-55.) Der neuen nicht-repräsentativen Öffentlichkeit verschloß sich der "Lanturelus"-Kreis gänzlich: Selbst die an den Soireen vorgetragenen Invektiven gegen die Enzyklopädisten blieben unveröffentlicht und erreichten die Angegriffenen nicht. Daß der "Lanturelus" keine singuläre Erscheinung war, macht ein Vergleich mit dem Orden "monde-à-miel" der Duchesse du Maine, der aus deren Geselligkeit hervorging, deutlich.

143 Grimm: Paris, S. 386.

144 Ebd., S. 223.

145 Rousseau: Bekenntnisse, S. 448.

146 Allerdings bezog sich Marmontel bei seiner Kritik auf die Freundschaft zwischen Hénault und der Marquise, wenn er in seinen Memoiren festhielt: "Hénault (...) étoit resté esclave de la crainte, long-temps après avoir cessé de l'être de l'âmour." (S. 221).

aristokratischen, in dem die Aufgaben der Literatur wieder verkümmerten zu einem Kampf gegen den "ennui", zeichnete sich ab, als die Marquise du Deffand einen Lebensstil entfaltete, der mit einem gewandelten Arbeitsethos der für den Markt schreibenden Schriftsteller kollidieren mußte (die Marquise schlief bis zum Nachmittag und empfing bis vier oder sechs Uhr in der Frühe). Sein Zusammenbruch, d.h. der Auszug der Aufklärer, erfolgte, als die Salondame (wie erwähnt) einen Ausschließlichkeitsanspruch für ihren Zirkel erhob und damit elementar gegen aufklärerische Öffentlichkeitsprojekte verstieß. Nur Engländer wie Gibbon, Hume und Horace Walpole verkehrten weiter in ihrem Salon.

Schon in den fünfziger Jahren hatten sich die französischen Aufklärer, jeweils bevor sie sich in den Salon der Marquise begaben, ohne Wissen der du Deffand bei deren Gesellschafterin Mlle. de Lespinasse getroffen. Bei der "Entdeckung" dieses Zirkels reagierte die Mme. du Deffand mit der Entlassung ihrer Gesellschafterin, die sich angewiesen auf die finanzielle Unterstützung von Freunden in einer kleinen Wohnung ebenfalls in der Rue Saint-Dominique einquartieren mußte. Der Julie de Lespinasse, die ohne Vermögen war, blieb jede Möglichkeit repräsentativer Verkehrsformen verwehrt[147], die Intimisierung, der Freundschaftscharakter ihres Literarischen Salons, wurde seit dem Auszug aus dem Kloster weiter betont: Es ist ein neues Kulturmuster, das sich hier bemerkbar macht, ein Kulturmuster, das zur Empfindsamkeit hinüberleitet. Dem "empfindsamen" Charakter dieses Salons entspricht es auch, daß die Habitués an den unglücklich verlaufenden Liebesbeziehungen der Lespinasse größten Anteil nahmen und diese Liebesbeziehungen Gegenstand der Salonunterhaltungen wurden. Die "l'âme ardente"[148] der Salondame wird gefeiert; als sie ihrem Geliebten, dem spanischen Gesandten Mora, nachstirbt, erscheint sie als Beispiel einer empfindsamen Seele. Die Befreiung der Emotionen und die damit verbundene weitere Freistellung von der höfischen Etikette hatten in ihrem Salon eine soziale Verwirklichungsmöglichkeit gefunden, intimste Regungen wurden aus der Privatheit gelöst und Gegenstand des geselligen Interesses. Der Brief d'Alemberts, nach dem Tode der Julie de Lespinasse an eine andere Salondame, Mme. Necker, geschrieben, dokumentiert, wie weit auch führende Vertreter der Aufklärung in diesem Salon Träger des empfindsamen Kulturmusters geworden waren.[149] Marmontels Darstellung des Verhältnisses d'Alemberts zur Lespinasse ist ebenfalls geprägt vom Wortschatz der "sensibilité" und stilisiert das Verhältnis beider zu einem empfindsamen:

---

147 In der bereits herangezogenen *Neujahrspredigt* Grimms läßt Mlle. de Lespinasse Grimm die Aufklärer an die geringen Einkünfte, die sie hat, erinnern und bittet um Nachsicht, daß bei ihr keine "soupers" stattfinden können: "Schwester Lespinasse teilt mit, daß ihre Vermögensverhältnisses ihr nicht gestatten, mittags oder abends zu Tisch zu bitten, daß sie aber gern die Brüder empfängt, die ihr einen Verdauungsbesuch machen möchten." Die Antwort der "philosophes", die Grimm vortrug, zeigt, daß sich die Attraktivität dieses Salons - wie später bei der "Dachstube" Rahel Levins - unabhängig von materiellen Vorurteilen und gesellschaftlicher Reputation entfalten konnte: "Die Gemeinde läßt ihr durch mich sagen, sie werde kommen, sie könne auf Schönheit und Vermögen gern verzichten, wenn ihr Geist und Vorzüge geboten würden." (Grimm: Paris, S. 302) Der Salon bei ihr war - bürgerlicher Lebenspraxis stärker angenähert - geöffnet zwischen siebzehn und einundzwanzig Uhr.

148 Vgl. Marmontel: Mémoires, S. 220-223.

149 Brief abgedruckt bei d'Haussonville: Salon Necker, Bd. 1, S. 181-182.

> Mais cette liaison si pure, et du côté de d'Alembert toujours tendre et inaltérable, ne fut pas pour lui aussi douce, aussi heureuse qu'elle auroit dû l'être.[150]

Anders als bei anderen Salons kam es auf den ersten Blick überraschend auch nach der Rückkehr Rousseaus (1770) zu keinem engeren persönlichen Kontakt des Genfers zum Lespinasse-Kreis, was einmal aus der mittlerweile von beiden Seiten betonten Distanz zwischen Rousseau und Diderot sowie den anderen Enzyklopädisten heraus zu erklären ist, zum zweiten aus der Gestaltung der Geselligkeit durch die Lespinasse, die jede rein "rousseauistische" Transformierung ihres Salons vermied und auf einer Einheit von Aufklärung und Empfindsamkeit, "raison" und "passion" bis zuletzt bestand, eine Einheit, die nach den Berichten von Zeitgenossen im Salon der Lespinasse in einzigartiger Harmonie erreicht worden sei. In diesem geselligen Milieu, das in einem zwanglosen Zusammenspiel "passion" und "reflexion", "âme et raison" gleicherweise zu Geltung brachte und miteinander vermählt habe, sei eine "douce philosophie" entstanden. Das "mêler le grave au doux, le plaisant au sévère"[151] sei hier, so Marmontel, zu einer erfüllten Norm geworden. Es entstand eine vermittelbare Wissenschaft, ein Stil wurde ausgearbeitet, der die Positionen ihrer Gäste, die "philosophes", rezipierbar machte für größere soziale Gruppierungen. Marmontel beschreibt diese Geselligkeit, als handelte es sich bei deren Herstellung um die Produktion eines Kunstwerks, das die Salondame aus den Habitués zusammenfügte:

> Elle les avoit pris çà et là dans le monde, mais si bien assortis, que, lorsqu'ils étoient là, ils s'y trouvoient en harmonie comme les cordes d'un instrument monté par une habile main. En suivant la comparaison, je pourrois dire qu'elle jouoit de cet instrument avec un art qui tenoit du génie; elle sembloit savoir quel son rendroit la corde qu'elle alloit toucher (...).[152]

Bei dieser gesellig-kommunikativen Kompetenz der Salondame konnte ihr Zirkel eine erstaunliche ständische und intellektuelle Heterogenität verkraften:

> Man war sicher, dort Männer aus allen Bereichen des staatlichen Lebens, Männer der Kirche, des Hofes und des Militärs, dazu den hervorragendsten Ausländern und Schriftstellern zu begegnen.[153]

Diese gesellschaftliche Heterogenität zur Irrelevanz zu bringen, gelang situativ so weit, daß entgegen der Salonpraxis der Mme. Geoffrin, die der Lespinasse bestens vertraut war, weder "Politik, (noch) Philosophie, Geschichten, Neuigkeiten (...) aus ihren Unterhaltungen verbannt"[154] werden mußten. Eine Formulierung Grimms, nach der hier "alle Sonderinteressen unaufhörlich zu einer gemeinsamen Bitte hin"[155] gedrängt worden seien, deutet an, wie sehr dieser Salon von den Aufklärern als konkrete Utopie ihrer Projektion einer Öffentlichkeit, in der durch das gemeinsame Räsonnement das Interesse der Privatleute zu einem allgemeinen Interesse hin vermittelt werden konnte, verstanden wurde.

150 Marmontel: Mémoires, S. 220.
151 Ebd., S. 221.
152 Ebd., S. 220.
153 Grimm: Paris, S. 378.
154 Ebd., S. 380.
155 Ebd.

Die Versöhnung der "gegensätzlichsten Geister"[156] wurde von den Salonbesuchern als Leistung des 'Genies' und 'Talents'[157] der Lespinasse gefeiert, als "rare phénomène"[158]. Auf Angriffe der "Sippschaft der Frömmler", daß die Lespinasse "auch über die Ehren in der Literatur entscheide", antwortete Grimm: "Und warum soll man der alleinstehenden Frau, die ihre Macht und ihr Ansehen nur der Gewandtheit und den Kräften ihres Geistes verdankt, seine Bewunderung versagen?"[159] In dieser Antwort Grimms liegt auch ein Erklärungsmoment für die Wirkung des geselligen Talents der Salondame: Ein von allen äußeren Vorzügen entblößtes Individuum, dessen Standesherkunft unklar blieb, dessen Vermögen nicht nennenswert war, das sich nur durch "Geist" auszeichnete, legte dadurch Widerspruch ein gegen geltende Normen und Zwänge der ständischen Gesellschaft und zeigte gleichzeitig noch keinerlei Deformationen durch die entstehende bürgerliche Gesellschaft. Für eine kurze Zeitspanne konnte dieses Individuum (und die von ihm organisierte Geselligkeit) als Projektionsfläche von Vertretern verschiedener und gegensätzlicher sozialer Gruppierungen fungieren. Dem Kunstcharakter, den dieser Zirkel, folgt man Marmontel, annahm, inhärent war auch seine Künstlichkeit: Nicht nur der Esprit ersetzt im Salon des Fräulein Lespinasse das opulente Souper mit seinen repräsentativen Zwängen, sondern auch der gelegentliche Genuß von Opiaten, der die Harmoniebildung bis zum Rauschzustand weitertrieb, hatte dies zu tun.

Der dritte Salon, den Grimm in seiner *Neujahrspredigt* als gesellig-kommunikatives Zentrum der Enzyklopädisten ansprach, der Salon der Mme. Necker, konnte und wollte diesen "soziale(n) Gipfel der literarisch-philosophischen Bildung"[160] nicht mehr halten: Er wurde unter anderen gesellschaftlichen Bedingungen und mit neuen Zielsetzungen organisiert, Zielsetzungen, die ihm den Charakter einer zweckfreien und von ständischen Zwängen weitgehend entbundenen Soziabilität nahmen. Schon die Neujahrsansprache offenbart Divergenzen zwischen beiden Salons, wenn Grimm verspricht, die "philosophische Gemeinde" werde sich auch in Zukunft bei Mme. Necker einfinden, "weil sie auf ihre Person und die ihres Gatten Wert" lege[161]. Daran knüpft er als ironischen Nachsatz an, die Gemeinde "wünschte, das gleiche auch von ihrem (Neckers - PS) Koch sagen zu können."[162] Tatsächlich hat Grimm mit dem Hinweis auf den Gatten als Attraktivitätspotential dieses Zirkels und auf die Relevanz des Essens Charakteristika dieses Salons, dem es zum Problem wurde, daß er am Freitag, dem Fastentag (nachdem alle anderen Tage schon durch andere Salons "belegt waren") öffnen mußte, angedeutet.

Der "Gatte" der Salondame legte dabei aber mindestens ebenso viel Wert auf die literarische Geselligkeit in seinem Hause wie die "Gemeinde" auf ihn. Der Necker-Salon war von seiner Funktion her auf die Karriere Neckers ausgerichtet, was die Aufklärer in aller Deutlichkeit erkannten:

---

156 Ebd.
157 Ebd. und Marmontel: Mémoires, S. 220.
158 Marmontel: Mémoires, S. 220.
159 Grimm: Paris, S. 379.
160 Karl Rosenkranz: Der pariser Salon im achtzehnten Jahrhundert. Teil II, in: Deutsches Museum Nr. 15 (1862), S. 540-550, S. 542.
161 Grimm: Paris, S. 301.
162 Ebd.

> Ce n'étoit point pour nous, ce n'étoit point pour elle (Mme. Necker - PS) qu'elle se donnoit tous ces soins; c'étoit pour son marie. Nous le faire connaître, lui concilier nos esprits, faire parler de lui avec éloge dans le monde, et commencer sa renommée, tel fut le principal object de la fondation de sa sociétée littéraire.[163]

Das Wirken im politischen Raum wurde vorbereitet in der Verständigung im halböffentlichen, halbprivaten Zirkel über literarische und philosophische Themen. Das Umschlagen der literarischen zur politischen Öffentlichkeit, wie es sich endgültig in den revolutionären Ereignissen vollzog, kündete sich in diesem Salon mehr als in anderen literarischen Geselligkeiten an, ohne daß die Transformierung in eine politische Assoziation bereits vollendet wurde - eine Umwandlung, der sich dann die Tochter der Mme. Necker beim Aufbau ihres Kreises nicht mehr enthalten konnte. Allerdings wurden politische Vorgänge und ökonomische Probleme immer häufiger Gegenstand der Salongespräche, so daß auch der "Gatte" selbst ab und an in solche Unterhaltungen im Salon eingreifen konnte und mußte, um z.B. seine finanzpolitische Kompetenz zu beweisen.[164] Eine strukturelle Zentrierung des nach wie vor von literarischen, ästhetischen und philosophischen Themen dominierten Salons auf den Hausherrn fand dennoch nicht statt, seine Rolle blieb im Ganzen gesehen marginal. Von Necker spricht denn auch Marmontel als vom stummen Gast in dem Zirkel der Literaten um seine Frau:

> Il falloit (...) que son (Mme. Neckers - PS) salon, que son dîner fussent pour son marti un délassement, un spectacle; car, en effet, il n'étoit là qu'un spectateur silencieux et froid. Hormis quelques mots fins qu'il plaçoit ça et là, personage muet, il laissoit à sa femme le soin de soutenir la conversation.[165]

In der Statistenrolle M. Neckers entdeckt Marmontel die Unfähigkeit des Berufsbürgers, des Spezialisten, eben jenes Bildungsideal zu erfüllen, das Voraussetzung für ein erfolgreiches Auftreten in der Salonkultur war und bereits den Spiegelfabrikanten Geoffrin zu einer Schattenexistenz im Salon seiner Frau verurteilt hatte. Die "vérité simple" für das ungesellige Wesen Monsieur Neckers sei gewesen, "qu'un homme accouttumé, dès sa jeunesse, aux opérations mystérieuses d'un banque, et enfoncé dans les calculs de spéculations commerciales, connoissant peu le monde, fréquentant peu les hommes, très-peu même les livres, superficiellement et vaguement instruit de ce qui n'étoit pas la science de son état, devoit, par discrétion, par prudence, par amour-propre, se tenir réservé pour pas donner sa mesure; aussi parloit-il librement et abondamment de ce qu'il savoit bien, mais sobrement de tout le reste."[166]

Die Zurückhaltung Neckers erleichterte die Wahrung des literarischen Charakters der Geselligkeit im Hause Necker und die Abwehr einer endgültigen Politisierung. Nur in der vorpolitischen, ästhetisch-philosophischen Welt des Salons blieb Necker die Kontaktierung von Angehörigen höherer sozialer Schichten möglich, so daß nach

---

163 Marmontel: Mémoires, S. 289.

164 Vgl. d'Haussonville: Salon Necker, der eine Kontroverse über das "privilège de la compagnie des Indes" dokumentiert.

165 Marmontel: Mémoires, S. 289. In einem Brief Mme. Neckers an Grimm, der am Zarenhof in Petersburg weilte, schildert sie ihren Zirkel; von ihrem Mann berichtet sie: "M. Necker ne parle ni n'écoute et se nourrit assez bien en suçant ses pâtes." Abgedruckt bei d'Haussonville: Le Salon Necker, Bd. 1, S. 159.

166 Ebd.

Glotz/Maire diese Geselligkeitsformation in ihrer restringierten Form die Voraussetzung zur politischen Karriere des zwar reichen, sozial aber reputationsschwachen Necker schaffen konnte:

> Mais surtout, dans un monde où les distinctions sociales sont encore rigides, où un financier, par surcroît étranger et protestant, ne peut prétendre à frayer avec la haute société, le meilleur moyen de s'élever est de recevoir les écrivains et les philosophes, car ils ont accès partout, ouvrent toutes les portes. Avoir un salon permet de rencontres, ménage des relations avec les gens du grand monde et de la cour. Sans le lustre que le salon de sa femme avait donné à son nom, Necker ne serait sans doute pas devenu directeur général des finances.[167]

Die Aussagen von Glotz/Maire bedürfen jedoch einer Präzisierung, wo von der Beziehung zwischen dem Necker-Salon und den "gens du grand monde et de la cour" gesprochen wird: Gerade gegenüber diesem Salon, der die literarische Geselligkeit durch das Engagement des Hausherrn näher an die politische rückte und in diesem Sinn funktionalisierte, achtete die "grand monde" in auffallender Weise auf die Ständeschranken. Auf das Verhalten der Marquise de La Ferté-Imbault ist bereits verwiesen worden, ebenso auf die Reduzierung des Verkehrs zwischen der Marschallin von Luxembourg und Repräsentanten des Necker-Kreises auf die Landaufenthalte (wobei anzumerken ist, daß beim "Rustizieren" bekanntlich die Etikette gelockert und die Standesschranken durchlässiger waren). Die Aristokratie behielt sich das Recht vor, die "Salonfähigkeit" der Mme. Necker zu prüfen und auf die soziale Zusammensetzung ihres Salons so indirekt Einfluß zu nehmen: "Avant que madame Necker finît par attirer dans la société des personnes de la meilleure compagnie, il fallait d'abord qu'elle fût reçue dans la leur."[168] So bedurfte es einer Art Patronage, daß die Tochter eines Schweizer Pastors in Paris einen Salon aufbauen konnte, der die französische Aristokratie mit Vertretern der Literatur und Philosophie zusammengesellte; diese Patronage übte die Duchesse d'Enville aus. Als "outsider" der Pariser Gesellschaft sozialisiert in einem Schweizer Pfarrhaus, war Mme. Necker als Salondame einem besonderen Anpassungsdruck ausgesetzt. Dies trug ihrem Salon den Vorwurf der fehlenden Originalität ein: Nachdem die Familie Necker aufgrund des Aufstiegs des Mannes in das repräsentative Hôtel Leblanc gezogen sei, so Marmontel, habe man den Geoffrin-Salon kopiert.[169] Eklektisch seien, wie Marmontel meint, auch die Geschmacksurteile, die von der Salondame in literarischen und ästhetischen Angelegenheiten gefällt worden seien:

> Le goût étoit moins en elle un sentiment qu'un résultat d'opinions recueillis et transcrites sur ses tablettes. Sans qu'elle eût cité ses exemples, il eût été facile de dire d'après qui et sur quoi son jugement s'étoit formé.[170]

Anregungen, wie sie z.B. den Salon der Lespinasse für Aufklärer interessant machten, konnten von Mme. Necker, darin stimmten Grimm, Diderot u.a. mit Marmontel überein, nicht erwartet werden: "Jamais un trait qui pût réveiller les esprits" zog der in Salonbesuchen erfahrene Marmontel das Fazit, der Geist reiche nur "à propos de table", zu

---

167 Glotz/Maire: Les salons, S. 297.
168 D'Haussonville: Les Salon Necker, Bd. 1, S. 207.
169 Marmontel: Mémoires, S. 288.
170 Ebd.

Tischreden.[171] Aus dem Salon will Mme. Necker verbannen, was dem "style noble" nicht entspricht. Marmontel weist der Salondame nach, daß sie mit ihrem Sprachpurismus, Reflex ihres gesellschaftlichen Aufstiegs, selbst Racine verwerfen müßte. Der Salon der Necker erscheint nach diesen Aussagen als Verkehrsform des aufstiegswilligen und anpassungsfähigen Teils des französischen Bürgertums - organisiert allerdings unter gesellschaftlichen Bedingungen, die eine Anpassung an die Aristokratie immer fragwürdiger erscheinen lassen. Was vom Adel adaptiert wird, beginnt als überholter "pompe"[172] zu wirken.

Die teilweise heftige Kritik an der Salonführung Mme. Neckers mußte verkennen, daß mit der Zuspitzung der gesellschaftlichen Widersprüche, der Politisierung immer weiterer Lebensbereiche eine als ständeübergreifend organisierte ästhetische und philosophische Geselligkeit an ihre Grenze stieß. Als "Vorzimmer der Revolution" funktionalisiert, wurde der Salon in Struktur und Funktion den Klubs der kommenden Revolution angenähert. Instrumentalisiert durch Necker und die ihn stützenden gesellschaftlichen Kräfte, bedeutete Neckers Sturz auch das Ende "seines" Salons.

4. Der Literarische Salon Frankreichs hatte in den letzten vorrevolutionären Jahrzehnten des 18. Jahrhunderts bereits mit Geselligkeitsformationen und Verkehrsformen konkurriert, die ebenfalls an der Herstellung geänderter Öffentlichkeitsstrukturen beteiligt waren und die Salonkultur selbst nicht unbeeinflußt lassen konnten. Das Café, dem im Jahrhundert der Aufklärung, wie die Forschung ausführlich erörtert hat, literaturkritische Funktionen zuwuchsen, basierte auf der Loslösung des geselligen Raumes vom "Haus" und emanzipierte sich im Gegensatz zum Salon von der Privatsphäre. Als Öffentlichkeitsraum, in dem der Stand (damit) als Privatangelegenheit behandelt werden konnte, stand das (literarische) Café prinzipiell allen offen[173], wenngleich es von der Aristokratie nur in Ausnahmefällen frequentiert wurde. Dies implizierte eine Diskursdifferenz zwischen Salon und Café (und nach Schivelbusch[174] einen Wechsel im Rollenverhalten der Pariser Intellektuellen), wobei dem Café die Möglichkeiten der radikaleren Kritik, Aus-

---

171 Ebd., S. 289. Daß im Necker-Salon den Mahlzeiten eine größere Bedeutung zugemessen wurde, steht in keinem unmittelbaren Zusammenhang mit den Veränderungen im Distinktionsverhalten des französischen Adels vor der Revolution. Wenn Hartmut Kiltz in seiner Arbeit über das "erotische Mahl" von einer allgemein feststellbaren Ablösung des Literarischen Salons durch das große Mahl spricht ("die gastronomische Tafel löste den literarischen Salon ab" - Hartmut Kiltz: Das erotische Mahl, Frankfurt/M. 1973, S, 12), so ist dem in dieser Formulierung kaum zuzustimmen.

172 Marmontel: Mémoires, S. 288.

173 Wolfgang Schivelbusch, der in seiner Geschichte der Genußmittel in einer Nebenbemerkung Theater, Salon und Kaffeehaus miteinander vergleicht, beschreibt die Differenzen zwischen Salon und Café folgendermaßen: "Der Salon schließlich, der dem Kaffeehaus in seiner sozialen Funktion noch am nächsten kommt, ist im Unterschied zu diesem eine aristokratisch-elitäre Einrichtung. Zutritt haben nur die bürgerlichen Geistesgrößen, die von der aristokratischen Gastgeberin eingeladen werden. Das Kaffeehaus kann jeder betreten, der seine Zeche bezahlen kann." Wolfgang Schivelbusch: Das Paradies, der Geschmack und die Vernunft. Eine Geschichte der Genußmittel, München/Wien 1980, S. 72-73.

174 Dieses unterschiedliche Rollenverhalten zu klären, ist auch nach Schivelbusch ein Desiderat der Forschung: "Eine reizvolle Aufgabe wäre, das Rollenverhalten der Pariser Intellektuellen des 18. Jahrhunderts zu rekonstruieren, wenn sie sich im Salon der Madame Du Deffand aufhalten, und wenn sie anschließend ins - öffentliche - Café Procope gehen." Schivelbusch: Paradies, S. 73.

einandersetzung und Opposition inhärent waren. Rousseaus Erlebnisse nach seiner Rückkehr nach Paris demonstrieren, daß sich das "ancien régime" der unterschiedlichen gesellschaftskritischen Potenzen von Salons und Cafés, auch wenn letztere, wie das Café Procope oder das Café de la Régence, vor allem als theater- und literaturkritische Institutionen wirkten, bewußt war und entsprechend reagierte. Nach Grimm ließ sich der zurückgekommene Rousseau 1770 mehrmals im Café de la Régence sehen:

> Seine Gegenwart hat eine ungeheure Menschenmenge dorthin gelockt; und der Pöbel hat sich auf dem Platz zusammengerottet, um ihn vorübergehen zu sehen. Man fragte einzelne aus dem Pöbel, was sie da wollten; sie antworteten, das wüßten sie nicht, er käme aber vorbei. Man machte dem Schauspiel dadurch ein Ende, daß man Herrn Rousseau ermahnte, sich weiterhin weder in diesem Café noch an irgendeinem anderen öffentlichen Ort zu zeigen, und seither lebt er in noch größerer Zurückgezogenheit.[175]

Das Verbot, sich weder im "Café noch an irgendeinem anderen öffentlichen Ort zu zeigen", bezieht sich dabei nicht auf die Salons, und Grimms Verständnis von "Zurückgezogenheit" schließt bemerkenswerterweise diese Geselligkeitsformation ebenfalls aus, wenn er weiter mitteilt: "Er (Rousseau - PS) geht im übrigen viel in Gesellschaften, zu den schönen Damen (...)", bei denen er nun tatsächlich großen literarischen Erfolg hatte.[176]

Mme. d'Epinay, Rousseaus frühere Gönnerin, beschrieb in einem Brief an Herrn de Lubières den Versuch einer Antwort der Salons auf die Kaffeehäuser: Es wurde danach zur Mode, Salons zu Cafés umzugestalten, um so spielerisch die geselligen und kommunikativen Möglichkeiten, die das Kaffeehaus bot, einzufangen. Rosenkranz, der diese Erscheinung als Indiz für einen Bedeutungsverlust des Literarischen Salons gewertet sehen wollte, sah die "Auflösung der Einheit der Conversation"[177] in den Salons als wesentliches Ergebnis dieser Modeerscheinung. Tatsächlich können diese "gespielten" Cafés als Eingeständnis des Scheiterns eines Kommunikations- und Geselligkeitsmodells interpretiert werden, das die Vermittlung der individuellen Interessen durch Feststellung gemeinsamer Interessen als Leistung der Salondame vorsah. "Man stellte", so zitiert Rosenkranz den Brief der Freundin Rousseaus, "kleine Tische zu drei bis vier Plätzen auf, die man theils mit Karten, Schach- und Damenbretern (!), Trictrac etc belegte, theils mit Bier, Wein, Orangeade und Limonade besetzte. Die Herrin vom Hause, welche den Kaffee gab, war auf *englisch* gekleidet, in einen kurzen einfachen Rock, eine Musselinschärpe, einem Umschlagetuch und kleinem Hut. Vor sich hatte sie einen langen Tisch in Form eines Comptoirs, auf welchem man Orangen, Biscuit, *Broschüren und alle Zeitungen* fand (Hervorhebungen - PS) (...). Die Diener trugen weiße Weste und weiße Mütze und wurden, wie in den öffentlichen Kaffeehäusern 'garçons' gerufen. Die Herrin des Hauses stand vor niemand auf und jeder setzte sich, wo er wollte."[178] Damit wird in dem Spiel der Salons noch einmal jene Tendenz reproduziert, die sich in der Geselligkeit des Cafés, rigoroser noch im Klub, der dritten Geselligkeits-

---

175 Grimm: Paris, S. 312.
176 Ebd., S. 313.
177 Rosenkranz: Der pariser Salon im 18. Jahrhundert, Teil II, S. 547.
178 Ebd.

formation des Literarischen Lebens, durchgesetzt hatte und sich schon im Necker-Salon abzeichnete: die Verdrängung der Frau aus der kreisstiftenden Rolle. Die Literarisierung der Geselligkeit stand in temporalem und kausalem Zusammenhang mit der Konstruktion dieser Geselligkeit von einem weiblichen Zentrum her, das Ausscheiden der Frauen korrespondierte jetzt mit der unter bürgerlichen Vorzeichen stehenden Politisierung der Lebenswelten, der Minimalisierung von Verständigung über literarische Themen. Wie sehr in Frankreich die politische Debatte die Klubs dominierte, die mit dem gemischtgeschlechtlichen Charakter auch das ständeübergreifende Prinzip allmählich aufgaben, läßt sich bereits aus dem zeitweiligen Verbot weiterer Klubgründungen im Jahre 1787 schließen. Mit Erstaunen vermerkte Alexandre de Ségur (1756 - 1805) nach seiner Rückkehr vom Hof der Zarin Katharina den Wandel in der Salonkultur und eine auch hier auffällige Politisierung, die von einem "Harmoniestreben", wie es Himburg-Krawehl als ein Kriterium dieser Geselligkeit anerkennt, nur mehr die Erinnerung läßt:

> J'employais mes soirées à parcourir les différents cercles de la capitale, à revoir ces sociétés qui avaient fait le charme de ma jeunesse; mais les passions politiques en s'introduisant dans nos salons les avaient presque métamorphosés en artènes où les opinions les plus opposés se choquaient et se heurtaient sans cesse. On ne discutait plus, on disputait; le seul et éternel sujet de la conversation était la politique.[179]

Auf die neue politische Öffentlichkeit, die schließlich im revolutionären Akt als hegemoniale etabliert wurde, reagierten einzelne Salons mit ihrem Rückzug aus der Hauptstadt, in der der Antagonismus von "cour et ville" zugunsten der letzteren gewaltsam gelöst wurde. Diese Emigration markiert mehr als nur eine lokale Auslagerung. In dem Vorort Auteuil, der jetzt als Refugium der vorrevolutionären Geselligkeit favorisiert wurde, hatte sich bereits in den siebziger Jahren Mme. Helvétius nach dem Tode ihres Mannes niedergelassen und hier unter den Bedingungen des Landaufenthaltes den Zirkel, der sich in Paris um ihren Mann und sie gesammelt hatte[180], beizubehalten gesucht. Neben Lefebvre und Morellet, die als ständige Gäste über eigene Zimmer in Auteuil verfügten, setzten d'Alembert, Condillac, Malesherbes, d'Holbach, Diderot, Chamfort und Turgot ihre Besuche auch in Auteuil fort. (Benjamin Franklin war von den ausländischen Gästen der renommierteste und intimste zugleich). Während der Revolution war Cabanis bestimmendes Mitglied dieses Kreises. Aber auch in Auteuil konnte der Salon der Revolution nicht ausweichen; weder wurde die Harmonie, noch der literarische Charakter gewahrt: "Les événements séparaient souvent les hôtes de Mme. Helvétius."[181] Durch die Habitués Cabanis, der sich Mirabeau angeschlossen hatte, oder

---

179 Zit. nach Guillois: Hélvétius, S. 79.

180 Auch Helfrich Peter Sturz hatte in Paris neben dem Geoffrin-Salon das Haus Helvétius besucht. In einem Brief aus Paris vom 23.11.1768 schildert er diese Geselligkeit: "Von der Gesellschaft seines Hauses (Helvétius - PS) noch wenige Worte. Sie ist ursprünglich die nämliche, welche sich bei der Madame Geoffrin versammelt; nur findet man hier einige Gelehrte mehr, den Chevalier Jeaucourt, den Abt Raynal, den Dichter Saurin, Diclos, den Ritter Chatelley und Ausländer ohne Zahl. Hier wimmelt das Gedränge, das um die Reichen schwärmt; man unterhält sich in allen Zungen und Sprachen; aber doch ist es keine deutsche Assemblée, wo man so geradezu aus Erbrecht hinfährt, weil man alte Pergamente und neue Kleider besitzt, sondern ein Fremder muß angekündigt, gut empfohlen und zum Wiederkommen eingeladen werden." Sturz: Briefe, S. 135-142, S. 141.

181 Guillois: Helvétius, S. 72.

Lefebvre de La Roche, der politische Funktionen übertragen bekam, wurde der Salon unmittelbar mit der Tagespolitik konfrontiert, er setzte sich aber auch allen Gefährdungen aus, die aus der Parteinahme resultierten: Während der Zeit des Terreur kam es zur Auflösung der Auteuil-Geselligkeit durch die Verhaftung von Teilnehmern.

Aber auch in Paris selbst wurden noch Neugründungen von Salons während der revolutionären Ereignisse versucht: 1789 eröffnete Mme. de Condorcet in unmittelbarer Nachbarschaft der Tuilerien einen Salon, 1791 begann Manon Roland zu empfangen. Obwohl beide Frauen literarisch-gesellige Ambitionen und Kontakte zum Literarischen Leben hatten (Mme. Roland als Rousseau-Anhängerin besichtigte die Rousseau-Stätten in der Schweiz, suchte in Zürich Lavater auf, mit dem sie in Briefwechsel blieb; Mme. de Condorcet war ebenfalls begeistert von den Schriften Rousseaus, ihr Mann, Mitarbeiter der Enzyklopädie und Korrespondent Voltaires, war von d'Alembert in den berühmten Lespinasse-Zirkel eingeführt worden), waren beide Salons von Anfang an nicht mehr als literarische, sondern als politische konzipiert. Im Gegensatz zum Necker-Kreis, dem letzten bedeutenden Salon vor der Revolution, dominierte die politische Funktion und Stellung der Ehemänner der Salondamen auch die Inhalte der Gesprächsthemen der beiden "Revolutionssalons" (Condorcet war 1792 Parlamentspräsident, Roland Innenminister geworden). Manon Roland, der nach der Ernennung ihres Mannes im Hôtel Britannique zentral gelegene Räumlichkeiten zur Verfügung standen, protegierte mit ihrer Geselligkeit politische Tendenzen: Bei ihr traf sich die "Linke", darunter anfänglich auch Robespierre, "between the close of the Assembly meetings around four and the opening of the Jacobin Club at six. Here those who constituted the radical Left could exchange ideas, review the state affairs at the Assembly, and discuss proposals for future measures."[182] Gita May weist in ihrer Biographie Mme. Rolands darauf hin, daß dieser Salon nur so lange die Funktion erfüllen konnte, "(to enable) men who had similar views on a number of issues to discuss the happenings and speeches of the day in the relaxed atmosphere of a salon and in the presence of an attentive, intelligent woman"[183], wie die Formierung politischer Gruppen noch nicht abgeschlossen war.

Die Rolle der Frau Roland bei der Organisierung ihres politischen Zirkels hatte nur noch wenig gemein mit der der Salonfrauen im "ancien régime". Nicht nur, daß Manon Roland Umgangsformen pflegen bzw. in kurzer Zeit entwickeln mußte, die frei waren von "(a)ffected civilities and gallant chitchat"[184], Verhaltensmuster, die sich nicht mehr an aristokratischen Vorbildern orientieren durften. In diesem bürgerlich-revolutionären Kreis schied die Frau, das Verstummen der Frau in der bürgerlichen Gesellschaft gleichsam vorwegnehmend, als aktivierender Part und emanzipiertes Individuum weitgehend aus - neben der Politisierung, dem inhaltlichen Bruch der Konversationskonvention, die auffallendste Änderung in der Organisationsform geselliger Kommunikation. Die Memoiren, die Mme. Roland im Gefängnis verfaßte, belegen - insoweit sie nicht

182 Gita May: Madame Roland and the Age of Revolution, New York/London 1970, S. 183.
183 Ebd.
184 Ebd., S. 184.

exkulpatorischen Charakter haben - die Abwertung ihrer Rolle in den Diskussionen, wenn es hier heißt, "that she never allowed herself to utter a word until the meetings were over. Deliberately seating herself outside the circle of men, she quietly did needle-work or wrote letters while the debates went on. To be sure, she occasionally had to bite her lips to keep from commenting upon what was being said, notwithstanding how unreasonable it appeared to be."[185] Die Eliminierung des weiblichen Zentrums dieser Geselligkeit vollzieht sich für Mme. Roland selbst durchaus als gewaltsamer Akt, als Akt der Selbstdisziplinierung. Die endgültige Liquidierung des Salons besorgte die Guillotine: Als Girondistin wurde Manon Roland auf Betreiben ihres einstigen Gastes Robespierre hingerichtet (ihr Mann suchte am Tage nach ihrer Hinrichtung den Freitod). Mme. Condorcet, deren Salon "le rendezvous des hommes politiques de tous le pays"[186] war, war inzwischen von Paris nach Auteuil ausgewichen, während ihr Mann zum Versteck, zur Flucht und schließlich ebenfalls zum Suizid gezwungen worden war.

Einzelne Salons, die in den ersten Phasen der Revolution - obschon politisiert - an aristokratischen Kulturmustern hartnäckig festhielten, entwickelten sich zu gegenrevolutionären Zentren. Als Beispiel sei hier nur der Salon der Frauen de Sainte-Amaranthe genannt, deren Salon von 1775 bis 1792 existierte. Wie die anderen aristokratischen Zirkel wurde auch dieser Salon von der Revolution zerschlagen, die gesamte Familie de Saint-Amaranthe wurde 1792 auf das Schafott geführt.[187]

Der Untergang der französischen Salonkultur des "ancien régime" war nicht das Ende der französischen Salonkultur überhaupt, wenn sich auch Funktion, Stellung und Bedeutung der Salons unter den nachrevolutionären Machtstrukturen erheblich wandelten. Deutlich wird dies schon an der Tatsache, daß außerhalb bzw. fern von Paris die beiden Geselligkeitszentren Auteuil und Coppet in einer gewissen Bipolarität die Ansätze des sich zögernd neu formierenden Salonlebens dominierten. Gleichzeitig stehen Coppet und Auteuil für die personelle Fortführung von geselligen vorrevolutionären Traditionen. Der Kreis um die Mme. Helvétius, die sich im Literarischen Salon der Mme. de Graffigny[188] um die Jahrhundertmitte für "le monde" vorbereitet und bereits illustre Geselligkeit mit ihrem Mann organisiert hatte, fand sich wieder und bildete die Gruppe "idéologues". Noch während des Direktoriums sah der Salon der Necker-Tochter auch alle Habitués von Auteuil, bevor die sich vertiefenden politischen und ideologischen Gegensätze einen Bruch herbeiführten. Im Helvétius-Salon feierte man die Ägypten-Siege Napoléons, der selbst - beredter Ausdruck der Einbindung des Kreises von Auteuil in die postrevolutionären Machtverhältnisse - den Salon in Auteuil besuchte, um dessen

185 Ebd., S. 185.
186 Guillois: Helvétius, S. 80.
187 Vgl. Mary Summer: Quelques salons de Paris au XVIIIe siècle, Paris o.J., Kapitel: "Le salon des dames de Sainte Amaranthe."
188 Die wichtigste neuere Arbeit zu diesem Salon: English Showalter: Madame de Graffigny und Rousseau: between the two Discours, Oxford 1978 (Studies on Voltaire and the Eighteenth Century, Vol. CLXXV).

Habitués in ihrer Parteinahme zu stärken. Mit Enthusiasmus wurde auch der 18. Brumaire von diesem Salon begrüßt.[189]

Die Stationen der Entwicklung dieses Salons faßt Guillois im Vorwort seiner Untersuchung zusammen:

> Le salon d'Auteuil s'est ouvert aux jours de l'Encyclopédie; il a entendu les derniers échos du dix-huitième siècle mourant; s'il servit parfois de refuge dans la tempête, il devint, au lendemain de la tourmente, une école et une académie où le monde nouveau alla, pendant quelques années, chercher son Evangile.[190]

Nicht nur Mme. Helvétius empfing weiter, jetzt aber in der Aufgabe der Distanz zum Machtzentrum, auch Mme. de Condorcet eröffnete wieder einen Salon, in dem vor allem zurückgekehrte Emigranten einen Ort geselligen Verkehrs fanden. Marie de Beauharnais, deren literarische Werke zwar von La Harpe als wertlos verworfen worden waren, in deren 1762 nach dem Tode ihres Mannes eingerichtetem Salon immerhin Gäste wie Dorat, Mably, Mercier regelmäßig verkehrten und bei der Restif de la Bretonne vorlas, konnte nach ihrer Gefangenschaft während der Revolution ihren Salon als literarischen reorganisieren.

Als letzter Salon, der unter veränderten gesellschaftlichen Verhältnissen wieder auflebte, verdient derjenige der Mme. Raucourt (1756 - 1815) eine Erwähnung. Nach 1789 war auch der Zirkel dieser von der Königin protegierten Schauspielerin aufgelöst worden, als man die Salondame 1793 verhaftete. Als Mme. Raucourt wieder einlud, zählte auch sie Napoleon zu ihren Förderern.

Andere Zirkel gestalteten sich zu geselligen Zentren anti-napoleonischer Opposition, allen voran der Salon der Tochter Neckers, Mme. de Staël. Der Salon als geselliger Entwurf der konkreten harmonischen Gesellschaft war im nachrevolutionären Frankreich vorerst schwer zu realisieren, während in Deutschland jetzt erst - nach der französischen Revolution - verstärkt die Möglichkeiten solcher sozialer Formationen diskutiert und praktisch auszuschöpfen versucht wurden.

2.3 Gesellige Kultur im deutschsprachigen Raum des 17. und frühen 18. Jahrhunderts

> In keinem Lande in Europa ist es vielleicht so schwer, im Umgang mit Menschen aus allen Classen, Gegenden und Ständen allgemein Beifall einzuernten, in jedem dieser Cirkel wie zu Hause zu sein, ohne Zwang, ohne Falschheit, ohne sich verdächtig zu machen und ohne selbst dabei zu leiden, auf den Fürsten wie auf den Edelmann und Bürger, auf den Kaufmann wie auf den Geistlichen nach Gefallen zu wirken, als in unserem deutschen Vaterlande; denn nirgends vielleicht herrscht zu gleicher Zeit eine so große Mannichfaltigkeit des Conversationstons, der Erziehungsart, der Religions- und anderer Meinungen, eine so große Verschieden-

[189] Guillois: Helvétius, S. II.
[190] Ebd.

> heit der Gegenstände, welche die Aufmerksamkeit der einzelnen Volksklassen in den einzelnen Provinzen beschäftigen. (...) Wo hat mehr als in Deutschland die Idee von sechzehn Ahnen des Adels wesentlichen moralischen und politischen Einfluß auf Denkungsart und Bildung? Wo greift weniger allgemein, als bei uns, die Kaufmannschaft in die übrigen Classen ein?
> (Adolf Freiherr von Knigge: *Umgang mit Menschen*)

2.3.1 Ständegesellschaft und sozialer Umgang im 17. Jahrhundert

1. Das 17. und frühe 18. Jahrhundert sind in Deutschland bestimmt durch die Ausformung der ständischen Gesellschaft und dementsprechend der Verfestigung von Standesschranken. Die strenge hierarchische Scheidung und Stratifizierung bewirkte die Einschränkung des nichtfunktionalen Umgangs auf kleinste soziale Felder. Ein sozialer Verkehr, der kommunikative Schnittpunkte unterschiedlicher gesellschaftlicher Gruppen bilden und damit komplexere Erfahrungen zum Austausch bringen konnte, ist - nimmt man z.B. die ständeübergreifenden Dichtergesellschaften des Barock - offensichtlich als störendes Element der Sozialordnung nicht entfaltet worden. Während (und z.T. weil) der Kontaktbereich zwischen den sozial und politisch führenden Ständen und anderen Gruppen auf das Funktionale (Stichwort: Bürokratisierung) eingegrenzt blieb, perpetuierten auch die - in sich heterogenen - bürgerlichen Schichten traditionelle Verkehrsformen. Diese sind ebenfalls noch repräsentativen Charakters und weitgehend rituell geprägt, auch da, wo sie der Sozial- und Produktionsformation des "ganzen Hauses" entstammen. In diesen Verkehrsformen bleibt das (bürgerliche) Individuum verdeckt; Hierarchien und Stände verlangen hier nach einer weiteren Bestätigung und erfordern Distinktionsverhalten und Sozialdisziplinierung. In der frühen, den sozialen Umgang bereits zur Kenntnis nehmenden, Untersuchung der "geistigen, sittlichen und geselligen Zustände" Deutschlands im 18. Jahrhundert wies schon Karl Biedermann darauf hin, daß in den Reichsstädten die "Zunft-" und "Gesellschaftshäuser" noch zur Jahrhundertwende als zentrale Einrichtungen für gesellige Veranstaltungen fungierten[191], was eine soziale Abschottung und geschlechtsspezifische Exklusivität der Geselligkeitskultur fortschrieb. Die Trinkstuben[192] wurden von Frauen nicht frequentiert: "Die Frauen schienen, wie

191 Karl Biedermann: Deutschland im Achtzehnten Jahrhundert, 4. Bde., Leipzig 1854-1880, 2. Bd.: Geistige, sittliche und gesellige Zustände, Leipzig 1858, S. 550.

192 Es würde hier zu weit führen, auf die Entstehung, Funktion und Tradition der 'Trinkstuben' näher einzugehen. Zur Geschichte der Gesellentrinkstuben siehe Knut Schulz: Gesellentrinkstuben und Gesellenherbergen im 14./15. und 16. Jahrhundert, in: Gastfreundschaft, Taverne und Gasthaus im Mittelalter, hrsg. von Hans Conrad Peyer unter Mitarbeit von Elisabeth Müller-Luckner, München/Wien 1983 (Schriften des Historischen Kollegs, Kolloquien 3), S. 221-242. Die Abtrennung des reproduktiven Lebensbereichs der Gesellentrinkstube vom produktiven beschreibt Schulz als Übergangsphänomen des Spätmittelalters zur Frühzeit: "So entsteht im ausgehenden 14. und beginnenden 15. Jahrhundert ein ganz neuartiges und die weitere bürgerliche Entwicklung wesentlich mitprägendes Element. Zwar wohnten und arbeiteten die Gesellen weiterhin im Meisterhaus und in der Werkstatt des Meisters, ihren eigenen Lebensbereich und ihre eigenen Lebensformen schufen sie jedoch separat davon vor

Reisende der damaligen Zeit verwundert bemerkten, gar nicht zur Gesellschaft zu gehören."[193] Es gab sogenannte 'stumme Gesellschaften', bei denen nur gegessen und getrunken wurde, wobei diese Reduzierung der Verkehrsformen nicht unbedingt als Ausdruck einer defizitären geselligen Situation zu werten ist, sondern, um eine Formulierung von Habermas, die sich auf stumme Interaktion als Form kommunikativen Handelns bezieht, aufzugreifen, noch "Geltung von Sinnzusammenhängen naiv voraussetzt."[194] Als diese "naive" Übereinstimmung zerbrach, geriet auch die stumme Geselligkeit - gegen die als "Völlerei" selbst durch Gesetze angegangen wurde - in Mißkredit.[195] Eine Variante der "stummen Gesellschaften", die die jeweiligen sozialen Ordnungssysteme, aus denen sie sich ableiteten, zur Geltung brachten, stellen jene Mahlzeiten dar, bei denen Reden gehalten oder vorgelesen wurde. (Diese traditionelle monologische Verkehrsform konnte z.B. in den klösterlichen Gemeinschaften, die auf Aufhebung der Individualität in eine "höhere", auf Konsens beruhende soziale Einheit zielen, als Relikte einer vorbürgerlichen Geselligkeit fortdauern.) Während etwa noch Oratorienbücher auch im Kontext dieser Art von sozialem Verkehr gesehen werden müssen, reflektieren z.B. "Trink- und Tranchierbücher", Apophthegmen und Konversationsbücher[196] in ihrer Mischung aus Anstandsregeln, Anekdoten, Scherzworten und Rätseln das Eindringen einer Gesprächskultur, die der Tischzucht als weitere Sitte das Beherrschen eines vorerst standardisierten, aus erlernten Pointen und konversationellen Versatzstücken collagierten Tischgesprächs beifügten.

Fremden blieb das bürgerliche Haus weitgehend verschlossen, aber nicht, weil hier bereits eine (klein-)familiale Intimsphäre besonders geschützt werden sollte. (Man "ehrte", schreibt Biedermann, die Fremden mit einem Rausch in dem Wirtshaus.[197]) Die

---

allem in ihrer Trinkstubengemeinschaft und darüber hinaus in einer großräumigen Gesellenorganisation" (ebd., S. 234). Daß noch im 17. Jahrhundert die Gesellentrinkstuben und Gesellenherbergen, in denen "Umtrunk, Gelage, Festschmaus, Spiel und Feier" (ebd., S. 241) gepflegt wurden, nach dem Vorbild des "Hauses" organisiert waren, ergibt sich aus einer von Schulz zitierten Straßburger Gesellenordnung für Kürschner, nach der "den Gesellen und Jungen als erstes konzediert (wird), eine Herberge 'nach ihrer Gelegenheit' zu mieten, in der sie den Wirt als Vater, die Wirtin als Mutter und deren Hausgesinde als Brüder und Schwestern bezeichnen sollen."(ebd.)

193 Biedermann: Deutschland 2, S. 550.

194 Jürgen Habermas: Vorbereitende Bemerkungen zu einer Theorie der kommunikativen Kompetenz, S. 115.

195 Die Klagen über die Trunksucht finden sich schon im 16. Jahrhundert. Vor allem der Grobianismus thematisierte in Wort und Bild die Zerstörung des Umgangs durch das übermäßige Trinken und Essen. So wie die Tafelrunde des König Artus durch die Jahrhunderte als Entwurf einer auf idealer Egalität beruhenden Geselligkeit galt, war Johannes Agricola das Sprichwort "Es gehet zu wie in Artus' Hofe" Anlaß, in seiner didaktisch angelegten Sprichwörtersammlung die Völlerei in der Anmerkung zum 668. Sprichwort der Ausgabe von 1529 für den Verfall der "Gesellschaft" verantwortlich zu machen: "An diesem Hofe ist gewesen Parcifall, Titurall und Tristand, und sonst viel' ohne Zahl, daß zu diesen Zeiten ist ein' Gesellschaft gewesen an der Tafelrunde, da keiner gegolten hat, er habe es denn mit der Faust und in der Tat mannlich beweiset. Das ist nun geraten zu einer Gesellschaft und Tafelrunde im Fressen und Saufen, daß, wer itzt am besten saufen mag, der ist auch der Beste an der Tafelrunde." Siehe Johann Agricola: Die Sprichwörtersammlungen, hrsg. von Sander L. Gilmann, 2 Bde., Berlin/New York 1971.

196 Vgl. hierzu Barabra Zaehle: Knigges Umgang, "Zeitalter des höfischen Absolutismus, bis zum Auftreten von Christian Thomasius", S. 29-106.

197 Biedermann: Deutschland 2, S. 551.

häuslichen Tischgemeinschaften[198] - Kennzeichen für das Fehlen der bürgerlichen Kleinfamilie -,vor allem die "Prunkmahlzeiten" (Garve) bilden, weil in ihnen gleichzeitig auch die sozialen Verhältnisse zum Ausdruck kamen und ihre Bestätigung erfuhren, die entscheidende Verkehrsform.[199] Der zentrale Raum des Hauses, die Familienstube, versammelte dabei nicht nur die Familienangehörigen, sondern auch das Hausgesinde, die Gesellen usw..

2. Der in gesellschaftlichen Teilbereichen gestiegene Bedarf an einer Ausdifferenzierung der Kommunikations- und Verkehrsformen und an neuen Möglichkeiten horizontaler und vertikaler sozialer Vernetzung förderte schon im 17. Jahrhundert Bestrebungen, den gesellschaftlichen Umgang zu reformieren und der Geselligkeit neue gesellschaftliche Orte, Bedingungen und Möglichkeiten zu sichern. Daß sich diese Projekte an den ausländischen Vorbildern orientierten, ergab sich nahezu zwingend aus der Ungleichzeitigkeit der gesellschaftlichen Entwicklung. Übersetzungen von Gracián, Castiglione oder Giovanni della Casas *Galateus* (1558 erstveröffentlicht) erschienen und dienten als Vorlage für eine ganze Reihe von Komplimentierbüchern, die auf eine "formale" Verbesserung des Umgangs, weniger noch auf seine inhaltliche oder etwa moralische Neubestimmung zielten. Diese Komplimentierbücher gehören zu den auch auf

---

198 Vgl. dazu auch die Untersuchungen von Rolf Engelsing, der diese Geselligkeitsform in Bremen noch für die Mitte des 18. Jahrhunderts nachweisen kann, was z.T. daraus zu erklären ist, daß es hier "keine höfische Exklave für die organisierte Oberschicht und ihr mittelständisches Personal" gab. Rolf Engelsing: Der Bürger als Leser, Lesergeschichte in Deutschland 1500-1800, Stuttgart 1974, S. 259. Engelsing schreibt, daß "es im Allgemeinen üblich (war), daß die meisten Familien der Oberschicht und des Mittelstandes, vor allem die Familien der Kaufleute mit Angestellten und Gesinde (einer als einheitlich und zusammengehörig empfundenen sozialen Gruppe im Haushalt eines Hausherrn) eine Lebens- und Tischgemeinschaft unterhielten. Diese Tischgemeinschaft, das äußere Kennzeichen für das Fehlen der bürgerlichen Kleinfamilie, setzte erklärtermaßen das Öffentlichkeitsmonpol der Kirche und das Fehlen bürgerlicher Geselligkeit, Bildung und Unterhaltung in öffentlichen und privaten Vereinigungen voraus. In den üblichen und tonangebenden einer Hausherrschaft untergeordneten altbürgerlichen Haushaltungen wußte man zwischen den verschiedenen bürgerlichen und unterbürgerlichen Schichten, die ihnen angehörten, im Allgemeinen von keinen Verständigungsschwierigkeiten und verkehrte miteinander, wie man zusammen arbeitete." (ebd., S. 260) Vgl. Garve, der am Ende des 18. Jahrhunderts in seiner auch als Quelle äußerst aufschlußreichen Abhandlung *Ueber Gesellschaft und Einsamkeit* gegen die "Prunkmahlzeiten" Stellung bezieht: "Nirgends lebt man angenehmer, als da, wo man auf wenige Schüsseln, oft, in kleinen Gesellschaften, und nur auf wenige Stunden zusammenkommt. Prunkmahlzeiten, zahlreiche Gesellschaften und solche, welche den ganzen Tag dauern, sind immer lästig." Christian Garve: Ueber Gesellschaft und Einsamkeit, Bd. 1, Breßlau 1797, S. 69.

199 Auf die Sitte des "Familienschmauses" als zentrales Ereignis bürgerlicher Geselligkeit in der zweiten Hälfte des 17. Jahrhunderts hat schon Biedermann (Deutschland 2, S. 551, Anm.) hingewiesen. Rolf Engelsing geht - am Beispiel Bremens - noch einmal ausführlicher darauf ein und beschreibt diese Zusammenkünfte als einziges "Treffen, zu dem sich die herrschaftliche Familie abgesondert von der Großfamilie mit ihresgleichen versammelte, nämlich die regelmäßigen Familientage verzweigter bremischer Geschlechter, die in der Stadt allgemeiner Brauch waren." Engelsing: Der Bürger als Leser, S. 260. Zu diesem Geselligkeitstypus stellt Engelsing fest, daß "es sich nicht um freiwillige Zusammenkünfte handelte, die ein jeder nach Lust und Laune besuchte, sondern um Tagungen des Familienclans, auf denen nach einem peinlichen Zeremoniell die Autorität des Geschlechteroberhauptes der 'häuslichen Machtvollkommenheit' der einzelnen Hausväter ersetzte. Wohl dreht sich das Gespräch der Männer beim Essen auch um Handel und Politik, will heißen, Zeitungsnachrichten. Aber dergleichen lief nur nebenher, wenn es galt, die familiäre Tradition zu bekräftigen und gemeinsame Interessen festzulegen, etwa ein kaufmännisches Geschäft, eine Ämterpatronage oder eine Heirat zu verabreden." (ebd., S. 261)

die gesellige Praxis gerichteten Konsequenzen aus der "Entdeckung" der Affekte. In der hier verlangten Affektregulierung und Körperbeherrschung setzt sich die Sozialdisziplinierung noch fort. Bereits 1631 war in Leipzig *La civil conversatione* von 1574 von Stephano Guazzo in einer deutschen Übertragung mit dem Titel *Politischer Weltmann* verlegt worden, ein Regelbuch für alle Stände, das bereits in seinen Redeanweisungen zwischen einem öffentlichen und einem privaten Gesprächsraum zu differenzieren suchte. Wie wenig allerdings der Übersetzer, ein Student Husanus, während des Dreißigjährigen Krieges eine auf dem Gespräch, das nicht mehr den Regeln einer persuasiven Rhetorik verpflichtet war, basierende gesellige Kultur als Entstehungsstätte und Anwendungsgebiet der dargelegten Verhaltensnormen begreifen konnte, ist ersichtlich an der von Husanus vorgenommenen Auflösung der Dialogform Guazzos. (Berücksichtigt man aber, daß 1602 in Amberg noch eine lateinische Version von Guazzos Schrift von Heinrich Salmuth veröffentlicht worden war, eine Version, die notwendigerweise bereits durch ihre sprachliche Fassung rein akademisch bleiben bzw. die Intention, allen Ständen Verhaltensmuster vorzulegen, unterlaufen mußte, so wird andererseits der Weg deutlich, der 1631 zurückgelegt worden war.) Das anhaltende Defizit bzw. sogar ein Verlust an tendenziell ständeübergreifender geselliger Kultur blieb ein retardierendes Element in der Mentalitätsgeschichte der deutschen Intelligenz, von der große Teile in dem *Sapientia*-Besitz eines der Kompensationsangebote finden mußten, das über den Mangel an praktischer Lebenserfahrung hinwegtröstete. Die Diskussion um Weltklugheit und Weisheit als Reflex auf die eigene Randexistenz wurde auch von den Akademien und Universitäten selbst geführt. So propagierte und verteidigte Matthias Bernegger in seiner Antrittsvorlesung an der Universität von Straßburg den *Prudentia*-Erwerb als berechtigtes und notwendiges Ziel von akademischer Ausbildung.[200] Berneggers Schüler, Georg Philipp Harsdörffer, konkretisierte bereits die sozialen und kommunikativen Bedingungen für den Nachweis der Weltklugheit: Nach eigener Aussage hatte er vor, mit seinen *Frauenzimmer Gesprächsspiele(n)* (Nürnberg 1643 - 1647) "Anleitung geben (zu) wollen und den Weg (zu) weisen/wie bey Ehr- und Tugendliebenden Gesellschaften freund- und fruchtbarliche Gespreche aufzubringen/und nach Beschaffenheit aus eines jeden Sinnreichen Vermögen fortzusetzen."[201] Harsdörffer sieht neben dem Gespräch, das er in der Dialogform auch literarisch vorführt, die Frau als konstitutiv für die intendierte Organisationsform von Kommunikation; mehr noch, ihr wird nicht nur die Teilnahme an Unterhaltungen gestattet, sie avanciert in Harsdörffers "Anleitung" zum Inspirator der angestrebten "Gesellschaften"[202]. In die soziale Praxis umgesetzt wurde die

200 Vgl. C. Bünger: Matthias Bernegger, ein Bild aus dem geistigen Leben Straßburgs zur Zeit des dreißigjährigen Krieges, Straßburg 1893, S. 102-103.

201 Georg Philipp Harsdörffer: Frauenzimmer Gesprächsspiele, hrsg. von Imgard Böttcher. 1. Teil, Tübingen 1968 (Deutsche Neudrucke, Reihe Barock, Bd. 13), S. 17.

202 In seinem *Vorbericht An den Lesenden* sieht Harsdörffer sich genötigt, den zu erwartenden Einwand, die deutschen Frauen seien ungeeignet für eine auf sprachlichen Umgang beruhende Geselligkeit, sozusagen im voraus zu entkräften ("Sprichst du/solche Kurtzweil ist Teutschen Frauenzimmern zu schwer/ungewohnt und verdrieslich (...)", Harsdörffer: Gesprächsspiele, S. 17), indem er auf historische und zeitgenössische Gegenbeispiele verweist (ebd. S. 17). Rosemarie Zeller, die in ihrer Untersuchung *Spiel und Konversation im Barock* Harsdörffers *Gesprächsspiele* in Verbindung mit den französischen Preziösen und ihren 'ruelles' sieht, gründet sowohl Harsdörffers Wirken als auch die preziösen Salons in

von Harsdörffer postulierte Partizipation der Frau an einer literarisch dominierten Geselligkeit allenfalls in Ausnahmen, bekanntlich in den barocken Sprachgesellschaften und Dichterorden.[203] So wurde in Nürnberg 1679 Barbara Helene Kopsch unter dem Namen Erone in den von Harsdörffer gestifteten Pegnesischen Hirten- und Blumenorden aufgenommen, ohne daß es ihr hier allerdings gelingen konnte, Mittelpunktfunktionen wahrzunehmen. Harsdörffer und Barbara Helene Kopsch versuchten dabei, sich an den Geselligkeitsformen Frankreichs zu orientieren, diese für die deutsche Situation fruchtbar zu machen: Während Kopsch sich um Übersetzungen der *Conversation Nouvelles sur Divers Sujets* von Mlle. Scudéry bemühte, übertrug und kommentierte Harsdörffer u.a. Du Refuges *Klugen Hoffmann* (*Traité de la Cour*)[204].

3. Die Sprachgesellschaften und Dichterorden blieben - auch bei schwindender historischer Bedeutung - die wichtigsten ständeübergreifenden Formationen (auch wenn die Wissenschaften sich in ebenfalls gesellschaftlich "neutralen" Gelehrtengesellschaften, die als Schutzräume fungierten[205], organisierten), vermochten aber die Standesschranken wegen ihrer Anbindung an Territorialherren oder städtische Herrschaften nur mit viel mehr Vorbehalten und institutionellen Absicherungen (fester Teilnehmerkreis, Statuten, Ritualen u.a.) außer Kraft zu setzen als Salons. Die Aufnahme in die Dichterorden aufgrund persönlicher Verdienste der nichtaristokratischen Kandidaten, konkret: aufgrund literarischer Objektivationen, die bestimmten Regeln genügen mußten, ermöglichte jedoch eine standesunabhängige Selbstdarstellung der Mitglieder in diesem Kreis, wenngleich die Grenzen für die schriftstellerische Individualität ebenso wie für die Selbstdarstellung des Individuums im geselligen Raum, verglichen mit den Möglichkeiten, die der Salon bieten konnte, in Sprachgesellschaften und Dichterorden eng gezogen bleiben mußten. Regelpoetiken ebenso wie durch Etikette festgelegte Ver-

frauenemanzipatorischen Strömungen, die nicht nur eine neue Rolle der Frau in der Geselligkeit avisiert hätten: "Sowohl die Zirkel der Preziösen wie auch Harsdörffers 'Gesprächsspiele' haben ihren Nährboden in einer Emanzipation der Frau. Die Emanzipation äussert sich in zahlreichen Erscheinungen des 17. Jahrhunderts." Rosemarie Zeller: Spiel und Konversation im Barock. Untersuchungen zu Harsdörffers *Gesprächsspielen*, Berlin/New York 1974 (Quellen und Forschungen zur Sprach- und Kulturgeschichte der germanischen Völker, N.F. 58), S. 61. Harsdörffers erstes "Gespräch" (zwischen Reymund und Julia) - es handelt von der "Gewohnheit" - kritisiert einleitend die bisherige Geselligkeit der Deutschen, da diese sich weitgehend im "Gläserspiel", also der Trunksucht, erschöpft habe: "R. in Teutschland achtet man für die größte Kurzweil mit Glaesern zu spielen: und wie solche Gewohnheit von unseren Vättern/als ein loebliches Gebrechen/auf uns ererbet: als ist solcher Aufsatz bis anhero beharrlich gehandhabt worden/und wird vielleicht bey der Teutschen nassen höflichkeit ins künftig auch verbleiben/dann die Gewohnheit ist doch die andere Natur." Harsdörffer: Gesprächsspiele, S. 26.

203 Vgl. Klaus Garbers Bemerkung zur Beziehung von Sprachgesellschaften und Rolle der Frau: "So beachte man beispielsweise die besondere Rolle des weiblichen Geschlechts in einigen dieser Gesellschaften und insbesondere im Pegnesischen Blumenorden. Sie ist von den Mitgliedern wahrgenommen, bewußt gefördert und theoretisch legitimiert worden." Klaus Garber: Der Autor im 17. Jahrhundert, in: Zeitschrift für Literaturwissenschaft und Linguistik, Jg. 11, 1981, H. 42: Der Autor, hrsg. von Helmut Kreuzer, S. 29-45, S. 37.

204 Georg Philipp Harsdörffer: M. Du Refuge: Kluger Hofmann, d.i. Nachsinnige Vorstellung deß untadeligen Hoflebens zu sonderem Behuff gedolmetscht durch G. Ph. Harsdörffer, Frankfurt 1667.

205 Vgl. die Anmerkungen Wolfgang Krohns zur Institutionalisierung der Wissenschaft, die Positionen von Edgar Zilsel aufnehmen. Wolfgang Krohn: Zur soziologischen Interpretation der neuzeitlichen Wissenschaft, in: Edgar Zilsel: Die sozialen Ursprünge der neuzeitlichen Wissenschaft, hrsg. von Wolfgang Krohn, Frankfurt/M. 1976, S. 8-34, S. 19-20.

kehrsformen (Pseudonyme[206]) zwangen die Teilnehmer in ein uniformeres Korsett, durch das die deutschen ständeübergreifenden Geselligkeitsformationen vor einem raschen Kollabieren bewahrt wurden. Zu dem "bon goût" als "natürliches", dem Einzelnen attestiertes und ihn auszeichnendes, aber in der Geselligkeit weiter intersubjektiv auszubildendes und zu überprüfendes Genuß- und Urteilsvermögen in sämtlichen[207] ästhetischen Fragen stehen die Dichterorden mit ihren Regelsystemen quer. Bezeichnenderweise lassen sich erst um 1700 Verdeutschungen von "bon goût" zu "gutem Geschmack" nachweisen, ohne daß in der Frühaufklärung die - günstigenfalls - ambivalente Haltung gegenüber dem sinnlich-geselligen Rezeptions- und Wertungsvermögen, das als "bon goût" gefaßt wurde, aufgegeben werden konnte.

2.3.2 Ansätze einer Reform der Organisationsformen Literarischen Lebens in der frühen Aufklärung

1. Die von Harsdörffer in seinen *Gesprächspielen* antizipierte, von einzelnen Sprachgesellschaften und Dichterorden in Ausnahmefällen eingelöste Teilnahme von Frauen an literarischer Geselligkeit schien auf breiterer sozialer Basis realisiert werden zu können, als das Projekt der "gelehrten Frau", dem "gelehrten Mann" eine literarisch kompetente Gesprächspartnerin an die Seite zu stellen, versprach. Das frühaufklärerische Periodikum *Discourse der Mahlern* (1721 - 1723) bekämpfte die Ansicht von der Unfähigkeit der

206 Auch nach Garber sind hier "europäische Vorbilder" wirksam: "Schon die Fruchtbringende Gesellschaft kennt die - von den europäischen Vorbildern übernommene - Gepflogenheit, die Gesellschafter mit Gesellschaftsnamen und Emblemen auszustatten. Die darin enthaltene latente Unterminierung ständischer Grenzen darf allerdings nicht überbewertet werden (...). Immerhin liegen hier Ansätze zu einem Organisationsmodell vor, das symbolisch die reale Hierarchisierung zurücknimmt und damit - wie indirekt auch immer - auf Egalität verweist." Garber: Der Autor, S. 36-37.

207 Gadamer, der in *Wahrheit und Methode* feststellt, "im Zeichen dieses Ideals des 'guten Geschmacks'" habe sich erstmals das herausgebildet, "was man seither die 'gute Gesellschaft' nennt", betont dagegen den "guten Geschmack" als Ergebnis, in dem die Individualität und Privatheit des Urteilenden nicht nur aufgehoben ist, sondern der "Geschmack" dem Partizipanten an ästhetischen Lebensgenüssen gegenüber bereits mit der diktatorischen Forderung nach Unterwerfung auftritt: Die "gute Gesellschaft" (wie sie sich im Salon einen institutionellen Rahmen geben konnte), schreibt Gadamer, "erkennt sich und legitimiert sich nicht mehr durch Geburt und Rang, sondern grundsätzlich durch nichts als die Gemeinsamkeit ihrer Urteile oder besser dadurch, daß sie sich überhaupt über die Borniertheit der Interessen und die Privatheit der Vorlieben zum Anspruch auf Urteil zu erheben weiß. (...) Es geschieht im Zeichen des guten Geschmacks, daß man zur Abstandsnahme von sich selbst und den privaten Vorlieben fähig ist. Geschmack ist daher seinem eigensten Wesen nach nichts Privates, sondern ein gesellschaftliches Phänomen ersten Ranges. Er kann sogar der privaten Meinung des einzelnen wie eine ritterliche Instanz entgegentreten, namens einer Allgemeinheit, die er meint und vertritt." (Hans-Georg Gadamer: Wahrheit und Methode, Tübingen 1960, S. 32-33.) Andererseits ist festzuhalten, daß der "gute Geschmack" - betrachten wir seine soziale Genese -, um die Standesnormen als Prinzip der Urteilskraft zu erledigen, sich gerade mit den privaten Interessen und Vorlieben kompatibel gibt, er als Resultat der Privatheit erscheinen mußte. Zur Vorgeschichte des ersten bedeutenden Literarischen Salons Berlins, dem der Hennriette Herz, gehört, daß eben diese Fragen nach der Entstehung und den Ursachen des "guten Geschmacks" wieder aufgeworfen werden. Vgl. Markus Herz: Versuch über die Ursachen der Verschiedenheit des Geschmacks, Leipzig 1776. Wenn Gadamer weiter feststellt: "Im Begriff des Geschmacks ist also ohne Zweifel eine Erkenntnisweise gemeint" (ebd.), so kann dies dann akzeptiert werden, wenn es nicht eine "Reduzierung" auf gnoseologische Verfahren und eine Leugnung der sinnlichen Komponenten des Lebens- und Kunstgenusses im "guten Geschmack" bedeutet.

Frauen, sich durch Lektüre - auch moralisch - weiterzubilden[208], was in Leipzig Gottsched in seinen *Vernünftigen Tadlerinnen* programmatisch aufgriff. Bekanntlich wollte Gottsched mit den *Vernünftigen Tadlerinnen* nicht nur ein weibliches Publikum heranziehen, er imaginierte gleichzeitig Frauen als eine (literatur-)kritische, öffentlich wirksame Kraft, indem er lange die Fiktion aufrechthielt, dieses Periodikum sei von drei Frauen geschrieben und redigiert.

Wenn auch der "gelehrten Frau" tendenziell Gleichrangigkeit mit dem "gelehrten Manne" eingeräumt wurde, das Bildungsideal selbst blieb geschlechtsspezifisch angelegt. So läßt sich aufgrund des Lektürekanons der (bürgerlichen) Frau, der in den "Frauenzimmerbibliotheken" manifest wurde, ein Bildungsideal rekonstruieren, das sich wesentlich auf den häuslich-familialen Bereich und die hier praktizierten privaten Verkehrsweisen bezog. Öffentlichkeit, auch wenn Gottsched eine öffentlich-wirksame, kritische Rolle der Frau fingierte, wird von diesen Bildungsentwürfen kaum je als Realisationsraum beachtet. Neben dem Hof als ein wirksam bleibendes Modell sozialen Lebens wird jetzt mit der entstehenden bürgerlichen (Klein-)Familie ein zweiter Lebensraum als modellhaft ausgewiesen (auf dem als moralischer Instanz schon Thomasius insistiert hatte). 1736 konnte bereits ein Komplimentierbüchlein für Personen bürgerlichen Standes erscheinen. Die Entdeckung der familialen - nicht mehr im Sinne der "häuslichen" - Sphäre als potentiellen Geselligkeitsraums (wie ihn die französische Salonkultur so nicht akzeptierte) markiert, wie bekannt, auch die Inkubationszeit von bürgerlichen Öffentlichkeitsmodellen, welche die Herstellung von Öffentlichkeit qua Geselligkeit intendieren. Nicht die Residenzen bestimmten die Stätten der Aufklärung, sondern die Universitäten, die Verlage, die Buchhändler (d.h. also überwiegend Komponenten der embryonalen nicht-repräsentativen Öffentlichkeit). Aus Leipzig und Straßburg erfährt man auch zuerst von der Existenz frühaufklärerischer, frauenzentrierter literarischer Kreise, die in der Forschung als die frühesten Literarischen Salons in Deutschland gelten: Es handelt sich um die Zirkel der Linkin[209], der Zieglerin und Adelgunde Gottscheds.

Katherina Salome Linkin mußte für ihren Kreis offensichtlich keinen neuen Raum schaffen, sie konnte sich anlehnen an die bereits existenten akademischen Verkehrs-

208 Helga Brandes hat in ihrer Arbeit: Die "Gesellschaft der Maler" und ihr literarischer Beitrag zur Aufklärung. Eine Untersuchung zur Publizistik des 18. Jahrhunderts, Bremen 1974, die Divergenzen aufgedeckt, wie sie sich aus einem Vergleich der Äußerungen in den *Discoursen* und in deren überarbeiteter Neuausgabe *Der Mahler der Sitten* (2 Bde., Zürich 1746) ergeben: Während die *Discourse* die Gleichberechtigung von Mann und Frau noch religiös-biblisch begründeten, lege die Neuausgabe ein Vierteljahrhundert später Wert auf die Feststellung geistig-seelischer Differenzen zwischen den Geschlechtern. Helga Brandes führt dies zurück auf Bodmers Rezeption von Fénelons *Traité de l'éducation des filles* aus dem Jahre 1687. Die Folge dieser neuen Position sei, daß ein Ungeeignetsein der Frau für öffentliche Ämter behauptet werde: "Daher erspart ihr Ruben (einer der 'Sittenmaler' - PS) in seiner 'Bibliothek' solche Bücher, 'welche die Staats- und Regierungs-Wissenschaft bis auf die niedrigsten Grade der Processierkunst den Mannspersonen nöthig macht'. (...) Was in den 'Discoursen' noch als reformbedürftiges Übel angeprangert wurde, nämlich der Ausschluß der Mädchen aus dem Bildungsprozeß, wird im 'Sittenmaler' als 'gutes Glück' empfunden (...)." Brandes: "Gesellschaft", S. 108.

209 Für Silvia Bovenschen ist der "musikalische und literarische Salon der Ziegler" - und nicht der Linkin-Kreis - "vermutlich der erste seiner Art in Deutschland". Bovenschen: Weiblichkeit, S. 138.

formen einer Universitätsstadt. Damit mußte zugleich die soziale Heterogenität der Teilnehmer an diesem Zirkel eingeschränkt bleiben. So hören wir vor allem von Professoren, die sich hier mit Angehörigen der städtischen Ehrbarkeit trafen, wobei auch Frauen aus bürgerlich-patrizischen Familien Zugang hatten. Wenn dieser Kreis der Linkin den Charakter einer rein akademisch-wissenschaftlichen Veranstaltung verlor - Vorbedingung für die Partizipation der Frauen -, so lag dies an der Pflege eines gemeinsamen Interessengebietes: des Schauspiels.

Die Beschäftigung mit Theater und Schauspiel in diesem Zirkel diente dabei weniger dem Erwerb kritischer Fähigkeiten, der Einübung in Wertungen, als der Unterhaltung der Beteiligten: Liebhaberaufführungen nahmen in der Geselligkeit der Linkin einen zentralen Platz ein[210]. "Im Hause der *Linkin* in Straßburg *vergnügt* man sich einfach an Literatur, in Leipzig sollte Literatur *gemacht* und beeinflußt werden."[211] Dieser lapidare Vergleich Wanieks gibt die veränderten Möglichkeiten und Funktionen an, die einer literarischen Geselligkeit in dem frühaufklärerischen Zentrum Leipzig gegenüber vergleichbaren Ansätzen in Straßburg zukommen sollten. Anders auch als in Zürich, wo das Honoratiorenwesen beherrschend blieb und nur durch die Initiativen Bodmers kleine literarische Gesellschaften wie die "Dienstags-Companie" ins Leben gerufen wurden[212], schien Leipzig gute Voraussetzungen für die Entfaltung eines literarisch-akademischen Lebens zu bieten, das aristokratische mit bürgerlichen Mustern amalgamieren konnte. Obwohl Leipzig keine Residenz beherbergte, galt diese Stadt als Pflege- und Ausbildungsstätte höfischer Umgangsformen. Daneben begünstigten Buchproduktion und -handel frühaufklärerische Projekte in dieser Stadt, die für Aktivitäten zum Aufbau einer literarischen Öffentlichkeit prädestiniert scheinen mußte.

Bereits Habermas, nachdem er in seiner Untersuchung zum Strukturwandel der Öffentlichkeit als die entscheidenden öffentlichen Institutionen in Frankreich und England Salon und Kaffeehaus genannt hat, sieht an der Schwelle nichtrepräsentativer Öffentlichkeit in Deutschland die Reform der "deutsch-übenden poetischen Gesellschaft"[213], die noch den anachronistisch gewordenen barocken Traditionen angehörte. 1727 leitete Gottsched in Leipzig diese Reform ein und rekonstruierte die "Gesellschaft" mit neuen Statuten als "Deutsche Gesellschaft". Den Kandidaten wurden jetzt für die Aufnahme in die Gesellschaft Proben ihres literarischen Könnens abverlangt. Geburtsvorrechte mußten in dieser Gesellschaft angesichts der nachprüfbaren Leistung als

210 Die Linkin übersetzte z.B. Corneilles *Polyeuctes* (Straßburg 1727). Am 29.12.1730 berichtete G. Chr. Wolf an Gottsched: "Am zweiten Weihnachtsfeiertage ist der Frau Linkin übersetzte Tragödie privatim gespielet worden. Die Aktricen sind gewesen dero Frau Dr. Linkin Tochter nebst eines Kaufmannes Tochter, die Acteurs aber Studenten. Ihro Magnifiszenz Prof. Witterus, pro Tempore rector academicus war Director von diesem actu privato-solenni, zündete die Lichter mit an und gab auch den Souffleur ab. Die Jungfer Linkin agierte sehr gut, die andern desto schlimmer. Man spielte auch den Peter Squenz zur Nachcomödie. Es waren vornehme Zuschauer da, hübsche Straßburger Mädchen. Ich habe mich mit Prof. Fischer krank gelacht." Zit nach Gustav Waniek: Gottsched und die deutsche Litteratur seiner Zeit, Leipzig 1897 (Reprint Leipzig 1972), S. 220-221.

211 Ebd., S. 238.

212 Vgl. Robert Faesi: Die Dienstags-Companie, eine unbekannte literarische Gesellschaft aus Bodmers Kreis, in: Züricher Taschenbuch, Zürich 1918, S. 135-161.

213 Habermas: Strukturwandel, S. 50.

Zulassungkriterium ihre Relevanz verlieren, was auf eine "Verbürgerlichung" der "Gesellschaft" hinauslief.

Der Gründung des literarischen Zirkels im Hause der Ziegler in Leipzig geht diese Reform der "Gesellschaft" zeitlich voraus, ja, sie scheint auch Prämisse dafür gewesen zu sein. Erst nachdem Christiane Marianne von Ziegler von der "Deutschen Gesellschaft" als Dichterin legitimiert worden war, d.h.: im Anschluß an ihre - nach einem Antrag Gottscheds erfolgte - Aufnahme in diese "Gesellschaft" als erstes weibliches Mitglied[214], verfügte sie über ein Prestige, das ihr eine gesellige Rolle, die sich an dem Vorbild französischer Salondamen orientierte, ermöglichte. Die Abhängigkeit des Ziegler-Zirkels von der "Gesellschaft" konnte jedoch weder in personaler Hinsicht noch hinsichtlich der kritischen Ansprüche jemals beseitigt werden. Eine Anrede der Ziegler an ihre Besucher dokumentiert die Außensteuerung ihrer Formation, die nur als Dependance der "Gesellschaft" funktionieren will:

> Meine Herren! Die sonst dem weiblichen Geschlechte eigene Blödigkeit sollte mich abhalten, eine solche Anzahl ansehnlicher und gelehrter Männer in mein Zimmer zu bemühen. Allein es verdoppeln sich in mir die Kräfte des Geistes und Ihre Gegenwart ermuntert mein Nachsinnen. Was sollte ich fürchten? Ich bin ja vorlängst in das Register Ihrer gelehrten Namen eingezeichnet. Ich bemühe mich, nach Ihrem Geschmacke deutsch zu sprechen und zu schreiben. Ich richte mich nach den vorgeschriebenen Regeln, kurz: meine Absichten stimmen mit den Ihrigen vollkommen überein. Alle diese angeführten Umstände erteilen mir die Freiheit, Ihnen meine Gedanken ungescheut zu eröffnen.[215]

Indem die "Deutsche Gesellschaft", aber auch die Leipziger Universität als Wertungsinstanzen im Ziegler-Haus anerkannt und hegemonial blieben, konnte sich dieser Zirkel - im Gegensatz wiederum zu den Pariser Salons - als Formation sui generis, mit bisher noch ungenutzten Möglichkeiten gesellschaftlicher Interaktion und Kommunikation, nicht anbieten. Bezeichnend dafür, wie gering die Ambition dieses Literatur-Zirkels war, sich neue literarisch-gesellige Möglichkeiten zu erobern, ist die Tendenz des Leipziger "Salons", sich auch strukturell den bestehenden Geselligkeitsformationen anzupassen, selbst "Gesellschaft" (analog der "Deutschen Gesellschaft") zu werden, wenn auch eine "scherzende", wie sich der Zirkel schließlich nannte.

Eine entscheidende Differenzqualität zu anderen Geselligkeitsformationen, die gemischtgeschlechtliche Zusammensetzung, allerdings blieb: Mit dieser wahrte der Zirkel von Marianne von Ziegler, die zudem seit 1731 - also fast seit Beginn ihrer literaturgeselligen Tätigkeit - verwitwet war, eine erotische Komponente. Diese mag für die entstehende Leipziger galante Literatur nicht ohne Bedeutung gewesen sein; für die Geselligkeitsformation selbst, da diese Kommunikation und Interaktion vor allem der *bürgerlichen* literarischen Intelligenz institutionalisierte, verlor die Erotik ihre gesellige Bedeutung als ständeneutralisierender Faktor. Mißverständnisse und eine ungeschminkte

214 Diese Mitgliedschaft war einer der "institutionelle(n) Durchlässe", die "Gottsched und seine Mitarbeiter schufen", um "den Frauen den Zugang zur Literatursphäre" zu ermöglichen (Bovenschen: Weiblichkeit, S. 137).

215 Abgedruckt bei Adalbert von Hanstein: Frauen in der Geschichte des deutschen Geisteslebens des 18. und 19. Jahrhunderts. Erstes Buch, Leipzig o.J., S. 133.

Funktionalisierung der Erotik für einen sozialen Aufstieg einzelner Teilnehmer waren die Konsequenz[216]. Nicht zuletzt die ungeklärte Rolle und Funktion der Erotik brachten den Zirkel in Mißkredit und bedingten auch die Zurückhaltung der Gottschedin und schließlich deren moralische Kritik an Marianne von Ziegler.

Der Kreis der Adelgunde Gottsched konstituierte sich noch deutlicher als der Zieglers als supplementäre Organisationsform zu den verschiedenen "gelehrten" Institutionen, die Gottsched selbst förderte (er gab allein Impulse für "Gesellschafts"-Gründungen in über 20 Städten). Nicht nur "als Sachwalterin der Theorie ihres Mannes"[217] verstand sich damit Adelgunde Kulmus-Gottsched, sondern auch als Mitträgerin von sozialen Formationen, die dieser Theorie, d.h. vor allem den regelpoetischen Auffassungen, adäquat waren. Gottscheds Ansicht von der ästhetischen Wertungskompetenz enthält bereits die entscheidende *poetologie-geschichtliche* Begründung, warum es in dieser frühaufklärerischen Phase zur Realisierung einer literarischen Salonkultur in Deutschland noch nicht kommen konnte. Zu erinnern ist dabei an die Kritik Gottscheds in seiner *Critischen Dichtkunst* an der sensualistischen Wirkungspoetik des Franzosen Du Bos[218]. Während Gottsched den Zugang zur Kunst mit dem fachlichen Wissen verstellte und damit den Zugang für eine *gesellige* Institution von Literaturkritik sogleich wieder beschnitt, hatte Du Bos das ästhetische Urteil von fachlicher Qualifikation abgetrennt und der "Empfänglichkeit" des Einzelnen anheimgestellt[219], was mit einer Institutionalisierung der Urteilsfindung im Salon kompatibel war. Indem Gottsched dem "guten Geschmack" als ästhetischem Urteilsvermögen, das auf sinnlichen Eindrücken basiert, eine mehr als spontane, situativ gebundene Existenzberechtigung abspricht, solange es keine "Kunstverständige (...) gibt, die dasjenige, was der gemeine Mann nach der sinnlichen Empfindung liebet, nach richtigen Grundregeln für gut und schön erkennen"[220], mußte er konsequenterweise die Kompetenzhierarchie auch in die projektierten Zirkel verlagern. Dies betraf nicht zuletzt die Stellung der Frau. Die an den Regelpoetiken orientierte rationalistische Kritikfähigkeit blieb durch institutionelle Hindernisse und Vorbehalte gegenüber dem Wissenserwerb von Frauen bis auf verschwindende Ausnahmen den Männern reserviert. Daß Gottsched diese Barrieren auch bei seiner eigenen

---

216 Vgl. Waniek: Gottsched, S. 240-241: "Der Leipziger Litteratursalon war unter Anderem auch der Mittelpunkt für die berüchtigten Skandale mit dem liebesbedürftigen Philippi, der hier galante Oden zum Besten gab und die Ziegler für die Vermittlung seines Heirathsprojektes mit einer reichen Leipzigerin gewann. Die Kupplergeschichte wird über Veranlassung und unter Mitwirkung Hagedorn's von Liscow dem Publicum in der Satire 'Sottises champêtres' preisgegeben."

217 Bovenschen: Weiblichkeit, S. 136.

218 Vgl. Klaus L. Berghahn: Von der klassizistischen zur klassischen Literaturkritik, in: Peter U. Hohendahl (Hg.): Geschichte der deutschen Literaturkritik (1730-1980), Stuttgart 1985, S. 10-75, S. 26.

219 Vgl. Peter Bürger, nach dem von Du Bos das "sentiment zu dem Organ der Kunstbeurteilung (gemacht worden sei), woraus sich die Ablehnung der an den règles orientierten rationalistischen Kritik ergibt. Ob ein Werk auf das Gefühl des Aufzunehmenden wirkt - und darin besteht nach Du Bos dessen Wert -, kann nur im Akt der Rezeption erwiesen werden, nicht aber durch Diskussionen über ästhetische Kategorien und deren Erfüllung durch den Künstler." Bürger: Zur Auffassung des Publikums bei Du Bos und Desfontaines, S. 50.

220 Johann Christoph Gottsched: Versuch einer kritischen Dichtkunst, 4. vermehrte Aufl., Leipzig 1751 (Reprint Darmstadt 1962), S. 95.

Frau nicht außer Kraft setzen konnte oder wollte (und er damit eine Reduzierung der literaturgeselligen Rolle seiner Frau in Kauf nahm), illustriert jene, sich lebenslang wiederholende, bekannte Szene von der Gottschedin, die als Ausgeschlossene von der wissenschaftlichen Institution Universität an dieser zu partizipieren sucht und diese Situation offensichtlich auch internalisiert hat:

> Klaglos hat sie es anscheinend während ihrer ganzen Ehe hingenommen, lediglich hinter der Tür zum angrenzenden Hörsaal den Vorlesungen ihres Gatten zuhören zu können (...).[221]

Nicht nur die kulturellen Schranken bezüglich einer Frauenpräsenz bleiben unangetastet; dadurch, daß die Regelpoetiken das literarische Handeln - das rezeptive und produktive - in diesen Zirkeln bestimmen, muß die Ständeordnung eher bestätigt, denn zersetzt werden: Die poetischen Regeln avisieren die soziale Differenzierung. Das Ideal einer nicht-ständischen Dichtung, die das "Aptum" als Kategorie gesellschaftlicher Angemessenheit noch nicht aus dem Regelkanon gestrichen hat, kann ebenso wenig Gültigkeit erlangen, wie sich die Leipziger frühaufklärerischen literarischen Zirkel als ständeneutrale "Salons" konstituieren können. Goethes Urteil über diese Poetiken und die Literatur dieser Phase: "Man behandelte die verschiedenen Dichtungsarten wie verschiedene Sozietäten, in denen auch ein besonderes Verfahren schicklich ist"[222], könnte man auch umkehren.

Traditionsstiftend wirkten weder der Ziegler- noch der Gottsched-Zirkel. Scherpe/Mattenklott sehen um 1740, dem "Beginn der kursächischen Krise"[223] und der Kriege nach dem Machtantritt Friedrichs II, einen literarhistorischen Einschnitt, den sie nicht zuletzt auf der Ebene literarischer Geselligkeit zu beschreiben versuchen. Der Konzeption Gottscheds sei von der jüngeren literarischen Generation "die Sezession aus staatlichen und ständischen Bindungen" und die Bildung "private(r) Zirkel im Freundeskreis"[224] entgegengesetzt worden. Die von dieser Generation (Pyra, Lange, Gleim, Uz, schließlich Gellert) vertretene "sezessionistische Ideologie und die neue Struktur ihrer Geselligkeit sind Ausdruck ihrer Desillusionierung über die von Gottsched behauptete soziale Harmonie der Ständegesellschaft und Reaktion auf den Widerspruch von Ständeordnung und Lebensinteressen der Intelligenz aus den nichtprivilegierten Schichten, den sie nicht durch sozialpolitische Opposition, sondern durch moralisierende Abgrenzung von der feudal-absolutistischen Gesellschaft zu lösen versucht" hätten[225]. In der Literatur dieser Generation seien die neuen "sezessionistischen" Formen der Geselligkeit propagiert worden, indem immer wieder "Sujets aus dem Bereich privater, nichtständischer

---

221 Reinhard M.G. Nickisch: Die Frau als Briefschreiberin im Zeitalter der deutschen Aufklärung, in: Günther Schulz (Hg.): Wolfenbüttler Studien, Bd. III, Wolfenbüttel 1976, S. 29-65, S. 43.

222 Johann Wolfgang von Goethe: Gedenkausgabe der Werke, Briefe und Gespräche, 28. August 1948, hrsg. von Ernst Beutler, Bd. 1-24, Erg. Bde. 1-3, Zürich 1948-1971, Bd. 15: Übertragungen, 1953, S. 1035.

223 Gert Mattenklott/Klaus R. Scherpe (Hg.) Westberliner Projekt: Grundkurs 18. Jahrhundert. Die Funktion der Literatur bei der Formierung der bürgerlichen Klasse Deutschlands im 18. Jahrhundert, Kronbert/Ts. 1974 (Literatur im historischen Prozeß. Ansätze materialistischer Literaturwissenschaft, Analysen, Materialien, Studienmodelle Bd. 4/1, S. 131).

224 Ebd.

225 Ebd.

Geselligkeit (Liebes- und Freundschaftslyrik) oder weltabgewandten Lebensgenusses"[226] gestaltet worden seien. Es ist vor allem Gellert, der in seiner Literatur, um noch einmal Scherpe/Mattenklott zu zitieren, "die Problematik der neuen Geselligkeit und ihrer Moral in den Raum der alltäglichen Familie transponiert und so Modelle geselligen Verhaltens schafft, die die Masse des mittelständischen Publikums ansprechen".[227]

Es handelt sich also nach 1740 weniger um den Versuch, sich ständeübergreifend zu organisieren als "nicht-ständisch", was literaturprogrammatisches Ziel und intendiertes Menschenbild, "mittelständisch", was die soziale Herkunft und Zusammensetzung der literarisch-geselligen Formationen betrifft. Dabei konnte - in Fortsetzung der Kritik der Gottschedin - selbst ein Ziegler-Zirkel auch weiterhin unter moralischen Gesichtspunkten suspekt erscheinen. Eine frauenzentrierte Verkehrsform, in der die sich herausbildende "alltägliche Familie" nicht permanent bestätigt wurde, mußte unter diesen Prämissen unterentwickelt bleiben bzw. gehalten werden. Wenn schließlich, wie im Hause Hagedorn oder Gleim, "sezessionistische" literarische Zirkel entstehen, sind diese nicht zentriert auf die Frau des Hauses, sondern beziehen sich auf den literaturkompetenten Mann. Dort, wo Frauen eine organisierende Rolle spielen, wie es bei Gleim und seiner Nichte Gleminde der Fall war, prätendiert das gesellige Verhalten familiale Intimität und begleitet die männlichen Freundschaftsbünde: Auf die ständeausgleichenden Möglichkeiten, wie sie die französischen Salondamen unter Beweis stellten, konnte bei dieser Konzeption (und mußte unter den vorhandenen gesellschaftlichen Konditionen) verzichtet werden.

Von dieser literarisch-geselligen Praxis verläuft eine nur schwach ausgeprägte und im wesentlichen durch Leopold Friedrich Günther Goeckingk, einem Freund Gleims, aufrechterhaltene Kontinuitätslinie bis ins Vorfeld der Berliner Salonkultur. Henriette Herz hatte bereits in ihrer Jugend auf einer mit ihren Eltern und Rahel Levin unternommenen Reise Goeckingk näher kennengelernt. Als dieser in den achtziger Jahren zeitweise in Berlin war (ab 1793 siedelte er ganz um), verkehrte er regelmäßig im Hause Herz, konnte aber nur seine geselligen Vorstellungen, wie sie durch den Halberstädter Gleim-Kreis geformt worden waren, auf diesen Umgang projizieren, wie seine Eloge auf den Kreis um Markus Herz, in der die Frau bezeichnenderweise gänzlich ausgespart ist, dokumentiert:

> Welch ein liebender Kreis von weisen Freunden umgab ihn! Jeder schätzte den Arzt, Dencker und Spötter in ihm. Gleich den Weisen Athens liebt er die fröhlichen Zirkel; Seine Sorgen allein bleiben im Herzen versteckt; Alles opfert er sonst auf dem Altare der Freundschaft, Seinen Witz und den Wein, seine Erfahrungen gern.[228]

So wenig es der bürgerlichen, "mittelständischen", Intelligenz bis weit in die zweite Jahrhunderthälfte gelang, nach den Sprach- und Dichtergesellschaften des vorhergehenden Jahrhunderts einen gleichberechtigten Umgang mit Teilen der sozial führenden aristokratischen Schicht zu etablieren, so wenig zeigte diese selbst sich willens, von sich aus einen "neutralen", die Anerkennung der eigenen Standesnormen nicht zur Voraus-

226 Ebd.
227 Ebd.
228 In Landsberg: Herz, S. 50.

setzung habenden Geselligkeitsraum zur Verfügung zu stellen. In seiner Ode *An Mäcen* bringt Lessing diese Situation - auch in ihren Auswirkungen auf die literarische Produktion - zum Ausdruck: Nur zum Divertissement ist die Intelligenz zum Umgang mit der sozialen Führungsgruppe zugelassen:

> Dort, der Regent ernährt eine Menge schöner Geister und braucht sie des Abends, wenn er sich von den Sorgen des Staates durch Schwänke erholen will, zu seinen lustigen Räthen.

Solch ein Umgang verlangt, heißt es ebenda, nach Aufgabe der eigenen - bürgerlichen - Wertevorstellungen, der Subordination in moralischen, literarischen und geselligen Fragen:

> Corner, der Wohllüstling, hat sich in mein Lieder verliebt. Er hält mich für Seinesgleichen. Er sucht meine Gesellschaft. Ich könnte täglich bei ihm schmaußen, mich mit ihm umsonst betrinken, und umsonst auch die theuerste Dirne umfangen; wenn ich nur mein Leben nicht achtete (...).[229]

2. Aber auch für den Umgang innerhalb des Adels selbst machten sich, dort wo dieser Umgang eine Reduktion der Etikette erforderte, Defizite bemerkbar, wie sie in Frankreich von den Salons ausgeglichen werden konnten. Am Beispiel Berlins, das bis zu Friedrich II über keinen nennenswerten städtischen Adel verfügte, der als Träger urbaner aristokratischen Geselligkeit (außerhalb des Hofes) in Frage hätte kommen können, läßt sich nachweisen, daß dem Hof selbst an der Formierung eines weniger repräsentativen, weniger rituellen sozialen Verkehrs durchaus gelegen war (oder wenigstens an dessen Regulierung):

> Nach einer königlichen Verordnung vom 7. Januar 1733 waren es 24 ausschließlich adlige Herren, welche sich verpflichteten, jährlich 30 Thaler zu zahlen und dafür das Recht haben sollten, den ganzen Winter hindurch zweimal wöchentlich, Dienstag und Freitag, im Fürstenhause, das sich an der Ecke der Kunststraße und des Werderschen Markts gegenüber der Mündung der Jägerstraße befand, zusammenzukommen, Kaffee, Thee, Chokolade und Limonade zu genießen und Karten zu spielen.[230]

Diese auf königliche Order etablierte besondere Formation, zu dem die Geburtsrechte die Mitgliedschaft gewährten, spiegelt Umgruppierungen in der preußischen Oberschicht, wie sie sich für den absolutistischen Staat als erforderlich erwiesen, und sichert diese "gesellig" ab. Die sich im Wandel befindende politische Elite hätte zu einer völligen Hermetisierung dieses "Clubs" im Widerspruch gestanden: Ohne die tendenzielle Unabgeschlossenheit der französischen Salons zu übernehmen, regelte die königliche Verordnung ausdrücklich den Zutritt von Nichtmitgliedern (die dann jeweils 8 Groschen Eintrittsgeld, 16 Groschen Kartengeld und besondere Preise für die Getränke zu zahlen hatten. Aus der Struktur des preußischen Staates ist es zu verstehen, daß "Kapitäne und Subalterne"[231] von sämtlichen Kosten befreit waren). Führende Beamte, Diplomaten und

229 G.E. Lessing: An Mäcen, in: ders.: Sämtliche Schriften, hrsg. von Karl Lachmann. Dritte, Verbesserte und Vermehrte Aufl., Stuttgart 1886, 1. Bd., S. 149-150.

230 Ludwig Geiger: Berlin 1688-1840. Geschichte des geistigen Lebens der preußischen Hauptstadt, 2 Bde., Berlin 1892-1983, Bd. 1, S. 256.

231 Ebd., S. 257.

Minister fanden sich hier in einem nichtoffiziellen, aber offiziell sanktionierten Rahmen zusammen.

In vielem verweist dieser "Club" auf das berühmte, von Friedrich Wilhelm I ins Leben gerufene "Tabacscollegium", nur, daß in dieser Abendgesellschaft mit dem König das Machtzentrum präsent blieb. Der Monarch bestand aber auf der Verbannung der Hofetikette aus diesem Kreis. So durfte niemand beim Eintritt des Königs aufstehen. Die Gesprächsthemen waren nicht vorgegeben. Indem Neuigkeiten ausgetauscht wurden, die auf der Zeitungslektüre basierten, wurde auch das Monopol des Herrschaftswissens in diesem Rahmen außer Kraft gesetzt - eine Gesprächsrunde konstituierte sich. Die situationsbegrenzte Gleichheit - der König wollte sich als Offizier unter Offizieren sehen - wurde auch in der verbindlichen Festlegung aller Teilnehmer auf die Genußmittel Tabak und Bier symbolisiert; wer nicht rauchte, mußte wenigstens eine kalte Pfeife im Munde halten. Das Bier, durch das einige Kollegiaten in einen alkoholisierten Zustand versetzt wurden, mag als ein Hinweis dafür genommen werden, daß im Tabakskollegium ins vorhergehende Jahrhundert zurückverweisende Geselligkeitsnormen noch wirkungsmächtig waren. Diese Männergesellschaft blieb aber exklusiv und beschränkte sich auf Vertraute des Königs. Wenn in dem Tabakskollegium mit dem Historiographen Gundling auch ein Gelehrter mit der sozialen Elite verkehren konnte, so bedeutete dies allerdings noch kein Reputationsgewinn für die Vertreter der Wissenschaften: Gundling erfüllte hier eher Funktionen des alten Hofnarren. Insofern bleibt auch die zeitweilige Gleichheit der Versammelten prekär, was in dem bekannten Gemälde des Tabakskollegiums von Georg Lisiewiski noch seinen Niederschlag findet: Bei der Darstellung der beiden Diener im Vordergrund kommt die Bedeutungsperspektive zur Anwendung, nicht aber bei den verschiedenen Mitgliedern des Kollegiums. Nur: Zwischen die beiden am Tischende sitzenden Männer setzt der Maler einen Hasen. Der Hase, der für Narrheit und Feigheit steht, kennzeichnet ziemlich deutlich die Abqualifikation der Wissenschaft und ihrer Repräsentanten in diesem geselligen Kreis.

Diese beiden Berliner (bzw. Potsdamer) Geselligkeitsformationen kopieren eher den englischen Club als französische Verkehrsformen. So wenig wie in dem Club soll hier Aktionsverlust aufgefangen und sublimiert werden. Eine gemischtgeschlechtliche Geselligkeit erscheint dem König nicht opportun; auf Literatur und Kunst als Gegenstand der Kommunikation kann weitgehend verzichtet werden. Im Tabakskollegium dient der Wissenschaftler der Belustigung; im Berliner "Club" bleibt Kunst nur in extremer Divertissementfunktion geselligkeitsrelevant - als Begleitmusik der Assembleen, für die der Wirt zu sorgen hat!

Von einer "Germanisierung" der französischen Salonkultur zu sprechen, wie dies auch Valerian Tornius tut, verschleiert, daß der Anpassungszwang an die deutschen gesellschaftlichen Verhältnisse mit einer Aufgabe essentieller Errungenschaften der skizzierten französischen Salonkultur verbunden war. Eine Neuzentrierung sozialer Beziehungen in einer besonderen, aus der stratifizierten Gesellschaft herausragenden Institution gelang nicht. Selbst Hilfskonstruktionen, durch die soziale Differenzen periodisch hätten ausgeblendet werden können (wie Gesellschaftsnamen, Embleme etc.) fehlen. Als Reaktionen bleibt der bürgerlichen Intelligenz die Beteiligung an Geheimgesellschaften oder der Rückzug auf den Freundschaftskult. Bis ins letzte Drittel des 18. Jahrhunderts "beruhte die soziale Ordnung darauf, daß man sich trennte"[232], fehlten "eine öffentliche Geselligkeit und private Zirkel von öffentlichem Interesse"[233], die dieser Trennung hätten entgegenwirken können. Noch 1785 konnte J.G. Zimmermann schreiben:

> Ahnenprobe sondert (...) in Deutschland noch fast überall den Adel von allen übrigen aufgeklärten, klugen, guten, würdigen und edlen Menschen ab wie den Kern von dem Spreu. Menschen, denen nichts in der Welt Ansehen, Rang und Gewicht gibt als ihre oft so elenden Ahnen; die kein Verdienst sich erwerben, weil ihre Geburt das einzige Verdienst ist, das sie haben und bedürfen; solche Menschen stehen überall vorne an.[234]

232 Engelsing: Der Bürger als Leser, S. 261.
233 Ebd.
234 Johann G. Zimmermann: Über die Einsamkeit, 4 Bde., Leipzig/Karlsruhe 1785, Bd. 3, S. 226.

3. *Entstehungsbedingungen für eine literarische Salonkultur um 1800 in Deutschland*

3.1 *Die jüdische Akkulturation*

> Man entbehrt recht viel feinere Vergnügungen, wo gar keine Juden sind.
> (David Veit an Rahel Levin, 1794)

3.1.1 *Anmerkungen zur Lage der Juden in Preußen*

1. Die Institutionalisierung einer geselligen, die gesellschaftlichen Schichtungen nicht nur reproduzierenden Verständigung über Literatur und Kunst wurde in dem Maße, in dem sich die literarischen Verhältnisse in Deutschland entwickelten, als Desiderat eingeklagt; weder deutete sich aber ein sozialer Ort noch eine soziale Trägergruppe für die Etablierung einer den französischen Salons vergleichbaren Geselligkeitsformation an. Durch die stärkere Orientierung auf London waren im Norden, vor allem in Hamburg, zwar die Ansätze einer Clubgeselligkeit gefördert worden - seit 1723, also noch vor Gottscheds organisatorischen Impulsen, bestand in Hamburg die "Patriotische Gesellschaft" -, aber die Wirksamkeit solcher Clubs blieb geographisch und in der Regel auch zeitlich limitiert. Mit dem sich abzeichnenden Scheitern der für die deutsche Intelligenz relevanten Geheimgesellschaften und den vom absolutistischen Staat erzwungenen Distanzierungen vom Illuminatenorden schied eine weitere Möglichkeit ständeübergreifender Kommunikation mit den ihr immanenten Emanzipationsimpulsen für Vertreter des Bürgertums aus. Bei der ökonomischen und sozialen Schwäche des Bürgertums einerseits, die nicht einmal zuzulassen schien, die ständische Ordnung zumindest in einem vage institutionalisierten Akt zu mißachten und eine konkrete Utopie egalitären Umgangs wenigstens für Momente zu leben, und einer sich immer noch weitgehend hermetisch verhaltenden Aristokratie mit sozial abgeschotteter Lebenspraxis und distinktiven Kulturmustern andererseits, war die Organisation eines den Salons Frankreichs vergleichbaren Kommunikationsraumes durch eine dieser beiden sozialen Gruppen zumindest aktuell nicht zu erwarten. Entscheidende Initiativen gingen in dieser Situation von einer gesellschaftlichen Gruppe aus, die am wenigsten in das Ständesystem eingegliedert war und - kulturell in vielem autonom - außerhalb der traditionellen gesellschaftlichen Normen und Verhaltensformen stand: den Juden. Die Geschichte der Literarischen Salons in Deutschland, wie sie noch in der Aufklärung bzw. deren Überwindung ansetzt, ist immer auch als integraler Bestandteil der Geschichte der jüdischen Akkulturation zu begreifen (was nicht die Ausschließlichkeit der jüdischen Organisation Literarischer Salons behaupten soll). Der Akkulturationsprozeß spielte sich in den deutschen Städten weder synchron ab, noch zeitigte er identische Resultate. Geht man vom Literarischen Salon als einem der Resultate dieses Prozesses aus, so interessiert

hier vordringlich die Geschichte der preußischen bzw. der Berliner Juden[1], zumal die jüdische Salonkultur, wie sie in dieser Phase der Kulturangleichung in der preußischen Hauptstadt entstand, Rückwirkungen auf andere jüdische Zentren hatte. So weisen die bekannten Literarischen Salons Wiens deutlich zurück auf die Vorgänge in Berlin oder haben ihre unmittelbaren, d.h. personalen Ursprünge in der preußischen Hauptstadt.

Das Judenedikt von 1671 gestattete 50 aus Wien vertriebenen reichen jüdischen Familien die Niederlassung im Kurfürstentum. Mit der Erteilung der Schutzbriefe, die eine zwanzigjährige Gültigkeitsdauer besaßen, wurde eine Politik gegenüber Juden betrieben, die durch Privilegienvergabe an Begüterte auf eine Konsolidierung der fürstlichen Finanzen zielte, indem "Schutzjuden" für ihnen verliehene Rechte Abgaben zu verschiedensten Anlässen entrichten mußten, zu deren Festsetzung und Eintreibung es zudem keiner Zustimmung von seiten der Stände bedurfte. Dies leitete mit der rechtlichen Spaltung der Juden auch deren soziale Differenzierung ein, wodurch der Entstehung einer Trägerschicht für die Akkulturierungstendenzen der Weg geebnet wurde. Die "Wiener Juden" bildeten in Berlin den Kristallisationskern einer neuen jüdischen Oberschicht, die ergänzt wurde durch "Schutzjuden" aus anderen deutschen Ländern ebenso wie aus den Niederlanden. Das *General-Juden-Reglement* (1730) Friedrich Wilhelms I enthielt Paragraphen, durch welche die schmale Oberschicht unmittelbar noch weiter gefördert wurde: Deren Zahl wurde für Berlin nun auf 100 Familien reduziert (1737 nahm man eine leichte Korrektur vor und erhöhte die Zahl auf 120) und eine Übertragung des "Schutzbriefes" auf den ersten Sohn ermöglicht, sofern dieser über ein Vermögen von 1000 Talern verfügte. Der zweite Sohn konnte nur dann in den "Schutzbrief" aufgenommen werden, wenn er einen doppelt so hohen Betrag nachwies. Was diese staatliche Heranziehung einer finanzkräftigen Gruppe - eine Maßnahme, die das Prinzip des sozialen und rechtlichen Aufstiegs auf der Basis von Kapitalakkumulation mit dem der feudalstaatlichen, bis in den genealogischen Bereich reichenden Reglementierung verband - noch schärfer konturiert, waren die Ausnahmebestimmungen für die Ausstattung jüdischer Zuwanderer mit "Schutzprivilegien": Diese Bestimmungen konnten nur in Kraft

1 Da im Verlauf dieses Kapitels noch einzelne Untersuchungen zitiert werden, soll eingangs nur auf einige Werke, die Standardcharakter gewonnen haben, hingewiesen werden. Ludwig Geiger: Geschichte der Juden in Berlin, 2 Teile, Berlin 1871; Werner Sombart: Die Juden und das Wirtschaftsleben, München 1911; Selma Stern: Der preußische Staat und die Juden. Dritter Teil: Die Zeit Friedrichs des Großen. Erste Abteilung: Darstellung, Tübingen 1971; Walter Grab (Hg.): Deutsche Aufklärung und Judenemanzipation. Internationales Symposium anläßlich der 250. Geburtstage Lessings und Mendelssohns, Dezember 1979, Tel Aviv 1980 (Jahrbuch des Instituts für deutsche Geschichte, Beiheft); Juden in Preußen. Ein Kapitel deutscher Geschichte. Offizieller Katalog der Ausstellung "Juden in Preußen", Berlin 1981, hrsg. vom Bildarchiv Preußischer Kulturbesitz, Dortmund 1981. Wichtige Quellensammlungen zur Geschichte der Juden in Preußen: Jeremias Heinemann: Sammlung der die religiöse und bürgerliche Verfassung der Juden in den Königl. Preuß. Staaten betreffenden Gesetze, Verordnungen, Gutachten, Berichte und Erkenntnisse. Mit einem Anhange, welcher Gesetze Fremder Staaten enthält, 2. verbesserte Aufl., Glogau 1831; Selma Stern: Der preussische Staat und die Juden. Dritter Teil: Die Zeit Friedrichs des Großen. Zweite Abteilung: Akten. Erster Halbband, Tübingen 1971 (Schriftenreihe wissenschaftlicher Abhandlungen des Leo Baeck Instituts, 24/2).

treten bei Vermögen über 10.000 Reichstalern[2]. Daß eine Übertragung des "Schutzbriefes" auf die Töchter grundsätzlich nicht vorgesehen war, mußte die Bereitschaft dieser reichen "Schutzjuden" stärken, ihre Töchter mit nichtjüdischen Männern zu vermählen, was nicht nur den Akkulturierungsprozeß beschleunigte, sondern auch die Institutionalisierung eines geselligen Umgangs mit nichtjüdischen Gruppierungen aus pragmatischen Erwägungen geboten sein ließ.

In Wien hatte Maria Theresia, deren Regierungszeit für die Masse der jüdischen Bevölkerung erhebliche Repressionen brachte (so wurde u.a. wieder auf das Tragen des gelben Judenbandes geachtet, "öffentliche Belustigungsörter" durften nicht von Juden aufgesucht werden[3]) einer Gruppe von jüdischen Financiers, wie Arnstein, Eskeles, Schlesinger, ihre Wirtschafts- und Finanzpolitik weitgehend anvertraut. Diese waren durch die Verleihung von Adelsprädikaten belohnt und in die gesellschaftliche Hierarchie eingegliedert worden; es waren im wesentlichen diese Familien, die die großen Wiener Salons organisierten. Die Integration dieser Wiener "Hofjuden" auf relativ hoher Stufe in die gesellschaftliche Hierarchie kann eine Erklärung für die Differenzen zwischen Wiener und Berliner jüdischem Salon, etwa dem unterschiedlichen Stellenwert von Literatur als Verständigungsobjekt, sein - Differenzen, die zum Tragen kamen, obgleich die Wiener Salondamen ihre Sozialisation zum großen Teil ebenfalls in den jüdischen Häusern an der Spree erfahren hatten.

Die Juden, auf die sich Friedrich II finanzpolitisch stützte - Itzig, Ephraim, Isaac, Gumpertz - wurden zwar "generalprivilegiert", d.h. sie erlangten die Rechte christlicher Kaufleute, die zur Expansion ihrer Unternehmungen unabdingbar waren, eine Nobilitierung blieb ihnen versagt. Sie bewegten sich weiterhin in einem gesellschaftlich diffusen und entsprechend prekären Zwischenraum. Erst 1791, als der jüdische Salon in Berlin eine Institution wurde, erhielt Daniel Itzig als erster preußischer Jude das Naturalisationspatent für sich und seine Familie.[4]

---

2 Das Recht des "Ansetzens" eines zweiten Kindes wurde auch von Friedrich II als Möglichkeit zur Aufbesserung der Finanzen genutzt; er hatte sich schließlich mit der Pauschalzahlung von 70.000 Talern dieses Recht abkaufen lassen.

3 Vgl. Hugo Gold: Geschichte der Juden in Wien, Tel Aviv 1966, S. 26. Der Verdacht (bzw. der konstruierte Vorwurf) antiösterreichischer jüdischer Betätigung führte 1744 zum Höhepunkt der gegen die jüdische Bevölkerung gerichteten Politik unter Maria Theresia: Als Strafaktion wurde die Zerstörung der bedeutenden Prager jüdischen Gemeinde durch Ausweisung der Prager Juden aus Böhmen angeordnet, gegen die jüdische Gemeinden aus verschiedenen europäischen Ländern opponierten. Die Toleranzpatente Josephs II hoben einen großen Teil dieser Anordnungen auf.

4 Reinhard Rürup hat in seinem Aufsatz *Judenemanzipation und bürgerliche Gesellschaft in Deutschland* dieses Naturalisationspatent von 1791 auch im Kontext der jüdischen Salonkultur gesehen, wenn er schreibt: "1791 erhielt der Berliner Bankier Daniel Itzig für sich und sämtliche Nachkommen - das waren faktisch die einflußreichsten jüdischen Familien in Berlin - ein Naturalisationspatent, das ihnen die vollen Rechte preußischer Untertanen gewährte. Dadurch wurde die Sonderstellung der Berliner Juden noch einmal unterstrichen: sie waren von bedeutendem wirtschaftlichem Einfluß, zählten in ihren Reihen eine nicht geringe Zahl angesehener Gelehrter, entwickelten schließlich sogar eine Salonkultur, für die es in Deutschland keinen Vergleich gab." Reinhold Rürup: Judenemanzipation und bürgerliche Gesellschaft, in: Gedenkschrift Martin Göhring. Studien zur europäischen Geschichte, hrsg. von Ernst Schulin, Wiesbaden 1968 (Veröffentlichungen des Instituts für europäische Geschichte Mainz, Bd. 50, Abteilung Universalgeschichte), S. 174-199, S. 181.

3.1.2 Die Übernahme und Ausarbeitung neuer Kulturmuster

1. Relativ kurz erscheint die Zeitspanne, in der es einzelnen Gruppen unter den Juden gelang, sich aus einer jahrhundertealten kulturellen "Isolation", in der Sprache, Religion, Wohnen, Kleidung, Literatur, nahezu alle Lebensäußerungen Ausdruck einer eigenen jüdischen Identität waren, zu lösen und jene Kulturmuster zu adaptieren, die über den traditionellen ökonomisch geforderten Umgang mit Nichtjuden hinaus eine "jüdische" Beteiligung an den philosophischen und literarischen Diskursen und Kommunikationsformen der nichtjüdischen Intelligenz gestattete. Daß eine Realisierung der sowohl von nichtjüdischer (z.B. Dohm) als auch jüdischer Seite (z.B. Friedländer) vorgelegten - unterschiedlich akzentuierten - Entwürfe einer Integration (qua Konversion) möglichst der gesamten jüdischen Bevölkerungsgruppe bis zur Reformgesetzgebung nach dem preußischen Zusammenbruch von Jena gesellschaftlich nicht durchsetzbar war, ist ein die "jüdische" Salonkultur mitbestimmender Faktor: So konnte und mußte sich die Akkulturation als weitgehend individuell zu verantwortender Akt vollziehen - mit all ihren Konsequenzen für die Herausbildung eines Bewußtseins von Individualität und Singularität und ohne daß die Ständeordnung von diesem individualisierten Akkulturationsvorgang maßgeblich tangiert wurde.

Formuliert, ideologisch begründet und bereits in die gesellige Praxis als Experimentierraum für gesellschaftliches Handeln umgesetzt wurden die Akkulturationsprojekte von einer kleinen Gruppe jüdischer Intellektueller, deren soziale Heterogenität die der nichtjüdischen Literaten- und Gelehrtenschicht eher noch übertraf. Die gesicherten "Wirtschaftsjuden" (wie die Itzigs oder Ephraims) blieben zwar weiterhin engagierte Vertreter einer kulturellen Annäherung (die ja durchaus ihren wirtschaftlichen Bedürfnissen entsprach), aber es sind jetzt auch Juden wie Moses Mendelssohn, die aus ärmlichen Verhältnissen kommen und nicht einmal den "Schutzbrief" besitzen, oder wie der Sohn eines jüdischen Schreibers, Markus Herz, dessen Studium von David Friedländer finanziert wurde (von Friedländer, der wiederum selbst aus einer reichen generalprivilegierten Königsberger Familie stammte und eine der Töchter Daniel Itzigs heiratete), die den assimilatorischen Prozeß stimulierten. Während Rahel Levin, um den unterschiedlichen sozialen Status zweier Salondamen zu markieren, durch den Juwelierhandel ihres Vaters, dann den ihrer Brüder, ein kleines, aber schließlich doch gesichertes Auskommen hatte, geriet Henriette Herz, die Tochter des ersten jüdischen Arztes in Berlin, nach dem Tode ihres Mannes, des Arztes Herz, in finanzielle Schwierigkeiten, so daß sie Schüler (darunter Börne) als Pensionsgäste aufnehmen mußte.

Jüdischen Intellektuellen waren ihren Fähigkeiten und Ambitionen entsprechende Berufszweige und Karrieren administrativ versperrt, die Zulassung von Juden zu intellektuellen Ausbildungsgängen eng begrenzt. Nur das Medizinstudium bildete an wenigen Universitäten eine Ausnahme, so daß sich hier der jungen, auch literarisch und philosophisch interessierten Intelligenz eine Ausweichmöglichkeit bot. Ansonsten blieben Gelehrte wie Mendelssohn, Schriftsteller wie Ephraim Kuh usw. auf den Broterwerb in den durch die Reglements zugelassenen Berufen festgelegt: Mendelssohn hatte bekanntlich eine Stelle bei dem jüdischen Seidenfabrikanten Bernhard, dessen Teilhaber er später wurde. Kuh wurde im Jahre 1763 Kassierer der neubegründeten Gold- und Silbermanufaktur seines Oheims Veitel Ephraim.[5]

Die Annäherung an nichtjüdische Kulturmuster, Kontaktaufnahme mit nichtjüdischer Intelligenz und die Herausbildung gemeinsamer, durch keine konfessionellen Vorgaben nachhaltig gestörter Diskurse wurden auf jüdischer Seite erschwert und kompliziert durch eine sich dem Anspruch auf individuelle Lebensgestaltung widersetzende Einbindung in die jüdische Gemeinde. Wenn Selma Stern auf die religionsgesetzliche Ordnung aller Lebensverhältnisse mit Nachdruck aufmerksam macht, "die den privaten wie den öffentlichen" Sektor umfaßt habe und in der Organisation der Gemeinde manifest geworden sei[6], scheint an diesem Hinweis nur insofern eine Relativierung angebracht, als gerade diese Gemeindestruktur der Dichotomie von "öffentlich" und "privat" und von "sakral" und "säkular" entgegenstand. Die Gemeinde bewahrt als religiös begründete Gemeinschaft ihr eigenes Rechts- und Steuerwesen, dem Richteramt des Rabbi waren die Gemeindemitglieder weiterhin unterworfen. Zudem hatte die jüdische Gemeinde ein besonderes Erziehungswesen, eine eigene Verwaltung, eine jüdische Armenpflege ausgebildet; sie besaß eigene Gotteshäuser und Friedhöfe. Die Gemeindeautonomie war durch den feudalabsolutistischen Staat nicht aufgehoben, sondern in seinem Sinne genutzt worden für die Austragung von Rechtsstreitigkeiten und die Eintreibung der Abgaben, beispielsweise.

Eine solche Gemeindestruktur, die die verschiedensten Lebensbereiche auf das Primat der Religion zuschnitt, macht die Verschränkung von öffentlicher und privater Sphäre in den jüdischen Häusern verständlich, sie bildete ein retardierendes Moment für die Ausgestaltung des jüdischen Hauses als "familiären" Raum mit ihren Konsequenzen für die Identitätsform. Der umfassende Anspruch der Gemeinde bei gleichzeitiger Lösung des Individuums aus ständisch festgelegten Lebenszusammenhängen in angrenzenden gesellschaftlichen Sektoren war Grundlage auch für das überdeutliche Spannungsverhältnis zwischen Rollenübernahme und Individualisierung, wie wir es von Dorothea Mendelssohn und Rahel Levin kennen. Die Orientierungsdefizite, die in diesem komplizierten Subjektivierungsprozeß entstanden, stärkten zugleich die Disposition, neue Formen intersubjektiver Verständigung und Orientierung zu entwickeln.

2. Eine wesentliche, die Akkulturation und die sie sozial fundierende und forcierende Geselligkeit zwischen Juden und Nichtjuden erleichternde Voraussetzung war dadurch gegeben, daß es in Berlin nicht zu einer stadtgeographischen Absonderung der jüdischen Gemeinde gekommen war. Auch war - anders als in Frankfurt oder Prag - die städtische Mobilität der jüdischen Bevölkerung nicht eingeschränkt; Beziehungen zwischen Straße und Salon, für die Herausbildung dieser konfessionsneutralen sozialen Verkehrsform ein wichtiger Faktor, konnten sich entfalten.(So wie in Prag die nächtliche Ausgangssperre für jüdische Bürger verordnet blieb - was allein bereits deren Teilnahme an den

5 Stern: Der preußische Staat und die Juden. Dritter Teil: Die Zeit Friedrichs des Großen. Erste Abteilung: Darstellung, Tübingen 1971 (Schriftenreihe wissenschaftlicher Abhandlungen des Leo Baeck Instituts), S. 409.

6 Ebd., S. 256.

Salonsoireen verwehrt hätte -, so waren die Juden in Frankfurt am Main dadurch, daß ihnen nur die Fahrrinne als Gehweg gestattet war, vom urbanen Promenieren ausgeschlossen.[7])

Noch 1774 stellte ein "Reisender durch die Königlich-Preußischen Staaten" fest: "Die Juden wohnen größten Teils in dem eigentlichen Berlin, besonders in der Juden-, Königs-, Spandauer- und in einigen anderen Straßen. In der Friedrichstadt wohnt kein einziger."[8] Nach dem "Revidierte(n) General-Privilegium und Reglement vor die Judenschafft im Königsreiche Preussen" war es den Juden erlaubt, "in dem eigentlichen Berlin vierzig Häuser eigenthümlich zu besitzen"[9], eine Zahl, die 1763 nochmals um 30 erhöht worden war[10]. Friedrich Nicolai kann in der Ausgabe seiner *Beschreibung der Königlichen Residenzstädte Berlin und Potsdam* von 1786 eine Verdichtung jüdischen Wohnens in bestimmten Straßen nicht mehr angeben. Gleichzeitig vermittelt sein topographisches Werk einen Eindruck von der jüdischen Wohnkultur der sozialen jüdischen "Elite" und damit deren erreichten Akkulturationsgrad (was auch die materiellen Bedingungen für den hier organisierten Umgang offenlegt): Unter den sehenswerten "Merkwürdigkeiten" Berlins zählt Nicolai das "große Haus der Gebrüder Ephraim" in der Poststraße[11]. Der Vater Veitel Ephraim, "Münzjude" Friedrichs II, hatte das "vorherige Tonnenbindersche Haus in der Poststraße bis an die Ecke des Mühlendamms" aufgekauft und es in den sechziger Jahren nach Diterichs Rissen erweitern, "und die jetzige sehr ansehnliche Stirnwand nach dem Mühlendamm ziehen (lassen), deren Zierlichkeit dem Baumeister um so viel mehr Ehre macht, da er sich nach dem beybehaltenen ehemaligen Hause richten mußte, welches er nur moderner, und mit korinthischen Wandpfeilern verzierte"[12]. Bei der Beschreibung der Innenarchitektur des Hauses hebt Nicolai an anderer Stelle den "zierliche(n) ovale(n) Saal"[13] des Palais, der den Rahmen für die Geselligkeit Ephraims abgab, hervor. Neben diesem Palais besaß Veitel Ephraim in der Spandauerstraße, einer der bevorzugten Wohnstraßen zu dieser Zeit, und in der Königsstraße zwei weitere Häuser. Ebenfalls nach Entwürfen des auch vom preußischen Adel favorisierten Diterich sei das Haus des zweiten "Münzjuden", Moses Isaak, in der Spandauerstraße errichtet worden, ein Stadtpalais, das "vordem dem Staatsminister von Viereck"[14] gehört habe. Ein weiteres sehenswertes Haus in Altkölln, das Nicolai in seine Beschreibung aufnahm, war das des Juden Itzig:

---

7 Vgl. hierzu auch Ludwig Marcuse: Börne. Aus der Frühzeit der deutschen Demokratie, Rothenburg o.d.T. 1968, S. 18

8 Zit. nach Herz: Ihr Leben, S. 6.

9 Friedrich Nicolai: Beschreibung der Königlichen Residenzstädte Berlin und Potsdam, aller daselbst befindlicher Merkwürdigkeiten und der umliegenden Gegend, Neudr. der Orig. Ausgabe d. 3. Aufl. Berlin 1786, Bd. 1-3, Berlin 1968, S. 258.

10 Ebd.

11 Ebd., S. 9.

12 Ebd.

13 Ebd., S. 856.

14 Ebd., S. 11.

> Hinter dem neuen Packhofe stehen verschiedene wohlgebaute Häuser, darunter ist besonders: Ein dem jüdischen Bankier H. Daniel Itzig gehöriges Haus zu bemerken. Der berühmte Sulzer ließ es 1749 nach Diterichs Zeichnung bauen. Nachher war die Stirnwand nach der Straße hin vergrößert.[15]

In unmittelbarer Nachbarschaft der Königlichen Ritterakademie in der Burgstraße - und das hieß gegenüber der Schloßfront - befand sich das Stadtpalais Daniel Itzigs: "Der General v. Montargues baute es 1724 nach dem Modell des Hotel de Soubis in Paris; der Baron v. Vernezobre kaufte es 1728 von demselben, und ließ es ausbauen."[16] Den Anforderungen des begüterten Itzig habe das Palais so nicht genügt:

> Der jetzige Besitzer kaufte einige nebenstehende Häuser dazu, und ließ es 1765 nach Naumanns (sic) des Sohns Rissen, so wie es jetzt ist, erbauen und erweitern, wodurch der linke Flügel symmetrischer wurde.[17]

Auch über das Innere wird der Berlin-Reisende von Nicolai informiert:

> Ein schönes Gebäude, worin auch verschiedene von Fechhelm gemalte Säle (wovon des einen Decke aufgeklappt werden, und zur Lauberhütte dienen kann), eine schöne Gemäldesammlung, eine wohlgebaute Synagoge oder Hauskapelle, und ein Bad befindlich sind.[18]

Als um die Jahrhundertwende Karl August Varnhagen als Hauslehrer im jüdischen Hause Cohen nach Berlin kam, war er überrascht von der Wohnkultur, die sich ihm in diesem Hause bot:

> Ich muß zuerst als eines wunderbaren Reizes, der im täglich erneutem Werthe sich als unschätzbar erwies, der Lokalität gedenken, welche nicht glücklicher sein konnte. Schloßartige Wohnung, weit über das Bedürfniß hinaus geräumig und vielfach, im Innern mit allem Behör einer behaglichen, theils holländischen, theils englischen Lebensart versehen, erhob sich, auch für den äußern Anblick bedeutend und geschmackvoll, zwischen tiefem Vorhof und ausgedehntem Garten. Von der Straße zurückgezogen wandte sich das ganze Leben des Hauses um so entschiedener nach der Gartenseite hin.[19]

Erst recht dieser Garten gewährt Varnhagen den "reinsten Genuß"[20].

Die Oberschicht der jüdischen Bevölkerung Berlins residierte also nicht nur in einer Umgebung, die auch von den sozial führenden christlichen Familien bevorzugt wurde, sie war auch in der Lage, Palais der Aristokratie zu übernehmen oder ähnliche zu bauen. Die Ebenbürtigkeit mit den aristokratischen Vorgaben suchte man dabei keineswegs nur durch deren Kopierung herzustellen; das Itzig-Palais zeichnete sich beispielsweise durch architektonische Innovationen aus, die auf den Klassizismus hinwiesen, so daß sich auch hier schon früh geschmacksorientierende Kompetenzen der jüdischen Oberschicht andeuteten.

---

15 Ebd., S. 72.
16 Ebd., S. 6.
17 Ebd.
18 Ebd., S. 852.
19 Karl August Varnhagen von Ense: Denkwürdigkeiten des eigenen Lebens. Erster Theil, in: ders.: Denkwürdigkeiten und Vermischte Schriften, 8 Bde., 2. Aufl., Leipzig 1834-59, Bd. I, 1843, S. 281.
20 Ebd.

Haussynagoge und Laubhütte, wie sie für das Itzig-Haus überliefert sind, dokumentieren die religiös-rituelle Nutzung der jüdischen Wohnhäuser, wenn nicht deren Fortexistenz als sakraler Bereich. Das gilt nicht nur für die Häuser der jüdischen Oberschicht, sondern auch der anderen Juden, wie es z.B. Henriette Herz von ihrem Elternhaus, dem Haus des Arztes de Lemos, in ihren Jugenderinnerungen überliefert hat:

> Mein Vater lebte streng im Gesetz seines Glaubens, (...). Das Haus war völlig nach jüdischen Gesetzen und Gebräuchen eingerichtet.[21]

In Berlin hatte die Resistenz der jüdischen Häuser gegen eine Auslagerung der sakralen Handlungen und in der Folge eine weitergehende Profanierung bzw. Privatisierung noch einen besonderen historischen Hintergrund: Bis ins 18. Jahrhundert hinein durften jüdische Gottesdienste nicht in öffentlichen Gebäuden stattfinden; Bestimmungen der Aufklärungszeit wollen bezeichnenderweise diese Gottesdienste in einen öffentlich kontrollierbaren Raum verlegen.

An Festlichkeiten der jüdischen Oberschicht, auch wenn diese am Beginn der Akkulturation noch religiös legitimiert sind und entsprechende Handlungs- und Kommunikationsbeschränkungen bereithielten, scheuten sich auch Angehörige der königlichen Familie nicht teilzunehmen. Henriette Herz, die für ihre spätere Rolle als Salondame wesentliche Erfahrungen in der Geselligkeit der "Münzjuden" sammelte, erinnert sich, daß "die Prinzessin Amalie, Schwester Friedrichs des Großen, eine Laubhütte bei einem der reichsten Israeliten besah"[22], und daß eine andere Schwester des Königs, die Königin Ulrike von Schweden, "an den Zeremonien einer jüdischen Hochzeit"[23] teilgenommen habe. In einem Brief Ulrikes an Friedrich II wird diese Teilnahme bestätigt[24] und dem König gegenüber Verwunderung über die "hohe Bildung des auserwählten Volkes" zum Ausdruck gebracht: "sie, Ulrike, habe sich mitten unter Personen von Rang und Stand gewähnt"[25] (worauf Friedrich ungehalten in einem Brief spöttisch antwortete, er könne nur hoffen, daß die hebräische Musik nicht ihre Ohren beleidigt habe). Nur in dem Maße, in dem das jüdische Haus allerdings säkularisiert werden konnte, vermochte es sich als "Salonraum" zur Verfügung zu stellen. Die "aufklappbare" Laubhütte in einem Saal, der ansonsten für "profane" Geselligkeit im Itzig-Haus hergerichtet war, markiert noch den alten Zustand des Hauses, allerdings an einem späten Punkt der Entwicklung. Aber selbst der Rückzug der Rahel Levin mit den engsten Habitués ihres Literarischen Salons in die Dachkammer einige Jahre später ist u.a. noch zu verstehen als notwendiges Ausgliedern des Kerns ihrer Geselligkeitsformation aus dem jüdisch-orthodoxen Haus und erübrigte sich nach dem Zerfall ihrer Familie als religiös basierter Gemeinschaft.

Greifen wir der Entwicklung vor und betrachten zur Bestätigung dieser Thesen eines der berühmten jüdischen Häuser - das Haus Eskeles -, die während des Wiener Kongresses ihre gesellschaftliche Glanzzeit hatten, so ergibt sich ein völlig entgegenge-

---

21 Herz: Ihr Leben, S. 113.
22 Ebd., S. 105.
23 Ebd., S. 109.
24 Brief Ulrikes abgedruckt in: Mitteilungen des Gesamtarchivs der Deutschen Juden, Bd. I/2., Leipzig 1909, S. 105.
25 Ebd.

setztes Bild: Jetzt, nach der erfolgten Akkulturation und in einer Kulminationsphase der Salonkultur hat sich im Hause Eskeles - auch räumlich - der jüdisch-orthodoxe, patriarchalische Bereich ausgegliedert aus dem Haus, das sich selbst in toto in einen Salon verwandelt zu haben scheint. Rudimentär, aber bis in die konfessionelle Gebundenheit, die personelle Konstellation, den Gesprächston, ja bis in die Genußmittel, Bier und Tabak, die gegen Tee und Gebäck stehen, als Antipode zum Salon konzipiert, realisiert sich in der "Hinterstube" ein traditioneller, das meint, die Akkulturation zeitweise revidierender sozialer Umgang. Bei der Beschreibung des Wiener Salons zitiert Varnhagen kommentierend einen Brief seiner Frau "aus der späteren Kongreßzeit" in seinen *Denkwürdigkeiten*:

> 'Eskeles: den ich sehr liebe, weil ihm seine Klugheit aus den Poren dringt, er ißt, er schweigt, er lacht klug: er sagt lauter Selbstgedachtes, Originales! Ja! er amüsiert mich in gewissem Sinn hier besser, als a l l e andere (!) Leute; weil er ganz altväterlich geblieben ist, mit geistigen Gaben, und ein reiches Leben über ihn weggegangen ist, welches er ganz nach seiner Art bearbeitet hat, und lauter Originales davon ausgiebt, mit der aisance des gelebtesten Menschen auf gut alttestamentarische Weise.' Um dies letztere Wort in seiner vollen Bedeutung zu sehen, mußte man freilich schon etwas im Vertrauen sein, denn während in den Zimmern der Frau von Eskeles alles, durch Pracht und Geschmack der Ausstattung wie durch Vornehmheit der Gesellschaft und des Gesprächstons, mit den höchsten Kreisen von Wien wetteiferte, ja die Kinder nicht die entfernteste Ahnung von ihrer Herkunft hatten, so pflegte Eskeles selbst, nachdem er eine Weile nach Gebühr und Würden in dieser vornehmen Welt erschienen, alsbald in eine Hinterstube zu entschlüpfen, wo er die Besuche seiner Glaubensgenossen empfing, alter Haus- und kluger Geschäftsfreunde und bei Taback und Bier rücksichtslos und behaglich den Rest des Abends hinbrachte.[26]

Die "egalitären" Aspekte des urbanen Wohnens, die die soziale und kulturelle Heterogenität einzelner Stadtbezirke in Berlin für die jüdische Oberschicht hatte, waren bestimmend auch für jene jüdischen Familien, die dieser "generalprivilegierten" Gruppe nicht angehörten und damit auch für jene, deren Frauen am Ende des Jahrhunderts die Literarischen Salons organisierten: Markus Herz wohnte in der Spandauer- und nach seiner Eheschließung in der Neuen Friedrichstraße 22, dem "alten" Berlin also. Das Haus des Juweliers Levin, in dem Rahel ihre Dachkammer eröffnete, lag in der (1774 als von jüdischen Bürgern noch nicht bewohnt beschriebenen) Friedrichstadt - nach Nicolai "jetzt der ansehnlichste Theil von Berlin"[27] -, ein Stadtteil, der in seiner Wichtigkeit für den Rahel-Salon noch später einer detaillierteren Skizzierung bedarf.

Für die Salons der Wiener Juden lagen vergleichbare stadtgeographische Bedingungen vor: Fanny, eine Tochter des als Wiege mehrerer Salondamen bekannten Hauses Daniel Itzigs, gründete als Frau von Arnstein ihren Salon ebenfalls an zentralem städtischem Ort, als sie das Haus Nr. 1175 Auf dem Graben bezog: Dem Wiener "Hoffaktor" war ausdrücklich zugestanden worden, sich in Wien an einem Platz seiner Wahl niederzulassen, ohne daß er, ebensowenig wie die anderen Juden, durch die josephinischen

26 Karl August Varnhagen von Ense: Denkwürdigkeiten, Bd. 2, 1843, S. 177-178.
27 Nicolai: Beschreibung, S. 183.

Toleranzedikte das Recht bekam, Haus- oder Grundbesitz zu erwerben[28]. Das dreistöckige Palais der reichen Arnsteins war folglich gemietet; die soziale Heterogenität des Stadtteils setzte sich dabei fort in diesem Haus selbst. Neben den Bediensteten der Arnsteins hatten Kleinhändler die parterren Gewölbe gemietet, besaß der - bürgerliche - Eigentümer des Hauses ein Zimmer, waren im dritten Stock wechselnde fremde Mieter einquartiert.[29]

3. Zu der repräsentativen Wohnkultur der Berliner jüdischen Oberschicht gehörte auch die Akkulturierung auf einem vorerst eher marginal erscheinenden Gebiet (ohne die aber weder die Partizipation der Dorothea Mendelssohn an den Kunstdebatten des Jenaer Kreises noch die künstlerische Entwicklung ihres Sohnes, Philipp Veit, denkbar gewesen wären): Das Bilderverbot verlor für die sich assimilierenden Juden seine Wirksamkeit. Es wurde außer Kraft gesetzt einmal dadurch, daß Porträts von jenen Juden entstanden, die eine Übernahme von nichtjüdischen Kulturmustern theoretisch und praktisch verfochten (der Hofbildhauer Friedrichs II, Tassaert, fertigte eine Marmorbüste Moses Mendelssohns an, Friedrich Tieck z.B. portraitierte Rahel Levin)[30]. Das Bilderverbot wurde zweitens de facto aufgehoben durch die Arbeit der ersten jüdischen Portraitkünstler in Berlin, Jakob Abrahams und seines Sohnes Abraham Abramson, wobei die Genese dieser jüdischen Portraitkunst ebenso bemerkenswert ist wie deren Sujets: Vater und Sohn arbeiteten als Stempelschneider der Münze und fertigten Gedenkmünzen herausragender preußischer Persönlichkeiten und von Ereignissen aus der Geschichte Preußens an[31]. Während der Vater daneben bereits einen Schauspieler, Brockmann, einer Gedenkmünze geradeso wert

28 Vgl. Hilde Spiel: Fanny von Arnstein oder Die Emanzipation. Ein Frauenleben an der Zeitwende 1758-1818, Frankfurt/M. 1978, S. 54.

29 Ebd., S. 55.

30 In *Kunst-Werke und Kunst-Ansichten* (Berlin 1849) stellt Johann Gottfried Schadow einen zeitlichen Zusammenhang zwischen der Entfaltung der Portraitmalerei in Berlin (bezogen auf weibliche Portraits) und der Anwesenheit "weiblich(r) Gestalten von seltener Schönheit" in der Stadt, d.h. neuer Präsentationsformen der Frau. Unter den potentiellen Sujets der Porträtmaler, die er nennt, befinden sich auffallend viele Jüdinnen. Bemerkenswerterweise ist es mit Henriette Herz die erste bedeutende jüdische Salondame, die zu einem bevorzugten Modell der Berliner Portraitkünstler wird: "Director Frisch unternahm es", heißt es in Schadows Vorbericht über den "Zustand der Kunst in unsern Landen" während der letzten Regierungsjahre Friedrichs II, "weibliche Portraits nach dem Leben zu malen; solche mißrieten, er wurde daher in Versuchen der Art bedenklich. Gerade um diese Zeit hatte Berlin viele weibliche Gestalten von seltener Schönheit: aus dem Hause Flies, die nachmalige Frau v. Runkel, aus dem Hause Aron Meier die schöne Tochter, nachmalige Fürstin Reuß. Die Gräfin Haak, Mutter der schönen Söhne; ein Fräulein v. Marshall, welche entführt wurde, und die Tochter des Doctor Lemos, nachmalige Frau des Doctor Markus Herz, die mit dem fünfzehnten Jahre eine junonische Gestalt erreicht hatte und hierin die weibliche Anmut überschritt. Diese ist es, welche unter den Genannten durch Künstlerhand Gedächtnis hinterließ. Die erste nach ihr in Thon modellierte Büste verunglückte beim Töpfer im Brennen, von der zweiten sind Abgüsse in Gips vorhanden, so wie ihr Portrait als Psyche von der Malerin Terbosch. In ihrem siebzehnten Jahre saß sie zu ihrem Portrait dem Maler Anton Graf von Dresden; er vermogte auch nicht ganz den Zauber ihrer Gesichtszüge zu erreichen; doch vermerkte der Kenner darin den Grad der Schönheit." (Schadow: Kunst-Werke, S. V-VI.) Schadow, von dem die erwähnte Herz-Büste stammt, weist selbst darauf hin, daß sein Verkehr in dem jüdischen Hause Herz in Verbindung zu bringen ist mit der Entstehung dieser Büste: "Bis ins Jahr 1783 wurde der Zutritt im Hause des Dr. Markus Herz ihm so vertraulich, daß die schöne Frau des Hauses ihm Modell saß zu ihrer Büste. Mann und Frau empfingen an zwei Abenden der Woche Gesellschaft." Ebd., S. XIX.

31 Vgl. Nicolai: Beschreibung, Bd. 3, Anhang III, S. 22. Hier sind die auf den Münzen dargestellten Ereignisse aufgelistet.

erachtete wie einen preußischen Prinzen, gab sein Sohn, von dem auch eine Silbermedaille mit dem Portrait Daniel Itzigs stammt[32], eine vollständige "Gelehrtenrepublik", der Juden wie Nichtjuden angehören[33], auf Silbermünzen heraus, was für deutsche Verhältnisse eine erstaunliche Reputationszuweisung an die Literaten und Gelehrten bedeutete.

Als akkulturatives Moment im Prozeß der Herstellung jenes Kommunikationsgeflechts mit seiner spezifischen Ausprägung in den Salons gewinnen auch die von Nicolai erwähnte Ausmalung des Itzig-Palais durch Fechhelm ebenso wie die Porträts in der Dachkammer Rahels an Bedeutung. Benjamin Veitel Ephraim und Daniel Itzig, vor allem Joseph Flies hatten Gemäldesammlungen angelegt, die zu den wichtigsten privaten Kunstsammlungen des damaligen Berlins zu rechnen waren.

4. Wohnkultur und Kunstsammlertätigkeit waren dabei nur Teilmomente der assimilatorischen Emanzipationsprojekte und Bestandteil umfassenderer Bildungskonzeptionen, die der jüdischen Bevölkerung Zugang zu Kultur und Wissenschaften verschaffen sollten. Hier bot sich für Aufklärer wie Mendelssohn ein Äquivalent an für den Aufstieg mittels Besitz, eine Emanzipation also, die - entgegen bisheriger historischer Erfahrungen - nicht an Vermögensakkumulation gebunden war. Dieses Programm wurde auf den Punkt gebracht in dem Brief Mendelssohns vom April 1763, in dem er den König um einen "Schutzbrief" bat. Da er "das nach dem Reglement erforderliche Vermögen nicht besitze", führt er als Ersatz seine "Bemühungen in den Wissenschaften" an[34]. Mendelssohn war es auch, der als einer der ersten das Erlernen der deutschen Sprache für den jüdischen Anschluß an "Bildung und Aufklärung" propagierte[35]. Zwischen dem Erwerb des Deutschen durch diesen Sohn eines jüdischen Thoraschreibers, welcher neben dem Jiddischen nur das Hebräische beherrschte, bis zur "Gesprächskultur" der jüdischen Salons liegt nur ein Generationswechsel. Für Mendelssohn war das Studium der deutschen Sprache noch "mit den größten Gefahren verknüpft" gewesen und mußte wegen der zu erwartenden Sanktionen von seiten der israelitischen Gemeindevorsteher "geheim geschehen"[36]:

> Ein Glaubensgenosse, den Mendelssohn unterrichtete, wurde ertappt, als er für ihn ein deutsches Buch holte, und sofort von dem jüdischen Gemeindevorsteher aus Berlin verwiesen.[37]

Mendelssohns Übersetzungen des Pentateuch - zur Erleichterung der Lektüre für die Juden zuerst noch in hebräischen Schriftzeichen gedruckt -, der Psalmen und des Hohen Liedes ins Deutsche waren nicht zuletzt darauf angelegt, den jüdischen Leser über sein

---

32 Abgebildet in: Encyclopaedia Judaica, Bd. 3, Jerusalem 1971, Abb. 44, S. 546.

33 Als Nicolai die dritte Ausgabe seiner *Beschreibung* herausgab, umfaßte die Serie folgende "deutsche Gelehrte (...): Sulzer, Ramler, Moses Mendelssohn, Spalding, Euler, Markgraf, Wieland, Lessing, Kant, Weiße, Formey, Martini, Bernoulli." Vgl. Bd. 3, Anhang III, S. 22.

34 Abgedruckt in: Juden in Preußen, Katalog, S. 86.

35 Dieses Begriffspaar findet sich zur inhaltlichen Bestimmung des Assimilationsprozesses u.a. im Vorwort von Karl Philipp Moritz (von 1792) zu Salomon Maimon: Geschichte des eigenen Lebens, Neuausgabe Berlin 1935 (Erstausgabe Berlin 1793), S. IX.

36 Hensel: Die Familie Mendelssohn, Bd. 1, S. 8.

37 Ebd.

Bibelstudium mit der deutschen Sprache vertraut und ihn für die Lektüre deutschsprachiger Bücher sprachkompetent zu machen.

Im Akkulturationsprozeß konnte insbesondere, was den Erwerb der deutschen Sprache betraf, der Status quo der Schulsituation für die Berliner Juden nicht bestehen bleiben: Bereits vom Juli 1761 stammt eine Eingabe Ephraims und Itzigs, in der sie um die Erlaubnis zur Errichtung einer Schule baten, durch die mit der bisherigen Tradition der Talmud-Schulen insofern gebrochen werden sollte, als "darin arme Juden-Kinder außer dem hebräischen Unterricht auch von deutschen Praeceptoribus im Lesen, Schreiben, Rechnen, Sprachen und Wissenschaften informieret werden sollen"[38]. Obwohl die Eingabe nach einigen Rückfragen, in deren Beantwortung die Antragsteller erklärten, an Sprachen würden auch Latein und Französisch unterrichtet, vom König positiv beschieden wurde, konnte dieses Projekt - offensichtlich wegen innerjüdischer Bedenken - nicht realisiert werden. 1776 wurde dagegen von David Friedländer, Isaak Daniel Itzig und Hartwig Wessely die jüdische Freischule gegründet, die unter Leitung des Philosophen Lazarus Bendavid stand und von der jüdischen Oberschicht finanziert wurde. Die jährlichen Prüfungen wurden von jüdischen, darunter Moses Mendelssohn, und nichtjüdischen Gelehrten gemeinsam überwacht. 1779 erschien schließlich im Verlage von Christian Friedrich Voß ein *Lesebuch für Jüdische Kinder*, das seitenparallel in hebräischer und deutscher Schrift "abendländische Kultur für jüdische Kinder"[39] zu vermitteln suchte. (Wenn dieses Lesebuch von einem nichtjüdischen Verlag herausgegeben wurde, so hat dies seine Ursachen in einem Verbot für jüdische Verlage, deutschsprachige Texte zu verlegen. Die Kooperation jüdischer Intelligenz mit nichtjüdischen Verlegern beim Aufbau von Strukturen literarischer Öffentlichkeit war schon von daher zwingend.) Die Mendelssohnschen Übersetzungen, die im übrigen von einer Anzahl Rabbiner mit Bann belegt wurden, waren begleitet vom Aufbau von Privatbibliotheken in den reicheren jüdischen Häusern[40] - beides Voraussetzungen für die Entstehung jenes jüdischen Lesepublikums, das sich dann mit großer literarischer Kenntnis im Salon zu Wort meldete. Gleichzeitig läßt sich ein rascher Übergang von der intensiven zur extensiven Lektüre studieren. Im Elternhaus der Henriette Herz waren bereits beide Lesearten bekannt: So gab es die in einen rituellen Rahmen eingebundene Bibellesung, die zu bestimmten Anlässen als nicht-individueller, sondern sakrale Gemeinschaft stiftender oder bestätigender Akt oder als Intensivstudium der *Heiligen Schriften* "nach den Geschäften" stattfand: "(G)ewöhnlich las er (der Vater - PS) aber in heiligen Büchern"[41], wie Henriette Herz schreibt. Bei Werner Sombart findet sich der Hinweis, daß dieses traditionelle Leseverhalten bei den orthodoxen Juden in einer religiösen Gesetzgebung verankert war, die anderes Lesen und anderen Lektürestoff unter Verdikt

---

38 Stern: Der preussische Staat und die Juden. Dritter Teil: Akten, Nr. 235, S. 347-348.

39 Siehe Abbildung in: Juden in Preußen, Katalog, S. 146.

40 So berichtet Karl August Varnhagen von einer Bibliothek, die ihm im Hause Cohen 1803 zur Verfügung gestanden habe: Er habe gefrühstückt "am offenen Fenster des Bibliothekzimmers, und (...) mit wechselndem Entzücken schon viel gelustwandelt und gelesen, wenn nach und nach das übrigene Haus erschien (...)" Karl August Varnhagen von Ense: Denkwürdigkeiten, Bd. 1, S. 282.

41 Herz: Ihr Leben, S. 119.

stellte: "(...) die Erzeugnisse der Dichtkunst werden von den Frommen gering geachtet, wenn sie nicht irgendwelche Beziehung auf Gott haben und alle Lektüre ist nur heilsam, wenn sie mindestens praktischen Nutzen stiftet." So heißt es in der von Sombart zitierten Thora-Vorschrift weiter:

> Am besten ist es, die Schriften der Thora zu lesen oder solche, die darauf Bezug haben. Wollen wir zur Erholung anderes lesen, so sollen wir nur solche Bücher wählen, die uns mit nützlichen Kenntnissen bereichern. Unter den Büchern, die zur Unterhaltung, zur Vertreibung der ohnehin flüchtigen Zeit geschrieben sind, gibt es gar viele, die geeignet sind, sündhafte Wünsche in uns hervorzurufen; es ist verboten, solche zu lesen (...).[42]

Bei der jungen Henriette de Lemos sind - was Lektürestoffe und -verhalten betrifft - permanent Verstöße festzustellen. Sie las - nach eigenen Angaben - "mit einer solchen Schnelligkeit und Anhaltsamkeit, daß ich an einem Tage mehrere Teile eines Romans durchlas und immer nach der Leihbibliothek lief, die nicht weit von unserm Haus war, um mir andere Bücher zu holen".[43] (Was diese "Lesesucht", die als geschlechtsspezifische bereits von den Zeitgenossen kritisiert wurde, insbesondere für die jüdischen Frauen bedeutete, wird später thematisiert werden müssen.) Hatte in der intensiven Lektüre "die stete Wiedervornahme stets gleicher Texte die Tradierung eines für alle Angehörigen des 'Hauses' identischen Orientierungshorizonts gesichert" und die alte Ordnung bestätigt, so erwuchs, wie Günter Erning konstatiert, "aus der Zunahme des Lesevolumens beim extensiven Leser (..) die Gefahr, daß die bei der intensiven Lektüre gegebene Gemeinsamkeit der Leseerfahrung aller Angehörigen des 'Hauses' sich verlor"[44]. Diese Feststellung trifft in einem besonderen Maße noch zu auf den Umbruch des Leseverhaltens in den jüdischen Familien: Er markierte die kulturelle Öffnung und bedrohte die traditionelle Familienstruktur in ihrem Kern. Durchsetzen mußte sich solches Leseverhalten - wie Henriette Hertz anmerkt - gegen den Widerstand der elterlichen Autoritäten, die "nicht nur in einer deutschen Bildung zugleich eine auf christlichem Boden ruhende (sahen)", sondern "auch jener Beschäftigung ihrer Kinder abhold (waren), welche diese, ohne einem äußeren Berufe zu dienen, von dem Kreise und den Interessen der bis dahin patriarchalisch gestalteten Familie abziehen konnte".[45] Dieser

---

42 Sombart: Juden, S. 269.

43 Herz: Ihr Leben, S. 121. Gemeint ist die Viewegsche Leihbibliothek in der Spandauer Straße, deren Eröffnung die Extensivierung der Lektüre anzeigte. Henriette behauptet an anderer Stelle, sie habe mit 13 Jahren "schon fast die ganze Leihbibliothek zweimal durchgelesen". (Hier zitiert nach der jüngeren, in der Auswahl der Quellentexte geringfügig abweichenden Ausgabe: Henriette Herz in Erinnerungen, Briefen und Zeugnissen, hrsg. und Nachwort von Rainer Schmitz, S. 47). Es bleibt zu bedenken, inwieweit die Herz bei der Abfassung ihrer Lebensgeschichte die zeitgenössische Kritik an der "Lesesucht" inzwischen internalisiert hat. Zu dieser Kritik siehe Helmut Kreuzer: Gefährliche Lesesucht? Bemerkungen zu politischer Lektürekritik im ausgehenden 18. Jahrhundert, in: Leser und Lesen im 18. Jahrhundert. Colloqium der Arbeitsstelle Achtzehntes Jahrhundert, Gesamthochschule Wuppertal 1975, Heidelberg 1977, S. 62-75. Kreuzers Position, die sich gegen die von ihm als "linksidealistisch" bezeichnete Wiederaufnahme dieser Kritik durch Rolf Schenda wendet, wird durch Henriettes Lektüreverhalten insofern bestätigt, als dieses sich gegen die orthodoxen jüdischen Autoritäten mit ihrem aufklärerischen Habitus durchzusetzen hat.

44 Günter Erning: Das Lesen und die Lesewut. Beiträge zu Fragen der Lesergeschichte. Dargestellt am Beispiel der schwäbischen Provinz, Bad Heilbronn 1974, S. 86.

45 Herz: Erinnerungen, S. 61-62.

"Widerstand" sei aber, fährt sie fort, "nur zu einer neuen (Lese-)Anregung geworden, was andere Quellen bestätigen, insofern sie die Vielleserei als besonders bei Berliner Jüdinnen ausgeprägt beschreiben. Wenn so z.B. ein bereits zitierter Zeitgenosse gerade die jüdischen Frauen in Berlin als Beispiele für Romanlesesucht präsentiert ("Die Romansucht ist außerordentlich unter ihnen eingerissen, und besondern kranken die Frauenzimmer (der Juden - PS) daran"[46]), so ist dies als ein weiteres Erklärungsmoment für das Zustandekommen literaturzentrierter Gesprächskreise in Berlin unter ihrer Ägide zu werden. Dem Akkulturationsprozeß, der mit dieser Änderung im Leseverhalten verbunden war, versuchte man offenbar im Hause Herz entgegenzusteuern: Als Korrektiv gegen eine völlige Individualisierung des Lektüreverhaltens wurde das Lesen in der Familie wieder aufgenommen, reduziert allerdings auf den Vorabend des Sabbath und auf eine bevorzugte Gattung, das Drama: "Am Vorabend las ich meinen Eltern vor; mein Vater hörte am liebsten Schauspiele; dies las ich auch gerne laut, Romane lieber für mich allein (...)"[47]. In dieser Akkulturationsphase, an die sich die Salongründungen anschlossen, existierten in den jüdischen Häusern noch die verschiedenen Lesemodi nebeneinander her: intensives und extensives, lautes und leises, einsames und gemeinschaftliches, wobei einzelne Gattungen mit verschiedenen Lesehaltungen verknüpft gewesen zu sein scheinen. Damit war das Problem der Auswahl der Lesestoffe gestellt. Insofern war ein entscheidender Schritt bei der Extensivierung der Lektüre und damit zur Schaffung eines kompetenten jüdischen Lesepublikums die Beteiligung Mendelssohns an der sich institutionalisierenden Literaturkritik wie den *Briefe(n) die neueste Literatur betreffend.* Daß dieses mit Nicolai und Lessing durchgeführte literaturkritische Unternehmen tatsächlich auf den Lesehaushalt der Berliner Juden einwirkte, zeigen die Übernahme von positiv besprochenen Schauspielen in das Repertoire des jüdischen Dilettantentheaters (das im 81. Brief gelobte Stück Weißes *Eduard III*) und die Aussage von Henriette Herz zur Lektüreauswahl der jüdischen Frauen:

> Die Frauen wendeten sich, teils durch Mendelssohn persönlich, teils durch seine Aufsätze in den 'Briefen, die neueste Literatur betreffend' und in der 'Allgemeinen Bibliothek' veranlaßt (..) der schönen Literatur zu.[48]

Die Vorlieben der Eltern der Henriette Herz für die dramatische Literatur, wie sie bei der erwähnten Freitagabendlektüre zum Ausdruck kamen, sind kaum als individuelle literarische Präferenzen zu begreifen. Sie wurden von vielen Berliner Juden geteilt und sind in Zusammenhang mit deren Theatervorlieben zu sehen. Für viele Berliner Juden ihrerseits war das Theater nicht nur eine wichtige kulturvermittelnde Institution, es stellte auch einen der wenigen frühen Plätze dar, wo sie sich öffentlich gemeinsam mit Nichtjuden zum Publikum versammeln konnten. Bereits als Kind wurde Henriette Herz von ihren Eltern in die italienische Oper mitgenommen:

---

46 Zit. nach Herz: Ihr Leben, S. 7.
47 Herz: Ihr Leben, S. 121.
48 Herz: Erinnerungen, S. 61.

> Zur Zeit Friedrich II war das Parterre voll von Soldaten, die auf Befehl des Königs in die Oper geführt wurden; niemand sonst bekam einen Platz darin. Wir hatten unsere Plätze in einer Parkettloge, und oft störte uns das Geräusch, das die dicht aneinandergedrängten Soldaten machten, oder ihr Geflüster; laut durften sie nicht sein (..).[49]

Anders als in der Oper mit ihren Repräsentativfunktionen verfügte, wie der bereits erwähnte "Reisende durch die Königlich Preußischen Staaten" berichtete, im Schauspiel die jüdische Bevölkerung in dem historisch jungen Publikum des Paterre bisweilen sogar über eine Mehrheit: "Unter allen Vergnügungen lieben die Juden das Schauspiel am meisten. Am Sonnabend ist das Parterre großen Teils von ihnen besetzt."[50] Als 1788 der *Kaufmann von Venedig* aufgeführt wurde, hielt es der Schauspieler Fleck für angebracht, den Shylock in einem Prolog, durch den dieser Figur eine antijüdische Spitze genommen werden sollte, zu erläutern.[51] Das Theaterengagement von Berliner Juden nahm in den neunziger Jahren keineswegs ab und führte, wie Böttiger nach seinem Besuch in Berlin und nach Äußerungen Ifflands schrieb, dazu, daß das jüdische Publikum zu einer theaterkritischen Macht wurde, als solche organisiert in den Salons, vor allem in dem Rahel Levins - eine kritische Kraft, auf die das Theater durchaus Rücksicht nehmen mußte.[52]

Nicht nur das öffentliche Schauspiel, auch das Dilettantentheater wurde für die Berliner Juden als Bestandteil ihrer geselligen Aktivitäten ein Moment im Akkulturationsprozeß, gegen den die orthodoxen Gemeindevertreter ebenfalls opponierten. In dem Cohenschen Hause sah Henriette de Lemos, noch bevor sie im Schauspielhaus gewesen war, eine Aufführung *Richards des Dritten*[53]. Wenig später sollte sie selbst in einem Amateurtheater auftreten: "(D)as kleine Theater war im Hause einer reichen Israelitin errichtet, und die ganze spielende Gesellschaft bestand aus

---

49 Herz: Ihr Leben, S. 117. Auch bei einem Besuch der Leipziger Messe ging Henriette mit der Familie Rahel Levins regelmäßig in das dortige Theater. Vgl. Herz: Ihr Leben, S. 149.

50 Zit. nach Herz: Ihr Leben, S. 7.

51 Vgl. Spiel: Fanny von Arnstein, S. 169.

52 Karl August Böttiger: Literarische Zustände und Zeitgenossen, in: Schilderungen aus Karl August Böttiger's handschriftlichem Nachlasse, hrsg. von Karl August Böttiger, Bd. 1, Leipzig 1838, S. 102-111, S. 103. Rudolf Weil geht in seiner Untersuchung: Das Berliner Theaterpublikum unter A.W. Ifflands Direktion (1796-1814) Berlin 1932, auf die Rolle der Juden im Berliner Publikum ein. Nach Weil mußte Iffland auf die jüdischen Besucher Rücksicht nehmen: "Sie steuerten ja zu dessen Publikum eine beträchtliche Zuschauermenge bei." (S. 126). In einer Anmerkung (ebd.) relativiert er diese Aussage dahingehend, daß die Dominanz des jüdischen Publikums bei den sonnabendlichen Vorführungen mit der geringeren Frequentierung des Schauspiels an diesen Tagen im Zusammenhang bewertet werden müsse: "Allerdings konnte 1799 berichtet werden, daß am Samstag das Paterre größtenteils von ihnen besetzt sei, aber es dürfte sich hier wohl um eine Übertreibung handeln (..), und überdies war der Sonnabend unter Iffland der schlechteste Theatertag, an dem später im Sommer sogar überhaupt keine Vorstellung mehr stattfand. Jedoch fiel immerhin bei der Eröffnung des neuen Hauses ihre große Zahl in den Logen und den Sperrsitzen auf, und nach der anscheinend zuverlässigen Schrift von Formey haben sie sogar immer etwa die Hälfte der Besucher gestellt. Dieser hohe Prozentsatz jüdischer Zuschauer (ist) um so bemerkenswerter (..), als ihre Gemeinde in den Jahren der Ifflandschen Direktion nur etwa 3200 bis 3600 Mitglieder zählte (...)." Die Quelle, auf die sich Weil hier bezieht, ist die Schrift von L. Formey: Versuch einer medizinischen Topographie von Berlin, Berlin 1976, hier S. 93. Formey führt diese jüdische Theaterbegeisterung zurück auf die geselligen Desiderate der Berliner Gemeinde, deren Mitgliedern der Zutritt zu anderen Gesellschaften und "Ressourcen" versagt sei (ebd.).

53 Herz: Ihr Leben, S. 109.

Israeliten"[54]. Durch ein kurzfristiges Verbot der Judenältesten, "Komödie zu spielen"[55], mußte die geplante Aufführung verschoben werden; nach der Aufhebung des Verbots, die Henriette Herz sich als Verdienst anrechnet, wurden noch in drei verschiedenen Inszenierungen Rollen mit ihr besetzt. Daß nicht nur das Haus Cohen[56](in dem Karl August Varnhagen etwas später als Hauslehrer der Adele Cohen seine ersten Verbindungen zu Berliner Juden knüpfte und sich mit den hier praktizierten Umgangsformen vertraut machen konnte) Theaterspiel in die Geselligkeit integrierte, läßt sich u.a. aus der Beschreibung des Gartentheaters Daniel Itzigs bei Nicolai schließen[57].

Bei der Analyse jener schauspiel- und theaterkritischen Kompetenz, wie sie dann der Rahel-Salon z.B. unter Beweis stellte, ist an solche Theatererfahrung als Sozialisationsfaktor jüdischer Salonfrauen und als Erklärungsmoment für die erbrachte kritische Leistung ebenso zurückzuerinnern wie an die Integration von Schauspielern in die Salons auf egalitärer Basis.

3.1.3 Zur Genese des Kulturtypus der jüdischen Salondame

Wenn auch die Akkulturation als Voraussetzung und Moment der Etablierung eines Kommunikationsgefüges jenseits konfessioneller Bedingungen, das sein tolerantes und egalitäres Ethos aus dem Diskurs der Aufklärung bezog, zu bestimmen ist, so läßt dies noch die Frage völlig offen, warum jüdische Frauen im Anschluß an die Phase einer Dominanz jüdischer Philosophen wie Mendelssohn, Herz, Bendavid, Maimon (zum Teil noch gleichzeitig mit diesen) und noch vor dem eigentlichen Debüt von Künstlern jüdischer Provenienz - Ludwig Robert, Heine und Börne in der Literatur, Mendelssohn-Bartholdy und Meyerbeer in der Musik, Veit in der Malerei - in diesem Prozeß eine führende Rolle übernehmen konnten.[58]

Bei der Frage nach den Voraussetzungen jüdischer Frauen für eine Innovierung geselliger Verkehrsformen stößt man zunächst auf soziokulturelle Faktoren, die sich eher als Barrieren vor solchen jüdisch-weiblichen Karrieren aufbauten. Das patriarchalische Prinzip, mit dem die "lesende" Henriette de Lemos konfrontiert blieb, war als konstituierendes Element jüdischer Sozialformen von der Familie bis zur Gemeinde in seiner ganzen religiös determinierten und legitimierten Rigidität konserviert worden - tangiert

---

54 Ebd., S. 110.

55 Ebd.

56 Im Gegensatz zu anderen Liebhaberbühnen hatte der jüdische Bankier Cohen sein Haustheater nicht als Konkurrenzunternehmen zum Theater unter der Direktion Ifflands konzipiert, so daß Iffland, dessen eingeschränkter Berliner Besucherkreis eine weitere Reduzierung durch die sich ausbreitenden Liebhaberbühnen ohne materielle Gefährdung seines eigenen Theaters nicht mehr vertragen konnte, die Bühne im Hause Cohen als nachahmenswert empfehlen konnte. (Vgl. Weil: Theaterpublikum, S. 46.) Als auf Drängen Ifflands Friedrich Wilhelm III 1795 einige Verordnungen anwenden ließ, durch die die Zahl der Dilettantenbühnen verringert wurden, hören wir von keinen Restriktionen gegenüber dem Cohen-Theater.

57 Nicolai: Beschreibung, S. 873.

58 Die Untersuchung von Michael A. Meyer: The Origins of the Modern Jew. Jewish Identity and European Culture in Germany, 1749-1824, Detroit 1967, stellt zwar in dem Kapitel *Rationalism and Romanticism* drei jüdische Frauen, Dorothea Schlegel, Henriette Herz, Rahel Varnhagen, in den Mittelpunkt (vgl. S. 85-114), problematisiert aber vor allem deren religiöse Abkehr vom Judentum.

nicht einmal von dem Programm der "Frauengelehrsamkeit", wie es die frühe Aufklärung zu popularisieren gesucht hatte. Der inferiore Status der Frau wurde durch die Sakralfunktionen des Mannes fortwährend bestätigt, so daß die Verweigerung von Schutz und Privilegien, wie es die Judenedikte bis in das letzte Viertel des Jahrhunderts gegenüber der jüdischen Frau festschrieben, durchaus mit jüdischen Vorstellungen in Einklang zu stehen schienen. Ehen konnten bei einer solch ausgebildeten Geschlechterhierarchie nicht auf der Grundlage gegenseitiger erotischer und emotionaler Zuneigung, die eine freie Entscheidung Gleichrangiger hätte voraussetzen müssen, geschlossen werden; sie bleiben zweckrationale Bündnisse, unterworfen "dynastischen" und damit auch ökonomischen, rechtlichen Bedürfnissen. Infolgedessen waren die Eheverträge keine Absprachen der Ehegatten, sondern der Vertreter der Familien bzw. des Brautvaters mit dem Bräutigam, wobei die Tochter in der Regel noch im pubertären Lebensalter verlobt wurde. Zu erwähnen ist hier das Beispiel von Henriette de Lemos (Herz), deren Verheiratung ebenso wie die ihrer Freundin Dorothea Mendelssohn etwaige Wünsche oder Belange der Braut unberücksichtigt ließ:

> Ich mochte wohl sechs Monate in die Nähschule gegangen sein, als mir die Mutter sagte, ich solle wieder bei der Tante nähen lernte (sic), und wie sehr erstaunte ich nicht, als diese mir im Vertrauen sagte, ich solle Braut werden; 'mit wem?' fragte ich sie, und sie nannte mir den Mann; er war ein angehender praktischer Arzt, ich hatte ihn einige Male bei meinem Vater und auch wohl an seinem Fenster gesehen (...).[59]

Bis zur Verlobung kam es zu keinem weiteren Kennenlernen.

> Der ersehnte Tag (der ihr nur durch die Tante als Verlobungstag angegeben worden war - PS) erschien, der Morgen verstrich, und mir ward nichts gesagt; beim Mittagessen fragte mich mein Vater, ob ich lieber einen Doktor oder einen Rabbiner heiraten wolle. Mir klopfte das Herz mächtig, und ich antwortete, daß ich mit allem zufrieden sei, was er über mich beschließen würde. Nach dem Essen sagte mir meine Mutter, daß ich am Abend mit dem Doktor M.H. verlobt werden würde, und hielt mir eine lange Rede, die mir im Augenblick langweilig und unangenehm war, von der ich mich aber in späteren Zeiten manches Guten erinnerte. Sie sagte mir, wie ich mich gegen meinen Bräutigam betragen und ihre Ehe zum Muster meiner künftigen nehmen sollte -, und wahr ist es, daß es nie eine glücklichere gegeben. Die Gesellschaft versammelte sich, ich war in einem anderen Zimmer; es war damals nicht Sitte, daß die Braut in dem Zimmer, in welchem die Eltern und die Notarien (waren, sich aufhielt), und erst, nachdem sie förmlich um ihre Einwilligung gefragt worden und der Ehekontrakt unterschrieben ist, kömmt sie zur Gesellschaft.[60]

Bevor Henriette am 1.12.1779 mit fünfzehn Jahren Markus Herz, von dem sie nur wußte, "er war fünfzehn Jahre älter als ich, klein und häßlich, hatte aber ein geistreiches Gesicht und den Ruf eines Gelehrten"[61], nach jüdischem Ritus heiratete, war es zwischen Brautvater und Bräutigam noch mehrmals zu Kontroversen über den Ehevertrag gekommen.[62]

---

59 Herz: Erinnerungen, S. 21.
60 Ebd., S. 22.
61 Ebd., S. 23-24.
62 Ebd., S. 26.

Auf Förderung ökonomischer Prosperität als eigentlichem Heiratszweck basierte - ohne daß dieser Tatbestand verschleiernder Redewendungen bedurft hätte - auch die in einem Gesuch an den preußischen König enthaltene Klage der Berliner Gemeindeältesten über die wirtschaftliche Lage der Juden:

> In verschiedenen Fällen haben fremde Juden, z.B. in Holland, Hannover, Wien, die Heiraten ihrer Töchter hier, wodurch viel Vermögen und sogar Reichtum in Eurer Majestät Länder gekommen sein würde, bekanntlich zurückgehen lassen, weil sie unseren Zustand erfahren haben.[63]

Itzig, der diese Petition mitverantwortete, schuf über die Heirat seiner Töchter Fanny und Cäcilie "dynastische" Verbindungen zu den reichsten Wiener Juden Arnstein und Eskeles, Ephraim über die Verehelichung seines Sohnes zu den Amsterdamer jüdischen Familien. Die Heirat der Henriette de Lemos sicherte wenigstens die Nachfolge in der Leitung des jüdischen Hospitals in Berlin für die Familie. Markus Herz konnte seinen Schwiegervater de Lemos hierin beerben. Wenn Sombart als Inhalt der jüdischen Moraltheologie gesehen hat, "das Kreatürliche im Menschen zu unterdrücken, sein Triebleben zu bändigen, die naturale Motivation durch Zweckbedachtheit zu ersetzen"[64], so ließe sich als historisches Paradigma für die praktische Umsetzung dieser Moraltheologie die Heiratspolitik des 18. Jahrhunderts heranziehen.

Unter diesen Umständen mußte die Kolportage von der Liebesheirat Moses Mendelssohns, unabhängig davon wie diese Ehe tatsächlich zustande kam[65], emotive und bezogen auf die Eheschließungspraxis kulturelle Sprengkraft haben. Es zeigt einen Wandel in den Kulturmustern an, wenn Mendelssohn gegenüber Lessing die Zweckrationalität seiner baldigen Heirat ausdrücklich verneint:

> Das Frauenzimmer, das ich zu heiraten willens bin, hat kein Vermögen, ist weder schön, noch gelehrt, und gleichwohl bin ich verliebter Geck so sehr von ihr eingenommen, daß ich glaube, glücklich mit ihr leben zu können.[66]

---

63 Stern: Der preussische Staat und die Juden. Dritte Abteilung: Akten, S. 576-578.

64 Sombart: Juden, S. 268.

65 Der Hamburger Kaufmann Gugenheim lernte 1763 Mendelssohn während eines Badeaufenthaltes in Pyrmont kennen und schlug dem bereits bekannten "Rabbi Moses" vor, seine Tochter zu ehelichen. Da Mendelssohn weder die Tochter Fromet noch diese ihn zuvor gesehen hatte, zeigte sich Fromet überrascht, als ihr der verwachsene Mendelssohn als zukünftiger Ehemann vorgestellt wurde. (Vgl. Hensel: Familie Mendelssohn I, S. 31-32.) Diese Eheanbahnung, bei der die Braut ungefragt bleibt, transzendiert noch keineswegs die traditionellen patriarchalischen Muster, so daß "Liebe" hier männliche Projektion bleibt. Daß "Mendelssohn und seine Frau Fromet Gugenheim (...) das erste moderne jüdische Liebespaar" gewesen seien, behauptet dagegen Franz Hebel. (Franz Hebel: Menschenfreundliche Kultur: Moses Mendelssohns gegenwärtige Bedeutung, in: Der Deutschunterricht. Juden in der deutschen Literatur I, H. 4, 1984, Jg. 36, S. 59-76, S. 75.) Hebel stützt sich dabei auf Heinz Knobloch: "Sie wurden nicht verheiratet, wie durch uralte Bräuche vorgeschrieben, sondern heirateten einander. Dazu brauchten sie weder den traditionellen Heiratsvermittler, noch wollten sie sich an alle Regeln halten." Heinz Knobloch: Herr Moses in Berlin. Ein Menschenfreund in Preußen. Das Leben des Moses Mendelssohn, Berlin 1981, S. 134.

66 Undatierter Brief Mendelssohns an Lessing. Zit. nach Hensel: Familie Mendelssohn, Bd. 1, S. 33.

Daß diese, schon auf die "romantische Liebe" vorverweisenden Glücksvorstellungen nicht nur die emotionale Bereitschaft des Mannes respektieren müssen, sondern auch die der Frau, wird wenige Jahre später zu einem Konsens der von jüdischen Frauen geführten Literarischen Salons.

Solche Verschiebungen in den Liebesauffassungen sind letztlich zu bestimmen als Resultate der erwähnten Erschütterungen der "Ökonomie des ganzen Hauses". Diese führten, wie bekannt, zu einer Funktionsentlastung der Frau. Durch die in Preußen sozial führenden jüdischen Familien zugefallene protagonistische Rolle bei der Entfaltung kapitalistischer, auf Arbeitsteilung beruhender Produktionsverhältnisse mußte die Scheidung von häuslicher Reproduktion und beruflicher Arbeit früh bedeutsam werden. Die Ausgestaltung des häuslichen Bereichs zum intimen, emotionalen Refugium als Konsequenz mußte aber dabei in den jüdischen Familien mit dem sakral begründeten Patriarchalismus kollidieren, der sich gegen ein kleinfamiliales "feminisiertes" "Resthaus" sperrte. Andererseits, besser: zugleich, lagen in dieser Spannung Entfaltungschancen für die Verkehrsform des Salons: Erst in ihm scheinen die widersprüchlichen Tendenzen in ein Gleichgewicht gebracht worden zu sein, scheint das Haus im Sinne des "oikos" noch repräsentiert, die frauenzentrierte Privatheit des "Resthauses" bereits gegenwärtig gewesen zu sein. Daß die Organisierung der bisherigen Regelung der Alltagsexistenz einer jüdischen Frau unter diesen Konditionen zunächst Schwierigkeiten bereitete, läßt sich am Umgang mit der disponibel gewordenen Zeit ablesen. Für die Mutter von Henriette Herz erzeugte die freigewordene Zeit - die Kindererziehung oblag ihr noch nicht[67] - "ennui" und wurde dementsprechend mit geselligen Vergnügungen ausgefüllt. Während Henriette einen asthmatischen Anfall hatte, spielte ihre Mutter "im daranstoßenden Schlafzimmer Karten, und" - erinnerte sich Henriette Herz weiter - "als mein Vater nach Hause kam, sagte sie ihm nicht einmal, daß ich krank sei"[68]. Wenig später beschreibt sie die "Kaffeebesuche" bei ihrer Mutter: Diese "endigten gewöhnlich mit einer Spielpartie"[69]. Und schließlich: "meine Mutter spielte gewöhnlich Karten (...)"[70]. Es ist interessant, wer an dieser Geselligkeit, die als Antwort auf die zum Problem gewordene, durch Funktionsentlastung "freie" weibliche Lebenszeit gesehen werden muß, teilnahm: Es waren "Mieter des Hauses, alles Israeliten (..), die oft abends zu uns kamen"[71]. Dies präzisiert Henriette an anderer Stelle: "Wir waren selten allein, denn, ohne Fremde zu sehen, besuchten uns die Hausbewohner sehr oft (...)."[72] Die Teilnehmer an dieser Geselligkeit rekrutierten sich noch weitgehend aus den durch Wohn- und Familienverhältnisse bestimmten traditionellen Besuchern; da man sich in dieser jüdischen Familie "Fremden" gegenüber noch verschloß, ein "naives" Einverständnis

67 Henriette Herz: "Die (Klavier-) Stunden wurden in der sogenannten Wohnstube genommen; die andere Zeit, die ich nicht in der Schule war, brachte ich in der Kinderstube zu, die damals der alleinige Aufenthalt der Kinder war, die nicht wie jetzt sich der Nähe der Eltern zu erfreuen hatten; sie durften nur selten im Laufe des Tages zur Mutter kommen, und sie selbst kam noch seltener zu ihnen." Herz: Ihr Leben, S. 103.

68 Ebd., S. 107.

69 Ebd., S. 117.

70 Ebd., S. 119.

71 Ebd., S. 116.

72 Ebd., S. 119.

vorherrschen konnte und für einen Informationsaustausch nur reduzierte Voraussetzungen bei dieser "engen" Zusammensetzung der Geselligkeitsformation vorlagen (und ebensowenig Bedürfnis danach bestand), bestreitet das Kartenspiel den Hauptanteil am sozialen Verkehr, dessen Aufgabe sich wesentlich im Vertreiben der "überflüssigen" Zeit erschöpfte.

So zeigt sich das Lemos-Haus zwar bereits als Beispiel für die Funktionsentlastung des "Resthauses", durch die Bedingungen für neue soziale Rollen der jüdischen Frau geschaffen wurden, zu einer Ausfüllung dieser Rollen kommt es jedoch kaum: Weder tritt also die Mutter der Henriette Herz als Garantin einer emotionalisierten häuslichen Intimität auf, noch öffnet sie das Haus "Fremden". Zwar verschafft sich Frau de Lemos, wie angedeutet, erste Kenntnisse, was die zeitgenössische Literatur betrifft, aber das Leseverhalten ist noch so wenig extensiviert, die Leseerfahrungen sind noch so wenig individualisiert, daß Literatur in der häuslichen Geselligkeit der Mutter Henriettes kein (Gesprächs-)Thema sein kann, man verständigt sich nicht über sie und nicht anhand ihrer.

Dem bei Mendelssohn sich ankündigenden, auf den Strukturwandel des Hauses verweisenden Emotionalisierungsschub im Geschlechterverhältnis folgt bei einigen Frauen der zweiten Akkulturationsgeneration eine deutliche Erotisierung von Verhaltensweisen. Der Austausch von Zärtlichkeiten wird nicht mehr tabuisiert; die Liebe, aber auch die Ehe, darf auf Sinnlichkeit gegründet sein. Eine Zweckrationalisierung des Geschlechterverhältnisses (was eine Irrelevanzerklärung der Erotik einschließt), die Sombart thematisiert, weil sie seiner Ansicht nach "den Juden" zum Promoter kapitalistischer Entwicklungen prädestinierte, wird von jüdischen Frauen der Generation, der die Salondamen angehören, nicht mehr generell akzeptiert. Ein Vergleich der Emotionalisierung, wie sie Mendelssohn in einer Legitimierungsgeste gegenüber Lessing vorstellte, mit der hymnischen Feier von Gefühl und Sinnlichkeit (einem romantischen Neuansatz in der literarischen Tradition der Gestaltung der "amour four"), mit der Friedrich Schlegel in der *Lucinde* seiner Liebe zur - bereits mit einem anderen Mann verheirateten - Mendelssohn-Tochter ein Denkmal setzte, spiegelt, in welchem Maße sich innerhalb einer Generation eine Ablösung von Kulturmustern vollzogen hatte. Die Rechtfertigung des Ehebruchs, wie sie in Gesprächen zwischen Dorothea und Henriette erörtert wurde, ergab sich aus der Bestimmung der Liebe als Möglichkeit eines - herrschaftsfreien - Beziehungskomplexes, vorausgesetzt, man befreit die Geschlechterverhältnisse aus reglementierenden Institutionen und von Konventionen. Dies legte die Auffassung nahe, daß in der Geschlechterliebe konfessionelle und soziale Schranken zu negieren seien.

Dem Wandel jüdischer Frauen von einem Objekt familialer Heiratspolitik, dem jede zweckfreie Erotik und Sinnlichkeit abgesprochen wurde, zu einem Subjekt mit erotischer Ausstrahlung, das den Anspruch erhob, wenn nötig unter Verletzung bestimmter Normen und Tabus, sich in freigewählten Liebesbeziehungen zu verwirklichen, verdankt der jüdische Salon zweifellos einen Großteil seines Attraktivitätspotentials. Diese Salons konnten sich damit zugleich als Ort der Akzeptanz und nicht der Ächtung "freier", nicht ehelich gebundener Liebe und ihrer Vertreter anbieten: Pauline Wiesel, in "freier" Liebe u.a. mit Prinz Louis Ferdinand verbunden, wird von Rahel und ihrem Salon außerordentlich geschätzt. Gerade auch die "Einheirat" jüdischer Frauen in nichtjüdische, aristokratische Familien, wie sie in den Salons vorbereitet wurden, bestärkte die Vorstellung von der Liebe als eines von gesellschaftlichen Zwängen befreibaren und im Grunde freien Lebensbereichs, der als Modell idealer zwischenmenschlicher Beziehungen in den Salon hineinwirken mußte.

Das neue Kulturmuster schloß die Veränderung der Körpergestaltung der jüdischen Frauen ein, so daß sie sich gesellschaftlich geltenden Schönheitsidealen annäherten und - wie Henriette Herz - sie "verkörpern" konnten. Am dramatischsten und auffälligsten, da hier religiöse Gebote mißachtet werden mußten, vollzog sich diese Umstilisierung des Körpers in der Frage der Haarmoden. Sowohl die Wiener als auch die Berliner späteren Salondamen rebellierten gegen das Verbot für verheiratete Frauen, ihr eigenes Haar zu zeigen, eine Verordnung, die auf eine Diminuierung erotischer Signale durch die Heirat hinauslief. So beschreibt Henriette Herz ihre Unzufriedenheit mit ihrem Aussehen auf dem eigenen Hochzeitsball:

> Die Ursache war, weil, nach jüdischem Gebrauch, ich mein Haar völlig verbergen mußte und das Kopfzeug, mit Perlen und Blumen geziert, mir nicht gut stand. Ich kam etwas später als einige Gäste, und meine Mutter empfing mich mit Unwillen und schalt, daß hie und da etwas von meinem Haar unter dem Kopfzeug hervorsah (...).[73]

Da ihr die Umformung ihrer körperlichen Erscheinung an diesem Punkte verwehrt blieb, betrieb sie eine Vernachlässigung des ganzen Körpers[74] und, was in unserem Untersuchungskontext bemerkenswert ist, verzichtete sie auf eine Erweiterung ihres - auf enge Freunde und Familienangehörigen eingegrenzten - kleinen Bekanntenkreises. So verliert es den aleatorischen Charakter, wenn Henriette Herz in den *Jugenderinnerungen* den eigentlichen Beginn ihres geselligen Verkehrs und ihrer Karriere als Salondame mit dem Fall des "Haargebots" assoziiert:

> Meine Eitelkeit bekam auch Gelegenheit sich zu freuen, weil um diese Zeit den jüdischen Frauen gleichsam die Erlaubnis gegeben war, wenn auch nicht ihr eigenes, doch falsches Haar tragen zu dürfen, und da meine Eltern (sie ist bereits längst verheiratet - PS) nichts dagegen hatten, wurde eine Perücke angefertigt, die mir sehr gut stand, doch war sie bald beiseitegelegt, und das eigene, rabenschwarze, glänzende Haar ersetzte sie. Ich lebte fröhlich und fleißig. Unser kleines Haus war viel besucht, und wir besuchten viele Häuser (...).[75]

Als in Wien die Itzig-Tochter Fanny von Arnstein ihr Haar entblößte und von zwei Juden aus dem Frankfurter Ghetto, die zum Passah-Fest eingeladen waren, "entdeckt" und angeprangert wurde, bestand sie auf deren Ausladung; anderenfalls würde sie einen

---

73 Ebd., S. 130.

74 Vgl. ebd., S. 138-139. Henriette wird einer Zirkassierin in einer Art "Schönheitskonkurrenz" gegenübergestellt, die deren Mann entscheiden soll. Henriette selbst gibt der Konkurrentin den Sieg: "Meine Kleidung war besser, konnte mir aber nicht stehen, denn ich hatte eine tiefe Haube auf, weil ich mein Haar verbergen mußte, und wenn unordentlicher Anzug und selbst Unlust an Pflege des eigenen Körpers weder zu verteidigen noch zu entschuldigen ist, so dürfte das Mißfallen an mir selbst, eben durch den gesetzlichen Kopfputz, doch die Hauptursache davon gewesen sein."

75 Ebd., S. 140-141.

noch größeren Skandal provozieren und am Fest (!) in das aufgeklärtere Berlin reisen[76]. Ähnlich wie bei Henriette Herz steht das Verletzen des Haartabus und damit die Anerkennung der Frau als erotisches Wesen bei Fanny von Arnstein, die sich ebenfalls auf die Rolle einer Salondame vorbereitete, im Zusammenhang mit der Umstrukturierung des geselligen Umgangs: Der Schwerpunkt hatte sich von den jüdischen Sakralfesten zu den überkonfessionellen und säkularen Gesellschaften verlagert, bei deren Konstituierung die "schönen Jüdinnen" ihre Sinnlichkeit einsetzten.

Als Ergebnis dieser Metamorphosen jüdischer Frauen konstatiert der erwähnte "Reisende":

> Das schöne Geschlecht der Israeliten spielt in Berlin eine große Rolle. Es gibt wirklich Schönheiten im eigentlichsten Sinne unter ihnen. Hübsche Kleidung und leichter Anstand erhöhen ihre Reize. Sie sind äußerst empfindsam und treiben ihre ohne dies schon hohe Reizbarkeit oft zu weit.[77]

Andere Berlinreisende bestätigen die Bedeutung der Inszenierung körperlicher Reize bei der Entstehung der Salons. So berichtet das Tagebuch Böttigers von seinem Besuch in Berlin 1797, daß die "Itzig'sche Familie in ihren zwei Repräsentantinnen, Mad. Wolf und Mad. Levi, einen gedrängten Kreis von Anbetern, körperlicher, durch alle Künste des Reichthums und der Cultur erhöhter Reize in sich versammelt weiß"[78]. Vor allem der Herz-Salon selbst profitierte von der Schönheit der Salondame; Böttiger notierte in seinem Tagebuch, daß der Blick auf die Herz zum Pflichtprogramm einer Reise nach Berlin gehöre:

> Mad. Herz ist eine lang bekannte, perennierende Schönheit, seit Jahren Gegenstand vieler unerhörter Wünsche und schöngeistiger Huldigungen. Wer den Gendarmenmarkt und Mad. Herz nicht gesehen, hat Berlin nicht gesehen.[79]

Henriette Herz blieb nicht nur eine stadtbekannte Schönheit, sondern wurde - ungeachtet ihrer religiösen Zugehörigkeit - als Schönheitsmuster von weiten Kreisen außerhalb Berlins akzeptiert; Fanny Lewald erinnerte sich noch in ihrer *Lebensgeschichte*, "daß die Schönheit dieser Frau einen europäischen Ruf gehabt"[80]. Die geselligen Auswirkungen eines solchen Wechsels in der sozialen bzw. personalen Trägerschaft des Schönheitsideals registrierten nicht nur die Zeitgenossen, auch Henriette Herz thematisierte ihre Wirkung immer wieder und interpretierte sich selbst wesentlich auch von ihrem Aussehen und der Präsentation ihres Körpers her. Noch in ihren *Erinnerungen* kam sie auf das Aussehen der jüdischen Frauen als Ferment bei der Herausbildung der Berliner Salonkultur zurück: "(D)er Geist", heißt es hier, "war der einer neuen Zeit, und nächst dem waren die Trägerinnen derselben durch eine Gunst des Zufalls zum Teil sehr schöne junge Mädchen und Frauen."[81]

76 Spiel: Fanny von Arnstein, S. 77.
77 Zit. nach Herz: Ihr Leben, S. 7.
78 Böttiger: Literarische Zustände, Bd. 1, S. 102-111, S. 102.
79 Ebd., S. 105.
80 Fanny Lewald: Meine Lebensgeschichte, Bd. 1-3, Berlin 1871. Hier zit. nach Herz: Erinnerungen, S. 427-432, S. 430.
81 Herz: Erinnerungen, S. 67.

Zu dieser (Körper-) Präsentation gehörte wesentlich auch die Erschließung und endlich die Beherrschung des Bereichs der Mode durch die jüdischen Frauen. Zeitgenössische Berichte dokumentieren die Erfolge, die dabei erzielt wurden, bevor die Frauen noch in künstlerischen und literarischen Fragen "tonangebend" wurden. Wenn weibliche Randfiguren der Ständegesellschaft zu Autoritäten des "Putzes" wurden, markiert dies deutliche ästhetische Umorientierungen. In Garves *Versuchen über verschiedene Gegenstände aus der Moral, der Litteratur und dem gesellschaftlichen Leben* war zur gleichen Zeit nicht nur die Mode noch einmal als Mittel der sozialen Differenzierung, sondern auch der sozialen Vereinigung, der "corpora-Bildung" ausgewiesen worden. Die jüdischen Frauen, vorausgesetzt, sie intendierten eine ständeneutrale Geselligkeitsform, mußten, wenn ihre Inszenierung als Frau bei der Genese dieser Geselligkeit wirksam werden sollte, solche Modeanschauungen außer Kraft setzen. Indem Frauen wie Henriette Herz, die Itzig-Töchter u.a. als Schönheitsideal und Modevorbild fungieren können, wird vorweggenommen, was Dieter Borchmeyer als zentralen Punkt der bürgerlichen Ästhetik herausgearbeitet hat: die Absage an die soziale Valenz der Form.[82] Daraus ergeben sich auch Analogien zwischen dem Salon um 1800 und der Literatur dieser Epoche.

Henriette Herz stilisierte sich - und wurde stilisiert - als Wiedergeburt antiker Schönheit. In seiner Biographie der Salondame griff Joseph Fürst noch einmal auf diese Präsentationsform zurück und erklärte, nachdem dieses Schönheitsideal obsolet geworden war, nur dem Kunsthistoriker könne sich diese Frau in ihrer Ästhetik erschließen (später Nachklang eines Schönheitsmythos, durch den die ästhetische Erziehung und die Zirkelbildung um 1800 an einer überraschenden Stelle zusammengeschlossen worden waren):

> Selten nur mag die Natur ein Profil erzeugt haben, welches sich in solchem Maße wie das ihre den schönsten aus der Zeit griechischer Kunst näherte. Namentlich war die fast lothrechte Linie, in welcher die Nase sich an die Stirn ansetzte, in dieser Beziehung klassisch, ein Vorzug, welcher noch an dem Kopf der Greisin zu erkennen war, und nicht minder staunenswerth war die Reinheit des Ovals ihres Gesichts. (...) Was Laien an ihrem aeußeren tadelten, während Künstler auch darin eine wunderbare Uebereinstimmung mit dem (!) kanonischen Verhältnissen aus der klassischen Zeit griechischer Skulptur sahen, war, daß der Kopf im Verhältniß zu dem übrigen Körper etwas klein erschien.[83]

Auch Böttiger beschrieb die Salondame im Rückgriff auf antike Vorbilder: "Sie gehört durch ihre kolossalischen Vollkommenheiten zu den stolzen junonischen Schönheiten."[84] Das Gemälde von Graff (gegen das Markus Herz wegen fehlender Ähnlichkeit Protest einlegt, ein Protest, hinter dem sich ein anderes Frauenideal verbirgt), die Büste von Schadow, bereits das frühe Bild der Therbusch bestätigen dies und - indem sie die Herz als klassisches Schönheitsideal propagieren - festigen auch den Ruf des Salons, in dem dieses Frauenmuster zelebriert wird.

---

82 Vgl. Borchmeyer: Höfische Gesellschaft, III. Abschnitt, 3. Kapitel: "Ästhetischer und ostentativer Schein - Die Absage der bürgerlichen Ästhetik an die soziale Valenz der Form".
83 Fürst: Henriette Herz, S. 30.
84 Böttiger: Literarische Zustände, S. 105.

3. Die "schöne Jüdin" als kulturhistorischer Typus, der in Henriette Herz seine frühe, für die literarische Geselligkeit wirksamste Ausformung erhalten hatte, hat als Pendant den "häßlichen", nicht selten kleinwüchsigen Mann: Mendelssohn, Herz, auch noch Schleiermacher. Es scheint, als habe deren "Geist" den äußeren Beweis seiner Suprematie angetreten, indem er die männliche Körperlichkeit als ästhetisch irrelevant verkümmern läßt. Eine Änderung in den Kulturtypen vollzieht sich, als im Zuge der Etablierung der Berliner Salons "häßliche" Jüdinnen das "schönheitsstrahlende edle Frauenideal"[85] von Henriette Herz ergänzen und in ihrer Wirksamkeit für die Weiterentwicklung der Salongeselligkeit einschränken. Sinnlichkeit und Schönheit dissoziieren. Bei der Malerin Louise Seidler figurieren Henriette Herz und Dorothea Mendelssohn regelrecht als Kontrastpersonen: Auch hier heißt es von der "häßlichen Dorothea" vor der Folie der "schönen Henriette", Dorothea sei "geistreich, freundlich und wohlwollend, so daß man sich trotz ihrer Häßlichkeit und des brennenden Blicks ihrer großen Augen doch unendlich angezogen fühlte"[86]. Das Innere dringt anscheinend bei den "häßlichen Jüdinnen", zu denen die Romantiker vor allem Affinitäten haben, unverstellt nach außen. Den gesteigerten romantischen Subjektivismus hemmt auch kein Schönheitsideal, das den Blick auf der Oberfläche des Körpers gebannt hält. Nicht mehr das Statuarische der stillen Größe übt seine Anziehung aus (so die Beschreibung von Henriette Herz), sondern der sprechende lebendige Körper, der Körper in Bewegung. Im Gegensatz zur Henriette Herz ist Rahel am anziehendsten, wenn sie agiert. So erfassen die Berichte über Rahel diese in der Regel in Aktion, von Henriette Herz sind fast nur Tableaus überliefert.

Bei der Selbstreflexion Rahels ist ihre Körperlichkeit nicht weniger präsent als bei Henriette Herz, aber das Verhältnis zu ihrem Körper hat sich kompliziert: Er wird ihr eine ständige Gefahrenquelle, mit dessen Schwäche und Anfälligkeit sie bei ihrer Verwirklichung in der Geselligkeit rechnen muß, während er der Herz ein Mittel der Selbstdarstellung in ihrem Salon blieb. Bezeichnenderweise paart sich Rahels Leiden an ihrer körperlichen Konstitution mit ihrem Leiden an ihrer Existenz als Frau und als Jüdin.[87]

---

85 So Caroline Bauer in ihren Erinnerungen *Aus meinem Bühnenleben*, in: Herz: Erinnerungen, S. 421.

86 Vgl. die *Erinnerungen* von Louise Seidler, abgedruckt in: Herz: Erinnerungen, S. 419-421, S. 420.

87 Die für die Romantik kennzeichnende Tendenz zur Aufhebung der Geschlechterpolarisation in androgynen Projektionen, in denen den Frauen ein aktiver Part zurückgegeben wurde, blieb bereits bei Zeitgenossen nicht unwidersprochen. Ricarda Huch hat in diesem Zusammenhang Laurentius Oken und Justinus Kerner herangezogen. Während Malfatti, der eine zeitlang im Wiener Salon Eskeles verkehrte, wo er mit Karl August Varnhagen (siehe Varnhagen: Denkwürdigkeiten, Bd. 2, S. 181) in Kontakt kam, nach Huch einen vertikalen Schnitt durch den Körper des Menschen gelegt und ihn in einen Mannmenschen und Weibmenschen gespalten habe, habe Oken den Menschen horizontal getrennt, wobei der Frau die Analogie der Gangliennerven, das "Bauchsystem" zugekommen sei. (Ricarda Huch: Die Romantik. Ausbreitung, Blüte und Verfall, 5. Aufl., Tübingen 1979, S. 436-437.) Kerner begründet, ähnlich wie Oken, die soziokulturelle Präsentation der Frau, wie sie bei Rahel Levin Varnhagen zu beobachten war, biologisch, wenn er Weib zu sein als eigentliche Krankheit diagnostiziert: Die Frau stehe "schon inniger, wie der Mann, in Verbindung mit der Natur, ist deswegen auch mehreren Krankheiten ausgesetzt und eilt auch bälder als der Mann, dem gänzlichen Verein mit der Natur, dem Tode, zu." (zit. nach: Huch: Romantik, S. 437). Kerner sieht bei der Frau das "Bauchsystem" gegenüber dem "Gehirnsystem" überwiegen, was das Geistige im Menschen, den freien Willen, die Selbständigkeit hemme. In der

Widerspruch gegen das klassische Schönheitsideal, wie es Henriette Herz in ihrem Salon verkörpert, wird - kaum verwunderlich - vom Rahel-Kreis früh angemeldet. Von Rahels Bruder, Ludwig Robert, stammt ein Spottgedicht über die "Junonische Riesin", das genau auf den Riß zwischen äußerer Darstellung und innerem Zustand zielt.[88] Im Salon der Herz selbst versuchte der Rahel-Freund Marwitz die Demontage des Schönheitsideals der statischen Größe, als er "eines Abends am Teetisch alle seine Beredtsamkeit aufbot, um der gütigen Wirtin, der großen und starken Frau, gründlich hinein ins Gesicht zu demonstrieren, weibliche Grazie sei mit einer solchen Gestalt (..) schlechterdings unverträglich"[89]. Rahel selbst wirft ihr vor, "sterile, affektiert"[90] zu sein und meint damit ebenfalls den Präsentationszwang, dem sich Herz unterwirft. Das Festhalten am - schönen - Schein war der älteren Salondame dabei sehr wohl bewußt und reflektierter positiver Bestandteil ihrer Umgangsformen. So vertrat sie gegenüber dem jungen Varnhagen die Ansicht, daß "die Weiblichkeit zuweilen mehr Bewahrung des Scheines und wenn auch nur verstellten Einklang mit der Welt verlangen dürfte"[91]. In diesem Kontext verständlich ist auch die Kritik Rahels an den Kleidern der Henriette Herz, die ihre Schönheit über die stoffliche Hülle des Körpers, die Außenfläche aufbaut: "Mad. Herz lebt geputzt", schreibt sie, die in späteren Jahren schwarze Kleider bevorzugt, an Karl August Varnhagen, "ohne zu wissen, daß man sich ausziehen kann, und wie einem dann ist"[92]. Das Schönheitsideal, das Henriette Herz repräsentiert, wird rasch historisch; mit der Ablösung dieses Ideals fällt ihr Alterungsprozeß zusammen, den die Berliner Jüdin, folgt man den Notizen von Börne, Malla Montgomery-Silfverstolpe, Fanny Lewald u.a., zu überdecken versucht, indem sie weiterhin ihren ganzen Körper inszeniert, dadurch aber nur Disharmonien produziert und Disproportionen zur Schau stellt. Besucht wird sie noch als Ruine und Relikt vergangener Schönheitsvorstellungen. Sie zehrt - auch gesellschaftlich - von ihrer Leistung, ihre körperliche Attraktivität für die Entstehung des ersten bedeutenden Literarischen Salons in Berlin eingebracht zu haben und damit nicht nur die Assimilation der Juden auf eine neue Stufe gehoben, sondern auch dem Umgang mit Literatur verändert zu haben.

3.1.4 Ansätze zur jüdischen Organisierung entfunktionalisierter Verkehrsformen

1. Selma Stern hat in ihrer Darstellung der Geschichte der preußischen Juden betont, daß der "deutsche Jude (...) trotz aller äußeren und inneren Absonderung nie völlig von seiner Umgebung getrennt gewesen (war). Es hatten von jeher Begegnungen zwischen Deutschen und Juden stattgefunden, wenn es sich dabei auch niemals um eine innere

Konsequenz erklärt dies für Kerner die Abhängigkeit der Frau von der männlich dominierten Außenwelt. Wie ein Ansatz zu einer Theorie des geselligen Körpers, der die geselligen Erfahrungen der Romantiker zum Substrat hat, liest sich die These Kerners, daß, wie bei den Frauen, so unter den Völkern bei den Juden das "Bauchsystem" überwiege.

88 Abgedruckt in: Herz: Henriette Herz, S. 239.

89 Varnhagen: Denkwürdigkeiten, hier zit. nach Herz: Erinnerungen, S. 415-418, S. 416.

90 Rahel Varnhagen: Brief an Varnhagen in Prag, Dresden 28. Sept. 1811, in: Briefwechsel Varnhagen-Rahel II (Rahel-Bibliothek IV, 2), S. 156-158, S. 157.

91 Varnhagen: Denkwürdigkeiten, in: Herz: Erinnerungen, S. 417.

92 Rahel Varnhagen an Varnhagen in Steinfurt, Berlin 12.11.1810, in: Briefwechsel Varnhagen-Rahel II (Rahel-Bibliothek V,2), S. 108-11, S. 109.

Durchdringung des jüdischen mit dem deutschen und des deutschen mit dem jüdischen Geist gehandelt hat"[93].

Ein wesentlicher Grund dafür war der durchweg funktionale Charakter dieser Kontakte. In seiner noch 1935 erschienenen Frankfurter Dissertation - erwähnt als eine der letzten Spuren Frankfurter Soziologie im Nationalsozialismus - sieht der jüdische Wissenschaftler Jakob Katz eine grundlegende Differenz zwischen den Interaktionen der "vorassimilatorischen Epoche" und jenen der späteren Aufklärungszeit. Neben den wirtschaftlich begründeten Kontakten nennt Katz noch das Lehrer-Schüler-Verhältnis und - in seltenen Fällen - die Beziehung zwischen Arzt und Patient[94]. Katz kommt zum Ergebnis:

> Jedes Zusammentreffen zwischen Juden und Nichtjuden hatte zu dieser Zeit einen von vorneherein erstrebten Zweck. Das Zusammentreffen als Selbstzweck mit freundschaftlichem oder geselligem Charakter war zwischen Juden und Nichtjuden nicht möglich. Ein solches Zusammentreffen würde eine 'Gesellschaft' vorausgesetzt haben, in der Juden und Nichtjuden gleichzeitig verkehrt hätten. Denn nur auf der Grundlage des gesellschaftlichen Verkehrs ist ein Zusammentreffen von Menschen als Selbstzweck denkbar (...). Die Entstehungszeit einer solchen Gesellschaft ist der Markstein zwischen der vorassimilatorischen und assimilatorischen Epoche.[95]

Christian Wilhelm von Dohm, der in seiner Schrift *Über die bürgerliche Verbesserung der Juden* die rechtliche Gleichstellung propagierte, diese aber nicht als Alternative zur Akkulturation verstanden haben wollte, plädierte - an die Adresse der Juden gerichtet - für eine Neuformierung der Kontakte zwischen Christen und Juden auf geselliger Basis; ja, er wollte die Existenz einer solchen Geselligkeit als notwendige Begleitmaßnahme zur rechtlichen Eingliederung begriffen wissen: "Die Juden", erklärt Dohm, "sind längst Europäer geworden, und nur ihre beständige (sic) Verheyrathungen unter sich und die gleichförmige Beschäftigung haben ihnen noch gewisse charakteristische Eigenheiten und eine Nationalphysiognomie erhalten, die sich, wenn sie erst unter die übrigen Menschen sich zerstreuen und allmählig das Unterscheidende ihrer Meynungen und Gebräuche ablegen, auch verlieren werden. Auch die Ungeselligkeit, welche manche dieser Gebräuche hervorgebracht haben, wird wie ich gewiß hoffe, nicht von ewiger Dauer seyn. Und dieses muß allerdings geschehen, wenn die Juden ganz gleiche Glieder der Gesellschaft werden sollen. Denn (...) wer nicht mit uns ißt und trinkt, kann auch nicht ganz mit uns in eine Gesellschaft sich vereinigen"[96].

Diese These Dohms setzt allerdings die Bereitschaft auch nichtjüdischer Bevölkerungsgruppen zu einer solchen geselligen Annäherung voraus. Katz hat die sozialen Umstrukturierungen beschrieben, die eine solche Bereitschaft förderten und die Vorbedingung gewesen sind für die Entstehung gemeinsamer geselliger

---

93 Stern: Der preussische Staat und die Juden. Dritter Teil: Darstellung, S. 364.

94 Jacob Katz: Die Entstehung der Judenassimilation in Deutschland und deren Ideologie, Diss. Frankfurt/M. 1934, Frankfurt/M. 1935, S. 22: "Ebenso gab es einzelne jüdische Ärzte, die auch außerhalb des 'Ghettos' ihren Beruf ausübten, und die auch während ihrer Ausbildung auf den Universitäten mit der Außenwelt eine nichtwirtschafliche Begegnungsform erfuhren."

95 Ebd., S. 23.

96 Christian Wilhelm vom Dohm: Ueber die bürgerliche Verbesserung der Juden, 2 Theile, Berlin 1781/82 (2. Aufl. mit Anmerkungen von F.L. Kahle, Berlin 1789), 2. Theil, S. 221.

Kommunikationsräume für Juden und Christen, d.h. von Kommunikationsräumen jenseits berufs- und standesspezifischer Interessen. Er verweist dabei auf die soziale Umbruchphase dreier nichtjüdischer Gesellschaftsgruppen: Adlige, aufsteigende Schichten des Bürgertums und privatisierte Honoratioren. Aus diesen habe sich jene "Geisteselite" der zweiten Jahrhunderthälfte gebildet, die dann gemeinsam mit den Juden die "neutralisierte Gesellschaftsform"[97] realisiert habe. Definiert wird diese "Geisteselite" - im Anschluß an Hans Weil - als "Gruppe von Menschen (...), die sich im Laufe der zweiten Hälfte des 18.Jahrhunderts aus dem ständischen staatlichen Gefüge lösten und

97 Vgl. Hans Weil: Die Entstehung des deutschen Bildungsprinzips, 2. Aufl., Bonn 1967 (1. Aufl. 1930). Jacob Katz hat sich nach seinen Erfahrungen mit dem Nationalsozialismus und seiner stärkeren Beachtung zionistischer Anschauungen vorsichtig von seiner These von der "neutralisierten Gesellschaftsform" distanziert, eine "Korrektur", die auch die Einschätzung der jüdischen Salongeselligkeit berührte. In einem Vortrag, den Jacob Katz 1972 in Bielefeld hielt, führte er aus: "In meiner Dissertation habe ich den Begriff der neutralen Gesellschaft geprägt, um die neu entstandene Situation zu umschreiben. Gemeint war die Tatsache, daß sich am Ende des 18. und am Anfang des 19. Jahrhunderts soziale Zellen, wie Vereine, Kreise, Salons, herausbildeten, in denen Juden und Nichtjuden auf gleichem Fuße, unter Ignorierung ihrer religiösen Zugehörigkeit verkehrten. Ich habe seitdem meine Auffassung etwas revidiert, und später nicht mehr von einer neutralen, sondern von einer semi-neutralen Gesellschaft gesprochen. Meine ursprüngliche Vorstellung, daß in besagten Gesellschaftszellen die Zugehörigkeit der Mitglieder zur jüdischen oder christlichen Religion vollkommen ignoriert wurde, scheint mir nicht den Tatsachen zu entsprechen. (...) Denn selbst da, wo Juden zu nichtjüdischen Kreisen grundsätzlich Zutritt fanden, hat ihre Zugehörigkeit niemals den Grad der Selbstverständlichkeit erreicht. Auch in denjenigen Fällen, in denen der Jude nicht genötigt war, für seine Zulassung zu kämpfen oder zumindest um sie zu werben, wurde seine Zulassung als eine Errungenschaft angesehen, ein Umstand, der die Unbefangenheit des freien Verkehrs zwischen den Mitgliedern gewiß nicht gefördert hat. Doch ändert diese Belastung der Situation nichts an der Tatsache, daß in der genannten Zeitspanne eine unerhört neue Begegnungsform zwischen Juden und Nichtjuden zustande kam. Die Zugehörigen beider Gemeinschaften trafen sich nicht mehr ausschließlich aus wohldefinierten Interessen als Geschäftspartner, sondern fanden sich zu gemeinsamer Pflege kultureller Werte, wie Literatur, Kunst oder Wissenschaft, zusammen, ja sogar auch ohne Zweckbestimmung, einfach zur Befriedigung ihres Bedürfnisses nach Geselligkeit. Dies ist die große Neuerung, die allerdings auch eine tiefgreifende Wandlung der europäischen Gesellschaft in Richtung auf die Säkularisierung voraussetzt. Denn in den traditionsgebundenen Zeiten waren (..) auch die geselligen Veranstaltungen von religiösen Symbolen umrahmt. Die entscheidende Wendung zur Modernisierung liegt in der Loslösung der Geselligkeit aus dem traditionellen Rahmen und ihrer Trennung von religiösen Symbolen." (Jacob Katz: Die Anfänge der Judenemanzipation, wiederabgedruckt in: Jacob Katz : Die Assimilation und Emanzipation der Juden, S. 83-98, S. 90) Die Neueinschätzung der jüdischen Salons gründet bei Katz auf ihrer - nach den Erfahrungen des Faschismus sich in den Vordergrund schiebenden - gesellschaftlichen Folgenlosigkeit für die Geschichte der Juden in Deutschland: "Doch bei näherer Betrachtung zeigen sich die Einschränkungen, die diesen Errungenschaften anhaften und die sie teilweise als illusorisch erscheinen lassen. Denn diese Begegnungen fanden ja nicht zwischen Vertretern der Grundschicht beider Gruppen statt, und sie berührten nicht den Kern beider Völker; es waren vielmehr die intellektuellen Spitzen beider Kreise und ihre Virtuosen der Geselligkeit, die einander fanden und einen gemeinsamen Rahmen zu gegenseitigem Ergötzen schufen. Es hätte mehr bedeutet, wenn sich der Landpfarrer und der jüdische Dorflehrer über ihre Erziehungsprobleme beraten hätten, als wenn Kant und Markus Herz die kritische Philosophie erörterten. Die Brüder Humboldt, der junge Dichter Körner und andere Berühmtheiten der Zeit verkehrten in den Salons der intellektuell und gesellschaftlich brillianten Jüdinnen in Berlin und Wien. Es wäre bedeutungsvoller und vielleicht zukunftsträchtiger gewesen, wenn diese Söhne der nichtjüdischen Aristokratie und des Bürgertums imstande gewesen wären, ihre jüdischen Freunde in ihre Familienkreise einzuführen und ihre Geselligkeit in gegenseitigen Besuchen zu pflegen. In Wirklichkeit bleibt aber der Verkehr mit den jüdischen Intellektuellen und den Salongrößen für den christlichen Partner Gelegenheitserlebnis, das sich mehr oder weniger am Rande seiner Existenz abspielt." (ebd., S. 92)

einer neuen gesellschaftlichen Ordnung zustrebten, deren konstituierendes Prinzip als ein Beteiligtsein am 'Geiste', an der 'Kultur' angesetzt wurde"[98]. Eine Affinität dieser "Geisteselite" zu Teilen der jüdischen Bevölkerungsgruppe ist für Katz um so einsichtiger, als die Juden "einen Stand oder eine Klasse" nicht repräsentierten[99] und sie für die "Geisteselite" in exemplarischer Form, wie es Karl Philipp Moritz' Vorwort zu Maimons Lebensgeschichte ausführt, "die Freiheit des Gedankens durch Traditionsverzicht erringen mußten"[100].

In Anlehnung an Weil hat Katz die Disposition von Angehörigen der Aristokratie, sich mit jüdischen Repräsentanten zu treffen, in ursächlichem Zusammenhang gesehen mit dem Sinken des Funktionswertes, den der Adel "durch den langsamen Übergang vom reinen Feudal- zum werdenden Beamtenstaat" zu verzeichnen hatte[101]. Die Notwendigkeit, die eigene Stellung in der Gesellschaft neu zu begründen, habe Teile der Aristokratie auch für die Rezeption von Gesellschaftstheorien empfänglicher gemacht, die vor allem ideologische Barrieren für die Annäherung an die jüdischen Geselligkeitsformationen beseitigen mußten. Diese Erklärung begründet allerdings nicht das ganze Spektrum der aristokratischen Teilnehmer an der von jüdischen Häusern inszenierten Geselligkeit, da selbst einzelne Repräsentanten der Dynastie hier in nichtfunktionalen Kontakt mit Angehörigen anderer sozialer Schichten traten.

Wenn Katz - nach Weil - als dritte Partizipiantengruppe an jüdisch organisierter "neutraler" Geselligkeit "privatisierte Honoratioren" nennt, so sieht er auch diese Gruppe charakterisiert durch ihre Distanz von der Macht und durch Funktionsverluste. Er definiert sie als "Großbürgertum, das nicht primär mit dem 'Staate' der Fürsten und einer absolutistischen Regierung verbunden war, dessen Erziehung ihm Kenntnis und Kritik vermittelte, ohne daß solche kulturellen Qualitäten von bestehenden Staaten benützt oder dotiert werden konnten"[102]. Die Ansicht, daß tatsächlich primär Stellungseinbußen bei den "Honoratioren" dominierten und diese sie in die Arme jüdischer Geselligkeit trieben, bleibt aber ebenso ergänzungsbedürftig wie die These vom Machtverlust des Adels als dessen hegemoniales Motiv einer Partizipation an den neuen Organisationsformen des geselligen Umgangs.

2. Bei der Kontaktierung jüdischer und nichtjüdischer Gruppen lassen sich verschiedene Stufen mit ihren entsprechenden Verschiebungen innerhalb der Kommunikationsinstitutionen (und dementsprechend der kommunikativen Medien) rekonstruieren. Schriften und Briefe stellen in der Regel frühe Verbindungsmittel dar, dem folgte die persönliche Bekanntschaft Einzelner, wobei die Freundschaft Lessing-Mendelssohn motivierend wirken konnte. Zugleich begann eine Eingliederung von Juden in Geselligkeitsformationen, in denen sich ein Strukturwandel der Öffentlichkeit vorbereitete: Als erster Jude wurde Mendelssohns Lehrer Aaron Gumpertz Mitglied des in den

98 Katz: Entstehung der Judenassimilation, S. 33.

99 Robert Weltsch: Aus dem Jahrhundert der Judenemanzipation, in: Neue Rundschau, 80, 4. H., 1969, S. 737-750, S. 379.

100 Jürgen Habermas: Der deutsche Idealismus der jüdischen Philosophen, in: ders.: Philosophisch-politische Profile, Frankfurt/M. 1971, S. 44.

101 Katz: Entstehung der Judenassimilation, S. 33.

102 Zit. nach Weil: Entstehung des Bildungsprinzips, S. 192-193.

fünfziger Jahren gegründeten "gelehrten Kaffeehauses"[103], einer "gelehrten", d.h. dem aufklärerischen Diskurs verpflichteten Gesellschaft, die durch die Adaption von Strukturelementen eines Klubs und zugleich eines Cafés der unterentwickelten Berliner Öffentlichkeit und Geselligkeit gerecht werden sollte. Hier traf der Berliner Jude Gumpertz auf "Schriftsteller, Philosophen und Theologen wie Lessing, Nicolai, den Marquis d'Argens und Maupertius, den Präsidenten der Akademie der Wissenschaften"[104]. Mit Moses Mendelssohn wurde ein zweiter jüdischer Gelehrter Mitglied dieser Gesellschaft.[105]

Wenn Mendelssohn sein Haus schließlich als erster selbst für eine aufklärerische Kommunikation öffnete, so wollte er damit nicht den Charakter einer "Gelehrtengesellschaft", wie sie das "Kaffeehaus" hatte, aufgeben. Auch in seinem "Haus" stellte sich diese intellektuelle Geselligkeit her als Verständigungsprozeß einzelner - männlicher - Gelehrter -, auch wenn jetzt der Hausfrau Fromet in ihrer Domäne eine marginale, aber noch keineswegs geselligkeitsstiftende Funktion zukam.[106]

---

103 Vgl. Julius H. Schoeps: Moses Mendelssohn, Kronberg/Ts. 1979, S. 18-19. Während Mendelssohn in diesem "gelehrten Kaffeehaus", das einen institutionellen Typus geschützter und restringierter Öffentlichkeit darstellt, als jüdische Ausnahme aufgenommen wird, frequentieren Vertreter der auf Mendelssohn folgenden Generation die öffentlichen Kaffeehäuser, was eine breitere Integrationsfähigkeit voraussetzt. Über Maimon, den Rahel gern als Gast ihrer Dachstube sehen würde, schreibt sie enttäuscht an David Veit: "Von Maimon weiß ich nichts, außer daß ich ihn gern sehen möchte, und daß er auf das Triest'sche Kaffeehaus geht (...)." Rahel an Veit, 15. März 1794, in: Briefwechsel zwischen Rahel und David Veit (Rahel-Bibliothek VII), S. 202-209, S. 208.

104 Stern: Der preussische Staat und die Juden. Dritter Teil: Darstellung, S. 375.

105 Nach Schoeps: Moses Mendelssohn, S. 18-19, hatte sich Mendelssohn in diesem Kaffeehaus rasch durch "geistreiche und schlagfertige Äußerungen den Ruf (erworben), ein Bel-Esprit zu sein. Als bei einer der Abendveranstaltungen im heiteren Gespräch der Vorschlag gemacht wurde, jeder der Anwesenden möge doch etwas zu den Fehlern der eignen Person sagen, soll Mendelssohn - er war verwachsen und hatte einen starken Höcker, außerdem stotterte er - schnell hingeschrieben haben: 'Groß nennt ihr den Demosthen,/Den stotternden Redner von Athen,/Den höcktigen Aesop haltet ihr für weise -/Triumph! Ich werd' in Eurem Kreise/Doppelt so groß und weise sein,/Denn Ihr habt bei mir im Verein,/Was man bei Aesop und Demosthen/Hat getrennt gehört und geseh'n.'"

106 Vgl. auch Margarete Susman, die allerdings Mendelssohns intellektueller Geselligkeit eine Einzigartigkeit in der Berliner Kultur konzediert, die so nicht vorhanden war: "Er (Mendelssohn - PS) war der einzige Gelehrte Berlins, der zu jener Zeit ein Haus ausmachte. Während die anderen Gelehrten noch ihr Leben in die Geistigkeit ihres Studierzimmers und eine öde Bierstubengeselligkeit, von der die Frauen ausgeschlossen waren, eingeteilt hatten, versammelte der schlichte Kaufmann Moses Mendelssohn bereits alles um sich, was in Berlin Geist hatte, und es gab kaum einen durchreisenden Gelehrten, der sich nicht bei ihm einführen ließ. Auch die Frauen seiner Umgebung bildete er zur Teilnahme an solcher höheren Form der Geselligkeit aus; (...)." (Margarete Susman: Frauen der Romantik, Jena 1929, 3. vermehrte und veränderte Aufl., Köln 1960, S. 64.) Sophie Becker, die Reisebegleiterin Elise von der Reckes, folgte allein oder gemeinsam mit Elise bei ihrem zweiten Aufenthalt in Berlin 1785/86 mehrmals den Einladungen Mendelssohns und traf in seiner Gesellschaft auch auf seine Töchter und seine Frau, von der sie am 10. Oktober 1785 schreibt: "Heute besuchte Elise mit mir und Nikolai Mendelssohn, Spalding und Biester. Diesmal sahen wir auch Mendelssohns Frau, die mir sehr gut gefällt und ein Weib von vielem wissenschaftlichen Verstande zu sein scheint. Sie nimmt den innigsten Anteil an dem, was ihr Mann spricht. Heute wurde bei ihm viel über Lessing gesprochen und zwar durch Veranlassung der ganz neuerlich ausgekommenen Briefe des Geheimrats Jacobi an Mendelssohn, in welchen er den Spinozismus widerlegt und zugleich beweist, daß ihm Lessing zugethan gewesen ist." (Sophie Becker: Vor hundert Jahren. Elise von der Reckes Reisen durch Deutschland 1784-86 nach dem Tagebuche ihrer Begleiterin Sophie Becker, hrsg. und eingel. von Gero Karo und M. Geyer, Stuttgart 1884, S. 196.) Mit den Frauen er-

Anders aber als das "Kaffeehaus", das die formelle Mitgliedschaft kannte, war Mendelssohns "private" Gesellschaft offen gestaltet und hatte damit die Möglichkeit (die sich für ihn als Jude, da ihm die traditionellen Verkehrsformen verwehrt oder schon obsolet waren, eher als Notwendigkeit ergab), die personalen Kontakte weiter auszudehnen.

Sebastian Hensel spricht bezüglich der Treffen bei Mendelssohn von einer "Geselligkeit, bei der jeder im Hause Eingeführte uneingeladen abends erscheint, wann es ihm beliebt, und bleibt, solange es ihm gefällt. Man findet Bekannte, wie sie denn der Zufall vereinigt, es wird ein lebhaftes, immer wechselndes Gespräch geführt (...)"[107].

Nach Aussagen des Sohnes Mendelssohns, Joseph, blieb der Kreis zentriert auf den Philosophen selbst, dessen wissenschaftliche Autorität das Gespräch bestimmt habe:

> Moses saß gewöhnlich als Kampfrichter auf seinem Armsessel mit niedergesenkten Augen. Aber alle sahen nur ihn und seine Bewegungen. Oft befeuerte er den Mut durch ein plötzliches Auffahren, oder durch einen einsilbigen Ausruf, oft belohnte er durch lächelnden Beifall. Ein schnelles Niedersehen, ein verneinendes Kopfschütteln galt ohne ein lautes Wort für bedeutenden Tadel. Wenn dieses nicht wirkte, wenn der Gegner auf wohlbegründete Einwände sich nicht ergab, oder wenn endlich Reden und Gegenreden sich durchkreuzten und verwirrten, so stand er wohl auf von seinem Sitze, trat in die Mitte der Streitenden und schien liebreich um Gehör zu bitten.[108]

Vorgeführt wird hier die Mendelssohn-Geselligkeit als philosophisches Streitgespräch und als Einübung in rationales Argumentieren mit dem Ziel der - vorläufigen - Übereinkunft der Teilnehmer am Mendelssohn-Gesprächszirkel durch den Sieg der "Vernunft". Mendelssohns Rolle unterscheidet sich insofern von jener der Salondame, daß er zur Disputation und nicht zur Konversation animiert: Der jüdische Philosoph "entwickelte die Streitfrage, stellte Satz und Gegensatz mit einer ihm eigentümlichen Klarheit und Kürze gegeneinander und ließ die Streitenden die Vergleichspunkte selbst finden, ohne des einen oder des anderen Partei gerade zu ergreifen"[109]. Das prinzipiell unabgeschlossene, weil personell nicht limitierte Streitgespräch, dessen Ergebnis bei einer kompetenteren Personenkonstellation wieder aufgehoben werden kann, besitzt Eigenwert in der Verlaufsform; das Gewicht des einzelnen Teilnehmers ist das Gewicht seiner Argumente, seine Emotionen, seine Affekte müssen in dieser Geselligkeit störend wirken. Die von Mendelssohn dialogisch angelegte, Kompetenz aller Partizipierenden

---

örtert Mendelssohn philosophische, literarische, aber auch musikalische Themen, wie ein Eintrag Sophie Beckers vom 17. Dezember 1785 belegt: "Um 10 Uhr morgens fuhren wir heute in Nikolais Gesellschaft zu Moses Mendelssohn und brachten da zwei Stunden der angenehmsten Unterhaltung zu. Diesmal betraf unser Gespräch die Musik und zwar hauptsächlich die Glucksche, von der Reichardt sehr eingenommen ist. Mendelssohn ist für den simplen Gesang und verwirft Koloraturen, welche Nicolai verteidigt." (Ebd., S. 225.)

107 Hensel: Mendelssohns, Bd. 1, S. 36. Daß das Haus Mendelssohns zu einem "Kontaktraum" von überregionaler Bedeutung wurde, betonen auch die Ausführungen eines jüngeren Familienhistorikers, Herbert Kupferberg: "At four in the afternoon, his (Moses' - PS) day really began, for then he left his business behind him and returned home, usually to a house full of friends, relatives, and visitors, some of them came from abroad to seek conversation with the famous Jew of Berlin." Herbert Kupferberg: The Mendelssohns. Three Generations of Genius, London/New York 1972 (deutsch: Tübingen 1972), S. 25.

108 Abgedruckt bei Hensel: Die Familie Mendelssohn, Bd. 1, S. 37-38.

109 Ebd.

unterstellende Kommunikationssituation korrespondiert dabei mit der formalen Anlage seiner philosophischen Schriften. Mendelssohns erste deutsche Schrift, die *Philosophischen Gespräche* (1755) scheinen bereits die Kommunikationssituation der Abendgesellschaften literarisch vorwegzunehmen - die von Mendelssohn ebenfalls favorisierte literarisch-philosophische Form des Briefwechsels verweist zusätzlich auf die Gesamtkommunikationssituation, in der sich Mendelssohn als jüdischer Philosoph befand. Die Dialektik des Gesprächs, wie es im Hause Mendelssohns geführt wurde, hat ihr Korrelat in jener der *Philosophischen Schriften*. Es entspricht gleichfalls dem Reflexions- und Diskussionskontinuum dieser philosophisch-literarischen Abende, wenn die Versuche in Mendelssohns frühen Werken, "den einen der Gesprächspartner oder Korrespondenten für Mendelssohns Meinung mit Beschlag zu belegen, nicht gelingen"[110] können. In der Schrift, die Mendelssohns Ruf als Philosoph endgültig begründete, *Phädon oder über die Unsterblichkeit der Seele in drey Gesprächen*, wird das Vorbild seiner literarischen Form und seiner Geselligkeit am sichtbarsten: das sokratische Gespräch. Hier ist es auch, wo Mendelssohn eine Geselligkeitstheorie in nuce vortragen läßt, nach der dem "Umgang" über die Wahrheitsfindung hinaus die Förderung sittlicher Werte immanent ist. Geselligkeit scheint nicht mehr nur für die umfassende Entfaltung humaner Existenz unerläßlich, sie wird, wenn Mendelssohn den Menschen als "das gesellige Thier" apostrophiert, zu einem Gattungsmerkmal. Sowohl die sittlich-moralische Ausbildung des Menschen als auch die Ausbildung des Intellekts und des Genußvermögens bekommen als Bedingung die Geselligkeit zugewiesen:

> Nach und nach bringet der Umgang, die Geselligkeit, das Gespräch, die Aufmunterung alle sittlichen Tugenden zur Reife, sie entzünden das Herz zur Freundschaft, die Brust zur Tapferkeit, und den Geist zur Wahrheitsliebe; breiten einen Wetteifer von Dienst und Gegendienst, Liebe und Gegenliebe, eine Abwechslung von Scherz und Ernst, Tiefsinn und Munterkeit, über das menschliche Leben aus, die alle einsamen und ungeselligen Wollüste an Süßigkeit übertreffen. Daher auch der Besitz aller Güter dieser Erde, der Genuß der feurigsten Wollüste uns nicht behagt, wenn wir sie in der Einsamkeit besitzen und genießen sollen; und die erhabensten und prächtigsten Gegenstände der Natur ergetzen das gesellige Thier, den Menschen, nicht so sehr, als ein Anblick von seinen Mitmenschen.[111]

Damit ist in *Phädon* eine Position konzipiert, die der eigenen, Mendelssohnschen geselligen Praxis bereits vorauseilt. Diese Position enthält schon Elemente, auf die sowohl Herder, indem er Humanität und Geselligkeit in ein Interdependenzverhältnis verweist, als auch Schleiermacher, der die "freie" Geselligkeit als Verwirklichungsangebot des Menschen als Mensch interpretiert, rekurrieren können und von denen aus auch Knigges didaktischer Entwurf des "Umgangs mit Menschen" zu kritisieren sein wird. Gerade in Knigges funktionalistischem "Umgang" setzt sich eine Tradition in der Gesellschaft fort,

---

110 Fritz Bamberger: Einleitung zu: Moses Mendelssohns Schriften zur Philosophie und Ästhetik, Band 1, Stuttgart 1971 (Neudruck der Ausgabe Berlin 1929), S. XVII-XLVIII, hier S. XLV.

111 Moses Mendelssohn: Phädon oder über die Unsterblichkeit der Seele in drey Gesprächen, 4. Aufl., Berlin/Stettin 1776, S. 157-158.

wie sie von jüdischer Seite inzwischen unterminiert worden war. Knigge, indem er dies nicht erkennen kann, kommt bezeichnenderweise lediglich im Kontext des "Umgangs" mit Kaufleuten auf die Juden zu sprechen und warnt:

> Freylich bringen es leider die meisten Juden in der höheren Kultur nicht weiter, als das (sic) sie die Einfalt und Strenge ihrer Sitten gegen christliche Thorheiten und Laster vertauschen. Ein jüdischer Stutzer oder Freygeist spielt dann mehrenteils eine sehr unvortheilhafte Rolle.[112]

3. Dabei widersprach auch die Empirie - wenn auch nur bezogen auf Berliner jüdische Familien - schon bald Knigges Meinung über den jüdischen Umgang. Als Garanten einer Geselligkeit, in der sich in Berlin "höhere Kultur" realisieren konnte, werden im Reisebericht Karl August Böttigers (1797) gerade jüdische Familien (Itzig und Herz) vorgestellt:

> Die berliner Judenschaft stellt in den hier genannten Familien die unzweideutigsten Beweise ihrer hohen Ausbildung auf, die durch allerlei Antriebe in den letzten 20 Jahren so viele Fortschritte gemacht hat, daß fast keine Gesellschaft, wo außer der Spiellust und Eßlust noch ein höheres Bedürfniß befriedigt werden soll, in Berlin gefunden wird, wobei nicht Juden eine beträchtliche Rolle spielen. Ja es ist so weit gekommen, daß die Christen sehr oft, besonders in Sachen des Geschmacks und der herrschenden Philosophie, ihr dunkles Lämpchen mit dem Öle der jüdischen Lichtmäkler beträufeln.[113]

Selbst Helene Friederike Unger - trotz ihrer noch zu zitierenden Animosität gegen die Berliner Jüdinnen - mußte einräumen, daß eine urbane Geselligkeit, die weder "das leidige Kartenspiel zur Basis hat"[114] noch auf die aristokratischen Häuser beschränkt geblieben sei (und somit auch Intellektuellen den Zugang ermöglicht habe), nur von Berliner Juden organisiert werde:

> Die Berliner Elegants und junge Gelehrte, welche keinen Zutritt zu den Vornehmen haben oder suchen, wenden sich zum Ersatz an reiche jüdische Häuser. Die Gebildeten dieser Nazion machen eine besondere Klasse aus, die gegenwärtig mehr Einfluß gewinnt, als ihre getaufte (sic) Mitbürger ihnen gern zugestehen möchten.[115]

---

112 Adolf Freiherr von Knigge: Umgang mit Menschen, vollständige Ausgabe, Berlin o.J. (1919) (Erstausgabe 1788), S. 406. Allerdings nimmt Knigge Unterschiede zwischen Berlinern und anderen Juden wahr (ebd.).

113 Böttiger: Literarische Zustände, Bd. 1, S. 102-103. Böttiger verwahrt sich allerdings auch dagegen, daß jede Geselligkeit, die von Juden organisiert werde, auch für Christen eine Orientierung darstelle. Den "meisten" Juden unterstellt er eine nur oberflächliche Akkulturation, einen auf die "äußerliche" Nachbildung von Verhaltensformen und Gesprächsmustern sich beschränkenden sozialen Verkehr: "Allein bei den meisten ist die Cultur nur ein leichter Gypsanwurf, hinter welchem eine häßliche, alte, berußte Küchenmauer steckt; ihre schönen Sentenzen sind erlerntes Wortgeklimper ohne innern Fond und Gehalt, vergoldete Rechenpfennige, womit sie gern auf gut jüdisch Goldstücke eintauschen möchten." (ebd., S. 104).

114 Helene Friederike Unger: Briefe über Berlin aus Briefen einer reisenden Dame an ihren Bruder in H., Berlin 1930 (Erstausgabe Berlin 1798), S. 8.

115 Ebd., S. 11.

3.2 Stadt und Salon

- der Stadt gesellige Freuden.
(Christoph Martin Wieland)

3.2.1 Die Entwicklung urbaner Kommunikationsstrukturen und sozialer Vernetzung in Berlin

1. Als Eindrücke von Berlin hielt die Tochter eines kurländischen Pfarrers, Sophie Becker, fest:

> Berlin ist mir zu groß. Man kann hier völlig isoliert leben, wenn man nicht einen sehr großen Kreis von Freunden und Bekannten hat. Um seine Freunde zu besuchen, die in der Stadt wohnen, muß man mehr reisen als spazierfahren. Darüber hörte ich heute auch Professor Ramler klagen, daß der Entfernung wegen nicht einmal die Gelehrten untereinander zusammenkämen. Der Konversationston ist übertrieben steif. Der Grafenstand will nicht einmal mit dem kleineren Adel zu thun haben. Der Kammerherr Lehndorf, welcher Elise am Hofe vorstellen soll, machte ihr heute den Besuch und sagte ihr über diese Materie ungefähr dieses: 'Verlieren Sie, teuerste Gräfin, ja Ihre natürliche Naivität hier nicht, aber legen Sie dieselbe hier beiseite. Je weniger Sie Mensch sind, desto mehr Beifall werden Sie haben. Loben Sie ja nicht laut, denn durch jedes Lob eines Abwesenden hält sich der Gegenwärtige beleidigt.' Hier werden ich und Mamsell Reichardt auch nie mit invitiert (...).[116]

Als Sophie Becker mit der Schriftstellerin Elise von der Recke auf ihrer fast zweijährigen Reise, in deren Verlauf sie die wichtigsten literarischen Zentren Deutschlands aufsuchten, das Berlin der letzten Regierungsjahre Friedrichs II. erstmals kennenlernte, sind es für sie zunächst Defizite urbaner Verkehrsweisen[117], die ihr auffallen und die sie in

---

116 Sophie Becker: Vor hundert Jahren. Stuttgart 1884, S. 21-22. Dieser Brief ist nicht enthalten in der Ausgabe: Sophie Becker: Briefe einer Curländerinn, Berlin 1884. Da beide Ausgaben auf einer unterschiedlichen Auswahl an Briefen basieren, werden sie im folgenden beide herangezogen werden müssen.

117 Karl Riha hat in seiner Untersuchung: *Die Beschreibung der "Großen Stadt". Zur Entstehung des Großstadtmotivs in der deutschen Literatur (ca. 1750-ca. 1850),* Bad Homburg/Berlin/Zürich 1970 (Frankfurter Beiträge zur Germanistik, Bd. 11), darauf hingewiesen, daß "Berlin um 1800 noch kaum etwas von einer großen Stadt an sich hatte" (S. 13). Dem ist zuzustimmen, legt man Paris und London als Vergleichsmaßstäbe an. Betrachtet man allerdings die qualitativen Veränderungen, die das Berlin dieser Jahrzehnte stadtarchitektonisch und soziostrukturell erfuhr und geht man von der deutschen Situation aus, so ist diese Aussage von Karl Riha zu relativieren. Sophie Beckers Berliner Eindrücke, was Geselligkeit und sozialen Verkehr betrifft, sind zu verstehen auf dem Hintergrund ihrer bis Berlin bereits gemachten Reiseerfahrungen. Die divergenten Formen des sozialen Umgangs werden auf dieser Reise von Sophie Becker aufmerksam wahrgenommen und festgehalten: In Königsberg ist sie erstaunt, "daß sich die Stände hier noch mit vieler *Aengstlichkeit* unterscheiden". Briefe einer Curländerinn, S. 19. Sie weiß aus dieser Stadt, die bar eines Literarischen Lebens für die beiden reisenden Frauen war, von "Predigerfrauen" zu berichten, "welche einer Gräfin Hand und Schürzen küssen" (ebd., S. 21), und schlußfolgert für die Geselligkeit: "Wie kann also jene sich in dem Umgange einer Person von so ungleicher Sitte gefallen?" Ebd. Der "Umgang" kann nur in den Formen der Etikette, des dramaturgisch fixierten Interagierens erfolgen: "Uebrigens bemerke ich hier im Umgange der Standespersonen viel Zwang und Steifheit, so daß die gesellige Freude nicht wagt, aus den engen Schranken der Etikette herauszutreten." Ebd. Nach einer kurzen Reiseunterbrechung in einem Kloster bei Danzig und dem Empfang beim Abt führt sie die hier erfahrenen "Schwächen" im geselligen Verkehr zurück auf die mangelnde Präsenz von Frauen, plädiert also für die Gemischtgeschlechtlichkeit (vgl. ebd., S. 39). In Schwedt, um ein letztes Beispiel

ihren Briefen reflektiert. Isolationsängste und Einsamkeitserfahrungen jener, die - ob Berliner oder Fremde - nicht mehr in den tradierten Formen sozialer Vernetzung innerhalb der ständischen Schichtungen aufgefangen werden, überwiegen für sie, während die höfischen Strukturen in Berlin ihrer Reisebegleiterin als Schwester der Herzogin von Kurland sogleich Verkehrsmöglichkeiten bereithalten. Bestätigt wurden ihr diese ersten Eindrücke durch die Klagen Ramlers über seine städtische Isolation. Klagen, daß Berlin gerade seine Intellektuellen der Vereinzelung aussetze, lassen sich schon zurückverfolgen bis in die sechziger Jahre. Bereits 1760 heißt es bei Moses Mendelssohn, der dann aus dieser Erfahrung die beschriebenen praktischen Konsequenzen zog, in einem Brief an den abgereisten Lessing:

> Ich lebe seit Ihrer Abwesenheit, mitten in dieser großen Stadt, wie in einer Einsiedeley. Herr Nicolai hat seitdem beständig mit der Herrlichkeit seiner Hochzeit zu tun gehabt (...).[118]

Mendelssohns Bedauern über die kommunikative Dissoziation, der er zeitweilig die Freundschaft mit Lessing entgegensetzen konnte, enthält zugleich bereits mit dem ironischen Hinweis auf die Absorbierung Nicolais durch die Gründung eines eigenen Hausstandes eine Erklärung für das nach 1760 noch bemerkbarer werdende Fehlen sozialer Verbindungen und geselliger Möglichkeiten in Berlin: Der Rückzug der bürgerlichen städtischen Intelligenz auf das Bürgerlich-Private hält weiterhin an, ohne daß dies bereits bei Nicolai (s.u.) als sozialer Ort spezifischer bürgerlicher Geselligkeit unter urbanen Bedingungen sichtbar wird.

Das äußere Bild von Berlin als einer gestuft geordneten sozialen Formation mit dem Monarchen als Platzanweiser in dieser Hierarchie vermittelt noch für das Jahr nach Sophie Beckers erstem Berlinbesuch Friedrich August Ludwig von der Marwitz bei der Beschreibung eines Ritts Friedrichs II. durch die Straßen der Stadt:

> Der König ritt ganz allein vorn und grüßte, indem er fortwährend den Hut abnahm. Er beobachtete dabei eine sehr merkwürdige Stufenfolge, je nach dem die aus den Fenstern sich verneigenden Zuschauer es zu verdienen schienen. Bald lüftete er den Hut nur ein wenig, bald nahm er ihn vom Haupte und hielt ihn eine Zeitlang neben demselben, bald senkte er ihn bis zur Höhe des Ellbogens herab. Aber diese Bewegung dauerte fortwährend, und sowie er sich bedeckt hatte, sah er schon wieder andere Leute und nahm den Hut wieder ab. Er hat ihn vom Hallischen Thore bis zur Kochstraße gewiß 200mal abgenommen.[119]

---

anzuführen, lernt sie einen Hof kennen, der sich selbst als kunstförderndes Zentrum versteht, wird aber sogleich mit den strengen Hofritualen konfrontiert: Elise von der Recke kann als Gräfin an der Mittagstafel des Hofes teilnehmen, sie selbst hat nur Zutritt zum Schauspiel und den musikalischen Soireen. Folgt man den Ausführungen der Reisenden, traf man sich hier zum gemeinsamen Kunstgenuß in einer von der sozialen Wirklichkeit der Residenz abgelösten Sphäre; aufschlußreiches Beispiel ist hierfür das besuchte Schauspiel: Ausgerechnet auf Veranlassung seiner Favoritin "Madam Karl", ließ der Markgraf Lessings *Emilia Galotti* aufführen - wobei er es sich nicht nehmen ließ, sich in seiner Loge mit der "Madam Karl" seinen Untertanen zu präsentieren. Vgl. S. 45.

118 Moses Mendelssohn an Lessing, Berlin 19.12.1750, in: G.E. Lessings sämtliche Schriften, 19. Bd., S. 161-161, S. 161.

119 F.A.L. von der Marwitz: Aus dem Nachlasse Friedrich August Ludwig's von der Marwitz Lebensbeschreibung, Bd. 1, Berlin 1852, S. 18-19.

Vergleicht man die Berliner Szene von Marwitz mit den ungefähr zur gleichen Zeit niedergeschriebenen Aussagen Sophie Beckers über soziale Desintegrationserscheinungen im städtischen Raum, so werden zwei zueinander in Widerspruch stehende Tendenzen urbaner Entwicklung deutlich. Der Ordnung einer repräsentativen Öffentlichkeit, die der preußische Aristokrat noch als intakt beschreibt, beginnt sich die Stadt in Teilbereichen zu entziehen, was der Fremden, hier Sophie Becker, die dem Zwang zur temporären Integration ausgeliefert ist, den Eindruck von Isolierung der Individuen hinterläßt, wobei die neuen Strukturen ins Kleinöffentliche, Private verweisen: Freundschaften und Bekanntschaften. Der französische Historiker Brunschwig hat von dem Berlin dieser Jahre behauptet: "Selten hat man miterlebt, wie Vergangenheit und Zukunft sich so in der Gegenwart begegnen, ohne sich zu vermischen"[120]. Dieses Nebeneinander läßt sich dort nachweisen, wo der Hof eine auch nur spielerische oder gesellige Aufhebung ständischer Schranken befürchten mußte. Eine solche städtische Möglichkeit, die trotz ihres expliziten Ausnahmecharakters vom Hof nicht toleriert werden konnte, stellte der Berliner Karneval dar. Hier drohte eine, wenn auch zeitlich limitierte, Einebnung der Ständeschranken unter direkter Beteiligung des Hofes - und damit scheinbar von ihm sanktioniert. Folglich wurde die ganze Dramaturgie repräsentativen Verhaltens und höfischer Distinktionsriten peinlichst beachtet: Bei den "Lustbarkeiten" befand sich auf dem "Theater", der Bühne also, der Hof. Das Parterre des Schauspielhauses, auf dessen Funktion bei der Herausbildung des bürgerlichen Publikums die Forschung bereits ausführlich hingewiesen hat, war der "Stadt" vorbehalten:

> Das Theater wird durch Schranken von dem Parterre abgesondert, welches der Tanzplatz für den Hof, den Adel, die Königl. Räthe und distinguirte Fremde ist.[121]

An der Maske bleiben auch die "distinguirten Fremden" - und damit ihr Sonderstatus - unter den Angehörigen des Hofes erkennbar: "Die erscheinen in rosenfarbenen Dominos, die übrigen können in Dominos von anderen Farben, oder in Charaktermasken erscheinen (...)."[122] Den Höhepunkt der Selbstinszenierung des Hofes vor der Stadt als Publikum bildete das anschließende Schauessen:

> Man tanzt von 7 bis 9 Uhr Abends. Alsdann speiset der Hof im Opernhause, in einem besonders großen Saale, an fünf Tafeln. Rosenfarbene Dominos können, wenn sie die Maske abnehmen, auch in den Saal kommen; die übrigen können, von einer rund um den Saal gehenden Gallerie den Hof speisen sehen.[123]

Solche Schwierigkeiten und Verzögerungen, eine städtische Öffentlichkeit mit entsprechenden Geselligkeits- und Verkehrsformen zu etablieren, finden ihre Erklärung auch in der sozialen Zusammensetzung der Berliner Bevölkerung am Ende des 18. Jahrhunderts, konkret: in der fortgesetzten materiellen Abhängigkeit großer Bevölkerungsgruppen vom preußischen Hof. Anfang der neunziger Jahre, als die Berliner Salonkultur in ihre

---

120 Henri Brunschwig: Gesellschaft und Romantik in Preußen im 18. Jahrhundert. Die Krise des preußischen Staates des 18. Jahrhunderts und die Entstehung der romantischen Mentalität, Frankfurt/M./Berlin/Wien 1976 (Französ. Erstausgabe Paris 1947), S. 84.

121 Nicolai: Beschreibung, S. 954.

122 Ebd.

123 Ebd.

Kulminationsphase trat, hatte Berlin 140 000 Einwohner. Sicherlich nicht vergleichbar mit Paris oder London hatte es sich damit doch - nach Wien - zur bevölkerungsreichsten Stadt Mitteleuropas entwickelt, behielt aber weitgehend den Charakter einer Residenzstadt: Von den 140 000 Einwohnern gehörten 33 000 (einschließlich der Frauen und Kinder) der Garnison an[124], Beamte mit Angehörigen, dazu tausend Lakaien und sonstige Bedienstete erhöhten die Zahl der materiell vom Hof Abhängigen auf ungefähr 57 000, von denen die meisten eximiert waren, also weder die Rechte noch Pflichten des Stadtbürgers besaßen. Nach Hans Herzfeld betrug die Zahl der "voll berechtigten und voll verpflichteten Bürger (...) denn auch nur 10700"[125].

2. Der Urbanisierungsprozeß, der auf die Dauer diese Abhängigkeiten unterminierte, schritt dabei in einer Eile voran - sowohl was Population als auch Stadtbild betrifft -, daß er für Zeitgenossen in seinen vielfältigen Dimensionen bewußte Erfahrung wurde. Die Stadt verzeichnete nicht nur am Ende des 18. Jahrhunderts ein sprunghaftes Bevölkerungswachstum (seit Mendelssohns Ankunft in Berlin bis 1800 um mehr als die Hälfte der Einwohner), das sich auf die sozialen Verkehrsformen in der Stadt auswirken mußte, sie wurde zusätzlich zu einem Anziehungspunkt für "Fremde", deren Reiseintentionen insgesamt differenzierter geworden waren. Als Carl Maria von Weber 1812 Wien und Berlin mit Prag verglich, führte er die geringere Anzahl Durchreisender in Prag als auffälliges Differenzmerkmal an:

> Eine Masse von Fremden, die diese widerstrebenden Theile auf gewisse Weise binden und löthen könnte, wie in Wien, Berlin etc. fehlt auch gänzlich, da die Lage Prags sie weder von selbst dahin bringt, noch die Stadt übrigens Reize genug besitzt, sie um ihrer selbst willen hinzulocken.[126]

Zugleich begründet er diesen Mangel an "Fremden" damit, daß es in Prag im Gegensatz zu Berlin oder Wien zu keiner vergleichbaren Bildung von "Vereinigungspunkten" des urbanen Lebens gekommen sei, die eine neue soziale Vernetzung gebracht hätten und durch die es, wie Sennett eine allgemeine Tendenz beschreibt, zum Vergnügen geworden sei, "sich inmitten unterschiedlicher sozialer Verhältnisse und Gruppen von Fremden zu bewegen"[127].

Zur Beantwortung der am Ende des 18. Jahrhunderts für "Fremde" wichtig gewordenen Frage, wo und wann man in Berlin jenseits funktionaler Zusammenhänge und ohne definierte Interessen zusammenkommen konnte, wo der qualitativ neue Kommunikationsraum "Stadt" im Entstehen begriffen war, diente Friedrich Nicolais *Beschreibung der Königlichen Residenzstädte Berlin und Potsdam.* Der "Fremde", der von Nicolai als Adressat direkt angesprochen wird, ist sozial unbestimmt, ebenso wie die

124 Diese Zahlenangabe findet sich bei Hans Herzfeld: Die Stadt in den aufsteigenden Nationalstaaten, in: Otto Walter Haseloff (Hg.): Die Stadt als Lebensform, 2. Aufl., Berlin 1977 (Forschung und Information 6), S. 73-84, S. 79. Brunschwigs Angaben weichen an diesem Punkt ab: Er spricht von 45000 Angehörigen der Garnison, Brunschwig: Gesellschaft, S. 85.

125 Herzfeld: Die Stadt, S. 79.

126 Carl Maria von Weber: Ueber Prag (1812), in: ders.: Hinterlassene Schriften, 3 Bde., Dresden/Leipzig 1828, 2. Bd., S. 125-139, S. 127.

127 Richard Sennett: Verfall und Ende des öffentlichen Lebens. Die Tyrannei der Intimität, aus dem Amerikanischen übersetzt von Reinhard Kaiser, Frankfurt/M. 1983, S. 106.

Stadtbeschreibung selbst sich einer sozial festlegbaren Perspektive auf die Stadt enthalten will: "Patrioten aus allen Ständen", schreibt Nicolai, hätten dieses "gemeinnützige(s) Werk" zustandegebracht[128]; die Stadt, so wird damit nahegelegt, wird in der Beschreibung als in der Tendenz ständeneutrale soziale Organisationsform präsentiert. Berlin verfügte nach der Stadtansicht Nicolais (was die Erfahrung Sophie Beckers relativiert) bereits über ein ausdifferenziertes System von Integrationsmöglichkeiten für Fremde. Allein 36 öffentliche Gasthäuser sind aufgelistet; Nicolai führt eine Auswahl von Speisegaststätten, von Wein-, Kaffeehäusern und Kaffeegärten auf. Um die räumlichen Entfernungen innerhalb der rasch gewachsenen Stadt, die Sophie Becker als Hindernis für die Geselligkeit sah, überbrücken zu können, gab es nach Nicolais Angaben seit einigen Jahren in Berlin öffentliche und private Mietkutschen. Seit 1779 war auch die Sänfte ein wichtiges öffentliches Beförderungsmittel.[129] Damit der Fremde von der Stadt wahrgenommen werden konnte, hatte sich im 18. Jahrhundert in Berlin eine Institution entwickelt, die den Fremden gleichsam als Objekt stadtöffentlichen Interesses behandelte, ihn dem Zugriff der Stadt (und damit den geselligkeitsorganisierenden Häusern) preisgab:

> Die Intelligenzblätter, (...) werden täglich (ausser Samstags) ausgegeben. In denselben findet man alle Sachen, die zur Wissenschaft des Publikums gelangen sollen, als: Verordnungen, Nachrichten von den täglich ein- und auspassierenden Fremden, ankommenden Fuhrleuten und Schiffen, Beförderungen (...).[130]

Der "Fremde" seinerseits kann sein Interesse an einer personalen Kontaktaufnahme bekunden, indem er seine Visitenkarte an verschiedene Häuser verschickt, die er aber auch bei "Straßenbekanntschaften" einsetzen kann: Nicolai gibt gleich die Adresse mehrerer Visitenkartendrucker an.[131]

Unter den Berliner Plätzen und Straßen, auf denen diese Form urbaner Begegnung möglich ist, spielten "Unter den Linden" eine zentrale Rolle, nachdem sie von einer Bühne repräsentativer Öffentlichkeit am Ende des 18. Jahrhunderts immer mehr zu einem Flanierort urbaner Begegnung geworden waren. Verschiedene gesellige Zentren blieben auch räumlich dieser Promenade zugeordnet. Der Kurland-Salon z.B. wurde unmittelbar "Unter den Linden" eröffnet. Es ist dabei nicht der ganze Boulevard, der in Relationen zu den Formen entlastenden städtischen Umgangs gesehen werden kann. Nach Nicolais Berlinführer dominierte auf den Bahnen am Rande der funktionale Verkehr und blieb zugleich und deshalb die gesellschaftliche Ordnung mit ihren Unterscheidungsmerkmalen und sozialen Differenzen präsent. Der Mittelstreifen war allerdings bereits als Sonderraum ausgewiesen, er "ist mit doppelten Schranken eingefaßt, und es sind eine Anzahl Bänke zum Ausruhen darin"[132]. In dieser Zone der Muße, in der die gesellschaftlichen Funktionen der Einzelnen suspendiert sind, verliert die Ständegesellschaft am nachhaltigsten ihre Konturen. Das Weimarer *Journals des Luxus und der Moden*

128 Nicolai: Beschreibung, Vorrede, S. 3.
129 Ebd., S. 977.
130 Ebd.
131 Ebd., S. 982.
132 Ebd., S. 942. Die Kernzone der entfunktionalisierten Begegnung, der Muße, bildet "Unter den Linden" ein Erfrischungslokal, ein Zelt, "wo Eis, Limonade und andere Erfrischungen verkauft werden" (ebd.).

monierte, daß selbst viele "Frauen und Töchter von Handwerkern (...) nicht mehr mit Hauben von Brabanter Spitzen, sondern von Flor, oder gar mit frisirten Köpfen unter den Linden (...) einher gehen. Weniger Bürgerfrauen laßen sich mehr Frau, wenige Bürgertöchter mehr Jungfrau nennen. Alles heißt Madam und Mamsell"[133].

Tatsächlich stellte sich für die Weimarer Herausgeber des *Journals des Luxus und der Moden* die Situation in Weimar selbst bis 1806 noch völlig anders dar. Anna Amalia, die in der ländlichen Idylle Tiefurts bereits besondere literatur-kommunikative Verhältnisse zuließ, hatte in der Residenzstadt schließlich die Esplanade noch zu einer herrschaftlichen Promenade ausgestalten lassen, die lediglich der Repräsentation des Hofes zu dienen hatte; sie war mit Ketten abgesperrt "und nur Mitgliedern des Hofes und den geladenen Herrschaften zugänglich"[134]: das Lustwandeln blieb Schauwandeln. Als Johanna Schopenhauer 1806 in Weimar eintraf, erwartete Goethe von ihr als "Großstädterin"[135], daß sie Verkehrsformen innovieren würde, die die ständischen Hierarchien soweit mißachteten, daß seine in Weimar nicht gesellschaftsfähige Frau einbezogen werden könnte.

Wenn in Wien am Ende des 18. Jahrhunderts auf den Theaterzetteln allmählich der Hinweis verschwinden kann, daß der Zutritt zum Theater Schleppenhauben und Livrees verboten sei, so spiegelt dies eine der Berliner ähnlichen Entwicklung auf den Wiener Straßen wider, eine Entwicklung, die übrigens Voltaire für Paris mit seinem entfalteteren geselligen und stadtöffentlichen Verhältnissen bereits für die Zeit Ludwigs XIV. angesetzt und dabei bemerkenswerterweise die Salons in einem Atemzuge mit den "spectacles" und den Promenaden genannt hatte:

> Tous les différents états de la vie ètaient au paravant reconnaissables par les défauts qui les caractérisaient. Les militaires et les jeunes gens qui se destinaient à la profession des armes, avaient une vivacité emportée; les gens de justice, une gravité rebutante, à quoi ne contribuait pas peu l'usage d'aller toujours en robe, même à la cour. Il en était de même des universités et des médecins. Les marchands portaient encore de petites robes lorsqu'ils s'assemblaient et qu'ils allaient chez les ministres; et les plus grands commerçants étaient alors des hommes grossiers. Mais les maisons, les spectacles, les promenades publiques, où l'on commençait à se rassembler pour goûter une vie plus douce, rendirent peu à peu l'extérieur de tous les citoyens presque semblable.[136]

---

133 Ueber den Luxus in Berlin, in: Journal des Luxus und der Moden, hrsg. von F.J. Bertuch und G.M. Kraus, Teilnachdruck aus den Bänden 1-10 (1786-1795), Auswahl und Einleitung von Werner Schmidt, Leipzig 1967, S. 183-186, S. 183.

134 Otto Heuschele: Herzogin Amalia, München 1947, S. 45.

135 Johanna Schopenhauer an Arthur Schopenhauer, Weimar, den 24. Oktober 1806: "Als Fremde und Großstädterin traute er mir zu, daß ich die Frau so nehmen werde, als sie genommen werden muß (...)." In: Johanna Schopenhauer: Ihre glücklichen Augen. Jugenderinnerungen. Tagebücher, Briefe, hrsg. von Rolf Weber. Berlin 1978, S. 343-344, S. 344.

136 Antoine Adam (Hg.): Le Siècle de Louis XIV, 2 Tomes, Paris 1966, Bd. 2, S. 22.

Im Unterschied zum italienischen Corso, der vom "Haus" weitgehend getrennt blieb[137], entwickelten sich "Unter den Linden" (ebenso wie die großen Pariser Boulevards) und die Berliner Salons in einem komplementären Verhältnis zueinander. In einem Brief Schleiermachers an seine Schwester werden die "Linden" als "Vorraum" zum Salon deutlich, wo er eine Begegnung mit einem "sehr anständig aber sehr bescheiden angekleideten jungen Frauenzimmer", das dieser Schwester ähnlich gesehen habe, beschreibt:

> Sie schien zu promenieren und hatte einen Bedienten hinter sich; ich beobachtete sie ein paar mal auf den Linden auf und ab, um zu hören, ob sich niemand zu ihr gesellen und ob sie nicht sprechen werde; am Ende aber ging mir nicht sowohl die Neugierde als vielmehr die Zeit aus, und ich mußte ganz unbefriedigt abtrollen.[138]

Schleiermacher kann aus ihrem Auftreten - der Bedienstete grenzt nur zu den unteren Bevölkerungsschichten ab - eine soziale Einschätzung der ihn interessierenden Person nicht mehr leisten. Aber gerade daß dies nicht mehr unter den "Linden" möglich ist, schafft die Disposition für eine Straßenbekanntschaft, die durchaus hätte geknüpft werden können. Das Gespräch mit der Unbekannten, das - da die Statussymbole weitgehend reduziert sind - zur Selbstdarstellung notwendigerweise gehört, kommt schließlich zustande im Salon der Henriette Herz, wo Gesprächsführung und -inhalte die Wertung der fremden Person bestimmen:

> Einige Tage darauf bin ich bei Herz zu einem Thee, wo viele Leute waren, und siehe da auch ein Gesicht, von dem ich nicht zweifeln konnte, daß es das nämliche sei, welches ich vor wenigen Tagen vergeblich verfolgt hatte. Es war ein Fräulein aus Sachsen, aber Deinen Ton der Sprache und Dein Lachen hatte sie nicht (...). Ich sprach mit ihr und sie redete sehr verständig und ungezwungen über Iffland, über das Theater, über einige Bücher und was dergleichen Unterhaltungs-Plätze in solchen Zirkeln mehr sind (...).[139]

"Unter den Linden" gewinnt als urbaner Kommunikationsraum mit Funktion für die gesellige Verkehrsform "Salon" nicht zuletzt in der Einleitung K.A. Varnhagens zu *Rahel. Ein Buch des Andenkens für ihre Freunde* Kontur. Varnhagen, der Rahel Levin schon Jahre zuvor einmal flüchtig in einem Berliner Zirkel erlebt hatte, war eine erneute

---

137 Am Schluß seiner Ausführungen zum *Salon der Madame de Recamier* versucht Eduard Gans einen Vergleich der Geselligkeitsformationen auf nationaler Ebene - um schließlich nur der französischen Nation die Ausbildung geselliger Fähigkeiten zu attestieren. Auf die italienischen Zustände eingehend reflektiert er als deren Charakeristikum eben die strenge Scheidung zwischen Haus und Corso: "In Italien giebt es nicht allein keine Geselligkeit, sondern auch keine Gesellschaft. Die Familien sind außerhalb, im Kaffeehaus oder auf der Straße. Seid ihr recht warm empfohlen, nun so wird euch ein Platz in der Loge, oder, wenn es hoch kommt, eine Stelle im Wagen zu Theil, damit ihr den einförmigen Spaziergang auf dem Corso mitmachen dürfet. Das geistreichste, lebendigste und genialste Volk muß, so will es leider das Gesetz der Geschichte, seine Thüren den Fremden verschließen, die Gastfreundschaft verlangen." Eduard Gans: Der Salon der Madame Recamier, in: Eduard Gans: Rückblicke und Personen und Zustände, Berlin 1836, S. 147-163, S. 162-163.

138 Schleiermacher, Brief vom 4.10.1797, in: Herz: Ihr Leben, S. 243-251, S. 250.

139 Ebd., S. 250-251.

Kontaktaufnahme nicht mehr gelungen. Erst eine Begegnung unter den "Linden", auf denen Varnhagen "bedürftig in Geist und Gemüth für neuen Reiz"[140] promenierte, gab ihm Gelegenheit, eine Bekanntschaft mit der ihm gerühmten Salondame zu suchen, um in ihren Kreis aufgenommen zu werden:

> (I)hre Begleiterin war mir wohlbekannt, ich redete diese an, und indem ich eine Strecke mitging, ergab sich, so unbefangen als erwünscht, auch ein Gespräch mit Rahel selbst. Ich fand mich außerordentlich angezogen, und bot all meinen Witz auf, um die schöne Gelegenheit nicht ungenutzt vergehen zu lassen (...).[141]

Es ist in bezug auf die an anderer Stelle noch zu verhandelnde Literaturproduktion des Salons beachtenswert, daß Varnhagen einen mündlich kolportierten Aphorismus der Salondame als konversationelles Stimulans einbringt; dieser aber wird von ihm ungenau zitiert, woraufhin Rahel Levin Varnhagen auffordert, sich "lieber selbst bei der Quelle solcher Äußerungen einzufinden. Gleich in den nächsten Tagen machte ich von dieser Erlaubniß den ersehnten Gebrauch."[142]

Veränderungen im Kommunikationsraum "Unter den Linden" blieben in der Regel nicht ohne Einfluß auf die Berliner Salonkultur, zumindest lassen sich Korrespondenzen feststellen. Die Atmosphäre, wie sie E.T.A. Hoffmann im ersten Jahrzehnt des 19. Jahrhunderts auf dieser Straße erlebte und die er in den bekannten Anfangssätzen des *Ritter Gluck* evozierte, ist noch eindeutig bestimmt von dem Durcheinanderwirbeln der unterschiedlichen Stände und Personen heterogenster sozialer Stellung:

> Der Spätherbst in Berlin hat gewöhnlich noch einige schöne Tage. Die Sonne tritt freundlich aus dem Gewölk hervor, und schnell verdampft die Nässe in der lauen Luft, welche durch die Straßen weht. Dann sieht man eine lange Reihe, buntgemischt - Elegants, Bürger mit der Hausfrau und den lieben Kleinen in Sonntagskleidern, Geistliche, Jüdinnen, Referendare, Freudenmädchen, Professoren, Putzmacherinnen, Tänzer, Offiziere u.s.w. durch die Linden nach dem Tiergarten ziehen.[143]

Als sich dann in der Restaurationszeit wieder eine stärkere Scheidung der Stände im Stadtbild bemerkbar machte, geschah dies analog zu einer - sozialen - Ausdifferenzierung in der Geselligkeitskultur Berlins, was C. v. Kertteny in seinem *Sittengemälde* als eher lobenswerten Zustand konstatiert: "Die wahrhaft vornehme Welt zeigt sich auf den öffentlichen Orten nie, und besucht die Promenaden nur selten zu Fuß" oder wählt "solche Stunden (...), in denen die Bourgeoise nicht Zeit hat, spazieren zu gehen"[144].

3. Der Tiergarten erscheint im *Ritter Gluck* als zweiter wichtiger stadtgeographischer Ort einer "ständeneutralen" urbanen Geselligkeit. Schon Nicolai hatte seinen Romanhelden Sebaldus Nothanker über den Tiergarten in Berlin eingeführt und dem Leser die Stadt in ihrem "Müßiggang" im Park präsentiert, allerdings noch streng nach

140 Buch des Andenkens I, S. 9.

141 Ebd.

142 Ebd., S. 10.

143 E.T.A. Hoffmann: Ritter Gluck, in: ders.: Dichtungen und Schriften sowie Briefe und Tagebücher, Gesamtausgabe in 15 Bänden, hrsg. von Walter Harich, Bd. 1, Weimar 1924, S. 119-135, S. 119.

144 C.v. K(ertten)y: Berlin wie es ist. Fortsetzung der Sitten- und Charaktergemälde von London, Madrid und Wien, Leipzig 1827, S. 56.

sozialer Zugehörigkeit geschieden: weder kommt man zur gleichen Zeit zusammen, noch versammeln sich die verschiedenen Gruppen, wie es dann bei Hoffmann geschieht, zum gemeinsamen Kunstgenuß. Sebaldus trifft mit seinem pietistischen Reisegefährten an einem Sonntagnachmittag um drei Uhr in Berlin ein und läuft im Tiergarten bei den "Zelten", einem gerade in Mode gekommenen Ausflugslokal, einer großen Menge Spaziergänger entgegen, die sich um diese Zeit sozial definieren lassen als "Arbeiter". Darunter haben sich Angehörige unterer bürgerlicher Schichten gemischt. Die hier und jetzt sich Versammelnden verfallen sogleich dem Räsonieren, sie "steckten ernsthaftiglich ihre Köpfe zusammen, weißagten neue Auflagen und fällten Urtheile über Gerüchte von bevorstehenden Kriegen"[145]. Drei Stunden später wird derselbe Platz von diesem Publikum geräumt und "Schauplatz der Schönen, vornehmes (!) Stands seyn". Dies ist dann die "modische sechste Stunde (...), welche die schöne Welt in den Zirkeln zusammen bringt, um zu sehen, und gesehen zu werden"[146].

Während sich nach dem Erzählerkommentar des Romans die Trennung der Berliner Bevölkerung entsprechend den sozialen Strata im Park noch fortsetzte[147], erlebte Sophie Becker schon ziemlich bald den Tiergarten als Möglichkeit ständeübergreifenden innovativen Umgangs[148]. Bertuchs *Journal des Luxus und der Moden* meldete wiederum Vorbehalte gegenüber einer solchen Entwicklung an:

> Im Thiergarten, auf andern Spaziergängen und in öffentlichen Gärten sieht man Perukenmacher, Schneider und dergleichen Handwerker des Sonntags oft in seidnen, in betreßten, in gesticketen Kleidern sich in höhere Gesellschaften mischen. Niemand, der sie nicht kennt, nimmt sie für das, was sie sind, und ein Fremder geräth in Versuchung sie für Herren vom Stande zu halten.[149]

Zwar geht die Anlage des Tiergarten bis in das 16. Jahrhundert zurück, zu Beginn des 18. wurde er mehrmals nach den Bedürfnissen des Hofes umgestaltet, aber erst unter Friedrich II. erlangte er dann den Charakter eines öffentlichen Parks. Damit setzte sich auch in Berlin eine stadtgeographische und gartenarchitektonische Entwicklung durch,

---

145 Friedrich Nicolai: Das Leben und die Meinungen des Herrn Magisters Sebaldus Nothanker. Zweyter Band, Berlin/Stettin 1775, S. 25-26.

146 Ebd.

147 Um drei Uhr hatten die "Excellenzen und die gnädigen Damen (...) sich nicht längst erst zur Tafel gesetzt. Die Kenner im Essen kaueten noch an den reichgewürzten Fricasseen, schmeckten die zusammenconzentrirten Säfte der feinen Ragouts, in Schüsseln mit Asa Fötida getrieben, und zogen im voraus das Fümet des raren Wildes in sich, das ihrer Zähne wartete. Die reichen Kapitalisten, waren eben vom Burgunder und sechs und zwanziger Rheinweine gesättigt und fiengen an, beym Desserte den Peter Semeyns, Syrakuser, Rivesaltes und Capwein aus kleinen Gläsern zu schlürfen. Die schönen Damen bürgerlichen Standes, waren eben im Begriffe zu Kaffeevisiten zu fahren, und ordneten die Geschichte des Tages, so wie sie sie erzählen wollten, in ihrem Kopfe zusammen und die französische Kolonie war noch in der Vesperpredigt. (...) Der Zirkel, der nach drey Stunden der Schauplatz der Schönen vornehmes (!) Standes, seyn sollte, war itzt vom gemeinen Manne, im besten Anputze und voll fröhliches (!) Muthes, angefüllt." Ebd., S. 25-26.

148 Schwarz: Briefe einer Curländerinn, S. 59. Von Ramler wurde Sophie Becker der Tiergarten auch als bevorzugter Muße-Ort der Berliner Gelehrten und Ort eigener literarischer Produktion vorgestellt.

149 Ueber den Luxus in Berlin, in: Journal des Luxus und der Moden, S. 183.

wie sie Sennett für Paris und London bereits für die dreißiger Jahre des Jahrhunderts analysiert hat und wie sie von ihm in dem Kontext der Entwicklung der "Strukturen von Geselligkeit, die unabhängig von der direkten Kontrolle durch den König waren"[150], gesehen wurde.

Wie der St. James-Park in London, so dienten nach Sennett in Paris z.B. die Tuilerien dazu, neue soziale Interaktionsformen zu erproben und zu entfalten. Um 1800 hat sich auch in Wien mit dem Prater ein städtischer Raum herausgebildet, der gesellige Verkehrsformen zuläßt, die nicht mehr ständespezifisch sind. Für Mme. de Staël wird das situative Durchbrechen von Ständeschranken und das Aussetzen von Zwängen durch die hier mögliche "Privatisierung" der Parkbesucher am greifbarsten an der Respektierung von "Verkehrsregeln" im Prater : "Die großen Herren Wiens", schreibt sie, "die berühmtesten und reichsten in Europa, mißbrauchen übrigens ihre Vorrechte niemals: sie lassen ihre glänzenden Equipagen halten, um eine elende Droschke vorbeizulassen. Sogar der Kaiser und seine Brüder ordnen sich ruhig in die Wagenreihe ein und wollen bei ihrer Spazierfahrt als einfache Privatleute betrachtet werden."[151] Der Aufenthalt im Prater wird von de Staël bezeichnenderweise als Fortsetzung der Salongeselligkeit gesehen: "Ihr ("der großen Herren" - PS) Vergnügen beschränkt sich darauf, in einer Allee des Praters denen wieder zu begegnen, von denen sie sich eben in einem Salon verabschiedet haben."[152] Die Distinktionsgebärde reduziere sich auf den "prächtigen, einen guten Geschmack bekundenden Wagen"[153].

Wenn sich in Berlin Tiergarten und insbesondere Salongeselligkeit aufeinanderbeziehen lassen, Salonfrauen wie Henriette Herz oder die Schauspielerin Unzelmann regelmäßig im Tiergarten ihr Sommerdomizil aufschlugen[154], Rahel hier mit ihren Habitués spazierenging, so läßt sich dies auch aus der Tatsache erklären, daß sich im Salon wie im städtischen Park (und im Gegensatz zum Kaffeehaus) die Frau der Begegnung mit Fremden aussetzen konnte. Damit kann der Park auch ein von Distinktionsverhalten befreites Experimentierfeld für erotisch-konversationelles Spiel abgeben, das auf Standesgemäßheit wenig Rücksicht nimmt (und nicht zu nehmen gezwungen ist, weil - "alles sans conséquences"[155] - bleibt). Als solches wird er in die gesellige Praxis der Salons einbezogen. So berichtet Karl Finckenstein, daß er sich regelmäßig mit der Schauspielerin Unzelmann, welche selbst zu dieser Zeit einen kleinen Teezirkel unter-

150 Sennett: Verfall, S. 31.

151 Germaine de Staël: Über Deutschland, nach der Übertragung von Robert Habs hrsg. und eingel. von Sigrid Methken, Stuttgart 1962 (Franz. Erstausgabe 1810), S. 85.

152 Ebd.

153 Ebd.

154 Hier trifft auch Karl August Böttiger auf das Ehepaar Herz. Das von Böttiger beschriebene Kennenlernen kann das Aufeinanderbezogensein von der Öffentlichkeit des Tiergarten und der halböffentlichen/halbprivaten Geselligkeit der Herz verdeutlichen: "Ich fand ihn (Herz - PS), als ich am Tage meiner Ankunft mit meinem braven Sander und einer liebenswürdigen Frau abends in den Tiergarten fuhr, in der kleinen Laube sitzend (...) und von da aus, indem man Tee trinkt und plaudert, die Vorübergehenden, Fahrenden, Reitenden zu mustern pflegt. Er schmauchte sein Abendpfeifchen und ging, während ich mit seiner Frau sprach, auf und ab." Böttiger: Literarische Zustände/Tagebuchberichte über Henriette Herz, abgedruckt in: Herz: Erinnerungen, S. 412-415, S. 413.

155 Karl von Finckenstein an Rahel Levin, Berlin, 24. Aug. 1796, in: de Bruyn: Rahels erste Liebe, S. 114-119, S. 117.

hielt, mit Dorothea Veit (Schlegel) und deren Schwester Henriette Mendelssohn treffe und in den Tiergarten gehe, "wo ich gemeiniglich den Abend sehr vergnügt zubringe und vor 12, 1 Uhr selten nach der Stadt komme": "Es gibt wirklich nichts Hübscheres", heißt es weiter, "als diese Abende im Tiergarten; man spricht recht pflaumenweich miteinander, lacht und treibt allerlei Spaß ohne sich zu genieren, macht die schönsten Promenaden im Tiergarten miteinander, der Mond mag scheinen oder nicht, und was das Beste von der Sache ist, ist verliebt ineinander, daß es eine Lust und Freude ist. Die Flies (eine weitere Salondame - PS), die jetzt von Freienwalde zurückgekommen ist, und der kleine dicke Graf Susa, den ich sehr lieb habe, sind fast immer von unseren parties fines. Du glaubst nicht, wie hübsch das ist, das liebt sich wie Kraut und Rüben durcheinander und läuft sich nach, daß es eine Freude ist." Rahels Organisation des sozialen Umgangs wird von Finckenstein sogleich im Rückgriff auf *Wilhelm Meister* als literarischem Muster mit den ständenegierenden Verkehrsformen des Tiergarten zusammengesehen, die eine historisch neue Erfahrung (mit gesellschaftlich durchaus langfristiger "conséquence") darstellen:

> Du würdest Dich freuen wie Philine, wenn Du hier wärest, und es gehört auch so eine kleine Philine dazu, wie Du bist, meine Liebe, um alles hübsch in Ordnung zu bringen, oder vielmehr noch konfuser zu machen als es schon ist.[156]

So ist der Tiergarten sowohl eine der Vorstufen und Vorschulen für die Verkehrsformen der Berliner Salons als auch ein mögliches Terrain, auf das man sich aus dem Salon zurückziehen kann. Wie die Pariser Enzyklopädisten sich auf Spaziergängen in den öffentlichen Parks nach den Salonbesuchen häufig wiedertrafen, so suchten auch Teilnehmer an den Berliner Salons in den Parkanlagen eine Fortsetzung des Gespräches. Aus Paris erinnert Rahel Levin Jean Paul in einem ausführlichen Brief an die "gemeinsamen Abende im Thiergarten"[157], als Jean Paul während seines ersten Berliner Aufenthaltes ein begehrter Salongast war. Bei der Kontaktaufnahme zwischen Rahel Levin und Bettina Brentano nutzten die zwei Frauen beide urbane Kommunikationsräume. Sie trafen sich zum erstenmal im Oktober 1810 in einem beide nicht animierenden ästhetischen Salon: "Ich war in der Gesellschaft. Sie trainierte", schreibt Rahel abschätzig.

> Es wurde gesungen, dann über Musik gesprochen, doch von keiner Seite etwas Bedeutendes. Ich wollte gehen, da trat Bettina Brentano neben mich, sagte in ihrer rheinländischen freien Art, die ich so liebe: 'Es ist ein schöner Tag, kommen Sie noch ein wenig spazieren.' Sie hatte früher kein Wort mit mir gesprochen, ich glaubte mich gar nicht von ihr bemerkt, um so mehr war ich verwundert und erfreut, daß sie die Aufforderung an mich richtete.[158]

Beide absentieren sich von der Salongesellschaft, um im nahen Park Monbijou das Gespräch "ernsthaft"[159] fortzusetzen, d.h. man gab das Konversationelle auf und stellte ein Einverständnis her in der Goethe-Bewunderung.

156 Ebd., S. 116-117.
157 Brief Rahel Varnhagens vom 16.12.1800 an Jean Paul, in: Rahel-Bibliothek, Bd. IX, S. 17.
158 Rahel Varnhagen, Oktober 1810, in: Rahel-Bibliothek, Bd. IX, S. 60.
159 Ebd.

Wenn Wilhelm Hauff in seinen *Mitteilungen aus den Memoiren des Satan* (1826, d.h. in der zweiten Phase der Berliner Salon-Kultur) den Satan ausgerechnet im Tiergarten auf den Ewigen Juden treffen läßt und der Teufel Ahasver - schon nach kurzer Bekanntschaft - zu einem ästhetischen Tee mitnehmen will, so bezieht sich Hauff bereits parodistisch auf solche Begegnungsorte und -formen, um diese, wie sie sich in dem ersten Restaurationsjahrzehnt präsentieren, einer - auch tendenziell antisemitischen - Kritik zu unterziehen.

Neben Straßen und Parks entwickelten selbstverständlich auch andere Orte städtischer Kommunikation ein wechselseitiges Verhältnis zum Salon. Von der Fähigkeit der Salondame, sich in diesen verschiedenen Räumen zu bewegen, sie für die eigenen Soireen zu nutzen, konnte dabei der Erfolg ihres Salons wesentlich abhängen. Rahel Levin mit ihren herausragenden salonorganisatorischen Eigenschaften bezog immer wieder die Stadt mit ein. Als sie z.B. 1809 de la Motte Fouqué traf, der am Beginn seines literarischen Ruhmes stand, und den sie unbedingt für ihren zu dieser Zeit dezimierten Zirkel gewinnen wollte, schlug sie ihm nicht den Salon als nächsten Treffpunkt vor, sondern ließ ihm die Wahl des Kommunikationsortes:

> Wollen Sie mich noch einmal sehen, so denken Sie sich die Stunde aus; lassen Sie sie mich wissen. Mir ist auch die Straße, eine Promenade, das Theater recht all solche unschuldige Wesen.[160]

4. Bei der Beschreibung des städtischen Umfeldes, das den Salon mitkonstituiert, indem es Themen vorgibt, Umgangsformen beeinflußt, die personalen Kontakte ausweitet, sind nicht nur öffentliche, sondern auch private Bereiche zu berücksichtigen: so die privaten Sammlungen, die privaten "Physikalischen Kabinette" (wie K.A. Varnhagen eines im Cohen-Haus vorfand), die Privatkonzerte, die Privatbibliotheken usw.. Vom Tiergarten konnte man sich in einen der vielen Privatparks begeben, die - wie der Itzig-Garten - wiederum in die Geselligkeit eines Hauses einbezogen waren. Gerade solche privaten Gärten, welche nach ihrer Anlage und Situierung im Stadtbild einer Hermetisierung des Familienlebens entgegenstanden, konnten bei der Genese urbaner Geselligkeitsformationen deshalb eine Rolle spielen, weil die ökonomische Entwicklung ihre Umwandlung von Wirtschafts- zu "zweckfreien" Räumen zuließ - ohne daß sich zugleich eine auf die bürgerlich-familiale Privatheit begrenzte Reproduktionssphäre herstellen mußte. Man kann es beim Hinweis auf Mendelssohn belassen, der - bevor er sein Haus öffnete - den Garten nutzte, um hier einen literarisch-philosophischen, auch von den religiösen Schranken befreiten Umgang mit Lessing zu realisieren: "Wenn Sie", schreibt er am 17.2. 1758 an Lessing, "auf den Sommer gewiß zu uns kommen; so wollte ich im voraus einen Garten hier für sie miethen. Sie müssen mir aber versprechen, ihn fleißiger zu besuchen, als Sie den letzten besucht haben."[161] Durch die Aufnahme in Nicolais "Beschreibung" wurde viel Privatraum in der Stadt endgültig halböffentlich.

---

160 Brief Rahel Varnhagens an Friedrich Fouqué, Berlin, 20. März 1809, in: Rahel-Bibliothek, Bd. IX, S. 37-38.

161 Moses Mendelssohn an Lessing, 17.12.1758, in: G.E. Lessings sämtliche Schriften, 19. Band, S. 119-120, S. 120.

Es existierte in Berlin also ein abgestuftes durchlässiges System von Privatem und Öffentlichem; eine Aufspaltung des geselligen Verkehrs in diese beiden Kategorien hatte sich nicht in der gleichen Schärfe durchgesetzt wie im zeitgenössischen England. Sophie Becker, solange sie auf die Verkehrsformen des Hofes orientiert blieb, mußte den zitierten Eindruck einer "ungeselligen" Stadt gewinnen; Nicolai dagegen malte am Ende der friderizianischen Epoche, als die jüdischen Häuser schon stimulierend auf die Geselligkeit in Berlin einzuwirken begannen, bereits ein anderes Bild: Danach hatte sich ein auf Distinktionsverhalten verzichtender Umgang, der auch die Fremden einzubeziehen in der Lage war, gerade in den "Privathäusern" herausgebildet:

> Einem Fremden, der gesellschaftlichen Umgang liebt, wird es, wenn er nur einige Adressen hat, eben nicht schwer werden, in Familien bekannt zu werden und an den Vergnügungen desselben Theil zu nehmen. Die Lebensart in Berlin ist gesellig und ungezwungen, von unnöthigen Ceremonien hält man wenig, bey den Mahlzeiten findet man den guten Muth der Gäste vorzüglicher, als die Menge und Kostbarkeit der Gerichte.[162]

Als Georg Forster einige Jahre zuvor - kurz nach der Weltreise mit Cook - Berlin einen kurzen Besuch abgestattet hatte, hatte er zwar bereits an den Organisationsformen dieser "privaten" Geselligkeit partizipieren können, von den Konversationsthemen her stellte ihn dieser Umgang keineswegs zufrieden: Was er hier erlebte, habe sich darin, daß er "jedesmal dieselbe Geschichte habe herableiern, dieselben Fragen habe hören und beantworten" müssen, erschöpft. Ansätze einer geistreichen Konversation müsse er, schreibt er an Jacobi weiter, in Berlin vermissen; es fehle in der Berliner Gesellschaft noch an "denkenden Leuten", von denen sich in geselligen Zirkeln befragen zu lassen, er als "reine Freude" empfunden hätte, denn "ihre Fragen, ihre Einfälle sind wichtig und belehrend, sie klären mir meine eigenen Begriffe auf, setzen Dinge in ein Licht, in dem ich sie zuvor nicht gesehn und in dem ich nun weiter fortsehen kann, nachdem ich den Gesichtspunkt einmal gefaßt habe. Aber die leeren, schalen Köpfe, die Perückenstöcke" hätten ihn "fast zu Tode gequält".[163]

Dieser von Forster noch als desolat empfundene intellektuelle Zustand des geselligen Verkehrs hatte eine Chance, sich in dem Maße zu ändern, in dem die Stadt "denkende Leute" produzieren und (siehe Ramlers Klagen) integrieren konnte: Erst eine bestimmte Konstellation von Urbanität und Intellektualität ermöglichte die neue Qualität der urbanen geselligen Organisationsformen.

3.2.2 Intelligenz und Stadt

1. Bereits für die Zeitgenossen war um 1800 eine Konzentration von Angehörigen der Intelligenz in großen Städten (und damit die Ablösung traditioneller "intellektueller" Lebens- und Wirkungsräume) erkennbar und verlangte nach Erklärung, die als Teil des Selbstverständigungsprozesses der aus der städtischen Öffentlichkeit, aus dem Geist der Stadt neu entstehenden Intellektuellengruppen zu begreifen ist. Ernst Brandes, auf dessen

---

162 Nicolai: Beschreibung, S. 957.

163 Brief Georg Forsters an Jacobi, Kassel, 23. April 1779, in: Georg Forster: Werke in vier Bänden, hrsg. von Georg Steiner, Bd. 4: Briefe, Frankfurt/M. 1970, S. 110-115, S. 111.

Auffassung der epochenspezifischen Geselligkeitsformationen noch einmal einzugehen sein wird als Position, welche eine Kompatibilität dieser Formationen mit bürgerlicher Lebenspraxis anzweifelt, erklärt z.B. die verstärkte Entfaltung literarischen und intellektuellen Lebens in den großen Städten (im Gegensatz zu den kleineren und mittleren) nicht aus der ökonomischen Entwicklung des Bürgertums, sondern aus der großstädtischen Existenz aristokratischer Schichten, die "Gelehrte" versammeln konnten. London und Paris - Paris nach der Eliminierung dieser Gruppe als Beweis ex negativo - werden als Beispiele angeführt:

> In London ist die Anzahl der Männer - so wie es vordem auch in Paris war - die von ihren Renten leben, weder aus Ehrgeiz, noch ums Brod, Geschäfte suchen, sondern ihren eignen Ideen nachhängen - dies in Deutschland so wenig gekannte Glück - sehr beträchtlich. In den sehr großen Städten Deutschlands gibt es deren zwar auch, aber in weit geringerer Anzahl. (...) Es gibt hier einen gelehrten Stand, den man sonst gewöhnlich auf die Akademien einschränkt.[164]

Die Angehörigen dieses "gelehrten Standes" (der sich bei Brandes in Abgrenzung von dem des Bürgers zu definieren scheint) "wechseln die Ideen in ihren Zirkeln, tragen sie außer denselben und verbreiten Geschmack an den Wissenschaften". Geographisch trennt Brandes damit den gelehrten Stand von den Orten, an denen sich der wirtschaftliche Progress des Bürgertums vollzieht:

> In den Städten mittlerer Größe existiert dieser Stand nicht. Alles lebet und webt da in Geschäften und im endlosen Treiben, weiter zu rücken.[165]

Im Gegensatz dazu wurde von anderen zeitgenössischen Beobachtern die Anziehung, die von den großen Städten auf die Intelligenz, vor allem die literarische, ausgeübt wurde und nicht mehr basierte auf den traditionellen "gelehrten" Institutionen, gerade mit dem ökonomischen Fortschritt, konkret: mit der Ausweitung des Marktes in Verbindung gebracht. Auch bei diesen Zeitgenossen sind es die Städte Paris und London, die bis in das späte 18. Jahrhundert zur Illustration der "geistigen" Zentralisierungstendenzen angeführt wurden und die Innovationen im intellektuell ausgerichteten Umgang erkennbar werden lassen. So beschreibt Justus Möser, indem er die stärkere Ausrichtung auf den Markt zugleich verantwortlich macht für einen Wandel im Autorentypus, wenn er die Literaturproduzenten unter die Handwerker subsumiert, am Beispiel Londons die drohende Ausdünnung der Intelligenz in kleineren Städte durch die frühe Dominanz des Marktes in den Metropolen:

> Von dem großen Vortheil, welchen die Handwerker in großen Städten dadurch erlangen, daß sie gleichsam eine tägliche Messe vor der Thür haben, will ich nichts erwähnen, weil er eigentlich nur den Virtuosen und Marktschreiern zu statten kommt. Indessen ist er doch zum Vortheil neuer Erfindungen von ungemeinem Werthe. Churchil konnte zu London binnen acht Tagen leicht fünfzig tausend Stück von seinen Satyren absetzen; Leon de Beaumont mit seinen Briefen alle seine Schulden bezahlen, und noch ein ziemliches erübrigen. Ein Mann, der die Mondfinsterniß vom 1sten April 1764 in Kupfer stechen ließ, und solche nebst einem kleinen Glase verkaufte, fand gewiß gleich hunderttausend Käufer. Einer, der

164 Brandes, Ernst: Betrachtungen über das weibliche Geschlecht und dessen Ausbildung in dem geselligen Leben, Bd. 2, S. 66.

165 Ebd., S. 67.

lederne Dinteflaschen von besonderer Art; ein anderer, der einen neuen Korkzieher, welcher den Kork heraushebt, indem man ihn einschraubt; und noch ein anderer, der ein Federmesser, das auf einer Seite rund geschliffen war, erfand, verdiente in der Geschwindigkeit mehr, als alle Handwerker in einer kleinen Stadt das Jahr durch zusammen verdienen. Und wem sind die Lectures on Heads oder die Vorlesungen über 91 Stück von Pappe verfertigte Köpfe unbekannt, womit der Erfinder, Herr Stevens in London, in den 298 Malen, daß er seine Vorlesungen darüber vor einer zahlreichen Gesellschaft wiederholte, sich mehr erwarb als alle Komödianten und Operisten in ganz Deutschland? Ich schweige von den Kaffees und Theekonversations des Herrn Foote. Dergleichen Unternehmungen werden dem besten Genie in einer mäßigen Stadt kaum Beifall, viel weniger einen Thaler einbringen. Er eilt also heraus in den großen Ort, wo er sich für besser Geld zeigen kann, wenn er anders Lunge genug hat, den großen Markt zu überschreien. Und so verlieret die kleine Stadt ein Genie nach dem anderen, weil sie demselben nicht alle Tage einige tausend Zuschauer, Bewunderer und Käufer verschaffen kann.[166]

Wenn Möser Samuel Footes "dish of chocolate", "dish of tea" oder den "Tea at 6.30" ausdrücklich erwähnt, so deshalb, um auf Kommunikationsformen und -institutionen hinzuweisen, an denen die Intelligenz teilhat und die Foote bereits nutzen konnte, um das gegen ihn verhängte Theaterverbot zu unterlaufen. Die Anwesenheit von Angehörigen der Intelligenz in den Städten bringt, so scheint es, notwendigerweise neue Interaktionsmöglichkeiten hervor und diese wiederum treiben den "Geist" voran: "Solche collosalische Städte, wie London und Paris", schrieb der Paris-Kenner Wilhelm von Archenholtz, "sind wahre Catacomben der Geselligkeit", sie sind, führt er aus, "seit vielen Zeitaltern der Sitz von gelehrten Societäten; der Sammelplatz der vortrefflichsten Philosophen, Dichter, Redner und Künstler aller Art; der Wohnsitz erleuchteter Gesetzgeber und Staatsmänner; der Tummelplatz vieler Literatoren, die allen menschlichen Kenntnissen nachgrübeln, sie erweitern, und sie der Welt mittheilen"[167].

Auch wenn Berlin (ebensowenig wie Wien) noch lange nicht als ein "Sammelplatz" "denkender Personen" vergleichbar mit Paris oder London fungieren konnte, am Ende der friderizianischen Zeit gruppierten sich doch auch hier schon Vertreter der Intelligenz um verschiedene Einrichtungen städtischer Öffentlichkeit: um Schulen, um Verlage, Buchhandlungen und Zeitschriften. Oper, Theater, Bibliotheken waren weitere Institutionen. Ein Reflex hierauf ist das von Nicolai veröffentlichte Verzeichnis von

---

166 Justus Möser: Von dem Verfall des Handwerks in kleinen Städten, in: ders.: Patriotische Phantasien, Erster Band. Justus Möser's sämtliche Werke, 1. Bd., Berlin 1774, S. 184-212, S. 189.

167 Wilhelm von Archenholtz: England und Italien, 5 Teile, 2 Aufl., Leipzig 1787, Bd. 1, S. 182-183. Bereits Archenholtz hat ähnlich argumentiert wie Georg Simmel (*Die Großstädte und das Geistesleben*, in: ders.: *Brücke und Tür. Essays des Philosophen zur Geschichte, Religion, Kunst und Gesellschaft*, im Verein mit Margarete Susman hrsg. von Michael Landmann, Stuttgart 1957, S. 227-242), wenn er am Ende des späteren 18. Jahrhunderts die großen Städte für die geänderte Art des Denkens und damit die Herausbildung eines besonderen Intellektuellentypus verantwortlich macht. Das Resultat seiner Erfahrungen differiert allerdings von den Schlußfolgerungen Simmels: "So ist es (...) hier vorzüglich, daß die Menge der anziehenden Gegenstände nur flüchtige Blicke, allein kein tiefes Eindringen erlaubt, wo zahllose Ergötzlichkeiten den edelsten Theil der Zeit rauben; wo die beständig abwechselnden Zerstreuungen die Besonnenheit schwächen; wo durch das Getöse so vieler tausend sich durchkreuzenden Stimmen und Töne die Aufmerksamkeit zwar immer gespannt wird, die spielende Phantasie sich nährt, das Gedächtnis aber erschlafft, und der forschende abstrahierende Verstand einschläft." Archenholtz: England, Bd. 1, S. 182-183.

Gelehrten und Künstlern, die in Berlin leben, und mit dem er die preußische Hauptstadt als intellektuelles und künstlerisches Zentrum ausweisen wollte. Wenn Nicolai sich bei dieser Erschließung einer neuen Stadtdimension an Vorbildern orientierte - Joachim Christian Nemeitz hatte bereits eine Auflistung des "geistigen Paris"[168] vorgelegt - so steckt darin auch der Anspruch auf Vergleichbarkeit mit Paris als Konzentrationspunkt für die Intelligenz.

Um von Nicolai mit privater Adresse in seinen Stadtführer durch das "gelehrte Berlin" aufgenommen zu werden, war es notwendig, daß man mit Publikationen an die Öffentlichkeit getreten war, der Berlin-Besucher also seine Kenntnis der schriftlichen Objektivationen der Autoren durch deren persönliche Bekanntschaft ergänzen konnte. Das hier sich widerspiegelnde Bedürfnis, den "Gelehrten" in seiner privaten Sphäre aufzusuchen, kann durchaus bereits als Reaktion auf die stärkere Dissoziation von Autor und Werk, Autor und Publikum und der Autoren voneinander gewertet werden. So eröffnete die Großstadt, gerade weil sie die Institute und Institutionalisierung des "Geisteslebens" in ihrer historisch entwickeltsten Form präsentierte und konzentrierte, wieder die Möglichkeit einer kommunikativen Verdichtung, indem nicht nur die Wiederannäherung von Autor und Publikum realisiert, sondern von der auch eine Reintegration von Wissenschaft/Literatur in andere soziale Bereiche erwartet werden konnte (was epochengeschichtlich gesehen auf die Popularisierung der Aufklärung hinauslaufen mußte). Daß während der Soireen bei Dr. Markus Herz "recht viele Kenntnisse aus der Bücherwelt ins gemeine Leben übergehen" bezeichnet Böttiger folglich als "im edelsten Sinne des Wortes großstädtisch"[169].

In diese Kommunikationssituation, die Verbindungen durch Mündlichkeit stiftete, waren ebenfalls bereits zur Zeit der Berliner Aufklärung auswärtige Autoren und Gelehrte einbezogen. Nach den Aussagen von Schadow bildeten "durchreisende Gelehrte" bereits eine nennenswerte Teilnehmergruppe "an den Gesellschaftsabenden" von Markus Herz[170], und der schwedische Arzt und Naturforscher Rudolphi beschrieb als Zweck der Gesellung, die er in Berlin kennenlernte, "die Bekanntschaft der einheimischen als auch der fremden Gelehrten, die hier zu Besuch sind, zu machen"[171], so daß Verdichtung der Kommunikatin eine Ausweitung der Vernetzung einschloß. Die Nationalität Rudolphis erinnert zudem bereits an eine Internationalisierung der Beziehungen, wie sie in der Berliner Geselligkeit geleistet wurde, wobei sich diese Tendenz erst in den Literarischen Salons nach der Aufklärung stärker durchsetzte - u.a. dadurch, daß die Berliner Zirkel für die akkreditierten Diplomaten attraktiv wurden.

---

168 Joachim Christoph Nemeitz: Sejour de Paris. Oder Getreue Anleitung, welchergestalt Reisende von Condition sich zu verhalten haben, wenn sie ihre Zeit und Geld nützlich und wohl zu Paris anwenden wollen. Nebst einer zulänglichen Nachricht von dem Königl. Französischen Hof, Parlement, Universität, Academien, Bibliothequen, Gelehrte, Künstlern, etc. entworfen von J.C.N., Vierte Auflage, An vielen Orten, und sonderlich im Staat von Frankreich, vermehret und verbessert. Mit einem vollständigen Register, Strasburg 1750.

169 Böttiger: Literarische Zustände, zit. nach Herz: Erinnerungen, S. 415.

170 Schadow: Kunst-Werke, hier zit. nach Herz: Erinnerungen, S. 415.

171 Karl Asmund Rudolphi: Bemerkungen aus dem Gebiet der Naturgeschichte (1804), zit. nach Herz: Erinnerungen, S. 415.

Für die Struktur des "geistigen Berlin" und damit unmittelbar auch für die Entstehung von persönlichen Begegnungs- und Austauschformen war das Fehlen einer Universität als zentraler Institution der Intelligenz von Bedeutung. Dieses "Defizit" förderte die "Privatisierung" des Verkehrs innerhalb der Intelligenz und den Austausch mit einem heterogeneren Publikum. Nicht zuletzt erleichterte dies die Teilnahme von Frauen an Gesprächen über Wissenschaft, Literatur und Kunst; eröffnete also Möglichkeiten, die durch die im universitären und akademischen Bereich wirksamen institutionellen Barrieren erheblich vermindert gewesen wären.

Als schließlich 1810 die Universität in Berlin gegründet wurde, ließ sie sich eingliedern in eine etablierte "intellektuell-urbane" Kommunikationssituation ohne diese rasch dominieren zu können. Umgekehrt blieben bestehende Formationen nicht ohne Einfluß auf das universitäre Leben. Für Eichendorff rührte diese Verlegung der Universitäten in "die großen Städte mit ihrem geselligen Verkehr"[172] sogar an die Substanz der deutschen Universität:

> Diese uralte Bedeutung der Universitäten wird von der, in ganz anderen Bahnen kreisenden Großstädterei notwendig verwischt, die Studenten werden immer mehr in das allgemeine Philistertum eingefangen und frühzeitig gewöhnt, die Welt diplomatisch und mit Glacéhandschuhen anzufassen.[173]

2. Karl Riha hat detailliert dargelegt, wie in der zweiten Hälfte des 18. Jahrhunderts die großen europäischen Städte von Autoren "als Erfahrungsobjekt sui generis"[174] begriffen wurden. Wenn Riha bei seiner Analyse der Stadt in der Literatur nach dem Städtelob von Mittelalter und Renaissance erst wieder literarische Werke des späteren 18. Jahrhunderts zur Verfügung stehen, so ist dies sicherlich ebenfalls als Anzeichen für den sich um diese Zeit durchsetzenden Funktionswandel der Städte für die (hier: literarisch-künstlerische) Intelligenz zu interpretieren. Marianne Thalmann hat anders als Riha erst die auf die Aufklärer folgende Generation der Romantiker als "Entdecker der Stadt" apostrophiert, wobei "Stadt" bei Thalmann stellenweise zum Synonym für "Berlin" geworden zu sein scheint. Die Stadt gerät bei ihr nicht nur ins Blickfeld als literarisches Objekt, sondern durchaus auch als Lebensraum der romantischen Intellektuellen. Marianne Thalmann beginnt ihre Untersuchung mit der Feststellung, daß diese Schriftsteller "städtisch" sozialisiert seien, und nennt sogleich den Rahel-Salon als urbane Sozialisationsinstanz:

> Die jungen Leute der Tieckgeneration, die alle einmal ihre Abende bei Rahel Levin zugebracht haben, in deren Dachstube der freisinnige Adel mit den Intellektuellen des Bürgertums fraternisierte, sind aus dem Stadtraum und dem Stadtdenken aufgewachsen.[175]

Was Marianne Thalmann als Entdeckung der Stadt faßt, ist aber bereits ein erster Höhepunkt der Verbindung von wissenschaftlich-künstlerischer Intelligenz und Großstadt, hier Berlin, der deutlich zusammenfällt mit der Kulminationsphase der urbanen Verkehrsform "Salon". Diese Konzentration der "Menge geistreicher Männer" in

---

172 Joseph von Eichendorff: Autobiographisches, in: Gesammelte Werke Bd. 1, München o.J., S. 894-950, S. 415.
173 Ebd., S. 950.
174 Riha: "Große Stadt", S. 57.
175 Marianne Thalmann: Romantiker entdecken die Stadt, München 1965, S. 7.

Berlin machte Mme. de Staël ihren dortigen Aufenthalt so wertvoll und begründete ihren ausgedehnten und intensiven Umgang in den einzelnen Zirkeln.[176] Joseph Strelkas späte Datierung des Beginns einer besonders engen Interrelation von romantischer Intelligenz und urbanem Kommunikationsraum, d.h. auch seine Datierung der Literarischen Salons ignoriert als dessen Phase sein Herauswachsen aus den urbanen Kommunikationsstrukturen der späten Aufklärung: "Hatten sich die Frühromantiker", schreibt Strelka, "zunächst in kleinen Universitätsstädten bewegt und war ihr Literatentum zum Teil aus studentischer Ungebundenheit hervorgewachsen, so änderte sich dies jedoch bald. Nach 1805 tritt nämlich die Romantik in persönlichen Kontakt auch mit ausländischen Literaturkreisen und beginnt überdies großstädtischen Charakter anzunehmen. In den Berliner und Wiener romantischen Zirkeln mischen sich Hochbürgertum und Adelige, Schriftsteller, Schauspieler und Künstler, und da man sich besonders häufig in den Salons der neureichen, bürgerlichen, häufig jüdischen Geldaristokratie trifft, sind die starr feudalen und die solid altbürgerlichen Einstellungen von vornherein aufgelockert und zu beträchtlicher Vergeistigung gezwungen"[177].

Sicherlich schwächte sich bald die enge Bindung der ersten Romantikergeneration an die große Stadt ab. Kurzfristig bereits Jena, später die Rheingegenden schienen einzelnen Repräsentanten der literarischen Intelligenz adäquatere Lebens- und Produktionsbedingungen zu versprechen. Die Gründe hierin können in ihrer Vielschichtigkeit an dieser Stelle kaum angerissen werden, doch scheint Simmels Antithese zwischen dem "intellektualistische(n) Charakter des großstädtischen Seelenlebens"[178] und dem "kleinstädtischen, das vielmehr auf das Gemüt und gefühlsmäßige Beziehungen gestellt ist" auf Grundlegendes für den Wechsel zwischen urbanen Milieus und kleinstädtisch-ruralen Lebensräumen in der Romantik zu deuten.

3.2.3 Die Friedrichstadt als Beispiel für das urbane Umfeld eines Salons

Als Rahel Varnhagen 1819 nach mehrjähriger Abwesenheit von Berlin zurückkehrte, suchte sie sich als Standort für ihren neuen Salon wieder jenen Stadtbezirk aus, in dem ihre letzte Berliner Wohnung gelegen hatte. Kaum einen Monat später schrieb sie an ihren langjährigen Freund und Habitué des ersten Salons Brinckmann:

> Der Tod hat unter unsern Freunden, die Sie mir so emailliert in der Erinnerung wie unser ganzes Leben darstellen, gewütet, vom Krieg unterstützt: an jeder Ecke in unserm Viertel, wo sonst *Unsrige* wohnten, sitzen *Fremde*. Es sind *Grabstätten*. Die ganze Konstellation von Schönheit, Grazie, Koketterie, Neigung, Leidenschaft, Witz, Eleganz, Kordialität, Drang, die Ideen zu entwickeln, redlichem Ernst, unbefangenem Aufsuchen und Zusammentreffen, launigem Scherz, ist *zerstiebt*.

Sie fährt fort in der Beschreibung des Stadtteils und kommt von da unmittelbar auf Veränderungen im sozialen Verkehr zu sprechen:

---

176 Staël: Über Deutschland, S. 129.

177 Joseph Strelka: Die gelenkten Musen. Dichtung und Gesellschaft, Wien/Frankfurt/M./Zürich 1971, S. 262.

178 Simmel: Großstädte, S. 228.

> Alle Rez-de Chaussées sind Laden, alle Zusammenkünfte Diners oder Assemblées, alle Diskussionen beinah - Sie sehen am Ausstreichen meine Verlegenheit um ein Wort: ich meine un rendezvous für eine echtere künftige, und fade Begriffsverwirrung.

Der Neuaufbau eines gesellig-literarischen Zentrums muß im Rückgriff auf veränderte personale Resourcen erfolgen, die Rahel inzwischen in derr Stadt ausgemacht hat:

> Es sind noch unendlich viele gescheite Leute hier; und ein Rest von Geselligkeit, die in Deutschland einzig ist. Aber *Meine* sind weg! Die da sind, sind veraltet; die Kinder waren, Damen und Herren. Kurz, es ist nicht behaglich, nach langer Zeit zu Hause zu kommen: man ist dann (...) nicht zu Hause.[179]

Innerhalb der Stadt Berlin ist es nur ein auffällig enger stadtgeographischer Radius, in dem der Salon der Rahel Levin und der spätere Varnhagen-Salon sich bewegen: Bis 1790 wohnte die Familie Rahel Levins in der Spandauer Straße. Hier organisierte der Vater bereits einen geselligen Umgang, an dem auch Schauspieler und Schauspielerinnen teilnahmen. Die Spandauer Straße Nr. 68, ein Mietshaus, war lokaler Kristallisationsort der Berliner Aufklärung: Hier wohnten gleichzeitig und nacheinander: Gleim, Mylius, Lessing, Nicolai, Ramler. Seit 1762 war es auch das Wohnhaus von Moses Mendelssohn und damit einer der frühesten Orte privater literarisch-philosophischer Geselligkeit in Berlin. Ebenfalls in der Spandauer Straße hielt Markus Herz seine privaten Vorlesungen, organisierte seine Frau (zur Überwindung der Aufklärung) ihren empfindsamen "Tugendbund". Aus der Spandauer Straße im "alten" Berlin, wo Rahel geboren worden war, zog die Familie 1790 in die Friedrichstadt. Hier - in der Jägerstraße 54 gegenüber der "Seehandlung", Geburtshaus Alexander von Humboldts - eröffnete sie ihren Salon in der "Dachstube". Nach den napoleonischen Siegen über Preußen, nach den personalen Einbußen ihres Umgangs etablierte sich Rahel 1808 in der Charlottenstraße, die an die Jägerstraße stieß, bis sie sich 1810 in der wiederum an die Charlottenstraße angrenzenden Behrenstraße (Nr. 48) einrichtete. Rahels zweiter Berliner Salon wurde - nach Jahren ihrer Abwesenheit - unter wesentlich veränderten politischen, literarischen und personellen Vorzeichen reorganiesiert wiederum in der Friedrichstadt. Aus der Französischen Straße (Nr. 20, Ecke Friedrichstraße), die parallel zu Behrenstraße verlief, verlagerte sie ihren geselligen Verbindungspunkt in die Mauerstraße (Nr. 36), wo sie bis zu ihrem Tode empfing. Trotz der z.T. längeren Unterbrechungen durch Aufenthalte in Paris, Prag, Wien, Frankfurt, Karlsruhe, Baden-Baden blieb Rahels Salons bemerkenswert fest in einer Stadtgegend verankert, bewies er eine lokale Konstanz, die - literaturhistorisch gesehen - immerhin von der späten Berliner Aufklärung bis in die Zeit des Jungen Deutschland andauerte. Die Gründe für diese kaum veränderte stadtgeographische Situierung des Rahel-Salons entspringen nicht nur nostalgischen Bindungen an diesen Stadtteil. Das Zitat aus dem Brinckmann-Brief deutet an, daß in diesem Stadtteil besonders günstige Bedingungen für das Funktionieren des Salons gesehen wurden; der Salon der Rahel Levin Varnhagen war nicht nur Produkt dieser Salondame, der vielen kommunikationsfähigen Habitués, sondern immer auch Resultat dieses stadtgeographischen

179 Rahel Varnhagen an Brinckmann, Berlin 30. Nov. 1819, in: Rahel im Umgang, S. 11-116, S. 113-114.

Umfeldes. Wenn hier die Frage, inwieweit ein besonderes Stadtviertel einen Bedingungskomplex für einen Salon bilden konnte, gestellt werden soll, so geschieht dies exemplarisch: die gleiche Frage hätte auch für die Interdependenz zwischen Pariser Salons und Marais, zwischen dem Wiener Salon der Karoline Pichler und der Alservorstadt aufgeworfen werden können. Schon bei Mme. de Staël sind Implikationen der Entscheidung, gerade in einer Wiener Vorstadt einen Salon zu eröffnen, thematisiert: "Die Reichen und die Adligen Wiens wohnen fast nie in einer der Vorstädte" und folglich bestünde einer "der Hauptschäden der Wiener Gesellschaft (darin), daß Edelleute und Schriftsteller nie miteinander verkehren"[180], dementsprechend die "Absonderung der Klassen"[181] mit ihren Konsequenzen für die Literatur auch auf geselliger Ebene perpetuiert werde.

Der Ausbau der Friedrichstadt als dem damals "ansehnlichste(n) Theil von Berlin"[182] war 1688 in Angriff genommen worden und konnte in der preußischen Hauptstadt als Muster einer geplanten Stadtanlage des 18. Jahrhunderts gelten. Der Eindruck der architektonischen Nüchternheit der Bauten und schnurgeraden, rechtwinklig angelegten Straßen, den alle Berlin-Besucher von Sophie Becker bis Mme. de Staël empfingen, drängte sich nirgendwo im Stadtbild mehr auf als hier; das Gefühl von "Einförmigkeit" wurde noch verstärkt durch die Reglementierungen im Häuserbau: die Regel waren nach der Jahrhundertmitte zweigeschossige Häuser mit einem ausgebauten Dach (wie es Rahel Levins Familie zur Verfügung hatte). Unter Friedrich II, dem an der Heranziehung eines städtischen Adels gelegen war, wurden in der Friedrichstadt zusätzlich zu den bereits bestehenden eine Anzahl von Adelspalästen errichtet; der Bruder des Königs, Ferdinand, hatte hier sein Palais (den ehemaligen Palast des Meisters des Johanniter-Ordens). Wenig entfernt von Rahels Dachstube stand das Stadtpalais der Finckensteins, aus deren Familie Rahels erster Verlobter stammte, mit dem eine durch Theater und Salon angebahnte "unstandesgemäße" Heirat projektiert war; der Palast der Prinzessin Amalia, Gast bei der Geselligkeit reicher jüdischer Familien, befand sich in diesem Stadtbezirk ebenso wie z.B. jener der fürstlich-gräflichen Familie Solms, mit der Rahel ebenfalls in Kontakt trat.

Geschichte und Architektur eines dieser in der Friedrichstadt errichteten aristokratischen Palais, das Haus Mauerstraße 36, können soziokulturelle Entwicklung in diesem unmittelbaren Umfeld des Rahel-Salons verdeutlichen. Die Mauerstraße selbst mit ihrer Krümmung, die durch den Verlauf entlang der alten Stadtbefestigung bedingt war, wurde relativ spät in den Ausbau der Friedrichstadt auf quadratischem Schema einbezogen, so daß hier der bürgerlich-kleinbürgerliche Charakter noch lange dominierte. Das erste palaisartige Gebäude in dieser Straße war das besagte Haus Nr. 36, ein Immediatbau Friedrich Wilhelms II, beantragt nach dem Tode Friedrichs II, ausgeführt in den Jahren 1792-94, also schon zur Zeit der Etablierung der Literarischen Salons. Zwischen dem Besitz eines Schuhmachers und eines Gastwirts erhob sich dieses Haus der Frau von Rosières, geb. von Schlieben, der Witwe eines Generals Friedrichs II. Die Intention, die die Generalin beim Hausbau verfolgte, ist kennzeichnend für die Disposition im Adel,

180 Staël: Über Deutschland
181 Ebd., S. 89.
182 Nicolai: Beschreibung, S. 183.

"städtisch" zu werden und die gesellschaftliche Differenz zu ihrem nächsten Umfeld in Kauf zu nehmen: Das außenarchitektonisch den Anspruch erhebende Haus, ein Adelshôtel zu sein, war einmal als Sitz der Witwe, aber zugleich als Mietshaus konzipiert, da die materielle Lage sie dazu zwang, sich neue Einkünfte zu verschaffen. Eine unter solchen Vorzeichen sich vollziehende Urbanisierung des Adels förderte notgedrungen Konvergenzen mit den ästhetischen Geschmacksurteilen bürgerlicher Schichten auch in der Architektur. Im Häuserbau spiegeln sich in Ansätzen jene Veränderungen im sozialen Umgang, wie sie im Salon manifest werden. Für das von Schinkel erbaute Palais des Grafen Redern, das in der Vormärz-Zeit zu einem Zentrum literarischer Geselligkeit avancierte, läßt sich dies ebenfalls nachweisen: die Entwicklung des Salons, die nach Silvia Bovenschen auf dessen Beschlagnahmung als "Repräsentationsort" durch diejenigen, "die ihre Geschichte und ihre Herkunft sehr wohl und sehr genau zu beschreiben wußten"[183] hinauslief, bestimmt hier den Bau bis in die Innendekoration. Aber auch bei dem Haus in der Mauerstraße lassen sich Anzeichen ausmachen, die eine Annäherung in Geschmacksfragen offenbaren, die in Verbindung steht mit der ästhetischen Konsensbildung in der neuen geselligen Kommunikationssituation. Die 37 m lange Fassade, die in ihrem klassizistischen Schmuck altflorentiner Paläste zu zitieren schien und entworfen worden war von Angehörigen des Potsdamer Baukontors, wahrscheinlich einem Schüler Gontards, setzte mit ihren Eckrisaliten, die von mächtigen ionischen Dreiviertelsäulen flankiert und von Liegefiguren abgeschlossen wurden, in der Mauerstraße "aristokratische" Akzente; aber sie besaß gerade ein "bürgerliches" Vorbild: 1785 hatte der Kaufmann Flöricke mit einem kleineren Bau an anderer Stelle in Berlin begonnen, das hier in seinen Grundideen kopiert wurde. Noch während der ersten Bauphase starb Flöricke, die Witwe heiratete einen der beschäftigten Maurermeister, der so in den Besitz des Hauses kam. Der junge Maurermeister hat später die Berliner Geselligkeit um eine wichtige Variante bereichert, als er mit der Gründung der "Liedertafel" Anstoß gab für die vereinsmäßige Organisation des dilettierenden Gesangs - sein Name: Carl Friedrich Zelter. Die Doublette seines Hauses in der Mauerstraße, genauer: das repräsentative Hauptgeschoß dieser Doublette, wurde - und dies entschuldigt und begründet diesen Exkurs - schließlich zur Lokalität von Rahel Varnhagens letztem Salon, deutlicher Hinweis auf die bei aller fortgesetzten Prätention, ihre Geselligkeit auf die Selbstdarstellungsfähigkeit des Individuums ohne Rücksicht auf dessen Status und Herkommen zu gründen, doch gewandelte gesellschaftliche Position des Rahel-Salons im Berlin der Restaurationszeit ein "Aufstieg", der stadtgeographisch ihrer Geselligkeit keine größere Standortveränderung aufzwang.[184]

Neben den Residenzen von Angehörigen der sozialen Elite befanden sich in diesem Stadtteil Gold- und Silbermanufakturen, Krankenhäuser, eine Branntweinbrennerei, eine Porzellanfabrik usw., so daß das soziale Spektrum von Gruppen, die im stadtgeographischen Rahmen der Friedrichstadt aufeinanderstießen bzw. zusammenlebten, außerordentlich breit war. Ein wichtiges Element der Friedrichstadt bildete das Militär, das mit

183 Bovenschen: Weiblichkeit, S. 261.

184 Die Architektur-Informationen zum Haus Mauerstr. 36 sind entnommen: Hans Mackowsky: Rahels Haus, in: ders.: Häuser und Menschen im alten Berlin, Berlin 1923, S. 74-95.

Kasernen, Exerzierplätzen und eigenen Hospitälern präsent, z.T. dominant war. Die Anwesenheit der Armee im Stadtbild setzte sich fort in eine - unterschiedlich bewertete - gewichtige Rolle bei der Gestaltung der neuen urbanen Verkehrsformen (während Garve - in Anlehnung an eine Maxime von La Rochefoucauld - in der Armee einen Sektor gesehen hatte, der einer Neuorganisierung des sozialen Umgangs Impulse vermitteln konnte, führte z.B. Mme. de Staël Schwächen in der Berliner Geselligkeit gerade zurück auf die fortdauernde "tonangebende" Position von Armeeangehörigen im geselligen Umgang[185]).

Aber nicht nur diese sozial heterogene Bevölkerungsstruktur ist als ein Bedingungskomplex des Rahel-Salons zu denken: die Friedrichstadt war der urbane Raum von Vertretern verschiedener Nationalitäten und religiöser Konfessionen, was auch in dieser Hinsicht ein städtisches Interagieren nur unter dem Vorzeichen einer gewissen Toleranz ermöglichte und diesen sozialen Verkehr gleichzeitig mit kosmopolitischen Tendenzen versah. Die Friedrichstadt war Zentrum der französischen Kolonie, die sich hier auch institutionalisiert hatte: Sie besaß u.a. in diesem Stadtteil ihre Schule, ihre Armenanstalten, die Kirche ihrer reformierten Gemeinde, das Französische Schauspielhaus. Die räumliche Nähe der Levin-Wohnung zur französischen Kolonie beeinflußte - abgesehen von der Besucherkonstellation des Salons - auch die frühen Sympathien der späteren Salondame für Mirabeau, den Rahel Levin im Stadtbild während dessen Berliner Gesandtenzeit wahrnehmen konnte.

Neben der französischen Gemeinde hatte die böhmische sich in diesem Stadtteil installiert, trafen sich in der katholischen Hedwigskirche die Angehörigen einer weiteren Konfession, hatten schließlich jüdische Familien hier ihre Wohnung genommen. Der Markt, wichtige Basis für den städtischen sozialen Verkehr, war als Mittelpunktsraum der Friedrichstadt erhalten geblieben. E.T.A. Hoffmann hat in seiner letzten Erzählung *Des Vetters Eckfenster* den Friedrichstädter Markt als Forum des Warenaustauschs, als Terrain für urbane Umgangsformen, erotische Annäherungen und als Bereich für (allerdings scheiternde) Kontakte zwischen Erzähler und Publikum zum Handlungsträger gemacht. (Mit diesem Markt wird die große Stadt vom Erzähler zugleich bereits als problematischer neuer literarischer Erfahrungsraum thematisiert.)

Daß die Friedrichstadt an Tiergarten und "Unter den Linden" angrenzte, erleichterte für Salons, die in diesem Stadtteil eröffnet wurden, die Angliederung an die beschriebenen städtischen Kommunikationsorte mit ihren neuen Möglichkeiten. Zusätzlich verfügte dieser Stadtteil über eigene, für den nichtfunktionalen Verkehr geeignete stadtgeographische Bedingungen: Kaffeegärten und Plätze, wie Rondell, Achteck, Dönhoffscher Platz. In der Generation vor den jüdischen Salonfrauen waren die Straßen und Plätze der Friedrichstadt gepflastert worden, was - so banal dies scheint - als Indiz für Wandlungen im Verhältnis der Stadtbewohner zur Stadtöffentlichkeit und für geänderte städtische Interaktionsformen genommen werden kann.[186]

185 So spricht Mme. de Staël von der "Barschheit", die "der Soldatenstand" der Berliner Geselligkeit verleihe. Staël: Über Deutschland, S. 129.

186 Welch "banale" Faktoren in der Tat durch den ungünstigen stadtgeographischen Standort eines Zirkels die Zusammentreffen derangieren können, wird - satirisch überspitzt - im

Der Friedrichstädter Markt oder Gendarmenmarkt zählte nicht nur zu den Plätzen des Warenaustauschs und damit des funktionalen Verkehrs, sondern auch des künstlerischen und intellektuellen Lebens, weil hier die wichtigen und frühen Theater ganz Berlins standen. Das Französische Schauspiel residierte (seit 1774) in der Friedrichstadt, das erste feste Theater Berlins und allein von daher für die Heranbildung eines Berliner Publikums von eminenter Bedeutung, auch das deutsche Schauspiel war in diesem Hause beheimatet. Im Zentrum der Friedrichstadt vereinte sich so die heterogene Stadt zum kunstrezipierenden Publikum. Die Salons der Rahel Levin Varnhagen umkreisten, stadtgeographisch gesehen, diese Schauspielhäuser.[187] Als Schinkel 1818-1821 auf dem Gendarmenmarkt das neue Schauspiel anstelle des ausgebrannten Nationaltheaters errichtet hatte, war dies für das Ehepaar Varnhagen ein Aspekt mehr, wieder im Schatten dieses Theaters ihren Literarischen Salon zu eröffnen. Der Rahel-Salon in der Friedrichstadt war von seiner Lage her damit geeignet, jene Funktionen zu erfüllen, die den Pariser Theatercafés des 18. Jahrhunderts zugekommen waren.

Daß der Rahel-Salon allerdings, von seiner Struktur her, diese Tradition der Theatercafés nur bedingt fortsetzen konnte, zeigte sich, als der "zweite" Salon, nach 1819, sich der Konkurrenz von Wein- und Kaffeehäusern ausgesetzt sah: nur wenige Häuser vom Theater entfernt war Lutter & Wegener inzwischen eröffnet worden und avancierte zum bevorzugten Standort diverser Schriftsteller und Schauspieler und zum Schauplatz literarischer Erzählungen. (E.T.A. Hoffmann, spätestens seit seiner Bamberger Zeit ästhetischen Zirkeln gegenüber äußerst skeptisch, gruppiert dementsprechend in seiner erwähnten Federzeichnung nur noch Kaffee- und Weinhäuser um das Schauspielhaus, aber keine Literarischen Salons.)

Walther Killy hat in seinem Aufsatz *Berliner Leben zu Schinkels Zeit* auf eine weitere Institution kulturellen Lebens in unmittelbarer Nähe des Rahel-Salon hingewiesen:

> Wenige Häuser von Rahel entfernt, in der Jägerstraße Nr. 25, hatte Herr Rudolf Werckmeister das 'Museum zur Belehrung und Unterhaltung im gesamten Felde der Literatur' eröffnet. Es hatte fünf Lese- und Konversationszimmer und eine stattliche Bibliothek in weiteren Räumen. Zwischen 9 Uhr früh und 8 Uhr abends konnte man

---

Journal des Luxus und der Moden an einer Szene aus einem literarisch ambitionierten Salon "zu Berlin in der Vorstadt" erläutert: Dem mit einem Buch in der Hand wartenden Sohn erklärt die Salondame, warum sich die Gäste verspäten müssen: "Sie sind auf der Promenade. - Denk doch, lieber Sohn, von den Zeltern durch die Linden bis hier in dieser Vorstadt, das ist weit - sehr weit - und zu Fuß! Erst der Sand vor dem Thore! Ja unter den Linden, da geht's wohl; aber nun die kothigen Straßen? Hats nicht acht Tage in Einem fort geregnet?" Als die Gäste eingetroffen sind, verbreiten die Damen, die in Ihren Schleppen soviel Kot mitführen, daß "man einer kranken Orangerie aufhelfen könnte", einen Gestank, der die Geselligkeit verunmöglicht. Die Schleppen, in: Journal des Luxus und der Moden (Nachdruck), S. 120-131, S. 120-121.

187 Vgl. auch: Hans Mackowsky: "Wenn sie (Rahel - PS) aus der Tür trat, war sie mit zwei Schritten auf dem Platze, dessen Wandlungen sie alle erlebt hat. Nicht nur sah sie die malerischen Turmbauten Gontards sich erheben, wichtiger für ihr Innenleben war das Gebäude, das sie in ihrer Mitte einschlossen: das Theater. Sie hat es zuerst besucht, als es noch bescheiden und unansehnlich in seinem Äußeren, wie es Friedrich der Große für die französische Schauspielertruppe errichtet hatte, schon eine Stätte deutscher Kunst war, an der Fleck seine Triumphe feierte. Dann sah sie es ersetzt durch den umfänglichen Bau von Langhans, in dem Iffland als Direktor waltete und Schiller mit Kotzebue um den Erfolg des Augenblicks streiten mußte. Und ihre letzten Theatereindrücke empfing sie in Schinkels Tempelbau." in: ders.: Rahels Haus, S. 83-84.

dort 200 deutsche und französische Zeitungen und Zeitschriften, neue Flugschriften und wissenschaftliche Werke studieren. Eine Restauration war angeschlossen, und man zahlte eine Benutzungsgebühr, die sich nach der Dauer der Mitgliedschaft berechnete.[188]

Es ist bereits gesagt worden, daß die Existenz des Literarischen Salons nicht nur angewiesen war auf die Nähe zur "objektiven Kultur" (Simmel), sondern auch auf die Wohndichte der literarischen Intelligenz. Die "weiten Räume" der Stadt, die für Sophie Becker unvertraut und so kommunikationsfeindlich waren, verändern und verengen sich, betrachtet man die Konzentration von literarischer Intelligenz in der Friedrichstadt. Das heißt nicht, daß nicht gerade auch mit den weiten urbanen Räumen beim Aufbau eines Literarischen Salons unterschiedlich operiert werden konnte: Die Herzogin von Kurland lud - um zwei Beispiele zu nehmen - während ihres jährlichen, mehrmonatigen Aufenthaltes in Berlin, der an die von Hof und Aristokratie gestaltete "Saison" gekoppelt war, Repräsentanten der Berliner Aufklärung regelmäßig draußen in ihr Palais in Friedrichsfelde; "offenes Haus" zu halten, in dem man sich nach Schauspielbesuch oder Promenade einfinden konnte, war ihr als Herzogin erst um die Jahrhundertwende möglich. Die stadtgeographische Distanz wahrte die Exklusivität ihres Zirkels und beließ der Herzogin das Recht, ausgewählte Persönlichkeiten der Wissenschaft wie Nicolai oder Mendelssohn zu sich zu bitten. Die Empfänge in Friedrichsfelde vollzogen sich in der Tradition aristokratischer "Musenhöfe", deren Abgelöstsein vom urbanen Alltag der Autoren durch die Entfernung sinnlich erfahrbar und den höfischen Kulturmuster des "Rustizierens" verpflichtet blieben. Die Aufgabe dieser Distanz und die Verlagerung dieses Salons in das urbane "Begegnungszentrum" "Unter den Linden" wurde dann notwendig, als sich in Berlin selbst eine relevante Salongeselligkeit etabliert hatte, und der Umzug die Voraussetzungen schuf, die nachaufklärerische Generation der Autoren im Kurland-Salon zusammenzuführen. Erst durch diese stadtgeographische Neuorientierung, die einherging mit der Aufgabe bestimmter Geselligkeitsformen, mit einem Generationenwechsel innerhalb der Autoren (so daß sich auch der literarische Epochenwandel manifestierte), war der Kurland-Salon auch fungibel geworden als geselliges Hauptquartier von de Staël in Berlin. Im Wiener Salon der Karoline Pichler verlief dagegen die Entwicklung gerade in stadträumlich entgegengesetzter Richtung, wobei auch hier die Verlagerung des Empfangsortes offensichtlich korrespondierte mit einem Epochenwechsel: Aus der großen, repräsentativen Wohnung in der Hofburg, in der die Mutter Karolines, die Hofrätin Greiner, ihren von der josephinischen Aufklärung inspirierten literarischen Kreis empfing, zog man ebenfalls um die Jahrhundertwende - allerdings in erster Linie aus finanziellen Gründen - in die für die damaligen Verkehrsverhältnisse weit abgelegene Alservorstadt. Dies hatte eine deutliche Diskontinuität der Besucher zur Folge, was nicht nur Ergebnis des jetzt halbstündigen Weges von der Wiener Innenstadt zum Salon war, wie es Karoline Pichler - von de Staël spöttisch "La Muse du Faubourg"[189] genannt - in ihren *Denkwürdigkeiten* vermutet[190],

---

188 Walther Killy: Berliner Leben zu Schinkels Zeit, in: Neue deutsche Hefte, 30 Jg. H. 4 (1983), S. 715-733, S. 727.

189 Vgl. Emil Karl Blümml: Einleitung zu Pichler: Denkwürdigkeiten, Bd. 1, S. XIII.

sondern auch des Funktionswandels durch das Ausscheiden aus dem innerstädtischen Kommunikationszusammenhang. In der Alservorstadt wurde das Pichler-Haus stärker zu einem Sammelpunkt von romantischen Autoren, vor allem nachdem Friedrich Schlegel - nach einer ersten Kontaktaufnahme mit Karoline Pichler - sich eine Wohnung in der Alservorstadt genommen hatte und zu einem der wichtigsten Habitués, Dorothea Schlegel sogar zeitweise zur Mitorganisatorin des Pichler-Salons wurde. Bei diesen Standortverschiebungen des Salons kamen nicht nur unterschiedliche Vorstellungen vom Literarischen Leben zum Tragen; das Beispiel der Alservorstadt, die zu einem neuen Begegnungs- und Lebensraum von Literaten avancierte, deutet an, wie durch die Institutionalisierung von Literarischem Leben im Salon Akzentverlagerungen und Neuzentrierungen im städtischen Kommunikationsgefüge möglich waren.

Dabei war die Berliner Friedrichstadt bereits vor Gründung des Salons der Rahel Levin ein bevorzugter Wohn- und zumindest temporärer Aufenthaltsbereich für Vertreter der Intelligenz und nicht zuletzt der literarischen Intelligenz. Zieht man noch einmal Nicolais Stadtbeschreibung heran, so lebten vier Jahre vor der Formierung des Rahel-Zirkels in diesem Stadtbezirk über zwanzig, durch Publikationen einer breiten Öffentlichkeit bekannte, Gelehrte; über zehn bildende Künstler, darunter auch Chodowiecki, hatten als Adresse die Friedrichstadt. Wenn die Musiker die geringste Konzentration aufweisen, ist dies signifikant für ganz Berlin: Die bekannten Musiker, Komponisten und Virtuosen lebten, was die besonderen sozialen Gebundenheiten ihrer Kunst bezeichnet, in den letzten Regierungsjahren Friedrichs meistens am Potsdamer Hof. Von den Musikern ist vor allem der Kapellmeister und Komponist Johann Friedrich Reichardt zu nennen, dessen Haus, sofern sich Reichardt nicht auf einer seiner ausgedehnten Virtuosen-Reisen befand, "ein Mittelpunkt der Berliner Geselligkeit"[191] war, ein zentraler Ort für Gespräche über Musik, aber auch Literatur (schließlich war Reichardt auch Schriftsteller). Tieck hat hier Anregungen empfangen, Rahel Levin verehrte in ihm ein "Genie", ließ sich überall dort einladen, wo sie auf Reichardt zu treffen hoffte, in der Absicht, den Komponisten für die "Dachstube" zu gewinnen.[192] Selbstverständlich verkehrten nicht alle "Friedrichstädter" Intellektuellen in den Salons der Rahel. Nichtsdestoweniger lassen sich Auswirkungen der Fluktuation im Stadtbezirk auf die Personenkonstellation dieses Zirkels und damit seiner Funktion feststellen. Die starke Präsenz der Hegelianer und Hegels selbst z.B. im "zweiten" Rahel-Salon, der dadurch eine neue Signatur bekam, re-

190 Ebd., S. XII.

191 Renate Böschenstein-Schäfer: Das literarische Leben 1800-1850, in: Hans Herzfeld (Hg.): Berlin und die Provinz Brandenburg im 19. und 20. Jahrhundert, Berlin 1968, S. 657-699, S. 666.

192 Vgl. den Bericht Rahel Levins vom 3. Januar 1794 an David Veit (Briefwechsel zwischen Rahel und Veit, 1. Theil, Rahel Bibliothek VII, S. 98-109), aus dem hervorgeht, daß der gesellige Reichardt jüdische Häuser, darunter das Haus der Herz, das Haus der mit einer Mendelssohn-Tochter verheirateten Dr. Fließ, aufsuchte. Rahel berichtet an Veit, sie sei mit Reichardt "schon oft (...) in Gesellschaft" (S. 107) gewesen, "aber (er) hat mich doch nie wiedergekannt". Es kommt nun zu einer Begegnung auf der Straße, bei der Rahel ihm nachschreit: "Reichardt, mein Abgott!" Ebd. Gewinnen für ihre Dachstube kann sie den Musiker nicht, da dieser kurze Zeit später wegen seiner offenen Sympathien mit der Revolution Berlin verlassen muß. Dagegen stand Reichardt in Verbindung mit dem Herz-Salon. Durch Reichardt war Friedrich Schlegel mit Henriette Herz bekannt geworden. Vgl. Herz: Erinnerungen, S. 56.

sultiert zwar primär aus philosophiegeschichtlichen Affinitäten und einer wissenschaftsorganisatorischen Einbindung Karl August Varnhagens in die Hegel-Gruppe; was die Einbindung in den Salon betrifft, wurde dies aber erleichtert dadurch, daß Hegel, als die Varnhagens die Rückkehr nach Berlin einleiteten, noch seine Wohnung in der Nähe des neuen Berliner Domizils des Varnhagen- Salons hatte.

Um einen Eindruck zu gewinnen, welche Vertreter allein der literarisch-künstlerischen Intelligenz in diesem kleineren stadtgeographischen Raum nicht nur diachron sondern auch synchron lebten und auf Formen und Institutionen des geselligen Austauschs angewiesen waren, genügt ein kleiner, ausschnitthafter Überblick bis zu Rahels Todesjahr 1833: In der Behrenstraße wohnte zu Beginn der zwanziger Jahre Heinrich Heine, der 1821 seinen Verkehr im Hause Varnhagens aufnahm. In derselben Straße hatte sich zeitweise mit Wilhelm von Humboldt ein weiterer langjähriger Vertrauter beider Varnhagens niedergelassen. 1830 zog auch Schopenhauer in diese Straße, bis er ein Jahr später seine Wohnung in der - ebenfalls durch einen Rahel-Salon bekannten - Französischen Straße nahm, die allerdings seit Beginn der dreißiger Jahre mit dem offenen Hause des hierhin umgezogenen Wilhelm von Humboldt ein neues Zentrum ästhetischer Geselligkeit erhalten hatte. Weitere zeitgenössische Bewohner der Französischen Straße waren E.T.A. Hoffmann und sein Freund Devrient, 1818 hatte sich Börne kurzzeitig hier einquartiert. An der Ecke Französische Straße/Charlottenstraße wohnte eine Zeitlang der in den Salons kontrovers rezipierte Iffland. Willibald Alexis und Rellstab hatten sich eingerichtet in der Jägerstraße, E.T.A. Hoffmann bezog mit seiner Frau schließlich eine Wohnung in der Charlottenstraße/Ecke Taubenstraße. (Der Blick aus dieser Wohnung auf den Gendarmenmarkt hat dann in Hoffmanns *Des Vetters Eckfenster* seine literarische Gestaltung erfahren.) Eine weitere zeitweilige Wohnung E.T.A. Hoffmanns lag in der Leipziger Straße, wo sich mit dem Haus Abraham Mendelssohns ein Mittelpunkt der biedermeierlichen Geselligkeit Berlins, in erster Linie der musikalischen Geselligkeit, herausgebildet hatte. Schleiermacher, der Theoretiker der Geselligkeit, war 1809 in die Taubenstraße übergesiedelt (wo sich Heine 1823 etablieren sollte), lebte bei der Rückkehr Rahels nach Berlin noch im ehemaligen Palais des Grafen Schwerin, das Schleiermachers Verleger Reimer gehörte. Durch Reimer vereinte sich in diesem Haus während der napoleonischen Besetzung der von Reimer ins Leben gerufene patriotische Zirkel.[193] Auch Mauer- und Wilhelmstraße hatten noch zu Lebenszeiten Rahel Levin Varnhagens eine gewisse literaturgeschichtliche Bedeutung erlangt. Fouqué nahm Anfang der dreißiger Jahre in der Wilhelmstraße seine Stadtwohnung, in eben dieser Straße hatten zu Hochzeiten der Berliner Romantik schon das Ehepaar Arnim-Brentano vor ihrem Rückzug nach Wiepersdorf in einem Gartenhaus des Vossischen Palais' gelebt. Auch die

---

193 Siehe Ludwig Geiger: Berlin, Bd. 2, S. 287: "Auch fehlte es in jener schweren Zeit nicht an Zusammenkünften ernster Männer, sinniger Frauen, feuriger Jünglinge, die der Stolz des alten Berlin waren und die in der neuen Stadt an Stelle des litterarischen ein politisches Gepräge erhielten, das Haus des Buchhändlers Reimer bildete für solche Vereinigungen einen Mittelpunkt." Zu dieser Neuformierung im Berliner Leben unter politischen Vorzeichen vgl. auch die Untersuchung von Theodor Roller: Georg Andreas Reimer und sein Kreis. Zur Geschichte des politischen Denkens in Deutschland um die Zeit der Befreiungskriege, Berlin 1924.

Mauerstraße, um mit ihr die Skizze einer literarischen Topographie eines Berliner Stadtteils abzuschließen, wies bereits eine literarische und literarisch-gesellige Vergangenheit auf, als die Varnhagens das beschriebene Haus Mauerstr. 36 als letzten räumlichen Rahmen ihrer Treffen wählten: In unmittelbarer Umgebung, im Haus Mauerstr. 34, war 1808 ein Zentrum der Romantiker entstanden. Von seinem alten Schulfreund Pistor hatte Achim von Arnim eine Zweizimmerwohnung anmieten können, 1809 übernahm Clemens Brentano das zweite Zimmer (Clemens folgte bald die Schwester Bettina nach Berlin). Eine Lebenspraxis, die auf gemeinsamer literarischer Produktion basierte, wie sie im Zusammenleben Schlegels und Schleiermachers ein Jahrzehnt zuvor versucht worden war, schien sich zu wiederholen, nur daß auf jene der Kreis von Jena als Versuch der Realisierung von Symphilosophie und -poesie und der Poetisierung des gemeinsamen Lebens folgte, während jetzt von dieser Wohnung aus die Gründung der sich in vielem antagonistisch zum Literarischen Salon der Rahel verhaltenden "Christlich-teutschen Tischgesellschaft" betrieben wurde. Mit dieser "Tischgesellschaft" hegte auch Kleist, der von 1810 bis zu seinem Freitod ebenfalls in der Mauerstraße, in Nachbarschaft von Arnim als Mitarbeiter an seinen *Berliner Abendblättern*, eine Wohnung gefunden hatte, Sympathien. Rahel hatte allein schon durch die stadtgeographische Nähe zu Kleist häufig Gelegenheit, den "edle(n) Freund"[194] zu sehen. In den letzten Jahren des Literarischen Salons Rahels in der Mauerstraße war mit Gutzkow dort schließlich einer der Repräsentanten jener neuen literarischen Strömung heimisch geworden, die im Propagieren des Erbes Rahel Varnhagens einen ihrer Konsenspunkte haben sollten.

Dazu kamen hier seit der Aufklärung ansässige Kommunikationszentren der literarischen Intelligenz: in den vierziger Jahren bereits bestand der Berliner "Montagsklub", der, nachdem Nicolai 1756 den Vorsitz übernommen hatte, zum "Hauptquartier der Aufklärer"[195] mit Mitgliedern wie Lessing, Ramler, Teller, Biester, Quanz, Gedike u.a. und so illustren Gästen wie Garve, Sonnenfels, Forster geworden war. Man traf sich jeden Montag um 18.00 Uhr im "Englischen Haus" in der Mohrenstraße der Friedrichstadt. (Das "Englische Haus" selbst hatte im kulturellen Leben Berlins des ausgehenden 18. Jahrhunderts auch einen Platz als Konzerthaus: Zu den Konzerten, die ebenfalls jeden Montag hier aufgeführt wurden, waren Frauen in Begleitung eines Mannes zugelassen.) Aber nicht nur diese Organisationsform der Aufklärung fand in diesem Stadtbezirk offensichtlich geeignete Konditionen vor, nicht nur die romantische Formation der "Tischgesellschaft" konstituierte sich hier oder der antinapoleonische Kreis Reimers; der Rahel-Salon blieb in seiner Spätphase stadträumlich benachbart auch den Formationen des Literarischen Lebens, die das Junge Deutschland und schließlich den Vormärz ankündigten. Saphir hatte 1828 zur Gründung des "Berliner Sonntagsvereins" in seine Friedrichstädter Wohnung eingeladen, in der dieser auch tagte; aus diesem

---

194 Brief Rahel Varnhagens an Alexander von der Marwitz, Berlin, 23.11.1811, in: Rahel-Bibliothek IX, S. 184-191, S. 185.

195 Vgl. Geiger: Berlin, Bd. 2, der den Montagsklub als "Freiheitsring" in "Perioden der Unfreiheit" charakterisiert (S. 199). Dazu: Kenneth Keeton: The Berliner Montagsklub - A Center of German Enlightenment, in: Germanic Review 36, 1961, S. 148-153.

"Sonntagsverein" ging der "Tunnel über der Spree" hervor, der sich - wie der "Montagsklub" - in einem Zimmer des "Englischen Hauses" versammelte. Zum bevorzugten Treffpunkt der Jungdeutschen wurde schließlich das "Casino" in der Behrenstraße.

5. Der Salon Levin Varnhagen konnte damit als Teil eines ausdifferenzierten Systems von städtischen Verkehrsmöglichkeiten der Intelligenz untereinander und mit anderen Bevölkerungsgruppen fungieren. Veränderungen innerhalb dieses Systems, Modifikationen also im urbanen Kommunikationsgefüge, blieben im Salon spürbar und umgekehrt. Somit verweist die zitierte anfängliche Enttäuschung Rahel Varnhagens über die geselligen Möglichkeiten, die sie in Berlin nach ihrer Rückkehr aus Karlsruhe vorfindet, auch auf die versuchte Restaurierung der Stadt als aristokratisch geprägten Lebensraum und die Eingliederung von Salons in diesen bei gleichzeitiger Zunahme von urbanen "bürgerlichen" Verkehrsformen, die Gedankenaustausch und öffentliche Meinungsbildung in Permanenz betrieben. Diese Entwicklung stellte den zweiten Rahel-Salon vor Probleme, die eine einfache Rekonstruktion der "alten" Geselligkeit nicht mehr zuließen. Den Salon als Ort von literarisch-ästhetischer Praxis zu beschreiben, heißt also immer, ihn in seiner jeweiligen Einbeziehung in historisch-konkrete Prozesse der Urbanisierung zu reflektieren.

3.3 Zur Entstehung des Salons als frauenzentrierter Geselligkeitsformation

> Was sind Frauen, wenn sie nicht das Beste wirken, wenn sie nicht die gewürzige Seele der Freunde sind (denen sie gefallen); deren Talente aufregen, und zum süßesten Heil aller Menschen leiten! Ballast, schwerer, lächerlicher, eitler, mißverstandener Ballast!
> (Rahel an Varnhagen)

3.3.1 Neudefinition von Frauenrollen um 1800 und ihnen inhärente gesellige Möglichkeiten

1. In welchem Maße in der zweiten Hälfte des 18. Jahrhunderts Geschlechterrollen umdefiniert wurden, ist in den vergangenen Jahren von der Forschung, nicht zuletzt von einer feministisch orientierten Sozial- und Literaturwissenschaft, deutlich gemacht worden. Auf diesen Forschungsergebnissen kann eine wissenschaftliche Annäherung an den Salon als frauenzentrierte soziale Formation aufbauen, aber sie muß differenzieren, da die sozial und kulturgeographisch bedingten Divergenzen der gesellschaftlichen Integration bzw. des Ausschlusses von Frauen sich als gravierend erweisen. Während z.B. die Frauen der patrizischen Schichten Augsburgs sich bei Besuchen und Empfängen zurückzogen, weil nur der Mann das patrizische Haus repräsentierte, hatten zur gleichen Zeit Patrizierfamilien in Hamburg neben den "ostentativen" Empfängen bereits eine gesellige Umgangsform etabliert, die sich schon mit dem Literarischen Leben amalgamierte und in der Frauen wie Eva König und Elise Reimarus agieren konnten. Als Sonderfall zu definieren ist der Freundeskreis um die Berner Patriziertochter (um in einer sozial vergleich-

baren Schicht zu bleiben) Julie von Bondeli, dem u.a. Rousseau, Wieland, Leuchsenring angehörten und der durch die ausgedehnte Korrespondenz des Fräulein von Bondeli bereits eine Ausweitung über die unmittelbare persönliche Bekanntschaft hinaus erfuhr. Möglich scheint dieser frühe frauenzentrierte Kreis vor allem deshalb gewesen zu sein, weil er sich am Schnittpunkt französischer, schweizer und deutscher Konventionen und ihrer unterschiedlichen Zulassung von Frauen zum Literaturgespräch konstituierte.[196]

Wenn diese Beispiele (aus patrizischen Ständen) Ausnahmen und nicht Paradigmen des Geschlechterrollenwandels im 18. Jahrhundert sein können, so deshalb, weil die stattfindende Geschlechterpolarisation mit ihren Konsequenzen für dominante Präsentationsformen der Frau in erster Linie die bürgerlichen Frauen betraf. Hier vollzog sich - wie hinlänglich bekannt - die bereits für die jüdischen Häuser konstatierte Dissoziation von Haus und Beruf als entscheidender Faktor bei der Rollenneuzuweisung der Geschlechter. Infolge der räumlichen Trennung von Beruf und Familie wurde das kleinfamiliale Privathaus als Raum mit einer spezifischen Konsistenz und eigenen Wertkategorien abgezirkelt. Es ist bekanntlich dies der Raum, in dem die Ansätze eines neuen gesellschaftlichen Diskurses zu orten sind.

Die Frau, indem ihr der Privatraum des Hauses zugewiesen wurde, hatte die Chance, zu einem Träger des Widerspruchs zu einer ständisch organisierten, sich durch Konventionen permanent selbst bestätigenden Gesellschaft zu werden. Die veränderten Abhängigkeiten zwischen Mann und Frau, die die Frau als "schönes Eigentum" entstehen ließ, sind Grundlage von Moralvorstellungen, von denen aus gerade der aristokratische Frauenentwurf kritisiert werden mußte.

Die Veränderungen der Frauenbildungsprogramme in der zweiten Hälfte des Jahrhunderts, ihr Fortschreiben von Rousseau bis zu den Philanthropen, ist von der Forschung bereits ausführlich behandelt worden.[197] Eine durchgängige Komponente bei dieser Fortschreibung bildete dabei das Postulat einer Rückverlagerung der Erziehung der Töchter in das Haus, das lebensgeschichtlich später der eingeschränkte Ort der Präsentation der Erziehungsergebnisse zu sein hatte. Gefordert wurde immer wieder die Erziehung der Töchter durch die Mutter.

Dort, wo Erziehungseinrichtungen für Mädchen, die sogenannten Töchterschulen, eingerichtet wurden, waren sie häufig zeitgenössischer Kritik ausgesetzt. In der *Berlinischen Monatsschrift* hieß es 1784 in einem Artikel eines "Fremden", der auf die Ausbildungssituation in Berlin Bezug nahm:

> Jeder Vernünftige gesteht, daß häusliche elterliche Erziehung, wie überhaupt die beste, so vorzüglich für Töchter die einzig gute sei. In Pensionen lernen sie nichts (wenigstens durch Uebung und Gewohnheit nichts) von häuslichen Geschäften und von allen den weiblichen Tugenden künftiger Frauen und Mütter (...). Da ist kein

196 Vgl. Eduard Bodemann: Julie von Bondeli und ihr Freundeskreis, Hannover 1874.

197 Vgl. z.B. den Aufsatz von Ulrich Herrmann: Erziehung und Schulunterricht für Mädchen im 18. Jahrhundert, in: Günther Schulz (Hg.): Wolfenbüttler Studien zur Aufklärung, Bd. 3, Wolfenbüttel 1976, S. 101-127.

Beispiel einer Mutter, die ihrem Manne mit Aufmerksamkeit und Gefälligkeit begegnet; kein Beispiel von Familienleben (...). Das ist keine Gewöhnung zu stillen häuslichen Freuden.[198]

Die Kritik an dem "unnützen" Lernen konzentrierte sich - fast topoihaft - auf den Unterricht in französischer Sprache, Ausdruck der Kollision des Bildungsideals der Frau, das die Trennung von Erwerbs- und Familienleben zum Substrat hat, mit den noch virulenten aristokratischen Normen der Erziehung. Die "Amortisierung" jener Erziehungsresultate, gegen die jetzt opponiert wird, hat andere, skeptisch betrachtete Verkehrsformen zur Voraussetzung als die der entstehenden Kleinfamilie. Entsprechend schlußfolgert der "Fremde" aus der institutionalisierten Ausbildung der Frauen unmittelbar auf eine Tendenz zu extrafamilialen Verkehrsformen:

So keimt früh die Lust, immer außer Hause, immer in fremder Gesellschaft zu sein, und nur die Augenblicke für glücklich zu halten, wo man dem Manne, den Kindern und dem Hauswesen entläuft.[199]

Nur der familiale Umgang wird jetzt als der "natürliche" anerkannt, ebenso wie die neue Frauenrolle, die neuen Geschlechtscharaktere überhaupt, aus der Ordnung der Natur abgeleitet erscheinen.

Die laut werdende Kritik an den Erziehungseinrichtungen für Mädchen, die als Plädoyer für die elternhäusliche Sozialisation gemeint ist, weist dabei drei - unterschiedlich stark ausgebildete - Tendenzen auf: Sie verdächtigt die Stadt (Berlin), der Verwirklichung des propagierten Weiblichkeitsideals entgegenzuwirken. Sie identifiziert

198 Ueber Berlin. Von einem Fremden. 24. Brief, in: Berlinische Monatsschrift 4, 1784, S. 456-458. Hier zitiert nach Joachim Gessinger: Sprache und Bürgertum. Sozialgeschichte sprachlicher Verkehrsformen im Deutschland des 18. Jahrhunderts, Stuttgart 1980, S. 21. Ursula Schulz vermutet in ihrer Publikation: *Die Berlinische Monatsschrift (1783-1796). Eine Bibliographie*, Bremen 1968 (Bremer Beiträge zur freien Volksbildung, H. 11), S. 20-22, daß sich Friedrich Gedike hinter diesem "Fremden" verbirgt. Friederike Unger, die aus ihrer Ablehnung gegen Frauenmuster, wie sie von Berliner Jüdinnen entworfen und erfüllt wurden, keinen Hehl machte, schrieb in ihren *Briefe(n) über Berlin*, nachdem sie das Schulwesen für Knaben und unter den Pädagogen namentlich auch Gedike gelobt hatte: "Auch der weiblichen Pensionatsanstalten giebt es viele, von verschiedenem Wehrt (sic) und Ruf. Da ich im Ganzen gegen sie alle bin, wie Du weißt, so wirst Du es mir erlassen, Dir meine Meinung darüber zu wiederholen." S. 28.

199 Ebd. Von Interesse für die Entstehung von Bedingungen der Salonkultur, die ja außerhäusliche und häusliche Verkehrsformen zu vereinen sucht, ist dabei vor allem die Schulausbildung der Henriette de Lemos, weil mit ihr die Literarischen Salons eröffnet wurden. Mit der bürgerlichen Ideologemen gemäßen elternhäuslichen Sozialisation haperte es: "Meine Eltern konnten mit dem besten Willen nichts für meine Bildung tun." Herz: Erinnerungen, S. 10. So wurde sie in eine "Schule" geschickt, eine private Erziehungsanstalt für Mädchen, wo sich schon rasch zeigte, daß der Unterricht auf die Adaption des höfischen Habitus gerichtet war; noch deutlicher wurde dies in dem Pensionat, das Henriette de Lemos anschließend besuchte: Hier erlernte sie nebenbei den Umgang mit jungen Offizieren, was ihre Mutter bewog, sie aus der Schule zu nehmen und ihr "Lehrer zu geben, die (sie) im Notwendigsten unterrichten sollten - im Hebräischen, Französischen, Schreiben, Rechnen und Geographie (...)." Ebd. Allerdings funktionierte auch dieser Unterricht nach seiner Verlagerung in die Privatheit der Familie nicht zufriedenstellend als Einpassung in das bürgerliche Tugendsystem: Ihr Lehrer "gehörte zu den allerunsittlichsten Männern, die man hätte wählen können", ebd. So scheint die Ausbildung von Henriette Herz gekennzeichnet von den Bemühungen der Eltern, der Tochter Kenntnisse vermitteln zu lassen, die über die häuslichen Tätigkeiten hinausgehen, ohne daß sie jedoch auf die Einführung in den Tugendkanon und die Moralvorstellungen des Bürgertums verzichten wollten - bei der Organisation der Erziehung als unvereinbar sich erweisende Zielvorstellungen.

im antifamilialen Charakter dieser außerhäuslichen Institutionen aristokratische Muster, die sich auf Realisierung in der "Welt" richten, sie beginnt bereits hinter den Standestraditionen und -normen nationale Divergenzen in der Bestimmung der Frau zwischen Frankreich und Deutschland zu konstruieren, wobei den nationalen Unterschieden moralische Implikationen unterstellt werden.[200]

Die Kollisionen des Postulats der Privaterziehung mit verschiedenen "Töchterschul"-Projekten ließ nur vereinzelt solche Schulgründungen zu, wobei die Situation in Berlin noch relativ günstig war.[201] Weiterführende Schulen, wie die Gymnasien, standen dagegen selbstverständlich auch in Berlin den Frauen nicht offen[202], so daß der Ausbildungsgrad (und damit die Dispositionen für den geselligen Verkehr) in den nichtaristokratischen Familien nicht zuletzt von den Interessen und Kompetenzen der Eltern bestimmt war. Den unter diesen Umständen erreichbaren Ausbildungsstand der Frauen am Ende des 18. Jahrhunderts kennzeichnet die Klage Natorps von 1804:

> Genaugenommen waren unsere Töchter von aller besseren Bildung ausgeschlossen. Sie waren beschränkt auf den gemeiniglich lästerlichen Unterricht im mechanischem Lesen und Buchstabenmahlen. Alle edlern Gedanken, Ansichten und Kenntnisse hielt man vor ihnen zurück. Man dachte kaum daran, auch ihnen Kenntnisse beizubringen, auch sie zu richtigern Einsichten und zu einem richtigern Urtheil zu führen, auch ihrem Geiste eine vernünftige Richtung zu geben.[203]

Die Unverträglichkeit der Frauenrolle mit der Ausbildung ihrer intellektuellen Fähigkeiten konstatierte Henriette Herz selbst in den Familien der in Berlin bereits ansässigen "Männer(n) der Wissenschaft". Die "engsten Kreise ihrer Familie(n)" konnten nur deshalb als Supplement zu ihren "Studien- und Amtsgeschäften" fungieren, weil sich die Ehefrauen intellektueller Ambitionen enthielten:

> Ihre Frauen hätten ihrer Eigenschaft als gute und ehrsame Hausmütter Eintrag zu tun gehabt, wenn sie geistigen Interessen irgend Raum in sich gegönnt hätten, und nächsten wäre ihre Gegenwart bei den gelehrten Gesprächen ihrer Eheherrn diesen eine Störung geworden, hätte sie ihnen nicht gar eine Profanation ihres Heiligtums der Wissenschaften geschienen.[204]

Solche Erfahrungen haben Henriette Herz schon früh zu der Erkenntnis gebracht, daß auch die neue Geschlechterpolarisierung und die Durchsetzung kleinfamilialer Strukturen als eine Ursache für den vorerst noch desolaten Zustand einer "geistigen Geselligkeit"[205] in Berlin namhaft zu machen sind, den sie vor ihrer Salongründung vorfand. Ihre Äußerung, daß wissenschaftliche Dignität die Ausgliederung der Frau aus dem

---

200 Vgl. Hermann: Erziehung, S. 110-112.

201 Vgl. hierzu an Quellenschriften: August Hartung: Kurze Nachricht von der Errichtung der Berliner Töchterschule, Berlin 1792, und Ernestine von Krosigk: Ausführliche Nachricht von der Einrichtung und Verfassung des königl. Seminariums für Erzieherinnen und der damit verbundenen Töchterschule zu Berlin, Berlin 1804. Deborah Hertz spricht davon, daß es bis 1820 ungefähr 25 Erziehungseinrichtungen für Mädchen (in der Mehrzahl von französischen Frauen geleitet) in Berlin gegeben habe. Da diese jedoch von sehr unterschiedlichem Charakter waren (und Deborah Hertz nicht weiter differenziert), sagt diese Zahl wenig aus über den tatsächlichen Stand der außerhäuslichen Mädchenerziehung. Herz: Salons, S. 167.

202 Vgl. Gessinger: Sprache und Bürgertum, S. 21.

203 Zit. nach Hermann: Erziehung, S. 112.

204 Herz: Erinnerungen, S. 64.

205 Ebd.

intellektuellen Austausch einschließe, offenbart, daß vom bürgerlichen "Herd", wie er im 18. Jahrhundert geschaffen wurde, ein direkter Schritt in den Literarischen Salon nur schwer und unter Verletzung von Tabus möglich wurde.

Anders dagegen bei den aristokratischen Frauen: Ihre Präsenz im Salon ist auch Ergebnis einer Erziehung, die auf einen anderen Präsentationsrahmen als die familiale Sphäre zielt. In seinen *Versuchen über verschiedene Gegenstände aus der Moral, der Litteratur und dem gesellschaftlichen Leben* - ein Titel, der bereits programmatisch die Relationen festlegt - leitete schon Garve den Zustand des "gesellschaftlichen Lebens" unmittelbar ab aus den unterschiedlichen, ständegebundenen Erziehungsprojekten für Frauen. Einen "wohlthätigen Einfluß auf die Gesellschaft" könne die Frau der höheren Stände (im Gegensatz zu der des "Mittelstandes") schon allein deshalb entfalten, weil sich ihre Formung der des Mannes an einem entscheidenden Punkte gleiche: "Der junge Cavalier, wie die junge Dame, werden für den gemeinschaftlichen Endzweck gebildet, eine Rolle in der Gesellschaft zu spielen". Diese Erziehung kontrastiert er mit der des Bürgertums (und erkennt damit zugleich die Geschlechterpolarisierung als sozial bedingte):

> Die Erziehung in einer Bürgerfamilie geht bey den Söhnen gemeiniglich nach einem andern Ziele, als bey den Töchtern; bey jenen auf Arbeitsamkeit und Geschäfte, bey diesen auf Häuslichkeit und Wirthschaft.[206]

2. Signifikant für das Spannungsverhältnis zwischen den historisch nebeneinander existierenden Frauenentwürfen und ihren konkreten Realisationen ist die noch am Beginn der Berliner Salonkultur stehende Szene des Aufeinandertreffens Elise von der Reckes und Elisabeth Macaria Nicolais. Elise von der Recke unterstützte Versuche Nicolais, in Berlin eine tendenziell ständeübergreifende literarisch-philosophische Geselligkeitsformation zu schaffen und die kommunikative Dissoziation der Gelehrten aufzuheben. Während Nicolai selbst der Aristokratin gegenüber die höfischen Muster beim Empfang zu adaptieren sucht, weigert sich Nicolais Ehefrau, anders auf die "aristokratische" Frau reagierend, aus ihren Privaträumen hervorzutreten, das Terrain der "bürgerlichen" Frauenrolle aufzugeben:

> Als Frau v.d. Recke bei Nicolai vorfuhr, eilte er ihr bis an den Wagen entgegen und führte sie die Treppe hinauf, unter der Versicherung, daß er das neue Haus hauptsächlich erworben, um sie würdig empfangen zu können. Im Vorsaale verließ er sie, um seine Frau zu rufen, und Frau v.d. Recke hörte durch die halb geöffnete Thüre die sehr vernehmlichen Worte: 'Ich will von deinem adligen Pack nichts wissen.'[207]

Elise von der Recke antwortete, indem sie sich den Eintritt in den intimen Familienbereich erzwingt, wo sie "Natürlichkeit" prätendieren kann, d.h. sie verzichtet auf die Standesunterschiede, die soeben noch von Nicolai herausgestellt wurden. Nur so hofft sie, eine Verständigungsgrundlage mit der bürgerlichen Hausmutter herstellen zu können. Nach dem Bericht ihres Freundes Gustav Partheys öffnete Elise die Tür zu den

---

206 Christian Garve: Versuche über verschiedene Gegenstände aus der Moral, der Litteratur und gesellschaftlichen Leben. Erster Theil, neue Aufl., Breslau 1802, S. 388.

207 Gustav Parthey: Jugenderinnerungen. Handschrift für Freunde, Bd. I und II, Berlin 1907, Bd. I, S. 37-38.

Privaträumen "ganz und sagte mit der ihr eigenen milden Hoheit: Meine Liebe, ich bin kein adliges Pack, sondern die Freundin ihres vortrefflichen Herrn Gemahls und bitte Sie, auch meine Freundin zu sein. (...)"[208] Auch in den späteren Briefen an Frau Nicolai tritt sie auf als Mitglied der Familie, appelliert sie, wenn sie sich "Schwester" oder "Kind" nennt, an natürliche Bindungen. Als Henriette Herz die "Geschichte der Gesellschaft und des Konversationstones in Berlin" rekapitulierte, urteilte sie über Nicolais gesellige Versuche:

> Zu den wenigen, welche bisweilen geladene Gesellschaft bei sich sahen gehörte Nicolai (...); aber ein eigentliches Haus machte auch Nicolai nicht, ungeachtet er die Mittel dazu besessen hätte.[209]

Offensichtlich war es Elisabeth Nicolai nicht möglich, ihre Hausmutterrolle aufzugeben, die durch das Verhalten von der Reckes noch bestätigt wurde. Durch das Haus Nicolais verlief weiterhin eine Trennwand, die auch architektonisch manifest blieb: Nicolai, berichtet Frau von der Recke, habe Elisabeth die Einrichtung des Hauses überlassen. "Sie richtete schöne Besuchszimmer ein, trennte diese von ihrer, ihres Mannes und ihrer Kinder Wohnung (...)."[210] Während Rahel Levin, aber auch Henriette Herz mit den "Besuchszimmern" und den "Gesellschaftsräumen" zugleich die Innenräume des Hauses der Geselligkeit öffnen, beharrt Frau Nicolai auf einer Abschottung der Privaträume, bleiben diese sakrosankt, geschützt als familialer Harmoniebereich vor geselliger Verunsicherung. Dadurch, daß sie sich dem sozialen Verkehr ihres Mannes entzieht (es ihm infolgedessen auch nicht gelingt, vor den Salons bereits ein "offenes Haus" zu haben), fehlt diesem Umgang der Natürlichkeitsgestus: Die Konvention, die sich schon in der Festlegung der Teilnehmer durch den Hausherrn manifestiert, wird perpetuiert. Die Integration verschiedener sozialer Positionen in geselligem Rahmen gelingt nicht.

(Statt zu einer gemischtgeschlechtlichen, gleichberechtigten "geistigen" Geselligkeit zu gelangen, absorbiert die "Familie" schließlich auch Elise von der Recke, die sich in der bürgerlichen Privatsphäre "erhohl(t) von dem Umgange, (...) von der Langeweile, die ich in großen Cirkeln fühle"[211]. Als Elise später in Dresden einen eigenen Zirkel aufbaute, korrigierte sie an einem zentralen Punkt die Struktur der Geselligkeit: Bei diesem nachaufklärerischen, frauenzentrierten Kreis hatte "abends zum Tee jeder bei ihr Eingeführte auch ungeladen Zutritt"[212].)

3. Am Ende des Jahrhunderts wurde die Bestimmung der bürgerlichen Frau von Schleiermacher dagegen bereits ihres idealen Charakters entkleidet und als Verklärung einer im Grunde defizitären Situation erkannt. In seinem *Versuch einer Theorie des geselligen Betragens* (der hier vorerst nur unter diesem Aspekt angesprochen sein soll) wertet er das Eindringen von Frauen in die Geselligkeit als Gegenreaktion auf die sich verfestigende Häuslichkeitserfahrung als einziges Erfahrungspotential der bürgerlichen

---

208 Ebd.
209 Herz: Jugenderinnerungen, S. 65.
210 Elisa von der Recke: Mein Journal. Elisas neu aufgefundene Tagebücher aus den Jahren 1791 und 1793/95, hrsg. und erläutert von Johannes Werner, Leipzig 1927, S. 53.
211 Ebd.
212 Herz: Erinnerungen, S. 115.

Frau. Konsequenterweise knüpft er daran die Befürchtung, daß diese Mangelsituation sich auf die Geselligkeit selbst - wie er sie theoretisch begründet - auswirken muß: Die Arbeitsteilung zwischen den Geschlechtern droht auf der Ebene der Geselligkeit reproduziert zu werden und daran zu hindern, daß in der Geselligkeit der Mensch sich jenseits der durch Arbeitsteilung bedingten Reduktionen darstellen kann. Wenn Garve sich demgegenüber pessimistischer über die Chancen der - bürgerlichen - Frau, ihren "alltäglichen Umgangs" zu erweitern und damit ihre Erfahrungsgrenzen aufzuheben, äußert ("Ein Frauenzimmer kann aus dem Kreise ihrer Familie und deren Gesellschaften schwerlich herauskommen."[213]), so möchte er dies - anders als Schleiermacher - nicht als einen Widerspruch gegen die Verbannung der Frau gewertet sehen. Er steht einer Beteiligung von Frauen an einer nicht auf die Familie konzentrierten Geselligkeit mißtrauisch gegenüber. Dabei argumentiert der Aufklärer Garve mit der mangelnden Kenntnis der "Sitten" bei den bürgerlichen Frauen. Im Gegensatz zu ihnen habe der Mann "Gelegenheit sich nach bessern Mustern zu bilden, als er in dem Stande, worin er geboren und aufgewachsen ist, antrifft"[214]. Indem bei Garve die Kenntnis und Beherrschung der "Sitten" - die bei ihm moralische Verhaltensweisen konnotieren - zur Bedingung wird, am geselligen Verkehr zu partizipieren, streitet er der bürgerlich sozialisierten Frau erst recht den Anspruch auf Teilhabe an *ständeübergreifenden* Geselligkeitsformationen ab. Wo nicht das Abstreifen der sozialen Konventionen, sondern das Erlernen und die Ausbildung der sozial divergenten "Sitten" verlangt wird, erscheint auch in Garves Theorie der Rekurs auf die "Natürlichkeit" des privaten Umgangs der Frau überflüssig. Dadurch, daß die "Sitten" moralisch gefaßt werden, gewinnen diese selbst an "Natürlichkeit". Die Frauen sind, so bewertet Garve das gesellige Eignung der Geschlechter, "oft in eben der Familie geziert oder gemein, in welcher jene (die Männer - PS) edel und natürlich sind"[215]. Der Mann - und nicht die Frau - kann nach Garve in der Regel zum Lehrer und "Muster des guten Tons"[216] werden. Wenn Ottilie in den *Wahlverwandtschaften* Goethes die Maxime in ihr Tagebuch schreibt: "Der Umgang mit Frauen ist das Element guter Sitten"[217], so markiert dies insofern noch keine Gegenposition zu Garve, weil die Frauen der *Wahlverwandtschaften* eben nicht in einem bürgerlichen, den Erfahrungshorizont der Frauen beschneidenden Milieu angesiedelt sind.

Schleiermacher kann an anderer Stelle (in der *Idee zu einem Katechismus der Vernunft für edle Frauen*) Vorschläge unterbreiten, die die defizitäre Situation der Frauen einschränken, Garve nur noch einmal die Trennlinie zwischen Frau und Geselligkeit bestätigen. Daß sich hier unterschiedliche lebensgeschichtliche Erfahrungen niederschlagen, darf unterstellt werden: Garve in Breslau orientiert sich weiterhin an den Geselligkeitsformationen aufklärerischer Provenienz, ohne auch die urbanen Gelegenheiten für die Frau, ihre Umgangsformen zu revidieren, zu berücksichtigen, die

213 Garve: Versuche, S. 389.
214 Ebd.
215 Ebd.
216 Ebd.
217 Johann Wolfgang von Goethe: Die Wahlverwandtschaften, in: ders.: Werke (Hamburger Ausgabe), Bd. 6: Romane und Novellen I, S. 242-490, S. 396.

Schleiermacher während seiner Berliner Zeit sehr genau studieren konnte. Als Garves *Versuche* erschienen, begann in Berlin die Blütezeit der Salonkultur. Garve interpretiert diese Eingliederung von Frauen in die literarischen Zirkel als "Ausnahme(n) von allen Regeln"[218] und widmet den Salonfrauen bezeichnenderweise in seiner Geselligkeitstheorie nur eine Fußnote:

> Es gibt einzelne bürgerliche Frauen, die nicht nur (...) im Stande sind, den Ton in den Gesellschaften, von welchen sie einen Theil ausmachen, zu geben, sondern die auch durch Umstände wirklich ein solches Ansehen in ihren Gesellschaften erlangt haben, daß sie durch ihr Beyspiel, oder durch ihren Beyfall und ihre Mißbilligung, ihren guten Geschmack darin verbreiten können. Diese Beyspiele beweisen selbst aber den Satz, welchen ich behaupte.[219]

Diese Ausnahmen, die Garve als historisch neue Erscheinung sieht, seien nur dort anzutreffen, wo bürgerliche Frauen über besondere "Naturanlagen" verfügten, eine spezifische "Erziehung" genossen hätten und in Städten wohnten, die sich "durch einen vorzüglichen guten Ton des Umgangs" auszeichneten. Während Garve dabei weder die "Naturanlagen" noch die spezifische "Erziehung" näher erläutert, macht er genauere Ausführungen zu den besonderen Städten als dritte Bedingung: Es sind für Garve nur jene Städte, in denen aristokratische Kulturmuster von besonderer Relevanz sind: die Residenzstädte, so daß günstige Bedingungen für eine Aneignung von höheren Sitten durch bürgerliche Frauen gegeben[220] seien. Aus der Konvergenz von bürgerlichem und aristokratischem Frauenentwurf leitet folglich der Aufklärer die Existenz von Salons ab. Garve hat damit völlig zu Recht eine Untauglichkeit des bürgerlichen Frauenideals zur Heranbildung von Salonorganisatorinnen oder allgemein Gesellschaftsdamen festgehalten und die Annäherung an aristokratische Muster als Möglichkeit der Entwicklung frauenzentrierter, überfamilialer Verkehrsformen angedeutet.

Was Garve nicht wahrnehmen wollte, ist, daß diese Annäherung nicht nur einseitig in Richtung der aristokratischen Lebensmuster erfolgte, sondern daß umgekehrt auch nichtbürgerliche Frauen sich mit dem bürgerlichen, bereits literarisch breiter propagierten Frauenentwurf, ohne dessen sozialen und ökonomischen Prämissen verpflichtet und den Reduktionen des Lebensraumes unterworfen zu sein, zu identifizieren begannen. Die "Natürlichkeit" und also auch die Ent-Konventionalisierung des Umgangs schufen Voraussetzungen, daß aristokratische Frauen auch bei bürgerlichen Frauen auf Akzeptanz treffen konnten, Begegnungs- und Verständigungsmöglichkeiten zwischen den Frauen wuchsen.

---

218 Garve: Versuche, S. 390.

219 Ebd.

220 Bei Johanna Schopenhauer, einer Salondame, die nicht in der jüdischen Sondersituation sozialisiert wurde, hören wir von einer Ausbildung, die sich an aristokratischen Mustern ausrichtete. Nach Heidi Rosenbaum: Formen der Familie. Untersuchungen zu Zusammenhang von Familienverhältnissen, Sozialstruktur und sozialem Wandel in der deutschen Gesellschaft des 19. Jahrhunderts, Frankfurt/M. 1982, S. 297-298, hielt die Organisatorin des Salons in Weimar nachmittags durch ein ehemaliges Hoffräulein, die eine "société des jeunes dames" gebildet hatte, Unterricht im "Anstand".

Die Bestätigung und Aufwertung einer Frauenrolle, wie sie wesentlich bürgerlicher Situation und Interessenlage entsprach, durch ihre Projektion auf Repräsentantinnen des Adels vollzog sich in Berlin vor allem im Königin-Luise-Mythos[221]. Im Jahr vor der - anonymen - Veröffentlichung von Schleiermachers Geselligkeitstheorie hatte bekanntlich Hardenberg unter dem Pseudonym Novalis seine Fragmente *Glaube und Liebe oder Der König und die Königin* erscheinen lassen, die einen familiarisierten preußischen Hof und eine dem bürgerlichen Frauenideal angenäherte Königin imaginierten (sehr in Widerspruch zum König, der die repräsentative Aura des Hofes verteidigte). Hardenberg, der, wie Hoffmann-Axthelm zeigte, in seinen Geselligkeitsprojekten als "konsequenteste(r) Verteidiger" familialer Strukturen unter den Frühromantikern zu gelten hat[222] (und der auch infolgedessen der Salonpraxis wenig abgewinnen konnte), setzte die Königin Luise in Opposition zur Öffentlichkeit des Hofes. Schadow, Habitué im Herz-Haus, hatte in seiner Prinzessinnen-Gruppe, welche erstmals in der Akademieausstellung von 1797 gezeigt worden war, gleichfalls in der Luisen-Figur einem Frauenideal gehuldigt, das bürgerliche Vorstellungen zum Substrat hatte. Wenn Wolfgang Frühwald in seinem Aufsatz *Auffassung von Liebe und Ehe in der Literatur der deutschen Romantik* diese Skulptur beschreibt, wird dieses in der Luise-Figur gestaltete Frauenideal deutlich markiert: "Luises lang fallendes Gewand, mit von oben nach unten durchgehenden Falten, bildet Tugendhaftigkeit und Mütterlichkeit ab."[223] Die "Simplizität" dieser Kleidung feierte auch Friederike Helene Unger, die ein dezidiert bürgerliches Frauenideal in ihren Schriften propagierte, das sie hier gleichfalls in der Königin verwirklicht sah:

> Die Königin erscheint nie, außer wo es die Würde ihres Standes erheischt, prachtvoll. Nie sah ich sie anders als in leichtem Musselin gekleidet, das schöne leicht umlockte Haupt, im feinsten Kostüme eben so einfach geschmückt.[224]

Auch Unger thematisiert den Faltenwurf ihrer Kleidung, der die höfische Steifheit, die zeremonielle höfische Körpersprache, auflöst in eine Natürlichkeit, durch die der Körper der Königin, wenn auch in tugendhafter Verhüllung, überhaupt erst als Frauenkörper erkennbar wurde (und dadurch die Königin als Modevorbild freigab[225].) Der Faltenwurf

221 Wenn gerade in Berlin Frauenentwürfe verschiedener sozialer Herkunft oder Zuordnung sich überlagerten, so könnte dies auch auf die - mangelnde - "Konsistenz" der höfischen Kulturmuster in Preußen verweisen. Vor allem in Preußen - vergleicht man diesen Staat mit Sachsen, Bayern, Österreich - hatte sich eine höfische Kultur eher als Amalgam verschiedener Kulturelemente herausgebildet. Vgl. hierzu Gessinger: Sprache und Bürgertum, S. 7.

222 Hoffmann-Axthelm: Geisterfamilie, Novalis - Die Familie, S. 11-41.

223 Wolfgang Frühwald: Auffassung von Liebe und Ehe in der Literatur der deutschen Romantik, in: Wolfgang Böhme: Selbständigkeit und Hingabe. Frauen der Romantik, Karlsruhe 1980 (Herrenalber Texte 24), S. 21-35, S. 25.

224 Unger: Briefe, S. 22.

225 Inwieweit man diesem "königlichen" Ideal dabei nahe kommen kann, ohne es dadurch zu entwerten, ist eine andere Frage. Unger muß das Ideal als nachahmenswert propagieren und zugleich das Scheitern der Nachahmung konstatieren: "Diese Grazie hat Berlins Töchter verleitet, eine Reform in ihrem Anzuge zu machen, die nicht allgemein glücklich nachahmt. Bei wohlbeleibten Mädchen artet die Ungezwungenheit der Gestalt, die ihnen als Ideal vorschwebt, in beinahe üppige Schlottrigkeit aus. So die einfache Zierlichkeit des Kopfputzes; sie wird bei minderer Eleganz Nachtzeug, wenn ein schlechtes weißes oder buntes Tuch über unfrisiertes, oft ungekämmtes Haar, geschmacklos gebunden wird. Wie leicht hier der Mißgriff von Simplizität in Rustizität!" Unger: Briefe, S. 22.

verweist auf die "Häuslichkeit" der Königsfamilie. Aus der feudalabsolutistischen Landesherrin ist die bürgerliche Hausmutter geworden:

> Welch ein Vorbild! welch ein Beispiel ihrem Geschlecht! das voll zärtlicher Bewundrung heraufblickt; ich traue den Berlinerinnen edlen Bildungstrieb genug zu, sich nicht nur an der reizenden Außenseite zu ergötzen, nicht nur ihr jeden Schwung ihres Federschmuckes, jeden Wurf der Falten ihres Gewandes abstehlen zu wollen, sondern ihren Blick auf das innere Heiligthum ihres Hausstandes zu werfen, wo sie ganz in der ehrwürdigen Gestalt einer deutschen Gattin und Mutter erscheint.[226]

Für die Salondame Henriette Herz, die ihr erster Biograph eben mit Luise verglich, gewannen die Bilder der Königin und deren Selbstverständnis vor allem an Interesse unter dem Aspekt ihrer Wirkung auf die Umgangsformen: Das "Familienleben in dem Königshause", so sieht es die Salondame in ihrer Retrospektive, brachte eine Distanzierung "von steifer Etikette":

> Man sah, daß die Kavaliere und Damen, auch in den Zeiten, wo sie bei dem Königspaare diensttuend waren, sich nicht in der Notwendigkeit befanden, ihre Geltung als Mensch aufzugeben.

Der Umgang am Hofe wird von der Berliner Jüdin als möglicher Ort identifiziert, sich als "Mensch" darzustellen und zu begegnen, weil und sofern die Königin bürgerliche Weiblichkeit inkarniert.[227]

Es ist interessant zu beobachten, wie gleichzeitig mit der Adaption des bürgerlichen Frauenentwurfs am Hofe dieser Hof beginnt, sich dem aktuellen Literarischen Leben zu öffnen. Nur ist es jetzt nicht mehr, wie unter Friedrich II, der Monarch, der den Umgang mit Literaten aufnimmt und pflegt, sondern die zur "Privatfrau" umstilisierte bzw. sich als solche gerierende Königin. Besonders während des Aufenthaltes von Jean Paul in Berlin (der noch in anderem Zusammenhang später angesprochen werden muß) scheint der Hof eingegliedert in das Kommunikationsgefüge der Literarischen Salons:

> Von den Damen, welche von der zuvorkommendsten und schmeichelhaftesten Aufmerksamkeit für Richter waren, sind selbst die Königin Luise und ihre Schwester, die damalige Prinzeß Luise von Preußen nicht auszunehmen. Die Königin führte ihn selbst in Sanssouci umher (...).[228]

---

226 Ebd., S. 33.

227 Herz: Erinnerungen: S. 180. In welchem Maße ein nur auf Repräsentation und folglich auf Geltendmachen der Ständehierarchie ausgerichteter Hof den "Menschen" sabotiert, demonstriert die Salondame, wenn sie als Kontrast zu Berlin den sächsischen Hof vorführt. Hier ist es das Beispiel des "Kammertürken", das die erzwungene Depravation und die "Naturwidrigkeit" dieses "Umgangs" offenbart: "Sobald (...) der Zug der Herrschaften ankam, welchem diese Herren (die Hofdienerschaft - PS) nun voranschritten, wurden sie bis zur Lächerlichkeit ernst und gemessen. Diesen selbst eröffneten zwei riesige gemästete Gardisten, Kammertürken genannt. Es wurden nämlich stets zwei der größten Leute aus der Garde ausgesucht, die vermittelst ihnen in Menge gereichter sehr nahrhafter Speisen fett gemacht wurden, während man sie zugleich auf das möglichst kleinste Maß körperlicher Bewegung beschränkte, und denen, wenn sie den erforderlichen vorschriftsmäßigen Umfang erreicht hatten, um als respektable Kammertürken figurieren zu können, das türkische Kostüm angetan ward." Ebd., S. 180-181.

228 Ebd., S. 99.

Während der König sich dem Jean-Paul-Kult der Frauen am Hofe widersetzt[229], drängt sich dem Schriftsteller selbst der Vergleich mit Weimar auf, so daß er in einem Brief an Karoline Herder die Berliner Geselligkeit als von Standesvorurteilen und -konventionen befreite ausgeben kann:

> Der Ton hier über trifft an Unbefangenheit weit den Weimar'schen. Der Adel vermenget sich hier mit dem Bürger, nicht wie Fett mit Wasser, auf welchem dieses immer noch schwimmt und äugelt, sondern sie sind innig vereinigt wie diese durch Laugensalz, woraus Saife entsteht. Gelehrte, Juden, Offiziere, Geheime Räthe, Edelleute, kurz alles was sich an andern Orten (Weimar ausgenommen) die Hälse bricht, fället einander um diese, und lebt wenigstens freundlich an Thee- und Esstischen beisammen.[230]

Wenn Henriette Herz dem Hof Verkehrs- und Selbstdarstellungsformen attestiert, die sich mit der Salonkultur als kompatibel erwiesen, so rechnet die Salondame dies durchaus zu den Verdiensten der jüdischen Frauen und interpretiert die Änderungen am Hofe als Anpassung an eine von ihr selbst mitetablierte Form des sozialen Verkehrs[231], der den Wirkungskreis der Frauen aufgebrochen hatte, indem er die literarischen Erfahrungen, die dem Erfahrungsverlust durch die Geschlechterpolarisation entgegengestellt wurden, in ein neues Handlungsfeld einmünden ließ.

3.3.2 Weibliches Lektüreverhalten und Präsentationsräume der Frau als Leserin

1. Daß Veränderungen weiblicher Lesegewohnheiten, daß bereits eine Verbesserung der Zugangsmöglichkeiten von Frauen zur Literatur unabdingbar war für die Entstehung einer für Deutschland innovativen sozialen Verkehrsformation mit Literatur als Verständigungsmoment, in der Frauen als Gesprächspartner nicht nur anerkannt wurden, sondern stimulierende und anleitende Funktionen übernehmen konnten, versteht sich von selbst. Es ist hinlänglich bekannt, daß sich in der zweiten Jahrhunderthälfte ein weibliches Lesepublikum als ein innerhalb weniger Jahrzehnte die Literaturproduktion, -rezeption und -distribution beeinflussender Faktor herausbildete. Mit dieser Entwicklung der Lesergeschichte ist die Geschichte des Literarischen Salons verknüpft, wobei die Interdependenzen zwischen Entstehung eines weiblichen Lesepublikums und Ausbildung der gemischtgeschlechtlichen, auf Literatur sich beziehenden Geselligkeit ähnlich kompliziert und widerspruchsvoll sind wie jene zwischen neuer Frauenrolle und Salon. Eine "gradlinige" Verbindung läßt sich nicht herstellen. Es mag paradox erscheinen: Die Ausbildung eines weiblichen bürgerlichen Lesepublikums steht erst einmal quer zur Organisierung der Literarischen Salons.

---

229 Friedrich Wilhelm III lehnte die erbetene Präbende für Jean Paul ab. In seiner Antwort, die eine Freundin der Königin Henriette Herz mitteilte, bestand er auf einem Wertesystem, das der Literatur einen anderen Platz zuwies, als es die Hofdamen wollten: "Wie will man erst von einem großen Staatsmann sprechen, oder von einem Helden, der das Vaterland gerettet hat? Die Damen verstehen immer das Maßhalten nicht." Herz: Erinnerungen, S. 100.

230 Brief an Karoline Herder, Berlin, 12. Januar 1801, in: Jean Paul: Sämtliche Werke, Hist. Krit. Ausgabe, Dritte Abteilung, 4. Band: Briefe 1800-1804, Berlin 1960, S. 41.

231 Herz: Erinnerungen, S. 68.

Die Genese der Leserin - ein Vorgang, dessen Beschleunigung die Zeitgenossen als pathologisch charakterisierten - ist von seinen sozioökonomischen Prämissen her bereits ausreichend skizziert worden.[232] Vor dem Hintergrund der diesen Prämissen inhärenten Verengung des weiblichen Erfahrungshorizontes hatte die Lektüre vor allem zwei Funktionen: Die Frau sollte - unmittelbare Erfahrung durch mittelbare substituierend - mit einer Grundausstattung von Allgemeinwissen versehen und damit dem Mann als Gesprächspartnerin auch in der Familie erhalten bleiben; dies erforderte ein Leseprogramm, wie es u.a. in den Moralischen Wochenschriften unterbreitet und in Joachim Heinrich Campes didaktischer Schrift *Väterlicher Rath für meine Tochter* noch einmal systematisiert wurde. Zugleich konnte durch die Lektüre die Frau in ihrer Rolle als Mutter und Ehefrau bestärkt, die Reduktion ihrer Lebenswelt als eine Zuweisung zu ihrem "eigentlichen" Leben insinuiert werden. Die Einbuße an Aktivität wurde durch die Lektüre in einer hypertrophen Gefühlskultur aufgefangen. Helga Meise hat darauf aufmerksam gemacht, daß Lektüreintentionen zu kollidieren begannen dadurch, daß die Literatur die Frau als Gattin (oder zukünftige Gattin) tugendhafter machen sollte, was hieß, ihr die Selbstanerkennung als Besitz des Mannes abzufordern, wobei gleichzeitig aber die literarisch stimulierte Gefühlskultur durchaus sinnlich-erotische Komponenten besaß, so daß die Literaturrezeption als Lektüre zur Verführung moralischem Verdacht ausgesetzt werden konnte. Die "Lesewut" der Frauen mußte an diesem Punkt diskreditiert werden. Die Empfindungen, heißt es bei Helga Meise, "schießen über den vernünftigen Gebrauch des Textes hinaus, sie rufen einen Raum ins Leben, der sich zwar vom Text herschreibt, aber von ihm unabhängig Erfahrungen, Bilder, Phantasien in Bewegung bringt, die sich nicht kontrollieren lassen."[233]

---

232 So weisen Kiesel/Münch nach, daß eine Freisetzung der bürgerlichen Frau von notwendiger Arbeit und ihrer Verfügung über Muße, die mit Lektüre angefüllt werden konnte, unter anderem im Zusammenhang damit steht, daß im fortschreitenden 18. Jahrhundert eine Reihe spezifisch "weiblicher" Beschäftigungen wie Spinnen, Kerzenziehen, Seifemachen, Backen und Brauen zurückging, da der Bedarf an solchen Erzeugnissen von der gewerblichen Produktion gedeckt werden konnte. Damit konnten die Frauen ein wichtiges Kontingent der neuen Lesergruppen bilden. Helmuth Kiesel/Paul Münch: Gesellschaft und Literatur im 18. Jahrhundert. Voraussetzungen und Entstehung des literarischen Marktes in Deutschland, München 1977, S. 176. In einem *Exkurs über den Aufstieg der bürgerlichen Hausfrau* konstatierte schon Hans Gerth als historische Bedingung für diesen "Aufstieg" die Freistellung der "bürgerlichen" Frau von produktiver Arbeit: "Die Entwicklung des Gewerbes mit der wachsenden Übernahme von Funktionen, die ehedem hauswirtschaftlich von der Hausfrau versehen wurden, entlasteten mehr und mehr die Frauen höherer bürgerlicher Schichten, des städtischen Kaufmannspatriziats und der höheren Bürokratie (...). Die Entlastung des Haushaltes von Arbeit, steigender bürgerlicher Wohlstand, der es der Frau erlaubt, verbleibende Hausarbeit an Dienstboten abzugeben, macht das 'Privatleben' zu ihrer eigentlichen Lebenssphäre. Losgelöst von den Arbeitsfunktionen auch des Haushaltes wird sie zur 'Dame', die in grösserer Muße und Distanz vom alltäglichen Lebenskampf seelischer Verfeinerung, der Kultivation der Lebensformen und Bildungsinhalte sich widmen mag." Hans Gerth: Die sozialgeschichtliche Lage der Intelligenz um die Wende des 18. Jahrhunderts. Ein Beitrag zur Soziologie des deutschen Frühliberalismus, Frankfurt/M. 1935, S. 103-104. Eine weitere Differenzierung leistet Susan L. Cocalis in ihrem Aufsatz: "Der Vormund will Vormund sein: Zur Problematik der weiblichen Unmündigkeit im 18. Jahrhundert" in: Marianne Burkhard (Hg.): Gestaltet und gestaltend. Frauen in der deutschen Literatur, Amsterdam 1980 (Amsterdamer Beiträge zur neueren Germanistik, Bd. 10), S. 33-55.

233 Helga Meise: Die Unschuld und die Schrift. Deutsche Frauenromane im 18. Jahrhundert, Berlin/Marburg 1983 (Reihe Métro 14), S. 70.

Die Redundanz in Campes Philippika gegen den "litterarischen Luxus", "diese täuschende Seuche", die "Seelenepidemie", diese "Verirrung des menschlichen Fortschreitungstriebes"[234] offenbart die (männliche Angst) vor den Auswirkungen der "Lesewuth", die das mühsam errichtete bürgerliche Normensystem zu unterminieren droht und nach Campes Schreckensvisionen die "Sittlichkeit" zerstört, damit "eine der heiligsten Verbindungen"[235], die Ehe, zur Disposition stellt und "Unordnung im Hauswesen, Verwirrung in den eigentlichen Berufsgeschäften, häusliche Sorgen, häusliche Unzufriedenheit, oft sogar Mangel und Elend nach sich (...) ziehen (werde)"[236]. Besonders vehement sind seine Invektiven gegen Bücher, die geschrieben sind, um vor allem "dem andern Geschlechte" "Wesen, Lagen und Verhältnisse vorzuspiegeln, welche hienieden nirgends gefunden werden, Erwartungen, Hoffnungen und Wünsche in ihm aufzuregen, welche nie erfüllt werden können, Gefühle und Empfindungen in ihm zu erwecken, welche weder zu seiner dermaligen Bestimmung, noch zu seinen dermaligen körperlichen Organen passen (...)."[237] Henriette Herz, deren Lesesozialisation auf den ersten jüdischen Salon hinführt, hätte zweifellos als ein Beispiel für die Kritik Campes an einer durch Lektüre beeinflußten Lebenspraxis, "die Werthern und Siegwarten selbst den Vorzug streitig zu machen schien"[238], dienen können. Um den Emotionalisierungsschub, den für Henriette Herz vor allem die Gattung der Romane beachte, nicht reduzieren zu müssen, zog sie sich zur einsamen Lektüre zurück. Daß es eben Johann Martin Millers Roman *Siegwart. Eine Klostergeschichte* (1776) ist, die zu einer Lieblingslektüre avancierte, und für dessen Rezeption eine Art Arkanakt adäquat schien, hängt auch damit zusammen, daß Figuren des Romans (so Siegwarts Schwester Therese) ein ähnlich gesteuertes Verhältnis zur Literatur als Lebensprojektion (im Roman v.a. zur Dichtung Klopstocks) zeigen, wie es die Leserin selbst besaß.[239] Zugleich werden die sinnlichen Momente, die durch die Lektüre freigesetzt werden, in diesem Werk bejaht: Über die Semida-Cidli-Passage in Klopstocks *Messias* kommt es zur körperlichen Annäherung zwischen Therese und Kronhelm, dem adligen Freund Siegwarts: "Kronhelm schlang um Theresen seinen Arm; vor ihnen lag der Messias, und zwar die Stelle von Semida und

---

234 Joachim Heinrich Campe: Väterlicher Rath für meine Tochter. Ein Gegenstück zum Theophron. Der erwachsenen weiblichen Jugend gewidmet, Braunschweig 1789, S. 55.

235 Ebd., S. 117.

236 Ebd., S. 60.

237 Ebd., S. 61.

238 Herz: Erinnerungen: S. 20.

239 Kreuzer führt in seiner Analyse der "Lesesucht" ebenfalls den *Siegwart* als Beispiel dafür an, daß die Romanfiguren ein Verhältnis zur Literatur vorexerzierten, das von den "Lesesüchtigen" adaptiert wurde: "Eine Figur in Millers 'Siegwart' fühlt sich lesend 'über der Welt und sieht auf sie herunter'." Helmut Kreuzer: Gefährliche Lesesucht?, S. 63. Wenn sich Henriette Herz gerade des *Siegwart* erinnert, so spiegelt dies noch einmal die große Wirkung, die dieser Roman hatte - eine Wirkung, die zeitweise selbst die des *Werther* zu übertreffen schien. Zur Rezeption des *Siegwart* siehe auch: Gerhard Sauder: Der empfindsame Leser, in: Das weinende Saeculum. Colloquium der Arbeitsstelle 18. Jahrhundert, Gesamthochschule Wuppertal, Universität Münster (7.-9. Oktober 1981), Heidelberg 1983, S. 9-23. Bereits die im *Siegwart* enthaltenen Invektiven gegen die Juden insgesamt bei der Charakterisierung einer jüdischen Nebenfigur haben diesen Roman wohl kaum für die gemeinschaftliche Lektüre im jüdischen Haus prädestiniert. Entscheidender ist dabei gewesen, daß in der elterlichen Familie dem "Gefühl" noch zu wenig Platz eingeräumt wurde.

Cidli aufgeschlagen, die sie vorher einmal gelesen hatten."[240] Diese Verständigung über Lektüre im Roman eröffnet, was von der Salondame Herz später in geselligem Rahmen sozusagen nachgestellt wird: Eine gegen alle Widerstände sich behauptende ständeübergreifende Verbindung zwischen nichtaristokratischer Frau und adligem Mann.[241]

Das einsame und leise Lesen, mit dem sich die junge de Lemos aus dem Familienverband stahl, unterstützte die Erkundung des eigenen Ichs und zielte auf das Bewußtwerden und die Entwicklung eigener, mit den Familienstrukturen nicht kompatibler emotionaler und auch erotischer Wünsche aufgrund ihrer Romanlektüre: "Das Sentimentale aber kam wohl ganz aus mir allein, denn niemand, den ich sah, erregte es auf irgendeine Weise (...)."[242] Erst als sie sich mit anderen jüdischen Mädchen, Dorothea Mendelssohn, den Itzig-Töchtern, verständigte, traf sie auf ähnliche Leseerfahrungen.

Solche "Erregung" durch Lektüre, die latente Verführung durch das Lesen, ist der Grund für die Reaktion von Markus Herz, als seine jung verheiratete Frau ihm die Liebe eines Engländers, der ihr Lesepartner geworden war, gesteht: Seine Gegenmaßnahme bezieht sich nicht auf den sozialen Umgang seiner Frau, sondern auf die Bücher, die ihr der Engländer geliehen hatte. In diesen - es handelte sich offensichtlich um englische empfindsame Literatur - sucht er die Verführungskünste des jungen Liebhabers zu treffen:

> Der Umgang mit Ewart hatte mir eine ziemliche Fertigkeit im Verstehen des Englischen gegeben, wir lasen viel miteinander, und daher ist es kein Wunder, daß ich mehr wußte als Herz. Ich mußte ihm daher den (Liebes-)Brief wörtlich übersetzen, er blieb ruhig und sagte, ich möchte ihm (Ewart - PS) alle Bücher, die er mir geliehen hatte, zurückschicken und ihm folgende Worte dabei schreiben: Sachez que la comédie est finie (...).[243]

Drakonischer waren da schon die Maßnahmen, die der Ehemann von Elise von der Recke ergriff, der der Lektüre die "Verzärtelung" seiner Frau, die empfindsamen Bedürfnisse, ihre - trotz Ehe - sich fortsetzende unbestimmte Liebessehnsucht anlastete. Sein Vorgehen gegen das Lesen ergänzte er durch Versuche, die Sensualisierung des Frauenkörpers rückgängig zu machen, dessen - auch erotischer - Anfälligkeit, die er der Lektüre zu schrieb, entgegenzuwirken. Henriette Herz registrierte aufmerksam diese männlichen Machtproben gegenüber einer Frau, die wie sie eine besondere Affinität zur Literatur entwickelte:

---

240 Johann Martin Miller: Siegwart. Eine Klostergeschichte. Reprint der Ausgabe Leipzig 1776, Stuttgart 1771, 2 Bde. (Deutsche Nachdrucke, Reihe Texte des 18. Jahrhunderts), Bd 1, S. 421. Kluckhohns Feststellung, daß der "Siegwart als Musterbeispiel platonischer Liebe angesehen" werde, kann sich nur auf eine der Liebesbeziehungen im Roman beziehen. Paul Kluckhohn: Die Auffassung der Liebe in der Literatur des 18. Jahrhunderts und in der deutschen Romantik, 3. unveränderte Aufl., Tübingen 1966, S. 190.

241 Zu erinnern ist dabei, daß man sich auf den Prototyp des "nicht-ständischen" Dichters Klopstock beruft, wo es im Roman darum geht, über die Literatur eine überständische personale Beziehung einzugehen. Daß Miller hier ganz bewußt unterschiedliche Dichtertypen gegeneinandersetzt, wird an anderer Stelle noch deutlicher, wo sich Siegwart voller Ekel von den Regelpoetikern und damit der ständischen Literatur abwendet. Vgl. Bd. 1, S. 335-336.

242 Herz: Erinnerungen, S. 20.

243 Ebd., S. 39.

> So litt er (der Ehemann Elises - PS) zum Beispiel nicht, daß seine Frau jemals, auch in der strengsten Kälte nicht, Handschuhe trug, und entzog ihr, soweit er es irgend vermochte, alle Lektüre.[244]

Nicht nur die gelesene Literatur, auch die Lesesituation, die Leseorte gerieten in die Diskussion der Männer. In den Frauenromanen, die sich primär an ein weibliches Publikum wandten, wurde im 18. Jahrhundert, wie Helga Meise schreibt, eine "wahre Kampagne der Veröffentlichungen" des Lesens geführt.[245] Konnte die Lektüre nicht gänzlich unterdrückt werden, was nicht im Sinne der Bestätigung der bürgerlichen Frau hätte sein können, so sollte doch zumindest das Frauenlesen seiner Intimität beraubt und die Sinnlichkeitsmomente, die der "Lesesucht" anzuhaften schienen, einer Kontrolle unterworfen werden. Die spezifischen Orte des Alleinlesens, wie wir sie auch in den Briefen und Tagebüchern von Henriette Herz, von Rahel wiederfinden, das Bett vor allem, das abgeschlossene Zimmer, werden kritisiert, die laute Lektüre wird gegenüber dem Leiselesen propagiert. Von dem Vorlesen vor allem erhofft man sich, die Wirkung des Textes nach außen zu zerren, sie erörtern und regulieren zu können, das Gespräch über das Gelesene, die Verarbeitung der Lektüre unter Anleitung wird akut.

Von entscheidender Bedeutung ist dabei, daß die kontrollierende Instanz in der Regel die kleinfamiliale private Ordnung ist. Die Familie bildet den Präsentations- und Rezeptionsrahmen des Gelesenen, hier kann das bürgerliche Tugendsystem durch die Lektüre, indem die gemeinsame Verarbeitung Entsagungshaltungen fördert und Empfindungen auf die Mitglieder der Familie konzentriert, eine Festigung und Internalisierung erfahren. Dies erklärt u.a. auch, warum trotz der Vielleserei der Frauen und der Existenz einer auch quantitativ sich bemerkbar machenden Leserinnengruppe die sich zur gleichen Zeit formierenden Lesegesellschaften, wie Ulrich Im Hof in seiner Analyse des "geselligen Jahrhunderts" festgestellt hat, zu keiner sozialen Formation wurden, in der Frauen nennenswert präsent waren:

> In der Regel waren aber für Frauen die Sozietäten verschlossen. (...) Die Lesegesellschaften wollten im allgemeinen keine Frauen als Mitglieder.[246]

Auch Vorbehalte gegen die Vorlesemode in den aristokratischen Häusern, nicht zuletzt, weil häufig Mädchen aus bürgerlichen Familien hier die Rolle der Vorleserin übernahmen, werden in diesem Kontext verständlich. Da hier das bürgerlich-familiale Bezugs- und Steuerungssystem der Lektüre nicht gegeben war, mußte der Tugendeffekt ausbleiben, konnte diesem Vorlesen moralische Unbedenklichkeit nicht bescheinigt werden. Dies thematisiert der Roman *Julchen Grünthal* von Friederike Unger (1. Auflage Berlin 1784), in dem das ständespezifische Leseverhalten ein Handlungsmovens des Romans ist, wobei beim Vorlesen in einem nicht-bürgerlichen Kreis der "Sittenverderbnis" der Romanfigur Vorschub geleistet wird. Friederike Ungers literarische Kritik an "aristokratischem" Leseverhalten blieb nicht nur theoretisch: Die Verfasserin, die Frau des bekannten Berliner Verlegers von Goethe, Schiller und anderen

---

244 Ebd., S. 114.
245 Meise: Unschuld, S. 73.
246 Ulrich Im Hof: Das gesellige Jahrhundert. Gesellschaft und Gesellschaften im Zeitalter der Aufklärung, München 1982, S. 117.

zeitgenössischen Autoren, hatte die Möglichkeit in ihrem Hause, das von verschiedenen Autoren regelmäßig aufgesucht wurde, eigene Lektürekonventionen mit einer gewissen normativen Außenwirkung durchzusetzen. Die literarisch-gesellige Praxis der jüdischen Frauen in Berlin begriff sie als Widerspruch gegen das eigene Programm der Literaturvermittlung und bekämpfte folglich die jüdischen Salondamen auch öffentlich, so daß Schleiermacher, der mit dem Verleger Unger zusammenarbeitete, sich gezwungen sah, die Invektiven von Friederike Unger gegen die jüdischen Salons, in denen er schließlich Habitué war, zurückzuweisen. [247]

Dabei waren die jüdischen Frauen durchaus ähnlichen Lesekontrollen ausgesetzt gewesen, wie sie in *Julchen Grünthal* gefordert waren. Unmittelbar nach ihrer Verlobung verlangte Markus Herz von Henriette de Lemos, daß sie ihm etwas vorlese: Lesen, erfährt dabei Henriette, sei identisch mit Vorlesen. Es ist aufschlußreich, daß sich das jüdische Mädchen in dieser Situation eines zurückliegenden Vorfalls erinnert, der ihm, Herz, ihre "Lesewut" entdeckt hatte: Auf dem Weg in die Viewegsche Leihbibliothek war Henriette vor seinem Fenster mit einem "schauerlichen Roman in der Hand (...) ausgeglitten und hingefallen". Wenn sie ihre "Beschämung darüber" beschreibt, scheint es weniger der Sturz (wenngleich auch hier die "körperlichen" Auswirkungen der "Lesesucht" assoziiert werden), als die ertappte "Lesewut" selbst gewesen zu sein, die ihr die Schamesröte ins Gesicht und die Tränen in die Augen trieb. Nachdem Markus Herz die Verfügungsgewalt über das Mädchen bekommen hat, beginnt er mit dem "meine Eitelkeit verletzenden, aber mir sehr förderlichen Unterricht"[248] im Vorlesen.

Die entscheidende Differenz zu den allgemeinen Lesebedingungen der bürgerlichen Frauen aber ist der Präsentationsrahmen der veröffentlichten Lektüre (und hier kann auch die Kritik von *Julchen Grünthal* ansetzen): Die Familie ist bei Henriette Herz bald nicht mehr der einzige, nicht einmal der entscheidende Ort des Vorstellens des Gelesenen. Lektüre verliert damit zunehmend an Funktion als moralisches Erziehungsmittel für die Familie. Zwar mußte - wie zu erinnern - Henriette in ihrer Jugend noch einmal wöchentlich in der (vorassimilatorischen) Familie vorlesen, nach der Heirat wurden dann aber andere soziale Vorleseformationen dominant. Die Vorleseübungen ihres Mannes sind bereits berechnet auf die Aufklärungsgeselligkeit seines Hauses. Daß keine der sich akkulturierenden jüdischen Frauen in Berlin, die später hier oder in Wien einen Salon eröffneten, auf den (bürgerlichen) kleinfamilialen Binnenraum als Leseraum festgeschrieben gewesen war, sie ausnahmslos in - gemeinschaftliche - Literaturrezeptions- und -verarbeitungssituationen eingeführt wurden, komplizierte und hemmte schließlich auch ihre Zurichtung entsprechend den bürgerlichen Tugendnormen über die Lektüre.

Die Lesekontrolle, die an das Vorlesen geknüpft bleiben mußte, verlagerte sich mit diesem Formationswechsel von den Inhalten auch auf die Art des Vorlesens selbst: das Vorlesen wird zur Kunst des Rezitierens. Es dient zugleich der Selbstdarstellung der vorlesenden Frauen in den sozialen Verbänden, in denen Frauen ein organisierter Zugang

247 Schleiermacher an seine Schwester Charlotte, Berlin, 4. August 1798, in: Herz: Erinnerungen, S. 269-271, S. 269.

248 Herz: Erinnerungen, S. 47.

zur Literatur ermöglicht wurde. Die "Fähigkeit, gut vorzulesen"[249], wurde in Berlin zu einem Ausbildungsziel der Frauen um Henriette Herz und Dorothea Mendelssohn. Die Salondame Herz beherrschte schließlich nach der Anleitung ihres Mannes das Vorlesen in einer Vollendung, daß Zelter sogar Goethe davon Mitteilung machte, nachdem er von ihr ein Gedicht Goethes gehört hatte.[250] Für dieses gemeinschaftliche laute Lesen, das nach ihrer Hochzeit das individuelle Lesen der Henriette Herz ergänzte, wenn nicht zurückdrängte, von ihr aber durchaus als allgemeine Erscheinung in Berlin beschrieben wurde, weiß sie einen sehr pragmatischen Grund anzugeben: Es sei durchaus noch nicht üblich gewesen, Bücher zu kaufen, so daß das einsame Lesen in den Beständen der Viewegschen Leihbibliothek seine Schranken haben mußte. Wenn Marlies Prüsener zu den primären Entstehungsvoraussetzungen der Lesegesellschaften zählt, daß "der einzelne Leser weder aus eigenen Mitteln noch in vorhandenen Bibliotheken (sein Lesebedürfnis) befriedigen konnte"[251], so ist diese Aussage auf das gemeinschaftliche Lesen übertragbar, auch dort, wo es noch nicht in der Form der "Sozietäten" organisiert war, und gerade da, wo Frauen qua gesellschaftlicher Stellung nicht über eigene finanzielle Ressourcen verfügten. Vor allem an der aktuellen Literaturentwicklung konnte man durch das organisierte, gemeinsame Lesen - schon aus eben diesen finanziellen Gründen - eher partizipieren, ein Gesichtspunkt, der vor allem für die an zeitgenössischer Literatur interessierte jüngere Generation der jüdischen Frauen rasch von Bedeutung wurde und diese in die neue "Vergesellschaftung" des Lesens einwilligen ließ.

Als weiteren Grund für die Mode des Vorlesens gibt Herz an, daß diese Lesepraxis mit der anschließenden Möglichkeit, "sich über das Gelesene zu verständigen", als Mittel, "sich zu bilden", in Anspruch genommen worden sei.[252] Wenn Henriette Herz den Bildungsbegriff im Zusammenhang mit diesem Leseverhalten einführt, verweist dies darauf, daß das Gelesene durch die Lesesituation zum Bildungsgut transformiert wird. Das Bildungsgut akkumuliert sich durch die kollektive Lektüre als gemeinsamer Besitz, dem die Einebnung von Standes- und Geschlechterunterschieden immanent ist. Am Beispiel literaturdistributiver Praxis der Salons, in der solche Entwicklungen kulminierten, wird das Vorlesen noch einmal zu thematisieren sein.

2. Die Sozialisation für einen Umgang, der sich von den bürgerlichen Familienstrukturen löste und eine Verständigung über die Lektüre in einem größeren geselligen Rahmen ermöglichen konnte, bedingte gleichzeitig eine Ausbildung von Frauen, einen Wissens- und Kompetenzerwerb, durch die die Erziehungsprogramme für die bürgerliche Frau an wesentlichen Punkten überschritten werden mußten. Eine wichtige Orientierung für jüdische Frauen in Berlin bot dabei Mendelssohns Erziehung seiner Töchter. Nach seinem Konzept sollte das der Frau zugewiesene "Resthaus", mit dem eine Generation früher die "ungebildete" Frau de Lemos noch so wenig anzufangen wußte, in

249 Ebd.
250 Ebd., S. 48.
251 Marlies Prüsener: Lesegesellschaften im achtzehnten Jahrhundert. Ein Beitrag zur Lesergeschichte, in: Archiv für Geschichte des Buchwesens, XIII, 1-2, 1972, Sp. 371-530, Sp. 381-382.
252 Herz: Erinnerungen, S. 46.

einen Bereich umgewandelt werden, in dem sich die jüdische Emanzipation durch Akkulturationsbeweise realisieren und bewähren sollte. Es erklärt, warum Mendelssohn bereits bei seiner Braut mit einer Präparierung für dieses - als "offen" geplante - Haus begonnen hat. Noch vor seiner Hochzeit verlangte er von seiner Braut Fromet Gugenheim, daß sie sich von Aaron Salomon Gumpertz, seinem eigenen Lehrer und "geliebten Freunde, dem Weisen, Arzt und Philosophen, in die grammatikalischen und stilistischen Geheimnisse der deutschen und französischen Sprache und in die Wandelgänge der schönen Literatur einführen" lasse.[253] Wie Mendelssohn achtete auch Markus Herz auf die Weiterbildung seiner Frau, um sie für die von ihm vorgesehene Frauenrolle zu präparieren. Herz griff dabei auf Bestrebungen zurück, die Vermittlung naturwissenschaftlicher Erkenntnisse in popularisierter Form als Bestandteil der Frauenerziehung anzuerkennen. In Frankreich lassen sich solche Bemühungen bis in das späte 17. Jahrhundert zurückverfolgen.[254] Während sie dort auch in den Salons auf Resonanz stießen, verhinderte die Zurückdrängung der bürgerlichen Frauen in Deutschland "auf den engen häuslichen und religiösen Bereich"[255], daß solche Bildungsprogramme in den frühen deutschen Aufklärungsschriften nennenswerte Beachtung fanden. Herz begann die Ausbildung seiner Frau mit der Lektüre der *Lettres à une Princesse d'Allemagne* des Schweizer Naturwissenschaftlers Leonhard Euler[256] (der in Berlin lehrte). Bereits die Auswahl dieses didaktischen Materials, das als Wissenskompendium für aristokratische Frauen konzipiert war, macht deutlich, daß Herz nicht die Qualifizierung seiner Frau für den engen emotionalisierten Familienraum intendierte. Die naturwissenschaftlichen Kenntnisse von Henriette Herz wurden eingebracht in die "Gesellschaft", die sich in seinem Hause versammelte. Henriette Herz führte sogar physikalische Experimente vor, wodurch sie zwar nicht einer reproduktiven Rolle entschlüpfen konnte, sich aber doch einen erweiterten Handlungsraum sicherte, der ihr beim Aufbau ihrer Karriere als Salondame zugute kommen konnte.

Abweichend von den Erziehungsprojekten für bürgerliche Frauen umfaßte eine Ausbildung für die gesellige Praxis, vor allem wenn eine Personenkonstellation angestrebt war, die auch Mitglieder aristokratischer Gruppen, aber auch der mehrsprachigen akademischen Intelligenz aufweisen sollte, nicht zuletzt den Erwerb mehrerer Sprachen, zumindest, neben dem Deutschen, des Französischen. Um diese Abweichung von bürgerlichen Frauenerziehungsmustern am Punkte des Spracherwerbs etwas genauer zu markieren: Johann Heinrich Campe hat in seinem, von ihm explizit als bürgerliches

253 Brief Mendelssohns an Gumpertz, zit. nach Hensel: Die Familie Mendelssohn, Bd. 1, S. 89.

254 Vgl. Wolfgang Martens: Die Botschaft der Tugend. Die Aufklärung im Spiegel der deutschen Moralischen Wochenschriften, Phil. Habil Schrift, Berlin 1968, Stuttgart 1968, S. 522: "Das Zeitalter Ludwigs XIV hatte die Popularisierung der Wissenschaften für die höfische Gesellschaft eingeleitet, man hatte Enzyklopädien, geschichtliche Darstellungen, Erdbeschreibungen, Physiken, Philosophien für den weiblichen Leser wie für den Kavalier verfaßt; Fontenelles *Entretiens sur la pluralité des mondes* (1686) sind als Versuch, die neuen naturwissenschaftlichen Erkenntnisse in leicht faßlicher Form auch dem Frauenzimmer zugänglich zu machen, ein Beispiel für solche Bemühungen."

255 Ebd.

256 Herz: Erinnerungen, S. 30: "Das erste Buch, das ich ganz eigentlich unter Leitung meines Mannes las, was Eulers Brief an eine deutsche Prinzessin."

Erziehungsbuch konzipierten Traktat *Väterlicher Rath für meine Tochter* die Nützlichkeit des Spracherwerbs für Frauen bürgerlichen Standes in Frage gestellt, weil Spracherwerb eben auf Formen des sozialen Verkehrs ziele, die die "Häuslichkeit" transzendierten; er verweigert der Tochter - und hier wird die Unvereinbarkeit des bürgerlichen Frauenentwurfs mit der Konzeption eines Markus Herz deutlich - den Unterricht im Französischen, weil "einem jungen Frauenzimmer *deines Standes und deines Berufs* (Hervorhebung Campe) - des Berufs, nicht zur Françoise oder zur Hofdame, sondern zur bürgerlichen Hausmutter - die Erlernung fremder Sprachen nicht nur *unnütz*, sondern auch schädlich ist."[257] Polyglottie setzt Frauen bei Campe sogleich dem Verdacht aus, für gesellige Verkehrsmuster disponiert zu sein, in denen die Standesschranken mißachtet würden: Spracherwerb also, "um in der großen Welt zu figurieren und mit dem deutschen Adel mitten in Deutschland Französisch plaudern zu können? Aber ich habe gute und triftige Gründe zu wünschen, daß du", so ist sein väterlicher Rat, "in der großen Welt nie figurieren mögest, und gefällt es je zuweilen Personen höheren Standes, sich zu Dir herabzulassen - ich wünsche aber, daß dies nicht zu oft und nicht zu sehr geschehe - nun, so mögen sie das Maß ihrer Güte vollmachen, und sich bis zum Gebrauch deiner verachteten aber auf diese Verachtung stolzen Muttersprache herablassen. Können oder wollten sie das nicht, nun so bleibe Jeder in seinem Kreise, der Vornehme in seinem französirenden, du in deinem deutschen, und beiden wird gerathen seyn."[258]

Solche Ressentiments gegen die französische Sprache, weil sie aristokratische Kulturmuster konnotierte, mußten (was Campe allerdings positiv bewertet) als Barrieren für soziale Kontakte und Mobilität fungieren. Bei jüdischen Frauen im Akkulturationsprozeß war der Spracherwerb als Voraussetzung zur Aufhebung sozialer Trennung in besonderem Maße bewußt. Die unterschiedlichen Motive für das Erlernen des französischen neben dem deutschen Idiom reflektieren dabei augenscheinlich Phasen des Umgangs zwischen Juden und Nicht-Juden. Aus zweckrationalen Gründen hatten nach Henriette Herz jüdische Väter schon früher den Töchtern Unterricht in Französisch zugestanden: "Die Alten hatten aus Gründen der Nützlichkeit nichts dagegen; sie war eine Sprache, durch welche man sich in allen zivilisierten Ländern verständlich machen konnte."[259] Die Absichten der Töchter überschritten jedoch bereits den Bereich der unmittelbaren Nützlichkeit; sie konnten sich - mit akkumuliertem jüdischem Reichtum und erfolgter Dissoziation von Erwerbsleben und Reproduktion als Voraussetzung - konzentrieren auf den Bereich der Muße, des geselligen und noch galanten Umgangs:

> Sie bezweckten hauptsächlich, ungeniert und in der Modesprache mit den Hofkavalieren und hübschen jungen Offizieren zu konversieren, die das Geld, welches sie von den Vätern erborgten, oft nur durch die Aufmerksamkeiten bezahlten, welche sie den Töchtern erwiesen.[260]

257 Campe: Väterlicher Rath, S. 120-161.
258 Ebd., S. 121.
259 Herz: Erinnerungen, S. 62.
260 Ebd., S. 63.

Die französische Sprache steckt damit einen Kommunikationsraum ab, in dem aristokratische Umgangsformen über die Sprache der Konversation noch insoweit dominant sind, daß sich der Adel auf diesen Raum einlassen, sich in ihm auch bewegen konnte.

Dem Erlernen der französischen Sprache durch die Salon-Generation lagen weitere Motive zugrunde. Zwar blieb auch hier die Ausbildung für den ständeübergreifenden sozialen Verkehr entscheidendes Movens, aber entsprechend der Wandlung in den Kommunikationsformen, der "Intellektualisierung" auch der Personenkonstellation, ist der Spracherwerb jetzt zusätzlich gebunden an die Erweiterung literarischer Sachkenntnisse. Mendelssohn hatte bei seiner Braut schon diese Zielsetzungen für das Erlernen von Französisch vorgegeben. Bei dem "noch fortdauernden Einfluß der französischen Literatur auf eine Teil der deutschen" mußte es zur Qualifizierung einer "Gesellschaftsdame" gehören, "sich (zu) befähigen, die ältesten und neueren Schriftsteller Frankreichs in der Ursprache zu lesen"[261]. Der Erwerb der französischen Sprache durch die Frauen, wie ihn Mendelssohn propagierte und anleitete, war demnach darauf gerichtet, sich vertraut zu machen mit dem literarisch-wissenschaftlichen Positionen der französischen Intelligenz, nicht zuletzt der französischen Aufklärung.

Die europäische Literaturentwicklung forcierte neben der französischen auch das Erlernen der englischen Sprache. Es galt einmal, sich mit der englischen Literatur der Empfindsamkeit vertraut zu machen, zum zweiten boten Englischkenntnisse die Möglichkeit, sich an der Diskussion um Shakespeare, der nur in unzureichenden Übersetzungen vorlag, zu beteiligen. Schließlich begannen einige jüdische Frauen, auch italienische Schriftsteller im Original[262] zu lesen. Als Rahel Levin am Beginn der Organisierung ihrer literarischen "Dachstube" steht, intensiviert sie ihr Sprachstudium; zugleich lehnt sie Übersetzungen fremdsprachiger Literatur, die ihr Freund David Veit ihr anfertigen will[263], ab:

> (...) ich lern' jetzt Englisch (bald kann ich lesen) (...); und bin ich im Englischen auf einem grünen Zweig, so lern' ich Deutsch. Mit Französisch fang ich von morgen an mich diesen Winter selbst weiter zu placken. Nur keine Widerrede.[264]

Den eigenen Männern zeigen sich die jüdischen Frauen schließlich, was Sprachkompetenz betrifft, z.T. überlegen: Den Umgang mit Engländern und Franzosen, so mit Mirabeau, überließ Markus Herz wegen mangelnder Sprachkenntnisse seiner Frau. Zu anderen Teilnehmern an der entstehenden Berliner literarischen Gesellschaft, Intellektuellen, Aristokraten, Diplomaten, können gleichberechtigtere Beziehungen auf der Grundlage der erworbenen Sprachfähigkeiten aufgenommen werden. Gerade bei Henriette Herz wird ihre Polyglottie neben ihrer Schönheit zu einem besonders wichtigen Attraktivitätsmoment ihres frühen sozialen Umgangs. Humboldt lernt Hebräisch bei ihr, Schleiermacher berichtete an seine Schwester: "Sie hat mich Italienisch gelehrt oder tut es vielmehr noch, wir lesen den Shakespeare zusammen (...)."[265] Umgekehrt forderte

---

261 Ebd.
262 Ebd.
263 Vgl. Brief Rahels an David Veit, 13. Dez. 1793, in: Rahel im Umgang, S. 26-27.
264 Vgl. Brief Rahels an David Veit, 2. Nov. 1793, in: ebd., S. 22-23, S. 22.
265 Brief Schleiermachers an seine Schwester Charlotte, Berlin, 30.05.1798, in: Herz: Erinnerungen, S. 262-265, S. 263.

Schleiermacher Henriette Herz auf, das Griechisch-Studium zu betreiben.[266] Als K.A. Varnhagen in den Herz-Zirkel eingeführt wurde, fand er, daß das "Erlernen und Üben fremder Sprachen" geradezu als "Halt- und Mittelpunkt der vielfachsten geselligen Verbindungen" dient; durch den Spracherwerb wird das Repertoire an Literaturwissen der Herz ununterbrochen erweitert, so daß die "geselligen Verbindungen (...) vermöge solches in regelmäßigen Partien abwechselnden Stoffes nicht ganz leer werden konnten, bis nicht zum wenigsten eine ganze Literatur erschöpft war"[267].

Gegen Ende des Jahrhunderts riefen solchermaßen sprachlich und literarisch Versierten die Bewunderung vieler Berlin-Reisender hervor. Heinrich Christian Boie z.B., der als Korrespondent von Sophie LaRoche und Luise Meyer[268] mit dem Kulturmuster der literarisch engagierten Frau vertraut war, äußert sich überrascht über den "Verstand und Geschmack", mit denen jüdische Frauen, die er in Berliner Zirkeln erlebte, "von unsrer Literatur redeten"[269]. Der Philosoph August von Hennings, der literarischen Umgang mit den Itzig-Töchtern pflegte, d.h. auch mit der späteren Wiener Salondame Fanny von Arnstein, begeisterte sich dafür, daß sie "die Anmuth ihrer Schönheit, durch ihre Talente, besonders für Musik, und auch einen fein gebildeten Geist erhöhten"[270]. Böttiger als genauer Beobachter der literarischen und intellektuellen Entwicklung in Berlin bestätigte schließlich nach seinen Besuchen in gemischtgeschlechtlichen Gruppierungen mit literarischen Ambitionen solche Urteile und sah in den jüdischen Frauen eine Art Berliner Geschmacksavantgarde sich ausbilden. Präzise bestimmt er dabei die Phasen der Übernahme und Aneignung einer geschmacksbestimmenden Rolle (die korrespondieren mit den Präsentations- und Verkehrsformen, die beim Erlernen der französischen Sprache wirksam waren):

> Vorher waren die schönen Jüdinnen nur im Besitz, die Tagesordnung des Putzes und der Moden in Berlin zu bestimmen. Seit einiger Zeit haben sie aber auch die Initiative in den Urtheilen über den scharfsinnigsten Syllogismus, die witzigste Komödie, die kunstreichsten Schauspieler und das beste Gedicht.[271]

Selbst noch in der Abwertung durch Frau Unger schwingt Bewunderung mit gegenüber dem erreichten Bildungsstand von jüdischen Frauen in Berlin:

> Besonders zeichnen sich die jüdischen Frauenzimmer, durch einen gewissen Anstrich von Geistesbildung und Empfänglichkeit fürs Schöne, vor ihren christlichen Rivalinnen aus. Doch sind sie noch weit ab vom wahren Geschmack; der nie so, wie sie thun, in Extreme oder Übertreibung verfällt. Sie mögen sich hüten, die Töchter Israels! Schon streifen sie hart an Verbildung. Durch den häufigen Umgang

266 "Was macht das Griechische? Ich lege es Ihnen recht ans Herz ..." Brief Schleiermachers an Henriette Herz, 25.2.1799, in: Herz: Erinnerungen, S. 282.

267 Karl August Varnhagen: Denkwürdigkeiten. Hier zit. nach Herz: Erinnerungen, S. 415-418, S. 415.

268 Vgl. Heinrich Boie: Ich war wohl klug, daß ich dich fand. Heinrich Boies Briefwechsel mit Luise Meyer. 1777-1785, hrsg. von Ilse Schreiber, 2. Aufl., München 1975 (1. Aufl. 1961).

269 Zit. nach Berdrow: Rahel Varnhagen, S. 3.

270 Zit. nach Geiger: Berlin, Bd. 1, S. 383-384.

271 Böttiger: Literarische Zustände, S. 103.

> mit Gelehrten, sind sie verleitet worden, die höheren Stufen der Cultur ersteigen zu wollen, ohne die mittleren berührt zu haben; und Kant und die Philosophie, und Goethe, Kunst, Geschmack und Italien sind die Stichwörter ihrer Aufklärung, welche sie gern, bei den alltäglichsten Veranlassungen, hoch tönen lassen.[272]

3. Welche sozialen Organisationsformen standen aber konkret in Berlin den lesenden Frauen offen und konnten zu Präsentationsräumen für das Gelesene avancieren? Was existierte an geselligen Verbindungen vor den Salons, die durch Mündlichkeit gestiftet wurden und in denen vor allem jüdische Frauen bereits seit den letzten Regierungsjahren Friedrichs II ihr Lektürewissen einbringen und sich an Urteilen über Literatur beteiligen konnten?

Im Hause Mendelssohns hatte sich der bereits erwähnte Lesezirkel gebildet, der sich noch entlang von Familienstrukturen aufbaute, aber bereits junge jüdische Frauen, die Freundinnen der Mendelssohn-Töchter, miteinbezog. Weitere Teilnehmer an dem Lesezirkel waren Henriette Herz, ihr Mann Karl Philipp Moritz und David Friedländer. Dieser Lesezirkel konstituierte sich damit bereits als überkonfessioneller und gemischtgeschlechtlicher[273]. Man hatte einen wöchentlichen "Jour fixe" eingerichtet, an dem dramatische Dichtungen vorgelesen und besprochen wurden. Unter der Anweisung von Mendelssohn wurde in diesem Rahmen nicht nur die Vorlesefähigkeit der jüdischen Frauen gefördert, sondern auch die Diskussion über die vorgetragene Literatur - hier aber, im Gegensatz zu Mendelssohns Geselligkeit mit den männlichen Vertretern der literarischen Intelligenz, als Konversation eingeübt. In diesem Kreis lernten die späteren Salonfrauen, daß Gespräche über Literatur zwischen Männern und Frauen auf der Basis der Gleichberechtigung überhaupt möglich waren, vorausgesetzt, die Konversation, nicht der wissenschaftliche Disput, von dem die Frauen auch im Mendelssohn-Hause ausgeschlossen blieben, war als Gesprächsform dieser Literaturverarbeitung etabliert. Für die Männer, soweit sie Angehörige der akademischen Intelligenz waren, bedeutete die Beachtung des Konversationsstils, daß sich eine "Professionalisierung" der Literaturgespräche nicht durchsetzen durfte. Der Mendelssohn-Zirkel als frühe Institutionalisierung literaturkommunikativer Verhältnisse in der preußischen Hauptstadt wirkte so durchaus erzieherisch - im Sinne der Genese der Salonkultur - auch auf die beteiligten Repräsentanten der Wissenschaft und Literatur.

Auch das Scherzhafte, Anspielende, das der Salonunterhaltung eigen war, wurde in diesem Lesezirkel als konversationelles Element betont. Mendelssohn, so erinnerte sich Henriette Herz, "tadelte mich zuweilen (...), wenn ich über leichte Scherze empfindlich

---

272 Unger: Briefe, S. 11-12.

273 Die Behauptung von Deborah Hertz: "Members of the society at Veit's (damit ist der Mendelssohn-Kreis gemeint - PS) were all Jewish and mainly young couples" ist so nicht korrekt: Eine solche konfessionelle und auch kulturelle Beschränkung des Lesezirkels hätte den Intentionen Mendelssohns in mehrfacher Hinsicht widersprochen. Deborah Hertz: Salons, S. 211.

war, dann sagte er wohl: 'Sie sollen das doch vertragen können'."[274] Insofern ist Paul Landau durchaus zuzustimmen, wenn er zu den Leistungen des Berliner Aufklärers Mendelssohn rechnet, die "Grundlage für den deutschen Konversationston" und damit für die Gesprächstechnik der Salongesellschaften gelegt zu haben.[275]

Mitte der achtziger Jahre gewann in Berlin die gesellige Literaturkommunikation, von der Frauen nicht mehr ausgeschlossen waren, eine neue Qualität. In einem um 1785 gegründeten Zirkel hatte zwar mit Johann Jakob Engel ein (männlicher) Vertreter der Aufklärung die "intellektuelle" Leitung inne (so daß er hier seine literaturkritischen und popularphilosophischen Auffassungen zur Geltung bringen konnte), aber mit der Frau des Hofrates Bauer hatte diese Gesellschaft bereits ein weibliches organisierendes Zentrum. Nach einer Formulierung Henriette Herz' hatte die Frau des Hofkastellans Bauer "Anspruch (gemacht), ein 'bel esprit' zu sein"[276]; unter der dominanten Präsenz von Engel, Ramler und anderer Aufklärer mußte es gleichwohl bei dem Anspruch bleiben. Die Neutralität gegenüber den Konfessionen konnte weiter gefestigt werden: Es beteiligten sich gemeinsam mit Vertretern der Berliner Juden auch professionelle Repräsentanten der christlichen Theologie wie Teller oder der Prediger an der Marienkirche, Zöllner, an dieser Formation. Die soziale Herkunft der Teilnehmer, obwohl dieser Lesekreis an Öffentlichkeit gewonnen hatte, war breit gefächert: Der Zirkel Bauer überbrückte anders als der familienbezogenere Kreis bei Mendelssohn eindeutig Standesgrenzen. Dies führte notgedrungen zu einer Veränderung der Umgangsformen. Besonders über die beiden jungen Humboldts scheinen auch aristokratische Verhaltensweisen in den Lesekreis eingeführt worden zu sein. Es wird nicht mehr nur gelesen und über das Gelesene gesprochen (wobei das Lektürerepertoire mit der heterogeneren Personenkonstellation sich ebenfalls deutlich ausdifferenzierte[277]); der Divertissement-Charakter wird jetzt betont: Es gibt gesellige Spiele im Freien, und man tanzt vor allem, so "die damals noch neue Menuet à la Reine"[278]. Gegen internen Widerstand aus dem Lesekreis erhält der Kreis auch erotische Momente als Integrationshilfen. Statt die Lektüre in ihrer sinnlichen Wirkung zu beschneiden, evozierte dieser Lesekreis "Leidenschaften"[279]. Die manifest werdende größere soziale Mobilität bedingte die partielle Aufhebung der Sozialdisziplinierung bei einem Teil der Mitglieder. Affektkontrolle und Sinnlichkeitsverzicht wurden bezeichnenderweise von den aristokratischen Teilnehmern, den Humboldts, zuerst aufgegeben. Dennoch: die Grenzen des erotischen Spiels blieben eng gezogen schon dadurch, daß nur Frauen zugelassen waren, wenn sie zur Familie eines männlichen Teilnehmers gehörten, nicht-gebundenen Frauen blieb die Teilnahme verwehrt.

274 Herz: Erinnerungen, S. 48.
275 Landau: Gesellschafts-Kultur, S. 865.
276 Herz: Erinnerungen, S. 49.
277 "Gelesen wurde jedesmal. Kleinere und größere Aufsätze, lyrische und epische Dichtungen, Dramatisches usw. wechselten ab, und sowohl Männer als Frauen lasen vor." Ebd.
278 Ebd.
279 Ebd.

Nach der Typisierung der Lesegesellschaften, wie sie von Marlies Prüsener vorgeschlagen wurde, ist dieser Lesekreis nicht als "pragmatischer", sondern als "unterhaltsamer Lesegesellschafts-Typ" zu definieren. In der geselligen Komponente lag aber zugleich die Chance für die beschriebene Teilnahme der Frauen, da diese zu dem räsonierenden Publikum und damit dessen Organisationsformen nach allgemeinem Konsens nicht gehörten.[280] Auch darin unterscheidet sich der Kreis, der sich beim Hofrat Bauer versammelte, von den "pragmatischen" Lesegesellschaften, daß er sich - den Lesepräferenzen der Frauen folgend - mit Romanen und Dramen beschäftigte, "d.h. den Gattungen, die von der pragmatischen Lesegesellschaft in den meisten Fällen als unnütz abgelehnt wurden"[281].

Zusätzlich zu diesem Lesezirkel, der - trotz der an den Rändern aufbrechenden gefühlskulturellen Tendenzen - vom Teilnehmerkreis wie von der Rolle Engels her als Produkt der Berliner Aufklärung zu verstehen ist, entstand ein halbes Jahrzehnt später ein "Teekränzchen", in dem die Vertreter des "Rationalismus" keine wichtige Rolle mehr spielten! Der Schwede Karl Gustav von Brinckmann hatte während seines ersten kurzen Berliner Aufenthaltes Ende der 80er Jahre mit diesem "Teekränzchen" eine Möglichkeit gestiftet, sich entsprechend der Lektürepräferenzen vor allem der jüngeren Generation Literaturwerke gemeinsam anzueignen, die in den Berliner Aufklärerkreisen ansonsten eher marginalisiert, wenn nicht - wie der *Werther* - bekämpft wurden. Akzentverlagerungen in der Epochensignatur hin zur späten Empfindsamkeit, durch die den Frauen auch in der literarischen Kommunikation neue Positionen eingeräumt werden konnten, fanden hier einen sozialen Ausdruck. Diesem Berliner "Teekränzchen" gehörten nach einem Brief von Friedrich Gentz an Garve, in dem er diesem von der neuen primär literaturrezeptiven Gruppierung berichtet, "ein für allemal geladene" männliche Teilnehmer an: Der jüngere Spalding, Wilhelm von Humboldt, Jean Pierre Fréderic Ancillon und "ein sehr artiger und wohlunterrichteter" (wie er erklärend hinzufügt) "Graf Dohna". Nach dem Brief von Gentz konnten den Frauen hierbei neue organisierende Funktionen zufallen, wobei der Status des Verheiratetseins offensichtlich an Relevanz eingebüßt hat: Die Mitglieder "versammeln sich einmal bei der Demoiselle Hainchelin, einmal bei Madame Herz, einmal bei der Kriegsrätin Eichmann, und einmal bei Mademoiselle Dietrich". Noch eine weitere auf den Salon hinweisende Neuerung weiß Gentz zu vermelden: Jede "Dame, bei welcher der Thee ist", habe das Recht, noch zusätzlich jeden einzuladen, "wen sie will".[282]

Im Gegensatz zum Salon einerseits und den Lesegesellschaften andererseits bestimmte sich dieses "Teekränzchen" also durch den Verzicht auf einen festen Ort der Zusammenkünfte; die Organisierung der Treffen wechselte unter den einzelnen Mitgliedern. Gerade dies als Merkmal eines "Teekränzchens" erklärt die besondere Vorliebe bürgerlicher, noch nicht verheirateter, an Literatur interessierter Frauen auch aus weniger bemitteltem Stande. Zu der Kostenersparnis kam, daß der Wechsel der Häuser

280 Prüsener: Lesegesellschaften, Sp. 513.
281 Ebd.
282 Friedrich von Gentz: Briefe an Christian Garve (1789-1798), Breslau 1857, Brief vom 5.12.1790, S. 56-72, S. 66-67.

einen egalisierenden Effekt hatte, der der Selbstdarstellungspraxis aristokratischer oder patrizischer Provenienz zuwiderlief. Das "Teekränzchen" um Brinckmann wollte als literarischer Gesprächskreis, der sich außerhalb der vorgegebenen literaturkommunikativen Strukturen bildete, anderen als den in Berlin herrschenden aufklärerischen Literaturtendenzen Anerkennung zollen. Dies erklärt auch sein Bestreben, Beziehungen zu Personen zu knüpfen, die für die neuen literarischen Tendenzen standen: Mit Franz Michael Leuchsenring wurde vor allem die Brücke zu Personen des ehemaligen Darmstädter Kreises geschlagen und damit eine Organisationsform des Literarischen Lebens in Erinnerung gerufen, die durch ihre Einbeziehung von Frauen wie Karoline Flachs den Anspruch der Berliner Jüdinnen auf gleichberechtigte Zulassung zu literaturorientiertem Umgang unterstützen konnte. Auch mit dem Sophie LaRoche-Kreis trat das "Teekränzchen" in Verbindung: Über Karl LaRoche, den Bruder von Goethes Maximiliane und Sohn der Schriftstellerin, versicherte man sich der Personalkontakte zu Sophie LaRoche, der "Denkmalsfigur der Empfindsamkeit"[283], deren Name nicht nur für die deutschen Romane der Empfindsamkeit, sondern eben auch für Verwirklichungsmöglichkeiten für Frauen im Literarischen Leben stand, Verwirklichungsmöglichkeiten, die dem empfindsamen Kulturmuster im Gegensatz zum aufklärerischen eingeschrieben waren. Sowohl durch die Einbeziehung Leuchsenrings als auch LaRoches versuchte das "Teekränzchen" die lokalen, von den Rationalisten beherrschten literarischen Kreise Berlins personell zu entgrenzen. Anders als der Bauer-Lesekreis legte es Wert darauf, auch nur temporär in Berlin Anwesende in seine Verständigung einzubeziehen. Vor allem durch den Diplomaten Brinckmann, der "kurz vor seiner Abreise" das "Teekränzchen als wirklich schätzbares Vermächtnis (...) seinen Freunden hinterlassen"[284] hatte, wird "Berlin" als Kommunikationsraum überschritten, dringen in die sich entwickelnden literaturkommunikativen Strukturen nicht nur ständische, sondern auch provinzielle Verhaltensmuster abstreifende Verkehrsweisen ein, wird schließlich der literarischen und kulturellen Heterozentrierung im deutschen Sprachraum Rechnung getragen.

Als weitere Variante einer geselligen Organisierung der mündlichen Kommunikation über Literatur (verschiedener Stände und Konfessionen) wurde in Berlin - noch oder bereits im ersten Salonjahrzehnt - eine gemischtgeschlechtliche und überkonfessionelle[285] Lesegesellschaft von Ignaz Feßler ins Leben gerufen: "Frauen waren auch hier", schreibt Henriette Herz, "nicht ausgeschlossen, ja sie waren tätige und gern gesehene Mitglieder."[286] Bemerkenswert an der Feßlerschen Gesellschaft ist, daß sie sich bereits weitgehend von der privaten Sphäre gelöst hat, (was u.a. daran erkennbar ist, daß sie mittwochs in dem stadtöffentlichen "Englischen Haus" zusammentrat) und dennoch auf einen Ausschluß von Frauen verzichtete. Inwieweit Frauen in dieser sogenannten

283 Bovenschen: Weiblichkeit, S. 198.

284 Gentz an Garve: Brief vom 5.12.1790, in: Briefe an Garve, S. 66.

285 Um den besonderen Status der Berliner "überkonfessionellen" Lesegesellschaft festzuhalten, sei daran erinnert, daß Ludwig Börne nach seiner Rückkehr nach Frankfurt als Jude die Mitgliedschaft in der dortigen Lesegesellschaft verwehrt wurde. Vgl. Marcuse: Ludwig Börne, S. 82-83.

286 Herz: Erinnerungen, S. 50.

Mittwochsgesellschaft, der "Männer der verschiedensten Fächer (...), Gelehrte, Künstler, Staatsmänner"[287] angehörten und in der über Wissenschaft, Kunst und Politik gesprochen wurde, tatsächlich "tätig" werden konnten, wird von Henriette Herz nicht weiter konkretisiert. Vorträge in diesem Kreise zu halten, blieb jedenfalls das Vorrecht der Männer, eine wissenschaftliche Produktivität der Frauen wurde damit weiterhin verneint. Daß sie aber an den Essen, die sich an die Lesungen anschlossen, teilnahmen (was durchaus nicht selbstverständlich und den Geschlechterrollen, mit denen die damals verbreitete Mode der Herrenessen vereinbar ist, tendenziell widerspricht), legt die Vermutung nahe, daß in der Feßlerschen Gesellschaft die Frauen in einen Dialog mit den männlichen Teilnehmern treten konnten.

Wenn man diese Integration von Frauen kontrastiert mit der Ausgangsposition, die noch unmittelbar vor dem Auftreten der Generation um Henriette Herz, Dorothea und Henriette Mendelssohn u.a. die Unvereinbarkeit von Frau und Wissenschaft und Literatur auch für den geselligen Raum axiomatisch setzte, oder sich an die räumliche Distanz erinnert, die der Gottschedin bei den Vorträgen ihres Mannes auferlegt war, wird der in Berlin sich vollziehende Wandel in seiner historischen Qualität erkennbar. Allerdings bleibt (mit Ausnahme des "Teekränzchens") die Zugehörigkeit der Frau zu einem Mann Entreebillet für den Eintritt in eine Lesegesellschaft, verlief ihre Integration über die Kooptation des Mannes, dem sie zugeordnet war. Dorothea Mendelssohn konnte z.B. als verheiratete Veit an diesen Formationen partizipieren, die Trennung von ihrem Mann bedeutete den Verlust dieser Position und ihr Angewiesensein auf andere Formationen des literarischen und intellektuellen Lebens.

Die Personenkonstellationen dieser Lesegesellschaften, die Fermente des aufklärerischen Öffentlichkeitsprojekts darstellen, können damit zwar nicht identisch sein mit denen der späteren und schon gleichzeitigen Salons, aber sie bildeten ein Reservoir jener Kräfte aus, auf die die Salonfrauen bei der Etablierung ihrer Zirkel zurückgreifen konnten. Nicht zuletzt zwischen der "Mittwochs-Gesellschaft" und ihrem Salon sah Henriette Herz selbst personale Kontinuitäten, so daß Entstehung und Entwicklung ihres Salons sich im Kontext noch dominant aufklärerischer Institutionen und Strukturen vollziehen konnten - allerdings in einem Akt der gleichzeitigen Distanzierung.[288]

3.3.3 Diskussionen um die vermehrte Präsenz von Frauen in der Geselligkeit

1. Die prinzipielle Erweiterung des weiblichen Handlungsraumes durch die Teilhabe einzelner Frauen an familienunabhängigen sozialen Formationen, wodurch eine kleine Anzahl von Frauen gegen Kulturmuster rebellierte und eigene ästhetische Anschauungen und Geschmacksurteile im sozialen Austausch zur Geltung brachte, rief rasch eine Thematisierung dieser Frauenpräsenz hervor. Dieses überwiegend männliche

---

287 Ebd.

288 Diese Distanzierung erfolgte in erster Linie in dem "Tugendbund" von Henriette Herz, der noch nach den Prinzipien der Arkangesellschaften organisiert war, gleichzeitig aber im Schutz des Arkanum empfindsame Literaturmuster in die Lebenspraxis überführen wollte. Vgl. hierzu Peter Seibert: Der Tugendbund. In: Jb. des Archivs Bibliographia Judaica, 2/3, 1986/87, S. 48-66.

Nachdenken, soweit es öffentlich wurde, soll weder in all seinen Facetten, noch in der gesamten personalen Breite der publizierten Interventionen rekonstruiert werden, zumal in der Regel die hierzu laut gewordenen Ansichten sich als Ableitungen von den bekannten grundsätzlicheren Einstellungen in der "Frauenfrage", wie sie sich mit der bürgerlichen Geschlechterzuschreibung herauskristallisierte, identifizieren lassen.

Die vorgetragenen Positionen erwiesen sich als durchaus abhängig von lokal möglichen Erfahrungen mit gemischtgeschlechtlicher Geselligkeit. Während im ländlich-provinziellen Raum gegen das nicht-familiale gesellige Auftreten der Frau mobilisiert wurde, ließen - wie erwähnt - vor allem die Hamburger Konventionen des Umgangs bereits eine gewisse Aufgeschlossenheit gegenüber dieser geänderten Frauenrolle zu. Als 1794 der Hamburger Professor Johann Georg Büsch - Mathematiker, Physiker, Historiker - in seiner Autobiographie Reflexionen *Über den Gang meines Geistes und meiner Täthigkeit* publizierte, vermerkte er als ein seine eigene Entwicklung förderndes Moment, daß er "eine Frau geheiratet (habe), die in dem starken Hange, den ich zum gesellschaftlichen Umgang hatte, gar sehr mit mir übereinstimmte, oder vielmehr durch mich, da ich seit meiner Beförderung in einem ziemlich ausgebreiteten Umgange in dem geselligen Hamburg lebte, bald dahineingezogen ward"[289]. Nutzen will Büsch nach diesen Hamburger *Erfahrungen* (so der Titel der Autobiographie) gerade aus dem gemischt-geschlechtlichen sozialen Verkehr für seine Karriere als Intellektueller gezogen haben, da er sich durch diesen Umgang zu einem der "Weltklugheit" verpflichteten Gelehrten habe entwickeln können:

> In dem vielen und gemischten Umgange, den ich so lange genossen habe, liegt die Veranlassung zu dem Entstehen und der Erweiterung eines großen Teils meiner Kenntnisse und Einsichten, die ich nicht würde erlangt haben, wenn ich als ein Stubengelehrter oder ganz vergnügt mit den sich mir darbietenden häuslichen Freuden immer fortgelebt hätte.[290]

"Erfahrungsberichte" mit einem solchen Resümee, das auch einen besonderen Wissenschaftlertypus voraussetzt, blieben lange die Ausnahme. Stattdessen dominierten Zweifel an Berechtigung und Sinn der Teilnahme von Frauen am geselligen Umgang mit intellektuellen Ambitionen. So erschien noch in der Entstehungsphase des Herz-Salons das Buch von Ernst Brandes *Über die Weiber* (Leipzig 1787), nach dem Verfasser "in Deutschland (...) die *erste* Schrift, die absichtlich ganz dem behandelten Gegenstande", also dem Verhältnis von Frau und Geselligkeit, "gewidmet war"[291]. 1802 legte der Autor eine Neubearbeitung seiner Schrift vor, nachdem der Bedeutungszuwachs der Literarischen Salons das Problem aktualisiert und ihm neue Dimensionen gegeben hatte. Dementsprechend hieß der neue Titel seines jetzt auf drei Teile erweiterten Werkes: *Betrachtungen über das weibliche Geschlecht und dessen Ausbildung in dem geselligen Leben* (Hannover 1802). Aber auch dieser Titel faßt nur einen Teilaspekt seiner

289 Johann Georg Büsch: Erfahrungen, Bd. 1-4, Hamburg 1790-1794, Bd. 4: Über den Gang meines Geistes und meiner Tätigkeit, 1794, S. 224.

290 Ebd., S. 226. Quantifizierend legt Büsch den geselligen Anteil an seiner wissenschaftlichen Entwicklung fest: Ein Viertel seines Wissens habe er diesem "gesellschaftlichen Leben zu danken". Ebd.

291 Brandes: Betrachtungen, 1. Teil, S. 2.

Untersuchungen; präziser wäre es gewesen, hätte er hinzugefügt: Betrachtungen über das gesellige Leben und dessen Ausbildung durch das weibliche Geschlecht. Brandes argumentierte empirisch-historisch bzw. gab vor, ebenfalls auf seine Erfahrungen zu rekurrieren. Längere Reisen nach Frankreich, dann vor allem nach England hatten ihn mit den jeweiligen geselligen Formationen dort vertraut macht, so daß er seine Thesen durch Verweise auf die Situation in England oder Frankreich abstützen konnte.

Ausgangspunkt seiner Überlegungen zur Rolle von Frauen im geselligen und damit in der Regel auch im Literarischen Leben, (das Zirkelwesen, das er skizziert, wird an mehreren Stellen als zumindest literaturinteressiertes typisiert) ist der den Geschlechterdiskurs bestimmende Grundsatz vom natürlichen Gegensatz von Mann und Frau. Die Frage, ob den "Weibern" eine "Theilnahme an den öffentlichen Angelegenheiten ohne großen Nachtheil für die bürgerliche Gesellschaft eingeräumt werden" kann, hat dann nur noch rhetorischen Rang, wenn Brandes gleichzeitig konstatiert, die "eigenthümlichen physischen und moralischen Anlagen" der Frauen grenzten den familiären Binnenraum als ihren eigentlichen Wirkungskreis ab.[292] Als Angehöriger der Göttinger Universität bejaht Brandes den Ausschluß der Frauen von wissenschaftlichen Institutionen mit der Begründung, ihre Zulassung zu bislang exklusiv männlichen Öffentlichkeitsfeldern und -institutionen müsse sittengefährdende Konsequenzen haben.[293] So entspricht es ganz seinen Vorstellungen, daß der Verdrängungsprozeß von Frauen und damit das bürgerliche Programm der Geschlechterzuschreibungen gesellschaftlich akzeptiert ist. In der Französischen Revolution sieht Brandes - zu Recht - kein retardierendes Element dieser Entwicklung, sondern eher ein Ereignis, das die Festschreibung der Frauenaktivitäten auf den Privatraum bestätigt: Trotz der "gänzlichen Zerreissung aller alten Verhältnisse" durch die Revolution sei es der Frau nicht möglich gewesen, "in dieser Zeit eine große Rolle zu spielen"[294], was die Natürlichkeit der Geschlechterzuschreibung, da ja alle gesellschaftlichen Zwänge zeitweise außer Kraft gewesen seien, demonstriere. Über "Dinge, die die häusliche Sphäre überschritten, wollen und können sich die Männer nicht mehr so viel einreden lassen"[295].

Dieses historische Ergebnis erfährt für Brandes eine Bedrohung nur durch die Entwicklung in einem neben öffentlichem und privatem Wirkungskreis angesiedelten dritten, diffuseren Zwischenbereich, dem der Geselligkeit (der für ihn allerdings noch sozial zu verorten ist): "Dem öffentlichen und häuslichen Leben ist nunmehr seit geraumer Zeit das ausgebreitete gesellschaftliche Leben in den höheren Ständen an die Seite gesetzt oder vorgezogen."[296] In diesem dritten, bezüglich der

292 Ebd., S. 50.
293 Ebd., S. 54.
294 Ebd., S. 123.
295 Ebd., S. 125.
296 Ebd., S. 77.

Geschlechterpolarisation noch ungeklärten Bereich sei, so heißt es 1802, den Frauen wieder zugefallen, was ihnen ansonsten von der "bürgerlichen Gesellschaft" verwehrt worden sei: Hier habe man "dem andern Geschlecht ein Richteramt in Sachen der Philosophie, der Politik, der Erziehung, des Geschmacks, der Literatur eingeräumt"[297].

Was als "Ordnung der Schöpfung"[298] anzuerkennen sei, habe an dieser Stelle Widerspruch erfahren; indem die Beschränkung weiblicher Sprecherlaubnis allein auf den privaten Sektor zurückgewiesen worden sei, drohe diese Ordnung, "völlig umgekehrt" zu werden.[299] Diese Einschätzung erklärt die Heftigkeit, mit der um die Frage der Legitimität und der Auswirkungen einer frauenzentrierten Geselligkeit gestritten wird. Indem die Geselligkeit als Freiraum geschlechtlicher Rollenkonvergenzen suspekt gemacht und dementsprechend kritisiert wird, soll die offensichtlich an zentraler Stelle tangierte bürgerliche Gesellschaftskonzeption verteidigt werden. Brandes postuliert, daß "das gesellschaftliche Leben (...) nie die vernünftige Bestimmung der beyden Geschlechter, selbst in den höheren Ständen nicht", außer Kraft setzen darf, denn:

> In dem Eigenthümlichen des weiblichen Geschlechts liegt fast nichts, was es zum häufigen Genusse der gemischten Gesellschaften bestimmt, aber vieles, was es davon zurückführen und auf das häusliche Leben einschränken sollte.[300]

Die literarisch-philosophischen Einflüsse, die Brandes für die Negation der Geschlechterrollen im geselligen Umgang verantwortlich macht, sind Theoreme des französischen Materialismus und Rousseaus. Helvétius habe durch seine "groben materialistischen Grundsätze" die natürliche Ursache der kognitiven und sensitiven Unterschiede zwischen Mann und Frau durch die Behauptung, diese seien anerzogen oder durch die Lebensumstände bedingt, geleugnet.[301] Damit sei eine Aufhebbarkeit der Rollen vorgespiegelt worden, die als praktisches Erprobungsfeld die Geselligkeit habe. Die Konsequenz sei eine Korrumpierung der spezifisch weiblichen Tugenden in diesem "dritten" Bereich. Wenn ausgerechnet Rousseau in diesem Zusammenhang gleichfalls zur Rechenschaft gezogen wird, so deshalb, weil er durch die Bereitstellung empfindsamer Kulturmuster zwar die "natürlichen Anlagen des Geschlechts (...) auf seine Seite" gezogen, zugleich aber den "Übergang von der hohen Sentimentalität zu dem Systeme des sinnlichen Genusses"[302] vorbereitet habe, das wiederum in den gemischt-geschlechtlichen Zirkeln sein wichtiges Realisierungsterrain finde. Der vor allem von Frauen in die deutschen Zirkel getragene übersteigerte Gefühls- und Sinnlichkeitskult habe diese Formationen auch im Vergleich mit den früheren französischen Salonbeispielen weiter abqualifizieren müssen, sei es doch durch das Auftreten der rousseauistisch affizierten

297 Ebd., 2. Teil, S. 10-11.
298 Ebd., 1. Teil S. 271.
299 Ebd.
300 Ebd., 2. Teil, S. 83.
301 Ebd., 1. Teil, S. 282-283.
302 Ebd., S. 290.

Frauen gelungen, "lebhafte Männer, die nach dem alten leichten französischen Welttone gebildet waren, aus den Zirkeln, wo diese Empfindeley ihr Wesen trieb, zu verscheuchen."[303] So werde nicht nur die Frau ihrer eigentlichen Bestimmung entfremdet, sondern zugleich auch die Rolle des Mannes in Frage gestellt.

Auch einer Literarisierung der Zirkel im Zuge einer wachsenden Frauenpräsenz kann Brandes nicht das Wort reden, da ein von Frauen geführtes Literaturgespräch keinem tatsächlichen weiblichen Interesse an Literatur entspringe, sondern Ausdruck eines Defizits der Frauen an Verständigungsthemen sei. Das Literaturinteresse der Frauen wird abgewertet als bloße Modeerscheinung; als solche habe es sich im raschen Abklingen der "Lesesucht" entlarvt. Nur wo die örtlichen Bedingungen eine Verbreitung von Literatur außer in diesen gemischt-geschlechtlichen Kreisen nicht zulassen, weil andere soziale Gruppierungen sich der Organisierung des Literaturgesprächs verweigern, ist Brandes zur Konzession bereit:

> In mancher dieser Städte würde die Litteratur in den höheren Ständen gar keinen Eingang finden, wenn die Damen sie nicht begünstigten. Hier müssen also die Weiber, die mit der dem Geschlechte gewöhnlich eigenen Lebhaftigkeit lesen, unterhaltender seyn als die Männer, die sich um nichts, als ihr Avancement, bekümmern, weil die Conversation unter unserm Geschlechte nur dann den hohen Grad des Interesses erreicht, wenn, außer der zum Gespräche nothwendigen Lebhaftigkeit der Lebensgeister, die Männer gedacht, mit Nutzen gelesen oder viel gesehen haben; die einzigen Wege, um Reichthum von Ideen zu erlangen.[304]

Die Zurückdrängung der Frau auf den rein familiären Umgang erscheint also nicht nur als Programm zur Rettung der Schöpfungsordnung, sondern zunächst ebenso zur Rettung der Geselligkeit und damit zur Rettung der Sitten. Carl Friedrich Pockels, dessen geselligkeitstheoretische Abhandlung *Über Gesellschaft, Geselligkeit und Umgang* (Hannover 1815) schon deshalb Aufmerksamkeit verdient, weil Pockels als Mitherausgeber des *Magazins für Erfahrungsseelenkunde* eine Zeitlang mit Vertretern der Berliner Salonkultur in Verbindung stand, ist sich zwar mit Brandes über die - bei ihm allerdings eher komplementären als supplementären - Geschlechtscharaktere einig, die in den Zirkeln aufeinanderträfen; anders als Brandes aber vermag Pockels - wie Goethes Ottilie - in dieser Situation gerade die Chance zur "veredelnden" Liebe und zugleich damit zur Ausbildung der Sitten zu erkennen[305]. Bei Pockels und der Ottilien-Figur zielen die

---

303 Ebd.

304 Ebd., 2. Teil, S. 68.

305 Carl Friedrich Pockels: Ueber Gesellschaft, Geselligkeit und Umgang, 2 Bde., Hannover 1813, Bd. 2, S. 39-40: "Die heitersten und freundlichsten Stunden des guten Tons und seiner genußreichen Abwechselungen verdanken wir meisthenteils *gebildeten Frauen,* als den Schöpferinnen aller bessern Zirkel. - Da, wo sie nicht einwirken, wo ihr Herz nicht über die Reinheit der Sitte wacht, und den Frohsinn in seinem schuldlosen Geleise erhält, - da herrscht Rohheit und Ausgelassenheit, oder pedantische Monotonie, wobey die Mittheilungen stocken, oder sich in lächerlich ernsten Formen zeigen. Die Weiber könnten wegen ihrer naiven Leichtigkeit des Umgangs, wegen ihrer zarten Achtung der Decenz, wegen ihrer lebendigeren und reichern Mittheilbarkeit die Königinnen *der Societät* genannt werden, - und alle Nationen der Welt tragen noch die Spuren der Brutalität an sich, wo die Frauen nicht geachtet sind. - Erst da, wo sich im Umgange *das Starke mit dem Schönen* verbindet, wo der Mann einen Theil seines stürmischen Charakters aufzuopfern, oder doch schicklicher zu bewachen anfängt, - wo er für die Reitze einer höhern Sittlichkeit durch den Glauben an die weibliche Tugend empfänglicher wird, wo *er sich* durch eine veredelte Liebe,

Erwartungen, die sich an die frauenzentrierte Geselligkeit knüpfen, auf eine Verbesserung der "Sitten" in des Wortes zweifacher Bedeutung: im Sinne der Kultivierung der Umgangsformen und im moralischen Sinne. Mit dem Verdacht, das mühsam errichtete System bürgerlicher Tugenden würde durch die gemischtgeschlechtliche Geselligkeit unterminiert, befindet sich Brandes in einer ganzen Phalanx von Kritikern an der Salonkultur. Was hier vertreten wird, wirkt wie eine Reprise der Ansicht Herders, der in seinem Werk *Auch eine Philosophie der Geschichte zur Bildung der Menschheit* rhetorisch fragt: "*Geselligkeit* und leichterer Umgang zwischen den Geschlechtern, hat er nicht die Ehre, Anständigkeit und Zucht beider Teile erniedrigt?" Ein "Abgrund unersetzlicher Übel"[306] will sich Herder, dem ehemals regelmäßigen Teilnehmer des Darmstädter empfindsamen Zirkels, da auftun. Da der Frau in diesen literarisch gestimmten Zirkeln nach Brandes der Kopf fehlt, bleibt ihr nichts, als "den Körper in das Spiel"[307] zu bringen. Nicht auf der Selbstdarstellung über Witz und geistige Kompetenz basiert für sie die Kommunikationssituation, sondern auf ihren sinnlichen Reizen[308]:

> Die Anerkennung der Vorzüge des Körpers geht ihr über alles. Mancher wähnt die Dame sehr gut unterhalten zu haben, weil sie oft lächelte, da die Dame doch zu den

oder auch schon durch ein freundschaftliches Annähern zu gebildeten Frauen verstehen lernt, - erst da entwickelt sich in ihm das *reinere gesellige* Wesen, und der wahrhafte Lebensgenuß durch gegenseitige Achtung der Geschlechter, und ihrer für einander bestimmten Liebenswürdigkeit." Barbara Duden hat in ihrem für die Wiederaufnahme der Diskussion der Genese der Geschlechterzuschreibung wichtig gewordenen Aufsatz *Das schöne Eigentum* gleichfalls auf eine Schrift von Pockels hingewiesen, um sie als Exempel für "veränderte (...) Glücksvorstellungen der Männer der bürgerlichen Schicht" um 1800 zu präsentieren, Veränderungen, die Varianten in der Bestimmung des Verhältnisses von Mann und Frau bedingten. Duden bezieht sich nicht auf die spätere geselligkeitstheoretische Publikation mit ihrer Thematisierung und Befürwortung der geselligen Rolle der Frau, sondern auf seinen *Versuch einer Charakteristik des weiblichen Geschlechts. Ein Sittengemälde* (Bd. 1-5, Hannover 1797-1802). Auch in diesem umfangreichen Werk modifiziert Pockels die Geschlechterrollen insoweit, als er die Aufgabe der Frau, für die Reproduktion des Mannes in der Familie Sorge zu tragen, nicht mehr nur beschränkt sehen will auf die rein physische und psychische Reproduktion. Pockels fordert die kultivierte Frau für den Mann! Duden zitiert aus seinem *Versuch*: "Aber Gott bewahre uns vor einer Gehülfin ohne alle Bildung. Es ist für einen gebildeten Mann keine größere Strafe und Pein auf Gottes Erdboden, als - mit Ehren zu vermelden - ein Klotz von Weibe. Und wenn die Frau noch so wohlschmeckend kocht, und noch so fleißig spinnt, und sie hat kein Gefühl für Wahres, Großes und Schönes, und sie kann mit uns darüber nicht sympathisieren - und wir können über nichts küchliches und über spinnrockiges mit ihre reden; so ist sie den ganzen Tag für uns nichts mehr, als eine - Wanduhr, die wir bisweilen schlagen, oder singen hören, und diese Vorstellung macht uns sogar ihres nächtlichen Mißbrauchs bald überdrüssig." Anne Duden: Das schöne Eigentum. Zur Herausbildung des bürgerlichen Frauenbildes in der Wende des 18. zum 19. Jahrhundert, in: Kursbuch 47, 1977, S. 125-140, S. 133. Selbst wenn dies nur eine Variante des bürgerlichen Frauenentwurfs ist, als welche es Duden charakterisiert, Pockels' *Ueber Gesellschaft, Geselligkeit und Umgang* demonstriert, daß diese Akzentverschiebung genügt, um die Einbeziehung von Frauen in gesellige Aktionen außerhalb des Hauses zuzulassen, Aktivitäten, in denen und durch die utopische Frauenentwürfe, die auf die Gleichstellung der Frauen zielen, virulent bleiben können.

306 Vgl. Bovenschen: Weiblichkeit, S. 186.

307 Brandes: Betrachtungen. 2. Teil, S. 73.

308 Brandes fährt fort: "Sie wollen siegen, gleichviel, wodurch sie siegen; und am Ende ist es auch wohl der Klügsten lieber, die Folgen der Zerstreuungen zu sehen, die ihr schöner Buses veranlaßt, als dann fragen zu können: woran man so tiefsinnig denke? wenn sie gleich dieses noch so gut weiß."

> langweiligsten Dingen gelächelt haben würde, indem es ihr nur darum zu tun war, die Reihe der schönsten Zähne zu zeigen.[309]

Solche zwischen den Geschlechtern unterschiedlichen Ansprüche an literarische Kommunikation müssen nach Brandes' Quelle permanenter Mißverständnisse sein; der Salon (als möglicher idealer Kommunikationsraum) erweist sich also für ihn als Ort notwendigerweise gestörter Interaktion. Dies muß zugleich den Anspruch der Salons desavouieren, Institution dialogisch angelegter literarischer Geschmacksbildung und egalitärer literarischer Wertungsprozeß zu sein.

Jede Duldung und Befürwortung der im gemischtgeschlechtlichen geselligen Umgang flagranten Auflehnung gegen die Geschlechterrollen mache "die Männer schwächer und kleinlicher", verschulde deren "moralische und physische Abspannung"[310] und billige den "Verlust des Willens" beim Mann. So wird in diesen Zirkeln die Retorte für die Genese des "schwachen Mannes"[311] gesehen. Wie die Frühromantiker, gegen die Brandes opponiert, erkennt er im Zirkelwesen das soziale Substrat des androgynen Prinzips und verwirft es (aus Angst um die sich gerade stabilisierende Männerherrschaft), wie jene es begrüßen.

Als Geselligkeitsformation propagiert Brandes, zum Zeitpunkt, als sich der Salon im deutschsprachigen Raum auf einem Höhepunkt seiner Entwicklung und Bedeutung befindet, zum einen den Klub, d.h. die Organisationsform, die sich durch ihre Exklusivität gegenüber Frauen auszeichnet. Zum anderen führt seine misogyne Ablehnung der Salons ihn noch weiter zurück in die Geschichte: Er erhofft sich die Rekonstruktion der männlichen Tischgesellschaften als zentrale Geselligkeits-"Gattung" (wie er es nennt). Selbst die Limitierung des Aktionsradius der Frau im Hause wird von ihm dabei propagiert, um auch den häuslich-privaten Bereich als potentielles Einfallstor der Frauen in die Geselligkeit unter Kontrolle zu bringen:

> Ich will nicht von dem Nachtheile reden, der daraus für die vertrauliche Mittheilung der Gedanken erwachsen ist; daß, seitdem die Weiber immer bey Tisch erscheinen, so wenig Wein getrunken wird. In unserm kalten Klima, bey der langsamen schweren Bewegung unsrer Lebensgeister, war der durch den Wein entstandene geschwindere Umlauf des Bluts für die meisten Männer wohlthätig. Man sieht itzt einige große Exzesse weniger, aber dagegen auch ungleich mehr Mißtrauen und Kälte. Die deutsche Treuherzigkeit hat abgenommen, und Jedermann wägt politisch sorgsam seine Worte. In England verläßt das weibliche Geschlecht nach der Mahlzeit die Tafel, um den Männern den ungestörten Genuß des Weins zu überlassen.[312]

Nicht zufällig beharrt Brandes auf dem Wein als Genußmittel seiner erstrebten maskulinen Geselligkeit: Der Affront richtet sich gegen die Genußmittel, die keinen Rausch erzeugen, wie vor allem der Tee, und die zugleich die abgelehnten Geselligkeitsformationen assoziierten. Der erhofften Entkonventionalisierung des Umgangs mag Brandes durch den Wein vielleicht nähergekommen sein, ob die für ihn

309 Ebd., S. 74.
310 Ebd., S. 29.
311 Ebd., S. 18.
312 Brandes: Betrachtungen, 2. Teil, S. 75-76.

von vorneherein substantielleren reinen Männergespräche auf diese Weise allerdings eine große Förderung hätten erleben können, mag dahingestellt bleiben.

2. Anders als Brandes' Schrift dienten Schillers affirmative Beiträge zur Geschlechterpolarisierung als Zitatenschatz für antifeministische Positionen im Populärdiskurs. Unser Interesse an Schiller läßt sich dabei begrenzen auf das von ihm verbreitete weibliche Kulturmuster, insoweit es die Geselligkeit als Realisationsraum für dieses Muster mitdiskutiert. Neben dem *Lied von der Glocke* war es vor allem das Gedicht *Würde der Frauen* - von Silvia Bovenschen überzeugend als Weiblichkeitsimagination, in der das Weibliche "Projektionsfläche (...) des Traums von der großen Versöhnung" ist[313], interpretiert, das als Arsenal für eine sentenzhafte Propagierung von Frauenidealen im 19. Jahrhundert (und darüber hinaus) herhalten konnte. *Würde der Frauen* kontrastiert den männlich-öffentlichen Sektor auch rhythmisch-metrisch mit dem weiblich-häuslichen: tertium non datur. Der bei Brandes ins Auge gefaßte dritte, gesellige Raum wird negiert. Schillers Position wird in zwei anderen Texten, in denen literarisch-ästhetische Geselligkeit - unterschiedlich akzentuiert - eine Rolle spielt, ausgeführt: *Die berühmte Frau. Epistel eines Ehemanns an einen anderen* und die Briefe *Über die ästhetische Erziehung des Menschen.* Äußerst divergente Textsorten also thematisieren jenen "dritten" sozialen Bereich. (Das Gedicht *Die berühmte Frau* verdient auch deshalb noch einmal zitiert zu werden, weil es nachweislich von Organisatorinnen des literarisch-geselligen Umgangs als ihre Aktivitäten behindernder Text verstanden wurde.[314])

Die Entstehung der satirischen *Epistel* fällt in die Zeit der sich festigenden Bekanntschaft mit Charlotte von Lengefeld, was einen pragmatisch-didaktischen Impetus bei der Abfassung des Gedichts nahelegen könnte. Daß Schiller in diesem Gedicht "das gelehrte Leben der Ninon de l'Enclos parodierend beschrieben"[315] habe, wie es Silvia Bovenschen meint, ist nicht nachzuvollziehen: Außer der Verwendung des Vornamens "Ninon" für die angeklagte Frau verweist keine andere Stelle auf irgendein Datum der historischen Ninon: Es handelt sich nicht nur um Kulturmuster des späteren 18. Jahrhunderts, die Schiller hier vorführt, auch die ins Literarische Leben der *Epistel*-"Ninon" verwobenen historischen Persönlichkeiten sind Zeitgenossen Schillers. Die erotisch-sinnliche Komponente, die bei der Ninon des 17. Jahrhunderts dominierte und mit den Tugend- und Moralnormen des 18. Jahrhunderts unvereinbar war, verblaßt als Delikt vor dem Vergehen der neuen "Ninon": Diese sprengt den häuslichen Wirkungskreis, um literarischen Ruhm zu erlangen, ihre literaturorganisatorische Praxis erscheint als Prostitution von neuer Qualität. Soziale Ressentiments verschränken sich dabei mit der Polemik gegen die literarisch aktive Frau: Das Milieu des klagenden Ehemannes wird als bürgerliches abgegrenzt; vom "schwer verdiente(n) Bissen Brod"[316]

---

313 Bovenschen: Weiblichkeit, S. 241.

314 Noch in ihren Memoiren vermerkt z.B. Karoline Pichler, daß sie ihre literarischen Aktivitäten fortsetzen konnte, weil ihr Mann sich "ganz im Gegensatz von dem Manne einer berühmten Frau in Schillers Epistel" verhalten habe. Pichler: Denkwürdigkeiten I, S. 228.

315 Bovenschen: Weiblichkeit, S. 222.

316 Schiller: Die berühmte Frau, in: ders.: Werke, hrsg. von Julius Petersen und Friedrich Beißner (Nationalausgabe), Bd. I: Gedichte 1776-1799, Weimar 1943, S. 196-200, V. 75.

spricht der Brief und entfaltet in der Rückschau eine bürgerliche Familienidylle, die durch die Einbindung der Frau in das Literarische Leben zerstört worden ist. In der literarischen Geselligkeit löst die Frau die Grenzen zum Adel hin auf, vergißt sie bürgerliches Distinktionsverhalten. Die Mißachtung der genuin weiblichen Rolle durch ihre literarischen Aktivitäten bedingt die Adaption aristokratischer Umgangsmuster und damit der Aneignung von adligen weiblichen Präsentationsmodi - die Campe-Kritik erscheint von Schiller literarisch umgesetzt zu werden.

Ausbruchsversuchen aus bürgerlichen Rollenzuweisungen suchte Campe auch zu begegnen, indem er jeder geographischen Mobilität der Frauen seine Zustimmung versagt; Reisen von Frauen beinhalten für ihn das Aufsuchen von Räumen jenseits bürgerlicher Begrenzung und sind selbst bereits ein Zustand, der unverträglich ist mit dem eigentlichen Wirkungskreis der Frau.[317] (Salonfrauen wie Henriette Herz und Rahel setzen für sich solche Reiseverbote außer Kraft. Bei Rahel wird Reisen wieder zur Metapher des Lebens.[318]) Auch Schillers "Ninon" reist, um Orte aufzusuchen, die die Vorbehalte gegen ständeübergreifenden Umgang aufgehoben haben und zugleich der Frau einen aktiven Part zugestehen (was ähnlich wie bei Brandes den Sittenverfall einschließt):

> Die Jahrszeit ist so schön - zum *reisen.*/Wie drängend voll mags jetzt in Pyrmont seyn!/Auch hört man überall das Karlsbad preisen./Husch ist sie dort - in jenem ehrenvollen Reyhn,/wo *Griechen* untermischt mit Weisen/Celebritäten *aller* Art,/vertraulich wie in Charons Kahn gepaart,/an Einem Tisch zusammen speisen;/wo eingeschickt von fernen Meilen/zerrißne *Tugenden* von ihren Wunden heilen,/noch andre - sie mit Würde zu bestehn!/um die *Versuchung* lüstern flehn-/dort Freund - o lerne dein Verhängniß preisen!/Dort wandelt *meine* Frau, und läßt mir sieben Waysen.[319]

Da viele der bekannten Salondamen die Bäder nutzten, um die Kommunikationskreise ihrer Salons zu erweitern, trifft Schillers Kritik hier eine Praxis der literarischen Zirkel. Tatsächlich bot der Badeaufenthalt dadurch, daß er gekennzeichnet war durch ein Nebeneinander verschiedenartiger Vorschriften und Umgangsregeln, wobei die spezifischen Kurregeln die ständisch fundierten immer wieder überlagerten, eine

317 Campe: Väterlicher Rath, S. 121.

318 Vgl. Rahel an Regine Frohberg: "Berlin, 1807. Wir wollen nach Frankreich! Und nicht fixiert! Immer als Reisende, uns so ewig bleiben, wenns uns gefällt! Man muss weg! Ich weiss seit dem Frieden noch ein paar 1000 Dinge mehr, warum es so sein muss. Denken Sie an die Reise! -- Ich versichere Sie, Tränen sind mir nah! Ich verlasse *mich* wie man einen Freund verlässt!" Rahel-Bibliothek, IX, S. 29. Vgl. auch *Buch des Andenkens I*, S. 196: Einen gepackten Reisewagen und einen Dolch sollte ein jeder haben; daß, wenn er sich fühlt, er gleich abreisen kann." Elke Frederiksen beginnt nicht zufällig ihren Aufsatz *Der Blick in die Ferne. Zur Reiseliteratur von Frauen*, in Hiltrud Gnüg und Renate Möhrmann (Hg.): Frauen Literatur Geschichte, Stuttgart 1985, S. 104-122, S. 104, mit zwei anderen Rahel-Zitaten, die das Reisen von Frauen thematisieren.

319 Schiller: Die berühmte Frau, V. 97-110.

kommunikative Sondersituation (die auch erotische Freiräume bereithielt[320]). Eine der "literarisch" reisenden Frauen, Sophie Becker, suchte mit der Schriftstellerin von der Recke ebenfalls Bäder auf und bestätigte diese als neutralisierte Begegnungsstätte: "Man genießt in diesem Bade aller Freyheit und des Umgangs der Menschen ohne Etikette."[321]

Das Literarische Leben, das "Ninon" in ihrem eigenen Hause entfaltet und durch das sie ihren Mann - angeblich - der Lächerlichkeit preisgeben muß, ja, ihn seiner bürgerlichen Rechtstitel zu berauben droht, realisiert sich in der Form eines Lever, der Imitation also der Morgenaudienz des französischen Hofes. Wenn auch das Lever von aristokratischen französischen Salondamen in Frankreich und später auch in englischen Zirkeln[322] übernommen worden ist, seine Provenienz aus dem höfischen Zeremoniell und damit sein aristokratischer Charakter blieben bei dieser Form präsent und sollen so in Schillers Gedicht eine Kulturform markieren, die mit bürgerlicher Identität unvereinbar scheint.

Wie bei Brandes die gesellige bürgerliche Frau keine Versöhnung der Geschlechter zu beider Vervollkommnung leisten kann und nur das Schreckbild eines "schwachen Mannes" produziert, so bringt auch in Schillers *Epistel* die gemischte literarische Geselligkeit eine Spottgeburt hervor. Nur daß es sich bei Schiller um die Selbstzerstümmelung der Frau handelt, die Ergebnis ihres Zuwiderhandelns gegen die natürliche Bestimmung ist:

> (...) Was ist von diesem Engel mir geblieben? Ein *starker* Geist in einem *zarten* Leib,/ein Zwitter zwischen Mann und Weib/gleich ungeschickt zum Herrschen und zum Lieben./Ein Kind mit eines Riesen Waffen,/Ein Mittelding von Weisen und von Affen![323]

Campes, Brandes und Schillers "klagender Ehemann" fürchten übereinstimmend den Verlust an Funktionalität des sozialen Verkehrs und wenden sich gegen eine Geselligkeit als Selbstzweck. Dadurch, daß die Frau dem Produktionsbereich immer mehr entrückt wird, erscheint sie disponiert, Bereiche von Zweckfreiheit zu konstituieren. In die Klagen der Männer einer damit verbundenen Abkoppelung der geselligen Sphäre von bürgerlicher Lebenspraxis mischen sich dabei solche über den wirtschaftlichen Schaden, den die Frau mit ihren Zirkeln verursache.[324] So scheinen diese frauenzentrierten Zirkel Rudimente einer anachronistisch werdenden konsumierenden Luxuskultur zu sein, die

320 Das Bad war z.B. auch für Rahel ein Refugium ihrer Treffen mit Varnhagen, mit Marwitz.

321 Sophie Becker: Briefe II, S. 133.

322 Vgl. dazu Tinker: English salons (S. 102): "Not the least pleasant of the social gatherings of conversation was the levée (sic), or reception held on rising from bed. The custom was of course adopted by people of fashion in imitation of the popular court function, and it always retained something of the courtly atmosphere, its popularity in fine society being due to the sense of importance which ist lent to the host or hostess. Madame Tencin, for example, thus held court from eight o'clock in the morning, queening it over everybody, from the lowest to the highest. Macarille (...) boasts that he never rises from bed without company of half a dozen beaux esprits." Die Ungeschicklichkeiten Rousseaus bei einem Lever hat er selbst in seinen *Confessions* thematisiert.

323 Schiller: Die berühmte Frau, V. 137-142.

324 So begründet beispielsweise Brandes die Ausweisung der Frauen aus den Zirkeln und die Notwendigkeit, sie "zu einer vernünftigen Häuslichkeit zurückzuführen" auch mit der Verteuerung der Lebenshaltungskosten, "die diejenigen, welche ganz oder größtentheils von fixen Einnahmen leben müssen" - er spricht also für die Intelligenz in fester Anstellung -, "also bey weitem der größern Theil unter den gebildeten Ständen, sehr drückt." Betrachtungen, 1. Teil, S. 376.

eher den materiellen Verhältnissen der Aristokratie als des Bürgertums entspricht. Diese Zuschreibung mußte aber zugleich die Literaturrezeption in diesen Zirkeln als Divertissement abstempeln und eine Publikumsbildung, wie sie Schillers *Epistel* vorführt, als Fehlentwicklung kennzeichnen, die, statt Konsens zu erzeugen, nur Koterien hervorbringen konnte.

Von Schillers - Rahel Levin im übrigen sehr wohl bekannten[325] - Briefen *Über die ästhetische Erziehung des Menschen* kann eine explizite Fortsetzung der Debatte um die gesellige Stellung der Frau und damit um Funktion und Berechtigung der Salonkultur kaum erwartet werden. Wenn die Briefe dennoch in diesem Zusammenhang erwähnt werden sollen - ohne daß auch nur im mindesten ein neuer interpretatorischer Zugang zu dieser zentralen ästhetischen Schrift Schillers angestrebt ist -, dann deshalb, weil Schiller bei der Bestimmung des Übergangs seiner ästhetischen Utopie zur Praxis nach eigenen Worten auf empirische Formationen ästhetischer Geselligkeit rekurrierte, was eine erneute, mehr oder minder implizite Stellungnahme zu Zirkeln, die von Frauen gegründet worden waren oder die zumindest Frauen partizipieren ließen, bedingte. Im 5. Brief findet sich zwar eine Wiederholung der Polemik gegen den allgemeinen Zustand der Geselligkeit, aber im Gegensatz zu Brandes oder der Aussage des lyrischen Ichs in seiner eigenen *Epistel* konzentriert sich Schillers Kritik an dieser Stelle weder auf die Beteiligung der Frau, noch werden "aristokratische" Depravationen bedauert. Die Geselligkeit wird kritisiert, weil sie die gesellschaftliche Realität nur fortsetzte:

> Mitten im Schoße der raffiniertesten Geselligkeit hat der Egoism sein System gegründet, und ohne ein geselliges Herz mit herauszubringen, erfahren wir alle Ansteckungen und Drangsale der Gesellschaft. Unser freies Urteil unterwerfen wird ihrer despotischen Meinung, unser Gefühl ihren bizarren Gebräuchen, unsern Willen ihren Verführungen, nur unsre Willkür behaupten wir gegen ihre heiligen Rechte. Stolze Selbstgenügsamkeit zieht das Herz des Weltmanns zusammen, das in dem rohen Naturmenschen noch oft sympathetisch schlägt, und wie aus einer brennenden Stadt sucht jeder nur sein elendes Eigentum aus der Verwüstung zu flüchten.[326]

Dieser Ablehnung scheint allerdings die Schlußpassage des letzten Briefes entgegenzustehen. In diesem 27. Brief konkretisiert Schiller seine Vorstellungen von ästhetischer Praxis und bindet sein großes theoretisches Projekt des ästhetischen Staates an zeitgenössische Manifestationen ästhetischer Geselligkeit. Der "Staat des schönen Scheins", der dem "Bedürfnis nach (...) in jeder feingestimmten Seele" existiere, "der Tat nach möchte man ihn wohl nur, wie die reine Kirchen und die reine Republik, in einigen wenigen auserlesenen Zirkeln finden, wo nicht die geistlose Nachahmung fremder Sitten, sondern

---

325 Siehe Gustav von Brinckmann: Rahel, in: Varnhagen: Denkwürdigkeiten, Bd. 8, S. 639-684, S. 659.

326 Zit. wird im folgenden aus der von Wolfgang Düsing veranstalteten und kommentierten Ausgabe: Friedrich Schiller: Über die ästhetische Erziehung des Menschen in einer Reihe von Briefen. Text, Materialien, Kommentar, hrsg. von Wolfgang Düsing, München/Wien 1981 (Literatur-Kommentare 17), hier: S. 21.

eigene schöne Natur das Betragen lenkt, wo der Mensch durch die verwickeltesten Verhältnisse mit kühner Einfalt und ruhiger Unschuld geht und weder nötig hat, fremde Freiheit zu kränken, um die seinige zu behaupten, noch seine Würde wegzuwerfen, um Anmut zu zeigen."[327]

Zwischen dem 5. Brief mit seiner Kritik und dem 27. mit seiner Eloge auf die wenigen "auserlesenen Zirkel" liegen Schillers Ausführungen zum "schönen Schein." Seine Idee vom "schönen Schein" als Basistheorem der "ästhetischen Erziehung" appliziert er auf die Geselligkeit; er kann dies, weil er (anders als Brandes) das "Raffinement", die formale Ausgestaltung des Umgangs nicht pejorisiert, sondern hier den "Sieg der Form" über das Bedürfnis erkennt. Schiller unterstellt dem "schönen Umgang" eine Eigengesetzlichkeit, wie sie auch die Kunst auszeichne. Daraus folgt die Forderung nach Reinigung der Zirkel von der "Realität". Erst in dieser Autonomiesetzung kann sich die Geselligkeit für ihn als ästhetische konstituieren. Am "schönen Umgang" vermag Schiller auch jene Störungen zu illustrieren, die Ergebnis einer Vermischung von Schein und Wirklichkeit sind:

> Nur ein Fremdling im schönen Umgang z.B. wird Versicherungen der Höflichkeit, die eine allgemeine Form ist, als Merkmale persönlicher Zuneigung aufnehmen und, wenn er getäuscht wird, über Verstellung klagen. Aber auch nur ein Stümper im schönen Umgang wird, um höflich zu sein, die Falschheit zu Hülfe rufen und schmeicheln, um gefällig zu sein. Dem ersten fehlt noch der Sinn für den selbständigen Schein, daher kann er demselben nur durch die Wahrheit Bedeutung geben; dem zweiten fehlt es an Realität, und er möchte sie gern durch den Schein ersetzen.[328]

Da Geselligkeit hier der Welt des "schönen Scheins" subsumiert wird und jede Analogiebildung zur "Wirklichkeit", jeder Transferversuch als Angriff auf die Autonomie und als die Geselligkeit selbst zerstörende Grenzüberschreitung gewertet wird, hat Schiller die Möglichkeit gewonnen, in dem "schönen Umgang" Konstellationen zuzulassen, die er für die gesellschaftliche "Realität" ablehnen muß. Geschlechtsspezifische Rollenzuschreibungen, die eine Verdrängung der Frauen begründen, haben hier ihre Berechtigung eingebüßt, oder sie erfahren eine Umwertung, so daß sie als Komponenten ästhetischer Geselligkeit fungieren können. So ist es mit dem "Gefallenwollen": In anderen Texten, auch in Schillers *Epistel*, als Makel der Geselligkeit (die nicht dem "schönen Schein" verpflichtet ist) angeprangert und als Spezifikum der Frauen ausgegeben, wird es nun als Gattungsmerkmal des Menschen interpretiert, durch das der "tierische Kreis aufgegeben"[329] worden sei. Wenn Schiller dabei drei historische Phasen des "Gefallens" unterscheidet und eine aufsteigende Entwicklung nachzeichnet, von dem "Gefallen", das der Mensch, sobald er dem Stoff die Gestalt vorzieht, in den Dingen findet, hin zu einem Stadium, in dem er selber gefallen will, so beschreibt er damit Menschheitsgeschichte und differenziert nicht mehr zwischen den Geschlechtern. Die Menschheitsgeschichte als Lösung des Menschen aus den "Fesseln der Notdurft"[330] gipfelt in dem ausgebildeten, reinen ästhetischen Umgang, in welchem dem Menschen seine Vergegenständlichung als

327 Ebd., S. 109.
328 Ebd., S. 100.
329 Ebd., S. 102.
330 Ebd., S. 105.

Individuum und als Gattungswesen zugleich möglich sei. Hatte der Mensch auf einer früheren Stufe noch gefallen wollen "durch das, was sein ist", so will er in diesem höchsten Stadium endlich gefallen "durch das, was er ist"[331]. Das heißt, die soziale Bedingtheit verliert im "schönen" Umgang an Relevanz.

Schillers Entwurf einer Selbstdarstellung des "ganzheitlichen" Menschen im "schönen Schein" verträgt keinen Ausschluß des weiblichen Geschlechts. Tatsächlich glaubt Schiller als "einfachste(s) und reinste(s) Exempel" für seine ästhetische Versöhnung die Lösung des "ewige(n) Gegensatze(s) der Geschlechter"[332] angeben zu können. Das Modell der Geschlechterliebe, weil diese "nur durch Form, nicht durch Materie" zu erringen sei und damit die Überwindung "eigennützige(n)" Begehrens bewirke, steht also nicht mehr der ästhetischen Geselligkeit entgegen (Brandes kritisierte ja gerade als Ergebnis des Eindringens von Frauen in die Zirkel: "Die Materie wird darin stets der Form geopfert"[333]); Geschlechterliebe und ästhetische Geselligkeit verweisen vielmehr aufeinander.

Im ästhetischen Staat, wie er bereits in seinen Ansätzen in den Zirkeln bestehe, gestaltet sich nach Schiller die Beziehung der Teilnehmer in wechselseitiger Anerkennung auf egalitärer Grundlage:

> Hier also, in dem Reiche des ästhetischen Scheins, wird das Ideal der Gleichheit erfüllt, welches der Schwärmer so gern auch dem Wesen nach realisiert sehen möchte (...).[334]

Schillers Warnung vor der Gefahr, beide Sphären, die des "Scheins" und die des "Wesens", miteinander zu verwechseln, wo es um die Herstellung von Gleichheit geht, schließt auch die Warnung davor ein, außerhalb des Reiches des ästhetischen Scheins die Geschlechterbeziehung auf eine neue Grundlage stellen zu wollen. Dennoch: Die Klagen des düpierten "Ehemanns" des Gedichts sind durch die "Briefe" zwar nicht als nichtig erklärt worden, aber diese philosophische Schrift Schillers hat einen neuen, ästhetischen "Spiel"-Raum für die Frauen eröffnet oder zumindest sanktioniert. Daß die scharfe theoretische Absonderung des "schönen Scheins" von der "Wirklichkeit" Kollisionen gerade in der Organisierung bürgerlicher Lebenspraxis nicht vermeiden konnte, wird bei Schiller nur indirekt thematisiert, wenn er davon spricht, "daß der schöne Ton in der Nähe des Thrones am frühesten und am vollkommensten reift"[335]. Diese These läßt vermuten, daß Schiller bei den auserlesenen Zirkeln primär an jene denkt, die in aristokratischen Sektoren zu verorten sind, dort, wo der "schöne Schein" leichter von - funktionalistischen - Realitätspartikeln freigehalten werden konnte, eine Vermutung, die in der Absage an die "arbeitenden Teile der Menschen"[336] als literarisches Publikum in seiner Abhandlung "Über naive und sentimentalische Dichtung" eine Bestätigung erfährt.

---

331 Ebd.
332 Ebd., S. 106.
333 Brandes: Betrachtungen, 2. Teil, S. 36.
334 Schiller: Erziehung, S. 109.
335 Ebd.
336 Vgl. Friedrich Schiller: Über naive und sentimentalische Dichtung, in: ders.: Sämtliche Werke, Band V, München 1967 (Hanser-Ausgabe), S. 694-780, S. 768.

3. Der Hinweis Schillers auf die zeitgenössischen Zirkel, verbunden mit dem Postulat der Ästhetisierung dieser Formationen, deutete der verunsicherten und gegenüber dem Fortgang der Französischen Revolution skeptisch gewordenen Intelligenz statt einer gesellschaftlichen eine gesellige Perspektive an. Ebenfalls auf Erfahrungen mit der Französischen Revolution antwortet eine andere Schrift, in der die soziale Stellung der Frau thematisiert, die Geselligkeit dabei aber nur am Rande berührt wird: Theodor Gottlieb von Hippels anonym veröffentlichtes und in seiner Radikalität singuläres Plädoyer für die Aufhebung der Wirkungsgrenzen der Frau *Über die bürgerliche Verbesserung der Weiber* (Berlin 1793).[337] Im Gegensatz zu Schiller resultiert Hippels Enttäuschung über die Revolution gerade aus ihrer Bestätigung des häuslichen Binnenraumes als einzigem Wirkungskreis der Frau. Er will die bürgerrechtlich abgestützte Gleichstellung von Mann und Frau. Seine Schrift sei ein "Operationsplan", den er "zur Zerstörung der galanten Bastillen, der häuslichen Zwinger und bürgerlichen Verließe, worin sich das schöne Geschlecht befindet", vorlege.[338]

Während Schiller nach eigener Ansicht in der ästhetischen Sphäre einen neuen "revolutionären" Schauplatz eröffnete, bestand der ehemalige Freimaurer Hippel auf dem Weiterverfolgen der aufklärerischen gesellschaftlichen Projekte. Indem Hippel die Theorie von den Naturanlagen verwirft, kann er die intellektuellen Fähigkeiten der Frauen in ihrem defizitären Zustand als von den Männern zu verantwortende und folglich auch wieder veränderbare bestimmen. Seine These von der natürlichen Gleichheit der Männer und Frauen - selbst die körperliche Stärke wird nicht mehr als geschlechtsspezifisch gesehen - mündet in dem naturrechtlich begründeten Postulat nach gleichen Entfaltungsmöglichkeiten. Die maskuline Herrschaft wird nach Hippels Ansicht durch eine geschlechtsbezogene Erziehung aufrechterhalten; folglich zielt ein zentraler "Verbesserungsvorschlag" auf die Revision von Erziehungsprogrammen für Mädchen. (Erst posthum konnte sein eigenes Frauenbildungsprogramm erscheinen, das als integraler Bestandteil der Frauenemanzipationsschrift geplant war[339].)

---

337 An neuerer Forschung zu diesem Traktat Hippels sei die Arbeit von Ruth P. Dawson erwähnt, die sich allerdings auf die hier zur Debatte stehenden Aspekte dieser Schrift nicht einläßt: *The Feminist Manifesto of Theodor Gottlieb von Hippel (1741-96)*, in: Marianne Burkhard (Hg.): Gestaltet und Gestaltend. Frauen in der deutschen Literatur, Amsterdamer Beiträge zur Neueren Germanistik, Bd. 10 (1980), S. 13-32.

338 Hier zitiert aus: Theodor Gottlieb von Hippel: Über die bürgerliche Verbesserung der Weiber, Frankfurt 1977, S. 17 -18. Im Verlagskommentar dieser Ausgabe heißt es: "Hippels Schrift (1793) ist seit 150 Jahren nicht mehr aufgelegt worden. Auch die Frauenbewegung des 19. Jahrhunderts, so scheint es, wußte mit ihr nichts anzufangen." Dies verfälscht die Publikationsgeschichte doch zu sehr, um unwidersprochen gelassen zu werden: Hippels Schrift, die übrigens schon 1792 bei Voss in Berlin erstmals erschien, erlebte schon 1794 einen Nachdruck in Frankfurt /Leipzig. Neuausgaben folgten 1827, 1828 (diese liegt der Ausgabe von 1977 zugrunde). An weiteren Ausgaben sind nachzuweisen: Berlin 1842, Stuttgart 1881, Leipzig 1909, wobei die letzteren drei Ausgaben jeweils aus historischen Phasen stammen, in denen der Frauenfrage Aufmerksamkeit geschenkt wurde. Von einem völligen Vergessen kann also keine Rede sein, zumal bei Schriftstellern wie Pockels Hippelsche Gedanken zu finden sind.

339 Nachlaß über weibliche Bildung. Hinterlassenes Manuskript zu einer beabsichtigten neuen Auflage von Theodor Gottlieb von Hippel: Über die bürgerliche Verbesserung der Weiber, Berlin 1801.

Beachtung finden die geselligen Aktivitäten von Frauen, Zirkelbildung und Salonorganisation deshalb, weil sich Hippel hier die Möglichkeit bietet, seine These von der "ursprünglichen" Gleichheit von Mann und Frau zu validieren. Für Hippel wirken die restriktiven Festlegungen weiblichen Verhaltens auch in diesen Raum hinein, was für ihn kein Anlaß sein kann, frauenzentrierte Geselligkeit abzulehnen. Es sei den Frauen unter dem männlichen Diktat vielmehr gelungen, gerade in diesem Bereich aufgenötigte Schwäche in Stärke zu verwandeln. Weil man Frauen z.B. vom institutionalisierten wissenschaftlichen Diskurs ausgeschlossen habe, hätten sie die Fähigkeit entwickelt, die philosophischen und wissenschaftlichen Erkenntnisse in eine Form zu gießen, die diese Erkenntnisse in den Zirkeln mitteilbar, sie überhaupt erst zu einem Gegenstand geselliger Gespräche mache (ein Verfahren, in dem Brandes nur Niveauverlust diagnostizierte). Erst durch die Tätigkeit der Frau würden die Zirkel (oder Salons) als Forum entstehen, das die kommunikative Selbstbeschränkung der Spezialisten beendet, die Gesprächsbeteiligung von "Dilettanten" ohne deren Diskriminierung gestattet und die Teilung in Spezialistentum und Dilettantentum für die Dauer der Salongespräche aufgehoben:

> Bei dem gegenwärtigen Druck, worin die Weiber sich befinden, legen sie es bloß darauf an, alles, was sie verstehen, faßlich und begreiflich zu machen, und das, was wir schwer ausdrückten, zu erleichtern und in Umlauf zu bringen. Sie ebnen die Wege, verstehen den Strahl der schwersten Ideen zu reflektieren und zu vervielfachen, das Abstrakteste verständlich und deutlich darzustellen und dem Verachteten aufzuhelfen, so daß sie allen Wissenschaften einen unleugbaren Vorteil gebracht haben könnten, wenn man sie zum Meister- und Bürgerrecht ohne männliche Geburtsbriefe zugelassen hätte.[340]

Der "Witz", von Brandes für seine exklusiv männlichen Clubs beansprucht, wird - wie die Kunst der "Ideen-Assoziation"[341], durch die die Frau im Gegensatz zu dem zur Fragmentierung neigenden Mann im Gespräch Zusammenhänge herstellen könne - zu einer Fähigkeit, die sich Frauen angeeignet hätten und durch die sie zur Führung der assoziativ verlaufenden Salongespräche prädestiniert erscheinen:

> Wer bemerkte nicht, daß fast alle Männergesellschaften mit dem Paradies anfangen und mit dem jüngsten Gerichte enden! Man erstaunt über die Sprünge, welche Männergespräche nehmen. - Weiber knüpfen sie zusammen und bringen alles in das Verhältnis, wenngleich gesellschaftliche Unterhaltungen mit Recht die Art der Englischen Gärten behalten, die genau gebahnte Wege vermeiden.[342]

Eingeschlossen "im Käficht hat das weibliche Geschlecht"[343] die Kunst des Redens und des Hörens verfeinert, um diesen Käfig ausweiten zu können. "Von Weibern muß man reden, von Männern schreiben lernen"[344], erklärt Hippel, nicht weil den "Weibern"

340 Hippel: Verbesserung, S. 165.
341 Ebd., S. 216.
342 Ebd., S. 212.
343 Ebd., S. 159.
344 Ebd., S. 166.

die Anlage zur Literaturproduktion fehle (und Hippel die Autorinstanz als männliche aufbauen will), sondern weil ihnen die Männergesellschaft diese wissenschaftliche oder literarische Praxis untersagt habe: "Gibt es nicht Männer genug, die ihre Töchter nicht anders zu bewachen wissen, als daß sie ihnen Tinte und Federn untersagen?"[345]

Das Kommunikationssystem, auch das literarische, in das Frauen sich eingliedern können, bleibt demnach also zuerst das orale. Hippel erklärt diese Gesprächskultur zur weiblichen Domäne und wertet sie als Reaktion auf die männliche Kultur der Schrift und der Aktion:

> Das ganze Leben der Weiber bestehet mehr im Reden als im Handeln: ihre Reden sind gemeiniglich Handlungen; und wenn wir einen Mann verachten, dessen Leben eher ein Lexikon als eine Geschichte vorstellt, so ist dies nicht der Fall bei dem schönen Geschlechte, das gewaltig spricht.[346]

Im Gespräch, mit dem der Aktionsverlust kompensiert werde, stelle die Frau eine schöpferische sprachinnovative Kraft unter Beweis, die ihr in allen anderen Künsten versagt werde. Frauen können nach Hippel damit kaum als Protagonisten eines genormten Konversationstones gesehen werden, sondern sie sind es für ihn, die in den Zirkeln gegen den Konversationston resistent bleiben, ihn unterlaufen:

> Weiber kennen sowenig die Regeln als die Grenzen der Sprache, überschreiten die ersteren und erweitern die letzteren. - Wie manche glückliche Bereicherung hat die Sprache ihnen mittelbar zu danken! Das Mittelmäßige kann im Geschlechte gar nicht aufkommen; was sich unterscheidet, ist vorzüglich.[347]

Folglich werden die Männer als Repräsentanten des konventionalisierten Sprachverhaltens in den Zirkeln gesehen, einer Redeweise, die auf Verstellung hinauslaufe und die Wahrheitsfindung störe statt fördere.[348] Dies gelte auch für die Körpersprache der "sprachlose(n) Beredtsamkeit"[349] von Frauen im geselligen Verkehr: "Weiber haben Sitten, Männer Manieren."[350] Während die "Manieren" für und durch den Umgang erlernt werden und entsprechend manipulierbar sind, verleihen die "Sitten" der Frauen dem sozialen Umgang die Tendenz zur Wahrhaftigkeit und damit zugleich zur Sittlichkeit. Unter dem Einfluß der Frauen werden die Zirkel zu moralischen Anstalten: "In allen Gesellschaften, woran Weiber teilnehmen, verbreitet sich der Anstand (...)"[351], formuliert Hippel die Gegenposition zu Brandes.

Das Reden als gesellige Kompetenz von Frauen steht für Hippel im Zusammenhang mit der Disposition zum "Hören". Hippel spricht von einem "moralischen" Hören[352], weil es analog zum Sprechen zu einer die Maskeraden der Konvention durchdringenden Wahrnehmung geworden sei.

Gerade aus der Tatsache, daß die Frauen von den Männern in die Rezeptivität abgedrängt worden seien, erkläre es sich, wenn sie im Hören, der rezeptivsten sozialen Praxis,

345 Ebd., S. 192.
346 Hippel: Verbesserung, S. 152.
347 Ebd., S. 154.
348 Ebd., S. 155.
349 Ebd.
350 Ebd., S. 157.
351 Ebd., S. 21.
352 Ebd., S. 155.

eine besondere Kunstfertigkeit erlangt hätten. Hippel stilisiert die Frauen zu auditiven Künstlerinnen und scheut sich dabei auch nicht, die Begrifflichkeit des Geniekultes, der das schöpferische männliche Individuum feiert, zu assoziieren:

> Weiber sind Meisterinnen in der Kunst zu hören, *Original-Hörerinnen* (Hervorhebung PS), und ich weiß nicht, ob sie im Hören oder im Sprechen stärker sind. Es ist leichter, mit dem Publico als mit dem Zirkel fertig zu werden, worin man lebt, wenn dieser Zirkel aus witzigen Weibern besteht (...).[353]

Mit dieser Aussage trennt Hippel nicht die Zirkel der "witzigen Weiber" vom Publikum, sondern erkennt diese Zirkel wegen der entwickelteren Rezeptionsfähigkeit der Frauen als kritisch kompetentesten Teil des Publikums an, wobei er allerdings die hier geübte Kritik als Kritik sui generis begreift: Während die Kritik der Männer zersetzend, zerstörerisch sei, da diese einem Zweckhandeln unterworfen seien, von dem selbst die Freundschaften, falls es nach Hippel diese überhaupt in reiner Form unter ihnen geben kann, nicht ausgenommen sind, enthalte die Kritik bei den Frauen immer noch eine Vermittlungs- und Versöhnungstendenz. Weibliche Kritik entbehre der persönlichen Invektiven; die inhumaneren Mechanismen des Sich-Durchsetzens, wie sie die außerfamiliäre männliche Konkurrenz und die Sphäre bestimmen, seien im Umgang mit Frauen abgemildert oder fehlten. Die Gesetze des literarischen Marktes scheinen demzufolge im Zirkel unter der Herrschaft der Frau noch einmal ihre Gültigkeit und Schärfe eingebüßt und einer Literaturkritik mit überwiegend protektionistischen Zügen das Feld überlassen zu haben:

> Ihre Aufmunterung erhält den verdienstvollen Schriftsteller aufrecht, wenn Knaben ihn einen Kahlkopf heißen; sie decken ihn mit ihrer Ägide vor den feurigen Pfeilen des Neiders und Spötters, so daß die besten Autoren an ihrer Hand die Stufe der verdienten Würde erstiegen, die sie ohne diese Engel der Stärkung gewiß nicht erreicht haben würden. - In der Blüte wären sie verwelkt, und noch ehe sie zu männlicher Stärke gelangten, würden sie, ohne weibliche Aufmunterung, autorenlebenssatt dahingeschieden sein. - Die Prämien aller Akademien können nicht den aufgekitzelten Witz eines Spötters in unserm geselligen Kreis zügeln; - und Weiber, die so wohltätig in kleinen Gesellschaften sind, sollten es weniger in größern und im Staate sein?[354]

Während Schiller die ästhetischen Zirkel als Institution eigener Art klassifiziert hatte, Brandes von einer binären, auf Haus und Öffentlichkeit basierenden bürgerlichen Gesellschaft mit einer ihm suspekten geselligen Überlappungszone beider Bereiche ausging, baut sich nach Hippel die Gesellschaft aus dem häuslichen Bereich auf ("Ist bürgerliche Gesellschaft etwas anderes als vergrößerte häusliche?"[355]), wobei die Zirkel wichtige Funktionen übernehmen. Damit kann ihnen eine Eigengesetzlichkeit nicht mehr zugestanden werden; der Ausschluß der Frauen erscheint bei einer solchen Genese der

---

353 Ebd., S. 155-156. Auch Pockels hebt in seiner Geselligkeitsschrift die "Hörfähigkeit" der Frauen in den Zirkeln hervor: "Frauen dieser (gebildeten, geselligen - PS) Art wollen nicht mit ihrem Verstande und ihrer Cultur imponiren, nicht schimmern und glänzen, nicht künstelnd interessant seyn, nicht einmahl durch das geistige Vielreden, - weil sie auch das seltene Talent *zuzuhören* besitzen, und sich in der Lebendigkeit der Unterhaltung zurückzuziehen wissen." Pockels: Über Gesellschaft, Bd. 2, S. 41.

354 Ebd., S. 217.

355 Ebd., S. 215.

bürgerlichen Gesellschaft um so willkürlicher und gewaltsamer. Umgekehrt müssen Vorgänge im geselligen Bereich unmittelbar gesellschaftlich wirksam werden. Deshalb wird für Hippel die Befreiung der Frau aus der "Bastille" des Hauses für die egalisierende Dimension frauenzentrierter Zirkel[356] auch gesellschaftspolitisch nutzbar. Zu seiner These, daß die "Unterdrückung der Weiber (...) die Unterdrückung in der Welt hervorgerufen" habe, formuliert Hippel auch den Umkehrschluß. In diesem Befreiungsprozeß behalten die Zirkel ihren Platz. Also: Nicht ihre Ästhetisierung als Ersatz für soziales und politisches Handeln nach der Enttäuschung über Paris, sondern ihre Instrumentalisierung zur Vollendung des revolutionären Projekts. Oder, um in der Terminologie der Briefe Schillers über die ästhetische Erziehung zu bleiben: Die Zirkel stehen in Funktion zum "dynamischen Staat"[357]!

Wie wenig diese Konzepte, die eine Autonomiesetzung geselliger ästhetischer Formationen ablehnen, abzutrennen sind von entsprechenden Literaturkonzepten, läßt sich nicht nur erkennen an der schriftstellerischen Produktion Hippels mit seiner Schwerpunktsetzung auf didaktischen, politischen oder autobiographisch-autofiktiven Gattungen; im Traktat selbst wird gegen jene neueren Richtungen in der Literatur polemisiert, die auf deren Autonomie zielen.[358]

Seine zu dieser Zeit bereits für die Salons anachronistisch werdenden poetologischen Auffassungen, nach denen "Grundsätze, welche die Vernunft im Allgemeinen lehrt (...), Dichtkunst durch treffende Beispiele anschaulich"[359] machen müßte, bieten vielleicht die wichtigste Erklärung dafür, daß Hippels einzigartiges Manifest, das in der Kulminationsphase der Berliner Salons der klassisch-romantischen Epoche zudem in Berlin erschien, selbst dort keine greifbare Resonanz verzeichnen konnte. Als Ausnahme unter den späten Aufklärern forderte Hippel die Gleichstellung der Frau und begrüßte die sich herausbildenden Zirkel als Schritt dazu. Indem er aber an "obsoleten" ästhetischen Normen festhielt, während die Berliner Salons um Henriette Herz und Rahel Levin eben aus der Überwindung dieser Literaturkonzeptionen entstanden waren und die Integration dieser Frauen in das Literarische Leben damit auch andere ästhetische Prämissen hatte, mußte sein Manifest ohne Impulse auf die Literarischen Salons bleiben.

---

356 Hippel führt einige historische Beispiele an, in denen eine politische Autorität durch Frauen hätte lächerlich gemacht werden können, und schließt mit einer Voltaire-Episode: "'Hier sind wir alle entweder Fürsten oder Dichter', sagte Voltaire, als er sich bei einem Fürsten zu Tische setzte; und das ist der eigentliche Ton eines Weibes." Ders.: Verbesserung, S. 174.

357 Ebd., S. 245.

358 Ebd., S. 160.

359 Ebd., S. 162.

4. *Literaturproduktion und Salon*

> Bald darauf wurde auch sie aufgefordert, etwas von ihren Poesien zum besten zu geben. Sie versicherte vergebens, daß sie nichts bei sich habe, man drang von allen Seiten, besonders die Weiber, mit wahren Judasgesichtern in sie, und so begann sie, ohne sich lange zu besinnen, folgende Verse, die sie zum Teil aus der Erinnerung, größtenteils im Augenblicke erfand und durch ihre musikalischen Mienen wunderbar belebte.
> (Eichendorff: *Ahnung und Gegenwart*)

4.1 *Autor und Salon*

4.1.1 *Einleitung*

1. Die Hochphase der literarischen Salonkultur in Deutschland fällt zeitgleich zusammen mit einem Strukturwandel des Literatursystems. Ein grundlegendes Movens dieser Umgestaltung war bekanntlich die Ausweitung des literarischen Marktes. Ergebnis wie auch Ferment dieses Prozesses war eine weitere Ausdifferenzierung der Literaturinstitutionen: Als zunehmend voneinander geschieden erwiesen sich nun der literaturproduzierende und der rezipierende Bereich, der sich als "Publikum" konstituierte. Daß diese Trennung zwischen Produktion und Rezeption durch die merkantile Entfaltung der Distributionssphäre (bei gleichzeitiger Tendenz zur Marginalisierung traditioneller Verbreitungsweisen von Literatur) vielen Schriftstellern dieser Phase (z.B. Wieland, Hamann, Herder) ebenso wie dem "Publikum" bewußt wurde, ist bereits in der Forschung diskutiert worden.[1] Publikumsanreden, eine als epochensignifikant beschriebene dialogische Struktur vieler literarischer Werke, fingieren oder beschwören noch einmal eine personale Beziehung zwischen Autor und kongenialem Leser, der als realer Leser zu einer anonymen Größe herangewachsen ist. Das *Gespräch zwischen Autor und Leser*, so der Titel eines 1780 erschienenen Dialogs[2], wird zu einer fiktiven Angelegenheit und findet vornehmlich als utopischer Entwurf in der Literatur selbst statt. Konkrete Vorschläge, die auf eine Modifikation des Literaturbetriebs zielen, intendieren in der Regel bessere Bedingungen für die Literaturproduzenten, d.h. eine für sie günstigere Marktgestaltung; die projektierte Revision der Ausdifferenzierung berührt - wie in Lessings Projekt zum Buchhandel - weniger das zunehmend entpersonalisierte Verhältnis von Autor und Publikum als das zwischen Autor und Verleger. Die Literaturkritik als

---

1 Vgl. u.a. den Aufsatz von Herbert Jaumann: Emanzipation als Positionsverlust. Ein sozialgeschichtlicher Versuch über die Situation des Autors im 18. Jahrhundert, in: Zeitschrift für Literaturwissenschaft und Linguistik, JG. 11, Heft 42, 1981: Der Autor, hrsg. von Helmut Kreuzer, S. 46-71.

2 Johann Heinrich Merck: Werke, ausgewählt und hrsg. von A. Henkel, Frankfurt/M. 1968, S. 418-423.

historisch neuer Handlungsbreich zwischen Produktions- und Rezeptionssphäre festigt zugleich institutionell die Trennung von Produktion und Rezeption. In dem Maße, in dem die regelpoetischen Normen außer Kraft gesetzt werden, vergrößert sich der Bedarf an öffentlicher literarischer Kritik, die als Korrektur- und Steuerungsfaktor von subjektiver werdenden ästhetischen Werturteilen anerkannt wurde. Aber in ihrer Etablierung als Rezensionswesen, das nur kleinste Segmente des Publikums zur Mitsprache zuließ, stand sie nicht nur der Fortsetzung oder Aufnahme des Dialogs zwischen Literaturrezipienten und -produzenten entgegen, sie schränkte auch eine von der Aufklärung vorgetragene Mündigkeitserklärung des Publikums, die das ästhetische Wertungsvermögen von den Prärogativen des Standes befreite, insoweit ein, als sie es an die Kompetenz der Profession band. Als Antwort des Lesers, wenn auch durch die kritischen Instanzen und die präexistenten Geschmacksurteile mitbestimmte, konnte dann letztlich nur der Absatz auf dem Markte interpretiert werden. Den buchhändlerischen Erfolg aber als einzige manifeste Leseräußerung ernst zu nehmen, barg zugleich die Gefahr der Unterwerfung eigener ästhetischer Normen unter die Publikumsbedürfnisse (was die vielverschrieenen, aber für die Akzeleration der Herausbildung von Autorentypen wichtigen "Skribenten" schließlich taten). Damit drohten - wie hinlänglich beschrieben - die ästhetischen Freiheiten durch eben die ökonomische Basis, die sie ermöglichte, wieder eingeschränkt zu werden. Die Konsequenzen, die von den verschiedenen Autoren gezogen wurden, sind gleichfalls bekannt: Sie schwanken zwischen partieller oder genereller Ablehnung des zeitgenössischen Publikums bzw. Konzeptionen einer literarischen Elite, die sich souverän gegenüber den ästhetischen Bedürfnissen des breiten Publikums verhält, und der Forderung nach Bildungsmaßnahmen für bestimmte Rezipientengruppen. Der beklagte Verlust des Einflusses von Schriftstellern auf die Rezeptionsweise ihrer Literatur wurde um so spürbarer, je mehr der Autor selbst die normativen Poetiken außer Kraft setzte. Auch wenn die Literaturgesellschaft Weimars noch einmal einen (engen) Raum bot, in dem der Autor diese Einwirkungsmöglichkeit - sozusagen antizyklisch - ausschöpfen konnte, entzogen sich insgesamt die hermeneutischen Prozesse mehr und mehr seiner Kontrolle. Die (frühen) Romantiker - in Abkehr von den Wirkungsästhetiken, aber auch von Weimar - destabilisierten den Text schließlich für die Rezeption und gaben ihn als polyvalenten einer Aufnahme durch eine vage, desintegrierte Leserschicht frei, projektierten allerdings zugleich die Beteiligung von Autoren an einem umfassenden Gespräch über Literatur.

Dort, wo noch Aufklärungspositionen vertreten wurden, hielten die Autoren an "alten" Publikumskonzeptionen fest. Interessant ist dabei die Haltung Knigges. In die allgemeine Klage darüber, daß Autor und Publikum sich voneinander entfernten, als einander unbekannt gewordene Größe handeln müßten, will gerade er, der an einer Ausweitung und Vertiefung des gesellschaftlichen Umgangs interessiert ist, nicht einstimmen. Seine noch vom Aufklärungsoptimismus getragene Abhandlung *Ueber Schriftsteller und Schriftstellerey* (Hannover 1793) reflektiert folglich nicht die Restitution personaler Beziehungen im Literatursystem auf einer, durch die Entwicklung der literarischen Verhältnisse möglich gewordenen, qualitativ neuen Ebene, sondern begnügt sich damit, die "Schriftstellerey" als besondere und höhere Form von "Unterhaltung" zu definieren: "Schriftstellerey ist also öffentliche Mittheilung der Gedanken; gedruckte Unterhaltung; laute Rede, an Jeden im Publico gerichtet, der sie hören will; Gespräch mit der Lesewelt (...)."[3] Dadurch, daß Knigge das Modell des "Cirkels"[4] auf das literarische System überträgt, kann er die "Rechte und Pflichten der Schriftsteller"[5] unmittelbar aus den Umgangsregeln ableiten. Wie in jeder "freien" Gesprächssituation hat der Autor in der literarischen das Recht, "ungezwungen seine Meinung über alles sagen (zu) dürfen, was die Menschheit interessiert"[6]. Aus dieser Darlegung "des richtigen Begriffs von Schriftstellerey"[7] folgt ebenso, daß der Autor sich auch formal und thematisch an der "Unterhaltung" orientieren kann: Ebensowenig wie man in der Gesellschaft dem Zwang ausgesetzt sei, nur sagen zu dürfen, was "neu und wichtig ist", könne dies vom Autor eingefordert werden. Dem Autor wird, wie den Mitgliedern eines Zirkels, immer auch eine gesprächsstimulierende Funktion zugeschrieben:

> Es ist nicht alles unwandelbarer Grundsatz, was ein Schriftsteller vorträgt - Ist es doch uns auch in der gewöhnlichen mündlichen Unterhaltung nicht gerade mit allem ein Ernst, was wir sagen! Man wagt wohl hie und da ein Paradoxon, oder wirft einen Satz hin, von dessen Wahrheit man noch nicht ganz überzeugt ist, um Einwürfe und fremde Meinungen zu hören, damit man seine Ideen berichtigen könne.[8]

Eine Entfremdung zwischen Publikum und Autor, mit wirkungsästhetischen Unsicherheiten auf der literaturproduktiven Seite und hermeneutischen Verwirrungen auf der rezeptiven, kann es dann nicht geben, wenn beide Seiten den Verhaltenscodex als gültig auch für literarisches Handeln beachten: Der Schriftsteller hat zu schreiben als "Mann von Grundsätzen und gutem Tone (...), mit Vorsicht, mit Bedacht, nicht nachlässig und nicht so (...), daß, was er sagt, nur von Wenigen verstanden werden, einzelne Personen kränken, beleidigen, beschimpfen, auf irgend eine Weise Aergerniß geben, oder Unglück stiften könne." Umgekehrt ist das Publikum dem Autor, "welcher uns angenehm und anständig unterhält, (...) auch diejenige Gerechtigkeit und billige Behandlung schuldig, welche ein gesitteter gesellschaftlicher Ton fordert"[9]. Knigges "Umgang mit Menschen" wird damit zum Prolegomenon seiner "Bruchstücke" zu einem "Handbuch der Aesthetik"[10].

Im Entwicklungsprozeß des Literatursystems, dem gegenüber die Autoren sich unterschiedlich verhalten, ist notwendigerweise der Salon zu verorten, wenn die in seinem Rahmen versuchte literarische Praxis beschrieben werden soll. Kompliziert wird dies dadurch, daß diese literarisch-gesellige Formation Literaturproduktion, -distribution und -rezeption noch einmal zusammenzufassen suchte und damit ein retardierendes Moment in der Tendenz zur Ausdifferenzierung der literarischen Verkehrsformen darstellte. Wenn es

3 Adolph Freyherr Knigge: Ueber Schriftsteller und Schriftstellerey, Hannover 1893, S. 9.
4 Ebd., S. 12.
5 Ebd., S. 9.
6 Ebd., S. 10.
7 Ebd.
8 Ebd., S. 9.
9 Ebd., S. 13.
10 Ebd., S. 15.

dem Salon gelang, der Trennung von Produktion und Konsumtion in seinen Strukturen praktisch zu widersprechen, die "neuen" literarischen Handlungsrollen in Frage zu stellen, die Rezipienten in das Literaturschaffen und vice versa den Autor in die Verarbeitungsprozesse einzubeziehen, so deutete dies eine Souveränität gegenüber dem Markt als Ferment des Ausdifferenzierungsprozesses an - trotz unverkennbarer wechselseitiger Abhängigkeiten, wie sie noch kommentiert werden sollen.

Die zumindest temporäre Aufhebung "arbeitsteiliger" Strukturen durch die Salons, in der noch einmal das Ideal vom ganzheitlichen Menschen aufscheinen kann, impliziert zugleich eine Ausweitung rein literarischer Praxis zu einer ästhetischen. Inwieweit damit auch aristokratische universalistische Kunstauffassungen latent bleiben, die zugleich den "Verbürgerlichungsprozeß" der Künste in den Salons durchdringen oder verzögern, müßte am konkreten Fall diskutiert werden.

Die Systematik der Beschreibung erfordert im folgenden eine Auflösung der im Salon mehr oder minder intendierten oder durchgeführten Verschränkung der Ebenen literarisch-ästhetischen Handelns und deren Zerlegung in das triadische Handlungsschema von Produktion, Distribution und Rezeption. Daß die einzelnen Salons Akzente setzten, zumindest temporär z.B. die Kritik oder die (Re-)Produktion in den Mittelpunkt ihrer geselligen Aktivitäten stellen konnten oder Kritikprozesse in bestimmten Phasen auch ausblendeten, ändert nichts an ihrer prinzipiellen Disposition für verschiedene Handlungsrollen.

2. In dem Überblick über die europäische Salongeschichte bis zur Französischen Revolution zeigte sich in den verschiedenen historischen Phasen und kulturellen Konstellationen ein durchgängiges Bestreben dieser ansonsten historisch variantenreichen Formation, an Entstehungsvorgängen von Literatur aktiven Anteil zu nehmen. Die Modi der Partizipation waren unterschiedlich; so konnte es sein, daß der Salon die kreativen Prozesse direkt in seine Strukturen verlagerte oder er sich begnügte, Literaturproduzenten in sein Kommunkationsfeld einzubeziehen. Beides wirft die Frage nach dem für die jeweilige Salonpraxis konstitutiven Begriff des Literaturproduzenten auf. Bei Gottscheds Organisationsformen des Literarischen Lebens war die Beantwortung dieser Frage leicht: Literaturproduktive Kompetenz war Bedingung für eine Mitgliedschaft; über diese Kompetenz, über die "Autorenschaft" konnte aufgrund der akzeptierten poetologischen Normen die jeweilige soziale Formation, deren Mitgliedschaft man erwerben wollte, befinden. Es ist an anderer Stelle darauf aufmerksam gemacht worden, daß bereits Nicolai (auch wenn er den Dichter vom Gelehrten noch nicht zu scheiden vermochte) in seiner Beschreibung Berlins den Autorenbegriff an die "Veröffentlichung" von Werken knüpft. Dieser spätaufklärerischen Autorenkonzeption immanent ist, daß die Person des Schriftstellers hinter seine Objektivation, die er der öffentlichen Kritik zugänglich gemacht hatte, zurücktrat. Nicht mehr die Persönlichkeit, die ins Private abgedrängt war, sondern der literarisch-gelehrte Ruhm des Werks machte den Wert des Autors aus.

Die kurze Zeit nach Nicolais "Stadtbeschreibung" entstandenen Salons stützten eine solche Autordefinition, insofern sie öffentliche Anerkennung als ein Kriterium nahmen, um eine Integration des Literaturproduzenten in ihre literarisch-gesellige Praxis zuzulassen oder zu betreiben. Wie in den französischen Salons des 18. Jahrhunderts der Applaus, der einem Theaterstück gezollt wurde, dem Autor die Salonfähigkeit attestierte, so war jetzt vor allem der Markt zu einem wichtigen sozialen Feld geworden, auf dem der Zutritt zum Salon erstritten werden konnte. Dies gilt für die Salons unter aristokratischer Führung ebenso wie für die bürgerlichen, die beide durch die Kooperation mit einem Erfolgsautor ihre eigene Reputation zu verbessern suchten, sich dabei aber notgedrungen exogenen Wertungen unterwerfen mußten.

Mit der Integration von Autoren haben sich die Salons zwar noch nicht zu literarischen Produktionsstätten entwickelt, aber sie haben sich die Möglichkeit gesichert, unmittelbar auf die Literaturproduzenten einzuwirken und nicht auf die nachträgliche Kommentierung von literarischen Erscheinungen und Tendenzen festgelegt zu bleiben. Umgekehrt ist es gerade auch der Erfolg auf dem Markt, der dem Schriftsteller durch die stärkere Freisetzung von materiellen Bindungen die Wahl einer Integration in bestimmte Kommunikationsstrukturen läßt. Das Bemühen einzelner Salons, sich der Teilnahme von Literaturproduzenten zu versichern, auch ohne die traditionellen Verbindlichkeiten des Autors zu reproduzieren, wird erst damit historisch möglich und sinnvoll. Damit ist zwar das Interesse vor allem von "erfolgreichen" Autoren an ihrer personalen Eingliederung in den Aktionsradius der Salons nicht geklärt; aber der Hinweis auf die zunehmende Realisierbarkeit einer "freien", das Mäzenatentum als Subsistenzquelle aufgebenden Schriftstellerexistenz enthält ein wichtiges Begründungsmoment für die Tatsache, daß um die Jahrhundertwende Frauen wie Rahel Levin, die weder von ihrer sozialen Lage her mäzenatische Beziehungen aufbauen, noch anfangs durch ihre gesellschaftliche Stellung protektionistisch wirken konnten, Schriftsteller von Bedeutung für die zeitgenössische Literaturentwicklung als Habitués gewannen. In dieser Phase, die die Organisierung des Literarischen Salons in Deutschland in einem bisher nicht gekannten Umfang gestattete, streift der Salon seine soziale Eindeutigkeit weiter ab. Weil der Zwang für die Schriftsteller, aus Gründen der direkten Existenzsicherung diese Institution aufzusuchen und dort entsprechend zu agieren, durch den Markt reduziert wird, kann sich der Salon um so überzeugender als tendenziell "zweckfreier" Raum darstellen. Er entspricht damit einer geänderten Autorenkonzeption und einem neuen Autorenselbstverständnis, er fördert und stärkt ein neues Autorenselbstbewußtsein: Hier ist die soziale Bühne, auf der der Dichter als "freier" agieren und sich darstellen kann. In Brufords Analyse der Kultur und Gesellschaft Weimars wird bereits die Aufkündigung des Mäzenatentums in Verbindung gebracht mit dem Bedeutungszuwachs für die Salons: Daß sich in Berlin im Gegensatz zu Weimar das Literarische Leben in den Salons konzentriert habe, sieht Bruford als Resultat und als Bedingung einer für Deutschland singulären Ausrichtung einer ganzen Autorengruppe, der Berliner Aufklärer, auf den Markt.[11] So sehr Bruford zuzustimmen

---

11 Bruford will an dem Werdegang der "Berliner Schriftstellergruppe" (Nicolai, Mendelssohn, Garve, Engel, Lessing) zeigen, was ohne Mäzenatentum in der zweiten Hälfte des 18. Jahrhunderts an aufklärerischen Projekten möglich war. Die Schriftsteller, denen die Unterstützung durch Friedrich II wegen dessen Vorliebe für die französischen Kunst und Literatur versagt geblieben war, gewannen "besonders durch ihre Zeitschriften einen großen Leserkreis in Norddeutschland. Mit ihnen begann eine Tradition des Rationalismus, die sich ins 19. Jahrhundert hinein fortsetzte und geistig interessierte Menschen aller Schichten in

ist, daß das "Aufblühen" der jüdischen Salonkultur in Berlin in Interdependenz mit dem dortigen Fehlen mäzenatischer Förderungspolitik steht, so problematisch erscheint es dabei selbstredend, die Salons als literarische Organisationsform dieser Aufklärer - und nicht als deren Erbe und Widerspruch zugleich - auszugeben.

Um kein Mißverständnis aufkommen zu lassen: Mit der am Ende des Jahrhunderts aufscheinenden Perspektive, nicht-mäzenatisch fungierende Salons zu gründen, die für Schriftsteller dennoch oder gerade deshalb attraktiv bleiben, ist selbstverständlich noch nicht jegliche protektionistische Wirkungsmöglichkeit des Salons aufgehoben. Es setzt sich zugleich eine Tradition fort, die eine besondere Bedeutung schon in den italienischen Renaissance-Zirkeln hatte, aber auch noch in den französischen Salons bis in das späte 18. Jahrhundert die Autorenbindung fundierte. Allerdings konnten sich im Zuge der wirtschaftlichen Erstarkung des französischen Bürgertums auch Frauen solcher Schichten - hier ist u.a. die Mme. Geoffrin genannt worden - die Beteiligung von Autoren "erkaufen". Tinker, der die französischen Salons sozusagen als Folie für das englische Literarische Leben untersuchte, spricht dem System der Autorenförderung, wie es die französischen Salondamen betrieben, die Funktion einer "Übergangsregelung"[12] zwischen höfischem Mäzenatentum und "freier" Schriftstellerexistenz zu: "It offers to the author the aid, advertisement, and protection which he had once sought from a patron."[13] Die Salondame tritt nach Tinker zwar an die Stelle des höfischen Mäzens, aber es dominiert nicht mehr die personale Bindung an diese, sondern an den Salon als spezifische Formation: "In the person of the hostess, the salon made gifts of money, granted unofficial pensions, paid printer's bills and even gave authors a home."[14]

Tinkers Auflistung verschiedener Unterstützungsmaßnahmen verweist auch bereits auf Formen des Protektionismus ("paid printer's bills"), die auf den Buchmarkt und damit letztlich die Aufhebung des Protektionismus durch den Salon zielen.

Unterstützungsleistungen, die die neuen Formen der Buchdistribution noch nicht einbeziehen, sind in den deutschen Salons weitaus rudimentärer als in den französischen und bieten seltener noch Grundlage für Interaktionen zwischen Autor und Salon. Dies liegt weniger an den merkantilen literarischen Verhältnissen in Deutschland als an dem weitgehenden Fehlen mäzenatischer Politik überhaupt. In Grenzen hielt sich der Beitrag, den der Berliner Salon der Herzogin von Kurland in dieser Beziehung geleistet hat[15], selbst die wohlhabenden und aristokratisierten jüdischen Salons von Wien zehrten nicht von

---

ganz Berlin beeinflußte; das wäre allerdings kaum zustande gekommen ohne die Salons wohlhabender emanzipierter Jüdinnen, die einen ständigen Einfluß auf die Ausbreitung von Ideen und Geschmack und auf die Förderung eines freien geistigen Lebens ausübten (...)" Bruford: Weimar, S. 19-20.

12 Vgl. Tinker: Salon, S. 32-33: "Could a way be found to make grants of money or to draw attention to worthy writings without an offensive display of philanthropy? Was it not possible to assort an author, yet cause him feel that any favour was conferres by himself? The salon was the answer."

13 Ebd., S. 30.

14 Ebd., S. 30-31.

15 Als Patronin wirkte die Tochter, Dorothea von Kurland, als diese sich auf ihr Landgut Löbichau bei Altenbirg zurückgezogen hatte; hier sammelte sie ältere Schriftstellerfreunde um sich wie Tiedge, Elise von der Recke, Thümmel u.a.. Jean Paul besuchte Löbichau und den dortigen Kreis im Herbst 1819.

einem mäzenatischen Ruf. Erst ein weiter gefaßter Salonbegriff läßt einige Formationen literarischer Geselligkeit ins Blickfeld geraten, die die Tradition ausländischer Mäzene oder auch französischer Salonfrauen bedingt fortsetzten: Der Zirkel um Anna Amalia in Weimar, der Kreis um die Fürstin Gallitzin in Münster mit der Protektion von Hemsterhuis[16], das Gut Ziebingen, das Tieck zu einer Zuflucht wurde. In den wichtigeren Salons in Berlin, aber auch bei Karoline Pichler in Wien, Johanna Schopenhauer in Weimar fehlt dagegen jeder Ansatz eines mäzenatischen Verhältnisses.

Für Carl Maria von Weber zeichnete sich die Salongeselligkeit gerade dadurch aus, daß sie die materielle Abhängigkeit des Künstlers nicht mehr kennt, vielmehr den Status des "freien" Künstlers respektiert und stützt. So werden die Wiener und Berliner Salons, die den Künstler nicht mehr über das traditionelle Mäzenatentum dominieren und damit seine Kreativität beschneiden würden, als Gegenbeispiele zu den als zurückgeblieben etikettierten Zuständen Prags erkennbar.[17]

Die historische Spanne, in der sich Autoren und Salon auf "freiwilliger" Basis und zweckfrei zusammenfanden, konnte allerdings nur kurz sein. Sobald sich der Salon dem Literaturmarkt gegenüber aktiver zu verhalten begann, entstanden dem Autor neue Anreize für eine Partizipation. Am offenkundigsten wurde dies in den Fällen, wo sich um die Frauen von Verlegern gesellige Zirkel bildeten (Unger-Zirkel oder der Kreis um Sophie Sander[18]). Die Situation, die sich den Salonfrauen um 1800 stellt, ist also dadurch gekennzeichnet, daß der Buchmarkt einerseits die Bedingungen für ihre geselligen Aktivitäten verbessert, andererseits die Salons mit einem zunehmenden Verlust an persönlichen Momenten der Beziehungen zwischen Literaturproduzenten und -konsumenten als Ergebnis eben dieser Subsumtion von Literatur unter den Warenverkehr konfrontiert sind.

---

16 Vgl. Siegfried Sudhof: Von der Aufklärung zur Romantik. Die Geschichte des Kreises von Münster, Berlin 1973.

17 Carl Maria von Weber: Ueber Prag, in: Hinterlassene Schriften, Bd. 2, S. 125-139, S. 127-128.

18 Zum "offenen Haus" des Buchhändlers Sander vgl. Ludwig Geiger: Berlin, Bd. 2, S. 192. "Die Buchhändler, von denen einzelne, wie Reimer, später ein offenes Haus hielten, waren damals (d.h. vor 1806) meist einfache Kaufleute. Eine Ausnahme machte nur das Haus des Buchhändlers J.D. Sander, in dem eine wirkliche Geselligkeit geübt wurde. Der Mann war gebildet, ja gelehrt, längere Zeit Lehrer; dann in Folge seiner Verbindung mit dem jüngeren Voß Buchhändler, zuerst Voß' Teilhaber, dann unter eigener Firma. Seines Freundes Lafontaine Romane erhielten durch ihn letzte Feile, der Text von Gluck's Iphigenie war von ihm deutsch bearbeitet. Die Frau war, so lange sie Jugend und Reiz besaß, nach Böttiger's Ausdruck, 'eine feile Coquette, die gern mit den schönen Geistern liebelte', ihrem Mann viel Verdruß bereitete, später, nachdem der Mann krank geworden war, bekam sie den Ernst des Lebens zu kosten, indem sie in schwierigen Zeiten die Handlung leiten mußte. In diesem Hause ging es von 1797-1805 ungemein lebhaft zu. Der Mann verlegte Merkel's Schriften und den "Freymüthigen", die Frau empfing die Schlegel und deren Cumpane, die sich von ihr füttern und anschwärmen ließen, um sich öffentlich und geheim über sie lustig zu machen." Wie aus einem Brief Rahel Varnhagens an Brinckmann hervorgeht, besuchte Rahel den Kreis der Sophie Sander lange Jahre und nahm auch gleich nach ihrer Rückkehr aus Karlsruhe wieder Verbindung auf mit diesem Zirkel, der zum alten "Rest von Geselligkeit" gehörte. Brief Rahels an Brinckmann, Berlin, 30. Nov. 1819, in: Rahel im Umgang, S. 111-116, S. 114-115.

Bei der Restitution der persönlichen Beziehungen, wie dies im Salonprojekt angelegt ist, müssen die Salondamen sich den Schriftstellern auch über deren Werke annähern, d.h. man rekonstruiert deren Personalität, die im geselligen Verkehr wieder in ihre alte Rechte eingesetzt werden soll, vorab über die Rezeption der Schriften. Wie sehr der Umgang mit Büchern den Umgang mit deren Autoren vorformte, zeigte sich an den Enttäuschungen über Sophie LaRoche, als diese einzelne Zirkel besuchte - erwartet hatte man bekanntlich ein Fräulein von Sternheim. Das Verschwinden der Persönlichkeit im Werk, das v.a. bei geselligen Konzepten mit dem Ziel, "(to) get behind the product to the producer"[19] zum Problem wurde, erzeugte im Gegenzug gerade bei den Salondamen ein gesteigertes Interesse an den Autorenpersonen, das in Idolatrie umschlagen konnte. Henriette Herz' Notizen zum Schillerbesuch in Berlin, bei dem die meisten Salondamen erstmals Gelegenheit hatten, Schiller persönlich kennenzulernen, seine Umgangsformen zu studieren, halten genau die Situation der Wiederbelebung persönlicher Momente einer Interaktion zwischen Teilen des Publikums und einem Autor im Rahmen des Salons fest und sprechen von der notwendigen Korrektur des Autorbildes, wie es aus der Lektüre entworfen wurde:

> Bis zum Jahre 1804, wo ich ihn zum ersten und letzten Male, und zwar hier in Berlin, sah, hatte ich ihn nur aus seinen Schriften gekannt, und wie begreiflich ist, daß wir uns das Bild der Persönlichkeit eines Dichters, den wir kennen und lieben, aus seinen Werken gestalten, so hatte ich ihn mir in seiner Ausdrucksweise feurig und in seinen Reden rückhaltlos seine Überzeugungen aussprechend gedacht. Ich meinte, er müsse so im Laufe eines Gesprächs etwa wie sein Prosa in der berühmten Szene mit König Philipp sprechen. Zu meinem Erstaunen nun stellte er sich in seiner Unterhaltung als ein sehr lebenskluger Mann dar, der namentlich höchst vorsichtig in seinen Äußerungen über Personen war, wenn er irgend glauben durfte, Anstoß durch sie zu erregen.[20]

Bei der Salondame finden die rötlichen Haare des Schriftstellers nicht weniger Aufmerksamkeit als dessen Meinung zur Berliner *Wallenstein*-Inszenierung. Beim Treffen Rahel Levins mit dem um 1800 für die Berliner Salons wichtigen Besucher Jean Paul überraschen die blonden Haare:

> Sonntag war Jean Paul bei mir: ich war launig - ich hatte grad acht sehr launige Tage, voller kurioser Ausdrücke und Bonmots - nicht er. Das war gut. Er hat überaus etwas Beruhigendes an sich. Vor dem könnte ich mich gar nicht schämen. Nie hat ein Mensch so ganz anders ausgesehen, als ich ihn mir denken mußte. Keine Ahndung vom Komischen. Er sieht scharfsinnig aus. Er spricht so ernst, sanft, und gelassen, und geordnet, hört so gern - süß möcht' ich sagen - und väterlich zu - daß ich nie geglaubt hätte, es sei Richter. Und blond ist er! 'Sie sind es nicht!' möcht ich immer zu ihm sagen.[21]

Eine besondere Variante des Bestrebens, Werk und Autorenindividualität wieder in einem Zusammenhang zu sehen, stellt die Annäherung an Goethe dar. Rahels Interesse an der Person Goethes ging so weit, daß sie sich immer wieder von verschiedenen Weimar-

---

19 Tinker: Salon, S. 30.
20 Herz: Erinnerungen, S. 125-126.
21 Rahel an Gustav Brinckmann, Berlin, Juli 1800, in: Buch des Andenkens I, S. 203.

Besuchern berichten ließ, wie Goethe lebte, wie er sich kleidete usw.[22]. Auch Henriette Herz stand Rahel bei dem Versuch, Goethe und sein Werk als Einheit zu sehen, nicht so fern: Bei diesem Autor glaubte auch sie, die Person des Autors unmittelbar aus seinem Werk erstehen lassen zu können - nicht einmal eines Porträts bedürfe es, um Goethe zu identifizieren: "Hatte ich ihn gleich nie gesehn, dennoch erkannte ich ihn auf der Stelle, und ich hätte ihn erkannt, wäre mir auch nie ein Bildnis von ihm zu Gesicht gekommen."[23] Dies läßt den Umgang mit Goethe, den sie ja schon als Person zu kennen glaubt (weil sie seine Dichtung kennt), für Henriette Herz im Hause des Schillerfreundes Körner und im Zirkel der Porträtistin Seidelmann unproblematisch erscheinen.[24] Das Werk als integralen Bestandteil der Schriftstellerpersönlichkeit zu behandeln (und umgekehrt), es als solches abzulehnen oder anzuerkennen (was eine literarische Wertung in der Salongeselligkeit mit sich brachte, gegen die eine Literaturkritik, die sich nur mit den Objektivationen des Autors auseinandersetzte, permanent anschrieb), provozierte z.B. die Distanzierung Rahels von Fouqué; Varnhagen teilte sie mit, Fouqué "äußerte sich aber über Goethen's Leben so gegen mich, daß er eine unverständliche Welt zwischen uns schob, und auch ich perplex in Stummheit sank."[25]

Der Anspruch auf den "ganzen Autor", den die Salons in der beschriebenen Zeit der "Entpersonalisierung" der Beziehungen zwischen Literaturproduzenten und -rezipienten anmeldeten, entsprach dem Doppelcharakter des Salons als Formation, die sowohl öffentlich als auch privat war. Anders als es bei der salonexternen Literaturkritik, den Akademien usw. der Fall sein konnte, machte gerade dieser Doppelcharakter den Autor als öffentliche und zugleich als private Person rezipierbar und integrierbar.

4.1.2. Jean Paul als Typus des "freien" Schriftstellers in seiner Beziehung zu Berliner Salons

1. Der erwähnte Jean Paul-Besuch in den Berliner Salons kann Abläufe und Motive einer temporären Integration von Autoren illustrieren. Jean Paul aus der Vielzahl der Autoren, die um 1800 in das Kommunikationsfeld der Salons traten, herauszugreifen, erscheint erst einmal willkürlich: Weder ist ihm ein Berliner Salon wichtige literarische Sozialisationsinstanz gewesen, wie etwas später für den jungen Börne das Haus der Herz,

---

22 Vgl. z.B. den Brief David Veits an Rahel (Gotha, 20. März 1793), der Goethes Aussehen in allen Details beschreibt. So heißt es hier über Goethes Gesicht, nachdem Stirn, Augen, Augensäcke usw. geschildert sind: "Die Nase ist eine recht eigentliche Habichtsnase, nur daß die Krümmung in der Mitte sich rechts sanft verliert (...). Der Mund ist sehr schön, klein, und außerordentlicher Biegung fähig; nur entstellen ihn, wenn er lächelt, seine gelben. äußerst krummen Zähne. (...) Das Gesicht ist voll, mit ziemlich herabhängenden Backen." In: Rahel im Umgang, S. 11-16. Veit fährt dann fort mit der ebenso detaillierten Schilderung der Kleidung und der Wohnung. (Von Wieland liefert Veit ein ebenso veristisches Bild.) Rahel erkennt, daß hier ihr Idol Gefahr läuft, zerstört zu werden in der Beschreibung und antwortet Veit unentschieden: "Sie (...) fragen noch lange, ob Sie so fortfahren sollen, Herr Gott! das wäre zu viel! So exakt brauchen Sie nicht zu sein. Ich will schon verstehen. Aber hören Sie ja nicht auf, alles zu besehen und unmenschliches zu fragen, das ist das Wahre." Rahel an David Veit in Göttingen, 2. April, in: Rahel im Umgang, S. 17-20, S. 18.

23 Herz: Erinnerungen, S. 127.

24 Ebd., S. 127-128.

25 Rahel an Varnhagen in Prag, 30.1.1812, in: Briefwechsel Varnhagen-Rahel 2 (Rahel-Bibliothek, Bd. IV,2), S. 232-235, S. 233.

noch galt er als Habitué eines bestimmten Salons (wie Gentz zum ersten, Heine zum zweiten Rahel-Salon zählten oder wie Schleiermacher zum Herz-Kreis, Kleist zum Staegemann-Salon oder, um einen Wiener Zirkel zu nehmen, Zacharias oder Friedrich Schlegel, Hormayr oder Collin zum Salon der Karoline Pichler gehörten). Weder hatte Jean Paul - im Gegensatz zu Schleiermacher oder Schlegel - die Geselligkeit als Ort literarischen Handelns öffentlich reflektiert, noch wie Tieck oder E.T.A. Hoffmann literarisch gestaltet. Das Auftreten Jean Pauls fand allerdings in der ersten Kulminationsphase der jüdischen Salons statt. Rahel Levin unterbrach ihre Salonaktivitäten erst während des Jean Paul-Besuchs durch einen längeren Paris-Aufenthalt, Schleiermachers Anwesenheit prägte noch den Herz-Salon, konkurrierende aristokratische Unternehmen wie der Kurland-Salon in der Straße "Unter den Linden" waren noch nicht etabliert.

Dabei verkörperte Jean Paul zu dieser Zeit einen Autor, dem in exemplarischer Weise die Professionalisierung des Schreibens über den Markt gelungen war. Aus dem Autor, der sein Auskommen vornehmlich aus einer Privatlehrertätigkeit bestritt und dessen Arbeitskraft für literarisches Schaffen von Gleim durch Geldgeschenke freigesetzt werden mußte, war seit dem Erscheinen des *Hesperus* und dem *Leben des Quintus Fixlein* ein Schriftsteller geworden, dessen materielle Existenz ein bis 1800 wachsendes Publikum absicherte.[26] Wie bereits Zeitgenossen auffiel, machten Frauen aus einem sozialen Spektrum, das von den Ansätzen des Bildungsbürgertums bis in die Schicht des Hochadels, in Berlin die Königsfamilie, reichte, einen nicht unmaßgeblichen Bestandteil der Lesergemeinde Jean Pauls aus. Gerade bei den Frauen, die über die Salons am Literarischen Leben teilnahmen, fanden die Werke Jean Pauls begeisterte Aufnahme - nicht nur in Berlin, sondern, wie Varnhagen später feststellen konnte, auch in Wien[27]. Der große schriftstellerische Ruhm Jean Pauls, der in seinem Fall sich mit dem Markterfolg paarte, schlug sich als ein soziales Prestige nieder, das ihm bereits Zutritt zu aristokratischen Kreisen in Bayreuth verschafft hatte. Während seines ersten Aufenthaltes in Weimar 1796 fand er auch hier (vor allem über Charlotte von Kalb und trotz deutlicher Reserviertheit Goethes und Schillers) Zugang zu den Häusern, die im literarischen und gesellschaftlichen Leben der Stadt renommiert waren.

Für die *jüdischen* Salondamen in Berlin gab es noch einen spezifischen Grund, Jean Paul in ihre Geselligkeitsstrukturen einzugliedern: Noch in ihren Lebenserinnerungen vermerkt Henriette Herz, daß es für sie "immer rührend (gewesen sei), wenn er (Jean Paul - PS) mir von seinem Freunde Emanuel sprach, für welchen, als einem Juden, er ein besonderes Interesse in mir voraussetzen konnte."[28] Hatte die Freundschaft zwischen Lessing und Mendelssohn nicht nur die Assimilationsphase eingeleitet, sondern mit dem Nachweis der Realisierbarkeit eines intellektuellen freundschaftlichen Umgangs zwischen Juden und Nicht-Juden die überkonfessionelle Geselligkeitskonzeption dieser Salons mitfundiert, so wurde eine solche Konzeption in der langjährigen engen

26 Vgl. Eduard Berend: Jean Paul, der meistgelesene Schriftsteller seiner Zeit?, in: Imprimatur N.F. (1969), S. 172-183.

27 Vgl. Brief Varnhagens an Rahel Levin, Wien, 7.1.1810, in: Briefwechsel Varnhagen-Rahel 2 (Rahel-Bibliothek, IV, 2), S. 32-36, S. 34.

28 Herz: Erinnerungen, S. 99.

Freundschaft zwischen Jean Paul und dem jüdischen Geschäftsmann Emanuel Samuel (der sich nach 1813 Osmund nannte) erneut bestätigt. Wenn Jean Paul nach seinen Erfahrungen in den Salons der jüdischen Frauen in einem Brief an Henriette Herz, der seinen Freund Samuel als weiteren Besucher ankündigte, von Berlin als der "hohen Schule seiner (Samuels - PS) Religionsgenossen"[29] spricht, so äußerte sich darin umgekehrt auch Jean Pauls Wertschätzung der Berliner Salonkultur für die kulturelle Entwicklung der "jüdischen Nation"[30] in Deutschland insgesamt.

Bei seinem Besuch in Berlin zeigte es sich rasch, daß diese Stadt zum "Zentrum der Verehrung"[31] dieses Schriftstellers geworden war, weil durch die Salons ein relativ hoher Grad an aktiver Teilnahme von Frauen am Literarischen Leben erreicht war. In der Forschung gilt als sicher, daß die auch in den Salons konsensuelle enthusiastische Aufnahme des *Hesperus* gerade beim weiblichen Lesepublikum wesentlich auf die anhaltende Disponiertheit dieser Gruppe für empfindsame Muster, wie sie in diesem Roman noch zu finden sind, zurückzuführen ist. Henriette Herz, offensichtlich selbst von der begeisterten Rezeption Jean Pauls durch die Frauen der Berliner Salongesellschaft überrascht, hat dagegen die "kaum zu beschreiben(de) Aufmerksamkeit, (die) ihm von den Frauen, selbst von denen der höchsten Stände erwiesen wurde"[32], abgeleitet aus dem Frauenbild in den Werken Jean Pauls, der vor allem die Frauen "von höherer Bildung und die vornehmen Damen", aus denen sich die weibliche Klientel der Salons zum großen Teil zusammensetzte, "bedeutender und idealer darstellte, als sie in der Tat waren"[33] - ein Frauenbild, das im übrigen von den "Frauen der höheren Stände" im Umgang mit dem Dichter durch "schmeichelhafte Täuschung" zu bestätigen gesucht worden sei.[34] So verweist einerseits die Salondame Herz auf die bei Jean Paul imaginierte Weiblichkeit als von der Mehrzahl der Frauen dieser Lesergruppe akzeptierte Propagierung von Frauenbildern (Rahels Kritik kommt noch zur Sprache), zum anderen erkennt sie einen Erwartungsdruck an, in dem sich die Leserinnen im persönlichen Umgang mit dem Dichter befanden: Sie mußten den literarischen Vorgaben entsprechen. Beide Beobachtungen von Henriette Herz können Jean Pauls "Salonerfolge" erläutern, bei denen auch in den Salons scheinbar bereits überwundene Kulturmuster wieder zur Geltung kamen. Im Unterschied zum "Siegwart-" oder "Werther-Fieber", in dem noch jeweils der Autor als Verehrungsobjekt hinter seine Figuren zurücktrat, richtete sich jetzt die ganze Aufmerksamkeit auf die Person des Autors selbst: Die Leserinnen, wie sie in den Berliner Salons versammelt sind, verwandelten sich in Verehrerinnen. Immer wieder berichtet Jean Paul, daß das Interesse an seiner Person ein durchaus körperlich-sinnliches sei. Auf den nicht überaus ansehnlichen[35], im voigtländischen Dialekt parlierenden Autor

---

29 Ebd.
30 Ebd.
31 Uwe Schweikert: Jean Paul, Stuttgart 1970, S. 79.
32 Herz: Erinnerungen, S. 99.
33 Ebd.
34 Ebd.
35 So beschreibt ihn ein Livländer, der ihn damals in Berlin nicht als den bekannten Schriftsteller identifizierte, als "eine untersetzte, etwas hinkende, im Äußern unordentliche, unreinliche Figur" (vgl. Jean Pauls Persönlichkeit in Berichten der Zeitgenossen, gesammelt und hrsg. von Eduard Berend, Berlin/Weimar 1956, Nr. 127: Memoiren eines Livländer

aus der Provinz wurden in den Salons die Liebessehnsüchte der Frauen projiziert - bis hin zur eindeutigen Wahnvorstellung: In einem von Helmina von Chézy nicht näher kenntlichgemachten Zirkel sei eine Jean Paul-Leserin an den Schriftsteller herangetreten, die glaubte, im *Hesperus* ein Werk ihres Geliebten, der sie vor längerer Zeit verlassen hatte, zu erkennen (und die Jean Paul selbst mit Leibgeber, einer *Titan*-Figur, identifizierte):

> Sie sind es nicht, der diese Werke geschrieben hat, es ist mein Freund! Ich habe mehrere Gespräche im Hesperus, in den Palingenesien wiedergefunden, ich habe in den Blumen-, Frucht- und Dornenstücken die geheimen Beziehungen erkannt. O seien Sie so gut, gestehen Sie mir, Sie sind *sein* Bote!. Sie sollen mir Trost bringen, mich vorbereiten auf seine Wiederkehr. Sie sind Leibgeber![36]

Nach Bayreuth rapportiert er, wieviele Locken die Berliner Frauen inzwischen von ihm erbeutet hätten und er von ihnen. Ignaz Feßler, in dessen vom Diskurs der Aufklärung noch bestimmter Lesegesellschaft der Autor dagegen nicht erscheint, berichtet an Böttiger: "Jean Paul wird hier zerrissen, mich hat er ganz und gar vergessen."[37] Und von seinem Zusammentreffen mit Jean Paul in einem kleineren Zirkel schreibt Sophie Bernhardi an Ludwig Tieck: "(...) die Damen waren so bemüht um ihn, daß ich, da ich nicht so behende auf den Füßen bin, gar keinen Anteil an der Unterhaltung nehmen konnte."[38] Böttiger wird auch vom Buchhändler Sander darüber unterrichtet, wer im persönlichen Verkehr mit dem Autor in Berlin dominiert: "Mit Männern geht Richter wenig um; fast nur mit Frauenzimmern (...)."[39] Zu erinnern ist auch daran, daß Jean Paul, der unmittelbar nach seinem Eintreffen an der Spree der Königin den ersten soeben erschienen Band des *Titan* offerierte, von dieser daraufhin sogleich nach Sanssouci eingeladen worden war.[40]

Wie aus einem Brief Friedrich Schlegels an Schleiermacher vom 5.5.1800 hervorgeht, hatte Jean Paul noch in Weimar selbst geplant, die Salons, in denen er seine Lesergesellschaft konzentriert vermuten konnte, als Bühne für seinen Auftritt in Berlin zu nutzen. Jean Paul, läßt Schlegel Schleiermacher wissen, "wallfahrtet nächstens nach Berlin, wo er mich sehr quälte um interessante Frauen. In der Angst meiner Seele nannte ich ihm endlich auch die Herz, es wird ihr ja wohl nicht unangenehm sein, wenn er sie besucht."[41] Wie bekannt, bewogen ihn die Ergebnisse und Erlebnisse dieser einmonati-

Edelmanns, S. 71-72, S. 72), eine Schilderung, welche sich wenig mit jener der Jean-Paul-Verehrerin Helmina von Chézy deckt, die sich auf das Auftreten des Dichters in den Salons im selben Jahr bezieht: "Wir waren alle beseligt. Jean Pauls Erscheinung hatte nichts Auffallendes; seine einfache Kleidung paßte zu seinem Gesicht und Wesen. Auf seiner Stirn thronte Licht, auf seinen Lippen Anmut und Milde. Seine hellblauen Augen leuchteten in sanfter Glut. Seine Bewegungen waren im Einklang mit seiner Einfachheit und seinem natürlichen Anstand." Berend Nr. 102, S. 57-59, S. 58. Während also der "Edelmann" das äußere Erscheinungsbild, einschließlich des "vestimentären" Zustandes, zur Wertung der Person heranzieht, sind es im Salon die "inneren" Werte, die aber nicht die "Einfachheit", das Nicht-Repräsentative des Äußeren überblenden, sondern mit ihm übereinstimmen.

36 Ebd., S. 58.

37 Berend: Jean Pauls Persönlichkeit, Nr. 103, Brief vom 7. Juli 1800, S. 59.

38 Ebd., Nr. 107, Juni 1800, S. 61.

39 Ebd., Nr. 108, Brief vom 21. Juni 1800, S. 62.

40 Vgl. Günter de Bruyn: Das Leben des Jean Paul Friedrich Richter, Halle/Saale 1975, S. 214. Die Einladung an Jean Paul erfolgte bereits am Tag nach der Übersendung des *Titan*-Exemplares.

41 Berend: Jean Pauls Persönlichkeit, Nr. 98, S. 56.

gen "Wallfahrt", den nächsten Winter nicht, wie ursprünglich vorgesehen, in Weimar, sondern wieder in Berlin zu verbringen - auch, um hier seine Ehefrau ausfindig zu machen. Zwar war jetzt der Rahel-Salon als literarisch-geselliges Zentrum durch die Abreise der Salondame ausgeschieden (was Jean Paul, der ihretwegen seinen Sommeraufenthalt an der Spree verlängert hatte[42], sehr bedauerte, so daß er nach seiner Rückkehr an Rahel schreibt: "Geflügelte! - in jedem Sinn; denn hier hätten Sie noch einige Wintermonate lang Ihre Reiseschwingen zusammengelegt behalten sollen."[43]). Aber ansonsten hat sich an der Rolle, die er in den Salons spielt, nichts geändert. Böttiger hörte schon Mitte Oktober von seinem Umgang im Hause Herz, in dessen unmittelbarer Nachbarschaft Jean Paul sich jetzt eine Wohnung genommen hatte. Hier trifft er nun auch die Vertreter der Berliner Aufklärung: Nicolai, Teller, Zöllner.[44] Am 17. Oktober schreibt er an seine Freundin Emilie von Berlepsch: "(...) und so treib' ich mich denn froh und liebend und geliebt von Theetisch zu Theetisch"[45], und seinem Freunde Christan Otto schickt er eine Woche später eine Liste jener, "bei denen ich zum Thee oder essen war" (darunter "der berühmte Herz und dessen grosse gelehrte Frau (...), Buchhändler Sander (schöne Frau) etc."[46]). Im Januar erhält Karoline Herder die bereits zitierte, in der Tendenz gegen Weimar gerichtete Eloge Jean Pauls auf die "Unbefangenheit"[47] des Tons und die Ständemischung in den Berliner Zirkeln. Nicht weniger begeistert beschreibt er die Konstellation in den Berliner Salons in einem Brief an Paul Emil Thierot in Dresden:

> Unter allen gesellschaftlichen Tönen stell' ich den hiesigen am höchsten. Juden, Minister, Offiziere, Gelehrte, Weiber, diese macht das gesellige Band oft zu Einem Straus; in Dresden hätten sie in einem ganzen Garten nicht Platz.[48]

2. Aus solchen Briefstellen, die die temporäre Eingliederung eines Autors, dessen Werk bereits zuvor intensiv rezipiert worden war, in die Berliner Salons hinreichend belegen, geht noch nicht hervor, inwieweit das Kommunikationsfeld des Salons im Falle der Integration Jean Pauls noch als literarisches funktionierte. Oder war ein solches nur noch rudimentär in Versuchen einer kaum mehr sublimierten Aneignung der Autorenperson vorhanden? Dafür, daß seine Salonauftritte nicht nur als "Weiber-Kapitel", so noch in der Schriftsteller-Biographie Günter de Bruyns pejorisiert[49], werden können, sondern Jean Paul in den Berliner Zirkeln tatsächlich sein intendiertes Lesepublikum kontaktieren wollte, spricht z.B. seine auffällige Distanz zum Kreis der Frau Sander - denn diese hatte

---

42 Vgl. Brief Rahel an Gustav Brinckmann, Berlin Juli 1800, in: Buch des Andenkens I, S. 202-204, S. 203.

43 Brief Jean Pauls an Rahel, Berlin, 6. Nov. 1800, in Rahel-Bibliothek, Bd. IX, S. 13-14, S. 13.

44 Brief an Böttiger in Weimar, Berlin, 17. Okt. 1800, in: Jean Pauls sämtliche Werke, Bd. 4, S. 3-4.

45 Brief an Emilie von Berlepsch in Redwin, Berlin, 17. Oktober. 1800, ebd., S. 5-7, S. 7.

46 Brief an Christian Otto in Bayreuth, Berlin, 24. Okt. 1800, ebd., S. 8-10, S. 8.

47 Brief an Karoline Herder in Weimar, Berlin, 12. Jan. 1801, ebd., S. 41.

48 Brief an Thierot in Dresden, Berlin, 17. Jan. 1801, ebd., S. 39-40, S. 39.

49 G. de Bruyn verzichtet in seiner Biographie darauf, literatursoziologische Aspekte in den Mittelpunkt zu stellen; er thematisiert den "sexuellen Notstand", in dem sich Jean Paul befunden habe, und dessentwegen ihm "alle Frauen schön" erschienen seien (S. 214). Selbst moralisch argumentierend und erleichtert, daß der von weiblichen Verführungskünsten bedrängte Jean Paul das Äußerste immer gerade noch vermeiden konnte, schreibt de Bruyn: "Das Liebhaber-Kapitel muß dem Betrachter, der Jean Pauls Moralauffassungen nicht teilt, als das dunkelste dieses Lebens erscheinen.", S. 221.

seine Werke noch nicht gelesen.[50] Auch die Vorbereitung auf die Gesprächssituation in den Salons, hier in erster Linie dem Herz-Zirkel, da ihm dieser von Schlegel angegeben worden war, widerspricht dem Eindruck, daß Jean Paul die literarischen Aktivitäten durch vorwiegend erotische ersetzen wollte: Er las die *Monologe* Schleiermachers, der intellektuellen Mittelpunktsperson im Herz-Salon, und unterhielt sich noch vor seiner Abreise aus Weimar mit Schlegel ausführlich über dieses Werk. Jean Pauls Auftreten in den Berliner Salons selbst mußte insofern bereits als "literaturpolitischer" Akt verstanden werden, als es eine Distanzierung von *Weimar* (wie sie im *Titan* gleichzeitig literarischen Ausdruck fand) signalisierte: Jean Pauls damalige Annäherung an die Romantiker, die sich in Weimar in der Vertrautheit mit Schlegel angebahnt hatte, wurde durch *Berlin* und die in den Salons hergestellte persönliche Bekanntschaft mit Tieck und anderen Vertretern der Romantik bestätigt.

Eine Ausnahme stellte dabei nur sein Verhältnis zu Schleiermacher dar, obwohl sich Henriette Herz um eine Verständigung vor allem zwischen diesen beiden bemühte, indem sie z.B. Jean Paul die jeweils neuesten Veröffentlichungen ihres Habitués zukommen ließ und ihn zur Stellungnahme drängte. Gleichzeitig begann zwischen der Salondame und Schleiermacher ein Briefwechsel über Jean Pauls Werke. Durch den Besuch Jean Pauls sah sich Schleiermacher zwar veranlaßt, den *Titan* und die *Clavis Fichtiana* zu lesen, lehnte sie jedoch beide ab. Die Salongesellschaft, für die Jean Paul zu einem identitätsstiftenden Moment geworden war, ließ eine offene Auseinandersetzung über die von dem Autor und dem Theologen vertretenen gegensätzlichen Positionen nicht zu. So vermied Jean Paul es auch, in den Salons seine Kritik namentlich an Fichte und den *Weimarern* fortzusetzen. Nach Helmina von Chézy hielt sich Jean Paul in Äußerungen über zeitgenössische Dichter überhaupt zurück: Er habe genug damit zu tun gehabt, "Fragen über seine eigenen Werke zu beantworten"[51]. Gerade auf diese Fragen kam es ihm an. In einer weiteren Anmerkung zum Verhalten Jean Pauls in den Berliner geselligen Formationen heißt es bei der Karsch-Enkelin, der Schriftsteller sei sehr damit beschäftigt gewesen, "nachzuforschen, welchen Eindruck sie (seine Dichtung - PS) gemacht"[52] habe - einer der ersten vom Markt lebenden deutschen Autoren nutzte also bereits seine Salonbesuche zu einer Wirkungsforschung, wobei die befragte Gruppe durchaus repräsentative Züge für Jean Paul haben konnte.

Für die Teilnehmer an der Salongeselligkeit eröffnen sich damit umgekehrt neue Kritik- und Eingriffsmöglichkeiten gegenüber der Literatur. Rahel zumindest hat sie als solche begriffen und auszuschöpfen versucht. Helmina von Chézy zufolge führte Jean Paul (in Abgrenzung vom "idealisierenden" Schreiben) in den Salons vor allem die Diskussion darüber, ob seine Frauengestalten "Ideale der Vollkommenheit" seien.[53] (Schleiermacher bestätigte in einem Brief an Brinckmann, daß Jean Paul "ganz voll von

50 Vgl. Brief Sanders an Böttiger, 21. Juni 1800, in: Berend: Jean Pauls Persönlichkeit, Nr. 110, S. 62.
51 Ebd., Nr. 120, S. 67-70, S. 69.
52 Ebd.
53 Ebd., S. 70.

seiner Polemik gegen den Idealismus sei."[54]) In diesem Diskussionszusammenhang steht auch der Einwurf Rahel Levins, mit dem sie von Paris aus das Literaturgespräch fortsetzte.[55] Sie drängte den Autor auf eine Revision seiner von ihm als realistisch ausgegebenen Frauenentwürfe und verlangte eine Idealisierung, damit sie emanzipatorisch wirken könnten:

> Sie loben die weiber schön! (in Ihren Beschreibungen) aber noch haben sie noch einzureißende, äußere Schranken; zeigen Sie dem Volke welche, ohne Schranken und die doch auf dem Punkt bleiben, außer welchen - sie aufhöhren zu *existiren*, außer welchem sie Mädchen, Frauen, Töchter, Mütter, Schwestern, Freündin, Wärtherin, Wirthin etc: sind, aber nicht ein *weiblicher Mensch*: mit einem Wort.[56]

54 Schleiermacher an Brinckmann, Berlin, 9. Juni 1800, in Herz: Erinnerungen, S. 312-213. Trotz der auch im *Titan* heftigen Kritik am Idealismus hat er gerade hier "idealisiert". Uwe Schweikert (Jean Paul, S. 42) spricht im Anschluß an W. Höllerer davon, daß sich der Autor, hier sogar "entschieden der ästhetischen Position Goethes und Schillers genähert (habe); nie kam er Weimar näher, als hier, wo er es widerlegen wollte (...)."

55 Ein paar Hinweise auf den Umgang Rahels mit Jean Paul in Berlin, um die Basis für das *"Fortsetzen"* des Literaturgesprächs von Paris aus zu skizzieren: Schon Ende Mai hatte Rahel Brinckmann in Hamburg mitgeteilt, Jean Paul sei in Berlin eingetroffen: "Apropos, Jean Paul ist hier. Noch hab' ich ihn nicht gesehen. Ich will ihn sehen; aber ich muß ihn nicht sehen. (...) Ich muß mir den Richter immer schmutzig denken! - weil er keinen Geschmack hat. Denken Sie nur nicht, daß ich ihn nicht liebe. Au contraire, diesen Winter lacht' und weint' ich nur mit ihm. Adieu! und - wär's wohl möglich, daß ich mit meiner, grad' meiner Laune den Richter nicht gutirte?" (Brief Rahels an Brinckmann, Berlin, Ende Mai 1800, in: Buch des Andenkens I, S, 199-201, S. 201.) Daß es dann - trotz der Skepsis gegenüber dem "schmutzigen" Jean Paul zu häufigen Kontakten kam, belegt der Brief Schleiermachers ebenfalls an Brinckmann vom 9. Juni des Jahres, der bereits auf ein vertrauteres Verhältnis zwischen Jean Paul und Rahel schließen läßt: "Daß er (Jean Paul - PS) jetzt hier ist, wirst Du wissen, und die Levi Dir vielleicht mehr von ihm schreiben, ich habe ihn nur ein paarmal flüchtig gesehen, und er hat keine besondere Notiz von mir genommen." (Schleiermacher an Brinckmann, Berlin, 9. Juni 1800, in: Herz: Erinnerungen, S. 312-313, S. 312.) Wenige Tage vor ihrer Abreise nach Paris bedauert Rahel in einem Brief an Wilhelmine v. Boye (-Fließ), daß sie den Winter nicht in Berlin sein könne, obwohl beste Freunde anwesend sein würden. Unter diese Vertrauten zählt sie auch Jean Paul: "Ich verliere diesen Winter an Berlin den schönsten Aufenthalt in der mir bekannten Welt. Humboldts, Burgsdorf, du und noch ein Freund und Jean Paul Friedrich Richter kommen nach Berlin, um zu *wohnen*." (Brief Rahels an Frau von Boye in Stralsund, Berlin, Mitte Juli 1800, in: Buch des Andenkens I, S. 208-211, S. 210.) Dann gibt sie ihrer Freundin Anweisungen, die darauf zielen, daß nicht nur die Verbindung mit dem Autor gewahrt, sondern noch - bei ihrer Abwesenheit - intensiviert wird: Jean Paul soll sie, Rahel, noch besser kennenlernen, u.a. indem er ihre Briefe lese: "Zeig Richter, aber nur er wisse das, meinen vorigen und diesen Brief. Er hat gewünscht, Briefe von mir zu sehen. Zeig ihm auch lustige. Er soll mich mehr kennen, ich wünsche es, weil es mir wohlthut und *schmeichelt*: und weil er mich kennen soll; so etwas ist ihm noch nicht vorgekommen; er mußt' es sich ausdenken. Ich zeigt ihm das, wie ein Spektakel, wie die Marchetti (der von Rahel bewunderten und lange Jahre mit ihr befreundeten Primadonna des königlichen Opernhauses - PS). (Wenn er denkt, ich präparire und affektire, so irrt er plump.) Ich hätte es gern gleich gethan, aber es ist schwerer als ein Komödienbillet zu nehmen; und auch jetzt sieht er nur eine Dekoration. Nichts von Lustspielen, Balleten, und dem vielen Etcetera. Sag ihm, er soll nach dem Tadel von mir nicht hören, und besonders nicht nach dem Lob meiner Freunde; die fassen schlecht. Meine Geschwister könne er anhören; da würd' er finden, wie unbesiegbar brav ich bin, und ce que les Française appellent égale. Das kontrastiert mit meinen anderen Eigenschaften, und es weiß kein Fremder. Bei Hans kannst du ihn kennen lernen - das heißt du mußt. Er ist gütig, und ganz für uns. Du kannst auch geradezu bitten lassen, oder bei ihm vorfahren. Ich bin so liirt mit ihm, daß dich dieser Brief ganz legitimiert." Ebd., S. 210-211.

56 An Jean Paul, Paris, 16. Dez. 1800, in: Rahel-Bibliothek, Bd. IX, S. 14-16, S. 16.

Die räumliche Distanz von Berlin läßt Rahel an diesem Punkt sogar am Nutzen der Berliner Salons ("die große Welt, die auch zugleicherzeit die kleine vorstellen will"[57]) für den Autor zweifeln. Jean Paul selbst solle den Konsens, der bezüglich seiner Person bestehe, brechen, wenn nicht anders möglich, dann durch ein "épater": "Machen Sie sie doch wenigstens irre, sagen Sie ihnen entsetzliche Dinge."[58]

Ausgerechnet Schleiermacher, der zu dieser Zeit den eigenen Produktionsprozeß von Henriette Herz mit kritischen Anmerkungen begleiten ließ und selbst die Geselligkeit als inspirativen Raum begriffen hatte, unterstellte (in durchaus denunziatorischer Absicht) eine literarische Abhängigkeit Jean Pauls von den Geschmacksurteilen der Salons. Dieser Autor, schreibt er wenige Tage nach dessen erster Abreise aus Berlin bei der Lektüre des "Anhangs" zum *Titan* eben an seine Freundin Herz, sei ganz den literarischen Bedürfnissen der Frauen entgegengekommen, und er fährt fort: "Wenn noch mehrere Frauen ihm sagen, daß er schwer sei, fällig nämlich, so wird er gewiß noch mehrere Verbesserungen dieser Art anbringen."[59]

Schon die zurückhaltendere Aufnahme des *Titan* in den Salons hätte die Befürchtung Schleiermachers von einer solchen wachsenden Geschmackshörigkeit von den "Frauen" relativieren müssen. Nach der Berliner Phase kam es zu einer augenscheinlichen Umgruppierung in Jean Pauls Publikum, mit einem Verlust von traditionellen Leserinnen. Daß seine Integration in die Salons nicht unmittelbar literarisch-produktiv wurde, hat *auch* Gründe, die in der Biographie des Autors liegen: Der Berliner Episode, abgeschlossen mit seiner von Rahel bekämpften Heirat[60], folgte die Abwendung vom urbanen Leben, der Rückzug in die provinzielle Idylle. Damit zusammen hängt seine gewandelte Bewertung Literarischer Salons, soweit diese aus fragmentarischen Aussagen Jean Pauls rekonstruierbar ist. Seine veränderte Einschätzung ist aus jenem Brief an Rahel zu erschließen, der seine Erfahrung im Umgang mit ihr und ihrem Kreis noch einmal zusammenfaßt:

> Sie behandeln das Leben poetisch, und das Leben daher Sie. Sie bringen die hohe Freiheit der Dichtkunst in die Gebote der Wirklichkeit; und wollen die Schönheit dort, auch als Schönheiten hier wiederfinden; - aber die poetischen Schmerzen sind, in die Prosa des Lebens übersetzt, rechte wahre Schmerzen. - Vor der Muse ist der Teufel schön und die Parze; aber sie wohnet nur in uns und der Teufel so oft außer uns, und hat dann keine milde Beleuchtung.[61]

Trotz Jean Pauls anti-idealistischer Haltung, der er in den Salons Geltung verschaffen wollte, scheint in diesem Brief eine "idealistische" Position Schillers auf (der er in der *Friedens-Predigt*[62] selbst widerspricht): es ist dessen Postulat der Trennung des ästheti-

57 Ebd., S. 16.
58 Ebd.
59 Schleiermacher an Henriette Herz, Berlin, 8. Juli 1800, in: Herz: Erinnerungen, S. 316-317, S. 316.
60 Vgl. den Brief vom 16. Dez. an Jean Paul mit der ausführlich begründeten Ablehnung des Heiratens als gesellschaftliche Konvention.
61 Brief Jean Pauls an Rahel, Berlin, 6. Nov. 1800, in: Rahel-Bibliothek, Bd. IX, S. 13-14, S. 13.
62 Jean Paul: Friedens-Predigt an Deutschland, in: Jean Paul: Werke in 12 Bänden, hrsg. von Norbert Miller, München/Wien 1975 (Hanser-Ausgabe), Bd. 5, S. 901.

schen Scheins von den Partikeln der "Wirklichkeit", mit dem er hier Rahel konfrontiert. Unverkennbar wehrt er mit Schillerschen ästhetischen Theoremen Geselligkeitsauffassungen ab, die auf eine Poetisierung des "Lebens" zielen und in geselligen Formationen erste Territorien der Poetisierung ausmachten.

3. In Anbetracht dieser veränderten Haltung Jean Pauls gegenüber Salons stellt sich die Frage, inwieweit die Salonfrauen an einer Weiterführung der Kommunikation mit dem Autor auf anderer Ebene als der des geselligen Umgangs interessiert blieben. Erstaunlich rasch scheidet von ihrer Seite her Jean Paul aus dem Kommunikationsgeflecht aus. Von der leidenschaftlichen Briefschreiberin Rahel, der es in der Regel gelang, das Literaturgespräch über den Salon hinaus durch die Korrespondenz aufrechtzuerhalten und sogar zu stabilisieren, lagen Jean Paul 1808, als Varnhagen ihn besuchte, nur zwei Rahel-Briefe vor, beide bezeichnenderweise aus seiner Berliner Zeit, d.h. noch an den in der Salongesellschaft agierenden Autor gerichtet. Henriette Herz, die den Briefkontakt allem Anschein nach erst gar nicht aufnahm, traf den Schriftsteller erst wieder auf ihrer Rückreise von Rom 1819 zufällig beim Verleger Cotta in Stuttgart und sah sich in ihrer Prognose, daß er in Bayreuth einen Verlust von Urbanität, Element des geselligen Verkehrs in Berlin, erleiden müsse, bestätigt: "Meine Voraussetzung, daß er einiges von dem Spießbürgertum der kleinen Stadt angenommen hatte, war nicht unrichtig."[63] Bei Rahel war die Distanzierung von Jean Paul über eine Distanzierung von seiner Literatur verlaufen: Varnhagens Briefe aus Bayreuth und Tübingen enthalten zwar viel retrospektives Lob Richters über Rahel; Rahel wird dagegen in dem Briefwechsel von 1808 - nicht mehr mit, sondern über Richter - zu einer entschiedenen Kritikerin seines Werks: "Daß seine Meinungen sich so biegen, steht hell und klar in seiner Ästhetik und Levana: schlechte Bücher"[64], heißt es da. Oder in einem anderen Brief:

> Ich lese jetzt von ungefähr ein paar Bücher von ihm; und finde ihn seicht, mit großem Umschweifen; streiche aber fleißig an. Gott, wo nimmt der Mann die Geduld zu sich her?[65]

Aber trotz des beidseitig abgebrochenen Gesprächs und trotz der Ablehnung seiner Werke durch Rahel will diese sich die Option offenhalten, unmittelbar auf den Autor einzuwirken, wenn sie es für opportun hält und sich Verständigungspunkte, wie bei Rahels ausnahmsweise positiver Aufnahme der *Flegeljahre*, abzeichnen.[66] Sie unterläßt es dann aber doch.

Das Intermezzo, das Jean Paul in den Berliner Zirkeln gegeben hatte, war - alles in allem - für diese wichtiger gewesen als für seine eigene literarische Entwicklung. Daß er als der Erfolgsautor in erster Linie die frauenzentrierten Salons zu seinem Berliner Aktionsfeld wählte und ihnen gegenüber - wie die bereits zitierte Klage Feßlers erkennen

63 Herz: Erinnerungen, S. 101.
64 Brief Rahels an Varnhagen, 30. Okt. 1808, in: Briefwechsel Varnhagen-Rahel 1 (Rahel-Bibliothek, Bd. IV,1), S. 86-95, S. 91.
65 Brief Rahels an Varnhagen, 7. März 1809, ebd., S. 315-317, S. 317.
66 Brief Rahels an Varnhagen, 6. Nov. 1808, ebd., S. 102-116, S.107.

läßt - andere Institutionen des Literarischen Lebens in Berlin, die zum Teil noch von der Aufklärung her datierten, offenkundig vernachlässigte, legitimierte diese Formation, stärkte deren Geltungsanspruch innerhalb des Literatursystems und bejahte sie auch als geschmacks- und publikumsbildende Instanz.

Diese Art der Anerkennung mußte sich noch einmal wiederholen, als drei Jahre nach Jean Paul Germaine de Staël die Berliner Salons (und im Anschluß daran auch die Wiener einschließlich des Pichler-Salons) nutzte, um ihre Kontakte zur führenden literarischen Intelligenz zu knüpfen, ihre Kenntnisse über die zeitgenössische deutsche Dichtung und Philosophie in den Salongesprächen zu erweitern. Was dieser Anerkennung durch Mme. de Staël für die Salondamen zusätzliches Gewicht verlieh, war, daß der Autorin nicht nur ein internationaler literarischer Ruf vorauseilte, sondern sie eine literarisch-gesellige Tradition verkörperte, die trotz aller historischen und sozialen Unterschiede als Vorbild bei den Salonfrauen lebendig geblieben war: die Salonkultur Frankreichs.

4.1.3 Literaturproduktive Vorstellungen und Praxis des frühromantischen Kreises

1. Weder die literarisch-gesellige Tradition für die Frau de Staël stand, noch die Aktivitäten Jean Pauls waren darauf ausgerichtet gewesen, den Salon in eine unmittelbar literaturschöpferische Institution umzuwandeln. Dieser Schritt von einer "anregenden" Institution zu einer "Arbeitsgemeinschaft" sei - so Arnold Hauser in seiner *Soziologie der Kunst* - ein genuin romantischer.[67] Eine poetologische Begründung des schriftstellerischen Schaffensprozesses als eines gemeinschaftlichen, war eine mit dem Kult um den Autor Jean Paul kaum vereinbare Vorstellung. Umgekehrt mußte das Postulat einer "geselligen" poetischen Produktion den Salons als potentiellem Realisierungsbereich solcher romantischer Vorstellungen theoretisch einen zentralen Platz im Literatursystem einräumen. Ohne das ganze Spektrum der frühromantischen Geselligkeitstheorien, das bereits von Inge Hoffmann-Axthelm ausführlich dargestellt worden ist[68], noch einmal auf seine literaturproduktive Relevanz hin zu untersuchen, ist die Frage aufzuwerfen, inwieweit tatsächlich die Salons um 1800 "romantisch" in produktionstheoretischer Sicht handelten.

Wenn dabei Friedrich Schlegels *Gespräch über die Poesie*[69] herangezogen werden soll, so weniger, weil dieser Text von der Forschung längst als grundlegend für die poetologischen Anschauungen der frühen Romantik eingestuft wurde[70], sondern weil

---

67 Hauser: Soziologie der Kunst, S. 199.

68 Inge Hoffmann-Axthelm: "Geisterfamilie." Studien zur Geselligkeit der Frühromantik. Frankfurt/M. 1973.

69 Zuerst erschienen in: Athenaeum. Dritten Bandes Erstes Stück, Berlin 1800.

70 Vgl. Hans Eichner: Friedrich Schlegels "Gespräch über die Poesie" - der bedeutendste Versuch einer Wesensbestimmung der Dichtung aus dem ersten Jahrzehnt der deutschen Romantik (...), in: Eichner: Nachwort. Friedrich Schlegel: Gespräch über die Poesie, mit einem Nachwort von Hans Eichner, Stuttgart 1968, S. 1. Vgl. u.a. an Forschungsliteratur: Franz Norbert Mennemeier: Friedrich Schlegels Poesiebegriff. Dargestellt anhand der literaturkritischen Schriften. Die romantische Konzeption einer objektiven Poesie, München 1971, IV.2. "Das 'Gespräch über Poesie' als Vollendung des Studium-Aufsatz-Entwurfs einer objektiven Poesie", S. 313-366.

eine Zurkenntnisnahme dieser Schrift durch Habitués der Berliner Salonkultur nachzuweisen ist. Die Salons hatten nach Schlegels Weggang aus Berlin und seinem Ausscheiden aus ihrem unmittelbaren Kommunikationszusammenhang seine literarische (und biographische Entwicklung) weiter aufmerksam verfolgt. Von Jena aus versorgte Brendel-Dorothea Veit die Berliner Salonmitglieder mit Informationen über die Arbeiten Friedrichs. So erfuhr Schleiermacher von Dorothea, welche Fortschritte das "Gespräch über die Poesie" machte.[71] Am 22. März konnte Schleiermacher dem Besucher der wichtigsten Berliner Zirkel, Brinckmann, das baldige Erscheinen des neuen "Athenaeum"-Bandes anzeigen (zu dem Schleiermacher selbst mit einer Garve-Kritik Beiträger war):

> Gar sehr empfehle ich Dir Friedrich Schlegels Gespräch über die Poesie in dem neuesten Stücke des Athenäums, welches in diesen Tagen erscheint - es ist voll sehr schöner Ideen und gewiß das Klarste, was er noch geschrieben hat.[72]

Nicht nur, daß ein bereits namhafter (ehemaliger) Besucher der Salons diesen poetologischen Text vorlegte, konnte das Interesse der Salons wecken, Rahmen und Formen mußten die Salongesellschaften in besonderer Weise aufmerksam machen. Nachdem Ludwig Tieck die Zirkelbildung in seinem "Lustspiel" *Die Theegesellschaft*[73] noch zum Gegenstand einer Satire gewählt hatte, versprach der Text Schlegels eine Würdigung von literarischen Verständigungsprozessen, wie sie nicht zuletzt in den Salons organisiert wurden: Ein gemischtgeschlechtlicher Kreis kommt periodisch bei einer Frau Amalia zu zwanglosen Gesprächen über Literatur zusammen: "Ohne Verabredung oder Gesetz fügte es sich meistens von selbst, daß Poesie der Gegenstand, die Veranlassung, der Mittelpunkt ihres Beisammenseins war."[74] Kriterien, wie sie bestimmend für die Salons waren (im Gegensatz zu anderen Organisationsformen des Literarischen Lebens wie z.B. die Lesegesellschaften), definieren auch den Zirkel der Amalia. Man liest literarische Werke, zumeist dramatische, vor, "worüber dann viel hin und her geredet, und manches Gute und Schöne gesagt ward"[75]. Von der Organisatorin, Amalia, wird zuerst ein "Mangel bei dieser Art der Unterhaltung"[76] bemerkt, der in einem zu raschen, oberflächlichen Einverständnis in den Literaturgesprächen besteht. Die kreisstiftende Frau insistiert auf einer Änderung, wobei sie sich erhofft, daß alle Beteiligten erst einmal grundsätzliche Gedanken zur "Poesie" offenbaren und zur Diskussion stellen. Dieser Vorschlag wird dann als "Gespräch über die Poesie" realisiert, wobei die abgebildete Geselligkeit in der dialogischen Form des Textes ihren Niederschlag findet.

Wenn Schlegel also ein solches Zirkelgespräch nimmt, um seine eigene Anschauung von "Poesie" in die literaturöffentliche Reflexion einzubringen, konnte dies durchaus als Anerkennung der Funktion zeitgenössischer dialogischer Organisationsformen literari-

---

71 "Friedrich ist recht fleißig am Gespräch, es wird lang! Er ist wider froh, seitdem ihm das Arbeiten vonstatten geht." Dorothea Veit an Schleiermacher, Jena, 9. Dezember 1799, in: Herz: Erinnerungen, S. 304.

72 Schleiermacher an Brinckmann, Berlin, 22. März 1800, in: Herz: Erinnerungen, S. 309.

73 Ludwig Tieck: Die Theegesellschaft. Lustspiel in Einem Aufzug, in: ders.: Schriften, Berlin 1828-1854 (Reprint Berlin 1966), Bd. 12, 355-420.

74 Schlegel: Gespräch (Stuttgarter Ausgabe), S. 287.

75 Ebd.

76 Ebd.

scher Geselligkeit gelesen werden. Eine solche Einschätzung findet seine Bestätigung da, wo der Verfasser in der Einleitung zum "Gespräch" die Bedeutung ähnlicher Unterhaltungen für den eigenen literarischen Werdegang pointiert:

> Für mich hatte es von jeher einen großen Reiz mit Dichtern und dichterisch Gesinnten über die Poesie zu reden. Viele Gespräche dieser Art habe ich vergessen, von andern weiß ich nicht genau, was der Fantasie und was der Erinnerung angehört (...).[77]

Auch dem dann folgenden "Gesprächstext" spricht er autofiktionale Aspekte zu. Bezeichnend ist dabei die Bestimmung der Teilnehmer an solchen Zirkelgesprächen: "Dichter" und "dichterisch Gesinnte" - nicht Leser oder Publikum. Inwieweit sich im Wort von den "dichterisch Gesinnten" bereits eine Abwehr von einer rein rezeptiven Haltung der Anwesenden verbirgt, den Zirkeln literaturproduktives Verhalten abverlangt wird, hängt unmittelbar zusammen mit seinem Poesie-Begriff selbst bzw. der Funktion, die Schlegel der "Poesie" bei der Konstituierung und der Praxis ästhetischer Zirkel zuschreibt. Um es zu wiederholen: Für den Amalia-Kreis ist "Poesie" "Gegenstand", "Veranlassung" *und* "Mittelpunkt". Der Begriff des "Mittelpunktes" findet sich wieder an einer zentralen Stelle der Einleitung, genau dort, wo Schlegel die Vervollkommnung der "Poesie" in Abhängigkeit setzt zu dem Kommunikationskontinuum, in das der Dichter sich zu stellen vermag. In der "Poesie" den "Mittelpunkt" zu erkennen, heißt bei Schlegel, in ihr den Vermittler (Mittelpunkt als Punkt der Vermittlung) zwischen künstlich geschiedenen Bereichen und isolierten Individuen zu sehen; durch Poesie wird der Prozeß der Fremdwerdung unterbrochen und umgekehrt: "Alle Gemüter, die sie lieben, befreundet und bindet Poesie mit unauflöslichen Banden", so lautet der erste Satz bei Schlegel;der fortfährt:

> Mögen sie sonst im eignen Leben das Verschiedenste suchen, einer gänzlich verachten, was der andre am heiligsten hält, sich verkennen, nicht vernehmen, ewig fremd bleiben; in dieser Region sind sie dennoch durch höhere Zauberkraft einig und in Frieden. Jede Muse sucht und findet die andre, und alle Ströme der Poesie fließen zusammen in das allgemeine große Meer.[78]

Es ist ein doppelter Poesie-Begriff, den Schlegel im "Gespräch" entwickelt und der eine Aufhebung der Trennung von poetisch-produktiven und nur -rezeptiven Individuen (mit ihren Konsequenzen für die gesellig realisierte Unterhaltung über Literatur) erleichtert: Dieser Begriff faßt einmal eine ursprüngliche Poesie als ästhetisches, in der Natur wirksames Prinzip, zum anderen die historisch-konkrete Artikulation dieser "natürlichen" Poesie durch den Künstler als "Poesie der Worte"[79]. Im ersten Sinn ist jeder "poetisch" und damit aufnahmebereit für die Schönheiten der Natur und der Kunst:

> Die Musik des unendlichen Spielwerks (der Schöpfung - PS) zu vernehmen, die Schönheit des Gedichts zu verstehen, sind wir fähig, weil auch ein Teil des Dichters, ein Funke seines schaffenden Geistes in uns lebt und tief unter der Asche der selbstgemachten Unvernunft mit heimlicher Gewalt zu glühen niemals aufhört.[80]

---

77 Ebd., S. 286.
78 Ebd., S. 284.
79 Ebd., S. 285.
80 Ebd.

Umgekehrt wird die beim Individuum begrenzte Perzeptionsfähigkeit von Emanationen der unendlichen Poesie durch den geselligen Umgang im "Spiel der Mitteilung"[81] überwunden. Das Axiom von der Poesie als Prozeß - wobei der Prozeß im "Gespräch" als geselliger angegeben ist - enthält Schlegels Absage an das geschlossene Kunstwerk und damit zugleich an ästhetisch-normative Kunstprogramme. Der Anschluß an das "Ganze", an die universale Poesie, verlangt die unendliche Erweiterung der Kunst, indem die unerschöpfliche Fülle der Individualitäten in sie eingeht: Es darf "dem Dichter nicht genügen, den Ausdruck seiner eigentümlichen Poesie, wie sie ihm angeboren und angebildet wurde, in bleibenden Werken zu hinterlassen. Er muß streben, seine Poesie und seine Ansicht der Poesie ewig zu erweitern und sie der höchsten zu nähern, die überhaupt auf der Erde möglich ist. Dies geschieht dadurch, daß er seinen Teil an das große Ganze auf die bestimmteste Weise anzuschließen strebt: denn die tötende Verallgemeinerung wirkt gerade das Gegenteil."[82] Damit ist das Kunstwerk dem permanenten Eingriff geöffnet, ist nach Schlegel eine "kritische" Intervention, die selbst "Poesie" wird, in einem unabgeschlossenen Schaffensvorgang notwendiger Bestandteil.

Aus solcher "Poesie"-Auffassung leitet Schlegel seine Definition des "wahren Dichters" ab ("wahr", insofern diesem die Synthese von Endlichem und Unendlichem gelingt), eine Definition, die konsequenterweise "Geselligkeit" zur Essentia poetischer Produktivität erhebt: Der "wahre Dichter", heißt es bei Schlegel, "ist ein geselliges Wesen."[83] Er ist ein geselliges Wesen in zweifacher Hinsicht: einmal, weil er in der "Poesie" den geselligen "Mittelpunkt" hat, und zweitens, weil er zu seinem "poetischen" Schaffen der Geselligkeit bedarf. Dagegen, daß Schlegel hier "Geselligkeit" nur als poetisches Prinzip meint, er also von den historischen Konkretionen dieses Prinzips abstrahiert, spricht sein Insistieren auf dem Besuch auch solcher Zirkel durch den Dichter, die sich mit einer vordergründigen, leichten Vermittlung zwischen ihren Teilnehmern durch "Poesie" zufriedengeben: "Ja, für den wahren Dichter kann selbst der Verkehr mit denen, die nur auf der bunten Oberfläche spielen, heilsam und lehrreich sein."[84]

Liest man das *Gespräch über die Poesie* als ein ästhetisches Programm, durch das Schlegel auch auf das Verhältnis von Autoren und den - empirischen - geselligen literarischen Formationen bzw. auf die Verständigung über Literatur in diesen wirken wollte, so erscheinen die Vorgaben, die das "Gespräch" für die Art der Organisierung (der kommunikativen Strukturen) und der Inszenierung der kommunikativen Prozesse machte, von besonderem Interesse. Bleiben wir dabei, daß der Amalia-Zirkel ein Modell des intendierten geselligen Verhaltens darstellt, so impliziert dies deutlich eine Absage an den rational-wissenschaftlichen Diskurs. Dieser Diskurs wird von Amalia auch dann noch verhindert, wenn die Verständigung über Literatur grundsätzlichere ästhetische oder literarhistorische Probleme zu klären versucht: "Der Ton des Gesprächs indessen blieb ganz so zwanglos und leicht wie er sonst zu sein pflegte"[85]. Diese prätendierte

81 Ebd., S. 286.
82 Ebd.
83 Ebd.
84 Ebd.
85 Ebd., S. 288.

"Zwanglosigkeit" des Gesprächs, die auch in der Konversation die Realisierung des ästhetischen Zirkels als Bereich ohne "Verabredung" und "Gesetz" bedeutet, verhält sich analog zu der Polemik der Einleitung gegen jede normative "Theorie der Dichtkunst"[86] bzw. ist Derivat der Ablehnung, über "strafende Gesetze"[87] die Dichtkunst zu regulieren. Poetische Normen und gesellige Konventionen stehen der Möglichkeit im Wege, daß sich die Individualität, über die der Durchbruch zum "Universalen" erreicht werden soll, in Poesie und Geselligkeit äußern kann. Für das Handeln der "dichterisch Gesinnten" in den Zirkeln folgt daraus, daß ihre Kritik nie zur Regelüberprüfung degenerieren darf, da dies hieße, die "eigene Poesie" des einzelnen zu mißachten und damit "sein eigenstes Wesen, seine innerste Kraft rauben, um ihn (den Poeten - PS) zu einem allgemeinen Bilde ohne Geist und Sinn zu läutern und zu reinigen"[88]. Aber auch die gesellige Intervention müßte dadurch aufhören, Ausdruck von Individualität zu sein.

2. In der arabesken Struktur von Schlegels *Lucinde*-Roman, dessen Erscheinen in die Zeit der Vorarbeiten am *Gespräch* fällt, hat man die paradigmatische Umsetzung des im *Gespräch* entwickelten Literaturprogramms erkennen wollen. Aber diese Einschätzung kann sich nicht allein darauf beziehen, daß *Lucinde* ein außergewöhnlich vielschichtiges und beziehungsreiches Werk ist. Die gesellige Komponente des Romans als Ergebnis des Entstehungsprozesses im salongeselligen Kontext würde dann außer acht gelassen und nur auf struktureller Ebene anerkannt werden. Der Roman Schlegels bezog sich, was für die Besucher der Berliner Salons eindeutig war, auch auf Schlegels Liebesverhältnis, wie es sich während des Aufenthaltes Schlegels in Berlin 1797/98 hatte entwickeln können. Gerade als "romantische" Liebe, die sich gegen gesellschaftliche Normen behauptete und zu einem den Salonteilnehmern eine Entscheidung abverlangenden Skandalon wurde[89], blieb sie weiterhin Gegenstand der Salonreflexion und -diskussion. Mit dem Erscheinen von *Lucinde*, wodurch die Berliner jüdischen Salons als Bereiche gesellschaftlicher und moralischer Liberalität publik werden konnten, wurde diese Reflexion auf eine neue, literarisch vermittelte Stufe gehoben (wobei Kapitel der *Lucinde* wie "Lehrjahre der Männlichkeit", in die für Zeitgenossen unverkennbar, autobiographische gesellige Erfahrungen Schlegels eingegangen sind, für die Salons auch selbstreflexiv werden konnten). In der Korrespondenz verschiedener Salonbesucher, darunter immer wieder in privaten oder für eine Kleinöffentlichkeit gedachten Briefen Schleiermachers, wird über den Roman diskutiert, bis schließlich Schleiermacher mit seinen moralisch- ästhetischen Verteidigungsbriefen an die Öffentlichkeit tritt. Schleiermachers *Vertraute Briefe*, deren

86 Ebd., S. 285.

87 Ebd.

88 Ebd., S. 284.

89 Die Parteinahme z.B. des Rahel-Salons, auch wenn einzelne Besucher wie Brinckmann sich anscheinend zurückhaltender verhielten, dokumentiert sich auch darin, daß Dorothea mit Rahels Mutter Schlegel nach Jena nachreist: "Die Veit läßt ihn (Brinckmann-PS) sagen, wie so Sie sie mit Einmal außer Ihrem Karakter behandeln, und ihr auf einen Brief, wo welche von Schlegel, Schleiermacher, eingeschlossen waren, nicht antworten. Sie will mir nicht glauben, und behauptet, Sie müßten ihn bekommen haben. Friedrich Schlegel ist schon in Jena, und Mad. Veit reist die andere Woche mit meiner Mutter nach Leipzig, von wo sie die Schlegel nach Jena holen, und wo sie den Winter mit ihrem jüngsten Sohn bleibt." Rahel an Brinckmann in Paris, Berlin, 28. Sept. 1799, in: Buch des Andenkens I, S. 189-191, S. 190.

Titel noch den engeren Bekanntenkreis als intendierten Rezeptionsrahmen vorgibt, sollen auch von der Form her das Literaturgespräch der Berliner Salons weiterführen. Währenddessen arbeitete Schlegel, worüber wiederum Briefe aus Jena nach Berlin informieren[90], an einer Fortsetzung der *Lucinde*, in die er jetzt auch Briefe aus dem Jenaer Kreis einzumontieren plante:

> Eine fast unübersehbare Menge von Plänen, Notizen und Äußerungen zeigt, daß er einen zweiten und dritten, ja einen vierten Teil schreiben und so das universale Kunstwerk schaffen wollte.[91]

Nicht zuletzt mit Rahel Levin will Schlegel dabei das Gespräch über die *Lucinde* fortsetzen: Als der (später an Rahel gescheiterte) Plan Schlegels, zusammen mit Dorothea und ihr nach Paris zu gehen, konkretere Form annimmt, ist er interessiert daran, daß Rahel ihre kritisch gebliebene Haltung gegenüber seinem Roman gerade im Hinblick auf den entstehenden zweiten Teil aufgibt, und er fordert sie auf, seine *Abendröthe* zu lesen, denn "so wird der zweite Theil meiner Lucinde ganz sein"[92]. Daß Rahel ihre Kritik mildert, ist für ihn wichtige Vorbedingung für die Realisierung des gemeinsamen Paris-Projekts als literaturproduktives[93]. Als sie ihm zu erkennen gibt, sie beginne *Lucinde* zu schätzen, versorgt er Rahel sogleich mit neuen Informationen über den Stand seiner Arbeiten an der Fortsetzung:

> Daß Ihnen die Lucinde nicht mehr so mißfällt, darauf halte ich recht etwas. Das republikanische Werk erscheint gewiß nicht vor zwei Jahren, weil's nicht eher fertig sein kann. Bis dahin finde ich gewiß Duldung. Vielleicht lasse ich's aber auch dann noch fertig liegen, und warte bis auf einen entscheidenden Moment.[94]

3. Daß Rahel Levin keine Ambition hegte, ihren Salon zu einem literaturproduktiven im Sinne kollektiver Abfassung literarischer Werke umzuwandeln, von einem stimulierenden Leser selbst zu einem Autor zu werden[95], unterschied - bei allen sonstigen Affinitäten - ihr Projekt von Entwürfen, wie sie im Spektrum der Frühromantiker eingebracht und umzusetzen versucht wurden. "Das Schreiben in Gesellschaft", so führte z.B. Novalis aus, "ist ein interessantes Symptom, das noch eine große Ausbildung der Schriftstellerey ahnden läßt. Man wird einmal in Masse schreiben, denken und handeln.

---

90 Vgl. Brief Dorothea Veits an Schleiermacher, 14. Feb. 1800, in: Herz: Erinnerungen, S. 307-308, S. 308.

91 Polheim, Karl Konrad (Hg.): Schlegel, Friedrich: Lucinde, Stuttgart 1963, S. 116.

92 Friedrich Schlegel an Rahel Varnhagen, Dresden, 15. Febr. 1802, in: K.A. Varnhagen: Galerie von Bildnissen, Teil 1, S. 231-232, S. 232.

93 Als solches deutet er die Paris-Reise an, wenn er im Anschluß an seinen Hinweis auf Teil 2 der *Lucinde* Rahel konsultiert, was er wohl in Paris an literarischen Arbeiten angehen solle: "Ich denke jetzt schon oft an das, was ich zuerst anfange, ob mit einem ernsthaften Hauptwerke, oder mit leichten, kleineren Aufsätzen in einem kleinen Journal, oder doch nach Art desselben. Was meinen Sie dazu?":Ebd.

94 Friedrich Schlegel an Rahel Varnhagen, Dresden, 1. April 1802, ebd., S. 233-234.

95 Daß Rahel nichts "schreiben" werde, vertrat auch Brinckmann gegenüber Mme. Staël. Dies hatte, als man Rahel mit ihr verglich, sogleich deren intellektuellen Rang an den schriftstellerischen Objektivationen messen wollen. Mme Staël fragte Brinckmann: "'Ah! Sie vergleichen sie also mit *mir*? Das ist nicht schlecht. Hat sie etwas *geschrieben*? '- 'Nein! Ich glaube sogar, daß sie es niemals tun wird; aber es wäre zu wünschen, daß sie ihr Genie zwanzig Autoren einflößen könnte, die dessen eintraten.'" Varnhagen: Denkwürdigkeiten, Bd. 8, S. 602-603. Die Diskussion um die "Autorschaft" Rahel Levin Varnhagens wird an anderer Stelle noch umfassender geführt werden müssen.

Ganze Gemeinden, selbst Nationen werden ein Werk unternehmen."[96] Novalis kann sich mit seinen Vorstellungen über literarische Koproduktion eher auf das Jenaer Modell romantischer Geselligkeit als auf die ihm aus persönlicher Anschauung unbekannt gebliebenen Berliner oder Wiener Salons beziehen.

Was Novalis als Ziel vorschwebte, schien in Jena in der Tat seine antizipatorische Realisierung zu finden. Mit der Arbeitsteiligkeit waren auch die Geschlechterrollen außer Kraft gesetzt, alle Mitglieder des Kreises waren sowohl literarisch produktiv wie literaturkritisch tätig: Novalis, Tieck, die Schlegels, Steffens, Schelling, Dorothea und Caroline. Emphatisch hat Gisela Dischner von dem "geglückten Dasein (...), der freien Lebensäußerung"[97] von Jena gesprochen, von der "Arbeit" dort als "freie bewußte Tätigkeit", die im Sinne des jungen Marx eine Produktion nicht mehr für den Tausch, sondern für sich selbst und für einander sei. Aus diesem Produzieren als "Mensch", wie es Dischner in der Jenaer Geselligkeit verwirklicht sieht, habe sich - wiederum entsprechend der Exzerpthefte des jungen Marx - der "*Genuß* des Lebens"[98] ergeben. Briefe, die von Jena nach Berlin gehen, von der frühromantischen literarisch produktiven Lebensgemeinschaft in die Salongeselligkeit, spiegeln eine Atmosphäre wider, die für die enthusiastische Beurteilung durch Gisela Dischner zu sprechen scheinen; sie belegen zudem, daß die Frauen auf den verschiedenen literarischen Handlungsebenen - d.h. auch als Autorinnen - mit den Männern zusammenarbeiteten. So schildert Dorothea am 28. Oktober 1799, also erst kurze Zeit, nachdem sie aus dem Berliner Zirkel ausgeschieden ist, Schleiermacher die Kritik-, Produktions- und Lebensweise in Jena folgendermaßen:

> Nächstens sollen Sie ein herrliches Sonett erhalten, die Frucht einer herrlichen Stunde von Wilhelm und Tieck. (Tieck ist aber ein Geheimes dabei.) Ich habe es recht gewünscht, daß Sie dabeigewesen wären, und das Sprudeln und das Funkensprühen der beiden Menschen zu sehen. Sie hätten sich gewiß ebensosehr als ich ergötzt. (...) Ja, lieber Freund, Sie sollen herkommen; wenn es so recht kunterbunt hergeht mit Witz und Philosophie und Kunstgesprächen und Herunterreißen, dann erinnere ich mich sehr lebhaft Ihrer. Sie würden eine rechte Lust haben (...).[99]

Caroline Schlegel vergleicht Hardenberg gegenüber den in Jena erreichten "sympoetischen" Zustand mit einem "Zauberkessel".[100] Vorsichtiger aber fragt sie bei ihm an, ob in diesem freien literarischen Spiel diesmal auch ein "gedrucktes Werk" entstehen werde:

> Vertrauen Sie mir vors Erste nur so viel an, ob es denn eigentlich auf ein gedrucktes Werk bey Ihnen herauskommen wird, oder ob die Natur, die Sie so herrlich und künstlich und einfach auch construieren, mit Ihrer eignen herlichen und kunstvollen

96 Novalis: Schriften. Die Werke von Friedrich Hardenberg/Novalis, im Verein mit Richard Samuel hrsg. von Paul Kluckhohn und Richard Samuel (u.a.), zweite, nach den Handschriften ergänzte, erweiterte und verbesserte Auflage in vier (fünf) Bänden, Stuttgart 1960-1975, Bd. 2, 645 (Vorarbeiten Nr. 465).

97 Dischner: Caroline, S. 109.

98 Zit. nach Dischner: ebd.

99 Dorothea Veit an Schleiermacher, 28. Okt. 1799, in: Herz: Erinnerungen, S. 299-301, S. 300-301.

100 "Was ihr alle zusammen da schaffet, ist mir auch ein rechter Zauberkessel." Brief Caroline Schlegels an Hardenberg, Jena, 4. Febr. 1799, in: Caroline Schlegel: Begegnung mit Caroline. Briefe von Caroline Michaelis-Böhmer-Schlegel-Schelling, hrsg. und eingeleitet von Sigrid Damm, Leipzig 1979, S. 222-224, S. 222.

> Natur für diese Erde soll zu Grunde gehn. Sehn Sie, man weiß sich das nicht ausdrücklich zu erklären aus Ihren Reden, wenn Sie ein Werk unternehmen, ob es soll ein Buch werden, und wenn Sie lieben, ob es die Harmonie der Welten oder eine Harmonika ist.[101]

Inge Hoffmann-Axthelm hat im Zusammenhang mit der Analyse von Schleiermachers geselliger Theorie, als deren Substrat sie die Berliner Salons anerkennt, von "der in Berlin gelebten Version Jenaer Geselligkeit"[102] gesprochen. Aber: Während die "Berliner Version" z.T. über ein Vierteljahrhundert und damit Epochen- und Schriftstellergenerationen überspannend existierte, zerbrach der Jenaer Kreis binnen Jahresfrist. Für die Kurzlebigkeit sind mehrere Gründe angeführt worden. Für Gisela Dischner hat das rasche Versagen dieser, so Hoffmann-Axthelm, "esoterisch realisierten Idylle geselliger Harmonie"[103] im wesentlichen zwei Gründe:

> Von der starken Spannung durch die 'feindselige' Außenwelt des spießigen Bildungsbürgertum[104], die von der Gruppe nicht gewollt war, abgesehen, scheint ein Hauptgrund des 'Scheiterns' doch die Liebe zwischen Caroline und Schelling gewesen zu sein.[105]

Selbst wenn das soziale Verhalten einzelner Mitglieder des Jenaer Kreises das emotionale Einverständnis auf Dauer empfindlich gestört und vor allem die Spannungen zwischen den beiden Frauen das Auseinanderbrechen der Gruppe beschleunigt haben sollten, der notwendige Untergang "Jenas" lag in einem Literaturprogramm begründet, das die experimentelle Lebensführung im Haus am "Roten Turm" zur Realisierungsgrundlage hatte und dessen Resultat sie zugleich war; genauer: in dem nicht gelösten Widerspruch zwischen der gesteigerten Verweigerungspraxis gegenüber der Ausdifferenzierung des Literatursystems einerseits und der literaturökonomischen Zwecksetzung der Jenaer Gruppe andererseits.

---

101 Ebd., S. 222-223.

102 Hoffmann-Axthelm: "Geisterfamilie", S. 120.

103 Ebd., S. 202.

104 Das Affronthafte des Kreises in Jena wurde hier um so stärker empfunden, als diese Stadt gesellschaftlich dominiert von universitären Verkehrsformen (wozu im Grunde auch der Zirkel im Hause der Professorenfrau Sophie Mereau in Jena gehörte) kein "freieres" geselliges Leben hatte ausbilden können. Der Jugendfreund Rahel Levins, David Veit, der Ende 1794 in Jena sein Studium beginnt, beschreibt auf dem Hintergrund seiner geselligen Erfahrungen die Situation in Jena in einem Brief an Rahel: "Ihr Brief ist mir eine wahre Gesellschaft. (...) Seit einiger Zeit fange ich ein neues Exercise an, ich will mir das völlige Schweigen angewöhnen; denn die Vermittlung der Gesichtspunkte, mit welcher ich gewöhnlich spreche, der eigentliche Spaß, bringt mich um alle gute Idee der Menschen; aber das gehet *gar nicht*. Ich esse bei einem Professor (für Geld) in einer sogenannten sehr guten Gesellschaft, und da bemerke ich es. ich bin wirklich in Verlegenheit mit mir. Ich suche hier in kein Haus Entrée zu bekommen, so leicht mir das auch wäre; denn ich ennuyiere mich im voraus. Man amüsiert sich häufig mit - Pfänderspielen. (...) Ich bin der einzige Jude hier. Man entbehrt recht viel feinere Vergnügungen, wo gar keine Juden sind; (...)." David Veit an Rahel Levin, Jena, 23. Okt. 1794, in: Rahel im Umgang, S. 39-41, S. 41.

105 Dischner: Caroline, S. 111. Bereits weiter oben hat Gisela Dischner den subjektiven Faktor verantwortlich gemacht: "Die von allen herbeigesehnte gemeinsame Geselligkeit war von vorneherein durch die Liebe Carolines und Schellings gefährdet. Für Friedrich muß es beispielsweise ein Schock gewesen sein, Schelling als vertrauten Freund Carolines in Jena vorzufinden. Deutlich wird hier, wie eine Idee, nämlich Geselligkeit in einem ganz bestimmten Rahmen zu verwirklichen, an der Unberechenbarkeit menschlicher Gefühle zerbrechen kann." Ebd., S. 107.

Im Konjunktivischen der von Dischner zitierten Marx'schen Exzerpte ist der Markt verborgen, der einer "menschlichen" Produktion entgegensteht. Schlegels Definition des "Dichters als geselliges Wesen" ist auch der Reflex auf die Auflösung der persönlichen Bindungen zwischen Autor und Publikum und der sich verschärfenden, damit trennenden Konkurrenz der Autoren untereinander im Zuge der Ausweitung des Marktes - ohne daß diese Ausweitung als Ursache bewußt wird. Auf einer voluntaristischen Negation des Marktes basiert die "gemeinschaftliche" Literaturproduktion im geselligen Kontext und für diesen; der Autor als Produzent kann in diesem Zusammenhang, da der Autorstatus auf den geselligen Kreis hin verallgemeinert ist, seinen spezifischen Eigentumsvorbehalten gegenüber der entstandenen Literatur entsagen.

Die Entscheidung für die Stadt Jena war bereits in der Erwartung materieller Absicherungsmöglichkeiten neben dem Buchmarkt erfolgt. In dem Maße, in dem die Hoffnung auf die universitäre Laufbahn Friedrich Schlegels zerstob, gewann ein Erfolg auf dem Markt an existentieller Bedeutung. Eine unvermeidliche Professionalisierung als Autor (der sein Bruder, Novalis und Schelling durch den Brotberuf ausweichen konnten) unterminierte die kollektiv hergestellte Einheit von literarischer Theorie und Praxis und von Leben und Literatur. So mußte der Arbeitsbegriff - trotz der skizzierten Gegenwehr - seiner Spiel- und seiner Selbstverwirklichungsaspekte wieder beraubt werden: Auch literarische Arbeit wird in Jena zur entfremdeten Arbeit, die Genußmomente der geselligen literarischen Praxis, in denen die Utopie aufscheint, werden zurückgedrängt in einen *Reproduktions*raum. In dem zitierten Brief Dorotheas vom 28. Oktober 1799 mischt sich bereits in das Lob des literarisch-geselligen Handelns das Lamento über die zur Ware gewordene Kunst: "Es ist entsetzlich", schreibt sie über Friedrich Schlegel, "daß ihn die *Sorgen* am Arbeiten verhindern, anstatt ihn zu spornen. Noch entsetzlicher ist es, daß die Sachen, die er doch in so kurzer Zeit gemacht hat, nicht so viel eintragen, daß er wieder ruhen und sammeln könnte. Entsetzlich, daß er von Kunstwerken leben soll, die wie Handwerksarbeiten bezahlt werden."[106] In der Funktionalität der Sicherung des lebensnotdürftigen Auskommens, d.h. dem Durchsetzen des Autors auf dem Buchmarkt (oder, wie es Dorothea immer noch hofft, der Aufgabe des "freien" Autorstatus zugunsten des Ergreifens einer Staatskarriere), endet das Jenaer Experiment.[107]

Wie schnell gerade für Dorothea dieses Projekt einer gemeinsam Literaturproduktion, in der jeder, von fremden Zwängen verschont, seinen Interessen entsprechend literarisch tätig sein konnte, sich in sein Gegenteil verkehrte, dokumentiert die Arbeit am *Florentin*,

---

106 Dorothea Veit an Schleiermacher, Jena, 28. Okt. 1799, in: Herz: Erinnerungen, S. 299-300. Ihr Brief vom 14.2.1800 an denselben Adressaten greift dieses Thema wieder auf: "Wolle mich nur das Glück begünstigen, daß ich noch einige Jahre lang meinen Freund unterstützen könnte! Es ist gewiß, und hier kann man das eher wahrnehmen als in Berlin, daß er in einigen Jahren große Schritte tun muß. Er arbeitet jetzt redlich und unermüdlich, aber wie kann man von einem Künstler verlangen, daß er mit jeder Messe ein Kunstwerk liefere, damit er zu leben habe? *Mehr verfertigen* kann er nicht, es dürfen aber nur einige Umstände zusammentreffen, so bekömmt er *mehr bezahlt*, und das müssen, das dürfen wir hoffen; treiben aber, den Künstler zum Handwerker herunterdrängen, das kann ich nicht, und es gelingt auch nicht. Was ich tun kann, liegt in diesen Grenzen: ihm Ruhe schaffen und selbst in Demut als Handwerkerin Brot schaffen, bis *er* es kann. Und dazu bin ich redlich entschlossen." Ebd., S. 307-308, S. 307.

107 Vgl. Dorothea Veit an Schleiermacher, Jena, 28. Okt. 1799, ebd., S. 300.

die in das Jenaer Jahr fällt: Diese Produktion wurde von Dorothea als Broterwerb aufgefaßt (was einzelne Momente des Genusses, wie sie im Brief an Schleiermacher angeführt werden, nicht ausschließt) mit dem Ziel, eine Rücksichtnahme Friedrichs auf den Markt überflüssig zu machen. Zwar bleibt in der Arbeit am *Florentin* ein Schreibimpuls des Jenaer Kreises lebendig, der gegen die gesellschaftliche Rollenzuweisung insofern rebelliert, als er eine Schriftstellerin etabliert; aber zugleich internalisiert Dorothea als Autorin eine Dichotomisierung von literarischen Texten, die selbst wiederum geschlechtsspezifische Merkmale trägt.

Die Konzeption gemeinschaftlicher literarischer Produktion bedingte auch ein Verhältnis der Jenaer Geselligkeit zur literarischen Öffentlichkeit, das von Anfang an nicht frei von Widersprüchlichkeit war. In Carolines Frage an Novalis, ob denn ein "gedrucktes Buch" Ergebnis der ästhetischen Praxis sei, schwingt die Ungeklärthei"[108] dieses Verhältnisses mit. Der Esoterik der Gruppe und der Mißachtung öffentlicher Meinung und Strukturen stand entgegen, daß sie im *Athenaeum* ein Organ der Selbstdarstellung besaß, das den Kreis nach außen als literaturprogrammatisch festgelegt zu erkennen gab. Die Geselligkeit fungierte damit durchaus als literaturpolitisches Instrument mit einer öffentlichen Reichweite. Aus- und Abgrenzungen waren unvermeidlich. Die unendliche Fülle der Individualitäten, deren Kontaktierung Schlegels *Gespräch* propagiert hatte, wurde in der Stadt Jena schon wegen ihres Mangels an großstädtischer geselliger Fluktuation begrenzt gehalten. Während das einzige erwähnenswerte "offene Haus", das von Sophie Mereau und ihres Mannes, keine besondere Bedeutung für den Jenaer Kreis erlangte[109], wurde das Haus Schillers, auch zu einem Zeitpunkt, als Goethe dort regelmäßig verkehrte, nach kürzester Zeit[110] ganz gemieden: "Zu Schillers geht man nicht", meldete Dorothea nach Berlin.[111] Soweit das Programm des "Gesprächs" unter der für den Dichter obligaten Geselligkeit ein im Prinzip unabgeschlossenes Kunstgesprächskontinuum verstand, hätte von den empirischen Geselligkeitsformationen eher die Berliner Salonkultur als der Jenaer Kreis die Realisierung dieses Postulats ermöglichen können. Schließlich versprachen die zeitgenössischen Salons überdies auch unter soziologischen Aspekten umfassendere persönliche

108 Daß die Öffentlichkeit als Adressat zumindest nicht mehr als selbstverständlich genommen wird, also auch hier eine Esoterisierung der Dichtung als Möglichkeit begriffen wird, geben auch die ersten Reaktionen Schleiermachers auf die *Lucinde* zu erkennen, wenn er meint, daß "man sich wundern (kann), wie man so etwas der Welt sagen mag (...), wie man so etwas seinen Freunden sagen mag, für die es einen viel individuelleren Sinn hat als für die Welt, ich sage: vielleicht, weil ich doch eigentlich keine rechte Idee von der 'Lucinde' habe (...)." Schleiermacher an Henriette Herz, Potsdam, 10. April 1799, in: Herz: Erinnerungen, S. 289.

109 Bei der Liebesepisode zwischen Sophie und Friedrich Schlegel, Anlaß für das gespannt bleibende Verhältnis zwischen Brentano und Schlegel, ist die Jenaer Gruppe schon auseinandergefallen.

110 Vor dem Bruch der Frühromantiker mit Schiller hatte es eine Zeitlang in Jena gesellige Kontakte mit Schiller gegeben: Am 8. Juli 1796 war A. W. Schlegel mit seiner ihm gerade angetrauten Frau Caroline in Jena eingetroffen, am 11. Juli schildert diese bereits ihrer Jugendfreundin die Vertrautheit mit der Schillerfamilie: "(...) ich habe gestern, da Hufelands zu mir kamen, bei der Schiller Tee borgen müssen (...). Vorgestern nach Tisch gingen wir zu Schiller (...). Brief Carolines an Luise Grotter, 11. Juli (17)96, in: Begegnung mit Caroline, S. 199-200, S. 199.

111 Brief Dorotheas an Schleiermacher, Jena, 11. Okt. 1799, in: Herz: Erinnerungen, S. 298-299, S. 299.

Kontakt- und Kommunikationsmöglichkeiten für die Schriftsteller als das Jenaer Experiment: Daß hier die Kerngruppe zusammenlebte, erforderte eine Angleichung von Kulturmustern innerhalb eines engeren sozialen Spektrums, was in Jena weitgehend den Ausschluß z.B. aristokratischer Kreise, sieht man von dem *Besucher* Novalis ab, implizierte.[112]

Nur kurz überlegte sich Rahel Levin, als sich eine Konzentration des literaturproduktiven Potentials in Jena abzeichnete, ob sie sich an diesem Projekt beteiligen sollte: Vielleicht werde sie "mit Schlegels, die nach vierzehn Tagen hierher kommen auf einen Monat, nach Jena (gehen). Alles ist unbestimmt bei mir, und ich will sehr diesmal auf die innere Stimme lauschen."[113]

Sie entschied sich gegen Jena und damit für die Fortsetzung der "Dachstube".

4.1.4 Der Salon als Selbstdarstellungsraum des Liebhaberautors

1. Dem frühromantischen geselligen Experiment von Jena fehlte es an materiellen und sozialen Voraussetzungen, um sich gegen die Entwicklungen im Literatursystem länger behaupten und an den Gesetzen des Marktes vorbei schreiben zu können, Voraussetzungen, die für einen Autortypus, der um 1800 noch literaturgesellschaftliche Relevanz hatte, unerheblich waren: den dilettierenden Schriftsteller. Daß dieser, der Tendenz zur Professionalisierung ungeachtet, eine Rolle spielen konnte (er gewann ja als besonderer Typus erst Kontur vor dem Hintergrund dieser Tendenz), wurde von Schiller in den Kontext der literarisch-geselligen Strukturen gestellt. Schillers *Schema über den Dilettantismus* (ebenfalls von 1799) ist selbst ein Indiz dafür, daß um die Jahrhundertwende dieser Schriftstellertypus ins Bewußtsein rückte[114] und für Autoren wie Schiller zu einem Abgrenzungsproblem wurde. Im tabellarischen Aufbau des *Schemas* korreliert der Dilettantismus in der "Poesie" mit "Geselligkeit"[115]. Die Aufteilung dieses Schemas in "Nutzen" und "Schaden" des Dilettantismus belegt zwar die Ambivalenz des Gegenstandes für Schiller; seine Äußerungen im Zusammenhang mit

112 Bei der Homogenisierung der Lebenspraxis, die ja - entgegen Schillers Vorstellung - zugleich ästhetisch, selbst "Kunst" zu sein hatte, wurde - hinter dem Rücken der Beteiligten sozusagen - das bürgerliche Arbeitsethos als Movens reaktiviert, auch da, wo man tentativ und konzeptionell auf seine Negierung drängte: Die "Idylle über den Müßiggang", dessen Lob Schlegel in der *Lucinde* anstimmt, verflüchtigt sich zur Projektion.

113 Brief Rahels an Brinckmann, Berlin, 9. März 1799, in: Rahel im Umgang, S. 97-103, S. 102.

114 Vgl. den Kommentar zu *Über den Dilletantismus*, in: Friedrich Schiller: Sämtliche Werke in 5 Bänden, hrsg. von Gerhard Fricke und Herbert G. Göpfert, München 1965-1967 (Hanser Ausgabe), Bd. 5, 1967, S. 1251-1254: "Im Kreise der 'Weimarschen Kunstfreunde' (Goethe, Schiller, Joh. Heinr. Meyer u.a.) wurde im Sommer 1799 auch das durch die literarischen und künstlerischen Verhältnisse in Deutschland sich aufdrängende Problem des Dilettantismus, der liebhaberhaften Kunstproduktion, erörtert." (S. 1251). In einem Brief an Schiller vom 22.6.1799 sprach Goethe davon, daß man jetzt "dem Kinde einen Namen gegeben" habe (S. 1252). Schillers *Schema über den Dilettantismus* ist abgedruckt ebd., S. 1049-1053.

115 Ebd., S. 1050. Goethe betreibt in den Briefen an Schiller zu dieser Zeit die Negativsetzung des "Dilettantismus" noch entschiedener und kündigt dessen Bekämpfung an: Mit "Schrecken sehe er, wer alles in 'Dilletantism' ersoffen" sei: "Wenn wie dereinst unsere Schleusen ziehen, so wird es die grimmigsten Händel setzen, denn wir überschwemmen geradezu das ganze liebe Tal, worin sich die Pfuscherei so glücklich angesiedelt hat." Ebd., S. 1252-1253.

dem "Schema", die im Klärungsprozeß mit Goethe formuliert wurden, behaupten aber bereits in der ersten Notiz die Antinomie zwischen dem Künstler und dem dilettierenden Autor: "Die Kunst gibt sich selbst Gesetze und gebietet der Zeit, der Dilettantismus folgt der Neigung der Zeit."[116]

Nun ist es der Dilettantismus nicht als literatursoziologische oder kreativitätsgeschichtliche Erscheinung, der unsere Aufmerksamkeit in Anspruch nimmt, sondern als geselliges Phänomen, wie ihn Schiller klassifiziert, genauer: Es interessiert, inwieweit der dilettierende Autor besondere Beziehungen zu den Salons entwickelte, er hier ein ihm adäquates Aktionsfeld vorfinden konnte. Dabei fällt es schwer, aus den erläuterungsbedürftigen, thesenhaften Aussagen Schillers und Goethes die Interdependenzen, die zwischen dilettierender Poesie und literarischer Geselligkeit gesehen werden, nachzuvollziehen - zumal sich in Schillers Äußerungen, die dem Dilettantismus die Kunstautonomie abzusprechen scheinen, Widersprüche zu seiner Konzeption des Zirkels in den *Briefen über die ästhetische Erziehung* andeuten.

Die Präsenz von dilettierenden Autoren war dabei von Salon zu Salon sehr unterschiedlich. Mit der höheren sozialen Stellung eines salonorganisierenden Hauses, was in der Regel auch eine höhere Frequentierung des Salons durch Repräsentanten der Aristokratie zur Folge hat, scheint die Disposition für dilettantierende Literaturpraxis zugenommen zu haben.[117] So bleiben die jüdischen Salons in Berlin viel weniger bestimmt durch "Liebhaberautoren", (auch wenn hier mit Gustav von Brinckmann ein typischer Dilettant eine große Rolle spielt und Rahel Levin mit dem Prince de Ligne enge Kontakte hielt[118]). Wenn die Salons (oder - nach Schiller - gesellige Formationen überhaupt) als bevorzugtes dilettantisches Handlungsfeld in Erscheinung traten, so erwiesen sie sich als

---

116 Schiller: Über den Dilettantismus, S. 1047-1048, S. 1047.

117 Diese Tendenz läßt sich auch an der Präsenz von "Literaturschaffenden" in den aristokratischen Zirkeln der österreichischen Hauptstadt im einzelnen nachweisen. Varnhagen z.B. weiß keine professionellen Schriftsteller, auf die er in den hocharistokratischen Salons während seiner Anwesenheit im Wien der Kongreßzeit getroffen war, anzuführen (während er festhält: "(...) musikalisches und überhaupt künstlerisches Streben bei untergeordneten Dilettanten ließen sich zur Abwechslung auch solche Personen gefallen, deren Ansprüche sonst hoch hinaus gingen." Varnhagen: Denkwürdigkeiten, 3. Bd., S. 238). Frances Trollope bestätigt in ihren *Briefe(n) aus der Kaiserstadt*, Stuttgart 1966, auch noch - oder wieder - für die dreißiger Jahre die auffällige Abwesenheit von "freien" Schriftstellern in den Zirkeln, die von der ersten Gesellschaft organisiert wurden, und Karl Gutzkow stellt für die Restaurationszeit am Vorabend der Märzrevolution fest, daß in der "Gesellschaft" die Literatur ebenso wie die Wissenschaft durch dilettierende Aristokraten vertreten sei. Karl Gutzkow: Wiener Eindrücke (1845), in: Gutzkows Werke, 10. Teil, Aufsätze zur Literaturgeschichte, hrsg. von Reinhold Gensel, Berlin/Leipzig/Wien/Stuttgart 1912, S. 223-260, S. 248.

118 Vgl. seine Würdigung als Repräsentant des "ancien régime" von Gaschon de Molènes: Le Prince de Ligne, in: Salon littéraire. Choix de pièces, tirées des meilleurs écrits périodiques de la France. Année 1841, Tome deuxième, Berlin 1841, S. 481-519. Molènes faßt die Gebiete, auf denen de Ligne sich literarisch betätigte, folgendermaßen zusammen: "Ses oeuvres se composent de trente volumes, renfermant tout ce que intelligence humaine peut embrasser. Histoire, poésie, mémoires, idylles, comédies, souvenirs, anecdotes, pensées, il n'est pas un seul genre qui n'y soit abordé, la plupart du temps avec talent, toujours avec originalité et franchise." (S. 500) Rahel lernte diesen österreichischen Prototypen eines Liebhaberautors, Generalfeldmarschall und Gast verschiedener französischer Salons, Briefpartner u.a. auch von Mme. Geoffrin, Mitte der neunziger Jahre im Teplitzer Bad kennen und befreundete sich mit ihm. Diese Kontakte fanden ihren Niederschlag in einer Reihe von französischen Gedichten auf Rahel.

Refugium für eine literarische Praxis, die ihre Wurzeln in traditioneller, aristokratischer Lebensgestaltung hat. Diese Tatsache verweist auf Leitvorstellungen, welche die allseitige musische Befähigung des Menschen zum Ziel haben - den dilettierenden 'uomo virtuoso', wie er mit dem "honnête homme" angestrebt wurde. Im Salon konnte offensichtlich die Möglichkeit der Realisierung dieses Bildungsideals gewahrt werden, hier erscheint - noch einmal - die ästhetische Praxis als Bestandteil eines integralen Lebensvollzugs. Das dem Autortypus inhärente Ignorieren einer bürgerlich-literarischen Öffentlichkeit, die Literatur zur Ware "degradiert" und die Kunst mit materieller Reproduktion in Verbindung bringt, kann mit den Salonstrukturen als kompatibel begriffen werden; weder muß man hier das eigene Werk einer anonymen Größe des Publikums ausliefern, noch wird es einer kritischen Wertung durch die historisch jungen, sozial fremden Kritikinstitutionen des Literaturbetriebs ausgesetzt. Der Liebhaberschriftsteller, wenn er den Salon als sein Medium anerkennt, kann seine Literatur dem Urteil neuer Geschmacksträgergruppen, wie sie im Literaturbetrieb zu Wort kommen, entziehen. Dort, wo dieser Autor nicht die Konstellation des Salons mitverantwortet, bleibt ihm immer noch die Wahl des Salons mit einer ihm zusagenden Konstellation und einer seiner Literaturauffassung entsprechenden Rezeptionshaltung.

2. Daß sich im Salon Privatheit und Öffentlichkeit durchdringen und die Akzente zwischen beiden Bereichen verschiebbar bleiben, prädestiniert diese Formation dazu, Überschneidungen verschiedener Autorentypen zu ermöglichen. Dies evoziert notwendigerweise Anpassungsstrategien zwischen den verschiedenen Typen (die sich in der Literatur selbst auswirkten), die nicht in jedem Fall den "freien" Autor als historisch fortgeschrittensten anvisierten. Bekanntestes Gegenbeispiel ist die Einordnung von Autoren wie Wieland, Goethe, Herder in eine inszeniert dilettierende Literaturproduktion in Tiefurt dem Kreis um Anna Amalia: Hier schrieben sie für den geselligen Kreis, verzichteten auf eine Öffentlichkeit, die im *Journal* von Tiefurt allenfalls nachgestellt wird; die Schriften werden, wie es im "Avertissement" des *Journals* heißt, "den Augen eines sich selbst gewählten Publikums" vorgelegt.[119] Differenzen zwischen den vertretenen Autorentypen werden in diesem Zirkel durch eine Anonymisierung der Verfasserschaft verwischt. Das heißt, einer Identifizierung als individuelle Produkte, zudem als Produkte von außerhalb dieser literarischen Geselligkeit heterogenen Autorentypen, wird entgegengewirkt.

119 Eduard von der Hellen: Das Journal von Tiefurt, mit Einleitung von B. Suphan, Schriften der Goethe Gesellschaft 7 (1892, Faksimile des "Avertissement" nach Vorwort (nicht paginiert). Zum *Tiefurter Journal* siehe an älteren Studien: C.A. Burkhardt: Das Tiefurter Journal. Literaturhistorische Studie, in: Die Grenzboten 30, III (1871), S. 281-299 und 31, II (1872), S. 261-283; H. Funck: Zum ersten Stück des Tiefurter Journals, in: Goethe-Jahrbuch 19 (1898), S. 294-295. 1982 hat Hartmut Heinze in den *Neuen Deutschland Heften* (Jg. 29, H. 3, 1982, S. 660-662) aus Anlaß des zweihundertjährigen Jubiläums unter dem Titel *200 Jahre Schloß Tiefurt* auch noch einmal an das *Journal* erinnert. Das "Journal" zirkulierte nur handschriftlich in jeweils 11 Exemplaren. Der Hofgärtner Eisenhut hatte Vertrieb und Werbung übernommen.

Von Gustav von Brinckmann, der schon als Diplomat dem traditionellen Bildungsideal allseitiger Ausbildung des 'uomo universale' verpflichtet blieb, erschien ein Gedichtband unter eigenem Namen erst[120], nachdem seine literarischen Qualitäten in den Berliner Salons und anschließend in den literarischen Zirkeln Hamburgs - hier verkehrte er auf Vermittlung Rahel Levins vor allem im Hause Sieveking - anerkannt worden waren. (In seinem ersten Gedichtband (Leipzig 1789) hatte er seine Identität noch unter dem Pseudonym "Selmar" verdeckt.) Diesem Band von 1804 (mit Gedichten auf verschiedene Salondamen, der Huldigung an Rahel *Elegie an die Vertraute*) schickte er eine "Vorerinnerung" voraus, in der er sich zum Dilettantismus bekannte: Seine Werke, auch wenn sie jetzt einem breiteren Lesepublikum zugänglich gemacht würden, sollten weiterhin als "Versuche eines bloßen Liebhabers" von der "Kritik aufgenommen werden". Ausdrücklich nicht "als Kunstwerke" will er die Texte "dem kleinen Kreise" übergeben, sondern "als bloße Privatgedichte": In der captatio benevolentiae gegenüber der Öffentlichkeit wird auf dem "privaten" Raum als angemessenem Rezeptionsrahmen der Werke des sich zur "Liebhaber"-Dichtung bekennenden Salonhabitués beharrt.[121]

3. Dem literarischen Dilettantismus im Salon, der sich der Professionalisierung, die eine Verwirklichung des egalitären Prinzips erschweren oder bedrohen mußte, entgegenstellt, ist aber zugleich eine Tendenz eigen zur Erweiterung der geselligen literarischen Produktivität zu einer allgemein künstlerischen. Schillers "Schema" verweist darauf, daß der Dilettantismus mehr oder minder in alle Kunstsparten eingedrungen sei. Dies inhibiert die Verbindlichkeit eines emphatischen Kunstbegriffs und deutet gleichfalls auf das Fortwirken aristokratischer Bildungsentwürfe. Die Beherrschung verschiedener Künste, soweit sie der Geselligkeit und der Selbstdarstellung hier dienen, bleibt im Salon gefordert. Diese hierarchisiert die Künste allenfalls situativ nach ihrem Beitrag zur Geselligkeit. Auch hier kann wieder auf den Zirkel Anna Amalia verwiesen werden; selbst das bekannte Aquarell Georg Melchior Kraus', das Goethe, Herder, Heinrich Meyer, Gores, Göchhausen u.a. am Zeichentisch von Anna Amalia lesend, deklamierend, stickend zeigt, gibt nur einen Ausschnitt der künstlerischen Produktion und Reproduktion dieses Kreises (so komponierte Anna Amalia auch, selbst die Gartenbaukunst in Tiefurt nahm gesellige Züge an). Daß literarisches Handeln häufig nur *ein* Element der geselligen künstlerischen Tätigkeit war, findet sich auch in nicht-aristokratisch organisierten Salons - im Greiner-Salon in Wien, in dem der Ehemann dichtete und malte, in den Berliner Salons: Varnhagen war als Scherenschnittkünstler hier bisweilen beliebter denn als Schriftsteller. Selbst Rahel hielt es für nötig, sich an der Gitarre ausbilden zu lassen, und im bürgerlichen Salon der Schopenhauer stand, die gesellige Praxis der Anna Amalia aufnehmend, für Goethe immer auch ein Zeichentisch bereit. Bereits die Fortführung solcher Konzeptionen künstlerischer Produktivität konnte dem Salon ein Mitspracherecht und eine Kompetenz nicht nur in literarischen Geschmacksfragen sichern, sie erleichterte auch einen "Interdiskurs" zwischen den Repräsentanten verschiedener Künste in einer Zeit, als diese sich bereits institutionell voneinander zu lösen begonnen hatten.

120 Carl Gustav von Brinckmann: Gedichte, Berlin 1804.
121 Brinckmann: Vorerinnerung, ebd.

4.1.5 Die Genese der Autorin im Salon

1. Der Dilettantismus als Moment von Literaturpraxis in den Salons begünstigte die Präsenz der literaturproduzierenden Frau, verantwortete dies aber nicht allein. Es lassen sich zwei Typen schreibender Frauen im Salon unterscheiden. Die erste Gruppe wird dabei von jenen gebildet, deren Genese als Autorinnen nicht von ihren Salontätigkeiten abhing, sondern lebensgeschichtliche Prämissen hatte, durch die bereits vor Eintritt in die Salongesellschaft institutionelle, ideologische, soziokulturelle Hemmnisse, die einer weiblichen Schriftstellerexistenz im Wege standen, beseitigt waren. Auf der Basis ihres Renommees als Literatin gelingt es ihnen dann auch, einen Salon zu gründen, oder sich in bestehende Salons einzugliedern.[122] Einigen dieser Autorinnen-Salons war es möglich, im literarisch-geselligen Leben eine besondere Rolle zu spielen. Bei anderen behinderte die Organisierung eines Salons auf dem Fundament eines vorliegenden Werks und damit einer festgelegten literarischen Position sowohl die Offenheit des Literaturgesprächs als auch die vermittelnde Rolle der Salondame. Erst im Vorfeld der Märzrevolution und unter dem Vorzeichen eines veränderten Frauenselbstbewußtseins fanden Salons, die von Autorinnen ins Leben gerufen wurden, insgesam breitere Aufmerksamkeit, konnten sie ihren Aktionsradius auch personell erweitern. Der Zirkel von Ida Hahn-Hahn, der Salon Fanny Lewalds vor allem (mit deren Rückorientierung an Rahel Varnhagen), der Kreis um Luise Mühlbach gehören damit bereits einer neuen Phase von Salongründungen durch Schriftstellerinnen an, einer Tradition, die sich fortsetzt bis ins 20. Jahrhundert und der noch der Salon der Gertrude de Stein im Paris der Vorkriegsjahre zuzurechnen ist.

In einer zweiten Gruppe lassen sich jene Frauen zusammenfassen, deren geselliges Engagement ihrem Auftreten als Schriftstellerin vorangeht. Beschreibt Gisela Dischner den Briefroman innerhalb der literarischen Gattungen als trojanisches Pferd für den Einzug der Frauen in die Männerdomäne "Literaturproduktion", so ist der Salon, behält man die Perspektive Dischners bei, als institutionelle "Schwachstelle" für das Eindringen in diese "männliche" Festung "Literaturproduktion" zu bestimmen. Die zitierte Sprechmöglichkeit, die die weiblichen Mitglieder in diesem Rahmen besitzen, kann bis zur Schreibpraxis erweitert werden. Wie beim Dilettantismus bildet das Changieren zwischen Öffentlichem und Privatem eine wesentliche Grundlage für die Genese von Autorinnen an diesem sozialen Ort. An den Veröffentlichungsstufen der Texte von Rahel

---

122 Daß gerade dieser Fall nicht selten ist, ergibt sich auch daraus, daß in einer männergesellschaftlich geprägten Kulturlandschaft weder Akademien, Dichtervereinigungen usw. Integrations- und Anerkennungsformationen für schreibende Frauen sein konnten. Selbst der als Autorin mit europäischem Ruf in den deutschen kulturellen Zentren erscheinden Mme. de Staël boten sich vor allem Salons als Kontaktmöglichkeiten mit der deutschen literarischen Intelligenz. Karoline Luise Bachmann, die in Weißenfels in Verbindung mit Hölderlin gestanden hatte, suchte im Juni 1821 den Pichler-Salon auf, um hier Hilfestellungen für ihre Karriere zu erhalten. (Nach ihrem Selbstmord im darauffolgenden Jahr, der veranlaßt wurde durch polemische Kritik an ihrem literarischen Werk, verteidigte Pichler ihre Salonbesucherin öffentlich gegen posthum geführte Angriffe.) Die Reihe von schriftstellernden Besucherinnen im Pichler Salon, die u.a. Frau von Wolzogen, Schillers Schwägerin und Verfasserin des Romans *Agnes von Lilien* Helmina von Chézy aufweist, ließe sich unschwer verlängern. In Eduard von Bauernfels *Der literarische Salon*, uraufgeführt am 24 März 1836, wird das schriftstellerische Debüt der Tochter des Hauses, Emilie, bereits satirisch behandelt.

Levin Varnhagens in *Rahel. Buch des Andenkens* - von der privaten brieflichen Mitteilung über die Aufnahme in die Salonkommunikation, die erste posthume Zusammenstellung für einen engeren Freundeskreis bis hin zur Drucklegung und dem Erscheinen auf dem Buchmarkt - läßt sich die graduell sich steigernde Publizität illustrieren und damit die Entstehung einer Schriftstellerin aus dem Salon heraus sich nachweisen. Wenn Wieland dem Roman *Fräulein von Sternheim* als literarischem Produkt einer Frau in seinem Vorwort nur deshalb eine Berechtigung glaubt zugestehen zu können, weil er die nicht auf "Öffentlichkeit" zielende Schreibintention der Sophie La Roche kenne, so fungiert der Salon gleichsam als institutionalisierte Argumentation Wielands. Im voröffentlichen Bereich steht den Frauen im Salon eine wertende Instanz zur Verfügung, die aber von Repräsentanten des öffentlichen Literatursystems mitgetragen und über die der Weg in die literarische Öffentlichkeit und damit zur Legitimität als Autorin geebnet wird.[123]

2. Johanna Schopenhauer ist eine jener Frauen, die als Salondamen zum Schreiben kamen bzw. als Autorin Anerkennung fanden. Der ersten Publikation, der Biographie ihres Freundes und Habitués Carl Ludwig Fernow, gingen die Etablierung ihres Zirkels in Hamburg (hier noch unter "Assistenz" ihres Ehemannes) und vor allem die Eröffnung ihres Salons an der Esplanade in Weimar in unmittelbarer Nachbarschaft des Theaters zu einem Zeitpunkt, da der Hof als organisierendes Zentrum vorübergehend ausgefallen war, voraus. Ihrem Werk *Gabriele*, mit dem sie als Romanschriftstellerin debütierte, verhalf die Rezension ihres wichtigsten Habitués, Goethe, in *Kunst und Altertum* zum Erfolg.

Als Enkelin der Anna Luise Karsch hatte es Helmina von Chézy relativ leicht gehabt, schon früh einen Kreis literarisch Interessierter, darunter der junge Fouqué, in Berlin um sich zu scharen, in dem dann auch Jean Paul verkehrte. Ihm legte sie erste Proben ihres lyrischen Talents vor, die der Autor verbesserte und aufgrund derer er sie zur Fortsetzung ihrer schriftstellerischen Arbeit ermunterte. Daß es nicht nur der eigene Zirkel sein mußte, der die beteiligte Frau zur Autorin machte, demonstriert die Sozialisation von Mme. de Staël oder von Amalie von Helvig oder Karoline Pichler: War es bei Mme. de Staël der Salon der Mutter, der Mme. Necker, der den Zugang der Töchter zur Literaturproduktion erleichterte, so hatte die Schriftstellerin Amalie von Helvig, die von 1815 bis in die 30er Jahre in Berlin einen Salon führte (zu dem der Varnhagen-Kreis engen Kontakt hatte), als Hofdame der Herzogin Anna Amalia den Weimarer "Musenhof" kennengelernt.

Der Beginn der Karriere als Schriftstellerin im sozialen und literarischen Kontext des Salons läßt sich am Beispiel von Karoline Pichler besonders gut nachvollziehen (ohne daß damit Fragen der Kreativitätsforschung auch nur tangiert werden können), weil diese Schriftstellerin und Salondame Impulse für ihre literarische Produktion schon aus zwei früheren in ihrer Familie organisierten Salons empfangen konnte, den Salons ihrer

123 Eine umfassendere Würdigung der Frauen um 1800 als Autorinnen, wie sie von Elke Frederiksen schon 1980 in ihrem Aufsatz: Die Frau als Autorin zur Zeit der Romantik: Anfänge einer weiblichen literarischen Tradition, in: Amsterdamer Beiträge zur Neueren Germanistik, Bd. 10, 1980, S. 83-103, gefordert wurde, müßte insofern auch dem Salon in seiner Rolle bei der Eröffnung dieser "weiblichen Tradition" größere Aufmerksamkeit schenken.

Großmutter und ihrer Mutter, Frau Greiner. In dieser familialen Salonfiliation spiegelte sich der literarische Geschmackswandel in Wien, wurde auch die allmähliche Distanzierung vom hegemonialen Hof evident. In den ersten Salons, folgt man den Erinnerungen von Karoline Pichler, dominierte noch eine ästhetische Praxis, wie sie als aristokratisches Muster übernommen wurde. Mit Haschka besuchte bereits ein öffentlich sehr bekannter Autor diese Salons, der hier seine Literatur vorstellte; daneben wurden die Gedichte des dilettierenden Vaters, Hofrat Franz Sales Greiner, während der Soireen deklamiert. Es wurden für Karoline eigens kleine Klavierstücke komponiert, die sie bereits als siebenjähriges Kind in dem Salon vortragen mußte; ebenso früh stand sie auf der Bühne des Greinerschen Haustheaters. "Haschka", über den die Salondame Greiner eine Patronage ausübte - er erhielt in ihrem Hause Unterkunft und Verpflegung, "führte nach und nach die damaligen Schüler von Wien bei uns ein"[124], heißt es in Karolines *Denkwürdigkeiten*; aber auch durchreisende Künstler und Wissenschaftler lernte die junge Pichler über Haschka kennen:

> Überdies reiste beinahe kein fremder Gelehrter oder Künstler nach Wien, der nicht Empfehlungsschreiben an Haschka oder unmittelbar an meine Eltern hatte, und sich von jenem vorstellen oder durch Brief einführen ließ.[125]

So kommt sie in Kontakt mit Georg Forster, mit Göckingk u.a.. Diese Fluktuation, die aufgrund des urbanen Status von Wien ein größeres Spektrum an Autoren, als dies in Berlin der Fall war, in den Salon brachte, hielt die junge Pichler über die aktuellen literarischen Entwicklungstendenzen auf dem Laufenden: "Alles, was von neuen Dichtwerken im In- und Auslande erschien, wurde so gleich bei uns bekannt, gelesen, besprochen."[126] Eine "Art von literarischem Verein", der sich aus jüngeren männlichen Mitgliedern des Greiner-Salons gebildet hatte, dem aber auch Karoline und ihre Mutter angehörten, veranstaltete Schreibversuche; Karoline beteiligte sich "an dieser Geistesübung"[127]: Nach eigener Einschätzung verdankt sie diesem "Samstagsverein" "zu gemeinschaftlichen Übungen der Denkkraft und den strengen, aber meist gerechten Beurteilungen der übrigen Mitglieder einen großen Teil meiner Fortschritte" in der "Leichtigkeit (...), meine Gedanken über irgendeinen Gegenstand zu sammeln, zu ordnen und soviel möglich logisch richtig und in angenehmer Schreibart vorzutragen."[128] Ein Freund Haschkas, der

124 Pichler: Denkwürdigkeiten I, S. 48-49.

125 Ebd., S. 82.

126 Ebd., S. 49.

127 Ebd., S. 172.

128 Ebd., S. 172-173. Aus den Angaben von Pichler ist zu schließen, daß es sich bei dieser "Samstagsgesellschaft" um eine Komplementärorganisation zum Greiner-Salon handelte. Im "Samstagsverein" organisierte sich unter Protektion der Salondame und ihrer Tochter Karoline die männliche Jugend des Salons. Inspiriert war man von den Ideen der Französischen Revolution, man suchte in diesem Verein einen Ort, um sich auf politisches Handels vorbereiten zu können. Daß alle Mitglieder Backenbärte trugen (vgl. ebd., S. 183) - "bei den Loyalgesinnten oft das wahre Anzeichen eines Jakobiners" (ebd.) - weist auf die politische Tendenz dieses "literarischen Vereins" hin, eine Tendenz, deren Wirksamwerden im Salon denselben gefährdet hätte. Nach den Erinnerungen der Salondame wurden "Gegenstände (...) von den Mitgliedern nach der Reihe aufgegeben" (ebd., S. 171), über die Aufsätze geschrieben, "diese gegenseitig vorgelesen, beurteilt und auch bei Gelegenheit Reden aus dem Stehgreife gehalten; denn die französische Revolution, das Repräsentativsystem und die öffentlichen Reden beschäftigten die Geister der meisten und

von Wieland beeinflußte Schriftsteller Johann Baptist Alxinger, neben Haschka der vertrauteste Autor in den Greiner-Soireen und Mentor Karolines bei der Entfaltung ihrer Schreibtalente, sprengte schließlich den Salonkreis als Rezeptions- und Wertungsinstanz für Karoline Pichler, indem er sich mit Wieland in Verbindung setzte, der als "Sternheim"-Herausgeber die häusliche Begrenztheit für schreibende Frauen aufgebrochen hatte. Am 12.2.1779 schrieb er an Wieland, daß er nächstens etwas von Fräulein Greiner schicken werde, "womit sie recht zufrieden seyn werden"[129]. Die Schreib- und Publikationsvorhaben Karoline Pichlers, die später in Schrift und im Salon jedem Versuch, die Geschlechterrollenzuweisung zu hinterfragen, entgegentrat (wenngleich ihrem Auftreten als Schriftstellerin und ihrer aktiven Rolle im Literarischen Leben eine Rollenkritik immanent war), wurde durch den in Ansätzen frauenemanzipatorischen Standpunkt, der in den Diskussionen des Greiner-Salons von der Salondame selbst vertreten wurde, gefördert. Für die Rekonstruktion der Genese einer der wenigen Autorinnen Österreichs dieser Phase aus den Strukturen und dem Geist eines Salons, ist es nicht irrelevant, daß der Greiner-Salon zu den frühesten deutschsprachigen Rezeptionsstätten der Schriften Mary Wollestonecrafts gehörte:

> Das männliche Geschlecht kam bei all diesen Untersuchungen (im Salon - PS) nicht zum besten weg, und meine Mutter war sehr geneigt (wie ich später hörte, als ich imstande war, solche Begriffe zu fassen, und ihr oft Bücher vorlas, welche in diesem Sinne geschrieben waren, z.B. Sur les droits des femmes, par Mme. de Wolstonecraft (!) das System aufzustellen, daß die Frauen ursprünglich von der Natur zur Herrschaft bestimmt seien, und dieses Vorrecht durch eine Art von Usurpation des männlichen Geschlechtes, welches uns an physischen Kräften übertrifft, verloren habe. Doch das ist eine Abschweifung, welche eigentlich nicht hierher, sondern in die spätere Zeit meiner aufblühenden Jugend gehört.[130]

4.1.6 Autorenförderung im Spiegel der Dedikationspraxis

1. Wenn der Literarische Salon um 1800 Vertreter verschiedener Autortypen in seine Praxis einbeziehen konnte, so verweist dies auf ein ganzes Spektrum an Handlungsstrategien von Schriftstellern gegenüber dem Salon und vom Salon bezogen auf die anwesenden Autoren. Unter diesen Handlungsstrategien des Salons gegenüber den Autoren nahm eine von Beginn an einen zentralen Platz ein: Bei der steigenden Komplexität des Literatursystems und der Tendenz des Salons, dieses situativ zu "re-simplifizieren", blieb ihm die Aufgabe (und Möglichkeit) der Sichtung und Protektion von "Talenten". Durch die Förderung von Autoren wahrte der Literarische Salon auch seine Option, generationenübergreifende Impulse für die Literaturentwicklung zu geben, neue Tendenzen nicht nur zu rezipieren, sondern auch an deren Inaugurierung beteiligt zu sein. Wie für den dilettierenden Typus und den des weiblichen Autors das Changieren des Salons zwischen Privatheit und verschiedenen "Stufen" der Öffentlichkeit von Bedeutung war, so auch für die Entdeckung und das Vorstellen debütierender Autoren.

---

gerade der besseren jungen Leute." Ebd., S. 170-171. Im Zuge der Wiener "Jakobinerverfolgung" 1793 löste sich der Verein dann nach dreijähriger Existenz auf.

129 Ebd., S. 451-452.

130 Ebd., S. 48.

Die Möglichkeiten des Salons bei der Auswahl und Protektion junger Schriftsteller blieben dabei insofern eingeschränkt, als seine Zugangskriterien, gebündelt zur "Salonfähigkeit", eine Restriktion mit sich bringen mußten, die das Geltendmachen von Begabung nur in bestimmten Formen des geselligen Umgangs zuließ. Die Durchsetzungschancen junger Schriftsteller waren in der Regel dort geringer, wo die temporäre Egalität, bedingt durch die sozial hohe Position des empfangenden Hauses, einer besonderen Abstützung durch kodifiziertes Verhalten bedurfte. Da nicht nur in der historischen Folge, so z.B. vom konventionsfreieren Verhalten des Rahel-Salons in der Jägerstraße bis zum regulierteren Varnhagen-Kreis der Mauerstraße, sondern auch zeitgleich Varianten der Ritualisierung bzw. der Entkonventionalisierung des Salonumgangs auftraten, konnten junge Autoren diesen Umgang "abgestuft" erlernen und nutzen. Für Schreyvogel oder Grillparzer gewannen die Salons Pichler und noch Pereira "einführende" Funktion, im "bescheideneren" Salon der Schwestern Fröhlich überwand Grillparzer seine Scheu, an der Konversation teilzunehmen.[131] Für einen Umgang in den Pariser Salons sozialisiert wurde Heine sicherlich durch seinen Verkehr in den Salons Varnhagen, Hohenhausen und Helvig.

2. Auf der Suche nach Indizien für eine solche Förderpolitik drängt es sich auf, die Dedikationspraxis, mit der von seiten der Literaturproduzenten die Bedeutung der Salons für ihre Karriere anerkannt und publik hätte gemacht werden können, zu befragen. Wenn Ende des 18. Jahrhunderts die Widmung an Repräsentanten feudalabsolutistischer Ordnung entbehrlicher wurde, ist dies sowohl Ausdruck der mit den neuen Verkehrsformen, der Steigerung der Warenzirkulation, zu Ende gehenden Zeit des ständischen Dichters, als auch Manifestation eines neuen Autorenselbstbewußtseins. Dort, wo vereinzelt bereits die Widmung an einen Freund erfolgt, private Beziehungen öffentlich kundgegeben werden (was ein öffentliches Interesse an privaten, menschlichen Beziehungen unterstellt), wird nicht mehr Abhängigkeit dokumentiert, sondern die Wählbarkeit persönlicher Bindungen und deren Zweckfreiheit. Soweit feststellbar, hat allerdings kein Autor im Untersuchungszeitraum ein Werk einem bestimmten Salon dediziert (während umgekehrt z.B. Varnhagen das *Buch des Andenkens*, die literarisch objektivierte Quintessenz des "Lebenswerks" seiner Frau, deren Freundeskreis widmete). Die "Salon-Autoren" in all ihrer Heterogenität als Autorentypen negierten offensichtlich auf dieser - öffentlichen - Ebene übereinstimmend den Salon als Institution, zu der sie in Beziehung standen, der sie intellektuelle Impulse oder materielle bzw. organisatorische Unterstützung verdankten. Daß die Dedikation aber von seiten dieser Formation selbst auch an keiner Stelle eingefordert wurde, demonstriert noch einmal, wie kompatibel die Salons schließlich mit einer Autorkonzeption waren, die auf einer "freien" Literaturproduktion basiert.

Wenn auch keine Bindung an die Salons in den Widmungen erkennbar wird, so existieren doch Dedikationen - und dies relativiert die vorhergehenden Aussagen, ohne ihre Tendenz aufzuheben -, die eine personale Beziehung zwischen Autor und Repräsentanten der Salonkultur, konkret: den Organisatorinnen der Salons, deutlich

131 Siehe Gleichen-Rußwurm: Geselligkeit, S. 212.

machen. Von den Dedikationen an einzelne Salondamen sind literarhistorisch am aufschlußreichsten und relevantesten zweifellos die Widmungen Heines an Rahel Levin Varnhagen. Aber auch von diesem Modus einer Anerkennung der Relevanz dieser Frauen für das eigene Werk wird erst relativ spät, d.h. in der Restaurationszeit, Gebrauch gemacht, während Salondamen als Anregerinnen von "klassischen" oder "romantischen" Werken nicht gewürdigt werden. Das Fehlen früherer Dedikationen ist nicht nur einzuordnen in die allgemeine Distanzierung vom Dedikationswesen um 1800, eine Distanzierung, die durch die Salons zusätzlich gestützt wurde, es ist auch zu interpretieren als Ausdruck einer egalitären Kommunikationssituation, die auch nicht posthum durch eine Dedikation aufgehoben werden sollte.

3. In Wien ist eine der frühesten Widmungen an eine Salondame, an Karoline Pichler, auszumachen: Der Orientalist Josef von Hammer-Purgstall, Intimer des Pichler-Zirkels seit 1807, dedizierte sein für die Vermittlung orientalischer Literatur grundlegendes Werk *Morgenländisches Kleeblatt* (Wien 1819), das persische Hymnen, arabische Elegien, türkische Eklogen zusammenstellte, der Salondame. Diese revanchierte sich, als sie ein Jahr später ihre Übersetzung von Byrons *The Corsair* (1814) dem Orientalisten widmete. In beiden Fällen handelt es sich also nicht um eigene literarische Werke in engerem Sinne, aber beide Widmungen verweisen auf die literaturvermittelnde Bedeutung des Pichler-Kreises, auf die im Zusammenhang mit den literaturdistributiven Möglichkeiten des Salons noch einmal zu erinnern sein wird. Unterstrichen wird diese Vermittlerrolle noch durch eine weitere Dedikation: Von einem anderen Habitué, dem Schriftsteller L.A. Frankl, der 1832 von Hammer-Purgstall eingeführt worden war, erhielt sie dessen *Sagen aus dem Morgenlande* (Leipzig 1834) dediziert; wie aus dem Widmungsgedicht hervorgeht, ist es jetzt allerdings die Dichterin der *Biblischen Idyllen*, die der Sehnsucht der Menschen nach dem Orient, dem Paradies, literarisch Ausdruck verliehen habe, und nicht die Salondame, die als Inspiratorin des dedizierten Werkes gefeiert wird.

Bei Rahel ist es nicht eine vergleichbare Autorreputation, die andere Schriftsteller hätte bewegen können, ihr ein Werk zu verehren. Wenn sie nach ihrer Berliner Rückkehr überhaupt als dedikationswürdig gesehen werden konnte, so hing dies sicherlich mit dem Verlauf ihrer Karriere, die sie als Arrivierte zurückkehren ließ, zusammen. Verläßt man sich auf die Eduard Gans-Biographie von Reissner, so widmete ihr schon kurz nach Eröffnung ihres zweiten Salons ein jüdischer Autor namens Gerson Adersbach ein größeres *Moralgedicht*.[132] Adersbach gehörte wie Gans und Heine dem *Verein für Cultur und Wissenschaft der Juden* an, organisatorischer Ausdruck der neuen nachromantischen Selbstbewußtwerdung jüdischer Intellektueller (und zugleich deren Abwehrmaßnahme gegen den von Latenz in offene Gewalt umgeschlagenen neuen Antisemitismus), die auf Kooperation mit dem reetablierten Rahel-Salon setzten. Die Gedichte von Adersbach, publiziert in der Zeitschrift *Sulamith*, thematisieren die drückende Einsamkeit und die Ängste eines jungen Juden in einer sich ihm verschließenden nicht-jüdischen Gesellschaft - Grunderfahrungen, die auch Rahel Levin durchlebt hatte. Auf den gemeinsamen

---

132 Hans Günther Reissner: Eduard Gans. Ein Leben im Vormärz, Tübingen 1965 (Schriftenreihe wissenschaftlicher Abhandlungen des Leo Baeck Instituts 14), S. 60-61.

jüdischen Hintergrund wird in der Dedikation angespielt: "Der würdigen Madame R. in B. als eine Purimsgabe dargebracht."[133] "Madame R. in B.", führt der Biograph des Hegelianers dazu aus, "war niemand anders als Rahel Varnhagen, die im Zusammenhang mit ihrer Taufe im Jahre 1814 ihren Mädchennamen Levin in Robert verwandelt hatte. Der Rahel, die unbeschadet ihrer jüdischen Herkunft sich in gehobenen Kreisen bewegte, dachte Adersbach eine Rolle der biblischen Esther zu."[134] Danach galt diese Würdigung Rahel Levin Varnhagens als Jüdin der Assimilationsphase zunächst.

Rahels Verhältnis zu Dedikationen, die ihr gelten sollten, war zumindest ambivalent. Die nachweislich erste Zueignung plante Franz von Baader. Varnhagens hatten Baader während ihres Teplitz-Aufenthaltes im Sommer 1821 kennengelernt und sahen sich "14 Tage bis er reiste ununterbrochen"[135], wie Rahel an ihren Bruder Ludwig schreibt. Gesprächsthema war von Anfang an Saint-Martin. Rahel äußerte sich zwar begeistert über den persönlichen Umgang mit Baader, lehnte die intendierte Dedikation[136] aber ab und verhinderte sie schließlich. Es war weniger die Tatsache, daß ausgerechnet dieser Philosoph Rahel als anregende Persönlichkeit des geistigen Lebens ehren wollte, es war in erster Linie die Schrift *Über Divinations- und Glaubenskraft*, die ihr zugeeignet sein sollte, die ihre Ablehnung hervorrief. Rahel verbat sich diesen "Dank für mein Aufmerken", also ihren intellektuellen Umgang mit Baader[137], weil sie über die Widmung eine Identifizierung mit dessen Philosophie fürchtet: "Du weißt", schreibt Rahel, "ich suche nicht genannt zu werden; ich scheue es, wo es nicht ganz von selbst kommt, oder durchaus nöthig ist. Aber denk dir das Geschrein, wenn bei diesem Inhalt mein Name mitgestanden hätte!" Eine solche Dedikation dürfe nur Ausdruck "des vollkommenen Übereinstimmens" sein, welches "auch der Leser voraussetzen würde; voreilig und unrecht, denn ich kann mich zu diesen Sachen nicht eigentlich bekennen, von denen auch vieles, ich will nicht sagen über mich hinaus, aber mir abseits liegt."[138] Rahels Abwehr war notwendig, da sie ihren (zweiten) Zirkel in dem von der Hegel-Schule philosophisch beherrschten Berlin aufbaute; Hegel selbst, Gans und andere Vertreter dieser Schule gehörten zu ihren regelmäßigeren Besuchern. Die Huldigung als Vereinnahmung, durch die diese im geselligen Umgang mögliche Verständigung als öffentliches Einverständnis ausgegeben worden wäre, hätte wiederum die Integrations- und Interaktionsfähigkeit ihres Salons einschränken müssen. (Baader rechnete gerade darauf, durch die Widmung der *Glaubenskraft* an Rahel in Berlin Interesse und - konkret - einen

---

133 Ebd.
134 Ebd.
135 Rahel an Ludwig Robert, Dresden, 11. Sept. 1821, in: Rahel-Bibliothek IX, S. 624-625.
136 Baader fingierte die Schrift als Brief an Rahel Varnhagen: "aus einem Schreiben an die Friederike Varnhagen von Ense in Berlin von Franz Baader". Brief von Franz Baader, Lambach, 14. Sept. 1821, in Rahel-Bibliothek IX, S. 624-625, S. 625.
137 Buch des Andenkens III, S. 106. Im Brief an Ludwig Robert, Dresden, 11. Sept. 1821, heißt es weiter über ihren Umgang mit Baader, daß sie seine Vorträge "ohne Fragen und Einwürfe nicht hingehen lies", in: Rahel-Bibliothek IX, S. 624-625.
138 Buch des Andenkens III, S. 106.

Verleger zu finden[139], was den Varnhagen-Kreis leicht in eine Frontstellung gegen die Hegelianer hätte treiben können.) So wurde schließlich die Baader-Schrift Fürst Alexander von Galizien, dem russischen Kultusminister, "glücklicherweise", wie Rahel vermerkt, gewidmet.[140]

4. Bekannt geworden ist die Widmung von Heines achtundzwanzig Liedern des *Heimkehr*-Zyklus an Rahel Levin Varnhagen. Der Zyklus war zuerst in den *Reisebildern* erschienen, die K.A. Varnhagen am 14.5.1826 von Heine mit folgendem Begleitbrief zugeschickt bekam:

> Doch ist dieses auch gar kein Brief, sondern bloß eine Bitte, das beifolgende Buch unserer lieben, guten edlen Friederike in meinem Namen zu überreichen und ihr recht viel Schönes dabei zu sagen. Ich wollte nur wenige Zeilen schreiben. Aber ich und Frau von Varnhagen können nun ein für alle mal keine kurzen Briefe schreiben - und daher wird meine liebe Freundin wohl wissen, warum ich gar nicht schreibe. - Anfangs dacht ich ihr eine Dedikationsbrief vor das Buch drucken zu lassen, doch dieser wurde zu warm und zu lange, ein zweiter Brief wurde zu kurz und zu kühl, und nach dreimaligem Umgedrucktwerden erscheint endlich das gegenwärtige Meisterstück dedizierender Beredsamkeit, größere Not war der beängstigende Gedanke, daß das Buch im Grunde zu schlecht sei, um der geistreichsten Frau des Universums dediziert zu werden. Doch mich tröstete der Gedanke, daß Frau von Varnhagen nicht an mir irre wird, ich mag schreiben, was ich will, Gutes oder Schlechtes.[141]

Das "Meisterstück dedizierender Beredsamkeit", mit der die traditionelle Widmungspraxis assoziierenden "Gattungsbezeichnung" "Dedikation" überschrieben, lautet in den *Reisebildern* von 1826:

> Der Frau Geh. Legationsrätin / Friederike Varnhagen v. Ense / widmet die achtundzwanzig Gedichte seiner 'Heimkehr' / der Verfasser[142].

Im Begleitbrief werden die Schwierigkeiten Heines angerissen, das Verhältnis zwischen Autor und Salondame in der Form konventioneller Zueignung auszudrücken. Verwischt scheint jede persönliche Beziehung, wie sie in der gleichzeitigen privaten Korrespondenz mit Varnhagen gefeiert wird, nicht erkennbar mehr der geringste Grund für eine solche Dankbarkeitsgeste; die literarisch-gesellige Rolle der Rahel ist ebenso gelöscht wie ihre jüdische Identität (die für die Beziehung zwischen Rahel und Heine nicht ohne Belang war). Nur der von ihrem Mann "erborgte", der erheiratete gesellschaftliche Status wird dem öffentlichen Blick freigegeben. Um so weniger erklärlich ist dann die Aufmerksamkeit, die dieser wenig aussagekräftigen Widmung entgegengebracht wurde. Auf Rahel Varnhagens Antwortschreiben, das nicht vorliegt, reagiert Heine in einem emphatischen Brief an K.A. Varnhagen, wodurch Heines Verhältnis zu diesem, in der Dedikation eher verschwiegen als veröffentlicht, klarer bestimmt wird:

---

139 Vgl. den Brief Baaders vom 14. Sept. 1821. Ebenso Brief Baaders an Varnhagen, 22. März 1822, in: Rahel-Bibliothek IX, S. 637-638.

140 Buch des Andenkens III, S. 106.

141 Heine an Varnhagen, 14.5.1826, in: Heine: Sämtliche Schriften, 1. Band, hrsg. von Klaus Briegleb, München 1968, Kommentar S. 650-651.

142 Ebd., S. 717.

> Meine Nordseebilder sind con amore geschrieben, und ich freu mich, daß sie Ihnen gefallen. Überhaupt, wie freu ich mich, daß meine Reisebilder eine gute Aufnahme bei Ihnen gefunden! Entzückt, wahrhaft entzückt, fast berauscht hat mich Frau von Varnhagens Brief. In der Tat, ich hab sie nie verkannt. Ich kenne sie ein bißchen. Dabei gestehe ich, daß mich niemand so tief versteht und kennt, wie Frau von Varnhagen. Als ich ihren Brief las, wars mir, als wär ich traumhaft im Schlafe aufgestanden und hätte mich vor den Spiegel gestellt und mit mir selbst gesprochen und mit unter etwas geprahlt. Das Beste ist, ich brauche Frau von Varnhagen keine langen Briefe zu schreiben. Wenn sie nur weiß, daß ich lebe, so weiß sie auch, was ich fühle und denke. Die Gründe meiner Dedikation hat sie, glaub ich, besser erraten als ich selbst. Mir schien es, als wollte ich dadurch aussprechen, daß ich jemandem zugehöre. Ich laufe so wild in der Welt herum, manchmal kommen Leute, die mich wohl gern zu ihrem Eigentum machen möchten, aber das sind immer solche gewesen, die mir nicht sonderlich gefielen, und solange das der Fall ist, soll immer auf meinem Halsbande stehen: j'appartiens à Madame Varnhagen.[143]

Heine wiederholt diese Widmung, die Zugehörigkeiten klären soll, bei der Aufnahme des *Heimkehr*-Zyklus in das *Buch der Lieder*, formuliert sie jetzt aber um, indem er den im Titel enthaltenen Hinweis auf den sozialen Aufstieg tilgt (die dem Verhältnis zur Rahel Varnhagen nicht gerecht werdende antiquierte Bezeichnung "Dedikation" fehlt jetzt): "Friederike Varnhagen von Ense / werden die Lieder der Heimkehr, als eine heitere / Huldigung gewidmet / vom / Verfasser."[144]

Als nach zweijähriger Unterbrechung die Korrespondenz zwischen Rahel und Gentz 1830 wieder aufgenommen wird, muß die angestrebte Verständigung in ästhetischen Fragen sogleich Heine ins Zentrum der Briefe rücken. Gentz schreibt am 22.9.1830 an Rahel:

> Mit dem Sinne für Geselligkeit, für weibliche Schönheit (...) ist auch der Sinn für die *Poesie* in mir von neuem erwacht (...). Und wie weit ich es in dieser Lieblingsbeschäftigung gebracht habe, werde ich Ihnen an einem Beispiele zeigen, welches namentlich für Sie nicht ohne Interesse sein kann.[145]

Eben dieses Beispiel ist Heine, in dessen politischer Gesinnung - wie er sie in den *Reisebildern* entdeckt - Gentz, so formuliert er es euphemistisch gegenüber Rahel, nicht die seinige finden könne. Die Widmung im *Buch der Lieder*, die bereits Gentz zugetragene Nachricht, daß Heine bei Rahel "in besonderer Gnade stehe", ist Anlaß für Gentz, sich weiter mit dessen Literatur zu beschäftigen[146], wobei er neben kritischen Bemerkungen auch viel Lob für Heine findet. Rahel sieht sich ihrerseits genötigt, in einem der folgenden Briefe an Gentz das Verhältnis zwischen ihr und dem Schriftsteller, das durch die Dedikation offenkundig geworden ist, zu erläutern, die Dedikation zu begründen und sich gleichzeitig von der Verantwortung für diese freizusprechen - eine Selbstaussage, die auch Auskunft gibt über die Förderungspraxis im (zweiten) Rahel-Salon gegenüber jungen, noch unbekannten Autoren:

---

143 Ebd., S. 650-651.
144 Ebd., S. 717.
145 Gentz an Rahel, Wien, 22. Sept. 1830, in: Rahel im Umgang, S. 166-170, S. 169.
146 Ebd.

> Heine wurde uns vor mehreren Jahren zugeführt, wie so viele, und immer zu viele; da er fein und absonderlich ist, verstand ich ihn oft, und er mich, wo ihn andere nicht vernahmen, das gewann ihn mir; und er nahm mich als Patronin. Ich lobte ihn, wie alle, gern; und ließ ihm nichts durch, sah ich's vor dem Druck: doch das geschah kaum; und ich tadelte dann scharf. Mit einem male bekam ich sein fertiges, eingebundenes Buch von Hamburg, wo er war; die Zueignung an mich drin. Der Schlag war geschehn: und nur darin konnte ich mich fassen, daß ich schon damals wußte, daß alles Geistige vergeht (nicht so ein zerschlagenes Bein); und sogar bald von Neuem der Art verschlungen wird, ja das meiste fast unbeachtet bleibt; tun konnte ich nach vollbrachtem Attentat nichts, als ihm schreiben: nun sähe ich es völlig ein, weshalb man bei Fürstinnen erst die Erlaubnis erbittet, ihnen ein Buch zueignen zu dürfen etc. Wir blieben uns aber hold nach wie vor: und Sie haben mir jetzt durch ihn ein großes Kompliment gemacht.[147]

Wenn Rahel den Begriff der "Patronage" für ihr Verhältnis zu Heine anwendet - der "Patronage" entspräche auch die Dedikationsform -, so ist dann materielle Förderung nicht mehr gemeint. Daß sie Gentz antwortet, er habe ihr, indem er Heine lobe, ein großes Kompliment gemacht, läßt darauf schließen, wie sehr sie den Autor als Ergebnis auch ihres Umgangs ansieht: "Als ein unerwartetes, nie erhofftes Benefiz", heißt es an anderer Stelle des Briefes, "schien mir Ihre Erwähnung Heines."[148]

Die Dedikation der *Heimkehr* behielt Heine in allen Ausgaben der *Reisebilder* bei - womit er die Stellung dieses Buchs als Dokument seiner Genese als Autor betont[149], während sie in den folgenden Ausgaben des *Buchs der Lieder* fehlt. Erst in der Vorrede der nach Rahels Tod und nach der Publikation des *Buchs des Andenkens* erschienenen Ausgabe erneuerte Heine die öffentliche Huldigung, jetzt als (historische) Reminiszenz gefaßt. Wenn Heine bis dahin in privater Korrespondenz darauf hinwies, daß er einen wichtigen Teil seiner Autorensozialisation, seiner Identität als Autor Rahel verdanke ("Ich denke an Frau Varnhagen - ergo sum."[150]) und er sich als Schriftsteller von diesem Kreise verstanden fühle ("Ich bedarf des Bewußtseins Ihrer und Fr(au) v. Varnhagens Teilhabe jetzt noch eben so sehr wie in Beginn meiner Laufbahn; denn ich stehe jetzt ebenso einsam in der Welt wie damals."[151]), so wird dieses Bekenntnis in der neuen "Vorrede" des *Buchs der Lieder* zu einem öffentlichen, expliziten. Heine liefert in der Charakterisierung der Verbindung zwischen ihm und Rahel Varnhagen die Begründung der jetzt wiederholten Dedikation nach, indem er der "liebreichen Freundin (gedenkt), die mir immer die unermüdlichste Teilnahme widmete, und sich oft nicht wenig für mich ängstigte, in jener Zeit meiner jugendlichen Übermuten, in jener Zeit, als die Flamme der Wahrheit mich mehr erhitzte als erleuchtete (...)."[152] Heine war sich bei der Erneuerung seiner Widmung in dieser *Vorrede* der Sonderstellung seiner Zueignung wohl bewußt und flocht dies auch in die Wiederholung des Danks an Rahel Varnhagen ein: "(...) ich darf mich rühmen, der erste gewesen zu sein, der diese große Frau mit öffentlicher Huldigung

147 Rahel an Gentz, 9. Okt. 1930, ebd., S. 174-177, S. 177.
148 Ebd.
149 Vgl. Brieglebs Kommentar zu Heine: Sämtliche Werke, Bd. 1, S. 650.
150 Heine an Varnhagen, 24.10.1829, zit. nach Briegleb, Kommentar, S. 637.
151 Vgl. Brief Heines an Varnhagen, Mai 1821, in: Heine: Sämtliche Schriften, hrsg. von Klaus Briegleb, Bd. 3, hrsg. von Karl Pörnbacher, München 1971, S. 746.
152 Abgedruckt in Heine: Sämtliche Schriften, Bd. 1, S. 10.

verehrte"[153]. Nicht mehr der Ruhm des Schriftstellers und seines Werkes strahlt auf die Salondame, sondern sie als Mentorin gehabt zu haben und sich zu ihr als "Patronin" öffentlich bekannt zu haben, gereicht dem Schriftsteller zur Ehre.

Einen besonderen Zusammenhang zwischen den *Liedern* Heines und der Geselligkeit wollte schon Gentz erkennen; sie erinnerten "kaum mehr an die *Form* der Poesie" und sähen "einem Tischgespräch ähnlicher (...) als Gedichten"[154]. Sengle will in seiner Epochendarstellung des Biedermeier gleichfalls den geselligen Entstehungskontext dieser frühen Werke Heines beachtet haben, geht aber noch einen Schritt weiter, indem er *diesen* Heine zum "Salonschriftsteller" erklärt:

> Auch Heine versteht man kaum, wenn man den Gesichtspunkt eines Gesellschaftsschriftstellers im älteren Sinn, d.h. also eines Salonschriftstellers, außer acht läßt. Er wurzelt in dieser Beziehung ganz deutlich in der *frühen* Biedermeierzeit; ihr verdankt auch der Publizist Heine seinen größten Ruhm (*Reisebilder*).[155]

Abgesehen davon, daß der "Publizist" Heine zur Salongeselligkeit bereits Ende der zwanziger Jahre kein widerspruchsfreies Verhältnis mehr hatte (was einer der Gründe für eine zeitweilige Spannung zwischen Heine und Rahel Levin Varnhagen war), bleibt allerdings diese Bestimmung Heines als "Salonschriftsteller" bei Sengle unkonkret: Sengle verweist bei Heine sowohl auf den Salon als Faktor der Soziogenese dieses Autors als auch auf die Salons als für Heine publikumskonzentrierende Formationen, die sein soziales Echo abgegeben, seinen frühen Ruhm begründet hätten.

Das Postulat Sengles, Heine als "Salonautor" zu begreifen, führt allerdings noch einmal zurück zu der grundlegenderen Frage nach der Existenz eines für diese Formation des Literarischen Lebens spezifischen Autortypus. Benutzt Sengle die Kategorie "Salonschriftsteller" auch häufig, so findet sich doch bei ihm keine definitorische Klärung dieser Kategorie. Nimmt man Sengles Beispiele, gewinnt man den Eindruck einer Heterogenität der Kriterien, die den Autortypus "Salonschriftsteller" eher in Frage stellen als bestätigen: Varnhagen, Tieck, Ida Gräfin Hahn-Hahn, Heine, Saphir werden von Sengle u.a. unter diese Kategorie gefaßt.

Um es zu wiederholen: Das im Salon präsente Spektrum von Autortypen erweist die Integrationsvorgänge und -absichten von Autoren in die Salons als so vielfältig, die literaturproduktive Praxis, an der Schriftsteller beteiligt waren, als so verschieden, daß zumindest die Operationabilität der Kategorie "Salonschriftsteller" in Frage gestellt werden muß, es sei denn, man will damit nur eine epochenauffällige Affinität von seiten der Literaturproduzenten zum Literarischen Salon ausdrücken. Daß der Salon in seiner "deutschen" Kulminationsphase diesen Typus eben nicht ausbildete, sicherte ihm nicht nur seine Sonderstellung für die Autorengeschichte, sondern vermehrte seine Interventionsmöglichkeiten gegenüber literarischen Entwicklungen insgesamt.

---

153 Ebd., S. 650.
154 Gentz an Rahel, Wien, 22. Sept. 1830, a.a.O., S. 169.
155 Sengle: Biedermeierzeit II, S. 76.

4.2 Der Salon als Produktionsstätte von Literatur

4.2.1 Einleitung

Auf dem Höhepunkt ihrer "Dachstube" und in einer Zeit der Hoffnung auf Gelingen ihres Geselligkeitsprojekts erwog Rahel Levin eine posthume Objektivation ihres Wirkens in Form einer Briefsammlung:

> Und sterb' ich - such' a l l e meine Briefe - durch List etwa - von a l l e n meinen Freunden und Bekannten zu bekommen (...) - und ordne sie mit Brinckmann. Es wird eine Original-Geschichte und poetisch.[156]

Als sie zwei Jahrzehnte später am Beginn ihrer zweiten "Salonkarriere" steht, scheint sie vom Gedanken einer "literarischen" Objektivation wieder weit entfernt zu sein, wenn sie in einem Brief schreibt: "Was sagen Sie denn dazu, daß ich mich zum Publikum schlage? Da alles sich adelt? Dass ich fest Volk bleibe, immer nur Leser und nie schreibe?"[157] Die Spannung, in der diese beiden Zitate zueinander stehen, verweist auf die Schwierigkeit, den Salon als Entstehungsraum von "Literatur" zu definieren, will man nicht den Literaturbegriff der Salons selbst zugrunde legen. Offensichtlich zeigen die beiden Passagen aus den Rahel-Briefen eine Modifizierung des Literaturbegriffs an, die mit Veränderungen in ihrem geselligen Projekt einhergeht. Es wird also zu fragen sein, inwieweit die Zuschreibung "poetischer" Qualitäten, die die Salontexte zugleich ihres pragmatischen Charakters entkleidet, in Zusammenhang mit einer Tendenz zu sehen ist, den Salon selbst als einen "ästhetischen" Bereich anzuerkennen, inwieweit im Salon produzierte Texte eo ispo durch den zugeschriebenen ästhetischen Charakter dieser Formation selbst unter Ästhetik-Konventionen fallen.

Abgesehen von diesem prinzipiellen Problem der Kunstzuschreibung an Salontexte vollzog sich ein großer Anteil der Textproduktion in diesem geselligen Rahmen in bewußter Anerkennung literarischer Normen, wie sie nicht nur innerhalb der Salonstrukturen, sondern auch außerhalb gültig waren, so daß diese hier verfertigten Texte auch auf eine salonexterne Rezeption als Literatur, als "Dichtung" zielen konnten.

Wie es auf der einen Seite schwierig ist, im Salon entstandene poetische Literatur von Texten pragmatischer Funktion und Qualität zu sondern, vor allem, da hier Wandlungen in Rezeptionshaltungen gegenüber demselben Textcorpus mitzuberücksichtigen sind, so erweist es sich auf der anderen Seite als nahezu unmöglich, Wirkungsradius und -relevanz des Salons bei der Literaturproduktion genau zu bestimmen. Eine solche Rekonstruktion des Literarischen Salons als literaturgenerierende Formation kann erfolgen über den Nachweis seines Einflusses auf die strukturellen und inhaltlichen Besonderheiten eines Werkes, was nicht die in der Restaurationszeit greifbarer werdende

---

156 Rahel an Frau von Boye, Anfang Juli 1800, in: Buch des Andenkens I, S. 205-208, S. 208.

157 Rahel an Mme. Domeier in London, Berlin, 9. April 1821, in: Buch des Andenkens III, S. 36-39, S. 37.

und noch zu verdeutlichende Tendenz meint, einen literarischen Text lediglich den ästhetischen Erwartungen von Salongesellschaften anzupassen. Thematisiert werden soll zunächst eine Literaturproduktion, die nachweislich Element von Salonpraxis oder dokumentierbares Resultat einer Integration von Autoren in die salongeselligen Abläufe ist.

4.2.2 Briefliteratur als Literatur des Salons

1. Der Salon als textproduzierende Formation gewinnt am ehesten Gestalt in der umfangreichen Korrespondenz. Den Briefwechsel muß man zusammensehen mit einem allgemein gesteigerten, als epochentypisch häufiger beschriebenen Mitteilungsbedürfnis, das auch einen poetologischen Niederschlag fand.

Im Zentrum des editorischen und analytischen Interesses hat unter den umfangreichen Korrespondenzen, die in Zusammenhang mit der Salongeselligkeit zu sehen sind, immer schon der voluminöse und erst zum Teil edierte Briefwechsel von Rahel Levin Varnhagen gestanden.[158] Nach einer Anmerkung Varnhagens belief sich die Zahl jener Personen, mit denen die Salondame korrespondierte, auf 268[159], eine Zahl, die dann ihr qualitatives Gewicht erhält, wenn man sich vergegenwärtigt, welch extensive und langjährige Korrespondenzen (so die mit David Veit, Marwitz, Varnhagen, Gentz) dazugehören.

Selbstverständlich sind nicht alle dieser Briefe als "Salontexte" zu interpretieren: wie bei anderen Salons sind Korrespondenten und Teilnehmer an den Soireen nur zum Teil identisch. Neben Korrespondenzen, die gegenüber der Salonkommunikation eine deutliche Eigenständigkeit aufweisen, ist jedoch eine Anzahl von Briefen überliefert, die auf diese Geselligkeitsformation unmittelbar ausgerichtet sind, sich ihr gegenüber funktional verhalten oder bereits als Handlungselement des Salons zu betrachten sind: Einladungen, Empfehlungsschreiben, Einstimmungen auf anwesende Personen bis hin zu Ankündigungen von Aktivitäten im Salon, aber auch an "Nachbereitungen" von Soireen durch Lektürehinweise, Explizierung von Positionen und Argumentationen, Kritiken. Bei dieser schriftlichen, in die organisatorischen Abläufe des Salons eingebundenen Verständigung erwies sich das Billett als ein wichtiges Kommunikationsmittel. Knappe, nur Kernaussagen enthaltende und entsprechend präzise Formulierungen bestimmen diese

158 Vgl. an jüngeren Aufsätzen: Uwe Schweikert: "Am jüngsten Tag' hab ich Recht", Rahel Varnhagen als Briefschreiberin, in: Rahel-Bibliothek IX, S. 17-42; Ingeborg Drewitz: Dialog als Schicksal. Zu den Briefen der Rahel Varnhagen, in: Neue Rundschau 80 (1969), S. 761-768; Konrad Feilchenfeldt: Berliner Salons und Briefkultur um 1800, in: Der Deutschunterricht, Jg. 36, 1984, H. 4, S. 77-99.

159 Zettel Varnhagens im Varnhagen-Archiv. Mitgeteilt von Elisabeth Falkenberg: Rahel in ihren Briefen, Diss., Greifswald 1922 (masch.), S. 3.

Gattung.[160] Boten übernahmen den Transport der Billetts, so daß an einem Tage mehrere ausgetauscht werden konnten, die dialogische Struktur, und damit die Annäherung an die kommunikative Praxis der Salons, folglich bei dieser Gattung noch am ehesten einlösbar blieb.

Wenn Knigge im *Umgang mit Menschen* formulierte: "Briefwechsel ist schriftlicher Umgang; fast alles, was ich vom persönlichen Umgange mit Menschen sage, gilt auch vom Briefwechsel"[161], so verhielt sich dies konform zu Korrespondenzvorstellungen, die in den Salons zum Tragen kamen - nur, daß Knigges Aussage auf eine Übertragung seines kodifizierten Umgangs auf den Briefverkehr zielte. Dies hätte den Brief der Salongestaltung entgegengestellt, eine Verständigung auf egalitärer Basis bedroht: Die Korrespondenz als die Salonkommunikation stützende, weitertreibende Verkehrsform mußte einer regulativen Briefstellerei entzogen werden - ein schwieriger Prozeß für die Salondamen, bedeutete er doch das Erarbeiten einer entsprechenden Stillage, das Austarieren von persönlicher Nähe und Distanz zum Briefpartner analog der kommunikativen Sondersituation des Salons. Das aus den kodierten Schreibnormen ausbrechende, "wilde", gegen die - um Jean Paul noch einmal zu zitieren - "Orthographie" im weitesten Sinne verstoßende Briefschreiben Rahel Levins ist nicht allein, aber auch nicht zuletzt Ergebnis dieses für die neuen geselligen Interaktionsmuster notwendigen Rebellierens gegen die Normen der Briefstellerei und reflektiert Rahels Übertragung ihres oralen Umgangsstils in die Korrespondenz.

Die am Ende des 18. Jahrhunderts im Rahmen der Salons ausgebildete Briefkultur weist die Tendenz auf, die "empirischen" Menschen in Verbindung miteinander zu setzen bzw. den Briefschreiber in seiner Eigenheit zur Darstellung zu bringen, was eine Individualisierung des Briefstils vorwärtstreiben mußte, und, wie später noch erkennbar wird, mit Geselligkeitstheorien um 1800 übereinstimmte. In diesem Sinne vergleicht Henriette Herz in einem Brief an Ludwig Börne vom 21. Juni 1806 den persönlichen Umgang mit dem brieflichen und kommt dabei zu dem überraschenden Schluß, daß der Korrespondenz bessere Möglichkeiten noch, den "empirischen" Menschen zu erfahren, immanent seien:

---

160 Vgl. zum Beispiel das Billett Rahel Levin Varnhagens an ihre Schwägerin vom 21. Sept. 1829, das diese mit ihrem Bruder einlädt und sie gleichzeitig auf die zu erwartende Umgangsform aufmerksam macht: "Wollen Sie Morgen Abend - Sonntag - die Theestunde bey mir zubringen, so wäre es mir sehr lieb: ich bitte Sie, Ihren Bruder auch dazu einladen zu wollen. Bereiten Sie ihn aber gütigst vor, daß er alle Scheu die er etwa vor einer fremden Gesellschaft empfinden möge, ganz weit abzulegen, und machen Sie ihn darauf aufmerksam, daß man grade in der guten alten Gesellschaft, wo der negativste Ton herrscht, gar keine Forderungen an einander macht, und daß er bey einer sehr guten Wirthin seyn wird, die er schon kennt, und die nur wenige Menschen gebethen hat." (In: Rahel-Bibliothek IIX, S. 786.) Daß solche Einladungsschreiben neben Notizen über erwartete Gäste ebenfalls Hinweise auf "Programmpunkte" enthalten konnten, zeigt ein Billett Rahels wiederum an Friederike Robert und den Bruder Ludwig vom 28. Febr. 1830: "Dienstag Abend habe ich eine Gesellschaft, wo ich gerne hätte daß ihr auch kommt. Ich bitte daß ihr's thut. Ein spanisches Lied wird gesungen, welches ich sehr schön finde. Redens, Weihers, Horn, Bürde, Herm. (?) Ich bin im Platz genirt, und muß Viele weglassen: Moritzens Arnims Lampr: (echts) etc: etc: Fr." Ebd., S. 788.

161 Knigge: Umgang, S. 89.

> Man machte mir einmal die Frage ob man einen Menschen wohl mehr durch Besuch oder durch Briefe kennen lerne, der doch auch eigentlich nur ein Besuch sei? Im ersten Augenblick schien mir ein Besuch, wo doch außer den Worten auch Ton und Miene, und Wesen vernehmbar, deutlicher den Menschen darzustellen, ich ward aber bald anderer Meinung. Durch unterbrochenes Gespräch läßt sich weniger errathen und verstehen als durch zusammenhängende Rede - ein Brief ist mehr als das letzte und wer nicht ganz besondere Ursachen sich zu verbergen hat der läßt, sich selbst unbewußt, sich durch den Brief durchguken - wer ihn anschaut nimmt deutlich die Widersprüche wahr die sich in ihm zeigen. So, lieber Louis, könnte ich Ihnen dergleichen in Ihnen zeigen, wie sicher Sie auch jedesmal auftreten.[162]

Während Henriette Herz das Erkennen des Korrespondenten, der sich "unbewußt" preisgegeben haben kann, thematisiert, beschreibt Rahel Levin Varnhagen ihre Korrespondenz als *bewußten* Vorstoß zu dem Menschen, mit dem man in Kommunikation tritt, und zugleich als Vorstoß zu sich selbst. Das Abfassen eines Briefes gewinnt für sie selbstanalytische Funktion. Daran erinnert die exemplarische Analyse von Briefen Rahel Levins an David Veit durch Liliane Weissberg.[163] Jeder Brief von Rahel wird, so Uwe Schweikert, zum "Bruchstück einer großen Konfession"[164]; wie es in einem Rahel-Brief an Marwitz heißt, sei "von mir alles zu finden (...) in Briefen"[165]. Der Briefwechsel erscheint als Moment eines umfassenderen Prozesses der Wahrheitsfindung über die Befindlichkeit und die Verständigungsmöglichkeiten der Menschen, zu denen auch das Agieren im Salon gehört. Bei Rahel Levin hat dies nur seine besondere Ausprägung erfahren; nachzuweisen ist es auch in den Salons und Briefwechseln anderer Frauen dieser Zeit, dort, wo das Ende der stratifizierten Gesellschaft punktuell vorweggenommen wird.

2. Briefe aus dem Salon ergeben von daher ein Quellenkorpus, das Aufschlüsse über die salongeselligen Verkehrsformen zuläßt. Nicht geklärt ist damit, inwieweit diese Texte als "poetische" galten bzw. nachträglich als solche behandelt wurden. In der Forschung ist eine höchst unterschiedliche Einschätzung dieser Briefe, was ihren Status betrifft, festzustellen: Während die Korrespondenzen von Henriette Herz, Karoline Pichler, Staegemann, Olfers usw. "lediglich" als Dokumente ihrer ästhetischen Zirkel Beachtung fanden, verstand man die Briefe der Rahel Levin Varnhagen immer wieder als Literatur im "emphatischen" Sinne, las man das *Buch des Andenkens* tatsächlich als "Original-Geschichte und poetisch". Rahels Texten wurde, in letzter Zeit noch einmal gestützt durch Erweiterungen des Literaturbegriffs, "Werk"-Charakter zuerkannt - eine Tendenz, die ihren vorläufigen Höhepunkt in der Ausgabe der *Rahel-Bibliothek* hatte, die - so der Untertitel - Rahels *Gesammelte Werke* umfasse. Einer der drei Herausgeber, Uwe Schweikert, spricht davon, daß es sich hierbei um den "vielleicht reichste(n) Schatz der deutschen Literatur" handele, "weitgehend ungehoben und zu Teilen überhaupt erst veröf-

162 Henriette Herz an Ludwig Börne, Prenzlow, 21. Jun. 1806, in: Ludwig Börne: Sämtliche Schriften, 5 Bände, neu bearbeitet und hrsg. von Inge und Peter Rippmann, Dreieich 1977, Vierter Band: Briefe I, S. 142-144, S. 142.

163 Liliane Weissberg: Writing on the Wall: Letters of Rahel Varnhagen, in: German Critique 36 (1985), S. 157-173.

164 Schweikert: "Am jüngsten Tag", S. 39.

165 Rahel an Marwitz, 11. März 1812, in: Rahel im Umgang, S. 175-178, S. 176.

fentlicht, noch weniger bekannt, gar anerkannt"[166]. Gegen frühere Forschungsansätze, die auch in den Rahel-Briefen primär nur einen Zugang zur Persönlichkeit Rahel Levin Varnhagens suchten, wie die Hannah Arendts oder Margarete Susmans[167], oder für die die Frage nach den ästhetischen Qualitäten dieser Briefe irrelevant blieb (z.B. die Dissertation Elisabeth Falkenbergs über die Briefe Rahels), wandte sich in jüngster Zeit verstärkt auch eine feministisch orientierte Literaturwissenschaft, die eine "weibliche" Literaturtradition aufdecken und rekonstruieren will. So Elke Frederiksen:

> Susman meint abwertend, daß Rahel wie alle bedeutenden Frauen jener Zeit nichts anderes hinterlassen habe als Briefe. Im Gegensatz dazu meine ich, daß diese Briefe als literarischer Beitrag anerkannt werden müssen.[168]

Aber auch in diesem Aufsatz von Frederiksen werden die Briefe *anderer* Salonfrauen - ohne Begründung der Ausgrenzung - nicht mit einem "Literaturvermerk" versehen, rückt ein Autorinnenstatus dieser Salonfrauen nicht ins Blickfeld der Erforschung der Anfänge weiblicher literarischer Tradition.

Im Materialien-Band der *Gesammelten Werke* hat Marianne Schuller *Randbemerkungen zur Schreibweise Rahel Varnhagens* veröffentlicht, die den Konsens[169] über den Kunstcharakter der Texte der Berliner Salondame unterminieren.

---

166 Schweikert: "Am jüngsten Tag", S. 37.

167 Vgl. Susman: Frauen der Romantik.

168 Frederiksen: Die Frau als Autorin, S. 98-99.

169 Marianne Schuller: "Unsere Sprache ist unser gelebtes Leben". Randbemerkungen zur Schreibweise Rahel Varnhagens, in: Rahel-Bibliothek, Bd. X, S. 43-59. Konsensverbreiternd, was die "Autorin" Rahel Varnhagen betrifft, wirkte diese "Werkausgabe" zweifellos (M. Schullers inhaltliche Position bestätigend), wie sich an Rezensionen ablesen läßt: Margret Pazi z.B. kritisierte in einer ausführlichen Besprechung *Rahel Varnhagen im Ganzen* in den *Neuen deutschen Heften* "die 'gravierende' Verminderung des dokumentarischen Textteils, der durch die an und für sich wohl zu bejahende Verlagerung des Interessenschwerpunktes auf das Ästhetische und Künstlerische in Rahels Schriften bedingt ist" (in: Neue deutsche Hefte 187, Jg. 32, H. 3 (1985), S. 562-566) - eine kritische Anmerkung, die nur dann verständlich scheint, wenn man die Rahel-Briefe selbst nicht mehr als Dokument rezipiert. Vergleicht man damit die Aufnahme der beiden, ein Jahr später erschienenen Neuausgaben der Briefe und Aufzeichnungen von Henriette Herz, so wird eine andere Lektüresteuerung evident, durch die man diese Texte nur nach ihrem Quellenwert bemißt. So ist es z.B. für die Rezensentin der Frankfurter Rundschau, 20. Juli 1985, ZB S. 4, "zu begrüßen, daß die seit Jahrzehnten vergriffenen Kindheits- und Jugenderinnerungen Henriette Herz' nun wieder greifbar sind (die Briefe spielen offensichtlich keine erwähnenswerte Rolle - PS). Sie geben nicht nur ein anschauliches Bild des geistigen Lebens in der preußischen Metropole zu einer Zeit, als die Frühromantik das Ende der Aufklärung einläutete, sondern spiegelten auch Essensgewohnheiten und Kleidungsweisen, Sitten und Bräuche, kurz, das familiäre und soziale Leben wieder, wie es sich vornehmlich in wohlhabenden jüdischen Kreisen abspielte." Noch nicht bezug auf die Rahel-Werk-Ausgabe von 1983 nimmt der Aufsatz von Lotte Köhler: *Rahel Varnhagen*, der ebenfalls 1983 erschien und dessen Veröffentlichungskontext im Widerspruch zu seinen Aussagen steht - Ausdruck der wissenschaftsgeschichtlich erklärbaren Unsicherheit bei der Definition Rahels als Autorin, emphatisch als "Dichterin": Der Aufsatz wurde publiziert in dem von Benno von Wiese veranstalteten und herausgegebenen Sammelband: *Deutsche Dichter der Romantik. Ihr Leben und Werk*. War in der ersten Ausgabe, Berlin 1971, entsprechend dem noch vorherrschenden und von Benno von Wiese mit vertretenen Werk- und Dichterverständnis ein Beitrag zu Rahel nicht enthalten, wurde ihr jetzt - nach den Erweiterungen des Literaturbegriffs in den siebziger Jahren - die Anerkennung des Autorenstatus durch Aufnahme in den Band nicht mehr versagt - eine Anerkennung, die dann in den ersten Sätzen des Beitrags aber doch wieder erheblich eingeschränkt wird und die Berücksichtigung der Salondame in dem hehren Dichterkreis eher als Konzession an germanistische Trends erscheinen läßt: "Zu den deutschen Dichtern der Romantik gehört Rahel Varnhagen nicht. Sie

Schuller erinnert einleitend an die wiederholte Weigerung Rahels, "als Autorin eines literarischen Werkes hervorzutreten"[170]; erst die weitere Publikationsgeschichte mache sie zu einer solchen, indem "aus den unzähligen (...) Briefen solche ausgewählt werden, die dem jeweiligen kulturell geprägten Bild der Autorin Rahel Varnhagen entsprachen und seine Überlieferungswürdigkeit bezeugten"[171]. Im Rückgriff auf Foucaults Aufsatz "Was ist ein Autor?" vertritt Marianne Schuller die Auffassung, daß "mit der (neuzeitlichen) Einführung des Autors als literarischer Instanz eine nachhaltige Entpragmatisierung des schreibenden Subjekts verbunden (war), die auch für die Anerkennung der Texte als Literatur mitverantwortlich ist"[172]. Lektüremuster, die durch die Zuweisung einer Autorenfunktion für die Rahel-Texte etabliert worden seien, möchte Marianne Schuller verabschiedet sehen, weil "die Briefe der Rahel das Statut der Entpragmatisierung von Literatur und Autorschaft unterlaufen"[173]. Zu den Briefen Bettinas von Arnim, die in ihren späten Briefbüchern "den Brief kunstvoll ironisch literarisiert, indem sie ein schier unentwirrbares Spiel mit pragmatischer Authentizität und überbordender Fiktionalität betreibt", bilde die Korrespondenz der jüdischen Berliner Salondame "einen Gegenpol: es sind, sieht man von der späteren Veröffentlichungspraxis ab, 'wirkliche' Briefe. Adressiert an Freunde, Freundinnen und Vertraute, sind sie mehr der Kultur des Gesprächs verpflichtet, wie es sich, für kurze Zeit, in der liberal-durchlässigen Halböffentlichkeit ihres ersten Berliner Salons hat entwickeln können."[174]

Nach Marianne Schuller ist folglich den Briefen, eben weil sie salongesellige Handlungskomponente waren, ein Literaturstatus, der Entpragmatisierung einschließt, abzusprechen bzw. erhalten sie diesen nur dadurch zugesprochen, daß man - posthum - (wie es bereits Vertreter des Jungen Deutschland vorführten) den Salon als pragmatischen Kontext ausblendet. Dort, wo diese Ausblendung nicht vorgenommen wurde, ließe sich hinzufügen, wie bei der Henriette Herz-Korrespondenz, werden diese Briefe als "wirkliche", nicht als literarische gelesen.

---

gehört auch nur bedingt zur Romantik im konventionellen literaturhistorischen Sinne des Wortes. (...) Rahel Varnhagen hat kein poetisches Werk hinterlassen und auch kein kritisch-essayistisches - sie hielt sich trotzdem und nicht ganz zu Unrecht für 'einen der ersten Kritiker Deutschlands' - ; aber in der unvergleichlichen Ausdrucksweise und in der Themenfülle ihrer umfänglichen Korrespondenzen spiegelt sich ihr Wesen und Wirken aufs vielfältigste. Rahel ist unter den Frauen der Romantik die hervorragend intellektuelle Begabung, deren Tragik es war, daß historische und persönliche Lebensbedingungen der vollen Entfaltung ihrer Gabe in objektiver geistiger Gestalt entgegenstanden." (S. 290-316, S. 290).

170 Schuller: "Unsere Sprache", S. 43.

171 Ebd.

172 Ebd., S. 43-44.

173 Ebd., S. 44.

174 Ebd., S. 45. Genau diese im Studienband der *Werkausgabe* vertretene, abweichende Position greift allerdings in ihrer Besprechung (*Einzig in einziger Zeit*, in: Die Zeit, Nr. 41, 10. Okt. 1984, Literaturbeilage S. 22) auch Caroline Neubaur auf: "Mit ihren Briefen tritt sie (Rahel - PS) aus der Rolle (der Anregerin) noch nicht à tout prix heraus. Natürlich ist der Brief ein inferiores Medium; der Rang des Werks, der Objektivation kommt ihm nicht zu, dazu bleibt er zu medial, eingebettet in die Beziehung zum Empfänger. Briefe schreibt jeder. Andererseits ist die Selbstveranstaltung in ihren Briefen schon sehr virtuos."

Daß viele der Briefe, die zum salonorganisierenden Instrumentarium gehören[175], pragmatischen Charakters waren, ist vermerkt worden. Aber die Briefe konnten - was bei Schuller unberücksichtigt bleibt - bereits im und durch den Salon eine qualitativ andere Funktion erhalten, die auch ihren Statuswandel einschloß. Briefe wurden aus ihrem ursprünglichen korrespondentialen Zusammenhang gerissen und im Salon vorgetragen, wodurch sowohl die Absender-Empfänger-Konstellation als auch die zeitlichen Relationen, der Aktualitätsgrad z.B. aufgehoben wurden. Neue, "a-pragmatische" Kriterien bestimmten dabei Auswahl und Zusammenstellung der Briefe im Salon.

Daß Briefe in der Salongesellschaft einem neuen, nicht bei der Schreibsituation intendierten Adressatenkreis unterbreitet wurden, ist durch einige wenige Beispiele zu illustrieren: Als Rahel Fouqué in ihren Umgang einbezieht, hält sie es für erforderlich, daß der Schriftsteller die von ihr gesammelten Briefe des bereits ein halbes Jahrzehnt zuvor im Krieg gefallenen Louis Ferdinand liest; an Marwitz gibt sie die Briefe Pauline Wiesels weiter, während umgekehrt Marwitz verspricht, ihr die intimsten Briefe aus der unglücklichen Liebe seines Bekannten Eduard Salemon abzuschreiben und zu schicken.[176] Im Reimer-Zirkel werden Schleiermacher die Briefe der Frau Reimer zugänglich gemacht, "Briefe von ihr, worin ich ihr ganzes Leben und ihr (der Ehegatten - PS) Verhältnis zueinander recht lebendig anschauen konnte"[177]. Malla Silfverstolpe berichtet, daß Frau von Sydow "höchst interessante Briefe von Jean Paul Richter vorgelesen hat, der ihr intimer Freund war"[178]. Daß Briefe in den Salons vorgelesen wurden oder in Abschriften unter den Habitués kursierten, bedeutet für Habermas ein Aufbrechen der privaten Innerlichkeit, wodurch das "Private" politisch werden konnte.[179] Aber - ausgehend von der These, daß es sich bei diesem Publikationsort um einen *ästhetischen* Sonderbereich handelt - ist dieser Prozeß der Veröffentlichung nicht auch als Prozeß der Literarisierung der Brieftexte zu bestimmen, als Prozeß, durch welchen den Briefen

---

175 Einen Sonderfall der Integration brieflicher Kommunikation in die salongesellige Praxis stellt dabei die Mode der "petite poste" dar, wie sie z.B. im Zirkel der Mme. de Staël im Chaumont als Gesellschaftsspiel betrieben wurde: Die Gespräche wurden hierbei sozusagen gedoubelt durch das wechselseitige Schreiben von Briefen während der Soireen. Die Korrespondenz weitet den Kommunikationsradius des Zirkels also weder personell noch zeitlich aus, im Gegenteil: Die "petite poste" verweist eher auf einen hermetischeren Charakter dieser Geselligkeitsformation. Diese Handzettel bieten Anschauungsmaterial für den im "Nachfolgesalon" herrschenden konversationellen Umgang. Neben Mme. Récamier beteiligten sich auch Chamisso und A.W. Schlegel in Chaumont an der "petite poste". In dem Varnhagen-Nachlaß ist eine solche "petite poste" zwischen Frau von Staël und Chamisso erhalten geblieben (veröffentlicht in: Alfred Götze: Frau von Staël, Chamisso und Helmina von Chézy, in: Archiv für das Studium der neueren Sprachen, 54 (1953), S. 145-171, S. 153), so daß auch unterstellt werden kann, daß der Varnhagen-Kreis von diesem geselligen Spiel der Entstehung von Texten unter Beteiligung wichtiger Repräsentanten des Literarischen Lebens zumindest Kenntnis hatte.

176 Marwitz an Rahel, Potsdam, November 1811, in: Rahel im Umgang, S. 113-116.

177 Schleiermacher an seine Schwester Charlotte, Berlin, 27.5.1802, in: Herz: Ihr Leben, S. 350-351, S. 350.

178 Silfverstolpe: Romantisches Deutschland, S. 202.

179 Vgl. hierzu auch Waldstein: Bettina von Arnim: "(...) it was common practice to read letters to one another at salons, for instance, of even to write letters to one another while at such gatherings. By using the example of Madame de Staël (...), Habermas notes that the individual writing the letter transformed her/himself, as well as the other guests, into fictional characters. The letter closes the gap between life and art and allowed the personal to become political." S. 127-128.

Polyvalenz zuwachsen konnte, was die Salons - bezogen auf diese Texte - überhaupt erst als "Interpretationsorgane" und die gesellige Tätigkeit als hermeneutische zuließ? In Eichendorffs 1812 vollendetem Roman *Ahnung und Gegenwart* mit seinen zahlreichen Anspielungen auf die Salongeselligkeit wird eben eine solche Briefpublikation im Salon geschildert, eine Publikation, durch die selbst der Texttypus "Brief" verdeckt, der pragmatische Charakter in der Rezeption durch einen fiktionalen substituiert wurde:

> In dieser Zeit schrieb sie (die Gräfin - PS) weniger aus Freundschaft als aus Laune und Bedürfnis, sich auszusprechen, mehrere Briefe an die Schmachtende in der Residenz, im tiefsten Jammer ihrer Seele verfaßt. Sie erstaunte über sich selbst, wie moralisch sie zu schreiben wußte, wie ganz klar ihr Zustand ihr vor Augen lag und sie es doch nicht ändern konnte. Die Schmachtende konnte sich nicht enthalten, diese interessanten Briefe ihrem Abendzirkel mitzuteilen. Man nahm dieselben dort für Grundrisse zu einem Romane und bewunderte die feine Anlage und den Geist der Gräfin.[180]

Marianne Schullers Argumentation scheint da zu kurz zu greifen, wo sie erst die Buchproduktion als generativ für den Autor und damit für den besonderen semantischen Status von Texten als Literatur anerkennt: Der Salon bleibt als "literaturschaffende" Instanz ausgespart.

Nicht erst in der *Rezeption* der im Salon publizierten Brieftexte wird diesen eine spezifische, den konkreten Informationsgehalt transzendierende Qualität zugesprochen (Schleiermacher sah das "ganze Leben" der Frau Reimer dargestellt); schon beim Schreiben der Briefe kann ein "poetischer" Charakter intendiert sein. So kennt Rahel durchaus die Diskussion um den Brief als Kunstform und läßt sich auf das Korrespondieren als literarisch-produktiven Akt ein. Ihren Kunstanspruch an ihre Briefe reflektiert sie (besonders gegenüber Karoline von Humboldt), weiß aber zugleich, wie wenig dieser sich in der Praxis ihres Briefeschreibens deckt mit den "Kunstanforderungen an ideelle Veredelung"[181], gerade weil ihre "Kunst" des Briefeschreibens Bestandteil geselliger Tätigkeit ist:

> Eins muß ich doch von meiner Art zu schreiben aussprechen: über das allererste, was darin endlich ausgebildet sein sollte, kann ich - aus innren, und viel äußren Gründen - nicht Herr werden; über eines aber, was man gewiß auch dazu rechnet, mag ich nicht Herr werden. Nämlich, ich mag nie eine Rede schreiben, sondern will Gespräche schreiben, wie sie lebendig im Menschen vorgehen, und erst durch Willen, und 'Kunst' - wenn Sie wollen - wie ein Herbarium nach einer immer toten Ordnung hingelegt werden.[182]

Um Rahels Briefstil zu charakterisieren, wurde des öfteren ihr eigener Vergleich mit den Briefen des Schriftstellers Fouqué herangezogen:

> Ich weiß wohl, daß ich Ihnen lesenswerte Dinge schreibe, aber meine Worte und Ihre! Wie exerzierte Soldaten mit schönen Uniformen steht alles von Ihnen da: und meine, wie die zusammengelaufenen Rebellen mit Knittlen![183]

---

180 Joseph von Eichendorff: Ahnung und Gegenwart, in: Eichendorffs Werke in vier Bänden, hrsg. von Wilhelm Scholz, Stuttgart 1924, Bd. 2.

181 Zit. nach Schweikert: "Am jüngsten Tag", S. 39.

182 Rahel an Gentz in Pressburg, 26. Okt. 1830, in: Rahel im Umgang, S. 183-185, S. 183-184.

183 Rahel an Fouqué in Nennhausen, 31. Dez. 1811, ebd., S. 311-313., S. 313.

Dieser Vergleich widerspricht dabei keineswegs ihrer Auffassung vom Briefeschreiben als Produktion von Kunst, sondern entspricht dem Normenbruch, der ihre gesellige und ästhetische Praxis gleichermaßen kennzeichnet und beides zu einer "rebellischen" macht.

Aber auch für Rahel sind solche Aussagen zur Briefproduktion, entgegen einer Tendenz in der Forschungsliteratur, nicht ahistorisch zu verallgemeinern und für ihre ganze Biographie als gültig anzusetzen. Gerade wegen der Interdependenz zwischen geselliger Praxis und Briefpraxis glätten und ordnen sich ihre Briefe im zweiten Salon, werden die assoziativen Sprünge, das Nebeneinandersetzen von Entferntem, das elliptische Schreiben gemildert. Wie bei Karoline Pichler, die Briefe auch als Gelegenheitsgedichte schrieb, also bereits durch formal-ästhetische Kriterien ihnen eine spezifische literarische Qualität verlieh, konnte - eher unerwartet und selten zwar - im Salon der Rahel Varnhagen die Ästhetisierung der Briefproduktion in ein Verfassen von Gedichten umschlagen: An Gentz, Heine, Ernestine Robert, an Wilhelm Hensel schreibt sie Briefe in Gedichtform. Von Leopold Ranke erhielt sie am 7. Juli 1827 ein dialogisches Gedicht, das eine Gesprächssituation im Rahel-Salon reproduzierte; am Tage danach sandte Rahel eigene Verse an Ranke zurück.

Gerade an dem sich einer poetologischen Definition eher entziehenden Brief, dieser zwischen Kunst und Pragmatik vagabundierenden Gattung, wird die Herausbildung ästhetischer Formen aus der geselligen Praxis des Salons anschaulich: Der Brief scheint eine der Stellen gewesen zu sein, an denen das "Leben" in eine Kunstpraxis überführt werden konnte, mit der auch umgekehrt das "Leben" wieder zu "poetisieren" war.

4.2.3 Der Aphorismus im Salon

1. Wenn der Brief, nach einer pointierten Formulierung der frühen Rahel-Biographie von Schmidt-Weißenfels, "ein Kind" des Salons ist,[184] so ist dies nicht minder der Aphorismus, der bereits im Kontext der Pariser Salonkultur im 17. Jahrhundert Erwähnung fand. François de La Rochefoucauld hatte - wie sein Freund Pascal - im Salon der Madame de Sablé Baltazar Graçiáns *Oràculo manual* kennengelernt, bevor es noch 1684 in französischer Übersetzung vorlag. Zusammen mit Quevedo steht Graçián am Ende einer Tradition der "Spruchweisheiten"; sein *Handorakel* gibt imperativisch formulierte weltkluge Verhaltensregeln für den Höfling, an die sich jeweils eine längere Erläuterung anschließt. Aber er modifizierte diese Tradition an einem wichtigen Punkt: Statt sich auf die Wiedergabe von Exzerpten vor allem tacitistischer Autoren zu beschränken, also eine Kondensierung autoritativ abgesicherter Weisheiten zu bieten, wagte Graçián es bereits, daneben auch dem Selbstdenken verpflichtete Maximen aufzustellen. Dadurch, daß La Rochefoucauld sich auf die Salons als Rezeptionskreise einlassen konnte, die das Initiieren von Denkprozessen, aber weniger die Demonstration von in sich geschlossenen Denkvorgängen oder die Präsentation endgültig erscheinender Resultate verlangten, vermochte er mit der Prägnanz der Formulierung und dem Verzicht auf Kommentierung und Paraphrasierung, den Aphorismus als Gattung sui generis hervortreten zu lassen:

---

184 Schmidt-Weißenfels: Rahel und ihre Zeit, S. 45.

> Von seinen offiziell 1665 in Paris erschienenen *Reflexions ou sentences et maximes morales* war eine vollständige Ausgabe schon 1664 in Den Haag gedruckt worden; dies ist die Geburtsstunde des literarischen Aphorismus.[185]

An diese Datierung zum Aphorismus von Harald Fricke schließt sich eine Verortung des Aphorismus in der Wirkungsgeschichte des europäischen Salons an:

> Hier (in den *Reflexions* von La Rochefoucauld - PS) waltet nicht der Geist, hier blitzt der Esprit; erst das spielerische Vergnügen an der Produktion und Rezeption solcher 'verblüffender Einfälle' erklärt das nach rasch und zahlreich folgenden Neuauflagen La Rochefoucaulds und seiner Nachfolger alsbald grassierende 'jeu des maximes' in den Salons der französischen und dann der englischen, spanischen, polnischen oder schwedischen Aristokratie.[186]

Fricke wundert sich, wie spät und wie schwach sich die französische aphoristische Tradition in Deutschland im Vergleich zu anderen europäischen Ländern habe auswirken können; sämtliche wichtigen deutschsprachigen Aphorismen seien erst zwischen 1797 und 1809, dem "aphoristischen Jahrzehnt", verfaßt oder (wie Lichtenbergs *Sudelbücher*) publiziert worden, so daß sich für die deutsche Aphoristik weniger die Frage stelle "nach den vielgesuchten Gründen ihrer Entstehung als danach, warum sie erst so spät entstand."[187] Die Spätgeburt dieser literarischen Gattung erscheint ihm um so unverständlicher, als sich gerade die gattungsverwandten Apophthegmata und Sprichwörtersammlungen in Deutschland durchaus einer großen, frühen Beliebtheit hätten erfreuen können.[188] Bedingungen für das verzögerte Auftreten von Aphorismen, soweit sie in sozialen Strukturen enthalten sind, werden auch in der respekteischendem Monographie Neumanns[189] nicht thematisiert. Selbst dort, wo Neumann bei der Analyse des Schlegelschen "Witz"-Verständnisses auf den "Salon" rekurriert, bleibt diese Formation in Deutschland unberücksichtigt und beschränkt sich die Arbeit auf die Nennung des französischen Salons. Das von Fricke angeführte Fortleben der Apophthegmata-Tradition in Deutschland - analysiert man es auf dem Hintergrund der geselligen Zustände - macht das Ausbleiben aphoristischer Werke nicht erstaunlicher, sondern steht gerade damit in Verbindung. Es ist bereits auf die Bedeutung, die den verschiedenen Spruchsammlungen oder Sentenzbüchern im sozialen Umgang in Deutschland noch im 18. Jahrhundert zukam, hingewiesen worden: Die Spruchsammlungen fungierten als objektivierte Konsensgrundlage in den weitgehend ritualisierten, nicht reflexiven, sozialen Verkehrsweisen; diese durften - und konnten - durch das Einbringen subjektiver Erfahrungen nicht zur Disposition gestellt werden. Der mitgelieferte Kommentar zu den Sprüchen inhibierte selbst die Wortmeldung des Subjekts über den Weg der Interpretation.[190]

---

185 Harald Fricke: Aphorismus, Stuttgart 1984, S. 48.

186 Ebd., S. 49.

187 Ebd., S. 52.

188 Ebd.

189 Gerhard Neumann: Ideenparadiese. Untersuchungen zur Aphoristik von Lichtenberg, Novalis, Friedrich Schlegel und Goethe, München 1976.

190 Auch hier mußte zuvor eine Entthronung der "anciens" stattfinden: Antike Autoritäten (tacitistische Traditionen) oder biblische (z.B. Sprüche Salomons), die sich in den Spruchsammlungen behaupteten, blockierten die auf intersubjektiver Verständigung basierenden reflexiven Verkehrsformen.

2. Eine der wenigen Aussagen der Aphoristikforschung, in denen eine deutsche Salonkultur als Entstehungskontext und -bedingung dieser Literatur zumindest angedeutet wird, stammt von Fricke selbst:

> Aber es ist kaum ein größerer Gegensatz denkbar als zwischen dem privat seine Einfälle notierenden Sonderling Lichtenberg und der geselligen Entstehungsweise der romantischen Fragmente. Näher liegt der Vergleich der Französischen Moralistik: Wie das 'jeu des maximes' als geistvolles Gesellschaftsspiel in aristokratischen Zirkeln (...) zur Geburt der literarischen Aphoristik überhaupt geführt hatte, so entstanden die ersten rein aphoristischen Publikationen Deutschlands aus dem 'Symphilosophieren' junger Intellektueller in den bürgerlichen Salons hochgebildeter und meist wohlhabender Frauen (wie Rahel Levin/verh. Varnhagen von Ense, Karoline Michaelis/verh. Böhmer/verh. Schlegel (A.W.!)/verh. Schelling oder Dorothea Mendelssohn/verh. Veit/verh. Schlegel (Friedrichs 'Lucinde') u.a.).[191]

Weiter läßt sich der Verfasser allerdings nicht auf diese sozialen Faktoren ein; seine Reihung von "Salondamen" verrät dabei eine gewisse Kenntnis der Ehesukzessionen, aber nicht unbedingt eine der Literarischen Salons. Immerhin ist mit dem Namen Rahel Levin Varnhagen wenigstens ein Literarischer Salon als Entstehungsraum der aphoristischen Gattung konkret behauptet, auch wenn der entsprechende Nachweis noch zu erbringen ist.

Um zu klären, inwieweit bei der Schaffung aphoristischer Texte in dem von Fricke genannten Salon bereits ein gattungspoetologisches Bewußtsein zugrundelag und dieser literaturproduktive Prozeß auch und insbesondere von der Salonorganisatorin entsprechend gefördert und gesteuert wurde, ist zunächst die Vertrautheit sowohl mit Vertretern der französischen als auch der deutschen Aphorismusdichtung zu belegen. Die Literatur Chamforts, "durch dessen Texte zumindest indirekt die theoretische Begründung des deutschen Aphorismus in der Wende zum 19. Jahrhundert erfolgte"[192], kannte und bewunderte Rahel Levin Varnhagen. Schon in ihrer Korrespondenz der ersten Berliner Phase finden sich Mitteilungen über Chamforts Aphorismen.[193] Im Salon selbst gab sie bereits 1801 Texte von diesem Aphoristiker zum besten[194]; immer wieder zitiert Rahel ihn auch später noch in ihren Briefen.[195] Auch den zeitgenössischen französischen Aphoristiker Antoine de Rivarol, der sich um die Jahrhundertwende kurze Zeit (bis zu seinem Tode) in Berlin aufgehalten hatte, schätzte sie; Varnhagen verspricht sie "ermunternde" Aphorismen:

> Ich werde Dir etwas von Rivarol, Freund von Chamfort, und Mirabeau - Art Deutsche - über l'imagination schicken. Er ist ein großer Bonmotist. Les Anglais ont deux bras gauches, sagt er auch. Ueber die Hamburger soll er unerschöpflich sein. Il se cotisent quand ils veulent dire un bonmot, meint er.[196]

---

191 Fricke: Aphorismus, S. 84.
192 Neumann: Ideenparadiese, S. 65.
193 Vgl. Brief an Varnhagen in Tübingen, 30.10.1808, in: Briefwechsel Varnhagen-Rahel 1 (Rahel-Bibliothek IV, 1), S. 86-95, S. 89.
194 Graf Salm: Rahel Levin, S. 736.
195 Vgl. Notiz vom 2.12.1815, in: Buch des Andenkens II, S. 357-358, S. 358.
196 Rahel an Varnhagen, 30. Okt. 1808, in: Briefwechsel Varnhagen-Rahel 1 (Rahel-Bibliothek IV, 1), S. 86-95, S. 89.

Als sie später Saint-Martin als Aphoristiker liest, wird Rivarol abgewertet.[197] Nicht weniger vertraut erscheint Rahel mit den Anfängen der deutschen Aphoristik, also mit Lichtenberg[198], Schlegel und Novalis. Ihre Annäherung an die Aphoristik des letzteren ist rekonstruierbar als Prozeß des Weiterdenkens, der Entfaltung eigener, zu Novalis teilweise widerständiger Positionen: Sie setzt Novalis auch Schlegelsche Aphorismen entgegen[199] und formuliert schließlich selbst konkurrierende, den Denkprozeß weitertreibende[200]. Indem Karl August Varnhagen im *Buch des Andenkens* Rahels Ausführungen unter dem Titel *Zu Novalis Aphorismen* zusammenfaßte, hat er die Bedeutung von Novalis' Aphoristik für Rahels Denkformen hervorgehoben.[201] Ihr Bewußtsein vom Aphorismus als literarischer Gattung und als Denkform - und ihre Vorliebe für diese - wird noch einmal explizit in einem Brief an Konrad Engelbert Oelsner in Paris, der 1818 in Frankfurt unter einem Pseudonym einen Aphorismenband veröffentlicht hatte:

> Die witzigen richtigen Aphorismen (die unter Dr. Schlottmanns Namen gehen) hab' ich diesen Morgen in meinem Bette, wo ich sie zur Hand nahm, auslesen müssen: mit dem größten Vergnügen, mit der größten Satisfaktion. Vermögen aller meiner Gesinnung, und auch Einsicht hätte ich glauben können, ich habe sie geschrieben; und so war ich auch ganz in Unruhe, daß sie nicht jeder Fürst, jeder Staatsmann gleich liest, wollte sie gerne allen gleich schicken! als mir gleich der Muth wieder durch den Gedanken sank, daß nur die sie verstehen, die ebenso denken! Aber wir wollen doch nicht verzweifeln, ihre Spitzen werden reizen, ihre Richtigkeit treffen.[202]

An dem Brief an Oelsner ist nicht nur bemerkenswert, daß Rahel die Wirkung der Aphorismen auf einen bestimmten Verstehenskreis einschränkt (der sich hier aus den Repräsentanten liberaler Gesinnung aufbaut). Für die Diskussion möglicher literaturproduktiver Zusammenhänge von Salon und Aphoristik aufschlußreich ist ihre Selbstdarstellung als potentielle Autorin von Aphorismen, während sie zugleich eine Autorschaft für andere literarische Gattungen - abgesehen vom Brief - von sich gewiesen hat. Karl August Varnhagen war in seinen idolatrischen Anwandlungen schon nach wenigen Briefen willens, Rahel mit den bedeutendsten Aphoristikern auf eine Stufe zu stellen:

> (...) wie soll ich es sagen! Nein in Diderot, Chamfort, Friedrich Schlegel, Lichtenberg und allen Besten, giebt es kein solch pikantes, unerschöpfliches, augenleuchtendes Glückswort wie das von Dir ist, das Du unter den Zettel der Guten (gemeint ist Regine Frohberg - PS) geschrieben hast![203]

---

197 Vgl. Rahel-Bibliothek VIII, S. 270.

198 Zur Lichtenberg Rezeption Rahels siehe den Brief an ihren Bruder Ludwig Robert in Karlsruhe vom 12. Mai 1825 (in: Buch des Andenkens III, S. 196-200, S. 196): "Lichtenberg hat Recht: man sollte unaufhörlich aufschreiben (ein Sonnenkuk), so rückt man, sagt er, die Lücken zusammen, in denen einem nichts einfällt: usw. sehr schön. Lies einmal wieder seine Aphorismen. Sie lagen in der Gartenstube; ich habe einen Theil durch."

199 Vgl. Buch des Andenkens III, S. 149.

200 Ebd., S. 146.

201 Ebd., S. 146.

202 Dr. Schlottmann (di. K.O. Oelsner): Politische Aphorismen, dem Congresse in Aachen empfohlen, Frankfurt 1818. Rahel an Oelsner in Paris, Karlsruhe, 6. Okt. 1818, in: Buch des Andenkens II, S. 545-550, S. 545.

203 Varnhagen an Rahel, Tübingen, 7. Februar 1809, in: Briefwechsel Varnhagen-Rahel 1 (Rahel-Bibliothek IV, 1), S, 280-286, S. 284.

Die drei Bände des *Buchs des Andenkens* enthalten ganze Aphorismenketten, die nicht einfach als Produkt der editorischen Tätigkeit Karl August Varnhagens gelesen werden können, wenn er auch bei seiner Arbeit am Rahel-Nachlaß zentrale Stellen aus ihren Briefen herauslöste, von deren Kontexten isolierte und neu collagierte. Rahels Aphorismen lassen sich in ihrem Ursprung nicht reduzieren auf die blütenlesende Tätigkeit ihres Mannes und Herausgebers. Wie Henriette Herz vergewisserte sie sich ihrer individuellen Erfahrungen, ihrer intellektuellen und emotionalen Befindlichkeiten durch deren Aufbewahrung in der Form aphoristischer Tagebucheintragungen. Was Lichtenberg *Sudelbücher* betitelte, nannte Rahel signifikanterweise ihre "Denkbücher", in die sie Einfälle, Gedankensplitter, Maximen usw. aufnahm. (In Goethes *Wahlverwandschaften* hat im "Tagebuch" Ottiliens mit seinen Aphorismenreihen eine solche Objektivierung von weiblicher Lebenspraxis ihre literarische Gestaltung und Legitimation erfahren.) Sie füllt diese "Denkbücher" auch an durch Leseexzerpte: So "aphorisiert" sie unter anderem Jean Paul (der z.B. in *Hesperus*, *Quintus Fixlein*, im *Titan* und *Siebenkäs* seine zur Sentenz geformten Einfälle eingestreut hatte), indem sie einen Zitatenschatz anlegt, von der Form her analog zur - funktional aber verschiedenen - Arbeit von K.H.L. Pölitz, dessen vierbändiges Ergebnis Prototyp der Zitatenanalogien war, die einem bildungsbürgerlichen Aneignungsverfahren von Literatur unentbehrlich zu werden schienen: *Jean Pauls Geist oder Chrestomathie der vorzüglichsten, kräftigsten und gelungensten Stellen aus seinen Sämtlichen Schriften*, (Weimar 1801 - 1816). Zudem werden bei Rahel auch von Gesprächsteilnehmern produzierte "Bonmots" zu den eigenen Aphorismen notiert. Aus diesem Repertoire fließen einzelne wieder zurück in die Kommunikation des Bekanntenkreises und werden hier, wie die Briefe, der von den Salons gebildeten Kleinöffentlichkeit zugänglich. 1829 wird dieser halböffentliche Rahmen, in dem sich Rahel als Aphoristikerin präsentiert, erstmals aufgesprengt, als Fouqué in den von ihm herausgegebenen *Berlinischen Blättern für deutsche Frauen*, allerdings ohne Preisgabe des Verfassernamens, Kurzprosatexte unter dem Titel *Aus Denkblättern einer Berlinerin* veröffentlicht. Gegenüber ihren Freunden gibt sich Rahel als Autorin dieser Aphorismen zu erkennen, Gentz kündigt sie den Druck an, fühlt sich aber zugleich noch bemüßigt, ihm dazu eine Erklärung abgeben zu müssen:

> Mit dem ersten Kurier erhalten Sie zwei gedruckte Hefte von mir; worin alle die Aphorismen von mir sind; genannt: Aus Denkblättern einer Berlinerin. Auf diesen Blättern steht nicht, bei weitem nicht das meiste von dem, was ich litt und dachte: aus vielen meiner Lebensjahre genommen: für mich destillierte Essenzen meist aus Lebensschmerzen. Interessant auch für einen, der mich nicht kennt; wenn es nur ein mit einem höhern Verständnis Begabter ist. Die erste Frage aber von Ihnen muß die sein: Wieso ist das gedruckt? Die zweite diese: Wieso hier? Nach einer schweren, und gefährlichen, langen, *leidvollen* Krankheit im Frühjahr 29, an der ich noch konvaleszent lag, kam Fouqué desoliert zu Varnhagen, er möchte ihm *irgend* etwas zu seinem Journal geben; Varnhagen hatte nichts: und fragte mich, ob er *das* geben dürfe. Mir war es - wie noch - *ganz* gleich; ja, war die Antwort. Varnhagen hat eine Unzahl Sprüche, Axiome, Stellen aus meinen Briefen all, die er habhaft werden kann und konnte, aus meinen Denkbüchern, fein abgeschrieben, und verabreichte Fouqué *diese*. Sie können sie nicht ohne Interesse lesen; es geht mir selbst so. Jetzt

> haben Sie Zeit (wie komisch, bezöge man das Wort auf die politische Zeit); ja Lücken; füllen Sie ein paar damit aus. Es sind innere Bilder von mir: zusammen, *ein* Bild. Und ohne alle Affektation: aus tiefem Herzensleben, aus stillem Denken geschöpft: und gewiß anregend.[204]

Einem weiteren Vertrauten, Astolphe de Custine, sagte sie ebenfalls zu, die Drucke zu schicken - in einem Brief, der nicht nur noch einmal ihr aphorisierendes Lektüreverfahren (an Custines Roman *Aloys* vorgeführt), sondern mit einer Einladung an Custine auch eine der wenigen Elogen Rahels auf ihren zweiten Salon enthält. Dabei vergleicht sie ihre eigene aphoristische Produktion, was eine hohe Selbsteinschätzung als Aphoristikerin zu erkennen gibt, mit der Chamforts:

> Varnhagen und ich haben Fouquén auch von uns etwas gegeben. Ich Aphorismen, Resultate à la Chamfort; aber ich dachte an ihn nicht.[205]

So wie Rahel sich in ihren Briefen "ganz", d.h. in ihrer Individualität, darstellen will und deshalb die Form, den systematisch-logischen Aufbau immer wieder preisgibt, so soll ihre subjektive Erfahrung, die positiv gewendet als Originalität erlebt wird, zugespitzt im Aphorismus enthalten sein: "Destillierte Essenzen meist aus Lebensschmerzen"[206]. Und wie Rahel von ihren Briefen glaubt, daß sie nicht nur von Interesse für die unmittelbar zu ihrem Zirkel Gehörenden sind, so entdeckt sie auch in ihren Aphorismen Aussagewert für einen größeren Kreis von Verstehenden - eine Ansicht, die schließlich auch gegenüber Gentz die Veröffentlichung der "inneren Bilder"[207] legitimieren soll. Für ihre Aphorismen nimmt Rahel dabei im Gentz-Brief in Anspruch, was die Wirkungsästhetik dieser Gattung ausmacht: die Anregung, der Denkanstoß. Konzentrierter als die Briefe initiieren und treiben die Aphorismen einen nicht abgeschlossenen Denk- und Kommunikationsprozeß voran und verbürgen, indem sie als Impulse fungieren, dessen Permanenz.

Gentz' Reaktion auf die Ankündigung der Auszüge aus den *Denkblättern* zeigt, daß Rahels Sätze nicht erst auf einer bestimmten Stufe der Verschriftlichung und Publikation als Aphorismen rezipiert wurden. Aus der Gesprächsgeselligkeit Rahels heraus hat Gentz bereits einen Thesaurus an Sprüchen gewonnen und memoriert, aus dem er, den Verstehenskreis ausweitend, einzelne Aphorismen mündlich weiterverbreitet:

> Ich erwarte Ihre gedruckten Blätter mit unaussprechlicher Ungeduld. Ich freue mich darauf, wie ein Kind auf eine Weihnachtsgabe. Ich weiß zum voraus, daß sie nicht blos meinen Kopf befriedigen, sondern mein ganzes Wesen erschüttern werden. Das sind die Lektüren, deren ich jetzt bedarf, um mich von denen zu erholen, die mir als mein Tagewerk obliegen. Sie müssen wissen, daß eine Menge Ihrer geistreichen Worte mir unaufhörlich in den Ohren klingen, daß ich sie nicht vergessen kann, solange ich lebe, sie mir tausendmal wiederhole. Einige habe ich sogar der Fanny

---

204 Rahel an Gentz in Wien, 9. Okt. 1830, in: Rahel im Umgang, S. 174-177, S. 176-177.

205 Rahel an Astolph Custine, Berlin, 30. und 31. Okt. 1829, in: Rahel-Bibliothek IX, S. 779-789, S. 781.

206 Gentz an Rahel, 19. Okt. 1830, in: Rahel im Umgang, S. 181-183, S. 181.

207 Ebd.

> (Elßler - PS) einstudiert, manche, deren Sie sich selbst vielleicht nicht mehr erinnern. Andre behielt ich für mich selbst, und teilte sie niemandem mit. Ob Ihre Aphorismen bei mir gut angebracht sein werden, mögen Sie hienach beurteilen. - Ich vergebe Ihnen nicht, daß Sie mich so spät damit bekannt machen.[208]

Varnhagen, der - wie zu erinnern ist - von Rahel eingeladen war, ihren Salon als Ursprungsort eines kolportierten Aphorismus aufzusuchen, verweist im *Buch des Andenkens* bei vielen Aphorismen durch die Anmerkung "mündlich" ebenfalls auf die Geselligkeit als Quelle der Rahelschen Aphoristik.[209] Auch Rahel selbst hat die gesellige Kommunikation immer wieder als deren Rahmen markiert:

> Mittwoch, den 26. Dezember 1822. Bei Gelegenheit der Tieck'schen Novelle gegen die Händler: H(egel - PS): Vernunft ist doch nicht despotisch! R. 'Allerdings. Der einzige wahrhafte Despot!' Und mir fiel nachher ein: daß sie auch der größte Sklave ist: sie kann nur verneinen und bejahen.[210]

Der Aphorismus als "Mittel gesellschaftlicher Kommunikation eines ganzen Kreises, der sich wechselseitig anfeuerte, Geist und Welt mithilfe des Fragments zu erobern"[211], wird - verengen wir den hier gemeinten frühromantischen Kreis auf den Literarischen Salon der Rahel Levin Varnhagen - anschaulich in der "Protokollierung" der Salon-Unterhaltung vom 23. März 1823, deren Ausgangspunkt das "Gespräch über das Buch: Des hommes célèbres de France au dix-huitième siècle etc. par M. Goethe" war[212], wobei es rasch zur Diskussion des Verhältnisses von Nation und Literatur kam. Nach Rahels provokantem Wort, "neuere Völker können nur nach ihrer Literatur beurtheilt werden", setzte sich das Gespräch in der antithetischen Reihung von Aperçus fort bis zu dem Aphorismus Rahel Levin Varnhagens, die sich hier der Stilfigur des überraschenden und von daher wirkungsvollen Vergleichs bedient, um die Kette der Antithesen zu zäsieren:

> A: Ja, wo sich der Einzelne ganz in seine Nation verliert!/R.: Nein, wo die Nation in jedem Einzelnen lebt!/*Auch gut!* Wie der Flohdoktor; -/R. *Auch gut?* Was ist denn eine Nation? Eine Anstalt - für den Einzelnen: eine Reise: wie Schwalben über einen Sumpf ziehen, wenn sie einzeln hinüber könnten, wär's nicht nöthig.[213]

3. An diesem Beispiel läßt sich demonstrieren, wie der Aphorismus im dialogischen Umgang logisch-systematische Argumentationsstrukturen ersetzt oder - bezogen auf die Präsenz von Vertretern des Diskurses der Aufklärung in den Salons - zersetzt. Nicht der Wunsch, von der Sache her die Salongesellschaft zu überzeugen, generiert den Aphorismus, sondern der "Einfall". Die plötzliche, durch das Gespräch stimulierte, aber nicht logisch aus ihm ableitbare Eröffnung einer Erkenntnis ist Ausgangspunkt seiner Entstehung:

---

208 Ebd.

209 Vgl. z.B. Buch des Andenkens III, S. 131 ff., S. 183, S. 273.

210 Ebd., S. 89.

211 Wilhelm Grenzmann: Aphorismus, in: Reallexikon der deutschen Literaturgeschichte, begr. von Paul Merker und Wolfgang Stammler, 2. Aufl., neu bearb. u. hrsg. von Werner Kohlschmidt und Wolfgang Mohr, Bd. 1, Berlin 1955, S. 94-97, S. 95.

212 Buch des Andenkens III, S. 90.

213 Eintragung, 23. März 1823, in: Buch des Andenkens III, S. 90-91.

> Berlin, 1806. Franz meine ich: die darf mir thun, was sie will. Ich ihr auch. -/V. War das nicht sehr richtig?/R. So richtig, daß es wahr sein könnte./Nun hab' ich mit einemmale den Karakter des Richtigen gefunden; es muß immer wahr sein können, wenn ihm auch im einzelnen Falle das Zufällige der Wahrheit widerspricht.

Und da dieser "Einfall" eine Denkoperation einleitet, die (auf der logisch-systematischen Ebene nicht vermittelt) einen weiteren Aphorismus erzeugt, fügt Rahel ohne Übergang daran an: "Undankbar: wenn man mit Kälte und doch mit Wollust annimmt, was man nie leisten würde."[214] In einer der schriftlichen Notizen des Jahres 1806 hat dann Rahel ihren "Geistesblitz" aus jenem konversationellen Zusammenhang isoliert und präsentiert ihn auch formal gerundet als Aphorismus:

> Ueber den Charakter des Richtigen: Es muß immer wahr sein können, wenn ihm auch im einzelnen Falle das Zufällige der Wahrheit widerspricht.[215]

Der "Einfall" ist für Rahel aber nicht nur Produktionsgesetz des Aphorismus, sondern zugleich immer auch integraler Bestandteil seiner Rezeption, insofern sich diese als aktive vollzieht, das heißt, im geselligen Wechselspiel selbst wieder Aphorismen, letztlich eine Aphorismenkette, hervorbringt. "Um Novalis Aphorismen zu verstehen", notiert Rahel in ihre "Denkbücher", "muß man außerordentlich viel Einfälle gehabt haben: und sie sehr gehandhabt haben. Sonst ist's nicht möglich."[216] Und gerade darum ist die kommunikative Annäherung hier zwischen Autor und Rezipient außerordentlich eng, kann es im Salon zu einem permanenten Rollentausch kommen, zur wechselseitigen Aufhebung von Autor- und Publikumsstatus; der Akt des Verstehens verschränkt sich mit dem des Produzierens: Die Salondame Rahel, die sich so entschieden auf die Seite des Publikums geschlagen hat, kann und muß eben deshalb bedenkenlos Aphoristikerin werden.

Zum "Einfall" gesellt sich, bekanntlich eine zentrale Kategorie in Schlegels Fragmentpoetologie, der "Witz" als weitere Konstituente des Aphorismus und auch von Rahel als solche anerkannte: Die "witzigen richtigen Aphorismen" nannte sie Oelsners Publikation; von Novalis' aphoristischen Texten lobte sie: "Durchaus Anweisung auf anderes, Unbekanntes, und doch - durch und durch mit großem Witz - hier in Anmut Erkanntes (...)."[217] Rahels Verständnis von "Witz" hebt diesen aus einem trivialen Bedeutungsfeld heraus. In der Äußerung zum Aphorismus von Novalis' wird "Witz" als Vermittlungsmoment in Erkenntnisprozessen begriffen.[218] Die Nähe zu Positionen Schlegels ist unverkennbar. Dieser hat, was Neumann in seiner Analyse der Athenaeums-

---

214 Rahel-Bibliothek IX, S. 24-25.
215 Ebd., S. 25.
216 Eintragung, 13. März 1824, in: Buch des Andenkens III, S. 139-141, S. 139.
217 Ebd.
218 Rahel sieht den "Witz" nicht nur als analytisches, sondern auch als synthetisches Moment. Ohne sich auf Rahels "Witz"-Verständnis weiter einlassen zu können und es mit anderen - romantischen - "Witz"-Theoremen zu kontrastieren, sei doch noch der Hinweis erlaubt, daß Rahel entschiedener und expliziter als andere Zeitgenossen von der Vielfältigkeit und Veränderbarkeit dieses geselligen Ferments ausgeht, den Witz nicht normativ bestimmt: "Witz ist Kombination-Trieb und Talent. Der Karakter eines jeden führt den Witz in verschiedene Kreise; so können sich auch die Gegenstände dieses Triebes, dieser Gabe, nach Altersepochen bei denselben Personen verändern: oder Einer mehrere Witzarten besitzen. Fichte definiert Witz 'die Evidenz der Verkehrtheit'; das ist eine bestimmte Sorte von Witz, meines Bedünkens." In: Buch des Andenkens II, S. 602.

und Lyzeumsfragmente herausgearbeitet hat, "Witz" immer auch mit "Geselligkeit" konnotiert, nur daß, wie Neumann präzisiert, die Konnotation auf der metaphorischen Ebene hergestellt wurde. Dabei stützt sich Neumann auf das neunte Lyzeumsfragment ("Witz ist logische Geselligkeit, fragmentarische Genialität"[219]) und das sechsundfünfzigste. "Geselligkeit" wird hier interpretiert als Bild der Erkenntnisform des "Witzes"; in diesen Aphorismen habe demnach bereits ein "Übertragungsvorgang (...) der 'sozialen' Geselligkeit auf Denkvorgänge" stattgefunden. Mit der Feststellung, "daß der (französische - PS) Salon bei Schlegel" als Metapher eines Verstehensraums "fungiere, indem das Dialogische herrscht, stets wechselnde Konfigurationen und Konfrontationen erfolgen, Bindendes und Lösendes wirksam werden, ein unvollendbarer Prozeß sich abspielt"[220], muß Neumann die tatsächliche Bedeutung des Salons als Bereich einer spezifischen Erkenntnisleistung vermittels "witzigen" Denkens und Redens und aphoristischer Produktion überspringen; doch hält er genau die Denkoperationen fest, die Rahel in ihrer Geselligkeit selbst - und nicht erst in deren Metaphorisierung - als ausführbar sieht. Die Denkform des "Witzes" ist bei ihr Stimulans der Salongespräche, indem von der isolierten Einzelheit her, wie sie von Rahels Beobachtungen erfaßt wird, momenthaft und alogisch Ausblicke auf verdunkelte Gesamtzusammenhänge aufgerissen werden, so "wie geringstes Almosen auf höchsten Reichtum kann schließen lassen, Novalis sagt: 'Wir sind auf ein unbekanntes Kapitel angewiesen'."[221] Erkenntnisimpulse gehen von dem "Witz" aus, die aufgegriffen und durch neue beantwortet werden: wechselseitige Auslöser neuer Annäherungsschübe an das "unbekannte Kapitel", die grundsätzlicheren Zusammenhänge, bei Rahel: die "Wahrheit". Der "Witz" schließt bei ihr damit an die Bedeutung des "esprit" in der französischen Moralistik und deren Salons an, ohne daß er allerdings wie der romanische "esprit" auf ein konkretes Bildungsideal, das des in seiner Subjektivität gezügelten "Weltmanns", verweist (weshalb es auch nicht als unproblematisch erscheint, daß Neumann die französischen Salons als Metapher des "Witzes" in den Fragmenten Schlegels wahrnimmt). Vor diesem Hintergrund der Bestimmung des Salons als Ort "witzigen", aphoristischen Denkens wird auch eine Kritik Rahels an dem salonfernen Novalis als Aphoristiker verständlich, nach der dieser "das gesellige Leben seiner Zeit nicht erfassen" konnte (und "mochte es nicht. Hauptsächlich.")[222].

(Wenngleich bei Rahel das "witzige" Denken besonders definiert war, ist sein konversationeller Stellenwert auch für andere Salons nachzuweisen. Als z.B. Johann Friedrich Reichardt 1808/09 die Wiener Salons aufsuchte und hier den Prinzen de Ligne kennenlernte, beschrieb er ebenfalls die Geselligkeit als Entstehungs- und adäquaten Realisierungskontext für den "Witz":

> Sein Witz (Lignes-PS) ist in hohem Grade Konversationswitz, und wird durch sein prächtiges bedeutungsvolles Gesicht und den charaktervollen Ton seiner angenehmen Sprache ganz besonders belebt. Was man mir auch von seinen witzigen

---

219 Siehe Neumann: Ideenparadiese, S. 459. Das Fragment 56 lautet: "Witz ist logische Geselligkeit" Ebd., S. 469.

220 Ebd., S. 461.

221 Eintragung, 13. März 1824, in: Buch des Andenkens III, S. 139-141, S. 140.

> Schriften, deren ich noch wenige kenne, Rühmliches sagen mag; so glaube ich doch nicht, daß der Prinz soviel Witz und Leben mit der Feder in der Hand haben kann, als er in der Konversation unaufhörlich hat. Jedes kleine Ereigniß, jeder Zug, jedes Wort, das in der Konversation vorkömmt, erweckt in ihm einen Funken, der hell aufblitzt, und diese Funken folgen sich oft so schnell, daß sie einen kontinuirlichen Feuerring zu bilden scheinen. Man ist selbst mit ihm witziger als gewöhnlich, und er kömmt mir oft vor, wie der Stahl, der aus jedem Feuerstein helle Funken schlägt.[223]

Die Art des aphoristischen Denkens als alogisch-assoziative Kombination war sowohl für Novalis als auch für Rahel Einbruchsstelle für mystisches Denken; eine Untersuchung Rahels als Aphoristikerin müßte gerade von diesem Punkt aus die Affinität der Salondame zu Angelus Silesius, dessen Schriften sie als Aphorismen liest, erörtern. Zugleich ist es aber auch der Aphorismus, dem bei Novalis und bei Rahel die Rehabilitierung des Dilettanten und die Aufwertung des Autodidakten inhärent ist; der Dilettant und Autodidakt, wie Rahel sich selbst immer versteht (und wie es auch Novalis auf vielen Gebieten war[224]), steht in einer Erkenntnissituation, der "fachsystematische" Denkprozesse fremd sein müssen:

> Die Form autodidaktischen Erkennens ist (...) vom herkömmlichen Verständnis her die 'asystematische', aphoristische im negativen Sinn; im Bereich romanischer Literaturen stellt sich dem aber die positive Auffassung vom 'Weltmann' entgegen, der sich von aller Fachsystematik fernhält (...).[225]

Solche Wertschätzung dilettantisch-autodidaktischen Wissens und literarischer Produktion im Aphorismus entspricht nicht nur einer Geselligkeit, die sich auch als dilettantische ästhetische Praxis realisiert, sie macht auch verständlich, warum Rahel als Frau gerade in dieser Gattung - neben der des Briefes - "Ich kann nur Briefe schreiben; und manchmal einen Aphorismus"[226] - brillieren und Anerkennung finden konnte. Der Aphorismus war Teil ihrer Kunst einer Salonführung, durch die die Teilnehmer aus den geläufigen Denkbahnen herausgeführt werden sollten. Das Verständigungsystem des Salons konnte durch die aphoristische Gesprächsführung ausgelotet, der Salon als Spannungsfeld zur Erprobung aphoristischer Erkenntnisse genutzt werden. Weil sich der Aphorismus verträgt mit dem offenen Diskurs der Salons und Rahels Ansicht, daß jede Erstarrung in Denksystemen, in Lebensweisen nur die Illusion von Sicherheit berge, kann er zur bevorzugten Gattung ihrer geselligen Praxis werden. Denn der Sicherheit, d.h. dem Verzicht auf das Sicheinlassen auf die "größte(n) unendliche(n) Kombinationen", ist der Irrtum eingeschrieben:

---

222 Ebd., S. 139.

223 Johann Friedrich Reichardt: Vertraute Briefe geschrieben auf einer Reise nach Wien und den Österreichischen Staaten zu Ende des Jahres 1808 und zu Anfang 1809, 2 Bände, Amsterdam 1810, 1. Bd., S. 210-211.

224 Neumann: Ideenparadiese, S. 394.

225 Ebd., S. 395.

226 Hier zitiert nach Marianne Schuller: "Unsere Sprache", S. 43.

> Nur wenn wir uns irren, das heißt eine gemachte oder uns von der Natur vorgelegte Kombination für etwas Absolutes, Unverändertes halten, und uns darüber zufriedengeben, es nämlich lieben, dann fühlen wir uns reich; das ist nichts, als uns in einen Zustand finden und setzen, in dem wir hier nicht bleiben können: ein simulacre von Liebwertheit vor uns zu haben meinen.[227]

Daß ein Sichzufriedengeben, das Festhalten an einer "Kombination", für Rahel Verzicht auf den "Witz" als provozierende Denkoperation und damit zugleich das Ende der Fähigkeit, eine "offene" und "ungesicherte" Geselligkeit zu leiten, bedeutet, macht ein von Varnhagen aufnotiertes Gespräch deutlich über ein "geistreiches Fräulein, in ihrem Kreise seit langen Jahren wegen ihrer unerschöpflichen Witzworte und scharfen Wortspiele berühmt, das seit kurzen eine glückliche Ehe führe: 'Aber sie ist gar nicht witzig mehr!' bemerkte jemand. - 'Was hat sie noch nöthig, witzig zu sein, fiel Rahel lebhaft ein, sie ist ja glücklich!'"[228]

Solange das Salongespräch noch nicht ersetzt war durch eine reine Kunstkonsumption, der Literarische Salon also seine exponierte Stellung zwischen dem Raisonnement der Aufklärung und dem biedermeierlich-restaurativen Rezeptionsverhalten behauptete, blieb der Aphorismus Moment von Salonpraxis. Insoweit lassen sich die Anmerkungen zum Rahel-Salon als Verstehens- wie auch Entstehungsraum von aphoristischer Literatur auf die gesamte Salonkultur der Hochphase um 1800, die in auffälliger Weise zeitlich übereinstimmt mit dem "aphoristischen Jahrzehnt", übertragen. Zeugnisse aus anderen Salons zeigen, daß jedoch ohne das "erkenntnistheoretische Modell", wie es im Rahel-Salon (auch durch die beschriebenen Auseinandersetzung mit der aphoristichen Tradition) dem Aphorismus zugrundelag, dieser leicht zum Bonmot oder dem Wortspiel des Calembour verkümmerte, die beide zwar als besonders gelungene und formal anspruchsvolle auch über den Salon hinaus kolportiert werden konnten, deren pragmatische Funktion sich aber in der Erhöhung des Unterhaltungswerts der jeweiligen konkreten Gesprächssituation erschöpfte. Diese, selbstverständlich auch in Rahels Salonführung nachweisbaren Bonmots, die den "Witz" durch den "Scherz" ersetzten, entbehrten der Möglichkeit, die Besucher des Salons aus ihren gewohnten Denkmustern zu führen, im Salon einen denkexperimentellen Bereich zu gestalten. Während ihrer Teilnahme an den Berliner Salons glaubte schon Madame de Staël vor der - auch auf die Sprache sich beziehenden - Imitation einer als vorbildhaft angenommenen französischen salongeselligen Gesprächstechnik, insoweit diese das Bonmot einsetzte, warnen zu müssen:

> Was gewinnt die vornehme Berliner Gesellschaft dabei, (...) daß sie es hin und wieder sogar zu einem französischen bonmot oder Calembourg bringt? Eine deutsche Gesellschaft kann dadurch nur eine flachere werden![229]

227 Buch des Andenkens III, S. 140.
228 Ebd., S. 332.
229 Herz: Erinnerungen, S. 174. Über das Niveau des zum bloßen geselligen Vergnügen erzählten Witzes informieren die *Denkwürdigkeiten* von Karoline Pichler, die einige dieser Calembours ihres Salons wiedergeben. Pichler: Denkwürdigkeiten II, S. 89-90.

4.2.4 Zur Mündlichkeit der Erzählkunst im Salon: Bemerkungen zu Reiseerzählung, Anekdote, narrativen Improvisationen

1. In seiner Mündlichkeit gehöre der Salon, so Schlieben-Lagen in ihrer Untersuchung zum Verhältnis von Schriftlichkeit und Mündlichkeit, zu den Formationen, an die "die Hoffnung auf Ideenproduktion, ihre Beschleunigung und Pointierung"[230] gerichtet gewesen sei. Auf Verschriftlichung war der Aphorismus als relativ stabiler Texttypus nicht angewiesen, wie z.B. die von Friedrich Gentz vorgeführten mnemotechnischen Leistungen belegen: Aphorismen sedierten in einem Kollektivgedächtnis, soweit es von den Salons geschaffen wurde, das aber über diese hinaus wirksam blieb. Daß der Bestand an diesen nichtverschriftlichten salongeselligen Erzeugnissen dennoch einer permanenten selektiven Amnesie unterworfen wurde, war selbstverständlich bereits den Salonteilnehmern bewußt. Karl August Varnhagen beklagte dies z.B. für die "Einfälle, Witz und Scherz jeder Art"[231] des Fürsten de Ligne, dem Habitué vieler Salons: "Das Meiste ist bloß mündlich in Umlauf, und geht auf diese Weise unfehlbar unter."[232] Reichardt vermerkte ebenfalls bedauernd zu den Aphorismen de Lignes: "Jeder Ausdruck, jede Wendung ist ihm eigen und verdiente von Geschwindschreibern niedergeschrieben zu werden."[233] Als Karoline Pichler Madame de Staël in den Wiener Salons erlebte, wünschte sie sich "einen Stenographen ins Nebenzimmer (...), um schnell zu Papier zu bringen und so der Vergessenheit zu entreißen, was sie so bedeutend als schön sagte"[234]. Vom Vergessenwerden ausgespart wurde (außer, was nicht von Varnhagen, Madame de Staël und anderen Freunden notiert wurde) nur jener Aphorismus de Lignes, nach dem der Wiener Kongreß tanze aber nicht vorwärtsgehe.

Die Rehabilitierung der Oralität als künstlerisches Medium erfolgte im Salon nicht nur über den Aphorismus. Bei der konkreten Erschließung weiterer oraler Erzählformen muß man sich aber bewußt sein, daß sämtliche Quellen nur narrative Komplexe enthalten, die aufzeichnungswert erschienen. Dazu kommt, daß in der Regel Autoren, deren Texte in verschriftlichter Form ihren Autorenstatus längst begründet haben, als "orale" Künstler in die Salonpraxis involviert waren. Dennoch scheint diese Mündlichkeit mit der zeitgenössischen Literaturentwicklung zu konfligieren: Das späte literarische 18. Jahrhundert war bekanntlich geprägt von einem Schub der Verschriftlichung von Literatur, eine Verschriftlichung, die nicht zuletzt integraler Bestandteil von Aufklärungsprojekten war und Rationalisierungsprogramme einlösen sollte. Diese Programme, als Bildungskonzepte, wandten sich dabei tendenziell auch an jene, die literarisch noch überwiegend oral geprägt waren. Mündliche Literatur verlor an Dignität, bis sie schließlich in entstehende private, häusliche Refugien abgedrängt war oder in traditionellen, aber gesellschaftlich niedrig plazierten Bereichen konserviert wurde.

---

230 Brigitte Schlieben-Lange: Traditionen des Sprechens. Elemente einer pragmatischen Sprachgeschichtsschreibung, Stuttgart/Berlin/Köln 1983, S. 84.

231 K.A. Varnhagen: Karl Joseph Fürst von Ligne, in: ders.: Galerie von Bildnissen aus Rahel's Umgang und Briefwechsel, 2 Theile, Leipzig 1836, Teil 1, S. 79-98, S. 90-91.

232 Ebd., S. 91.

233 Reichardt: Vertraute Briefe, S. 210.

234 Pichler: Denkwürdigkeiten II, S. 315.

Gegentendenzen zeigten sich seit Herder, verstärkt dann seit der Jahrhundertwende. Der oralen Literatur wurde ihre gesellschaftliche Stigmatisierung wieder genommen und ihr ästhetischer Wert gerade auch in ihrer Nichtschriftlichkeit entdeckt. Solche Projekte der Wiederaufwertung oraler Literatur (die aber gerade dadurch häufig ihren mündlichen Charakter verlor) enthielten eine antiaufklärerische, antirationalistische Wendung (während die von Schlieben-Lange beschriebenen Reoralisierungsansätze in der französischen Literatur am Ende des 18. Jahrhunderts, die in Frankreich auch von Salons mitgetragen wurden, nach Schlieben-Lange gerade der praktisch-politischen Durchsetzung rationalistischer Konzepte gedient hatten).

2. Das Erzählen als geselliger Akt, bei dem die Beteiligten als "Volk" mythisiert waren, fand gleichzeitig als Motiv Eingang in die Literatur. Eine Thematisierung oraler Literatur als Mittel der Konstruktion ästhetischer Lebenswelten kennen wir z.B. aus Goethes *Unterhaltungen deutscher Ausgewanderten* oder Achim von Arnims *Wintergarten.* In solchen "Erzählzyklen" gewinnt die Wiederherstellung mündlicher narrativer Kunst die Funktion, gesellige Bereiche als sozial intakte auszugrenzen und die empirische Wirklichkeit erzählend zum Verschwinden zu bringen. Geselliges Erzählen impliziert dabei die Absage an die aufklärerische Öffentlichkeit, auch die literarische, und spielt die Abkoppelung vom Literatursystem bzw. die Restitution seines Zustandes vor der Ausdifferenzierung vor. Schon die strukturellen Verweise auf Boccaccios *Decamerone* sprechen in Goethes *Unterhaltungen* von einer Auslagerung der erzählenden Gesellschaft aus dem städtisch-bedrohlichen gesellschaftlichen Kontext. Bei Goethe trifft sich bekanntlich der gesellige Kreis in der Bukolik einer Rheinlandschaft, wobei sich der Fluß längst als - unzulängliche - Scheidelinie zur zerstörerischen Außenwelt erwiesen hat. Die bisherige, auf freier Übereinkunft beruhende Geselligkeit ist durch den Einbruch politischer Ereignisse untergegangen und wirkt aus der Erinnerung als Ideal auf den neu zu organisierenden Umgang ein:

> 'Wie lange haben wir belehrende und aufmunternde Gespräche entbehrt, wie lange hast du uns, lieber Karl, nichts von fernen Landen und Reichen erzählt, von deren Beschaffenheit, Einwohnern, Sitten und Gebräuchen du so schöne Kenntnisse hast! - Wie lange haben Sie', so redete sie (die Baronesse - PS) den Hofmeister an, 'die alte und neue Geschichte, die Vergleichung der Jahrhunderte und einzelner Menschen schweigen lassen! - Wo sind die schönen und zierlichen Gedichte geblieben, die sonst so oft aus den Brieftaschen unsrer jungen Frauenzimmer zur Freude der Gesellschaft hervorkamen? Wohin haben sich die unbefangenen philosophischen Betrachtungen verloren? Ist die Lust gänzlich verschwunden, mit der ihr von euren Spaziergängen einen merkwürdigen Stein, eine uns wenigstens unbekannte Pflanze, ein seltsames Insekt zurückbrachtet und dadurch Gelegenheit gabt, über den großen Zusammenhang aller vorhandenen Geschöpfe wenigstens zu träumen?'[235]

Eine einfache Restaurierung dieser Geselligkeit vermittels der Gesprächsführung der Baronesse scheitert: Das Substitut der nostalgisch evozierten, salonadäquaten Geselligkeit ist bereits bestimmt durch das "Gesetz" (wenngleich die geselligen Regulativa bei Goethe im Gegensatz zu denen bei Boccaccio eine Hierarchisierung der

235 J.W. von Goethe: Unterhaltungen deutscher Ausgewanderter, in: ders.: Werke, Bd. 6, Romane und Novellen (Hamburger Ausgabe), S. 125-241, S. 139.

Gesellschaft vermeiden). Das "Gesetz" stiftet die Gesellschaft als erzählende: Das gestörte gesellige "Träumen vom großen Zusammenhang", das unmöglich gewordene Aufscheinenlassen von Totalität durch den sozialen Umgang, scheint nur noch narrativ in diesem Kreise wiederholbar.

Bei Achim von Arnim sind die historisch-gesellschaftlichen Bezüge der *Unterhaltungen* in Naturmetaphorik übersetzt. In einer toten, erstarrten Winterlandschaft trifft die Erzählerfigur auf eine - tief verschneite - Statue, die in ein Haus flüchtet; der Erzähler folgt ihr verwundert und gelangt in ein "neugothisch verziertes Zimmer, das von Sofas durchkreuzt und von einem Kaminofen angenehm durchwärmt war"[236]. Mitten im Winter finden sich in dieser Innenwelt "frische kleine Tulpen"[237]; die bewegliche "Schneestatue" erweist sich als "ansehnliche Frau"[238] (sie hatte nur ein Schneebad genommen), die eine Teegesellschaft um sich versammelt hat: Bei Erzählen, alternierend mit Vorlesen, überwintert dieser Zirkel.

> Es war nur ein Gesetz in der Gesellschaft, das aber strenge beobachtet wurde, nichts Bestimmtes von den Begebenheiten der Zeit zu reden und dafür allerlei Geschichten aus anderen Zeiten und Ländern zu sammeln, die dann gemeinschaftlich genossen wurden (...).[239]

Anders als bei Goethe reicht dieses Gesetz dann doch nicht mehr aus, um die Harmonie des Zirkels aufrechtzuerhalten: Als z.B. eine der anwesenden Frauen am Flügel Schillers Reiterlied "hellaut abzusingen begann"[240], ist die Harmonie empfindlich gestört. Einer der Teilnehmer, ein "Invalide", "fluchte und weinte" und verbat sich das Lied.[241] Ein "Gesandter" vertritt die These, dieses Lied habe in einer gemischten Geselligkeit nichts zu suchen[242] (auch in Eichendorffs Frühwerk *Ahnung und Gegenwart* verhindert das Absingen gerade dieses "fürchterliche(n) Liede(s)" Schillers ästhetisch-geselliges Vergnügen[243]).

In zwei anderen Zyklen, E.T.A. Hoffmanns *Serapionsbrüder* und Tiecks *Phantasus*, wird in der Rahmenhandlung, die Geselligkeit abbildet, ebenfalls nicht nur vorgelesen, sondern auch erzählt. Die beiden ersten Bände der *Serapionsbrüder* erschienen 1819 (dem Zeitpunkt der Reorganisation des Berliner Rahel-Salons); die geselligen Erfahrungen, welche bei der Gründung der "Serapionsbruderschaft" reflektiert werden, datieren allerdings aus der Zeit vor dem letzten Treffen der Freunde, der ersten "historischen" deutschen Salonperiode also. Anders als bei Goethes emigrierter Gesellschaft bleibt das urbane Milieu erhalten, ja, die großstädtischen Bedingungen nötigen den Protagonisten geradezu eine Institutionalisierung ihrer Geselligkeit auf. So will einer der vier Freunde, Ottmar, festsetzen, "daß wir uns jede Woche an einem bestimmten

236 Achim von Arnim: Wintergarten, 1.u. 2. Theil, in: Ludwig Achim von Arnims sämtliche Werke, Neue Ausgabe, 5. Band, Novellen, Berlin 1857, S. X.
237 Ebd.
238 Ebd.
239 Ebd., S. XII.
240 Ebd., S. 185.
241 Ebd., S. 186.
242 Ebd.
243 Eichendorff: Ahnung und Gegenwart, S. 238-239.

Tage zusammenfinden wollen, denn sonst verlaufen wir uns in der großen Stadt hierhin, dorthin und werden auseinander getrieben noch ärger als bisher."[244] Und Lothar bestätigt später die Gründung ihres Bundes als eine Reaktion auf die Großstadt:

> Mich bedünkt, es sei nun ausgemacht, daß wie schon vorhin Theodor erwähnte, wir alle von einander glauben, es sei etwas an uns daran, und jeder es wert hält, mit dem andern die alte Verbindung zu erneuern. Aber das Gewühl der großen Stadt, die Entfernung unserer Wohnungen, unser verschiedenartiges Geschäft wird uns auseinandertreiben. Bestimmen wir daher heute Tag, Stunde und Ort, wo wir uns wöchentlich zusammenfinden wollen.[245]

Aber vom Salon unterscheidet sich die Gesellschaft der "Serapionsbrüder" nicht nur dadurch, daß sie sich als männergesellige Formation bildet, in der Erzählung Ottmars über die ästhetische Teegesellschaft wird der Salon ausdrücklich verworfen. Während die Salons die Stadt als neue Möglichkeit des Ideenaustauschs und der fluktuierenden Personenkonstellation nutzen, empfindet diese fiktive Gesellschaft dies als Bedrohung, der man durch die feste, hermetische Struktur begegnet: die "Tendenz unseres Vereins und (...) seine Regel" ebenso wie seine Mitgliedschaft bleiben festgeschrieben.[246]

In Tiecks *Phantasus*-Zyklus ist dagegen das ländliche Ziebingen präsent. Rahel Levin Varnhagens Leseeindrücke von der Rahmenerzählung markieren die Distanz zwischen dem von der Salondame anvisierten Umgang und dem von Tieck imaginierten. In einem Brief an Frau von Fouqué schreibt sie von den "ruhige(n) Abende(n)", die sie augenblicklich noch habe, an denen offenbar die Beschäftigung mit der erzählenden dialogischen Gesellschaft des *Phantasus*-Rahmens die eigene, desolat gewordene Geselligkeit ersetzen sollte; statt dessen scheint Rahel aber eher auf einen negativen Gegenentwurf gestoßen zu sein:

> Nun kommt Tieck mit roh zusammengestoppelten Reden und Gegenreden ohne alle Situation als die willkürlichste, die mir weder Ort, noch Menschen, noch Lage zeigt; diese armen Phantasmagoren gehen in eben solchen Gegenden spazieren, und reden mich wahrlich tot. Der einzige Trost ist, wenn man nach ihren allseitigen langen Behauptungen, von denen Tieck selbst nicht weiß, ob sie Scherz oder Ernst sein sollen, und wem er recht gibt, Atem schöpft und sich gratuliert, nicht auch solche geschwätzige Tage mit den Herren und Damen verleben zu müssen! Ich müßte toll werden in den Sälen, Gärten, bei den Wasserfällen und Brunnen; bei den leblosen Scherzen! Hübsch ist, was der Kranke von seinen Lektüren erzählt! Jetzt sind sie auf dem Gute und wollen sich einander vorlesen.[247]

---

244 E.T.A. Hoffmann: Die Serapions-Brüder, Bd. 1, Frankfurt/M. 1983, S. 14.

245 Ebd., S. 73-74.

246 Ebd., S. 74. Nicht nur vom Salon distanzieren sich die "Serapionsbrüder"; diskutiert und kritisiert werden die diversen Geselligkeitsformationen: z.B. wird der Vorschlag Ottmars, sich zu einem Bunde zusammenzuschließen, von Lothar abgelehnt mit dem Hinweis auf den Zwang regulativer Gesetze, "z.B. daß über dieses und jenes gesprochen oder nicht gesprochen werden darf; oder das jeder gehalten sein soll, dreimal witzig zu sein, oder daß wir ganz gewiß jedesmal Sardellen-Salat essen wollen. Auf diese Art bricht dann alle Philisterei auf uns ein, wie sie nur in irgendeinem Klub grünen und blühen mag." Ebd., S. 14. Daran, daß sie selbst die "Klubs" mit ihrem Regelsystem schon vor Jahren der Lächerlichkeit preisgegeben hätten, wird erinnert (Gründung der "Loge zum eierlegenden Hahn"). Selbst eine aus zwei Männern bestehende schweigende Geselligkeitsformation findet Erwähnung.

247 Rahel an Frau von Fouqué in Nennhausen, Berlin, Febr. 1813, in: Rahel im Umgang, S. 325-328, S. 327-328.

3. In der Rückschau der Baronesse in Goethes *Unterhaltungen* auf den Zirkel, der in der Überwindung des Ancien Regime aufgehoben wurde, erinnert sie zuerst an die vorgetragenen Reiseberichte mit ihren ethnographischen, kulturhistorischen und geographischen Ausführungen. Tatsächlich verweist Goethe damit auf einen erzählerischen Komplex, der in den Salons beliebt war. In die Zeit der Salons fiel eine neue Phase eines wissenschaftlich interessierten Reisens, das neben die Tradition des Bildungs- und des Vergnügungsreisens trat. Der Salon konnte, was die Rezeption der Reiseberichte betraf, ein interessiertes Publikum konzentrieren, ein Publikum, das aber weniger an wissenschaftlichen Rapporten interessiert war und den Reisenden einen narrativen Duktus beim Vorstellen ihrer Erfahrungen und eine nicht-spezialisierte Sehweise abverlangte. Daß der junge Forster sowohl in Berliner als auch in Wiener Zirkel eingeladen wurde, von seiner Weltumsegelung mit Cook zu erzählen, ist bekannnt. Später ist es Hammer-Purgstall, der in den Wiener Salons von seinen Orientreisen berichtet; Humboldt trägt von seiner Amerika-Expedition ebenso wie Chamisso oder Pückler-Muskau von ihren Reisen vor. Im Frühjahr 1825 notiert Rahel: "Doktor Erhard hatte uns von afrikanischen Völkern und Königen erzählt, deren Grausamkeiten ich gar nicht vergessen konnte (...)."[248] Und Henriette Herz erinnert sich noch im Alter an die mündlichen Berichte des Karl Philipp Moritz von seiner Englandreise, die sie später in der Buchveröffentlichung wiedergefunden habe.[249] Johanna Schopenhauer, die als wichtige weibliche Reiseschriftstellerin des frühen 19. Jahrhunderts zu gelten hat, erzählte, so heißt es zu ihrem Weimarer Salon, häufiger "von einzelnen Erfahrungen auf ihren Reisen"[250] und konnte so einen engen Erlebnishorizont anderer Mitglieder ihres Salons zumindest auf der Ebene mittelbarer Aneignungen entgrenzen. Die Beliebtheit von Mitteilungen der "Touristen, wie man sie zu nennen pflegte", bestätigen auch Karoline Pichlers "Zeitbilder".[251]

4. So wie geographisch Fernes in den Salons durch das Erzählen vergegenwärtigt wurde, so zeigten sich diese an der oralen Darstellung meist autobiographisch erfahrener Geschichte interessiert, wobei das gesellige Vergnügen die Tendenz zum Anekdotischem verstärkte: Geschichte wird im Salon in Geschichten erzählt.

Anekdoten blieben aber nicht nur eingelagert in solch größere Erzählzusammenhänge. Als eigene narrative Einheit, die aus einer gedrängten dramatischen Anlage heraus auf eine Pointe zielt, erwies sich die Anekdote gerade für die dialogische Struktur des Salons geeignet.[252] Vergleichbar mit dem Aphorismus[253] unterbricht die Anekdote durch ihren kurzen Spannungsbogen den Gesprächsverlauf weniger, als daß sie ihn weiterführt. Im *Damen-Conversations-Lexikon* (1834) werden als Ingredienzien einer Gesprächsgeselligkeit unter dem Stichwort "Conversation" Anekdote (Episode) und

248 Buch des Andenkens III, S. 201.
249 Herz: Erinnerungen, S. 69.
250 Stephan Schütze: Die Abendgesellschaften der Hofräthin Schopenhauer in Weimar 1806-1830, in: Weimar's Album zur vierten Säcularfeier der Buchdruckerkunst am 24. Juni 1840, Weimar 1840, S. 183-204, S. 203.
251 Caroline Pichler: Zeitbilder, 2 Bände, Wien 1839-1841, Bd. 2, S. 272-273.
252 Vgl. Rahel Levin und ihre Gesellschaft. Gegen Ende des Jahres 1801. (Aus den Papieren des Grafen S (Salm), in: K.A. Varnhagen: Denkwürdigkeiten, Bd. 8, S. 563-594, S. 571.
253 Zum Vergleich beider Gattungen siehe Heinz Grothe: Anekdote, Stuttgart 1971, S. 31-33.

Aphorismus dementsprechend zusammen abgehandelt.[254] Ebenso wie beim Aphorismus sei, so zitiert Grothe zustimmend von Radecki, bei der mündlich erzählten Anekdote die "soziale Funktion so innig mit Entstehung und Wesen einer Kunst verschmolzen (...), daß Kunstgesetz und Funktionsgesetz eins sind."[255] Nach dieser Feststellung bleibt es unverständlich, warum Heinz Grothe die mündlich erzählte Anekdote, unter deren frühe "Umschlagplätze" er an erster Stelle die Salons aufführt, als "Urform" klassifiziert und erst die "geschriebene Anekdote" als "Kunstform" gelten läßt.[256] Die "Wiederentdeckung" als literarische Gattung fällt wie die des Aphorismus ebenfalls zeitlich zusammen mit der ersten Kulminationsphase der Salonkultur. An einem Beispiel, welches die Entstehung einer Anekdote (in diesem Fall unter Zugrundelegung einer Briefstelle) demonstriert, ist das in der Salongesellschaft verbreitete Wissen um die Anekdote als Kunstform, die deren gesellige Produktion als durchaus bewußten Akt belegt, nachzuweisen: Am 24.10.1811 schrieb Marwitz einen Brief aus Potsdam an Rahel Levin:

> Ich bin gesund. Alle meine Schwächen sind wie weggeblasen. Nur mein Herz leidet noch zuweilen, und macht mir sehr trübe Stunden. Kaufen und schicken Sie mir doch sogleich das Landrecht. Heute traf ich in Sanssouci einen sächsischen Handwerksburschen. Er fragte mich, ob dies schon Sanssouci sei. Ich sagte ihm, es wäre das ganze Sanssouci. 'So?' ganz verwundert. Später: er hätte es sich ganz anders vorgestellt. 'Wie denn?' - 'Wie ein Lager.' - Schreiben Sie mir doch, wenn es in Ihre Stimmung paßt, was Wolf von seinen Arbeiten hält. (...)[257]

Rahel Levin erkannte in der Briefstelle sogleich eine anekdotische Struktur, zumal auch der Stoff - man denke an die gleichzeitig entstandenen und z.T. in den "Berliner Abendblättern" publizierten Anekdoten Kleists - die preußische Geschichte intoniert. Es bedurfte für Rahel nur noch der Isolation der entsprechenden Briefstelle, um sie als Anekdote im geselligen Rahmen präsentieren zu können. Das Antwortschreiben Rahels findet bereits die Briefstelle als "Anekdote" "großartig", betont, vorerst ohne weitere interpretatorische Bemühungen, vor allem den "Erlebniswert" der "Anekdote":

> Die Anekdote von dem sächsischen Handwerksburschen ist eine der großartigsten; es ist mir unendlich lieb, daß sie Ihnen begegnet ist; dem einfachsten Menschen. Ich gönne sie Ihnen mehr als mir.[258]

Noch am selben Abend gibt Rahel diese "Anekdote" im geselligen Kreis von Rebekka Friedländer zum besten, sie hält sich dabei an die Fassung, in der sie Marwitz mitgeteilt hat (um die historische Authentizität des Vorfalls zu verbürgen). Die Wirkung der weitererzählten "Anekdote", die Rahel Levin ebenso wie die Auslegungsversuche mitteilt, deuten auf eine hohe Sensibilität in den Zirkeln für solche Texte: Nach der Anekdote "sagte Julie (die Schwester von Frohberg-Friedländer - PS) ganz blaß, das ist zum Schaudern; man wird ganz kalt, als wie nach einer Pepermünze. Ich finde die Anekdote

---

254 Damen-Conversations-Lexikon, Stichwort "Conversation".

255 S. von Radecki: Die Anekdote, in: Die Rose und der Ziegelstein 1938, S. 5-11, hier zit. nach Grothe, S. 15.

256 Grothe: Anekdote, S. 16.

257 Marwitz an Rahel; Potsdam, 24. Okt. 1811, in: Friedhelm Kemp (Hg.): Rahel Varnhagen. Briefwechsel mit Marwitz, S. 91-96, S. 95-96.

258 Rahel an Marwitz, 25. Okt. 1811, in: Briefwechsel mit Marwitz, S. 97-104, S. 100.

übernatürlich schön. So wirkt Geschichte; und ihr Wirken ist Geschichte. Seit fünfzig Jahren steht Sanssouci, und Welten haben sich umgekehrt, die Sieger es umwühlt; nun denkt der Sachse mitten im Garten, er ist nicht drin; das Lager soll erst kommen. So sinkt erst nach und nach Meinung von Stand zu Stand herab; solche Kerle wandern noch in Deutschland umher; und in fünfzig Jahren weiß so einer erst von den Schaffwerken der jetzigen Eroberer. Und wie still macht die Anekdote! So still wird von Gemüt zu Gemüt Großes in schützender Unwissenheit bewahrt."[259]

Aber nicht diese konkrete Interpretationsleistung als Verständigungsresultat geselliger Rezeption interessiert hier primär, sondern die Herausbildung oral-narrativer Formen in der Salonkultur und ihre Anerkennung als literarische Texte durch Herauslösung aus einem pragmatischen Kommunikationszusammenhang und Übertragung in einen neuen, den der Salons, wodurch, wie der Brief zeigt, der anekdotische Text in besonderer Weise polyvalent und damit zur Interpretation "freigegeben" wird. Die Mündlichkeit des Erzählens - für den zweiten Rahel-Salon läßt sich die orale Anekdote, die sich auf preußische Geschichte bezieht, ebenfalls belegen[260] - konfligiert hier also keineswegs mit dem Kunstcharakter und der Zuordnung des Erzählten zur literarischen Gattung.

Anekdoten sind in den unterschiedlichen Salons nachzuweisen: Malla Silfverstolpe berichtet 1825 z.B. aus dem Salon Amalie von Helvigs:

> Ich ging zu Bettina, die freundlich und vertraulich war, mit Bedauern von meiner Abreise vernahm und mich zu Amalie begleitete, wo wir dann einen traulichen Abend verbrachten. Sehr interessant, sie miteinander sprechen zu hören, der Kontrast läßt sie so gut zur Geltung kommen. Bettina war wie gewöhnlich voll Anekdoten.[261]

Vor allem nach den Kriegsereignissen von 1806, in die hinein die Gründung des Schopenhauer-Salons fiel, hatte das Anekdotenerzählen in diesem Zirkel offensichtlich die Funktion, geschichtliche Erfahrung zu verarbeiten, zu entlasten und wurde in dieser Funktion besonders gepflegt: "Wir haben genug geklagt, allmählich kommen komische Anekdoten aus jener trüben Zeit an den Tag, die durch den seltsamen Kontrast, den Ernsthaftesten zum Lachen bringen."[262] Immer wieder ist es in dieser Gründungsphase des Schopenhauer-Salons Goethe, dessen Anekdoten geselligkeitsstiftend wirkten:

> Goethe war in einem seltenen Humor; eine Anekdote jagte die andere; er war ganz prächtig. Wir haben einige Male so gelacht, daß die Leute auf der Straße stillgestanden wären, wenn es dergleichen hier gäbe (...).[263]

Als gesellig-orale Gattung wird die Anekdote auch vorgestellt in dem 1808 anonym erschienenen Roman *Die Versuche und Hindernisse Karls*, einem Schlüsselroman der jün

---

259 Ebd., S. 103-104.

260 Vgl. die verschiedenen Anekdoten, die während einer Soiree, an der auch Cottas, Arnims, Heine u.a. teilnahmen, im März 1829 erzählt wurden. Brief Rahels an Varnhagen, 4. März 1829, in: Briefwechsel Varnhagen-Rahel 6 (Rahel-Bibliothek IV, 6) S. 318-321.

261 Silfverstolpe, 10. Mai 1825, in: Romantisches Deutschland, S. 251-252.

262 Johanna Schopenhauer an Artur Schopenhauer, Weimar, 7. Nov. 1806, in: Glückliche Augen, S. 345-347, S. 347.

263 Johanna Schopenhauer an Artur Schopenhauer, Weimar, 14. Nov. 1806, ebd., S. 348-351, S. 350.

geren Romantikergeneration. K.A. Varnhagen als Mitverfasser dieses Romans bat Jean Paul am 11.2.1809 für die geplante Fortsetzung "aus Ihrem reichen Vorrath um die Anekdote von der Flinte, die im Buche vergebens gesucht wird"[264].

Die Autoren griffen dabei bewußt zurück auf kursierende Anekdoten. Von Interesse ist dabei die Verbindung, die der Roman zwischen Anekdotenerzählen und Salon herstellt. Im Romankapitel, dessen Verfasser Varnhagen ist, wird ein Teezirkel inmitten einer Wildnis aufgebaut: Eine gemischte Reisegesellschaft gerät nächtens in einer wilden Waldschlucht in ein Unwetter, aus dem sie über einen schmalen Steg, der unmittelbar danach von einem Sturzbach weggerissen wird, von einem Köhler in dessen Hütte in Sicherheit gebracht wird. Gerettet hat man aus der katastrophischen Situation aber den Tee, so daß man mitten im Chaos der Naturgewalten sogleich mit der Reorganisierung des kultivierten Umgangs eines Teezirkels beginnen kann. Als Initiatorin des Zirkels tritt "Sophie" auf, in der die Berliner Salondame Sophie Sander porträtiert ist. Weiterhin an Frauen anwesend sind, was die These von der verschlüsselten Auseinandersetzung mit der Berliner Salonpraxis erhärtet - ein Fräulein Julie, identifizierbar als Marianne Saalings, und schließlich die "Mohrenkönigin", hinter der sich bis in Varnhagens Kapitel noch Nanny Schleiermacher (die spätere Ehefrau Ernst Moritz Arndts) verbirgt. Im "Anekdotenkapitel", dem 13. Romankapitel, wird diese Figur nach einer Intervention des Nanny-Geliebten Harscher in den Entstehungsprozeß des Romans stillschweigend identifiziert mit einer anderen Figur, Amanda, die für die Rahel-Freundin Frohberg-Friedländer steht.[265] Eine auch von Varnhagen literarisch ziemlich malträtierte weibliche Figur dieses Romans ist Henriette, deutlich erkennbar als Rahel Levin.

Das Anekdotenerzählen dieses Zirkels reetabliert eine Weltsicht, die die Geschichte auf ihren Unterhaltungswert hin abklopft und die großen zeitgenössischen Fragestellungen auf einen konversationellen Zuschnitt reduziert, um ihnen geselliges Amüsement abzugewinnen. Selbst vom "Absoluten" wird in Form einer Anekdote gehandelt, was das Zurechtstutzen der Philosophie Fichtes in den Zirkeln karikiert. Als Julie den Anwesenden erklärt, "Anekdoten hör ich rein, so rein"[266], gibt einer der männlichen Teilnehmer sogleich ironisch die Orientierungshilfe für das erwartete Anekdotenerzählen: "Wie Friedrich Nicolais von Friedrich dem zweiten".[267] Daß Julie (und damit wird Marianne Saaling als Salondame getroffen) in der Geselligkeit noch einmal spätaufkläre

---

264 Vgl. Therese Huber an E.V. Herder 1809. In: Helmuth Rogge (Hg.): Der Doppelroman der Berliner Romantik, 2 Bde., Leipzig 1926 Bd. 2, S. 143 und K.A. Varnhagen an Jean Paul, 11.2.1809, ebd. S. 141-142, S. 141.

265 Vgl. Brief Haschers, der später ebenfalls zum Rahel-Freundeskreis gehörte, an Varnhagen, Berlin, Okt. 1807 in Nennhausen: "Zweytens bitte ich im Roman um aller Heiligen willen die kleine Nanny in Person der Mohrenkönigin nicht zu arg zu behandeln, wenn Sie nämlich ferner diese Vielfarbige benutzen wollen jene darzustellen; die übrigen mögen Sie schlagen und lumpen wie Sie wollen, der Laune ist alles erlaubt." Ebd., S. 115-116, S. 115.

266 Die Versuche und Hindernisse Karls. Eine deutsche Geschichte aus neuerer Zeit, in: Helmuth Rogge (Hg.): Der Doppelroman der Berliner Romantik, Leipzig 1926, Bd. 1: Erster Theil (nach der Ausgabe Berlin/Leipzig 1808), Bd. 2: Zweiter Theil, Bd. 1, S. 152.

267 Ebd.

rische Muster perpetuiert, wird deutlich, als sie gerade das Erzählen einer "allegorischen" Anekdote, wie sie von den Aufklärern favorisiert, von den Romantikern kritisiert wurde, mit einer "Tasse warmen Thee"[268] belohnt.

Die Anekdoten reihen sich in diesem Zirkel nach einfachstem System: Ein Wort der vorhergehenden Anekdote muß den Grundstock, die Brücke zur nächsten bilden, wobei nicht einmal die Semantik der Wörter beachtet werden muß (auf "oder" folgt eine "Oder"-Anekdote). Auch dies richtet sich gegen Nicolai und seinen repetierenden Witz. Die Sinnlosigkeit dieses Regelsystems für das gesellige Erzählen von Anekdoten wird demonstriert, ein Erzählen, das - wie im Falle Nicolais - noch eine Beherrschung der Geschichte inmitten der Katastrophe vorspielt. Dieses gesellig-erzählende Verhalten wird im Roman mit der Diskussion über die Verantwortlichkeit für die Niederlage von 1806 verwoben, indem die preußische Doktrin, Kriege seien nach den Regeln des Schachbretts zu gewinnen, auch noch nach der politisch-militärischen Katastrophe in den Konversationen dieses, die Naturkatastrophe anekdotisch wegerzählenden Teezirkels Anhänger findet.[269]

5. Wenn Amanda, die "Mohrenkönigin", zur "Anekdotenkönigin" des Zirkels gewählt wird, damit die simple Erzählordnung aufrechterhalten werden kann, so stellt der Roman dieses Abbild der Berliner Salons parodistisch in die Decamerone-Tradition, parodistisch auch deshalb, weil die "Königin" dieses geselligen Kreises keine größer strukturierte Erzählphase mehr zu lenken hat, sondern "Augenblicksprosa". Aber auch in dieser parodistischen Umformung der Tradition scheint der Verfasser noch auf die reale Salonsituation zu rekurieren, insofern als die dialogische Struktur für größere mündlich-narrative Komplexe ungünstig war. Tatsächlich liegen nur wenige Nachrichten über längere Erzähleinheiten aus den Salons vor. Wenn in ihrer monologischen Tendenz für die Salonpraxis auch von untergeordneter Bedeutung, sollen beispielhaft einzelne größere Erzählungen aus dem mündlichen Salonkontext hier wenigstens vermerkt werden.

Zu unterscheiden ist dabei zwischen der mündlichen Wiedergabe von memorierten (und damit standardisierten) Erzählungen und einer improvisierenden Narration, dem spontanen und auf die Salonsituation bezogenen "Erfinden" von Geschichten, durch das die Salonbesucher Zeugen eines "textschöpferischen" Aktes werden konnten. Für das improvisierende Erzählen im Salon drängt sich dabei die Frage nach dem literarischen Status der auf diese Weise produzierten Texte deshalb auf, weil Erzähler als Improvisateure auftraten, die bereits über einen anerkannten Autorenruf (im emphatischen Sinne) verfügten. So konnten die narrativen Improvisationen Goethes im

---

268 Ebd., S. 155.

269 Bernhardis Kritik - von ihm stammt das "Anekdotenkapitel" - am Zirkel setzt noch an weiteren Punkten an. So stellt er z.B. das egalitäre Prinzip des Salons als zugleich elitäres bloß: Selbst in der armseligen Köhlerhütte bleibt aller Armutsgesten der Versammelten (Brotessen) ungeachtet die soziale Abschottung gewahrt. Der Kutscher tritt mit folgenden Worten in den Teezirkel: "Ich wollte nur gütigst melden, daß ich und die Pferde abgefressen haben", und fügt hinzu: "Da Sie hier essen (...), so schickt es sich wohl nicht, daß ich von mir eben so spreche." Ebd., S. 162. Immerhin bekommt die Kammerjungfrau für die Mitteilung einer Anekdote Sprecherlaubnis (ebd.), wie Bernhardi maliziös ausführt. Damit setzt Bernhardi eine Salonkritik fort, wie sie (s.u.) von ihm in den *Bambocciaden* begonnen worden war.

Schopenhauer-Salon von der Salondame zwar als gesellige Höhepunkte angesehen werden, literarische Qualitäten wurden ihnen von ihr aber an keinem Punkte zugesprochen. Am 5.1.1807 schilderte Johanna Schopenhauer eine Soiree, an der unter anderen auch die Schwestern Bardua, die später in Berlin selbst einen Salon organisierten, teilnahmen: Einige der Salonbesucher "standen umher und konversierten im zweiten Zimmer; Conta und die Bardua sangen zwischendurch ein Liedchen, und Goethe ging ab und zu, bald an meinen Tisch, wo ich mit Meyern (Kunst-Meyer - PS) arbeitete, bald nahm er teil an jenem Gespräch. (...) Goethe stand gerade hinter mir. Mit einem Male machte er ein ganz ernsthaftes Gesicht, drückte mir die Hand, um mich aufmerksam zu machen, und trat nun gerade vor die Bardua und fing eine der abenteuerlichsten Geschichten an, die ich je hörte; daß er sie auf der Stelle ersann, war deutlich, aber wie sein Gesicht sich belebte, wie ihn seine eigene Erfindung mit fortriß, ist unbeschreiblich. So ungefähr muß er aussehen, wenn er dichtet."[270]

Daß Goethe hier gerade eine Geschichte improvisiert, in der das Wunderbare in Form von Gespenstern einbricht[271], scheint nicht bloßer Zufall zu sein, sondern schließt an eine Erzähltradition des Salons an, der offensichtlich ein besonderer Unterhaltungswert eigen war. Schließlich hören wir verschiedentlich von der Beliebtheit des Genres der "Gespenstergeschichten" in den Salons (auch Fouqué improvisierte solche z.B. in dem späteren Bardua-Salon[272]). Auf die "Salonfähigkeit" dieses Genres im Biedermeier hat schon Sengle hingewiesen.[273] Daß allerdings auch schon Goethe sich im Schopenhauer-Salon in einer Gattung betätigte, die seiner poetologischen Wertschätzung fern lag, spricht dafür, daß nicht nur die Salondame, sondern auch Goethe selbst die Resultate dieses schöpferischen Prozesses weit unterhalb einer Linie ansiedelte, wo ästhetischen Fragestellungen überhaupt eine Bedeutung zugestanden werden konnte.

Ein anderes Beispiel für improvisierendes Erzählen aus der Wiener Salongeselligkeit läßt sich ebenfalls daraufhin befragen, inwieweit dieser oralen Textproduktion ein Kunstcharakter zugeschrieben wurde. Auch bei diesem Beispiel war, wie bei Goethe im Weimar, bei Fouqué im Berliner Salon, der Dichterstatus des Erzählenden unbestritten: Theodor Körner, nach seinen Theatererfolgen begehrter Habitué, improvisierte im Salon Pereira zwei Erzählungen: *Die Rosen* und *Die Tauben.* Als der Dichterruhm Körners nach seinem Tod als Angehöriger des Lützow'schen Freikorps schnell seinen Zenit erreichte,

---

270 Johanna Schopenhauer an Artur Schopenhauer, Weimar, 5. Jan. 1807, in: Glückliche Augen, S. 357-360, S. 357-358.

271 Ebd. In den *Unterhaltungen* wird vor den "moralischen" Geschichten gleichfalls von Gespenstern erzählt.

272 Ähnliches gilt auch für das Märchenerzählen, das ebenfalls in der Restaurationszeit gesellschaftsfähig geworden war. Andersen las und erzählte in den vierziger Jahren ebenfalls im Bardua-Zirkel Märchen. Vgl. Johannes Werner (Hg.): Die Schwestern Bardua. Bilder aus dem Gesellschafts-, Kunst- und Geistesleben der Biedermeierzeit, aus Wilhelmine Barduas Aufzeichnungen gestaltet, Leipzig 1929, S. 203.

273 Vgl. Friedrich Sengle: Biedermeierzeit. Deutsche Literatur im Spannungsfeld zwischen Restauration und Revolution 1815-1848, Bd. 2: Die Formenwelt, Stuttgart 1972, S. 938: Nach Sengle erwiesen sich bis Mitte der 40er Jahre Salon und Schauer als vereinbar: "etwa seit 1845 muß man nach einer Feststellung des 'Morgenblatts', Gespenstergeschichten heimlich lesen. Bis dahin waren sie salonfähig. War nicht auch Justinus Kerner, der Geisterseher, eine große Figur der Biedermeiersalons?".

fertigte Karoline Pichler aufgrund einer Nacherzählung der Salondame Pereira schriftliche Fassungen der beiden Improvisationen an. Streckfuß, wie Körner Habitué auch des Pichler-Hauses und folglich mit der Entstehungsgeschichte dieser beiden Texte vertraut, löste die Verfasserfrage, indem er - das improvisierende salongesellige Erzählen als den eigentlich literaturproduktiven Akt setzend - die beiden Texte in der Verschriftlichung der Pichler in Körners gesammelte Werke aufnahm, eine Entscheidung, die in anderen Ausgaben nicht mitgetragen wurde.

Von diesen Beispielen her läßt sich zwar eine zumindest rudimentäre Reoralisierung des Erzählens im Salon bestätigen, doch scheint es nicht mehr gelungen zu sein, eine Konvention herauszubilden, die einen *literarischen* Charakter des Erzählten - ohne daß eine schriftliche Fixierung vorlag - ohne weiteres anerkannte. Selbst da, wo ein Autor vom Range Goethes "erzählte", war es für den Salon nur, "als ob er dichtete". Die "offene", instabile Struktur der improvisierten Erzählung, die sich darin auch von Anekdote oder Aphorismus unterscheidet, griff auch den Status des Literaturproduzenten an oder negierte diesen in der Regel.

Am Beispiel Körners wird noch ein anderer Aspekt bei der oralen Literaturproduktion im Salon offenkundig. Selbst die Stabilisierung eines salongesellig hergestellten Textes durch Protokollierung allein verhalf diesen Texten offensichtlich noch nicht zu einem literarischen Status (und ließ die Autorfrage ungeklärt), was sich nicht nur von Rezeptionskonventionen, sondern auch von der Produktionsseite her begründen läßt: "Beim Sprechen", so hält Schlieben-Lange die konstitutiven Unterschiede zwischen Mündlichkeit und Schriftlichkeit fest, "verfügen die Sprecher über viele Ausdrucksmittel, die das Sprechen unterstützen, eindeutig machen: Mimik, Gestik sowie sämtliche prosodische Elemente wie Intonation, Akzent, Tonhöhe usw.. Diese entfallen beim Schreiben oder müssen in irgendeiner Weise ersetzt werden."[274] Goethes Vortrag, wie ihn Johanna Schopenhauer überliefert hat, stellt geradezu ein Musterbeispiel solch "leibhaftigen Sprechens" bzw. Erzählens dar. Ein anderes Beispiel ist das Erzählen von Zacharias Werner im selben Salon, wobei die soziale Funktion von Werners improvisierender Narration, die Unterhaltung der Salongesellschaft, nicht nur spezifische Inhalte (z.B. das "Wunderbare"), sondern auch sprechspielerische Effekte produzierte. So ließ Werner in einer seiner hier erzählten "Fabeln und Schnurren (...) zwei Enten auf dem Wasser miteinander sprechen"[275]. Goethe oder Werner hätten bei der Übertragung ihres narrativen Textes aus dem Medium der Oralität in das der Schrift diese prosodische Elemente und damit die "salonspezifischen" Ausdrucksmittel selbst umgestalten, versprachlichen müssen - oder aber der Text hätte seinen Anspruch, Produkt z.B. des Autors Goethe zu sein, eingebüßt. Ebendies geschah offensichtlich bei der Transponierung der Texte Körners durch Karoline Pichler, und es erklärt, warum andere Herausgeber der Werke Körners dem Beispiel des Habitués Streckfuß nicht gefolgt sind.

---

274 Schlieben-Lange: Traditionen des Sprechens, S. 47-49.
275 Schütze: Abendgesellschaften, S. 201.

Um damit noch einmal auf den "oralen" Salonliteraten de Ligne zurückzukommen: Sowohl Varnhagen als auch Mme. de Staël waren sich der Schwierigkeiten einer Verschriftlichung der Texte dieses Autors bewußt. Diese war aber notwendig, um de Ligne als Literaturproduzenten für das auf Schriftlichkeit basierende Literatursystem zu retten. Varnhagen übersetzte zustimmend aus dem Vorwort Mme. de Staëls zu der *Auswahlausgabe* von Texten de Lignes:

> Die Redewendungen, die Witzworte, alles was sich festhalten und wiederholen läßt, kann nimmer diese jeden Augenblick erfüllende Grazie, dieses Treffende des Ausdrucks, diese Eleganz in den Manieren schildern, welche den Zauber der Geselligkeit ausmachen.[276]

Mme. de Staël selbst war noch einen Schritt weiter gegangen, als sie die Verluste auch da aufrechnete, wo de Ligne selbst, und nicht ein anderer Protokollant und Herausgeber, vom Medium seiner Gesprächsgeselligkeit in das der Schrift wechselte - Verluste, die der Leser allenfalls noch durch die Evokation der Salonsituation beim Lesevorgang mindern konnte (was aber wiederum die Vertrautheit mit dieser und den persönlichen Umgang mit dem Autor einschloß):

> Er hat die Verse und die Prosa mitgetheilt, zu denen er in seinen Lebensumständen Anlaß gefunden, immer ist Geist und Eigenthümlichkeit in allem, was von ihm ausgeht; allein seine Schreibart ist oft nur Sprechart (du style parlé), wenn man so sagen darf. Man muß sich den Ausdruck seines schönen Gesichts dabei vorstellen, die eigne Munterkeit seines Erzählens, die Natürlichkeit, mit der er sich dem Scherz überläßt, und man wird denn auch noch die Nachlässigkeiten seines Schreibens lieben. Ist man aber nicht unter dem Zauber seiner Gegenwart, so zergliedert man einen Schreibenden, den man stets hören muß, indem man ihn liest, als einen Schriftsteller; sehr mit Unrecht, denn selbst die Fehler seines Stils sind Grazie in seinem Gespräch. Was vielleicht grammatisch nicht ganz klar ist, wird es durch die glückliche Herbeiführung, durch die Feinheit des Blickes, die Tonbewegung der Stimme, genug durch alles, was der Kunst zu sprechen tausendmal mehr Hülfsmittel und Reize verleiht, als die Kunst zu schreiben besitzt.[277]

Die zitierte Hoffnung Reichardts auf schnelle Niederschrift der mündlichen Produktionen de Lignes hätte demnach auf allzu häufig , was das Resultat betroffen hätte, enttäuscht werden müssen.

Wenn der Salonliterat Karl Joseph de Ligne, trotz der editorischen Bemühungen Mme. de Staëls, schon in den dreißiger Jahren, wie Varnhagen bedauernd feststellte, nicht mehr rezipiert wurde, als Autor bereits der Vergessenheit anheim gefallen war, so enthält die zitierte Vorrede zu einer Ausgabe, die ihn als Autor über den mündlich-geselligen Raum und über die Zeit retten sollte, zugleich Erklärungsmomente für die abrupt zu Ende gegangene Wirkungsgeschichte, die im Untergang dieser Literaturproduktion des oralen geselligen Kontextes zu orten sind.

---

276 Varnhagen: Ligne, S. 83.
277 Ebd., S. 83-84.

4.2.5 Kollektive Literaturproduktion: der Salon als Autor

1. Durch die Integration literaturproduzierender Tätigkeit in die Salonabläufe konnte dieser eine Kollektivierungstendenz zuwachsen. Verschiedene Varianten lassen sich dabei unterscheiden: So blieb beispielsweise der Produktionsvorgang selbst an verschiedene Autorenpersonen gebunden, während im literarischen Resultat diese entweder zurücktreten oder substituiert sind durch den Salon, der als "Autor" des Endprodukts erscheint. Dies gilt für Sammelwerke, wie die Salonzeitschriften (wie das *Lindenblatt*, das im Hause Bettina von Arnims entstand) nach dem Muster des *Journal von Tiefurt,* die Salonalben[278] - zu "Poesie-Alben" erweiterte Gästebücher -, zu denen auch Autoren wie Goethe, Kleist u.a. kleine Beiträge zusteuerten[279], oder schließlich für die von den Habitués eines Salons geschaffenen Anthologien, deren Tradition bis zur berühmten *Guirlande* von Rambouillet zurückreicht. Der literaturproduktive Akt selbst konnte aber andererseits auch seine individuellen Züge verlieren und zu einem geselligen werden.

Dabei war es sowohl möglich, daß in der literarischen Koproduktion die reale Konkurrenzsituation der Autoren aufgenommen und als literarischer Wettbewerb im Salon gestaltet wurde (was also die Profilierung der einzelnen Autorenindividualitäten nicht unterlaufen, sondern zum geselligen Spiel funktionalisieren mußte), als auch daß die Autorenindividualitäten schon im literaturproduktiven Akt zugunsten der geselligen Formation als neuer "Autorindividualität" aufgehoben werden konnte.

Den spielerischen Wettbewerb als gesellige, produktionsstimulierende Situation hatte Karoline Pichler schon im "Samstagsverein", der dem Salon ihrer Mutter angegliedert war, kennengelernt. Eben diese Praxis reproduzierte sie im eigenen Salon: Eine ihrer *Biblischen Idyllen* schrieb die Salondame im Wettbewerb, der im Salon organisiert wurde: Im August 1804 verabredete sich Pichler mit Streckfuß, das Buch *Ruth* zu bearbeiten, wobei die einzelnen Produktionsschritte und -resultate regelmäßig dem Salon vorgelegt und in ihm diskutiert wurden. Das jeweilige literarische Endergebnis unterschied sich schließlich dennoch erheblich:

> Seltsam und für den kleinen Kreis, der an uns beiden lebhaften Anteil nahm, anziehend waren dann die Beobachtungen, wie derselbe Stoff unter zweierlei Bearbeitung etwas so ganz Verschiedenes wurde, so daß die Ruth von Streckfuß in

278 Honoré Daumier hat in *Sylvius der Dichter* über solche Salonalben seinen Spott ausgelassen: Sowohl gegen das literarische Niveau als auch die improvisierende lyrische Produktion (die bei Daumier die Alben zu füllen hat), indem er das Improvisierende als reine Attitüde denunziert, richtet er seine Angriffe. (Siehe Daumier: Robert Macaire, S. 113-117.) Das Salonalbum wird auch imitiert durch August Lewald: Album der Boudoirs, Leipzig/Stuttgart 1836. Auch hier wird auf die Improvisationstechnik angespielt (S. 3). Dieses "Album" Lewalds hält bemerkenswerterweise die Erinnerung an die Geselligkeit Rahel Levin Varnhagens wach, indem es eine Schilderung ihres Literarischen Salons von dem Habitué Custine publiziert (S. 251-255). Von den Salonalben, die 1793 und 1795 (vgl. Hilde Spiel: Arnstein, S. 209) der Salondame Fanny von Arnstein - jeweils mit den Portraits der Habitués und Huldigungsversen - von ihren Salonbesuchern geschenkt wurden, lassen sich die Zusammensetzungen ihres Salons in den beiden Jahren rekonstruieren.

279 Vgl. z.B. Anhang zu Kleist: Werke und Briefe, Bd. 4, "Albumblätter", S. 503-505.

Wendung der Fabel, in Kolorit, Schilderung der Charaktere, Haltung des Tons usw. sich ganz anders gestaltete als die meinige. Fast möchte ich nach der jetzigen Klassifikation der poetischen Produkte sagen, Streckfuß's Ruth war romantisch, die meinige klassisch.[280]

War bei diesem Wettbewerb nur der gemeinsame Stoff vorgegeben, so konnte ein Salon auch poetische Regeln, die zugleich die Autorenindividualität einschränken mußten, festlegen, was zuweilen durchaus "experimentelles Dichten" bedeuten konnte, wenn Abweichungen von salonexternen literarischen Normen gefordert waren (so daß das zeitgenössische Literatursystem für auf diese Weise entstandene "deviante" Literatur kaum Integrationsmöglichkeiten sah). Der Salon, in dem Carl Maria von Weber 1816/17 in Dresden verkehrte, stellte als Aufgabe, daß jeder Teilnehmer "nach von den Frauen aufgegebenen und durch das Loos bestimmten Worten, ein Kapitel eines Romans, den der Erste anzuspinnen und der Letzte zu entwickeln habe, ausarbeite", wie der Weber-Freund Theodor Hell sich erinnerte.[281] Ihm, Hell, sei für ein früheres Kapitel das Wort "Sinngrün" zugefallen, aber "für Weber (...) fiel ein weit schwereres Loos, er zog das an sich schon kaum allgemein bekannte, und in der Anwendung für den Roman sich gewaltsam sträubende Wort 'Schlammbeizger' aus der Urne"[282]. Publiziert wurde von diesem gesellig entstandenen Roman, der seine besonderen poetischen Qualitäten aus den permanenten Sinnverstössen entwickelte, schließlich das "Sinngrün"- Kapitel im Taschenbuch *Urania*, während das 10. Romankapitel, Webers "Schlammbeizger"-Passage, erst im Vorwort der nachgelassenen Schriften erschien, nicht ohne daß der gesellige Entstehungskontext mitbeschrieben werden mußte.[283]

Zur geselligen Praxis gehörte die literarische Koproduktion auch im Staegemann-Salon.[284] Sie gewann hier besondere literarhistorische Relevanz, weil aus einem spielerischen Literaturwettbewerb dieses Salons einer der bekanntesten spätromantischen Liederzyklen hervorging. Wolfgang Popp hat in seiner Untersuchung "Die Dichtung Wilhelm Müllers" diesen "geselligen Kreis der Dichterfreunde W. Hensel, Luise Hensel, K. Förster und anderer" als Entstehungsraum des Liederspiels *Die schöne Müllerin* genannt.[285] Die Memoiren von Hedwig Olfers enthalten weitere Einzelheiten zum Entstehungsvorgang der Lieder. So ist der Zyklus nicht - wie bei Weber - aleatorisch entstanden, sondern aufgrund eines gemeinsamen Plans und Projekts der Salonteilnehmer: Jeder sollte ein Gedicht, der Rolle entsprechend, die für ihn festgelegt wurde, verfassen (die Tochter der Salondame, Hedwig, hatte die Rolle der schönen Müllerin, Wilhelm Müller die des Müllers, Wilhelm Hensel war der Jäger, Luise Hensel der Gärtnerjunge)[286]. Der Komponist Ludwig Berger, ebenfalls Salonbesucher, übernahm die

280 Pichler: Denkwürdigkeiten I, S. 263-264.
281 Vorwort von Theodor Hell, in: Hinterlassene Schriften von Carl Maria von Weber, Bd. 1, S. I-LXXX, S. L.
282 Ebd.
283 Ebd., S. L -LXVI.
284 Vgl. Hedwig Olfers: Ein Lebenslauf, Bd. I und II, Berlin 1908-1914, II, S. 2.
285 Wolfgang Popp: Die Dichtung Wilhelm Müllers. Ein Beitrag zum Problem sekundärer dichterischer Erscheinungen in der Literaturgeschichte, Diss., Konstanz 1967, S. 20.
286 Olfers: Lebenslauf II, S. 2-3.

Vertonung und begann dabei mit einem Gedicht von Hedwig Staegemann(-Olfers).[287] Diese Vertonung wirkte als erster Wertungsvorgang, da Berger nur zu ausgewählten Gedichten Melodien lieferte. Aus dem kollektiv entstehenden Werk war spätestens bei der Publikation dieser Liedkompositionen eine Dichtung des Librettisten W. Müller geworden. Durch die anschließende Vertonung des Zyklus *Die schöne Müllerin* durch Schubert wurde dessen Autorennamen endgültig etabliert und verschwand der kooperative Aspekt der Werkgenese.

Solche Koproduktion sieht Popp zwar noch einer romantischen Vorstellung von der Volksliedkunst im Sinne Arnims verpflichtet, der "diese Liedkunst auf ein Höchstes, nämlich die 'Gemeinschaftskunst', auf die 'Nationaldichtung' im Gegensatz zur 'individualistischen' Dichtung"[288] orientierte, aber indem der Salon sich dieser literaturproduktiven Konzeption praktisch bemächtige, an die Stelle der Volksgemeinschaft der ästhetisierende Salon trete[289], werde zugleich auch die Ferne zur romantischen Konzeption eklatant: "Das Moment des Entindividualisierten erscheint in der spielerischen Maskierung in Rollen (...)."[290] Konkret bezogen auf die kollaborative Schöpfung des Liedzyklus beschreibt Popp als zentralen Aspekt das konzeptionelle Scheitern dieser literarischen Produktionsweise, sofern sie romantische "Gemeinschaftskunst" zu sein intendierte:

> Der Volksliedton des 'Wunderhorns' vermag also nicht etwa den Salon der gebildeten bürgerlichen Schichten in die Volksgemeinschaft (? - PS) einzuholen, sondern der Salon bemächtigt sich des Volksliedtones als einer besonderen artifiziellen Spielart seiner bürgerlich-ästhetischen Kunstproduktion.[291]

Popps Argumentation trifft nur dort zu, wo sich die literarischen Kollektivformen des Salons im Rückgriff auf das romantische Konzept der "Volksdichtung" legitimieren. Aber dies ist in der Regel nicht der Fall. Eher ist der Salon mit seiner Tendenz zur kollektiven literaturproduktiven Praxis im Kontext anderer zeitgenössischer literarischer Gemeinschaftsproduktionen zu sehen, wie dem zitierten Roman *Die Versuche und Hindernisse Karls.* Auch wenn dieses Werk in erster Linie als Koproduktion der Schriftsteller, die sich im "Polarsternbund" zusammengeschlossen hatten, zu werten ist, wichtige Berliner Zirkel (Rogge spricht von jenem des Hauses Cohen, der Ephraims, dem Salon von Sander[292]) nahmen an der kollekiven Genese dieses Romans teil. Nach Rogge war dieser Roman in seiner Entstehungsphase "geradezu ein geselliger Mittelpunkt der Berliner Romantik"[293], wobei Varnhagens Angaben diese Verschränkung von Geselligkeit und Literaturproduktion noch präzisieren können: Varnhagen spricht davon, daß die *Versuche* "tausend gesellige Erheiterungen (boten), die durch wiederholtes

287 Ebd., S. 3.
288 Popp: Wilhelm Müller, S. 20.
289 Ebd.
290 Ebd.
291 Ebd., S. 21.
292 Rogge: Doppelroman, Bd. 2, S. 305. Varnhagen in seinen *Denkwürdigkeiten* (2. Bd., S. 42) führt als weitere Orte, an denen der gesellige Produktionsprozeß dieses Romans zu lokalisieren ist, an: das Haus Reimer, einen Zirkel bei Thiermann und (ebd., S. 47) das Schloß Friederdorf des Alexander von der Marwitz.
293 Rogge: Doppelroman, Bd. 2, S. 304.

Vorlesen und Besprechen des Fertigen, durch eifriges Ersinnen des Künftigen, durch zahllose Anspielungen, Ironien, kleine Ränke und Frevel der Abfassung sowie durch hundertlei Beziehungen des Tages, die sich an solche Tätigkeit knüpften, für uns und unsern engen Kreis eine unerschöpfliche Quelle des Vergnügens wurden."[294] Folglich konnte auch der eingeweihte anonyme Rezensent der *Versuche* in den *Heidelberger Jahrbüchern* - es war Achim von Arnim - seine Besprechung so beginnen:

> Vorliegendes Buch soll ein geselliger Scherz mehrerer Freunde sein, und wie so häufig bei den besten Scherzen in einem vertrauten, langverbundenen Kreise, oder in einer einzelnen Familie eine eigne Unbequemlichkeit für den Unbekannten, der eben erst hinzugetreten, unvermeidlich ist, weil er manches gar wohl auf sich deuten kann, was jene nicht berücksichtigen, so finden wir uns auch in dieser Geschichte abwechselnd belustigt und geärgert (...).[295]

Nicht nur Jean Pauls *Flegeljahre*-Roman mit seinem "Doppelroman"-Projekt der Figuren Walt und Velt (das Projekt, das namensstiftend war für diese Art narrativer - hier noch fiktiver - Koproduktion) kann als weiteres Indiz für eine breitere tentative Aufhebung individualistischen Schreibens in einer Zeit genommen werden, in der die Salons sich als Realisationsort kollektiver Literaturproduktion anboten. Der *Roman des Freiherrn von Vieren*, gemeinsam verfaßt von E.T.A. Hoffmann, Contessa, Chamisso und - wieder - Fouqué, ist ebenso ein weiteres Beispiel für diese Produktionsweise. Daß Tieck schon 1797 in seinem *Roman in Briefen* das gesellige Entstehen von Literatur parodierte, läßt gleichfalls darauf schließen, daß solches kollektive "Dichten" eine Rolle spielte. Von Tiecks Freund und Mentor Solger erfahren wir, daß er im Juni 1800 zwei Bändchen *Schattenspiele* gelesen habe, die 1797 und 1799 anonym in Berlin erschienen und der "Einleitung wegen merkwürdig" seien: In dieser versammele sich des Abends eine gemischte Gesellschaft, "um gemeinschaftlich einen Roman zu machen, worin jeder sein Departement von Gegenständen bekommt."[296]

Wenn gerade Berlin "unter allen Stätten der Romantik" diejenige war, "deren besonderes geistiges und gesellschaftliches Klima das Aufwachsen eines 'Doppelromans' am meisten begünstigte"[297], so beweist dies zwar noch nicht die unmittelbare Abhängigkeit dieser Art kollektiver Narration von der hier sich konzentrierenden Salonkultur, aber zu diesem besonderen geistigen und gesellschaftlichen Klima haben die Literarischen Salons in Berlin zweifellos nicht nur erheblich beigetragen, von ihnen konnten auch auf eine solche Literaturproduktion sehr konkrete Impulse ausgehen.

4.3 Literaturgattungen im salongeselligen Kontext

4.3.1 Einleitung

Die Wirkung des Literarischen Salons auf die Literatur ist nicht zu beschränken auf skizzierten die Fälle, in denen literaturproduktive Prozesse integrale Bestandteile salon-

---

294 Varnhagen: Denkwürdigkeiten, 2. Theil, S. 47-48.
295 In: Heidelberger Jahrbücher, 3. Jg., 2. Bd. (1810), S. 347-350, S. 347.
296 Zit. nach Rogge, Doppelroman, Bd. 2, S. 263-264.
297 Ebd., S. 263.

geselliger Praxis waren. Um die literarhistorische Relevanz des Salons in der Phase zwischen Aufklärung und Vormärz zumindest annäherungsweise bestimmen zu können, muß versucht werden, Impulse, wie sie vom Salon auch auf eine salonextern entstehende Literatur ausgehen konnten, wenigstens überblicksweise zu erfassen. Es liegt am Typus des gesprächsgeselligen Literarischen Salons, wenn sich dessen Einflüsse auf die Literatur leicht der konkreten Rekonstruktion entziehen, insofern sie sich häufig über nicht dokumentierte oder dokumentierbare interpersonelle Aktionen geltend machten, in informellen, konversationellen Anregungen bestehen konnten. Aus dieser verdeckt bleibenden Beeinflussung ragen jene Einwirkungen salongeselliger Tätigkeit auf literaturproduktives Handeln heraus, die bereits von den Zeitgenossen als solche wahrgenommen und thematisiert wurden und bei entsprechender Verdichtung oder Hegemonie zur Kategoriebildung "Salonliteratur" führten.

Eine Systematisierung von Konditionierungen der Literatur durch diese Formation der Literaturgesellschaft wird auch erschwert dadurch, daß sich diese Intentionen auf den verschiedensten Ebenen bemerkbar machten: Die Salons konnten z.B. der Literatur den Duktus der Mündlichkeit (vgl. das Beispiel der Briefe) ebenso aufdrängen wie inhaltliche Problemstellungen vorgeben; sie konnten aber auch ganze literarische Genres profilieren. Als entscheidendes Indiz für die Ausstrahlung des Salons auf literaturproduktive Prozesse hat Friedrich Sengle - wie noch zu zeigen sein wird - das Eindringen eines Konversationstons in die Literatur der von ihm beschriebenen Biedermeierzeit behandelt. Seine großangelegte Epochendarstellung bietet gerade für die Diskussion des Salons als Entstehungskontext von literarischen Werken - allerdings für eine späte Phase - wichtige Anhaltspunkte.

Begriffsgeschichtlich manifest wurden die Beziehungen zwischen Literatur und Salonkultur tatsächlich erst in der restaurativen Phase. Die jetzt belegbare Begriffsbildung "Salonliteratur" verweist dabei nicht nur auf die literaturrezeptive Seite, sondern auch auf die produktive. Selbst noch in Eichendorffs spätem Aufsatz *Die deutsche Salon-Poesie der Frauen* (1847) ist die Bindung der besprochenen Literaturproduzent(inn)en an den Umgang der Salons auch für die Phase, in der das Salonprojekt, wie es sich von einer Rahel Levin oder Henriette Herz herschreibt, längst obsolet geworden zu sein scheint, noch keineswegs aufgegeben und werden die Salons, nicht nur weil sie Rezeptionsinstanz sind, als konstitutiv für "Salonliteratur" angesehen.

4.3.2 Literaturproduktion für den Salon

Die Einflußnahmen, die vom Salon als empirischer oder zumindest intendierter Publikumsformation auf die Literatur ausgingen, sind dort am ehesten nachzuvollziehen, wo das literarische Schaffen konkrete Salonsituationen als Rezeptionsrahmen anvisiert. Die Übergänge von der salongeselligen Produktion zu einer Produktion für den Salon erweisen sich hierbei als fließend (was sich u.a. auch niederschlagen kann in einem Wechsel vom Medium der Mündlichkeit zu dem der Schrift und umgekehrt). Die Kenntnis der jeweiligen Personenkonstellation, des erreichten Konsens in Geschmacksfragen usw. kann als Vorgabe für die Literaturproduktion genommen werden: Der Salon arbeitet nicht mehr als literaturgenerierende, sondern als literatursteuernde Formation. So wurde Staegemann, als er während des Wiener Kongresses die Salons der jüdischen Frauen Arnstein und Eskeles besuchte, in denen er auch Marianne Saaling, die junge Ephraim und Frau von Pereira traf, gebeten, eigens für diesen Kreis einige Verse zu schreiben.[298] Sogar das Abfassen von Theaterstücken für einen Salon, wodurch die Rollenfragen sich erledigten, den Habitués jeweils ihre Rolle "auf den Leib" geschrieben werden konnte, war nicht unüblich. Körner, der auch Intimer des damaligen Humboldt-Salons in Wien war, verfaßte sogar für die Kinder dieses Zirkels ein Gelegenheitsstück.[299]

Es lassen sich darüber hinaus bei einer ganzen Reihe von Literaturgattungen und Subgattungen Einflüsse wahrnehmen, die nicht mehr als Resultat ganz konkret bestimmbarer salongeselliger literarischer Praxis, sondern als Reflex auf die Salonkultur insgesamt zu begreifen sind.

Nicht immer scheinen die Abhängigkeiten vom Salon so evident zu sein wie beim "Teelied". Für Wilhelm von Humboldt war, als er 1796 im Reimarus-Zirkel in Hamburg verkehrte, "Teelied" bereits ein feststehender Begriff, der keiner weiteren Erläuterung bedurfte. In diesem Kreis von Frau Reimarus habe er ein "Teelied", das diese selbst gedichtet habe und "zu dem Besten, was ich in dieser Gattung gesehen habe", gezählt werden müsse, gehört, heißt es bei Humboldt.[300] Dieses "Teelied" der Frau Reimarus, so führt Humboldt zu dessen Inhalt weiter aus, kritisiere die politische Diskussion am Teetisch, schlage dann aber, bei der Thematisierung des Verhältnisses zwischen Tee und Politik, doch den Bogen zur Nordamerikanischen Revolution und ende in einem Lob auf die "gemäßigte Freiheit"[301]. Dafür, daß "Teelieder" tatsächlich fester Bestandteil des geselligen Repertoires waren, spricht die Diskussion über die Vortragsmodi dieser Texte im Roman *Versuche und Hindernisse Karls*, in die sich auch die Romanfigur Jean Paul einmischt: Einer der Teilnehmer am Teezirkel des Romans hat selbst einen Rundgesang gedichtet, "der aber wie alle solche Lieder nicht vorgelesen, sondern im vielfachen Zauberschwange der Harmonie (...) gesungen sein (will)"[302], eine Ansicht zur geselligen Reproduktion, der "Jean Paul" widerspricht: "Solche Gesänge muß man sich nur vorlesen, aber beileibe nicht singen; denn singen die Leute gut, so ist der Thee im Überfluß, und singen sie schlecht, so ists der Gesang".[303] Dieser Roman faßt die "Teelieder" als Subkategorien von Geselligkeitsliedern[304]; sie stehen neben Trink- und Tafelliedern, Goethes *Geselligen Liedern* usw. Sie haben zwar den Teezirkel als Voraussetzung, aber werden dessen neuer Qualität, Gesprächsgeselligkeit zu sein, nicht vollends gerecht. Dem "Teelied" scheinen noch die Schlacken des Gesellschaftsliedes aus einem sozialen

298 Vgl. Staegmann an seine Frau, Wien, 3. Okt. 1814, in: Olfers: Lebenslauf I, S. 225.
299 Vgl. Wilhelm von Humboldt: Ansichten über Ästhetik und Literatur, hrsg. von F. Jonas, Berlin 1879, S. 123 und S. 135-136.
300 Wilhelm von Humboldt: Tagebuch Wilhelm von Humboldt von seiner Reise nach Norddeutschland im Jahre 1796, hrsg. von Albert Leitzmann, Weimar 1894 (Quellenschriften zur neueren deutschen Literatur- und Geistesgeschichte, Bd. 3), S. 91.
301 Ebd.
302 Versuche und Hindernisse Karls, Bd. 1, S. 321.
303 Ebd., S. 322.
304 Ebd., S. 321.

Umgang anzuhaften, dem das Gespräch nicht primäres Bedürfnis war. Daraus ließe sich möglicherweise die Widersprüchlichkeit im "Teelied" von Frau Reimarus erklären, das als Gattung bereits auf ein im Teezirkel zunehmendes Räsonnement abweisend reagiert, um anschließend die als Konversationsgegenstände tabuisierten Themen - in der monologischen Form des Liedes - dann wieder selbst aufzugreifen.

4.3.3 Memoirenliteratur

Während bei der Memoirenliteratur[305] in der literarhistorischen Retrospektive der Salon selten als Bedingungskomplex thematisiert wird, blieb er in zeitgenössischen Reflexionen über diese Gattung als Ferment einer frühen deutschen Memoirenliteratur, die den Bruch mit den autobiographischen Schriften des späten 18. Jahrhunderts vollziehen sollte, bewußt. Eduard Gans, häufiger Gast des zweiten Berliner Rahel-Salons und Besucher verschiedener anderer Berliner Zirkel dieser Zeit, aber auch Kenner der Pariser Salonszene, anerkannte in der Vorrede zu seinen eigenen Memoiren die Franzosen als "Schöpfer und wesentliche Inhaber der gesamten Memoirenliteratur", wobei er die französische Meisterschaft in dieser Gattung von den Salons her begründete:

> Ihr öffentliches Leben spiegelt sich ganz in den Salons ab, färbt mit seinen Bestandtheilen eine Masse von Personen, welche dieselben besuchen, und läßt so jeden, je nach Maßgabe seiner Geisteskraft, als einen Theilnehmer an den verhandelten Dingen erscheinen.[306]

Nach Gans' Vorrede ist der Salon als soziale Voraussetzung einer noch als Desiderat begriffenen deutschen Memoirenliteratur zu bestimmen, da dieser bislang von einer öffentlichen Rolle ferngehaltene soziale Gruppen eine Handlungschance einräumt (die ihnen dann nicht aufgrund gesellschaftlicher Reputation, sondern individueller intellektueller Fähigkeit zukomme). Was die politischen Partizipationschancen bürgerlicher Intelligenz an gesellschaftlicher Macht, die sich auch für Gans nur an der Seite der alten sozialen Eliten durch den Salon eröffnen, betrifft, bestätigt diese Vorrede die traditionelle

305 Eine umfassende Diskussion potentieller Einflüsse auf die verschiedenen Gattungen soll und kann hier nicht geleistet werden. Unterstellt werden solche Einflüsse dem Salon z.B. auch von Peter M. Schon auf die Essays, die im folgenden nicht weiter thematisiert werden sollen. Schon meint dazu, daß es kein Zufall sei, "daß die Jahrhunderte, in denen der Essay entsteht bzw. am meisten gepflegt wird, zugleich die Jahrhunderte sind, in denen, soziologisch gesehen, die Gesellschaft in der höchsten Blüte jener Kultur steht, die sich als reinsten Ausdruck ihres Wesens die Salons geschaffen hat, in denen sich alle Größen der Wissenschaft und Kunst ein Stelldichein geben, wo der Theologe neben dem Juristen, Philosophen, Naturwissenschaftler ebenso zu Wort kommt wie die femme du monde und der honnète homme. Damit aber all diese heterogenen Elemente miteinander harmonierten, durfte das Gespräch nie in Fachsimpelei ausarten, sondern mußte sich auf einer allgemein-verständlichen Ebene halten, die aber immer noch ein sehr hohes Bildungsniveau, vor allem eine sehr große Belesenheit, voraussetzte. Betrachtet man diese Gesellschaftskultur und die Conversation, die ihr vollendetster Ausdruck war, so erscheint von hier aus der Essay dieser Jahrhunderte als ein schriftlich fixiertes und damit erstarrtes Gespräch eines ganzen Salons." Peter M. Schon: Vorformen des Essays in Antike und Humanismus. Ein Beitrag zur Entstehungsgeschichte der Essais von Montaigne, Wiesbaden 1954 (Mainzer Romanistische Arbeiten, Bd. 1), S. 12. Dadurch, daß Schon aber die Essays Montaignes, also des 16. Jahrhunderts untersucht, kann er den konkreten Nachweis für diese interessante These nicht antreten, bzw. seine Analyse dieser Essays widerspricht implizit seiner Behauptung von der Bedeutung für diese Gattung (was noch nichts über ihre grundsätzliche Richtigkeit aussagt).

306 Eduard Gans: Rückblicke auf Personen und Zustände, Berlin 1836, Vorrede, S. V-X, S. VII.

Begrenztheit der Ansprüche deutscher bürgerlicher Intelligenz. Neu sind allerdings die *literarischen* Erwartungen, die an den Salonbesuch geknüpft und einen Satz später noch unmißverständlicher wiederholt werden:

> Die Vertrautheit mit dem einen oder anderen der Machthaber läßt sehr bald aus einem bloßen Salonbesucher einen Rathgeber erwachsen, und so kommen Ministerfreunde, Kammerdiener, und ganz unscheinbare Personen dazu, am Ende ihres Leben mit Memoiren hervorzutreten (...).[307]

Was Gans durch den Salon erhofft, ist also nicht nur einfach eine "Eindeutschung" dieser Gattung, sondern deren Öffnung für bürgerliche Wortmeldungen. Der Salonteilnehmer Gans plädiert für eine ständische Neutralisierung der Memoiren, die sich vermittels des Salons über eine Irrelevanzerklärung der sozialen Herkunft der Memoirenschreiber durchsetzen soll. Sengle, der den Begriff der "Salonmemoiren" einführt, sieht diese Gattung dagegen noch ganz im "ancien regime" verwurzelt[308]; die Verbürgerlichung der Memoiren ist für ihn entscheidend erst durch die Jungdeutschen vorangetrieben worden.

Daß die "öffentliche Berührung"[309], die nach Gans der Salon organisierte, sich in der Tat günstig auf die Gattungsgeschichte auswirken konnte, zeigen die Memoiren, die im Umkreis der verschiedenen Salons entstanden und auch von Salonfrauen vorgelegt wurden: Varnhagens *Denkwürdigkeiten*, Henriette Herz' *Erinnerungen*, die Memoiren Pichlers, um nur drei Beispiele aus einer leicht fortzusetzenden Reihe zu nennen, sind bereits an verschiedenen Stellen zitiert worden. Aber nur die wenigsten dieser Memoiren, gerade wenn sie von den verschiedenen weiblichen Mitgliedern der Salons geschrieben wurden, spiegeln - entgegen den Hoffnungen von Gans - die durch den Salon angeblich (in Frankreich sicherlich) gewonnene Nähe zur gesellschaftlichen Macht. Ablesbar bleibt ihnen ein geändertes Selbstwertgefühl von Intellektuellen als Intellektuelle. Der vertraute Umgang mit Künstlern, Schriftstellern, Wissenschaftlern, intellektuellen Frauen erscheint als keine mindere "Denkwürdigkeit" als jener mit den Vertretern der sozialen Elite und ebenso wert, fixiert zu werden. Daß auch Salondamen als Memoirenschreiberinnen auftreten, diese also davon ausgehen, daß ihre Erfahrungen von einem, von dieser Gattung verlangten, öffentlichen Interesse sind, markiert ein bemerkenswertes Selbstbewußtsein dieser Frauen als Persönlichkeiten des gesellschaftlichen Lebens.

Gans hat in seiner gattungsprogrammatisch gefaßten Vorrede "die langen Parlamentsreden" als die "Memoiren der Engländer (...)" bezeichnet, "welche in den langen Unterhaus- oder Oberhausnächten gehalten werden, denn dahinter steckt alsdann das verschlossene Haus, die Einsamkeit des Waldes und die Ruhe auf den Jagdschlössern"[310], während Laube in seinem ebenfalls grundlegenden Aufsatz *Die Memoiren* den Briefwechsel noch als deutsches Surrogat für eine schwach ausgebildete Memoirenliteratur anführte[311]: Die Memoiren erscheinen, nimmt man diese beiden -

[307] Ebd.
[308] Sengle: Biedermeierzeit II, S. 222.
[309] Gans: Rückblicke, S. VIII.
[310] Ebd.
[311] Heinrich Laube: Die Memoiren, in: ders.: Moderne Charakteristiken, Bd. 1, Mannheim 1835, S. 343-349.

national akzentuierten - Ersatzgattungen, in ein Verhältnis gespannt zwischen öffentlich-gesellschaftlicher Literatur einerseits (Parlamentsreden) und privat-subjektiver andererseits. Daß Memoirenliteratur zwischen beiden Polen oszillieren sollte und konnte, weist sie in der Tat als eine Gattung aus, die dem Salon in seiner Position zwischen Öffentlichkeit und Privatsphäre adäquat scheint und könnte die bereits von Gans gesehene Abhängigkeit auch als strukturelle Analogie erklären.

4.3.4 Biographische Porträts

1. Der Salon als Medium zur Selbstdarstellung des Individuums und der Befriedigung des neuen Interesses am anderen ließ neben einer Affinität zur Memoirenliteratur eine Affinität zur Biographik entstehen. Bei Henriette Herz nähern sich die *Lebenserinnerungen* biographischem Schreiben an bzw. sind strukturiert über weite Strecken als Biographik, wenn sie in lebensgeschichtlichen Porträts von Salonbesuchern aufgehen. Sie schließt damit in ihren *Erinnerungen* an die Textform der biographischen Skizze an. Es ist daran zu erinnern, daß gerade von Karl August Varnhagen, einer der zentralen Persönlichkeiten der Berliner Salongesellschaft, die - nach Scheuers Monographie zur Biographie - "bekannteste Biographiensammlung aus dieser Zeit"[312] stammt: *Biographische Denkmale* (5 Bände 1824 - 1830, 3. verm. Auflage, Theil 1 - 10, Leipzig 1812 - 74). In Wien hatte ebenfalls ein in den Salons einflußreicher Vertrauter des Pichler-Kreises, Joseph Hormayr, 1804 unter kritischer Anteilnahme dieses Salons[313] den *Oesterreichischen Plutarch oder Leben und Bildnisse aller Regenten und der berühmtesten Feldherren, Staatsmänner, Gelehrten und Künstler des österreichischen Kaiserstaates* vorgelegt.

Helmut Scheuer hat in seiner Arbeit zur Biographik im Anschluß an Urteile Heinrich von Sybels und Friedrich Sengles die Biographik vor 1848 - und in diese Kritik schließt er Varnhagen ausdrücklich ein - in der "Nekrolog- und Biographietradition, auf die Herder so gereizt reagiert hat", gesehen[314]; Varnhagen bleibe in seiner Biographiensammlung "im wesentlichen dem voraufklärerischen Herrscherlob verpflichtet"[315]. Wenn jedoch die Einschätzung von der "unkritische(n) Idealsierung"[316] zu generalisieren ist, d.h. die Biographik in den Dienst ausschließlich der öffentlichen

312 Helmut Scheuer: Biographie. Studien zur Funktion und zum Wandel einer literarischen Gattung vom 18. Jahrhundert bis zur Gegenwart, Stuttgart 1979, S. 54.

313 Im Winter 1801/02 wurde - nach den *Denkwürdigkeiten* von K. Pichler (Bd. I, S. 248) - Baron von Hormayr Gast und bald enger Vertrauter des gerade erst in der Alservorstadt etablierten Salons. Die Pichler läßt keinen Zweifel daran, daß an der patriotischen Ausrichtung dieses Salons Hormayr wesentlichen Anteil hatte, was sich auch in der personellen Zusammensetzung insofern niederschlug, als Historiker wie Julius Schneller, Franz Michael Vierthaler, Johann Wilhelm Pichler jetzt die Soireen der Pichler regelmäßig zu besuchen begannen und hier ihre Forschungsergebnisse vorstellten. Die Begeisterung, die Hormayr für Personen der österreichischen Geschichte zeigte, teilte dieser Kreis und ließ ihn z.B. eine österreichische Balladendichtung als poetisches Desiderat begreifen. Schließlich wurde ein weiteres Mitglied dieses Salons zum Begründer einer solchen Dichtung, Heinrich von Collin.

314 Scheuer: Biographie, S. 54.

315 Ebd.

316 Ebd.

Repräsentation genommen wurde, dann ist jeder Konnex zwischen Salon und Biographik auszuschließen, ist das Verhältnis beider zueinander als tendenziell kontradiktorisches zu bestimmen.

2. Dieses Urteil über Varnhagens Biographiensammlungen muß allerdings relativiert werden, wenn man die *Biographischen Denkmale* nicht isoliert betrachtet. Neben den *Biographischen Porträts* (Neudruck der Ausgabe Leipzig 1871, Bern 1971) interessiert dann vor allem seine *Galerie von Bildnissen aus Rahel's Umgang und Briefwechsel* (2 Theile, Leipzig 1836). Im "Vorwort" zur "Galerie" wird - ganz im Gegensatz zur traditionellen Helden- und Machthaberporträtierung - der sinnlich erfahrbare und konkret erfahrene Mensch als Thema der Sammlung bestimmt:

> Übrigens ist bei diesen Mittheilungen hier (...) nicht Lob und Tadel beabsichtigt, sondern Bezeichnung und Darstellung, mit allen lehrreichen, fruchtbaren Ergebnissen, die sich mit jeder Einsicht in wahres Leben stets verbinden, und den am fremden Dasein geübten Blick für die eigene Erkenntniß und Leistung aufzuhellen.[317]

Der Salon als Terrain, um den Blick "am fremden Dasein" zu schärfen, eben weil hier die Persönlichkeit ohne die sie verdeckenden und verletzenden gesellschaftlichen Beschränkungen zur Geltung kommen soll, bedingt keine idealisierende Beschreibung, sondern läßt gerade vor dem Hintergrund möglichen idealen Verhaltens (vgl. Schleiermachers Geselligkeistheorie) die Unzulänglichkeiten der einzelnen Salonbesucher als nicht gesellschaftlich begründete, sondern individuell zu verantwortende menschliche Schwächen hervortreten. Rahel hatte (was durchaus eine Funktion für ihre Salonführung besaß) ihren Tagebüchern Porträts von Personen aus ihrem geselligen Kreis anvertraut; 1805 wurde in einer Aufzeichnung, um ein Beispiel zu nennen, eine Charakteristik ihrer Kusine Sara Meyer (verh. von Grotthuß), die seit 1795 auch dem Goethe-Kreis angehörte, entworfen: Das "Bildnis" stellte die Eitelkeit der Bekannten heraus. Ebenso widmete ihr K.A. Varnhagen, der Sara Meyer gleichfalls in verschiedenen Salons begegnet war, ein Porträt, in dem Schwächen ihrer Persönlichkeit erkennbar blieben. Henriette Herz schließlich schaltete in ihre *Erinnerungen* wiederum eine biographische Skizze dieser jüdischen, später nobilitierten Salondame ein, die sich überaus kritisch mit Sara Meyer auseinandersetzt. Dabei bezog sich Henriette Herz in erster Linie auf den persönlichen Umgang mit Sara Meyer bzw. deren gesellige Selbstinszenierung. Jeder Anflug beschönigender, idealisierender Biographie ist verflogen, jede Spur nekrologischer Zurückhaltung geschwunden: "Varnhagens Feder wird dem Andenken einiger Personen Dauer verleihen", beginnt die biographische Skizze von Henriette Herz, "welche durch sich selbst wenig Anspruch darauf haben. Ich zähle Frau von Grotthuis zu diesen. Sie war eine hübsche Frau, es hat dümmere gegeben, als sie war, aber Gott verzeihe mir, daß ich es ausspreche, ungeachtet sie nun gestorben und, wie ich glaube, sinnverwirrt gestorben ist, unter allen ihren Eigenschaften stand die Narrheit obenan. Wenn sie in Beziehung zu bedeutenden Männern war, so dankte sie dies zumeist den Aufmerksamkeiten, welche sie ihnen erwies und für welche diese, als von einer

317 Varnhagen: Galerie, S. IX-X.

hübschen Frau ausgehend, nicht unempfänglich waren. Von diesem Gesichtspunkt ist auch ihr Verhältnis zu Goethe zu betrachten."[318] Die biographische Skizze Henriette Herz' von Frau von Eybenberg (Mariane Meyer, der Schwester Sara Meyers) erfaßte ebenfalls deren Erscheinungsbild in der Salongesellschaft.[319] Für diese jüdische Salondame, Marianne Meyer, selbst waren "Porträts" von Personen ihrer Salongesellschaft die bevorzugte, wenn nicht einzige literarische Gattung, in der sie sich schriftstellerisch betätigte, ohne allerdings den Rahmen ihres Umgangs bei der "Veröffentlichung" sprengen zu wollen:

> Frau von Eybenberg schrieb ungern, und faßte sich auch in Briefen gern möglichst kurz; doch gab es auch von ihr eine Sammlung handschriftlicher Blätter, welche die Besitzer ungemein werth hielten und nur in vertrautem Kreise mittheilten. Es waren dies sogenannte Bildnisse oder Karakterschilderungen von Personen aus der Gesellschaft, und die Schärfe und Richtigkeit dieser Zeichnungen erregte Bewunderung und Furcht, denn freilich hatte bei den meisten eine feindliche Menschenkenntniß den Griffel geführt. Auch ihr eignes Bild soll sie in dieser Art mit größter Meisterschaft schonungslos gezeichnet haben, nachdem Frau von Staël, entsetzt über diese grausame Darstellungsgabe, geäußert hatte, diese werde gewiß nie das eigne Bild versuchen.[320]

Diese "feindlichste Auffassung" von den Menschen, die den sezierenden Blick verantwortet, und die Fähigkeit und Fertigkeit, "den gefälligsten Umgang" zu organisieren[321], schließen sich also nicht aus, sondern unterstützen sich. Varnhagen sieht sich sogleich erinnert an Mme. du Deffand, "diese merkwürdige Egoistin der französischen Gesellschaftswelt im vorigen Jahrhundert, welche mit Voltaire und Horatio Walpole in Verkehr stand, wie die Frau von Eybenberg mit Goethe und dem Fürsten von Ligne"[322]. Um die "Porträtkunst" als von einem ihrer Ursprünge her salongesellige zu erklären, hätte Varnhagen weiter in die französische Salonkultur des 17. Jahrhunderts zurückgehen können, wo die Anfertigung literarischen Porträts z.B. im Kreise der Mlle. de Montpensier zu einer beliebten geselligen Handlung geworden war und wo vor allem dem weiblichen Selbstporträt, das den "Frauen Gelegenheit (gab), gegen die alten Verfügungsmuster der vielfältigen männlichen Traktatliteratur anzugehen"[323], bereits "Wahrhaftigkeit und Aufrichtigkeit"[324] als verbindliche Norm zugewiesen worden war.

3. Das Selektionskriterium dieser Biographiesammlungen, ist bei Henriette Herz implizit, bei Varnhagen explizit der Umgang einer Salondame. Für biographiewürdig angesehen - und dies bedeutet einen Neuansatz in der Biographik (der seine Parallele hat in der Eroberung der Memoiren als Selbstdarstellungsmedium durch Salonfrauen) - wird, wer zur entsprechenden Salongesellschaft gehört. Daß diese Dignität nicht überall konsensfähig war, widerspiegelt schon die Dedikation Varnhagens zur *Galerie von Bildnissen aus Rahel's Umgang und Briefwechsel*: Da es ihm versagt sei, die "Lebensbeschreibung (...)

318 Herz: Erinnerungen, S. 78.
319 Vgl. ebd., S. 78-79.
320 Varnhagen: Frau von Grotthuß und Frau von Eyenberg, in: ders.: Denkwürdigkeiten, Bd. 4, S. 635-641.
321 Ebd.
322 Baader: Die verlorene Aufklärung, S. 73.
323 Ebd.
324 Herz: Erinnerungen, S. 69.

des Fürsten Hardenberg und des Freiherrn vom Stein (...), des verehrten Mannes, der durch That und Gedanke stets das Rechte, Gute und Schöne gepflegt, und sich in treuester Anhänglichkeit an das bewährte Alte zugleich den freiesten Geistesblick für gedeihliche Entwicklungen der Zukunft offen gehalten hat"[325], zu entwerfen, führe er, Varnhagen, dem Staatsminister von Beyme, ihm die *Galerie* zueignend, "in Ermangelung jener Gestalten (Hardenberg, Stein - PS) hier andere vor (...), welche zwar sehr verschieden an Gehalt und Richtung, doch mit jenen wenigstens in dem Vorzuge übereinkommen, aus dem Leben der Zeitgenossen geschöpft zu sein, und überall an Miterlebtes und Vaterländisches anzureihen", für "Ew. Excellenz (...) vielleicht Minderes, (...) als das anfangs Gewünschte vielleicht geworden wäre"[326]. In diesem dedikatorischen Meisterstück, publiziert auf einem scheinbaren Tiefpunkt bürgerlich-demokratischer Bewegung 1836, bringt Varnhagen nicht nur die politische Repression zur Sprache und veröffentlicht diplomatisch geschickt die antirestaurative, keineswegs herrschaftsapologetische, Intention, mit der er die beiden, ihm als angeblichem Sympathisanten des Jungen Deutschland untersagten Biographien[327] der zwei preußischen Staatsminister konzipierte, er begründet auch die Nichtbeachtung der Ständeklausel in der Gattung[328] und der Dedikation politisch, indem er behauptet, in seiner *Galerie* der Vertrauten Rahels "Vaterländisches" manifest werden zu lassen - eine posthume Legitimation auch des liberalen Geistes der Rahel-Salons in einer Zeit, die dessen Austreibung exekutiert. Auch gegenüber dem Leser glaubte Varnhagen sich veranlaßt, der zu erwartenden Kritik an seiner Mißachtung der Ständeklausel im Vorgriff zu begegnen - einer Kritik, die als Ausdruck restaurativen Denkens sich festmacht an einem angeblichen öffentlichen Desinteresse an den behandelten Gegenständen, aber, wie Varnhagen erkennt, ganz anderes meint:

> Es giebt Leute, die gar zu gern, statt andern Tadels, den sie verbeißen, die Unwichtigkeit so mancher der besprochenen Gegenstände, die Geringfügigkeit so mancher Verhältnisse rügen wollen, an deren ausführlicher Darlegung niemand etwas gelegen sei.[329]

Bei Varnhagen stehen, wobei wir uns auf den ersten Band der "Galerie" beschränken, die Biographien als gleich "denkwürdig" und gleichwertig zusammen von: (in der Reihenfolge der Gliederung) David Veit, Henriette Mendelssohn, Karl Joseph Fürst von Ligne, Wilhelm von Burgsdorf, Thomas Young, Karoline von Humboldt, Peter von

325 Varnhagen: Galerie, S. V.

326 Ebd., S. VI.

327 Diese Verbot spricht Varnhagen so an, daß die Zensur nicht eingreifen kann: "Allein der Zeitpunkt für solche Ausarbeitung scheint durch Umstände, deren Erörterung mir nicht obliegt, noch in unbestimmbare Ferne gerückt, und das Unternehmen wohl nicht meinen, sondern andern Händen vorbehalten." Ebd., S. V-VI. Überhaupt scheint die von der Forschung konstatierte Stagnation der Biographik in der Restaurationszeit durch den Rückgriff auf voraufklärerische Traditionen ohne Berücksichtigung der Repressions- und Zensurmaßnahmen nicht erklärbar. Varnhagens Biographien verlangen mit der Zensur als Produktionskondition auch "zwischen den Zeilen gelesen" zu werden, sollen nicht hartnäckige Vorurteile gegen Varnhagen, "diesen (angeblichen) Klatschbrutus in mesquinen Dimensionen" (so die Salondame Hedwig von Olfers an ihre Tochter, November 1861, in: Olfers: Lebenslauf II, S. 408), verstärkt werden.

328 In einem Brockhaus-Artikel von 1835 war die Biographiewürdigkeit einer Person nochmals ausdrücklich beschränkt worden Vgl. Scheuer: Biographie, S. 54.

329 Olfers: Lebenslauf II, S. VIII-IX.

Gualtieri, Josephine Gräfin von Pachta, Hans Genelli, Karoline Gräfin von Schlabrendorf, Friedrich von Schlegel, Prinz Louis Ferdinand von Preußen. Die *Erinnerungen* von Herz enthalten die Porträts von: Dorothea von Schlegel, Karl Philipp Moritz, Mirabeau, Friedrich von Gentz, Frau von Grotthuis (= Grotthuß), Frau von Eybenberg, Wilhelm von Humboldt, Schleiermacher, Frau von Genlis, Jean Paul Friedrich Richter, Ludwig Börne, Herzogin Dorothea von Kurland, Elisa von der Recke, Frau von Staël, August Wilhelm Schlegel, Goethe und Schiller. Folglich sind nicht nur die sozialen Vorbehalte dieser Gattung ausgeräumt, die Biographiesammlungen reproduzieren das egalitäre Prinzip, das den Salons konstitutiv ist, und sichern ihm eine breitere, die restaurative Gesellschaft mit ihrer Verteidigung der alten Hierarchien in der Tendenz destabilisierende Wirkung. Man darf nicht überlesen, daß wie selbstverständlich die biographischen Skizzen über Frauen, auch wenn diese als öffentlich Wirkende nicht in Erscheinung getreten sind und/oder aus sozialen Randbereichen kamen (vgl. die vier Jüdinnen), sich mit denen von Philosophen, Dichtern und Staatsmännern mischen. Dem öffentlichen Leben wird die Monopolisierung der "Denkwürdigkeit" streitig gemacht, andere Lebensbereiche, auch das Private[330], werden als Gegenstände von allgemeinem Interesse behandelt. Dieser Blick auf die Persönlichkeit, die an deren repräsentativer oder funktionaler Seite vorbeigehen kann, ist genau jener, der auch die Salons als der ständischen Hierarchie entwundene Formation beherrscht. Eine Aufwertung des "bürgerlichen" Lebens, wie sie sich in den Salons vollzogen hat, wiederholt sich in diesen Biographiesammlungen. Wiederum muß sich Varnhagen verteidigen, so als ob seine Frau noch einmal Prinzipien und Nutzen ihres gesellig-urbanen Umgangs erläuterte:

> Persönliche Denkwürdigkeiten und vertrauliche Briefe als Lebensbilder öffentlich auszustellen, kommt uns Deutschen noch meistentheils bedenklich vor: unsre kleinstädtische Ängstlichkeit fürchtet sich, anders als feierlich aufzutreten, obgleich unser bestes und würdigstes Leben dann verborgen blieb. Sogar hört man von solchen ängstlichen Stimmen schon den Ruf, wir hätten bereits genug, ja schon allzu viel von solchen Mittheilungen! Im Gegenteil. Ist doch kaum erst ein Anfang gemacht! Wir sind noch sehr arm an Kenntniß unsrer nächsten Welt, des uns zunächst

330 Der Privatbereich erfährt bei dieser Biographik sozusagen unmittelbar, in seiner "ursprünglichen" Gestalt seine Veröffentlichung dadurch, daß Varnhagen sowohl in den *Biographischen Portraits* (die nach dem Vorwort der Ludmilla Assing, S. V-VI, den "Kreis der eigenthümlichen und anziehenden Persönlichkeiten, der sich um Varnhagen und Rahel bildete", S. V, vervollständigend nachzeichnen) als auch in der *Galerie* zweiteilig verfährt: bis auf wenige Ausnahmen schließt er an seine "Skizze" einen Dokumententeil an, bestehend aus privaten, teilweise ins Intime spielenden Korrespondenzen der porträtierten Person. Bei einigen - in den *Biographischen Portraits* z.B. bei den Rahel-Bekannten Henri Campan und Scholz - verzichtet er sogar auf einen einleitenden oder begleitenden Kommentar und läßt deren Portraits nur aus den Briefdokumenten entstehen. Nicht nur stellen sich - analog der Salonsituation - die einzelnen Individuen auf diese Weise in einem Kreis mit anderen selbst dar, kommen sie noch einmal selbst zu Wort, so daß dem Leser ein eigenes Verstehen der Persönlichkeiten des Varnhagen-Kreises aufgetragen bleibt, Varnhagen kreiert hier auch eine dokumentarische Biographiktradition, die - z.T. unter positivistischen Vorzeichen - später eine Popularisierung erfahren sollte und um die Wende zum 20. Jahrhundert auch ähnlich konstruierte Rahel- und Henriette-Herz-Biographien hervorbrachte (z.B. Rahel Varnhagen: Ein Frauenleben in Briefen. Ausgewählt und mit einer Einleitung versehen von Augusta Weldler-Steinberg und Hans Landsberg: Henriette Herz).

> vorhergegangenen und zum Theil noch gleichzeitigen Lebens, dessen Betrachtung doch grade dadurch erst reizend und lehrreich wird, daß uns dasselbe von recht vielen Seiten und in den mannigfachen Bildern vor Augen trete.[331]

Der bei Scheuer zitierten Meinung Heinrich von Sybels, die Biographik von vor 1848 sei "farblos, abstrakt, idealisierend"[332], kann man, im Falle jener Biographik, die interferiert mit der Salongeselligkeit, nicht zustimmen. Varnhagens Orientierung in der *Vorrede* auf die "nächste Welt" im Sinne seiner sozialen Umwelt läuft geradezu auf ein antiidealistisches Programm hinaus. Die von ihm als kompetentem Beobachter gesehene verbreitete "Ängstlichkeit", sich im gesellschaftlichen Umgang anders als nach repräsentativ-konventionellen Mustern zu verhalten, paart sich für Varnhagen mit einer "Ängstlichkeit" im Umgang mit der biographischen Gattung.

4. Varnhagens spätere Ächtung, gipfelnd in der professoralen Exekution durch Treitschke in dessen *Deutscher Geschichte im neunzehnten Jahrhundert*[333], berief sich aber nicht einmal in erster Linie auf diese Biographik. Unmittelbarer Anlaß für die posthume Polemik gegen Varnhagen mit dem Ziel, ihm durch eine Irrelevanzerklärung seine gesellschaftliche Sprengkraft zu nehmen, war vielmehr die von Lassalle angeregte, von Ludmilla Assing, welche sich damit selbst polizeilicher Verfolgung aussetzte, unternommene Herausgabe seiner Tagebücher zu Beginn der sechziger Jahre. Denn, wie man Klaus Friedrich Gille beipflichten kann, "es handelt sich bei diesen Aufzeichnungen ja nicht, wie Haym glauben machen will, um 'drittehalbtausend Seiten voll Klatsch und Selbstbekenntnissen' eines Mißvergnügten, der die Frustrationen seiner Amtlosigkeit in seinen Tagebüchern abreagierte", sondern um "eine minuziöse und faktenreiche Beschreibung und Wertung der politischen Vorgänge des Vormärz, der Revolution und der Reaktionszeit von einem Standpunkt aus, der sich im Laufe der Jahre immer weiter nach links verschob".[334]

Damit ist eine weitere Textsorte angesprochen, die im Kontext des Salons zumindest Modifikationen erfahren konnte. Noch in der Invektive Hayms gegenüber dem umfassenden Tagebuchwerk Varnhagens werden - verzerrt - Wirkungen des Salons (für dessen Fortführung nach Rahels Tod auch Franz Mehring nur die Bezeichnung "Klatschsalon" hatte[335]) unterstellt.[336] Was als "Klatsch und Selbstbekenntnis" disqualifiziert wurde, bezeichnet im Grunde eine Öffnung des Tagebuchs als bislang dominant selbstreflexiver Schreibform. Die Reflexion über Persönlichkeiten des geselligen Umgangs und den Umgang selbst, der Klatsch wiederum, beginnt breiteren Raum einzunehmen: Die eigene Existenz des Tagebuchschreibers wird an der Existenz derjenigen,

---

331 Varnhagen: Galerie, S. VII-VIII.

332 Vgl. Scheuer: Biographie, S. 54.

333 Vgl. K.A. Varnhagen: Literaturkritiken, hrsg. von Klaus F. Gille, Tübingen 1977, Einleitung, S. VII-XXIX, S. VII-VIII.

334 Ebd., S. VIII.

335 Franz Mehring: Herwegh, Marx und die Freien (1902), in: F.M. Aufsätze zur deutschen Literatur von Klopstock bis Weerth, Berlin 1977 (ders.: Gesammelte Schriften, Bd. 10), S. 499-503, S. 499.

336 Im Titel eines Beitrages für die *Gartenlaube* setzte bereits Max Ring Salon und Tagebuch in Beziehung: Varnhagen von Ense, sein Salon und seine Tagebücher, in: Die Gartenlaube Nr. 13 (1862), S. 199-202.

die am Interagieren im Salon beteiligt sind, gespiegelt und dadurch relativiert. In erster Linie verläuft der Einfluß des Salons auf die Gattung "Tagebuch" über die Art der Erfahrung, die durch den Salon organisiert wird. Gattungsgeschichtlich gesehen, setzt das Bestreben, ein Tagebuch zu führen, eine, mit der Entwicklung von sozialen Verkehrsformen einhergehende, Diversifizierung der Erfahrungen, die erst die Selbstreflexion einleitet, voraus. Der Salon sichert durch seine offene Struktur diesen Erfahrungsreichtum gerade auch für Frauen, was erhellt, warum Salondamen zu den frühen Tagebuchschreiberinnen gehören.

Die (bisher nur fragmentarisch veröffentlichten) Tagebücher Rahel Levin Varnhagens, Henriette Herz', Hedwig Olfers' und anderer sind nicht nur Resultate der Salongeselligkeit, sie bilden auch ein wichtiges, auf Nutzung angelegtes Depot der im Salon gesammelten Erfahrungen. Aus ihnen bedient sich Rahel beim Schreiben ihrer Briefe, Varnhagen bei seinen biographischen Porträts, Henriette Herz bei ihren Memoiren. Tagebuchnotizen bilden einen Grundstock für das literarische Resümee des Rahel-Salons: das *Buch des Andenkens.*

4.3.5 "Salonroman" - Anmerkungen zu gattungstypologischen Bestimmungsversuchen

Daß sich die Salonkultur auf den Roman auswirke, hatte bereits der junge Heine behauptet. Es ist die durch den Salon mögliche gesellschaftliche Anerkennung des Schriftstellers, auf die Heine dabei abhebt und die für ihn das Auseinandertreten von nationalen Romantraditionen mitverantwortet. Wo Heine dann Romane von Berliner Schriftstellern vorstellt, sind es allerdings gerade nicht die Impulse der dortigen Salongesellschaft, die er thematisiert, sondern (und hier nimmt er den Standpunkt ein, den sein Freund Gans bei der Memoirenliteratur eingenommen hat) ist es die literarisch-gesellig defizitäre Situation. Während der englische Autor wenigstens die Möglichkeit habe, sich durch ausgedehnte Reisen mit der sozialen Realität vertraut zu machen (was die realistische Tendenz des zeitgenössischen englischen Romans verbürge), sei der französische Romanautor in die große Gesellschaft, wie sie der Salon konzentriere, als gleichrangiges Mitglied integriert:

> Der französische Schriftsteller lebt ständig in der Gesellschaft, und zwar in der großen; mag er auch noch so dürftig und titellos sein! Fürsten und Fürstinnen kajolieren den Notenschreiber Jean Jacques, und im Pariser Salon heißt der Minister Monsieur und die Herzogin Madame. Daher lebt in den Romanen der Franzosen jener leichte Gesellschaftston, jene Beweglichkeit und Feinheit und Urbanität, die man nur im Umgang mit Menschen erlangt, und daher jene Familienähnlichkeit der französischen Romane (...).[337]

Da man dem deutschen Romanschriftsteller hingegen den sozial egalitären Umgang in einer für die Romanproduktion relevant werdenden Dimension verweigere, ihn sozusagen aus dem geselligen Salon in die Einsamkeit der Dachkammer verbanne, bleibe ihm nur die kompensatorische Flucht in Scheinwelten:

---

337 Heinrich Heine: Briefe aus Berlin. Dritter Brief (Berlin, 7. Juni 1822), in: ders.: Sämtliche Schriften, Bd. 2, S. 48-68, S. 67-68.

> Aber der arme deutsche Schriftsteller, der, weil er meistens schlecht honoriert wird, oder selten Privatvermögen besitzt, kein Geld zum Reisen hat, der wenigstens spät reist, wenn er sich schon in eine Manier hineingeschrieben, der selten einen Stand oder einen Titel hat, der ihm die Gnadenpforten *der vornehmen Gesellschaft, die bei uns nicht immer die feine ist*, erschleußt, ja der nicht selten einen schwarzen Rock entbehrt, um die Gesellschaft der Mittelklasse zu frequentieren, der arme Deutsche verschließt sich in seiner einsamen Dachstube, faselt eine Welt zusammen, und in einer aus ihm selbst wunderlich hervorgegangenen Sprache schreibt er Romane, worin Gestalten und Dinge leben, die herrlich, göttlich, höchst poetisch sind, aber nirgends existieren. Diesen phantastischen Charakter tragen alle unsre Romane, (...).[338]

So reklamiert Heine am Anfang seiner eigenen Schriftstellerkarriere den Salon als Raum, in dem und durch den die Positionsverbesserung des Autors erreicht werden könnte mit der Überwindung der spätromantischen Prosa als Konsequenz.

2. Was bei Heine am Anfang der Epoche als Desiderat anklingt, wird bei Sengle im Epochenrückblick durchaus als erfüllt gesehen. Sengle hat dem "Salonroman", als epochentypischer literarischer Erscheinung, ein eigenes Unterkapitel gewidmet, das er mit der Feststellung einleitet, der "Salonroman" sei "ein unübersehbarer Bereich"[339]. Wenn diese Epochendarstellung dabei zurückgreift auf den in der Restaurationszeit üblich gewordenen Begriff des "Salonromans", so nicht in der Absicht (wie der Verfasser angesichts einer vehementen Abwertung dieses Typus nach 1848 glaubt betonen zu müssen), diesem Roman ebenfalls literarische Qualitäten abzusprechen, sondern weil dieser Terminus "den sozialen Ort dieser Romane deutlicher bezeichnet als die neutralen Wörter Gesellschaftsroman oder Gesellschaftsnovelle"[340]. Die Beziehungen zwischen "Salonroman" und Salon werden für Sengle zunächst auf der Ebene des Romanstoffes manifest: "Es sind eigentlich immer die damaligen Probleme des Salons, die mit Hilfe solcher Fabeln diskutiert und bald tragisch, bald idyllisch gelöst werden."[341] (Eines dieser zentralen Probleme, die im Salon und im Roman durchgespielt wurden, ist nach Sengle das der unstandesgemäßen Heirat. Daß die "ungleiche Heirat", zweifellos als wichtiges Indiz für die Erschütterung der "ideologischen Voraussetzungen der alten Ständegesellschaft" zu werten, im "gemeinsame(n) Salon" von Adel und Bildungsbürgertum[342] einen kompetenten gesellschaftlichen Ort der Reflexion hatte, ist unbestritten und wurde durch die soziologische Untersuchung von Deborah Hertz, die den Salons eine besondere Protektion solcher Eheschließungen als Ferment sozialer Mobilität attestierte, empirisch belegt.) Kennzeichnend für den "Salonroman" sei weiter seine gesellschaftliche Neutralität als Gattungstypus: "Alle ständischen, politischen und weltanschaulichen Gruppen der Biedermeierzeit" findet Sengle hier in einem Wettstreit: Die soziale Situation der Salons wird demzufolge auf die Ebene der literarischen Gattung transponiert.[343] Dies schließt auch ein, daß der im Salon präsente Adel in dieser epischen

338 Ebd., S. 68.
339 Sengle: Biedermeierzeit II, S. 875.
340 Ebd., S. 879.
341 Ebd., S. 876.
342 Ebd.
343 Ebd., S. 881.

Tradition "Gelegenheit fand, seinen erneuten Geltungsanspruch" - den er auf anderen literarischen Gebieten und in anderen Gattungen eingebüßt hatte - "zu bestätigen".[344] Als Beispiele für die hier ungebrochene "literarische Betriebsamkeit des Adels"[345] führt Sengle die "Salonroman"-Autoren Ida Gräfin von Hahn-Hahn, Rudolf von Keudell, Ida von Reinsberg-Düringsfels und Therese von Lützow an. Auch von Ungern-Sternbergs *Galathee* wird als "ausgesprochener Salonroman" vorgestellt.[346] Auf der anderen Seite sind es aber gerade die schriftstellernden Exponenten des liberalen Bürgertums, die Sengle unter die Autoren von Salonromanen rechnet. So dient selbst Levin-Schückings *Die Ritterbürtigen* (Leipzig 1846) hier als Beispiel für den "bürgerlich-liberalen Salonroman".[347]

Daß der "Salonroman" bei Sengle als Romantypus trotz der angeführten Definitionsmerkmale kaum scharfe Kontur erlangt, hat mehrere Gründe. Der entscheidende scheint zu sein, daß der Salon selbst als Bezugspunkt (auf den hin die Gattungskriterien entwickelt werden müßten) verschwommen bleibt. Unklarheiten über den Salon als soziale Formation haben Aussagen wie folgende zur Konsequenz:

> Wir hätten die Romane und Novellen, die wir unter dem Begriff des Familienromans vorstellten, auch in die Gruppe des Salonromans einordnen können. Der aristokratische Einschlag war nicht zu übersehen.[348]

Dementsprechend wird "Salonroman" an anderer Stelle zur Apposition des "Adelsromans", was der behaupteten gesellschaftlichen Neutralität widersprechen muß, ein Widerspruch, den Sengle dadurch verwischt, daß er, statt die egalitären Konstellationen im Salon im Zusammenhang mit dem "Salonroman" zu berücksichtigen, auf einen "inneren Adel" bürgerlicher Schriftsteller und eine angeblich "systematische Nobilitierungspolitik" rekurriert.[349] Ähnlich wie beim "Familienroman" geht Sengle, nachdem er einige Seiten zuvor dem "Damenroman", d.h. dem von Schriftstellerinnen geschriebenen Roman, ebenfalls einen eigenen Abschnitt gewidmet hat, von einer Konvergenz des "Salon-" und "Damenromans" aus:

> Das gewaltige Anwachsen des sogenannten Damenromans hat den Aufstieg des Salonromans wahrscheinlich stark gefördert, so daß man für die von Damen verfaßten Romane keine besondere Gruppe zu bilden braucht.[350]

Zu diesem Schwanken in der Gattungsbestimmung kommt, daß die Beispiele, mit denen Sengle seine Thesen vom "Salonroman" stützt, zum großen Teil als Novellen definiert sind, was von den Beispielen her eine größere Affinität dieser Gattung zum Salon nahelegen könnte.

---

344 Ebd.
345 Ebd., S. 882.
346 Ebd., S. 883.
347 Ebd., S. 885.
348 Ebd., S. 875.
349 Sengle: "Die Grenze zwischen den bürgerlichen Dichtern, die inneren Adel spüren, den anspruchsvollen 'Rittern vom Geiste' und den adeligen Dichtern, die sich äußerlich herablassen, ist in der Biedermeierkultur nicht zu ziehen. Überdies trägt die systematische Nobilitierungspolitik ihre Früchte." Ebd., S. 884.
350 Ebd., S. 876.

3. Bei der Gleichsetzung von "Damenroman" und "Salonroman" kann Sengle sich auf Eichendorffs *Die deutsche Salon-Poesie der Frauen* als zeitgenössisches Zeugnis berufen. Veröffentlicht am Vorabend der Märzrevolution, war dieser Beitrag als Streitschrift für eine Rekatholisierung der Literatur gedacht und lief in dieser konkreten historischen Situation auf den Versuch einer Mobilisierung antirevolutionärer Kräfte hinaus. Egalitären Tendenzen, auch insofern diese auf eine Revision des Geschlechterverhältnisses drängten, wurde von Eichendorff widersprochen. Wenn der späte Romantiker in seinem Aufsatz die traditionellen Geschlechterrollenzuweisungen noch einmal als natürliche feierte, so geschah dies - und solches markiert das neue Element in dieser alten Diskussion - aus einer Position der Abwehr frauenemanzipatorischer Bewegungen heraus. Sämtliche Muster, die er in kaum modifizierter Form noch einmal beschwor und gegen die emanzipatorischen Projekte ins Feld führte, lassen sich auch bei Eichendorff reduzieren auf die bekannten geschlechterbezogenen Gegensätze draußen/drinnen, Kampf/Harmonie, Verstand/Gefühl, Recht/Sitte. Die jeweiligen Defizite und die Geschlechtsspezifika determinieren nach Eichendorff auch die Dichtung und bedingen zwei Literaturen:

> Jene Grundverschiedenheit beider Geschlechter (...) ist auch durch die oberflächlichste Vergleichung ihrer Literaturen unverkennbar nachzuweisen. Welch ein titanisches Ringen der Geister auf der einen Seite, wieviele mächtige Gedanken, Lebensanschauungen, ja ganz neue geistige Provinzen haben z.B. Herder, Göthe, die Romantiker entdeckt und erstritten! Es ist seit Klopstock ein beständiger Eroberungskrieg, fast Alle setzten unbedenklich ihr Leben an die Sache; Manche, wie Heinse, Hölderlin blieben verblutet auf dem Kampfplatz. Die Frauen dagegen sind, wie billig, daheimgeblieben, höchstens hie und da im Hintertreffen bemerkbar, um den zornigen Löwen zu beschwichtigen, die zerrissenen Fahnen und Wämser zu flicken, mit Einem Wort: um gegen Freund und Feind den löblichen Anstand zu wahren, der freilich von den Combattanten in der Hitze des Gefechts keineswegs immer gehörig betrachtet wurde.[351]

Bei der Bestimmung des Ortes weiblichen "Daheimbleibens", der für Eichendorff Dispositionen für die "Frauen-Poesie" bereithält, differenziert er - was Sengle schließlich wieder suspendiert - zwischen "zwei, von den Männern mehr oder minder vernachlässigte(n) Reviere(n)", dem der "Häuslichkeit mit obligater Liebe in allen Variationen" und dem "Salon, dessen nähere Beleuchtung wir hier versuchen wollen".[352] Die "Häuslichkeit" als weiblicher Lebensraum bleibt für Eichendorff bestimmend bei Autorinnen wie Agnes Franz, Henriette Hanke, aber auch bei Karoline Pichler (!), der *Salon* dagegen bei Hahn-Hahn und Paalzow. Diese beiden Bereiche stecken nach Eichendorff die Erfahrungsgrenzen für die Autorinnen ab[353]; die Surrogatfunktion von Frauenlektüre (welche das seit Mitte des achtzehnten Jahrhunderts wachsende Defizit an

351 Joseph von Eichendorff: Die deutsche Salon-Poesie der Frauen, in: Historisch-politische Blätter für das katholische Deutschland, hrsg. von G. Phillips und G. Görres, 19 Bd., H. 8 (1847), S. 463-480. S. 466.

352 Ebd., S. 468.

353 Eichendorff: "Denn das Verhältniß der Frauen, wie es nun einmal ist und wohl auch niemals anders wird, ihre Erziehung und äußere Stellung zur Welt, wehrt den Anfall des ganzen, vollen Lebens von ihnen ab, und sie wissen von den großen Kämpfen und Abgründen desselben glücklicherweise nur vom Hörensagen und aus Büchern." Ebd., S. 468.

Erfahrung auszugleichen hat) wird bei Eichendorff positiv anerkannt und zur Erklärung weiblicher Literaturproduktion herangezogen. Aber auch der Salon ersetze und vermittle - mit entsprechenden Konsequenzen - für die "Salonpoesie" nur Erfahrungen:

> Darum ist auch ihre Poesie keine erlebte, reinlicher und gesitteter zwar als die männliche, aber doch meist nur im eleganten Nachdruck des Gelesenen, ein liebevolles Ausmalen fremder Compositionen, gleichsam ein Art von ästhetischer Kochkunst, die das Wild, das die Männer draußen erbeuten, und wohl auch die Böcke, die diese geschossen, zubereitet und zierlich servirt. (Womit über die Metapher die literaturproduktive Tätigkeit von Frauen als ihrer Geschlechterrolle adäquate gerettet wird. - PS) Daher auch der fast durchgehende Mangel an kräftiger Objektivität (...).[354]

Eichendorff, der die Frauen entsprechend vorgegebener Weiblichkeitsbilder als Garanten der Sitten anerkennen will, zögert damit aber, wo es um Salon und Literatur geht. An vorhergehende Diskussionen anschließend, kommt er zu dem Schluß, die "Sitte" sei im Salon "in ihrer tieferen, ethischen Bedeutung" aufgehoben[355] bzw. transformiert worden in einen "äußerliche(n) Anstand, der aber dabei oft sehr unsittlich seyn kann"[356]. Eben diesem "Anstand" sieht er die "Salon-Poesie der Frauen" unterworfen. Wie jede authentische oder auch nur außergewöhnliche Lebensäußerung mit den geselligen Regulativen kollidiere, so auch mit dem ästhetischen Programm der Literatur, die diese gesellige Formation zum Hintergrund habe:

> In dieser Salon-Poesie ist daher alles Ursprüngliche, Unmittelbare, Extreme, als nicht fashionable, bei Strafe der Lächerlichkeit hart verpönt. Die großen Leidenschaften, um sich nicht etwa zu compromittieren oder durch Scham incommodirt zu werden, erscheinen durchaus nobel maskirt, das abgründliche Gesümpf der menschlichen Seele wird liebreich mit einem beblümten Rasenteppich bedeckt, die Naturlaute des Volksliedes, hie und da allenfalls eingestreut, dienen nur als pikantes Gewürz zur Aufregung oder gelegentlichen geistreichen Plaisanterie.[357]

Mit dem Kriterium der Schicklichkeit als ästhetische Kategorie werde "die bloße Repräsentation" zur "Hauptaufgabe dieser Poesie". Zugleich werde die Gattung festgelegt: Daß nur noch der "Schein des Seyns" literarisch gestaltet werden solle, habe das "Lyrische" verdrängt und den Roman zur bevorzugten Gattung werden lassen.[358] "Salon-Poesie der Frauen" ist bei dieser Gattungsbegründung damit als Synonym für "Salonromane" zu verstehen. Eichendorffs Polemik gegen "Salonliteratur" bezieht sich dabei auf eine durchaus empirische gattungsgeschichtliche Entwicklung. Er nimmt die unter dem Einfluß der Salongeselligkeit fortgesetzte Prosaisierung der Literatur wahr und sieht in der Förderung des "modernen Romans" durch die Salons deren Beitrag zur - auch von ihm befürworteten - Überwindung der Romantik. Unter dem Postulat der Schicklichkeit, der Vernachlässigung des "Extremen", konnte - wie es Eichendorff bemerkt - eine Annäherung im Roman an gesellschaftliche Problemstellungen stattfinden,

354 Ebd., S. 468.
355 Ebd., S. 469.
356 Ebd.
357 Ebd.
358 "Das Lyrische überhaupt tritt hier in den Hintergrund, ihr eigentliches Feld ist der moderne Roman, der aber von der Romantik eben nichts als den Namen hat." Ebd.

die - und das ist der eigentliche Kritikpunkt Eichendorffs am "Salonroman" - eine Säkularisierung des Romanstoffs mit sich bringen mußte: Im "Conversationslexikon" dieser Literatur, klagt Eichendorff, sei "z.B. die göttliche Vorsehung und Leitung gestrichen und 'tout bonnement' in die Natur und subjective Eigenmacht übersetzt" und "Verhängniß! Schicksal!", was seien sie im "Salonroman" "anders als unsere, zur äußeren That gestaltete Innerlichkeit"?[359] Auch wenn Eichendorff dem Roman, der auf den Salon zurückverweist, eben weil er dessen Strukturen und Vorstellungen verpflichtet bleibt, unmittelbar umstürzlerische Tendenzen nicht unterstellen kann[360], birgt er für ihn Gefahren für die bestehende, heilsgeschichtlich legitimierte Ordnung, die um so bedrohlicher seien, als das Gebot der Salonfähigkeit sie als solche verdecke: Die "Sünde" erscheine im "Salonroman" "vornehm, liebenswürdig, geachtet, mit einem Worte: anständig", diese literarische Gattung könne der "völligen Ablösung" der "sozialen Zustände von ihrem ursprünglichen, religiösen Boden" nichts entgegenstellen, im Gegenteil: Der "Salonroman" ergötze sich noch "an dem Phosphoresziren der Fäulniß" - dies begründet die Aufgipfelung von Eichendorffs Kritik an der deutschen "Salon-Poesie der Frauen" in einer religiös motivierten kompromißlosen Ablehnung: "Und das ist, unsres Bedünkens, die schlimmste Literatur."[361]

4.3.6 Salon und Novelle

Sengles Rückgriff auf Novellen, um Kriterien für den "Salonroman" (von der sozialen Einbindung der Romanautoren bis hin zur Identität von Konversations- und Romanthemen) zu gewinnen, hat die Frage nach möglichen Zusammenhängen zwischen Salon und Novelle aufgeworfen. Die für sozialgeschichtliche Fragen durchaus offene Untersuchung Rolf Schröders: *Novelle und Novellentheorie in der frühen Biedermeierzeit*[362] kennt den Salon als potentiellen gattungsgeschichtlichen Faktor nicht. Andererseits hat Eichendorff die Frage, ob der Salon als von den Männern literarisch ver

---

359 Ebd., S. 477.

360 Nach der Analyse der beiden Romane von Gräfin Hahn-Hahn *Gräfin Faustine* und *Clelia Conti* fährt Eichendorff fort: "Nach allen diesen Zügen von frappanter Familienähnlichkeit sollte man nun mit gutem Recht voraussetzen, diese Literatur gehöre auch in politischer Hinsicht ganz und gar dem allerneuesten Glaubensbekenntnis an. Allein so weit geht die Verwirrung der Salonbegriffe, und so zahlkräftig bleibt die ursprüngliche Natur der Damen-Poesie, daß sie vor den Folgen ihrer eigenen Behauptungen zurückschaudert, wo dadurch der äußere Anstand verletzt, oder sie selbst salonunfähig werden könnte." Ebd., S. 474-475. Damit sind die Grenzen der Gesellschaftskritik des Salonromans von Eichendorff verglichen mit Sengle präzisiert, weil Eichendorff die Kriterien auf ihre Kompatibilität mit dem Salon selbst überprüft. Sengle räumt z.B. die Widerstände, die Jungdeutschen zu Salonromanautoren zu befördern, mit der Feststellung beiseite: "Auch die Revolution der Schriftsteller, die in einem entschiedeneren Sinne als schriftstellernde Gräfinnen und Freiherrn liberal waren, fand im Salon statt." Sengle: Biedermeierzeit II, S. 884. Welche Revolution kann hier gemeint sein? Die soziale kaum! Die literarische - wenn es hier gerade darum geht, daß Adel und Bürgertum sich noch einmal auf eine gemeinsame poetische Form verständigen und sie produzieren konnten? Oder deutet das "auch" hier auf eine Revolution von aristokratischen und bürgerlichen Autoren? Ist die "Salonpoesie" doch literarisch revolutionär?

361 Eichendorff: Salon-Poesie, S. 479.

362 Rolf Schröder: Novelle und Novellentheorie in der frühen Biedermeierzeit. Versuch einer genetischen Gattungsmorphologie, Tübingen 1970 (Studien zur deutschen Literatur, Bd. 20).

nachlässigter Bereich des "reproducierende(n) Nachgefühl(s)" eine "männliche" "Salon-Poesie" nicht doch hervorgebracht habe[363], ausgerechnet mit dem Hinweis auf einen Novellenzyklus beantwortet:

> Tieck's Phantasus, in seinem raisonnirenden Theile, gehört im Grunde auch zur Salon-Poesie; aber gerade hier an der Bedeutung und Würdigkeit der behandelten Gegenstände, in der selbst errungenen, vollkommenen Kenntniß aller Abgründe, wundervollen Erscheinungen und Geheimnisse der Phantasie zeigt sich am schlagendsten der Unterschied von der weiblichen Salon-Poesie.[364]

Für Sengle ist entschiedener noch als für Eichendorff Tieck der prototypische Salonnovellist, der dem Gattungstypus einer "Salonnovelle" erst gültige Form verliehen und ihn literarisch durchgesetzt habe[365]. Wie bewußt den Zeitgenossen der Salon als literaturgeselliger Ort, von dem aus die Novellenproduktion stimuliert wurde, gewesen sei, belegt er mit Hermann Marggraffs Abhandlung *Deutschland's jüngste Literatur- und Culturepoche Charakteristiken* (Leipzig 1839), in der dieser die (Restaurations-)Novelle geradewegs zum Produkt der Salons erklärt.[366]

2. Die Novelle war von dem ihr gattungshistorisch zugewiesenen Anfang an der Gesprächsgeselligkeit zugeordnet. Vor allem sei ihr, wie Lutz Mackensen zur "Novellenforschung" schreibt, der "Gesprächswert" unabdingbar: "'Gesprächswert', das meint: Beitrag zum Gespräch, Ersatz für das Gespräch, Überhöhung des Gesprächs"[367]. Sie lebt, nach Mackensen, "im und aus dem gesellschaftlichen Raum"[368]. Mündlichkeit - in der Rahmengeschichte vorgetäuscht, als Element der Distribution intendiert -, Kürze, Unterhaltsamkeit, für Mackensen auch die Geschlossenheit ihrer Form seien Ergebnisse ihrer Bindung an diesen "gesellschaftlichen Raum". Nur die Aussagen über die historische Verortung dieses Raumes, die sich mittelbar auch auf den Stellenwert des Salons für diese Gattung beziehen lassen, divergieren dabei in der Forschung. Mackensen geht z.B. vage von einer Zersprengung der hier sich organisierenden "Gesellschaft" im neunzehnten Jahrhundert aus und führt darauf "die Verwirrung, die das 19. Jahrhundert um die Novelle gestiftet hat"[369], zurück.

Für Friedrich Schlegel war der gesellige Charakter noch eindeutig gattungskonstitutiv. Von Wiese zitiert aus den (London 1957) von Hans Eichner edierten *Literary Notebooks 1797 - 1801* Definitionsansätze Schlegels zur Novelle, die immer wieder die Referenz zum geselligen Erzählraum als Gattungsmerkmal enthalten; so die Notiz 2035: "Die Novelle ist die Poesie der guten Gesellschaft, daher Anekdote" und - wiederum auf die

363 Eichendorff: Salon-Poesie, S. 468.
364 Ebd., S. 469.
365 Sengle: Biedermeierzeit II, S. 807 und S. 836.
366 Ebd., S. 836.
367 Lutz Mackensen: Die Novelle, in: Novelle, hrsg. von Josef Kunz, Darmstadt 1973 (Wege der Forschung, Bd. LV), S. 391-410, S. 407.
368 Ebd.
369 Ebd., S. 409.

Genese der Gattung aus dem anekdotischen Erzählen anspielend: "Der Grund der Novelle ist die Anekdote. Alles andre spätere Umbildung. Die meisten Novellen sind wahr." (Notiz 1688).[370] Schlegels bekannter *Boccaccio*-Aufsatz entfaltet einige dieser Aussagen.

Nach Benno von Wiese kann Schlegel dabei "Anekdote" noch kaum gattungsterminologisch gemeint haben: Das griechische "anécdotos" habe damals (wie romanisch 'novela') lediglich die Mitteilung einer Neuigkeit, die Nachricht von einer bemerkenswerten Begebenheit bezeichnet. "Novelle" sei dagegen für Schlegel deren künstlerische Gestaltung nach dem Geschmack, dem ästhetischen und geselligen Bedürfnis eines realen Publikums - oder bereits eines vorgestellten, als Publikum intendierten Zirkels.[371] (Dies erinnert an die Definition des Salons als "Zeitungsraum"[372], als sozialer Ort, an dem "Neue Zeitungen" aufgrund der heterogenen personalen Zusammensetzung mit unterschiedlichen Erfahrungs- und Informationshintergründen ausgetauscht werden konnten, an dem aber auch eine "gefällige" Formung der Neuigkeiten stattfinden mußte. Letzteres einmal aus dem Willen zur Wirkung in der jeweiligen geselligen Situation heraus, zum zweiten, um über den Weg der Ästhetisierung die erzählten sozialen Charaktere und Begebenheiten in die "gute Gesellschaft" einzuführen und dort goutierbar machen zu können, Charaktere und Begebenheiten, die in anderen Gattungen noch der Ständeklausel zum Opfer gefallen wären.) Daß sich damit das besondere Augenmerk in den Zirkeln, die die "Gesellschaft" bildeten, auf das artifizielle "Wie" der Erzählung richtete, während Inhalte "beliebiger" wurden, erscheint als eine für die Eigengesetzlichkeit der sich ausformenden Gattung wesentliche Konsequenz. Soziale Berührungsängste wurden durch die ästhetische Formung, die "Poetisierung" der "anecdote" aufgefangen. Dies korreliert mit Funktionsweisen des Salons selbst, so daß sich mit einer gewissen Berechtigung die definitorische Feststellung zur Novelle, nach der empirisch Zufälliges in künstlerisch Notwendiges verwandelt werde, auch dem Salon gegenüber anwenden läßt. Die in den Inhalten manifeste "soziale" Toleranz dieser Gattung erweist sich bei näherer Betrachtung aber nicht nur als vereinbar mit Salonstrukturen, sie ist, hält man an der Einsicht Schlegels in einen ursprünglich geselligen Gattungscharakter fest, vielmehr aus diesen erwachsen: Um die Palette der Neuigkeiten entsprechend der sozialen und personalen Breite der geselligen Formation kolloquial realisieren zu können - unverzichtbar zur Selbstdarstellung der versammelten Individuen im Salon - ist die praktische Nichtigkeitserklärung der Ständeklausel Prämisse, müssen auch die "'niederen' Lebensbereiche"[373] zur Darstellung freigegeben werden. Es bedarf aber auch, wie es August Wilhelm Schlegel erkannte[374], der narrativen Vermeidung von "Staatsaktionen", der großen Geschichte; allenfalls deren private, "menschliche" Innenseite konnte Novellenthema werden - analog ebenfalls zu Funktions- und Konversationsvorgaben des Salons.

---

370 Benno von Wiese: Novelle, 4. Aufl. Stuttgart 1969, S. 7. Vgl. hierzu auch Heinz Otto Burger: Theorie und Wissenschaft von der deutschen Novelle, in: Novelle, a.a.O. S. 298-299.
371 Ebd.
372 Vgl. Langenbucher: Der Salon als Zeitungsraum.
373 von Wiese: Novelle, S. 8.
374 Vgl. ebd.

3. Wenn erst Novellen der späteren Phase, vor allem die Novellen Tiecks und hier wieder insbesondere jene, die das dialogische Prinzip vom Rahmen gelöst und in die Binnenerzählung übernommen haben, als "Salonpoesie" klassifiziert wurden, so interessiert, ob dem Veränderungen in der Verklammerung von Geselligkeitstypus und Gattung zugrundelagen, Veränderungen, mit denen auch die Dialogisierung der Novelle in Verbindung gebracht werden könnte. Für die Novellistik Tiecks hat Martha Schaum immerhin ein Verhältnis von vier Fünfteln direkter Rede gegen ein Fünftel "Erzählung" angegeben, eine Relation, die auch das Übergewicht von reflexiven Passagen vor Handlungselementen wiedergibt.[375] Solger hat dieses Ersetzen der Handlung durch das Gespräch - woran Rolf Schröder schon erinnert - als Übertragung des Tieckschen Konversationstalents aus dem geselligen Umgang in das Medium der Novellenpublikation begrüßt.[376] Seit den zwanziger Jahren hatten aber die Publikationsformen der Novellistik, auch für Tieck, eine neue Bedeutung gewonnen: Die Almanache, die Taschenbücher als hauptsächliche Medien der Novelle, haben die "Gesellschaft" als gattungskonstituierende ergänzt bzw. abgelöst. Die Diskussion um die Wechselwirkung von Salon und Novelle muß sich schon für den historischen Moment, als eine begriffliche Zuordnung beider auftaucht, ausweiten auf das Dreiecksverhältnis von Novelle, Taschenbuch und Salon (das sich bisweilen schon, wie z.B. Beckers *Taschenbuch zum geselligen Vergnügen* von 1827 durch seinen Titel in den Dienst geselliger Unterhaltung stellen will). Daß trotz der bei Schröder bereits vermuteten gattungstypologischen Bedeutung der in Mode gekommenen Verbreitungsform des Taschenbuchs die Novellen durch die Dialogisierung stärker als zuvor zentrale Elemente der Salongeselligkeit imaginieren, hat sicherlich darüberhinaus auch gesellschaftliche Ursachen: Die Vorherrschaft des Redens über das Handeln, wie sie vom Salon in die Novelle eindringen konnte, reflektiert die gesellschaftspolitische, sozial und ökonomisch aktionsgehemmte Situation von (Bildungs-)Bürgertum und Teilen des Adels.

Das "Biedermeiertaschenbuch" ist als Versuch zu werten, der Ausdifferenzierung und Heterogenisierung der Spezialdiskurse im frühen neunzehnten Jahrhundert mit ihrer Separierung und Komplexierung der Wissensgebiete noch einmal einen integrativen Bereich entgegenzustellen, in dem das "neue Wissen" kohärent angeeignet werden kann. Wenn diese Taschenbücher nicht nur ihr Publikum in den Salons fanden, sondern aus den Salons heraus auf diese Taschenbücher häufig Einfluß genommen wurde (sei es, daß durch Beiträge - von Rahel Levin Varnhagen, Elise von Hohenhausen usw. - die verschiedenen Salons nachweislich an der Auswahl und Ausgestaltung für die Taschenbücher beteiligt waren, sei es, daß andere Taschenbücher, wie z.B. August Lewalds *Album der Boudoirs* sich als direktes Produkt eines solchen Zirkels gerierten), so macht dies deutlich, daß der Salon nicht nur als Integrationsformation fungierte, sondern nun eben diese Funktion im Taschenbuch aufbewahrt und fortgesetzt sah. Andererseits läßt sich die Zunahme der Taschenbücher auch als ein allmähliches Ungenügen am Salon als interdiskursivem Raum deuten. Dadurch, daß schließlich die Begriffe "Salonnovelle"

---

375 Martha Schaum: Das Kunstgespräch in Tiecks Novellen, Diss. Gießen 1925, S. 65.

376 Schröder: Novelle und Novellentheorie, S. 36.

oder "Salonpoesie" geprägt wurden, wird zwar der Rückbezug auf den literatursozialen Ort deutlicher als in den vorhergehenden Jahren, dennoch scheint gerade damit ein historisches Abstandnehmen vom "Salon als Interdiskurs" signalisiert zu werden: Der traditionelle "Interdiskurs" droht - was die ihm zu subsumierenden Literaturprodukte betrifft - in der Sicht der fortgeschrittenen Restaurationszeit und der entwickelten biedermeierlichen Taschenbuchkultur zu einem - weiteren - "Spezialdiskurs" zu verkümmern.

4.3.7 "Salonstücke"

Das "Salonstück" als Dramentext, bei dem der Salon gattungsrelevant ist, wird, wie bei der Novelle, erst in der Restauration als solches begriffsgeschichtlich greifbar. Aber wie bei den anderen in diesem Zusammenhang aufgeführten Gattungen datiert die Virulenz des Salons nicht erst von diesem Zeitpunkt an. Soweit die Einflußnahme sich nicht als strukturelle, sondern als theaterkritische oder theaterpraktische vollzogen hat, wird davon noch einmal später zu sprechen sein. Beim "Salonstück" wird das Verhältnis zwischen Text und Institution insofern diffuser, als der gesellige Ort nicht mehr in jedem Falle als Rezeptionsbereich in Frage kommen kann. Es ist beim "Salonstück" zu unterscheiden zwischen jenem Typus, der für den Salon gedacht bleibt, und jenem, der vor allem oder ausschließlich außerhalb desselben auf "öffentlicher Bühne" Elemente der Salongeselligkeit zur Darstellung bringt. Wenn man, um die erste Kategorie von "Salonstücken" weiter zu spezifizieren, die Aufforderung Sengles, eine "Geschichte des Lesedramas"[377] zu schreiben, aufgreifen würde, müßte diese Geschichte den Salon als Lesebühne ins Blickfeld rücken. Daneben existieren Theaterstücke, die für die Salons als Zentren des Dilettantentheaters gedacht waren, also sowohl den ästhetischen Konventionen der Zirkel, als auch deren inszenatorischen Kapazitäten Rechnung trugen, oder die versuchten, Theater und Salons gleichermaßen als potentiellen Aufführungsorten gerecht zu werden. Bisweilen waren "Salonstücke" bereits in den Titelangaben als solche ausgewiesen, wie bei der Sammelausgabe von "Vaudevilles", die 1824 in Berlin erschien: *Vaudevilles, für deutsche Bühnen und gesellige Zirkel nach dem Französischen bearbeitet von Carl Blum* oder dem *Almanach für Privatbühnen* von 1818.[378]

Vor allem für die Biedermeierzeit ist insgesamt von "einem großen Bedarf" an "Salonstücken" auszugehen.[379] In Wien hat von den namhaften Autoren vor allem Bauernfeld auf diesen Bedarf hin produziert. Kotzebue dagegen als "einseitige(n) Vertreter des Salonlustspiels"[380] vorzustellen, zögert Sengle, denn dieser habe selbst "im Gesellschaftslustspiel einen Hang zur Posse" gezeigt - ein Definitionsmerkmal ex negativo des "Salonstücks" bzw. der "Salonkomödie", das seine Bestätigung findet im

377 Sengle: Biedermeierzeit II, S. 332.

378 In diesen Almanach waren auch Stücke aufgenommen worden, die von Salons inspiriert waren, so von einem Teilnehmer am Staegemann-Salon, dem Maler Hensel, das Schauspiel *Ritter Hans*. Siehe Cécile Lowenthal-Hensel: Einführung zu Wilhelm Hensel, in: Preußische Bildnisse des 19. Jahrhunderts, S. 12-23, S. 14.

379 Sengle: Biedermeierzeit II, S. 332.

380 Ebd., S. 417. Die Meinung zu Kotzebue in den Salons selbst ist geteilt gewesen. Die jüdischen Salons in Berlin und der Eybenburg-Zirkel in Wien lehnten ihn rundweg ab und bezogen ihn als Gegner in ihren Kampf gegen Iffland mit ein.

ablehnenden Urteil Ruges. Arnold Ruge warf in seiner *Neuen Vorschule der Ästhetik. Das Komische mit einem komischen Anhange* (Halle 1836) dem "Salonstück" das Fehlen des "humoristischen Geistes" vor; die derbere Komik volkstümlicher Komödien erfährt hier gegenüber diesem "nichtswürdige(n) Gerümpel" eine Aufwertung, die symptomatisch für das Verhältnis jungdeutscher Schriftsteller zum "Salonstück" gewesen zu sein scheint.[381]

Dennoch ist es zu einfach, für eine zunehmende Beliebtheit dieser Dramentexte die "Zurückdrängung des bürgerlichen Elements" auf dem Theater und den "neue(n) aristokratische(n) Hoftheaterton"[382] verantwortlich zu machen und das "Salonstück" damit abzuwerten. Offensichtlich war mit diesem Genre ein Antitypus zum bürgerlichen Trauerspiel geschaffen worden, dem geistreichen (Bühnen-)Dialog wurden die kleineren gesellschaftlichen Probleme ausgeliefert, der Mensch nicht mehr den großen Mächten. Herausgehalten aus Verstrickungen in Schuld und Sühne verlor der Mensch sein Pathos. Daß damit gegen die Tradition des bürgerlichen Dramas opponiert wurde, die Tradition des Sturm und Drang und jeder Versuch einer Anknüpfung an diese Periode (vgl. die Ablehnung von Grabbes *Herzog Theodor von Gotland* durch den Rahel-Kreis) mit dem "Salonstück" abgewehrt wurden, ist offensichtlich. Sengle hat selbst bei seiner Analyse der Shakespeare-Rezeption das Aufgreifen des kontradiktorischen Verhältnisses zwischen "Salonstück" und Shakespeare-Beerbung in Raupachs *Kritik und Antikritik* (Hamburg 1827) herausgestellt:

> So führt Raupach (...) einen halbwahnsinnigen Shakespeareromanen namens Löwenklau vor. Er allein spricht mit dem Effekt des Grotesken, eine bombastische blutrünstige Verssprache, während sonst eine kultivierte Salonsprache in Prosa herrscht.[383]

4.3.8 Der Salonton

Daß eine literarische "Umsetzung" salongeselliger Strukturelemente nicht nur gattungsspezifisch möglich war, haben bereits einzelne Tendenzen, wie die stärkere Hinwendung zur Prosa, eine "soziale" Neutralisierung der Literatur (innerhalb eines neu fixierten gesellschaftlichen Spielraums), eine Aufnahme gesellschaftlicher Probleme in ihrer geselligen Erscheinungsform usw. zu erkennen gegeben. Als gattungsübergreifende literarische Resultate von Salongeselligkeit legitimierten sie für deren Zeitgenossen die Kategoriebildung der "Salonpoesie". Ein wichtiges Merkmal für "Salonliteratur" ist bislang ausgespart worden: Die literarische Rekonstruktion der Gesprächsgeselligkeit in ihrem oralen Duktus auf der dem Salon eigenen Stilebene, die Aneignung des Konversationstones, der unter den gesellig-konversationellen Bedingungen in Deutschland zwischen Aufklärung und Vormärz im wesentlichen identisch sein mußte mit dem "Salonton". Sengles Epochendarstellung widmete in ihrem zweiten Band im Rahmen der "Tönetheorie" dem "Salonton" (den Sengle mit dem "Konversationston" gleichsetzt) erstmals breiteres Forschungsinteresse. Zeitlich parallel zu dieser

381 Zit nach Sengle: Biedermeierzeit II, S. 406, Fußnote.
382 Ebd., S. 417.
383 Ebd., S. 412.

Monographie wurde von Herbert Neumaier eine Untersuchung zum "Konversationston" in der Literatur, die ebenfalls - historisch zu Recht - den "Salonton" nicht sonderte und als Ton der mittleren Stillage charakterisierte, abgeschlossen. Faßt man die Forschungsergebnisse beider Arbeiten zusammen, so zeichnet sich der "Salonton" durch elegante Leichtigkeit aus, welche sich herstellt durch Wortspiele, pointenhaftes Reden, Esprit, inhaltliche Vielfalt und rasche, nicht unbedingt stringente Themenfolge, mit modischen Anspielungen als Vorführung eines gemeinsamen Bildungsguts, sowie Integration französischer Sprachpartikel oder auch nur Floskeln. Neumaier sucht, den "Salonton" als ästhetische Signatur systematisch für die literarischen Produkte einzelner Autoren, bezeichnenderweise zuerst Rahel Levin Varnhagens, zu erschließen[384], nachdem er - und dieser Ansatz hebt Neumaiers Analyse von der Sengles ab[385] - die besondere gesellschaftlich-gesellige Kondition für das Eindringen des "Konversationstones" in die Literatur umrissen hat. Durch diese Reflexion der literatursozialen Voraussetzung wird der "Salonton" aus seiner Bindung an Autorenindividuen gelöst und kann als epochentypisch interpretiert werden: "Vorbedingung für das Auftreten konversationeller Geläufigkeit (in der Literatur - PS) ist also eine Gesellschaft mit vollentwickelter Gesprächskultur."[386] Aus dieser These, mit der Neumaier die Überlegungen von K.H.L. Pölitz[387] positiv aufgreift, leitet er ab, daß der notwendige gesprächsgesellige Zustand in Deutschland mit der Restaurationsphase erreicht worden sei. Eine nicht unproblematische Datierung, weil sie die salongesellige Kulminationsphase um 1800 und die schwierigere reale Situation der Salons gerade im zweiten Jahrzehnt als wichtigste Realisationsräume dieser Konversation vernachlässigt. Diese hier verwischte Ungleichzeitigkeit der Entwicklung auf institutioneller und textlicher Ebene hätte einer Offenlegung bedurft, bei der auch die historischen Änderungen im konversationellen Verhalten im Salon, durch die erst verzögert der "Salonton" in die Literatur transponiert werden konnte, zur Sprache gekommen wären.[388] Im Gegensatz dazu scheint der "Konversationston" bei Neumaier

384 Weitere Schriftsteller, deren "Salonton" hier analysiert wird, sind: Pückler-Muskau, Kotzebue, Bauernfeld, Tieck, Goethe, Rückert, Heine.

385 Während die Traditionslinie der sozialen Formationen, welche Neumaier für den "Konversationston" herausarbeitet, die der europäischen Salons seit der italienischen Renaissance ist, ist nach Sengle dieser Ton "in den Moralischen Wochenschriften und auf den Theatern des 18. Jahrhunderts" entstanden (Sengle: Biedermeierzeit II, S. 623). Bei der Darstellung der Salongeschichte durch Neumaier sind dann allerdings Vorbehalte angebracht: So stellt er Rambouillet in die Aufklärungstradition (S. 3) oder definiert die Salons des 18. Jahrhunderts insgesamt zu Vorläuferorganisationen politischer Parteien (S. 3-4).

386 Neumaier: Konversationston, S. 2.

387 K.H.L. Pölitz: Versuch einer Theorie des teutschen Stils, Görlitz 1801, Teil B, S. 23-24. Pölitz diskutiert hier das "Verhältnis der Conversation zur schriftlichen Unterhaltung" (S. 23) und formuliert als Erkenntnis, daß "alle schriftliche Unterhaltung (...) notwendigerweise von der mündlichen" ausgeht und folglich, "je nachdem man (...) die Conversation zu einem gewissen Grade der Feinheit, Gewandtheit, Bestimmtheit im Ausdrucke und Reichtum der Wörter selbst emporgearbeitet hat, umso feiner, fließender, richtiger und umschließender wird auch die Schriftsprache sein" (ebd.). Pölitz sieht - mechanistisch - in der konversationellen Entfaltung noch eine notwendige Prämisse für die Niveauhebung der gesamten deutschen Literatur, während Neumaier nur mehr eine literarische Sonderentwicklung ins Auge faßt.

388 Anders als Neumaier spricht Jens Tismar schon bei der Bearbeitung zweier Märchen durch Zachariae - also für die siebziger Jahren des 18. Jahrhunderts, da von einer entwickelten Konversationskultur in Deutschland sicherlich nicht die Rede sein konnte - vom "Salonton"

als relativ stabile Größe behandelt zu sein, die ihre Funktion und Struktur von der italienischen Renaissance über die Salons des siebzehnten und achtzehnten Jahrhunderts und darüber hinaus beibehielt, und als solche die Literaturgeschichte mitbestimmte.

Auf hierbei übergangene Kontinuitäten und Brüche in der Gesprächstechnik der Salons, der hier praktizierten *ars conversationis*, wird noch einmal kurz zurückzukommen sein, wenn es im folgenden darum geht, inwieweit dem Salon nicht nur literaturgenerative oder -stimulierende Potenzen immanent waren oder er als spezifische ästhetische Geselligkeitsformation Entwicklungstendenzen in der Literatur freisetzte (oder auch behinderte), sondern inwieweit er sich selbst als Kunstwerk verstand, inszenierte und als solches rezipiert wurde.

4.4 Salongeselligkeit als ästhetische Praxis

4.4.1 Einleitung

In Immermanns Roman *Die Epigonen* (1824 - 1836) verweist die Hauptfigur Hermann in einem Gespräch auf die Geselligkeit als eine der noch möglichen Antworten auf eine gesellschaftliche Entwicklung, in der "alles (...) zum Gegenstande des Zwiespalts (ward)"[389]. Aber auch diese Möglichkeit drohe verspielt zu werden, da man die "äußere (...) Sitte" zu mißachten beginne:

> Wie kann man sich aber mit Behagen nebeneinander sehen, wenn nicht wenigstens auf der Oberfläche die in der Tiefe zürnenden Geister beherrscht werden, wenn nicht die strengste Regel der Konvenienz, welche jedem Kunstwerke notwendig ist, waltet? Und die gute Gesellschaft ist doch, wie man mit Recht gesagt hat, eine Art von Kunstwerk, oder sollte es wenigstens sein.[390]

Die spürbarer gewordenen Widersprüche, für die Hermann aufgrund seiner gesellschaftlichen Zwischenstellung in besonderem Maße sensibilisiert scheint, haben nach ihm den Konsens in Politik, Religion, im Ästhetischen, "ja, selbst (...) Privatleben"[391] unmöglich gemacht; die "gute Gesellschaft" kann dagegen als Refugium für harmonische soziale Interaktion nur aufrecht erhalten werden, indem man sie als Kunst betrachtet und bildet. So rechnet er die "gute Gesellschaft" zu jenem Kunsterbe, das die Nachgeborenen am Ende der Zeit Goethes zu bewahren haben: Die Observanz der "Regeln der Konvenienz", nicht die schöpferische Weiterentwicklung, wird unter diesen Zeitumständen auch gegenüber einem Kunstwerk "Geselligkeit" zum Postulat. Inwieweit dieses unter den Bedingungen der Restauration einlösbar bleibt, thematisiert implizit der

(der allenfalls als Adaption aus dem französischen Literaturgebiet hätte existieren können): "Zachariae hat die Märchen- und Sagenstoffe (...) mit matt frivolen Pointen auf den Salonton gestimmt". Jens Tismar: Volks- und Kunstmärchen, Volks- und Kunstlieder, in: Horst Albert Glaser (Hg.): Deutsche Literatur. Eine Sozialgeschichte, 5. Zwischen Revolution und Restauration: Klassik, Romantik 1786-1815, Reinbek bei Hamburg 1980, S. 196-215, S. 197.

389 Karl Immermann: Die Epigonen. Familienmemoiren in neun Büchern, in: ders.: Werke in fünf Bänden, hrsg. von Benno von Wiese, 2. Bd., Frankfurt/M. 1971, S. 28.

390 Ebd., S. 28-29.

391 Ebd., S. 28.

Roman, indem er den Helden mit verschiedenen Ausformungen des geselligen Lebens konfrontiert, nicht zuletzt mit einem die Berliner Salons abbildenden jüdisch-romantischen Zirkel einer Madame Meyer.[392]

Was an Hermanns Aussage von der "guten Gesellschaft" als Kunstwerk auffällt, ist, daß die Romanfigur hier nicht vorgibt, nur eigene Anschauungen zu präsentieren, sondern eine allgemeinere Ansicht von der Geselligkeit als "eine Art von Kunstwerk" ins Gedächtnis zurückrufen will. Einer solchen - historischen - Bestimmung der Geselligkeit als Kunst - wobei die Konkretisierung dieser Bestimmung beim Salon diese "Subinstitution" des Literatur- und Kunstsystems in der Konsequenz zugleich zum Produkt dieses Systems erklären müßte - gilt es nachzugehen und in ihren Begründungen zu rekonstruieren.

Dabei stellt sich rasch ein Problem: Die Erklärung von Formationen wie dem Salon zur "Kunst" konnte von verschiedenen, auch sozial und historisch divergenten Positionen erfolgen, was sich auch in semantischen Verschiebungen des jeweils zur Anwendung kommenden Kunstbegriffs niederschlagen mußte. Den Salon als "Kunst" begreifen, konnte einmal meinen, ihn als einen Ort verfeinerten, stilisierten und "kultivierten" Lebens und sozialer Praxis auszugeben, zum anderen, ihn unter dem Vorzeichen der Autonomieästhetik als gerade von der übrigen Lebenspraxis zu scheidenden Bereich zu definieren. Daß jene Auffassung, die "Kunst" als Bestandteil integralen kultivierten Lebensvollzugs definierte, auf aristokratische Provenienz deutet, muß kaum expliziert werden. Durch die fortgesetzte Beteiligung von Repräsentanten aristokratischer Gruppen am Salon blieb diese Bedeutung erhalten. Als Bezeichnung einer spezifischen ästhetischen Kategorie - die Affinitäten, wenn nicht Überschneidungen zwischen dieser Geselligkeitsformation und den "schönen Künsten" ausdrückt - kommt ein emphatischer Kunstbegriff zur Anwendung, wo der Salon von Teilnehmern aufgesucht wird, die ihn als einen Bereich mit besonderer, aus ihrer übrigen Lebenspraxis nicht mehr ohne weiteres ableitbaren Gesetzmäßigkeit und Form erfahren: Die Anerkennung bzw. das Begreifen des Salons als "Gattung" der "schönen Künste" hat die Partizipation bürgerlicher Individuen zur Voraussetzung (was nicht zugleich heißt, daß nur dieser Seite die Definition des Salons als "schöne Kunst" vorbehalten bleibt). Insofern ist das semantische Changieren des Begriffs "Kunst", der zudem "Künstlichkeit" (auch in pejorativem Sinne) konnotieren kann, noch als ferner Reflex auf die im Salon erreichte sozial heterogene Konstellation zu erklären.

4.4.2 Ramdohrs Kunst der schönen geselligen Unterhaltung

1. Bereits in den ersten Jahren, in denen sich von den Ansätzen einer Salonbildung im deutschsprachigen Raum unter der Ägide jüdischer Frauen sprechen läßt, unternahm Friedrich Wilhelm von Ramdohr in seinen *Studien zur Kenntnis der schönen Natur, der schönen Künste* den Versuch, der "schönen geselligen Unterhaltung"[393] Kunstcharakter

392 Vgl. ebd., S. 357 ff.

393 Friedrich Wilhelm von Ramdohr: Studien zur Kenntnis der schönen Natur, der schönen Künste, der Sitten und der Staatsverfassung, auf einer Reise nach Dänemark, Hannover 1792.

zu attestieren. Ramdohr, dessen gesellschaftspolitische Position sich durch einen strikten, die Standesgrenzen als sakrosankt achtenden Aristokratismus auszeichnete, bezog sich dabei eindeutig auf den Salon: Dieser ist es, der hier als Konkretisierung der angestrebten "geselligen Unterhaltung" zur Kunst erhoben wird. Daß Ramdohrs Argumentation noch nicht auf die deutschen Salons abzielen oder diese als Muster vorführen kann, erklärt sich bereits aus der frühen Datierung dieses Textes. So beruft sich Ramdohr zum Teil auf seine - positiven wie negativen - Pariser Salonerfahrungen, zum Teil auf seine Erlebnisse in den - noch rudimentär - ausgebildeten Salons Kopenhagens. Seine Studie über die Kopenhagener Geselligkeitsstrukturen ist im wesentlichen ein Mängelnachweis, durch den ex negativo die zentralen Aspekte des "idealen" Salons herausgearbeitet werden. Diese Studie - und das ist die Pointe der hier enthaltenen Kritik an den geselligen Zuständen einer europäischen Stadt - kritisiert Glücksspiel und Hegemonie aristokratischer Verhaltensweisen usw. in den besprochenen Zirkeln als Verstoß gegen den Kunstcharakter des Salons: Geselligkeitskritik wird zur Kunstkritik.

Bei der Kunstzuschreibung an die Geselligkeit sind es jene sozialen Bereiche, welche Ramdohr von seinem Kunstanspruch ausschließt, die das Bürgertum des späten 18. Jahrhunderts als sein Terrain der Selbstverwirklichung entdeckt und sich als privaten Bereich erobert hatte, so vor allem Liebe und Freundschaft. Um diese vom Kunstanspruch auszuschließen, spricht Ramdohr von einer "doppelten art von geselliger liebenswürdigkeit": "die eine gehört dem karakter, die andere gewissen fähigkeiten des geistes, der anleitung der übung. Die erste ist die wahre liebenswürdigkeit. Sie erweckt würklich liebe. Man nennt sie die liebenswürdigkeit des herzens."[394] Aus ihr erwachse der Anspruch auf den ganzen Menschen im sozialen Umgang, der Anspruch auf eine Verbindung "mit der individualität der person".[395] Dagegen beschränkt nach Ramdohr die zweite, "gesellige liebenswürdigkeit" das Interesse auf das "talent an der person", weil sie selbst in den Umgang nur das "talent" einzubringen willens ist.[396] Diese "liebenswürdigkeit des geistes", die einer rationalen Steuerung unterliegt, "sollte billig nur die kunst der schönen geselligen unterhaltung heißen"[397], wird also von Ramdohr allein mit dem "Kunst"-Vorzeichen versehen. Mit dieser Differenzierung bestätigt Ramdohr die Spaltung gerade der bürgerlichen Persönlichkeit und weist ihr unterschiedliche soziale Orte zu: Nur der in seiner Soziabilität kalkulierte, "geübte" Teil des Individuums wird als der "salonfähige" gehandelt. Dem liegt eine Vorstellung zugrunde, die (um das bürgerliche Individuum für den Salon, oder allgemeiner: für den egalitären Umgang mit anderen Ständen wenigstens in fragmentarisierter Form zu retten) diesem zuvor die Verleugnung essentieller Bedürfnisse glaubt abverlangen zu müssen. Unterdrückt zu werden droht somit auch, was sich an spontaner Regung der versammelten Subjekte deren Kontrolle entzieht. Die Geselligkeit, insofern sie als Refugium herrschaftsfreien Dialogs projektiert war, internalisiert unter dieser Kondition wiederum Domestizierung und Herrschaft. Aber Ramdohr geht es nicht um das Subjekt,

394 Ebd., S. 367.
395 Ebd.
396 Ebd.
397 Ebd.

dessen Erfolge und Blessuren, sondern um die gesellige Konfiguration: Diese soll als ästhetische entstehen können. Daß damit die Frage, inwieweit sich das Subjekt in der Salongeselligkeit manifestieren darf, ohne deren Bestand zu gefährden, vor allem: was ein Individuum einbringen muß, um den Salon als Kunstwerk entstehen zu lassen, noch nicht als beantwortet akzeptiert werden konnte, belegte spätestens Schleiermacher, indem er genau diesen Punkt zum Focus seiner Geselligkeitstheorie machte.

Der gesellige Verkehr, wie ihn die "gesellige liebenswürdigkeit des geistes" produziere, sei, so Ramdohr, "so gut wie die dichtkunst, die mahlerei, die musik, die mimik usw. eine schöne kunst, erfordert ungefehr dieselben anlagen, dieselbe vorbereitung, dieselbe fertigkeit, und hat dieselben zwecke: vergnügen und glänzen."[398] Die Identifizierung der Salongeselligkeit als "schöne Kunst" will Ramdohr durch den Vergleich mit anderen Künsten leisten - zunächst durch Nachweis von Analogien bei den Produzenten vom Salon als Kunstwerk und jenen anderer Künste: Hier wie dort fänden sich "genies" und solche Künstler, die "bei mittelmäßigen anlagen durch nachdenken und übung" die Kunst erlernen könnten. Weiter gleiche sich auch der Produktionsprozeß von Geselligkeit und "schöner Kunst"; er selbst habe z.B. gesellige "genies" bei der Schaffung ihrer Kunst erlebt und dabei festgestellt, es ginge "diesen wie den genies überhaupt. Sie waren nicht immer gleich aufgelegt sie auszuüben. Sie bedurften einer gewissen spannung, um sich in ihrer ganzen stärke zu zeigen. Das talent (des Geselligkeitskünstlers - PS) hat hierin den vorzug, daß es anhaltender seine kräfte äussert."[399] Als herausragende Genies der Salons nennt Ramdohr in diesem Kontext den späteren Rahel-Freund de Ligne und den Marquis de Boufflers als "diejenigen männer, die sich gegenwärtig in dieser kunst am mehrsten auszeichnen"[400]. (Belegen will er diese Aussage bezeichnenderweise mit dem Hinweis auf die Anekdoten von de Ligne. Durch diese könne "man sich einen treffenden begriff von demjenigen machen, was der Verfasser von einer solchen schönen geselligen unterhaltung erwartet."[401]) Neben Vergleichsmomenten im Produktionsprozeß führt Ramdohr zur Bestätigung seiner These von der Geselligkeit als "schöner Kunst" Entsprechungen zu den übrigen Künsten bei der Rezeption und Kritik an. Daß im Salon (im Ideal) rezeptive und produktive Tätigkeit eine Handlungseinheit bilden, beides in Personalunion ausgeübt wird, erinnert Ramdohr an gleiche Verfahren in den "schönen Künsten", bei denen die ästhetische, literarische Kreativität als Komponente der Rezeptionsfähigkeit ausgebildet werde: "wie in gewissen schulen alle jungen männer verse machen (lernen), um die werke der dichter besser zu genießen", so müsse man sich auch in der geselligen Kunst praktisch betätigen, "um die werke, die schönheit, die sie hervorbringt, besser zu verstehen."[402]

---

398 Ebd., S. 368.
399 Ebd., S. 375.
400 Ebd., Fußnote.
401 Ebd.
402 Ebd., S. 369.

Mit der Gleichsetzung des "Zwecks" der "schönen kunst" mit dem Zweck der geselligen Unterhaltung, also des 'Vergnügens und Glänzens', verbannt er Aufklärung und Moral ebenso aus dem Zirkel als etwas diesem Wesensfremdes, seinen ästhetischen Charakter Aufhebendes, wie aus den "schönen Künsten" überhaupt:

> Unmittelbare sittliche veredelung, unmittelbare aufklärung des verstandes ist von keiner einzigen schönen kunst wesentlicher zweck, aber am wenigsten von derjenigen, welche die menschen in ihren geselligen zirkeln unterhalten soll.[403]

Eben weil der Salon zur Kunst ernannt wird, scheidet Ramdohr ihn "von der moralischen deklamazion oder der pedantischen erschöpfung von wahrheit."[404] Als Institution bürgerlicher Öffentlichkeit (wie ihn Habermas beschrieb) mußte er sich zur Kunstkonzeption Ramdohrs querstellen. Daß "Wahrheitsfindung" primäres Anliegen des "Kunstwerks" Salons sein konnte, verbot sich bereits aus der Zulassung einer nur auf Teilaspekte beschränkten Selbstdarstellung von Individuen. Widersprüche zur Salonkonzeption Rahel Levins zeichnen sich hier ebenfalls deutlich ab; sie werden im Vergleich mit Schleiermachers Theorie noch deutlicher erkennbar.

Wenn Ramdohr also den "Zweck" des Salons - wie aller anderen Künste - als "Vergnügen und Glänzen" beschreibt, was sogleich aristokratische Kunsterwartungen evoziert, so ist nachzufragen, was er gerade in Bezug auf eine ständeübergreifende Formation wie dem Salon darunter versteht. "Glänzen" meint bei ihm, die Talente des Einzelnen zum Vorschein bringen, "Vergnügen", diese "Talente" aufeinander wirken zu lassen: Das Element des Wechselseitigen, das die gesellige Situation als dialogische verlangt, wird zur Quelle des Kunstgenusses: "Wenn man andern gelegenheit zu geben weiß, ihre stärke in dieser kunst zugleich mit uns zu zeigen, wenn man der unterhaltung im ganzen forthilft, und wenn endlich der höchste zweck dieser kunst darin gesetzt wird, daß ein jeder zufrieden mit sich und mit allen theilnehmern der gesellschaft diese verlassen möge"[405], ist dieses "vergnügen" erreicht. Ganz offensichtlich wird hier eine Vermittlung zwischen aristokratischen, auf Repräsentation abhebenden Vorstellungen von Kunst und Umgang und den neuen bürgerlichen Konzepten gesucht. Als Konsequenz fixiert Ramdohr die gesellige Kunst jenseits der ständischen Zuordnungen: Kunst überhaupt und erst recht gesellige müsse von den Prärogativen des Hofes, weil diese die Wechselwirkung (wie er es am Beispiel Kopenhagens demonstriert)[406] einschränken müßten, befreit werden, ohne daß "Kunst der geselligen Unterhaltung" im Gegenzug als bürgerliche Institution etabliert werden darf: Zwischen Hof und Stadt siedelt Ramdohr den Salon als Kunstwerk an und begründet aus dieser "Mittelstellung" die Affinität gerade auch der Künstler und Vertreter der Intelligenz zu dieser Formation und die Notwendigkeit von deren Partizipation:

> die gelehrten, die schönen geister und die künstler müssen vereinigungspunkte haben, wo sie unter sich und mit anderen personen, besonders mit welt- und hofleuten zusammenkommen, und dabei laut sprechen und glänzen können. Von dort

403 Ebd., S. 370-371.
404 Ebd., S. 370.
405 Ebd., S. 374-375.
406 Ebd., S. 382-383.

aus geht dann der stoff an hof und stadt, wird durchgeknetet und zur speise für jedermann zubereitet.[407]

Zur Kunst der Geselligkeit zählt also auch, Teilnehmer der verschiedenen sozialen Gruppen - ohne daß, wie gesagt, Ramdohr auch nur entfernt daran denkt, die hierarchische soziale Gliederung in Frage zu stellen - in die Lage zu versetzen, sich miteinander zu "unterhalten"; mit anderen Worten, um die Definition Ramdohrs von geselliger Kunst zu zitieren: Diese Kunst "ist die gabe, wohlerzogenene menschen *ohne rücksicht auf eine partikulare bildung oder auf ein besonderes verhältnis in denjenigen zirkeln, worin man auf einen wechselseitigen beitrag zum vergnügen rechnet,* eine solche ergötzung zuzuführen, die mit ihrer sittlichen würde im einklang steht"[408] (Hervorhebung PS). Wenn jenseits "partikulärer Bildung" und in Abstrahierung von "besonderen Verhältnissen" das Kunstwerk der geselligen Unterhaltung zustandekommen muß, heißt dies, daß auch für Ramdohr in dieser Kunst neben der sozialen Differenzierung die mit der Arbeitsteilung einhergehende Spezialisierung des Menschen, sofern sie die Verständigung in dieser kommunikativen Situation stört, irrelevant zu werden hat (eine Forderung, die sich primär natürlich auf die bürgerlichen Produzenten und Träger dieses geselligen Kunstwerks bezieht): Es kann, stellt Ramdohr ausdrücklich fest, "nicht ihr zweck seyn, blos gelehrten, blos geschäftsmännern, künstlern usw. eine solche unterhaltung zu geben"[409]. Die sozialen und beruflichen Divergenzen sollen in der geselligen Kunst transzendiert werden - was allerdings nur gelingt, wenn man alles hinter der Schauseite verbirgt. Die "sittliche würde", auf die Ramdohr beidieser Kunst zielt, scheint sich im repräsentativen Schein zu gefallen und zu genügen.

2. Solche Bestimmung der geselligen, künstlerischen Unterhaltung als "interdiskursiv" wirft die Frage auf nach den Kommunikaten, also nach dem "Stoff" der Unterhaltung, über den sich die Teilnehmer von ihrer Schauseite her präsentieren und in ein wechselseitiges Verhältnis treten können. Über das Postulat, daß dieser Stoff einem europäischen Bildungszusammenhang[410] entnommen sein muß, hinaus legt Ramdohr fest:

Die verhältnisse einer genaueren bekanntschaft, alle lokalverhältnisse sind der regel nach nicht der stoff, den sie (die gesellige Kunst - PS) bearbeitet.[411]

Solch ein Stoff würde den Salon als Kunstwerk gefährden, weil er einmal die Individualität (über die 'genauere Bekanntschaft') ins Spiel bringen müßte, und zweitens die auf Selbstdarstellung aller, dem "Glänzen" eines jeden Teilnehmers beruhende Wechselwirkung unterbinden müßte. Ramdohr hat selbst in Kopenhagen erfahren, wie die Lokalverhältnisse als "Stoff" der Unterhaltung den Salon als Integrationsinstitution für Fremde und damit soziale Möglichkeit des Ideenaustauschs (auf europäischer Ebene) inhibieren.[412] Als Kunstwerk hört der Salon damit auf zu bestehen, verfehlt er seinen

---

407 Ebd., S. 382.
408 Ebd., S. 369.
409 Ebd.
410 Ebd.
411 Ebd.
412 So berichtet er aus Kopenhagen: "Die konversazion läuft beinahe ganz auf partikulaire verhältnisse des orts und des landes hinaus. Hofneuigkeiten, zwistigkeiten zwischen den verschiedenen parteien liefern dazu den größten stoff. (...) Man darf, ohne die besorgnis lächer-

"Zweck". Ebensowenig können natürlich "Geschäfte", "Streitpunkte"[413] die Materie sein, über die sich die "kunst der geselligen unterhaltung" entfaltet. Indem Ramdohr die Männer anfällig erscheinen für diesen "Stoff", für Geschäfte und Intrigen, sieht er in der Dialogführung durch die Frauen - entgegen einem Weiblichkeitsvorbehalt, der sich auf das bürgerliche Dasein der Frau bezieht und den auch Schleiermacher teilt - die zur Entstehung des geselligen Kunstwerks erforderliche Stoffwahl verbürgt, vorausgesetzt, die Männer konzedieren den Frauen, "mit ihrer konversazion den gewöhnlichen kreis der stadtneuigkeiten und des putzes (zu) verlassen"[414]. Das konversationelle Repertoire wird von Ramdohr sehr breit gespannt: Selbstverständlich sind es die "schönen Künste", die dazu gehören, aber auch natur- und kulturwissenschaftliche Themen zählen dazu; "besonders aber der mensch"[415] muß Gesprächsstoff sein. Auf eine hierarchische Abstufung der Stoffthemen wird verzichtet: Die "philosophie des gemeinen lebens" ist ebenso zugelassen wie "geschichte (und) mythologie".[416]

Eine solche Entgrenzung des gesellig-konversationellen Stoffes gebietet nach Ramdohr aber zugleich dessen artifizielle Behandlung:

> Es geht mit der kunst der geselligen schönen unterhaltung ebenso wie mit allen schönen künsten überhaupt: der stoff ist wenig, die behandlung ist alles. Das genie kann eine stecknadel und die abstrakteste materie der metaphysik auf eine art nutzen, wodurch sie beide zu einem gegenstande der schönen geselligen unterhaltung werden.[417]

Wie bei den Schöpfern und Trägern von Geselligkeit nicht Individualität entscheidend ist, sondern Präsentation, so verhält es sich also auch mit dem Stoff, aus dem die Kunst der geselligen Unterhaltung geschaffen wird: Nicht um Inhalte, wie in den Zusammenschlüssen der Aufklärung, geht es. Wer auf der Klärung von Sachverhalten beharrt, wer mit "folgerungen" oder "kettenschlüssen"[418] im geselligen Kunstwerk interveniert, verkennt dieses und beschädigt es; die "Gegenstände" erhalten hier "mit ein wenig eigenthümlichkeiten aufgestutzt durch den schmuck der einkleidung ihr hauptinteresse."[419] Die gesellige Kunst der Unterhaltung kann, weil sie die Einheit von Form und Wesen der "res" prinzipiell mißachtet, die Französische Revolution (auch für die aristokratischen Teilnehmer[420]) ebenso und mit den gleichen Wirkungen zum Thema haben wie die "schönen szenen und gegenden der natur"[421]. Ramdohr verlangt nach einer Reihung und raschen Abwechslung der diversen Themen, wodurch der Bedeutungsgehalt

lich zu werden, in gemischten zirkeln noch kein gespräch auf die bahn bringen, das einen mit kenntnissen genährten und zu einigem nachdenken über die allgemeineren verhältnisse der gegenstände des gemeinen lebens gewöhnten geist voraussetzte." Ebd., S. 379-380.

413 Ebd., S. 370.
414 Ebd., S. 381.
415 Ebd., S. 371.
416 Ebd.
417 Ebd., S. 370-371.
418 Ebd., S. 373.
419 Ebd.
420 Ebd., S. 379.
421 Ebd., S. 371.

ebenfalls nivelliert wird. Paradoxien sind für ihn dabei ein Stilmittel der künstlerischen Bearbeitung des Stoffes, der Dialog soll die Tendenz haben, sich auf metaphorischer Ebene, ohne dort zu verharren, fortzusetzen.

Ramdohrs für die Transformation der Geselligkeit in Kunst entscheidender Gesprächsstil weist insgesamt große Affinitäten zu dem auf, was Sengle als Salonton, Neumaier als Konversationston identifizierten:

> Fülle, abwechslung, neuheit, und faßlichkeit in den ideen, leichtigkeit und annehmlichkeit in der einkleidung, das sind die haupteigenschaften, welche die kunst der schönen geselligen unterhaltung voraussetzt.[422]

Seine Bestimmung der Geselligkeit als Kunstwerk ist indes nicht widerspruchsfrei: Während er von den "genies" der geselligen Kunst schwärmt, fordert er zugleich das Beherrschen von "Regeln". Weist er einerseits dieser Kunst als hohes Ziel die "Anerkennung der Menschengröße"[423] zu, begnügt er sich andererseits mit der Forderung nach subjektivem Wohlbefinden der Beteiligten und streift damit wieder die alte Divertissementzuschreibung[424]. So tendiert Ramdohr im Grunde dazu, einen besonderen Teil aristokratischer Lebenspraxis durch dessen Erhöhung zur Kunst aufzuwerten, indem er aus den ästhetischen Programmen des Bürgertums zitiert. Die Doppelgesichtigkeit von Ramdohrs ästhetischen Positionen, von denen seine Erhebung der Geselligkeit zur Kunst nur ein Derivat ist, führte zu einer schroffen Ablehnung durch die jungen Romantiker *und* die "Weimarer". Es sind die *Herzensergießungen eines kunstliebenden Klosterbruders* - die im Titel bereits jene Subjektivität versprechen, die Ramdohr als nicht geselliger Kunst fähig ausschloß -, denen Tieck aber in seiner Vorrede "An den Leser dieser Blätter" eine Kritik an Ramdohr vorausschickte:

> So habe ich, ich will es frei gestehn, in den Schriften des H. von Ramdohr nur weniges mit Wohlgefallen gelesen; und wer diese liebt, mag das, was ich geschrieben habe, nur sogleich aus der Hand legen, denn es wird ihm nicht gefallen.[425]

4.4.3 *Schleiermachers* Versuch einer Theorie des geselligen Betragens*: Die Geselligkeit als Kunst*

1. Nicht nur verglichen mit Ramdohrs Ausführungen zur *Kunst der geselligen Unterhaltung* ist den geselligkeitstheoretischen Ausführungen Schleiermachers eine übergeordnete Bedeutung zuzumessen und von der Forschung immer wieder zugeschrie-

---

422 Ebd., S. 374.
423 Ebd., S. 378.
424 Vgl. ebd., S. 372-373.
425 In: Wilhelm Heinrich Wackenroder: Werke und Briefe, 3. Bde., hrsg. von Friedrich von der Leyen, Jena 1910, S. 202-204, S. 203. Rahel Varnhagen kannte (Brief aus Prag, 1. März, in: Rahel-Bibliothek, IX, S. 393) Ramdohr zwar persönlich, äußerte sich aber nicht weiter zu seinen Schriften, während K.A. Varnhagen gegenüber Rahel Ramdohrs Karrierismus und politische Haltung kritisierte. Brief K.A. Varnhagen an Rahel, 3. Nov. 1817, in: Briefwechsel Varnhagen - Rahel 1, Rahel-Bibliothek VI, 1, S. 275-280, S. 276. Freundlicher erinnert sich dagegen Karoline Pichler an Ramdohr als häufigen Gast in ihrem Salon während eines Wiener Aufenthaltes auf seiner Reise nach Italien. Vgl. Pichler: Denkwürdigkeiten II, S. 28-29.

ben worden.[426] Für Schleiermachers *Versuch einer Theorie des geselligen Betragens* läßt sich als reales Erfahrungsmuster "vor dem Hintergrund der Zeit unschwer die private Institution des literarisch-politischen Salons identifizieren"[427]. Intention seines *Versuchs* ist es dabei - nach Schleiermachers expliziter Aussage -, die durch Abstraktion seiner Erfahrungen erzielte Erkenntnis von geselligen "Gesetzmäßigkeiten" wieder der Praxis der Geselligkeit zur Verfügung zu stellen. Der Zeitpunkt der Veröffentlichung des *Versuchs* sowie der Publikationsort verweisen auf die Berliner Literarischen Salons als Rezeptionsraum: Der theoretische Entwurf erschien auf dem Höhepunkt der Salonkultur im Januar-Februarheft 1799 des von Feßler und Rambach herausgegebenen *Berliner Archivs der Zeit und des Geschmacks*, dessen Leserschaft zum großen Teil in den Kreisen der dortigen Literaturgesellschaften ausgemacht werden muß.

Dennoch ergeben sich gerade von dieser Publikationsgeschichte des Textes her einige - von der Forschung zwar konstatierte, aber nicht weiter diskutierte - Ungereimtheiten, die auch die unmittelbare Wirkungsgeschichte dieser geselligen Theorie in den Salons betreffen. Schleiermacher hatte seinen *Versuch* anonym veröffentlicht; über ein Jahrhundert währte es, bis der Text von Herman Nohl als theoretische Stellungnahme Schleiermachers zur Geselligkeit identifiziert wurde[428], nachdem Dilthey bereits im Rahmen seiner Biographie Schleiermachers aus dessen Tagebuchnotizen auf die in Angriff genommene Ausarbeitung einer solchen Theorie geschlossen hatte. Daß die Identität des Verfassers erst so spät festgestellt werden konnte, erklärt sich nicht zuletzt daraus, daß dieser sich weder in einer anderen Schrift dazu bekannte - auch wenn er in der *Ethik* bis in Formulierungen hinein Gedanken des *Versuchs* übernahm - noch daß in "Salon-Quellen" oder Dokumenten aus seinem Freundeskreis auf diese Publikation als Werk Schleiermacher Bezug genommen wurde - im Gegensatz zu anderen seiner Schriften, die in der Regel rasch und ausführlich thematisiert wurden. Zur Anonymität des Autors kommt, daß die Geselligkeitstheorie, nachdem der erste Teil bereits erschienen und eine Fortsetzung angekündigt war, von Schleiermacher nicht zu Ende geführt wurde, was bei entsprechender Resonanz des ersten Teils in den Salons befremdlich gewesen wäre und Diskussionen bzw. Nachfragen hätte auslösen müssen.

Mitte Februar, kurz nach Erscheinen dies ersten Teils, beschrieb er Henriette Herz seinen Arbeitsaufenthalt in Potsdam:

---

426 So zuletzt noch einmal in der hervorragenden Dissertation von Markus Fauser: Das Gespräch im 18. Jahrhundert. Rhetorik und Geselligkeit in Deutschland. Stuttgart 1991, die vor allem von Konversationstheorien handelt. Auch wenn die Arbeit von Fauser Diskrepanzen zwischen Theorien und Aktualisierungen nicht zum Thema hat, ist es sehr zu bedauern, daß die Ergebnisse dieser Dissertation in der vorliegenden Arbeit nicht mehr berücksichtigt werden konnten.

427 Altenhofer: Geselliges Betragen, S. 180.

428 Vgl. Hermann Nohl: Vorbemerkung zu Schleiermachers *Versuch einer Theorie des geselligen Betragens*, in: Otto Braun/Johann Bauer (Hg.): Friedrich D.E. Schleiermacher: Werke, Auswahl in vier Bänden, Zweiter Band, Leipzig 1913, S. XXII-XXIV. Der *Versuch* ist hier erstmals als Schrift Schleiermachers wieder veröffentlicht, S. 1-31. Die entsprechenden Notizen aus Schleiermachers Tagebuch zit. nach Dilthey, S. XXV-XXX.

> Ich habe einen Dialog im Platon gelesen, ich habe ein kleines Stück Religion gemacht, ich habe Briefe geschrieben, kurz, ich habe alles versucht, außer die gute Lebensart, und was soll ich mit dieser? Aber es geht alles nur sehr mittelmäßig.[429]

"Die gute Lebensart", die in der Reihe seiner damaligen Projekte aufgeführt ist, glaubt Schleiermacher nicht weiter erläutern zu müssen. Wie aus den Tagebuchnotizen Schleiermachers zur Geselligkeit, welche die "gute Lebensart" reflektieren[430], hervorgeht, kann es sich in der - sonst unverständlichen - Anmerkung Henriette Herz gegenüber nur um eine Art Arbeitstitel des zweiten, projektierten Teils des *Versuchs* gehandelt haben. Diese Briefstelle hätte dann Henriette Herz über den Fortgang bzw. das Stocken der Arbeit an der Geselligkeitstheorie informiert. Aus ihr könnte damit auch gefolgert werden, daß man im Kreis um Herz - und, da dieser 1799 Schnittpunkt für Teilnehmer verschiedener Salons war, darüber hinaus - nicht nur die Verfasserschaft Schleiermachers beim publizierten Teil kannte, sondern man von seinen noch ausstehenden Thesen wußte. Schleiermacher sah sich auch deshalb bemüßigt, eine Erklärung für den Stillstand an seinen Arbeiten zur "Geselligkeit" zu geben, eine Erklärung, die auf den Praxisbezug seiner Theorie bzw. dessen Verlust rekurriert: Die Isolation in Potsdam mit der Destabilisierung des "Ichs" habe seine produktiven Kräfte, indem sie ihn vom kontinuierlichen Ideenaustausch abgeschnitten habe, eingeschränkt:

> Ach, liebe Jette, tun Sie Gutes an mir und schreiben Sie mir fleißig, das muß mein Leben erhalten, welches schlechterdings in der Einsamkeit nicht gedeihen kann. Wahrlich ich bin das allerabhängigste und unselbständigste Wesen auf der Erde, ich zweifle sogar, ob ich ein Individuum bin.[431]

Ein weiterer Brief Schleiermachers, der deutlicher noch den Briefverkehr als Surrogat von Salongeselligkeit zeigt, spricht ebenfalls von den Zusammenhängen zwischen produzierender Tätigkeit und geselliger Mitteilung beim jungen Schleiermacher und hilft, den Abbruch seiner Arbeit an der *Theorie des geselligen Betragens* zu erklären:

> Oder liegt das nicht in meiner Natur, daß ich kein unabhängiges Denken habe? daß alle meine Tätigkeit ein Produkt der Mitteilung ist? Und daß sie also nur mit dieser in Verhältnis steht? Für alles, was ich tun soll, kommt es darauf an, daß ich lebendig affiziert werde, und eure Briefe helfen nicht nur meinem Sein, sondern auch meinem Wirken mehr als irgend etwas; ja sie allein sind es, an die ich mich halten muß, und ohne die auch alles Gefühl meines Reichtums gerade zum Wirken und Arbeiten nichts helfen könnte.[432]

---

429 Schleiermacher an H. Herz, Potsdam, 15. Febr. 1799, in: Herz: Erinnerungen, S. 281.

430 Vgl. dazu die Notizen des Tagebuchs Nr. 84, 106, 137, 149, 156, 164, 167.

431 Schleiermacher an H. Herz, Potsdam, 15. Febr. 1799, a.a.O.

432 Zit. nach Heinrich Töllner: Die Bedeutung der Geselligkeit in Schleiermachers Leben und Schriften, Diss., Erlangen 1927, S. 38. Dieses produktive Prinzip, das die Geselligkeit zu einer produzierenden macht, spricht Schleiermacher auch in seinen *Monologen* an (die damit schon im Titel eine defizitäre Produktionssituation andeuten können). Ich zitiere die entsprechende Stelle bei Rudolf Hirzel: Der Dialog. Ein literarhistorischer Versuch, 2 Theile, Leipzig 1895, 2. Theil, S. 431-432, für den Schleiermacher "ein geborener Dialogiker" war (ebd., S. 431): "Es trocknen mir in der Einsamkeit die Säfte des Gemüths, es stockt der Gedanken Lauf; ich muss hinaus in mancherlei Gemeinschaft mit den anderen Geistern, nicht nur zu schauen, wie viel es menschliches gibt, was lange ja wohl immer mir fremde bleibt, und was hingegen mein eigen werden kann, nein auch immer fester durch Geben und Empfangen das eigene Wesen zu bestimmen. (...) Drum mag ich alles in Gemeinschaft treiben: beim innern Denken, beim Anschaun, beim Aneignen des Fremden bedarf ich irgend

Die Tatsache, daß diese Theorie der Geselligkeit Fragment geblieben ist, kann damit weniger als Beweis einer mangelhaften Resonanz in den Zirkeln ausgelegt werden, als mit "Produktionshemmissen", die sich in der Potsdamer Einsamkeit aufbauten, in Verbindung gebracht werden; das Scheitern des ungeselligen Individuums an der Theorie des Geselligkeit verifiziert diese Theorie ebenso wie die Destabilisierung des "Ichs" dies tut.

2. Daß Schleiermacher nach den Kompendien der empirischen Aufklärung mit ihren Verhaltensvorschlägen für den geselligen Umgang ausgerechnet dem Berliner Salon mit dessen Aversion gegenüber solchen Kodifizierungen wieder mit einer Theorie aufwartete, die "Gesetzmäßigkeiten" versprach, setzte ihn offensichtlich einem starken Legitimationszwang aus. So leitet er seine Abhandlung wie folgt ein:

> Unvermeidlich scheint es mir, daß jedes Unternehmen, über diesen Gegenstand eine Theorie aus Begriffen zu geben, die Virtuosen sowohl als die Dilettanten beleidigen muß. Diese wollen in dem Gefühl der innigen Bewunderung und in dem Beifall, den sie den Mustern des Spiels auf der Schaubühne der Welt so gern und mit so viel Liebe zur Nacheiferung zollen, durch die Kritik des Theoristen, der sich vielleicht auf demselben Platz nicht einmal versucht hat, ebensowenig gestört sein, als die Liebhaber der Kunst auf dem kleineren Theater, wo der Schauspieler (...) ergötzt und belebt. Sie werden sagen, nichts laufe so sehr dem feinen Betragen zuwider, als anmaßend zu sein, und nichts sei so anmaßend, als gerade hierüber allgemeine und alles umfassende Vorschriften zu geben. (...) Die Virtuosen selbst pflegen von allgemein-geltenden in Formeln ausgedrückten Regeln sehr geringe Begriffe zu haben. Alle Feinheit des geselligen Betragens scheint ihnen so individuell, und das beste in jedem Fall von soviel kleinen Umständen abhängig zu sein, daß man allgemeinen Regeln nicht trauen dürfe, und alle eigene Vollkommenheit aus der Nachahmung bewährter Muster oder aus einem eigenen Gefühl hervorgehen müsse.[433]

Schleiermachers Argumentation für eine Theorie der Geselligkeit als Desiderat geselliger Praxis legt bereits in diesen Sätzen eine Kommensurabilität von Erscheinungen in der künstlerischen und der geselligen Praxis nahe. Wie Ramdohr von "Genie" und "Talenten" sprach, überträgt Schleiermacher Begriffe wie "Virtuose" und "Dilettant" aus der Kunstproduktion auf Salons und Zirkel. Die "Kunst auf dem kleineren Theater" weist Vergleichspunkte mit der Geselligkeit als der "Schaubühne der Welt" auf. Im Gegensatz zu Ramdohr sind dies Parallelerscheinungen auch im Negativen: beidesmal vollzieht sich Handeln in der Unkenntnis von Gesetzmäßigkeiten und daraus entwickelten Regeln. Das Ziel ist in beiden Fällen, wie die Bezeichnung der Geselligkeit als "Bühne" deutlich macht, das Gefallenwollen, der repräsentative Schein. Auf eine Geselligkeit, die eine so geartete Nähe zur Kunst aufweise, berechnet seien auch jene "Sammlungen, wo die Regeln und die Grenzbestimmungen der geselligen Mitteilung mit Vorschriften, die in Sittenbüchlein für Kinder gehören, zusammengeworfen, wo alle Begriffe auf den Kopf gestellt sind, und noch dazu das Ganze durch die verkehrteste Ansicht entstellt ist(...)"[434],

eines geliebtes Wesens Gegenwart, dass gleich an die innere That sich reihe die Mittheilung, und durch die Süsse und leichte Gabe der Freundschaft ich mich leicht abfinde mit der Welt." Daß Schleiermacher hier zentrale Gedanken äußert, die sich in seiner Geselligkeitstheorie finden, wird noch anzusprechen sein.

433 Schleiermacher: Versuch, S. 5-6.

434 Ebd., S. 7.

die aber eben, und es ist hier natürlich Knigge, gegen den Schleiermacher polemisiert, auf repräsentatives, den äußeren Gestus beachtendes, soziales Verhalten abgestellt sind. Zwar zögert Schleiermacher nicht, auch eine solcher Art regulierte gesellige Praxis als "Kunst" zu bezeichnen, aber diese "Kunst der Gesellschaft"[435] will Schleiermacher als besonders kultivierten Lebensbereich, nicht als eigenständig-zweckfreien begreifen: Die "verkehrteste Ansicht" vom geselligen Verhalten rühre daher, daß "diese vermeinten Virtuosen die Kunst nicht um ihrer selbst willen lieben und ehren, sondern immer das Glück, welches damit in der Welt zu machen ist, im Sinn haben, und ihr Geschäft nur, wie Handwerker pflegen, um des Gewinnes willen treiben."[436]

Anders als Ramdohr arbeitet Schleiermacher mit dem Kunstbegriff in seinen verschiedenen semantischen Aspekten. Wenn seine Kritik sich entzündet an einer geselligen Kunst (im Sinne einer Beherrschung) zweckorientierter Umgangsformen, so sollen die Gesetzmäßigkeiten, die er dagegen herausstellen will, gerade dazu geeignet sein, den Salon als entpragmatisierten Raum aufzubauen. Ohne die Kenntnis solcher "Gesetzmäßigkeiten", ohne Theorie, muß der Salon immer Gefahr laufen, diesen autonomen Charakter und damit seinen emphatischen Kunstanspruch zu verlieren, kann jede gesellige Tätigkeit "nur eine blinde unzusammenhängende Empirie sein"[437] - dilettantische Praxis eben.

Wenn mit der Überwindung des theorielosen geselligen Zustandes sich die Geselligkeit erst zum Kunstwerk gestalten läßt, das sich von den Schlacken des materiellen Lebens befreit hat, muß dem Geselligkeitstheoretiker bei diesem Vorgang eine entscheidende Funktion zufallen:

> Der Theoretiker ist es, der bei der ganzen Untersuchung auf dem höchsten Standpunkt steht; er allein sucht den Schlüssel des Rätsels und die letzten Gründe der Handlungen; er allein will das gesellige Leben als ein Kunstwerk konstruieren, da Virtuosen es oft nur als eine schöne Fantasie betrachten (...).[438]

3. Das "gesellige Leben als ein Kunstwerk" kann nach der Theorie Schleiermachers nur dort realisiert werden, wo sich die Geselligkeit als "freie" konstituiert, als "durch keinen äußeren Zweck gebundene und bestimmte"[439]. Die Aktualität der Forderung nach solchem Umgang wird von ihm sozialhistorisch als Reaktion gesehen auf den Zerfall des menschlichen Wirkungskreises in einen privat-häuslichen und öffentlich-beruflichen:

> Wer nur zwischen den Sorgen des häuslichen und den Geschäften des bürgerlichen Lebens hin und her geworfen wird, nähert sich, je treuer er diesen Weg wiederholt, nur um desto langsamer dem höheren Ziele des menschlichen Daseins. Der Beruf bannt die Tätigkeit des Geistes in einen engen Kreis: wie edel und achtenswert er auch sei, immer hält er Wirkung auf die Welt und Beschauung der Welt auf einem Standpunkt fest, und so bringt der höchste und verwickelste wie der einfachste und niedrigste, Einseitigkeit und Beschränkung hervor. Das häusliche Leben setzt uns nur mit Wenigen, und immer mit denselben in Berührung: Auch die höchsten Forderungen der Sittlichkeit in diesem Kreise werden einem aufmerksamen Gemüt

[435] Ebd.
[436] Ebd.
[437] Ebd., S. 6.
[438] Ebd., S. 6-7.
[439] Ebd., S. 3.

> bald geläufig, und seine Ausbeute an mannigfaltigen Anschauungen der Menschheit und ihres Tuns wird mit jedem Tage um so geringer, je rechtlicher alles hergeht, und je mehr die sittliche Ökonomie vervollkommnet ist.[440]

Völlig neu war diese These nicht. Daß die fortschreitende Arbeitsteilung die "Tätigkeit des Geistes" in immer engere Bahnen zwingen würde, hatte bereits ein Jahr zuvor Christian Garve in einer thematisch verwandten Abhandlung behauptet und in ihren Konsequenzen für den geselligen Umgang diskutiert. In seiner Schrift *Über Gesellschaft und Einsamkeit* zitiert er als bereits allgemeinere Erfahrung:

> Der Manufacturist, sagt man, verliert an persönlicher Vollkommenheit, indeß die Manufacturen vollkommner werden: weil dieses nicht ohne eine immer weiter getriebene Theilung der Arbeiten möglich ist, welche zuletzt jeden Arbeiter auf einen für die Geistesbildung zu engen Kreis von Gegenständen einschränkt. Auf gleiche Weise ist es eine Folge von den Fortschritten der Wissenschaften, daß jede ihren Mann fast allein beschäftigt und jede ihren eigenen Mann erfordert. Der Gegenstände also, welche alle kennen, womit sich alle beschäftigen, sind jetzt wirklich weniger als im Altertum.[441]

Während Garve allerdings - sich auf seine provinzielleren Erfahrungen berufend -einen daraus notwendig folgenden geselligen Niedergang diagnostiziert[442], erkennt Schleiermacher umgekehrt in Berlin, daß eine "freie" Geselligkeit, die "als eine nicht zu umgehende natürliche Tendenz" anthropologisch fundiert wird[443], nicht nur als aktuell dringend zu realisierendes Desiderat deutlicher geworden ist, sondern auch bereits in der Praxis Gestalt anzunehmen begonnen hat - eben in Form der Salons:

---

440 Ebd., S. 4.

441 Garve: Über Gesellschaft, S. 85. In Garves *Versuch über verschiedene Gegenstände aus der Moral, der Litteratur und dem gesellschaftlichen Leben. Band 1* wird zwar noch davon ausgegangen, daß die "positiven Geisteseigentümlichkeiten der Bürger (...) vor allem in der Ausübung ihrer Profession zum Ausdruck (kommen)", zugleich heißt es aber auch schon, daß die Bürger in allgemeiner Hinsicht als "Menschen" hinter den Adeligen zurückstehen (S. 303-304). Schiller, der darüber mit Garve korrespondiert, bleibt - wie Borchmeyer aus der Urfassung der *Ästhetischen Briefe* zitiert - in Übereinstimmung mit Garve dem alten universellen Bildungsideal als Basis der Konversation verpflichtet und stellt es ebenfalls den stärker werdenden Spezialisierungstendenzen entgegen: "Der Bloß sensuelle Mensch und der Bloß Fächergelehrte sind daher gleich unbrauchbare Subjekte der Konversation, weil beide gleich wenig Fähigkeiten besitzen, ihr Privatgefühl zum allgemeinen zu erweitern und das allgemeine Interesse zu dem ihrigen zu machen." Zit. nach Borchmeyer: Höfische Gesellschaft, S. 151.

442 "Die Menschen kommen jetzt weniger wie ehedem, in einer gemeinschaftlichen Summe leichter und oberflächlicher Kenntnisse über viele Dinge zusammen; und trennen sich vielmehr durch gänzliche Unwissenheit in Absicht einiger, und die tiefe Kenntniß anderer Zweige. Und da nun der Umgang sich keiner andern Gegenstände, zur Unterhaltung im Gespräche, bemächtigen kann, als über welche die Vorkenntnisse aller gut erzogenen Leute ungefähr gleich sind: so hat sich dieser Kreis zu unserer Zeit im Verhältnisse gegen dem im Althertum in der That mehr verengt, als erweitert." Garve: Über Gesellschaft, S. 85-86. Wenn Garve vorschlägt, das einsame Individuum solle sich durch Lektüre konversationelles Wissen aneignen, zielt dies in der Ferne bereits auf das Projekt bürgerlichen Bildungsguts. Daß Garve die Antike mit ihrer agoralen Öffentlichkeit als Maßstab wählt, daß er die Verengung des Blickwinkels durch die Privatssphäre - was die Frauen in besonderer Weise depravierte - nicht thematisiert, zeigt, daß der Aufklärer Garve anders als Schleiermacher die Institutionen konversationellen Umgangs als Elemente räsonnierender Öffentlichkeit herausgearbeitet sehen will, was ihn auch in Konflikt mit den traditionellen Definitionen von Konversation (s.u.) bringen muß.

443 Schleiermacher: Versuch, S. 7.

> Es muß also einen Zustand geben, der diese beiden (Bereiche - häusliche Privatheit und Beruf/Öffentlichkeit - PS) ergänzt, der die Sphäre eines Individui in die Lage bringt, daß sie von den Sphären Anderer so mannigfaltig als möglich durchschnitten werde, und jeder seiner eigenen Grenzpunkte ihm die Aussicht in eine andere und fremde Welt gewähre, so daß alle Erscheinungen der Menschheit ihm nach und nach bekannt, und auch die fremdesten Gemüter und Verhältnisse ihm befreundet und gleichsam nachbarlich werden können. Diese Aufgabe wird durch den freien Umgang vernünftiger sich untereinander bildender Menschen gelöst.[444]

Um also zu den "mannigfaltigen Anschauungen der Menschheit" zu kommen, ist die Aufhebung jeder Beschränkung der hier sich versammelnden Individuen für Schleiermacher Voraussetzung: Durch ihn wird in der seit der Jahrhundertmitte heftiger geführten Diskussion um die Artikulationsmöglichkeiten des Individuums die "freie" Geselligkeit als - transitorisches - Gegenbild der Gesellschaft und als soziales Feld eingebracht, auf dem das Individuum sich endlich ohne Fremdbestimmung ganz nach seiner eigenen Maßgabe entfalten könne:

> Hier ist es nicht um einen einzelnen untergeordneten Zweck zu tun; die Tätigkeit höherer Kräfte wird nicht aufgehalten durch die Aufmerksamkeit, die überall, wo auf die Außenwelt gewirkt werden soll, dem Geschäft der niederen gewidmet werden muß; hier ist der Mensch ganz in der intellektuellen Welt, und kann als Mitglied derselben handeln; dem freien Spiel seiner Kräfte überlassen, kann er sie harmonisch weiter bilden, und von keinem Gesetz beherrscht, als welches er sich selbst auflegt, hängt es nur von ihm ab, alle Beschränkungen der häuslichen und bürgerlichen Verhältisse auf eine Zeitlang, soweit er will, zu verbannen.[445]

Ganz ähnlich wie bei Ramdohr wird die Form der Beziehung, die die Menschen miteinander eingehen, als die der "Wechselwirkung" beschrieben. Diese "Wechselwirkung" gewinnt bei Schleiermacher aber sogleich eine andere Qualität dadurch, daß sie nicht nur die Form des Umgangs, sondern zugleich auch dessen Zweck ist, insofern sie das Subjekt in seiner ganzen Individualität zur Geltung bringen soll. In ihr ist nach Schleiermacher die Reduktion eines Teilnehmers zum bloßen Objekt fremder Einwirkung ausgeschlossen, denn als Medium der Darstellung von eigener Eigentümlichkeit werde der jeweils andere Teilnehmer wieder zum selbsttätigen, seine Individualität äußernden Subjekt:

> Die Wirkung eines Jeden soll gehen auf die Tätigkeit der übrigen. Nun aber kann auf ein freies Wesen nicht anders eingewirkt werden, als dadurch, daß es zur eigenen Tätigkeit aufgeregt, und ihr ein Objekt dargeboten wird; und dieses Objekt kann wiederum zufolge des nichts sein, als die Tätigkeit des Auffordernden (sic), es kann also auf nichts anderes abgesehen sein, als auf ein freies Spiel der Gedanken und Empfindungen, wodurch alle Mitglieder einander gegenseitig aufregen und belehren.[446]

In der "Gesellschaft" Schleiermachers wird die in ihren Erscheinungen unendliche Menschheit in einer endlichen Sphäre repräsentiert durch die Manifestation von Individualitäten: Hier nähert man sich dem Ideal der Menschheit über die Summe von sich darstellenden Individuen immer mehr an, die, befreit von Determination und Fremdbestimmungen verschiedenster Art, temporär dokumentieren, wie sie sein könnten.

---

444 Ebd., S. 3-4.
445 Ebd., S. 4.
446 Ebd., S. 10.

Selbstbewußtsein und Gattungsbewußtsein bedingen einander und konvergieren. Die gesellige Tätigkeit selbst muß unter diesem Aspekt zum Prozeß entgrenzt werden.

An diesem Punkt liegen die Gemeinsamkeiten und Unterschiede von Kunst und "freier" Geselligkeit offen, lassen sich die ästhetischen Anschauungen Schleiermachers mit seinen geselligen vergleichen. Auf eine Stelle in *Brouillon zur Ethik* (1805/06), in der diese Operation bereits von Schleiermacher selbst durchgeführt ist, hat Norbert Altenhofer aufmerksam gemacht. Eine Stelle, in der Schleiermacher bei der geselligen Kunst an romantische Konzepte der Unabgeschlossenheit anknüpft, auf dem Gebiet der "schönen Kunst" allerdings eher am klassischen Kunstideal festhält:

> Ursprünglich fällt die freie Geselligkeit ganz in das Gebiet der Kunst, welches eben dadurch Allgemeinheit bekommt. Nämlich sie hat mit der Kunst im engeren Sinne gemein, daß sie Darstellung des Individuellen ist. In der schönen Kunst aber ist ein einzelnes Werk vollendete Darstellung einer einzelnen Idee. In der freien Geselligkeit ist die ganze Reihe der Tätigkeiten Darstellung der Grundidee des Menschen selbst.[447]

Das ästhetische Theorem, daß Kunst "Darstellung des Individuellen" sei, fundiert die historisch-philosophische Produktion des jungen, "salongeselligen" Schleiermacher. So hat Hoffmann-Axthelm es als signifikant für Schleiermacher als Autor bezeichnet, daß er bei jeder schriftstellerischen Arbeit "von sich intensive persönliche Beteiligung (verlange), denn nur, wenn er sich selbst ganz darin zum Ausdruck gebracht hat, kann das Werk nach seinem Sinn für andere überhaupt Wert haben. Andererseits braucht er zu solcher Exteriorisierung die lebendige Berührung mit Freunden (...)."[448] Im Einbringen von geselligen Redeformen - Gespräch, Fragment, Rede usw. - in sein schriftstellerisches Werk hat Hoffmann-Axthelm Versuche gesehen, das dialektische Verhältnis von geselliger Wechselwirkung und Individualitätsmanifestation auch von der Form her im literarischen Produkt widerzuspiegeln.

Claus Menze hat, von der humanistischen Bildungstheorie ausgehend, eine identische Funktionszuweisung an die Kunst und an die "freie" Geselligkeit konstatiert. Wie der Kunst werde der Geselligkeit zugeschrieben, "den Menschen sich in seinem Menschsein ganz empfinden zu lassen, ihn werden zu lassen, was er jenseits von spezifischen situativen Kontexten und Anpassungszwängen 'rein' von sich her ist"[449]. Daß die Darstellung des Individuellen zu keinem anderen Zweck als zur geselligen Wechselwirkung und damit die "Beschäftigung des Menschen mit sich selbst"[450] die

---

447 Zit. nach Altenhofer: Geselliges Betragen, S. 181.

448 Hoffmann-Axthelm: Geisterfamilie, S. 217. Hoffmann-Axthelm will in der Tatsache, daß die literarische Selbstmanifestation Schleiermachers des geselligen Austauschs bedarf, einen Widerspruch erkennen, der einen grundlegenderen widerspiegle: den zwischen dem "Werdenden" und dem "Machen" bei Schleiermacher, wobei das "Machen" auf Endgültiges zielte, "also den Moment, der nur im Vergehen er selbst ist, künstlich festhält und verewigt" (S. 127). Die bei Altenhofer zitierte Stelle aus dem *Brouillon* faßt dies aber weniger als Widerspruch denn als zwei künstlerische Möglichkeiten einer immer dichteren Annäherung an die Idee des "Menschsein".

449 Claus Menze: Aspekte der humanistischen Geselligkeitslehre und der kommunikativen Pädagogik, in: Die Erziehungswissenschaft und die Pluralität ihrer Konzepte, hrsg. von Hermann Röhrs, Festschrift für Wilhelm Flitner zum 90. Geburtstag, Wiesbaden 1979 (Erziehungswissenschaftliche Reihe 20), S. 147-162, S. 150.

450 Aus Schleiermachers *Ästhetik* zit. nach Altenhofer: Geselliges Betragen, S. 181.

"freie" Geselligkeit zur Kunst erhebt, führt aber bei Schleiermacher zu dem Paradoxon, daß gerade kunstproduzierende Geselligkeit ebenso wie kunstrezipierende, indem sie dem Ideal "freier" Geselligkeit entgegensteht, keinen Kunstcharakter besitzen kann: "Es soll keine bestimmte Handlung gemeinschaftlich verrichtet, kein Werk vereinigt zu Stande gebracht, keine Einsicht methodisch erworben werden"[451], fordert Schleiermacher und macht z.B. jenen "Gesellschaften" eine Tendenz zur Kunst streitig, in denen man z.B. Schauspiel und Vorlesungen beiwohnt, denn "jeder ist auch mit dem Künstler eigentlich nicht in einer freien, sondern in einer gebundenen Gesellschaft begriffen, weil dieser es nur auf irgend eine bestimmte Wirkung angelegt hat, und jener nicht gleichförmig auf ihn zurückwirken kann, sondern sich eigentlich immer leidend verhält."[452] Die konversationellen Inhalte der Geselligkeit, bei Ramdohr der "Stoff", werden unter dieser Perspektive ebenso zu irrelevanten Größen, wie es bei Ramdohr der Fall gewesen ist: Ein Literarischer Salon kann demnach weniger "künstlerisch" sein als jener, der ästhetische Fragen nicht im mindesten berührt. In Schleiermachers Theorie mußte eine Entwicklung der Salons zu kunstkonsumierenden das Ende der Salons als Kunst bedeuten. Ähnlich ist das Verhältnis von Konventionsbeachtung und Kunstcharakter als umgekehrt proportionales zu bestimmen: in dem Maße, in dem die Manifestation von Individualität durch Verhaltenskonventionen be- oder verhindert wird, muß die Tendenz der Geselligkeit zur Kunst abnehmen. Deshalb ist es nach Schleiermacher völlig unmöglich, Knigges "Kunst" des *Umgangs* zu einer Geselligkeit als Kunstwerk zu entfalten. Es kann in Schleiermachers *Theorie* auch keinen statischen, kodifizierten Begriff des "Schicklichen" - bei Knigge Dreh- und Angelpunkt - geben. Der Begriff des "Schicklichen", wendet er in seinem Tagebuch gegen Knigge ein, "muß jedesmal auf's neue producirt werden"[453], sonst sei er "aristokratisch" und damit unverträglich mit einer Projektion "freier" Geselligkeit als Bereich von Gleichheit, Freiheit, Toleranz.[454]

Wenn von den "unendlichen" Möglichkeiten der "freien Äußerungen" der Menschheit denjenigen, die eine "Gesellschaft" bilden, immer nur ein bestimmtes Maß, ein "endliches Quantum"[455], eigen sein kann, so definiert er dies als den "Stoff", der einer bestimmten Gesellschaft, wie einem konkreten Salon zur Verfügung steht, über den dieser sich bei einer Soiree aufbaut.

Der Bereich zwischen den durch die versammelten Individuen gesetzten "Stoffgrenzen", innerhalb derer die "Wechselwirkung" stattfindet, macht Schleiermachers, wobei er von dem üblichen Sprachgebrauch abweicht, "Ton" einer Gesellschaft aus.[456] Mit anderen Worten: das Eigentümliche einer geselligen Einheit findet sich im "Ton". Das Treffen dieses "Tons" - ohne das "Wechselwirkung" allenfalls für einzelne Teilnehmer möglich wäre -, also das Bestimmen und Respektieren der nicht nur von Soiree zu Soiree, sondern durch die Fluktuation auch während einer Soiree per-

451 Schleiermacher: Versuch, S. 10.
452 Ebd., S. 9.
453 Tagebuch, Nr. 116, S. XXIX.
454 Ebd.
455 Ebd., S. 10-11.
456 Ebd., S. 16.

manent instabilisierten Grenzen, "in denen eine Gesellschaft eingeschlossen bleiben muß"[457], wird von Schleiermacher jetzt als das Gebot des damit in der Tat nur momentanen "Schicklichen" bestimmt.

> So sind Politik und Geschichte, Literatur und Kritik, Theaterwesen und Mimik unstreitig sehr nahe verwandte Gegenstände, und doch ist für einen großen Teil ganz feiner Gesellschaft zwischen den beiden Hälften derselben eine unübersteigliche Kluft befestigt, und wo von der einen die Rede gewesen ist, auf die andern zu deuten, ist oft eine Unschicklichkeit, die man ohne jene Vorsicht erst wenn sie heraus ist, an ihren Wirkungen erkennt.[458]

Zwei Forderungen scheinen dabei allerdings zu kollidieren: dem Postulat, die gesellige Konfiguration als Ganzes in ihrer konkreten Eigentümlichkeit zu entdecken und zu respektieren, in ihrem "Ton" gesellig zu interagieren, steht jenes gegenüber, das die unbedingte Manifestation der Individualität, essentiell für den Kunstcharakter der Salons, einfordert. Der Individualität kann dabei nichts abgehandelt werden; selbst wenn nur auf einen "Teil seiner (des Individuums - PS) Grundsätze, seiner Meinungen, seiner Art sich auszudrücken und zu betragen"[459] verzichtet werden müßte, würde es zur Gänze seine Fähigkeit verlieren - und damit die "freie" Geselligkeit ihres Zwecks berauben -, "uns seine Ansicht der Menschheit vorzustellen"[460]. Schleiermacher pointiert das hier auftauchende, zentrale Problem seiner Geselligkeitstheorie, mit dessen Lösung auch der Kunstanspruch der Salons steht und fällt:

> Ich soll meine Individualität, meinen Charakter mitbringen, und ich soll den Charakter der Gesellschaft annehmen; beides soll in demselben Moment geschehen, soll eins und in einer Handlungsweise vereinigt sein.[461]

Was sich als Widerspruch darstellt, löst Schleiermacher auf, indem er das "Eigentümliche" der geselligen Einheit und des Individuums auf zwei qualitativ verschiedenen Ebenen einzulösen fordert. Abweichend von seiner Definition des geselligen "Tons" formuliert er für das Individuum:

> Einen einzelnen Menschen (...) charakterisiert man in Absicht auf sein Denken und Handeln keineswegs nach dem Stoffe - diesen hat es mit vielen gemein, und man hält ihn für etwas ganz zufälliges - sondern nach der Art, wie er ihn behandelt, verbindet, ausbildet und mitteilt. Dies ist das wesentliche, was ein Individuum charakterisiert, und wir wollen es in Beziehung auf die Gesellschaft die *Manier* nennen.[462]

Für den Teilnehmer der Salongeselligkeit darf es demnach keine Beschränkung der Selbstmanifestation geben, was seine "Manier", den "Stoff" zu behandeln, betrifft, wohl aber in der für die Individualitätsdarstellung unerheblichen Stoffwahl. Der "Stoff" erfährt dagegen durch die - unendliche - Diversität der situativ befreiten "Manier" eine erschöpfende Behandlung, in der sich die Individuen in ihren Individualitäten zur vollen

---

457 Ebd., S. 17.
458 Ebd.
459 Ebd., S. 13.
460 Ebd.
461 Ebd.
462 Ebd., S. 16.

Geltung bringen, ohne gleichzeitig die Gesellschaft zu gefährden. Im Gegenteil: diese findet erst auf diesem Weg, der den "Ton" sichert, zum vollendeten Ausdruck ihres Charakters.

Die Herleitung des "Schicklichen" vom "Ton" im Sinne Schleiermachers und die Freisetzung des individuellen Verhaltens durch die "Manier" hat zwar die konventionalisierte Verhaltensweise ebenso erledigt wie die Affektenkontrolle des 18. Jahrhunderts, aber zugleich auch den geselligen Menschen als merkwürdig interesselosen bestehen lassen. In einem bewußten Akt hat er beim Eintritt in den Salon "seine" Themen zu vergessen, sieht er sich genötigt, seinen Belangen keinen aktuellen Artikulationswert zuzubilligen. Inwieweit die Geselligkeitstheorie des jungen Schleiermacher (mit den autobiographischen Erfahrungen in Adelshäusern wie in dem der Familie von Dohna) dann unvermutet doch die bürgerliche Selbstkonditionierung reaktualisiert, "salonfähig" macht - jetzt aber von der Interessenseite her -, könnte an dieser Stelle intensiver diskutiert werden. Wir belassen es bei diesem Hinweis. Konzessioniert wird dagegen also eine Spontaneität der Artikulationsweisen der Individuen. Wenn die Inhalte von den subjektiven Interessen abgelöst erscheinen, erübrigt sich auch ein finales geselliges Handeln und - auf der Ebene des sprachlichen Umgangs (wie bei Ramdohr) - eine stringente Argumentationsführung. Zwar ist der "schöne Schein" Schillers zur individualistischen "Manier" aufgelöst worden - während Schillers Spielbegriff übernommen ist und den sprachlichen Umgang als Sprachspiel erscheinen läßt -, aber auch in der radikalen Individualisierung wird wie bei Schillers "schönem Schein" die unmittelbare gesellschaftliche Relevanz herausgedrängt. Es bleibt die Frage, ob nicht über die "Manier" die von Schleiermacher vehement abgelehnte Spaltung des Individuums, wie sie offensiv von Ramdohr vertreten und verteidigt wurde, restituiert wird.

Wie sich in der jedem Interesse enthobenen "Manier" ein Rekurs auf ältere, von Schleiermacher selbst befehdete Verkehrsformen verbergen kann, so umgekehrt im "Ton" eine Nachgiebigkeit gegen eine Tendenz hin zur gesellschaftlichen Spezialisierung, bzw. zu deren Reflex auf geselliger Ebene. Schleiermacher stellt in seinem Bezug auf konkrete "Gesellschaften" ab auf Geselligkeitsformationen, die nicht mehr die alte universelle Bildung zur konversationellen Grundlage haben, sondern die sich bereits, noch verdeckt und daher im "Ton" nicht einfach zu treffen, um Themenbereiche und Interessen gruppieren (auch darin kann sich die bürgerliche Gesellschaft ankündigen). Indem er dies aber nicht als "defizitäre" Erscheinung analysiert, als Resultat eines Zerfallsprozesses, sondern die Beachtung einer solchen Entwicklung in der geselligen Aktion unter das Schicklichkeitsgebot stellt, droht seine Theorie über die Konstruktion des "Tons" sich seiner eigenen Funktionszuweisung von "freier" Geselligkeit gegenüber ansatzweise kontraproduktiv zu verhalten. Es kündigen sich hier Widersprüche an, die sich leicht als historisch bedingte identifizieren lassen und letztlich auf die Fragilität des Projekts "freie Geselligkeit" in dieser Zeit aufmerksam machen.

Ohne die Überlegungen Schleiermachers zur immer genaueren Bestimmung des "Stoffes" *en detail* zu beschreiben, läßt sich zusammenfassen, daß er eine konversationelle Technik vorschlägt, die vom jeweils kleinsten gemeinsamen Nenner einer

"Gesellschaft" ausgeht und eine beständige Niveauerhöhung durch ein immer weiteres Ausschreiten des Verstehens- und Aktionshorizontes verfolgt. Um das Ausloten dieses Horizontes gleichsam als "Nebengeschäft desjenigen (zu betreiben), was ich eigentlich tue, um die Gesellschaft zu unterhalten"[463] müssen nach Schleiermacher sämtliche geselligen Äußerungen einen doppelten Sinn haben: einen, der sich auf die jeweils momentane konversationelle Ebene bezieht, und einen, der die nächste bereits antastet - ein "höherer" Sinn, "der nur aufs ungewisse hingeworfen wird, ob ihn etwa jemand aufnehmen, und die darin enthaltenen Andeutungen weiter verfolgen will"[464]. Um sich mit der gebotenen geselligen Leichtigkeit zwischen den stofflichen Grenzen auf eine Art zu bewegen, "daß man alles dazwischen liegende auf eine solche Weise berühre, welche, wenn Empfänglichkeit da ist, ihrer Wirkung nicht verfehlen kann, und wenn es fehlt, Niemanden in Verlegenheit setze"[465], ist eine kunstvolle Redeweise erforderlich, die Verweischarakter hat, mit verdeckten Anspielungen arbeitet, verschiedene Themenbereiche und Ideenkreise verknüpft. Jede Salonäußerung muß, folgt man Schleiermachers Maximen für die gesellige Praxis als ästhetische, auf ihrer zweiten Sinnebene "scherzhaft" sein[466]: Das den erreichten momentanen Stoffkonsens, auf den sich die "Wechselwirkung" bezieht, Überschreitende bleibt in einem Schwebezustand, aus dem es erst durch die Reaktion anderer Individuen, d.h. dadurch, daß es selbst zum stofflichen Element von Wechselwirkung wird, befreit wird. Abgesehen davon, daß diese gesellige Kunst den Salon einer romantischen Ironie weit öffnet, stellt sie sich auch her über verschiedene "literarische" Gattungen: Schleiermacher spricht von der Persiflage, der Parodie, die es zu beherrschen gilt - Gattungen allerdings, die nach der zeitgenössischen literarischen Konvention "in einem schlechten Ruf stehn, in der Tat aber, wenn sie nur recht gebraucht werden, auf dem höchsten Gipfel des Schicklichen liegen (...)"[467]. D.h. es erfolgt eine Umwertung "diskreditierter" Gattungen in der gesellig-konversationellen Situation.

Die "freie" Geselligkeit ist bei Schleiermacher also nicht nur als Kunstwerk zu konstruieren; bei dieser Konstruierung wird - zu keinem anderen als zum geselligen Zweck (also nicht final und eher nebenbei) - oral produziert, was poetischen Status hat und sogar in ein Gattungsschema einzuordnen ist.

3. Schleiermachers Theorie schreibt dem geselligen Handeln neben einer künstlerischen noch eine weitere Dimension zu, die in dem Augenblick in ihrer ganzen Bedeutung für die Geselligkeit erkennbar wird, wo sich die ästhetische nicht mehr als Beherrschung der Konvention des schönen Umgangs, der "präexistenten" Schicklichkeit darstellt: Gesellige Tätigkeit ist für Schleiermacher notwendigerweise auch hermeneutische. Altenhofer hat im "Rückblick von Schleiermachers *Hermeneutik* auf den frühen *Versuch einer Theorie des geselligen Betragens*" ausgeführt, "daß der Ansatz seiner Auslegungslehre nicht mehr nur vom Gesichtskreis akademischer (philologischer und

463 Ebd., S. 27.
464 Ebd.
465 Ebd., S. 25.
466 Ebd., S. 28.
467 Ebd., S. 27-28.

theologischer) Gelehrsamkeit, sondern mindestens im gleichen Maße von den Impulsen einer literarisch-politischen Kommunikation, und der Reflexion auf sie, bestimmt ist"[468]. "Auslegung" ist zumindest beim frühen Schleiermacher nicht nur das Verstehen von *Texten*, es ist eine gesellig-kommunikative Aufgabe und Angelegenheit. Indem die Ent-Funktionalisierung der Geselligkeit, durch die sie zur "freien" wird, und die "Manier" als Selbstdarstellungsmodus, der Individualitätsmanifestation überhaupt ermöglicht, postuliert und realisiert werden, ist das Verstehensproblem in einer neuen Schärfe aufgeworfen und muß in der geselligen "Wechselwirkung" gelöst werden. Interpretatorische Fähigkeiten werden den Teilnehmern also in dem Maße abverlangt, in dem sich der Salon als Kunst realisiert, die gesellige Praxis wird zur interpretierenden, wobei der Verstehensvorgang zusätzlich kompliziert wird durch Schleiermachers Maximen zur Erfüllung des Gebots des "Schicklichen". Jede - scheinbar - pragmatisch-eindeutige konversationelle Aussage, die also ihren "Zweck notwendig und unfehlbar erreicht"[469], muß auf ihren - kryptischen - Doppelsinn hin überprüft und ausgelegt werden. Der Redende selbst muß die ebenfalls als zumindest bivalent zu unterstellenden Entgegnungen in ihrer Mehrdeutigkeit aufzunehmen in der Lage sein. Einer vollendeten Kunst der Geselligkeit nähert man sich um so mehr an, je besser die gesellige Tätigkeit als hermeneutische ausgebildet ist und je mehr diese hermeneutische Tätigkeit eine Handlungseinheit mit der "ästhetischen" eingegangen ist.

Der *Versuch* Schleiermachers verlangt geradezu die Heterogenisierung der geselligen Konstellation mit einer Ausweitung des Verstehenshorizontes, der gleichzeitig andeutend und auslegend zu konkretisieren ist. Dies erfordert zugleich eine Verfeinerung der Kunst des geselligen Betragens wie umgekehrt diese Kunst um so höher zu schätzen ist, je heterogener sich der Salon darbietet. Die Bildungsdifferenzen müssen in diesem Kontext zwar Gegenstand der Überlegungen Schleiermachers bleiben, aber er diskutiert nicht die Aufhebung dieser Differenzen, wie es vor ihm die empirischen Aufklärer taten. Diversität der Bildung und Begabung, der Erfahrung und Erlebnisse bleiben positives Moment "freier" Geselligkeit, weil es die Schranken der Repräsentanz der unendlichen Menschheit im Endlichen erweitern kann. Auch dies begründet Akzeptanz und Toleranz als Prinzipien des Salons. Die Partizipation an jüdischen Salons erscheint demnach nicht mehr als von der besonderen Berliner Situation verständlich und als Ausdruck geselliger Defizite, sondern als glückliche Gelegenheit für das gesellige Betragen. In ihnen ist - von Schleiermacher theoretisch ausgewiesen - eine besondere sozialkommunikative Möglichkeit zu sehen für das Einlösen klassischer Humanitätsvorstellungen und zu gleicher Zeit für die Realisierung des Projekts, die Geselligkeit als Kunstwerk auszuführen.

Schleiermachers Theorie, gerade weil sie auf die Praxis hin angelegt und aus ihr heraus entstanden ist, enthält Elemente, die in der empirischen Salongeselligkeit mehr oder minder entwickelt waren; es wird noch konkreter am Beispiel des Rahel Levin Varnhagen-Salons nachzuweisen sein, wie z.B. diese Salondame die Kunst der

---

468 Altenhofer: Geselliges Betragen, S. 183.
469 Schleiermacher: Versuch, S. 27.

Provokation, Interpretation und Selbstmanifestation verschränkte. Es ist aber auch eine Theorie, welche auf eine Gefährdung des geselligen Umgangs zu antworten suchte, die nach der Überwindung konventionalisierter Verkehrsformen im Mißlingen von Verständigung akut werden konnte. Statt die bürgerliche Individuation und Spezialisierung als Weg in die Einsamkeit zu betrauern, macht Schleiermacher genau diese Prozesse zur Basis neuer Verstehensweisen und Annäherungen. Insofern steht hier Schleiermachers optimistische Theorie gegen die eher resignative Maxime Goethes, die ein Defizit an Einheit von geselliger Rede *und* hermeneutischer Tätigkeit, von Andeutung und Ausdeutung für die gesellige Empirie um 1800 beklagt: "Niemand würde viel in Gesellschaft sprechen, wenn er sich bewußt wäre, wie oft er den anderen mißversteht."[470]

Die Maxime Goethes beschränkt sich auf "Verstehen" und "Sprechen" als gesellige Praxis; die Hermeneutik, die in Schleiermachers "Versuch" angelegt ist, grenzt nonverbale Kommunikation zwar nicht expressis verbis aus ihrem Geltungsbereich aus, thematisiert sie aber auch nicht weiter. Als Kunstwerk gebildet wird die "freie" Geselligkeit in dieser *Theorie* - ebenso wie bei Ramdohr - im wesentlichen auf der Ebene sprachlicher Interaktion, d.h. vernachlässigt werden z.B. Körpersprache, Körperstilisierungen - auch den Tanz klammert Schleiermacher aus der "Manier" aus -, Teezeremonien, Eßverhalten, Interieurs als potentielle Mittel ästhetischer Gestaltung. Welch eine Einengung auf sprachliche Präsentation auf theoretischer Ebene hier stattgefunden hat, wird im Vergleich mit den Konversationsbüchern des 17. Jahrhunderts - angefangen beim *Galateus* des Giovanni della Casa -, die Annotationen zum Gesprächsstil zu verbinden pflegten mit Ausführungen zu den "guten Manieren", dem Unterlassen des Schneuzens, Rülpsens, Spuckens, Gähnens, der Ausbildung der Tranchierkunst usw., ersichtlich. Wenn Schleiermacher "Manier" nur noch als Selbstdarstellungsmodus im sprachlichen Umgang kennt, markiert dies auch eine Entwicklung, die Moment der "Zivilisationsprozesse" ist, wie sie Norbert Elias herausgearbeitet hat.

4.4.4 Exkurs: Die Tradition der ars conversationis

Die zitierten Konversationsbücher sind Teil einer langen Tradition der Normierung des sprachlichen Umgangs. Auch wenn sich weder Ramdohr noch Schleiermacher o.a. auf diese Tradition ausdrücklich beziehen, so ist doch der historische Stellenwert ihrer Versuche, die Geselligkeit um 1800 in Analogie zur zeitgenössischen Kunst zu sehen, nur in dem Kontext dieser *ars* präziser zu bestimmen. Claudia Henn-Schmölders hat einleitend zu ihrem Aufsatz zur *ars conversationis*, der allerdings vor Schleiermacher abbricht und nicht die, wie der Untertitel verspricht, *Geschichte des sprachlichen Umgangs*, sondern deren Reflexion in den Konversationslehren thematisiert, die *ars conversationis* sowohl von der Rhetorik als auch der Poetik getrennt:

470 Goethe: Werke (Hamburger Ausgabe), Bd. 12, S. 1193.

> Denn anders als Rhetorik und Poetik handelt die *ars conversationis* von sprachlicher Interaktion und vom sprachlichen Alltag, dessen Programm sich von der persuasio der großen Rede ebenso abhebt wie vom poetischen prodesse et delectare.[471]

Der *Cortegiano* Castigliones blieb der Rhetorik dabei noch durchaus über seine Orientierung an Cicero verpflichtet, so daß in diesem Werk der *ars conversationis* die dialogische Bedeutung des Umgangs weiterhin von einer monologischen überdeckt wurde. Die schroffe Wendung in der *ars conversationis* gegen rhetorische Muster (und damit monologische Redeformen) mußte am Ende des 18. Jahrhunderts von Geselligkeitstheoretikern wie Schleiermacher oder Ramdohr, um einen Kunstanspruch für die Geselligkeit zu behaupten, nur noch nachvollzogen werden: Giovanni della Casa, Stefano Guazzo z.B. hatten die Konversationskunst bereits als eigenen Bereich von der Rhetorik abgetrennt. Auch Ramdohrs Absage an die Geselligkeit als Ort der Sittenverbesserung oder des wissenschaftlichen Streitgesprächs, als Raum der Wahrheitsfindung, war von della Casa bereits vorweggenommen worden. Bacon unterschied in seinem Essay *Of Discourse* ebenfalls die *conversatio* vom finalen Streitgespräch politischer, wissenschaftlicher, moralischer Art: "For discourse ought to be as a field, without coming home to any man".[472] Die deutsche Übersetzung von 1654 (in Nürnberg wenige Jahre nach Harsdörffers *Frauenzimmergesprechspiele* erschienen) greift Bacons Anknüpfen an die ursprüngliche Wortbedeutung auf und weist, indem sie das gesellig-konversationelle Element stärker betont, die *ars conversationis* deutlicher noch als eigenständige sprachliche Interaktionsform aus. Als deren eigentliches Ziel markiert wird das *delectare* (was die Wahrung konversationeller Harmonie und Interessenlosigkeit einschließt):

> Dann vertrauliche Gespräche / sollen wie offene Felder seyn / in denen man lustwandeln kann und keine Landstraße / die nach Hause führt.[473]

Castiglione hatte sein Verhaltensideal auf den Hof hin angelegt. Guazzo, der in seiner Konversationslehre das ständeübergreifende Prinzip von einem stadtbürgerlichen Standpunkt aus als konversationelles Element anerkannte, differenzierte schon zwischen der "conversatio publica" und der "conversatio privata"[474]. Beidesmal blieb der Austausch als "Zweck" der Dialogik in Frage gestellt, weil das Verhaftetbleiben an den sozialen Strukturen die zur "permutatio" notwendige soziale Gleichheit, gerade auch im häuslichen, noch als "oikos" organisierten Bereich nicht herstellen konnte. Entscheidende, auf qualitative Innovation in der Konversationskunst zielende Impulse erwiesen sich nur dort als möglich, wo die sozialen Formationen, innerhalb derer sich der sprachliche Umgang zu vollziehen hatte, mitbedacht und verändert wurden. Vor Schleiermacher hatte Ende des 17. Jahrhunderts bereits Madeleine de Scudéry in ihrem Essay *De la conversation* das Stilideal konversationeller Interaktion aufgrund der Erfahrung in ihrem und den anderen zeitgenössischen Salons entwickelt. Es ist nicht ohne

---

471 Claudia Henn-Schmölders: Ars conversationis. Zur Geschichte des sprachlichen Umgangs, in: arcadia. Zeitschrift für Vergleichende Literaturwissenschaft, 10 (1975), S. 16-35, S. 16.
472 Zit. nach Henn-Schmölders: Ars conversationis, S. 19.
473 Vgl. ebd.
474 Ebd., S. 21-22.

Bedeutung, daß es eine Frau war, die sich jetzt zu diesem Stilideal äußerte und dabei explizit die *ars conversationis* von einer "männlichen" Zweckbestimmung, von dem Geschäft, befreit: "car les Hommes ne parlent precisément que pour la necessité de leurs affairs (...)"[475]. Ebenso wird bei ihr die Gesprächskunst - durch den Salon ermöglicht - von höfischer Bestimmung freigesetzt. Erst mit dem Salon als sozialer Basis war es offensichtlich verstärkt möglich, der *ars conversationis* einen Spielcharakter zuzuweisen. Bei de Scudéry vorformuliert ist eine Position, die bereits an die Erklärung des Salons zum Kunstwerk hundert Jahre später heranführt. Aber die Vielseitigkeit des Stoffes als konversationelles Stilmerkmal wird bei de Scudéry zum Kampfmittel einer Gesellschaft des aufgezwungenen und erzwungenen Müßigganges gegen den "ennui". Die "variatio" als Stilmittel der *ars conversationis* bedeutet aber auch schon bei Madeleine de Scudéry das Recht aller Redenden und das Recht, verschiedene Themen zur Sprache zu bringen: "Variatio" und konversationelle Freiheit bedingen einander.

Der Wahrheitsbegriff kann, auch hierin erinnert Scudéry bereits an Ramdohr, auf den Stoff bezogen nur eingeschränkt zur Geltung kommen. Didaktische Tendenzen sind bei ihr mit dem Konversationston unverträglich, rhetorische endgültig verabschiedet. Die situative Gleichrangigkeit von Konversationsteilnehmern und die Gleichwertigkeit der angeschnittenen Konversationssujets lenken das Interesse auf die Gestaltung der Sujets in der schnellen konversationellen Dialogik; die geistreiche Einkleidung gleich welchen Gedankens und berührten Gegenstandes ist Mittelpunkt der Konversationslehre der Scudéry[476].

Der in der Nachfolge von de Scudéry[477] als Stilistikum der *ars conversationis* anerkannte rasche Wechsel der Sujets, das gleichgewichtige Nebeneinander verschiedener, selbst widersprüchlicher Themen tendiert nicht nur zur Überwindung der Rhetorik, sondern auch der normativen Poetik durch den Salon (als Kunst). Schon bei de Scudéry entzieht sich diese *ars* der klassischen Stillehre, die die erhabenen, die mittleren und niederen "res" scheidet und sie entsprechenden Stillagen zuordnet. Diese Stillagentheorie muß dann obsolet werden, wenn die Gleichwertigkeit der "res" ihre Angleichung an konversationelle Erfordernisse und den Gesprächsstil (und nicht umgekehrt) mit der "variatio" als Merkmal verlangt. Allenfalls die mittlere, undifferenzierte und vage gebliebene Stillage kann besetzt werden, wie es de Scudéry vorschlägt. (In der Rehabilitation Knigges durch K.A. Varnhagen gegen Ende der Restaurationszeit rechnet Varnhagen es

---

475 Zit nach Henn-Schmölders: Ars conversationis, S. 23.

476 Vgl. ebd., S. 24-25.

477 Nicht rekonstruiert, sondern nur gestreift werden kann in diesem Zusammenhang die Weiterentwicklung der französischen Tradition der *ars conversationis* besonders durch die Beiträge der Moralisten. Eine besondere Berücksichtigung verdienten z.B. sicherlich auch La Bruyères Maximen *De la société et de la conversation*, in denen er - ganz im Sinne der Scudéry - pompöses sprachliches Auftreten persuadierendes Reden verwirft, gleichzeitig aber auch bereits zur Kritik an der Salonkonversation ansetzt.

zu den großen Verdiensten Knigges, daß dieser den "mittleren Ton" in Deutschland propagiert und entwickelt habe[478] - eine Rehabilitation, die auch für die Veränderungen des salongeselligen Verkehrs in der Biedermeierzeit aufschlußreich ist.)

4.4.5 Die Salongeselligkeit Rahel Levin Varnhagens - ein ästhetisches Projekt?

1. Schleiermacher hatte zwar nicht dem Rahel-Salon, sondern dem Salon der Henriette Herz den Vorzug gegeben. Aber Rahel blieb nicht nur während der gesamten Zeit ihrer Salonpraxis interessiert an den theoretischen Veröffentlichungen Schleiermachers, sie äußerte häufiger auch ein Interesse an Schleiermachers geselligem Verhalten. An Marwitz berichtete sie während ihrer eigenen ungeselligeren Zeit 1811, sie habe sich von Varnhagens Freund Harscher eine Soiree im Hause Schleiermacher schildern lassen, die nach Harschers Ansicht übrigens besser verlaufen sei als ihre eigenen.[479] Neigungen Rahels, ihr Salonprojekt in diesen schwierigen Jahren aufzugeben und sich auf einen kleinen hermetischeren Freundeskreis zurückzuziehen, begegnete Varnhagen mit der Aufforderung, sich an Schleiermachers "Ethik" zu halten, und zwar an jene Stellen, die aus der Geselligkeitstheorie im Kern unverändert übernommen worden waren:

> Sehe nur so viel als möglich Gesellschaft, jeder neue Mensch erfrischt und erweckt doch, und Schleiermacher selbst befiehlt, wie mir Harscher erzählt, in seiner Ethik unaufhörlich Menschen zu betrachten, weil selbst die, welche ganz untergeordnet sind, selbst denen, die sich hoher Bildung rühmen dürfen, von großer Erbauung und neue Aufschließung weiter Ansichten sein können.[480]

Welche Bedeutung Schleiermacher noch für ihren zweiten Salon hatte, obwohl oder gerade weil dieser nicht mehr als wiedererstandene "Dachstube" existieren konnte, wurde schon augenfällig an der Ausstattung des Empfangsraumes in der Mauerstraße: Versammelte sich die Gesellschaft der "Dachstube" in der Jägerstraße unter dem Porträt Lessings, so jene der zwanziger Jahre unter den Büsten des Prinzen Louis Ferdinand und Schleiermachers.[481] Dabei dokumentiert die Büste des Prinzen das Gelingen ihres ersten Salons als soziales Experiment (und verweist zugleich auf dessen Ende 1806), d.h. die weitgehende Außerkraftsetzung der gesellschaftlich-hierarchischen Beschränkungen in

---

478 K.A. Varnhagen: Leben und Werk des Freiherrn Adolf von Knigge. Besprechung von Knigges Leben und Schriften, von Karl Gödeke, Hannover 1844, in: ders.: Literaturkritiken, hrsg. von Gille, S. 100-106.

479 Rahel schreibt u.a., sie habe Harscher erklärt, "daß ich nicht als Schneeflocke existierte, die eben ankäme, daß ich allerhand Rücksichten abzuwarten hätte, daß man die mit ihrem ennui jedem verziehe, nur mich immer als Unding betrachte, weil ich und was mich betrifft, keinen Titel habe, und je länger, je beflissener ich mich zeigte, wie es bequem und gewünscht wäre, je härter ließe man mich an, wenn das mal nicht ging. Und das von je und ein jeder". Schließlich habe sie gefragt: "Sagen Sie noch aufrichtig, war es besser bei Schleiermacher? Ja, sagte er. Ja erwiderte ich weil alle freundlich sich duldeten, weil keine mauvaise volonté war." Rahel an Alexander von der Marwitz, Berlin, 23. Nov. 1811, in Rahel-Bibliothek, Bd. IX, S. 184-191, S. 188-189.

480 Varnhagen an Rahel, Dresden, 1. Okt. 1808, in: Briefwechsel Varnhagen-Rahel 1 (Rahel-Bibliothek IV, 1), S. 65-73, S. 71.

481 N.N.: Der Salon der Frau Varnhagen, in: Varnhagen: Denkwürdigkeiten, Bd. 8, S. 595-630, S. 600.

der Etablierung eines funktionierenden Interdiskurses. Die Büste des Prinzen steht damit auch für die praktische Erfüllung jener theoretischen Entwürfe, die mit der zweiten Büste, der Schleiermachers, erinnert werden.

Es ist zunächst die dialogische Struktur des von Rahel organisierten Salons, der ästhetische Qualitäten zugeschrieben wurden - auch von Rahel selbst. An anderer Stelle ist Rahels Auffassung zitiert worden, nach der ihre Briefe "Gespräche (seien), wie sie lebendig im Menschen vorgehen, und erst durch Willen, und *Kunst* (Hervorhebung Rahel) - wenn Sie wollen - wie in ein Herbarium, nach einer immer toten Ordnung hingelegt werden"[482]. Zugleich beharrte sie darauf, daß ihre Gespräche nicht erst einer Transponierung in den Brief bedürfen, um Kunst "sein zu können: Aber auch meine Gespräche sind nicht ohne Kunst, das heißt ohne Beurteilung meiner selbst, ohne Anordnung."[483] Sennett hat in seiner Untersuchung zur Öffentlichkeit von der Spaltung des Gesellschafts-"Molekül(s) aus Natur und Kultur"[484] beim Strukturwandel der Öffentlichkeit gesprochen:

> Die Impulse, die die Öffentlichkeit beherrschten, waren Wille und Kunstgriff, die Privatsphäre dagegen war von dem Impuls bestimmt, alles Künstliche abzustreifen und auszuschalten. Das Öffentliche war 'Kreation' das Private 'Kondition' des Menschen.[485]

In auffallender Übereinstimmung mit Rahels Formulierung hat Sennett die Wendung von "Wille und Kunst" gebraucht, wenn auch Rahels Kunstbegriff - im Gegensatz zu Sennetts - ästhetische Bedeutung einschließt. Nur: Bei Rahel besteht kein Widerspruch zwischen "lebendigen" Gesprächen und "kunstvollen", sie sind vielmehr "kunstvoll", weil sie "lebendig" sind, weil sie die eigene Individualität zum Ausdruck bringen: "(Ich) gebe mich doch preis durch sprechen"[486], heißt es in einem Brief an Brentano zur Charakterisierung ihrer Redeweise. Zugleich forderte der von ihr geführte Umgang die Beteiligten in ihrer ganzen Person heraus: "La conversation de Mme. de Varnhagen", schreibt ihr Freund Custine im Nekrolog, "n'etait pas un discours plus ou moins brillant; c'était une action intime, mais toujours inattendue, parce qu'elle setait motivée par le besoin et la disposition de la personne qui causait avec elle; causer n'est pas le mot, tout ce qu'on disait à Mme. de Varnhagen était une confession, volontaire ou non."[487] In Rahels Konversationskunst werden also die beiden "Molekülteile" (ganz im Sinne Schleiermachers) wieder zusammengefügt: Die "Kreation" steht nicht gegen die "condition humaine", Kultur nicht gegen Natur, beide bilden vielmehr integrale Bestandteile des sprachlichen Interagierens. Weil ihr Salon bzw. der Salon überhaupt genau jener soziale Ort ist, der Sennetts "Molekül" noch zusammenhält, erklärt sich auch, daß die hier von Rahel inszenierten Gespräche als "Kreation", als künstlerisch geformte, die "Kondition" von "Menschsein" manifestieren können. Wie wenig obige Gegensätze

482 Rahel an Gentz in Pressburg, 26. Okt. 1830, in: Rahel im Umgang, S. 183-185, S. 184.
483 Ebd.
484 Sennett: Verfall, S. 121.
485 Ebd.
486 Rahel an Brentano in Wien, Prag, 1. Aug. 1813, In: Rahel im Umgang, S. 345-362, S. 358.
487 Astolphe de Custine: Madame de Varnhagen, in: Varnhagen: Denkwürdigkeiten, Bd. 8, S. 685-712, S. 703 (Erstveröffentlichung 1837 in: La Revue de Paris).

ihrem Geselligkeitsprojekt inhärent sind (und wie sehr dies damit auch von Ramdohrs Thesen absticht), wird auf einer anderen Ebene deutlich, wenn sie Brentano gegenüber von ihrer geselligen "Natur" spricht:

> Ich liebe unendlich Gesellschaft und von je, und ich bin ganz überzeugt, daß ich dazu geboren, von der Natur bestimmt und ausgerüstet bin.[488]

2. Informationen über die praktische Umsetzung solcher Auffassungen finden sich in verschiedenen Berichten von Besuchern der beiden Rahel-Salons. So wurde ein Salonabend in der Jägerstraße von dem Grafen Hugo von Salm, ein Abend im zweiten Berliner Salon (in seiner Spätphase) von einem anonym gebliebenen Besucher beschrieben. Als weitere Quellen für die konkrete gesellige Praxis unter Rahel können der eben zitierte Nachruf Custines, aber auch der enkomiastische und stellenweise als Dokument eines beginnenden Rahel-Kultes zu lesende Brief G. von Brinckmanns, den dieser auf Anforderung nach dem Tode der Salondame an Varnhagen schrieb, herangezogen werden.

Salms Bericht *Rahel Levin und ihre Gesellschaft (1801),* publiziert in dem *Grenzboten* 1844, dann von Varnhagen in den achten Band seiner *Denkwürdigkeiten* aufgenommen[489], läßt eine relativ genaue Datierung der geschilderten Soiree aufgrund der beschriebenen Personenkonstellation zu: Rahel, die ihre "Dachstube" nach fast einjähriger Unterbrechung Anfang Juni 1801 wieder eröffnet hatte, lernte Gentz erst im Laufe des Dezember kennen und integrierte ihn in ihren Salon. Da Gentz nach dem Bericht Salms zwar bereits einen glänzenden Auftritt im Salon hatte, sich aber insgesamt noch wenig vertraut mit anderen Besuchern zeigte, läßt sich der spätere Dezember 1801 als Datum des geschilderten geselligen Ereignisses angeben. Die Aufnahme des Grafen von Salm in den Salon wurde zusätzlich zur Kooptation durch seinen Freund Brinckmann angebahnt durch eine Empfehlung einer Pariser Salondame, die Rahel während ihres Paris-Aufenthaltes besucht hatte: Mme. Vandeul, die Tochter Diderots. Schleiermachers These von der Geselligkeit als Bühne wird noch einmal ins Gedächtnis gerufen, wenn wir lesen, daß Brinckmann dem Berlin-Besucher Salm als Alternative zu einer Theateraufführung einen Abend im Rahel-Salon bieten will:

> Statt des Theaters sollen Sie heute die beste Gesellschaft kennen lernen, die beste in Berlin, und da können Sie nur getrost Ihren Maßstab von Paris und Wien anlegen, wir scheuen ihn nicht![490]

Der Habitué Brinckmann bereitet Salm vor, indem er die Salondame als "ein selbständiges Mädchen von außerordentlichem Geist" und "durchaus eigenthümlich"[491] charakterisiert. Ihre soziale Herkunft, Familie usw. kann für den Besucher im Dunkeln

---

488 Rahel an Brentano, 1. Aug. 1813, S. 358-359.

489 Graf Hugo von Salm: Rahel Levin und ihre Gesellschaft (1801), in: Grenzboten, Jg. III, 1. Sem. Teil II, S. 709-720 und 735-746. (Danach im folgenden zitiert). Aufgenommen in Varnhagen: Denkwürdigkeiten, Bd. 8, S. 563-594.

490 Salm: Rahel Levin, S. 709.

491 Ebd., S. 710.

bleiben, während ihre geselligen Fähigkeiten, ihre Sensibilität und ihr Verstehensvermögen und ihre auf Denkimpulse angelegte Gesprächsführung herausgestellt werden:

> Alles versteht, Alles empfindet sie, und was sie sagt, ist in amüsanter Paradoxie oft so treffend wahr und tief, daß man es sich noch nach Jahren wiederholt und darüber nachdenken und erstaunen muß.[492]

Nach Brinckmann versammle sie die "geistreichste und vornehmste Gesellschaft, aber ganz ohne Prunk und Ostentation, ja ich möchte sagen, ohne Unterschied und Auswahl"[493]. Nur noch die Teezubereitung erscheint als Relikt einer auf materielle Genüsse ausgerichteten Geselligkeit. Aber auch diese wird nach dem Bericht des Grafen Salm anderen Frauen im Salon überlassen und hat für Rahel ihre - die weibliche Partizipation und Organisierung legitimierende - dramaturgische Funktion eingebüßt.[494]

Wie sehr diese Verminderung des äußeren Aufwandes, und dazu gehörte nicht zuletzt der Rückzug des engeren Freundeskreises in die "sozial untertreibende" Mansarde[495], als Bedingungen für das Zustandekommen der geselligen Interaktionen von Rahel selbst gesehen wurde, offenbaren noch ihre rückerinnernden Briefe in ihren letzten Lebensjahren ("Erinnern Sie sich noch, Liebe! wie wir hier gesellig immer beisammen lebten? mit so geringem Aufwand, so angenehm, neidlos, und immer neuer Lust wieder zusammen zu

492 Ebd.. Gentz stimmt hier in seiner Briefaussage zu Rahels Aphorismen mit Brinckmanns Urteil völlig überein.

493 Ebd.

494 Ebd., S. 716. Der Tee selbst als den Intellekt anregendes Genußmittel behielt seinen Platz auch im Rahel-Salon und rechtfertigte dessen Apostrophierung als "Literarischer Tee", ein Synonym, das eine "Verbürgerlichung" der literarischen Geselligkeit konnotiert. Es ist daran zu erinnern, daß in Berlin der Fall des Teehandelsmonopols (1786) zeitlich koinzidiert mit dem Aufleben der jüdischen Salons. Vorstellungen, wie sie noch an die Affektenlehre des 18. Jahrhunderts anknüpfen, nach denen der Teegenuß moderat stimuliere, weisen ihm einen betont geselligen Charakter zu und disponierten ihn überdies für eine Ritualisierung, die dem Kaffeetrinken, das in anderen, konventionsloseren sozialen Sphären wichtiger wird, fehlt. Daß auch die Teezeremonie "ostentativ" sein, Luxus und Rang des Wirtes demonstrieren konnte, beweist die Tatsache, daß nach Schadow (Kunst-Werke, S. VII) in Berlin eine große Anzahl von Künstlern mit der Ausmalung von Teebrettern und -dosen beschäftigt war. Den Teetisch als besonders wertvolles Möbel finden wir bei Walter Stengel: *Alte Wohnkultur in Berlin und in der Mark im Spiegel der Quellen des 16. und 19. Jahrhunderts*, Berlin 1958, beschrieben. Dieses Mobiliar, um das sich die Teegesellschaft gruppierte, war in Berlin aus exotischen, teuren Hölzern gefertigt. Vor allem Mahagoni war als Material beliebt. Wem dies zu kostspielig war, imitierte, wie Iffland, diese Holzart: Er besaß einen "Tisch von Tannenholz mit grünem Wachstuch beschlagen, mahagony angestrichen." (Zit. nach Stengel, S. 120. Eine Kulturgeschichte des Mahagony-Holzes könnte gerade diese repräsentative Aura dieses Materials, dessen sich die Bürger zu bemächtigen suchten, herausstellen: Der erste bekannte Gegenstand aus Mahagony war der Kommandostab des Großen Kurfürsten, ein Geschenk von Johann Moritz von Nassau, Statthalter von Brasilien; die ersten Möbel aus diesem Holz (aus England) wurden von der Mutter Friedrichs II 1725 für den Hof angeschafft. Käuflich wurden solche Möbel, als 1769 der jüdische Bankier Ephraim in Berlin die erste Auktion mit Mahagonymöbeln veranstaltete. In den bürgerlichen Haushalt kam dieses Holz über Teedosen, dann über die Teetische.) Dieser kulturelle Kontext des Teegenusses deutet an, daß vom Kaffee andere Impulse auf die Formierung der bürgerlichen geselligen Kultur ausgehen konnten. Tee war kein "Rationalisierungsfaktor ersten Ranges" - wie es Wolfgang Schivelbusch: *Das Paradies, der Geschmack und die Vernunft. Eine Geschichte der Genußmittel*, München/Wien 1980, bezüglich des Kaffees festhält - aufgrund von dessen "Eigenschaft (...), den Geist anzuregen und künstlich wachzuhalten" und "die Verlängerung und Intensivierung der zur Arbeit zur Verfügung stehenden Zeit" zu betreiben (S. 52).

495 Rahel wich bei größeren Gesellschaften in andere Räume aus. So besuchte Graf Salm sie in einem größeren Raum und wurde erst am nächsten Morgen in der Dachstube empfangen.

sein?!"[496]). Hatte nicht Schleiermacher es als mit "freier" Geselligkeit unverträglich behauptet, wenn es dem Wirt darauf ankäme, "eine Ausstellung seines Hausrats und seines Geschmacks (zu) veranstalten?"[497]

Graf Salm erlebte den Salon folglich primär als Gesprächsraum und erst in zweiter Linie als einen Raum, in dem Kunst präsentiert wurde. Zwar trug der Bruder Ludwig Robert seine neuesten Gedichte vor, der Prinz Louis Ferdinand "phantasirte mit genialer Fertigkeit"[498] auf dem Klavier, aber die Vorträge des Bruders wurden von der Salondame als Störung der Gesprächsabläufe empfunden und abgelehnt: Sie "litt", schreibt der Salonbesucher, "bei dieser Vorlesung und verbarg zuletzt ihre Ungeduld nicht. Ich erlaubte mir, sie über die Richtigkeit meiner Wahrnehmung heimlich zu befragen. Sie sah mir ehrlich und gerade in's Gesicht und sagte lebhaft: Sie haben recht gesehen: es ist mein Tod, mir vorlesen zu lassen; ich habe es nie geliebt, aber oft kann ich's besser aushalten."[499] Um die Dialogführung und Gesprächskunst, die durch die "Kunstpräsentation" derart gestört wurde, zumal in diesem Fall, da die Xenien Roberts auch anwesende Personen verspotten, das gesellige Ideal der Harmonie in Frage gestellt war - zu vergegenwärtigen und in Korrelation sowohl zu Schleiermachers Normen als auch zur Tradition der *ars conversationis* zu setzen, soll die Beschreibung des Grafen Salm ausführlicher zitiert werden:

> Das Gespräch wurde sehr lebhaft und wogte, zwischen den Personen wechselnd, über die mannigfachsten Gegenstände hin. Ich wäre nicht fähig, die raschen Wendungen und den verschiedenartigen Inhalt wiederzugeben und wage den Versuch nicht. Man sprach vom Theater, von Fleck, dessen Krankheit und wahrscheinlich nahen Tod man allgemein beklagte, von Righini, dessen Opern damals den größten Beifall hatten, von Gesellschaftssachen, von den Vorlesungen August Wilhelm Schlegel's, denen auch Damen beiwohnten. Die künsten Ideen, die schärfsten Gedanken, der sinnreichste Witz, die launigsten Spiele der Einbildungskraft wurden hier an dem einfachen Faden zufälliger und gewöhnlicher Anlässe aufgereiht. Denn die äußere Gestalt der Unterhaltung war, wie in jeder anderen Gesellschaft, ohne Zwang und Absicht, Alles knüpfte sich natürlich an das Interesse des Augenblicks, der Person, des Namens, deren gerade gedacht wurde.[500]

Die freie Gedankenbewegung, durch welche die verschiedenen Sujets und Subjekte einbezogen werden können, nicht die stringente Diskussion eines Sachverhalts, kennzeichnen demnach den Dialog. In Umrissen läßt sich dabei erkennen, was Schleiermacher als "Ton" der Geselligkeit bestimmt haben wollte: Kulturelle Ereignisse dominieren in der Unterhaltung, andere Themen sind aber nicht ausgeschlossen. Wie bei Schleiermacher gefordert, wird eine Gesprächstechnik des doppelten Redesinns, um die Verständigungsgrenzen der Gesellschaft auszuloten und ihr Verständigungsniveau zu erhöhen, vor allem durch Rahel angewandt: "Vieles, was in Anspielungen bestand, und irgendeine Kenntnis voraussetzte, entging mir ganz, Anderes wenigstens theilweise."[501]

496 Rahel an Mme. Valentin, Paris, 18. Jan. 1831, in: Buch des Andenkens III, S. 478-481, S. 479.
497 Schleiermacher: Versuch, S. 30.
498 Salm: Rahel Levin, S. 741.
499 Ebd., S. 718.
500 Ebd., S. 716-717.
501 Ebd., S. 717.

Das "Eigenthümliche" der versammelten Personen wird nicht abgeschwächt durch Konventionalisierung der Reden; es kommt in der Dialogführung zur Geltung und forciert - ganz im Sinne Schleiermachers - den Prozeß der Wechselwirkung:

> Doch wenn Friedrich Schlegel seine Meinung sagte, zwar mühsam und unbeholfen, aber auch tief und gediegen, in der eigenthümlichsten Werkstätte geschmiedet, so fühlte man gleich, daß hier kein leichtes Metall ausgegeben werde, sondern ein schweres und kostbares; wenn Schack (das historische Vorbild des *Schach von Wuthenow* Fontanes - PS), leicht erzählend, manche Personen, die durch Rang und Weltstellung bedeutend waren, in pikanter Weise schilderte, wenn er kleine Bemerkungen geschickt einschob, so waren die Vertrautheit und Übersicht unverkennbar, mit denen er eine unendliche Erfahrung großweltlichen Lebens spielend behandelte. Die Heiterkeit und Laune der Madame Unzelmann wirkten unaufhörlich ein. Ludwig Robert und Brinckmann erwiesen sich als echte Gesellschaftskinder. Alle waren auf natürliche Weise thätig, und doch Keiner aufdringlich, man schien ebenso gern zu hören, als zu sprechen.[502]

Schleiermacher hat in seiner Geselligkeitstheorie die Wirtsfunktionen allgemein abgehandelt, die Aufgaben einer Salondame im besonderen nicht angesprochen. Diese Leerstelle scheint Rahel durch ihre Salonpraxis modellhaft auszufüllen, folgt man dem Bericht Salms: Die Gesellschaft bildet sie in jedem Augenblick neu, indem sie die schnelle Dialogik aufrechterhält, wo diese Störungen ausgesetzt wird; von ihr gehen permanent Impulse aus, welche die Gedankenbewegungen erweitern und den mit den Personen gegebenen Stoff ausschöpfen. Sie erweist sich in ihrer geselligen Gewandtheit als fähig, die einzelnen Teile der Gesellschaft immer wieder miteinander in Verbindung zu setzen, den Salon als Ganzes herzustellen:

> Am merkwürdigsten war Demoiselle Levin selbst. Mit welcher Freiheit und Grazie wußte sie um sich her anzuregen, zu erhellen, zu erwärmen. Man vermochte ihrer Munterkeit nicht zu widerstehen. Und was sagte sie Alles? Ich fühlte mich wie im Wirbel herumgedreht, und konnte nicht mehr unterscheiden, was in ihren wunderbaren, unerwarteten Äußerungen Witz, Tiefsinn, Gutdenken, Genie oder Sonderbarkeit und Grille war. Kolossale Sprüche hörte ich von ihr, wahre Inspirationen, oft in wenig Worten, die wie Blitze durch die Luft fuhren und das innerste Herz trafen.[503]

Mit dieser inspirierenden Tätigkeit, die die "Wechselwirkung" in Gang hält und vorwärtstreibt, verbindet Rahel die Leistung, den geselligen Frieden und die Harmonie als Bedingung der wechselseitigen Manifestation der zusammengetretenen Individuen zu wahren. Aus eben diesem Grunde hat sie gezögert, Ludwig lesen zu lassen, aus eben diesem Grunde intervenierte sie, als durch ein Witzwort - eine zerstörerisch eingesetzte "dicacitas" - die Gesellschaft augenblicklich zerbricht, die kunstvoll aufgebauten Dialogmuster in sich zusammenfallen. Sie interveniert, ohne eine Bloßstellung des störenden Teilnehmers zu riskieren und ohne damit ihrerseits einen Bruch der von ihr auf Harmonie angelegten Konfiguration zu verursachen:

> Ich weiß nicht, wer es sich erlaubte, einen in ein ziemlich schmuziges (sic) Gewand gekleideten Witz vorzutragen; niemand wolte lachen, und betroffen über die Unziemlichkeit schwiegen Alle. Doch Demoiselle Levin, die wieder auf dem Sopha

502 Ebd.

> Platz genommen, duldete die Pause nicht, in welcher die Unart sich gleichsam fortsetzte; schnell übersah sie das Terrain und löste die eigene und fremde Verlegenheit, strafte und beseitigte die Ungebühr, indem sie plötzlich aus aller Menge unerwartet meinen Meyern mit den Augen fassend und ihm das Wort zuwendend, mit dem Ausruf: Ich weiß *auch* Saugeschichten! eine noch stärkere, aber schon dadurch unschuldige Derbheit einleitete und dann unvergleichlich rasch und komisch eine französische Anekdote, ich glaube nach Chamfort, sehr glücklich und schicklich erzählte, mit solcher Anmuth und Gewalt, wie ich Ähnliches nur noch Einmal in meinem Leben, viele Jahre später, von der Frankfurterin B(ettina von Arnim - PS) leisten sah! Alles fühlte sich wie befreit und lachte aus vollem Herzen, Niemand aber mit solchem Vergnügen und Abadon, wie mein störrischer Meyern; laut und heftig fing er immer auf's Neue an, so daß er die Anderen auch immer wieder mit fortriß. Noch eine ganze Zeit wiederholte er sich die Worte: Ich weiß *auch* Saugeschichten! und lachte mit größtem Behagen, bis nach und nach der beobachtende Ernst in seinen Mienen wieder Oberhand nahm.[504]

Am Auftritt von Friedrich Gentz lassen sich verschiedene Gestaltungsprinzipien des Rahel-Salons erkennen; das Auftreten selbst bietet sich als kleine dramaturgische Einheit dar. Gentz fällt es offensichtlich schwer, sich in das Gespräch einzubringen, die politischen Widersprüche zu Friedrich Schlegel, der ihn, für die Umstehenden hörbar, "feiler Schreiber, nichtswürdiger Freiheitsfeind" tituliert[505], treibt Gentz an den Schlegel "fernsten Platz"[506] und läßt ihn dort eine Sondergruppe innerhalb des Zirkels aufbauen, indem er seine eigenen politischen Ansichten kundtut. Dieser drohenden Aufspaltung der Gesellschaft begegnet Rahel Levin, indem sie Gentz ein neutrales Gesprächsthema aufdrängt, das er auch sogleich aufzugreifen willens ist: Rahel spricht ihn auf eine Frau an, in die er sich blindlings verliebt habe, was er mit der Feststellung legitimiert: "Amor ist blind und wirft auch mir die Binde über die Augen."[507] Das erotische Thema, das Rahel hier en passent aufgeworfen hat, scheint banal und zudem insofern ungeschickt, als es die Mehrzahl der anderen Salonteilnehmer nicht interessiert und von daher am weiteren Gespräch potentiell ausschließt. Zusätzlich birgt es die Tendenz zum "Unschicklichen". Aber es hat Gentz zur Selbstdarstellung animiert und disponiert. Rahel muß also sofort dieses Sujet zu einem allgemein Interessierenden machen, soll die gesellige Interaktion nicht Schaden nehmen. Sie tut es, indem sie den Gemeinplatz von der Blindheit der Liebe verwirft, der angeblich seit der Antike als Wahrheit anerkannt war, ihm auf den Kopf stellt und damit die Fortsetzung des Dialogs auf höherer Ebene provoziert:

> Nein, nein! rief Demoiselle Levin; in dem Punkte ändere ich die Mythologie. Amor ist *nicht* blind und hat *keine* Binde; im Gegenteil, er *löset* jede, und die Liebe sieht klar und scharf; daß sie *trotz* Allem was sie sieht zu lieben fortfährt, *das* ist ihr höchstes Kennzeichen.[508]

503 Ebd.
504 Ebd., S. 736-737.
505 Ebd., S. 738.
506 Ebd., S. 737.
507 Ebd., S. 738.
508 Ebd.

Der aphoristisch formulierte Widerspruch Rahels fordert Gentz zur Antwort heraus; er kann zu seiner "Manier" finden, was auch heißt, daß er im Sprechen den konventionellen Konversationston überwindet. So produziert er eine Redeeinheit, die nicht nur vom Grafen Salm in seinem Bericht mit Schlegels Roman *Lucinde* verglichen wird, sondern von allen als ein orales Kunstwerk aufgenommen und gefeiert wird. Die Anregungen der Salondame können dabei minimalisiert werden auf Zustimmungsgesten und -rufe:

> Gentz wollte den Satz bestreiten, gab ihn aber bald und immer mehr zu, und rief ihn dann als die wunderbarste Belehrung aus, die er fortan selbst ausbreiten und vertreten wolle. Wohl ist dieses Thema unerschöpft und unerschöpflich, sagte er, und Ihnen, Herzenskundige, kommt es zu, solche Wahrheiten auszusprechen, vor denen die Irrthümer ganzer Zeitalter, ja der Mythologien selbst, zusammenbrechen. Er fuhr in dieser Weise fort, sprach von dem Glück und Unglück der Liebe, von ihren Gründen und Bedingnissen, ihren Wirkungen und Ausgängen; erst in kleineren Sätzen, die er noch conversationsartig an seine Nachbarn richtete, fragenweise, problematisch; allmählig entwand er sich diesem Bezug und Ton, nahm einen freieren Schwung, wagte kühnere und festere Behauptungen, und als er sich der Gesinnung und Beistimmung seiner Zuhörer völlig versichert halten durfte, öffnete er gleichsam alle Schleußen seiner Beredsamkeit, deren gewaltiger Fluß nun unwiderstehlich einherströmte und uns mit staunender Bewunderung erfüllte. Friedrich Schlegel und seine Lucinde hätten hier etwas lernen können. Gentz sprach mit Eifer und Wärme, mit Scharfsinn, mit Fülle, und ein solcher Wohlklang, ein solches Wogen der Worte, eine solche Folge glücklicher Ausdrücke, guter Zusammenfügungen, leichter Übergänge, ein solches wirkliches Einnehmen und Bereden ist mir seitdem bei keinem Menschen wieder vorgekommen. Auch fesselte er jede Aufmerksamkeit und gewann jeden Beifall. Nur unsere Wirthin, welche die klugen vergnügten Augen fest auf ihn gerichtet hielt, rief bisweilen ein: 'Recht, Gentz!' ein 'O nein!' dazwischen. Die Anderen horchten schweigend. Ich wünschte mir Glück, von dieser so oft gerühmten und mir bis dahin immer etwas zweifelhaft gebliebenen Vortrefflichkeit ein so glänzendes und in dieser Art vielleicht einziges Beispiel so zufällig erlebt zu haben.[509]

Die Szene wird schließlich beendet dadurch, daß ein neuer Auftritt erfolgt, der des Kronprinzen:

> Noch war alles gespannt und einzelne Funken sprühten noch, gleichsam verspätete Nachzügler des wallenden Feuerstroms, als eine neue Erscheinung auftrat, Prinz Louis Ferdinand.[510]

Brinckmann hat diese Kunst der Salonführung, so wie sie Salm bei "seiner" Soiree wahrgenommen hat, nach dem Tod der Salondame bestätigt und aus seiner langjährigen Kenntnis des ersten Salons an einem Punkt noch stärker betont: Es ist für ihn vor allem das Ideal der Harmonie, das Rahel einzulösen und zugleich dem einzelnen Individuum in besonderem, die gesellschaftlichen Beschränkungen transzendierendem Maße eine Verwirklichungschance zu verschaffen in der Lage gewesen sei:

> Auch das machte ihren gesellschaftlichen Kreis so behaglich, so bequem, so unbefangen und lebensfroh, daß sie jedes Mitglied desselben noch mehr geltend zu machen suchte, als worauf er selbst hätte Ansprüche machen können; daß sie alles,

---

509 Ebd., S. 738-739.
510 Ebd., S. 739.

> was sie etwa mißbilligte, mit Schwung übersah und mit seltenem Zartgefühl das Gespräch von jenem Streitpunkte ablenkte, der auch nur eine augenblickliche Verstimmung hätte verursachen können.[511]

Dabei sei die Ächtung etwa von bestimmten Scherzen durch Rahel - und dies markiert die Distanz zu Formen aufklärerischer Geselligkeit besonders gut - nicht aus moralischen, sondern aus ästhetischen Gesichtspunkten erfolgt:

> Hier ist ja nicht von Tugenden die Rede, sondern von schönen Formen der Umgänge. Ohne diese kein Witz, keine Freimüthigkeit, kein fröhliches Sichgehenlassen, die nicht in Beleidigungen ausarten können.[512]

3. Daß Schleiermachers geselligkeitstheoretisches Projekt der Darstellung der Individuen in ihrer Eigentümlichkeit die empirisch zu erwerbende Idee der Menschheit intendierte, rückte seine "freie" Geselligkeit in den Sektor "Kunst". Rahels Absicht stimmt an diesem Punkt mit der Schleiermachers überein: Die von ihr organisierten und belebten geselligen Konfigurationen sind Resultate ihres "brennende(n) Durst(es) nach Kenntniß der Menschheit durch die Menschen"[513]. Als ihr Clemens Brentano als Motiv ihrer Salontätigkeit Eitelkeit und Gefallsucht unterstellt und sie sich genötigt sieht, ihm Rechenschaft über ihre gesellige Praxis abzulegen (da sie noch hofft, seine Freundschaft zu erhalten), erklärt sie ihren Salon aus ihrer Liebe zu "alle(m) Menschliche(n)" und ihrer Duldung "beinah alle(r) Menschen"[514]. Damit wird die Herstellung einer heterogenen Konstellation im Salon, wie sie sich bei Schleiermacher theoretisch begründet findet, zu einer praktischen Aufgabe Rahels. Der "Umgang mit allen Ständen"[515], wie es ihr Freund David Veit schon in den ersten Jahren der "Dachstube" als Projekt formuliert, blieb erklärtes Ziel. "Alle Sorten Durchreisende, Fremde", schreibt sie noch 1827 an ihren Bruder Ludwig Robert, empfange sie zur Zeit und beginnt mit einer Namensliste der Empfänge der vorhergehenden Tage, die abbricht mit der Bemerkung: "Wozu die vierzig Namen noch!"[516] Nachdem sie Varnhagen am 10. Februar 1829 im einzelnen die personelle Zusammensetzung der letzten Empfänge mitgeteilt hat, fügt sie hinzu: "Des Heterogenen wegen schreibe ich dies."[517] Hatte Ramdohr die geselligen Zirkel noch komponiert gesehen aus Menschen, "welche diejenige bildung des herzens und des verstandes erhalten haben, welche mit jeder besorgten erziehung in den kultivirten ländern von Europa verbunden zu seyn pflegt"[518], so muß Rahel die Bildung wegen ihrer sozialen Exklusivität als Zugangsvoraussetzung ihres Salons ablehnen - worin sie durchaus übereinstimmt mit Schleiermacher, der Bildung als Resultat, nicht als Vorgabe, freier geselliger Wechselwirkung bestimmte. Aber Rahel geht noch weiter bei der Öffnung ihres Salons,

---

511 Gustav von Brinckmann: Rahel. Brief an Varnhagen von Ense, in: Varnhagen: Denkwürdigkeiten, Bd. 8, S. 639-684, S. 648-649.
512 Ebd., S. 649.
513 Ebd., S. 652.
514 Rahel an Brentano, 1. Aug. 1813, S. 358-359.
515 David Veit an Rahel, Göttingen, 24. Dez. 1793, in: Briefwechsel zwischen Rahel und David Veit (Rahel-Bibliothek VII), S. 84-97, S. 89.
516 Rahel an Ludwig Robert in Baden, 16. Aug. 1827, in: Buch des Andenkens III, S. 281-285, S. 281.
517 Rahel an Varnhagen in Kassel, 10. Febr. 1829, in: Briefwechsel Varnhagen-Rahel 6 (Rahel-Bibliothek VI, 6), S. 228-231, S. 228.
518 Ramdohr: Studien, S. 369.

als Schleiermachers Theorie dies vorsah: Sie läßt auch jene zu, die sich ungesellig verhalten, die "mauvaise volonté" schließt diese nicht von vorneherein aus. An diesem Punkt kollidiert sie folglich auch praktisch mit Schleiermacher, der, wie angedeutet, zu ihrem Salon Distanz hält aus Unzufriedenheit mit der "mangelhaften" Selektion. Rahel wendet dabei, indem sie sich auf die Analogie von Buch und geselligen Menschen beruft (eine Analogie, die auch Goethe kennt, aber anders akzentuiert[519]), Schleiermachers weiten Hermeneutikbegriff gegen sein konkretes geselliges Verhalten. So erinnert sich Brinckmann:

> Als sie Schleiermachern einmal vorwarf, daß er sie so selten besuchte, und dieser scherzend antwortete: 'Ja, wenn Sie nur nicht so viel schlechte Gesellschaft sähen, mit der ich durchaus nichts anzufangen weiß', - erwiderte sie lächelnd: 'Aber daß ist eben Ihr Fehler. Mit allen muß der Denker etwas anzufangen wissen, nur auf seine eigene Weise. Wären Sie selbst, bei all Ihren trefflichen Anlagen, und ihrem übermächtigen Geist, wohl ein so großer Gelehrter und ein solcher Vielwisser geworden, wenn sie nicht sehr viel schlechte Bücher gelesen hätten? Nicht durch diese Bücher, aber bei Gelegenheit derselben durch das eigene Sichten und Bearbeiten jenes dummen und platten Inhalts haben Sie ihren eigenthümlichen Genius so vielseitig und selbständig ausgebildet. Warum beurtheilen Sie meine schlechte Gesellschaft nicht eben so? Fragen Sie nur Brinckmann, den habe ich endlich gelehrt, Menschen aller Art zu lesen oder durchzublättern.'[520]

Aber auch bei Brinckmann, wenn er von Rahel schreibt: "(...) die Menschen in Masse, wie im Einzelnen, waren und blieben doch ihre unermüdete Liebhaberei", schwang Kritik an der Zulassungspraxis Rahels für ihren Salon mit:

> 'Sie sind doch alle verschieden', sagte sie wohl dann wieder, und unstreitig mochte sie gerade diese Liebhaberei auch bisweilen nachsichtiger machen bei der Wahl ihrer bloß gesellschaftlichen Umgebung.[521]

Ein solches Geselligkeitsprojekt, das zum erklärten Ziel hat, die Menschheit durch eine im Prinzip grenzenlose Interaktionsreihe kennenzulernen und zur Darstellung zu bringen, muß sich selbstverständlich gegen jedes Distinktionsverhalten u.a. der höheren Stände auflehnen: "Den Großen und Vornehmen wurde ihr Stand eher *verziehen*, als zu gute gerechnet"[522], heißt es bei Brinckmann zur Integration von Aristokraten in den Salon, und dezidierter noch wird von Rahel an anderer Stelle ihre Ablehnung der - Distanz wahrenden - "Leute von Welt" formuliert, weil sie "von allen die leersten, die eingeschränktesten und die armseligsten *Welt- und Menschenkenner*"[523] seien. Mit ausgewanderten Franzosen, welche die "Landessprache der Menschheit zu lernen verschmähen", werden sie verglichen; diese, fährt Rahel fort, "kennen kaum die *Frakturbuchstaben* gewisser Stände und Amtsverhältnisse", "und ich möchte so gern *alle* Menschen in der

519 Vgl. Goethe: Spruch 49, in: Hamburger Ausgabe, Bd. 1: Gedichte und Epen, S. 312: "Gesellschaft. Aus einer großen Gesellschaft heraus/Ging einst ein Gelehrter zu Haus./Man fragte: 'Wie seid ihr zufrieden gewesen?'/'Wären's Bücher', sagte er, 'ich würd' sie nicht lesen'".

520 Brinckmann: Rahel, S. 653.

521 Ebd.

522 Ebd., S. 652.

523 Ebd., S. 655.

flüchtigsten *Handschrift* lesen können."[524] An diesem Punkt werden zugleich die Parallelen, die sie zwischen ihrer geselligen Tätigkeit und einer künstlerischen sieht, von ihr direkt ausgesprochen und findet sich gleichzeitig ihre Legitimierung des "offenen" Salons in der Kunst: Wie sie in ihrem Zirkel "mit Geist und Herz (...) aufsuchen und zusammenlesen (will), was die Natur mit unendlichem Reichthum überall vertheilt, die Wirklichkeit so armselig zersplittert, oder einschränkt"[525], so habe es Shakespeare in seiner Kunst getan, das heißt, "er versagte sich auch nicht der meisterhaften Behandlung des *niedrigsten* Stoffes"[526]. Goethe wird als Künstler auch in dieser Hinsicht Orientierungspunkt für den Umgang:

> Hat er wohl das arme bürgerliche Gretchen weniger verherrlicht, weniger anziehend dargestellt, als *Iphigenia*, oder die Fürstinnen von Ferrara? Kennen muß er also doch die eine wie die andere, um aus beider Eigenthümlichkeit das *rein Menschliche* zu läutern und zur Kunstschönheit zu erheben.[527]

Während Schleiermacher die "schöne" Kunst von dem geselligen Kunstwerk darin unterschied, daß erstere die "vollendete Darstellung einer einzelnen Idee" in der "freien" Geselligkeit die "ganze Reihe der Tätigkeiten Darstellung der Grundidee des Menschen selbst" sei, kann Rahel - darin ganz Romantikerin - von ihrer geselligen Praxis ausgehend, das Fragmentarische in ihren Kunstbegriff einbeziehen; der noch unvollendete *Faust* Goethes habe, nach Rahel, sein "größtes Verdienst" darin, daß er "nicht zu einem übereinstimmenden Ganzen" vollendet sei:

> Ist er denn nicht dadurch ein so sprechendes Bild der ganzen innern Menschheit, die mit allen ihren Höhen und Tiefen, ihrem Steigen und Sinken, ihren Ahnungen und Räthseln, für uns doch wohl ein ewiges Bruchstück bleiben wird, ohne Auflösung und beruhigende Entwickelung.[528]

Jenes in der *ars conversationis* grundlegende Prinzip, das die Stiltrias aushebeln konnte und nach dem den unterschiedlichen Sujets Gleichwertigkeit in der Behandlung zuerkannt werden sollte, taucht mit dieser Annäherung Rahels von Kunst und Salon wieder auf und gewinnt Virulenz auch für den Kunstbegriff. Das Komponieren der "Gesellschaft" als Selektion, das Schleiermacher als Wirtsfunktion festlegt[529], verliert bei Rahel an Relevanz, das Kooptationsprinzip greift dagegen stärker in die personale Konstellation ein, stützt aber die Aleatorik. Das Quantum des "Stoffes", um mit Schleiermacher zu sprechen, das austariert werden muß, vervielfacht sich damit. Die "Schicklichkeit", das Treffen und Erhalten des "Tons", wird eine komplexe Variable, die zu beherrschen man auch unbekannte Besucher zur intellektuellen Selbstmanifestation anreizen muß, d.h. die Salondame hat für das "Flottwerden seines ganzen geistigen Seins" zu sorgen[530]. Als für Rahels ersten Salon signifikant, überliefert Brinckmann denn auch, "daß jeder Neuhinzugezogene sogleich mit dem Ganzen verschmolz, und daß der unleug-

524 Ebd.
525 Ebd., S. 653.
526 Brinckmann: Rahel, S. 654.
527 Ebd.
528 Ebd., S. 657.
529 Vgl. Schleiermacher: Versuch, S. 29.
530 Rahel an Marwitz, 2. Nov. 1811, in: Rahel Varnhagen. Briefwechsel mit Alexander von der Marwitz, S. 107-110, S. 108.

bar *feine Ton* ihrer Umgebung dadurch auch nie auf das leiseste verstimmt wurde."[531] So lobt er denn auch als "bewunderungswürdig gewandt und leicht abgewogen (...) ihre *Behandlung* der verschiedensten sich einander oft völlig widersprechenden Karaktere".[532]

Diese Kunst, "ganze Coterien" zu beleben[533] - wie sie es Brentano gegenüber nennt - wird ihr auch bei der Leitung ihres zweiten Salons attestiert. In dem Bericht *Der Salon der Frau von Varnhagen* - die Bezeichnung "Salon" annonciert bereits, wie die im übrigen unkorrekte Nobilitierung, den gewandelten sozialen Status - analysiert der Verfasser während eines Besuchs das "Talent"[534] von Frau Varnhagen, als Salondame zu wirken. Er kommt zu dem Ergebnis, daß es weder ihre intellektuelle Kapazität oder ihre "Güte", Menschlichkeit, noch eine besondere Kombination beider Eigenschaften sei, die sie zu ihrer Salonrolle prädestiniere:

> Ich glaubte (...) zu entdecken, daß ein großer Theil der geselligen Stärke dieser Frau darin liege, daß die Menschen, welche sie sah, ihr nicht wesenlose Schatten waren, sondern daß jeder, wenigstens für den Augenblick, ihr ein wirkliches Interesse darbot, und nicht nur ein allgemein menschliches, sondern auch ein individuelles, was freilich nur durch Einsicht und Eingehen in das Wesen jedes Einzelnen möglich war.[535]

Eine Kontinuität in Rahels Salonprojekt über die literarhistorischen Epochengrenzen Romantik/Restauration hinweg zeichnet sich in solchen Erfahrungen mit dem Jahre 1830 ab. Auch im Salon von 1830 wird offensichtlich Wechselwirkung nur dort für möglich gehalten, wo der schöne Schein des Umgangs aufgegeben und eine Beziehung geknüpft werden kann zwischen Menschen, die im Salonkontext von den externen Restriktionen und Depravationen verschiedener Art durch das "Talent" der Salondame befreit sind:

> Eine ebenso gütige, als blitzschnelle Menschenkenntniß gab ihr die Leichtigkeit, an jedem Menschen auf der Stelle seine vorteilhafte Seite zu finden, die sie dann zum Lichte hervorzuwenden und zu beleben wußte, wodurch die unvorteilhaften Seiten von selbst im Schatten blieben. Sie hatte auf diese Weise mit jedem Einzelnen eine persönliche Beziehung, stand mit ihm auf irgend einem Punkt in ächtem Verhältniß, das natürlich in den mannigfachsten Richtungen und Graden sich schied und abstufte. Hier war also ein wirkliches Zusammensein, keine bloß hervorgebrachte leere Form, und das Wesentliche ist immer fruchtbar. Mit ihrem Willen war es nie, daß irgendjemand, sei es Mann oder Frau, sich als leere Gesellschaftsdekoration, als leblose Salonkaryatide hielt; dagegen habe ich in andern Kreisen oft gesehen, daß, weil die Leute mit ihren Wirthen eigentlich durch nichts zusammenhingen, nichts mit ihnen gemein hatten, sogar bedeutendste Menschen nutzlos gleich den geringsten zu bloßer Zimmerfüllung dienten.[536]

531 Brinckmann: Rahel, S. 652.
532 Ebd., S. 661.
533 Rahel an Brentano, 1. Aug. 1813, a.a.O., S. 385-389.
534 N.N.: Der Salon der Frau von Varnhagen, a.a.O., S. 623.
535 Ebd.
536 Ebd., S. 623-624.

Clemens Brentano, der ebenfalls die Geselligkeit als ästhetisches Projekt anerkennt, wenn er Savigny gegenüber vom "Verein vortrefflicher Menschen in Freiheit" spricht, "die bewußtlos zum Kunstwerke der Geselligkeit werden"[537], meldet dennoch bezüglich der Praxis Rahels Bedenken an. Als er 1813 auf Rahels selbstrechtfertigende Ausführungen zu ihrer Geselligkeit antwortet, geschieht dies zwar bereits in der christlich-missionarischen und antisemitischen Absicht, voller Invektiven gegen Rahel als *jüdischer* Salondame. Aber Brentano schneidet doch ein Problem an, wo er Rahels bewunderte Fähigkeit, sich im Umgang mit Menschen auf deren Individualität einzulassen, auf die deformierenden Konsequenzen für die Persönlichkeit der Salondame selbst befragt. Damit zieht er zugleich die "Echtheit" der temporär von Rahel realisierten zwischenmenschlichen Beziehungen in Zweifel. Rahels extrem ausgeprägter Individualismus, die bisweilen provozierende Selbststilisierung und zugleich ihre Individualitätsgefährdung[538] und innere Zerrissenheit werden ihr von Brentano als bedingt durch ihre gesellige Praxis vorgeworfen. Diese verleihe ihr einen Zug von Monströsität, die menschlichen Züge müßten bei ihr verwischt werden:

> Betrachte ich Sie im Judentum geboren, mit ungemeinen Talenten dem Umgang der mannichfaltigsten, ungläubigsten, witzigsten, interessantesten Lebenshelden preisgegeben; hier hingerissen, dort liebend, dort vermittelnd, dort verstehend, dort mißbraucht, dort wieder erhebend in eigener Kraft, dort resignierend, dort begehrend, in unendlicher Entwicklung der geselligen Schutz-, Trutz-, und Ehren-Waffe, des Verstandes, aber mit einem Herzen, das nur von sich selbst lebt und nur von der Natur, so müssen Sie beständig aus dieser Quelle den tausend Armen und Beinen und Füllhörnern Nahrung gebend, endlich zu einer Gestalt geworden sein, mit unzähligen Armen und Beinen: dieses sind in der Pflanzenwelt die Bäume, in der Tierwelt die Insekten, in der Menschenwelt aber die Ängstlichen, die Übergestalteten - sie können in der Phantasie indische Götter sein - Götzen. Aber, verehrte geduldige Zuhörerin, nur die menschliche Gestalt ist im Menschen liebenswürdig, und kaum ein Höcker, viel weniger ein Blaubart ist zu dulden![539]

Die von Brentano behauptete Interdependenz zwischen einer Salonpraxis mit solch heterogener Zusammensetzung und der Konstitution der Persönlichkeit Rahels macht den Salon verantwortlich für die Identitätskrisen Rahels, die bis zu Symptomen der Hysterie, wie sie Marianne Schuller in Rahels Briefproduktion diagnostizierte[540], führen konnten und eine Exaltiertheit hervortrieben, die Brentano mit dem Bild des Monströsen zu fassen suchte. "Wie *oft* hab' ich das Herz voll oder *zerrissen*, und erfülle *dann* grade gesellige Pflichten", schreibt Rahel an ihre Schwägerin[541]: Die Destabilisierung des "Ichs", der

---

537 Clemens Brentano: Das unsterbliche Leben. Unbekannte Briefe, hrsg. von Wilhelm Schellberg und Friedrich Fuchs, Jena 1939, S. 306.

538 Ähnlich wie Brentano wird auch Tieck später eine Bedrohung ihrer Persönlichkeit in einem Brief an Brinckmann konstatieren. Brief Ludwig Tiecks an G. von Brinckmann, 17. Nov. 1835, in: Euphorion, Ergänzungsband 13, S. 61-74. Vgl. dazu Lore Feist: Rahel, S. 77: "Er (Tieck - PS) spricht in einem Brief vom 17. Nov. 1835 an Brinckmann von der haltlosen Willkür ihres Wesens, einem Verlieren der eigenen Persönlichkeit an fremde, oft ganz unbedeutende. (...) (Er) macht ihr den Vorwurf der Untreue gegen sich und andere."

539 Brentano an Rahel in Prag, Wien, 14. Aug. 1813, in: Rahel im Umgang, S. 369-375, S. 375.

540 Vgl. Schuller: "Unsere Sprache ist unser gelebtes Leben", S. 55-59.

541 Rahel an Friederike Robert, 9. Mai 1828, in: Buch des Andenkens III, S. 335-336, S. 335.

Identitätszweifel - was nur die Kehrseite ihres heftigen Verlangens nach dem "besondere(n) persönliche(n) Schicksal"[542] ist - erscheint bei ihr als "Disposition" für die Salonführung, nicht wie bei Brentano als Resultat.

Rahel begreift den Salon stets als soziale Gelegenheit der Entfaltung einer Lebenspraxis, die ihr - zumal als Jüdin und Frau - anderswo versagt bleiben muß. Insofern spricht sie, wenn sie sich über ihren ersten Salon äußert, immer wieder vom Lebensgenuß, den er ihr bereite.[543] "Verhält es sich aber mit dem Leben anders, als mit der Kunst?"[544] fragt sie ihren Freund Brinckmann. Indem der Salon ästhetische Praxis ist, manifestiert er für sie das wirkliche Leben. Auf diese Weise wird er zu einer konkreten Lebensutopie, die selbst wieder befruchtend auf die Entstehung von Kunst einwirken kann. Sie Lebens-Künstlerin zu nennen, ist also keine Aporie, sondern beschreibt zutreffend ihre gesellige Konzeption und Praxis, die auf das Virulentwerden von Kunst im Leben zielten. Damit ist ihr Salon nicht nur Idyll oder Asyl, wie er im Anschluß an Hannah Arendts Rahel-Biograhie häufiger definiert wurde; gerade indem er dazu tendiert, "Kunst" zu sein, gelingt es ihm, kontrastiv die gesellschaftlich bedingten Defizite sozialer Kommunikation und Interaktion sichtbar zu machen, verkörpert er die Hoffnung auf eine umfassendere Umgestaltung der zwischenmenschlichen Verkehrsformen.

Als sich nach der Juli-Revolution Rahels sympathisierendes Interesse am "Franzosenleben" erneut verstärkte, weil sie hier - im Gegensatz zu dem restaurativen Deutschland - gesellschaftliche Entwicklungsperspektiven erkannte, war es konsequenterweise die französische Geselligkeitstradition mit ihren konkret-utopischen Möglichkeiten des befreiten Menschseins, die sie als Triebkraft der verheißungsvolleren französischen Geschichte ausmachte:

> Ich bin der größte Franzosenleben-Schätzer. Wir gehen, wir Deutschen in lauter *Mitteln*, in *Zukunft*, unter. (...) Der gesellige, nur auf Geselligkeit angewiesene, und nach ihr und ihrer Ausbildung strebende Franzose will im Augenblick scheinen und sein: scheinen was er ist, und sein möchte. Dringendste Anforderung des nun auf Erden einmal gehemmten Menschenthums![545]

4. Rahels Salon konnte nicht über vier Jahrzehnte nach einheitlichen Mustern inszeniert werden, dies war bei ihrer Konzeption von Geselligkeit von vorneherein ausgeschlossen. Weil sie kein abseitiges Refugium errichtete, sondern eine für gesellschaftliche Vorgänge höchst sensible Formation zustande brachte, stehen Modifikationen ihrer Salonpraxis in enger Beziehung zu gesellschaftlichen Ereignissen. Daß mit der Niederlage von Preußen 1806 insgesamt eine entscheidende Erschütterung der Berliner Salonkultur stattgefunden hatte, war indes nicht nur Rahel sehr rasch bewußt geworden. In den *Versuchen und Hindernissen Karls*, an deren Abfassung sich nach dem Zusammenbruch Preußens einige Schriftsteller machten, die sämtlich mit den Salons vertraut waren, wird der Verlust des ästhetischen Charakters der Zirkel als wesentliche Einbuße bezeichnet. Während einer Diskussion zwischen einem Fräulein Luise und "Jean

542 Vgl. Rahel an Pückler-Muskau in Muskau, 9. Okt. 1831, in: Buch des Andenkens III, S. 531-534, S. 532.

543 Vgl. Rahel an Pauline Wiesel, Sommer 1816, in: Rahel-Bibliothek IX, S. 434-435, S. 434.

544 Brinckmann: Rahel, S. 654.

545 Rahel an Ernestine G., 31. März 1831, in: Buch des Andenkens III, S. 491-494, S. 492.

Paul" - in Anspielung auf den Favoriten der Salons um 1800 - erhebt Luise "große Klagen über den gegenwärtigen Zustand des geselligen Lebens in Berlin", der sich grundsätzlich unterscheide von dem jener Zeit, als die Schlegels noch die Berliner Salons mitprägen konnten:

> Die jungen Leute waren sämmtlich in innere Bewegung versezt, die freieren Grundsätze über manche alten Formen begünstigten freiere Verhältnisse, und die Damen hatten die Freude, durch den poetischen Anstrich, den alles bekam, sich noch mehr verherrlicht zu sehen.

Die gesellige Praxis mit ihrem poetischen Charakter habe sogar zu einer Literarisierung der Verkehrsmittel geführt:

> Statt fader Billette kamen nun wohlgereimte Sonette, man las die neueren Schriften, die Spannung aller Kräfte war in der That sehr hoch gestiegen, und selbst die Gemeinheit zeigte sich idealisiert.

Die Tendenz zur "freien" Geselligkeit, zur Etablierung des Salons als ent-pragmatisierter und nicht mehr zweckorientierter Handlungsraum, sei in ihr Gegenteil verkehrt worden:

> (...) jetzt aber ist es in Berlin, als wenn alle die jungen Leute ernsthafte Geschäftsmänner geworden wären, und so geht alles wieder im gewöhnlichen Schritt. Aha! sagte Jean Paul mit feinem Lächeln (,) die Sonettkompanie verändert sachte ihre Firma in Sohn et Compagnie, daß man glauben sollte, es wäre ein altes solides Handelshaus, (...) als wären die Träumereien nie für etwas anderes ausgegeben worden, damit nur die Alten rufen: Ach, habt ihrs so gemeint? und den jungen Ladendienern und Referendarien ihr Unrecht abbitten.[546]

Im Jahr des Erscheinens des Berliner Doppelromans beklagt sich Rahel Brinckmann gegenüber über den Verlust des Salons als existentielle Niederlage:

> Bei meinem 'Teetisch', wie Sie es nennen, sitze ich nur mit Wörterbüchern; Tee wird gar nicht bei mir gemacht, außer alle acht oder zehn Tage, wenn sich Schack, der mich nicht verlassen hat, welchen fordert. So ist alles anders! Nie war ich so allein. Absolut. Nie so durchaus und bestimmt ennuyiert. Denken Sie sich, ennuyiert! Denn nur Geistreiches, Gütiges, Hoffnungsgebendes kann eine so Gekränkte, eine so Getötete noch hinhalten. Alles ist aber vorbei![547]

Als sie einige Jahre später hört, daß in der Stadt Celle bei den geselligen Vergnügungen aus Anlaß des Sieges über Napoleon wieder egalitäres Verhalten durch ständische Distinktion verdrängt worden sei, reagiert sie deshalb so heftig, weil der Vorgang ihr das Scheitern des Projekts "freier" Geselligkeit deutlich vor Augen führt: Statt des geselligen Emanzipationsraums anvisiert sie in diesem Augenblick in einem Sechszeiler die gesellschaftlich in einem revolutionären Akt zu realisierende Gleichheit:

> Die Adlichen in Celle / Geben hardiment Bälle / Im alten Stolz und Pracht, / Wohin sie keinen Bürger lassen. / Ihr Wenigen, gebt Acht! Die Vielen werden Euch fassen.[548]

---

546 *Versuche und Hindernisse*, S. 234-235.
547 Rahel an Brinckmann, 8. Jan. 1808, in: Rahel im Umgang, S. 105-107, S. 106.
548 Rahel an Varnhagen in Holstein, Prag, 20. Dez. 1813, in: Briefwechsel Varnhagen-Rahel III (Rahel Bibliothek V, 3), S. 247-250, S. 250.

Aus Paris läßt Schlabrendorf sie 1815, unterrichtet offensichtlich von Rahel-Freunden, die inzwischen dort eingetroffen sind, über Caroline von Wolzogen grüßen: "Tausend Grüße an unsere Freundin in Berlin, deren Ansichten jetzt auch ins Stocken geraten."[549] Die antisemitische Pogromstimmung des Jahres 1819 demonstrierte zusätzlich die Fragwürdigkeit und Brüchigkeit des Salons als exzeptioneller Ort jüdischer Emanzipation.

Schleiermachers Büste im zweiten Salon gewinnt damit etwas Beschwörendes: Dieser Salon, den sie als die "'Dachstube' (...) im Größern (fortspinnen)"[550] wollte, droht zu deren verzerrendem Abbild zu werden, zur "falsche(n) Geselligkeit, die da ächte vorstellen sollte"[551]. Daß dies den veränderten autobiographischen und gesellschaftlichen Vorzeichen zuzuschreiben ist, legt sie in einem Brief an Pauline Wiesel dar:

> Auch ich bin noch zu allem wahren Vergnügen fähig und aufgelegt. Es kommt nur nicht, und ich bin nicht frei (...). Man ist nicht frei, wenn man in der bürgerlichen Gesellschaft etwas vorstellen soll; eine Gattin, eine Beamtenfrau etc. Und *Sie*, und unser Kreis, fehlt mir ganz. Die Dummheit, Leerheit, Pedanterie, Frömmelei herrscht.[552]

Vergleichen wir die Aussage Rahels über ihren zweiten Salon mit dem anonymen Bericht, den Ignaz Kuranda herausgab, und fragen, was von dem Projekt, den Salon als ästhetische Praxis zu realisieren, geblieben ist, so verweisen beide Quellen auf die Reorganisierung von Verkehrsformen, die der Repräsentation dienen und mit entsprechender "Ostentation" organisiert wurden. In vielen Gesellschaften Berlins "wollte oder durfte (niemand) (..) etwas anders vorstellen, als den äußern Rang, durch Geburt oder Amt überkommen, und somit war von selbst aller Anspruch auf Geist, Talent oder Liebenswürdigkeit in Ruhe gesetzt"[553] - so der Kuranda-Bericht. Der "Reiz der Berliner Geselligkeit, von dem ich so viel gehört hatte und an den ich kaum noch glauben wollte", sei nur in wenigen Zirkeln konserviert worden, unter anderem im jüdischen Zirkel Beer, im Helvig-Salon, im Salon Staegemann, im Haus der Mendelssohn-Bartholdys.[554] In all

549 Brief Schlabrendorfs an Caroline von Wolzogen, 29.3.1815, zit. nach Werner Kraft: Carl Gustav Jochmann und sein Kreis. Zur deutschen Geistesgeschichte zwischen Aufklärung und Vormärz, München 1972, S. 27.

550 Rahel an Rose im Haag, Berlin, 13. Mai 1829, in: Buch des Andenkens III, S. 387-390, S. 390.

551 Rahel an Pauline Wiesel in Baden, Berlin, 14. Okt. 1829, in: Rahel im Umgang, S. 262-263, S. 263.

552 Rahel an Pauline Wiesel, Berlin, 8. Juni 1826, in: Rahel-Bibliothek IX, S. 699-702, S. 700.

553 N.N.: Der Salon, S. 595.

554 Ebd., S. 596. Als der Schwede Per Daniel Atterbom 1817 in Berlin die Salons kennenlernte, war es vor allem der Helvig-Salon, der ihn beeindruckte und von dem er eine Beschreibung gab, die an jene des Grafen Salm von der "Dachstube" erinnert: "Es war mir ein ganz neues Schauspiel, eine zahlreiche Versammlung zu besuchen, in der es zum guten Ton gehörte, etwas anderes als langweilig zu sein; wo beide Geschlechter, ohne das sie über ein Nichts schwatzen oder einander boshaft mustern, mit ebenso großer Vertraulichkeit wie Lebhaftigkeit zum eigenen und allgemeinen Vergnügen beitragen (...); wo angenehme Erzählungen, scharfsinnige Reflexionen, Gedichte, Ansehen von Malereien und Kupferstichen die Stunden beflügeln und wo jedes Mitglied es wagt und vermag, sich als Individuum mitzuteilen, welches nicht unablässig durch Aufführung und Phrasenschwall eine alltägliche, auswendig gelernte Lektion wiederholt." Per Daniel Atterbom: Reisebilder aus dem romantischen Deutschland, neu herausgegeben von Elmar Jansen nach dem Erstdruck: Aufzeichnungen des schwedischen Dichters P.D.A. Atterbom über berühmte deutsche Männer und Frauen nebst Reiseerinnerungen aus Deutschland und Italien aus den

diesen Gesellschaften sei er auf Frau Varnhagen als außergewöhnlich geistreiche und anregende Salondame aufmerksam gemacht worden. Allerdings: Aus den Briefen Rahels an ihren Mann läßt sich der vorliegende Bericht dort korrigieren, wo er den Eindruck erweckt, auch der zweite Salon habe sich ausschließlich über das Gespräch aufgebaut. Die in Schleiermachers "Theorie" desavouierte und von Rahel als Wirtin der "Dachstube" verpönte "Ostentation" spielt nun auch bei Rahel eine Rolle. Am deutlichsten ist dies bei der Rehabilitierung des Essens als geselligkeitsstiftendes Element; wenige Beispiele sollen genügen, die diesbezüglichen Ambitionen des zweiten Rahel-Salons zu illustrieren: Am 26. Juli 1823 schreibt Rahel-Varnhagen von einer Soiree, die zudem nur ein gewöhnliches Spektrum von Salonbesuchern aufwies:

> Was ich meinen Gästen gebe, will ich Dir erzählen. Thee mit Kuchen und Zubehör.[555] Gebackener Aall (sic), und Hechte mit Aspic-Sauce; kalte, mit Essig und Oel, etc.; Zunge, Kalbfleisch. Reisspeise mit Vanillensauce; Kirschkuchen, Melone, Johannisbeeren-Bischoff. Wer *mir* es besser giebt, ist ein Schelm![556]

Jahren 1817-1819, Berlin 1867, Stuttgart o.J., S. 51. Aber Atterbom fügt gleich hinzu, "daß die Berliner Gesellschaften sich nicht überall, ja vielleicht nur in wenigen Häusern in so blendendem Lichte zeigen" (S. 51) und übte an diesen anderen "Häusern" scharfe Kritik: "Im übrigen erbaute mich das ewige Schwatzen über Ideen, Bildung, Kunst und Literatur wenig, sobald ich einsah, daß der herrschende Ton bei den meisten, gerade wie bei uns, von Mode und Jargon bestimmt wurde und daß die Menge, ebenso wie bei uns, aus flachen und prosaischen Naturen bestand. Diese sind demnach dressiert; aber liegt wohl eigentlich bei solchen etwas Gewicht in der Art ihrer Dressur? In Schweden sind derartige Personen langweilig, in Deutschland vermöge des übergossenen Flimmergoldes von Belesenheit, Kritik und Poesie zugleich ekelhaft, und da muß man doch billigerweise bezweifeln, ob das letztere besser ist. Wozu nützt es, an Stelle von anderem Gewäsch über Shakespeare, Goethe, Beethoven und Raffael zu plappern, zu musizieren, Verse zu machen vom Morgen bis zum Abend, wenn das Herz leer und der Kopf ohne Genie ist? Was hilft es, Wissenschaft und Kunst zu einer Art Creme zu machen, hinsichtlich deren jeder dazu gelangen kann, sich einen Klecks auf seinen Teller zu legen, wenn dieser, wie alles Naschwerk, mit der Zeit schwache Magen verdirbt?" S. 70-72. Die Salondame Helvig-Imhoff, was deren Salontätigkeit ebenfalls mit Kunst-Vorzeichen versieht, wird dagegen als "Priesterin des Schönen und Wahren" gefeiert, die "wie die Poesie, die Kunst und die hier überall gepredigte höhere Anschauung der Dinge nicht bloß auf ihrer Zunge, nicht bloß in ihrer Feder, sondern in jedem Pulsschlag lebt, der von ihrem Herzen ausgeht." Ebd., S. 72.

555 Daß der Tee (jetzt mit alkoholischem Zusatz) als geselliges Genußmittel in der Restaurationszeit seine Funktion und Wirkung wandelte, statt anzuregen, die Widersprüche in einer rauschhaft (im wahrsten Wortsinne) hergestellten Harmonie überdeckte, kommt zum Ausdruck in August Lewalds bereits zitierten *Album der Boudoirs* (S. 61-62): "Die Bevorzugten des Glücks überlassen sich den Freuden der Gesellschaft. Staatsmänner, Gelehrte und Künstler vereinigen sich in glänzenden Zirkeln und schlürfen den prächtigen Maraschinothee, der ihre aufgeregte Stimmung sanft beschwichtigt. Der Zusatz von etwas Kirschgeist oder Maraschino verleiht dem Thee einen leichten Mandelgeschmack oder von Blausäure und wirkt angenehm beruhigend. In einer solchen Theegesellschaft scheint für Augenblicke alles nivelliert, Alles gleich zu seyn. Wie um den Strom der Vergessenheit, so drängen sich die Gäste um den Theetisch, wo das goldene Getränk seine Düfte verbreitet; sie trinken mit langen Zügen, die Vergangenheit verschwindet, Unfälle, Verdrießlichkeiten, üble Begegnungen, Alles flieht wie ein Traum dahin und die Zukunft lächelt wie ein Himmel ohne Wolken, bestrahlt von der Hoffnung, umsäumt von den rosigsten Illusionen. Welche Zauber, eine so glänzende, helle Theegesellschaft zu überblicken, sich mitten in ihr zu befinden, in Düften zu schwelgen, die schönsten Melodien zu vernehmen, liebliche oder ernste Worte tauschend, beredt und redselig. Wie wohl fühlt man sich in diesen Zaubern der Civilisation!"

556 Rahel an Varnhagen in Hamburg, Berlin, 26. Juli 1823, in: Briefwechsel Varnhagen-Rahel (Rahel-Bibliothek VI, 6), S. 60-62, S. 61.

Und am 19.2.1829, um ein Datum am Ende des Jahrzehnts herauszugreifen, gibt Frau Varnhagen ihren neuesten geselligen Erfolg bekannt:

> Suppe in Tassen, kaltes Fleischwerk, und, weil Frau von Cotta vorigesmal Mehlspeisen in Berlin vermißte, eine der superbsten Zitronen-Mehlspeisen: sie war verschlungen, selbst der rédacteur aß sie: und mein Triumph! Mad. Cotta forderte das Rezept. Alle aßen zweimal davon. Weißes Bier, weißer Wein.[557]

"Einen schönern Abend hat man jetzt nicht leicht in Deutschland!"[558], kommentiert sie diese Soiree. Nicht nur scheint der bon goût im Salon - zusätzlich zur ästhetischen Wertung - wieder die ursprüngliche, auf das Essen bezogene Bedeutung zu konnotieren, der gute Geschmack wird wieder in Verbindung mit Umgangsformen gebracht[559]. Rahel, die den ersten Salon als Absage auch an die repräsentativen Verkehrsformen des Hofes gründete (und die eben deshalb auch Mitglieder dieses Hofes in ihre geselligen Formationen einbinden konnte), imitiert diesen schließlich sogar:

> Ich ordnete alle Sitze. Alle Damen - wie unsere Prinzessinnen, ich mache es immer so - faßten sich an, und gingen an den Tisch: die Herren müssen dann nach.[560]

Die ästhetische Komponente der geselligen Praxis ist zurückgenommen worden in die Kultivierung von Lebensformen: Die Tendenzen zur Kunst müssen in diesem Salon gleichzeitig marginalisiert werden.

Mit der in den Eßzeremonien enthaltenen Wendung gegen die dialogische Wechselwirkung als hegemoniales Kompositionselement des Salons korreliert auch das geänderte Verhältnis zur Kunstkonsumption. War Rahel selbst das Vorlesen der kurzen Gedichte ihres Bruders 1801 noch als Störung des Ablaufs ihrer Soiree erschienen, so ist jetzt der musikalische Vortrag in der Regel ein Programmpunkt ihres Salons. Schon morgens weist sie den Verfasser des Berichts darauf hin, "daß ein paar schöne Stimmen sich zum Abend bei ihr angesagt"[561] hätten. Während der Soiree singt Anna Milder Lieder von Kreutzer, Schubert und Beethoven.[562] Auch mit dieser Öffnung des Salons für musikalische Darbietungen, wodurch nach Schleiermacher das Prinzip "freier" Geselligkeit als aufgehoben gelten muß, da sich ein Teil der Versammelten "leidend verhält", zumindest temporär zu Objekten des Geschehens wird, schloß sich der Varnhagensche Salon einem dominanten geselligen Trend der Restaurationszeit an.

In der Zusammensetzung des Salons hatte sich - verglichen mit der Jägerstraße - eine wichtige Änderung vollzogen: Durch die Gründung der Berliner Universität gelangte verstärkt ein neuer Intellektuellentypus in Rahels Kreis.[563] Diplomaten, Offiziere, Vertreter der verschiedenen aristokratischen Gruppen, Angehörige der Administration, Schriftsteller, Künstler sind es, die auch den zweiten Salon aufsuchen. Der Kosmopolitismus, der bereits den ersten Rahel-Salon auszeichnete, scheint personell ge-

---

557 Rahel an Varnhagen in Kassel, Berlin, 19. Febr. 1829, in: Briefwechsel Varnhagen-Rahel (Rahel-Bibliothek VI, 6), S. 265-268, S. 266.
558 Ebd., S. 265.
559 Vgl. Brief Rahels vom 4. März an Varnhagen in Bonn, ebd., S. 318-321, S. 320.
560 Ebd., S. 320-321.
561 N.N.: Der Salon, S. 598.
562 Ebd., S. 610.
563 Vgl. auch Spenlé: Rahel, S. 194-195.

wahrt und erweitert zu sein[564]: Am Rande des anonymen Berichts wird sichtbar, daß die weiter fortgeschrittene Ausdifferenzierung des Literatursystems sich auch in der personellen Zusammensetzung des zweiten Salons widerspiegelte: Ein Redakteur ist als Gast bereits im zitierten Rahel-Brief aufgeführt worden, die Verbindung zur Verlegerfamilie Cotta ebenfalls. Damit behält also das Kompositionsprinzip der Heterogenität auch in der restaurativen Phase noch seine Gültigkeit. Nur bleibt den Bemühungen der Salondame, dieser Heterogenität Sinn zu verleihen, indem die einzelnen Teilnehmer zur Geltung und miteinander in Wechselwirkung gebracht werden, immer weniger Erfolg beschieden. Während der Verfasser des Berichts von 1831 Rahels Können, sich auf den einzelnen Besucher einzulassen, noch bewundert, sieht sie selbst ihre alte Kunst der Salonführung als vergeblich, sich selbst als Salondame als unverstanden an. Sie selbst, gesteht sie ihrer Freundin Wilhelmine Zielinski, sei in dieser Situation, da ihre im Kreis der Romantiker geschulte Kunst der stimulierenden Anspielung, des aphoristischen Denkens, des Sprachspiels nicht mehr begriffen werde, zu einer Quelle des Ennui für die Besucher geworden:

> Daß mich mein ganzer Kreis nicht kennt, ist eine alte, herbe, erhärtete Privation. *Alle* Tage sehe ich es mehr. O! und dürft' ich's sagen, so würde ich *Ihnen* sagen: es weiß keiner aus ihm, daß es eine solche Person *giebt*, wie ich eine bin. Nicht von Geist, oder Güte; oder Talenten, und Verstand: aber von solchem Zusammenhange im Gemüth und Überzeugung. Das entgeht Allen so, daß ich sie ennuyire; *ennuyire*; (denn sie vernehmen mich nicht; und hören in meinen Äußerungen lose Worte, in denen nicht Einmal soviel sitzt, als in ihren; denn ihres sitzt *wirklich* nicht darin; also für sie *nichts*;) sonst ließen sie mich - bei meiner Nachsicht, die ich übe, und nie übelnehme! - nicht rein sitzen. Sie denken, meine Eitelkeit ist so kompakt geworden, daß sich ein Horn vor meiner Stirn gebildet haben muß - wie ich immer sage -; ich gebe mich *preis*; untersuchen Sie, richten Sie; fragen Sie mich jede Frage.[565]

Mit einer solchen Schwächung des vermittelnden und inspirierenden Zentrums, der Salondame, können exogene Widersprüche in die Salonformation einbrechen. Dazu, daß Rahel nicht mehr zu ihrer alten Rolle zurückfinden konnte, sie unverstanden blieb, trug zweifellos die aus der Präsenz der akademischen Intellektuellen resultierenden Diskursveränderung bei. Nicht mehr die assoziativen und reihenden Gedankenbewegungen, sondern auch dialektisches Denken, das vor allem über die Hegel-

564 N.N. (Der Salon, S. 611-612) stellt auch einen jungen Amerikaner, Albert Brisbane, als Habitué vor, der den Salon als Ausbildungsstätte nutzen will: "(Brisbane) verfolgte seinen Zweck (...) mit einem Ernst und Eifer, der einem Vierzigjährigen Ehre gemacht hätte. Nach Art seiner amerikanischen Landsleute wollte er alles nach praktischen Prinzipien und mit möglichster Zeitersparnis lernen; er verlangte von Hegel's Schülern die Philosophie ihres Meisters auf einem Quartblatt; einen Mahler bat er um die Mittheilung der Grundsätze, nach denen er ein Portrait mache; von dem General verlangte er die Regeln, wie man eine Schlacht gewinne; genug, in seinem technischen Bildungsdrange ein so wunderliches und hier zu Lande fremdartiges Menschenkind, daß ein Urmensch jenes Bodens, eine Rothaut selbst, hier kaum größeres Staunen hätte wecken können. Sein unerschütterlicher Gleichmuth, sein unermüdetes, lerngieriges Fragen, die achtlose Offenheit, mit der er sich selbst und alle Andern einzig für seinen nächsten Zweck behandelte, waren zu ergötzlich, als daß sie hätten verletzen können."

565 Rahel an Frau von Zielinski in Frankfurt a.d. Oder (die dort selbst einen kleinen Zirkel organisiert hatte), 25.9.1831, in: Buch des Andenkens III, S. 562-630, S. 628.

Schule eindrang, bestimmte den Dialog. Die personale, soziale und professionelle Heterogenität des Salons führte jetzt zu einer Demonstration der Widersprüchlichkeit von Interessen, so daß der konversationelle Friede an immer mehr Punkten zerbrach. Die Soiree, die der Bericht beschreibt, stellt sich dar als Abfolge von heftigen Disputen und ihrer versuchten Abwehr: Gans, Ludwig Robert, K.A. Varnhagen treten zusammen in den Salon ein, "alle drei schon im heftigen Streit"[566].

Als die Milder schließlich ihr Konzert beginnen soll, "hören wir einen lebhaften Aufschrei, wir wenden unwillkürlich die Köpfe, und sehen Herrn von Reden mit zornigen Gebärden sich ereifern, er weist eine Beschuldigung heftig zurück, welche Robert unvorsichtig gegen den Grafen von Münster vorgebracht; dies war ein Punkt, wo der treue hannöversche Staatsdiener keinen Spaß verstand, sondern sogleich Feuer fing."[567] Schließlich kommt es zu einem neuen langen Wortgefecht zwischen Gans und dem spanischen Diplomaten Cordova über den "mißlichsten und gefährlichsten Gegenstand, der mit einem spanischen Gesandten zu erörtern sein mochte, nämlich (...) die Verbindlichkeit der Eide und Versprechungen, welche der Fürst dem Volke leistet."[568] Unter diesen Umständen hält Rahel Varnhagen nicht um jeden Preis an dem Geselligkeitsprojekt, wie man es bei Schleiermacher umrissen findet, fest: Das Modell des herrschaftsfreien harmonischen Diskurses wird, auch wenn dies weitere psychische Verletzungen bei Rahel hervorruft, aufgegeben. Wenn die Salondame in die Dispute eingreift, wie es der vorliegende Bericht dokumentiert, so in der Absicht, den offenen Affront zu vermeiden und zugleich die kritischen Kompetenzen in ihrem Zirkel fruchtbar zu machen. Darauf wird noch einzugehen sein.

So lassen sich zusammenfassend, im zweiten Rahel-Salon zwei einander widersprechende Tendenzen ausmachen: Der Versuch, die Harmonie zu wahren - ein Versuch, dem auch immanent ist, verstärkt den Salon als Sphäre des Kunstkonsums zu organisieren - steht neben der Ausrichtung des Zirkels als kritisch-räsonnierende Instanz. Dort, wo Rahel die gesellschaftlichen Widersprüche künstlich entfernt hält, geschieht dies im Rückgriff auf repräsentative und konventionalisierte Umgangsformen. Sie schließt sich an diesem Punkt geselligen Entwicklungen einer Restaurationszeit an, in der Rumohr seiner *Schule der Höflichkeit* das Motto voraussetzen konnte: "Nichts Neues". Nicht die "Manier" Schleiermachers, das Geltendmachen des Individuums bei Rahel, bleiben nach Rumohr Zweck und Mittel salongeselliger Praxis, sondern die Beherrschung standardisierter Verkehrsformen. Der Konversationston, der die Individualität verschleiert, hat den sprachlichen Umgang im Salon zu prägen. Dies macht deutlich, wie weit Schleiermachers Konzept von der "freien Geselligkeit" als Kunstwerk aufgegeben ist.

Der Salon bezieht seinen Kunstcharakter jetzt - folgt man Rumohrs biedermeierlichen Geselligkeitsentwürfen - gerade aus der Domestizierung des Individuums durch Konventionen:

566 N.N.: Der Salon, S. 602.
567 Ebd., S. 609.
568 Ebd., S. 613.

> Wie kann man sich aber mit Behagen nebeneinander sehen, wenn nicht wenigstens auf der Oberfläche die in der Tiefe zürnenden Geister beherrscht werden, wenn nicht die strengste Regel der Konvenienz, welche jedem Kunstwerk notwendig ist, waltet? Und die gute Gesellschaft ist doch, wie man mit Recht gesagt hat, eine Art von Kunstwerk, oder sollte es wenigstens sein.[569]

Damit sind epigonale Kunstauffassungen der Biedermeierzeit mit Geselligkeitsprojekten in Übereinstimmung gebracht. Dies trägt dazu bei, daß der Salon von der sich entfaltenden kritischen Öffentlichkeit nicht mehr als eines ihrer Elemente, sondern als ihr Widerspruch erkannt und desavouiert wird.

569 Carl Friedrich von Rumohr: Schule der Höflichkeit. Für Alt und Jung, 2 Teile, Stuttgart/Tübingen 1834-1835. Diese *Schule der Höflichkeit* erinnert in ihrer handlungsnormierenden Absicht an Knigge: Die einzelnen Berufsstände werden in ihrer jeweiligen Höflichkeitskonvention beschrieben. In dem hier behandelten Zusammenhang interessanter für den sprachlichen Umgang und die Wiederaufnahme der Tradition der *ars conversationis* erscheinen vor allem im dritten Buch (2. Teil, 1. Buch): "Von der Höflichkeit besonderer Handlungen, die ersten drei Kapitel: "Von der Beobachtung der Höflichkeit in den Gesprächen", "Von der Kunst, die Mitredenden ins Gespräch zu ziehen oder sprechen zu machen", "Von den Gegenständen des Gesprächs". Eine detailliertere Analyse muß hier Desiderat bleiben. Auch das von Rumohr verfaßte *Kochbuch* sollte dabei gewürdigt werden.

5. *Der Salon als Ort von Literaturverbreitung*

> Wir haben den gedruckten Brief und das 'ganz frische Trauerspiel' so vielen Freunden mitgeteilt, als wir nur in der Geschwindigkeit erreichen konnten, und haben großen Beifall und Dank geerntet.
> (Rahel an Heine, 12. Januar 1823)

5.1 Einleitung

War dem Salon als literaturproduktiver Formation immer zugleich auch ein literaturvermittelndes Moment eigen, so sprach der Traktat Schleiermachers über die "freie" Geselligkeit dem Salon als deren historischer Realisationsform implizit literaturdistributive Funktionen als die Dialogizität gefährdendes geselliges Element ab, sofern diese Funktionen über jene Vermittlungsweisen, die den dialogisch erzeugten literarischen Formen immanent waren, hinausgingen: Von der Distribution droht nach Schleiermacher die Umwandlung der "freien" Geselligkeit in eine "gebundene". Durchaus in Übereinstimmung mit dieser These suchte - nach dem Bericht des Grafen Salm - Rahel Levin, in ihrem ersten Salon die literaturdistributiven Handlungselemente zu reduzieren. Aber ihre Aversion gegen das "Vorlesen" konnte nicht verhindern, daß auf Verlangen der Anwesenden dann doch ihr Zirkel zu einem Ort der Literaturverbreitung wurde und Ludwig Robert mit seinem Vortrag beginnen konnte. Rahels und Schleiermachers beschriebene Wendung gegen die Ausprägung des Salons als (Vor-)Leseinstitut hatte außer der egalitären, antimonologischen Tendenz als Hintergrund zweifellos die Distanznahme der Salons von den aufklärerischen Lesegesellschaften, die in der Verbreitung bzw. Aneignung von literarischem Wissen ihre eigentliche Aufgabe fanden und weitgehend funktional, im Sinne des Erwerbs von Kenntnissen, ausgerichtet waren.

Daß Ludwig Robert zum Vorlesen gedrängt wurde, daß er auch sogleich mehr oder minder geeignete Texte zur Rezitation bereithielt, läßt darauf schließen, daß es sich hierbei - trotz aller Vorbehalte seiner Schwester - eher um eine durchaus gebräuchliche Praxis der Salons handelte, ja, die Salonbesucher teilweise schon mit einer entsprechenden Erwartung zu den Soireen kamen. Inwieweit dies tatsächlich der Fall war, muß überprüft werden, ebenso, ob es sich dabei um spontane Aktionen handelte oder - wie später mehrfach kritisiert wurde - um eine gespielte Spontaneität der Literatur- und Kunstreproduktion. Ludwig blieb während der Soiree im Dezember 1801 offensichtlich der einzige Teilnehmer, der literarische Texte zu Gehör brachte, und zwar "seine neuesten Gedichte"[1]. Es handelte sich sozusagen um eine Autorenlesung mit eigenen, noch nicht bekannten und schon gar nicht anderswo publizierten literarischen Erzeugnissen. Zu klären ist demnach auch, wer in diesem geselligen Rahmen als Literaturdistribuent auftreten konnte und, damit zusammenhängend, ob bestimmte Literatur im Salon einen spezifischen Ort der Verbreitung fand. Aus der Beantwortung

---

1 Salm: Rahel Levin, S. 717.

solcher Fragen erst werden sich Rückschlüsse auf die Funktion der Literaturverbreitung im Salon und auf die Position des Salons als literaturdistribuierende Formation in bezug auf das gesamte Literatursystem ziehen lassen. Ludwig Robert rezitierte Gedichte, die in ihrer Personenbezogenheit Insiderkenntnisse voraussetzen und für eine Publikation über den Salon hinaus von daher auch kaum geeignet waren: Der Salon scheint hier Publikum und Medium zugleich gewesen zu sein und nicht als Medium für einen größeren, nicht-salonidentischen Rezipientenkreis fungiert zu haben. Ob dies verallgemeinert werden kann, wird ebenfalls zur Debatte stehen müssen. Schließlich wirft der Vortrag Roberts die Frage nach den Distributionsmodi in den Salons auf: Nicht nur die Unterscheidung zwischen schriftlicher und semi-oraler bzw. oraler Verbreitung von Literatur ist demnach zu erörtern, sondern auch die Ausgestaltung der Distributionspraxis etwa als Deklamationskunst, was einer "Professionalisierung" (z.B. durch das Engagieren von Schauspielern) Vorschub geleistet hätte.

Das Klavierkonzert, das der Besucher Salm in der Jägerstraße erlebte, der Gesang der Milder, den der anonym gebliebene Teilnehmer am zweiten Rahel-Salon genießen konnte, verweisen auf die Notwendigkeit, ähnliche Fragen auch an den Salon als Reproduktionsort von Musik und anderer Künste heranzutragen. Darauf soll hier weitgehend verzichtet werden, zumal an anderer Stelle schon der Salon als geselliger Rahmen für das Stellen "Lebender Bilder" beschrieben wurde.[2]

5.2 Literaturverbreitung im Salon

5.2.1 Austausch von Literaturnachrichten und Lesestoff

Der Salon diente von Anfang an dazu, nicht nur Kenntnisse und Nachrichten über literarische Werke schneller und leichter zu verschaffen, sondern die Salonteilnehmer auch mit dem entsprechenden Lesestoff selbst auszustatten. Diese primäre, zum Funktionieren der Salons, die extensives Lesen voraussetzen, nicht irrelevante literaturdistributive Tätigkeit vollzog sich anders als bei den aufklärerischen Lesegesellschaften nicht nach statuarisch festgelegten Regeln (was ein systematisches Nachzeichnen der Wahrnehmung solcher primären und einfachen Distributionsaufgaben durch den Salon erschwert). Der Entwicklungsstand, die Verbreitungsdichte und das Repertoire der Leihbibliotheken um 1800 machten ein solches Kursierenlassen von Lesestoff besonders dringend. Vor allem erleichterte der Salon die Versorgung der einzelnen Teilnehmer mit literarischen Neuerscheinungen, was gerade vor dem Hintergrund des sprunghaften Anstiegs der Buchproduktion am Ende des 18. Jahrhunderts für einen Teil der Salonbesucher eine Kostenfrage wurde. Unumgänglich war der Leihverkehr zwischen den Habitués einer literarischen Salongesellschaft schon deshalb, um der sozialen Ungleichheit für die Salonsituation ihre Virulenz nehmen, die Unterschiede im sozialen Status nicht in Informationsvorsprünge und Wissensakkumulation umschlagen zu lassen,

2 Peter Seibert: Le tableau vivant comme composante de la sociabilité dans les salons autour de 1800. In: La Lettre et la Figure. La Littérature et les arts visuels à l'époque moderne. Hrsg. von Wolfgang Dorst und Géraldi Leroy. Siegen 1989, S. 30-43.

durch die das Literaturgespräch von Monologisierung bedroht werden mußte. Umgekehrt lag in der Integration divergenter sozialer und professioneller Gruppen in einen gemeinsamen Kommunikationskreis aber gerade auch eine Chance der Aneignung von ansonsten versperrtem literarischem Wissen für alle Teilnehmer. Solch ein Austausch von Literaturnachrichten und Lesestoff ist also den grundlegenden Bedingungen für die Entstehung jener Wissensfigurationen einer Literaturgesellschaft zuzurechnen, wie sie sich im Salon organisierte. Daß Autoren unmittelbar beteiligt waren, mit Buchhändlern enge Kontakte aufrechterhalten wurden, erleichterte die Nutzung der Salons als Umschlagplatz von Literaturnachrichten und Literatur.

Nicht nur Brinckmann wurde auch wegen seiner zur Verfügung der Freunde stehenden stattlichen Bibliothek im Kreise Rahel Levins geschätzt; von einem weiteren Freund und Besucher der "Dachstube", Genelli, konnte die Salondame regelmäßig mit "Journalen" versorgt werden. So versprach dieser ihr im Dezember 1798: "Morgen bringe oder schicke ich Ihnen andere Journale"[3]. In einem weiteren, undatierten Brief vermerkt Genelli:

> Hier haben Sie andere Journale für die, welche Sie mir zurückzuschicken die Güte gehabt. Ich ersuche Sie nur, sie den Freitag Abend heraus zu legen, auf den Fall, daß Sie nicht zu Hause bleiben.[4]

Noch in einem weiteren halben Dutzend Briefe Genellis an Rahel werden die Austauschmodalitäten geregelt, wobei auch Genelli zeigt, daß er - umgekehrt - von der Einbindung von Autoren in diesen Kreis durch die Möglichkeit, sich rasch in den zeitweiligen Besitz von Neuerscheinungen zu setzen, profitieren kann: "Ich erbitte mir die Journale zurück. Adieu. Schleiermacher hat mir den Schlegel geliehen."[5] Von Rahel will Genelli, um bei diesem Beispiel florierenden Leihverkehrs zu bleiben, "Goethes Elegien - *Niklas* und *Hermann und Dorothea*"[6] im Gegenzug zu den Journalen bekommen, Werke, die sich, was die Distributionssituation weiter konkretisiert, Rahel bereits bei einem anderen Bekannten hatte abschreiben können. Dabei ist zu erfahren, daß sie ihre Goethe-Abschriften nicht nur Genelli zum Kopieren überläßt, sondern daß bereits vor diesem zwei weitere Freunde ihre Abschrift handschriftlich weiter vervielfältigt haben.[7] Abschriften anzufertigen und zu verschicken, wird als noch durchaus geläufige Distributionspraxis in diesen Kreisen der Literaturgesellschaft durch andere Briefwechsel bestätigt. Karl von Finckenstein, Rahels zeitweiliger Verlobter, schließt z.B. einen Brief an Rahel:

> Ich will Dir noch ein Gedicht von Goethe hersetzen, das Du gewiß noch nicht kennst, und auf das ich von ohngefähr gestoßen bin. Es ist gewiß sehr schön.[8]

---

3 Genelli an Rahel, Dez. 1789, in: Galerie, Teil 1, S. 190.
4 Genelli an Rahel, undatiert, ebd., S. 191.
5 Genelli an Rahel, undatiert, ebd., S. 195-196, S. 196.
6 Genelli an Rahel, undatiert, ebd., S. 200-201, S. 201.
7 Rahel an Genelli, undatiert, ebd., S. 201-202, S. 202.
8 Karl von Finckenstein an Rahel, Madlitz, Dez. 1796, in: de Bruyn (Hg.): Rahels erste Liebe, S. 147-151, S. 150-151.

(Daß sich bei diesem Verbreitungsmodus bei den Beteiligten bisweilen auch Fragen nach der Authentizität des handschriftlich überlieferten Textes stellten, ein "textkritisches Sensorium" entwickeln mußte, ist gerade beim Verhältnis Rahels zu Goethes Werken nicht erstaunlich.[9]) Da man sich häufig nur für kurze Zeit im Besitz eines Buches befand, lag es nahe, wenn eine Abschrift des ganzen Werkes sich schon nicht als möglich erwies, Textpassagen, die man als Kernstellen entdeckte, zu exzerpieren und sich damit der dauernden Verfügbarkeit wenigstens über diese Textauszüge zu versichern. Auf Neuerscheinungen wurde Rahel auch von Friedrich Schlegel immer wieder hingewiesen: "Lassen Sie sich Bernhardi's Kynosarges geben"[10]. In einem anderen Brief geht Schlegel davon aus, daß sein Bruder ihr sein neuestes Werk bereits hat zukommen lassen: "Vom Alarcos wird Ihnen Wilhelm ein Velinexemplar gegeben haben."[11] Und in der Anlage desselben Briefes übersendet er ihr "meine gereimten und ungereimten Scherze gegen Schiller (...) Er hat es um uns nicht verdient, daß wir ihn schonen"[12]. Selbst als Rahel Levin zeitweilig von Berlin abwesend ist, der Salon also nicht zusammentritt, bleibt sie in den Umlauf von neuer Literatur mit seiner unverkennbaren Tendenz zur permanenten Aktualisierung des Wissensstandes einbezogen: "Quast", verspricht ihr Finckenstein, als sie sich 1796 in den böhmischen Bädern aufhält, "bringt Dir den Goethe und den Schillerschen Musenalmanach mit."[13] Die Beispielreihe einer wechselseitigen Vermittlung von Lektürematerial (entsprechend den umfassenderen ästhetischen Interessen dieses Kreises gilt dies auch für den Austausch und das Abschreiben von Notenblättern) ließe sich gerade für den ersten Rahel-Salon noch mühelos verlängern. Sie läßt sich aber auch für den zweiten Salon Rahels anführen, als deren materielle Verhältnisse sich insoweit geändert haben, daß der Bucherwerb und das Abonnieren von Zeitschriften kein finanzielles Problem mehr bilden. Jetzt wird diese Distributionspraxis fortgesetzt als Informationspolitik und Verständigungselement.[14] Auch in die Kommunikation mit kurzfristigen Berlin-Besuchern, so bei Ottilie von Goethe, die Rahel als Ansprechpartner des Weimarer Kreises und als Zugang zu Goethe wichtig ist, bleiben

---

9 Vgl., daß z.B. Rahel in einem verlorengegangenen Brief die Verfasserschaft Goethes bei dem von Finckenstein abgeschriebenen Gedicht *Das Wiedersehen* - es war in dem von J.H. Voß in Hamburg herausgegebenen *Musenalmanach für das Jahr 1796* erstmals publiziert worden - angezweifelt haben muß, denn im Brief vom 16. Dezember desselben Jahres kommt Finckenstein noch einmal darauf zu sprechen und teilt zur Bestätigung von Goethes Autorenschaft jetzt auch den Fundort mit: "Das Gedicht wäre nicht von Goethe? Wenigstens ist es sehr goethisch und steht auch unter seinem Namen im Voßischen Musenalmanach". In: de Bruyn (Hg.): Rahels erste Liebe, S. 155.

10 Friedrich Schlegel an Rahel, Dresden, 8. Febr. 1802, in: Galerie, Teil 1, S. 230-231, S. 231.

11 Friedrich Schlegel an Rahel, Dresden, 1. Apr. 1802, ebd., S. 233-234, S. 233.

12 Ebd., S. 234.

13 Karl von Finckenstein an Rahel, Berlin, 29. Juni 1796, in: de Bruyn (Hg.): Rahels erste Liebe, S. 89-91, S. 91.

14 Vgl. u.a. den Brief Rahels an Varnhagen in München, Berlin, 23. Aug. 1827, in: Briefwechsel Varnhagen-Rahel VI (Rahel-Bibliothek VI, 6), S. 103-106, S. 105.

Bücherausleih-Aktionen eingelagert: Von Ottilie von Goethe erbittet die Berliner Salondame sich "den Byron-schen don Juan"[15], den sie noch am selben Tag erhält; knapp zwei Wochen später gibt sie ihn zurück (mit einem Drama Ludwig Roberts als Huldigung zu Goethes Geburtstag).[16]

Der Herz-Salon, ebenso wie die Wiener Salons[17], schufen auf gleiche Art und Weise Voraussetzungen dafür, daß ein konvergierender und aktueller literarischer Wissensstand unter den Habitués möglich war. So sind dieser salonübliche Austausch von Informationen und das Weitergeben von Lesestoff zwar noch nicht unmittelbarer Bestandteil der Salonabläufe selbst, sie bleiben den Soireen vorgeschaltet, aber sie bereiten diese vor, oder um Schleiermachers "Theorie" zu zitieren: der "Stoff" wird hier vorgegeben und zugleich permanent erweitert.

5.2.2 Autorenlesungen im Salon

1. Bei Ludwig Robert wird ein bereits vorliegender Text mündlich reaktualisiert: Dieser Modus der Literaturverbreitung - Schlieben-Lange hat ihn als "semi-oralen"[18] definiert - war jahrhundertelang in Europa die gebräuchlichste Art der Weitergabe von Literatur; im Salon scheint dieser Modus seine Bedeutung, während er insgesamt im Schwinden begriffen war, verteidigt oder zurückerhalten zu haben. Regelfall der "Semi-Oralität" (um uns auf die Terminologie von Schlieben-Lange weiter einzulassen) ist, daß der "Erstautor" in der Vorlesesituation von dem Vorleser als "neuem" Autor substituiert wird. Im Salon kann sich eine Sondersituation ergeben: Zwar klaffen auch hier (wenn nicht improvisierend erzählt wird) "Textsituation" und Vorlesesituation auseinander, der Salon läßt aber als Formation mit Autorenbeteiligung immer wieder eine - personelle - Identität von "Erstautor" und Re-Produzent zu. Dies verspricht dem Publikum "authentische" Rekonstruktion der "Textsituation", ein Versprechen, daß dazu beigetragen haben mag, daß den Salons an *Autoren*lesungen gelegen war, und daß auf der anderen Seite die Autoren auch schnell bereit waren, dem Wunsch, die eigenen Werke vorzustellen, nachzukommen. So läßt sich die Reaktualisierung eigener Dichtungen durch Autoren - längst vor der Institutionalisierung der "Autorenlesung" - z.B. in Karoline Pichlers Salon belegen, der mit der jüngeren Romantik dadurch bekanntgemacht wurde, daß Brentano hier "sein großes dramatisches Gedicht: Die Gründung von Prag"[19] vorlas. Hedwig Olfers erinnerte sich, im Salon ihrer Mutter Elisabeth Staegemann von Kleist selbst den *Prinz Friedrich von Homburg* und *Penthesilea* gehört zu haben[20]; Ludwig Robert teilte seiner Schwester mit, bis zur Ausgabe der hinterlassenen Werke Kleists durch Tieck habe auch er nur jene Fragmente des *Prinz Friedrich von Homburg* gekannt, die Kleist selbst zum

15 Billett Rahels an Ottilie von Goethe, Berlin, 27. Jan. 1824, in: Rahel-Bibliothek IX, S. 957.

16 Billett Rahels an Ottilie von Goethe, Berlin, 9. Febr. 1824, ebd., S. 950.

17 So wurde Karoline Pichler vor allem durch ihren Habitué Frankl mit den neuesten Erscheinungen der Literatur versorgt.

18 Vgl. Brigitte Schlieben-Lange: Traditionen des Sprechens, Elemente einer pragmatischen Sprachgeschichtsschreibung. Stuttgart/Berlin/Köln 1983.

19 Vgl. Herz: Pichler, S. 49.

20 Vgl. Dichter lesen. Von Gellert bis Liliencron, Marbach am Neckar 1984 (Marbacher Schriften 23/24), S. 147.

Vortrag gebracht habe.[21] Im Olfers-Salon wiederum lasen Brentano ebenso wie Wildenbruch u.a. aus ihren Werken. Aus Weimar berichtet Johanna Schopenhauer ihrem Sohn, Reinbeck wolle in ihrem Abendzirkel seinen neuen Roman, der in England spiele, vorstellen.[22] Am 18. Juli 1823 war Rahel, wie sie an Varnhagen schreibt, zur "Lektüre" bei Amalia Beer eingeladen, kam der Einladung aber nicht nach, weil "der junge auteur nicht selbst gekommen war"[23] und sie zu dieser Lesung gebeten hatte. Heine rezitierte im Salon der Elise von Hohenhausen, in dem sich auch die Varnhagens, Roberts, H. von Chézy und mit Amalie von Helvig weitere Salonfrauen einfanden, sein für Rahels Schwägerin Friederike Robert geschriebenes Gedicht *Allnächtlich im Traume* - mit geringem Erfolg übrigens, weil der Salon den als pathetisch empfundenen Schluß mit Gelächter quittierte. Ferner las Heine hier sein "*lyrisches Intermezzo*, seinen *Radcliff* (sic) und *Almansor* vor"[24]. Im literarischen Zirkel der Bettina von Arnim sind gleichfalls Autorenlesungen (z.B. mit Geibel[25]) bis weit in den Vormärz nachzuweisen.

Dafür, daß Autorenlesungen im Salon einen festen Bestandteil bildeten, spricht auch, daß sie als solche in der zeitgenössischen fiktionalen Literatur thematisiert wurden, wenn auch häufig in der Absicht, sich kritisch und karikierend auf tradiertes Autorenselbstverständnis und -selbstrepräsentation zu beziehen. Während z.B. in Eichendorffs *Ahnung und Gegenwart* einer der in einem Salon anwesenden Autoren, Nachbild kraftgenialischer Dichtertypen, aus seinen eigenen Werken rezitiert und sich dabei fortwährend im Spiegel betrachtet, gibt sich ein "anderer junger Dichter von mehr schmachtendem Ansehn"[26] durch das Zelebrieren seiner Lektüre eine religiöse Aura: "mit einer Art von priesterlichen Feierlichkeit" trägt er "einen Haufen Sonette" vor, eklektizistische Produkte durchweg, denen es "an irgendeinem wirklich aufrichtigen Gefühlchen"[27] fehlt. Beide Autorenlesungen weisen den Salon als rein akklamatorische Institution aus, in dem die Autoren sich deshalb präsentieren, weil er als kritische ausgedient hat. Was die ästhetische Qualität des Vorgelesenen betrifft, drängt sich dem Romanhelden, Friedrich, sogleich die Analogie zum Tee, gleichzeitig Metonym dieser literarischen Geselligkeitsformation, auf:

---

21 Ludwig Robert an Rahel, Juli 1821, Rahel-Bibliothek XI, S. 618-622, S. 621.

22 Johanna Schopenhauer an Arthur Schopenhauer, Weimar, 23. März 1807, in: Glückliche Augen, S. 368-370, S. 368.

23 Vgl. den Brief Rahels an Varnhagen in Hamburg, Berlin, 19. Juli 1823, in: Briefwechsel Varnhagen-Rahel 6 (Rahel-Bibliothek VI, 6), S. 41-44.

24 Vgl. hierzu Friederike von Hohenhausen: Der kranke Dichter in Paris. Hier zit. nach: Dichter lesen, S. 99: "Heine (...) mußte sich dabei manche Ausstellung, manchen Tadel gefallen lassen, namentlich erfuhr er häufig einige Persiflage über seine poetische Sentimentalität, die wenige Jahre später ihm so warme Sympathie in den Herzen der Jugend erweckt hat. (...) Die Meinungen über sein Talent waren noch sehr getheilt, die Wenigsten hatten eine Ahnung von seinem dereinstigen unbestrittenen Dichterruhm."

25 Das Bardua-Tagebuch (Werner (Hg.): Bardua, S. 207) verzeichnet am 13.3. 1846, daß Geibel "(n)ach dem Tee (...) zuerst *König Sigurds Brautfahrt*; dann auf Verlangen der Mädchen (der Bettina-Töchter - PS) mehrere Liebeslieder rezitiert habe."

26 Eichendorff: Ahnung und Gegenwart, S. 148-149.

27 Ebd., S. 151.

> Friedrich kamen diese Poesierer in ihrer durchaus polierten, glänzenden, wohlerzogenen Weichlichkeit wie der fade unerquickliche Teedampf, die zierliche Teekanne mit ihrem lodernden Spiritus auf dem Tische wie der Opferaltar dieser Musen (der anwesenden Frauen - PS) vor.[28]

Als der Literarische Tee schließlich auch die als "(h)öchst anziehend und zurückstoßend zugleich"[29] eingeführte Gräfin Romana drängt, "etwas von ihren Poesien zum besten zu geben", führt diese dem Salon eine Mischung von Reproduktion und Improvisation vor, "Verse, die sie zum Teil aus der Erinnerung hersagte, größtenteils im Augenblicke erfand" und die von Friedrich als "willkürlich zusammengerafft", als "heidnisch und übermütig" abgelehnt wurden.[30] Dennoch findet auch der Gegenentwurf zur Literatur der beiden "Poesierer" im Salon ein aufnahmebereites, weil offensichtlich kritikunfähiges Publikum. Wenn in Immermanns *Epigonen* eine Dichterlesung im spätromantisch-jüdischen Salon Meyer gestaltet wird, dann interessieren sich nicht einmal die Salonteilnehmer mehr für die als ritualisiert dargestellte Form der Literaturvermittlung, die folglich nur mehr unendliche Langeweile auszuströmen vermag, genau das also verursacht, was ursprünglich durch die Einbeziehung der Autoren in die Geselligkeit bekämpft werden sollte:

> Zuletzt, und ziemlich spät, erschien unser Dichter, welcher sein neuerdings bedeutend angeschwollenes Manuskript mitbrachte und nach kurzer Weigerung sich bereitwillig finden ließ, daraus die zuletzt ausgearbeiteten Kapitel vorzutragen. (...) Die Terzinen wälzten sich wie ein endlos flutender Strom daher, eine Stunde nach der andern schlug, und noch war kein Ziel der Sache abzusehn. Ich betrachtete zu meiner Unterhaltung die Gesellschaft ringsumher, und sah die verschiedenartigsten Versuche, sich durch tiefes Atemholen, Rücken auf dem Stuhle, Spielen mit den Uhrketten usw. munter zu erhalten./ Nur die Höllenstrafen sind ewig, jede Vorlesung aber hört denn doch endlich auf. Der Kunstdichter schloß und trocknete sich den Schweiß ab, wir durften uns von unsern Stühlen erheben und die abwesenden Lebensgeister wurden wieder herbeigerufen.[31]

Sowohl bei der geschilderten Rezitationsszene im imaginierten Salon des Romans von Immermann als auch bei den Lesungen Kleists, Reinbecks oder Heines, fungierte der Salon als erster Publikationsort. Als solcher trat er auch in Erscheinung beim Austausch von Manuskripten. Gerade im Rahel-Salon mit seiner großen Autorenbindung herrschte zeitweilig ein reger Austausch noch nicht publizierter Manuskripte.[32] Zu welchen Überlegungen eine solche Distributionssituation führen konnte, zeigte sich schon im Umkreis der Jenaer Geselligkeit, als die Novalis-Freunde uneins wurden, ob man den Nachlaß von Novalis überhaupt weiter publizieren sollte. Tieck vertrat dabei die Ansicht,

---

28 Ebd.

29 Ebd.

30 Ebd., S. 158.

31 Hier zitiert nach: Dichter lesen, S. 101-102.

32 Vgl. z.B. den Brief Rahels an Varnhagen in Tübingen, 26. Febr. 1809: "Auch an Fouqué hat sie (Regina Frohberg/R. Friedländer) mir einen Brief geschickt (...), bloß weil ich ihr von ihm einige Manuskripte schickte: die mir Chamisso unverhofft brachte, dem ich von sich welche für die gefordert hatte." In: Briefwechsel Varnhagen-Rahel 1 (Rahel-Bibliothek IV,1), S. 307-312, S. 307-308.

es genüge, daß der Kreis von Jena Novalis gehört und verstanden habe[33]. Als Ort einer Vor-Veröffentlichung, die eine spätere Distribution etwa über den Buchmarkt keineswegs ausschloß, wurde dagegen der Pichler-Salon von vielen der anwesenden Autoren verstanden: "Herr Schreyvogel, einer unserer ausgezeichnetsten Literaten (...) hatte die Güte fast alle seine neuen Produktionen, noch bevor sie gedruckt wurden, mitzuteilen"[34], eine Praxis, der sich nicht nur der junge Grillparzer, sondern, wie erwähnt, z.B. auch Brentano anschloß, als er hier verkehrte. Allerdings glaubte Karoline Pichler in ihren Lebenserinnerungen den Wunsch der Autoren, den Salon als ersten Publikationsort zur Verfügung zu haben, in der fortschreitenden Restaurationszeit schwinden zu sehen (wobei offenbleibt, ob sie hier einen allgemeinen Rückzug der Schriftsteller aus den Salons oder den Positionsverlust ihres eigenen Zirkels beschreibt): "Eine Sitte", nennt sie diese Reproduktion ihrer Texte durch Schriftsteller, "die in unserem Kreise seit undenklichen Zeiten, schon als meine Eltern noch ihr großes glänzendes Haus hielten, eingeführt war, und wo einst Haschka, Alxinger usw., später Hofrat Collin, Streckfuß, Rothkirch und andere uns ihre Leistungen avant la lettre mitteilten. Jetzt ist das, wie so manches andere aus der Mode gekommen."[35]

Wenn sich z.B. auch bestimmte produktionsästhetische Anschauungen seit der Romantik geändert haben mochten, die die Schriftsteller zuvor animiert hatten, ihre Dichtungen zuerst in einem geselligen Rahmen bekannt zu machen, bevor man sie auf den Markt brachte, so ließen - ungeachtet der Klagen Pichlers - in der Restaurationszeit ein anderer Faktor die Salons für die Autoren erneut als Publikationsort und als Ersatz von Öffentlichkeit attraktiv werden: die Zensurmaßnahmen. Pichler selbst, obwohl alles andere als staatskritisch eingestellt, sah sich genötigt, ihren Salon als Schutzraum vor Zensur und Werkverstümmelung zur Verfügung zu stellen. Vor allem die Theaterrezitationen erlebten durch eine Theaterzensur, die in Österreich im übrigen bereits vor den Karlsbader Beschlüssen selbst die Werke Goethes und Schillers "säuberte", im Salon eine Blüte: "Da mein Ferdinand II nicht gegeben werden durfte, veranstalteten wir wenigstens zu Hause eine Lesung des Stücks mit ausgeteilten Rollen; eine Art geselliger Unterhaltung, die damals in Wien und so denn auch in unserm Haus sehr gewöhnlich war", notiert Pichler in ihren *Denkwürdigkeiten* für das Jahr 1815.[36]

Aber nicht nur die Autoren sahen in einer solchen Salondistribution die Chance, die Zensur zu umgehen und ihr Werk ohne Verstümmelung wenigstens einer kleinen Publikumsgruppierung zugänglich zu machen, selbstverständlich hatte auch das hier zusammentretende Publikum größtes Interesse daran, über diesen Weg die Originalfassungen kennenzulernen. Wo die Schriftsteller an der Teilhabe am unmittel-

---

33 Es ist August Wilhelm Schlegel, der Tieck widerspricht und fragt, wieso sie sich denn berechtigt sehen könnten, "anzunehmen, daß es außer unserem Zirkel gar keine Menschen gebe, für die Hardenberg sich freuen könnte, geschrieben zu haben? (...) Nach Deiner transzendent-idealistischen Ansicht soll für die Freunde nicht einmal etwas daran gelegen sein, wenn das Manuskript verloren ginge (...)." Briefe an Ludwig Tieck, ausgewählt und herausgegeben von Karl von Holtei, 4 Bde., Breslau, 1864, 3. Band, S. 261-262.

34 Pichler: Denkwürdigkeiten II, S. 91.

35 Ebd.

36 Ebd., S. 85-86.

baren Salonverkehr verhindert waren, sie ihre Werke also nicht selbst vortragen konnten, suchte man häufiger wenigstens ihrer Manuskripte habhaft zu werden, um diese dann - mündlich oder durch Abschrift - weiter zu verbreiten: Am 29. August 1825 antwortete Ludwig Börne auf die Bitte Rahel Varnhagens um unveröffentlichte Manuskripte:

> Sie haben gestern den Wunsch geäußert, einiges von meinen ungedruckten Schriften zu besitzen, und ich habe mich im stillen sehr über diese Äußerung gefreut. Die Dankbarkeit hätte gefordert, Ihrem Wunsche nicht zu entsprechen, aber diese Tugend fiel mir zu schwer. Doch bin ich so vorsichtig, erst die Beharrlichkeit Ihrer Wünsche auf die Probe zu stellen, und darum teile ich Ihnen nur einen Aufsatz mit. Wenn Sie standhaft bleiben, werde ich mit meinen Mitteilungen fortfahren. Ich habe diesen Aufsatz gewählt, weil er Steffens betrifft, den wir gestern berührten. Er ist schon vor zwei Jahren geschrieben und die Stuttgarter Zensur hat ihn nicht durchgehen lassen. Warum nicht - darüber bitte ich Sie nachzudenken, sobald Sie die Zeit haben. Mir ist es unerklärlich geblieben.[37]

Nach der Lektüre des bislang unterdrückten Textes folgte von Rahel eine Einladung an Börne, eine Beschwörung fast schon, nach Berlin zu kommen und an ihrem Salon teilzunehmen. Das Manuskript erhält Börne - mit Anmerkungen versehen - zurück mit der Aufforderung, sich erneut um eine Publikation zu bemühen. Denn eine Veröffentlichung, die sich beschränkt auf den Rahel-Kreis und damit Öffentlichkeit substituierte, kann für Rahel nur als Notlösung anvisiert werden:

> Soll es (das Manuskript - PS) aber liegenbleiben - ich sollte Ihnen diese von mir ausgeschmückte Alternative (ihre zuvor gepriesene literarische Gesellschaft - PS) gar nicht zeigen: es ist ganz wider meine Einsicht -, so senden Sie es mir zurück oder vielmehr bringen sie es. Ich lasse es dann abschreiben und gebe es so viel Menschen als möglich, und es ist in der Art sehr viel möglich.[38]

Rahels Bestreben, eine Exklusivität in der Distribution zu verhindern, wird später noch einmal, wenn es um die Beziehung ihres Salons zu den anderen literaturverbreitenden Instanzen des Literatursystems geht, thematisiert werden.

Zweifellos begünstigte die dialogische Struktur der Salons den Vortrag kleinerer Werke durch deren Autoren, wodurch diesen Rezitationen eine eher gesprächsanregende denn -unterbrechende Wirkung eigen sein konnte. Prinzipiell aber setzte der Salon als Verbreitungsforum - Schleiermachers Verdikt ungeachtet - keine Gattungsgrenzen: Da dieser in regelmäßigen Soireen bestand, konnten - zumindest für den stabileren inneren Kreis - die Autoren auch Werke von erheblicher Reproduktionszeit präsentieren. Brentano standen für die Rezitation der *Gründung von Prag* drei Abende des Pichler-

37 Börne an Rahel, 29. Aug. 1825, in: Rahel-Bibliothek IX, S. 678-679.

38 Rahel an Ludwig Börne, Berlin, 11. Sept. 1825, in: Rahel-Bibliothek IX, S. 679-682, S. 681. Daß für ein Werk aus politischen Gründen der Salon als primärer Publikationsort gesucht wird, ist selbstverständlich nicht erst ein Ausweg, der in der Restaurationszeit beschritten worden ist; nur: erst in dieser Zeit erhält der Salon, da dieser Weg jetzt häufiger gegangen werden muß, eine zeitspezifische Distributionsfunktion. Um ein Beispiel aus einer anderen historischen Phase zu nennen: Stephan Schütze berichtet in seiner Schilderung der Schopenhauer-Salons, er habe zur Zeit der Schlacht von Jena noch ein Lustspiel drucken lassen, das aber nach dem französischen Sieg auf einer Bühne nicht mehr realisiert werden konnte: "jetzt (...) mußte es sein Publikum in Weimar, ja in diesem Kreise" - also dem Schopenhauer-Salon - "suchen". Schütze: Abendgesellschaften, S. 188.

Salons zur Verfügung[39]; seine Schwester Bettina las große Teile ihres *Günderode*-Briefromans im Berliner Salon der Schwestern Bardua, der im Winter 1832/33 nach über dreijähriger Abwesenheit der Schwestern wieder eröffnet worden war: "(Z)u später Stunde", trägt Mine Bardua in ihr Tagebuch am 11.3.1840 ein, habe Bettina "ihr neues Manuskript" hervorgeholt: "Sie sagt, es sei ihr Briefwechsel mit der Günderode."[40] Drei Monate nach der ersten Lesung vermerkt das Tagebuch erneut: "Nach dem Tee las sie uns wieder aus der *Günderode* vor."[41] Wenig später bekommt Mine Bardua dann die Buchpublikation von Bettina zugesandt.[42]

2. Die Lesungen der Autoren in den Salons beschränken sich dabei keineswegs nur auf das Vermitteln eigener Produktionen; den Schriftstellern wird offensichtlich von den Salonteilnehmern eine besondere Kompetenz zugestanden, literarische Texte zu aktualisieren, auch wenn es sich um fremde handelt. In grundsätzlich allen Salons treffen wir auf Autoren, die als Rezitatoren von Werken anderer auftreten. Dies gilt auch für den Schopenhauer-Salon in Weimar, Konzentrationspunkt des dortigen literarischen Umgangs nach den Erschütterungen der aristokratischen Formationen im Gefolge der Jenaer Niederlage gegen Napoleon. Wieland las hier aus Ciceros Briefen vor, Fernow rezitierte eine Erzählung des (anwesenden) - heute vergessenen - Schriftstellers Stephan Schütze. Als Zacharias Werner während seiner Zeit in Weimar (1807/1808) den Schopenhauer-Salon frequentierte, wagte er es, hier, an Goethes damals bevorzugten literarisch-geselligen Ort, dessen *Faust* vorzutragen: Eine "grandiose Vorlesung (...), womit er eines Sonntags ein halbes Stadtviertel erschütterte", bei der er die *Faust*-Tragödie von der Mephistopheles-Figur her entfaltete[43]. Goethe schließlich las selbst, wie Schütze überliefert, am 22. März im Schopenhauer-Salon Calderóns *El príncipe constante*[44], eine Lesung, die die Salondame ihrem Sohn Arthur im nächsten Brief ausführlich schilderte:

> Seit ein paar Abenden liest Goethe selbst bei mir vor, und ihn dabei zu hören und zu sehen ist prächtig. Schlegel hat ihm ein übersetztes Schauspiel von Calderon im Manuskript geschickt; es ist Klingklang und Farbenspiel, aber er liest auch den Abend keine drei Seiten, sein eigener poetischer Geist wird gleich rege: dann unterbricht er sich bei jeder Zeile, und tausend herrliche Ideen entstehen und strömen in üppiger Fülle, daß man alles vergißt und den Einzigen anhört.[45]

Stephan Schütze weiß dazu weiter zu berichten:

> Bei der Scene, wo der Prinz als Geist mit der Fackel in der Nacht dem kommenden Heere (des spanischen Königs - PS) voranleuchtet, wurde er so von der Schönheit der Dichtung hingerissen, daß er mit Heftigkeit das Buch auf den Tisch warf, so daß es auf die Erde fiel.[46]

---

39 Pichler: Denkwürdigkeiten I, S. 418.
40 Werner (Hg.): Bardua, S. 165.
41 Ebd., S. 168.
42 Ebd., S. 172.
43 Schütze: Abendgesellschaften, S. 201.
44 Ebd., S. 192-193. Nach Pichler (Denkwürdigkeiten II, S. 326) las auch A.W. Schlegel selbst - ungefähr zur gleichen Zeit - im Salon von Frau von Flies "aus Übersetzungen aus Calderon und andere Gedichte, teils von ihm selbst, teils von seinem Bruder Friedrich vor (...)."
45 Johanna Schopenhauer an Arthur Schopenhauer, Weimar, 10. März 1807, in: Glückliche Augen, S. 364-367, S. 366.
46 Schütze: Abendgesellschaften, S. 193.

Indem Autoren, wie in diesem Falle, fremde[47], hier bereits historische, Texte reproduzieren, können sie die im Salon sich zusammenfindende Literaturgesellschaft auf historische und zeitgenössische Kon-Texte verweisen, deren Kenntnis auch das Verstehen der eigenen literarischen Produkte durch die Salons erleichtern kann. Eine solche Distributionspraxis beinhaltet für die Schriftsteller damit die Möglichkeit, die Rezeption der eigenen Werke zu prädisponieren.

Der gesellige Genuß, der Unterhaltungswert solcher Lesungen und die Interpretationangebote, die der Autorenlesung im Salon immanent sind, erfordern statt einer bloßen Reaktualisierung von Texten deren artistische Reproduktion. Damit steuern (wie an Goethes Calderón-Lesung ersichtlich) solche Lesungen auf "Deklamationen" zu, eine Entwicklung, die noch einmal zur Sprache kommen wird. Zum damals unbestrittenen, virtuosen Höhepunkt wurde die Autorenlesung zu dieser Zeit bekanntlich durch Tieck geführt[48], dessen Vortragsart durch seine Besuche und Lesungen in den Wiener und Berliner Salons gerade auch für die salongesellige Textreproduktion Maßstäbe setzte. Atterbom erlebte Tieck im Frühsommer 1819 in verschiedenen Berliner Zirkeln, so auch in dem der Amalie von Helvig, wo Tieck aus Shakespeares *Heinrich IV* vortrug. In dem eher marginalen Zirkel Kanitz hörte er Tieck dessen *Verkehrte Welt* lesen. Ein Brief zeugt von dem Eindruck, den die Rezitationskunst Tiecks, wie er sie in den Salons Berlins kennenlernte, hinterließ und die er noch über die reproduktiven Möglichkeiten der Bühne zu stellen gewillt war:

> Es ist dies ein unbeschreiblicher Genuß; man hört *jede* Rolle vor dem Ohr in der bestimmtesten Individualität spielen, und zwar weit vollkommener, wie dies auf dem Theater geschehen kann. Zu dem tiefen poetischen Gefühl, das sein Lesen durchweht, kommt noch seine biegsame vielseitige Stimme, so daß, wenn man ihn nicht anblickt und nicht daran denkt, daß alle diese Stimmen aus einem Munde hervorgehen, man versucht wird zu glauben, es befände sich im Zimmer eine ganze Gesellschaft von Schauspielern.[49]

Selbst Rahel Levin Varnhagen bewunderte Tiecks Vortragskunst.[50] Ebenso tat es die Salondame Helmina von Chézy, die sich erinnert, daß Schlegel, der in dem von Dorothea geführten Pariser Salon "Shakespeare's *Wie es euch gefällt* mit seiner ausdrucksvollen Stimme" so las, daß ihr dadurch "erst das rechte Verständniß der Dichtung auf(ging)", auf das Lob seiner Lesung aber "wehmütig" geantwortet habe: "da sollten sie erst Tieck hören!"[51] (H. von Chézy belegt in ihren Memoiren aber auch, daß trotz aller Bewunderung für die Rezitationskunst Tiecks andere Lesestile akzeptiert blieben: "Es wurde mir späterhin vergönnt, diesen Wunsch des Freundes", d.h. Tieck zu hören, "erfüllt

---

47 Die Übersetzung Schlegels erschien erst 1809.

48 Hierzu siehe u.a. Irmgard Weithase: Die deutsche Vortragskunst im 19. Jahrhundert, Weimar 1940.

49 Atterbom: Reisebilder, S. 311-312.

50 Rahel an Ludwig Tieck, Berlin, 13. Aug. 1823, in: Rahel-Bibliothek IX, S. 661-665, S. 665.

51 Helmina von Chézy: Unvergessenes. Denkwürdigkeiten aus dem Leben von Helmina von Chézy. Von ihr selbst erzählt, 2 Theile, Leipzig 1858, I, S. 296.

zu sehen; doch wenn auch Tieck mit größter Kunstfertigkeit las, wie vielleicht niemand gelesen noch lesen wird, so klang mir doch Friedrich Schlegel's Vortrag hinreißender. Tieck las so schön er wollte, Schlegel so schön er konnte, mit bewußtloser Liebe und Innigkeit."[52])

Während Tiecks Vorlesungen eigener und fremder Texte in den Salons als in sich geschlossene Kunstdarbietungen erscheinen, die sich in Ziebingen, in Dresden, in Tiecks Berliner Wohnung zu Kunstwerken verselbständigten und des geselligen Rahmens nicht einmal mehr als Vorwand und Bühne bedurften, blieben Goethes Rezitationen im Schopenhauer-Salon stärker in die geselligen Abläufe dieses Zirkels integriert. Wenn wir nochmals die Calderón-Lesung nehmen, so läßt sich bereits deren dramaturgische Unterwerfung unter die Periodizität des Salons festhalten: Goethe begann seine Lesung der Übersetzung Schlegels in der ersten März-Woche 1807 und beendete sie erst am 22. März.[53] Bis zu diesem Tag hatte er nach Johanna Schopenhauer "jeden Abend seinen *Standhaften Prinzen* standhaft vorgelesen"[54], jeden Abend, das meint, jede Soiree der Schopenhauer, also jeweils Donnerstag und Sonntag (an denen sie in der Wintersaison von Oktober bis April empfing) - eine enorme zeitliche Zersplitterung der Lektüre. (Auch im Zusammenhang mit diesen Lesungen ist nicht ohne Belang, daß Johanna Schopenhauer an den genannten beiden Abenden deshalb empfing, weil dies die beiden theaterfreien Abende in Weimar waren[55], während man sich z.B. in Berlin auch an Abenden in den Salons traf, an denen Theater gespielt wurde, und in Wien das Theater sich sogar nach den Salongepflogenheiten richtete, indem man einen Teil der Schauspiele, die "Avantsoireen" so früh beginnen ließ, daß sie mit den "Öffnungszeiten" der Salons nicht kollidierten. Bei diesen Öffnungstagen des Schopenhauer-Salons konnte auch der bei Goethes Lesungen entstehende Eindruck, daß hier ein Surrogat für das Theater geboten würde, verstärkt werden.) Wenn Goethe sich auf eine solche zeitliche Streckung der Lektüre einließ, so bedingte dies nicht nur eine von Tieck abweichende Art des Vorlesens, sondern unterstreicht auch die andere Intention, die dieser Rezitation zugrunde lag. Der Kreis, der sich im Schopenhauer-Salon versammelte, erwies sich für eine fast dreiwöchige Calderón-Rezeption nicht gerade aufgeschlossen. Selbst die Salondame beharrte auf ihrer Ablehnung des *Standhaften Prinzen* als eines katholisch-barocken Dramas:

---

52 Ebd.

53 Vgl. Johanna Schopenhauer an Arthur Schopenhauer, Weimar, 23. März 1807, in: Glückliche Augen, S. 368-370, S. 369.

54 Ebd.

55 Daß der Schopenhauer-Salon Vakanzen, die das Theater im Wochenrhythmus der Abende ließ, ausfüllte, geht auch aus einem Brief Goethes an die Salondame vom 21. Februar 1810 hervor, in dem er darum bittet, daß die angesetzte Soiree wegen einer Veranstaltung im Theater ausfällt: "Ich ermangele nicht, Ihnen Frau Hofrätin vorläufig anzuzeigen, daß morgen Abend im Theater eine musikalische Unterhaltung stattfinden wird. Sie werden daher freundlich ersucht, Ihre Gesellschaft für diesmal auszusetzen. Dagegen ich nicht verfehlen werde, Ihnen ein paar Billette auf Ihre Loge zu schicken und auch die übrigen Freunde soviel als möglich zu versorgen. Der ich recht wohl zu leben wünsche." Abgedruckt aus der Autographensammlung der Bonner Universitätsbibliothek bei Laura Frost: Johanna Schopenhauer. Ein Frauenleben aus der klassischen Zeit, 2. Aufl., Leipzig 1913, S. 99.

> Aber wieviel Wust, Haupt- und Staatsaktionen sind mit hineingewebt, und dann das ganze südliche Wesen, das Farbenspiel, das Spiel mit Bildern und Tönen, die unsere nördlichen Naturen gar nicht ansprechen.[56]

Notwendig für ein "Durchsetzen" Calderóns in der Schlegelschen Übersetzung schien Goethe, bevor er den *Standhaften Prinzen* erstmals in Weimar auf eine deutsche Bühne bringen konnte, offensichtlich eine solche vorbereitende Lesung, die zugleich ein hohes Maß auch an geselligem Vergnügen brachte, so daß die kritische Salondame schließlich doch zumindest begeistert von der Lesung des Textes vermelden mußte:

> Indessen ist's doch ein hoher Genuß, von Goethen dies lesen zu hören; mit seiner unbeschreiblichen Kraft, seinem Feuer, seiner plastischen Darstellung reißt er uns alle mit fort.[57]

Wie Schütze es dann ebenfalls geschildert hat, suchte Goethe, sehr theatralisch zu lesen. Während Tiecks Rezitationskunst wesentlich Sprechkunst war, glaubte Goethe, bei der Realisation des Calderón-Textes im Schopenhauer-Salon nicht nur nicht auf Mimik und Gestik verzichten zu können[58], er unterbrach auch laufend seine Lesung, wiederholte besondere Stellen und durchsetzte den Textvortrag mit eigenen Kommentaren:

> Jede schöne Stelle macht auf sein Gemüt den lebhaftesten Eindruck, er erklärt sie, liest sie zwei-, dreimal, sagt tausend Dinge dabei, die noch schöner sind, kurz, es ist ein eigenes Wesen (mit seiner Lesung - PS).[59]

Bilden also Tiecks Abende geschlossene Interpretationen qua Rezitation von Texten, so bricht Goethes Reproduktion des *Standhaften Prinzen* dieses Kunstwerk auf, öffnet es im Salon für die Intervention; der Vorleser macht seinen eigenen Verstehens- und Wertungsprozeß zu einem offenen, für den Salon einsehbaren. Wenn sich ein Fördern von Verstehensprozessen durch kommentierendes Vorlesen bei Goethe auch nicht nur bei Calderón findet, so scheint es hier doch besonders ausgeprägt gewesen zu sein, weil Goethe - eben zu Recht - die Rezeptionsschwierigkeiten bei diesem Autor erkannte[60] und darauf bereits im Vorfeld seiner Inszenierung reagierte.

Goethes kommentierende Lektüre im Salon hatte dabei nicht nur eine "publikumsdidaktische" Zielsetzung, sie setzte beim Vortragenden selbst auch schöpferische Impulse frei, wurde zu einem besonderen produktiven Akt dadurch, daß während des Lesens das Konzept einer Inszenierung auf der Weimarer Bühne entstand:

---

56 Ebd.

57 Ebd.

58 Wie angebracht eine solche, immer wieder gestisch unterstützte und zusätzlich kommentierte Lesung Goethes gerade bei Calderón-Texten offensichtlich war, scheint auch das Scheitern des Vortragsvirtuosen Tieck bei eben diesem Autor und vor allem beim *Standhaften Prinzen* zu beweisen: "Mit Calderon", schreibt Wilhelm von Chézy in seinen "Erinnerungen", "hatte er keinen sonderlichen Erfolg. Der spanische Dichter bot ihm nicht das Feld, wo er seine Meisterschaft entwickeln konnte. (...) an den Trochäenbandwürmern des Spaniers ging alle Kunst des Vortrags verloren, und da Tieck auch bei Calderon seine Gewohnheit beibehielt, nie den Namen der sprechenden Person zu nennen, so mochte er sich anstellen, wie er wollte, man wußte bald nicht mehr, ob Alvaro, Ruiz, Ines, Laura oder Prinz hereinstelzte. Ein Calderon-Abend war also nicht erquicklich (...)." Wilhelm von Chézy: Erinnerungen aus meinem Leben, 4 Bände, Schaffhausen 1863-64, Erstes Buch, Band I, 1863, S. 196-198.

59 Johanna Schopenhauer an Arthur Schopenhauer, Weimar, 23. März 1807, in: Glückliche Augen, S. 368-370, S. 369.

60 Vgl. z.B. Goethes Maxime Nr. 929, Maximen und Reflexionen, in: ders.: Werke, Bd. 12 (Hamburger Ausgabe),S. 497.

> Alles, was ihm (Goethe - PS) einfällt, sieht er leibhaftig vor sich; bei jeder Szene denkt er sich gleich die Dekoration und wie das Ganze aussehen muß. Kurz, ich wünschte, Du hörtest das einmal.[61]

Auf diese Weise läßt Goethe den in dieser Zeit relevanten Teil der Weimarer Literaturgesellschaft schon bei der Lektüre am Entstehungsprozess der Inszenierung teilhaben und modifiziert den Erwartungshorizont für die Aufnahme Calderóns in der Weimarer Literaturgesellschaft.

5.2.3 Zur semi-oral vermittelten Literatur im Salon

1. Wenn den Literaturproduzenten als Reproduzenten im Literarischen Salon auch eine besondere Bedeutung zukam, eine Beschränkung des Vorlesens auf die Autoren hätte jener dem Salon inhärenten Tendenz, die "arbeitsteiligen" Rollen aufzuheben, entgegengewirkt. So konnte im Salon prinzipiell jeder vom Rezipienten zum Distribuenten und damit zum interpretierenden Re-Produzenten werden.

Es sind nicht zuletzt die "Weimarer" Autoren, die auf diese Weise immer wieder als Lesestoff eingebracht wurden und so eine frühe Verbreitung ihrer Werke dem Vorlesen in den Salons mitverdanken. Bei Henriette Herz wurde *Wilhelm Meister* gelesen[62]; "die Männer lasen", so im Pichler-Zirkel "die neuesten Erscheinungen der damaligen Literatur von Lafonteines Romane, eine zu jener Zeit sehr geschätzte Lektüre, oder wenn etwas noch Höherstrahlendes aus Schillers oder Goethes Feder geflossen, vor ganz Deutschland neu erglänzte"[63]. Nachdem Karoline Pichler in ihrem Salon "Goethes, Schillers und anderer Stücke (...) mit großem Genusse" hatte vortragen lassen, wurde im März 1813 beschlossen, in einem befreundeten Salon, dem der Baronin von Matt, die *Braut von Messina* vorzulesen.[64] Erwähnenswert ist auch das Vorlesen von Texten der in Weimar ansässigen Dichter in dem von Ramdohr gelobten Zirkel der Frau von Buchwald in Gotha, weil dies der einzige Ort in Gotha war, wo sich an die Lesung eine "Verarbeitung" der Lektüre im Gespräch anschloß, während ansonsten in dieser Residenzstadt jede Entwicklung zum räsonnierenden Publikum strikt unterbunden wurde:

> In Gotha begnügte man sich die Dichtungen und Schriften Goethes, Wielands und Herders, frisch, wie sie von den Autoren mitgeteilt wurden, vorzulesen, und allenfalls im Cirkel der Oberhofmeisterin (Frau von Buchwald) zu besprechen (...).[65]

Es ist aber keineswegs nur "Höherstrahlendes", das durch Salonlesungen an ein Publikum gebracht wurde. Die wechselnde und auch in ihren literarischen Präferenzen nicht festgelegte Besucherkonstellation in den meisten Salons ließ eine apriorische Selektion des Vorlesestoffs nur in Ausnahmefällen zu, wie z.B. bei der antinapoleoni-

61 Johanna Schopenhauer an Arthur Schopenhauer, 23. März 1807, S. 369.

62 Herz: Erinnerungen, S. 265.

63 Pichler: Denkwürdigkeiten I, S. 230-231.

64 Ebd., S. 408-409. Diese geplante Vorlesung im Salon Matt, den K. Pichler als Nachfolgesalon des Flies-Zirkels bezeichnet und in dem "sich wöchentlich einmal derselbe Kreis von gemeinschaftlichen Freunden, worunter sich sehr gebildete Frauen und mehrere ausgezeichnete Gelehrte wie Hammer, Schlegel, Adam Müller usw. befanden" (ebd.), traf, kam nicht zustande, weil der Habitué Hormayer wegen seiner Beteiligung am "Alpenbund" verhaftet wurde und die Salondame einen Migräneanfall erlitt.

65 Siehe Suphan: Einleitung zu: Das Journal von Tiefurt, S. VII-XXXVI, S. XVIII.

scher Parteinahme im Pichler-Salon, als Collin und Hormayer "abwechselnd die vorzüglichsten Produkte unserer vaterländischen Schriftsteller mit meisterhaften Ausdrucke vortrugen"[66], um damit den Salon in seiner politischen Haltung zu bestärken, was ähnlich auch im Arnstein-Salon geschah. Die Breite des von verschiedenen Salonbesuchern eingebrachten Stoffes (und damit von Referenzwelten eines Salons) ist erstaunlich und verweist noch einmal auf das Ideal einer Allgemeinbildung. Aus dem Helvig-Salon berichtet z.B. Malla Silfverstolpe für den Winter 1825/26, man habe die *Serbischen Lieder* in der Übersetzung von Fräulein Jacobs vorgelesen[67]; der Engländer Hughes habe mehrere Passagen aus *Macbeth* rezitiert[68], durch den Schweden Lindblad sei man mit Arbeiten Bonstettens vertraut gemacht worden[69], durch Streckfuß mit seiner Ariost-Übersetzung, daran habe sich eine Lesung der *Frithjof-Saga* angeschlossen[70], schließlich sei Frau Varnhagen gekommen, "las einen Artikel von Chateaubriand aus dem 'Constitutional' vor und sprach mit Verstand darüber"[71]. Damit ist nicht annähernd die Breite der über Lesungen im Salon Helvig konsumierten Literatur abgesteckt (selbst Malla Silfverstolpe notiert noch für diesen Winter weitere Lesungen, z.B. "aus Goethes 'Kunst und Altertum'", aus "Schillers und Goethes Briefe(n)" usw.[72]). Daß dieses breite semi-orale Literaturangebot keineswegs eine Besonderheit der Berliner Salons der Restaurationszeit ist, zeigt das Vorleserepertoire des frühen Schopenhauer-Salons in Weimar. Der bereits zitierte Brief Johanna Schopenhauers vom 23. März 1807 enthält beispielsweise, neben dem Hinweis auf die Cicero-Lektüre für die nächsten Soireen, weitere "Rezitationsankündigungen": "Fernow soll eine Erzählung von Schütze lesen, Goethe hat den Vortrag einer Ballade zugesichert"; "(d)iese Woche", heißt es weiter, "ist kein Theater, und da wird Einsiedel uns wieder ein Stück aus dem Plautus vorlesen"[73]. Stephan Schütze ergänzt den Katalog, deutet dabei aber an, daß vor allem Goethe den Literaturkorpus immer wieder erweitert habe:

> Sehr oft hieß Goethe etwas von Riemer vortragen, z.B. Erzählungen aus Tröst-Einsamkeit von Arnim; von älteren Poesien den armen Heinrich etc. Zuweilen war auch eine Dame gefällig genug, etwas zu deklamieren (...)[74].

Weiter trug man an Literatur hier vor: "Die erste Sammlung von Volksliedern oder das Nibelungenlied oder die alemannischen Gedichte"[75], an einem anderen Abend wurde aus

66 Pichler: Denkwürdigkeiten I, S. 261.
67 Silfverstolpe: Romantisches Deutschland, S. 189.
68 Ebd., S. 195.
69 Ebd., S. 145.
70 Ebd., S. 180.
71 Ebd., S. 234-235.
72 Ebd., S. 108-109 und S. 115.
73 Johanna Schopenhauer an Arthur Schopenhauer, Weimar, 23. März, a.a.O., S. 369-370.
74 Schütze: Abendgesellschaften, S. 190.
75 Ebd., S. 193. J.P. Hebels *Alemannische Gedichte* hatte Goethe schon 1805 in der *Jenaischen Allgemeinen Literaturzeitung* äußerst wohlwollend besprochen und zur Nachahmung ähnlicher Dialektdichtung auch "für das mittlere und niedere Deutschland" angeregt (Rez. in: Hamburger Ausgabe, Bd. 12, S. 261-266). Daß Goethe zwei Jahre später die Hebel-Gedichte im Schopenhauer-Salon noch einmal rezitiert, läßt sich auch aus dieser Rezension erklären, in der er das gesellige Vorlesen solcher dialektaler Gedichte empfiehlt als Stimulans für die Entstehung ähnlicher Werke in anderen deutschen Mundarten: "Dazu gibt es verschiedene Mittel, teils durch Vorlesen, teils durch Annäherung an die gewohnte Schreib- und

einer schottischen Balladensammlung vorgelesen[76], Übersetzungen des Anakreon[77], Texte aus des *Knaben Wunderhorn*[78] kamen hinzu, schließlich auch *Schweizerische Volkslieder*, die der Schweizer Heinrich (Kunst-)Meyer las, wobei er "sie ganz mit dem breit-treuherzigen Schweizer-Dialekt betonte, den er ohnehin nie völlig los werden konnte"[79].

Als "salonfähig" im Sinne einer "Distributionsfähigkeit" erweist sich damit ein Literaturkomplex, der nicht durch eine Dichotomisierung von "hoher" und "niederer" Literatur begrenzt ist. Autoren von allenfalls lokaler Bedeutung (Schütze), Gattungen von geringerem literarischen und sozialen Prestige (Mundartdichtung) werden neben jener Literatur vorgeführt, deren Kanonisierung bereits begonnen hatte. Indem die selektiven Schranken nicht *vor* dem Salon errichtet waren, wurde auch den marginaleren und dilettierenden Autoren hier die Distribution ihrer Werke zugesichert. Daß damit der Salon aber gleichzeitig gehalten war, eigene Wertungskriterien zu entwickeln, ist eine andere, noch zu thematisierende Konsequenz aus dieser salonexterne Kritik und Auswahlvorgänge nicht einfach nur reproduzierenden Literaturverbreitung.

Die Mißachtung der Stiltrias, wie sie die Geschichte der Konversationskunst verzeichnet, hat folglich eine Entsprechung auf literatur-distributiver Ebene: Durch die Rezitation im Salon wurden z.B. Textkomplexe auch Angehörigen gesellschaftlicher Gruppen vermittelt, die dieser Literatur gegenüber bisher sozial bedingte, aber ästhetisch begründete Berührungsängste hatten. Dies gilt grundsätzlich auch für stärker vom Adel beherrschte Salons mit ihrer internen Distribution von bislang diskriminierten Gattungen. So wurde im Salon der Weimarer Großherzogin Maria Paulowna - um in Weimar zu bleiben -, durch Vorlesungen von Märchen und Sagen, den "bisher ganz fremden Volksdichtungen auch in anderen, als in Gelehrtenkreisen, Eingang"[80] verschafft.

2. Die literarische Wertung schloß den geselligen Wert der Lesung ein. Aus diesem, da er abhängig war von der "Einkleidung" des Stoffes, ergab sich - zumal diese "Einkleidung" über die literarische Wertung mitentschied - das Problem einer dem Salon angemessenen Vortragskunst. Kaum Dissens gab es dabei seit Klopstock, daß neben der schriftlichen Distribution auch die semi-orale beachtet und als den neuen Literaturentwicklungen gerecht werdende Vorlesekunst gepflegt werden müsse. Aber noch 1798 führte August Wilhelm Schlegel in einem Athenaeumsfragment Klage:

Sprechweise, wenn jemand von Geschmack das, was ihm aus der Sammlung am besten gefällt, für seinen Kreis umzuschreiben unternimmt - eine kleine Mühe, die in jeder Sozietät großen Gewinn bringen wird." Ebd.

76 Schütze: Abendgesellschaften, S. 196.

77 Ebd., S. 190.

78 Nach den Anmerkungen zu Johanna Schopenhauer: Gabriele. Ein Roman, Stuttgart 1985, von Stephan Koranyi, S. 424, las Goethe selbst aus *Des Knaben Wunderhorn* am 13. März und 11. November 1808 im Salon Schopenhauer. Wahrscheinlich stellte er damit den 2. und 3. Band des *Wunderhorn* (1808 erschienen) auf diese Weise vor, die beide nicht mehr von Goethe rezensiert wurden, während der ihm gewidmete erste Band von Goethe zustimmend besprochen worden war.

79 Schütze: Abendgesellschaften, S. 189.

80 Lily von Kretschmann: Die literarischen Abende der Großherzogin Maria Paulowna, in: Deutsche Rundschau 75 (1893), S. 422-448, 76 (1893), S. 58-89, S. 71.

> Bey uns bleibt die Poesie wenigstens stumm und wer denn doch zum Beyspiel den Wilhelm Meister nie laut gelesen oder lesen gehört hätte, der hat diese Musik nur in den Noten studirt.[81]

Im Vorwort zu seinen 1812 in Wien gehaltenen, auch von dortigen Salonfrauen gehörten Vorlesungen *Über die Beredsamkeit und ihr Verhältnis zur Poesie*, in denen er forderte, daß "unsre schöne Literatur von dem lebendigen Odem der Rede wieder ergriffen werden soll", stellte Adam Müller eine leichte Besserung in dieser Beziehung fest und sprach von einem sich ausbreitenden "Drang zum Vorlesen und Deklamieren der Nationaldichter, so ungeschickt er sich mitunter auch äußern mag (...)"[82]. Karoline Pichler, die Adam Müller in seiner Wiener Zeit ebenfalls kennenlernte, bezeugt in ihren Erinnerungen für die Salons "die eben damals in Schwung kommenden Deklamationen, das gesteigerte und mit eigentlich theatralischer Betonung belebte Hersagen schöner oder bedeutender Gedichte"[83].

Bei den Unklarheiten darüber, wie im Salon vorzulesen sei, konnte Müllers "Vorlesen und Deklamieren" auch zu "Vorlesen oder Deklamieren" umformuliert werden. Goethe selbst hatte in seinen *Regeln für Schauspieler* schon 1803 zur Beachtung der Unterschiede von "Rezitation" und "Deklamation" aufgefordert und dabei "Rezitation" als Vortrag "ohne leidenschaftliche Tonerhebung" und "ohne jene leidenschaftliche Selbstäußerung", d.h. das eigene "Naturell" des Vortragenden respektierend, bestimmt, während der "Deklamierende" seinen "angeborenen Charakter verlasse, (s)ein Naturell verläugne und (s)ich ganz in die Lage und Stimmung desjenigen versetze, dessen Rolle (er) deklamiere."[84] Goethe differenziert dabei jedoch nicht, wo alternativ "Rezitation" oder "Deklamation" erfordert sei, und wie nicht nur seine Calderón-Lesung im Schopenhauer-Salon zeigt, fehlt bei ihm diese Entscheidung auch in der Praxis.[85] Dagegen verwirft Schlegel die Deklamation als Kunst geselliger Literaturvermittlung entschieden und verbannt sie auf die Theaterbühne:

> Vorlesen und Deklamiren sind nicht einerley. Dieses erfordert den richtig höchsten, jenes den gemäßigten Ausdruck. Deklamazion gehört für die Ferne, nicht in das Zimmer. Die laute Stimme zu welcher sie sich, um den gehörigen Wechsel hervorzubringen, erhöhen muß, beleidigt ein feines Gehör. Alle Wirkung geht in der Betäubung verloren. Mit Gestikulazion verbunden wird sie widrig wie alle Demonstrazionen heftiger Leidenschaft. Die gebildete Empfindung kann sie nur in solcher Entfernung ertragen, die gleichsam wieder einen Schleyer über sie wirft.[86]

---

81 Athenaeum, Bd. 1, Stück 1, Berlin 1798, S. 292-293.

82 Zit. nach: Dichter lesen, S. 139.

83 Pichler: Denkwürdigkeiten I, S. 260-261.

84 Goethe: Werke (Hamburger Ausgabe), Bd. 12, S. 252-261, S. 254-255.

85 Das Vorlesen, das Goethe auch bei Soireen im eigenen Haus pflegte, ist, wie ein Brief Johanna Schopenhauers an ihren Sohn zeigt, geradezu als Schauspielschule konzipiert: "Bei Goethe war's den Abend ganz allerliebst. Er hatte einige junge Schauspieler, die er oft bei sich deklamieren läßt, um sie für ihre Kunst zu bilden, eingeladen, und las mir mit ihnen eine seiner frühesten Arbeiten, ein Stück voll Laune und Humor, *Die Mitschuldigen* betitelt, vor. Zwischendurch meisterte er die jungen Leute, ein paar waren ihm zu kalt. 'Seid ihr denn gar nicht verliebt?' rief er komisch erzürnt, und doch war's ihm halb ein Ernst, 'seid ihr denn gar nicht verliebt? Verdammtes junges Volk! Ich bin 60 Jahre alt, und kann's besser!' Wir blieben bis halb 12 zusammen, ich saß bei ihm und die Bardua auf der anderen Seite - wir beide sind seine Lieblinge." Brief vom 12.2.1807, in: Werner (Hg.): Bardua, S. 21.

86 Schlegel: Athenaeum, Bd. 1, Stück 1, S. 292-293.

Nicht zuletzt führt Schlegel ins Feld, daß sich im Vorlesen - im Gegensatz zum Deklamieren - "die stille Superiorität des Verfassers selbst"[87] würde behaupten können, die Reaktualisierung des Textes durch das (moderatere) Vorlesen nicht zur Löschung der ursprünglichen Textsituation führen würde. Unüberhörbar bleibt in Schlegels Argumentation auch die Befürchtung eines zerstörerischen Einbruchs in die gesellige Harmonie durch eine dem geselligen Zirkel gefährliche Freisetzung von Leidenschaften als Folge der Deklamation.

Ein solches Zögern, die Deklamation als salonadäquat zuzulassen, teilt z.B. Kotzebue nicht. Im Gegenteil, Kotzebue verweist bewundernd auf die Pariser Salons seiner Zeit, wo es üblich geworden sei, die besten Schauspieler für Deklamationen zu engagieren. "Diese sind", schreibt Kotzebue, so gefällig, "aus allen Trauerspielen ihres Repertoires die schönsten Szenen oder Monologe mit allem Aufwand ihrer Kunst zu deklamieren, auch wohl andere lyrische Gedichte darunter zu mischen; und das gewährt allerdings zuweilen Stundenlang herrlichen Genuß."[88] In den Salons von Paris konnte Kotzebue Schauspieler wie Talma oder Lafond bewundern, wobei er die deklamatorischen Leistungen des letzteren in den Zirkeln höher veranschlagte als die schauspielerischen auf der Bühne. Die Integration von professionellen Deklamatoren, Schauspielern in die Salonpraxis, wünschte er sich auch für Deutschland, wobei seine Antipathie gegen das "Parterre" und damit die bürgerliche Theateröffentlichkeit hinter diesem Wunsche stand:

> Wie leicht ließe dieses treffliche Unterhaltungsmittel (des Deklamierens - PS) sich auch in teutschen Gesellschaften einführen, wie angenehm wäre es nicht, Bruchstücke von Schiller oder Göthe gut deklamiren zu hören, ohne durch ein lärmendes Parterre um die Hälfte gebracht zu werden; wie manchen gebildeten und wohlerzogenen Mann giebt es nicht auch unter unseren Schauspielern, der eine aus den ersten Ständen zusammengesetzte Gesellschaft nicht verunzieren würde (...).[89]

Daß Kotzebues Plädoyer für eine Professionalisierung der Vortragskunst in den Salons bei deutschen Salonorganisatorinnen um 1800 nicht überwiegend auf positive Resonanz stieß, lag sicherlich nicht daran, daß noch keine Schauspieler, gar zu wenig "wohlerzogene", in ihren Gesellschaften verkehrten; die Schauspieler waren aber in ihrem geselligen Handeln nicht reduziert auf ihren Auftritt als Deklamatoren, sondern den andern Salonteilnehmern in ihren Selbstdarstellungsmöglichkeiten gleichgestellt. Für Kotzebue bildete dagegen der Schauspieler eher einen potentiellen sozialen Störfaktor in einer sozial hoch von ihm angesiedelten Formation des literarischen Lebens, die von ihm als kunstkonsumierende bejaht wird. Insofern sind auch Vorbehalte, die Schleiermacher gegen "gebundene" Geselligkeit formulierte, Kotzebue fremd: "stundenlanges Deklamieren", das den dialogischen geselligen Umgang an den Rand drängt und die ge-

87 Ebd. Der enthusiasmierte, narzistische Dichter, der im Zirkel von Eichendorffs *Ahnung und Gegenwart* mit "Deklamation" (S. 149) aufwartet, wird durch den Vortragsmodus für den Erzähler - nicht für den Salon - zu einer lächerlichen Figur: "Der Begeisterte ließ sich nicht lange bitten, etwas von seinen Poesien mitzuteilen. Er las eine lange Dithyrambe von Gott, Himmel, Hölle, Erde und Karfunkelstein mit angestrengter Heftigkeit vor und schloß mit solchem Schrei und Nachdruck, daß er ganz blau im Gesicht wurde. Die Damen waren ganz außer sich über die heroische Kraft des Gedichts sowie des Vortrags." Eichendorff: Ahnung und Gegenwart, S. 149.

88 August von Kotzebue: Erinnerungen aus Paris im Jahre 1804, 2. Bde., Berlin 1804, S. 39.

89 Ebd.

sellige Verständigung über Literatur als Movens der Salons suspendiert, ist ihm eine erstrebenswerte Inszenierungspraxis von Salons. Kotzebue führt diese von ihm begrüßte französische Salonentwicklung in der frühen napoleonischen Zeit, zwar nicht explizit zurück auf aktuelle gesellschaftliche Ursachen, die eine kommunikative Übereinkunft selbst im geselligen Raum schon unter den ersten Ständen verunmöglichten, seine Einleitung zu dem Abschnitt "Gesellschaft und Vergnügen" in seinem Paris-Buch deutet aber wenigstens an, daß letztlich die sozialen Interessenswidersprüche die Umgestaltung der Salons zu Deklamationsanstalten vorwärtstrieben.[90]

Skepsis gegen das Auftreten professioneller Deklamatoren wird auch in der zeitgenössischen fiktionalen Literatur geäußert wie im Roman *Gabriele* von Johanna Schopenhauer, der im ersten Teil als zentralen Schauplatz einen Salon hat. Vor allem durch die aristokratische Situierung dieses Salons ist er weniger Abbild des eigenen Zirkels der Schriftstellerin als dessen Gegenbild. Schon diese aristokratische Komponente des Roman-Salons muß ein Mißtrauen gegenüber dem hier gepflegten Deklamieren signalisieren, ein Mißtrauen, das die "positiven" Figuren im Roman auch aussprechen. Für die historische Entwicklung der geselligen Deklamationskunst ist es aufschlußreich, daß es im Roman kein Schauspieler mehr ist, der auftritt, sondern ein berufsmäßiger Deklamator, für den die Salons im zweiten Jahrzehnt des 19. Jahrhunderts erstmals Auftrittsmöglichkeiten boten.[91] "Nichts konnte ihnen", den Romanpersonen, die sich im Salon zusammenfanden, "Erwünschteres kommen, als der für den Abend verheißene Besuch eines berühmten Deklamators, (...). Unter allen aber freute sich Gabriele darüber; noch nie war ihr Gelegenheit geworden, einen Künstler dieser Art zu hören, sie hatte überhaupt keinen Begriff, wie man das, was sie als Deklamation kannte, zum Hauptzweck seines Lebens machen könne, und erwartete daher etwas ganz Außerordentliches von einem sich einzig diesem Zwecke weihenden Künstler."[92] Der emphatische Kunstbegriff, der in dieser "Künstlerweihe" auf das professionelle Deklamieren übertragen und noch unterstrichen wird, indem der Deklamator in der Tradition der Rhapsoden, von "Troubadours, von Barden, die als überall willkommene Gäste mit ihren Liedern durch die Länder zogen"[93], selbst in der Nachfolge Homers gesehen wird, erfährt eine Demontage bereits durch das Erscheinungsbild des ankommenden Künstlers: Gabriele war "nicht wenig verwundert, als der Erwartete in Gestalt eines hagern, kleinen, schwarzgekleideten, sehr jungen Männchen hereintrat und der Gräfin (der Salondame - PS) vorgestellt ward. Seine Ungeduld sich hören zu lassen, schien nicht minder groß als die der Anwesenden, ihn zu hören. Er ergriff die erste Gelegenheit, sich anscheinend nachlässig in einen Lehnstuhl zu werfen und begann mit nicht auffallend angenehmen Sprachton seine Rezitationen."[94] Was dann in diesem Salon vermittelt wird, erscheint, bis auf den *Macbeth*-Monolog, der offensichtlich ins Repertoire der Salonvorträge gehörte, dem Erzähler nicht mehr konkret benennenswert, wohl weil es

90 Ebd., S. 36-37.
91 Johanna Schopenhauer: Gabriele, S. 76.
92 Ebd., S. 75.
93 Ebd.
94 Ebd.

von den Salonteilnehmern des Romans gar nicht mehr differenziert aufgenommen werden kann: Das oben beschriebene breite Spektrum der im Salon distribuierbaren Literatur wird vom Deklamator im Roman weiter ausgedehnt und gerät zu einem literarischen Potpourri, das einer Verarbeitung der Literatur entgegenstehen muß. Hätte er vorgelesen, anstatt Memoriertes zu deklamieren, "hätte er auch eine ganze Bibliothek herbeischaffen müssen, so viele ganz heterogene Dichtungen der heterogensten Dichter ließ er im schnellsten Wechsel aufeinander folgen", heißt es im Erzählerkommentar[95]. Der Salon als Institution von Kritik hat in einer solchen Distributionssituation keine Chance mehr; die Rezeption erstarrt zu konventionalisierten, nichtssagenden Reaktionen, die Verarbeitung und Verstehen von Texten nur noch vorspielen:

> 'Shakespeare! ach Shakespeare!' rief die Gräfin, indem sie sich entzückt auf dem Sofa zurücklehnte, und so es vermied, ihr Urteil über den Deklamator zu frühe zu äußern. Bei Shakespeare war sie ihrer Sache gewiß (...).[96]

In Abwesenheit des bereits zum nächsten Salon aufgebrochenen Berufsdeklamators lehnt dann auch ein Teil der Salonbesucher die vorgeführte Reproduktion literarischer Werke ab, die weniger einen Kreis von Verstehenden als einen von Ratlosen, zudem nicht einmal momentan von Langeweile Befreiter hinterlassen hat. Dabei wird die Kritik der Roman-Salons an der Deklamationspraxis von verschiedenen Positionen aus geleistet: So heißt es, das auf Memorieren basierende Deklamieren verhalte sich verächtlich zum Text, weil das mnemotechnische Verfahren die Texttreue nicht garantieren könne. Oder: Der Deklamator befände sich fortwährend "in einem offenbaren Zwiespalt mit sich selbst", weil er sich nicht entscheiden könne zwischen "Deklamieren mit Aktion oder ohne Aktion"[97]; dadurch gebe der Deklamator eine der vorgetragenen Literatur nicht angemessene Figur ab:

> Es war wunderlich anzusehen, wie er sich ängstlich abmühte, zu deklamieren, ohne dabei zu agieren. Mit der unteren Hälfte des Körpers gelang es ihm, er saß mit kreuzweis übereinander geschlagenen Beinen wie angebunden auf seinem Sessel, aber die Züge seines Gesichts, Arme und Hände waren gleichsam wider seinen Willen in ewiger theatralischer Bewegung.[98]

So schließt sich der Erzählerkommentar der Kritik der Figuren an. Deklamieren wird als anachronistischer, bevormundender Distributionsmodus von Literatur verworfen: Die Deklamatoren "denken noch obendrein, etwas Ungemeines für die Kunst zu tun, wenn sie von Stadt zu Stadt gehen und pathetisch hersagen, (...) was jeder seit der Erfindung der Buchdruckerkunst in seinem Kabinett lesen und sich dabei das gerade für ihn Passende auswählen kann."[99]

Gegen das professionelle Deklamieren, durch das Kunst als Broterwerb unübersehbar in die Salonkultur einbricht und den Salon in seinem Selbstverständnis als zweckenthobener Raum verunsichern muß, wird im Roman das Vorlesen durch Salonteilnehmer gestellt. Initiiert wird exemplarisches Vorlesen von einem "wahren" Künstler, Ernesto,

95 Ebd.
96 Ebd., S. 76.
97 Ebd., S. 77.
98 Ebd.
99 Ebd., S. 78.

der durch seine römische Schaffensphase als solcher ausgewiesen ist. Ernesto überreicht der Titelperson, Gabriele, deren Natürlichkeit und Wahrhaftigkeit sie bislang an den Rand des Geschehens im Salon gedrängt haben, ein Gedicht zur Lektüre - ein ihr wie den anderen Gästen unbekanntes, noch unpubliziertes Gedicht, "das neueste Erzeugnis eines jungen Poeten von Ernestos Bekanntschaft"[100]. Durch Gabrieles Vorlesen wird nicht nur dieses Werk in seiner Schönheit verlebendigt in einem Kreis, der seinen eigenen Charakter durch diese Lektüre ändert, indem er im Moment der Reaktualisierung des Textes konventionelles und repräsentatives Verhalten verliert und zu einer Gruppe von Verstehenden wird, wodurch er Öffentlichkeit für dieses Gedicht nicht nur ersetzen, sondern in gewisser Weise überflüssig machen kann. Auch tritt Gabriele selbst durch dieses Vorlesen als Kreisstiftende in einem ganz anderen Sinne als die gräfliche Salondame ins Zentrum des Salons, gerade weil sie sich bei dieser Reproduktion über die Identifikation mit dem Gedicht - was der Deklamator weder vermochte noch intendierte - erstmals in ihrer ganzen Individualität zeigen kann:

> Sie las zuerst etwas zaghaft, dann aber mit steigendem Affekt, immer eindringender, immer wahrer in Ton und Ausdruck, ganz sich und alle um sich her vergessend (...). Kein Hauch regte sich, alle waren an ihrem Vortrag wie gebannt, denn man hörte, was sie las, war der innigste Ausdruck ihres eigensten Gefühls, sie bezwang alle Herzen mit der Wahrheit Gewalt.[101]

Die hier literarisch gestaltete Reserviertheit gegenüber dem Auftreten professioneller Deklamatoren in den Salons der Epoche ist aber von Johanna Schopenhauer selbst in ihrem eigenen Haus bald aufgegeben worden, womit sie sich zweifellos einem herrschenden Trend anschloß. Indem die Restaurationszeit die auf Kunstkonsum orientierten Neigungen in den Salons stärkte - nicht zuletzt, um der Gefährdung des Harmonieideals durch die sich verschärfenden gesellschaftlichen Widerspüche zu entgehen -, begünstigte sie - ganz im Sinne Kotzebues - die Anwesenheit von Deklamatoren in den Salons, boten letztere sich als "Erben" des Theaters für die Deklamationskunst an oder stellten immer häufiger zumindest "Nebenschaubühnen" dar (nachdem in Berlin kurze Zeit z.B. schon unter Iffland "Deklamationen" auf dem Theater eingerichtet worden waren[102]). Johanna Schopenhauer war 1827 mit einem der damals namhaftesten Deklamatoren, der sich auf Tournee befand, in Kontakt getreten und hatte ihn nach Weimar eingeladen: Karl von Holtei. Holteis Karriere als deklamierender Künstler hatte nicht zufällig 1820, kurz nachdem die Karlsbader Beschlüsse spürbar die Öffentlichkeit destruiert und in die Verhältnisse zwischen Publikum und Autor massiv eingegriffen hatten, angefangen. 1824/25 war Holtei dann mit Shakespeare-Deklamationen in Berlin aufgetreten und hatte dabei auch in den verschiedenen Zirkeln mit seiner Vortragskunst brilliert. Als er 1826/27 nach Paris ging, waren die dortigen Salons, vor allem jene, in denen sich in Paris lebende Deutsche trafen, die bevorzugten Stätten seines Engagements. Im Anschluß an diese Pariser Deklamationstournee war Holtei "zu der allverehrten und dieser Verehrung so

---

100 Ebd.
101 Ebd., S. 78.
102 Weil: Theaterpublikum, S. 59.

würdigen Johanna Schopenhauer" gekommen, die nicht "verschmähte (...), für den nächsten Abend über mich zu verfügen"[103], d.h. die Salondame engagierte ihn, "vor einer großen Gesellschaft" zu lesen.

> Dieser Abend und auch ein anderer ähnlicher beim Geheimrath von Müller hatte günstigen Erfolg. Denn von ihnen ging das Projekt aus, mir für den folgenden Winter ein Abonnement auf eine ganze Reihe ähnlicher Vorträge zu ordnen; und ihm verdanke ich jenen zweiten, längeren Aufenthalt in Weimar, (...) Herr Geheimrath von Müller war es zunächst, der im Verein mit Frau Schopenhauer die einmal angeregte Idee festhielt und sie, unter Göthe's zustimmender Beförderung verwirklichte.[104]

Nicht nur Karoline Pichlers autobiographische *Denkwürdigkeiten* erinnern an die Präsenz von Deklamatoren in Salons, auch in ihren (fiktionalen) *Zeitbildern*, durch die sie versuchte, von der Wiener Salonkultur ein umfassenderes Bild zu geben, wird die Deklamation als eine salonübliche Reproduktionsmöglichkeit von Literatur behandelt. So führt die Autorin und Salondame den Leser in einen prunkvoll ausgestatteten Salon der Wiener Gesellschaft dieser Zeit, in dem man sich "über die Declamation einer Schiller'schen Ballade (unterhielt), die so eben ein durchreisender fremder Schauspieler gehalten"[105]. Eine Salonteilnehmerin, Sophie, erweist sich in diesen Gesprächen als kritische "Kennerin" der Deklamationskunst[106]. Sie verwirft die Deklamation einzelner Stellen und schlägt andere Interpretationen vor. Es ist für die Geschichte der Deklamationskunst nicht allein bemerkenswert, daß hier eine *Kennerin* dieser Kunst gestaltet ist, sondern daß bei der Beantwortung der Frage, "ob Schiller'n oder Göthe'n der Preis des größten deutschen Dichters gebühre"[107], die Tatsache, daß Balladen Schillers sich als besonders geeignet zur Deklamation erweisen, mitreflektiert wird und bei Sophie aus diesem Grunde Präferenzen für Schiller laut werden.[108]

---

103 Zit. nach: Dichter lesen, S. 172.

104 Ebd.

105 Pichler: Zeitbilder, Bd. 2, S. 15.

106 Ebd., S. 32.

107 Ebd., S. 31.

108 Ebd., S. 31-32. Es lassen sich in den Wiener Salons ebenfalls nicht nur "wandernde" Schauspieler als Deklamatoren nachweisen, sondern - wie z.B. Nikolaus Heurteur im Hause Arnstein - auch Hofschauspieler. Zur weiteren Entwicklung der geselligen Deklamationspraxis nach 1848 siehe die Untersuchung von Günther Häntzschel: Die häusliche Deklamationspraxis. Ein Beitrag zur Sozialgeschichte der Lyrik in der zweiten Hälfte des 19. Jahrhunderts, in: Zur Sozialgeschichte der deutschen Literatur von der Aufklärung bis zur Jahrhundertwende, Einzelstudien, hrsg. von Günther Häntzschel, John Omrod, Karl Renner, Tübingen 1985 (Studien und Texte zur Sozialgeschichte der Literatur, Bd. 13), S. 203-233. Häntzschel weist selbst darauf hin, daß die Renaissance dieser traditionellen Distributionsweise von Literatur in den geselligen Formationen der Gründerzeit andere Voraussetzungen und Ziele als die Deklamationspraxis der Salons in den vorhergehenden Jahrzehnten hat: "Im Unterschied zu den schöngeistigen Salons des 18. Jahrhunderts, der Romantik und noch der Biedermeierzeit, in denen man sich kritisch und gewissenhaft mit der Literatur auseinandersetzt, bei denen die Anwesenden als Kenner über das Vorgetragene diskutieren, wo sich gesellige Kreise um Autoren und Autorinnen als deren Mittelpunkt bilden, erfüllt bei den Abendgesellschaften der Gründerzeit - sofern nicht eine literarische Persönlichkeit das Zentrum bildet - die Literatur nur noch eine dekorative Funktion oder trägt allenfalls zur Unterhaltung bei." Ebd., S. 211. Aus den Präferenzen für eine deutlicher auf Unterhaltung hin ausgerichtete Literatur ergibt sich nach Häntzschel auch der Beitrag der häuslichen Deklamationspraxis des späteren 19. Jahrhunderts für die fortschreitende Dichotomisierung von Literatur, wie sie sich auch in den "Deklamatorien", Anthologien mit

5.2.4 Der Salon als Bühne

1. Das Auftreten professioneller Autoren stand gegen die kollektive Erarbeitung eines Textverständnisses, was umgekehrt nicht heißen kann, daß jede gemeinsam vom Salon besorgte semi-orale oder orale Verbreitung von Literatur immer schon als Resultat einer kollektiv vorgenommenen und für den einzelnen Zirkel damit gültigen Interpretation gewertet werden kann.[109] Dennoch: Das Lesen mit verteilten Rollen bot Chancen kollektiver Textverarbeitung und damit verbindlicher Interpretationen. Aus fast allen Salons liegen Informationen darüber vor, daß dieser Lesemodus äußerst beliebt war. Henriette Herz spricht im Rückblick auf die Berliner Salons um 1800 von "dem damals sehr häufigen Lesen dramatischer Werke mit verteilten Rollen"[110], wobei sie die explizite Verschränkung von interpretativen mit reproduktiven Momenten andeutet: Jeder einzelne Vorleser sei genötigt gewesen, von seiner Figur, seiner Leserolle her, den Sinn des ganzen Werks zu erschließen und umgekehrt vom Sinn des Werks (der sich aber in der konkreten gemeinsamen Vorlesesituation in den interpretatorischen Leistungen der Mitleser konstituiert) die eigene Rolle zu konzipieren:

> Man trug sie (die Rollen - PS) mit möglichstem Verständnis des betreffenden Charakters und seines Verhältnisses zum Ganzen des Werkes und mit möglichst gebildetem Organe vor, dann aber auch mit möglichster Natürlichkeit.[111]

Eine (salon-) kohärente Deutung stelle sich nicht nur her in wechselseitig sich abstimmenden Interpretationen der einzelnen Figuren, es bedürfe auch eines einheitlichen Reproduktionsstiles, an dessen Fehlen eine ihrer *Tasso*-Lesungen gescheitert sei.[112]

Von solchen Lesungen mit verteilten Rollen, szenischen Lesungen bereits, zum Einstudieren von Theateraufführungen war es nur ein kleiner Schritt. Gelegentliche, aus spontanen geselligen Bedürfnissen entstandene Inszenierungen sind dabei ebenso zu verzeichnen wie die "Institutionalisierung" von Liebhaberbühnen durch die Salongesellschaften. Eine solche "Institutionalisierung" blieb gebunden an die materiellen Verhältnisse des Hauses, das den Salon organisierte; Rahel Levin, Henriette Herz,

---

Texten zu Deklamationsprogrammen, niedergeschlagen habe. Die Einheit von Distribution und gemeinschaftlicher Verarbeitung, wie sie den von uns thematisierten Salon auszeichnet, erfährt bereits durch solche "Deklamatorien" ihre Aufkündigung. Vgl. Hugo Behringer (Hg.): Der Salon-Deklamator. Eine Auswahl der wirksamsten Gedichte ernsten und heiteren Inhaltes geeignet zum Vortrage für Damen und Herren. Mit Anleitungen zum richtigen Vortrage versehen, Stuttgart 1888. oder: Rafael Hellbach (Hg.): Die Kunst der Declamation. Eine auf Erfahrung begründete Anleitung, die Kunst des ästhetischen und mündlichen Vortrags für den geselligen Cirkel, den Concertsaal und die Bühne durch Selbstunterricht sich anzueignen. Mit einer vollständigen Declamationslehre und einer großen Anzahl gewählter und hinsichtlich ihrer Vortragsweise zergliederten Declamationsstücke, Wien/Pest 1871.

109 Als z.B. Goethe (nach Schütz: Abendgesellschaften, S. 196) bei der Schopenhauer die schottische Ballade vortragen wollte, verlangte er, daß die anwesenden Frauen den Refrain "immer im Chor dazwischen sprechen sollten". Das von Goethe intendierte Pathos kippte um, der Versuch einer "kollektiven" Reproduktion gewann so viel an ungewollter Komik, "daß die volle Autorität eines Goethe dazu gehörte, die ganze Gesellschaft in dem angeordneten feierlichen Ernste zu erhalten", wobei "Autorität" Goethes dirigistisches Auftreten euphemistisch umschreibt.

110 Herz: Erinnerungen, S. 52. Auch im Schopenhauer-Salon waren solche Lesungen selbstverständlich üblich. Vgl. Schütze: Abendgesellschaften, S. 190.

111 Herz: Erinnerungen, S. 92.

112 Ebd.

Schopenhauer, Karoline Pichler usw. verfügten nicht einmal über die Räumlichkeiten, die zu einer solchen mehr oder minder "stehenden" Einrichtung Voraussetzung blieben. Das reichere jüdische Haus Cohen konnte sich - wie ausgeführt - hingegen eine solche Bühne leisten. Henriette Herz' Auftritte hier sind ebenfalls bereits angesprochen worden. Neben dieser für die jüdischen Salons relevanten Liebhaberbühne der Cohens verfügte in Berlin der aristokratisch geführte Zirkel des "Dachstuben"-Bekannten Rahels, Fürst Radziwill, über ein Haustheater. Für Wien ist wohl an erster Stelle das Haustheater im Hause Arnstein zu nennen, eine Salonbühne, durch die die "Werke Shakespeares, Schillers, des jungen unbekannten Grillparzer (...) den Wienern zuerst zur Kenntnis gebracht wurden"[113], und auf der auch Körner als schwedischer Hauptmann in dem in Wien bis dahin noch nicht inszenierten *Wallenstein* auftrat. Von den Liebhaberbühnen, die mit und in der Wiener Salongesellschaft entstanden, verdient die Bühne des Liechtenstein-Zirkels hervorgehoben zu werden, weil Mme. de Staël diese 1808 zur theatralen Präsentation eigener, ebenfalls in Wien noch unbekannter Theaterstücke und zur Inszenierung fremder nutzte. Mme. de Staël, die rasch "das allgemeine Gespräch in den Salons"[114] geworden war, hatte zuvor schon eine Aufführung im Salon der Gräfin Zamoyska gegeben, zu der auch Karoline Pichler eingeladen gewesen war. Diese Vorstellung war in eine Soiree eingebettet; Mme. de Staël führte, wie anschließend im Liechtenstein-Palais, ein fremdes und ein eigenes dramatisches Produkt auf, wobei sie selbst jeweils die Hauptrolle spielte. Ihre Kinder, die Salondame und Fürst Clary hatten andere Rollen übernommen; im Hause Liechtenstein beteiligte sich dann auch August Wilhelm Schlegel als Schauspieler.[115] Die literarhistorische Bedeutung des in die Berliner Salonkultur integrierten Radziwill-Theaters ist ersichtlich daran, daß Kleist auf dieser Bühne seinen *Prinz Friedrich von Homburg* erstmals aufgeführt sehen wollte und Goethes *Faust* nach verschiedenen Lesungen in Berliner Salons hier seine erste Inszenierung erlebte. Wenn das Cohen-Liebhabertheater selbst von Iffland als vorbildlich propagiert wurde, so weniger aus Anerkennung hervorragender schauspielerischer oder inszenatorischer Leistungen, sondern weil diese Bühne im Gegensatz zu anderen Berliner Liebhaberbühnen nur einen kleinen Kreis, d.h. im wesentlichen jenen, der sich in den Salons traf, als Publikum zuließ: Iffland hatte also von dieser Seite her kaum Publikumseinbußen zu befürchten.[116] Mme. de Genlis inszenierte hier kleine Stücke, die sie - vor ihrer Flucht aus Frankreich - für das Haus Orléans konzipiert hatte.[117]

113 Vgl. Herz: Pichler, S. 74. Wenn Leo Herz dabei festhält: "In ihrem Salon ist das Lesen mit verteilten Rollen kultiviert worden, die Sitte des Haustheaters, die im 19. Jahrhundert eine so grosse Rolle spielte, ist auch hier eingeführt" (ebd.), so zeigt dies, daß beide Distributionsmodi sich eher bedingten.

114 Pichler: Denkwürdigkeiten I, S. 311.

115 Vgl. ebd., S. 322.

116 Weil: Theaterpublikum, S. 45.

117 Wolfgang Promies hat in *Der Bürger und der Narr oder das Risiko der Phantasie. Sechs Kapitel über das Irrationale in der Literatur des Rationalismus*, München 1966, vom Liebhabertheater als einer "wahrhaft bürgerlichen Lustbarkeit" gesprochen (S. 28). Dies relativierte Frithjof Stock: "Das Liebhabertheater hat eine lange vorbürgerliche Tradition und war gerade an den Höfen viel eher als in den Bürgerhäusern heimisch, und auch noch um 1800 waren die Höfe diesem Vergnügen zugetan." Frithjof Stock: Kotzebue im literarischen Leben der Goethezeit. Polemik-Kritik-Publikum, Düsseldorf 1971 (Literatur in der

Wenn der Pichler-Salon auch im Gegensatz zu anderen, materiell besser ausgestatteten Salons über keine "feste" Liebhaberbühne verfügte, so waren gemeinsame Theateraufführungen für diesen Salon doch von eminenter Bedeutung. Nach den Aussagen der Salondame stand bereits im Vorgängerzirkel, dem Greiner-Salon, Theaterspielen zumindest zeitweilig im Zentrum[118], so daß Karoline Pichler selbst, die an zahlreichen Inszenierungen beteiligt gewesen war, diese Schauspiele als wichtigen Faktor ihrer literarischen Sozialisation und ihrer Ausbildung zur Organisatorin eines Salons verstand. Im Winter 1807 sei das Theaterspielen auch durch den eigenen Salon wieder aufgenommen worden:

> Zuerst wählten wir kleinere Stücke, Kotzebuesche, ein- oder zweiaktige Lustspiele: Der Mann von 40 Jahren, die Brandschatzung usw. Endlich schlug uns Hormayr vor, uns an ein bedeutenderes Stück zu wagen. Der Mann von Wort, von Iffland wurde gewählt, und auf eine Weise besetzt und gespielt, wie man es auf Haustheatern selten finden wird. Mein Mann, der überhaupt seine Rollen stets mit vieler Kraft und Würde und einem guten Anstande gab, wobei ihm seine vorteilhafte Gestalt sehr zu statten kam, gab den Archivar Lestang, die Titelrolle, vortrefflich; der Verfasser des Regulus, Collin - den blödsinnigen Oheim; der Verfasser des österreichischen Plutarch, Hormayr, den Hofrat Wallner; (...) mir ward die (Rolle) der Frau des Archivars zuteil, und auch die übrigen Personen machten ihre Sachen gut.[119]

Mit Kotzebue-Stücken zu beginnen, war nicht atypisch für das Salontheater. Selbst der Zirkel um Anna Amalia in Weimar griff bei seiner Stückauswahl auf Kotzebue zurück und spielte dessen Posse *Das neue Jahrhundert* neben Goethes *Paläophron und Neoterpe*. Kotzebues Anwesenheit in Weimar begünstigte dabei das Einstudieren seiner Stücke durch die dortigen Zirkel. Als der Autor Weimar wieder verließ, huldigte Amalie von Imhoff, die spätere Berliner Salondame von Helvig, Kotzebue mit einem Epilog zur Liebhaberaufführung der *Deutschen Kleinstädter*[120]. In diesem Epilog wird auf weitere Aufführungen von Kotzebue-Stücken in den literarischen Zirkeln[121] angespielt, so auf die einer *Kleopatra-Parodie*, zu der der Theaterautor eigens zu diesem Zwecke einen Prolog geschrieben hatte[122]. Gegeben wurde die *Kleopatra-Parodie* neben einem weite-

---

Gesellschaft 1), S. 153. Bereits in einer frühen Untersuchung wurden diese "vorbürgerlichen" Wurzeln behauptet: Gespielt wurde nach Felix Alexander "in den geschlossenen Salons der großen Städte, in den Schlössern der Adeligen und an den Höfen der Fürsten". Felix Alexander: Die nebenberuflichen Theatergesellschaften in Deutschland, Tübingen 1913, S. 3.

118 Nach der Dissertation von Gertrude Prohaska: Der Literarische Salon der Karoline Pichler, Wien 1946 (masch.) standen auf dem Spielplan des Greiner-Theaters "neben Lessings 'Minna', den 'falschen Vertraulichkeiten' nach Marivaux, Komödien wie Jüngers 'Maske für Maske', Gotters 'unversehene Wette', 'der seltenen Freier' von Meyer, die 'Glücksritter' von Goldstein". S. 49.

119 Pichler: Denkwürdigkeiten I, S. 297-298.

120 Vgl. Stock: Kotzebue, S. 156-157.

121 Ebd.

122 Der Prolog spielt auf den geselligen Kontext der Inszenierung an: "Fräulein O, die Cleopatra, Wird also gleich sitzen da, Und eine Tasse Thee genießen; Ist einer meiner besten Actrisen. - Herr von F, der Cäsarion, Ist der Königin leiblicher Sohn, Versteht sich auf die neu'sten Geberden, Wird noch ein großer Künstler werden - Fräulein W, die Octavia, Schickt sich nicht wohl nach Afrika; Sie hat sich zu viel in ihrem Leben, Mit den Grazien abgegeben, und soll sie nun spielen im höheren Chor, So gucken die Grazien überall hervor, Vergebens hab' ich darüber gestritten; Böse Gesellschaften verderben gute Sitte - (usw.)". Weiter abgedruckt bei: Stock: Kotzebue, Anm. 213, S. 204-205.

ren Schauspiel zu einem Fünfuhrtee im Zirkel der Frau von Egloffstein. Durch Bertuch sind wir über dieses Ereignis unterrichtet:

> Ein paar spanische Wände sonderten die Hälfte des Saales ab, alles rangierte sich auf die Reihe von Stühlen; wir Komödianten-Dilettanten waren mit den Kostümen fertig, und *Die barmherzigen Brüder* aus Kotzebues dramatischem Kalender machten den Anfang. Meine Wenigkeit spielte den Pater Hilarius qua barmherziger Bruder meisterhaft, Ridel als Schulmeister, Keelchen als Lieschen, seine Tochter, spielten mit ihrer gewöhnlichen Leichtigkeit und feinem Takt. Dann folgte die Burleske *Kleopatra*, die bloß durch gutes Spiel souteniert, gefallen kann.[123]

(Es folgt bei Bertuch die Aufstellung der Mitwirkenden.)

Kotzebues Erfolg auf Theatern, die Bestandteil von Salonpraxis waren, verdankte er nicht zuletzt seinem *Almanach dramatischer Spiele zur geselligen Unterhaltung auf dem Lande*, der von 1802 bis zu seiner Ermordung erschien.[124] Als Mittel, die gesellige Unterhaltung zu verbessern, ihr Niveau zu heben, wurden die Bemühungen Kotzebues, diesem Gesellschaftstheater geeignete Stücke zugänglich zu machen, z.B. in einer Rezension des Almanachs begrüßt:

> Die Idee, durch eine Sammlung kleiner, von wenigen Personen aufzuführender dramatischer Stücke, den Zirkeln der deutschen guten Gesellschaft, denen es so oft an Lebendigkeit und Leichtigkeit fehlt, die vorzüglich den französischen eigen ist, ein Mittel zur angenehmen Unterhaltung darzubieten, ist hier ebenso glücklich gefaßt als ausgeführt.[125]

Zacharias Werner dagegen ironisierte in seiner Besprechung den Almanach Kotzebues wegen des preziös-elitaristischen Bildungsprogramms für die Zirkel: Die hier zusammengefaßten Werke seien wichtig "hauptsächlich für künftige Jahrhunderte als Belege, wie die auserlesensten Cirkel des gebildetsten Zeitalters von seinem gebildetsten Dichter zum geselligen Vergnügen gebildet worden sind."[126]

Bezogen auf das Kotzebue'sche Bildungsprogramm mag Werner recht gehabt haben. Entscheidender als die Aneignung von literarischer Bildung war für die Salons sicherlich, daß diese Aneignung als aktiver Verarbeitungsprozeß von Literatur stattfand, der durchaus auch gruppendynamische Funktion haben konnte, durch die der Salon als Interaktionsbereich im Schnittpunkt mehrerer (sozialer, beruflicher usw.) Heterogenitäten stabilisiert wurde. Das abverlangte Rollenspiel, der "soziale" Rollentausch, der möglich und nötig wurde, vermittelte fremde soziale Erfahrungen und erweiterte den eigenen Erfahrungshaushalt auf sinnliche Weise. Dieser experimentell vollzogene Rollentausch (welcher bürgerliche Salonbesucher aristokratische Figuren, Aristokraten bürgerliche Existenzen glaubhaft zu verkörpern zwang), stärkte die Verständigungsfähigkeit über ge-

---

123 Bertuch an Seckendorff, 17.12.1802. Ebd., Anm. 214, S. 205.

124 Ebd., S. 154.

125 Rezension in: Neue Leipziger Literatur Zeitung, 1802, II, S. 930.

126 Rezension in: Jenaer Allgemeine Literatur Zeitung, 1803, III, S. 73-74, hier zit. nach Stock: Kotzebue, S. 157. Neben jenen Dramen und Komödien, die für die professionellen Theater gedacht waren, aber von Liebhaberbühnen gleichfalls gespielt wurden, dabei in manchen Fällen für die konkreten geselligen Bedürfnisse modifiziert werden konnten - wie das Beispiel einer Kinderaufführung von Schillers *Jungfrau von Orléans*, die Achim von Arnim 1809 für den Staegemann-Zirkel einprobte, dokumentiert -, entstanden, wie bereits hingewiesen, zusätzlich Schauspiele eigens für den geselligen Kreis.

sellschaftliche Spaltungen und Pluralitäten hinweg und konnte dazu beitragen, die kommunikative Situation als harmonische zu realisieren. Offensichtlich bot sich Goethes *Tasso*, in dem die Konstellation des Salons eine historische und literarische Entsprechung hat, in besonderer Weise zu gemeinsamer Lektüre oder als "Salontheaterstück" an, wie bereits die Erinnerungen von Henriette Herz nahelegen. Danach hatte sie selbst mehrfach die Rolle der Gräfin Leonore übernommen, während in der letzten szenischen Lesung, an der sie beteiligt war, die Rolle der Prinzessin Leonore von zwei Frauen einstudiert wurde: von einer Berufsschauspielerin und von Frau von Knobloch, Tochter eines Ministers.[127] Es gibt aber auch interessante Verweigerungen solcher Rollenexperimente zu konstatieren: Clam-Gallas ließ z.B. in seinem Hause Bürgerliche als Darsteller von Adelspersonen in seiner *Tasso*-Inszenierung nicht zu. Sein Liebhabertheater in seinem sozial exklusiven Kreis beharrte auf Repräsentanz. Bei diesem *Tasso* wurde die kritische Tendenz des Stücks umgelenkt zu einer Demonstration des Selbstbewußtseins und Selbstverständnisses böhmischen Adels, die gegen die kaiserliche Zentralgewalt gerichtet war. Das Lob dieser *Tasso*-Inszenierung von Sealsfield gründete sich zwar darauf, daß in diesem Kreis, zu dessen - wie die Einschränkung lautet - "klassischen Vorstellungen (...) nur Standesgenossen des Hausherrn oder eingeführte fremde Gäste zugelassen" waren, der Adel zu einer überzeugenden Selbstdarstellung auf der Bühne gefunden habe, daß aber - und dies ist die kaum kaschierte Pointe seines Lobs - eben dadurch eine ungewollte Selbstentblößung des Adels stattfinde:

> Es ist unmöglich, die Grenzlinie zwischen Menschen schärfer zu ziehen, die Qualen einer Liebe, welche durch höfische Rücksichten und fürstliche Überhebung gekränkt wird, besser darzustellen, als dies dem Fürsten Thurn und Taxis und dem Grafen Thun gelang. Diese Herren bewegten sich sozusagen in ihrem eigenen Kreise, und ihre Leistung war voll Naturwahrheit.[128]

2. Die Zusammensetzung der szenisch Lesenden oder auch der Schauspielenden in den Salons kann die These bestätigen, daß der Salon in seiner konkreten literarischen Praxis Spezialisierung und Professionalisierung des Literatursystems situativ negiert: Wie sich der Typus des dilettierenden Autors in diesem sozialen Kontext zu dem des professionalisierten "freien" Schriftstellers gesellt, so wurden im Theaterspielen Liebhaberschauspieler gemeinsam mit professionellen produktiv. Die erwähnte *Tasso*-Lesung mit Henriette Herz ist als ein Beispiel zu nennen für eine gemeinsam von dilettierenden und Berufsschauspielern veranstaltete szenische Lesung. Einen - durch die Zensur allerdings erzwungenen - Höhepunkt einer solchen Zusammenarbeit stellte dabei zweifellos die szenische Lesung von Karoline Pichlers Drama *Ferdinand II* in ihrem Salon dar:

> Die beiden Mitglieder des Hoftheaters, Fräulein Adamberger und Herr Korn, der so wie seine Gattin (...), ebenfalls zu nähern Bekannten unseres Hauses gehörten, hatten die ihnen im Theater bestimmten Rollen übernommen, Korn den St. Hilaire, Toni (Adamberger - PS), Maria von Hofkirchen, Heurteur (der schon genannte Hofschauspieler - PS) den Kaiser Ferdinand, Herr von Deinhardstein, jetzt Vizedirektor des Hoftheaters, den Ebergassing, Pichler den Grafen Zierotin[129].

127 Herz: Erinnerungen, S. 52.
128 Sealsfield: Austria, S. 71.
129 Pichler: Denkwürdigkeiten II, S. 85-86.

Die Tochter der Salondame hatte die Rolle eines Studenten, die anderen Figuren wurden von weiteren Salonbesuchern dargestellt. Voraussetzung für eine solche Kooperation bildete die soziale Aufwertung der Berufsschauspieler; Berührungsphobien, wie sie in Kotzebues Parisbericht noch latent waren, mußten abgebaut sein. Überwunden werden mußten im Salon auch die rigiden Ansichten über den Umgang mit Schauspielern, die z.B. Knigge in seiner populären Verhaltenslehre festgehalten hatte. Knigge hatte den Schauspielern hier zudem einen "berufsbedingten" schwachen Charakter unterstellt, den das permanente Rollenspiel zu verantworten habe. So forderte er statt eines egalitären Verkehrs mit Schauspielern, wie ihn der Salon einlöste, einen erzieherischen, der darauf bedacht sein müsse, "sie an Pünktlichkeit und Ordnung zu gewöhnen und bei der ersten Uebertretung, Naseweisigkeit oder Zügellosigkeit Strenge fühlen zu lassen".[130]

Deborah Hertz hat sich in ihrer Untersuchung zu den Berliner Salons um 1800 denn auch eher skeptisch gegenüber der tatsächlichen Präsenz von Berufsschauspielern geäußert: "There were only seven actors and actresses in salon society, a small proportion of all actors and actresses in Berlin at the time."[131] Wie sie allerdings auf diese geringe Zahl kommt, bleibt offen. Die beiden Schauspielerinnen, die in den Berichten über die zwei Salons der Rahel Levin Varnhagen jeweils als Teilnehmer genannt werden, Frau Unzelmann ebenso wie Frau Milder-Hauptmann, sind beide namhafte Repräsentanten des Berliner Theaters gewesen; vor allem mit dem Auftritt von Milder-Hauptmann, Primadonna der Berliner Hofoper 1816 bis 1829, präsentierte der zweite Salon "erstrangige" Theaterkunst in Berlin. Daß die Darbietung von Milder-Hauptmann nicht die einzige dieser Art war, geht aus den Bardua-Tagebüchern hervor: Die Barduas erlebten sie z.B. 1819 auch bei einer Mittwochs-Soiree im Salon Hufeland, wo sie ein Lied von Haydn sang. Berührungsängste gegenüber Schauspielern scheinen in dieser Berliner Salonkultur nach den Notizen der Barduas längst ersetzt durch den Wunsch nach Annäherung und persönlichem Umgang mit ihnen im Salon.[132] Überzeugendes Indiz für die Reputation, die die Schauspieler in den Salons gewonnen hatten (was noch nichts aussagen muß über ihre Reputation an anderen gesellschaftlichen Orten), ist, daß sich in Berlin und Wien eine Entwicklung fortsetzte, wie sie sich bereits in den französischen Salons des späten 18. Jahrhunderts abgezeichnet hatte: Schauspielerinnen wie Unzelmann[133] gelang es schon in der ersten Phase der von jüdischen Frauen organisierten Salons (und in deren Kontext), selbst gesellige Initiativen zu ergreifen und eigene Zirkel zu gründen, die z.T. als (kleinöffentliche) Bühnen fungieren. Es gibt Belege dafür, daß in der Restaurationszeit die von Kotzebue formulierte Sehnsucht nach restringierter

130 Knigge: Umgang (Berliner Ausgabe), S. 382.

131 Hertz: Salons, S. 232.

132 Vgl. Werner Bardua: "Zu später Stunde trat noch eine stolze Frauengestalt in den Saal, prachtvoll in Gang und Bewegung, sehr einfach im Anzug, durchaus vornehm. Es war die Milder-Hauptmann. Sie wurde mit großer Auszeichnung empfangen und ließ sich die Cour, die sie respektvoll umgab, wie eine Fürstin gefallen. Die Schwestern (Bardua-PS) hatten sie Tags zuvor als Alceste gesehen, und Mine (Bardua-PS) war wie elektrisiert von ihrer unerwarteten Nähe." S. 67.

133 Vgl. den Brief Karl von Finckensteins an Rahel, 26. Juli 1796, in: de Bruyn (Hg.): Rahels erste Liebe, S. 100-101.

Öffentlichkeit gerade bei Gruppen, die die soziale Hierarchie anführten, solche Schauspielerzirkel zusätzlich an Attraktivität gewinnen konnten. Von Zirkeln, die von Berliner Schauspielern organisiert waren, erfahren wir u.a. durch Elisabeth Staegemann, wenn diese (1809) an ihren Mann schreibt, sie habe bei einer privaten Gesellschaft - im Hause eines Bankiers - auch den Schauspieler Gern auftreten sehen und auch kennengelernt (Gern wurde bekannt dadurch, daß er auf dem Theater die Berliner Lokaltypen einführte). Auch dessen beide Söhne seien hier zu erleben gewesen.[134] Kurze Zeit später war sie zu einem Besuch in den Kreis von Frau Gern eingeladen gewesen: "Bei Madame Gern, zu der ich etwas später kam, wurden wieder theatralische Szenen gegeben."[135] Voll ausgebildet finden wir den Schauspielersalon dann im Hause der Devrients, den Julius Bab in seiner *Geschichte einer deutschen Theaterfamilie* als "auf eine äußerst rege, nach allen Seiten offene Geistigkeit gegründet" gewürdigt hat[136]. Zu den regelmäßigen Gästen zählten Eduard Devrients und seine Frau Therese Lenné, Alexander von Humboldt, den Philosophen Karl Werder; die Mendelssohns waren ebenfalls Habitués dieses Zirkels. Im Gegensatz zu der von Eduard Devrient stärker bevorzugten Geselligkeit der Weinhäuser und Cafés konnte er in seinem eigenen Hause, konnte vor allem auch seine Frau hier das Schauspielen in die gesellige Aktivität einbinden. Selbst dieser Salon der beiden bekannten Schauspieler blieb darauf bedacht, auch Nicht-Professionelle, wie z.B. den genannten Philosophen Werder, in sein Theaterspiel einzubeziehen.[137] Daß dieser Salon dann in fortschreitender Biedermeierzeit immer deutlicher von einer bestimmten sozialen Publikumsgruppe, dem bildungsbürgerlichen, sozial arrivierten "Geheimratspublikum aus dem Tiergarten", als Theatersubstitut begriffen und von diesem primär als distributive bzw. kunstkonsumptive Veranstaltung aufgesucht wurde, in der Gespräche über Kunst nur noch Randerscheinung zu sein brauchten, läßt sich aus einem bedauerndem Brief von Fanny Mendelssohn-Bartholdy entnehmen:

> Sie (die Devrients - PS) hatten zu einigen Szenen aus Blaubart eingeladen, Werder sollte den Simon spielen, hatte aber den Tag vorher plötzlich nach Stettin abreisen müssen, und Devrient, der seine Rolle übernommen hatte, kam erst um zehn aus dem Theater zurück. Punkt acht Uhr war man eingeladen und war schon von dem stundenlangen Maulaffenfeilhaben ganz müde. Nun hatten sie eine Reihe der allergraulichsten Szenen ausgewählt, ohne irgendeine Erheiterung dazwischen, und die wurden von Marie wirklich mit erstaunlichem Talent gespielt; die übrigen waren unbedeutend bis auf Devrient, der den Simon und Taubert (der Komponist - PS), der die alte Hexe vortrefflich gab; ein Theater hatten sie gar nicht, nur einen Vorhang; und wie sich der Aufwand von Tragik, Verzweiflungskostümen, aufgelöstem Haar, Ohnmacht usw. auf ebener Erde ausnahmen, den man recht eigentlich auf dem

---

134 Elisabeth Staegemann an Staegemann, Berlin, 21. Febr. 1809, in: Olfers: Ein Lebenslauf I, S. 139.

135 Brief vom 6. März 1809, ebd., S. 141.

136 Julius Bab: Die Devrients. Geschichte einer deutschen Theaterfamilie, Berlin 1932, S. 131.

137 Ebd., S. 132.

> Schoße hatte, das kannst Du Dir nicht vorstellen (...). Dann war ein Geheimratspublikum aus dem Tiergarten von der allerprosaischsten Art. (...) Felix (der Komponist - PS) war über diese Soirée in einer Bersekerwut, die drei Tage gedauert hat.[138]

Solche aktive Beteiligung von Schauspielern im Salon oder, wie bei dem von Fanny Mendelssohn ausführlicher beschriebenen Abend, seiner Organisierung durch Schauspieler, müssen dabei noch keineswegs auf eine Korrelation von Salon und dem durch den Schauspieler repräsentierten Theater deuten. Das Verhältnis zwischen Salonkultur und Theaterleben erweist sich als komplexer: In Wien und Weimar dominierten offensichtlich Übereinstimmungen mit dem Theater. Allerdings suchte Kotzebue, indem er in den Zirkeln Liebhaberaufführungen seiner Stücke initiierte und inszenierte, Akzente gegen die Theaterpolitik Goethes zu setzen, der Parodie und Satire von der Weimarer Bühne verdrängt hatte. Als Goethe Kotzebues *Deutsche Kleinstädter* wegen der Angriffe gegen die Romantiker nicht zeigen wollte, Kotzebue aber auch nicht bereit war, diese Angriffe zu streichen, blieb das Salontheater die einzige Inszenierungsmöglichkeit.[139] In Berlin komplizierte sich das Verhältnis unter Iffland, weil sich zwar die Salons für die Schauspieler der Berliner Iffland-Bühnen öffneten, andererseits aber dazu tendierten, gemeinsam mit den Romantikern gegen den Berliner Theaterstil und die Theaterpolitik, wie sie von Iffland geprägt wurden, Stellung zu beziehen. Die szenischen Lesungen boten (vor allem für die Romantiker, denen die Ifflandsche Bühne versperrt blieb) eine einzigartige Möglichkeit, vor einer theaterbegeisterten und -erfahrenen Gruppe gegen Iffland aufzutreten - "aufzutreten" im doppelten Wortsinne. Daß Henriette Herz bei der gescheiterten *Tasso*-Lesung an einem "natürlichen" Rezitationsstil festhielt, während andere Lesende sich bereits den von Iffland geprägten Theaterstil zu eigen machten und auf der Tradition des "unnatürlichen Sprechens" bestanden (nach der "jedes Wort (...) gewichtig auftreten (muß) wie ein Flügelmann"[140]), reflektiert auch die Opposition gegen Iffland. Es ist also nicht nur von einer einseitigen Beeinflussung des Salons durch das Theater auszugehen, sondern es deuten sich hier umgekehrt ebenfalls bereits Interventionen des Salons auf Schauspielstil, Spielplanpolitik u.a. des Theaters an.

---

138 Fanny Mendelssohn-Bartholdy an ihre Schwester Rebekka in Rom, 26. Dez. 1843, in: Hensel: Mendelssohn II, S. 293-297, S. 295-296. Nach den *Jugenderinnerungen* von Therese Devrient, Stuttgart 1905, wurde das "gesellige Leben in unserem Hause" (zit. nach Valerian Tornius: Der ästhetische Tee, Berlin, S. 75) auch bestimmt durch musikalische Vorträge, "so unternahmen wir unter Fannys (Mendelssohn - PS) Leitung Felixens Liederspiel und später Haydens Jahreszeiten einem zahlreichen Kreis von Freunden und Bekannten vorzutragen. Freilich durften wir es schon wagen, denn der verhätschelte Liebling des Berliner Publikums Mantius übernahm wieder die Tenorpartie." Ebd. Als Höhepunkte dieses Salons der Devrients bezeichnet Therese jedoch die literarischen Deklamationen ihres Mannes: "Die größte Anziehungskraft aber übten Eduards dramatische Vorlesungen der Klassiker aus, durch Tieck angeregt. Er fing mit einer kleinen Zahl von Zuhörern an, fand aber bald so viel Anteil, daß unsere Räume fast nicht ausreichten und wir manche Wünsche unberücksichtigt lassen mußten. Künstler und Gelehrte waren am meisten dabei, ich erinnere mich noch, wie in einem Winter zum Beispiel die Bildhauer Rauch, Drake und Tieck, der Bruder des Dichters, lebhaft teilnahmen, was Eduards Interesse daran natürlich noch sehr steigerte." Ebd., S. 75-76.

139 Stock: Kotzebue, S. 157.

140 Herz: Erinnerungen, S. 52.

Diese Feststellung führt zu der umfassenderen Frage, inwieweit der Salon, so sehr er auch partizipieren mochte an anderen distributiven Sektoren des gesamten Literatursystems, nicht zu eben diesen Sektoren, darunter dem Theater, eine aktive, anregende oder korrektive Position einnehmen konnte. Mit anderen Worten: Inwieweit er auch unter dem Gesichtspunkt von literarischer Vermittlung und Reproduktion - Reproduktion als eines besonderen Distributionsmodus - auf die stattfindende Ausdifferenzierung von literarischen Institutionen einwirken konnte.

5.3 Zur Integration des Salons in das Distributionssystem von Literatur: Literaturverbreitung durch den Salon

5.3.1 Salon und Verlagswesen

1. Die Neigung des Salons, Medium und Zielpublikum zugleich zu sein, zeigt sich immer wieder in seiner oralen und semi-oralen Vermittlungspraxis. Ein aktives Verhältnis des Salons als distributiver Instanz zum gesamten komplexer werdenden Literaturbetrieb, seine Wendung nach außen, steht auch dort nicht zur Diskussion, wo ein Exklusivanspruch an diese gesellige Formation als Rezeptionsstätte von Literatur und Kunst verteidigt wurde. Die Absage an salonexterne Vermittlungsinstanzen und mögliche Einflußnahmen auf sie und damit die (neue) literarische Öffentlichkeit, erwies sich als vereinbar mit der beschriebenen Präsenz des aristokratischen und bürgerlichen Liebhaberautors. In der Salonkultur des 17. Jahrhunderts in Frankreich hatte, um ein frühes, aber sprechendes Beispiel der Begrenzung des Distributionsradius auf den geselligen Kreis zu nehmen, Mlle. de Montpensier noch "durch Zerbrechen der Druckplatten" verhindern wollen, daß die literarischen "Porträts", die von verschiedenen Teilnehmern an ihrem Salon und für diesen geschaffen worden waren, "über den Kreis der Portraitisten hinaus" verbreitet würden.[141] Eine Abschottung von der salonexternen Literaturdistribution hätte um 1800 notgedrungen nicht nur das Interesse von Autoren am Salon, die auf den Markt drängten und ihre literarischen Produkte einer breiteren Öffentlichkeit zugänglich machen wollten, sondern auch das von Vertretern der neuen literaturverbreitenden Institutionen am Salon reduziert, die Stellung des Salons im Literarischen Leben erheblich geschwächt. Wenn die Attraktivität eines Salons auch nicht unabhängig war von seinen Möglichkeiten, publikationssteuernd zu wirken, so ist die Wahrnehmung dieser Interventionsmöglichkeiten doch als eher verdeckte, vermittelte zu beschreiben. Die Skizzierung einzelner Praktiken von Salons, auf Literaturveröffentlichung einzuwirken und eine Angliederung an das marktgerichtete Literatursystem zu versuchen, kann nicht auf die Beschreibung eines funktionalistischen Verhältnisses hinauslaufen. Es liegt auf der Hand, daß ein solches Verhältnis den Salon, als eine nicht-zweckorientierte, als "freie" soziale Formation, transformieren und seine Struktur- und Funktionsweisen hätte unterminieren müssen. Weil die Einflüsse des Salons sich an diesem Punkte häufig als indirekte, verbrämte realisierten, sie sich nicht zuletzt auf der Ebene atmosphärischen Unbehagens oder Konsenses herstellten und damit

141 Baader: Die verlorene weibliche Aufklärung, S. 72.

schwer rekonstruierbar sind, läßt sich zudem allenfalls an einigen konkreten Punkten der Nachweis führen, daß und wie sehr verschiedenen Salons daran gelegen war, eine Rolle bei der Verbreitung von Literatur über den Salon hinaus zu spielen. Abhängig blieb dieses Bestreben und seine Realisierung notabene nicht zuletzt von den historisch wirkungsmächtigen Öffentlichkeitsprojekten und der Stellung der Salons zu diesen.

2. Was die erfolgreiche "Anbindung" des Salons an das Literaturdistributionssystem betrifft, so sind dabei die verschiedenen Institutionen der Vermittlung von Literatur zu unterscheiden. Als "nahes" Objekt solcher Salon-Ambitionen muß sicherlich die genannte Institution des Theaters gelten. Aber auch Verlage als zentrale und lange - wegen ihrer die literarische Arbeitsteilung vorwärtstreibenden Funktion - beargwöhnten Institutionen des Literaturbetriebs (vgl. Lessings Buchhandelsprojekt) gerieten in den Aktionsradius von Salons.

In dem Augenblick und in dem Maße, wo die Salonpraxis auf eine weitere Veröffentlichung, auf Übernahme von Texten durch andere Institutionen des Literaturbetriebs ausgerichtet war, mußte eine wertende und sichtende Tendenz im Salon stärker hervortreten. Dies war der Fall, wenn der Salon als Ort der Vor-Veröffentlichung gesucht und genutzt wurde. Offensichtlich vermochten Literarische Salons in ihrem ambivalenten Verhältnis zur fortschreitenden Spezialisierung und Professionalisierung von literarischem Handeln, hier eine Aufgabe zu übernehmen, die - im Vorgriff auf die später an dieser Stelle im Literaturbetrieb berufsmäßig organisierte Praxis - als *lektorierende* gefaßt werden kann. Von seiten der Literaturproduzenten bedeutete dies eine beachtliche Kompetenzanerkennung der Salons. Wenn Frauen in französischen literarischen Zirkeln des vorhergehenden Jahrhunderts bereits zu Richterinnen in Geschmacksfragen bestellt worden waren, so wurde diese Wertschätzung jetzt pragmatisiert in dem Sinn, daß Frauen im salongeselligen Kontext der lektorierende Eingriff in die zur Distribution anstehenden Texte möglich war.

Konkrete Beispiele für Texte, die zunächst im Salon vorgestellt wurden, deren Ablehnung dort dann aber den Ausschluß vom gesamten übrigen Distributionsapparat (zumindest in der vorpublizierten Fassung) nach sich zog, sind nur in Ausnahmen zu rekonstruieren. Daß es den publikationsverhindernden Einspruch gegeben hat, - auch wenn es sich hier eher um eine "Familienangelegenheit" handelte - zeigt das Unterdrücken eines Theaterstücks Ludwig Roberts *(Cassius und Phantasus oder der Paradiesvogel)*. Robert hatte es zur Lektüre an Rahel Levin Varnhagen geschickt mit der Bitte, es auf seine Spielbarkeit auf dem Berliner Theater hin zu überprüfen. Wegen der Brisanz des Inhalts der Komödie zog diese zur Lektüre auch weitere Familienmitglieder hinzu und riet in zwei Briefen auch im Namen der Brüder dringend von einer Aufführung ab, da die Hauptfigur, ein Jude, zu problematisch sei.[142]

Daß Texte ganz zurückgezogen wurden, nachdem sie im Salon durchgefallen waren, will auch die Tochter der Salondame von Hohenhausen, Friederike von Hohenhausen, wissen. Sie nennt die Unterdrückung eines Heine-Gedichtes: Ein von Heine im Salon

142 Hinweis von Consolina Vigliero nach Durchsicht des bislang unveröffentlichten Briefwechsels Rahel-Ludwig, Varnhagen-Nachlaß, Krakau, Kasten Nr. 216.

ihrer Mutter rezitiertes Gedicht "mit dem Schluß: 'Und lautaufweinend stürz' ich mich zu ihren Füßen' fand eine so lachende Opposition, daß er es nicht zum Druck gelangen ließ"[3]. In diesem Fall irrt die Verfasserin allerdings, denn unter dem Titel *Allnächtlich im Traume seh' ich dich* hat Heine 1827 das im Hohenhausen-Salon zur Diskussion gebrachte Gedicht dann in das *Buch der Lieder* aufgenommen. Es kann sich nur um einen Texteingriff aufgrund der beschriebenen Reaktion des Salons gehandelt haben, durch den der zitierte Schluß an eine andere Stelle des Gedichts plaziert wurde, um die ironische Brechung zu verdeutlichen. Hinweise auf derartige Texteingriffe aufgrund von Kritik aus der Salongesellschaft finden sich bereits in größerer Anzahl. Nachdem Georg Reinbeck im Salon Schopenhauer "seinen kleinen Roman (...), der in England spielt, und über welchen er, ehe er ihn drucken läßt, gerne meine (der Salondame - PS) Meinung wissen wollte", vorgetragen hatte, brachte Johanna Schopenhauer eine ganze Reihe von Verbesserungsvorschlägen an.[144] Über die häufigen Bitten der Literaturproduzenten um kritische Durchsicht ihrer Texte vor deren Publizierung über den Buchmarkt mokierte sich Rahel schließlich:

> Ich soll *alles* lesen: die Anderen wollen *alle* schreiben. Ich erliege. Hab ich nicht so eben (...) ein ellenlanges, weitläufiges, unnützes, schöngeschriebenes Memoire lesen müssen, auf hohen langen Bogen; Manuskript! - langt mir nicht eben Varnhagen (...) mit der Frage, ob es fertig ist, - wieder ein geschriebenes Gedicht: *Klagelied der Mutter Gottes*, von Friedrich Schlegel, sechsunddreißig Seiten lang![145]

Daß andererseits Rahel Levin Varnhagen sich selbst brennend daran interessiert zeigte, unveröffentlichte Schriften zur Durchsicht in die Hand zu bekommen, ist bereits am Beispiel Börnes klar geworden. Wenn noch einmal aus dem Bericht Schützes über den Schopenhauer-Salon zitiert werden soll, so um zu zeigen, daß im Salon, diesem selbst zuweilen unbewußt, vom Autor aber sehr wohl kalkuliert, zum Drucke anstehende Manuskripte getestet werden konnten: Schütze verzichtete im Falle seiner Erzählungen lieber auf eine rezeptionsbeeinflussende Autorenlesung und ließ andere Salonmitglieder die Rezitation übernehmen, um die "Wirkung zu beobachten, den Eindruck zu belauschen und für mich Lehren daraus zu ziehen"[146].

Die Inanspruchnahme des Salons als "lektorierende" Instanz durch die Autoren hing wesentlich davon ab, inwieweit die Salongesellschaft das über den Markt intendierte Publikum repräsentierte. Zumindest mußte eine Konvergenz von ästhetischen Normen und Geschmacksvorstellungen der Rezipienten im Salon und der literarischen Öffentlichkeit unterstellt werden können. Diese textkritische Funktion für die Autoren büßte folglich der Salon demnach in dem Maße ein, in dem Literaturproduzenten - wie etwa zur Zeit der antinapoleonischen Kriege oder bei Zuspitzung der gesellschaftlichen Widersprüche - die Salongesellschaften als repräsentativen Teil ihres Publikums nicht mehr identifizieren und akzeptieren konnten.

---

3 Friederike von Hohenhausen: Der kranke Dichter in Paris, a.a.O., S. 99.
144 Johanna Schopenhauer an Arthur Schopenhauer, Weimar, 23. März 1807, a.a.O., S. 368-369.
145 Rahel an Oelsner, 30. November 1821, in: Buch des Andenkens III, S. 53-55, S. 53.
146 Schütze: Abendgesellschaften, S. 189.

Dadurch, daß der Salons als gemeinsamer Kommunikationsbereich nicht nur für Literaturproduzenten und Repräsentanten des von ihnen intendierten oder anvisierten Publikums ausgerichtet war, sondern Verleger und - häufig noch in Personalunion - Buchhändler ebenfalls integriert waren, wurden im Grunde auf personeller Ebene entscheidende Teilinstitutionen des Literaturbetriebes im Salon zur Kooperation zusammengeführt: Bertuch (der Vater) ist als Habitué des Schopenhauer-Salons an den dort betriebenen Vorpublikationen beteiligt gewesen; Reimer gehört zum Freundeskreis von Rahel, auf Gubitz als regelmäßigen Besucher mehrerer Berliner Salons der Restaurationszeit könnte ebenfalls hingewiesen werden.

Kontakte gab es nicht nur zu den Verlegern am Ort, sondern man versuchte, Verbindungen auch aufzubauen zu den verlegerischen Zentren, d.h. vor allem zum Cotta-Verlag. Sowohl Henriette Herz als auch Rahel Levin Varnhagen stellten ungeachtet der geographischen Entfernung vom urbanen Schwerpunkt der deutschen literarischen Salonkultur personale Beziehungen zu Cotta her. Henriette Herz hatte Cotta in Stuttgart selbst aufgesucht (und konnte hier ihre Verbindung zu Jean Paul wieder aufnehmen). Die Verbindung des Rahel-Kreises zum bedeutendsten zeitgenössischen Verlagsunternehmer, dem nicht zuletzt durch die Realisierung seiner ehrgeizigen Zeitungsprojekte maßgeblicher Verdienst bei der Etablierung neuer literarischer und politischer Öffentlichkeitsstrukturen in Deutschland zukam, datiert bereits aus der Tübinger Zeit Karl August Varnhagens (1808). Die damals begonnene Bekanntschaft mit Johann Friedrich Cotta verschaffte Varnhagen Publikationsmöglichkeiten in dem ein Jahr zuvor gegründeten *Morgenblatt* und verhalfen zu den - anonymen - Veröffentlichungen der Goethe-Urteile Rahels. Andere Teilnehmer des Rahel-Salons suchten gleichfalls bereits in dieser frühen Zeit, den persönlichen Umgang Varnhagens mit dem Verleger zu nutzen, um Texte ins Cotta'sche Verlagsprogramm zu bringen.[147] Der zweite Berliner Rahel-Salon bot für Cotta während dessen Aufenthalts an der Spree Ende der zwanziger Jahre (wegen Verhandlungen zum Anschluß Bayerns und Württembergs an den preußischen Zollverband) eine Gelegenheit, mit Vertretern verschiedener Literaturströmungen in direkte persönliche Verbindung zu treten. Von Rahel erfährt Varnhagen, der sich während dieser Zeit in diplomatischer Mission in Bonn aufhält, daß sich in ihrem Salon "Arnim's, Cotta's, Ludwigs's, Moritzen's, Willisen, Heine" getroffen hätten. Alle hätten sich "sehr, sehr amüsirt. Alle öfters dafür gedankt."[148] Die anwesenden Autoren und der Verleger hätten bei dieser Soiree dann doch eine besondere Kommunikationsgruppe abgegeben: "Achim viel mit Cotta und Ludwig und Heine."[149] Von diesen Autoren ist Ludwig Robert als Korrespondent seines *Morgenblatts* Cotta selbstverständlich bereits längst bekannt. Über die literaturkritische Tätigkeit des Bruders hatte im übrigen auch Rahel Levin Varnhagen eine engere Verbindung zu dem Verleger aufnehmen können, wie noch nicht publizierte Briefe zeigen: Immer wieder gingen Roberts Beiträge für die Cotta-Zeitung

147 So versuchte Rebekka Friedländer (Regina Frohberg), das Manuskript über Varnhagen, der es lektorierte, bei Cotta durchzusetzen. Varnhagen an Rahel, Hamburg, 4. Apr. 1809, in: Briefwechsel Varnhagen-Rahel 1 (Rahel-Bibliothek IV, 1), S. 320-324, S. 322-323.

148 Rahel an Varnhagen, Berlin, 3. März 1829, in: Buch des Andenkens III, S. 367-371, S. 369.

149 Ebd.

über Rahel an den Verleger, nachdem diese sie durchgesehen und überarbeitet hatte[150]. Für Heine ergaben sich, wie Johannes Proelß in *Das junge Deutschland* feststellte, aus diesem Umgang mit Cotta im Salon konkretere Projekte:

> Cotta kam hier in der alten freundschaftlichen Weise entgegen und machte mit ihm einen Vertrag über weitere Mitarbeit an *Morgenblatt* und *Annalen*.[151]

(Daß dieser Salon gerade bei der Vermittlung von frühen Heine-Texten an das Verlagswesen eine nennenswerte Rolle spielte, die Intensivierung der Kooperation mit dem Verleger Cotta durch den Rahel-Salon für Heine kein singulärer Vorgang war, bestätigt der Verleger Friedrich Wilhelm Gubitz in seinen *Erlebnissen*, wo er daran erinnert, daß ihm hier die Gedichte Heines zugänglich gemacht worden seien.[152])

Aber auch die Wiener Salonkreise traten in Verbindung mit verschiedenen Verlegern, darunter wiederum Cotta. Als sich dieser mit Heinrich Christian Friedrich Bertuch während des Kongresses in Wien aufhielt, um publikationsrechtliche Regelungen zu erzielen, waren es auch hier die Salons, die sich als Gesprächsorte anboten. Selbst das zu dieser Zeit hinter die Salons der nobilitierten jüdischen Familien zurücktretende Haus von Karoline Pichler wurde von den beiden Vertretern der Verleger und Buchhändler aufgesucht, die sich nach Pichlers *Denkwürdigkeiten* hier mit einer gewissen Regelmäßigkeit an den Gesellschaftsabenden dienstags und donnerstags beteiligten.[153] Über Cotta wurde die Salondame mit Therese Huber bekannt, die das *Morgenblatt* redigierte, und über die sie hoffte, den Druck von Literaturwerken aus ihrem Freundeskreis befördern zu können.[154] Auch der Verleger Gerhard Fleischer aus Leipzig suchte den Pichlersalon auf, er umgekehrt in der Absicht, Karoline Pichler für die Mitarbeit an seiner *Miverva* zu gewinnen.

3. Bei dem damaligen Entwicklungs- und Ausdifferenzierungsstand des Literaturbetriebs und der literarischen Kommunikationsverhältnisse scheint der persönliche Umgang von Autoren und Verlegern (zudem unter Einschluß einer wichtigen Publikumsgruppierung) den - auch ökonomischen - Bedürfnissen des Literaturvertriebs doch in einem Maße entsprochen zu haben, daß Buchhändler und Verleger selbst bei der Organisierung von Salons initiativ wurden oder dazu animierten. So entstanden die Zirkel der Frauen der Buchhändler und Verleger Unger und Sander, was nicht heißt, daß deren Salonpraxis durch die Nähe zum Verlags- und Buchhandelswesen damit determiniert gewesen wäre. Auch Cotta suchte nicht nur die literarischen Tees in Berlin und Wien auf, um seine Kontakte zu Autoren und Publikum zu erneuern und zu intensivieren; in seinem eigenen Haus arrangierte seine Frau einen "Teezirkel", der die Umgangsformen des Salons adaptierte und entsprechend für Varnhagen den Berliner Literaturverkehr assoziierte:

---

150 Vgl. Varnhagen-Nachlaß, Kasten 216.

151 Johannes Proelß: Das junge Deutschland. Ein Buch deutscher Geistesgeschichte, Stuttgart 1892, S. 145.

152 Vgl. dazu die Ausführungen in: Friedrich Wilhelm Gubitz: Erlebnisse. Nach Erinnerungen und Aufzeichnungen, 2 Bände, Berlin 1869, 1. Band.

153 Pichler: Denkwürdigkeiten II, S. 39-40.

154 Johann Ladislaus Pyrker: Mein Leben. 1772-1847. Hrsg. v. Aladar P. Czigler, Wien 1966, Anm. zu S. 86, S. 290.

> Vorgestern Abend bei Cotta war es recht hübsch, seit Berlin zum erstenmale wieder belebt, saß ich hier an einem Gesellschaftstheetische; Frau von Cotta ist sehr angenehm ebenso ihre Nichte, Fräulein von Hügel, das Gespräch war mannigfach, und der kluge Cotta, der so vieles kennt und weiß, nicht der wenigst Unterhaltende.[155]

In Jena hatte, ungefähr gleichzeitig mit Johanna Schopenhauer in Weimar, die Frau des Verlegers Frommann, einen kleinen Salon, der jeweils um fünf Uhr nachmittags zusammentrat, eröffnen können.[156] Paul Kühn hat bei diesem Zirkel im Hause des Verlegers Frommann von dem "Charakter eines erweiterten Familienlebens" gesprochen, der die Umgangsformen geprägt habe, was gerade nicht an - zumal geschäftsmäßige - Beziehungen zu literaturöffentlichen Strukturen erinnern, sondern im Gegenteil private Distribution und gesellige Produktionsweise insinuieren wollte.[157] In Berlin führten Buchhändler wie Duncker oder Humblot die Tradition des "Verlegersalons" noch weit in die Restaurationszeit hinein fort.[158]

Helmut Kreuzer hat in seiner *Boheme* solche "Salons, die ihre Bedeutung durch die Verbindung mit Zeitschriften und Verlagen usw. erhielten", mit Recht als besondere Kategorie von Salons begriffen[159] und zugleich die Weiterentwicklung (z.B. zur "'Zwischenform' der Redaktions-Salons"[160]) und das Sprengen dieser Kategorie zugunsten der Etablierung von neuen Typen literarisch-geselliger Treffpunkte thematisiert. Dieser Entwicklungstendenz eigen scheint eine Funktionalisierung des Umgangs gewesen zu sein, durch die notwendigerweise nicht nur die (intellektuelle) Professionalität der Zusammentretenden stärkeres Gewicht erhalten konnte, sondern gleichzeitig die Frauen abgedrängt zu werden drohten, ja, der Kontakt zu nicht-intellektuellen Berufsgruppen eine deutliche Reduzierung erfahren mußte.

---

155 Varnhagen an Rahel, München, 8. Sept. 1827, in: Briefwechsel Varnhagen-Rahel, 6 (Rahel-Bibliothek VI, 6), S. 152-157, S. 156.

156 Vgl. u.a. Paul Kühn: Die Frauen um Goethe, 2 Bde., Leipzig 1911, II, S. 379. Von Riemer, dem Sekretär Goethes, wird Frommann am 30. Nov. des ersten Weimar-Jahres der Schopenhauer genau über das Interieur, die Besucher und die Abläufe der Soireen des Schopenhauer-Salons unterrichtet. Brief in: Laura Frost: Johanna Schopenhauer, S. 81-82.

157 Ebd. Zur Produktion literarischer Werke in diesem Zirkel siehe Kühn: Frauen um Goethe II, S, 380: Als z.B. Zacharias Werner durch Goethe in das Haus des Verlegers eingeführt worden war, entfachte "dieser in geistreicher Improvisation unter der anwesenden Gesellschaft, es waren außer Goethe noch Knebel und Riemer da, einen Sonettensängerkrieg (..), in dem die Damen des Hauses in dieser beliebt gewordenen lyrischen Kunstform huldigend gefeiert wurden."

158 In der Familiengeschichte von Dora Duncker: *Das Haus Duncker*, Berlin 1918, wird vermerkt, daß der Salon von Didier Humblot und seiner Frau in der Gestaltung des Interieurs angeknüpft habe an den Ursprung der verleger- bzw. buchhändlerischen geselligen Tradition in Berlin: an das offene Haus Nicolais. S. 133. Auf die Verlegerzirkel macht auch Sengle aufmerksam: "Man weiß aus den Biographien so manches Dichters, daß die Verleger z.B. Alexander Duncker in Berlin, so gut ein offenes Haus hielten wie die Rahel, oder, in Wien, Karoline Pichler. Der Verleger war, ähnlich wie der Professor oder der Journalist noch nicht der Angehörige eines fest umrissenen Berufsstandes. Eben darum konnte er leicht auf die Schriftsteller einwirken, auch wenn er nicht über die wirtschaftliche Macht eines Cotta verfügte; und umgekehrt konnte der Schriftsteller oder Professor noch organisatorische Aufgaben meistern, die heute 'Fachkräften' vorbehalten sind." Sengle: Biedermeierzeit II, S. 33-34.

159 Helmut Kreuzer: Die Boheme, S. 195.

160 Ebd., S. 198.

4. Solange der Salon seine Verbindung zum Literaturvertrieb wahren konnte, fiel es auch seinen Organisatorinnen leichter, eigene Veröffentlichungsprojekte zu wagen und unterzubringen. Auch Rahel verfolgte verschiedene Publikationspläne (u.a. eine Neuausgabe der Mendelssohn-Schriften in deutschen Lettern[161]). Johanna Schopenhauer, der man die Herausgabe einer Frauenzeitschrift angetragen hatte, schlug im Rekurs auf ihre eigenen Salonerfahrungen ein anderes Zeitschriftenprojekt vor:

> Ich denke mir das Ganze wie einen geistreichen Zirkel, in welchem jeder zur Unterhaltung das seine beiträgt und bei dem ich die Wirtin mache und dafür sorge, daß jedes zufrieden sei. Doch da kein aus lauter Frauen bestehender Kreis fortwähren kann, ohne zu ermüden, so halte ich es für durchaus notwendig, auch Männer dazu einzuladen, die den Frauen freundlich die Hand böten. Zum Beispiel Jakob's, Tieck, Gries, Friedrich von Gerstenbergk, Ernst von Houwald und mehrere, von denen ich manche zu meinen Bekannten und Freunden zählen darf. Von Damen würde ich einladen Frau von Fouqué, von Chezy, Fanny Tarnow, Agnes Franz, Frau von Ahlefeldt, Theres Huber und so weiter.[162]

Waren wichtige, zumindest nach Einschätzung der Salons wichtige, Neuerscheinungen auf dem französischen Literaturmarkt des 18. Jahrhunderts als von der bestehenden Öffentlichkeit über den Markt noch kaum bezahlbare Projekte aus den zeitgenössischen Salons heraus auch finanziell abgestützt worden, so hatte es die deutsche Salongesellschaft, deren materielle Ressourcen insgesamt kleiner als die der französischen waren, schwerer, eine ähnliche finanzielle Protektion zu entfalten. Zu mehr, als einmal ihrem Schriftsteller-Bruder ihre Ersparnisse - heimlich - zukommen zu lassen, war Rahel nicht in der Lage.[163] Daß sie nicht als Mäzenin auftreten kann, bedauerte sie wiederholt. Wenn die Salons um 1800 zwar den Übergang zum "freien" Schriftstellertum erleichtern konnten, indem sie dem Autor den Zugang zum Markt ebneten (und damit seine Emanzipation vom Publikum der Salons praktisch befürworteten), so war der Hebel dazu nicht in erster Linie ein ökonomischer, was nicht heißen soll, daß es an finanziellen Stützungsaktionen in der deutschen Salonkultur dieser Zeit völlig fehlte. Auch das traditionelle Instrumentarium solcher kollektiver Finanzierungsstrategien, Pränumeration und Subskription, wie sie in dieser Übergangssituation möglich waren, kam punktuell bei den deutschen Salons zur Anwendung. Von Subskriptionsunternehmen, die in dem Greiner-Salon gestartet wurden, sprechen die *Denkwürdigkeiten* von Karoline Pichler; die mit dieser befreundete Salondame von Matt, die ebenfalls bereits im Josefinismus literarische Soireen veranstaltete, beteiligte sich an einer Subskription, um die Gedichte des Wiener Schriftstellers Karl Julius Friedrich an die Öffentlichkeit zu bringen.[164] Die als Publikationsprojekt der Rahel Varnhagen erwähnte, ihr "sehr am Herzen liegende literarische Angelegenheit, (...) daß des Moses Mendelssohn Übersetzungen der Bücher Moses in wirklich deutschen Lettern - aber nicht lateinischen, sondern deutschen wie

---

161 Vgl. Rahel an Varnhagen, Frankfurt, 28. Okt. 1817, in: Briefwechsel Varnhagen-Rahel 5 (Rahel-Bibliothek IV, 5), S. 263-267, S. 266-267.

162 Johanna Schopenhauer an Geheimrat ... in Leipzig, in: Glückliche Augen, S. 414-420, S. 417.

163 Vgl. Briefwechsel Rahel-Ludwig Robert, a.a.O. Die Chiffrierung erfolgte durch Verwendung hebräischer Buchstaben im betreffenden Brief.

164 Pichler: Denkwürdigkeiten I, S. 637, Anm. 699.

Luther's Bibel - gedruckt werde" - eine Manifestation akkulturierten Judentums und zugleich jüdischen Selbstbewußtseins also - sollte realisiert werden durch eine von Varnhagen zu organisierende "Subskription bei den Juden (...). Ich unterzeichne gleich. Ich halte unendlich auf die Ausführung dieses Gedankens."[165] Weil es also bis auf Ausnahmen nicht die Finanzierung ist, weder die der direkten Unterstützung des Autors, noch die des Erscheinens seiner Werke auf dem Markt, mit dem sich der Salon in den Literaturvertrieb einschaltet, sondern von seiner Reputation und literarischen Kompetenz auch seine Rolle gegenüber der Literaturdistribution abhängt, kann sich andererseits die Beziehung zwischen Salon und Autor um so leichter als egalitäre behaupten, wird seine Zweckfreiheit auch da noch berufen, wo er - wie im "Verlegersalon" - unmittelbar an die Verwertungszwänge des Buchmarktes herangeführt wird.

5.3.2 Der Salon als Vermittler zwischen nationalen Literaturen

1. In ihren komplexen Bedingungsstrukturen, in ihren facettenreichen Resultaten kann eine weitere "literaturvermittelnde" Funktion und Leistung des Salons nur noch als Desiderat der Forschung angedeutet werden: Der Salon wirkte als Transmissionsstelle, als Dolmetscherformation zwischen den, um einen romantischen Begriff aufzugreifen, "Nationalliteraturen". Diese Feststellung ist sogleich differenzierungsbedürftig, zumindest aus der Perspektive der Salons ist sie partiell ahistorisch, wo durch das fortgesetzte Hineinragen aristokratischer Literaturvorstellungen in die Salons "Nation" als Projektionsgröße für Literaturentwicklungen noch weitgehend fehlte. Aus dieser Sicht stellte sich als Vermittlungsproblem also weniger die Alterität von "Nationalliteraturen", die es zu bewältigen galt, als die Alterität von aristokratischer, zumindest teilweise in der französischen Sprache abgefaßten Literatur (z.B. die Werke von de Ligne) und der nationalsprachigen.[166] Zum anderen bleibt zu beachten, daß die Salons in Deutschland, ungeachtet ihres Beitrages zur Überwindung der Aufklärung, doch in dieser insofern wurzelten, als sie einem aufklärerischen Horizont zugeordnet bleiben, der sich nicht ohne weiteres auf die "Nation" verengen ließ, sondern auf einem Menschheitsbegriff zielte.

Daß sich die Literarischen Salons dementsprechend lange von der (romantischen) Faszination für das literarisch und kulturell Andere abweichend verhielten, eine Fasziniation, die das Andere als Fremdes gerade bewahrt sehen wollte, provozierte immer wieder Inkongruenzen zwischen Salon und später Romantik. Dennoch gibt es Ausnahmen, die aber als solche eher Erklärungshilfen für die Verweigerung anderer Salons, sich diesen romantischen Diskurs zu eigen zu machen, bereithalten. Vor allem der Pichler-Salon gab längere Zeit Rahmenbedingungen ab für die Entwicklung und Durchsetzung der Begriffe von "Nation" und von "Nationalgeschichte" und "Nationalliteratur" in einem Teil der Literaturgesellschaft. Die "vaterländischen"

165 Rahel an Varnhagen, Frankfurt, 28. Okt. 1817, a.a.O., S. 266-267.

166 Man könnte als Beleg das *Tiefurter Journal* als Objektivation eines Literarischen Zirkels nennen, der als gesellschaftliches Refugium innerhalb eines aristokratischen Milieus organisiert war, um die "Supranationalität" der in diesem Zirkular vorgestellten Literatur nachzuweisen: es finden sich hier Übersetzungen aus dem Lateinischen, Griechischen, Spanischen, Englischen, Lettischen, Estnischen, Malabrischen, Tartarischen u.a. Sprachen.

Geschichtsschreiber trafen hier zusammen mit Schriftstellern, die sich der "nationalen" Poesie verpflichtet sahen und statteten den Salon mit politischen Ambitionen aus: sie machten ihn zur Plattform antinapoleonischer Bestrebungen. Wie wenig der Salon auch zu dieser Zeit als Vermittlungsinstanz fremder Kultur und Literatur ausgeschieden war, zeigt sich daran, daß gerade dieser Salon zugleich über Hammer-Purgstall an der Gründungsgeschichte des Orientalismus beteiligt war: Dem Bruch mit kosmopolitischen Denkmustern zugunsten nationaler entspricht gerade ein Interesse an fremder Literatur. Dieses Interesse für orientalische Literatur (arabische und persische) geht über eine reine Wissensverbreitung, die Stimulation von Übersetzungen usw. hinaus und läßt, wie an anderer Stelle ausgeführt, im Salon orientalisierende Texte, wie z.B. die *Biblischen Idyllen* der Salondame, entstehen, in denen die "Fremdheit" aber ebenfalls nicht aufgehoben sein soll, sondern exotisch herausgestellt bleibt. (So markiert auch die Beteiligung der Berliner Salongesellschaft am Lallah Rookh-Fest 1821 eher die Ablösung kosmopolitischer Vorstellungen durch exotische als ihre Bestätigung.)

Karoline Pichlers Salon, zu dem nicht zufällig Friedrich Schlegel und Dorothea, ebenso wie Adam Müller, eine besondere Affinität zeigten, läßt sich in seinem positiven Bezug zum romantischen Nationalbegriff und seinem Bedürfnis, sich fremde Literaturen zu erschließen und weiterzuvermitteln, als Ausnahme von zwei Seiten her erklären: Er ist von seiner Trägergruppe, auch wenn Aristokraten hier verkehren, weder auf den aristokratisch-europäischen Horizont hin ausgerichtet, noch kann er partizipieren an den übernationalen soziokulturellen Strukturen, die den jüdischen Salons inhärent blieben und eine kosmopolitische Grundhaltung auch noch in der Phase der Romantik absicherten.

Ein Aufsatz, den Rahel Varnhagen gemeinsam mit ihrem Bruder Ludwig Robert in den späteren zwanziger Jahren verfaßte (und den sie auch Goethe zukommen ließ[167]), ist in diesem Kontext bemerkenswert insofern, als er zeigt, wie sich in dieser späteren historischen Phase auch in diesen Salonkreisen eine die Alterität betonende Konzeption von "Nationalliteraturen" durchsetzen konnte. In diesen *Bemerkungen. Weniger für Deutsche als für Franzosen, über Goethe's Tasso und den von Herrn Alexis Düval in Paris* - so der Titel - gehen die Verfasser davon aus, daß jedes "Volk zu einer selbständigen Kunst gelangt. Seine eigenen Bahnen muß es sich brechen, gemäß seiner nationalen Identität."[168] Diese Anerkennung einer nationalen Literaturentwicklung schließt aber gerade das Postulat ein, daß das jeweilige "Volk" "fleißig umherschauen (muß) nach dem, was alte und neue, was ferne und nahe Völker in artistischer und kritischer Hinsicht geleistet haben."[169] Rahel Levin Varnhagens Arbeit an diesem Aufsatz fällt zeitlich zusammen mit Goethes ersten, wichtigen Äußerungen zu einer sich bildenden "Weltliteratur", die, so Goethe, ja ebenfalls die nationalliterarischen Differenzen nicht beseitigen werde. Es gehe darum, wie im sechsten Band *Über Kunst und Altertum* ein Jahr später, um Mißverständnissen vorzubeugen, noch einmal formuliert wird, daß "die Nationen (...) nur einander gewahr werden, sich begreifen und, wenn sie sich wechselseitig nicht lieben

167 Abgedruckt in: Rahel-Bibliothek IX, S. 709-719.
168 Ebd., S. 711.
169 Ebd.

können, sich einander wenigstens dulden lernen."[170] Diese Konstellation von Alterität und Aneignung in einem emphatischen Sinn kompliziert und problematisiert die Vermittlung; Goethes *Tasso*-Verbreitung in Frankreich wird von Rahel und ihrem Bruder als schwerwiegendes Beispiel einer fehlgeschlagenen Zurkenntnisnahme Goethes durch die französische Nation zitiert, Bearbeitung wird dabei als Verfälschung deklariert, selbst die Übersetzertätigkeit gerät in die Diskussion. Bei Goethes "Meisterwerk" sieht sich Rahel in der Pflicht, in die Vermittlung korrigierend einzugreifen.

Goethe hat bekanntlich anläßlich der Zusammenkunft der Naturforscher in Berlin 1828 als Bedingung für die Heranbildung einer Weltliteratur nicht nur angegeben, "daß die verschiedenen Nationen von einander und ihren Erzeugnissen Kenntnis geben", sondern daß zudem "die lebendigen und strebenden Literatoren einander kennen lernen und durch Neigung und Gemeinsinn sich veranlaßt finden, gesellschaftlich zu wirken"[171]. Es wäre zu überprüfen, inwieweit die Salons dieses Postulat erfüllen, einen Beitrag leisten konnten. Das heißt, konkret zu beschreiben, inwieweit nicht nur das Beziehungsnetz, welches der einzelne Salon knüpfte, Angehörige anderer Nationen einbezog, sondern wie die Salons selbst in ein spezifisches europäisches Kommunikationsgeflecht noch in den Zeiten vehementer nationalstaatlicher Entwicklung eingebunden blieben. Es führte hier zu weit, den Beweis, daß die Salons auch hierfür besonders konditioniert waren, zu führen, indem man eine Auflistung der zeitweise persönlich anwesenden ausländischen "Literatoren" vornehmen wollte. Aber aus einer solchen Auflistung würde ersichtlich werden, daß die wichtigeren europäischen Literaturen auch personell repräsentiert waren. Ebensowenig soll und kann ausgebreitet werden, in welchen Salons des Auslands, hier vor allem in den Salons der französischen Hauptstadt, deutsche Autoren auftraten und sich mit den literarischen Erzeugnissen dieser Nation bekannt machten. Für die Pariser Salons der Zeit von 1815 bis 1848 hat dies bezogen auf die deutschen Besucher bereits die Untersuchung von Albert Kaltenthaler exemplarisch geleistet[172]. Aber auch ohne detaillierte Untersuchungen lassen sich zu einzelnen deutschen Salons Angaben zur Vermittlung von ausländischer Literatur machen - wie etwa zum Berliner Helvig-Salon, der auch von seinem personellen Profil her - Adolf Lindblad, Atterbom, Malla Silfverstolpe verkehrten unter anderem hier und stellten zeitgenössische skandinavische Literatur vor - sich als Begegnungsstätte skandinavischer Autoren mit deutschen bzw. einer deutschen Publikumsgruppierung profilierte. (Umgekehrt fungierte der Salon der Malla Silfverstolpe in Uppsala als Vermittlungsinstanz der deutschen Romantik für die skandinavische literarische Öffentlichkeit[173].) Über die Zirkel von Mme. de Staël, nachdem dieser die Wiener und Berliner Salons eine wichtige Informationsquelle für *De l'Allemagne* geboten hatten, wurden französische Intellektuelle ebenfalls enger mit der deutschen Romantik vertraut. Im Salon von Henriette Mendelssohn in Paris, Treffpunkt

170 Goethe: Werke (Hamburger Ausgabe), Bd. 12, S. 363.

171 Ebd., S. 363.

172 Albert Kaltenthaler: Die Pariser Salons als europäische Kulturzentren unter besonderer Berücksichtigung der deutschen Besucher während der Zeit von 1815-1848, Diss. Nürnberg 1960 (masch.).

173 Vgl. das Vorwort von Ellen Key zu: Malla Silfverstolpe: Das romantische Deutschland.

französischer Autoren wie Mme. de Staël, Benjamin Constant und anderer mit deutschen, fand ein regelmäßiger Austausch über die Literaturentwicklungen und ästhetischen Positionen in beiden Ländern statt. Hier hatte auch Varnhagen Gelegenheit, *De l'Allemagne*, dessen Informationsgehalt wiederum aus Salons in Berlin und Wien angereichert worden war, noch vor dem Erscheinen zu lesen.[174] Eine vergleichbare literaturvermittelnde Rolle hatte in Paris zuvor schon der Salon der Karoline von Humboldt gespielt, den diese im Winter 1797 eröffnet hatte und der mit einer Unterbrechung bis zum Frühjahr 1801 bestand. Dieser Salon war "in der Tat", wie sie Rahel schrieb, "ein Point de ralliement, ein Vereinigungspunkt, in dem sich beste Köpfe aus Frankreichs Kunst und Wissenschaft mit namhaften Deutschen und anderen Ausländern, die Paris besuchten"[175], trafen.

Nach der zeitweiligen vehementen antinapoleonischen Parteinahme konnte in Wien auch der Pichler-Salon wieder als Vermittlungsort der jüngsten französischen Literatur gelten und gleichzeitig die Kenntnisnahme deutschsprachiger Autoren in Frankreich fördern. Dies war vor allem Verdienst eines Diplomaten, des zweiten Sekretärs an der französischen Botschaft in Wien, Eduard de Lagrange. Er kam, wie es in den *Denkwürdigkeiten* heißt, "sehr oft zu uns, er kannte die ganze neue Literatur seines und unseres Vaterlandes, war selbst Schriftsteller, und so gefällig, uns immer mit den neuesten Erscheinungen in beiden Literaturen zu versorgen (...)."[176] Von diesem Habitué erschienen in Frankreich Übersetzungen der Werke Karoline Pichlers: *Les Suédois à Prague* und *La Délivrance de Bude*, aber auch *Pensées extraites de Jean-Paul Richter* (Paris 1829, 2. Auflage Paris 1836). Was die Dichtung Italiens betrifft, so lernte der Pichler-Zirkel über den italienischen Besucher H.B. Bolza, Philologe und gleichfalls Schriftsteller, "die besten neuesten Erscheinungen dieses Landes kennen"[177]. Als mögliche Vermittlungsinstanz für deutsche Literatur preist schließlich auch Rahel Levin Varnhagen den zweiten Salon ihrem französischen Freund Custine an, welcher ihr wiederum zu einer Informationsquelle für französischen Literaturtendenzen geworden war:

> Mir ist während dem Schreiben (über Literatur - PS) klar geworden, daß ein Aufenthalt in Berlin Ihnen von unendlichem Nutzen werden könnte: eine reiche, doch neue Literatur auf die leichteste geselligste Weise mitgetheilt - und versteht sich auch ein neues Leben - grad in meinem Hause.[178]

Einige Jahre zuvor hatte die Salondame bei ihrer Einladung an Esther Domeier in London ähnlich argumentiert: "Kommen Sie nicht umsonst über's Meer! (...) Bringen Sie Lord Byron und Sir Walter Scott bessere Nachrichten von uns mit."[179] Sie erhofft, daß

174 Siehe Kraft: Jochmann und sein Kreis, S. 31.
175 Zit. nach Scurla: Rahel Varnhagen, S. 95.
176 Pichler: Denkwürdigkeiten II, S. 225-226.
177 Ebd., S. 297.
178 Rahel Varnhagen an Astolphe Custine, Berlin, 30.-31. Okt. 1829, in: Rahel-Bibliothek IX, S. 779-783, S. 783.
179 Rahel Varnhagen an Mad. Domeier in London, Berlin, 9. Apr. 1821, in: Buch des Andenkens III, S. 36-39, S. 37.

durch diesen Besuch eine "Staël" - im Sinne einer Informantin über die deutschen literarischen Verhältnisse - für England entstünde: "Denn ich sehe ja Ihr Werk über Deutschland schon!"[180]

2. Die angedeutete Disponiertheit der Salons für die hier nur in gröbsten Zügen angedeutete Funktion, verschiedene Literaturen miteinander vertraut zu machen, hatte immer wieder eine rege Übersetzertätigkeit von Salonfrauen zur Folge, wodurch aus dem Salon heraus vor allem in der Zeit nach 1815 einzelnen fremdsprachigen Autoren eine über den personalen Umgang hinausreichende Distribution und Wirkung ihrer Literaturerzeugnisse verschafft wurde. Heine hat "seiner" Berliner Salondame Elise von Hohenhausen in der *Harzreise* eben als exzellenter Übersetzerin ein Denkmal gestiftet, wenn der Erzähler einer jüngeren Dame auf dem Brocken, "die kein Englisch verstand" und gern die Gedichte Byrons verstehen wollte, "die Übersetzungen meiner schönen, geistreichen Landsmännin, der Baronin Elise von Hohenhausen" empfiehlt[181]. In seinen *Briefen aus Berlin*, hatte Heine ebenfalls hohe Erwartungen auf entstehende Übersetzungsarbeiten dieser Salondame, die ihn auf Scott aufmerksam gemacht hatte, öffentlich geweckt:

> Frau von Hohenhausen ist jetzt mit der Übersetzung des Scottischen Ivanhoe beschäftigt, und von der trefflichen Übersetzerin Byrons können wir auch eine treffliche Übersetzung Scotts erwarten. Ich glaube sogar, daß diese noch vorzüglicher ausfallen wird, da in dem sanften, für reine Ideale empfänglichen Gemüte der schönen Frau die frömmig-heitern, unverzerrten Gestalten des freundlichen Scotten sich weit klarer abspiegeln werden, als die düstern Höllenbilder des mürrischen, herzkranken Engländers.[182]

Von den verschiedenen Übersetzungen Amalie von Helvigs zur Zeit der Anwesenheit Malla Silfverstolpes in deren Salon wird die Übersetzung der *Frithiofs-Sage* von Silfverstolpe in ihrem *Romantischen Deutschland* hervorgehoben, eine Übersetzung der Versdichtung von Esaias Tegnér (1825) die, wie Malla Silfverstolpes Tagebucheintragung vom 28.2.1826 festhält, aus einer gemeinsamen Lektüre im Salon, bei der neben anderen Bettina von Arnim, aber auch Karl Lachmann anwesend waren, hervorgegangen sei.[183]

Ohne auf die verschiedenen Übersetzungen, die im Salon und auf dem Hintergrund des Salons entstanden, ausführlicher einzugehen, seien doch die beiden Salondamen auch als Übersetzerinnen genannt, deren Relevanz für die Berliner Salonkultur unbestritten ist. Während die polyglotte Henriette Herz englische Reiseberichte (Mungo Parks *Reisen in das Innere Afrikas in den Jahren 1795 - 1797*, 1799, und Isaac Welds *Reise in die Vereinigten Staaten von Nordamerika*, 1800) ins Deutsche übertrug, zielten Rahels Übersetzungen darauf, *ihren* Repräsentanten deutscher Literatur in fremder Sprache zu sehen: Es sind Goethe-Gedichte, die sie ins Französische überträgt. Dies hängt nicht nur mit ihren Sprachkompetenzen zusammen, es ist auch die den *Tasso*-Aufsatz leitende Absicht, eine Anerkennung deutscher Literatur gerade bei der französischen Nation durchzusetzen, was sie zu diesen Übersetzungen anregt. (Auch Rahels Vorhaben, Tiecks

180 Ebd.
181 Heinrich Heine: Die Harzreise, in: H.H.: Sämtliche Schriften, Bd. 5, S. 101-166, S. 145.
182 Heine: Briefe aus Berlin, ebd., Bd. 2, S. 7-68, S. 34-35.
183 Silfverstolpe: Romantisches Deutschland, S. 209-210.

Fragment *Der Aufruhr in den Cevennen* - das bereits vom literarischen Sujet her Anlaß bot, Tieck in Frankreich zu publizieren - in einer französischen Ausgabe "mit dem deutschen Buche zu gleicher Zeit" erscheinen zu lassen, ist in diesem Zusammenhang zu erwähnen.[184])

Von Charlotte Alberus sind 23 von Rahel übertragene Gedichte Goethes aus deren Tagebuch E veröffentlicht worden, die der Salondame auch an anderen Stellen geäußerte Textpräferenzen widerspiegeln. Ihre Übersetzungskünste allerdings enttäuschen. Dies mag mit dem gewählten Gegenstand zusammenhängen: Daß es gerade der bewunderte und sakrosankte Goethe war, von dem sie Werke in französischer Sprache sehen wollte, verhinderte jede Souveränität gegenüber seinen Texten und führte zu einer sklavischen Texttreue als Übersetzungskonzeption und damit zu einem notwendigen Verlust poetischer Qualitäten. Nicht einmal Karl August Varnhagen hat diese Gedichte in seine Veröffentlichungen von Rahel-Texten aufgenommen - das deutliche Eingeständnis eines Fehlschlags, Goethe den Franzosen näherzubringen.[185]

Bei der gemeinsamen Lektüre der *Frithiof-Sage*, die der Übersetzungsarbeit der Salondame Helvig an diesem Werk voranging, erschien am Rande der Szene bereits mit Lachmann ein Vertreter jener jungen wissenschaftlichen Disziplin, die sich als neue Instanz des Umgangs mit Literatur aufbaute und jenen der Salons als außerwissenschaftlichen skeptisch zu betrachten begann. Lachmann ist es, der in diesem kosmopolitischen Salon, in dem auch andere ihre Übersetzungen zur Disposition stellten, zum Richter über die Übersetzung aufgerufen wird und der diese, notabene möchte man hinzufügen, ablehnt:

> Dann abends bei Helvigs. Lachmann kam, nun wurde die Prüfung von Amaliens Frithjofübersetzung beendet, und er machte keinen Hehl daraus, daß er sie nicht ganz treu, nicht ganz gut finde. Wunderlich, da er sie doch zuvor Wort für Wort geprüft und gut geheißen hatte.[186]

Diese Episode kann man als weiteres Indiz für den zu dieser Zeit drohenden allmählichen Funktionsverlust der Salons durch die fortschreitende Spezialisierung und Professionalisierung der Beschäftigung mit Literatur bzw. mit Literaturen nehmen. Daß damit auch der Aneignung fremder Literatur in den Salons an Selbstverständlichkeit genommen wird, diese Literatur jetzt noch deutlicher in ihrer Alterität erscheint, ist eine These, deren Verifizierung - da dies einen Prozeß beschreibt, der über unseren Zeitraum hinausreicht - hier nicht mehr zu leisten ist.

---

184 Rahel an Tieck, Berlin, 8. Sept. 1824, in: Rahel-Bibliothek IX, S. 667-669, S. 667.

185 Abgedruckt als Anhang von: Charlotte Albarus: Rahel Varnhagens Goethe-Erlebnis, Diss. Jena, Jena 1930, S. 67-82, wieder veröffentlicht in: Rahel-Bibliothek IX, S. 907-925.

186 Silfverstolpe: Romantische Deutschland, S. 211.

6. *Der Literarische Salon als Publikumsformation und Kritikinstanz*

> Ja, ein junger Dichter, der auf einer Reise von Berlin nach Göttingen in der ersten Mainacht am Brocken vorbeiritt, bemerkte sogar, wie einige belletristische Damen auf einer Bergecke ihre ästhetische Teegesellschaft hielten, sich gemütlich die *Abendzeitung* vorlasen; ihre poetischen Ziegenböckchen, die meckernd den Teetisch umhüpften, als Universalgenies priesen und über alle Erscheinungen in der deutschen Literatur ihr Endurteil fällten; doch als sie auch auf den *Ratcliff* und *Almansor* gerieten und dem Verfasser alle Frömmigkeit und Christlichkeit absprachen, da sträubte sich das Haar des jungen Mannes, Entsetzen ergriff ihn - ich gab dem Pferde die Sporen und jagte vorüber.
> (Heinrich Heine: *Die Harzreise*)

6.1 *Literaturaneignung im Salon*

6.1.1 *Einleitung*

Wenn Habermas den Salon unter die Institutionen der modernen Öffentlichkeit subsumiert, sieht er in ihm in erster Linie einen zentralen gesellschaftlichen Ort für "Adressaten, Konsumenten und Kritiker der Kunst und Literatur"[1], die sich hier als räsonnierendes Publikum konstituieren konnten. Da Habermas primär den vorrevolutionären Salon Frankreichs im Auge hat, bei dem andere Handlungsmuster und -motive vorliegen als für die Salons des deutschsprachigen Raumes um 1800, da Habermas vor allem aber sein Forschungsinteresse auf Veränderungen in den Öffentlichkeitsstrukturen konzentriert, spart er notwendigerweise die Tatsache aus, daß es neben der rezeptiv-kritischen auch andere salonrelevante literarische Handlungsweisen gibt.

Für eine notwendige Differenzierung der verschiedenen Handlungsrollen, die beim Zusammentritt der "Privatleute" zum Publikum zur Disposition stehen, bietet die "Theorie der kommunikativen Handlungsrollen in literarischer Kommunikation", wie sie S.J. Schmidt in seinem *Grundriß der Empirischen Literaturwissenschaft*[2] vorgelegt hat, erwägenswerte Vorschläge. Schmidt beharrt bei den literarischen Rezeptionshandlungen

---

1 Habermas: Strukturwandel, S. 46. Die angesprochenen handlungskombinatorischen Möglichkeiten, die der Salon bot, die Option auf literarischen Rollenwechsel, die er offenhielt, hatten uns bereits bei der Skizzierung der literaturproduzierenden und -vermittelnden Tätigkeit des Salons sporadisch die literaturrezeptive mitthematisieren lassen. Wenn also im folgenden jener bei Habermas dominante Aspekt der Publikumsbildung noch einmal expliziert werden soll, wird ein Rückbezug auf bereits Ausgedeutetes an manchen Punkten unvermeidbar sein.

2 Siegfried J. Schmidt: Grundriß der Empirischen Literaturwissenschaft, Teilband 1: Der gesellschaftliche Handlungsbereich Literatur, Braunschweig/Wiesbaden 1980 (Konzeption empirische Literaturwissenschaft, Bd. 1).

auf einer Trennung von "Rezeptions-" und "Verarbeitungsakten". Die Relation zwischen Rezeption und Verarbeitung wird dabei zugleich als eine kausale gesehen: Rezeption geht nicht nur zeitlich der Verarbeitung voraus, diese ist nur möglich, *weil* ein rezeptiver Akt stattgefunden hat.[3] Als Konsekution literarischer Kommunikation wird im *Grundriß* dementsprechend festgehalten, "daß *normalerweise* die Produktion eines Literarischen Kommunikats seiner Vermittlung, Rezeption und Verarbeitung vorangeht, während die Vermittlung und Rezeption der Verarbeitung vorangehen"[4]. Was als "Normalfall" gesetzt wird, ist zu erschließen. Gemeint ist damit offensichtlich die literarische Kommunikation als "Massenkommunikation", welche die Komplexierung des Literatursystems und die Institutionalisierung einer arbeitsteiligen literarischen Praxis zur Voraussetzung hat. Wo und weil der Salon gegen diese Entwicklung praktisch opponierte, konnte, wie wir angedeutet haben, die zeitliche Konsekution der Handlungskomponenten in einen Simultanakt überführt werden. Ist also auch die Annahme Schmidts von diesem historischen Beispiel her zu relativieren, so verdient doch eine weitere Feststellung Schmidts zur kausalen Beziehung der Handlungskomponenten in literarischer Kommunikation Beachtung, weil sie gerade am Salon historisch zu konkretisieren und zu bestätigen zu sein scheint:

> Allerdings ergibt eine Untersuchung der kausalen Relationen, daß man unterscheiden muß zwischen obligatorischen und fakultativen Elementen Literarischer Kommunikation; denn im Normalfall kommen zwar alle vier Komponenten in der o.g. zeitlichen und kausalen Relation vor; aber kausal gesehen sind nur Produktion und Rezeption obligatorische Komponenten, ohne die Literarische Kommunikation überhaupt nicht zustande kommt, während durchaus Prozesse Literarischer Kommunikation ohne Vermittlung und Verarbeitung denkbar und möglich sind.[5]

Während die literarische Rezeptionshandlung bei Schmidt jene kognitiven Prozesse umfaßt, in deren Verlauf "solche sprachlichen Kommunikate" - in bestimmten Situationen, unter bestimmten Voraussetzungssystemen und gemäß spezifischer Rezeptionsstrategien - "in das Bewußtsein derjenigen Kommunikationsteilnehmer aufgenommen werden, die diese Kommunikate für Literarische Kommunikate halten"[6], besteht die Besonderheit der literarischen Verarbeitung als eines eigenen Typus sozialer Handlungen darin, "daß als 'Output' solcher Handlungen Texte resultieren, die in einer angebbaren Relation zum Kommunikat stehen müssen"[7], also jeweils ein "Resultattext" Ergebnis sein muß. Der "Resultattext" bildet, während sich die Rezeption der Intersubjektivität und der Überprüfbarkeit (noch) entzieht, das die Verarbeitungsoperationen fixierende Ergebnis, welches damit zugleich den (noch) einzigen empirischen Zugang zur Rezeption selbst bietet. Als Verarbeitungsoperationen werden nur bestimmte, genauer umrissene Handlungen akzeptiert: Textumsetzungen (bzw. in der Terminologie der "Empirischen Literaturwissenschaft": Umsetzung von Literarischen Kommunikaten), wie sie bei Vermittlungsakten des Literarischen Salons - von der Translation bis zum "Lebenden Bild" - greifbar werden und die zugleich Resultat

3 Ebd., S. 175.
4 Ebd.
5 Ebd.
6 Ebd., S. 266.
7 Ebd., S. 275.

von Auseinandersetzung mit Texten sind, bliebe demnach die Einordnung als literarische Verarbeitungshandlung versagt. Wenn also im folgenden bei der Beschreibung des Salons als Publikumsformation die Aufteilung der Handlungsrollen (nach S.J. Schmidt) beachtet werden soll, scheint eine Ausweitung der vorgeschlagenen Typisierung der Verarbeitung ebenso erforderlich wie das Aufgeben eines konstitutiven "Resultattextes" bzw. dessen Umdefinition zu einem material so nicht festlegbaren Ergebnis.

Die Beachtung der von Schmidt geforderten Unterscheidung zwischen literaturrezeptivem und -verarbeitendem Handeln kann sich dann als durchaus operabel und nützlich im Sinne einer präziseren Beschreibung der Handlungsabläufe in der Publikumsformation "Salon" erweisen. Daran ändert auch nichts, daß sich im Salon rezeptive und verarbeitende Operationen in außergewöhnlicher Weise annähern und durchdringen können. So wie Goethes Calderón-Lesung im Schopenhauer-Zirkel verschiedene Handlungsmomente kombinierte, erleichterte es die Rezeptionssituation im Salon immer wieder, aus der rezeptiven Haltung auszubrechen und in die Verarbeitungstätigkeit einzusteigen - und sei es nur durch die Kondensierung des Gehörten/Gelesenen zum aphoristischen Einwurf. Wie textverarbeitende Aktivitäten des Salons, wenn sie einen vermittelnden Aspekt hatten, bereits bei der Behandlung des Salons als distributiver Formation von uns thematisiert sein konnten, so werden im folgenden literarische Handlungsmomente erneut erwähnt werden müssen, die bereits unter literaturdistributive Prozesse aufgelistet sind. Die selektierende und skalierende Literaturkritik (im *Grundriß der Empirischen Literaturwissenschaft* zur Verarbeitung zählend) kann für den Salon beide Handlungsaspekte besitzen; argumentieren wir historisch, kann im Salon als möglichem Realisationsort z.B. (früh-)romantischer literaturkritischer Theoreme, soweit diese Theoreme Kritik als "Poesie" zu rezipieren fordern, kritische Tätigkeit darüber hinaus zur literarisch-produktiven werden. Wenn Literaturkritik des Salons im vorhergehenden Kapitel nicht als literaturdistributiver Akt eingeführt und analysiert wurde, dann aus zwei - miteinander verschränkten - Gründen: Kritik im Salon erweist sich nicht als primär oder gar ausschließlich ausgerichtet auf die Weitervermittlung von Literatur, und: das Publikum erhält und behält im Salon die Gelegenheit, selbst als Kritiker aufzutreten.

6.1.2 Publikumsbildung und Literaturrezeption

1. Um zu rekapitulieren: Die Literarischen Salons im deutschsprachigen Raum, d.h. wesentlich in den urban-kulturellen Zentren Berlin und Wien, formierten sich zu einem Zeitpunkt, als die aufklärerischen Lesegesellschaften als erste Publikums"kollektive" eines auf politische, kulturelle und soziale Mündigkeit dringenden Bürgertums ihren Niedergang erlebten oder zumindest einem Funktions- und Strukturwandel unterworfen wurden. Im Gegensatz zu diesen auf bürgerliche Emanzipation angelegten Lesegesellschaften realisierten die Salons, indem sie das Ideal überständischer Kommunikation verbindlich machten, eine größere soziale Offenheit, die nicht aber auf Befreiung einzelner sozialer Gruppen aus ihrer Isolation, sondern auf die Integration von Individuen aus unterschiedlichen Gruppen in neue Kommunikationszusammenhänge zielte, Eingeständnis auch der sich nach 1789/1793 verbreitenden Desillusionierung, was

die gesamtgesellschaftliche Einlösbarkeit des aufklärerisch vorgetragenen neuen Menschenbildes betrifft. Mit der Heterogenisierung der personellen Zusammensetzung, die eine Öffnung nach "oben" bedeutete, indem eine Reintegration von Angehörigen der alten sozialen Elite in eine Publikumsinstitution stattfand, war die beschriebene Mehrfunktionalität des Salons verbunden. Um es zu überspitzen: Man pflegte nicht mehr soziale Kontakte, um zu lesen, sondern man las, um gesellige Kontakte und geselligen Genuß zu realisieren. Bereits von daher sind bei den Publikumsformationen "Lesegesellschaft" und "Salon" unterschiedliche Rezeptionsmotive und -strategien zu vermuten.

Als weiterer Unterschied zwischen beiden Organisationsformen von Publikum ist eine Ausdifferenzierung der Voraussetzungen für die Rezeption von Literatur im Salon zu nennen. Diese Unterschiedlichkeit ist in direktem Zusammenhang mit der sozialen Heterogenisierung der Beteiligten zu sehen. Das Problem der Voraussetzungsdifferenzen, das eine, die Literaturproduzenten verunsichernde, für die Literaturgesellschaft insgesamt feststellbare Desintegration des Publikums um 1800 widerspiegelt, konnte durch den Salon zwar nicht gelöst werden, aber bestimmte "Handlungsbedingungen" (S.J. Schmidt) wurden in ihrer Bedeutung für den Rezeptionsvorgang (wie an verschiedenen Stellen von uns beschrieben) zurückgedrängt.

Den äußerst heterogenen "Handlungsbedingungen" der einzelnen Salonteilnehmer steuerte auch die Rezeptionssituation im Salon selbst entgegen. In dieser gewann die Konsumtion von Literatur - auch wenn der Rezeptionsakt ein individueller bleiben mußte - eine Tendenz zur Kollektivität. Diese konnte - auch als soziale Kontrolle - Rezeptionsgewohnheiten, wie sie sich z.B. im identifikatorischen, einsamen Lesen ausgebildet hatten, zumindest modifizieren. Als herausragende vereinheitlichende Konditionierung dieser Aneignung von Literatur im Salon wurde weiter oben herausgestellt, daß sich in dieser Formation das heterogene Publikum als ein von gesellschaftlichen Zuordnungen situativ befreites zusammmenfand. "Ein angenehmes, jeden Tag zahlreichen Gästen aus allen Klassen offenes Haus, (...) die Verbindung adlicher Ansprüche und Sitte mit bürgerlicher, ja nicht einmal bürgerlicher, sondern ganz ausnahmsartiger Stellung"[8], so charakterisiert Varnhagen den Salon der Fanny von Arnstein und beschreibt damit zugleich wichtige Elemente der salonspezifischen Rezeptionssituation, durch die die Erosion ständischer Rezeptionshaltungen insgesamt gefördert wurde.

2. Wie läßt sich, um auf die zitierten Lesegesellschaften noch einmal zurückzukommen, diese unter solchen Bedingungen zum literarischen Publikum gewordene Gruppierung mit Publikumskonzeptionen vergleichen, wie sie in der Aufklärung entwickelt und propagiert wurden? Wie schließlich sahen sich die Salon-Gruppierungen selbst im Verhältnis zu anderen Segmenten des literarischen Publikums? Noch im Einklang mit aufklärerischen Positionen erweist sich dabei zweifellos die in der Organisationsstruktur der Salons mit ihrem kooptativen Prinzip intendierte prinzipielle Unabgeschlossenheit des Publikums, wobei der Salon, wie hinlänglich nachgewiesen

8 Varnhagen: Fanny von Arnstein, in: ders.: Denkwürdigkeiten, Bd. 4, S. 406-416, S. 410.

durch die Einbeziehung von Frauen einen entscheidenden Schritt über Aufklärungskonzeptionen hinausging. Andererseits ist der Schritt in die Öffentlichkeit bzw. die Konstituierung von Öffentlichkeit über die Publikumsbildung abgebremst durch die Aufwertung des halböffentlich-privaten Bereichs als publikumsbildendes Feld. Damit kann sich eine Lockerung der Verbindung zum "großen" Publikum, eine Abkoppelung von anderen Publikumssegmenten, ergeben, die sich legitimiert durch eine hohe Selbsteinschätzung und ein Bewußtsein von einer besonderen literaturrezeptiven Kompetenz, wobei sowohl die Nähe zur Literaturproduktion als auch - da mit den sozialen Feldern auch die Bildungsvoraussetzungen verdeckt bleiben - eine spezifische rezeptive Begabung der zum Salon zusammengetretenen Individuen zur Rezeption veranschlagt werden kann. Bei Rahel Levin Varnhagen steigert sich die Ansicht von ihrer rezeptiven Begabung zur Behauptung einer Kongenialität in der Literaturaneignung mit den Literaturproduzenten: "Auch mich hat Apollo berührt: ich verstehe die Begabten."[9] Die Publikumskonstellation, wie sie der Salon hervorbringt, muß sich von ihren sozialen Komponenten *und* ihrem Kompetenzerwerb her einmal gegen das, wie Engelsing es nennt, "Spezialpublikum der Sachkundigen"[10] wenden. Er baut aber zugleich einen Abstand zu dem uneinheitlichen und anonymen Massenpublikum aus, wie es nach Langenbucher erstmals bei der Rezeption von Goethes *Werther* (1774) in Erscheinung trat[11].

Rahels Auffassungen vom "Publikum" sind ein Indiz für die Relation zwischen Salon und anderen Rezipientengruppen. In dem bereits zitierten Brief an Frau Domeier in London begreift sie "Publikum" noch wertneutral als die Gruppe der Nichtautoren, der Leser. Und nur im Vergleich mit den Literaturproduzenten erfährt das Publikum eine gewisse Wertminderung:

> Was sagen Sie dazu, daß ich mich zum Publikum schlage? da *alles* sich adelt? da ich fest Volk bleibe; immer nur Leser und nie schreibe?[12]

Wo sich Rahel aber unmittelbar mit dem Publikum konfrontiert sieht und es ihr als "Massenpublikum" gegenübertritt, sie dabei an dessen spontanen Reaktionen auf das gehörte oder gesehene Werk der Dichtung Geschmack und Urteilsvermögen überprüfen kann, macht sie aus ihrer Distanz keinen Hehl. Das Theater als Ort des Zusammentreffens mit anderen Publikumsgruppen ist es vor allem, was ihre diesbezüglichen Ansichten prägt. Wenn auch kein *sozialer* Elitarismus wie bei Kotzebue durchschlägt (sondern eher einer der kritischen Kompetenz), so lassen die Berliner Theaterzuschauer doch auch bei ihr eine Publikumseuphorie aufklärerischer Provenienz nicht mehr zu:

---

9 Rahel an Sophie Schröder in Berlin, Frankfurt, den 31. Okt. 1817, in: Buch des Andenkens II, S. 493-496, S. 493-494.

10 Engelsing: Der Bürger als Leser, S. 298-299.

11 Wolfgang R. Langenbucher: Das Publikum im literarischen Leben des 19. Jahrhunderts, in: Der Leser als Teil des literarischen Lebens. Eine Vortragsreihe mit Marion Beaujean, Hans Norbert Fügen, Wolfgang R. Langenbucher, Wolfgang Strauß, Bonn 2. Aufl. 1972 (Forschungsstelle für Buchwissenschaft an der Universität Bonn, Kleine Schriften 8), S. 52-54, S. 59.

12 Brief Rahels an Mad. Domeier in London, Berlin, den 9. Apr. 1821, in: Buch des Andenkens III, S. 37-39, S. 37.

> Ich sehe manche - Menschen und Gesellschaft. Das Theater gar nicht, zu enge Luft, zu schlechte Stücke, zu grobe Schauspieler - zu deutsch im Schlechten - zu uninteressant das Publikum.[13]

Ihr kritisches Verhältnis zu dieser Publikumsgruppe bringt sie vor allem in Briefen an ihren Bruder Ludwig, der seine Schauspiele auf Berliner Bühnen inszeniert sehen will, zur Sprache: "Alle Orte sind dazu geeignet, ihrem Publikum neue Scherze in einem süßen Pülverchen beizubringen: nur Berlinchen nicht (...)."[14] Aber auch ihre Erfahrungen an den anderen Orten scheinen wenig dazu angetan, die Ressentiments gegenüber dem Publikum abzubauen. Als sie z.B. aus Prag der Freundin und Schauspielerin Auguste Brede das Können einer anderen Schauspielerin beschreibt, fügt sie abschätzig gegenüber der Aufnahmekompetenz der Zuschauer hinzu: "Publikümchen wußte von allem nicht; applaudierte, rief heraus; dafür ist's nicht bezahlt, aber es bezahlt."[15] So wird es zu einem entscheidenden theaterkritischen Lob der Salondame, festzustellen, daß ein Künstler "nicht vom Parterre (erfüllt)" sei.[16] Noch gegen Lebensende hält sie an ihrer Kritik am allgemeinen Publikum fest und äußert sich spöttisch über das, was "grade das (...) Publikümchen (entzückt)".[17]

Beim Blick aus dem Salon auf das "andere" Publikum hat die Berliner Salondame ein besonderes Sensorium entwickelt, das Reaktionsrepertoire dieser von ihrer Gruppe unterschiedenen Rezipienten taxieren zu können. Nicht nur der Schauspieler in Berlin wisse in der Regel nur Angelerntes wiederzugeben, auch das Publikum reagiere nur mehr "angelernt", stereotyp als Anzeichen eines defizitären Rezeptions- und Urteilsvermögens:

> Vorgestern sah ich Alceste, auch nur stärkere Bestätigung alles Alten über unser Berliner Theater. (...) Sänger vom Berliner Publikum gebildet. Das Publikum hat sich eine Art Beifall für Gluck auswendig gelernt, welchen zu wiederholen es keineswegs unterläßt, aber doch endlich nur sehr lässig bezeigen kann (...).[18]

Um so erfreuter scheint Rahel zu sein, wenn dieses "Publikümchen" einmal nicht versagt, sondern - nach dem Beifall zu schließen - die Kunst der Vorstellung "verstanden" hat und entsprechend reagiert:

> Er (der Schauspieler Eßlair - PS) wurde den Abend sehr beklatscht und herausgerufen, und es war jenes Klatschen in der Luft, welches ganz allein nach gutem Spiel erfolgt und nicht von der Menge der Hände abhängt. Vorgestern spielte er Rolla bei leerem Hause, (...) und die *Rolle*, sage *ich*, lieferte ihm nicht jene Momente, in denen er *mir* völligen Beifall ablocken konnte, Er wurde wieder herausgerufen.

---

13 Rahel an Bokelmann in Cadix, Berlin, den 2. Jul. 1801, in: Rahel Levin Varnhagen: Aus Rahel's Herzensleben. Briefe und Tagebuchblätter. Hrsg. von Ludmilla Assing, Leipzig 1877 (Rahel-Bibliothek VIII), S. 157-161, S. 161.

14 Rahel an Ludwig Robert, Berlin, den 1. Nov. 1821, in: Rahel-Bibliothek, IX, S. 627-628, S. 627.

15 Rahel an Auguste Brede in Frankfurt/M., Prag, den 10. Mai 1814, in: Buch des Andenkens II, S. 211-215, S. 214.

16 Rahel an Ludwig Robert in Karlsruhe, Berlin, den 31. Mai 1821, in: Rahel Levin Varnhagen: Rahels Theater-Urtheile, in: K.A. Varnhagen: Denkwürdigkeiten, Bd. 8, S. 764-820, S. 803-805, S. 803.

17 Rahel an Ludwig Robert in Baden, Berlin, den 21. Jun. 1832, in: Rahels Theater-Urtheile, S. 818-820, S. 819.

18 Tagebucheintragung Rahels, 19. Febr. 1820, in: Buch des Andenkens III, S. 15-16, S. 15.

> Uebrigens habe ich das Publikum *noch nie* gerechter gefunden; wo sie konnten, ehrten sie den fremden Künstler; wo sie wußten, zeigten sie ihren völligsten Beifall unbefangen gern, und wahrlich sie schienen's beide Abende auch ganz zu verstehen.[19]

Aber auch in diesem seltenen Lob bleibt Rahels Distanz zum breiten Publikum eingeschrieben, da Eßlair nur von einer kleinen Gruppe überhaupt rezipiert wird, während der große unverständige Rest erst gar nicht im Theater erschienen ist.

Als Rahel während ihres Aufenthaltes in Frankfurt erfuhr, daß die Schauspielerin Sophie Schröder eine erste Gastrolle in Berlin übernehmen sollte, wies sie diese brieflich darauf hin, daß das durchschnittliche Berliner Publikum Schröders Kunst nicht begreifen werde. Sie äußert die Befürchtung, daß die Schauspielerin "gar - Gott behüte und bewahre! - sich darnach richten" werde.[20] Rahel empfindet ihre Abwesenheit von Berlin, d.h. auch das Unterbrechen ihrer Salongeselligkeit, als fatal für das Auftreten der Künstlerin und macht damit zugleich die Rezeptionsleistung deutlich, die sie sich und ihrem "Haus" zuerkennt:

> (...) diese Zeilen können Ihnen mein Bedauern, daß ich nicht zu Hause bin Sie zu empfangen, nicht ausdrücken! Ich habe den wahnsinnig-eitlen Gedanken, daß in der weiten gebildeten Stadt doch keiner sich findet, der so durchdrungen sein kann von dem, was Sie zu leisten vermögen, es auffassen kann wie ich, was *Sie sind*; und der auch das anscheinend minder gelungene so zu stellen und zu deuten weiß! Ich möchte Sie empfangen, beherbergen: Ihnen jede materielle Sorge und Besorgung abnehmen; ich möchte Sie applaudieren; mit einem Wort, ich die Ceremonien-Fürstin der Stadt nur eine Weile sein, wie ich es jedesmal mit Leidenschaft wünsche, wenn ein Künstler in ihren Mauern ist[21].

Indem Rahel sich und ihr "Haus" als Publikum präsentiert, soll - wir werden darauf zurückkommen - dem Zwang des Künstlers, sich dem Geschmack und dem Bedürfnis des anonymen, von Rahel geringgeschätzten Massenpublikums ausliefern und seine Kunst verkrüppeln zu müssen, entgegengewirkt werden. Das bloße Wissen des Künstlers um die Existenz einer solchen Rezipientengruppe (neben dem allgemeinen Publikum) muß sich nach Rahel bereits positiv auf das Kunstniveau auswirken.

6.1.3 Literaturkritik und -verarbeitung im Literarischen Salon

1. John Ormrod, der die bisherige Lesegesellschaftsforschung, welche sich fast ausschließlich mit Struktur, Funktion und Verarbeitung dieser Organisationsform Literarischen Lebens zwischen 1770 und 1800 beschäftigte, historisch auszuweiten verlangt und die These vom abrupten Niedergang der Lesegesellschaft als Institution nach 1800 korrigiert sehen möchte, beschreibt die Praxis der Literaturaneignung in diesen Gesellschaften nach der Jahrhundertwende als weitgehend individualisierte, ja, in der Regel durch Statuten auf einen individuellen Rezeptionsakt reduzierte:

---

19 Rahel an Ludwig Robert in Posen, Berlin, den 8. Aug. 1812, in: Buch des Andenkens II, S. 60-64, S. 63-64.

20 Rahel an Sophie Schröder in Berlin, Frankfurt, den 31. Okt. 1817, in: Rahel-Bibliothek, Bd. 2, S. 493-496, S. 495.

21 Ebd., S. 493.

> Das Verhalten der Mitglieder im Lesezimmer wurde durch genaue Bestimmungen geregelt: Das Rauchen, sowie die Einnahme von Erfrischungen war generell verboten, und es durfte vor allem 'nicht laut gesprochen werden'. 'Um denjenigen, der sich hierin etwa vergessen und dadurch Störung veranlassen sollte', an die Silentium-Regel zu erinnern, so das Statut des Münchener 'Museums' (Münchener Lesegesellschaft - PS), 'ist auf der Tafel des Lesezimmers zu eines Jeden Gebrauch eine Glocke befindlich'.[22]

Von einer Tendenz zur Kollektivierung der Lektüre läßt sich folglich nicht sprechen; gemeinsame Verarbeitungsprozesse werden geradezu unterbunden. Daß diese Verweigerung geselliger literarischer Verständigung durchaus kollidieren konnte mit tatsächlichen Rezeptionsinteressen, wird nicht nur dokumentiert durch die entsprechenden Negativregeln, sondern auch durch Nachrichten, denen zufolge es zumindest beim Wechseln des Lektürestoffes verstohlen zu kurzen Bemerkungen über die rezipierte Literatur kam.[23] Aus ihrer defizitären Situation in Prag während des antinapoleonischen Krieges kam Rahel dagegen zu einer Bestimmung von Literatur, die gerade deren kommunikative Aspekte hervorhob:

> Schon sehr oft (..) dachte ich daran, daß die Litteratur bei euch schmachten würde; und besorgte es; mir geht's ja ebenso, wenn Marwitz, Varnhagen und solche nicht da sind: die ganze Litteratur ist eine Mittheilung in's Große getrieben.[24]

Als der Literatur unangemessen verstanden wird damit auch deren Aneignung, die nicht auf einen Dialog zielt. So legt denn auch dieser Brief die notwendige Rekonstruktion des Salons durch Rahel nahe, damit Literatur als Mitteilung wieder realisierbar wird.

Solche Verarbeitungsprozesse in Form von Literaturgesprächen zeugen um 1800 von einem gestiegenen Bedarf an gemeinsamen Verstehens- und Interpretationsbemühungen um Literatur. Ein Bedarf, der offensichtlich im sozial heterogeneren Salon deutlicher aufbrechen konnte und auf entsprechende Praxis drängte, als dies in den sozial einheitlicheren Lesegesellschaften der Fall war. Das Außerkraftsetzen des aufklärerischen literarischen Diskurses - notwendig für die Integration neuer Gruppierungen ins Literaturgespräch, wie es der Salon organisierte - legitimierte zugleich den Pluralismus der Meinungen zu einem Werk. Wenn mit der Überwindung der klassizistischen Kritik die Polyvalenz zu einem Kriterium von Texten spezifischer literarischer Beschaffenheit werden konnte, wenn diese zugleich von pragmatischer Funktionalität befreit wurden, so fand dieser Vorgang in der dialogischen Verarbeitung solcher Texte, in der verschiedenen Urteilen nicht von vorneherein Berechtigung aberkannt wurde, eine Bestätigung. Die salongesellige Literaturkommunikation ist damit kompatibel mit den neuen, seit Klassik und Romantik sich durchsetzenden Ästhetikkonventionen, wenn man nicht sogar in

22 John Ormrod: Bürgerliche Organisation und Lektüre in den literarisch-geselligen Vereinen der Restaurationsepoche, in: Zur Sozialgeschichte der deutschen Literatur von der Aufklärung bis zur Jahrhundertwende. Einzelstudien, hrsg. im Auftrag der Münchener Forschergruppe "Sozialgeschichte der deutschen Literatur 1770-1900" von Günter Häntzschel, John Ormrod, Karl N. Renner, Tübingen 1985 (Studien und Texte zur Sozialgeschichte der Literatur, Bd. 13, S. 123-149, S. 139.

23 Ebd., S. 140.

24 Rahel an M.Th. Robert in Berlin, Prag, den 11. April 1814, in: Buch des Andenkens II, S. 192-199, S. 195.

diesen literarischen Zirkeln einen wichtigen, von deren Struktur und Funktionsweisen her ableitbaren soziogenetischen Ort dieser neuen, auf Mehrdeutigkeit und Entpragmatisierung beruhenden Anerkennung eines ästhetischen Werkcharakters sehen will.

Es wäre allerdings eine Fiktion, wollte man Rezeption und Verarbeitung von Literatur im Salon als salonautonome Prozesse ausgeben. Dem widerspricht schon das Interesse der meisten Salons an aktuellen literaturtheoretischen Schriften und die Einbeziehung ihrer Verfasser in die Salonpraxis. Ähnlich verhält es sich mit dem gemeinsamen Besuch von Vorlesungen, von denen für die Berliner Salons die - auch auf die Salons als Hörerpublikum zielende - Vortragsreihe von August Wilhelm Schlegel *Über schöne Literatur und Kunst* am Beginn des ersten Jahrzehnts des 19. Jahrhunderts (1801/02) und für die Wiener jene von Friedrich Schlegel am Ende desselben Jahrzehnts wichtig wurden. Weiteres Indiz für das Interesse an salonexterner Literaturverarbeitung sind die Berichte von gemeinsamen Rezeptionen von Rezensionen, zur Abstützung von dialogisch erreichten Positionen oder zur Einführung weiterer Ansichten sowie die Erweiterung der Meinungsvielfalt zu einzelnen Texten durch das Zitieren oder Referieren von veröffentlichten Interpretationen. So verweist Malla Silfverstolpe, um ein Beispiel aus zahlreichen zu zitieren, darauf, daß im Salon Bardeleben während eines Literaturgesprächs, das sich an die Rezitation eines Theaterstücks durch dessen Autor anschloß und an dem sich unter anderem Karl August Varnhagen und Rahel sowie Bettina von Arnim beteiligten, zusätzlich eine Rezension Goethes verlesen wurde.[25] Salonfremde "Resultattexte" - um sich noch einmal des Begriffsrepertoires S. J. Schmidts zu bedienen - erhielten folglich unmittelbare Bedeutung für die salongesellige Literaturaneignung, wurden hier kollektiv selbst wieder verarbeitet. Im wesentlichen agiert der Salon in seiner ersten 1806 beendeten Phase entsprechend den nachaufklärerischen, frühromantischen Vorstellungen von Kritik, wie sie sich z.B. bei Friedrich Schlegel finden und nach Schulte-Sasse auf ein Kurzschließen der Gruppe der Künstler "mit einem gleichermaßen elitären Rezipientenkreis" hinausliefen.[26] Insofern geht es in diesen Jahren bis ca. 1806 nicht um die Präponderanz der Salonurteile in einer literarischen Öffentlichkeit, die anzuleiten und zu fördern primäres Ziel der Salons nicht sein kann, sondern um deren fortschreitende und sich ständig verbessernde Verständigung über ein und aus Anlaß eines literarischen Kunstwerks. Die bei Rahel Levin noch über diesen Zeitraum hinaus bewahrte Ansicht von ihrer der literarischen Produktion kongenialen Tätigkeit als Publikum hat eben in Schlegels *Gespräch* seine Gültigkeitserklärung gefunden, wenn es hier heißt, "so läßt sich auch eigentlich nicht reden von der Poesie als nur in Poesie"[27], womit der Kritikprozeß als unendlicher Vollendungsprozeß des Kunstwerks bestimmt ist.

---

25 Vgl. Notiz von Silfverstolpe vom 13.12., in: Romantisches Deutschland, S. 170.

26 Jochen Schulte-Sasse: Der Begriff der Literaturkritik in der Romantik, in: Geschichte der deutschen Literaturkritik (1730-1980). Hrsg. von Peter Uwe Hohendahl, Stuttgart 1985, S. 76-128, S. 79.

27 Friedrich Schlegel: Gespräch über die Poesie, S. 285.

Schulte-Sasses Feststellung: "Das kritische Potential in romantischer Kritik wird ab 1807/08 immer stärker zurückgedrängt. Diese Entwicklung war allerdings in einer Ambivalenz des frühromantischen Kritikbegriffs angelegt"[28], verweist auch auf den Verlust des Rückbezugs auf die Wirklichkeit, eines Verlusts, bei dem die Utopiefunktion gegenüber gesellschaftlichen Entwicklungen in eine kompensatorische umgewandelt ist. Daß Salons der Spätromantik und ihre Fortsetzung im Biedermeier eben jene dem gewandelten Kritikbegriff immanente Trennung von Rezeption und Reflexion mitvollziehen und den Literarischen Salon als Refugium vor gesellschaftlichen Mißständen ausstaffieren, wird später einer der Kritikpunkte am Salon werden. Diese Tendenz betrifft nicht alle Salons; in einigen bleibt das kritische Potential erhalten und in der Restaurationszeit - z.T. im Rekurs auf aufklärerische Konzeptionen der Herstellung und Anleitung von Öffentlichkeit - neu belebt. Dies gilt nicht zuletzt für den Salon Varnhagen. Kennzeichnend hierfür ist ein gewandeltes Selbstverständnis und -bewußtsein Rahels als Organisatorin von literarischer Kommunikation: Hatte sie sich in der "Dachstuben"-Zeit noch in eine Reihe mit dem "größten Künstler, Philosoph oder Dichter"[29] gestellt, so ist es 1830 in einem Brief an Gentz ihre literaturkritische Kompetenz, auf die sie sich beruft: Sie halte sich, läßt sie ihn wissen, "für einen der ersten Kritiker Deutschlands".[30]

Nach Hohendahls grundlegender Studie zu *Literaturkritik in der Epoche des Liberalismus* erscheinen die Jahre, in die auch der zweite Rahel-Salon fällt, "als eine Vorbereitungszeit, in der die neuen Formen und Verfahren von wenigen avancierten Kritikern erprobt wurden".[31] Verantwortlich gemacht für die Entstehung neuer kritischer Verfahren wird von Hohendahl, was die Veränderungen im Literaturbetrieb anbelangt, daß der Buchmarkt in den zwanziger Jahren eine weitere Expansion erfuhr, ohne daß das Lesepublikum sich entsprechend quantitativ vergrößerte. Der daraus unweigerlich folgende Verdrängungswettbewerb mußte auch das Rezensionswesen tangieren und führte zur Gründung einer Vielzahl literaturkritischer Zeitschriften: Die literarische Kommunikation hatte, so Hohendahl, "weitgehend die Form eines permanenten Kampfes"[32] angenommen, aus dem sich eben die Mehrzahl der Salons auszublenden versuchte. Andererseits stellten sie nach wie vor einen bei dem verschärften Kampf um Lesemarktanteile wichtigen Publikumsfaktor dar und fanden als solcher bei den Literaturproduzenten und Distribuenten (mit dem beschriebenen Konsequenzen für die Literaturproduktion) z.T. sogar größere Aufmerksamkeit als zuvor. Daß Rahel Levin Varnhagen dasjenige Kritikorgan, in dem mit großer Konsequenz ein neues literaturkriti

28 Schulte-Sasse: Begriff der Literaturkritik, S. 124.
29 Rahel an David Veit in Hamburg, Berlin, 16. Feb. 1805, in: Buch des Andenkens II, S. 264-267, S. 266.
30 Rahel an Gentz in Wien, Berlin, 26. Okt. 1830, in: Buch des Andenkens III, S. 456-463, S. 456.
31 Peter Uwe Hohendahl: Literaturkritik in der Epoche des Liberalismus, in: ders. (Hg.): Geschichte der deutschen Literaturkritik (1730-1980), Stuttgart 1985, S. 129-204, S. 138.
32 Ebd., S. 132.

sches Modell erprobt wurde, Börnes *Die Wage*, mit großer Zustimmung rezipierte, mag bereits die Aufgeschlossenheit für einen gewandelten Kritikbegriff bzw. für literaturkritische Beurteilung insgesamt anzeigen. Mit Börne stand sie mit einem der "wenigen avancierten" Kritiker der Jahrzehnts in persönlicher Verbindung.

An dem Einfluß, den Menzel, von Hohendahl als zweiter Kritiker genannt, durch Cottas *Morgenblatt* auf das Literarische Leben nehmen konnte, war Rahel Levin Varnhagen über die kritische Zuarbeit für ihren Bruder wenigstens mittelbar beteiligt. Die Verbindung Rahels mit Varnhagen schließlich, nach Hohendahl die dritte, die Literaturkritik des Jahrzehnts bestimmende Persönlichkeit, entwickelte sich in den zwanziger Jahren zu einer ausgesprochenen Arbeitsehe mit gemeinsamen literaturkritischen Projekten, die auch salonrelevant wurden. In anderen Berliner Salons suchte Varnhagen ebenfalls, kritische Impulse freizusetzen, der Tendenz anderer Zirkel, vorwiegend literaturkonsumptive Formationen zu werden, entgegen zu wirken. Varnhagen, berichtet Malla Silfverstolpe z.B. aus dem Salon Helvig, "ist so voll Kritik".[33] Daß dies nur als Literaturkritik im Salon gemeint war, die Varnhagens mit ihr keinerlei öffentliche Interventionsambitionen hegten, stellte sich spätestens bei der Gründung der *Jahrbücher für wissenschaftliche Kritik* durch Hegel, Gans und Varnhagen als Irrtum heraus. Die Notiz Eduard Gans' zur Entstehung der *Jahrbücher* hält zweimal einen Salon als Geburtsstätte fest und würdigt das Engagement von Rahel Levin Varnhagen beim Zustandekommen dieses Organs der Literaturkritik. So schreibt Gans in *Die Stiftung der Jahrbücher für wissenschaftliche Kritik*, er habe bei seinem Aufenthalt in Paris (1825) im Salon des Malers Gerard - auch Alexander von Humboldt sei zugegen gewesen - Cotta getroffen, dem er dann noch "häufig in manchen Abendgesellschaften" in Paris begegnet sei; der Verleger habe dabei Gans das Projekt einer literaturkritischen Zeitschrift vorgeschlagen. Er, Gans, nach Berlin zurückgekehrt, habe das Projekt mit dem eher skeptischen Hegel und dem sogleich begeisterten Varnhagen besprochen:

> Nachdem ich Hegel gesehen hatte, suchte ich Herrn von Varnhagen auf. Mein Vorschlag wegen der Literaturzeitung fand nicht bloß Anklang, sondern, was ich gar nicht hätte erwarten dürfen, eine alle meine Hoffnungen selbst überragende Stimmung. Varnhagen, der in Beziehung auf Takt, Feinheit der Darstellung und saubere Ausarbeitung des Stiles so wenig Gleichstehende in Deutschland findet, und der durch Treue der Gesinnung, durch einen Gleichheitssinn, wie er der Wissenschaft geziemend ist, sowie durch ausdauernden Eifer, ein jedes Unternehmen heben wird, dem er sich zugesellt, nahm, was ich ihm von der Angelegenheit und von Cotta sagte, mit übersprudelndem Enthusiasmus auf. Er malte mit ganz anderen Farben, als mir zu Gebote standen, den eventuellen Erfolg aus, den diese Literaturzeitung haben könnte: wiederhergestellte Würde der Literatur, Freiheit der Ansichten und des Mitwirkens, Unparteilichkeit in der Sache, mit gewahrtem Anstande der Form nach, Verbannung der Anonymität, die wir damals noch mit unschonendem Ausdruck des Banditenwesens nannten, das waren

33 Vgl. Silfverstolpe: Romantisches Deutschland, S. 168.

> ungefähr die Grundsätze, wie sie im Hin- und Herreden über die Sache hervortraten. Frau von Varnhagen, die geistreiche, rhapsodische und incisive Frau, belebte bei unseren Abendgesprächen die Hoffnungen, die sich kundgaben, und schickte uns, wie eine Spartanerin oder Römerin ihre Kinder in die Schlacht gesendet haben würde, dem kritischen Feuer entgegen, das wir entzünden wollten.[34]

Das für das Kritikverständnis aufschlußreiche Bild von der Schlacht reflektiert aber keineswegs nur den Kritikbegriff, wie er dem Hegelianer Gans eigen war. Mit einer kriegerischen Auseinandersetzung verglich auch die Salondame selbst den Kritikprozeß im Salon. Gegenüber Frau von Cotta beschrieb sie die Diskussionen um eine Gedichtanthologie des bayerischen Königs, wie sie dem "Resultattext" in den *Jahrbüchern* vorausgegangen waren:

> Welch ein Wogen von Lob, Streit, Diskussion, hoher Anerkennung, und niedrer war hier. Nehmen Sie die Kritik in den Jahrbüchern, als eine Art Resultat davon an. Ich war mitten in der Bataille; und blieb leben, mit meiner weißen Fahne in der Hand.[35]

Eine Schärfe verwandelt das Literaturgespräch in eine Kontroverse über Literatur - bislang auch bei Rahel eher aus der Harmonie des geselligen Umgangs in den privateren Briefwechsel abgedrängt -, wobei diese kritische Schärfe auf die soziale Reputation des zur Diskussion Gestellten - der Produkte des Königs! - keine Rücksicht nimmt (während die gesellschaftliche und politische Kritik an dessen Person noch durch Tabuisierungen gehemmt ist). Noch will die Salondame in diesem schrofferen Gegeneinander die weiße Fahne der Vermittlung hochgehalten zu haben. Daß von der "incisiven" Salondame bei einem dialektisch angelegten, auf einem Thesenantagonismus aufbauenden literaturkritischen Prozeß das alte Harmonieideal nur noch um den Preis der nicht gewollten Ausgliederung aus diesem Prozeß zu halten war, ist Rahel bewußt. Eine Einladung an Leopold Ranke vom 15. August 1826 (vor Gründung der *Jahrbücher* also noch), ist folglich als Aufforderung formuliert, ihren Thesen zur Literatur, die sie mitschickt, im Salon zu widersprechen:

> Sie kommen bald, *baldigst.*/V. will das Gedicht nun auch erst lesen; ich gedachte es Ihnen jetzt mitzuschicken./Ich hätte noch lauter Erläuterungen für meine Meinung aus des Besten, Goethens Gedichte geben können. (...) und so könnte ich alle unsre Dichtungen durchgehn. Erzeigen Sie mir die Ehre mit mir zu streiten.[36]

Nicht nur, was die Bildlichkeit ihrer Beschreibung betrifft, assoziieren solche von Rahel ausgelösten Kritikprozesse die *Ästhetischen Feldzüge* Wienbargs. Und nicht nur allegorisch werden hier die gesellschaftlichen Widersprüche in dem geänderten literaturkritischen Verfahren des Varnhagen-Salons zum Vorschein gebracht. Daß durch den Vergleich mit der Schlacht gerade dialektische Denkoperationen als salonadäquate ausgegeben werden, verweist zudem auf die Affinität zwischen Hegel-Schule und Varnhagen-Salon und erklärt die personellen Verschränkungen.

---

34 In: Gans: Rückblicke, S. 215-256, S. 231-232.

35 Rahel an Frau von Cotta in München, Berlin, 29. Okt, 1829, in: Buch des Andenkens III, S. 406-410, S. 408-409.

36 Rahel an Leopold Ranke, Berlin, 15. Aug. 1826, in: Buch des Andenkens III, S. 243-245, S. 245.

Wenn aber Eduard Gans Rahels Intervention als rhapsodisch und inzisiv lobt und damit die Eigenschaften, die Rahel als Organisatorin eines literarischen Zirkels einen Ruf verschafft haben, auch für die eigene Kritik als nützlich bezeichnet, führt er als Konterbande dieses Lobs die Reduktion des kritischen Handelns der Salondame auf die Stimulation der Kritik mit sich: Sie schickt zwar ihre Kinder in die kritische Schlacht, auszufechten - in der Öffentlichkeit der *Jahrbücher* - bleibt diese aber durch die Männer der Hegel-Gruppe. Was sich in diesem Bild als Tendenz zur Verdrängung selbst einer Frau wie Rahel andeutet, hat als Basis eine gerade in dieser Gruppe befürwortete "Verwissenschaftlichung" der Literaturkritik. Rahel muß sich damit auseinandersetzen, daß kritische Autoritäten, die als wissenschaftliche legitimiert sind, in Beziehung treten zu ihrem Salon, der bisher die Unterscheidung zwischen "Laien"- und "Fachurteil" nicht kannte. Beider Verhältnis, das von Fachleuten und den Frauen als Repräsentanten der "Laien", letztlich das Verhältnis von Wissenschaft und Salon, können von Ambivalenzen und Spannungen nicht mehr freigehalten werden. Von den Mitgliedern des Salons werden durch die wissenschaftlichen Autoritäten, soll das Literaturgespräch für diese weiterhin befriedigend verlaufen, Kompetenzen abverlangt, die gerade auf dem Felde institutionalisierter Wissenschaft zu erwerben sind, Domänen, die den Frauen verschlossen blieben. Wenn mit dem Eindringen des wissenschaftlichen Diskurses in die literaturkritischen Verfahrensweisen des Salons, was die assoziativ-schwebende Argumentationsstruktur außer Kraft setzt und auf die Herstellung von Resultaten drängt, zugleich das öffentliche Räsonnement, wie es sich in der Aufklärung ausgebildet hatte, im Rahmen liberaler Konzepte rehabilitiert wird, sind die Frauen als literaturkritisch Tätige auch im Salon und dadurch der Salon selbst bedroht. (Es sei denn, der Salon beugt sich dem Druck zur Privatisierung und setzt sich damit als Institution erst recht der Kritik derjenigen aus, die an dem aufklärerischen Modell literarischer Öffentlichkeit - wieder - anknüpfen.) Die "Ehre", mit ihnen zu "streiten", wird durch diese Entwicklung den Frauen seltener erwiesen werden. Ein Episode aus dem zweiten Rahel-Salon, welche die Salondame ihrem Bruder mitteilt, kann gelesen werden als Beispiel für das beginnende (Wieder-)Verstummen von Frauen beim Auftritt der Repräsentanten der Wissenschaft - unabhängig davon, wie geläufig ihnen dieser wissenschaftliche Diskurs ist, für wie wissenschaftlich kompetent sie selbst sich halten: Obwohl Rahel die neuesten Arbeiten Hegels durchgearbeitet hat und auch zu einer kritischen Würdigung derselben in der Lage ist, scheut sie sich, mit dem Salongast Hegel ein Gespräch darüber zu führen, wagt sie es nicht einmal zu gestehen, daß sie, wie in einen verbotenen Garten, in sein philosophisches Werk eingedrungen sei:

> Ich hatte neulich nicht den Muth, als Hegel bei uns war, ihm zu sagen, daß ich sein Buch lese! obgleich mir die Überzeugung nicht fehlt, daß ich einer der Studenten bin, der es mit am besten liebt und versteht: oder vielmehr versteht und liebt.[37]

---

[37] Rahel an Ludwig Robert in Baden, Berlin, 16. Aug. 1827, in: Buch des Andenkens III, S. 281-285, S. 283.

Wenn selbst diese Salondame in der Spätphase ihrer Geselligkeit Sprechbarrieren vorfindet, läßt sich ermessen, welche Irritationen in anderen zeitgenössischen Salons der Diskurswechsel in der Kritik bringen mußte, den mitzuvollziehen die Salons sich strukturell kaum in der Lage sehen konnten - dem sich zu verschließen aber gleichzeitig die Marginalisierung der salongeselligen Literaturkommunikation zur Konsequenz haben mußte.

Literaturkritiken, wie sie die "Jahrbücher" präsentieren, sind "Resultattexte" im Sinne Schmidts: Endprodukte eines auf sie hin angelegten, komplexen und institutionell mehrfach kontrollierten Literaturverarbeitungsvorgangs in entsprechender Form und Materialität. Bei diesen Kritiken erscheint die Salondame nicht mehr als rezensierende Autorin. Ebensowenig zeichnet Rahel aber auch namentlich verantwortlich für andernorts von ihr öffentlich abgegebene kritische Stellungnahmen. Hier bleibt also ein Widerspruch zu klären zwischen ihrem Bekenntnis, das sie schon fast als Resümee ihrer literarischen Karriere 1830 formuliert, sie sei einer der größten Kritiker Deutschlands, und ihrem Verzicht, öffentlich, also außerhalb ihrer Salonstrukturen, in Erscheinung zu treten. Bei der Lösung dieses Widerspruchs zwischen Selbsteinschätzung und literarischem Handeln könnte der Kontext dieses Briefbekenntnisses aufhellend wirken: Der Brief setzt sich fort in dem Geständnis, sie, Rahel, wolle "nur Gespräche schreiben, wie sie lebendig im Menschen vorgehn", auch keine Rede.[38] Das heißt, daß ihr Kritik wesentlich ein dialogisches Medium bleibt, der Salon als ihr Gebiet der Selbstverwirklichung als Kritikerin auch in Anbetracht der Reaktivierung der Öffentlichkeitsprojekte von ihr ernstlich nicht in Zweifel gezogen wird. Ludwig Robert schlug sie als eigene Grabschrift vor, daß "sie alles durch Nachdenken siebte"[39]: "Kritisch sein" wird ihr zu einem Lebensprinzip (weshalb es ja auch auf dem Grabstein erscheinen soll), das es in ihrem Kreis zu vermitteln und vorzuleben gilt. Nicht zufällig ist es gerade der die Metternichsche kritikfeindliche Reaktion vertretende und inspirierende Gentz, dem gegenüber sie hierin als Antipode sich zur großen Kritikerin stilisiert. Das Wort von der "kritischen Epoche", die Laube in der *Zeitung für die elegante Welt* ausruft[40], ist - darauf hat Hohendahl verwiesen - dem Saint-Simonismus entlehnt: Als Saint-Simonistin teilt Rahel die Ansicht von ihrer Epoche als Zeit, in der alle Normen und Konventionen, "folglich auch die ästhetischen und poetologischen"[41], hinterfragt werden müssen. Von daher ist es auch weltanschaulich von ihren saint-simonistischen Sympathien her erklärbar, wenn im Salon der Rahel Levin Varnhagen auf einer geselligen Praxis bestanden wird, für die, im Gegensatz zur dominanten Strömung, kritische Elemente unverzichtbar blieben, ja, noch zentraler werden konnten.

38 Rahel an Gentz in Wien, Berlin, 26. Okt. 1830, a.a.O., S. 457.
39 Rahel an Ludwig Robert in Baden, "Königs-Geburtstag" 1831, in: Buch des Andenkens III, S. 508-509, S. 509.
40 Vgl. Hohendahl: Literaturkritik in der Epoche des Liberalismus, S. 144.
41 Ebd., S. 145.

Wenn Rahel ihr kunst- und literaturkritisches Ingenium nicht unmittelbar zu einem öffentlich-publizistischen Faktor werden ließ, sondern auf den Salonkreis beschränkte, aus dem andere es in den öffentlichen Diskurs einbringen konnten[42], hatte dies auch rollenspezifische Gründe. Noch einmal ist zu erinnern an die über den konkreten Salon hinaus bedeutsame, bei der Genese der deutschen Salonkultur insgesamt wirksame, institutionell abgesicherte Inkriminierung der öffentlichen weiblichen Wortmeldung - vor allem, wenn diese sich als kritische gerierte. Das Ausweichen in die Privatheit war durch dieses Verbot geradezu evoziert. Selbst Rahel Levin oder gerade sie als Organisatorin eines bedeutenden Salons hatte dieses, in der Biedermeierzeit erneuerte Verdikt über öffentliche weibliche Kritik, offensichtlich erneut internalisiert und ihren Salon als kritisches "Substitut" entsprechend ausgestattet. Wie wenig sie sich selbst, ebenso wenig wie andere Frauen, einen öffentlichen Auftritt als Kritikerin konzedierte, sie also die geschlechtsspezifische Barriere beachtet sehen wollte, geht aus ihrem Brief über eine Literaturkritik der Frau von Fouqué hervor, die sie als Schriftstellerin akzeptierte, deren Werke sie auch einer genauen Kritik unterzog:

> Mein Name darf aber (als Verfasserin von Kritiken - PS) nicht genannt werden. Ich hasse es (,) Frauennamen unter öffentlichen Kritiken zu sehen.[43]

Daß in den Jahren der Restauration einerseits auf Grundvorstellungen aufklärerischer Öffentlichkeit verstärkt zurückgegriffen, andererseits der Privatraum der Familie hermetischer um Frauen geschlossen wurde, verbesserte kaum die Chancen der letzteren für eine aktive, offene Beteiligung am öffentlichen literaturkritischen Diskurs. Die literarisch interessierten Frauen auch der Salongesellschaften operierten weiterhin - sieht man von Einzelfällen wie dem von Therese Huber ab - verdeckt, anonym. Auch Rahel, und hiermit verstößt sie gegen eines der Prinzipien der wissenschaftlichen Kritik der Jahrbücher (der Aufgebung der Anonymität der Kritiker), veröffentlichte ihre Wortmeldungen unter Chiffren: "Ungenannt", "Berlinerin", "Zeitgenossin", "G."; "Friederike" wirkt in dieser Reihe schon fast exhibitionistisch. Oder: es blieb ihr eben der persönliche Umgang, wobei Kritik nicht zu einem öffentlichen Gespräch mit dem Publikum werden mußte, sondern zuerst Dialog mit dem Künstler meinte und sich darin erschöpfen konnte: Nachdem Rahel Frau von Cotta gegenüber von ihrem kritischen Engagement gesprochen hatte, hob sie von der dann publizierten Kritik ihren präferierten Modus ab, sich zu einem Werk zu äußern: "Ich möchte (...) wie immer dem Schöpfer eines Kunstwerks persönlich danken: oft habe ich Kleine es schon gethan."[44]

42 Vgl.: Der Salon der Frau von Varnhagen, S. 616.

43 Rahel an Varnhagen, 10. Feb. 1812, in: K.A. Varnhagen: Biographische Portraits, S. 141-142, S. 142.

44 Rahel an Frau von Cotta in München, Berlin, 29. Okt. 1829, a.a.O., S. 409.

Erst posthum wurde Rahel Levin Varnhagen auch öffentlich als Kritikerin gewürdigt. Gutzkow zögerte nach der Publikation von *Rahel. Buch des Andenkens* nicht, sie mit Lessing zu vergleichen.[45] 1836 erschien dann in der *Allgemeinen Theater Revue* eine Zusammenstellung von Briefen Rahels aus dem *Buch des Andenkens* und noch nicht publizierter Äußerungen der Salondame, die Rahel einem breiteren Publikum schon im Titel als kritische Autorität auf dem Gebiet des Theaters präsentierte, zu dem die Salons seit dem 18. Jahrhundert in enger Beziehung standen: *Rahels Theater-Urtheile*[46].

6.2 Salons und Goethe-Rezeption

6.2.1 Einleitung

Die *Theater-Urtheile* sind über weite Strecken geprägt vom Kampf gegen die "Iffländerei" - auch als Iffland bereits längst das Berliner Theater verlassen hatte. Wenn Rahel ihr Urteil über den *Weimarer* Schauspieler Wolff ebenfalls in eine besondere Schärfe kleidet, resultiert dies aus den entäuschten hochgespannten Erwartungen, die sie an das Berliner Gastspiel von Wolff und dessen Frau knüpfte. Von deren Auftritt hatte sie sich eine für das dortige Theater heilsame Konfrontation mit der unmittelbar von Goethe inspirierten und unter seiner Anleitung ausgebildeten (Schauspiel-) Kunst erhofft. Für Rahel Levin Varnhagen, die sich als Parteigängerin des (ihr aus eigener Anschauung noch unbekannten) Weimarer Theaters in Berlin verstand, wurde das Schauspiel Wolffs zu einer persönlichen Niederlage, da Goethes künstlerische Leistung, seine ihm von Rahel zugeschriebene überragende Stellung in der Welt der Kunst, für sie durch diesen Schauspieler verdunkelt wurde:

> Worüber ich aber ganz ernsthaft, und fast traurig in der Seele ward, ist, daß ich mir durch ihn vorstellen muß, das Weimarer Theater ist nicht besser als unseres (...).[47]

Mit "Weimar" erklärt und entschuldigt sie, daß sie in einem Brief an Marwitz die Interpretation des Mortimer durch Wolff zum Anlaß grundsätzlicher Überlegungen zu den Schwächen der deutschen Schauspielkunst nimmt:

> So viel! weil er von Weimar kommt. Wo der künstlerischste Deutsche lebt: von dem ich hoffte, daß er ganz Kunstwidriges, in seiner Nähe nicht aufkommen läßt, ja tötet, mit Macht und Würde. Bei seinem Entschlusse.[48]

Den Schauspieler Wolff als Abgesandten Goethes in Berlin, als Mittler seiner Kunst und seines Kunstprogrammes zu rezipieren, war die Salondame tatsächlich aus besonderem Grunde berechtigt, hatte doch Goethe selbst schon zwei Wochen zuvor seiner langjährigen Berliner Bekannten, Sara Grotthuß(-Meyer) die anstehenden Gastspiele von

---

45 Karl Gutzkow: Charlotte Stieglitz, in: Phönix, Frühlingszeitung für Deutschland, mit einem Literaturblatt von Dr. K. Gutzkow, 1835, Nr. 8.25, II. Abgedruckt in: Gutzkows Werke, 10. Theil, hrsg. von Reinhold Gensel, Berlin/Wien/Leipzig/Stuttgart 1912, S. 70-77, S. 71.

46 Rahel's Theater-Urtheile, in: Allgemeine Theater-Revue, 1836, S. 45-79. Aufgenommen in: Varnhagen: Denkwürdigkeiten, Bd. 8, S. 765-820. Danach hier zit., S. 769-770.

47 Rahel's Theater-Urtheile, S. 788.

48 Ebd., S. 789-790.

"Herr(n) und Madam Wolff, beides Mitglieder unseres Hoftheaters"[49] annonciert und über diese Kusine Rahels den Beifall für die Kunst der beiden Weimarer, der ihm, Goethe, beim Berliner Publikum nicht garantiert schien, ziemlich unmißverständlich eingefordert:

> Ich wünsche, daß Sie (sic) auf einem fremden Schauplatz, und ohne ihre gewohnte Umgebung, den Beifall finden mögen, den sie so oft bei uns verdienen.[50]

Daß Goethe zu den Kreisen, die sich um Berliner Jüdinnen gebildet hatten und in denen er Sympathisanten "Weimars" vermutete, auch die Roberts (der neue Name der Levins, auch Rahels) zählte, ergibt sich aus einer fast ins Erpresserische gehende Beifallsforderung, die die Salondame Grotthuß an Ludwig Robert weitergeben sollte:

> Herr Robert hat gewiß auch einige Gefälligkeit gegen sie (die beiden Schauspieler - PS). Beide haben Rollen in seinem neuen Stück. Die Leseprobe ist noch vor der Abreise gehalten worden, damit die Vorstellung gleich nach ihrer Rückkunft vor sich gehen könne.[51]

Dieser Brief Goethes und die Reaktionen Rahel Levin Varnhagens im Brief an Marwitz auf das Gastspiel der Weimarer Künstler deuten auf einen Aspekt von Salonpraxis, der in der Forschung schon früh besondere Beachtung gefunden hat: das Verhältnis der Salons zum Werk und zur Person Goethes. Ja, es könnte sich bei einer Sichtung der Forschungsliteratur prima vista der Eindruck einstellen, als sei auf diesen Aspekt die eigentliche literarhistorische Relevanz der Salons einzugrenzen. Es sind aber in der Regel weniger die Salons selbst, als einzelne ihrer Mitglieder, denen sich dabei das Forschungsinteresse zuwandte. Auch blieben die eher pragmatischen Beziehungen, wie sie Goethes Brief an Sara von Grotthuß erkennen läßt, bei der literarhistorischen Rekonstruktion einer "Goethe-Verehrung" durch die Salons eher ausgeblendet als thematisiert.

Es würde zu weit führen, mehr als nur exemplarisch auf Beiträge in der Forschung hinzuweisen, die eine Bedeutung der Salons für die zeitgenössische Goethe-Rezeption behaupten. So spricht schon von Gleichen-Rußwurms Darstellung zur *Geselligkeit* die Rolle der Zirkel - er richtet sein Augenmerk dabei vor allem auf die Berliner Salonkultur - für die Goethe-Rezeption kurz an:

> Die erste wirkliche Goethegemeinde fand sich bei Henriette Herz zusammen. Man las die Dramen des verehrten Dichters mit verteilten Rollen und begann - ebenso wie es der Salon Rahel Levins in der Folge tat - Goethe dem noch immer ablehnenden norddeutschen Publikum von einem festgefügten Kreis aufzuzwingen.[52]

Daß sich in den Salons ein besonders enthusiastisches Goethe-Publikum herausbildete, sieht auch Klaus Ziegler, er wertet dies aber nicht mehr als Zwangsrekrutierung von Goethe-Rezipienten, sondern als literarhistorisch vorwärtstreibenden Prozeß. Nach ihm haben "vor und nach 1800 jüdische Salons wie diejenigen der Henriette Herz oder der

49 Goethe an Sara von Grotthuß, Weimar, den 17. Apr. 1811, in: Varnhagen: Denkwürdigkeiten Bd. 4, S. 646-647, S. 646.
50 Ebd.
51 Ebd.
52 Alexander von Gleichen-Rußwurm: Geselligkeit. Sitten und Gebräuche der europäischen Welt 1789-1900, Stuttgart 1909, S. 81.

Rahel Levin, der späteren Rahel v. Varnhagen, intensiv jene geistige und dichterische Entwicklung gefördert, die damals in Deutschland von der Aufklärung über die Klassik zur Romantik führte. Beispielsweise spielten gerade diese Salons des Berliner Judentums eine bahnbrechende Rolle bei der Entstehung und Verbreitung eines gesamtdeutschen Goethe-Kultus."[53] Diskussionspunkt blieb nur, wer diesen "Goethe-Kultus" in Berlin initiierte. Für Bruno Wachsmuth ist es zunächst das Wirken Karl Philipp Moritz' in die Berliner Zirkel hinein, das diese für die Goethe-Rezeption präpariert habe. Vor allem mit seiner Abhandlung *Über die bildende Nachahmung des Schönen* (1788) habe Moritz das Verständnis für Goethe geweckt:

> Zu den 'Entzündeten' unter seinen Zuhörern gehörten Tieck und Henriette Herz. Sie trugen die Flamme weiter, Tieck zu den Gebrüdern Schlegel, Henriette Herz zu den Besuchern ihres Salons.[54]

Hier, in der kultivierten Gedämpftheit des Salongesprächs, noch nicht in der lauten Proklamation neuer Zeitschriften, habe sich das erste Bekenntnis eines Anhängerkreises Goethes geformt.[55] In seiner Biographie *Rahel Varnhagen* hat Scurla gleichfalls bereits Moritz als eigentlichen Inspirator jenes Berliner Goethe Kultes gesehen, wie er in den Berliner Salons dann betrieben worden sei[56]. Eine Ansicht, die Mandelkow explizit von Scurla übernimmt, wenn er schreibt, daß Rahel Levin in ein Gespräch über Goethe eingetreten sei, "das in der preußischen Hauptstadt seit langem in 'vollem Gange' war und mit den Namen von Karl Philipp Moritz, Zelter, Henriette Herz und Dorothea Veit, der Tochter von Moses Mendelssohn, verbunden ist".[57]

Wird der Herz-Salon auch regelmäßig bei der Inaugurierung der Berliner Goethe-Rezeption mitgenannt, so ist es weitgehend Forschungskonsens, daß der Gipfel der Goethe-Verehrung die Salons Levin und Varnhagen waren, wobei diese Kulmination in der Forschung durchaus unterschiedlich bewertet wurde.[58] "Here", im Rahel-Salon, heißt es bei S. Liptzin, "Goethe found his most understanding readers and his most ardent worshippers. It was the Jewess Rahel who opened the eyes of her lukewarm contemporaries to the uniqueness of this supreme German personality and who assigend to him a rank equal to that of Moses, Socrates, and Jesus."[59] Ähnlich, was die Bedeutung dieses Salons für die Goethe-Rezeption betrifft, äußerte sich Georg Hermann in seiner *Biedermeier*-Monographie:

> (Goethe) war noch lebend zum Klassiker geworden, getrennt selbst von den breiten Massen der Gebildeten; und er war für die Schriftsteller und Dichter nicht viel mehr als ein ehrwürdiges Fossil, als eine literarische Anstandsperson. Von dem Salon einer Rahel Levin aber, der späteren Gattin des klugen Historikers und Publizisten

53 Klaus Ziegler: Die Berliner Gesellschaft und die Literatur, in: Berlin in Vergangenheit und Gegenwart. Tübinger Vorträge, hrsg. von Hans Rothfels, Tübingen 1961 (Tübinger Studien zur Geschichte und Politik, Bd. 14), S. 35-48, S. 38-39.

54 Bruno Wachsmuth: Die Wertung des Dichters im Wechsel der Generationen, in: Fritz Moser (Hg.): Goethe in Berlin, Berlin 1949, S. 38-66, S. 48.

55 Ebd., S. 49.

56 Scurla: Rahel Varnhagen, Frankfurt/M. S. 267.

57 Karl Robert Mandelkow: Goethe in Deutschland, Bd. 1, S. 71.

58 Vgl. Bertha Meyer: Salon Sketches. Biographical Studies of Berlin Salons of the Emancipation, New York 1938, S. 94.

59 Solomon Liptzin: Germany's Stepchildren, Philadelphia, 2. Aufl. 1948 (1. Aufl. 1944), S. 12.

> Varnhagen von Ense, dem Haus, das unter dem Stern Goethes stand, begann sein Ruhm und, was noch mehr bedeuten will, die Erkenntnis für die große und tiefe Menschlichkeit seiner Person langsam nach überallhin durchzusickern.[60]

In ihrer *Lebensgeschichte einer deutschen Jüdin aus der Romantik* differenziert Hannah Arendt zwischen der Goethe-Aneignung im ersten und zweiten Salon, da in der Restaurationszeit die Beschäftigung mit dem Weimarer Autor vor allem die Funktion erfüllt habe, den gesellschaftlichen Aufstieg des "Parvenu" auf der kulturellen Ebene zu präsentieren bzw. andere Reputationseinbußen zu kompensieren. Graevenitz schließt sich den Aussagen Arendts an:

> Beide Varnhagen warfen sich nach der gescheiterten diplomatischen Karriere auf die Literatur, bildeten das Zentrum der Berliner Goetheverehrung, welche in dem Varnhagenschen Salon einen ganz anderen Sinn bekam als in Rahels Dachstübchen vor dreißig Jahren. Was an Parvenumanieren sich hinter dem Berlin Goethe-Kult verbarg, hat niemand außer dem jungen Heine auch nur geahnt.[61]

Hannah Arendts These hat weitere Zustimmung gefunden auch bei Ingeborg Drewitz, wenn in deren Arbeit zu den *Berliner Salons* über die "Goetheverehrung" als dem "Zentralthema des Varnhagenschen Salons"[62] ausgeführt wird:

> Das Verständnis für das Goethesche Werk, das Rahel zwei Jahrzehnte früher den Abstand zu sich selbst geschenkt hatte, wird nun zu einer gesellschaftlichen Verbindlichkeit. Varnhagen will etwas darstellen, Rahel hat die geistreiche Gattin zu spielen. Kultur wird zur Repräsentation.[63]

Solchen Äußerungen über die Bedeutung von Salons für die Goethe-Rezeption und -Auslegung, es ist zu wiederholen, folgt indes kaum ein Versuch, die Disposition der Salons für die Literatur Weimars und ihrer Produzenten vom Salon selbst ausgehend zu erklären. Im Gegenteil: Es läßt sich eher eine Tendenz verfolgen, den Salon, wo es um eine Begründung des Goethe-Kultes geht, aus dem Spiel zu lassen und den Rezeptionskomplex als wesentlich persönliches Erlebnis oder Verdienst zu erfassen. Auf eine - geistige - Begegnung zweier Individuen wird vor allem das Verhältnis Rahel Levins und Goethes reduziert, von der zufolge ein Freundeskreis dann gezehrt oder bei der er allenfalls eine Art von sozialem Resonanzboden abgegeben habe. Mit der Anmerkung dieses Desiderats sollen nicht alle Arbeiten kritisiert werden, die den Goethe-Kult von der Persönlichkeit einzelner Salonteilnehmer her erklären und deren Sensibilisierung, deren Wahrnehmungskapazitäten, deren kognitive oder divinatorische Fähigkeiten, aber auch Lebensentwürfe oder -defizite für die Art der Goethe-Aneignung

60 Georg Hermann: Das Biedermeier im Spiegel seiner Zeit, Berlin/Leipzig/Wien/Stuttgart 1913, S. 383.
61 Vgl. Gerhard von Graevenitz, der in *Innerlichkeit und Öffentlichkeit. Aspekte deutscher 'bürgerlicher' Literatur im frühen 18. Jahrhundert* (in: Deutsche Vierteljahresschrift für Literaturwissenschaft und Geistesgeschichte, 49. Jg. (Okt. 1975), Sonderheft "18. Jahrhundert", S. 1-82, S. 79, Anm. 278) ausführt, daß der "Goethe-Kult", "wie er von den Varnhagens betrieben" wurde, "eine Tradition der repräsentativen Personifikationen" fortsetzte. Er beruft sich dabei auf Hannah Arendts Biographie der Rahel Varnhagen, S. 192.
62 Drewitz: Berliner Salons, S. 66.
63 Ebd.

verantwortlich machen. Gerade in Rahels Persönlichkeit Bedingungen dafür zu entdecken, daß in ihrem Kreis der Goethe-Kult zu seinem unbestrittenen Höhepunkt geführt worden ist, hat eine lange und berechtigte Forschungstradition, zu der Varnhagen in seiner Einleitung zum *Buch des Andenkens* selbst die Grundlagen gelegt hat:

> Die Fülle und Kraft persönlicher Lebensentwicklung (Rahels - PS) waren mit der Schönheit und Erhebung dichterischen und philosophischen Geistlebens in engem Bündnisse, sie bewegten sich beiderseits in bezugvoller Übereinstimmung. Schon sehr früh, weit früher, als irgend eine litterarische Meinung der Art sich gebildet hatte, war Rahel von Goethes Außerordentlichkeit getroffen, von der Macht seines Genius eingenommen und bezaubert worden, hatte ihn über jede Vergleichung hinaus gestellt, ihn für den höchsten, den einzigen Dichter erklärt, ihn als ihren Gesprächsmann und Bestätiger in allen Einsichten und Urtheilen des Lebens enthusiastisch angepriesen.[64]

Dieses vom sozialen Umfeld der Goetherezeption abstrahierende "enge Bündnis" wird beim ersten Biographen Rahels, Schmidt-Weißenfels, zu einer "unio mystica" gesteigert:

> Goethe und Rahel waren vollständig durch diese Geisteshöhe miteinander verschmolzen; sie empfand mit seinen Worten, sie dachte wie er und fühlte wie er; für sie war Welt und Licht, Natur und Geschichte, die Menschen und das Leben dasselbe, was sie für Goethe waren (...).[65]

Als Akt von Persönlichkeitsbildung - für die sich, wie noch zu zeigen ist, durchaus Belege finden - interpretiert auch schon Karl Hillebrands Essay *Berliner Gesellschaft* die Annäherung Rahels an Goethe, wobei für Hillebrand der Versuch, Goethe nachzuleben, zugleich die lebenspraktische Überwindung der von ihm als Neuaufguß des Geniekults mit seiner Hypostasierung zerrissener Charaktere abgewerteten Romantik bedeutet:

> Nur eine kleine Anzahl konnte nach langen Kämpfen und schmerzlichen Leiden jene wundervolle Harmonie finden, die Goethe durch Opferbereitschaft und Ausdauer gewonnen hatte, die Harmonie zwischen Wirklichkeit und Ideal. Unter diesen seltenen Persönlichkeiten war Rahel sicherlich die am meisten originale Gestalt in jenem Zeitalter der Originale.[66]

Daß hier eine Projektion nicht nur der Person Goethes, sondern auch der Rahels stattgefunden hat, die zumindest im Falle Rahels ihrer tatsächlichen Persönlichkeitsentfaltung widerspricht, muß nicht weiter ausgeführt werden.

Zwei Arbeiten, erschienen in relativ kurzem zeitlichen Abstand und doch durch die dazwischen liegende Machtergreifung des Nationalsozialismus in äußerst verschiedene historische Kontexte eingelagert, konzentrieren sich einzig auf eine Analyse des Verhältnisses Rahels zu Goethe: Charlotte Albarus' Jenaer Dissertation von 1930 *Rahel Varnhagens Goethe-Erlebnis* und Käte Hamburgers zuerst im Exil 1934 in der *Revue Germanique* (S. 313-329) publizierter Aufsatz *Rahel et Goethe*. Hamburgers Arbeit wurde dreißig Jahre später - nach ihrer Rückkehr aus dem Exil - überarbeitet und erwei-

64 K.A. Varnhagen: Buch des Andenkens I, S. 21.
65 Schmidt-Weißenfels: Rahel und ihre Zeit, S. 83.
66 Karl Hillebrand: Die Berliner Gesellschaft in den Jahren 1789-1815, in: K.H.: Unbekannte Essays, Berlin 1955, S. 13-81.

tert, wiederveröffentlicht und kann inzwischen verschiedene Nachdrucke verzeichnen[67]. Sowohl bei Albarus als auch bei Hamburger soll die "Einmaligkeit" der Goethe-Aneignung[68] bzw. die "Besonderheit der Goethe-Verehrung Rahel Varnhagens"[69] herausgearbeitet werden, was bereits die Marginalisierung der sozialen Faktoren bei der Rezeptionsanalyse impliziert und zudem eine "Einseitigkeit" der Beziehung zwischen beiden herausstellt:

> Wenn die berühmte Beziehung, von der hier (bei Käte Hamburger - PS) die Rede sein soll, mit Rahel und Goethe bezeichnet wird, und nicht, wie es dem Rang der beiden Persönlichkeiten entsprechen würde, Goethe und Rahel, so ist darin schon enthalten, daß Goethe hier Objekt und nicht Subjekt ist, daß es sich um Rahels Goethe-Erlebnis handelt.[70]

Der Rezeptionstypus ist damit wie bei Albarus in der Dilthey-Tradition als "Erlebnis" bezeichnet. Wie bewußt sich Käte Hamburger damit an Albarus anschließt, wird in ihrem Vermerk deutlich, daß die "Jenaer Dissertation mit Recht diesen Titel"[71] für ihr Thema gewählt habe. Das "Erlebnis" als angemessene Rezeptionsweise hat den "Kult" als legitimen Literaturverarbeitungsakt zur Konsequenz, wobei "Literatur" und der zum Idol erhobene Literaturschöpfer in geistesgeschichtlicher Tradition als Totalität begriffen und aufgenommen werden. Die in F. Gundolfs *Goethe* (Berlin 1916) als Goethe adäquat behauptete, auf Ehrfurcht, auf Erfassung der Einheit von Schöpfer und Werk, auf Verzicht von kritisch-analytischen Verfahren beruhende Rezeptionshaltung hat in Rahels divinatorischem Aneignungsverfahren, so wie es bei Albarus und Hamburger abgebildet wird, ein Paradigma erhalten - mit der Einschränkung aber, daß dieses Paradigma bei beiden Verfasserinnen trotz aller methodischen Affinitäten als historisches ausgewiesen bleibt.

Untersuchungen jüngeren Datums zur Goethe-Rezeption, wie die stärker literatursoziologisch ausgerichtete Christa Bürgers, *Der Ursprung der bürgerlichen Institution Kunst*[72], und vor allem auch die bereits zitierte, rezeptionshistorische Arbeit Mandelkows, *Goethe in Deutschland*, widmen zwar ebenfalls Rahel bzw. den beiden Varnhagens als Publikum des Weimarer Autors Aufmerksamkeit, und beide Untersuchungen enthalten in ihrer Argumentation Anregungen für die Diskussion des Salons als Rezeptionsraum, aber beide bekommen diesen selbst nicht in ihren Blick. Eine diskussionswürdige These für die Goetherezeption der Salons formulierte dann

---

67 Hier zit. nach dem Abdruck in: Rahel-Bibliothek X, S. 178-204. Bei einer dritten, neueren Untersuchung, die sich diesem Thema widmet, handelt es sich um einen Vortrag *Rahel liest Goethe*, den der Herausgeber von Rahel-Briefen, Friedhelm Kemp, anläßlich der Turiner Rahel-Tagung 1986 gehalten hat. Zwar wird, wie der Titel anzeigt, das Forschungsinteresse auf die Werkrezeption Goethes verlagert, diese bleibt aber wesentlich gefaßt in der geistesgeschichtlichen Kategorie des Erlebnisses und negiert ebenfalls die sozialen, geselligen Momente der Goethe Rezeption. Insofern setzt sich der bereits bei Hamburger und Albarus zugrundeliegende Ansatz fort. Zu Hamburgers Aufsatz siehe: Konrad Feilchenfeldt: Rahel-Philologie im Zeichen der antisemitischen Gefahr. In: Hahn/Isselstein: Rahel Levin Varnhagen, S. 187-195.

68 Albarus: Goethe-Erlebnis, S. 63.

69 Hamburger: Rahel und Goethe, S. 179.

70 Ebd.

71 Ebd., S. 178.

72 Christa Bürger: Der Ursprung der bürgerlichen Institution Kunst im höfischen Weimar, Frankfurt/M. 1977, hier das Kapitel 4: Zeitgenössische Goethe-Rezeption, S. 79-118.

Langenbucher in seinem Aufsatz *Das Publikum im literarischen Leben des 19. Jahrhunderts*, wo er auf die besondere soziale Konstellation des Goethe-Publikums aufmerksam machte: den Bund zwischen Adel und Bürgertum. Dazu zitierte er die Auffassung "eines anonymen zeitgenössischen Beobachters"[73], nach der dieses, Goethes, Publikum, zugleich auch Resultat der Weimarer Kunstprojekte gewesen sei:

> Aber dieses Publikum war (...) von vorneherein ein exclusives ästhetisches, aus den Elementen der höheren bürgerlichen Intelligenz und aus den zahlreichen Adeligen zusammengesetzt, welche wenigstens nach dieser Seite hin ihrer standesgemäßen Ausschließlichkeit entsagt hatten. Diese Verschmelzung oder Annäherung zwischen der bürgerlichen und adeligen Bildung war hauptsächlich (...) ein Werk unsrer Classiker, vornehmlich aber Goethe's, welcher als der eigentliche Begründer dieser modernen Geistesaristokratie (...) mit Recht gelten darf.[74]

An dieses Zitat schließt Langenbucher ohne weitere Auslassungen apodiktisch an: "Als in sich geschlossenes literarisches Publikum tritt uns dieser Kreis in den Salons der Zeit um 1800 gegenüber."[75]

6.2.2 Der Salon als Publikumsformation der klassischen Autoren Weimars

1. Mit der Entfremdung Schillers und Goethes vom zeitgenössischen Publikum, wie sie für das Jahrzehnt der Weimarer Zusammenarbeit bezeichnend war, hat sich die jüngere Forschung ausführlicher beschäftigt. Der Mißerfolg der *Horen* und der *Propyläen* bei den Lesern führte beiden Schriftstellern ihre Isolierung vom Publikum, welches das Dogma von der Kunstautonomie nicht mitzutragen bereit war und weiterhin am bürgerlich-aufklärerischen Literaturprogramm festhielt, deutlich vor Augen. Für beide bestätigte dieser Mißerfolg die Notwendigkeit eines Abrückens von allgemeinen Publikumserwartungen und einer gleichzeitigen Neuorganisierung einer - entsprechend elitäreren - Publikumsgruppierung. Schillers Briefe *Über die ästhetische Erziehung des Menschen* als sein theoretisches Hauptwerk zur Kunstautonomie, mit dessen Abdruck auch die *Horen* beginnen, schließen ab mit der Darlegung seines Publikumprojektes, das eine zeitgenössische Realisationsform im Zirkelwesen findet. Diese Zirkel stellen Rezeptionssituationen für Literatur und Kunst bereit, die der angestrebten "autonomen" Literatur adäquat scheinen, sie überhaupt als autonome rezipierbar machten - zumal die soziale Organisation der Literaturaneignung, aus dem Alltäglichen herausgebrochen, gesellschaftlicher Zweckrationalität entwunden, nun selbst die Tendenz entwickeln kann, sich als ästhetische, autonome Formation zu präsentieren. Der soziale Hintergrund des "klassischen" Kunstprogramms ist Weimar, die Salons nähern sich der Weimarer Konstellation und Situation an und versprechen, viele "Weimars" zu schaffen für die adäquate Aufnahme einer Literatur, die dieser ästhetischen Doktrin, wie sie in Weimar formuliert werden konnte, verpflichtet ist. Das literarische Weimar als soziale

73 Titel und Erscheinungsort des von Langenbucher zitierten Aufsatzes: Der lyrische und der dramatische Dichter und ihr Publikum, in: Allgemeine Zeitung, 8.-10. Februar 1845 (wieder veröffentlicht in: Jahrbuch der Grillparzer-Gesellschaft N.F., Bd. 3, Wien 1943). Dieses späte Publikationsjahr verleiht der Abhandlung eher den Charakter einer historischen Retrospektive als den der Zeitzeugenschaft.

74 Zit. nach Langenbucher: Publikum im literarischen Leben, S. 60.

75 Ebd.

Organisationsform, das mit den Salons auch darin übereinstimmt, daß es die verschiedenen literarischen Handlungsrollen vielfältig verschränkt, steht für eben die Versöhnung verschiedener Klassen und Stände im ästhetischen Bereich, wie sie sich auch in den Strukturen der Salons (allerdings durch Suspendierung externer Normen) vollzieht. Daß Weimar und die Salons diese ästhetische Autonomie verteidigen, impliziert nicht Apologie der Gesellschaft, sondern deren - abstrakte - Kritik durch die Errichtung eines ästhetischen Gegenentwurfs zur gesellschaftlichen Wirklichkeit. Weil Weimar schließlich als Rezeptionsrahmen für die Literatur des kunstautonomen Programms bedroht war, als die napoleonischen und antinapoleonischen Kriege es unmittelbar berührten, suchte Goethe schließlich einen neuen Sonderraum innerhalb Weimars mitten in der Kriegsszenerie auszugrenzen und durch seine Mitwirkung zu stabilisieren: Abgekoppelt von dem politisch involvierten Hof installierte sich jetzt auch hier ein Salon (im Hause von Schopenhauer), der seine Hochphase als "Asyl" der Künste gerade während der Kriegsjahre hat. Eine Anmerkung Christa Bürgers, mit der sie die strikte Trennung der Praxisbereiche "Geselligkeit, Moral, Politik, Beruf und Kunst"[76] durch Goethe belegen will, die aber gerade eine Zuordnung von Geselligkeit und Kunst bei Goethe offenbart, ist - um den Zusammenhang von Goethe und Salon zu verdeutlichen und den Salon als mögliche Publikumsformation der Weimarer Klassik auszuweisen - zu zitieren:

> Wenn die Voraussetzung des Kunstgenusses die 'freie Phantasie' ist, so zieht Goethe aus dem Kantischen Postulat die praktische Konsequenz, daß man der gesellschaftlichen und politischen Wirklichkeit keinen Einfluß auf die geselligen und künstlerischen Aktivitäten einräumen dürfe. So fordert er im Kriegsjahr 1806, im Salon der Johanna Schopenhauer, in dem er fast täglich verkehrt und dessen gesellige Formen er mitbestimmt, immer wieder dazu auf, 'den Krieg von sich abzuhalten'. Er will darüber hinaus eine gerade von den politischen Ereignissen abstrahierende Rezeption von 'Wallensteins Lager' - zweifellos gegen Schillers Intention - durchsetzen (...).[77]

Diese traditionelle Verbannung gesellschaftspolitischer Themen aus der Geselligkeitsformation des Salons, wie sie bereits in der französischen Salonkultur gegen den Widerstand von Aufklärern (vgl. die Kritik in der von Grimm mitgeteilten *Neujahrspredigt*) durchgesetzt wurde, hat - wie beschrieben - als ganz pragmatische Funktion sicherlich eine Artikulation der sozialen Interessensdifferenzen, wie sie virtuell im Salon vorhanden waren, zu verhindern, die gesellige Harmonie gegen den Einbruch des Gesellschaftlichen aufrechtzuerhalten oder überhaupt herzustellen. Aber zugleich prädestinierte diese Themenausgrenzung, da sie einem unmittelbar auf gesellschaftliche Wirkung zielenden Literaturprogramm entgegenarbeitete, den Erfolg einer Literatur und Kunst, die sich von der politischen und sozialen Realität erst einmal separierten und gesinnungsethische Ideale durch die "Schönheit" ersetzten.

---

76 Christa Bürger: Ursprung, Anm. 167, S. 82-83.
77 Ebd., S. 83.

Hatte Schiller schon auf die "wenig auserlesenen Zirkel" als sich formierendes Publikum der neuen, klassischen Literatur und Kunst in seinen *Briefen* gebaut und während seines Berlin-Besuchs, folgt man Henriette Herz, solche "Zirkel" aufgesucht, so sah auch Goethe in diesen Publikumsformationen, wie sie sich gerade in Berlin konzentrierten, die Publikumsminorität repräsentiert, die er mit seinem Werk hoffte, ansprechen zu können. Im Gegensatz zu Schiller lernte er diese Berliner Geselligkeitsstrukturen zwar nicht selbst kennen, aber an Sara von Grotthuß schrieb er am 9. Februar 1797, kurz nachdem er und Schiller durch die *Xenien* im *Musenalmanach für das Jahr 1797* offen eine polemische Front gegen all jene errichtet hatten, die die Weimarer Kunstdoktrin nicht anerkannten, er sei schon auf dem Wege zu ihr nach Berlin gewesen, um die kleine Gruppe von Anhängern dort aufzusuchen und, wenn möglich, diese Lesergruppe noch zu erweitern:

> Was werden Sie sagen? wertheste Frau wenn ich Ihnen erzähle, daß zu eben der Zeit, als Ihr freundschaftliches Röllchen auf dem Wege zu mir war, ich ihm entgegenreiste und mich Ihnen näherte.[78]

Hätte ihn nicht, beteuert er, eine Trauernachricht in Dessau erreicht und zurückgerufen, so hätte er sich "wohl verleiten lassen weiter zu gehen, Berlin zu besuchen, (...) aus der großen Masse interessanter Menschen, die sich dort befinden, zu den wenigen Freunden, deren ich mir daselbst schmeicheln kann, vielleicht noch einige zu erwerben."[79] Daß Goethe sich Frau von Grotthuß als einer ihn verstehenden Leserin versichern will in einer Zeit, da die große Menge sich von ihm verständnislos abwende, hebt dieser Brief an anderer Stelle hervor:

> Da ein Schriftsteller sich muß gefallen lassen, daß so manches wunderlich genug genommen und beurtheilt wird, so findet er sich freilich sehr getröstet, wenn seine Arbeit einmal bei einem gebildeten Individuo als Naturprodukt genommen wird, und zwar in seiner ganzen Breite und Tiefe.[80]

Dabei zielt Goethe nicht nur auf das gebildete "Individuo", sondern über dieses hinaus auf den Zirkel, dem es angehört oder vorsteht und dem er deshalb schon im voraus seine neueste literarische Produktion ankündigt:

> Bald sehen Sie wieder ein episches Gedicht von mir, dem ich eine so gute Aufnahme, auch in Ihrem Zirkel wünsche, als die Neigung stark ist, womit ich es angegriffen habe und nun bald zu vollenden hoffe.[81]

Bereits im Entstehungsprozeß von Literatur, hat Goethe "sein" Publikum demnach im Blick; weder für das große, durch die *Xenien* weiter in Abwehrstellung gegen ihn getriebene Publikum muß oder will er schreiben noch an ungewisse Adressaten. Diese Zirkel als Formationen des intendierten Publikums erleichtern, um nicht zu sagen "ermöglichen", auch die Produktion dieser Phase. Nicht zufällig schließt Goethe an den

---

78 Goethe an Frau von Grotthuß, Weimar, den 9. Febr. 1797, in: Varnhagen: Denkwürdigkeiten Bd. 4, S. 642-643, S. 642.
79 Ebd.
80 Ebd., S. 643.
81 Ebd.

Satz, der dem Berliner Salon von Grotthuß sein neuestes Werk anzeigt, einen Gruß an Rahel Levin an und ruft damit die zu dieser Zeit bereits zentrale Figur der Berliner Goethe-Rezeption (als demselben Zirkel zugehörend) auf: "Grüßen Sie Ihre Freundin (Rahel Robert), deren ich mich noch recht gut erinnere (...)."[82]

Mit dem "klassischen" Jahrzehnt endet keineswegs Goethes Anerkennung der Berliner Salonkultur als seiner Literatur adäquatem Publikums- und Rezeptionsbereich (wie Goethe ja insgesamt wenig Grund sah, seine Publikumskonzepte in dieser Zeit grundlegend zu revidieren[83]). Der zitierte Brief, mit dem der spätere Goethe auf die beiden Schauspieler Wolff hinweist, deutet in seinen Forderungen an, daß er sich seines Berliner Salonpublikums noch sicher sieht und ihr Gastspiel nutzen will, um seine neue literarische Produktion in den Salonkreisen zur Kenntnis zu bringen. Dabei ist es die - im vorhergehenden Kapitel ausführlicher erörterte - in der Salonkultur gewahrte und weiterentwickelte orale Distributionspraxis, auf die er in diesem Falle setzt, um seinem Werk (mit einer von ihm autorisierten Interpretation als mündlicher Reproduktion) Geltung zu verschaffen:

> Zum Schlusse will ich nicht vergessen, Sie auf eine kleine Arbeit von mir, Pandora, aufmerksam zu machen. Es ist ein etwas abstruses Werkchen, welches durch den mündlichen Vortrag gehoben werden muß. Herr Wolff und seine Frau werden sich ein Vergnügen daraus machen, Sie einen Abend damit zu unterhalten.[84]

Schon aus pragmatischen Gründen konnte Goethe von dem, was noch nach 1806 von der Berliner Salongesellschaft weiterexistierte, als Rezipientenkreis mit kalkulierbaren Rezeptionsgewohnheiten und ästhetischen Präferenzen nicht ablassen. Die Mobilisierung des der Salonkultur angehörenden und durch sie geformten Publikums für das Gastspiel der Wolffs, fiel damit zwar nicht mehr in die Zeit der Salongründungen als - nach Tieck - Goethes "Kirche die unterdrückt" gewesen sei[85], aber Goethes Publikum in Berlin war, was Goethe zu berücksichtigen hatte - trotz der Salonerfolge - weiter in der Minorität geblieben. Mit Ausnahme von Premieren, blieb z.B. das Berliner Theater, dem wichtigsten Indikator für Publikumspräferenzen "bei Darstellungen Goethescher Werke, fast immer leer, ob es sich nun um *Iphigenie*, um den *Tasso* oder um den *Egmont* handelt."[86] Selbst wenn eine Gruppe im Berliner Publikum stark genug geworden war, Goethe auf

---

82 Ebd.

83 Vgl. hierzu auch die Auffassung Mandelkows (Goethe in Deutschland I, S. 33), nach der Goethe das Scheitern seiner Bemühungen um die Bildung eines "klassischen" Publikums durch *Horen* und *Propyläen* im "nachklassischen Jahrzehnt mit dem erneuten Rückzug in den Wirkungsraum des kleinen elitären Kreises beantwortet" habe. Mandelkow stützt dies ab durch ein Zitat Goethes zum intendierten Publikum der *Wahlverwandtschaften*, die ja tatsächlich im Schopenhauer-Salon oder im Zirkel der Marianne Meyer-von Eybenberg in Wien (s.u.) ihr frühes Publikum fanden: "Im Brief an Reinhard vom 31.Dezember 1809 heißt es: 'Die Wahlverwandschaften schickte ich eigentlich an meine Freunde, damit sie meiner wieder einmal an manchen Orten und Enden gedächten. Wenn die Menge dieses Werkchen nebenher auch liest, so kann es mir ganz recht sein. Ich weiß zu wem ich eigentlich gesprochen habe, und wo ich nicht mißverstanden werde.' Goethe hat diesen privaten Wirkungsraum mit Hingabe und Selbstverleugnung gepflegt. Er mußte ihm jene Öffentlichkeit ersetzen, die ihm das deutsche Publikum versagte."

84 Goethe an Frau von Grotthuß, Weimar, den 17. Apr. 1811. a.a.O., S. 647.

85 Zit. nach Mandelkow: Goethe in Deutschland I, S. 25.

86 Weil: Theaterpublikum, S. 158-159.

dem Spielplan durchzusetzen, sie blieb zahlenmäßig offensichtlich gegenüber den Besuchern von Stücken Kotzebues oder Ifflands zu schwach, um ihm - Goethe - über mehrere Aufführungen hinweg ausreichend Zuschauer zu sichern. "Goethe", so kann deshalb Iffland noch 1813 versichern, "hat nicht die Mehrheit für sich (...)."[87]

2. Die unbestritten wichtigste Verbindung zwischen Goethe und der Wiener Salongesellschaft verlief über die Schwester von Sara von Grotthuß, Marianne (Meyer) von Eybenberg, die Goethe 1795 gemeinsam mit ihrer Schwester und ihrer Kusine Rahel Levin in Karlsbad kennengelernt hatte. 1799 siedelte diese von Berlin nach Wien über und setzte dort ihre Salontätigkeit fort. Von Varnhagen wurde sie als "Mittelpunkt angenehmer und bedeutender Geselligkeit" beschrieben.[88] Wenn im zweiten Band der Briefanthologie *Goethe und Österreich*, herausgegeben von August Sauer,[89] der Briefwechsel zwischen Goethe und dieser Salondame der umfangreichste ist, zeugt dies von deren Bedeutung für die frühe Rezeptionsgeschichte Goethes in Wien. Immer wieder ist in der Korrespondenz die Rede davon, daß Goethe Marianne Meyer regelmäßig über sein literarisches Schaffen informiert und ihr seine neuesten Werke zukommen läßt. Bisweilen bittet die Salondame ihn auch um eine direkte Zusendung (häufig auch, weil der Buchhandel der Zensur wegen als Bezugsquelle nicht in Frage kommt[90]). An solche Bitten - vor allem "die neuesten Stücke der Propyläen" nicht rasch genug zu erhalten, bedauert sie mehrmals[91] - knüpft Marianne Meyer häufig eine Schilderung der von ihr organisierten Goethe-Rezeption in Wien, wobei der Bezug auf Goethe als wichtigstes Element bei der Salonkonstituierung hervortritt:

> wir versamlen um uns herum was *hier* am interessantesten ist, viel biethet sich nicht dar in dieser glänzenden Kayserstadt. Der Kreis ist eng, wir müßen uns mit Funcken begnügen, am Licht der hellen Flamme uns ergötzen, ist uns versagt, jedoch erfreuen wir uns im Stillen der *Meteore* die entfernt von uns glänzen, ihr Schein erleuchtet die Finsterniß in der wir uns befinden, nicht selten, und der Strahl erwärmt oft unser Herz (...).[92]

---

87 Ebd., S. 159.
88 Varnhagen: Denkwürdigkeiten, Bd. 4, S. 638.
89 August Sauer (Hg.): Goethe und Österreich.
90 Am 10. Oktober 1800 berichtet sie beispielsweise an Goethe, seine Voltaire-Bearbeitung des *Mahomet* sei durch die Zensur auf dem Wiener Theater verboten worden, weil man "in einigen Zügen Ähnlichkeit mit Bonaparte gefunden hat". Mariane von Eyenberg an Goethe, in: Sauer (Hg.): Goethe und Österreich, Bd. 2, S. 115-121, S. 118. Goethe gibt der Salondame als Bezugsquelle seiner Schriften Retzer an, und noch fünf Jahre später, als Goethe sie über seine weiteren Arbeiten informiert, verweist er sie an diesen: "Ich habe diesen Winter mitten durch mancherley physische Übel ein paar Linien litterarischer und ästhetischer Thätigkeit gezogen. Gern schickte ich Ihnen zwey Bände, wenn mir nicht das Porto und die Censur Sorge machten. Können Sie aber etwa durch Herrn von Retzer oder sonst zu nachstehnden verbotenen Bücher kommen; so soll es mich freuen zu erfahren, daß ich Ihnen einige Stunden Unterhaltung gegeben habe. *Winckelmann/und/die/Kunstgeschichte seines Jahrhunderts. Rameau's Neffe/Dialog/von Diderot./* aus dem Manuscripte übersetzt und mit Anmerkungen/begleitet." (Goethe an Marianne von Eybenberg, Weimar, den 26. Apr. 1805, ebd., S. 182-185, S. 183-184).
91 Vgl. Briefe Frau von Eybenberg an Goethe, Wien, den 20. Sept. 1799 ,ebd., S. 112-115, S. 114, und den 10. Okt 1800 ,ebd., S. 115-121, S. 119.
92 M. von Eybenberg an Goethe, Wien, den 10. Okt. 1800, a.a.O., S. 117.

So verweist sie auf die gemeinsame Goethe-Lektüre mit ihrer ersten Wiener Bekannten, Gräfin Salis, deren Umgang Ausgangspunkt ihres Salons wurde:

> ich habe mit meiner Freundin Ihre Werke wieder gelesen, sie kannte vieles nicht, sie fand sich wie in einer neuen Welt versezt, Französische Litteratur hatte sie vorzüglich (gelesen): durch Sie lieber Goethe öffnete sich ihr ein weites blühendes Feld - ich ergötzte mich an der Art wie sie alles auffaßte, verstand, und genoß; mit welcher Feinheit sie bemerckte, urtheilte, und fühlt daß Sie sogleich den Geist erheben, und bilden - Sie sehen Guter, daß Sie mich in jedem Sinn beschäftigen - und gut auf uns Beide würken![93]

Zu einer tieferen Kenntnis seiner Werke sei sie, wie sie Goethe mitteilt, durch die Freundschaft mit Gentz gekommen, der bei ihr nicht nur die Werke Goethes lese, sondern auch diskutiere und auslege. Für Sauer sind es folglich auch Marianne Meyer-von Eybenberg und Gentz, die "den Goethe-Cultus von Berlin nach Wien" übertragen haben, und er fährt fort: "Sie (Meyer-Eybenberg - PS) wurde in beschränkterem Maße für Wien, was Rahel für Berlin war."[94] Ob der Begriff "Cultus" zur Charakterisierung ihrer auf Aufhebung von Distanz drängenden Beziehung zu Goethe gerade im Vergleich mit der Goethe-Rezeption des Rahel-Salons gerechtfertigt ist, bleibt anzuzweifeln, aber die wichtige Vermittlerfunktion dieser jüdischen, gesellschaftlich arrivierten Salondame für Goethes Werke auch gegenüber anderen Zirkeln in Wien, mit einer sozialen Ausweitung des Goethe-Publikums bis in die Goethe gegenüber reservierten aristokratischen Kreise hinein, ist unbestritten:

> In der hohen aristokratischen Gesellschaft, in der sie verkehrte, im Kreise der Herzogin von Kurland, beim Fürsten v. Ligne, (...), im Haus Czernin, (...) verkündete sie den Ruhm von Goethes Persönlichkeit und wirkte auf diese Weise auch für das bessere Verständnis seiner Dichtung, die sie gegen Einwendungen und Angriffe leidenschaftlich verteidigte.[95]

Goethes Kontakte zu Wiener Salons verbreiterten sich, als er 1808 in Franzensbad zwei weitere Salondamen kennenlernte, Cäcilie von Eskles, Schwester Fanny von Arnsteins, und ihre Schwägerin Eleonore von Fließ. Letztere hatte nach mehrjährigem Auslandsaufenthalt, durch den sie auch mit den Berliner Salonkreisen bekannt gemacht worden war, 1802 in Wien einen wöchentlich tagenden Salon eröffnet, in dem zeitweilig A.W. Schlegel, Varnhagen, Karoline Pichler verkehrten. Mit beiden Salondamen hielt Goethe eine mehrjährige Korrespondenz aufrecht; über Frau von Fließ kam es schließlich

93 Ebd., S. 118.

94 Sauer: Goethe und Österreich, Bd. 2, S. LIV.

95 Ebd. Wobei hier - wie bei Rahel - der Kampf gegen die "Ifflandiaden" und "Kotzebujaden" (vgl. Brief vom 5. März 1803, ebd., S. 146-151), zeitweilig einen besonderen Stellenwert hatte. Die engste Beziehung zwischen dieser Salondame als Literaturrezipientin und Goethe als Literaturproduzent entwickelte sich offensichtlich bei der Entstehung der *Wahlverwandtschaften*. Im Brief an Marianne von Eybenberg vom 16. Juni 1809 aus Weimar informierte Goethe sie über die Weiterarbeit am zweiten Teil des Romans (ebd., S. 227-228, S. 228); am 1. Oktober desselben Jahres folgte von Goethe der Brief, der die Drucklegung der *Wahlverwandtschaften* anzeigt und Frau von Eybenbergs inspirierende Teilnahme würdigt: "Der Roman, den Sie durch Ihre Teilnahme so sehr gefördert haben, ist nun bald völlig abgedruckt und wird seinen Weg auf die Leipziger Messe nehmen. (...) Gedenken Sie mein unter dem Lesen, gedenken Sie der guten Tage, in welchen dieses Werkchen größtentheils in Ihrer Nähe entstand." Goethe an Marianne von Eybenberg, Jena, den 1. Okt. 1809, ebd., S. 228-229, S. 229.

auch zu einer Korrespondenz zwischen Goethe und Karoline Pichler, der vierten Wiener Salonorganisiatorin, mit der Goethe persönliche Verbindung aufnahm. Daß die Briefwechsel mit diesen drei Salondamen literarischen Entwicklungen insgesamt deutlich weniger Aufmerksamkeit schenken, als die Korrespondenz Goethe-Eybenberg dies tut, daß vor allem Goethes Werke selbst keine besondere Referenzbedeutung für die Kommunikation haben, zeigt an, daß selbst über die Salons, die als primäre Wiener Publikumsformationen für Goethe fungierten und in denen mit Aufmerksamkeit seine Neuerscheinungen aufgenommen wurden, die Weimarer Literatur an der Donau nur mit Mühe durchzusetzen war.

6.2.3 Zum Goethe-Kult der Varnhagens

Rahel Levin Varnhagens Skepsis gegenüber dem breiten Publikum läßt sich durchaus in Analogie zur Haltung Schillers und Goethes sehen. Es ist vor allem Varnhagens Publikation *Über Wilhelm Meister's Wanderjahre*, aus der eine Kompatibilität der Publikumsvorstellungen in der Berliner Salonkultur (wie sie von den Varnhagens repräsentiert wurde) und derjenigen der Weimarer zu schließen ist. Varnhagen hat diese Konzeption indirekt noch einmal bestätigt in seiner Zusammenstellung von Rezeptionszeugnissen zu Goethe 1823, *Goethe in den Zeugnissen der Mitlebenden*, und expliziert in seiner Besprechung zum *Briefwechsel zwischen Schiller und Goethe in den Jahren 1794 bis 1805. Erster und zweiter Theil* (Stuttgart/Tübingen 1928).[96] Diese Besprechung läßt sich infolgedessen auch lesen als öffentlicher Legitimationsversuch der Salons, insbesondere von deren Rezeptionshaltung gegenüber Goethe her. Bezeichnenderweise beginnt Varnhagen seine Rezension mit einem Zitat Schillers zu Goethes *Wilhelm Meister*, das die Leserschar aufspaltet in "würdige und unwürdige", wobei der "würdige" als der "produktive" Leser definiert ist. Indem sich Varnhagen zustimmend auf ein Zitat Goethes beruft, das gleichfalls das Produktivitätspostulat gegenüber dem Leser erhebt, fährt er fort:

> Das Resultat eines solchen Buches muß immer die eigene freie, nur nicht willkürliche Produktion des Lesers sein; es muß eine Art von Belohnung bleiben, die nur dem Würdigen zu Theil wird, indem sie dem Unwürdigen sich entzieht! Indem wir diesen Spruch Schiller's über Wilhelm Meister's Lehrjahre, nebst der verwandten Äußerung Goethe's: 'daß sich der Leser produktiv verhalten muß, wenn er an irgend einer Produktion Theil nehmen will', aus diesem Briefwechsel heraus an die Spitze unserer Anzeige stellen, geben wir dem Leser schon den ganzen Sinn dieser letztern.[97]

Wenn diese von Varnhagen übernommenen Aussagen zur geforderten Rezeptionshaltung und zum Publikum generell "bei einem kunstgebildeten Ganzen"[98] Geltung beanspruchen können, dann um so mehr dort, wo dieses "Ganze", wie es bei Goethe und Schiller der Fall sei, seine höchste Vollendung erreicht. Folglich ist es nur der "würdige Leser", den Varnhagen als Rezipienten des *Briefwechsels* toleriert, während er

96 Die Rezension des *Briefwechsels* wurde aufgenommen in K.A. Varnhagen: Zur Geschichtsschreibung und Litteratur, S. 174-188; danach hier zitiert.
97 Ebd., S. 174.
98 Ebd.

der "blöden Menge" Goethe und Schiller verweigern will: "mit dieser Menge haben wir es hier nicht zu thun; es mag zuweilen nöthig sein, ihr strafend entgegenzutreten, aber sie nur laufen zu lassen, ist in den meisten Fällen schon genug."[99]

Bereits ein halbes Jahrzehnt zuvor hatte Varnhagen in der *Vorerinnerung* zu *Goethe in den Zeugnissen der Mitlebenden* - Zeugnisse, die "produktive" Rezeption dokumentieren - "Würdigkeit" als Kriterium mit selektierender Funktion für das Goethe-Publikum eingeführt und ein "immer gleiches Interesse" dieser "Würdigen" vom ersten Auftreten (Goethes - PS) bis auf den heutigen Tag, unter allem Drängen und Wogen der Zeiten"[100] behauptet, was nur zutraf, wenn er den Kreis der "Würdigen" von vorneherein auf eine kleine Publikumsgruppe eingrenzte. "Würde" ist dabei nicht an die gesellschaftliche, akademische oder literarische Reputation des Zeitgenossen gebunden; soziale Hierarchien und professionelle Verdienste werden hinfällig, wo es um die Zugehörigkeit zur Goethe-Gemeinde geht:

> Aber dem reichen Kranze schöner Namen, die hier (in der Anthologie - PS) leuchten, wurden absichtlich, wenn auch manche vielleicht weniger bedeutende, doch keine unwürdigen eingeflochten.[101]

Absichtlich eingeflochten wurden vor allem Dokumente der Annäherung an Goethe durch Rahels Jugendfreund David Veit[102], ein - einigermaßen miserables - Huldigungsgedicht Ludwig Roberts an Goethe von 1803[103], einige Texte Varnhagens und der Brief des Prinzen Louis Ferdinand vom Jahre 1805, in dem er an Rahel mitteilen läßt, er habe nun Goethe "wirklich kennen gelernt", und daran die Hoffnung geknüpft, er sei der "Kleine(n)" jetzt "unter Brüdern dreitausend Thaler mehr werth!"[104]

Vor allem aber fügte Varnhagen seiner Anthologie als größtes zusammenhängendes Zeugnis für "produktive" Goethe-Rezeption den Text *Aus Briefen* (von Rahel Levin Varnhagen) bei mit der Verfasserangabe "Ungenannt". Aber nicht nur vom Umfang her wird die in diesen *Briefen* manifeste Goethe-Aneignung hervorgehoben und damit auch der von "Ungenannt" organisierte Kommunikationskreis an führender Stelle unter die "Würdigen" gezählt. Unterstrichen wird dieser Rang auch dadurch, daß die Rahel-Briefe im Zentrum der Anthologie plaziert sind. Sie fungieren zudem als Beweis für die Varnhagen-These, daß der Kreis der "Würdigen" über die Zeiten hinweg (von 1794-1822) an seinem positiven Urteil zu Goethe unerschütterlich festgehalten habe. Wenn Varnhagen über alle Brieffragmente die Ortsangabe setzt - von den zehn Briefen Rahels ist dies achtmal "Berlin", diese sich "Weimar" gegenüber weitgehend verschließende Stadt -, betont dies zusätzlich die spezifische Relevanz der hier dokumentierten Anerkennung von Goethe für dessen Rezeptionsgeschichte, in der über das Werk hinaus

99 Ebd., S. 175.
100 K.A. Varnhagen (Hg.): Goethe in den Zeugnissen der Mitlebenden. Beilagen zu allen Ausgaben von Goethe's Werken. Erste Sammlung. Zum 28. August 1823, Berlin 1823, S. IV.
101 Ebd.
102 Ebd., S. 41-45.
103 Ebd., S. 93-94.
104 Ebd., S. 62.

die Person des Dichters verehrt und zum Gegenstand des Kultes werden konnte. Inwieweit tatsächlich diese die Dichterpersönlichkeit auratisierende Rezeptionshaltung in der Publikation selbst Ausdruck findet, läßt sich bereits ablesen an ihrem Untertitel, der sie als Hommage zu Goethes Geburtstag deklariert: "Zum 28. August 1823"!

1. Daß Varnhagen mit *Goethe in den Zeugnissen der Mitlebenden* tatsächlich den Goethe-Kult Rahels reproduzierte, bei dem Rahel die "Auseinandersetzung mit dem Gehalt einzelner Werke weniger interessierte als die intuitive Erfassung der als Totalität erlebten historischen Gestalt"[105], ließe sich anhand einer ganzen Reihe von Beispielen illustrieren: Sie reichen von der Bedeutung, die ebenfalls Goethes Geburtstag für sie hatte, über die Fetischisierung einer Schreibfeder Goethes bis hin zu Affinitäten zu Frankfurt/Main als dessen Geburtsstadt. Weil sich ihre Verehrung auf die "Totalität" Goethes bezieht, richtet sie ihr besonderes Interesse notabene auf Goethes *Dichtung und Wahrheit*, wird ihre Geselligkeit zeitweise zum Auslegungsort dieser autobiographischen Schrift:

> Manchmal gelingt es mir, mit zwei Worten an Stellen im Buche selbst zu verweisen; 'Ueberlesen Sie doch nicht, welchen Rath Ihnen Goethe selbst giebt, den Gesichtspunkt, den er für solche Biographien angiebt, daß er die Zeit schildert in bewußter meisterhafter Unschuld: zeigt und sagt, wie sich ein Mensch in und an ihr entwickelt, entwickeln muß und kann.'[106]

Um mit ihr über *Dichtung und Wahrheit* zu reden, schreibt Rahel, suche man sie auf. Gerade das Begreifen dieser autobiographischen Schrift scheint ihr der Schlüssel zum umfassenderen Werkverständnis zu sein und geeignet, den Kreis der Goetheaner zu erweitern:

> So frug mich Graf Egloffstein eigends in einem dazu angestellten Besuch: 'Was denken sie von Goethe's Leben?' Erst wollt' ich nicht reden: er brachte mich doch dahin. Ich konnte ihm in sehr klaren, bündigen - nicht meine Force - Worten eine ordentliche Erklärung vortragen; er froh am Ende: 'Sie haben Recht, nun weiß ich, was er meint.' Der muß mir nun in die Lesekabinette, und das Casino und seine tausend Gesellschaften.[107]

Marwitz, mit dem sie u.a. ebenfalls *Dichtung und Wahrheit* und die *Propyläen* liest und diskutiert[108], gesteht sie, "alle Worte von Goethe kämen (ihr) ganz anders vor, wenn er sie sagte, als wenn auch andere Menschen diesselben sagten: als Hoffnung, Treue, Furcht etc."[109] - auch dies ein Indiz, wie sehr sie von einer Einheit von Schöpfer und Werk ausgeht. "Goethe", schreibt Käte Hamburger, "war ihr das Maß der klassischen Humanität errungener Harmonie"[110]. Sein Dasein sieht Rahel als vorbildhaftes, zum Nachleben aufforderndes. Der "Mensch" Goethe in seiner hohen Vollendung, "(d)ieser vollständigste *Mensch*"[111], hält zur Identifikation an: "Niemanden hat Goethe so durch-

---

105 Christa Bürger: Ursprung, S. 94.

106 Rahel an Varnhagen in Prag, Berlin, den 11. Jan. 1812, in: Briefwechsel Varnhagen-Rahel II (Rahel-Bibliothek IV, 2), S. 215-222, S. 218.

107 Ebd., S. 218-219.

108 Rahel an Varnhagen in Prag, Berlin, den 26. Dez. 1811. Ebd., S. 205-208, S. 206.

109 Rahel an Marwitz, den 5. Jan. 1812,in: Kemp: Umgang, S. 151-155, S. 153.

110 Hamburger: Rahel und Goethe, S. 200.

111 Rahel an Ludwig Robert in Karlsruhe, Berlin, den 9. Feb. 1822, a.a.O., S. 62.

strömt, wie Herzblut selbst, als mich"[112], heißt es in dem Brief an Brinckmann, als sie sich ihm als Verfasserin der *Briefe* in den *Zeugnissen der Mitlebenden* zu erkennen gibt. Eine solche Identifikation wird auch von Varnhagen bezeugt, wenn er zu Rahels Reaktion auf die Nachricht von Goethes (angeblichen 1823) Tod notiert:

> Niemand war schrecklicher niedergebeugt, als meine arme Rahel, die auf andere Weise, als dies gewöhnlich gesagt werden kann, ihr Leben mit jenem Dichter und Weisen zugebracht, ihr Herz und Geist mit dem seinigen verwebt gefunden hatte.[113]

Ihre Misere als Jüdin, als Frau wird aufgehoben durch die Gleichsetzung mit diesem als exemplarisch gewürdigten Leben, ihre gesellschaftliche Randposition verliert[114], da sie "Goethe" als Umgang hat, an lebensbedrohender Wirkung. "Weil er deutend einzugreifen versteht in die Fülle des Daseins"[115], wird er Rahel zum sinnstiftenden, Hoffnung spendenden Freund, wie sie in einem schwärmerischen Bekenntnis offenbart:

> Ein jedes Fest war sonst ein neuer Band *Goethe* bei mir; ein lieblicher, herrlicher, geliebter, geehrter Gast, der mir neue Lebenspforten zu neuem, unbekannten, hellen Leben gewiß erschloß. Durch all mein Leben begleitete der Dichter mich unfehlbar, und kräftig und gesund brachte der mir zusammen, was ich, Unglück und Glück zersplitterte, und ich nicht zusammenhalten vermochte. Mit seinem Reichtum machte ich Kompagnie, er war ewig mein einzigster, gewissester Freund; mein Bürge, daß ich mich nicht nur unter weichenden Gespenstern ängstige, mein superiorer Meister, mein rührendster Freund, von dem ich wußte, welche Höhen er kannte! - kurz, mit ihm bin ich erwachsen, und nach tausend Trennungen fand ich ihn immer wieder, er war mir unfehlbar; und ich, da ich kein Dichter bin, werde es nie aussprechen, was er mir war![116]

Die behauptete Idealität des historischen Individuums Goethe und ein Geselligkeitsprogramm, das durch temporäre Annullierung der gesellschaftlichen Zwänge dem Individuum Gelegenheit zu geben versprach, sich in dieser Idealität oder in der Annäherung an diese in einem sozialen Kontext selbst darzustellen, diese Idealität begrenzt zu leben, verweisen aufeinander. Von hier aus erklärt sich, daß der Beteiligung an dieser Goethe-Verehrung gemeinschaftsstiftender Charakter in hohem Grade zukommen mußte, erklärt sich, warum die Befürwortung des und die Partizipation am Goethe-Kult für Rahel unabdingbares Kriterium von "Salonfähigkeit" war. So konnte sie in der frühen "Dachstube" die Kooptation Burgsdorffs eben wegen dessen positiver Einstellung zu Goethe begrüßen:

> 'Was ist interessanter als ein neuer Mensch?' Also Herr von Burgsdorff zuerst. Ich danke Ihnen (Brinckmann - PS); für die Idee, mir seine Bekanntschaft machen zu wollen. Sagen Sie ihm, wir kennten uns schon. Goethe wäre der Vereinigungspunkt für alles, was *Mensch* heißen kann, und will; ich hoffe aber unsre nähere

112 Rahel an Brinckmann, Berlin, den 24. Apr. 1824, in: Kemp: Umgang, S. 116-118, S. 118.
113 Zit. nach Kraft: Carl Gustav Jochmann, S. 68.
114 Vgl. dazu bereits Spenlé: Rahel, S. 20.
115 Christa Bürger: Ursprung, S. 97.
116 Rahel an Varnhagen, den 22. Juli 1808, in: Briefwechsel Varnhagen - Rahel 1 (Rahel-Bibliothek IV, 1), S. 16-18, S. 17.

> Bekanntschaft würde sich noch weiter zu meinem Vergnügen, und gewiß mit *keiner* Unannehmlichkeit für ihn, ausbreiten ... Apropos, sagen Sie doch Burgsdorff, daß ich sauvage bin, und daß man alles mit mir sprechen kann, damit wir das eklige Bekanntwerden übergehen, und gleich *à notre aise* sind.[117]

Das "Sauvage-sein", d.h. den Salon außerhalb der den "Menschen" behindernden und verhindernden Konventionen aufzubauen, wird - ex negativo - von Rahel noch einmal an anderer Stelle assoziativ mit ihrem Goethe-Kult verbunden, wo sie gegen die Mirabeau-Rezeption polemisiert, wie sie sich in jenen aristokratischen Salons durchgesetzt habe, die an den Konventionen festhielten und damit gesellschaftliche Repressionen auf geselliger Ebene reproduzieren müssen:

> Ihm (Mirabeau - PS) glaub' ich; und nicht seinen Beurtheilern! was wissen diese Diplomaten-Emigranten-Seelen: die die ganze Natur, die aller Dinge, zu ihrem Titel gebrauchen wollten: und wenn sie ihn haben, keinen Zweck finden können, wozu sie ihn wollten; und einen neuen im Salon suchen, 'wo dem *gebundenen* Gespräch das *traurige* Spiel folgt!' Es lebe Goethe ewig! und bei aller Gelegenheit.[118]

Verständlicherweise nimmt Goethe auch in Rahels Rückschau auf den ersten Salon den zentralen Platz ein, rekonstruiert sie gleichsam das untergegangene Salonprojekt in der Retrospektive von Goethe her:

> Aber *Du* (Varnhagen - PS) hast für mich geweint in der Jägerstraße! Ja. *Da* ist mein Mausoleum. Da hab' ich geliebt, gelebt, gelitten, mich empört. Goethe'n kennen lernen. Bin mit ihm aufgewachsen, hab ihn unendlich vergöttert! da wacht' ich und litt viele viele Nächte durch: sah Himmel, Gestirne, Welt, mit einer Art von Hoffnung. Wenigstens mit heftigen Wünschen: war unschuldig; nicht unschuldiger als jetzt, dachte aber, alle Leute seien vernünftg, können es sein. (...) Wir gehen noch Einmal *zusammen* vor dem Dachfenster vorbei! 'Ach! Wer ruft nicht *so* gern Unwiederbringliches an!' - 'Reich' ich Dir doch kaum bis an die Schultern.' sagt auch Goethe einmal von der Erfüllung der Wünsche.[119]

Die "Art von Hoffnung", mit der sie diese auf Goethe ausgerichtete Geselligkeit organisierte, bestand in dem Versuch der praktischen Einlösung jenes von Weimar propagierten Humanitätsideals in einem Raum der Absage an die gesellschaftlichen Normen und der Verheißung der harmonisch ausgebildeten Individualität (ohne eine noch oder wieder als illusionär erscheinende gesellschaftliche Veränderung). Indem sie die gesellige Enklave zum Gegenentwurf von gesellschaftlich determinierter Alltagserfahrung ausstattet, schränkt die von Rahel praktizierte Goethe-Rezeption mit ihrer Ausstrahlung in die verschiedenen anderen Zirkel kaum, wie Christa Bürger es nahelegt[120], die gesellschaftliche Wirkung der Klassik ein auf die Dimension subjektiver Identitätsbildung, sondern eröffnet dem Weimarer Neuhumanismus, da die politischen und sozialen Verhältnisse seine breite Umsetzung verhindern, die gesellige Formation der Salons als sozialen, wenngleich von der Gesellschaft abgesonderten engen Realisierungsbereich.

---

117 Rahel an Brinckmann, Teplitz, August 1795, in: Rahel im Umgang, S. 93.

118 Rahel an Varnhagen in Holstein, Prag, den 13. Dez. 1813, in: Briefwechsel Varnhagen-Rahel 3 (Rahel-Bibliothek IV; 3), S. 238-241, S. 239.

119 Rahel an Varnhagen in Berlin, Frankfurt/M., den 1. Nov. 1817, in: Briefwechsel Varnhagen-Rahel 5 (Rahel-Bibliothek VI, 5), S. 272-274, S. 274.

120 Christa Bürger: Ursprung, S. 101.

Damit war für die *Versöhnung* des klassischen Humanitätideals mit sozialer Praxis allerdings ein Teilbereich angegeben worden, der eine Erweiterung des Wirkungsfeldes nicht zuließ, sondern der selbst wiederum unter "Kunst" zu subsumieren war. Das bedeutete, daß das Kunstprogramm Weimars über den Goethe-Kult der Salons seine praktische Wirksamkeit selbst nur wieder in einem Kunstbereich entfalten konnte. Dies setzte zwar die diesem Kunstprogramm als angemessen beschriebene Säuberung von der Profanität des Alltagslebens voraus, verlagerte aber das Problem der Versöhnung von Kunst und Lebenswirklichkeit (das in der Person Goethes gelöst schien) auf die Trennlinie zwischen Salon und "normalem" Lebensvollzug. Die "heftigen Wünsche", deren Erfüllung an die "Dachstube" geknüpft waren, mußten sich, was ihre lebenspraktische Einlösung anlangte, als illusionistische erweisen - ohne daß daraus die Konsequenz gezogen wurde, den Goethe-Kult als Konstituum des Rahel-Salons aufzugeben. Wenn dieser auch noch nach Rahels selbst formulierter Desillusionierung als Kreis von Goetheanern zusammentrat, mußte diese den Umgang mit dem Weimarer zweifellos jene neuen Akzente verleihen, wie sie als Repräsentationskomponenten in der Forschung beschrieben wurden.

2. Von der seit Beginn der Restaurationszeit verstärkten Einbeziehung von Salons in die noch schmale, auch dem Bürgertum zur Verfügung stehende Palette kultureller Repräsentationsgesten (über welche, bedingt durch die Restauration, ein deformierter bürgerlicher Anspruch auf eine gesellschaftliche Rollenneuzuweisung angemeldet blieb), ist auch der Salon Varnhagen betroffen gewesen. Die Funktionsverschiebung der Salons mit der Verstärkung kompensatorischer und repräsentativer Tendenzen hat zweifellos die Aneignung Goethes als vorzeigbarer, bildungsbürgerlicher Besitz selbst bei Rahel gefördert, was durch die Weimarer Kunstdoktrin selbst - die ja repräsentativen Momenten, wie es in Schillers *Briefen* zu sehen ist, durchaus Platz eingeräumt hatte - erleichtert wurde. Offensichtlich im Gegensatz zur Entfaltung der literaturkritischen Praxis des Varnhagen-Kreises wird im "Goethe-Erlebnis" ein Literaturkomplex als bereits kanonisierter ausgegrenzt. Daß der Goethe-Kult, auch wie er im zweiten Salon erscheint, nicht in einem reinen Personenkult erstarrt ist, der die Einheit von Schöpfer und Werk durch die Negierung oder Zurückstellung der Literatur aufgibt, hat Varnhagen in seiner Einleitung zum *Buch des Andenkens* mit Recht hervorgehoben. Die Goetheverehrung Rahels habe immer basiert auf der "wesentliche(n)" Bekanntschaft mit dem Genius, "die das Lesen seiner Schriften gab"[121] (während die persönlichen Begegnungen mit dem Idol, die allesamt etwas von Desaster an sich hatten, als "zufällige" von Varnhagen selbst abgewertet werden[122]). Mandelkow hat infolgedessen den Stellenwert der Aussagen Varnhagens und seiner Frau zu Werken Goethes für eine "Interpretationsgeschichte" der Weimarer

121 Buch des Andenkens I, S. 22.
122 Ebd.

Klassik noch einmal betonen können.[123] Die fortgesetzten Interpretationsbemühungen setzten die Goethe-Rezeption im Varnhagen-Kreis gleichzeitig ab von jener, wie sie, von der persönlichen Begegnung geprägt und von daher eindeutiger noch an der Person Goethes orientiert, etwa durch Bettina von Arnim repräsentiert wurde.[124]

Daß solche Salons wie der Varnhagensche dem Weimarer Kunstprogramm verpflichtet blieben, brachte diese in einen gewissen Widerspruch zur Restauration. Dieser Politik mußte die Absage an kunstautonome Vorstellungen, die abgelöst wurden von der Forderung nach Einlösung gesellschaftlich-didaktischer Kunstprogramme, inhärent sein. "Das humanistische Plädoyer für eine autonome Ästhetik", bemerkt Hohendahl, "wurde von den Konservativen ausdrücklich oder implizit zurückgenommen. Hier berührt man sich mit der militanten protestantischen und katholischen Restauration, die das liberale Literaturprogramm pauschal ablehnte und durch ein dezidiert christliches ersetzen wollte."[125] Nicht zuletzt durch die Ausgestaltung des Goethe-Kults wächst dem Salon, indem er sich den neuen, konservativen Kunstpostulaten versagt, Liberalität zu. Mandelkow hat sein rezeptionsgeschichtliches Kapitel über die Aufnahme Goethes durch die Varnhagens mit "Liberaler Goethekult" überschrieben[126]. Dieser Kult ist nicht nur gestiftet von Repräsentanten des frühen Liberalismus, sondern sichert den literarisch-geselligen Umgang vor dem Eindringen restaurativer ästhetischer Dogmen ab. Noch bevor die Angriffe von jungdeutscher Seite die Rezeptionssituation bezogen auf Goethe weiter komplizierten, wurden die Gegensätze in der Goethe Bewertung dadurch akzentuiert, daß es zum einen der Briefwechsel zwischen Goethe und Schiller war, der die Ablehnung der konservativen Seite provozierte, eine Textsammlung, die im Varnhagen-Salon dagegen auf großes Interesse und Zustimmung stieß und deren öffentliche enthusiastische Besprechung Varnhagen nutzte, um die Goethe-Rezeption in ihrer kultischen Ausformung zu bekräftigen. Und es sind zum zweiten die von Goethe selbst primär für seinen Freundeskreis bestimmten, auch die Geselligkeit reflektierenden *Wahlverwandtschaften*, die jetzt unter den Beschuß der restaurativen Goethe-Gegner gerieten. Von Metternich selbst sind gesellschaftspolitische Implikationen des Goethe-Kultes, wie er von Rahel und ihrem "hinterlassenen Gatten" praktiziert worden sei und werde, benannt worden: "Herr Varnhagen ist ein Ideolog und mir fällt die Gemeinschaft des Kultus für *Goethe* auf, da ich den hinterlassenen Gatten der Rahel kenne, zu welchem sich heute die neue Literatur auf jene den alten Dichter vergötternden Weise bekennt. In dem Treiben der jungen Literatoren mit dem St. Simonismus liegt das Gemeinsame, daß beide Sekten sich *einen Gott* zu schaffen bemühen: Goethe soll augenscheinlich in

123 Vgl. die Bedeutung, die er der *Meister*-Interpretation zumißt.

124 Vgl. z.B. Susman: Die Frauen der Romantik (S. 147): "Nie darf man es Bettina vergessen, daß sie es war, die in einer dichterisch seichten Zeit wo Goethe als Wirklichkeit vergessen und noch sein Name lebendig war, ein mächtiges lebendiges Bild von ihm dem Menschen wieder sichtbar gemacht hat."

125 Hohendahl: Literaturkritik in der Epoche des Liberalismus, S. 159. In *Mörikes Maler* Nolten (1832) sind es bezeichnenderweise die Anhänger der Restauration, die im Salon Zarlin das dort vorgelesene Orplidspiel als literarisch autonomes nicht mehr zu rezipieren willens oder in der Lage sind; aufgrund dieser "Fehlinterpretation" werden die beiden Künstler, Nolten und Larkens, gefangengesetzt.

126 Mandelkow: Goethe in Deutschland, Bd. 1, S. 73.

Deutschland die Rolle des ebenfalls verstorbenen St. Simon für die Franzosen spielen", schreibt er am 30. November 1835 an den Fürsten Wittgenstein.[127] Über die Widersprüche der "jungen Literatoren" zu Goethe geht Metternich - damit auch die Grenzen der Gesellschaftskritik des Goethe-Kultes verschweigend - hinweg und erklärt gegenüber Wittgenstein gleichfalls die *Wahlverwandtschaften* zum Vorläufer und Inspirator der Jungdeutschen:

> Goethe hatte (...) nur wenig rein moralische und religiöse Begriffe; er war ein Sinnenmensch und seine *Wahlverwandtschaften* sind ein höchst unmoralisches, der neuen Religion des Fleisches hinneigendes Buch.[128]

So muß das Beharren auf dem Goethe-Kult von den Vertretern der Restauration als politisch dimensionierte Antwort auf ihre Politik verdächtigt werden.

Aus den *Tagebüchern* Varnhagens ergibt sich, daß ihr Verfasser die Goethe-Rezeption in den Salons auch nach dem Tode Rahels fortsetzte, er dabei aber auf Schwierigkeiten stieß. Am 6. April 1838 notiert er den Besuch im Salon von Frau von Froloff:

> Ich war leidend und nahm wenig Theil am Gespräch, doch gab der *Wilhelm Meister*, mir Anlaß zu einigen Bemerkungen, die indes wenig Eingang fanden. Ich vertheidigte das Wesen Wilhelm's; aber ich spreche es nur Goeth'n und Rahel'n nach, daß reine Liebenswürdigkeit und ächter guter Willen die höchsten menschlichen Eigenschaften sind, gegen welches alles thatkräftige Heldentum mit seinem Glanz zurücktritt.[129]

Diese Tagebucheintragung ist bemerkenswert auch insofern, da Varnhagens *Meister*-Interpretation ausgerechnet in einem der von ihm häufiger frequentierten Salons nicht konsensfähig scheint. Wenn dieser Zirkel sich weigert, Varnhagens Interpretationen zuzustimmen, ja ihr überhaupt Gehör zu schenken, liegt dies weniger in einem Wandel der Zirkel bzw. dieses konkreten Zirkels begründet, sondern in einem geänderten Zugang, den Varnhagen zum *Meister* gefunden hat und den er einem dafür offensichtlich nicht rezeptionsbereiten Publikum vorträgt: Varnhagen verteidigt "die Bedeutung Lothario's, diese aber, wie ich bekannte, auch gegen Rahel's Ansicht[130]". Der - für den Salon offensichtlich nicht akzeptable Bruch mit der Auslegung Rahels bestand darin, daß Varnhagen, um eine Formulierung Heines aufzugreifen, das "Prinzip der Goetheschen Zeit, die Kunstidee"[131] aufgegeben hatte und den Roman von der Lothario-Figur her jetzt als eminent politischen zu verstehen willens war:

> Aber Lothario wird uns wirklich als ein edler und hoher Mensch dargestellt. (...) Er arbeitet an der Befreiung des Landeigentums, er bringt Opfer dafür, und nicht als schwärmerischer Phantast, sondern als besonnener Weltkundiger, der die Vortheile wägt, die Bewegungen erkennt; er bildet weltumfassende, sicherstellende Verbindungen, er steht als das Haupt großer Kräfte und bedeutender Geister da. Dieser politische Inhalt im Goeth'schen Roman, so wichtig und merkwürdig zugleich, wurde von den frühern Lesern ganz übersehen, besonders von uns jugendlichen Freunden, die wir ganz andere Seiten darin suchten und fanden.

127 Zit. nach ebd., S. 76.
128 Ebd.
129 Varnhagen: Tagebücher 1, S. 84.
130 Ebd.
131 Zit. nach Rainer Rosenberg: Literaturverhältnisse im deutschen Vormärz, München 1875, S. 94.

> Jetzt aber bewundere ich täglich mehr, welche Stoffe und Kräfte der Wirklichkeit unter der leichten Dichtung verborgen arbeiten, und daß gerade sie es sind, welche der Dichtung so mächtigen Reiz und so tiefen Eindruck verleihen. (...) Ganz demokratisch ist der *Wilhelm Meister* im aristokratischen Stoffe; wie großartig und dichtungsgewaltig schon dies![132]

Mit dieser, seiner "politischen" *Meister*-Interpretation muß Varnhagen dem bisherigen Goethe-Kult der Salons den Boden entziehen; nur in der Abwehr einer solchen Interpretation können diese, gerade in Anbetracht der sich gleichzeitig zuspitzenden gesellschaftlichen Widersprüche, eine Chance haben, ihre Existenz zu retten. Der Salon, weil er sich Goethe als dessen Kunstprogramm affine Publikumsformation anbot, offenbart jetzt die ihm eigenen Grenzen bei solchen, der gesellschaftlichen Entwicklung Rechnung tragenden interpretatorischen Neuansätzen. Varnhagen mißachtet, sich selbst gegen Rahel wendend, die Prämissen, der Salons. Damit muß Goethe für Varnhagen aber auch jenes zeitgenössische Publikum verlieren, welches ihn - nach Varnhagens eigener Ansicht - bisher "produktiv" rezipieren konnte.

Eher resignativ, was die zeitgenössische Goethe-Aneignung betrifft, entwirft er doch für die Zukunft das optimistische Bild eines allmählich, prozeßhaft sich entfaltenden Goethe-Verstehens, in dessen Verlauf die Nation selbst und schließlich eine kosmospolitische Gemeinschaft (wie sie im Salon für ihn in nuce vorgebildet war) zum verstehenden Kollektiv wird:

> Goethe'n verstand man nicht, und man versteht ihn nicht! Der wird noch lange nicht trivial werden! Da ich ihn schon jetzt so anders verstehe, als vor dreißig Jahren, wie dürft' ich ihn zu verstehen hoffen nach dreihundert Jahren? Das Individuum erlebt das nicht, aber die Nation um so gewisser, diese wird die gereiften Früchte immer reichlicher pflücken, und sind deren auch ihr einige zu hoch und hart, nun so kommen noch später fremde Hände![133]

"Litteratur ist eine Mittheilung in's Große getrieben", diese Definition Rahels, mit ihren Rezeptionspostulaten gegenüber einem letztlich als unausdeutbar gesehenen literarischen Werk, bleibt für Varnhagen gültig, auch wenn er den Salon als den konkreten Ort der Organisierung dieser Mitteilung und Kommunikation aufgegeben hat. Mit Varnhagens Projektion in die interpretatorische Zukunft aber ist alles andere gemeint als jener Goethe-Kultus, wie er seit der Reichsgründung mit dem Ziel der nationalistischen Vereinnahmung "Weimars" betrieben wurde und der den erneuten, nun gesellschaftlich verwirklichten, staatstragenden Klassenkompromiß zu sanktionieren hatte, einem Klassenkompromiß, der die Salons des späteren 19. Jahrhunderts zugleich häufig weniger als gesellschaftlichen Gegenentwurf denn als Emanation der herrschenden Verhältnisse in Erscheinung treten ließ.

---

132 Varnhagen: Tagebücher 1, Eintragung, 6. April 1838, S. 84-85, Leipzig 1861, (Reprint Bern 1972), S. 21.
133 Ebd., S. 85.

7. *Zeitgenössische Kritik am Literarischen Salon und Versuche seiner Rekonstruktion*

In die Salons sah man mich wallen,/Verschmitzt hinein, verdutzt hinaus/(...).
(Annette von Droste-Hülshoff)

7.1 *Ablehnung und Aufgeben des Salonprojekts als Formation des Literarischen Lebens*

1. In verschiedenen Momenten der Geschichte des Salons wurde Widerspruch eingelegt gegen dessen Rezeptionsgewohnheiten und Aneignungsverfahren von Literatur. Da der Salon von seiner Struktur her unterschiedliche Nähe zu den historisch zur Diskussion stehenden Literaturprogrammen aufweisen konnte (z.B. bezogen auf die Förderung bzw. Konservierung bestimmter Publikumskonzepte und Autorentypen), war es unvermeidlich, daß er immer wieder von bestimmten literaturprogrammatischen Positionen bekämpft werden mußte. Das Ende der "Kunstperiode" und das Aufgeben des von Goethe vertretenen Literaturkonzepts markieren folglich auch nicht den Beginn der Angriffe gegen die Literarischen Salons, sondern nur eine, vor dem gewandelten historischen Hintergrund als qualitativ neu zu bestimmende Stufe der Kritiken.

Bereits während der - "deutschen" - Entstehungsphase des Salons wurden in der Kritik Argumentationsmuster ausgebildet, durch die ihm literaturkritische Kompetenzen abgesprochen und er als Publikumsformation disqualifiziert werden sollte. Solche Angriffe waren sozusagen traditionsbildend, die frühen Muster kehren noch in den Invektiven der späteren Phasen wieder. Antijüdische und - ebensowenig verwunderlich - antifeministische Ressentiments, in die sich bald der Verdacht amoralischer Tendenzen mischte, bestimmten bereits die Satire Jenischs auf die "kantianische Halbbildung" jüdischer Frauen. Kritisch-analytisches Vermögen sprach der Schwager Tiecks, August Ferdinand Bernhardi, in seinem *Bambocciaden*-Stück *Sechs Stunden in Finks Leben*[1] - von Eugen Klin als Absage an die "Berliner Salons der 90er Jahre mit ihrer wissenschaftlichen Plattheit und Schönrederei" interpretiert[2] - dem in dieser Formation zusammengetretenen Publikum ab: Der Salon zeigt sich in dieser Satire nicht einmal in der Lage, die Verhöhnung seiner Literaturrezeption durch den Besucher Fink als solche zu erkennen.[3]

Als mit einer differenzierten Literatur- bzw. Kunstaneignung unverträglich wird - wir wiederholen dies nur - von anderen Autoren die dem Salon unterstellte Standardisierung

---

1 August Ferdinand Bernhardi: Sechs Stunden aus Finks Leben, in: ders.: Bambocciaden. Drei Theile, Berlin 1797-1800, Erster Theil (1797), S. 137-200, S. 182-183.

2 Eugen Klin: August Ferdinand Bernhardi als Kritiker und Literaturtheoretiker, Bonn 1966 (Bonner Arbeiten zur deutschen Literatur, Bd. 14), S. 92. Es war bezeichnenderweise Friedrich Schlegel, der - von seinem Bruder auf Anspielungen auf Henriette Herz in den *Bambocciaden* hingewiesen - gegen diese Satiren opponierte und Bernhardi das Recht absprach, über die "Gesellschaft der Herz" zu urteilen: "Er kennt die Herz gar nicht, wie er denn überall nicht von der besten Gesellschaft ist." Zit. nach Klin, S. 11.

3 Bernhardi: Bambocciaden, Dritter Theil, 1800, S. 262-263.

der Rezeptionssituation kritisiert, die nur stereotype, das heißt gar keine Verarbeitung zuließe. Reaktionen auf Literatur beschränkten sich auf Ausrufe der Bewunderung. Eine solche ritualisierte Rezeption, die für den Schriftsteller, der an einem wirklichen Gespräch über sein Werk interessiert ist, wertlos sein muß, wurde, wie man sich erinnern kann, auch in Eichendorffs *Ahnung und Gegenwart* vorgeführt. In den *Mitteilungen aus den Memoiren des Satan* (1826) von Wilhelm Hauff antwortet der Teufel auf die Frage des Ewigen Juden nach dem Eintrittspreis in einen Salon:

> Kosten? nichts kostet es, als daß man der Frau vom Haus die Hand küßt, und wenn ihre Töchter singen, oder mimische Vorstellungen geben, hie und da ein 'wundervoll' oder 'göttlich' schlüpfen läßt.[4]

Selbst *Gabriele*, der Roman Johanna Schopenhauers, handelt von der Gefahr, daß im Salon authentische Erfassung von Literatur suspendiert werde durch die Demonstration erlernter Reaktionen. Ein weiteres literarisches Beispiel, das wie *Gabriele* von einem Mitglied der Salongesellschaft stammt, suggeriert ebenfalls einen Zusammenhang zwischen der geselligen Situation, die eine Domestizierung der Anwesenden mit sich bringe, und der Aufnahme der vorgetragenen Kunst (hier allerdings handelt es sich um Musik), eine Aufnahme, bei der nur enthusiastische Zustimmung erlaubt und üblich zu sein scheint: "Blumen und Kerzen,/Spiegel und Lichter,/Geschnürte Herzen,/Bewachte Gesichter./- Dort Federn und Spitzen/Und türkische Schale,/Sind Damen, die sitzen/Im Kreise im Saale./Und gerne stehen/Die Söhne, die Gatten,/Schwarz wie die Krähen/Mit weißen Krawatten", leitet der Verfasser - es ist der Bruder Rahel Levin Varnhagens, Ludwig Robert - seine Beschreibung der *Edeln Freuden Berlinischer Thees* ein, um schließlich den Kunstgenuß in dieser Salonszene zur Zielscheibe seines Spotts zu machen:

> Man eröffnet zum Hackwerk,/Das Pianoforte.-/Nun trillern und stümpern/Die Virtuosen/Und Tassen klimpern/Und Diener tosen./Es flüstern und zischen/Die Frau'n unersättlich/Und rufen dazwischen:/Ah! bravo! wie göttlich!/Es werden die Zimmer/Stets heißer und enger/Und immer und immer/Die Weile länger.[5]

Vor allem E.T.A. Hoffmann war nicht willens, literarisch den ästhetischen Zirkel als Rezeptionsraum von Kunst zu tolerieren: Im *Abenteuer in der Sylvester-Nacht*, im *Sandmann*, im *Klein Zaches genannt Zinnober*, um nur einige seiner, die Salonkultur thematisierenden Schriften zu nennen, verwirft er eine Dressur der Gesellschaft, eine die Originalität erstickende Nachahmungswut und das gespielte Entzücken bei der Kunstaufnahme. Bei den *Serapionsbrüdern* bleibt das Thema literarische Geselligkeit in der Rahmenhandlung latent, wobei dem "ästhetischen Tee", den der Serapionsbruder Ottmar längere Zeit frequentiert hatte, ebenfalls jede Fähigkeit zu literarischer Wertung abging und seine Teilnehmer - der literarischen Effekthascherei völlig erlegen - auch nicht das geringste Gespür für literarische Qualität aufbrachten: "Ich ärgere mich", erinnert sich Ottmar, "daß, als einst ein wahrhaft geistreicher Mann eine Kleinigkeit vorlas,

---

4 Hier zit. nach Bernd Wegener: Über den ästhetischen Thee, S. 284.

5 Beginn des Gedichts abgedruckt in: Gertrude Aretz: Die elegante Frau. Eine Sittenschilderung vom Rokoko bis zur Gegenwart, Leipzig/Zürich 1929, S. 247-248. Die letzte, hier fehlende Strophe bei: Wilhelm Haape: Ludwig und Friederike Robert, Karlsruhe 1895, S. 27-28.

die, voll echten ergötzlichen Witzes, recht zu solcher Mittheilung sich eignete, alles gähnte und sich langweilte, daß dagegen die saft- und kraftlosen Machwerke eines jungen eitlen Dichters alles entzückten. Dieser Mensch war stark im Gemütlichen und Überschwenglichen, hielt aber dabei auch gar viel auf seine Epigramme. Da diesen nun immer nichts weiter fehlte als die Spitze, so gab er jedesmal selbst das Zeichen zum Lachen durch das Gelächter, was er aufschlug, und in das nun alles einstimmte."[6] Wenn daraufhin Ottmar die Probe auf's Exempel machte und selbst einige kurze Gedichte, deren Verspottung des ahnungslosen Publikums durch ihre gänzliche ästhetische Wertlosigkeit mit den Händen greifbar war, vortrug, erntete er entschiedenen Beifall:

> 'O herrlich, göttlich, mein lieber Ottmar, und so tief gefühlt, so empfunden in der bewegten Brust!' So rief die Dame vom Hause, und mehrere weiße Damen und schwarze Jünglinge (ich meine nur schwarzgekleidete mit vortrefflichen Herzen unter dem Jabot) riefen nach: 'Herrlich-Göttlich!' - Ein junges Fräulein seufzte aber tief auf und drückte eine Träne aus dem Auge.

"Neuer Tumult des Beifalls, neue Lobeserhebungen" bilden die undifferenzierte Antwort des Zirkels auch auf den zweiten, von Ottmar zu Gehör gebrachten literarischen Schwachsinn.[7]

Als Ludwig Börne bei seinem Berlin-Besuch 1828 den immer noch bestehenden Herz-Salon aufsuchte, fand er Rezeptionsgewohnheiten, welche die in der fiktionalen Literatur bereits geäußerten Vorbehalte bestätigen mußten: Die bloße Ergriffenheit, ein diffuser Kunstenthusiasmus dominiert die Literaturrezeption: "Das Kunstwerk ergreift sie, und sie begreift es nicht", schreibt Börne am 4. März[8] und sieht ebenfalls nur noch standardisiertes Reagieren auf Kunst, das eigene Individualität nicht mehr zum Ausdruck bringen kann:

> Auswendig gelernter Enthusiasmus, triviale Galerie-Bemerkungen und untertänigste Huldigung jeder legitimen Fratze, ohne eigenes Urteil, ob dem Bilde auch Huldigung gebühre.[9]

Auf der Wiener Bühne, um damit diese Beispielreihe für eine schon zum Topos gewordene Kritik an der Literatur- und Kunstrezeption der Salons abzubrechen, ließ Bauernfeld in seinem Lustspiel *Der literarische Salon* durchgängig, aber auch in Szenen des Schauspiels *Bürgerlich und Romantisch* die mangelnde Eignung des Salons als Publikumsformation aufgrund einer Konventionalisierung der Rezeption verkünden und desavouierte erst recht den Anspruch, eine ernstzunehmende Instanz literarischer Wertung zu sein:

> Ein paar ästhetische Ansichten, ganz fadenscheinig vom vielen Gebrauch, ein halb Dutzend Coterie-Späßchen, sehr viel Tee und sehr wenig Geist - das ist die deutsche geistreiche Gesellschaft.[10]

---

6 E.T.A. Hoffmann: Die Serapions-Brüder, Vierter Band, in: E.T.A. Hoffmanns Sämtliche Werke. Historisch-kritische Ausgabe von Carl Georg von Maassen, Achter Band, München/Berlin 1925, S. 234.

7 Ebd., S. 235.

8 In: Herz: Erinnerungen, S. 424.

9 Ebd.

10 Eduard von Bauernfeld: Bürgerlich und romantisch (1835), in: ders.: Gesammelte Schriften, Bd. 1-12, Wien 1871-73, Bd. 3, S. 43-239, S. 161.

2. Als Paradigma eines alle rationalen Elemente im Umgang mit Literatur ausschaltenden Verfahrens in den Salons, deren ästhetische Präferenzen und Werturteile nur einer emotional gesteuerten Identifikation mit einem Autor entsprangen, bot sich dabei selbstverständlich der Goethe-Kult an. Auch hier sind die Anfänge einer satirisch formulierten Ablehnung bereits in Bernhardis *Bambocciaden* auszumachen. Schon die Titelfigur von *Sechs Stunden aus Finks Leben* wird eingeführt als begeisterter Leser von Goethes *Iphigenie* (dem "Werk, für das die Distanz von der Wirklichkeit konstitutiv ist"[11]) und als früher Vertreter des Weimarer Kunstprogramms, der es aber, konfrontiert mit der herrschenden Goethe-Feindlichkeit, deren Wortführer der anwesende Minister ist, sofort verleugnet, weil ihm aus der Goethe-Begeisterung eine Gefährdung seiner Karriere erwachsen könnte. Diese Verleugnung glaubt er zynisch mit der postulierten Trennung von Kunst und Leben rechtfertigen zu können. Als die Flügeltüren für die wartenden Damen geöffnet werden, kann Fink unter diesen eine Repräsentantin des von der (aufklärerischen) Männergesellschaft abgelehnten Goethe-Kults kennenlernen - eine Berliner Jüdin, "Madam Moses", die als "schöne Seele"[12] vorgestellt wird, also jenen Titel erhält, "der im 18. Jahrhundert, von Shaftesbury bis Schiller innere, moralische Schönheit, Harmonie der Seelenkräfte bezeichnete und schon durch die weibliche Form des Wortes Seele (...) die Inkarnation dieser Idee in Frauengestalt nahelegte, wie es auch Schiller ausdrücklich in der Abhandlung *Anmut und Würde* tut (wobei ihm die Begriffe Anmut und Schöne Seele nahezu identisch waren)"[13]. Mit "schöner Seele", darauf weist ebenfalls Käte Hamburger hin, hat Goethe 1795, zu der Zeit also, als er die "schöne Seele" der *Lehrjahre* entwarf, Rahel Levin apostrophiert und an ihr zugleich seine Bestimmung von "schöner Seele", die einzige, die er dazu gegeben hat, entwickelt.[14] Damit habe Goethe, so Hamburger, in Rahel verkörpert gesehen, was er in seinen Frauenfiguren, "in Iphigenie, Prinzessin Leonore, Natalie, der Schönen Seele der Bekenntnisse in Wilhelm Meister" gestaltet habe.[15] Umgekehrt bei Bernhardi: Er ver-

---

11 Christa Bürger: Ursprung, S. 196.

12 Bernhardi: Bambocciaden, Erster Theil, S. 183.

13 Käte Hamburger: Rahel und Goethe, S. 200-201.

14 Gegenüber David Veit und dessen Freund Franz Horn faßt Goethe den Eindruck, den er von dem kürzeren Treffen mit Rahel in Karlsbad gewonnen haben will, zusammen: "Ja, es ist ein liebevolles Mädchen; sie ist stark in jeder ihrer Empfindungen, und doch leicht in jeder Äußerung; jenes giebt ihr eine hohe Bedeutung, dies macht sie angenehm, jenes macht, daß wir an ihr die große Originalität bewundern, und dies, daß diese Originalität liebenswürdig wird, daß sie uns gefällt. (...). Sie ist, soweit ich sie kenne, in jedem Augenblick sich selbst gleich, immer in eigener Art bewegt, und doch ruhig - (...) sie ist, was ich eine schöne Seele nennen möchte." 8. Sept. 1795, Buch des Andenkens I, S. 157-158. Es ist in diesem Zusammenhang bemerkenswert, daß Goethes Berliner Freund Zelter ebenfalls glaubt, in einer jüdischen Salondame den Goetheschen Typus der "schönen Seele" repräsentiert zu sehen: nach dem Tode von Henriette Mendelssohn (9.11.1831) schrieb Zelter am 26.11. in einem Brief an Goethe: "Es gehört doch zu den Besonderheiten, wenn ein Berlinerisches Judenmädchen, ohne Persönlichkeit, zur Dame eines der ersten Pariser Standeshäuser geworden, gar keinen Abstand in Sprache, Sitte und ökonomischen Benehmen bemerken läßt. Seit den zehn Jahren, da sie nun wieder in Berlin von mir so oft und gern gesehen worden, hab ich kaum ein französisches, englisches oder italienisches Wort aus ihrem Munde gehört, vielmehr sprach sie das klarste, fliessendste Deutsch, mit einer Heiterkeit, in der ich deine schöne Seele zu erkennen glaubte." In: Josef Körner: Mendelssohns Töchter, in: Preußische Jahrbücher, Bd. 214 (Okt./Dez. 1928), S. 167-182, S. 179.

15 Käte Hamburger: Rahel und Goethe, S. 200.

sucht in der "schönen Seele" jene Goethe-Aneignung zu kritisieren, die sich in der Suche nach einer eigenen Identität, jenseits der gesellschaftlichen Einengungen, zu einer identifikatorischen Annäherung an fiktionale Personen und Lebenswelten Goethes versteige:

> Sie (Madam Moses - PS) ist immer in irgendeinem Göthischen Charakter masquirt - am liebsten zeigt sie sich als Prinzessin im Tasso, deswegen lernt sie jetzt auch Latein.[16]

Bei dieser "nachahmenden" Goethe-Rezeption, die den vom eigenen Kreis getragenen Kult um die eigene Person (der Salondame) einschließe[17], seien verfälschende Interpretationen geradezu zwangsläufig: "Hat ihr Göthe den Charakter nicht recht auf den Leib gemacht, so schneidet sie ihn selbst nach der Mode."[18]

Salonkritik als Kritik an deren Goethe-Rezeption wird auch in Eichendorffs dramatischem Märchen *Krieg den Philistern!* vorgetragen, das von Bernd Wegener als kaum verhüllte Bloßstellung des Goethe-Enthusiasmus von Rahel Levin Varnhagen und ihrem Zirkel gedeutet wurde.[19] Aber selbst nach der 48er Revolution scheint eine Satire auf die Salons kaum auszukommen ohne Invektiven gegen die Goethe-Verehrung. So veröffentlichten die *Düsseldorfer Monatsblätter*[20] eine Szene *Ästhetische Gespräche in einem Salon* (der entsprechend der historischen Entwicklung im Haus eines Bankiers organisiert wird von Damen, die als "Blaustrümpfe" figurieren), in der von dem anwesenden Dichter die Aura um Goethe zerstört wird durch den Hinweis auf angebliche poetische Fehlleistungen des Weimarers.

3. Die Ablehnung, wie sie in den dreißiger Jahren vermehrt den Salons entgegengebracht wurde, richtete sich aber nicht mehr nur gegen deren Rezeptionsgewohnheiten, sondern stellte den Salon immer eindeutiger als Formation der Literaturgesellschaft insgesamt in Frage. Für eine Literatur, die auf eine Zuspitzung der gesellschaftlichen Widersprüche setzte, wurde eine die gesellschaftliche Harmonie institutionell aufrechterhaltende, einem apolitischen Kunstbegriff weitgehend verpflichtete gesellige Formation genauso wenig tolerierbar wie für eine Kritik, die das Literaturgespräch wieder als öffentliches führen wollte und sich selbst, so Herwegh, "als Vermittlung der Produktion an die

---

16 Bernhardi: Bambocciaden, Erster Theil, S. 183-184.

17 Ebd., S. 183.

18 Ebd., S. 184. Das Insistieren Bernhardis auf der jüdischen Existenz der Salondame als Impetus der von ihm ins Lächerliche gezogenen Goethe-Rezeption bestätigt Friedrich Schlegel, der dessen Abneigung gegen die entstehende jüdisch-akkulturative ästhetische Geselligkeit, "die wohl auf seine gesellschaftliche Zurückweisung zurückzuführen ist, schlechtweg als 'Judenhaß'" erklärte. Vgl. Klin: Bernhardi, Anm. 52, S. 13 und hierzu Varnhagen: Galerie, S. 233.

19 Wegener: Ästhetischer Thee, S. 293. Wegener bezieht sich hierbei offensichtlich auf die literarische "Theegesellschaft" des "Dritten Abenteuers", in der Bertha die Verehrungswürdigkeit Goethes mit esoterisch bleibenden Phrasen belegt: "Aber Goethe ist und bleibt unstreitig die potenzierte Vitalität, die in dem Umschwunge ihrer universalen Polarität den Reflex aller Zeiten und Religionen im Zentrum objektiviert, wobei es denn begreiflich auf einige schöne Seelen eben nicht ankommen kann. - ENTHUSIAST: Göttlich! Göttlich! hohe Frau! Erlauben Sie, daß ich Sie anbete! BERTHA: Sehr gern." Joseph von Eichendorff: Krieg den Philistern! Dramatisches Märchen in fünf Abenteuern, in: Eichendorff: Werke, Bd. 1, Gedichte, Epen, Dramen, Stuttgart 1953, S. 559. Zur Identifizierung der Bertha als Rahel Levin Varnhagen, wie Wegener dies tut, ist diese "Wirthin"-Figur aber wohl doch nicht eindeutig genug angelegt.

20 N.N.: Ästhetische Gespräche in einem Salon, in: Düsseldorfer Monatsblätter, Bd. 4 (1851), S. 118.

Masse"[21] definierte. Der Strukturwandel der Institution Kritik, wie er sich in den dreißiger Jahren vollzog und die Salons weiter ins Abseits drängen mußte, fand in Börne einen entschiedenen Fürsprecher, der der "literarische(n) Coterie" "Journal und Zeitung" entgegenhielt.[22] Jetzt, da man die Literatur wieder in Dienst der Gesellschaftskritik stellt, sie für den Sturz der herrschenden Verhältnisse instrumentalisieren will, sollen die geselligen Zustände des Salons als allenfalls kompensatorische, in der Regel aber gesellschaftsstabilisierende Faktoren entlarvt werden. Dies gilt auch für die neu gestellte Frage nach der Rolle und der Befreiung der Frau. So wird in dem auch in dieser Beziehung fortgeschritteneren Frankreich die erste Nummer der feminstischen Zeitschrift *La femme libre* (1832) eröffnet mit einem Aufruf, in dem der Salon als Ort weiblicher Scheinemanzipation und damit als Faktor patriarchalischer Ordnung abgelehnt wird:

> Frauen der privilegierten Klasse; ihr, die ihr jung, reich und schön seid, ihr glaubt glücklich zu sein, wenn euch in euren Salons der Geruch der Schmeichelei einhüllt, der von denen verbreitet wird, die euch umgeben? Ihr regiert zwar, doch eure Regierung ist von kurzer Dauer; (...) Wenn ihr zu euch nach Hause zurückkommt, werdet ihr wieder Sklavinnen; ihr werdet einen Herrn wiederfinden, der euch seine Gewalt spüren läßt, und schnell werdet ihr die Freuden vergessen, die ihr vorher genossen habt.[23]

Die Abkehr von der Salongesellschaft als intendiertem Publikum und die Hinwendung zum "Volk" als Adressat von Literatur, weil diesem Geschichtsmächtigkeit zugeschrieben wird, ist am entschiedensten von Herwegh postuliert worden:

> Ich schreibe nicht für bevorzugte Geschlechter (...), ich schreibe einzig und allein für mein Volk, mein deutsches Volk!/ Ich habe mit den ersten nichts zu thun, denn ich weiß, daß jeder Versuch, auf sie einzuwirken, von vorneherein an ihrer vornehmen Indolenz scheitern wird; sie fürchten den Genius und ziehen sich zurück, wo sie sein Brausen verspüren. In der Poesie gibt es keine Stammtafeln, gibt es keine Wappenschilde, in der Poesie gibt es Menschen, nichts als Menschen; die Poesie ist die größte Gleichmacherin auf Erden, und darum eben nicht salonfähig.[24]

Das egalitäre Prinzip als Konstituum des Salons und Bedingung der hier rezipierten Literatur sowie der dialogischen Kommunikation über sie interessiert Herwegh, der dem egalitären Ethos als *gesellschaftlichem* Geltung verschaffen und die Prärogativen der Aristokratie politisch brechen will, nicht mehr. Im Grunde geht es ihm darum, die Klassenversöhnung zwischen bürgerlichen Intellektuellen, Teilen des Großbürgertums und des Adels im Literatursystem mit den Impulsen in andere soziale Sektoren, wie sie sich in den Salons institutionalisiert hatten, durch ein neues Bündnis ohne Aristokratie, das als "Volk" überhöht wird, zu ersetzen.[25] Die Poesie als "größte Gleichmacherin", die

---

21 Georg Herwegh. Die neue Literatur, in: G.H.: Gedichte und kritische Aufsätze aus den Jahren 1839 und 1840, I. Abteilung, S. 12-19. S, 13.

22 Zit. nach Peter Uwe Hohendahl: Literarische Kultur im Zeitalter des Liberalismus 1830-1870, München 1985, S. 137.

23 Jeanne Victoire (Psd.): Aufruf an die Frauen! Aus: La femme libre, Nr. 1, S. 1-3, in: Ursula Linnhoff: "Zur Freiheit, oh, zur einzig wahren -". Schreibende Frauen kämpfen um ihre Rechte, Köln 1979, S. 42-43, S. 43.

24 Herwegh: Die neue Literatur, S. 12.

25 Anders z.B. Pierre-Jean de Béranger in Frankreich, der zumindest im historischen Rückblick den Widerspruch zwischen Salon und Volk nicht als antagonistischen wahrnehmen will. Die politische Koalition habe durchaus "Volk" und Teilnehmer der Salonkultur zusammenge-

als solche inkompatibel erscheint mit der Salongeselligkeit, muß letzterer entwunden werden, soll sie sich zu neuer Blüte entwickeln. "Dichten aber ist ein höchst unadeliges Geschäft", postuliert Herwegh 1839 in *Dichter und Staat* und schlußfolgert daraus die notwendige Degradierung und Demütigung der Schriftsteller, wo sie versuchen, ihre Reputation über den Salon zu beziehen.[26] Ein Jahr später spitzt er den Widerspruch literaturprogrammatisch zu: *Salon und Hütte*, so der Titel des Aufsatzes, werden einander entgegengestellt, "(e)in Thema, das unter anderen Titeln schon öfters von uns besprochen" einen Leitgedanken der literaturproduktiven und -kritischen Tätigkeit Herweghs bildet.[27]

Daß Berthold Auerbach "zum sentimentalen Ästhetiker des Schwarzwaldes und Podex der Salonliteraten" geworden sei, wirft diesem sein ehemaliger Freund Moses Hess vor und weist ihm ebenfalls eine Perspektive aus dem Salon heraus in die Hütten:

> Du wärest mit mir in die Hütten der Unglücklichen eingedrungen und hättest die furchtbaren Geheimnisse der depravierten Menschheit entdeckt und vielleicht besser als Sue, der französische Bourgeois, sie dargestellt und so mitgearbeitet an der Erlösung der Menschheit (...).[28]

Nicht zufällig wird als Gegenpart zum "Podex der Salonliteraten" Eugène Sue genannt: Die Stadt wird jetzt als Erlebnisraum für Schriftsteller neu bestimmt bzw. der Salon in den Gegensatz zur Stadt gestellt, während Heinrich Heine in seiner Pariser Zeit, anders als Börne, die "Stadt" noch konzentriert und repräsentiert sah in den Salons. "(M)an kann Berlin noch lange nicht durch die Feder spritzen", heißt es bei Glaßbrenner, "wenn man ... ästhetischen Tee (...) getrunken hat."[29] Heinrich Laube meint - die "Straße" gegenüber dem Salon aufwertend -, daß man, um Berlins berühmte Männer zu sehen, nicht mehr "in die Salons zu gehen (habe), sondern nur auf der Straße achtzugeben"[30] brauche. Was Karl Riha für Glaßbrenner festgehalten hat, ist, sofern es die Abwertung vom Salon gegenüber anderen urbanen Öffentlichkeitsstrukturen betrifft, als allgemeinere Tendenz zu beschreiben:

---

bracht; diesem habe auch die politische Lyrik Rechnung getragen, die dadurch zu einer "poetischen" Verbesserung gefunden habe, wie er in der "Vorrede" zu seiner letzten Liedersammlung (1833) ausführt: "Die (!) Chanson, die man definiert hatte, sie sei der Ausdruck populärer Gefühle, mußte sich also von nun an (seit 1789 - PS) erheben bis zur Höhe der traurigen oder freudigen Empfindungen, welche Glück oder Unglück bei der zahlreichsten Klasse im Staat hervorrufen. Wein und Liebe können nicht viel mehr als die Rahmen liefern für das, was das Volk, aufgeregt durch die Revolution, denkt und fühlt, und es ist unmöglich, mit betrogenen Ehemännern, geizigen Advokaten und 'Charons Nachen' hinfort die Ehre zu erringen, in den Schenken von Handwerksburschen und Soldaten gesungen zu werden; und dieser Erfolg reichte noch nicht einmal hin: der neue Ausdruck volksthümlicher Gefühle mußte sich Eintritt in die Salons zu verschaffen wissen, um dort im Interesse des Volks Eroberungen zu machen; daraus folgt die weitere Nothwendigkeit, den Stil und den poetischen Gehalt des Chansons zu vervollkommnen." In Auszügen abgedruckt bei Peter Stein: Theorie der politischen Dichtung, München 1973, S. 62.

26 Georg Herwegh: Dichter und Staat, in: G.H.: Gedichte und kritische Aufsätze, I. Abteilung, S. 34-38, S. 37.

27 Georg Herwegh: Salon und Hütte, in: G.H.: Gedichte und kritische Aufsätze, II. Abteilung, S. 137-142, S. 138.

28 Moses Hess an Berthold Auerbach, Feb. (?) 1845, in Moses Hess. Briefwechsel, S. 111.

29 Glaßbrenner: Berliner Volksleben. Zit. nach Riha: Beschreibung der "Großen Stadt", S. 72.

30 Heinrich Laube: Reise durch das Biedermeier. Hrsg. mit einem Nachwort von Franz Heinrich Körber, Frankfurt/Wien/Zürich 1968, S. 315.

> Die Salons, für die Romantiker, noch für Heine und Börne Mittelpunkt des Berlin-Erlebnisses, haben für Glaßbrenner ihre Bedeutung verloren und rutschen an die Peripherie: an ihre Stelle tritt das Volksleben in seiner ganzen Breite.[31]

4. Nicht nur der Positionsverlust im literarischen Leben konnte kaum verborgen bleiben, das gesamte gesellige Projekt als Sonderform sozialen Umgangs offenbarte selbst einigen seiner Protagonisten seine Obsoletheit. Varnhagens Tagebücher verzeichnen von Mal zu Mal deutlicher seine Unzufriedenheit mit der geselligen Situation in Berlin.[32] 1841 erwägt er, dem die Teilnahme am geselligen Leben existentielles Bedürfnis geblieben ist, seinen Rückzug in ein "Einsiedlerleben in Berlin":

> Gedanken der Zurückziehung von allem Umgang (...) Wo ist der Raum, in welchem man sich frank und frei bewegen, wo der Pfad, den man sicher gehen kann? Alles ist verschoben, gesperrt, zerrissen. Es ist keine Freude im Öffentlichen noch im Privaten zu finden.[33]

Nicht weniger entschieden ist das Urteil von Henriette Herz über den Verlust an Realisierungsmöglichkeiten des alten Salonprojekts, ein Verlust, dessen erste Anzeichen sie in den zwanziger Jahren, verstärkt aber nach den "Ereignisse(n) des Jahres 1830" feststellt:

> Ich verweile nicht gerne bei dieser Epoche. Ich habe während derselben Tage erlebt, die mir zu dem heißen Wunsche Anlaß gaben, sie nicht erlebt zu haben. Für eine wahrhaft fördernde Geselligkeit, wie man in den nächsten Jahren nach den Kriegen sich ihrer zu erfreuen hatte, wirkte sie, wenigstens nach meinen Ansichten von dem Zwecke gesellschaftlicher Zusammenkünfte, vernichtend.[34]

Was in den *Wiener Salonszenen* von Adalbert Stifter für die dortigen Salons als Verfallserscheinung konstatiert wurde (einzig den Salon Pereira war Stifter dabei willens, als die Ideale der Salongeselligkeit noch einlösende Ausnahmeerscheinung gelten zu lassen[35]), wird von Karoline Pichler in ihren *Denkwürdigkeiten* bestätigt. Die Salondame spricht geradewegs von einer "Flucht" aus den Salons; es ist, heißt es weiter, "als litten sie alle an der 'Salonscheue', wie an einer geistigen Wasserscheue!"[36] Dem fügt sie an, daß selbst sie als Organisatorin von Salons sich aus der Teilnahme an dieser Form sozialen Umgangs keine Bereicherung mehr verspreche und deshalb, aus praktischer Einsicht in einen nicht mehr zu leugnenden Funktionsverlust des Salons, ihre Salonbesuche schon seit längerem eingestellt habe.

5. Die Inhomogenität der personalen und sozialen Konstellation konnte jetzt beim Schaffen harmonischer Gegenwelten nur noch mit inszenatorischer Mühe bewältigt werden. Die Flucht in das Verdrängen gesellschaftlicher Antagonismen durch die Reorganisierung sozialen Handelns als Ritual, um den Salon zu bewahren, einerseits und

---

31 Riha: Beschreibung der "Großen Stadt", S. 73.
32 Vgl. z.B. K.A. Varnhagen: Eintragung 1. Dez. 1839, Tagebücher Bd. 1, S. 155.
33 K.A. Varnhagen: Eintragung 24. Feb. 1841, ebd., S. 276.
34 Herz: Erinnerungen, S. 195-196.
35 Stifter: Wiener Salonszenen, S. 235.
36 Pichler: Denkwürdigkeiten II, S. 308.

sein bewußtes Aufgeben, seine Umwandlung durch Politisierung andererseits standen als Entwicklungsalternativen mehr oder minder explizit zur Debatte. Für die frühere Restaurationszeit können beide Handlungsmöglichkeiten, noch ohne organisatorische Folgen, den einzelnen Salons immanent sein, wie ein Zitat der Henriette Herz belegt:

> Es gab jetzt Stoffe der Unterhaltung, die man nur mit Mißstimmung auftauchen sehen konnte und über welche, waren sie nun einmal nicht zu beseitigen, ein großer Teil der Gesellschaft sich gar nicht, oder mit großer Zurückhaltung, oder mit geringer Wahrhaftigkeit äußerte, und war alles dies etwa nicht der Fall, so trat oft der unangenehmere ein: ein heißer Kampf entgegenstehender Ansichten und Überzeugungen, den niemals eine Einigung, höchstens eine oft sehr spät beachtete Rücksicht auf den übrigen Teil der Gesellschaft endete.[37]

Je deutlicher sich jedoch im Verlauf der Restaurationszeit die vorrevolutionären Tendenzen ankündigten, um so dringender wurde auch die organisatorische Trennung dieser beiden Handlungsperspektiven und damit eine Transformierung des Salons mittels politischer oder sozialer Homogenisierung in Zirkel neuer Qualität durch liberale Vertreter des Salonprojekts. Der Herz-Salon, folgt man Varnhagen, wandelte sich und schrumpfte in den vorrückenden dreißiger Jahren zu einem liberalen Freundeskreis.[38] Im Hause Bettina von Arnims zeichnete sich ebenfalls seit den dreißiger Jahren eine wachsende Schwierigkeit ab, die politische Engagiertheit der Organisatorin des literarischen Umgangs mit dessen Aufrechterhaltung als harmonischem zu verbinden. Als sich z.B. neue Restriktionen gegen die jüdischen Bürger abzeichneten - jüdischen Wissenschaftlern unter anderem wieder ein Lehramt an der Universität versagt wurde[39] -, mußte dies die offene Parteinahme auch im Salon Arnim forcieren, wodurch zugleich die Desintegration der Berliner Salonkultur betrieben wurde.[40] Bekanntlich hat dies zu einer Aufspaltung der Geselligkeit im Hause Arnim selbst geführt und zur Konstituierung eines zweiten, restaurativen Zirkels um die Bettina-Töchter.[41] Die Politisierung der Geselligkeit Bettinas rief schließlich die Mainzer "Zentrale Informationsbehörde" auf den Plan, die diesen Zirkel wie andere politische Gruppierungen observieren ließ. 1847 lag der Mainzer Behörde ein Bericht aus Berlin vor, der folgenden Passus enthält:

> Die Tendenz dieser Teegesellschaften ist eine sozialistische, indem die Versammelten sich vorzugsweise über ein in Wesen und Form zu verbesserndes Leben unterhalten und besprechen. Vorzüglich ist es das weibliche Geschlecht, das sich nach der Befreiung von den Fesseln des Herkommens, der Mode, der

37 Herz: Erinnerungen, S. 195.

38 Vgl. Varnhagen: Tagebücher, Bd. 1, S. 303.

39 Vgl. Varnhagen, Eintragung 19. Apr. 1841, Tagebücher, Bd. 1, S. 292.

40 Vgl. Eintragung Varnhagens vom 26. März 1842, Tagebücher, Bd. 2, Leipzig 1861, S. 646-648. Danach habe Fürst Lichnowsky auf "Anstiften Bettina's von Arnim" Artikel gegen das beabsichtigte neue preußische Judengesetz geschrieben. "Auch gegen das Buch *De la Prusse*, das hier streng verboten worden, hat er einen Aufsatz geliefert (...). Übrigens wird Lichnowsky hier am Hofe und in der Gesellschaft schlecht behandelt, an den meisten Orten nicht angenommen etc. Dagegen ist er jeden Tag bei Frau von Arnim."

41 Zur Spaltung der Geselligkeit im Hause Arnim siehe Scurla: *Rahel Varnhagen*, S. 359: "Bettinas Tochter Maximiliane hat erzählt, im Stadthaus der Arnims habe es in den späteren Jahren - Achim von Arnim war 1831 gestorben - zwei Salons gegeben, 'einen demokratischen und einen aristokratischen. Links vom Saal in unserern Räumen empfingen wir (Töchter - PS) unsere Freunde (von Hof und Adel), rechts in ihren Zimmern Bettina ihre 'edlen Weltverbesserer'."

> Konvenienz sehnt. Unter allen Frauen dieser Art in Berlin, die einen öffentlichen Ruf genießen, ist Bettina von Arnim unstreitig die erste und bedeutendste. Daß ihre Abendzirkel den bezeichneten Charakter haben, ist hier allgemein und selbst dem Hofe bekannt.[42]

Im Mai 1848, kurz nachdem Varnhagen aus Gesundheitsgründen eine Kandidatur für die Paulskirche für sich ausgeschlossen hatte, beurteilte er in einem Brief an eine Freundin seinen geselligen Umgang, wie er ihn im Vormärz gepflegt hatte, als *politisch* wirksamen, der in der revolutionären Aufkündigung des gesellschaftlichen Kompromisses jetzt seine Erfüllung finde. Mit dieser Revolution hat sich der "Interdiskurs", der im Salon seinen sozialen Ort hatte, nach Varnhagens Ansicht endgültig überlebt; er gibt ihn auf und drängt andere Salons, wie den von Frau Solmar, dies ebenfalls zu tun.[43] Der "hinterlassene Gatte Rahels" weigert sich, weiterhin an einem literarisch-geselligen Verkehr (der in dieser politischen Situation allenfalls Ersatzdebatten zuläßt) teilzunehmen, weil "ich das nutzlose Streiten gegen Albernheiten hasse. Die Alten sind unverbesserlich, sie müssen verbraucht werden, wie sie sind; an die Jugend muß man sich halten, da ist offener Sinn und frische Kraft, und die ganze Bürgschaft freier Zukunft"[44]. Auch als die Konterrevolution ein Jahr später in die Offensive geht, sieht Varnhagen eine Restitution der alten Verkehrsform des Salons als nicht mehr möglich an; der Salon als sozial neutraler Raum, wie er ihn bei Rahel Varnhagen erlebt und in Schriften wie *Galerie von Bildnissen* literarisch in Szene gesetzt hatte, sei destruiert, wobei er für den Zusammenbruch der alten Geselligkeitsstrukturen die "oberen Klassen" zur Verantwortung ziehen möchte, nicht nur, weil diese, wie sich jetzt zeige, jenes gesellschaftliche Versprechen des geselligen Umgangs auf Gleichheit nicht hatten einlösen wollen, sondern weil sie durch den revolutionären Druck auch eine gemeinsame Basis der Geselligkeit, die "Bildung", aufgegeben hätten:

> Die Geselligkeit ist hier ganz zerstört, besonders in den obern Klassen, denen bei der scharfen politischen Reibung der Firniß, den man als Bildung gelten ließ, schmählich abfällt, und die nun in merkwürdiger Rohheit darstehen, recht im Gegensatze des untern Volkes, das mit Erfolg in Sitte und Ehrsamkeit emporstrebt.[45]

Den konsequenten Weg der Politisierung in der Restaurationszeit bis hin zur Parteinahme für die revolutionäre Umwälzung und damit die Überwindung des Salons, den Varnhagen mit einigen ihm noch verbundenen Salons einschlug, war für die Mehrheit der Zirkel nicht gangbar. Allenfalls der Rückzug in den familiären Binnenraum, in dem sich ein apolitischer Diskurs aufrechterhalten ließ, blieb für sie eine Perspektive. Wo man sich diese zu eigen machte, war eine weitere Loslösung aus der großstädtischen Öffentlichkeit, in deren Strukturen maßgeblich die politische Diskussion geführt wurde, opportun. Dies stärkte die Tendenz seit der Biedermeierzeit zur Provinzialisierung der Salonkultur, die in Einzelfällen in einer Auslagerung von Salons aus ihren bisherigen kulturgeographischen Räumen (z.B. von Berlin nach Dresden, wie bei Frau Bardeleben)

42 Zit. nach Waldstein: Bettina von Arnim, S. 57.
43 Vgl. Hedwig Olfers an Gräfin Lulu von Stosch, Aug. 1848, in: Olfers: Lebenslauf II, S. 231.
44 Brief Varnhagen vom 23. Mai 1848, in: ders.: Briefe an eine Freundin, S. 104-111, S. 109.
45 Brief Varnhagen vom 9. März 1849, ebd., S. 140-149, S. 144.

bestehen konnte. Bereits 1829/30 hatte Johanna Schopenhauer Weimar aufgegeben und versucht, ihren literarischen Umgang neu zu gründen in der Unkeler Idylle am Rhein. In unmittelbarer Nachbarschaft etablierte die Schopenhauer-Freundin Sibylla Mertens-Schaafhausen einen Zirkel, dem neben Johanna und Adele Schopenhauer u.a. E.M. Arndt, die Droste, Wallraf, der Maler de Noel, der Musiker Ries und der Jenaer Literaturhistoriker Wolff angehörten. In Münster florierte um 1840 das Sonntagskränzchen von Elise Rüdiger, der Tochter der Berliner Salondame von Hohenhausen, das Levin Schücking und ebenfalls Annette von Droste-Hülshoff zu seinen Gästen zählte, während Freiligrath einer Einladung eine Abfuhr erteilte. Die Droste hat diesen "Provinzsalon" in ihrem Gedicht *Teetisch* als eine Fluchtsphäre aus dem provinziellen Alltag beschrieben.[46] Allerdings sind diese beiden Beispiele Ausnahmen insofern, als mit der biedermeierlichen Provinzialisierung der Salonkultur in der Regel eine Entfernung von den literaturproduktiven und -distributiven Zentren einherging, damit also die dem Salon zuvor eingeschriebene Tendenz, die Arbeitsteilung im literarischen Handeln zu retardieren oder in momentaner Praxis zu revidieren, zurückgedrängt wurde zugunsten einer zunehmenden Ausrichtung des Salons als literaturrezeptive Formation, die allenfalls Bühne war für dilettierende Provinzautoren.

7.2 *Rückgliederung in die repräsentative Sphäre*

1. Auch wenn eine Tradition dieser literarischen Geselligkeitsformation vorläufig im Vorfeld der Revolution von 1848 endet, die Geschichte des Salons in Deutschland wurde zugleich um eine weitere Facette bereichert. Schon mit der Thronbesteigung Friedrich Wilhelms IV zeichnete sich eine neue Tendenz der Entwicklung ab: Wie die auf gesellschaftliche Veränderungen drängende bürgerliche literarische Intelligenz sich dem Salon verweigerte, usurpierte der Hof in Berlin diese soziale Formation und versuchte, deren gesellschaftliche und politische Neutralitätsprinzipien zur Befestigung seines - schwindenden - Einflusses im intellektuellen und kulturellen Leben zu nutzen. Daß nach der Thronbesteigung Friedrich Wilhelms IV der "Hof" der "Stadt" auch als geschmacksbildende Instanz in künstlerischen Fragen wieder offensiver entgegentreten zu müssen glaubte, erschwerte, wie es Fanny Lewald, die an der Rahel-Tradition festhalten wollte, erkannte, zusätzlich die Fortführung von Salons.[47] Die Versuche des Königs, den "ästhetischen Tee" als Verkehrsform am Hof selbst zu etablieren, scheinen allerdings nicht von dem erhofften Erfolg gekrönt gewesen zu sein: Mit der Akzentuierung hierarchischer und repräsentativer Elemente als Folge der restaurativen Bestrebungen mußte das egalitäre und dialogische Prinzip kollidieren: "Es wird nicht gesprochen", hält der versierte Varnhagen als Charakteristikum dieser "Tees", zu denen die dynastische, Privatheit suggerierende Familie einlädt, fest, "hin und wieder eine laute Frage, die eine laute Antwort nöthig macht, sonst nur leises Gespräch mit den Nachbarn, die Königin

46 Annette von Droste-Hülshoff: Der Teetisch, in: dies.: Sämtliche Werke, Darmstadt 1966, S. 66-68. Das Motto dieses Abschnitts ist entnommen dem Gedicht *Die beste Politik*, das ebenfalls auf diesen Münsteraner Zirkel anspielt. Ebd., S. 180-181.

47 Vgl. Drewitz: Berliner Salons (S. 74-75), die sich hier auf die Erinnerungen von Fanny Lewald bezieht.

schweigt fast immer, der König zeichnet oder nimmt auch wohl einen Begünstigten abseits und spricht mit ihm allein. Thee wird gemacht, nachher auf Strohunterlagen jedem ein Teller gesetzt und ein paar Schüsseln herumgereicht. Wenn vorgelesen wird, so sieht man das als eine Erleichterung an."[48] Schon mit der Sitzordnung bei diesem gespielt intimen "ästhetischen Tee" fällt der Anspruch auf Gleichheit selbst in der Kunstrezeption und wird eine *gemeinsame* Verständigung auch in ästhetischen Fragen als gesellschaftlich unzulässig verworfen. Die Vorstellung, die den Salon der Varnhagen, der Herz, der Pichler usw. fundiert hatte, daß nämlich die Geselligkeit die ansonsten verhinderte Entfaltung der Persönlichkeit gemäß deren Fähigkeiten und in Abstraktion sozialer Positionen zulasse, wird hier ad absurdum geführt:

> Man klagt, daß die Abende beim Könige nichts weniger als gesellig seien. Drei Tische stehen in der Reihenfolge, nur eben getrennt, an dem ersten sitzt die Königin, der König und wer sonst von fremden oder einheimischen hohen Personen da ist, an dem zweiten die eingeladenen Personen, denen gleich beim Eintritt ein bestimmter Platz angewiesen wird, am dritten die Hofdamen, Adjutanten etc.[49]

Künstler erfahren in diesem Rahmen eine Degradierung durch ihre Funktionalisierung zum Kunstlieferanten. Ähnliches ereignete sich auch in Wien im Salon Metternich, in dem zwar Vertreter der Intelligenz und der Künste zugelassen sind, die Grenzen des temporär tolerierten Zugangs zu dieser Gesellschaftsschicht aber im Salon selbst gezogen bleiben:

> Als die Gäste sich zum Souper anschickten, rief sie (die Fürstin von Metternich als Salondame - PS) den um einen Tisch versammelten Künstlern mit lauter Stimme zu: 'Meine Herren und Damen! Die Wagen sind für sie angespannt.'[50]

Der Berliner Hof wiederholte in dieser prekären Situation einen Vorgang, der als historisches Muster schon die frühe Genese der französischen Salonkultur mitbestimmt hatte: Er delegierte die Organisierung des Salons, um diesem "ausgelagertem" Salon die Förderung von künstlerischen Tendenzen und Künstlern, die den Vorstellungen und Entwürfen des Hofes nicht widersprachen, zu übertragen. Friedrich Wilhelm IV griff also in dieser politisierten Phase zurück auf jene Formation, die sich von ihrer Struktur und Funktion dem Politisierungsschub zu entziehen tendierte. Es ist das restaurative System, das in diesem Fall und in dieser Zeit auf den ersten Blick eine gewisse Autonomie von Kunst gegenüber gesellschaftlicher Praxis stützt und in Analogie dazu die gesellige Praxis des Salons wieder aufwertet. Aber: Die Repräsentationssymbole und -gesten, die

48 Varnhagen: Eintragung 18. März 1842, Tagebücher, Bd. 2, S. 39.

49 Ebd.

50 Ludwig August Frankl, Habitué des Pichler-Salons, hat in seinen *Erinnerungen*, hrsg. von St. Hock, Prag 1910 (Bibliothek der deutschen Schriftsteller in Böhmen, Bd. 29), die Erinnerungen Dr. Friedrich Jägers, des Arztes Metternichs, eingefügt. Danach ist hier zitiert (S. 234). Die Antwort eines Künstlers vom Hoftheater verweist die Salondame auf jene Kommunikationsräume, die die Schauspieler, Schriftsteller usw. in Berührung mit einer anderen Publikumsschicht brachten und die Emanzipation von den Normen solcher Salons erleichterten: "Der Hofopernsänger Schober erwiederte (!) ebenso laut: 'Wir haben, Durchlaucht! für unser Souper beim grünen Anker (einer als ordinär geltenden Kneipe - PS) schon vorgesorgt!'" Ebd. Wie wenig die Metternichs überhaupt bereit waren, die situative Gleichheit auch in anderen Salons zu beachten, demonstriert ein Besuch bei den Eskeles: Die Fürstin Metternich brachte, um den gesellschaftlichen Abstand sichtbar zu machen, ihr goldenes Besteck mit und ließ das ihr zugedachte Besteck der Eskeles damit ersetzen. Ebd.

sich in der Restaurationszeit im literarischen Handeln stärker bemerkbar machten, bleiben aber in diesem "delegierten" Salon als vom Hofe entlehnte kenntlich. Der Salon, der auf solche Weise als Appendix des Thrones ausgewiesen war, ging dabei ebenfalls unmittelbar aus der beschriebenen Berliner Salontradition hervor: Es war der Nachfolgersalon des Kreises um Elisabeth Staegemann, geführt von ihrer Tochter, Hedwig Olfers.[51]

2. Zur Gründung dieses bis zum Beginn des letzten Jahrzehnts des neunzehnten Jahrhunderts geöffneten Salons vermerkte Hedwig Abeken, Tochter wiederum von Hedwig Olfers:

> Auf Wunsch Friedrich Wilhelms IV hatte Ignaz von Olfers es übernommen, in seinem Hause einen Mittelpunkt für Künstler, Gelehrte und Freunde zu bilden. Er sowohl wie seine Frau waren hierfür besonders geeignet. Da nun in diesem Jahr auch Nina und Marie (Olfers - PS) die Hofgesellschaften mitmachten, vereinigte sich in diesem Hause ein Zusammenfluß der verschiedensten und bedeutendsten Elemente gewiß nicht nur Berlins, sondern auch ferner Länder, wie er gewiß jederzeit selten zu finden sein wird.[52]

In der Biographie ihres Mannes verdeutlicht Hedwig Abeken, daß Friedrich Wilhelm IV mit der Ernennung ihres Vaters zum Generaldirektor der Preußischen Museen die Auflage verbunden hatte, "den Verkehr der Fremden ebensowohl wie den der Künstler und Gelehrten in Berlin in geselliger Hinsicht zu fördern"[53]. Das Interieur der repräsentativen Räume in der Dienstwohnung auf der Museumsinsel, die Hedwig Olfers zur Verfügung stand, war museal in dem Sinne, daß es Funktion und Position des hochrangigen Kultusbeamten widerspiegelte:

> Die Zimmer der großen Wohnung waren eigentlich nur durch Kunst geschmückt; im ersten hoben sich schöne Gipsabgüsse vorteilhaft von einer dunkelroten Tapete ab, die eichenen Möbel waren künstlerisch geschnitzt, auf einem Mappentisch in der Mitte zeigten bei Empfangsabenden die Künstler ihre von den letzten Reisen mitgebrachten Kunstschätze, der weite, geräumige Saal auch nur mit Bildwerken verziert, bot durch seine wunderbare Form mit behaglichen Winkeln und Ecken Gelegenheit zu allerlei Gesprächsgruppen, die eifrig benutzt wurden, während in der Mitte ein grosser Tisch stand, auf dem von einer Tochter des Hauses der Thee für die ganze Gesellschaft bereitet wurde.[54]

In diesem innenarchitektonischen Annex zum Museum, dem zur Kunstwelt ausstaffierten Kommunikationsraum, gelang es gegenläufig zu den Zeittendenzen, da nur in deren Negation eine Integration nicht nur von verschiedenen Gesellschaftsgruppen, sondern auch von den verschiedenen Repräsentanten künstlerischer Praxis möglich war, das Salonprojekt fortzusetzen. Ernst von Wildenbruch hat in seinem Nachruf auf die Salondame Hedwig Olfers gerade die Aufhebung der sozialen Distinktionen als hier gemachte exzeptionelle Erfahrung herausgestellt; hier sei eine Gesellschaft inszeniert worden, "die sich untereinander gleich empfand; vor deren Wirtin waren wir alle gleich."[55]

---

51 Vgl. Herman von Petersdorff: Elisabeth Staegemann und ihr Kreis, in: Schriften des Vereins für die Geschichte Berlins, XXX (1893), S. 67-95.

52 Olfers: Lebenslauf II, S. 198.

53 Heinrich Abeken: Ein schlichtes Leben in bewegter Zeit. Aus Briefen zusammengestellt von Hedwig Abeken, 2. Aufl. Berlin 1898, S. 257.

54 Ebd.

55 Abgedruckt in Olfers: Lebenslauf I, S. 16-24, S. 21.

Zusammengeführt wurde in diesem Salon eine Bildungselite mit einem immensen, auch im geselligen Umgang durch gemeinsame Lektüre, künstlerische Reproduktion, dramatische Aufführungen, Autorenlesungen erworbenen Bildungsbesitz, eine Elite, die sich in einer ästhetischen Welt eingerichtet hat. Dieser ästhetische "Innenraum" - und das ist Voraussetzung für sein Funktionieren - bleibt nach außen abgeschlossen und kann, wenn überhaupt, gesellschaftliche Veränderung nur als Bedrohung wahrnehmen. Als Utopie mit gesellschaftlichem Anspruch ist dieses vom Hof konzessionierte Refugium nicht mehr konzipiert. Bezeichnend für die Selbstabschirmung vom politischen Geschehen ist die Tatsache, daß die Olfers-Frauen an den Revolutionstagen 1848 in den Tiergarten gingen, "in dem Glauben, das Volk jubele".[56] Noch vierzig Jahre später hat die Salondame in einem ihrer ungekonnten Gedichte die Revolution von 1848 als Bedrohung ihres Salons interpretiert:

> In unsres Musentempls nächster Nähe/Geborgen saßen wir in trautem Neste;/Da flogen ein und aus viel frohe Gäste/(...)/Welch goldne Zeit der Kunst und allen Heils!/Und Ach! Durchschwirrte schon die Luft auf unsern Auen/Der Flug des giftgetränkten Pfeils!/Nach wenigen beglückten Jahren/Verwandelt war Berlin in wenig Wochen!/Von Barrikadenbau zum ersten Mal entehrt![57]

Des "Musentempls trautes Neste", in dem sich Salonpraxis offensichtlich nur noch entfalten konnte, führt geradewegs zu einer reaktionären Befürwortung der Gewaltverhältnisse: die Gleichheit im Umgang einer Elite erfordert und bejaht die Unterdrückung von Bestrebungen ganzer Klassen nach Emanzipation und gesellschaftlicher Egalität. Das hat bei H. Olfers nicht nur die scharfe Verurteilung des zeitweiligen Gastes Varnhagen, als dessen *Tagebücher* posthum erscheinen, nicht nur das uneingeschränkte Preußenlob in den "Einigungskriegen" zur Konsequenz, selbst der Staatsstreich Napoleons wird in diesem Kreise 1851 mit Sympathie begrüßt.[58]

Diesem Weg in einen ästhetischen Binnenraum - der nur als solcher und in seinen Grenzen die Humanitätsidee, die in den ihn garantierenden gesellschaftlichen Gewaltverhältnissen verabschiedet ist, tradiert - ist eine Idealisierung von Familienstrukturen immanent, wie sie bei Herz oder Rahel Levin Varnhagen, bei Solmar noch und bei Fanny Lewald nicht vorstellbar erscheint. Die dynastische Familie, die bürgerliches Familienleben nachstellte, um an dessen moralischem Kredit teilzuhaben, wird im staatstragenden Olfers-Salon wieder als normativ gehandelt. Im Salon feiert sich die Familie als höhere Form (naturgegebener) Ordnung; Weihnachten wird nicht zufällig zum Salonfest, die Geburtstage der eigenen und der königlichen Familie rücken ebenfalls in den Mittelpunkt der salongeselligen Ereignisse. Wissenschaftliche Untersuchungen zur Familie und damit zugleich wieder die Rolle der Frau werden im Olfers-Salon zu einem wichtigen Gesprächsthema, Kinderbälle, Kindertheater, Dichterlesungen für Kinder zu einem festen Bestandteil der geselligen Veranstaltungen im Hause Olfers.

---

56 Marie Olfers an Gräfin Lulu Stosch, Berlin, 19. März 1848, in: Olfers: Lebenslauf II, S. 226.
57 In: Olfers: Lebenslauf II, S. 225.
58 Vgl. Hedwig Olfers an Nina Olfers, Berlin, Weihnachten 1851. in: Olfers: Lebenslauf II, S. 283.

Am Anfang der Berliner und damit deutschen Salongeschichte stand der Versuch der Henriette Herz und ihres "Tugendbundes", ein fremdes Kind aus unteren sozialen Schichten aufzunehmen und nach den moralischen Vorstellungen dieser Formation zu erziehen, d.h. außerhalb von sowohl aristokratischen als auch bürgerlichen Lebensformen und den von ihnen repräsentierten sozialen Beziehungen und Wertsetzungen. Im Olfers-Salon wird ein vergleichbares Sozialisationsexperiment angestellt: Die Salondame Olfers "fischte" sich, um ihren eigenen Ausdruck zu gebrauchen, ein proletarisches Kind "heraus"[59], um es ihrer Bildung auszusetzen und im geselligen Verkehr ihres Hauses zu erziehen; "es ist mir psychologisch sehr interessant, wie ganz anders sich solch ein kleiner Proletarier geberdet", umreißt sie ihre Intention bei der Aufnahme des kleinen Mädchens. Geklärt werden soll, inwieweit "ein gemeines Naturell erblich sei"[60]. Diese Fragestellung schließt die Diskussion über die biologische Determiniertheit der Elite, wie sie sich im Olfers-Salon einfindet, ein. Im Salon-Konsens, "daß les natures d'élite überhaupt nicht häufig sein können"[61], finden die Abschottung des Salons vor den unteren Volksklassen, seine antidemokratische Legitimation und seine Aversion vor den politischen Bestrebungen der Arbeiterbewegung ihre rechtfertigende Begründung. Ein empirischer Beleg blieb diesem Salon allerdings versagt, da das Experiment der Aufzucht der proletarischen Annerl in dieser ästhetischen Lebenswelt durch den Unfalltod des Kindes vorzeitig abgebrochen wurde.

7.3 *Entwicklungsperspektiven*

Im Fortgang der Salongeschichte in der zweiten Jahrhunderthälfte[62] wird der Salon zum einen Darstellungsraum auch für Repräsentanten des Industriekapitalismus, die als Organisatoren von literarischer Geselligkeit auftreten, um dabei Kunstgenuß und Bildung als Distinktionsmerkmal gegenüber unteren Klassen und als Beleg für ihre Egalität mit dem Adel vorzuführen. Den Salon als reines Reputationsobjekt großbourgeoiser Kreise meint Hoffmann von Fallersleben, wenn es von dem "Salon von Schulz und Sohn" in einem Gedicht von 1871 heißt: "Ein jeder wird mit Namen, Rang und Stand/Der übrigen Gesellschaft vorgestellt"[63], so daß der sich kunstinteressiert gebende Zirkel nur mehr als Fortsetzung und Affirmation der gesellschaftlichen Verhältnisse fungiert. Das Rationalitätsprinzip, das die Persönlichkeit in ihrer Totalität auflöste, greift gleichfalls auf den Salon über. Die Versprechen auf Wiederherstellung der ganzen Persönlichkeit im Salon wird, wie es Hans G. Helms beschrieben hat, schon innenarchitektonisch immer eklatanter zurückgenommen: Der *eine* Salonraum - dies beginnt bereits bei der Olfers - wird aufgelöst in eine Vielzahl von Räumen: "Speisezimmer, Musikzimmer,

59 Vgl. Hedwig Olfers an Nina Olfers, Berlin, 24. März 1864, in: Olfers: Lebenslauf II, S. 432.

60 Ebd., S. 302.

61 Ebd.

62 Vgl. dazu an Literatur z.B. Ernst Heilbronn: Die gute Stube. Berliner Geselligkeit im 19. Jahrhundert, Wien/München/Leipzig 1922; Valerian Tornius: Der ästhetische Tee; Sabine Lepsius: Ueber das Aussterben der "Salons", in: März. Eine Wochenschrift, 7. Jg., 1913, Dritter Band, S. 222-234.

63 Hoffmann von Fallersleben: Ein musikalischer Abend, in: ders.: Gedichte und Lieder, hrsg. von Hermann Wendebourg und Anneliese Gerbert, Hamburg 1974, S. 362-363, S. 362.

Damensalon, Rauchsalon, Bibliothek, Boudoir der Herrin, Herrenzimmer oder Studio des Herrn und was sonst noch", zählt Helms als Indizien auf für den fortschreitenden Zerfall der Persönlichkeit nicht nur zwischen öffentlicher und privater, sondern auch innerhalb der privaten Sphäre.[64] Diese innenarchitektonische Aufgliederung der Repräsentations- und Reproduktionsräume des Hauses, möglich nur auf der Grundlage eines beachtlichen ökonomischen Aufstiegs, reflektiert aber auch die ebenfalls schon im Salon Olfers erneut begonnene Diskussion um die Stellung der Frau in der Geselligkeit und um die Ausweitung patriarchalischer Strukturen im geselligen Bereich, die die Frau auf die Wahrnehmung von Repräsentationsaufgaben zurückdrängen soll.

Zum anderen hat Helmut Kreuzer in seiner Monographie zur Boheme eine vermehrte Affinität und schließlich die vereinzelte Amalgamierung der Salonkultur mit der von ihm analysierten subkulturellen Sphäre betont und damit eine zweite Entwicklungslinie des Salons als literaturgeselliger Formation nachgezeichnet. Daß die sozialen Beziehungen der Boheme auch über den "offenen" Salon organisiert wurden, verweist auf strukturelle Ähnlichkeiten, die eine Autonomiesetzung von Lebenspraxis gegenüber gesellschaftlichen Zwängen zulassen. Verweigerung des Rationalitätsprinzips als lebensgestaltender Maxime, Rettung der ganzheitlichen Persönlichkeit, Mißachtung sozialer Hierarchisierung, Geschlechteregalität, Marginalisierung oder Verachtung des bürgerlichen Arbeitsethos, Verdeckung materieller Voraussetzungen, Anerkennung der Kunst als eines verbliebenen Bereichs umfassenderer Selbstverwirklichung bilden Konvergenzpunkte, über die Salon und Boheme in Beziehung zueinander gesetzt werden konnten.

Zu Beginn des 20. Jahrhunderts schließlich kommt es kurzfristig und auf den ersten Blick eher überraschend zu einer Wiederentdeckung und einem Wiederbelebungsversuch des Salons, wie er sich zwischen Aufklärung und Vormärz ausformte, durch jene ausgesprochene Avantgardegruppe von Künstlern, die als Dadaisten zusammengefaßt werden. Deren ästhetische Rebellion gegen vorgegebene Ordnungsmuster rekurriert in der Verweigerung gegenüber dem Kunstmarkt, der Herauslösung aus den herrschenden Strukturen des Literatursystems, in dem Verzicht auf künstlerische und literarische Kommunikation als Massenkommunikation auf die Formation des Salons als soziale Chance kooperativer Realisierung eines Literaturprogramms. Die neoromantische Komponente ist dabei von "dadaistischen" Vertretern durchaus erkannt und wird von Erwin Loewenson, sofern die Neoromantik nicht ins "Fatzköse" umschlägt[65], als Moment ihrer Kunstpraxis, der "Abende", auch befürwortet. Den Inhalt dieser "Abende" solle eine "Synthese (...) aus Neoromantik und naiver Verzweifelung" abgeben, ihr "Stil" bestimmt sein "durch die Intimität und Kleinheit des Gezimmers und durch ein Gesellschaftstum, das eine Regeneration der übereuropäischen Heine-Salons einführen könnte"[66]. Die Einsicht in das Mißlingen einer Reetablierung solcher ästhetischer Räume mit ausgesprochen antinationalistischer Tendenz im militaristischen Deutschen Reich, in Berlin

---

64 Hans G. Helms: Ideologie der anonymen Gesellschaft, Köln 1966, S. 247.

65 Erwin Loewenson an Erich Unger, Berlin, 29. März 1910, in: Richard Sheppard (Hg.): Die Schriften des "Neuen Clubs" 1908-1914, 2 Bde., Hildesheim 1980, Bd. 1, S. 285-286.

66 Ebd., S. 286.

zumal, erfolgte rasch. 1913 konstatierte Loewenson das Scheitern: "Das was damals zustandekommen sollte (wir nannten es, nach dem Gebrauchs-Zimmer, unsern 'Salon') ist nicht zustandegekommen."[67] Nach Ausbruch des Krieges wird ein solches Projekt in der preußischen Hauptstadt des kriegsführenden Deutschland als fragwürdig und illusionistisch auch von Hugo Ball verworfen, der an seinen *Widerruf* gleichzeitig die Hoffnung auf Ausbruch in neue (ästhetische) Lebenswelten, wie sie ihm andere Länder noch versprechen, bindet, eine Hoffnung, für deren Verwirklichung schließlich die Emigration nach Zürich den Dadaisten Ansätze zu bieten schien:

> Ich widerrufe meine Ermunterung zum Plan eines 'Salons'. Ich glaube nicht mehr dran. Ich glaube Berlin jetzt besser zu kennen als noch vor einer Woche. Wir leben (leider) nicht mehr in den Zeiten der Brentano und Schlegel. Es gibt nur eines: Das Ausland. Die Schweiz. Paris. Italien. Rußland.[68]

67 Fragment eines Briefes von Erwin Loewenson an Friedrich Schulze-Maizier, Berlin, kurz nach dem 29. Jul. 1913, ebd., Bd. 2, S. 101-102, S. 101.

68 Hugo Ball an Käthe Brodnitz, 9. Apr. 1915, in: Hans-Georg Kemper: Vom Expressionismus zum Dadaismus. Eine Einführung in die dadaistische Literatur, Kronberg/Ts. 1974, S. 15.

Literaturverzeichnis

Im folgenden werden Texte angeführt, die für die Untersuchung relevant wurden. Eine vollständige Bibliographie zum literarischen Salon ist also nicht zu erwarten. Da bei diesem Untersuchungsgegenstand eine Klassifizierung der Texte als Quelle oder Darstellung sich nicht in jedem Fall als möglich erwies, wurde auf eine entsprechende Unterscheidung im Literaturverzeichnis verzichtet. Bisweilen mußte auf verschiedene Textausgaben zurückgegriffen werden.

Abeken, Heinrich: Heinrich Abeken. Ein schlichtes Leben in bewegter Zeit. Aus Briefen zusammengestellt von Hedwig Abeken, 2. Aufl., Berlin 1898.

Adam, Antoine (Hg.): Le siècle de Louis XIV, 2 Bde., Paris 1966.

Agricola, Johann: Die Sprichwörtersammlungen, hrsg. von Sander L. Gilmann, 2 Bde., Berlin/New York 1971-1972.

Agalhon, Maurice: Le Cercle dans la France bourgeoise 1810 - 1848. Etude d'une notation de sociabilité, Paris 1977.

Albarus, Charlotte: Rahel Varnhagens Goethe-Erlebnis, Diss., Jena 1930.

Aldis, Janet: Madame Geoffrin. Her Salon and her Times (1750 - 1777), London 1905.

Alexander, Felix; Die nebenberuflichen Theatergesellschaften in Deutschland, Tübingen 1913.

Altenhofer, Norbert: Geselliges Betragen - Kunst - Auslegung, in: Ulrich Nassen (Hg.): Studien zur Entwicklung einer materialen Hermeneutik, München 1979, S. 165-211.

Altenhofer, Norbert: Geselligkeit als Utopie. Rahel und Schleiermacher, in: Berlin zwischen 1789 und 1848. Facetten einer Epoche, Berlin 1981 (Akademie Katalog, Bd. 132), S. 37-42.

Altenhofer, Norbert: Henriette Herz und Louis Baruch - Jeanette Wohl und Ludwig Börne. In: Ludwig Börne, 1786 - 1837. Zum 200. Geburtstag des Frankfurter Schriftstellers. Ausstellungskatalog. Frankfurt/M. 1986, S. 211-221.

Antonie, Stefani: Bildung und Geselligkeit. Zur Theorie der Geselligkeit. In: Gesellige Bildung. Studien und Dokumente zur Bildung Erwachsener im 18. Jahrhundert. Hrsg. von Arnim Kaiser, Bad Heilbrunn/Obb. 1989 (Dokumentationen zur Geschichte der Erwachsenenbildung), S. 143-157.

Aragonnès, Claude: Chez Madame Cornuel. Un salon bourgeois au XVIIe siècle, in: La Revue de Paris, Jg. 38 (1931), S. 578-597.

Archenholtz, Wilhelm von: England und Italien, 5 Teile, 2. Aufl. Leipzig 1787.

Arendt, Hannah: Paria und Parvenue. Rahel Varnhagen und die Assimilation der deutschen Juden. Forum Österreichischer Monatsblätter für kulturelle Freiheit, H. 6 (1959), S. 227-230.

Arendt, Hannah: Elemente und Ursprünge totaler Herrschaft, Frankfurt/M. 1962.

Arendt, Hannah: Berliner Salons, in: Deutscher Almanach für das Jahr 1932, S. 173-184.

Arendt, Hannah: Rahel Varnhagen. Lebensgeschichte einer deutschen Jüdin aus der Romantik. Mit einer Auswahl von Rahel-Briefen und zeitgenössischen Abbildungen, 3. Aufl. München 1981 (1. Aufl. München 1959).

Aretino, Pietro: Die Gespräche des göttlichen Pietro Aretino, übertr. von Heinrich Conrad, Wiesbaden 1980.

Aretz, Gertrude: Die elegante Frau. Eine Sittenschilderung vom Rokoko bis zur Gegenwart, Leipzig/Zürich 1929.

Arnim, Achim von: Wintergarten, 1. und 2. Theil, in: Ludwig Achim von Arnims sämtliche Werke; Neue Ausgabe, 5. Band: Novellen, Berlin 1857.

Arnim, Bettina von: Werke und Briefe, 5 Bände, hrsg. von Gustav Konrad, Frechen/Köln 1963.

Asse, Eugène (Hg.): Mlle. de Lespinasse et la Marquise du Deffand, suivi de documents inédits sur Mlle. de Lespinasse, Paris 1877.

Assing, Ludmilla (Hg.): Briefe von Chamisso, Gneisenau, Haugwitz, W. von Humboldt, Prinz Louis Ferdinand, Rahel, Rückert, L. Tieck u.a. Nebst Briefen, Anmerkungen und Notizen von Varnhagen von Ense, 2 Bde., Leipzig 1867.

Atterbom, Per Daniel: Reisebilder aus dem romantischen Deutschland, neu hrsg. von Elmar Jansen nach dem Erstdruck Berlin 1867, Frankfurt/M. o.J.

Atzenbeck, Carl: Pauline Wiesel. Die Geliebte des Prinzen Louis Ferdinand von Preußen. Ein Charakterbild aus der Zeit der Romantiker in zeitgenössischen Zeugnissen und Briefen, Leipzig 1925.

Baader, Renate: Dames des lettres. Autorinnen des preziösen, hocharistokratischen "modernen" Salons (1649-1698), Stuttgart 1986 (Romanistische Abhandlungen).

Baader, Renate: Die verlorene weibliche Aufklärung. Die französische Salonkultur des 17. Jahrhunderts und ihre Autorinnen, in: Hiltrud Gnüg und Renate Möhrmann: Frauen Literatur Geschichte. Schreibende Frauen vom Mittelalter bis zur Gegenwart, Stuttgart 1985, S. 58-82.

Bacheracht, Therese von: Am Theetisch, Braunschweig 1844.

Back, Kurt W. und Polisar, Donna: Salons und Kaffeehäuser, in: Kölner Zeitschrift für Soziologie und Sozialpsychologie. Sonderheft: Gruppensoziologie, hrsg. von Friedhelm Neidhardt, 25 (1983), S. 276-286.

Badt, Bertha: Friedrich Gentz und Rahel Levin, in: Vossische Zeitung, Nr. 18 (Sonntagsbeilage), 1914.

Balet, Leo: Die Verbürgerlichung der deutschen Kunst, Literatur und Musik im 18. Jahrhundert, Straßburg 1936.

Bamberger, Fritz: Einleitung zu: Moses Mendelssohns Schriften zur Philosophie und Ästhetik, Bd. 1, Stuttgart 1971 (Neudruck der Ausgabe Berlin 1929).

Barine, Arvède: La Grande Mademoiselle, II. La transformation des moeurs. Naissance de la vie de salon, in: Revue des Deux Mondes, 1899, S. 575-610.

Barth, Ilse-Marie: Literarisches Weimar. Kultur, Literatur, Sozialstruktur im 16. - 20. Jahrhundert, Stuttgart 1971.

Batiffol, Louis: Le salon de la Marquise de Rambouillet, in: L. Petit de Julleville (Hg.): Les grands salons littéraires (XVIIe et XVIIIe siècles), Conférences du Musée Carnavalet (1927), Paris 1928, S. 21-48.

Baudelaire, Charles: Sämtliche Werke/Briefe, 8 Bde., hrsg. von Friedhelm Kemp und Claude Pichois in Zusammenarbeit mit Wolfgang Drost, Bd. 1: Juvenilia-Kunstkritik, München 1971, S. 387-391.

Bauernfeld, Eduard von: Der literarische Salon. Lustspiel in drei Akten, in: ders.: Gesammelte Schriften, Bd. 1-3, Wien 1871-1873.

Baumann, Gerhart: Über den Dilettantismus, in: Euphorion 46 (1952), S. 348-369.

Bähtz, Dieter: Zur Funktion des literarischen Salons um 1800, in: Wissenschaftliche Zeitschrift Univ. Halle XIX, G, 5 (1970), S. 43-50.

Bäumer, Gertrud: Die Frau und das geistige Leben, Leipzig 1911.

Beaujean, Marion: Das Bild des Frauenzimmers im Roman des 18. Jahrhunderts, in: Wolfenbütteler Studien zur Aufklärung, hrsg. von Günther Schulz, Bd. 3, Wolfenbüttel 1976, S. 9-28.

Becker, Eva D./Dehn, Manfred: Literarisches Leben. Eine Bibliographie. Auswahlverzeichnis von Literatur zum deutschsprachigen literarischen Leben von der Mitte des 18. Jahrhunderts bis zur Gegenwart, Hamburg 1968 (Schriften zur Buchmarkt-Forschung, Bd. 13), S. 94-95.

Becker, M.A.: Geselligkeit und Gesellschaft in Wien, in: ders.: Verstreute Blätter, Wien 1880, S. 29-45.

Becker, Sophie: Vor hundert Jahren. Elise von der Reckes Reisen durch Deutschland 1784 - 86 nach dem Tagebuche ihrer Begleiterin Sophie Becker, hrsg. und eingel. von G. Karo und M. Geyer, Stuttgart 1884 (Collection Spemann).

Sophie Schwarz (d.i. Sophie *Becker*): Briefe einer Curländerinn. Auf einer Reise durch Deutschland, Zwei Theile, Berlin 1791.

Behrend, Fritz: Rahel Varnhagen an Schleiermacher, in: Zeitschrift für Bücherfreunde, H. 3, 9. Jg. N.F. (1917), S. 87-90.

Behrens, Wolfgang u.a. (Hg.): Der Literarische Vormärz, München 1973.

Benjamin, Walter: Paris, die Hauptstadt des XIX. Jahrhunderts, in: ders.: Illuminationen. Ausgewählte Schriften, Frankfurt/M. 1969, S. 185-200.

Berdrow, Otto: Rahel Varnhagen. Ein Lebens- und Zeitbild, Stuttgart 1900.

Berdrow, Otto: Rahel Levin, eine Vorkämpferin der modernen Frauenemanzipation, in: Die Frau, H. 5 (1898), S. 108-116.

Berend, Eduard (Hg.): Jean Pauls Persönlichkeit, Berlin/Weimar 1956.

Berend, Eduard: Jean Paul der meistgelesene Schriftsteller seiner Zeit?, in: Imprimatur N.F. (1960), S. 172-183.

Berghahn, Klaus L.: Von der klassizistischen zur klassischen Literaturkritik, in: Peter U. Hohendahl (Hg.): Geschichte der deutschen Literaturkritik (1730 - 1980), Stuttgart 1985, S. 10-75.

Bernhardi, August Ferdinand: Bambocciaden, Drei Theile, Berlin 1797 - 1800.

Bianquis, Geneviève: La vie quotidienne en Allemagne à l'époque romantique (1795 - 1830), Paris 1958.

Biedermann: Deutschland im Achtzehnten Jahrhundert, 4 Bde., Leipzig 1854 - 1880, 2. Bd.: Geistige, sittliche und gesellige Zustände, Leipzig 1858.

Bird, Alan: Rahel Varnhagen von Ense and Some English Assessments of her Character, in: German Life and Letters 26 (1972/1973), S. 183-192.

Blennerhassett, Lady: Frau von Staël und ihre Beziehungen zu Deutschland, in: Deutsche Rundschau, H. 36 (Juli - Sept. 1883), S. 376-399.

Blum, Carl: Vaudevilles für deutsche Bühnen und gesellige Zirkel nach dem Französischen bearbeitet von Carl Blum, Berlin 1824.

Bodemann, Eduard: Julie von Bondeli und ihr Freundeskreis, Hannover 1874.

Boehn, Max von: Rokoko. Frankreich im XVIII Jahrhundert, 4. erw. Aufl., Berlin 1921.

Boehn, Max von: Die Mode, Bd. 5: Menschen und Moden im neunzehnten Jahrhundert. Nach Bildern und Kupfern der Zeit ausgewählt von Oskar Fischel. Text von Max von Boehn 1790 - 1817, 4. Aufl., München 1925 (1. Aufl. 1905).

Boie, Heinrich Christian: Ich war wohl klug, daß ich dich fand. Heinrich Christian Boies Briefwechsel mit Luise Mejer. 1777 - 1785, hrsg. von Ilse Schreiber, 2. Aufl., München 1975 (1. Aufl. 1961).

Bosold, Birgit: "Ich kann nichts als Briefe schreiben ...". in: die tageszeitung, 23. Juli 1988, S. 9.

Bourdieu, Pierre: Die feinen Unterschiede, 3. Aufl., Frankfurt/M. 1984.

Bovenschen, Silvia: Die imaginierte Weiblichkeit. Exemplarische Untersuchungen zu kulturgeschichtlichen und literarischen Präsentationsformen des Weiblichen, Frankfurt/M. 1979.

Borchmeyer, Dieter: Höfische Gesellschaft und französische Revolution bei Goethe. Adliges und bürgerliches Wertsystem im Urteil der Weimarer Klassik, Kronberg/Ts. 1977.

Börne, Ludwig: Briefwechsel des jungen (Louis) Börne und der Henriette Herz, hrsg. von Ludwig Geiger, Oldenburg/Leipzig 1905.

Börne, Ludwig: Sämtliche Schriften, 5 Bände, hrsg. von Inge und Peter Rippmann, Dreieich 1977, Bd. 4: Briefe I.

Böschenstein-Schäfer, Renate: Das literarische Leben 1800 - 1850, in: Hans Herzfeld (Hg.): Berlin und die Provinz Brandenburg im 19. und 20. Jahrhundert, Berlin 1968, S. 657-699.

Böttiger, Karl August: Literarische Zustände und Zeitgenossen, in: Schilderungen aus Karl August Böttiger's handschriftlichem Nachlasse, hrsg. von Karl August Böttiger, Bd. 1, Leipzig 1838, S. 102-111.

Brandes, Ernst: Betrachtungen über das weibliche Geschlecht und dessen Ausbildung in dem geselligen Leben, 3 Theile, Hannover 1802.

Brandes, Georg: Rahel, Bettina und Charlotte Stieglitz - drei literarhistorische Charakterbilder aus der Zeit des Jungen Deutschland, Leipzig 1896.

Brandes, Helga: Die "Gesellschaft der Maler" und ihr literarischer Beitrag zur Aufklärung. Eine Untersuchung zur Publizistik des 18. Jahrhunderts, Bremen 1974.

Breitinger, Heinrich: Der Salon Rambouillet und seine culturgeschichtliche Bedeutung, in: ders.: Aus Neuern Litteraturen, Zürich 1879, S. 1-54.

Brentano, Clemens: Das unsterbliche Leben. Unbekannte Briefe, hrsg. von Wilhelm Schellberg u. Friedrich Fuchs, Jena 1939.

Breysach, Barbara: "Die Persönlichkeit ist uns nur geliehen". Zu den Briefwechseln Rahel Levin Varnhagens, Würzburg 1989 (Epistemata: Reihe Literaturwissenschaft, Bd. 44).

Briefe an eine Freundin. Rahel Varnhagen an Rebecca Friedländer, hrsg. von Deborah Hertz. Köln 1988.

Brierre, Anne: Ninon de Lenclos, courtisane et grande dame de Paris, Genf 1965.

Brinckmann, Carl Gustav von: Gedichte, Berlin 1804.

Selmar (d.i. Gustav von *Brinckmann*): Gedichte, Leipzig 1789.

Bruford, Walter Horace: Kultur und Gesellschaft im klassischen Weimar 1775 - 1806, Göttingen 1966.

Brunner, Otto: Das "ganze Haus" und die alteuropäische "Ökonomik", in: ders.: Neue Wege der Sozialgeschichte, Vorträge und Aufsätze, Göttingen 1956, S. 33-62.

Brunot, Ferdinand: Histoire de la langue française des origines à 1900, Bd. 5: Le français en France et hors de France au XVIIe siècle, Paris 1917.

Brunschwig, Henri: Gesellschaft und Romantik in Preußen im 18. Jahrhundert. Die Krise des preußischen Staates am Ende des 18. Jahrhunderts und die Entstehung der romantischen Mentalität, Frankfurt/M./Berlin/Wien 1976 (französ. Erstausgabe Paris 1947).

Bruyn, Günter de: Das Leben des Jean Paul Friedrich Richter, Halle/S. 1975.

Burger, Heinz Otto: Theorie und Wissenschaft von der deutschen Novelle, in: Novelle, hrsg. von Josef Kunz, Darmstadt 1973 (Wege der Forschung, Bd. LV), S. 294-318.

Burkhardt, C.A.H.: Das Tiefurter Journal. Literaturhistorische Studie, in: Die Grenzboten 30, III (1871), S. 281-299 und 31, II (1872), S. 261-263.

Bury, Henri Blaze de: La société de Berlin, in: Revue des Deux Mondes, 1858, S. 868-889.

Bury, Rose Blaze de: Les salons de Vienne et de Berlin, Paris 1861.

Bünger, C.: Matthias Bernegger, ein Bild aus dem geistigen Leben Straßburgs zur Zeit des dreissigjährigen Krieges, Straßburg 1893.

Bürger, Christa: Der Ursprung der bürgerlichen Institution Kunst. Literatursoziologische Untersuchungen zum klassischen Goethe, Frankfurt/M. 1977.

Bürger, Christa: Leben Schreiben. Die Klassik, die Romantik und der Ort der Frauen, Stuttgart 1990.

Bürger, Christa/Peter Bürger/Jochen Schulte-Sasse (Hg.): Aufklärung und literarische Öffentlichkeit, Frankfurt/M. 1980.

Bürger, Peter: Studien zur französischen Frühaufklärung, Frankfurt/M. 1972.

Büsch, Johann Georg: Erfahrungen, Bd. 1-4, Hamburg 1790 - 1794, Bd. 4: Über den Gang meines Geistes und meiner Tätigkeit, Hamburg 1794.

Campe: Joachim Heinrich: Väterlicher Rath für meine Tochter. Ein Gegenstück zum Theophron. Der erwachsenen weiblichen Jugend gewidmet, Braunschweig 1789.

Castelli, J.F.: Memoiren meines Lebens. Gefundenes und Empfundenes. Erlebtes und Erstrebtes, mit einer Einleitung und Anmerkungen neu hrsg. von Josef Bindtner, München o.J. (1. Ausgabe Wien/Prag 1861).

Cavalluci, Giacomo: Les derniers grands salons littéraires français, Naples /Paris 1952.

Chamard, Henri: Jean de Morel, in: Dictionnaire des lettres françaises. Le Seizième Siècle, hrsg. von George Grente u.a., o.O., o.J., S. 257.

Chézy, Helmina: Unvergessenes. Denkwürdigkeiten aus dem Leben von Helmina von Chézy. Von ihr selbst erzählt, 2 Theile, Leipzig 1858.

Chézy, Wilhelm von: Erinnerungen aus meinem Leben, 2 Bde., Schaffhausen 1863.

Cocalis, Susan L.: Der Vormund will Vormund sein: Zur Problematik der weiblichen Unmündigkeit im 18. Jahrhundert, in: Marianne Burkhard (Hg.): Gestaltet und gestaltend. Frauen in der deutschen Literatur, Amsterdam 1980 (Amsterdamer Beiträge zur neueren Germanistik, Bd. 10),S. 33-55.

Cohen, E.H. Mademoiselle Libertine. A portrait of Lenclos, Boston 1970.

Colombery, Emile: Ruelles, salons et cabarets. Histoire anecdotique de la littérature française, 2 Bde., Paris 1892.

Conches, Félix Feuillet de: Les salons de conversation au dix-huitième siècle, Paris 1891.

Cousin, Victor: La société française au XVIIe siècle d'après le Grand Cyrus de Mlle. de Scudéry, Paris 1858.

Croce, Elena: Rahel e l'ideale della socievolezza nella Germania Romantica, in: dies.: Romantici Tedeschi, Neapel 1962, S. 31-49.

Damen-Conversations-Lexikon. Hrsg. im Verein mit einer Gesellschaft von Gelehrten und Schriftstellerinnen von C(arl) Herloßsohn, Leipzig 1834 ff. (7. Bd. Adorf 1836; 9. Bd. Adorf 1837).

Dann, Otto: Gruppenbildung und gesellschaftliche Organisierung in der Epoche der deutschen Romantik, in: Richard Brinckmann (Hg.): Romantik in Deutschland. Ein interdisziplinäres Symposium, Stuttgart 1978 (Sonderband der Deutschen Vierteljahresschrift für Literaturwissenschaft und Geistesgeschichte), S. 115-131.

Dann, Otto (Hg.): Lesegesellschaften und bürgerliche Emanzipation: ein europäischer Vergleich, München 1981.

Daumier, Honoré und James Rousseau: Robert-Macaire. Der unsterbliche Betrüger und die Portiersfrau. Sylvius der Dichter, aus dem Französischen von Mario Spiro, hrsg. und mit einem Nachwort versehen von Karl Riha, Frankfurt/M. 1977.

Dawson, Ruth P.: The Feminist Manifesto of Theodor Gottlieb von Hippel (1741 - 96), in: Marianne Burkhard (Hg.): Gestaltet und Gestaltend. Frauen in der deutschen Literatur, Amsterdam 1980 (Amsterdamer Beiträge zur neueren Germanistik, Bd. 10), S. 13-32.

Deetjen, W.: Immermann über Rahel Varnhagen, in: Zeitschrift für Bücherfreunde, H. 10, N.F. 6. Jg. (1914/15), Beiblatt S. 420-21.

Dennery, Etienne: Les salons littéraires au XVIIe siècle, hrsg. von der Bibliothéque nationale, Paris 1968.

Gran Diccionario de la Lengua Castellana, Bd. 5, Barcelona o.J.

Dichter lesen. Von Gellert bis Liliencron, Marbach am Neckar 1984 (Marbacher Schriften, Bd. 23/24).

Dilthey, Wilhelm: Leben Schleiermachers. Erster Band, hrsg. von Martin Redecker, in: Wilhelm Dilthey: Gesammelte Schriften Bd. XIII, Erster Halbband, Stuttgart/Göttingen 1960.

Dirichlet, Rebecka: Briefe. Aus der Varnhagen von Enseschen Sammlung, hrsg. von Konrad Feilchenfeldt und Liselotte Kinshofer, in: Mendelssohn Studien. Beiträge zur neueren Kultur- und Wirtschaftsgeschichte, 1986, S. 121-150.

Dischner, Gisela: Bettina. Bettina von Arnim. Eine weibliche Sozialbiographie aus dem 19. Jahrhundert, Berlin 1977.

Dischner, Gisela: Caroline und der Jenaer Kreis. Ein Leben zwischen bürgerlicher Vereinzelung und romantischer Geselligkeit, Berlin 1979.

Dischner, Gisela und Richard Faber (Hg.): Romantische Utopie. Utopische Romantik, Hildesheim 1979.

Dohm, Christian Wilhelm von: Ueber die bürgerliche Verbesserung der Juden. 2 Theile, Berlin 1781/82, 2. Aufl. mit Anmerkungen von F.L. Kahle, Berlin 1789.

Drewitz, Ingeborg: Berliner Salons, 2. Aufl. Berlin 1979 (Berlinische Reminiszenzen 7), (1. Aufl., Berlin 1965).

Drewitz: Ingeborg: Die Brüder Humboldt und die Berliner Salons, in: Universalismus und Wissenschaft im Werk und Wirken der Brüder Humboldt. Im Auftrag der Humboldt-Gesellschaft hrsg. von Klaus Hammacher, Frankfurt/M. 1976 (Studien zur Philosophie und Literatur des neunzehnten Jahrhunderts, Bd. 32), S. 17-28.

Drewitz, Ingeborg: Dialog als Schicksal. Zu den Briefen der Rahel Varnhagen, in: Neue Rundschau, H. 80 (1969), S. 761-768.

Drewitz, Ingeborg: Die literarischen Salons - ihr Beitrag zur berlinischen Urbanität, in: Emuna, 9. Jg. (1974), S. 26-31.

Droste-Hülshoff, Annette von: Sämtliche Werke, Darmstadt 1966.

Dubiel, Helmut: Soziologisches Lesen theoretischer Texte, in: Kölner Zeitschrift für Soziologie und Sozialpsychologie, H. 2, 29. Jg. (1977), S. 200-232.

Duden, Barbara: Das schöne Eigentum. Zur Herausbildung des bürgerlichen Frauenbildes an der Wende des 18. zum 19. Jahrhundert, in: Kursbuch 47 (1977), S. 125-140.

Dufail, Alexandre: Une vie d'homme de lettres au XVIIIe siècle. (Les Mémoires de Marmontel), in: Revue Contemporaine, VI (1853), S. 433-468.

Duncker, Dora: Das Haus Duncker, Berlin 1918.

Eichendorff, Joseph von: Ahnung und Gegenwart, in: Eichendorffs Werke in vier Bänden, hrsg. von Wilhelm Scholz, 2. Bd., Stuttgart 1924.

Eichendorff, Joseph von: Krieg den Philistern! Dramatisches Märchen in fünf Abenteuern, in: Eichendorffs Werke, Bd. 1: Gedichte, Epen, Dramen, Stuttgart 1953.

Eichendorff, Joseph von: Die deutsche Salon-Poesie der Frauen, in: Historisch-politische Blätter für das katholische Deutschland, hrsg. von G. Phillips und G. Görres, 19. Bd., H. 8 (1847), S. 463-480.

Elias, Norbert: Die höfische Gesellschaft. Untersuchungen zur Soziologie des Königtums und der höfischen Aristokratie mit einer Einleitung: Soziologie und Geschichtswissenschaft, 5. Aufl., Darmstadt/Neuwied 1981.

Elias, Norbert: Über den Prozess der Zivilisation, 7. Aufl., Frankfurt/M. 1980.

Engelsing, Rolf: Der Bürger als Leser. Lesergeschichte in Deutschland 1500 - 1800, Stuttgart 1974.

Erning, Günter: Das Lesen und die Lesewut. Beiträge zu Fragen der Lesergeschichte. Dargestellt am Beispiel der schwäbischen Provinz, Bad Heilbronn 1974.

Faesie, Robert: Die Dienstags-Companie, eine unbekannte literarische Gesellschaft aus Bodmers Kreis, in: Züricher Taschenbuch, Zürich 1918.

Falke, Jakob von: Der französische Salon. Galanterie, Amüsement, Esprit im 17. Jahrhundert, hrsg. und bearb. von Ulrike Romm, Bonn 1977.

Falkenberg, Elisabeth: Rahel Varnhagen in ihren Briefen, Diss. (masch.), Greifswald 1922.

Fallersleben, Hoffmann von: Gedichte und Lieder, hrsg. von Hermann Wendebourg und Anneliese Gerbert, Hamburg 1974.

Fauser, Markus: Das Gespräch im 18. Jahrhundert, Rhetorik und Geselligkeit in Deutschland, Stuttgart 1991.

Feist, Lore: Zwischen Romantik und jungem Deutschland, Diss., Elberfeld 1926.

Feilchenfeldt, Konrad: Rahel Varnhagens Ruhm und Nachruhm, in: Rahel-Bibliothek. Rahel Varnhagen. Gesammelte Werke, hrsg. von Konrad Feilchenfeldt, Uwe Schweikert und Rahel E. Steiner, Bd. X, München 1983, S. 128-178.

Feilchenfeldt, Konrad: Berliner Salons und Briefkultur um 1800, in: Der Deutschunterricht, H. 4, 36. Jg. (1984), S. 77-99.

Feilchenfeldt, Konrad: Rahel-Philologie im Zeichen der antisemitischen Gefahr (Margarete Susman, Hannah Arendt, Käte Hamburger), in: Hahn, Barbara und Ursula Isselstein: Rahel Levin Varnhagen. Die Wiederentdeckung einer Schriftstellerin, Göttingen 1987 (Zeitschrif für Literaturwissenschaft und Linguistik, Beiheft 14), S. 187-195.

Feilchenfeldt, Konrad: Die Berliner Salons der Romantik, in: Hahn, Barbara und Ursula Isselstein: Rahel Levin Varnhagen. Die Wiederentdeckung einer Schriftstellerin. Göttingen 1987 (Zeitschrift für Literaturwissenschaft und Linguistik, Beiheft 14), S. 152-163.

Fervers, Kurt: Berliner Salons. Die Geschichte einer großen Verschwörung, München 1940.

Fieguth, Gerhard: Deutsche Aphorismen, Stuttgart 1978.

Fleischmann, Hector: Le cénacle libertin de Mademoiselle Raucourt, o.O., 1912.

Formey, L.: Versuch einer medizinischen Topographie von Berlin, Berlin 1796.

Forster, Georg: Werke in vier Bänden, hrsg. von Gerhard Steiner, 4. Bd.: Briefe, Frankfurt/M. 1970.

Franco, Veronica: Lettere Familiare, Neapel 1949.

Frankl, Ludwig August: Erinnerungen, hrsg. von St. Hock, Prag 1910 (Bibliothek der deutschen Schriftsteller in Böhmen, Bd. 29).

Fred, W.: Lebensformen. Anmerkungen über die Technik des gesellschaftlichen Lebens, München/Leipzig 1911.

Frederiksen, Elke: Die Frau als Autorin zur Zeit der Romantik: Anfänge einer weiblichen literarischen Tradition, in Marianne Burckhard (Hg.): Gestaltet und gestaltend. Frauen in der deutschen Literatur Amsterdam 1980 (Amsterdamer Beiträge zur neueren Germanistik, Bd. 10), S. 83-103.

Frederiksen, Elke: Heinrich Heine und Rahel Levin Varnhagen. Zur Beziehung und Differenz zweier Autoren im frühen 19. Jahrhundert, in: Heine-Jahrbuch 29 (1990) S. 9-38.

Frederiksen, Elke: "Ich reise um zu leben." Selbsterfahrung in der Erfahrung des Fremden. Zur Reiseliteratur von Frauen. (Johanna Schopenhauer und Rahel Varnhagen zum Beispiel), in: Begegnung mit dem "Fremden", Akten des VIII Internationalen Germanisten-Kongresses, Tokio 1990, hrsg. von Eijiro Iwasaki u.a. Bd. 9: Erfahrene und imaginierte Fremde, hrsg. von Yoshinori Shichiji, S. 209-219.

Frevert, Ute und Hans Medick: Grundkurs bürgerliche Gesellschaft in Deutschland. Fernuniversität - Gesamthochschule in Hagen (1985): Fallstudien Bürgerliche Öffentlichkeit. Der Salon, S. 74-80.

Fricke, Harald: Aphorismus, Stuttgart 1984.

Fricke, Hermann: Jean Pauls Berliner Abenteuer, in: Jahrbuch für brandenburgische Landesgeschichte, Bd. 4, (1953), S. 5-13.

Friedlaender-Prechtl, R.: Berlinisches Judentum um 1800, in: Berliner Hefte, 3 (1948), S. 24-34.

Frost, Laura: Johanna Schopenhauer. Ein Frauenleben aus der klassischen Zeit, 2. Aufl., Leipzig 1913 (1. Aufl., Berlin 1905).

Frühwald, Wolfgang: Auffassung von Liebe und Ehe in der Literatur der deutschen Romantik, in: Wolfgang Böhme (Hg.): Selbständigkeit und Hingabe. Frauen der Romantik, Karlsruhe 1980 (Herrenalber Texte, Bd. 24).

Funck, H.: Zum ersten Stück des Journals von Tiefurt, in: Goethe-Jahrbuch 19 (1898), S. 294-295.

Gall, Ferdinand von: Paris und seine Salons, 2 Bde., Oldenburg 1844.

Gans, Eduard: Rückblicke auf Personen und Zustände, Berlin 1836.

Garber, Klaus: Der Autor im 17. Jahrhundert, in: Zeitschrift für Literaturwissenschaft und Linguistik, H. 42, 11. Jg. (1981): Der Autor, hrsg. von Helmut Kreuzer, S. 29-45.

Garve, Christian: Über Gesellschaft und Einsamkeit. 1. Bd., Breßlau 1797, 2. Bd., Aus dem Nachlaß, hrsg. von Manso und Schneider, Breslau 1800.

Garve, Christian: Versuche über verschiedene Gegenstände aus der Moral, der Litteratur und dem gesellschaftlichen Leben. Erster Theil, neue Aufl., Breslau 1802.

Gay, Sophie: Salons célèbres, Paris 1864.

Gehring, Axel: Die Geselligkeit. In: Kölner Zeitschrift für Soziologie und Sozialpsychologie, 21 (1969), S. 241-254.

Geiger, Ludwig: Frau von Staël in Berlin 1804, in: Euphorion, Zeitschrift für Literaturgeschichte, 1. Jg. (1894), S. 382-384.

Geiger, Ludwig: Berlin 1688-1840. Geschichte des geistigen Lebens der preußischen Hauptstadt, 2 Bde., Berlin 1892 - 1893.

Geiger, Ludwig: Geschichte der Juden in Berlin, 2 Teile, Berlin 1871.

Genlis, Stéphanie: Mémoires de Madame de Genlis, hrsg. von M.F. Barrière, Paris 1885 (Bibliothéque des Mémoires, Bd. 15).

Gentz, Friedrich von: Briefe an Christian Garve (1789 - 1798), Breslau 1857.

Gentz, Friedrich von: Briefe von und an Friedrich von Gentz, hrsg. von Friedrich Carl Wittichen, 2 Bde., München/Berlin 1909.

Georges, R.J.: Nachrichten über die geheime Mittwochsgesellschaft, in: Der Bär, 13. Jg. (1887), S. 335-339.

Gerres, Jean-Luc: Les salons berlinois entre l'Aufklärung et le Biedermeier, in: Le texte et l'idée, 5 (1990), S. 93-127.

Gerth, Hans: Die sozialgeschichtliche Lage der bürgerlichen Intelligenz um die Wende des 18. Jahrhunderts. Ein Beitrag zur Soziologie des deutschen Frühliberalismus, Frankfurt/M. 1935.

Gessinger, Joachim: Sprache und Bürgertum. Sozialgeschichte sprachlicher Verkehrsformen im Deutschland des 18. Jahrhunderts, Stuttgart 1980.

Gessinger, Joachim: "Es ist ein sonderbares Gefühl, sich auf dem Papier jemand nähern zu wollen". Literarisches Leben im Berlin des späten 18. Jahrhunderts, in: Der Deutschunterricht, H. 5, 44. Jg., S. 8-23.

Gillet, Louis: Les grands salons littéraires au Musée Carnavalet, in: L. Petit de Julleville (Hg.): Les grands salons littéraires (XVIIe et XVIIIe siècles). Conférences du Musée Carnavalet (1927), Paris 1928, S. 7-20.

Gleichen-Rußwurm, Alexander von: Geselligkeit. Sitten und Gebräuche der europäischen Welt 1789 - 1900, Stuttgart 1909 (u. 1920).

Glotz, Marguerite und Madeleine Marie: Les salons du XVIIIe siècle, Paris 1949.

Gnüg, Hiltrud und Möhrmann, Renate (Hg.): Frauen Literatur Geschichte. Schreibende Frauen vom Mittelalter bis zur Gegenwart. Stuttgart 1985.

Goethe, Johann Wolfgang: Egmont. Ein Trauerspiel in fünf Aufzügen, in: ders.: Werke, Bd. 4: Dramatische Dichtungen II, München 1981 (Hamburger Ausgabe), S. 370-454.

Goethe, Johann Wolfgang: Goethes Gespräche in vier Bänden. Eine Sammlung zeitgenössischer Berichte aus seinem Umgang auf Grund der Ausgabe und des Nachlasses von Flodoard Freiherrn von Biedermann, ergänzt und hrsg. von Wolfgang Herzig, Zürich/Stuttgart 1965 - 1972, 2. Bd. 1805 - 1817, 1969.

Goethe, Johann Wolfgang: Gedenkausgabe der Werke, Briefe und Gespräche, 28. August 1948, hrsg. von Ernst Beutler, Bd. 1-24, Erg. Bde. 1-3, Zürich 1948 - 1971.

Goethes Sämtliche Werke, Jubiläumsausgabe in 40 Bänden, hrsg. von Eduard von der Hellen u.a., Stuttgart/Berlin 1902 - 1912, 34. Bd.: Schriften zur Kunst, 2. Teil, Stuttgart/Berlin 1903 - 1904, S. 154-196.

Goethe, Johann Wolfgang: Italienische Reise, in: ders.: Werke, Bd. 11, Autobiographische Schriften III, München 1981 (Hamburger Ausgabe).

Goethe, Johann Wolfgang: Literarischer Sansculottismus, in: ders.: Werke, Bd. 12: Schriften zur Kunst, München 1981 (Hamburger Ausgabe), S. 239-244.

Goethe, Johann Wolfgang: Unterhaltungen deutscher Ausgewanderten, in: ders.: Werke, Bd. 6: Romane und Novellen I, München 1981 (Hamburger Ausgabe), S. 125-241.

Gold, Hugo: Geschichte der Juden in Wien, Tel Aviv 1966.

Goodman, Kay: The Impact of Rahel Varnhagen on Women in Nineteenth Century, in: Marianne Burckhard (Hg.): Gestaltet und gestaltend. Frauen in der deutschen Literatur, Amsterdam 1980 (Amsterdamer Beiträge zur neueren Germanistik, Bd. 10), S. 125-153.

Goncourt, Edmond de und Jules de: Die Frau im 18. Jahrhundert, Bern/Stuttgart/Wien 1963, (1. Ausgabe: La femme au 18. siècle, Paris 1878).

Gottsched, Johann Christoph: Versuch einer kritischen Dichtkunst, 4. vermehrte Aufl., Leipzig 1751 (Reprint Darmstadt 1962).

Göres, Jörn (Hg.): "Was ich dort gelebt, genossen ...". Goethes Badeaufenthalte 1785 - 1823. Geselligkeit - Werkentwicklungen - Zeitereignisse, Königstein/Ts. 1982.

Götze, Alfred: Frau von Staël, Chamisso und Helmina von Chézy, in: Archiv für das Studium der neueren Sprachen, H. 54 (1953), S. 145-171.

Grab, Walter (Hg.): Deutsche Aufklärung und Judenemanzipation. Internationales Symposium anläßlich der 250. Geburtstage Lessings und Mendelssohns, Dezember 1979, Tel Aviv 1980 (Jahrbuch des Instituts für deutsche Geschichte, Beiheft).

Grenzmann, Wilhelm: Aphorismus, in: Reallexikon der deutschen Literaturgeschichte, begr. von Paul Merker und Wolfgang Stammler, 2. Aufl., neu bearb., hrsg. von Werner Kohlschmidt und Wolfgang Mohr, Bd. 1, Berlin 1955, S. 94-97.

Grimm, Melchior: Paris zündet die Lichter an. Literarische Korrespondenz, aus dem Französischen von Herbert Kühn, mit Einleitung hrsg. von Kurt Schnelle, München 1977.

Grothe, Heinz: Anekdote, Stuttgart 1971.

Gubitz, Friedrich Wilhelm: Erlebnisse. Nach Erinnerungen und Aufzeichnungen, 2 Bde., Berlin 1869.

Guillois, Antoine: Le salon de Madame Hélvétius. Cabanis et les idéologues. o.O. (Paris) 1894, (Reprint New York 1971).

Guilloton, Doris Starr: Rahel Varnhagen und die Frauenfrage der deutschen Romantik. Eine Untersuchung ihrer Briefe und Tagebuchnotizen, in: Monatshefte für deutschen Unterricht, deutsche Sprache und Literatur, Bd. LXIX, H. 4 (1977), S. 391-403.

Guthke, Karl S.: Literarisches Leben im 18. Jahrhundert, Bern 1975.

Gutzkow, Karl: Charlotte Stieglitz, in: ders.: Werke. Auswahl in zwölf Teilen, hrsg. von Reinhold Gensel, 10. Teil: Aufsätze zur Literaturgeschichte, Berlin/Leipzig/Wien/Stuttgart 1912, S. 70-77.

Gutzkow, Karl: Wiener Eindrücke, in: ders.: Werke, 10. Teil, S. 223-260.

Haape, Wilhelm: Ludwig und Friederike Robert, Karlsruhe 1895.

Haberland, Helga und Wolfgang Pehnt (Hg.): Frauen der Goethezeit. In Briefen, Dokumenten und Bildern. Von der Gottschedin bis zu Bettina von Arnim. Eine Anthologie, Stuttgart 1960.

Habermas, Jürgen: Strukturwandel der Öffentlichkeit, 10. Aufl., Darmstadt/Neuwied 1962.

Habermas, Jürgen: Der deutsche Idealismus der jüdischen Philosophen, in: ders.: Philosophisch-politische Profile, Frankfurt/M. 1971.

Haferkorn, Hans Jürgen: Zur Entstehung der bürgerlich-literarischen Intelligenz und des Schriftstellers in Deutschland zwischen 1750 und 1800, in: Bernd Lutz (Hg.): Deutsches Bürgertum und literarische Intelligenz 1750 - 1800, Stuttgart 1974, S. 113-275.

Hahn, Barbara und Ursula Isselstein: Rahel Levin Varnhagen. Die Wiederentdeckung einer Schriftstellerin, Göttingen 1987 (Zeitschrift für Literaturwissenschaft und Linguistik, Beiheft 14).

Hahn, Barbara: Antworten Sie mir. Rahel Levin Varnhagens Briefwechsel, Frankfurt/M./Basel 1990.

Hahn, Barbara: Rahel Levin Varnhagen und Bettina von Arnim: Briefe, Bücher, Biographien, in: Frauen-Literatur-Politik, hrsg. von Annegret Pelz u.a., Hamburg 1988, S. 115-131.

Hahn, Barbara: Unter falschem Namen. Von der schwierigen Autorschaft der Frauen, Frankfurt 1991.

Hallays, André: Le salon de Mme. de la Sablière, in: L. Petit de Julleville (Hg.): Les grands salons littéraires (XVIIe et XVIIIe siècles). Conférences du Musée Carnavalet (1927), Paris 1928.

Hamburger, Käte: Rahel und Goethe, in: Rahel-Bibliothek. Rahel Varnhagen. Gesammelte Werke. Hrsg. von Konrad Feilchenfeldt, Uwe Schweikert und Rahel E. Steiner, Bd. X, S. 179-204, veränderte Fassung des Aufsatzes von ders.: Rahel et Goethe, in: Revue Germanique, 1934, S. 313-329.

Hanstein, Christian Adalbert von: Frauen in der Geschichte des deutschen Geisteslebens des 18. und 19. Jahrhunderts. Erstes Buch, Leipzig o.J.

Hargrave, Mary: Some German Women and their Salons, New York o.J. (um 1920).

Harnsdorf, Klaus: Literarisches Leben in Berlin, Aufklärer und Romantiker, Berlin 1987.

Harsdörffer, Georg Philipp: Frauenzimmer Gesprächspiele, hrsg. von Irmgard Böttcher, 1. Teil, Tübingen 1968 (Deutsche Neudrucke, Reihe Barock, Bd. 13).

Harsdörffer, Georg Philipp: M. Du Refuge: Kluger Hofmann, d.i. Nachsinnige Vorstellung deß untadeligen Hoflebens zu sondrem Behuff gedolmetscht durch G. Ph. Harsdörffer, Frankfurt 1667.

Hartung, August: Kurze Nachricht von der Errichtung der Berliner Töchterschule, Berlin 1792.

Hauff, G.: Ein Wort Rahels über die Jungfrau von Orléans, in: Herrigs Archiv (Archiv für das Studium der neueren Sprachen und Literaturen), Nr. 15 (1854) S. 351-354.

Hauff, Wilhelm: Werke in vier Bänden, neu bearbeitet von Gisela Spiekerkötter, Bd. 3: Mitteilungen aus den Memoiren des Satan: "Unterhaltungen des Satan und des Ewigen Juden in Berlin", Zürich 1961, S. 306-330.

Hauser, Arnold: Soziologie der Kunst, München 1974.

Häntzschel, Günter: Die häusliche Deklamationspraxis. Ein Beitrag zur Sozialgeschichte der Lyrik in der zweiten Hälfte des 19. Jahrhunderts,in: Zur Sozialgeschichte der deutschen Literatur von der Aufklärung bis zur Jahrhundertwende. Einzelstudien, hrsg. von Günther Häntzschel, John Omrod, Karl Renner, Tübingen 1985 (Studien und Texte zur Sozialgeschichte der Literatur, Bd. 13), S. 203-233.

Hebbel, Friedrich: Rezension zu: Rahel und ihre Zeit. Von Eduard Schmidt-Weißenfels, in: ders.: Literaturbriefe VII, in: Friedrich Hebbels sämtliche Werke in zwölf Bänden, mit Einleitung und Anmerkungen von Emil Kuh, neu hrsg. von Hermann Krumm, 10. Bd., Leipzig o.J., S. 72-73.

Hebel, Franz: Menschenfreundliche Kultur: Moses Mendelssohns gegenwärtige Bedeutung, in: Der Deutschunterricht, H. 4, 36. Jg., S. 59-76.

Heilborn, Ernst: Die gute Stube. Berliner Geselligkeit im 19. Jahrhundert, Wien/München/Leipzig 1922.

Heine, Heinrich: Briefe aus Berlin, in: ders.: Sämtliche Schriften, hrsg. von Klaus Briegleb, München 1968-1976, Bd. 2, hrsg. von Günter Häntzschel, München 1969, S. 48-68.

Heine, Heinrich: Sämtliche Schriften, hrsg. von Klaus Briegleb, München 1968 - 1976, Bd. 3, hrsg. von Karl Pörnbacher, München 1971.

Heine, Heinrich: Sämtliche Werke in 14 Bänden (Kritische Ausgabe), hrsg. von Hans Kaufmann, München 1964, Bd. 2 und Bd. 5.

Heinemann, Jeremias: Sammlung der die religöse und bürgerliche Verfassung der Juden in den Königl. Preuß. Staaten betreffenden Gesetze, Verordnungen, Gutachten, Berichte und Erkenntnisse. Mit einem Anhange, welcher Gesetze fremder Staaten enthält, 2. verbesserte Aufl., Glogau 1831.

Heinze, Hartmut: 200 Jahre Schloß Tiefurt, in: Neue Deutsche Hefte 175, H. 3, 29. Jg. (1982), S. 660-662.

Hellen, Eduard von der (Hg.): Das Journal von Tiefurt, mit Einleitung von B. Suphan, Weimar 1892 (Schriften der Goethe-Gesellschaft), Bd. 7 (1892).

Helms, Hans G.: Ideologie der anonymen Gesellschaft, Köln 1966.

Henckmann, Gisela: Gespräch und Geselligkeit in Goethes *West-östlichem Divan*, Stuttgart/Berlin/Köln/Mainz 1975 (Studien zur Politik und Geschichte der Literatur, Bd. 42).

Hengholt, Petra: Rahel Varnhagen von Ense (1771 - 1833). Die Annäherung an sich selbst durch die gesprächige Geselligkeit im Salon, in: Die Neue, 19.5.1981, S. 5.

Henn-Schmölders, Claudia: Ars conversationis. Zur Geschichte des sprachlichen Umgangs, in: arcadia 10 (1975), S. 16-35.

Hensel, Sebastian (Hg.): Die Familie Mendelssohn 1729 - 1847. Nach Briefen und Tagebüchern, Bd. 1, Leipzig 1924.

Hermann, Georg: Das Biedermeier im Spiegel seiner Zeit, Berlin/Leipzig/ Wien/Stuttgart 1913.

Herrmann, Ulrich: Erziehung und Schulunterricht für Mädchen im 18. Jahrhundert, in: Günther Schulz (Hg.): Wolfenbüttler Studien zur Aufklärung,Bd. 3, Wolfenbüttel 1976, S. 101-127.

Hertz, Deborah S.: Salonières and Literary Women, in: New German Critique, 14 (1978), S. 97-108.

Hertz, Deborah S.: Rezension zu Carolyn Lougee: "Le Paradis des Femmes". Woman, Salons, and Social Stratification in Seventeenth Century France. Princeton 1976. In: Journal of Social History 1979, 2, S. 327-330.

Hertz, Deborah S.: The Literary Salon in Berlin 1780 - 1806. The Social History of an Intellectual Institution, University of Minnesota 1979.

Hertz, Deborah S.: Mischehen in den Berliner Salons, in: Bulletin des Leo Baeck Instituts, Nr. 79, 1988, S. 37-74.

Hertz, Deborah S.: Die jüdischen Salons im alten Berlin, Frankfurt/M. 1991.

Herwegh, Georg: Salon und Hütte, in: ders.: Gedichte und kritische Aufsätze aus den Jahren 1839 und 1840, Belle-Vue 1845, S. 137-142.

Herz, Henriette: Berliner Salon. Erinnerungen und Portraits, hrsg. und mit einem Nachwort versehen von Ulrich Janetzki, Frankfurt/M./ Berlin/Wien 1984.

Herz, Henriette: Henriette Herz in Erinnerungen, Briefen und Zeugnissen, hrsg. von Rainer Schmitz, Leipzig/Weimar 1984.

Herz, Henriette: Ihr Leben und ihre Erinnerungen, hrsg. von J. Fürst, Berlin 1850 (Reprint Leipzig 1977).

Herz, Henriette: Henriette Herz. Ihr Leben und ihre Zeit, hrsg. von Hans Landsberg, Weimar 1913.

Herz, Leo: Die literarischen Salons in Wien zu Beginn des 19. Jahrhunderts, Diss. masch., Wien 1918.

Herz, Markus: Versuch über die Ursachen der Verschiedenheit des Geschmacks, Leipzig 1776.

Herzfeld, Hans: Die Stadt in den aufsteigenden Nationalstaaten, in: Otto Walter Haseloff (Hg.): Die Stadt als Lebensform, 2. Aufl., Berlin 1977 (Forschung und Information, Bd. 6), S. 73-84.

Heuschele, Otto: Herzogin Amalia, München 1947.

Heyden-Rynsch, Verena von der: Europäische Salons, München 1992.

Hillebrand, Karl: Articles sur la société de Berlin de 1789 à 1815, in: Revue des Deux-Mondes, Novembre 1870, S. 5-26.

Hillebrand, Karl: Die Berliner Gesellschaft in den Jahren 1789 - 1815, in: ders.: Unbekannte Essays, Bern 1955, S. 13-81.

Hillebrand, Karl: Varnhagen, Rahel und ihre Zeit, in: ders.: Zeiten, Völker und Menschen, 2. Bd.: Wälsches und Deutsches, Berlin 1875, S. 420-463.

Himburg-Krawehl, Irene: Marquisen. Literaten. Revolutionäre. Zeitkommunikation im französischen Salon des 18. Jahrhunderts. Versuch einer historischen Rekonstruktion, Diss. München, Osnabrück 1970 (Dialogos N.F., Bd. 4).

Hinrichs, Wolfgang: Schleiermachers Theorie der Geselligkeit und ihre Bedeutung für die Pädagogik, Diss. Tübingen, Weinheim 1965.

Hippel, Theodor Gottlieb von: Über die bürgerliche Verbesserung der Weiber, Frankfurt 1977 (1. Ausg. 1793).

Hirzel, Rudolf: Der Dialog. Ein literarhistorischer Versuch, 2 Theile, Leipzig 1895.

Hoffmann, E.T.A.: Sämtliche Werke. Historisch-kritische Ausgabe, hrsg. von Carl Georg von Maassen, Bd. 8: Die Serapions-Brüder, München/Berlin 1925.

Hoffmann, E.T.A.: Die Serapions-Brüder, Bd. 1, Frankfurt/M. 1983.

Hoffmann, E.T.A.: Ritter Gluck, in: ders.: Dichtungen und Schriften sowie Briefe und Tagebücher, Gesamtausgabe in 15 Bänden, hrsg. von Walter Harich, Bd. 1, Weimar 1924, S. 119-135.

Hoffmann-Axthelm, Inge: "Geisterfamilie". Studien zur Geselligkeit der Frühromantik, Frankfurt/M. 1973 (Studien zur Germanistik).

Hohendahl, Peter Uwe: Der europäische Roman der Empfindsamkeit, Wiesbaden 1977.

Hohendahl, Peter Uwe: Literarische Kultur im Zeitalter des Liberalismus 1830 - 1870, München 1985.

Hohendahl, Peter Uwe: Literaturkritik in der Epoche des Liberalismus, in: ders. (Hg.): Geschichte der deutschen Literaturkritik (1730 - 1980), Stuttgart 1985, S. 129-204.

Holtei, Karl von (Hg.): Briefe an Ludwig Tieck, ausgewählt und herausgegeben von Karl von Holtei, 4 Bde., Breslau 1864.

Holtzhauer, Helmut: Goethe: Kunst und Dilettantismus, in: Weimarer Beiträge 9 (1963), S. 705-728.

Hook-Demarle, Marle: Die Frauen der Goethezeit, München 1990.

Horace, Walter: Kultur und Gesellschaft im klassischen Weimar 1775 - 1806, Göttingen 1966.

Houben, Heinrich Hubert: Damals in Weimar! Erinnerungen und Briefe von und an Johanna Schopenhauer, 2. Aufl., Berlin 1929.

Houssonville, Vicomte de: Le salon de Madame Necker. D'après des documents tirés des archives de Coppet, 2 Bde., Paris 1882 (Reprint Genf 1970).

Howald, Ernst: Rahel, in: ders.: Deutsch-Französisches Mosaik, Zürich/ Stuttgart 1962, S. 133-147.

Huch, Ricarda: Die Romantik. Ausbreitung, Blüte und Verfall, 5. Aufl., Tübingen 1979.

Huizinga, Johan: Herbst des Mittelalters. Studien über Lebens- und Geistesformen des 14. und 15. Jahrhunderts in Frankreich und in den Niederlanden, hrsg. von Kurt Köster, 11. Aufl., Stuttgart 1975.

Humboldt, Wilhelm von: Ansichten über Ästhetik und Literatur, hrsg. von F. Jonas, Berlin 1879.

Humboldt, Wilhelm von: Tagebuch Wilhelm von Humboldts von seiner Reise nach Nordeutschland im Jahre 1796, hrsg. von Albert Leitzmann, Weimar 1894 (Quellenschriften zur neueren deutschen Literatur- und Geistesgeschichte, Bd. 3).

Im Hof, Ulrich: Das gesellige Jahrhundert. Gesellschaft und Gesellschaften im Zeitalter der Aufklärung, München 1982.

Immermann, Karl: Die Epigonen. Familienmemoiren in neun Büchern, in: ders.: Werke in fünf Bänden, hrsg. von Benno von Wiese, 2. Bd., Frankfurt/M. 1971.

Isselstein, Ursula: Una romantica donna tedesca, in: L'Orsaminore. H. 9 (1982), S. 13-22.

Isselstein, Ursula: "... daß ich kein Träumender allein hier bin!" Zwei unbekannte Träume Rahel Levins, in: Modern language notes 102 (1987), S. 648-654.

Ivanoff, Nicola: La marquise de Sablé et son salon, Paris 1927.

Jansen, Lena: Karoline Pichlers Schaffen und Weltanschauung im Rahmen ihrer Zeit, Graz 1936.

Jaumann, Herbert: Emanzipation als Positionsverlust. Ein sozialgeschichtlicher Versuch über die Situation des Autors im 18. Jahrhundert, in: Zeitschrift für Literaturwissenschaft und Linguistik, H. 42, 11. Jg. (1981): Der Autor, hrsg. von Helmut Kreuzer, S. 46-71.

Jennings, Vaughan: Rahel: Her Life and Letters, London 1876.

Jens, Walter: Sinnlichkeit und Prägnanz. Nachdenken über Rahel Varnhagen, in: Sinnlichkeit in Bild und Klang. Festschrift für Paul Hoffmann zum 70. Geburtstag, hrsg. von Hansgerd Delbrück. Stuttgart 1987, S. 267-278.

Journal des Luxus und der Moden, hrsg. von F.J. Bertuch und G.M. Kraus, Teilnachdruck aus den Bänden 1-10 (1786 - 1795), Auswahl und Einleitung von Werner Schmidt, Leipzig 1967.

Juden in Preußen. Ein Kapitel deutscher Geschichte. Offizieller Katalog der Ausstellung *Juden in Preußen*, Berlin 1981, hrsg. vom Bildarchiv Preussischer Kulturbesitz, Dortmund 1981.

Kaiser, Arnim: Salons und Gesellschaften, in ders. (Hg.): Gesellige Bildung. Studien und Dokumente zur Bildung Erwachsener im 18. Jahrhundert. Bad Heilbrunn/OBB. 1989 (Dokumentationen zur Geschichte der Erwachsenenbildung), S. 133-142.

Kaltenthaler, Albert: Die Pariser Salons als europäische Kulturzentren unter besonderer Berücksichtigung der deutschen Besucher während der Zeit von 1815 - 1848, Diss., Nürnberg 1960.

Katz, Jacob: Die Entstehung der Judenassimilation in Deutschland und deren Ideologie, Diss. Frankfurt/M. 1934, Frankfurt/M. 1935.

Katz, Jakob: Zur Assimilation und Emanzipation der Juden. Ausgewählte Schriften, Darmstadt 1982.

Katz, Jacob: From Prejudice to Destruction. Anti-Semitism 1700 - 1933, Cambridge/Mass. 1980.

Kaznelson, Siegmund: Beethovens ferne und unsterbliche Geliebte, Zürich 1954.

Kaznelson, Siegmund (Hg): Juden im deutschen Kulturbereich. Ein Sammelwerk mit einem Geleitwort von Richard Willstätter, 2., stark erw. Aufl., Berlin 1959.

Keating, L. Clark: Studies on the Literary Salons in France 1550 - 1615, Diss. Cambridge 1934, Cambridge/Mass. 1941 (Harvard Studies in Romance Languages, Bd. 6), (Reprint New York 1969).

Keeton, Kenneth: The Berliner Montagsklub - A Center of German Enlightenment, in: Germanic Review 36 (1961), S. 148-153.

Kemp, Friedhelm (Hg): Auf frischen kleinen und abstrakten Wegen. Unbekanntes und Unveröffentlichtes aus Rahels Freundeskreis, ausgewählt und erläutert von Friedhelm Kemp, München 1967.

Kemper, Hans-Georg: Vom Expressionismus zum Dadaismus. Eine Einführung in die dadaistische Literatur, Kronberg/Ts. 1974.

K(ertten)y, C.v.: Berlin wie es ist. Fortsetzung der Sitten- und Charaktergemälde von London, Madrid und Wien, Leipzig 1827.

Key, Ellen: Rahel. Eine bibliographische Skizze, Leipzig 1907 (Biographien bedeutender Frauen, Bd. 7).

Kiesel, Helmuth/Paul Münch: Gesellschaft und Literatur im 18. Jahrhundert. Voraussetzungen und Entstehung des literarischen Markts in Deutschland, München 1977.

Kilian, Hans: Das enteignete Bewußtsein, Berlin/Neuwied 1971.

Killy, Walther: Berliner Leben zu Schinkels Zeit, in: Neue deutsche Hefte, 180, 30. Jg. (1983), S. 715-733.

Kiltz, Hartmut: Das erotische Mahl. Szenen aus dem "chambre séparée" des neunzehnten Jahrhunderts, Frankfurt/M. 1983.

Kipphoff, Petra: Der Aphorismus im Werk von Karl Kraus, München 1961.

Klein, Johannes: Wesen und Erscheinungsform der deutschen Novelle, in: Novelle, hrsg. von Josef Kunz, Darmstadt 1973 (Wege der Forschung, Bd. LV), S. 195-221.

Kleist, Heinrich von: Werke und Briefe, Bd. 4: Briefe, Berlin/Weimar 1978.

Klin, Eugen: August Ferdinand Bernhardi als Kritiker und Literaturtheoretiker, Bonn 1966 (Bonner Arbeiten zur deutschen Literatur, Bd. 14).

Kluckhohn, Paul: Die Auffassung der Liebe in der Literatur des 18. Jahrhunderts und in der deutschen Romantik, 3. unveränd. Aufl., Tübingen 1966.

Knigge, Adolf Freiherr von: Umgang mit Menschen, vollständige Ausgabe, Berlin o.J. (1919), (Erstausgabe 1788).

Knigge, Adolf Freiherr von: Ueber Schriftsteller und Schriftstellerey, Hannover 1793.

Knobloch, Heinz: Herr Moses in Berlin. Ein Menschenfreund in Preußen. Das Leben des Moses Mendelssohn, Berlin 1981.

Knörisch, Wilhelm: Litterarisch-gesellige Bestrebungen, besonders der Damen, und ihr Vorbild, sowie die Frauen-Emanzipation in Frankreich während der ersten Hälfte des siebzehnten Jahrhunderts. Eine literar- und kulturhistorische Studie, in: Zeitschrift für deutsche Kulturgeschichte, Bd. 3, (1896), S. 385-416.

Koebner, Thomas: Lektüre in freier Landschaft. Zur Theorie des Leseverhaltens im 18. Jahrhundert, in: Leser und Lesen im 18. Jahrhundert. Colloquium der Arbeitsstelle Achtzehntes Jahrhundert, Gesamthochschule Wuppertal 1975, Heidelberg 1977, S. 40-57.

Koppen, Erwin: Laclos' *Liaisons dangereuses* in der Kritik (1782 - 1850). Beitrag zur Geschichte eines literarischen Mißverständnisses, Wiesbaden 1961 (Mainzer Romanische Arbeiten, Bd. IV).

Koselleck, Reinhart: Kritik und Krise. Ein Beitrag zur Pathogenese der bürgerlichen Welt, Freiburg/München 1959.

Kotzebue, August von: Erinnerungen aus Paris im Jahre 1804, 2 Bde., Berlin 1804.

Köhler, Lotte: Rahel Varnhagen, in: Benno von der Wiese (Hg.): Deutsche Dichter der Romantik. Ihr Leben und Werk, 2., überarbeitete und vermehrte Aufl., Berlin 1983, S. 290-316.

Körner, Josef: Mendelssohns Töchter, in: Preußische Jahrbücher, Bd. 214 (Okt./Dez. 1928), S. 167-182.

Koopmann, Helmut: Dilettantismus. Bemerkungen zu einem Phänomen der Goethezeit, in: Studien zur Goethezeit. Festschrift für Lieselotte Blumenthal, hrsg. von Helmut Holtzhauer und Bernhard Zeller unter Mitwirkung von Hans Henning, Weimar 1968, S. 178-208.

Kraft, Werner: Carl Gustav Jochmann und sein Kreis. Zur deutschen Geistesgeschichte zwischen Aufklärung und Vormärz, München 1972.

Kramer, Anke: Der literarische Salon an der Wende vom 18. zum 19. Jahrhundert, Magisterarbeit (masch.), Siegen 1989.

Krauss, Werner (Hg): Die französische Aufklärung im Spiegel der deutschen Literatur des 18. Jahrhunderts, Berlin 1963 (Schriftenreihe der Arbeitsgruppe zur Geschichte der deutschen und französischen Aufklärung der Akademie der Wissenschaften Berlin, Bd. 10).

Kretschmann, Lily von: Die literarischen Abende der Großherzogin von Sachsen-Weimar, in: Deutsche Rundschau 75 (1893), S. 422-448 und 76 (1893), S. 58-59.

Kreuzer, Helmut: Die Boheme. Analyse und Dokumentation der intellektuellen Subkultur vom 19. Jahrhundert bis zur Gegenwart, 2. Aufl., Stuttgart 1971 (1. Aufl. Stuttgart 1968).

Kreuzer, Helmut: Gefährliche Lesesucht? Bemerkungen zu politischer Lektürekritik im ausgehenden 18. Jahrhundert, in: Leser und Lesen im 18. Jahrhundert. Colloquium der Arbeitsstelle Achtzehntes Jahrhundert, Gesamthochschule Wuppertal 1975, Heidelberg 1977, S. 62-75.

Krohn, Wolfgang: Zur soziologischen Interpretation der neuzeitlichen Wissenschaft, in: Edgar Zilsel: Die sozialen Ursprünge der neuzeitlichen Wissenschaft, hrsg. von Wolfgang Krohn, Frankfurt/M. 1976, S. 8-34.

Krosigk, Ernestine von: Ausführliche Nachricht von der Errichtung und Verfassung des königl. Seminariums für Erzieherinnen und der damit verbundenen Töchterschule zu Berlin, Berlin 1804.

Kupferberg, Herbert: The Mendelssohns. Three Generations of Genius, London/ New York 1972 (deutsch: Tübingen 1972).

Kühn, Paul: Die Frauen um Goethe, 2 Bde., Leipzig 1911.

La Bruyère, Jean de: De la société et de la conversation, in: ders.: Les caractères de Théophraste traduits du grec avec Les caractères ou les Moeurs de ce siècle, hrsg. von Robert Garapon, Paris 1962, S. 152-179.

Landau, Paul: Gesellschafts-Kultur, in: Juden im deutschen Kulturbereich, hrsg. von Siegmund Kaznelson: Juden im deutschen Kulturbereich, Berlin 1959, S. 862-914.

Langenbucher, Ursula: Der Salon als Zeitungsraum, Magisterarbeit (masch.), München 1965.

Langenbucher, Wolfgang R.: Das Publikum im literarischen Leben des 19.Jahrhunderts, in: Der Leser als Teil des literarischen Lebens. Eine Vortragsreihe mit Marion Beaujean, Hans Norbert Fügen, Wolfgang R. Langenbucher u.a., 2. Aufl., Bonn 1972 (Forschungsstelle für Buchwissenschaft an der Universitätsbibliothek Bonn, Kleine Schriften 8), S. 52-84.

Laschke, Jutta Juliane: "Wir sind eigentlich, wie wir sein möchten und nicht so wie wir sind". Zum dialogischen Charakter von Frauenbriefen Anfang des 19. Jahrhunderts, gezeigt an Briefen von Rahel Varnhagen und Fanny Mendelssohn Frankfurt/M./Bern/New York/Paris 1988 (Europäische Hochschulschriften, Reihe 1, Deutsche Sprache und Literatur, Bd. 1972).

Lathuillière, Roger: La préciosité, étude historique et linguistique, Genf 1966.

Laube, Heinrich: Die Memoiren, in: ders.: Moderne Charakteristiken, Bd. 1, Mannheim 1835, S. 343-349.

Laube, Heinrich: Reise durch das Biedermeier, hrsg. und mit einem Nachwort versehen von Franz Heinrich Körber, Frankfurt/M./Wien/Zürich 1968.

Lazarus, Nahida Ruth: Das jüdische Weib, 3. Aufl., Berlin 1896.

Lee, Vera: The Reign of Women in Eighteenth-Century France, Cambridge/Mass. 1975.

Lenclos, Ninon de: Briefe der Ninon de Lenclos, aus dem Franz. von Lothar Schmidt. Mit einem Nachwort von K.H. Kramberg, Frankfurt/M./Berlin/Wien 1980.

Lepenies, Wolf: Melancholie und Gesellschaft, Frankfurt/M. 1972.

Lepsius, Sabine: Über das Aussterben der "Salons", in: März. Eine Wochenschrift, 7. Jg. (1913), 3. Bd., S. 222-234.

Lessing, Gotthold Ephraim: "Der Rezensent braucht nicht besser machen zu können, was er tadelt", in: Lessings Werke, hrsg. von Kurt Wölfel, 2. Bd., Schriften I, Frankfurt/M. 1967, S. 662-664.

Lessing, G.E.: An Mäcen, in: ders.: Sämtliche Schriften, hrsg. von Karl Lachmann, dritte, verbesserte und vermehrte Aufl., Stuttgart 1886, 1. Bd., S. 149-150.

Lévi-Strauss, Claude: Traurige Tropen, Frankfurt/M. 1978.

Levin Varnhagen, Rahel: Im Umgang mit ihren Freunden (Briefe 1793 - 1833), hrsg. von Friedhelm Kemp, München 1967 (Lebensläufe, Biographien, Erinnerungen, Briefe, Bd. 10).

Levin Varnhagen, Rahel: Rahel Varnhagen und ihre Zeit. (Briefe 1800 - 1833), hrsg. von Friedhelm Kemp, München 1968 (Lebensläufe, Biographien, Erinnerungen, Briefe, Bd. 14).

Levin Varnhagen, Rahel: Rahel Varnhagen. Ein Frauenleben in Briefen, hrsg. von Augusta Weldler-Steinberg, Weimar 1912.

Levin Varnhagen, Rahel: Jeder Wunsch wird Frivolität genannt. Briefe und Tagebücher, ausgewählt und hrsg. von Marlis Gerhardt, Darmstadt/Neuwied 1983.

Levin Varnhagen, Rahel: Geistes- und Charakter-Gemälde dieser großen Frau, in sorgfältig gewählten Stellen des Vortrefflichsten aus ihren Briefen und Tagebüchern. Toiletten-Geschenk für die Gebildetsten des weiblichen Geschlechts, hrsg. von Z. Funck, Bamberg 1835.

Levin Varnhagen, Rahel: Rahel und ihre Zeit. Briefe und Zeugnisse, ausgewählt von Bertha Badt, München 1912.

Levin Varnhagen: Rahel und Alexander von der Marwitz in ihren Briefen. Ein Bild aus der Zeit der Romantiker, nach den Originalen hrsg. von Heinrich Meisner, Gotha/Stuttgart 1925.

Levin Varnhagen, Rahel: Briefwechsel mit Alexander von der Marwitz, Karl von Finckenstein, Wilhelm Bokelmann, Raphael d'Urquijo, hrsg. von Friedhelm Kemp, München 1966 (Lebensläufe, Biographien, Erinnerungen, Briefe, Bd. 8).

Levin Varnhagen, Rahel: Briefwechsel zwischen Varnhagen und Rahel, 6 Bde., hrsg. v. Ludmilla Assing, Leipzig 1874 - 1875.

Levin Varnhagen, Rahel: Briefwechsel mit August Varnhagen von Ense, hrsg. von Friedhelm Kemp, München 1967 (Lebensläufe, Biographien, Erinnerungen, Briefe, Bd. 10).

Levin Varnhagen, Rahel, in: Briefwechsel zwischen Varnhagen von Ense und Oelsner nebst Briefen von Rahel, 3 Bde., hrsg. von Ludmilla Assing,Stuttgart 1865.

Levin Varnhagen, Rahel: Briefwechsel zwischen Rahel und David Veit, 2 Bde., hrsg. von Ludmilla Assing, Leipzig 1861.

Levin Varnhagen, Rahel: Rahel. Ein Buch des Andenkens für ihre Freunde (Handschrift), hrsg. von Karl August Varnhagen von Ense, Berlin 1833.

Levin Varnhagen, Rahel: Rahel. Das Buch des Andenkens für ihre Freunde, hrsg. von Hans Landsberg, Berlin 1904 (Renaissance-Bibliothek, Bd. 2).

Levin Varnhagen, Rahel: Rahel und ihre Freunde. Ein Buch der Erinnerung, hrsg. von Albine Fiala, Wien/Leipzig 1907.

Levin Varnhagen, Rahel, in: Angelus Silesius und Saint-Marin, Auszüge(von Rahel), hrsg. von Karl August Varnhagen von Ense, Berlin 1834.

Levin Varnhagen, Rahel: Galerie von Bildnissen aus Rahel's Umgang und Briefwechsel, hrsg. von Karl August Varnhagen von Ense, 2 Bde., Leipzig 1836.

Levin Varnhagen, Rahel: Rahels erste Liebe. Rahel Levin und Karl Graf von Finckenstein, nach dem Original hrsg. und erläutert von Günter de Bruyn, Frankfurt/M. 1986 (Märkischer Dichtergarten), (Erstausgabe Berlin/DDR 1985).

Levin Varnhagen, Rahel: Rahels Theater-Urtheile, in: K.A. Varnhagen von Ense: Denkwürdigkeiten und vermischte Schriften, Bd. 8, Leipzig 1859, S. 765-820.

Levin Varnhagen, Rahel: Rahel-Bibliothek. Gesammelte Werke I-X, hrsg. von Konrad Feilchenfeldt, Uwe Schweikert und Rahel E. Steiner, 10 Bde., München 1983.

Lewald, August: Album der Boudoirs, Leipzig/Stuttgart 1836.

Lewald, Fanny: Meine Lebensgeschichte, 3. Bde., Berlin 1871.

Lexikon der Frau in zwei Bänden, Bd. 2, Zürich o.J. (um 1954), Sp. 1127-1130.

Liebezeit, Margret: Literarische Salons in Berlin oder: "Niemand scheue sein Element", in: Neue Ansichten. The reception of romanticism in the literature of the GDR, hrsg. von Howard Gaskill, Amsterdam 1990, S. 3-26.

Liptzin, Solomon: Germany's Stepchildren, 2. Aufl. Philadelphia 1948 (1. Aufl. 1944).

Loret, Jean: La Muze historique ou Recüeil des Lettres en vers. Contenant les Nouvelles du Temps. Ecrites à son Altesse Madame la Duchesse de Nemours, Livre XV, Janvier-Décembre 1664. Neu hrsg. von Ch. L. Livet, Bd. 4 (1663 - 1665), Paris 1878.

Lougee, Carolyn C.: "Le Paradis des Femmes". Women, Salons and Social Stratification in Seventeenth-Century France, Princeton/New York 1976.

Lough, John: An Introduction to Eighteenth Century France, London 1960.

Lowenthal-Hensel, Cécile u.a.: Preußische Bildnisse des 19. Jahrhunderts. Zeichnungen von Wilhelm Hensel, Berlin 1981 (Katalog der Nationalgalerie Berlin).

Löhndorf, Karl Ludwig: Marmontels *Incas*. Untersuchungen zu ihrer Stellung in der Literatur der Aufklärung, ihrer Aufnahme und Nachwirkung, Diss. Bonn 1980.

Löschburg, Winfried: Die Berliner Mittwochsgesellschaften. Bemerkungen zur Berliner Kulturgeschichte, in: Berliner Heimat (1957), S. 53-55.

Ludz, Peter Christian: Überlegungen zu einer soziologischen Analyse geheimer Gesellschaften, in: ders. (Hg.): Geheime Gesellschaften, Heidelberg (Wolfenbütteler Studien zur Aufklärung, Bd. V,1), S. 89-119.

Lukàcs, Georg: Die Zerstörung der Vernunft, Bd. I, Irrationalismus zwischen den Revolutionen, Darmstadt/Neuwied 1973.

Mackensen, Lutz: Die Novelle, in: Novelle, hrsg. von Josef Kunz, Darmstadt 1973 (Wege der Forschung, Bd. LV), S. 391-410.

Mackowsky, Hans: Rahels Haus, in: ders.: Häuser und Menschen im alten Berlin, Berlin 1923, S. 72-96.

Magendie, M.: La politesse mondaine et les théories de l'honnêteté en France au XVII siècle, de 1600 à 1660, 2 Bde., Paris 1925.

Magne, Emile: Ninon de Lenclos, 2. Aufl., Paris 1927 (1. Aufl. 1925).

Maimon, Salomon: Geschichte des eigenen Lebens 1754 - 1800, Neuausgabe Berlin 1935 (Erstausgabe Berlin 1793).

Malraux, Clara: Rahel, ma grande soeur. Un salon littéraire à Berlin au temps du romantisme, Paris 1980.

Mandelkow, Karl Robert: Goethe in Deutschland, Bd. 1: 1773 - 1918, München 1980.

Mann, Golo: Friedrich Gentz. Geschichte eines europäischen Staatsmannes, erweiterte Aufl., Frankfurt/M./Berlin/Wien 1972 (1. Aufl. Zürich 1947).

Marcuse, Ludwig: Börne. Aus der Frühzeit der deutschen Demokratie, Rothenburg o.d.T. 1968.

Marggraff, Hermann: Deutschlands jüngste Literatur- und Culturepoche, Charakteristiken, Leipzig 1839.

Marmontel, Jean-François: Mémoires, 2 Bde., hrsg. von John Penwick, Clermont-Ferrand 1972.

Martens, Wolfgang: Die Botschaft der Tugend. Die Aufklärung im Spiegel der deutschen Moralischen Wochenschriften, Habil. Schrift Berlin 1968, Stuttgart 1968.

Martini, Fritz: Die deutsche Novelle im 'bürgerlichen Realismus'. Überlegungen zur geschichtlichen Bestimmung des Formtypus, in: Novelle, hrsg. von Josef Kunz, Darmstadt 1973 (Wege der Forschung, Bd. LV) S. 352-390.

Marwitz, F.A.L. von der: Aus dem Nachlasse Friedrich August Ludwig's von der Marwitz Lebensbeschreibung, Bd. 1, Berlin 1852.

Masson, Georgina: Kurtisanen der Renaissance, Tübingen 1974.

Masson, Pierre-Maurice: Une femme d'intrigue et de lettres au XVIIIe siècle, Paris 1909.

Matenko, Percy: New Light on Rahel Varnhagen's Biography: Some Hitherto Unpublished Letters, in: Studies in German Literature of the Nineteenth and Twentieth Centuries, Festschrift für E. Coenen, Chapell Hill 1970, S. 35-46.

Mattenklott, Gert: Aufbruch in neue Lebensräume oder der ungestillte Hunger, in: Frankfurter Allgemeine Zeitung, 8.2.1986, Literaturbeilage.

Mattenklott, Gert: Jüdische Frauen im Briefwechsel um 1800. Gedanken zu "Geschichtlichkeit und Erbe der Romantik", in: Zeitschrift für Germanistik, H. 8 (1987), S. 39-49.

Mauser, Wolfram: Geselligkeit. Zu Chance und Scheitern einer sozialethischen Utopie um 1750, in: Entwicklungsschwellen im 18. Jahrhundert, hrsg. von K. Eibl (Aufklärung, 4. Jg., H. 1, 1990), S. 5-36.

May, Claire: Rahel Varnhagen. Ein Berliner Frauenleben im 19. Jahrhundert, Berlin 1951 (Berlinische Miniaturen, Bd. 6).

May, Gita: Madame Roland and the Age of Revolution, New York/London 1970.

McDougall, Dorothy: Madeleine de Scudéry - Her Romantic Life and Death, London 1938.

McFarlane, J.D.: Renaissance France 1470 - 1589, London/New York 1974.

Mehring, Franz: Herwegh, Marx und die Freien, in: ders.: Aufsätze zur deutschen Literatur von Klopstock bis Weerth, Berlin 1977 (ders.: Gesammelte Schriften, Bd. 10), S. 499-503.

Meise, Helga: Die Unschuld und die Schrift. Deutsche Frauenromane im 18. Jahrhundert, Berlin/Marburg 1983 (Reihe Métro, Bd. 14).

Meisner, Heinrich: Die Freunde der Aufklärung. Geschichte der Berliner Mittwochsgesellschaft, in: Festschrift zum 50jährigen Doktorjubiläum Karl Weinholds, Straßburg 1896, S. 43-54.

Meixner, Horst: Berliner Salons als Ort deutsch-jüdischer Symbiose, in: Gegenseitige Einflüsse deutscher und jüdischer Kultur von der Epoche der Aufklärung bis zur Weimarer Republik. Internationales Symposium an der Univerität Tel Aviv 1982, hrsg. von Walter Grab (Jahrbuch des Instituts für Deutsche Geschichte), S. 97-107, Diskussion: S. 107-109.

Mennemeier, Franz Nobert: Friedrich Schlegels Poesiebegriff. Dargestellt anhand der literaturkritischen Schriften. Die romantische Konzeption einer objektiven Poesie, München 1971.

Mendelssohn, Moses: Phädon oder über die Unsterblichkeit der Seele in drey Gesprächen, 4. Aufl., Berlin/Stettin 1776.

Menze, Claus: Aspekte der humanistischen Geselligkeitslehre und der kommunikativen Pädagogik, in: Die Erziehungswissenschaft und die Pluralität ihrer Konzepte. Festschrift für Wilhelm Flitner zum 90. Geburtstag, hrsg. von Hermann Röhrs, Wiesbaden 1979 (Erziehungswissenschaftliche Reihe, Bd. 20), S. 147-162.

Merck, Johann Heinrich: Werke. Ausgewählt und hrsg. von A. Henkel, Frankfurt/M. 1968.

Meyer, Bertha: Salon Sketches. Biographical Studies of Berlin Salons of the Emancipation, New York 1938.

Meyer, Michael A.: The Origins of the Modern Jew. Jewish Identity and European Culture in Germany, 1749 - 1824, Detroit 1967.

Miller, Johann Martin: Siegwart. Eine Klostergeschichte. Reprint der Ausgabe Leipzig 1776, Stuttgart 1771, 2 Bde. (Deutsche Nachdrucke, Texte des 18. Jahrhunderts).

Miller, Norbert: Literarisches Leben in Berlin im Anfang des 19. Jahrhunderts. Aspekte einer preußischen Salonkultur, in: Kleist-Jahrbuch 1981/82, S. 13-32.

Molènes, Gaschon de: Le Prince de Ligne, in: Salon littéraire, Bd. 2, Berlin 1841, S. 481-519.

Mongrédien, Georges: Les Précieux et les Précieuses. Textes choisis et présentés avec introduction et notices suivis d'un appendice bibliographique, Paris 1939.

Mongrédien, Georges: Madeleine de Scudéry et son salon, Paris 1946.

Montaigne, Michel de: Journal de Voyage En Italie, in: ders.: Oeuvres complètes, Bd. 7, Paris 1928.

Möhrmann, Renate: Die andere Frau. Emanzipationsansätze deutscher Schriftstellerinnen im Vorfeld der Achtundvierziger Revolution, Stuttgart 1977.

Möller, Helmut: Die kleinbürgerliche Familie im 18. Jahrhundert. Verhalten und Gruppenkultur, Berlin 1969.

Möller, Horst: Aufklärung in Preußen. Der Verleger, Publizist und Geschichtsschreiber Friedrich Nicolai, Berlin 1974.

Mönch, Walter: Frankreichs Kultur. Tradition und Revolte. Von der Klassik zum Surrealismus, Berlin/New York 1972.

Möser, Justus: Von dem Verfall des Handwerks in kleinen Städten, in: ders.: Patriotische Phantasien. 1. Bd. Justus Möser's sämmtliche Werke, Berlin 1774, S. 184-212.

Mundt, Theodor: Rahel und ihre Zeit, in: ders.: Charaktere und Situationen. Vier Bücher, Novellen, Skizzen und Wanderungen auf Reisen durch die neueste Literatur. Erster Theil. Wismar und Leipzig 1837, S. 213- 271.

Mühlbach, Luise: Ein Spaziergang im Salon, in: Erinnerungsblätter aus dem dem Leben Luise Mühlbach's, gesammelt und hrsg. von ihrer Tochter Thea Ebersberger, Leipzig 1902.

Nahrstedt, Wolfgang: Die Entstehung der Freizeit. Dargestellt am Beispiel Hamburgs. Göttingen 1972.

Nathusius, Marie-Sophie: Rahel. S'Gravenhage/Rotterdam 1974.

Nemeitz, Joachim Christoph: Séjour de Paris, 4. Aufl., Straßburg 1750.

Neuhaus-Koch, Ariane: Bettina von Arnim im Dialog mit Rahel Varnhagen, Amalie von Helvig, Fanny Tarnow und Fanny Lewald, in: "Stets wird die Wahrheit hadern mit dem Schönen". Festschrift für Manfred Windfuhr zum 60. Geburtstag, hrsg. von Gertrude Cepl-Kaufmann, Köln 1990, S. 71-101.

Neumaier, Herbert: Der Konversationston in der frühen Biedermeierzeit 1815 - 1930, München 1974.

Neumann, Wilhelm: Schriften in zwei Theilen. Erster Theil, Leipzig 1835.

Neunteufel-Metzler, Annemarie: Karoline Pichler und die Geschichte ihrer Zeit, Diss. (masch.) Wien 1949.

Nickisch, R.M.G.: Die Frau als Briefschreiberin im Zeitalter der deutschen Aufklärung, in: Günter Schulz (Hg.): Wolfenbütteler Studien zur Aufklärung III, Wolfenbüttel 1976, S. 29-65.

Nicolai, Friedrich, Gotthold Ephraim Lessing, Moses Mendelssohn: Briefe die neueste Literatur betreffend. 24 Theile in 4 Bänden, XII-XVIII Theil, Reprint Hildesheim/New York 1974.

Nicolai, Friedrich: Das Leben und die Meinungen des Herrn Magisters Sebaldus Nothanker. Zweyter Band, Berlin/Stettin 1775.

Nicolaus, Max: Madame de Tencin (1681 bis 1749), Diss. Leipzig 1908, Bonn/ Leipzig 1908.

N.N.: Ästhetische Gespräche in einem Salon, in: Düsseldorfer Monatsblätter, Bd. 4 (1851), S. 118.

N.N.: Der Salon der Frau von Varnhagen, in: Karl August Varnhagen von Ense: Denkwürdigkeiten und vermischte Schriften, Bd. 8, Leipzig 1859, S. 595-630.

Nohl, Hermann: Vorbemerkung zu Schleiermachers "Versuch einer Theorie des geselligen Betragens", in: Otto Braun/Joh. Bauer (Hg.): Friedrich D.E. Schleiermacher: Werke. Auswahl in vier Bänden, 2. Bd., Leipzig 1913, S. XXII-XXIV.

Nohl, Hermann: Vom deutschen Ideal der Geselligkeit. In: ders.: Pädagogische und politische Aufsätze. Jena 1919, S. 36-57.

Nolhac, Pierre de: Le premier salon de Paris, in: Revue Universelle 5 (1921).

Novalis: Schriften: Die Werke von Friedrich Hardenberg/Novalis, hrsg. von Paul Kluckhohn und Richard Samuel u.a., 2., nach den Handschriften ergänzte und verbesserte Auflage in vier (fünf) Bänden, Stuttgart 1960 - 1975.

O'Connor, Dorothy: Louise Labé. Sa vie et son oeuvre, Paris 1926.

Oehler, Dolf: Pariser Bilder I (1830 - 1848). Antibourgeoise Ästhetik bei Baudelaire, Daumier und Heine, Frankfurt/M. 1979.

Dr. Schlottmann (d.i. K.E. *Oelsner*): Politische Aphorismen, dem Congresse in Aachen empfohlen, Frankfurt/M. 1818.

Oh, Choon Kil: Rahel Levin Varnhagen und der Berliner Salon, in: Die deutsche Literatur, 34 (1990), S. 71-91, (Japanisch mit deutscher Zusammenfassung).

Olfers, Hedwig: Ein Lebenslauf. Band 1: 1799 - 1815, Berlin 1908; Band 2: 1816 - 1891, Berlin 1914.

Olivieri, Achillo: Erotik und gesellschaftliche Gruppen im Venedig des 16. Jahrhunderts: die Kurtisane, in: Philippe Ariés, André Béjin, Michel Foucault u.a. (Hg.): Die Masken des Begehrens und die Metamorphosen der Sinnlichkeit. Zur Geschichte der Sexualität im Abendland, 3. Aufl. Frankfurt/M. 1984, S. 121-129.

Ormrod, John: Bürgerliche Organisation und Lektüre in den literarisch-geselligen Vereinen der Restaurationsepoche, in: Zur Sozialgeschichte der deutschen Literatur von der Aufklärung bis zur Jahrhundertwende. Einzelstudien. Hrsg. im Auftrag der Münchener Forschungsgruppe "Sozialgeschichte der deutschen Literatur 1770 - 1900" von Günter Häntzschel, John Ormrod, Karl N. Renner, Tübingen 1985 (Studien und Texte zur Sozialgeschichte der Literatur, Bd. 13), S. 123-149.

Ostwald, Hans: Das galante Berlin, Berlin 1928.

Paul, Jean: Werke in 12 Bänden. Hrsg. von Norbert Miller, Bd. 5, München/Wien 1975.

Paul, Jean: Sämtliche Werke. Hist. Krit. Ausgabe. Dritte Abteilung. 4. Bd.: 1800 - 1804, Berlin (DDR) 1960.

Pazi, Margarita: Rahel Varnhagen im Ganzen, in: Neue deutsche Hefte 187, 32. Jg. (1985), S. 562-566.

Petersdorff, Herman von: Elisabeth Staegemann und ihr Kreis, in: Schriften des Vereins für die Geschichte Berlins, 30 (1893), S. 67-95.

Petit de Julleville (Hg.): Les grands salons littéraires (XVIIe et XVIIIe siècle). Conférences du Musée Carnavalet (1927), Paris 1928.

Photiadès, Constantin: La reine de Lanturelus. Marie-Thérese Geoffrin, Marquise de La Ferté-Imbault (1715 - 1791), Paris 1928.

Picard, Roger: Les salons littéraires et la société française 1610 - 1780, New York 1943.

Pichler, Caroline: Denkwürdigkeiten aus meinem Leben. Mit einer Einleitung und zahlreichen Anmerkungen nach dem Erstdruck und der Urschrift neu hrsg. von Emil Karl Blümml, 2 Bde., Wien 1914 (Erstdruck: Wien 1844).

Pichler, Caroline: Ueber die Art der geselligen Unterhaltungen, in: Huldigung den Frauen. Ein neues Taschenbuch von J.F. Castelli für das Jahr 1823, Leipzig o.J. (1823), S. 150-171.

Pichler, Caroline: Zeitbilder, 2 Bde., Wien 1839 - 1841.

Pickelt, Terry H.: The Unseasonable Democrat: Karl August Varnhagen von Ense (1785 - 1858), Bonn 1985 (Modern German Studies, Bd. 14).

Pockels, Carl Friedrich: Ueber Gesellschaft, Geselligkeit und Umgang, 2 Bde., Hannover 1813.

Pockels, Carl Friedrich: Versuch einer Charakteristik des weiblichen Geschlechts. Ein Sittengemälde. Bd. 1-5, Hannover 1797 - 1802.

Popp, Wolfgang: Die Dichtung Wilhelm Müllers. Ein Beitrag zum Problem sekundärer dichterischer Erscheinungen in der Literaturgeschichte, Diss. Konstanz 1967.

Pölitz, K.H.L.: Jean Pauls Geist oder Chrestomathie der vorzüglichsten, kräftigsten und gelungensten Stellen aus seinen sämtlichen Schriften, 4 Bde., Weimar 1801 - 1816.

Pölitz, K.H.L.: Versuch einer Theorie des teutschen Styls, Görlitz 1801.

Prohaska, Gertrude: Der literarische Salon der Karoline Pichler, Diss. (masch.) Wien 1946.

Projektionsraum Romantik, alternative 143-144, 25. Jg. (April/Juni 1982).

Promies, Wolfgang: Der Bürger und der Narr oder Das Risiko der Phantasie. Eine Untersuchung über das Irrationale in der Literatur des Rationalismus, München 1962.

Proelß, Johannes: Das junge Deutschland: Ein Buch deutscher Geistesgeschichte, Stuttgart 1892.

Prüsener, Marlies: Lesegesellschaften im achtzehnten Jahrhundert. Ein Beitrag zur Lesergeschichte, in: Archiv für Geschichte des Buchwesens XIII (1972) Sp. 371-528.

Pütz, Peter: Die deutsche Aufklärung, Darmstadt 1978 (Erträge der Forschung, Bd. 81).

Pyrker, Johann Ladislaus: Mein Leben. 1772 - 1847, hrsg. von Aladar P. Czigler, Wien 1966.

Quennell, Peter: Genius in the Drawing-Room. The Literary Salon in the Nineteenth and Twentieth Centuries, London 1980.

Ramdohr, Friedrich Wilhelm von: Studien zur Kenntnis der schönen Natur, der schönen Künste, der Sitten und der Staatsverfassung, auf einer Reise nach Dännemark, Hannover 1792.

Rasch, Wolfdietrich: Freundschaftskult und Freundschaftsdichtung im deutschen Schrifttum des 18. Jahrhunderts, Halle/Saale 1936 (Deutsche Vierteljahresschrift für Literaturwissenschaft und Geistesgeschichte, Buchreihe, Bd. 24).

Reardon, Ruth Catherine: Marmontel. Man of his Time. The Role of a Writer in a Period of Transition, New York 1970.

Recke, Elisa von der: Mein Journal. Elisas neu aufgefundene Tagebücher aus den Jahren 1791 und 1793/95, hrsg. und erläutert von Johannes Werner, Leipzig 1927.

Reichardt, Johann Friedrich: Vertraute Briefe. Geschrieben auf einer Reise nach Wien etc. am Ende des Jahres 1808 und zu Anfang 1809. München 1915.

Reinicke, Hans: Berliner Salons um 1800. Henriette Herz und Rahel Levin, in: Der Monat, H. 151, 13. Jg. (1961), S. 46-54.

Reissner, Hanns Günther: Eduard Gans. Ein Leben im Vormärz, Tübingen 1965 (Schriftenreihe wissenschaftlicher Abhandlungen des Leo Baeck Instituts, Bd. 14).

Rièse, Laure: Les salons littéraires parisiens du second empire à nos jours, Toulouse 1962.

Riha, Karl: Die Beschreibung der "Großen Stadt". Zur Entstehung des Großstadtmotivs in der deutschen Literatur (ca. 1750 - ca. 1850), Bad Homburg/Berlin/Zürich 1970 (Frankfurter Beiträge zur Germanistik, Bd.11).

Ring, Max: Varnhagen von Ense, sein Salon und seine Tagebücher, in: Gartenlaube Nr. 13 (1862), S. 199-202.

Ring, Max: Varnhagen von Ense und der letzte Berliner Salon, in: ders.: Berliner Leben. Kulturstudien und Sittenbilder, Leipzig/Berlin 1882, S. 77-109.

Rodenberg, Julius: Bilder aus dem Berliner Leben, Berlin 1885.

Roebling, Irmgard: "Frühlinsmomente eines geselligen Vollgenusses". Geselligkeit als kritische Intersubjektivität im Kreis der Rahel Levin, in: Gesellige Vernunft: zur Kultur der literarischen Aufklärung. Festschrift für Wolfram Mauser zum 65. Geburtstag, hrsg. von Ortrud Gutjahr u.a., Würzburg 1993, S. 243-262.

Roessler, Wilhelm: Entstehung des modernen Erziehungswesens in Deutschland, Stuttgart 1961.

Rogge, Helmuth: Kleist und Rahel, in: Jahrbuch der Kleistgesellschaft 1923 und 1924, Berlin 1925, S. 127-134.

Rogge, Helmuth (Hg): Der Doppelroman der Berliner Romantik, 2 Bde., Leipzig 1926. 1. Bd.: Die Versuche und Hindernisse Karls. Eine deutsche Geschichte aus neuerer Zeit. Erster Theil (nach der Ausgabe Berlin/Leipzig 1808). 2. Bd.: Die Versuche und Hindernisse Karls. Zweiter Theil. Der Roman des Freiherrn von Vieren. Briefe, Urteile, Rezensionen.

Roller, Theodor: Georg Andreas Reimer und sein Kreis. Zur Geschichte des politischen Denkens in Deutschland um die Zeit der Befreiungskriege, Berlin 1924.

Rosenbaum, Heidi: Formen der Familie. Untersuchungen zum Zusammenhang von Familienverhältnissen, Sozialstruktur und sozialem Wandel in der deutschen Gesellschaft des 19. Jahrhunderts, Frankfurt/M. 1982.

Rosenberg, Rainer: Literaturverhältnisse im deutschen Vormärz, München 1975.

Rosenkranz, Karl: Der pariser Salon im 18. Jahrhundert, in: Deutsches Museum. Zeitschrift für Literatur, Kunst und öffentliches Leben, Nr. 14 (1862), S. 481-492, Nr. 15 (1862), S. 540-550.

Rousseau, Jean Jacques: Die Bekenntnisse, Frankfurt/M./Hamburg 1961 (Exempla classica, Bd. 21).

Rousseau, Jean Jacques: Emile oder Über die Erziehung, Stuttgart 1970.

Roustan, Marius: Les philosophes et la société française au XVIIIe siècle, Paris 1911 (Reprint Genf 1970).

Ruge, Arnold: Der Salon der Democratie pacifique, in: ders.: Zwei Jahre in Paris. Studien und Erinnerungen, 2 Bde., Leipzig 1846 (Reprint Hildesheim 1977), S. 103-114.

Ruge, Arnold: Neue Vorschule der Ästhetik. Das Komische mit einem komischen Anhange, 1. Aufl. Halle 1836.

Rumohr, Carl Friedrich von: Schule der Höflichkeit. Für Alt und Jung. 2 Theile, Stuttgart 1834 - 1835.

Rumpf, Johann Daniel Friedrich: Berlin und Potsdam. Eine vollständige Darstellung der merkwürdigsten Gegenstände, 2 Bde., Berlin 1804.

Rürup, Reinhard: Judenemanzipation und bürgerliche Gesellschaft, in: Gedenkschrift Martin Göhring. Studien zur europäischen Geschichte, hrsg. von Ernst Schulin, Wiesbaden 1968 (Veröffentlichungen des Instituts für europäische Geschichte Mainz, Bd. 50, Abteilung Universalgeschichte).

Rychner, Max: Rahel, in: ders.: Antworten. Aufsätze zur Literatur, Zürich 1961, S. 112-140.

Salm, Graf: Rahel Levin und ihre Gesellschaft. Gegen Ende des Jahres 1801, in: Karl August Varnhagen von Ense: Denkwürdigkeiten und vermischte Schriften, Bd. 8, Leipzig 1859, S. 563-594.

Salon littéraire. Année 1841, Bd. 2, Berlin 1841.

Sareil, Jean: Les Tencin. Histoire d'une famille au dix-huitième siècle d'après de nombreux documents inédits, Genf 1969.

Sauder, Gerhard: Empfindsamkeit, Bd. I. Voraussetzung und Elemente, Stuttgart 1973, Bd. III. Quellen und Dokumente, Stuttgart 1980.

Sauder, Gerhard: Der empfindsame Leser, in: Das weinende Saeculum. Colloquium der Arbeitsstelle 18. Jahrhundert - Gesamthochschule Wuppertal, Universität Münster (7.-9. Oktober 1981), Heidelberg 1983, S. 9-23.

Sauer, August (Hg.): Goethe und Österreich. Briefe mit Erläuterungen. 1. und 2. Theil, Weimar 1902 - 1904 (Schriften der Goethe-Gesellschaft Bd. 17. u. 18).

Schadow, Johann Gottfried: Kunst-Werke und Kunst-Ansichten, Berlin 1849.

Schaum, Martha: Das Kunstgespräch in Tiecks Novellen, Diss. Gießen 1925.

Scheidler, K.H.: Geselligkeit, in: Allgemeine Encyklopädie der Wissenschaften und Künste, hrsg. von J.S. Ersch und J.G. Gruber, Erste Section, A - G, hrsg. von Hermann Brockhaus (63. Theil), Leipzig 1856, S. 434-441.

Scheuer, Helmut: Biographie. Studien zur Funktion und zum Wandel einer literarischen Gattung vom 18. Jahrhundert bis zur Gegenwart, Stuttgart 1979.

Schiller, Friedrich: Über die ästhetische Erziehung des Menschen in einer Reihe von Briefen. Text, Materialien, Kommentar, hrsg. von Wolfgang Düsing, München/Wien 1981 (Literatur-Kommentare, Bd. 17).

Schiller, Friedrich: Über naive und sentimentalische Dichtung, in: ders.: Sämtliche Werke, hrsg. von Gerhard Fricke und Herbert G. Göpfert, Bd. 5, München 1967, S. 694-780.

Schiller, Friedrich: Schillers Werke, hrsg. von Julius Petersen und Friedrich Beißner (Nationalausgabe), Erster Band: Gedichte 1776 - 1799, Weimar 1943.

Schirmer, Walter F.: "Die große Jette": Henriette Herz und ihr Freundeskreis, in: Der Bär von Berlin, Zeitschrift des Vereins für die Geschichte Berlins (1975), S. 92-105.

Schivelbusch, Wolfgang: Das Paradies, der Geschmack und die Vernunft. Eine Geschichte der Genußmittel, München/Wien 1980.

Schlegel, Caroline: Begegnung mit Caroline. Briefe von Caroline Michaelis-Böhmer-Schlegel-Schelling, hrsg. und eingeleitet von Sigrid Damm, Leipzig 1979.

Schlegel, Friedrich: Gespräch über die Poesie, mit einem Nachwort von Hans Eichner, Stuttgart 1968 (Erstveröffentlicht: Athenaeum, Dritter Band, Erstes Stück, Berlin 1800).

Schlegel, Friedrich: Literary Notebooks 1797 - 1801, hrsg. von Hans Eichner, London 1957 (deutsche Ausgabe Frankfurt/M./Berlin/Wien 1980).

Schlegel, Friedrich: Lucinde, hrsg. von Karl Konrad Polheim, Stuttgart 1963.

Schleiermacher, Friedrich Daniel Ernst: Versuch einer Theorie des geselligen Betragens, in: Otto Braun/Joh. Bauer (Hg.): Friedrich D.E. Schleiermacher: Werke. Auswahl in vier Bänden, 2. Bd., Leipzig 1913, S. 1-31.

Schlieben-Lange, Brigitte: Traditionen des Sprechens. Elemente einer pragmatischen Sprachgeschichtsschreibung, Stuttgart/Berlin/Köln 1983.

Schlösser, Manfred: Gestalten, Ideen und Formen Literarischen Lebens um 1800, in: Berlin zwischen 1789 und 1848. Facetten einer Epoche, Berlin 1981, S. 195-228.

Schmid, Pia: Zeit des Lesens - Zeit des Fühlens. Anfänge des deutschen Bildungsbürgertums, Berlin 1985.

Schmidt, Heinrich: Erinnerungen eines weimarischen Veteranen aus dem geselligen, literarischen und Theater-Leben, Leipzig 1856.

Schmidt, Siegfried J.: Grundriß der Empirischen Literaturwissenschaft Teilband 1: Der gesellschaftliche Handlungsbereich Literatur, Braunschweig/Wiesbaden 1980 (Konzeption empirische Literaturwissenschaft, Bd. 1).

Schmidt, Siegfried J.: Die Selbstorganisation des Sozialsystems Literatur im 18. Jahrhundert, Frankfurt/M., 1989.

Schmidt-Weißenfels: Rahel und ihre Zeit, Leipzig 1857.

Schneider, Gerhard: Der Libertin. Zur Geistes- und Sozialgeschichte des Bürgertums im 16. und 17. Jahrhundert, Stuttgart 1970 (Studien zur Allgemeinen und Vergleichenden Literaturwissenschaft, Bd. 4).

Schon, Peter M.: Vorformen des Essays in Antike und Humanismus. Ein Beitrag zur Entstehungsgeschichte der Essais von Montaigne, Wiesbaden 1954 (Mainzer Romanistische Arbeiten, Bd. 1).

Schoeps, Julius H.: Moses Mendelssohn, Kronberg/Ts. 1979.

Schopenhauer, Adele: Tagebuch einer Einsamen, hrsg. und eingeleitet von H.H. Houben, mit Scherenschnitten der Autorin und einem Anhang von Rahel E. Feilchenfeldt-Steiner, München 1985 (Reprint der Ausgabe 1921).

Schopenhauer, Johanna: Gabriele. Ein Roman, München 1985 (Erstausgabe 1819).

Schopenhauer, Johanna: Ihr glücklichen Augen. Jugenderinnerungen. Tagebücher, Briefe, hrsg. von Rolf Weber, Berlin 1978.

Schramm, P(ercy) E(rnst): Die Hamburgerin im Zeitalter der Empfindsamkeit, in: Zeitschrift des Vereins für Hamburgische Geschichte, 41 (1951), S. 235-268.

Schröder, Dirk: Fragmentpoetologie im 18. Jahrhundert und bei Friedrich von Hardenberg. Untersuchungen zur vergleichenden Rekonstruktion der impliziten Poetologie von Aphorismus und Fragment im ausgehenden 18. Jahrhundert, Diss. Kiel 1976.

Schröder, Rolf: Novelle und Novellentheorie in der frühen Biedermeierzeit. Versuch einer genetischen Gattungsmorphologie, Tübingen 1970 (Studien zur deutschen Literatur, Bd. 20).

Schuller, Marianne: "Unsere Sprache ist unser gelebtes Leben". Randbemerkungen zur Schreibweise Rahel Varnhagens, in: Rahel-Bibliothek, Rahel Varnhagen. Gesammelte Werke, hrsg. von Konrad Feilchenfeldt, Uwe Schweikert und Rahel E. Steiner, Bd. X, München 1983, S. 43-59.

Schuller, Marianne: Dialogisches Schreiben. Zum literarischen Umfeld Rahel Levin Varnhagens. In: Hahn/Isselstein (Hg.): Rahel Levin Varnhagen. Die Wiederentdeckung einer Schriftstellerin, Göttingen 1987 (Zeitschrift für Literaturwissenschaft und Linguistik, Beiheft 14), S. 173-185.

Schulte-Sasse, Jochen: Der Begriff der Literaturkritik in der Romantik, in: Peter Uwe Hohendahl (Hg.): Geschichte der deutschen Literaturkritik (1730 - 1980), Stuttgart 1985, S. 76-128.

Schulz, Günter: Carl Friedrich Pockels und die Erziehung in der frühen Kindheit, in: Wolfenbütteler Studien zur Aufklärung, hrsg. von Günter Schulz, Bd. III, Wolfenbüttel 1976, S. 259-272.

Schulz, Knut: Gesellentrinkstuben und Gesellenherbergen im 14./15. und 16.Jahrhundert, in: Gastfreundschaft, Taverne und Gasthaus im Mittelalter, hrsg. von Hans Conrad Peyer unter Mitarbeit von Elisabeth Müller-Luckner, München/Wien 1983 (Schriften des Historischen Kollegs, Kolloquien 3), S. 221-242.

Schulz, Ursula: Die Berlinische Monatsschrift (1783 - 1796). Eine Bibliographie, Bremen 1968 (Bremer Beiträge zur freien Volksbildung, H. 11).

Schücking, Levin L.: Soziologie der literarischen Geschmacksbildung, 2. Fassung Leipzig 1931, 3. Aufl., Bern/München 1961.

Schütze, Stephan: Die Abendgesellschaften der Hofräthin Schopenhauer in Weimar, 1806 - 1830, in: Weimar's Album zur vierten Säcularfeier der Buchdruckerkunst am 24. Juni 1840, Weimar 1840, S. 183-204.

Schweikert, Uwe: Jean Paul, Stuttgart 1970.

Schweikert, Uwe: "Am jüngsten Tag hab ich Recht", Rahel Varnhagen als Briefschreiberin, in: Rahel-Bibliothek, Rahel Varnhagen. Gesammelte Werke, hrsg. von Konrad Feilchenfeldt, Uwe Schweikert und Rahel E, Steiner, Bd. X, München 1983, S. 17-42.

Scurla, Herbert: Begegnungen mit Rahel. Der Salon der Rahel Levin, Berlin (DDR) 1962.

Ségur, Pierre de: La jeunesse de Madame de la Pouplinière. III. Un salon de fermier général, in: Revue des Deux Mondes, 1917, S. 813-841.

Ségur, Pierre de: Le royaume de la rue Saint-Honoré, Madame Geoffrin et sa fille, Paris 1897.

Seibert, Peter: Der Salon als Formation im Literaturbetrieb zur Zeit Rahel Levin Varnhagens, in: Hahn/Isselstein (Hg.): Rahel Levin Varnhagen. Die Wiederentdeckung einer Schriftstellerin, Göttingen 1987 (Zeitschrift für Literaturwissenschaft und Linguistik, Beiheft 14), S. 164-172.

Seibert, Peter: Der "Tugendbund". Ein soziales Experiment des späten 18. Jahrhunderts, in: Jb. des Archivs Bibliographia Judaica 2/3 (1986/87), S. 48-66.

Seibert, Peter: Henriette Herz: Erinnerungen. Zur Rekonstruktion einer frühen Frauenautobiographie, in: Der Deutschunterricht, H. 2, 41. Jg., S. 37-50.

Seibert, Peter: Der Literarische Salon - Ein Forschungsüberblick, in: Internationales Archiv für Sozailgeschichte der deutschen Literatur, 3. Sonderheft: Forschungsreferate, 1993, S. 159-220.

Selden, Camille: L'esprit des femmes de notre temps, Paris 1865.

Sennett, Richard: Verfall und Ende des öffentlichen Lebens. Die Tyrannei der Intimität. Aus dem Amerikanischen übersetzt von Reinhard Kaiser, Frankfurt/M. 1983.

Sengle, Friedrich: Biedermeierzeit. Deutsche Literatur im Spannungsfeld zwischen Restauration und Revolution 1815 - 1848, Bd. II: Die Formenwelt, Stuttgart 1972.

Seznec, Jean und Jean Adhémar: Diderot: Salons, Introduction, Bd. 1, Oxford 1975.

Sheppard, Richard (Hg): Die Schriften des 'Neuen Clubs', 1908 - 1914, 2 Bde., Hildesheim 1980.

Showalter, English: Madame de Graffingy and Rousseau: Between the Two Discours, Oxford 1978 (Studies on Voltaire and the Eighteenth Century, Bd. 177.

Silfverstolpe, Malla: Das romantische Deutschland. Reisejournal einer Schwedin (1825 - 1826), mit einer Einleitung von Ellen Key, Leipzig 1912.

Simmel, Georg: Die Großstädte und das Geistesleben, in: ders.: Brücke und Tür. Essays des Philosophen zur Geschichte, Religion, Kunst und Gesellschaft, im Verein mit Margarete Susman hrsg. von Michael Landmann, Stuttgart 1957, S. 227-242.

Somaize, Antoine B.: Dictionnaire des Précieuses, historique, poétique, géographique, Paris 1661.

Somaize, Antoine B.: Grand Dictionnaire des Précieuses ou la clef du language des ruelles, Paris 1660, Neuausgabe von Ch. L. Livet, 2 Bde., Paris 1856.

Sombart, Werner: Liebe, Luxus und Kapitalismus. Über die Entstehung der modernen Welt aus dem Geist der Verschwendung, Berlin 1984 (Erstausgabe 1912).

Sombart, Werner: Die Juden und das Wirtschaftsleben, München 1911.

Spenlé, Jean-Edouard: Rahel. Mme. Varnhagen von Ense. Histoire d'un salon romantique en Allemagne, Paris 1910.

Spiel, Hilde: Fanny von Arnstein oder Die Emanzipation. Ein Frauenleben an der Zeitwende 1758 - 1818, Frankfurt/M. 1978.

Spiel, Hilde: Jewish Women in Austrian Culture, in: Josef Fraenkel: The Jews of Austria. Essay on Their Life, History and Destruction, London 1967, S. 97-110.

Staël, Germaine de: Über Deutschland, nach der Übersetzung von Robert Habs hrsg. und eingel. von Sigrid Metken, Stuttgart 1962.

Steeg, Gertrud vom: Louis Labé: Ihr Leben und ihr Werk, Berlin 1940.

Stein, Maximilian: Paul Heyse und die Berliner Salons (1902), in: ders.: Vorträge und Aussprachen. Frankfurt 1932, S. 14-27.

Stein, Peter: Theorie der politischen Dichtung, München 1973.

Steinhausen, Georg: Geschichte des deutschen Briefes. Zur Kulturgeschichte des deutschen Volkes, 2. Bde., Berlin 1889 - 1891.

Stengel, Walter: Alte Wohnkultur in Berlin und in der Mark im Spiegel der Quellen des 16. bis 19. Jahrhunderts, Berlin 1958.

Stern, Carola: "Ich möchte mir Flügel wünschen." Das Leben der Dorothea Schlegel. Reinbek bei Hamburg 1990.

Stern, Ludwig: Die Varnhagen von Ensesche Sammlung in der Königlichen Bibliothek zu Berlin, Berlin 1911.

Stern, Selma: Die Entwicklung der jüdischen Frauentypen seit dem Mittelalter. II. Der Frauentypus der Romantik, in: Der Morgen 1 (Oktober 1925), S. 496-516.

Stern, Selma: Der preußische Staat und die Juden. Dritter Teil: Die Zeit Friedrichs des Großen. Erste Abteilung: Darstellung, Tübingen 1971 (Schriftenreihe wissenschaftlicher Abhandlungen des Leo Baeck Instituts).

Stern, Selma: Der preußische Staat und die Juden. Dritter Teil: Die Zeit Friedrichs des Großen. Zweite Abteilung: Akten. Erster Halbband, Tübingen 1971 (Schriftenreihe wissenschaftlicher Abhandlungen des Leo Baeck Instituts).

Stifter, Adalbert: Wiener Salonszenen, in: ders.: Gesammelte Werke in vierzehn Bänden, hrsg. von Konrad Steffen, Basel/Stuttgart 1969, 13. Bd., S. 219-244.

Stock, Frithjof: Kotzebue im literarischen Leben der Goethezeit. Polemik - Kritik - Publikum, Düsseldorf 1971 (Literatur in der Gesellschaft, Bd. 1).

Strelka, Joseph: Die gelenkten Musen. Dichtung und Gesellschaft, Wien/Frankfurt/M./Zürich 1971.

Sturz, Helfrich Peter: Der Salon der Madame Geoffrin. Brief vom 16. November 1768, in: Werner Krauss (Hg.): Die französische Aufklärung im Spiegel der deutschen Literatur des 18. Jahrhunderts, S. 132-135.

Subotic, Dragutin P.: Rahel Levin und das Junge Deutschland, München 1914.

Sulzer, Johann Georg: Untersuchung über den Ursprung der angenehmen und unangenehmen Empfindungen (1751), in: ders.: Vermischte Philosophische Schriften. Aus den Jahrbüchern der Akademie der Wissenschaften zu Berlin gesammelt, Leipzig 1773.

Summer, Mary: Quelques salons de Paris au XVIIIe siècle, Paris o.J.

Susman, Margarete: Frauen der Romantik, 3. verm. u. veränd. Aufl., Köln 1960 (1. Aufl. Jena 1929).

Tanneberger, Irmgard: Die Frauen der Romantik und das soziale Problem, Diss. Kiel 1928.

Tenbruck, Friedrich H.: Freundschaft. Ein Beitrag zu einer Soziologie der persönlichen Beziehungen, in: Kölner Zeitschrift für Soziologie und Sozialpsychologie, 16. Jg. (1964), S. 431-456.

Thalmann, Marianne: Romantiker entdecken die Stadt, München 1965.

Thomann Tewarson, Heidi: Rahel Varnhagen, Reinbek bei Hamburg 1988.

Thomasius, Christian: Discours welcher gestalt man denen Frantzosen in gemeinem Leben und Wandel nachahmen solle, in: Deutsche Literatur-Denkmale des 18. und 19. Jahrhunderts, N.F. Bd. 1, Nr. 51, Stuttgart 1894 (Ausgabe nach den Fassungen von 1687 und 1701).

Tieck, Ludwig: Schriften, Berlin 1828 - 1854, Bd. 4, 1828.

Timm, Hermann: Die heilige Revolution. Das religiöse Totalitätsprinzip der Frühromantik. Schleiermacher - Novalis - Friedrich Schlegel, Frankfurt/M. 1978.

Tinker, Chauncey B.: The English Salon and English Letters, New York 1967 (1. Aufl. 1915).

Tismar, Jens: Volks- und Kunstmärchen, Volks- und Kunstlieder, in: Horst Albert Glaser (Hg.): Deutsche Literatur. Eine Sozialgeschichte, Bd. 5: Zwischen Revolution und Restauration: Klassik, Romantik 1786 - 1815, Reinbek bei Hamburg 1980, S. 196-215.

Tornezy, A.: Un bureau d'esprit au XVIIIe siècle. Le salon de Mme. Geoffrin, Paris 1895.

Tornius, Valerien: Der ästhetische Tee, Berlin 1921.

Tornius, Valerien: Salons. Bilder gesellschaftlicher Kultur aus fünf Jahrhunderten, 2 Bde., Leipzig 1913.

Toth, K.: Les grands salons littéraires du XVIIe et XVIIIe siècle, Paris 1928.

Toury, Jacob: Der Eintritt der Juden ins deutsche Bürgertum, in: Das Judentum in der deutschen Umwelt 1800 - 1850. Studien zur Frühgeschichte der Emanzipation, hrsg. von Hans Liebeschütz und Arnold Paucker, Tübingen 1977, S. 139-242.

Töllner, Heinrich: Die Bedeutung der Geselligkeit in Schleiermachers Leben und Schriften, Diss. Erlangen 1927.

Trollope, Frances: Briefe aus der Kaiserstadt, Stuttgart 1966.

Troy, Hermann: Rahel Varnhagen und die Romantik, Diss. Kiel 1925.

Unger, Helene Friederike: Briefe über Berlin aus Briefen einer reisenden Dame an ihren Bruder in H., Berlin 1930 (1. Aufl. Berlin 1798).

Vaget, Hans Rudolf: Meisterschaft bei Goethe: Praxis, Theorie, Zeitkritik, München 1971.

Varnhagen von Ense, Karl August: Betrachtungen und Bekenntnisse. Aus den Tagebüchern von 1835 bis 1858, hrsg. von Dieter Bähtz, Berlin 1980.

Varnhagen von Ense, Karl August: Biographische Denkmale, 5 Bde., 3. verm. Auflage Theil 1-10, Leipzig 1872 - 74 (1. Aufl. Berlin 1824 - 1830).

Varnhagen von Ense, Karl August: Biographische Portraits. Aus dem Nachlaß Varnhagen's von Ense. Nebst Briefen von Koreff, Clemens Brentano, Frau von Fouqué, Henri Campan und Scholz, hrsg. von Ludmilla Assing, Leipzig 1871 (Reprint Bern 1971).

Varnhagen von Ense, Karl August: Briefe an eine Freundin. Aus den Jahren 1844 bis 1853, Hamburg 1860.

Varnhagen von Ense, Karl August: Galerie von Bildnissen aus Rahel's Umgang und Briefwechsel, 2 Theile, Leipzig 1836.

Varnhagen von Ense, Karl August: Denkwürdigkeiten und vermischte Schriften, 4. Bd., 2. Aufl., Leipzig 1854 (1. Aufl. Mannheim 1838)

Varnhagen von Ense, Karl August: Zur Geschichtsschreibung und Litteratur. Berichte und Beurtheilungen von K.A. Varnhagen von Ense. Aus den Jahrbüchern für wissenschaftliche Kritik und andere Zeitschriften gesammelt, Hamburg 1833.

Varnhagen von Ense, Karl August (Hg.): Goethe in den Zeugnissen der Mitlebenden. Beilage zu allen Ausgaben von Goethe's Werken. Erste Sammlung. Zum 28. August 1823, Berlin 1823.

Varnhagen von Ense, Karl August: Literaturkritiken, hrsg. von Klaus F. Gille, mit einem Anhang: Aufsätze zum Saint Simonismus, Tübingen 1977.

Varnhagen von Ense, Karl August: Tagebücher (aus dem Nachlaß des Verfassers), 14 Bde., Bd. 1-6, Leipzig 1861 - 62, Bd. 7-8, Zürich 1865, Bd. 9-14, Hamburg 1868 - 70.

Victoire, Jeanne (Psd.): Aufruf an die Frauen! (Aus: La Femme libre, Nr. 1, S. 1-3), in: Ursula Linnhoff: "Zur Freiheit, oh, zur einzig wahren -". Schreibende Frauen kämpfen um ihre Rechte, Köln 1979, S. 42-43.

Vigliero, Consolina: "Verlassen Sie sich nicht selbst!" Zu einem ungedruckten Brief von Rahel Levin, in: Bulletin des Leo Baeck Instituts, Nr. 77 (1987), S. 49-71.

Wachsmuth, Bruno: Die Wertung des Dichters im Wechsel der Generationen, in: Fritz Moser (Hg): Goethe in Berlin, Berlin 1949, S. 38-66.

Wackenroder, Wilhelm Heinrich: Werke und Briefe, 3 Bde., hrsg. von Friedrich von der Leyen, Jena 1910.

Waldstein, Edith J.: Bettina von Arnim and the Literary Salon. Women's Participation in the Cultural Life of Early Nineteenth-Century Germany, Ph. D. Washington University 1982.

Waldstein, Edith J.: Bettina von Arnim and the Politics of Romantic Conversation, Columbia 1988.

Waniek, Gustav: Gottsched und die deutsche Litteratur seiner Zeit, Leipzig 1897 (Reprint Leipzig 1972).

Weber, Carl Maria von: Hinterlassene Schriften, 3 Bde., hrsg. von Theodor Hell, Dresden/Leipzig 1828.

Weber, Peter: Das literarische Leben Berlins um 1800. Vorüberlegungen zu einem Forschungsprojekt, in: Heinrich von Kleist, Studien zu Werk und Wirkung, hrsg. von Dirk Grathoff, Opladen 1988.

Wegener, Bernd: Über den ästhetischen Thee. Anmerkungen zu einem kulturgeschichtlichen Randphänomen, in: Neue deutsche Hefte, H. 2 (1983), S. 284-297.

Weil, Hans: Die Entstehung des deutschen Bildungsprinzips, 2. Aufl., Bonn 1967 (1. Aufl. 1930).

Weissberg, Liliane: Writing on the Wall: Letters of Rahel Varnhagen, in: New German Critique 36 (1985), S. 157-173.

Weissberg, Liliane: Stepping Out the Writing of Difference in Rahel Varnhagen's Letters, in: New German critique (1991), S. 149-162.

Weithase, Irmgard: Die deutsche Vortragskunst im 19. Jahrhundert, Weimar 1940.

Weltsch, Robert: Aus dem Jahrhundert der Judenemanzipation, in: Neue Rundschau, 80, 4. H. (1969), S. 737-750.

Wendland, Ulrich: Die Theoretiker und Theorien der sogenannten galanten Stilepoche und die deutsche Sprache. Ein Beitrag zur Erkenntnis der Sprachreformbestrebungen vor Gottsched, Leipzig 1930.

Werner, Johannes: Die Schwestern Bardua. Bilder aus dem Gesellschafts-, Kunst- und Geistesleben der Biedermeierzeit. Aus Wilhelmine Barduas Aufzeichnungen gestaltet von Johannes Werner, Leipzig 1929.

Wies, Ruth: Das Journal des Luxus und der Moden (1786 - 1827), ein Spiegel kultureller Strömungen der Goethezeit, Diss. München 1953.

Wiese, Benno von: Novelle, 4. Aufl., Stuttgart 1969 (1. Aufl. 1963).

Wiggershaus, Renate: Geist: "Gewaltiger Gleichmacher". Zwei Neuausgaben von Aufzeichnungen und Briefen der Henriette Herz, in: Frankfurter Rundschau, 20. Juli 1985, S. 4, ZB.

Wilhelmy, Petra: Der Berliner Salon im 19. Jahrhundert (1780 - 1914) Berlin/New York 1989, Diss. (Veröffentlichungen der Historischen Kommission zu Berlin, Bd. 73), (Zugl. Diss. Münster 1987).

Wittkop, Justus Franz: Ein öffentlicher Salon, in: ders.: Der Boulevard oder Das vergnügliche Leben des Bürgers, Zürich/Stuttgart 1965, S. 11-15.

Wülfing, Wulf: Zur Mythisierung der Frau im Jungen Deutschland, in: Zeitschrift für Deutsche Philologie, H. 4 (1980), S. 559-581.

Zaehle, Barbara: Knigges Umgang mit Menschen und seine Vorläufer. Ein Beitrag zur Geschichte der Gesellschaftsethik, Heidelberg 1933 (Beiträge zur neueren Literaturgeschichte, NF. 22).

Zedler, Johann Heinrich: Grosses Universal-Lexikon Aller Wissenschaften und Künste, welche bißhero durch menschlichen Verstand und Witz erfunden und verbessert worden, Bd. 33, Halle/Leipzig 1742.

Zeller, Rosemarie: Spiel und Konversation im Barock. Untersuchungen zu Harsdörffers *Gesprächspielen*, Berlin/New York 1974 (Quellen und Forschungen zur Sprach- und Kulturgeschichte der germanischen Völker, NF. 58).

Ziegler, Klaus: Die Berliner Gesellschaft und die Literatur, in: Berlin in Vergangenheit und Gegenwart, Tübinger Vorträge, hrsg. von Hans Rothfels, Tübingen 1962 (Tübinger Studien zur Geschichte und Politik, Bd. 14),S. 35-48.

Zilsel, Edgar: Die sozialen Ursprünge der neuzeitlichen Wissenschaft, hrsg. von Wolfgang Krohn, Frankfurt/M. 1976.

Zimmermann, Johann G.: Über die Einsamkeit, 4 Bde., Leipzig/Karlsruhe 1785.

Zimmermann, Karin: Die polyfunktionale Bedeutung dialogischer Sprechformen um 1800: exemplarische Analysen: Rahel Varnhagen, Bettina von Arnim, Karoline von Gründerrode. (Diss. München 1991), Frankfurt/M./Bern/New York/Paris 1992 (Europäische Hochschulschriften: Reihe 1, Deutsche Sprache und Literatur, Bd. 1302).

Metzler Autoren Lexikon
Deutschsprachige Dichter und Schriftsteller vom Mittelalter bis zur Gegenwart
Herausgegeben von Bernd Lutz

2., überarbeitete und erweiterte Auflage
1994. 905 Seiten, 429 Abb., gebunden
ISBN 3-476-00912-2

340 Biographien deutschsprachiger Autorinnen und Autoren vom Mittelalter bis heute – lebendig und anschaulich werden die zentralen Gestalten der deutschen Literaturgeschichte in ihren Lebensschicksalen, den Zeitumständen und durch ihr Werk vorgestellt. Es sind dabei kleine Essays entstanden, fesselnde Porträts, die von der Neugier auf die Person und auf die komplizierte Wechselwirkung von Leben und Werk getragen sind. Wesentliche Sekundärliteratur und eine Auswahlbibliographie zur literarischen Biographie vervollständigen den Band.

»Ein gelungenes Nachschlagewerk; anspruchsvoll, gut und interessant zu lesen. Es ist ein Lesebuch, in dem man sich einrichten kann wie in einer ganzen Bibliothek ...«

Funkuniversität, RIAS Berlin

»Auf knappem Raum wird jeweils Leben und Werk als Einheit dargestellt. Fakten werden selbstverständlich geboten ... Wer immer wieder einige Stunden in dem Buch schmökert, wird feststellen, daß er vergnüglich belehrt und nirgends mit Lappalien abgespeist wird.«

Deutsche Bücher, Universität Amsterdam